고조선문화의 높이와 깊이

고조선문화의 높이와 깊이

임 재 해

景仁文化社

책머리에 : 고조선 사료 왜 역사적 사실인가

고조선 역사는 네 가지 잘못된 선입견에 따라 민족사에서 제대로 인정받지 못하고 있다. 선입견 하나는 『삼국유사』 '고조선'조 기록이 역사가 아니라 '단군신화'라는 것이고, 둘은 기록 내용이 합리적이지 않아 역사적 사실로 볼 수 없다는 것이며, 셋은 『삼국유사』의 저자 일연이 불교적으로 윤색한 역사라는 것이며, 넷은 근거가 되는 사료가 없다는 것이다. 모두 고조선시대 역사를 부정하는 전제에서 비롯된 편견인데, 제각기 다른 주장처럼 보이지만, 사실은 고조선 사료가 곧 신화일 뿐이라는 하나의 논리에 기반을 두고 있다. 이처럼 고조선 사료를 단군신화로 간주하여 고조선 역사를 부정하는 데에는 여섯 가지 오류가 있다.

하나는 '단군신화'라는 명명의 오류이다. 어떤 문헌에서도 '고조선' 조의 내용을 '단군신화'라 일컫지 않았다. 『삼국유사』에서는 '고조선' 또는 '왕검조선'이라 했고 『제왕운기』에서는 '전조선기'라 명명했다. 단군신화라는 말은 일제강점기 이후 최남선이 처음 쓴 것인데, 고조선 부정론자들이 고조선의 역사를 묵살하기 위해 왜곡된 개념으로 사용하고 있다. 따라서 단군신화야 말로 만들어진 용어로서, 단군을 내세우면 고조선이 잠적되고, 신화라고 하면 역사를 부정하게 되는 문제를 안고 있다. 그러므로 쓴이는 단군신화를 '고조선본풀이'로 바꾸어 일컫는다.

둘은 신화로 서술되었다고 하여 역사가 아니라고 하는 오류이다. 왜냐하면 고대사의 첫장은 으레 신화의 서술로 이루어지기 때문이다. 따라서 '신화가 없는 역사는 시작이 없는 역사'라고 해도 지나치지 않다. 실제로 단군조선은 물론, 부여와 고구려, 신라의 역사도 해모수와 주몽, 혁거세의 건국신화로부터 서술되어 있다. 만일 신화라는 이유로 고조선 역사를 부정한다면, 해모수신화나 주몽신화, 혁거세신화를 근거로 부여와 고구려, 신라의 역사를 모두 부정해야 한다. 단군이 신화적 인물이므로 역사가 아니라면, 해모수와 주몽, 혁거세, 김알지 등도 역사적 인물이 아니다. 만일 그렇게 판단한다면 우리 고대사는 물론 세계 고대사도 모두 부정되어야 한다. 왜냐하면 세계 각국 고대사도 시작은 으레 신화로 서술되는 까닭이다.

셋은 단군신화로 일컫는 『고기(古記)』의 내용을 앞세워 『위서(魏書)』의 내용까지 부정하는 오류이다. '고조선'조에는 『위서』의 기록이 가장 먼저 인용되어 있는데, 이 내용은 조작되었다고 할 수 없다. 왜냐하면 『위서』 집필시기로부터 "2천 년 전에 단군왕검이 도읍을 아사달에 정하고 나라를 열어 국호를 조선이라 하니 중국의 요(高) 임금과 같은 시기였다."고 기록되어 있기 때문이다. 역사적 사실을 언제 누가 어디서 무엇을 했는가에 따라 간명하게 서술한 까닭에, 이 사료만으로도 고조선 역사는 인정될 수밖에 없다. 그러므로 신화적 내용을 구실로 역사적 체계로 서술되어 있는 『위서』의 내용마저 무시하는 것은 귀중한 사료를 묵살하고 민족사를 자의적으로 삭제하는 것이라 할 수 있다.

넷은 객관적 인용과 사실의 윤색을 분별하지 못하는 오류이다. '고조선'조의 기록은 모두 『위서』와 『고기』의 인용으로 이루어졌다. 객관적 인용에는 저자의 자의적 개입이 허용되지 않는다. 따라서 저자 일연은 기록과 다른 자기 견해를 인용문 사이에 협주로 밝혀 두었다. 만일 일연이 승려로서 불교적 윤색을 했다면, 자기 견해를 협주로 밝힐 것이 아니라 아예 자기 뜻대로 용의주도하게 역사를 구성하고 불교적 세계관을 일관되게 서술하면 그만이다. 그럼에도 굳이 서로 다른 양식의 『위서』와 『고기』의 기록을 나란히 인용하고 협주로 자기 생각을 밝힌 것은 인용의 객관성을 유지하기 위한 것이다. 그러므로 고조선의 기록이 사료가 아니라 만들어진 신화라고 하는 것은 오류라 하지 않을 수 없다.

다섯은 인용문헌의 부재를 마치 역사 부재로 착각하는 오류이다. 고조선 역사를 서술한 『위서』와 『고기』는 지금 존재하지 않는 문헌이므로 그 내용도 사료로 인정할 수 없다는 것이다. 『삼국유사』가 사료로서 중요한 것은 인용한 기록이나 전적들이 오히려 지금 존재하지 않기 때문이다. 『삼국사기』에도 지금 존재하지 않는 문헌이 많이 인용되어 있다. 인용된 사서가 지금 없다고 해서 사료가 아니라면, 어떤 사서의 기록도 사료일 수 없다. 왜냐하면 인용된 사서들을 거슬러 올라가면 대부분 지금은 없는 사서이기 때문이다. 최초의 사료는 아예 전거조차 없다는 사실을 고려하면, 인용 전거가 있는 '고조선'조의 기록은 대단히 과학적 사료라 할 수 있다.

여섯은 고조선 관련 여러 유형의 사료들을 묵살한 오류이다. 『제왕운기』에는 『단군본기』를 인용해서 '전조선기'를 서술했는데, 『고기』를 인용한 '고조선'조와 내용이 일치한다. 따라서 고조선의 역사는 『삼국유사』 이전에 『위서』와 『고기』, 『단군본기』 등 여러 사료들에 두루 기록되어 있었던 것이다. 다양한 문헌사료는 물론 홍산문화 유산과 같은 물질사료도 풍부하여 고조선의 역사를 다각적으로 증언하고 있다. 고인돌을 비롯하여 비파형동검으로 일컬어지는 고조선식 동검이 고조선의 역사를 생생하게 입증하고 있다. 그러므로 고조선 역사는 여러 사료가 증언하는 가장 오래된 민족사의 실체이며, '고조선'조의 기록은 매우 흥미롭고 탁월한 사료라 하지 않을 수 없다. 문제는 사료의 질이 아니라 사료 해석의 능력이다. 역사적 해석 능력이 없는 자에게는 어떤 사료도 무의미한 것으로 보일 수밖에 없다.

쓴이의 이 책은 고조선문화가 높고 뿌리 깊다는 사실을 밝히는 데에 집착하지 않는다. 고조선 역사의 실체를 캐는 작업에만 몰두하는 것도 아니다. 오히려 현실문화 속에 고조선문화가 살아 있다는 사실에 관심을 기울인다. 상고사를 거슬러 올라가는 작업은 이 책의 첫 고개를 넘어서야 만날 수 있는 내용이다. 왜냐하면 이 책의 첫장은 지금 여기 우리의 현실문화를 해명하는 데서 논의를 시작하기 때문이다. 우리 자화상의 놀라운 이면을 읽는 일에서 논의의 출발점을 마련해야 까마득한 상고사의 깊은 골짜기까지 순조롭게 파고들 수 있다. 왜냐하면 지금 우리가 누리는 한류문화 속에 고조선의 문화적 유전자가 생생하게 살아 있는 사실을 알아차리는 일이 더 중요하기 때문이다.

따라서 이 책은 오늘을 살아가는 한국인들이 자기 얼굴을 비춰보는 거울 구실을 하는가 하면, 우리 민족이 나아가야 할 미래 가치를 구상하는 역사 만들기의 설계도 구실까지 겸하게 된다. 쓴이는 이 책에서 상고사와 현대사를 본풀이사관으로 가로지르는 통섭의 역사학을 기획하고, 현실적 문제의식에서 과거를 해석하고 미래를 구상하는 본풀이사학을 새로 개척하는 데 힘을 기울였다.

본풀이사학의 성과를 독자들에게 맡기며 고조선의 역사와 문화를 각자의 삶으로 안고 갈 수 있기를 바란다. 고조선시대의 역사인식 수준에 따라 잃어버린 우리 고대사가 현실 역사 속에서 다시 살아날 것이며, 잊어버렸던 고조선문화가 우리시대 문화로 더 높고 더 넓게 펼쳐질 것이다.

단기 4349년(서기 2015년) 6월 25일
솔뫼 연구실에서 임재해

〈목 차〉

머리글 : "사료가 사관이고 사관이 사료이다"

1

사라진 역사를 밝히는 것이 역사학의 목적이고 존재이유다. 빼앗긴 역사를 찾는 것이 역사 연구자의 보람이고 사명이다. 고조선 시대의 역사는 사라진 역사이자 빼앗긴 역사이다. 고조선은 자세한 기록이 없어서 사라진 역사일 뿐 아니라, 식민사학에 의해 의도적으로 침탈된 까닭에 빼앗긴 역사이다. 중국의 동북공정은 고구려와 함께 고조선을 자국역사로 귀속시키는 작업이다. 따라서 고조선 역사는 잊혀진 역사이자 잃어버린 역사이며, 지금도 외세에 의해 잠식되고 있는 역사이다. 그러므로 사학자는 물론 국학자라면 당연히 고조선 역사를 제대로 찾아 밝히려는 연구에 힘쓰지 않을 수 없다.

그런데도 한국 사학계는 고조선 역사를 밝히기는커녕 오히려 그것을 역사 속에 묻어버리는 작업을 계속하고 있어 문제가 심각하다. 일제 식민사학에 빼앗긴 고조선의 역사를 되찾으려 하는 것이 아니라, 거꾸로 그들의 주장을 옹호하는 이들이 강단사학을 점유하고 있다. 그들은 역사학의 목적과 거꾸로, 살아 있는 역사를 삭제하는 반역사학을 할 뿐 아니라, 사학자로서 사명을 저버리는 몰역사학의 함정에 빠져서 자기 아성을 구축하고 있다.

일부 학자들은 고조선 사료를 신화로 간주하고 조작된 역사로 취급하는 한편, 고조선 관련 사료가 새로 발견되면 황급히 덮어버리기 일쑤이다. 그런가 하면 고조선 연구에 탁월한 성과를 낸 사학자를 재야

사학자 또는 비주류사학자로 매도함으로써, 그런 연구를 도저히 할 수 없는 자신의 학문적 무능을 가리고 강단사학자의 기득권을 누리는 일에 급급하다. 그러므로 식민사학자들은 역사학의 목적과 반대 지점에 서서 고조선 역사를 삭제하고 묻어버리는 일에 골몰하느라 사실상 역사학을 모독하는 반역사적 행위를 일삼고 있는 셈이다.

새 역사를 만들지 못하는 역사학은 죽은 학문이다. 과거의 역사적 사실을 고주알미주알 찾아서 아는 체 하는 것을 역사학으로 착각하고 있는 지식인들이 적지 않다. 역사 지식의 무장은 한갓 지식권력의 기득권 확보에 골몰하는 전근대적 역사학일 따름이다. 문학연구가 바람직한 작품창작의 방향을 제시하는 데 이바지하는 것처럼, 역사연구도 역사를 바람직하게 만들어가고 역사학의 수준을 높이는 데 이바지하는 기능을 발휘해야 한다. 그러므로 현실의 역사문제에 묵비권을 행사하고 바람직한 역사 만들기에 침묵하는 역사학은 죽은 역사학이나 다름없다.

최근 일본과 한국의 역사교과서 왜곡 작태에서 보는 것처럼, 식민 지배를 정당화하고 부당한 국가권력에 아첨하는 역사학은 바람직한 역사 진행 방향과 거꾸로 가는 것이다. 이처럼 역사 퇴행을 조장하는 역사학은 식민사학이자 어용사학이며 반역사학이다. 역사교과서를 정부가 나서서 권력의 취향에 맞게 서술하려 들 것이 아니라, 역사학자들의 서술에 맡겨두어야 한다. 왜냐하면 역사는 권력에 맞서서 '보다 많은 사람들이 보다 자유롭고 풍요로운 삶을 지속 가능하게 하는 방향'으로 나아가야 하고, 역사학은 이러한 역사의 진보에 적극 이바지해야 하는 까닭이다. 그러므로 역사가 바람직한 방향으로 진전되는 데 힘을 보태기는 커녕 역사의 퇴행과 역사교육의 권력화에 침묵하는 것은 역사학자로서 직무유기라 할 수 있다.

2

　　우리는 아직도 고조선 사람들이다. 우리가 단군의 후손이어서 고조선 사람이 아니라, 고조선 사람다운 민족적 정체성을 지닌 까닭에 고조선 사람들이다. 고조선문화가 단절되지 않고 지속될 뿐 아니라, 일정한 문화적 전통을 이루며 문화유전자로 살아 있기 때문이다. 고조선 시대를 사라진 과거로 간주하며 그 존재를 부정하는 자들은 이런 주장을 납득하기 어려울 것이다. 그러나 역사에는 단절이 없다는 사실을 인식하면 사정이 달라진다. 사라진 과거는 있어도 과거의 역사는 현재를 거쳐 미래로 이어지고 있다. 역사가 단절되었다는 것은 역사 주체의 인식 한계일 뿐 실제 역사는 현재진행형으로 이어지고 있기 때문이다.

　　역사를 통시적 흐름으로 보면 고대사와 현대사, 미래사가 하나의 역사로 지속되고 있다. 역사를 공시적 관계로 볼 때도 지방사가 민족사이고 국가사이자 세계사이다. 시대구분이 작위적인 것처럼 역사의 공간적 범주화도 작위적이다. 통시적으로 이어지고 공시적으로 연관되어 있는 총체사가 역사의 실체이다. 왕조나 국호가 바뀌었다고 해서 역사가 단절되는 것은 아니다.

　　우리가 고조선 사람이라는 인식도 이러한 역사의 지속을 인정하는 까닭에 가능한 것이다. 쑥과 마늘을 먹고 단군을 민족의 시조로 여기며 홍익인간의 이상을 품고 사는 한, 우리는 고조선 사람일 수밖에 없다. 우리 선조가 그랬고 우리가 그런 것처럼, 우리 후손들도 미래의 고조선 사람이라 하지 않을 수 없다. 따라서 고조선의 역사는 과거사이자 현재사이며 미래사인 것이다. 그러므로 고조선 연구는 한갓 상고사 이해에 만족하는 것이 아니라, 민족사의 뿌리를 밝혀 고대사의 체계를 바로잡는 일이자, 지금 우리가 누리고 있는 생활세계와 현실문화의 전통을 해명하는 일이며, 앞으로 만들어가야 할 미래 문화를 전망하고 구상하는 창조적인 인문학문 활동이다.

모든 역사는 현재진행의 역사이다. 고조선 역사도 현대사로 살아 있으며 미래사로 나아가고 있다. 자연히 지금 여기 우리의 삶 속에 고조선문화도 생생하게 살아 있다. 그런 사실은 민족 생활사가 구체적으로 입증하고 있다. 우리는 단군의 어머니 곰네가 먹었던 쑥과 마늘을 여전히 먹고 있다. 쑥과 마늘을 먹는 식생활사는 환웅시대부터 지금까지 지속될 뿐 아니라 앞으로도 이어질 것이다. 사상사도 현재진행형이어서, 환웅이 이상으로 여겼던 홍익인간 이념을 소중하게 가꾸어 가야 할 가치로 표방하고 있다.

따라서 고조선의 역사와 문화를 올바르게 포착하는 일은 왜곡된 상고사의 해명이나 중국의 동북공정을 해결하는 문제에 한정되지 않는다. 고조선 연구는 빼앗긴 역사를 되찾는 것이자, 삭제된 고조선의 문화를 복원하는 일에서 더 나아가야 한다. 지금 여기의 현대사를 어떻게 해석할 것인가 하는 현실적인 과제를 해결하고, 어떤 사관으로 역사학의 지평을 확장하여 미래사를 창조적으로 개척할 것인가 하는 전망까지 제시해야 한다. 그러므로 고조선의 역사학은 현재 우리문화의 해명이자 현실 역사의 문제를 바로잡는 지침이며, 미래의 역사를 바람직하게 만들어가는 설계도이기도 하다.

③

사료가 사관이고 사관이 사료이다. 역사학은 역사를 연구하는 것이 아니라 사료를 연구하는 학문이다. 따라서 역사학은 사실상 사료학의 범주에 머물 수밖에 없다. 왜냐하면 역사의 실체는 존재하지 않고 사료만 존재하기 때문이다. 사료가 연구대상이고 역사는 사료의 연구결과로 서술되는 구성물일 따름이다.

사료학으로서 역사학은 사관의 학문이다. 사료를 읽는 것은 문자해

독 능력이지만 사료를 역사로 해석하는 것은 오롯이 사관으로부터 비롯된다. 그런데 불행하게도 우리 사학계는 자기 역사를 자기 눈으로 해석하는 사관이 없다는 문제점을 안고 있다. 더 심각한 문제는 외세로부터 주어진 사관에 종속되어 있는 까닭에 사료를 엉뚱하게 해석하여 역사를 왜곡하고 있는 점이다.

사관은 사료로부터 귀납적으로 구성되고, 사료는 사관에 의해 연역적으로 해석되는 상호관계 속에 있다. 자연히 사료 없는 사관은 공허한 역사적 시각이며, 사관 없는 사료의 해석은 한갓 자료읽기에 머물게 된다. 따라서 우리 사료에 기초하지 않은 외국학자들의 사관을 끌어와서 한국사를 해석하는 데에는 일정한 한계가 있기 마련이다. 더군다나 일제강점기의 식민사관에 따라 우리 민족사를 해석하는 것은 위험천만이다. 아직도 식민사학 추종자들은 위험한 곡예를 멈추지 않고 있다.

주체적인 사관은 독창적인 사료 읽기와 역사의식에서 비롯된다. 이 책에서 제기하는 본풀이사관은 선험적인 것이 아니라 굿문화의 본풀이에서 비롯된 귀납적 사관이다. 모든 역사는 현재진행의 역사이자 총체적 역사라는 인식은 본풀이사관에서 비롯된 연역적인 해석이다. 따라서 사료와 사관은 둘이면서 하나이고 하나이면서 둘이라는 변증법적 인식이 필요하다. 흔히 건국시조신화로 일컫는 건국시조본풀이 사료에서 귀납적으로 일반화한 것이 본풀이사관이고 그 사관에 따라 건국시조본풀이를 사료로 다룬 연구결과가 『고조선문화의 높이와 깊이』이다.

본풀이사관의 역사학은 인간해방의 학문이다. 본풀이는 신화의 우리말이자 역사의 우리말이다. 건국시조신화 또는 무속신화가 본풀이의 원형이다. 본풀이사관은 굿의 본풀이에서 이끌어낸 역사해석의 관점이다. 본풀이는 지금 겪고 있는 현실의 문제를 해결하기 위해 과거의 역사를 노래하는 이야기다. 굿의 규모와 목적에 따라 적절한 본풀

이가 다양하게 노래되는데, 건국시조본풀이는 나라굿에서 노래되었을
것이다.

굿은 한갓 미신이 아니라 사람들이 겪고 있는 구조적 모순을 해결
하기 위해 연행하는 제의문화이다. 본풀이는 그러한 모순을 역사 전개
의 인과관계 속에서 찾아 풀어주는 일종의 구술사이다. 본풀이가 구술
되는 굿판은 가무오신의 축제판이자, 맺힌 것을 풀어서 구조적 모순을
해결하는 인간해방의 현장이다.

하회별신굿을 할 때 민중들은 다양한 양식의 탈춤으로 지배체제의
모순을 풍자하고 코뮤니타스의 난장을 벌이며 축제의 해방구를 이룬
다. 별신굿을 하는 동안에는 어떤 사회적 규범이나 제도적 권력도 그
들의 제의적 반란을 통제하지 않았다. 공동체를 지켜주는 수호신 앞에
모두가 평등한 존재라는 해방의식 아래 반상의 신분질서와 종교의 부
질없는 관념, 남녀의 성차별을 두루 해체하여 대동세상을 이루는 것이
공동체굿의 세계관이다. 그러므로 굿이 구조적 모순을 해결하는 변혁
의 문화인 것처럼, 본풀이사관에 입각한 역사학은 인간해방의 학문이
어야 한다.

4

사관을 갖추면 한 편의 사료가 장엄한 역사를 구성한다. 고조선 연
구에서 내가 만난 사료는 '단군신화'로 엉뚱하게 일컬어지는 한 편의
짧은 이야기에 지나지 않는다. 그러나 본풀이사관에 따라 '단군신화'로
왜곡된 이름의 가면을 벗겨내자, 이야기의 속살은 고조선의 역사와 문
화는 물론 지금 우리가 누리는 현실문화를 읽는 긴요한 사료로 생생하
게 살아나기 시작했다. 이야기는 서사구조를 갖추어 흥미로울 뿐 아니
라, 자기 증언 능력을 발휘하며 장엄한 상고사의 새 지평을 열어가는

길잡이 노릇을 한다. 마치 한 톨의 작은 씨앗이 거목으로 자라는 것처럼, 『삼국유사』 '고조선'조 이야기는 건국시조본풀이로서 당시의 역사와 문화를 재구성하는 소중한 근거를 제공하였으며, 본풀이사관을 수립하는 데도 결정적 구실을 하였다.

본풀이사학은 현장사료를 특히 소중하게 여기는 현장사학이다. 작은 사료의 씨앗을 역사의 거목으로 키우기 위해 생활사료를 끌어들여 새로운 사료로 자리매김을 하며, 현장사료 확인을 위해 여러 차례 고조선 지역을 답사했다. 북한과 만주, 내몽골을 포함한 중국 동북 3성의 고조선 유적지 답사는 물론, 시베리아기원설과 유목문화 전래설을 극복하기 위해 몽골과 바이칼 지역 답사도 했다.

특히 3년 동안 겨울방학 때마다 고조선답사단을 꾸려 본격적인 현지답사를 할 때는 신용하, 김위현, 박선희, 서영대, 이성규, 복기대 교수 등과 동행하며 대화하는 동안 새로운 해석의 착상을 많이 얻을 수 있었다. 그러므로 이 분들께 고마운 말씀을 사뢰지 않을 수 없다.

『고조선문화의 높이와 깊이』는 본풀이사관의 첫 결실이다. 이 책은 고조선문화가 질적으로 수준이 높고 양적으로 오랜 역사의 깊이를 확보하고 있다는 사실을 주목한다. 따라서 단군의 왕검조선보다 오히려 환웅의 신시문화를 추적하고 그 역사적 가치를 해명하는 데 더 관심을 기울인다. 그렇다고 하여 제목처럼 고조선의 문화적 우월성과 역사적 선행성을 주장하는 데 매몰되지 않는다. 현실 역사와 문화를 성찰하고 사학계의 한계를 비판하며 미래사를 제시하는 데도 관심을 기울인다. 역사는 지금 여기의 현실을 비추어 보는 거울이자 미래를 내다보는 창이어야 하는 까닭이다.

따라서 우리가 알고 있는 상고사는 기초적 사실부터 잘못되었다는 점을 애써 지적한다. 단군이 세운 나라는 '고조선'이 아니라 '조선'이라는 사실을 밝힐 뿐 아니라, 단군보다 오히려 환웅의 역할을 더 주목하고 신시문화 해석에 별난 관심을 쏟으며, 홍산문화는 신시고국의 문화

유산으로 자리매김한다.

환웅의 태양시조사상은 부여와 고구려, 신라를 거쳐 가야로까지 이어지며, 홍익인간 이념은 신라의 혁거세 사상으로 계승된다는 사실도 밝힌다. 그리고 단일민족 신화의 우상을 부정하고 다문화주의의 보기를 찾아 그 미래가치를 제시하는 데까지 나아간다. 그러므로 이 책은 상고사 연구에 무기력한 역사학계의 초라한 모습을 비추어주는 성찰의 거울이자, 현실문화의 뿌리를 밝히는 돋보기이며, 미래 역사학의 길을 밝혀주는 통찰의 전조등 구실을 한다.

❺

『고조선문명과 신시문화의 정체』를 밝히는 것이 다음 과제이다. 고조선 연구는 이제 막 시작 단계여서 이 책으로 만족할 수도 없고 여기서 멈출 수도 없다. 따라서 이미 후속 연구가 기획되어 연구활동이 상당히 진척되고 있다. 신용하 교수를 중심으로 '고조선문명의 학제적 연구'가 2013년부터 시작되었는데, 박선희, 윤명철, 우실하, 백종오 교수 등이 동참하고 있다. 공동연구자들 6명이 학제적 연구를 하되, 3년 뒤에 제각기 연구결과를 단행본으로 묶어서 6책의 고조선문명총서를 발간하는 것이 연구목표다.

『고조선문명과 신시문화의 정체』는 내가 집필할 단행본의 제목이다. 후속연구를 위한 고조선지역 공동답사도 3차례 계획되어 진행중에 있다. 역사도 현재진행형이지만 학자들의 연구도 단절되지 않고 일련의 연구가 현재진행형으로 지속되어야 주목할 만한 연구성과를 거둘수 있다. 단편의 논문이 아니라 단행본 수준의 본격적 연구저서들이 지속적으로 간행되어야 비로소 사학사의 흐름을 바꾸고 뒤틀린 상고사 체계를 바로잡는 수준에 이를 수 있다.

이 책의 원고는 11년 전에 시작하여 4년 전에 마무리된 까닭에 지금 생각과 다른 점도 적지 않다. 그런 점들은 후속 연구에서 더 진전된 논의로 보완될 것이다. 그동안 새로 쓰는 일에 골몰하느라 단행본 간행을 미루어 두었는데, 이제 새 단계의 고조선 연구를 진행하고 있는 까닭에 더 이상 밀쳐둘 수 없게 되어 서둘렀다. 마침 국학 출판에 열정을 쏟고 있는 경인문화사에서 기꺼이 출판을 맡기로 하여 매우 반갑게 여기며, 새로 맺은 인연을 고맙게 이어가고자 한다.

지난 해 3월에 초교 교정지를 받고 한 해를 꼬박 그냥 보냈다. 새로 쓰는 일에 더 신이 나서 교정지를 매만지다가 잠깐 미뤄 두었는데, 그 사이 한 해가 훌쩍 지나가고 말았다. 해가 바뀌자 경인문화사에서 담당자를 바꾸어 다시 교정지를 보내왔다. 쓰는 일이 줄을 서서 기다리지만 더 미룰 수 없어서 교정을 마무리하게 되었다. 연구실을 함께 쓰는 박사과정의 강선일과 석사과정의 이정욱이 교정을 거들어 주고 조정현 박사가 색인작업을 도와 주어서 일손을 크게 덜었다. 이미 써 두었던 머리말에 이 대목을 덧붙여서 고마움을 밝힌다.

머지않아 내가 한 고조선 연구는 지나가고, 다음 세대의 진전된 연구가 성큼 다가오게 될 것이다. 그들에게 이 책이 미덥게 밟고 지나갈 수 있는 디딤돌이 되길 바란다. 나의 후속 작업 또한 더 골똘한 문제의식 속에서 고조선 연구가 진행되고 있다는 사실을 밝히며, 머리글을 여민다.

단기 4349년(서기 2015년) 3월 1일

임 재 해

제1부
민족문화의 정체성과 고조선문화

제1장 고대문화의 아시아적 중심성과 한류 전통

1. 민족문화를 보는 두 가지 한계와 극복

인간은 누구나 두 가지 기본 모순을 지니고 있다. 하나는 자기 눈으로 자기 얼굴을 볼 수 없는 모순이며, 둘은 자기가 겪은 최초의 역사를 기억하지 못하는 모순이다. 눈이 얼굴에 붙어 있는 까닭에 구조적으로 자기 눈으로 자기 얼굴을 바라볼 수 없다. 자기 눈으로 자기 얼굴을 볼 수 없는 것처럼, 태초의 자기 역사도 알지 못하는 한계가 있다. 자기가 직접 겪은 최초의 경험이자 가장 충격적인 출생의 역사를 기억하지 못하는 것이다. 마치 기억상실증 환자와 같이, 출생의 경험과 갓난아기 시절의 자기역사를 전혀 기억하지 못한 채 잊어버리고 사는 것이 인간의 두 번째 모순이다. 그러므로 물리적으로 너무 가까워서 자기 얼굴을 보지 못하고, 시간적으로 태초여서 일생의 첫 경험을 기억하지 못하는 것이 인간의 두 가지 기본 모순이라 할 수 있다.

사람들은 자기 눈으로 자기 얼굴을 보지 못하는 한계를 극복하기 위해 거울을 만들어냈다. 거울에 비추어진 모습을 통해 자기 모습을 확인하는 것이다. 그러나 잃어버린 어린 시절의 역사는 거울로도 비추어 볼 수 없다. 따라서 태초의 생애사를 되살리기 위하여 어린 시절을 지켜 본 어른들의 증언이나 기록을 참조할 수밖에 없다.

현재의 자기 모습과 타자의 어린 시절을 견주어 보면서 자신의 잊어버린 시절을 재구성하기도 한다. 자기 얼굴을 비추어 보는 거울과, 자기 역사를 증언하는 타자의 진술은 자기를 읽는 긴요한 매체이다.

그러므로 사람들은 자기 확인을 위해 끊임없이 더 나은 거울을 발명하고 더 다양한 방식으로 역사적 사실을 기록하여 남기고자 했던 것이다.

우리 고대문화 인식도 인간이 지닌 기본적인 두 가지 한계를 지니고 있다. 우리에게 고대문화는 마치 잃어버린 과거처럼 기억상실의 역사로 남아 있으며, 자기 얼굴을 볼 수 없는 모순처럼 우리 스스로 고대문화의 민족적 독자성을 정확하게 포착하지 못하고 있다. 자기 경험의 역사를 스스로 기억하지 못하고 자기 문화의 독자성을 자기 눈으로 읽어내지 못한 까닭에, 남의 눈으로 자기를 보고 남의 기억을 통해 자기 역사를 확인하는 것이 문제이다. 타자의 눈과 기억이 아니라, 그들의 의도된 진술과 왜곡된 해석이 자기 정체와 역사를 포착하는 준거가 될 때 문제는 더욱 심각해진다.

그동안 우리 고대문화는 시베리아문화에 뿌리를 두고 중국문화의 영향을 받아 이루어진 것이라는 타자의 규정적 인식에 사로잡혀 있었다. 그러한 인식의 눈을 제공한 것이 일제강점기에 형성된 식민사관이다. 스스로 제 얼굴을 보지 못한다고 하여 남의 눈으로 자기를 보는 데 전적으로 의존하는 것이 문제이다. 남의 눈을 신뢰할 수 없는 것도 문제이지만, 스스로 자기를 돌아보려 들지 않는 자의식의 결여는 더 심각한 문제이다.

남의 눈에 의존하다가 보면 결국 자기 눈으로 자기를 읽는 능력을 상실하고, 자기에 관해 자기 말로 이야기하지 못하며, '내가 누구인가' 하는 것을 남이 일컫는 대로 고스란히 받아들이게 되는 까닭이다. 그러므로 자기 얼굴을 스스로 확인하기 위하여 거울을 말끔하게 닦아서 비추어보고, 태초의 자기 역사를 포착하기 위하여 당시의 증언들을 찾아서 해석하는 일이 긴요하다.

그러나 거울과 증언 자료는 바깥에 있는 것이 아니라 자기 안에 있다. 지금의 얼굴 속에 어릴 적 모습이 지속되고 있듯이, 어릴 적 얼굴 모습에 지금의 모습이 갈무리되어 있다. 따라서 지금의 자신을 통해서 잃어버린 태초의 자기 역사를 찾을 수 있고, 어린 시절의 모습을 통해서 이해 불가능한 지금의 자기 모습을 이해할 수 있다. 드러난 표현형태는 그때마다 다르더라도 유전자는 변함 없이 지속되는 까닭이다.

우리문화의 정체성도 같은 방식으로 찾을 수 있다. 우선 거울에 비친 지금의 우리문화를 통해서 잃어버린 고대문화의 모습까지 추론할 수 있는가 하면, 고대문화를 통해서 지금 우리문화의 원형을 확인할 수 있다. 다행히 지금 국제사회는 우리문화를 '한류(韓流, Korean Wave)'라는 이름으로 비추어 주고 있다. 우리 스스로 읽지 못한 우리문화를 그들은 '한류'로 포착해서 되비추어 주고 있는데, 이러한 현상을 거울 효과라 할 수 있다. 중국이 먼저 그런 거울 노릇을 하면서 '한류'라는 신조어를 만들어냈고, 이어서 동남아와 일본이 함께 거울 구실을 하고 있다. 이제는 서구세계까지 그런 거울 노릇을 하게 되어 그 영향이 미국과 남미,[1] 서구에까지 미치고 있다.

한류의 흐름에 대하여 일본에서는 혐한류(嫌韓流),[2] 중국에서는 반한류(反韓流)를[3] 표방하며 한류의 위세에 맞서고자 나섰다. 한류의 기세를 꺾고자 하는 중국과 일본의 노력에도 한류열풍의 대세는 여전히 넓고 깊다. 일본은 우리를 식민지로 지배했던 국가이자 세계 제2의 경제대국이며, 아시아 대중문화의 선두주자였다. 따라서 일제 식민지배의 역사적 경험과 일본 대중문화의 위력을 고려하여, 최근까지 일본의

---

1) 중남미 한류의 중심지는 멕시코이다. 멕시코 공영방송 메히켄세가 2002년부터 드라마 「별은 내 가슴에」, 「이브의 모든 것」을 방영하면서 한류가 형성되었다.
2) 김미경, 「아시아의 문화전쟁」, 매일신문, 2006년 7월 7일자에 따르면, 야마노 샤린의 만화 『嫌韓流』는 일본의 베스트셀러이다. 같은 제목의 잡지들도 잘 팔리지만, 한류열풍은 수그러들지 않고 있다.
3) '대장금'이 중국에서 최고 시청률을 기록한 2005년 3월에 중국 국민배우 장궈리(張國立)가 "중국에서 한류 바람이 부는 것은 매국노 같은 언론 탓"이라며 반한류의 포문을 열고, 뒤에 홍콩의 액션스타 청룽(成龍)까지 가세했으나, 한류의 위세를 꺾지 못했다.

대중문화 개방을 망설이며 주저해 왔다. 그런데, 도리어 우리 대중문화
가 일본열도를 석권하며 한류열풍의 도가니를 이루고 한국어 붐까지
일으키고 있다.

중국은 오랫동안 아시아의 대국으로 군림하였을 뿐 아니라, 유교문
화권의 중심국가로서 늘 새 문화와 사상의 물줄기 구실을 하였던 나라
였다. 그런데 지금은 우리 대중문화와 기술상품이 중국을 휩쓸고 있다.
중국의 젊은이들이 한국 드라마와 손전화에 열광하며 한류열풍의 진
원지 구실을 하는가 하면, 게임 프로그램에도 열광하고 있다.「대장금」
특선요리가 중국식당의 고급메뉴로 불티나게 팔리는 데다가 신부들의
혼인 기념사진에는 장금이가 입었던 한복이 빠지지 않을 만큼 크게 유
행하고 있다.[4]

한류의 도저한 흐름에 대하여 오히려 한국인들이 영문을 몰라 어리
둥절해하고 있다.[5] 프랑스에서 연구소 일을 하고 있는 이아무개 박사
는 "요즘 외국사람들을 보면 마치 눈에 콩깍지가 씌운 것 같아요. 한국
사람들을 무조건 좋아한답니다. 한국인을 보는 눈빛부터 크게 달라졌
어요"라고[6] 할 만큼, 외국인들의 눈에 비친 한국인의 위상이 크게 달라
졌다. 그런 까닭에 거울에 비친 우뚝한 자기 모습을 이해할 수 없어 놀
랄 따름이다. 그러므로 어리둥절해 하거나 외국인들의 눈에 콩깍지가

---

4) 김수이,「한류, 21세기 한국문화의 국가적 아젠다-한류의 발전방향을 중심으
로」,『한류와 21세기 문화비전』, 청동거울, 2006, 24쪽.

5) 신윤동욱,「한류, 한국인은 어리둥절하다」,『한겨레 21』631호, 2006년 10월 24
일자, 52쪽. 방콕과 싱가포르, 캄보디아의 한류 현장을 보고하면서, "저절로
흘러가는 해류가 돼버린 한류, 왜 그런지는 우리만 모른다"고 고백하며 어
리둥절해하고 있다.

6) 연구실에 찾아와서 이야기를 들려준 사람은 오스트레일리아에서 커뮤니케
이션 전공을 한 박사로서, 국내외의 연구기관과 대학에서 연구와 강의활동
을 하다가 현재 파리에서 연구소를 운영하며 7년째 살고 있다. 여러 나라를
두루 여행한 경험이 있고 커뮤니케이션 전공을 한 까닭에 외국인들이 한국
인을 대하는 태도를 잘 알고 있다.

씌운 것처럼 인식하는 것이다.

그러나 우리 고대문화의 뿌리를 제대로 알게 되면 놀랄 만한 일이 아니다. 왜냐하면 그런 자질을 고대부터 갖추고 있었기 때문이다. 어느 날 인기 개그맨으로 비약한 인물을 보고 놀라지 않는 사람이 있다면, 그 사람은 어릴 적에 그의 개구장이 기질을 잘 알고 있는 사람이다. 어릴 적 능력이 잠복해 있다고 성장해서 드러나는 까닭이다. 그런데 정작 어린 시절의 역사를 아는 사람은 흔하지 않다는 것이 문제이다. 지금의 모습을 비추어줄 거울은 도처에 있지만, 잃어버린 태초의 역사를 증언해 줄 사람은 많지 않기 때문이다. 태초의 민족문화 이해도 마찬가지 문제에 부닥뜨린다.

따라서 지금의 우리 얼굴은 한류라는 거울을 통해 이해한다고 하더라도, 잃어버린 고대의 민족사는 어찌할 것인가? 질문하지 않을 수 없다. 현재의 한류를 통해서 고대의 문화적 유전자를 추론할 수 있다. 더 미더운 작업은, 잃어버린 역사를 위해서 고대문화에 관한 이웃의 증언들을 모아 당시의 문화를 재해석하는 길이다. 고대문화에 관한 우리 기록은 상당히 부족하다.

그러나 중국측 고대사료에는 단편적이나마 우리 고대문화에 관한 기록들이 다양하게 남아 있어서 다행스럽다. 게다가 최근에는 새로운 고대 유물들이 발굴되어 고대문화 해석에 긴요한 자료를 제공해 주고 있다. 고대사료의 증언들과 유물들을 증거로 우리 민족문화의 정체를 새롭게 포착할 수 있다.

따라서 나는 지금 두 가지 방법으로 우리 고대문화의 정체성을 읽으려고 한다. 하나는 거울 속에 비친 지금의 우리 얼굴인 한류 현상을 우리 눈으로 읽으며 본디 우리문화의 정체성을 추론하고, 둘은 이웃의 증언 속에 담겨 있는 민족문화 형성기의 고대문화를 우리 시각으로 해석하여 지금 우리문화의 창조적 원천을 포착해 내는 일이다. 두 방법은 공시적 시각이 서로 엇갈리지만 통시적으로 연결되어 있어 상호해석이 가능하다. 달리 말하면 공간적 반영의 거울효과와 역사적 전통의 지속효과를 함께 주목하는 것이다.

'고대에도 한류가 있었다'는[7] 명제는 이러한 문제적 인식을 갈무리하고 있다. 달리 말하면 우리 시대 한류의 뿌리는 고대문화에 닿아 있을 뿐 아니라, 당시에도 이웃나라에 영향을 주었다는 사실을 말한다. 일찍이 신채호는 『조선 상고사』에서, 역사적 주체가[8] 되려면 반드시 상속성(相續性)과 보편성(普遍性)을 갖추어야 한다고 했다. 이 말은 곧 시간적으로 생명이 끊어지지 않는 지속성과, 공간적으로 영향이 파급되는 보편성을 뜻한다.[9] 시간적 지속성과 공간적 파급성을 근거로 우리문화를 주목하게 되면, 현대의 한류는 고대문화에서부터 비롯된 지속성의 결과이자, 고대에도 현대의 한류 못지않게 우리문화가 이웃의 여러 나라에 많은 영향을 미칠 만한 보편성을 지녔다고 할 수 있다.

따라서 고대문화의 정체성을 읽는 눈은 현대에서 고대로 또는 고대에서 현대로 통시적으로 오가는 동시에, 국내에서 국외로 국외에서 국내로 공시적으로 가로지르는 시각이 필요하다. 이러한 시각은 고대문화에 현대문화의 가능성과 전망이 갈무리되어 있고 현대문화에 고대문화의 역사적 지속성이 고갱이처럼 자리잡고 있다는 사실을 전제로 한다. 그리고 민족문화의 정체성은 이웃문화와 일정한 대조를 이루며 영향의 그림자를 지니고 있으며, 이웃문화 또한 민족문화의 정체성을 비추어 주는 거울 구실을 한다는 문화 '교류'와 '공유'의 보편성을 전제로 한다.

앞의 전제가 문화적 유전자라 할 수 있는 전통문화의 DNA를 발견하

7) 임재해, 「옛날에도 한류열풍 있었다」, 경북일보 2005년 7월 3일자 칼럼에서 이러한 문제의식을 제기했다.
8) 신채호는 『조선 상고사』에서 역사적 주체와 객체를 역사적 아(我)와 비아(非我)로 서술하고 아를 '주관적 위치에 선 자', 비아를 '그 외의 모두'로 설명했다.
9) 신채호 저, 박기봉 옮김, 『조선 상고사』, 비봉출판사, 2006, 25쪽.

고 그 지속성을 확인하는 통시적 해석작업을 요구하게 된다면, 뒤의
전제는 잃어버린 자기 모습을 이웃문화라는 거울을 통해 상대적으로
포착하는 공시적 해석작업을 요구하게 된다. 그러므로 민족문화의 정
체성을 읽는 각성된 시선은 고대와 현대를 통시적으로 오르내리며, 나
라 안팎의 문화를 공시적으로 가로지르지 않을 수 없다.

2. 고대문화를 보는 전파론적 편견의 성찰

고대 우리문화를 눈여겨보면, 오늘의 한류나 다름없는 문화적 역량
이 오롯이 포착된다. 고대 사서의 기록이나 고고학 발굴보고서를 통해
서 그러한 논거를 두루 발견할 수 있다. 오늘의 우리 한류를 자리매김
한 것이 우리 자신이 아니라 중국이듯이, 고대문화의 경우에도 중국쪽
사서의 기록과 발굴보고서가 그 위상을 잘 보여 주는 거울 구실을 하
고 있다. 그런데 자료 읽기를 넓게 하지 않고 자력적인 눈으로 읽으려
들지 않는 까닭에 주체적 시선을 놓치고 있다.

현재의 한류를 비롯한 당대의 우리문화를 읽는 눈길도 마찬가지이
다. 종속적 식민주의 시각으로 우리문화를 보니, 한결같이 우리문화는
외세문화의 허울을 쓰고 있는 것처럼 보이는 것이다. 자기문화를 자기
시각으로 당당하게 읽지 못하고 한결같이 외세문화의 영향이나 종속
으로 읽어야만 비로소 자기문화의 정체성을 해명할 수 있는 지식인이
야말로 식민지 지식인이다. 그러므로 현재의 한류가 지닌 민족문화의
정체성을 읽는 데도 고대문화에 대한 정확한 포착이 필요하다.

문화적 식민성을 비판하는 지식인들의 한류 해석이야말로 식민지
지식인의 전형을 보여주는 당착에 빠져 있다고 해도 지나치지 않다.
한류열풍을 서구 대중문화를 따라한 것이 어쩌다 성공한 현상처럼 해
석하거나, 현재 우리문화의 두드러진 사실을 한국인들이 자기 정체성
을 잃고 남을 따라하는 식민지 근성으로 폄하하는 까닭이다. 다시 말

하면 지금의 한류문화는 서구 대중문화의 아류이자, 식민지 근성의 하나인 선진국 흉내내기의 결과로 나타난 현상이라는 것이다. 따라서 한류에는 한국문화로서 정체성을 발견할 수 없으며 한류라 할 만한 진정한 알맹이가 들어 있지 않다는 비판이다. 서구문화의 재가공이자 외래 대중문화의 매개행위에 지나지 않는다는 해석이다. 이러한 풀이는 주로 국제사회의 문화를 비교연구하거나 현실문화를 논평하는 우리 시대 문화학자들에 의한 것이다.

우리 고대문화를 해석하는 사학자나 고고학자들의 해석도 이와 다르지 않다. 우리 고대문화의 기원은 모두 알타이와 같은 시베리아 민족이나 중국에서 찾기 일쑤이다. 그런가 하면 아예 지도자의 혈통까지 시베리아의 알타이족이나 몽골족을 끌어다 붙인다. 몽골족에 우리 피가 흐르는 것이나[10] 문화적 동질성의 흔적이 보이는 것은 몽골이 인접 국가였을 뿐 아니라, 고조선 시대에는 우리가 지배했던 지역이라는 사실 때문이다. 몽골은 고조선 후국인 부여족의 일부와 결합하여 형성되었으며 부여와 고구려의 오랜 지배를 받았기 때문이다.[11] 따라서 신채호는 몽골족도 조선족의 한 종족으로 서술한다. 지금 고조선의 문화유적으로 알려진 내몽골지역의 홍산문화 유적이 이러한 사실을 구체적으로 입증한다.

그러므로 북방 여러 민족의 문화에서 우리문화가 비롯된 것이 아니라, 그들의 문화가 본디 우리문화였다고 해석해야 한다. 왜냐하면 고대 우리 민족이 바로 거기서 살았기 때문이다. 고인돌과 요령식동검의 분포, 복식사 자료, 역사적 기록 등을 고려하면, 현재 북방민족의 여러 지

---

10) 흔히 우리 몸에 몽골인의 피가 흐른다고 여기는데, 이것은 종속적 혈연의식이다.

11) 愼鏞廈, 「古朝鮮文明圈의 형성과 동북아의 '아사달' 문양」, 『고대에도 한류가 있었다』, 민족문화의 원형과 정체성 정립을 위한 학술대회 1(프레스센터, 2006년 12월 8일) 논문집에서 자세하게 다루었다.

역들이 고조선의 영역에 포함된다.[12] 그리고 중국의 사료와 고고학적 발굴유물을 면밀히 분석해 보면, 고대에는 백제가 황해를 넘어 산동성을 중심으로 중국의 동부해안 일대까지 점유하였던 사실을[13] 알 수 있다.[14] 북부여의 시베리아 이주나 가야의 일본열도 진출도[15] 우리 민족의 활발한 해외진출과 민족세력의 지리적 확장 사실을 입증해 준다. 거꾸로 우리 민족 세력과 문화가 중국은 물론 일본과 만주, 몽골, 시베리아 지역까지 영향을 미쳤던 사실을 알 수 있다.[16]

따라서 우리 민족은 본디부터 자기문화를 주체적으로 생산하지 못했다는 주장이나, 건국시조와 같은 지도자조차 자체 배출하지 못하고 시베리아 알타이 지역이나 바이칼 호수 근처에 살던 북방민족의 유이민들이 나라를 세운 것처럼 해석하는 것은 여간 문제가 아니다. 한 마디로 북방지역 민족의 신탁통치 형태로 만들어진 것이 우리 고대국가인 것처럼 실제 사실과 다르게 해석하는 까닭이다. 이러한 해석은 우리 민족이 고대국가를 이루고 살았던 한반도와 만주 지역 일대를 문화적 백지도 상태로 보는 것이다. 마치 유럽인들이 아메리카를 신대륙 발견으로 규정하는 것이나 다름없는 모순이다.

고대문화만 그런 것이 아니라 현대 우리문화도 같은 눈으로 읽는다. 일부 학자들은 한류를 비롯한 오늘의 우리문화를 '문화 폭발' 현상으로[17] 인식하고, 우리문화의 돌연한 현상을 서구문화 베끼기에서 비

---

12) 윤내현 외, 『고조선의 강역을 밝힌다』, 지식산업사, 2006 참조.
13) 金庠基, 「百濟의 遼西經略에 對하여」, 『東方史論叢』, 서울대학교출판부, 1984, 426-433쪽.
    方善柱, 「百濟軍의 華北進出과 그 背景」, 『白山學報』 11, 1971, 1-30쪽.
14) 윤내현, 『한국열국사연구』, 지식산업사, 1998, 381-418쪽에서 자세하게 다루었다.
15) 조희승, 『가야사연구』, 사회과학출판사, 1994.
    文定昌, 「任那論」, 『日本上古史』, 栢文堂, 1970, 587-631쪽.
    윤내현, 위의 책, 「제7장 가야의 왜열도 진출」, 453-497쪽 등에서 정밀하게 다루었다.
16) 愼鏞廈, 앞의 글, 같은 곳에서 자세하게 다루었다.

롯된 '서구 추종주의 또는 왜곡된 서구주의의 모습'으로[18] 해석한다.
지금 우리문화를 창조적이고 주체적인 문화발전 현상이 아니라 서구
문화 추종주의에 따른 문화폭발 현상으로 읽는 것이다. 현재의 한류와
고대문화를 해석하는 시각이 조금도 다르지 않다. 한류가 서구 따라하
기이듯이, 우리 선조들이 창조한 고대의 눈부신 문화유산들 또한 시베
리아 샤머니즘 따라하기나 알타이 황금문화의 영향, 또는 몽골이나 흉
노족 등 북방민족들의 도래에 의해 형성된 것으로 이해한다.

따라서 한반도 가장 남쪽에 자리잡고 있는 신라문화도 만주와 고구
려, 백제를 뛰어넘어 시베리아 문화가 영향을 미쳐 형성된 것처럼 해
석하는 것이다. 가장 대표적인 것이 신라금관의 기원을 시베리아 샤먼
의 모자에서 찾는 해석이다. 5세기의 순금 왕관의 기원을 19세기의 철
제 무당모자에서 찾는 역사적 당착에 빠져 있지만, 어느 누구도 문제
삼지 않는다. 이러한 당착을 바로잡으려들기는커녕 성찰조차 하지 않
는다.[19]

우리나라가 고인돌왕국이듯이[20] 신라는 세계적인 금관왕국이자 금
관종주국이라 할 만하다. 그런데 세계문화사에서 가장 독특하고 가장
풍부한 양식의 금관문화마저 시베리아 샤먼의 문화에 가져다 바치는

---

17) 이태주, 『문명과 야만을 넘어서 문화읽기』, 프러네시스, 2006, 173-174쪽.
18) 이태주, 위의 책, 175-176쪽.
19) 성찰은 커녕 애써 전파론을 극복하고 자생적 기원론을 밝혀도 관심이 없다.
   "문화의 전파 자체를 부정적으로 볼 필요는 없다"며 "설사 시베리아와 연관
   이 있다 해도 신라금관이 세계적으로 뛰어난 독창적인 예술품이라는 것은
   분명한 사실"이라고 어긋장을 놓는다. 유석재, 「논쟁합시다- 금관의 비밀」
   『조선일보』 2006년 1월 17일자에, 금관의 자생적 기원론을 밝힌 임재해의 발
   표논문을 소개하며 논쟁을 하자고 학계에 부추겨도 이런 수준의 반응으로
   논쟁을 회피한다.
20) 하문식, 「고인돌왕국 고조선과 아시아의 고인돌문화」, 『고대에도 한류가 있
   었다』, 민족문화의 원형과 정체성 정립을 위한 학술대회 1(프레스센터, 2006
   년 12월 8일).

것이 우리 고고학계의 현실이다. 정작 시베리아 샤먼들은 금관문화가 없는데도 기어코 신라금관의 창조자로 떠받든다. 이런 억지야말로 한민족 문화의 시베리아기원설이 주류를 이루고 있는 국학계의 학문적 수준이자 연구 역량의 한계라 하겠다. 일제강점기 일본인들이 만들어 낸 식민사관의 울타리 안에 여전히 온존하는 것은 물론, 당시의 시베리아기원설을 확대재생산하는 데 골몰하고 있는 것이다. 그러므로 우리 사회학문이 서양학문 수입학이자 외학의 패러디(Parody)라면, 고대문화를 해석하는 우리 인문학문은 식민사학의 동어반복이자 시베리아학의 아류라 할 만하다.

금관 종주국인 신라금관의 해석만 시베리아학의 아류 노릇을 하고 식민지학의 손바닥 안에서 노니는 것이 아니다. 민속문화의 기원조차 모두 외래문화에서 찾는 까닭에 상층의 고급문화는 물론 민중의 문화까지 우리 민족 스스로 창조한 문화는 없는 것으로 규정된다. 우리 굿문화는 시베리아 샤머니즘 기원설에서 헤어나지 못하며 탈춤은 동몽골 영향설, 꼭두각시놀음은 중국전래설, 황금문화는 알타이 기원설, 솟대는 북아시아 기원설, 석장승은 남방전래설, 고인돌은 남북방의 혼재설, 그리고 건국시조신화들은 대부분 북방기원설로 해석된다.

자연히 우리 신화도 자체 생산된 것이 아니라 북방의 유이민이 가지고 온 것으로 해석하기 일쑤이다. 고대 사서에 도래인으로 밝혀 놓은 신화적 영웅은 으레 도래인이고, 그렇지 않은 신화적 영웅도 도래인으로 해석한다. 신라신화에는 석탈해와 호공(瓠公)이 도래인으로 기록되어 있는데, 이 사람들은 물론이고 그렇게 기록되지 않은 6촌촌장들과 박혁거세, 김알지도 모두 북방민족으로부터 도래한 인물로 해석한다. 그러므로 도래인 여부를 밝혀 기록한 사서의 내용은 아예 무시되기 마련이다.

신라의 6촌촌장들도 하늘에서 내려왔다는 이유로 북방민족 유이민으로 규정된다. 신라에는 촌장감도 살지 않았다는 말이다. 자연히 6촌촌장신화도 신라의 것이 아니라 북방민족의 것으로 해석된다. 이처럼 고대 사서의 기록을 무색하게 만들어 버리는 것은 물론, 우리 민족은 신화적 창조력조차 없는 민족으로 부정되기 일쑤이다. 세계 어떤 민족도 자기 신화를 가지지 않은 민족이 없다는 점을 고려하면, 우리 학자들은 자기 신화를 읽으면서도 자기 신화라는 사실을 부정하는 자가당착에 빠져 있다. 만일 6촌촌장과 박혁거세, 김알지도 기록과 달리 도래인으로 규정하려면, 다음 세 가지 사실을 입증해야 한다.

첫째 신라인들은 다른 나라 사람들과 달리 정치적 지도자를 한 사람도 배출할 수 없었던 개연성을 입증해야 하고, 둘째 신라사람들은 신화시대에도 자기 고유의 신화를 창출하고 향유할 수 없었던 특수한 필연성을 설득할 수 있어야 하며, 셋째 문헌 기록에 도래인은 분명하게 도래 사실을 밝혀 두었는데, 나머지 다수의 영웅들은 도래인인데도 왜 토착민처럼 기록해 두었는가 하는 이유를 밝혀야 한다. 왜 탈해는 용성국에서 온 사람으로 서술해 두고, 혁거세와 알지는 그렇게 기록하지 않았는가 하는 근거를 밝혀야 설득력을 지닌다.

그런데 대부분의 신화 연구자들은 이러한 입증도 하지 않은 채 사료의 기록과 달리 6촌신화를 비롯한 신라 시조신화들을 북방 유이민의 신화로 해석한다. 이러한 견해의 직접적인 근거는 유민의 해석에서 비롯되고 잠재적인 근거는 식민사관의 타율성론에서 비롯된다. 고조선 유민의 '유(遺)'는 역사적 지속 개념인데 마치 지리적 이동 개념인 '유(流)'와 같은 개념으로 받아들여, 유민(遺民)을 곧 유이민(流移民)으로 단정하여 이주민이거나 도래인인 것처럼 해석한 것이다. 이러한 해석은 이병도가 주장한 '북방의 평양 부근에 중심을 두었던 고조선 유민의 내거설(來去說)'[21] 이래 최근까지 지속된다.

실제로 사료의 기록에 따르면, 이미 고조선시대부터 경주지역에서

---

[21] 金富軾, 李丙燾 譯, 『三國史記』, 乙酉文化社, 1983, 新羅本紀 第一, 譯者 註 (4).

살고 있었던 토착 세력들이 있었다. 그들은 고조선의 유민(流民)이 아니라 유민(遺民)이었다.[22] '신라지역 원주민들은 고조선이 붕괴된 뒤에 진한의 여섯 부를 이루고 있었으며, 그 여섯 부의 중심세력이었던 6촌촌장은 고조선 이래 그 지역의 명문거족이었다.'[23] 이들이 바로 신라 건국의 주체였던 것이며, 천손강림신화에 해당되는 6촌촌장신화를 형성하여 전승하며, 나아가 신라 건국신화인 혁거세신화를 통해 천손강림 요소에다가 난생 요소까지 곁들인 독창적인 신화를 전승하였던 것이다.

그런데도 화소(motif)를 중심으로 이들 신화를 북방신화나 남방신화로 해체하여 자생적인 신화로 인정하지 않고 전파론적 해석을 하는 것은 방법론적 한계까지 지닌다. 왜냐하면 전파의 근거로 삼는 화소는 겉으로 드러난 하나의 자연스러운 요소일 따름이기 때문이다. 따라서 앨런 던데스(Alan Dundes)는, 유사 화소들은 어디서나 나타날 수 있는 것이므로 화소의 동질성을 근거로 전파론을 펴는 것은 과학적 합리성을 인정받기 어렵다고 비판한다. 이야기의 화소는 역사지리학적 전파 경로를 추적하는 긴요한 단서가 아니라, 하나의 에틱(etic)으로서 관찰 가능한 물리적, 자연적 요소일 뿐이며, 이러한 화소는 어디에서나 흔해 빠진 것이라고 하며, 전파론을 비판했다.[24]

실제로 『후한서』 「동이열전」과 『삼국지』 「오환선비동이전」의 기록에 의하면, 한반도와 만주 지역에 있었던 부여와 고구려·읍루·동옥저·동예·한 등 여러 나라 사람들을 한결같이 토착민이라고 하였다. 이 기록에 의하면 우리 민족은 북방계나 남방계의 이주민으로 구성된 것이 아니라, 본디부터 한반도와 만주 지역에 거주하던 토착민이라는 사실을 알 수 있다.[25] 경주지역 토착민으로 구성된 6촌의 소국들이 모여 사

---

22) 『三國史記』 卷1, 「新羅本紀」 第1, "先是 朝鮮遺民 分居山谷之間 爲六村".

23) 윤내현, 『한국열국사연구』, 지식산업사, 1998, 230쪽.

24) Alan Dundes, 'From Etic to Emic Units in the Structural Study of Folktales', *Journal of American Folklore* vol. 75 No 296(1962), 95-105쪽.

로국을 형성하면서 6촌촌장의 시조신화가 혁거세신화 속에 흡수되어 함께 전승되었다고[26] 할 수 있다. 그런데도 도래인으로 기록되지 않은 시조신화들을 모두 유이민의 신화로 해석하는 것이다.

북방문화로부터 그 기원이 설명되지 않는 경우에는 으레 남방문화 전래설로 문제를 해결하려든다. 남방전래설로도 부족하면 계속해서 이웃나라는 물론, 대양이나 대륙 저편의 나라들 문화까지 끌어들인다. 그 결과 우리 고대문화는 북방문화 전래설에서 북방과 남방의 두 문화 전래설, 여기에다 황해를 건너 온 중국대륙 문화를 보탠 세 문화 전래설,[27] 다시 동해안으로 들어온 인도[28] 및 아랍계[29] 문화 전래설을 보탠 네 문화 전래설, 그리고 초원의 길을 통해 들어온 중앙아시아문화 전래설을[30] 보탠 다섯 문화 전래설 등으로 끊임없이 확산되고 있다.

외래문화의 전래설에 의해 형성된 것으로 해석하는 전파주의적 고대문화 이해는 우리 고대사의 문화적 정체성을 인정하지 않을 뿐더러

25) 윤내현, 『한국열국사 연구』 및 『우리 고대사 상상에서 현실로』, 지식산업사, 2003, 77쪽 참조.
26) 金杜珍, 「新羅 建國神話의 神聖族觀念」, 『韓國學論叢』 11, 國民大學校 韓國學研究所, 1988, 17쪽,
27) 金宅圭, 『韓國農耕歲時의 研究』, 嶺南大學校出版部, 1978, 451-452쪽.
28) 김병모, 『김수로왕비의 혼인길』, 푸른숲, 1999.
    정수일, 「한국 불교 남래설 시고」, 『문명교류사 연구』, 사계절, 2002.
29) 이용범, 「처용설화의 일고찰 - 당대(唐代) 이슬람상인과 신라」, 『한만(韓滿) 교류사 연구』, 동화출판사, 1989.
    무함마드 깐수, 『신라·서역교류사』, 단국대학교출판부, 1992.
30) 李殷昌, 「新羅金屬工藝의 源流的인 中央亞細亞 古代文化-아프가니스탄의 시바르간 出土遺物을 中心으로」, 『韓國學報』 26, 一志社, 1982, 163-165 쪽. 여기서 말하는 다섯 갈래의 전래설을 보면, 하나는 삼국 초기에 한대문화가 서해를 건너 낙랑지역을 거처 경주지역으로 들어오고, 둘은 고구려를 통하여 스키타이문화가 신라에 들어왔으며, 셋은 백제를 통하여 중국 남조문화가 신라에 유입되고, 넷은 남방 해로를 따라 인도계 문화가 동해안으로 들어왔다고 한다. 그리고 마지막으로 신라에도 백제에도 없는 신라 특유의 금관문화 등은 초원길을 통해 동해안으로 들어왔다고 하는 것이다.

민족문화의 창조력마저 부정하는 셈이다. 달리 말하면, 우리 고대사 연구는 우리 민족이 역사적 주체 구실을 하지 못하고 이웃나라 문화 속에 귀속되어 있는 문화적 식민지이자, 주변부를 자처하는 종속적 문화사를 구성하는데 봉사하는 셈이다. 따라서 전파론적 주장에 의하면 아예 민족문화의 원형은 물론 문화적 정체성이라 할 것이 없다. 그 원형은 모두 외부에 있고 그 정체성은 다른 문화에서 주어진 것으로 해석하는 까닭이다.

"자신의 사회를 보는 이론을 자생적으로 만들어가지 못하는 사회를 식민지적"이라고 규정한다면, 우리 지식사회는 여전히 식민지적이다. '외국 이론에 치우치면서 그 속에 담긴 자신의 삶에 대한 암시를 애써 외면하는 것, 자신의 삶이 전혀 담겨 있지 않은 글읽기와 글쓰기에 일생을 바칠 수 있는 것이 바로 제3세계 지식인의 식민지적 징후'인 것이다.[31] 그러므로 지금 여기 우리의 눈으로 우리문화를 다시 읽지 않을 수 없다. 문화는 우리가 가꾸어 온 것인데, 그 창조는 다른 민족이 했다는 외래 기원설이 식민지학으로서 문제인 것처럼, 우리 민족문화의 뿌리를 외국학자들의 규정에 따라 해석하려 드는 것 또한 우리 학문을 기껏 '신탁통치 학문'으로 제국주의 학문체제에 종속시키는 것일 수밖에 없다.

자생적 이론의 빈곤이나 외국 이론의 일방적 수용이 우리 학문의 발전을 방해하는 것 이상으로, 종속적 문화사관을 조장하는 연구활동이 극복되지 않고 오히려 더욱 강고하게 이어지는 것이 심각한 문제이다. 자기 이론과 방법을 갖추지 못한 것도 문제이지만, 자기 문화를 자기 것이 아니라고 우기는 것은 더욱 문제라 하지 않을 수 없다. 이를테면 민족문화 유산마저 우리 민족 스스로 창조한 것이 아니라 중국이나 북방으로부터 전래되어 온 것이라는 주장을 펴는 학계의 연구활동이

---

31) 조혜정, 『글읽기와 삶읽기』 1, 또하나의 문화, 1992, 22-23쪽.

그러한 보기이다.

이런 상황에 이르면 중국이 '동북공정'으로 고구려사를 중국사에 편입시키려는 노력은 사실상 우리 국학자들의 방조에 의한 것이라 할 수 있다. 이론도 외국의 것을 빌려오는 데다 자국문화의 유산이나 전통까지 외국에서 전래되어 온 것이라고 주장하는 상황이니, 학문의 이론적 주체성은 물론 문화적 독창성까지 스스로 부인하며, 우리 민족의 문화 창조력 자체를 부정한다. 더 나아가 아예 민족의 혈연적 뿌리까지 몽골이나 알타이 등 시베리아 지역에서 찾기도 한다.

그러므로 중국이나 주변국가의 역사편입 시도보다 더 큰 문제가 우리 학계 내부에 있다고 하지 않을 수 없다. 한국학계의 연구작업이 그들의 역사왜곡을 뒷받침하거나 그러한 왜곡을 부추기고 있다는 것이다. 왜냐하면 우리 학자들 스스로 우리 고대사와 문화사의 뿌리를 중국과 북방민족에게 귀속시키는 일을 끊임없이 해오고 있기 때문이다. 다시 말하면 한국학계의 고대사와 문화사 연구는 사실상 중국과 시베리아, 몽골 등 북방 여러 국가의 변방사나 변방문화처럼 해석되고 있다는 것이다. 왜냐하면 우리문화는 으레 북방민족에서 비롯되었거나 중국에서부터 건너온 것이라고 하는 천편일률적인 결론을 내리고 있는 까닭이다.

사실상 시베리아나 몽골, 중국 등의 학자들은 한국 고대사나 전통문화를 자기의 것이라고 애써 연구하지 않아도 좋다. 왜냐하면 그들이 가만히 있어도 한국의 고대사나 전통문화는 본래 그들의 것이었다고 한국학자들 스스로 연구해서 진상하고 있는 까닭이다. 따라서 우리 학자들이 민족문화의 뿌리를 찾는 연구를 하면 할수록 중국이나 몽골, 시베리아 문화권에서 벗어날 수 없다. 우리 스스로 그들 문화권의 굴레 속에 끼어 들고자 갖은 자료와 논리를 동원하여 애를 쓰고 있는 까닭이다. 그러므로 사대주의사관에 의해 우리 역사와 문화를 연구하는 국학계의 고정관념을 무너뜨리지 않는 한, 중국의 동북공정 극복은커녕, 시베리아와 알타이의 동남공정까지 자초하게 되고 말 것이다.

지금 우리는 중국의 '동북공정'에 맞서서 삿대질을 할 것이 아니라, 중국이 동북공정을 시작하기 이전부터, 사실상 그와 같은 주장에 진작부터 맞장구치는 연구를 줄곧 해온 한국학자 자신들의 '서북공정'에[32] 대하여 성찰하고 비판하는 작업을 먼저 해야 한다. 우리 한민족의 핏줄과 문화사의 뿌리를 한반도 서방인 서역과 중국, 그리고 북방의 몽골 및 시베리아 문화에서 찾는 연구활동은 사실상 중국의 동북공정에 대하여 국학계의 서북공정에 해당되는 까닭이다.

우리 학계는 중국이 동북공정을 통해 한반도 역사를 침탈하기 훨씬 이전부터 우리 스스로 서북공정 작업으로 내응(內應)하고 그들의 동북공정을 언제든지 환영하며 합리화시킬 준비를 오랫동안 해왔던 셈이다. 실제로 우리 사학계는 고구려사 연구는 물론, 고구려사 이전의 고대사 연구를 소홀하게 한 것이 사실이다. 고구려사가 중국에 귀속되면 고조선과 발해의 역사도 중국에 귀속된다. 그런데도 우리는 고대사 연구에 상대적으로 무관심했다. 자연히 어떤 물건이든 주인이 없는 것처럼 버려져 있으면 가까이 있는 사람이 슬그머니 자기 것인 양하게 마련이다. 중국의 동북공정을 나무라기 전에 고구려사와 고대사를 버려둔 우리 학계의 잘못을 먼저 성찰해야 한다.

그런데 고대문화의 기원을 연구하는 학자들은 한 수 더 뜬다. 마치 자기 호주머니에 든 물건을 꺼내들고는 이웃집을 찾아다니며, "혹시 내 주머니에 있는 이 물건이 본래 당신 것은 아니오? 내 생각에는 당신 것이 분명한데, 내 주장이 맞지요?" 하며 떠들어대는 격이다. 그럴 지경이면 아예 고구려사처럼 연구를 하지 않은 채 그냥 내버려두는 편이 더 낫다. 우리 역사와 문화의 뿌리를 북방민족에게 끌어다 붙이는 연

---

32) 여기서 '서북공정'이란 한국학자들이 '한반도의 서방과 북방에서 민족문화의 기원을 찾는 연구공정'으로서 중국의 '동북공정'에 빗대어 일컫는 말일 따름이다.

구를 줄곧 해왔기 때문이다. 따라서 만일 시베리아나 중앙아시아 또는 몽골 등에서, 중국의 동북공정처럼 한반도는 그들이 개척한 땅이며 그들 조상들이 다스렸던 자국의 변방이었다는 주장을 해도 우리는 아무런 할 말이 없다. 우리 스스로 그런 주장을 계속한 까닭이다.

고대문화만 그런 것이 아니라 현대문화도 마찬가지이다. 중국과 일본 등 아시아 여러 나라들이 두루 '한류'로 자리매김하는 우리문화도 우리 스스로 부정한다. 서구문화 따라하기 또는 선진문화 흉내내기의 식민지 근성으로 규정하는 것이다. 따라서 우리 학계의 연구 현실을 솔직하게 반성하고 냉정하게 비판하는 동시에 종속적 연구를 적극적으로 극복하지 않으면, 민족문화의 정체성 확립이나 국학의 세계화는 커녕 국학의 종속화와 변방화만 더욱 조장될 뿐 아니라, 오히려 국학의 북방학화 또는 시베리아학화가 될 가능성이 높다. 그러므로 이 문제를 비판적으로 성찰하고 극복하는 대안적 노력이 절실하다. 국학의 이론 개척과 민족문화의 자산 확보를 위한 전통문화 조사작업이 긴요한 까닭이 여기에 있다.

3. 고대문화의 선진성과 문화적 정체성 포착

고대에도 현대처럼 이웃나라와 문화적 교류가 있었다는 사실을 부인할 수 없다. 오히려 국경 개념이 불확실했던 까닭에 더 활발한 교류가 있었을 것이다. 그러나 외래문화의 전래설이 문화교류를 뜻하는 것은 아니다. 문화수입을 문화무역이라 할 수 없는 것과 마찬가지이다. 지금의 한류처럼 이웃나라에 문화수출은 물론 문물의 영향을 미친 사실도 적지 않았다. 우리 고대국가의 문물을 북방 여러 나라와 중국에서 받아들인 사실이나, 당대의 우리문화가 이웃문화에 비하여 시대적으로 앞서고 양적으로 풍부하며 질적으로 우수했다는 사실이 그러한 사정을 잘 입증한다.

고조선은 청동기문화와 더불어 시작되었는데, 이 시기에 고인돌문화도 등장한다. 고조선 지역은 고인돌 왕국이라 할 만큼 세계적으로 고인돌이 가장 풍부하고 다양하며 시대적으로도 앞선다. 고인돌 하나만으로도 고조선문화의 질적 위상과 지리적 강역까지 획정지을 수 있을 정도이다.[33] 우리나라에는 전 세계 고인돌의 40%가 분포하고 있을 뿐 아니라, 고창과 화순, 강화 등 3 지역 고인돌유적이 한꺼번에 유네스코 세계문화유산으로 지정된 것은 세계적으로 유래가 없는 일이다. 고인돌은 청동기시대의 무덤양식으로서 세계 어느 나라와도 비교할 수 없는 분포의 집중성과 형식의 다양성을 자랑하고 있다.

청동기문화도 고인돌문화 못지않게 우뚝하다. 고조선의 청동기는 중국의 황하 유역보다 시대적으로 앞설[34] 뿐 아니라, 아연을 이용한

〈그림 1〉 요령식 동검   〈그림 2〉 8가지 청동방울

---

33) 하문식, 「고인돌을 통해 본 고조선」, 윤내현 외, 『고조선의 강역을 밝힌다』, 지식산업사, 2006, 199-261쪽 참조.

34) 윤내현, 『고조선 연구』, 일지사, 1994, 729쪽. "황하유역에서 가장 이른 청동기문화는 二里頭文化인데 그 개시 연대는 서기전 2200년경이며, 고조선지역에서 가장 이른 청동기문화는 夏家店下層文化인데 그 개시 연대는 서기전 2500년경이다."

청동기의 합금기술이 빼어났다.[35] 이른바 비파형동검이라 일컫는 요
령식동검이 결정적인 자료이다(그림 1). 동검의 곡선이 유연하고 아름
다워 독창성을 드러낼 뿐 아니라, 검의 몸체와 칼자루를 따로 만들어
조립한 양식이 이웃나라 동검과 구별되는 독창성을 지니고 있다.

두 개의 방울이 달린 아령모양의 청동방울과, 여덟 개의 가지가 달
린 불가사리 모양의 청동방울로(그림 2) 대표되는, 정교하고 세련된 청
동기는 당대의 어느 나라 문화와 견주어도 손색이 없는 훌륭한 수준을
보여준다. 특히 청동거울 뒷면의 기하학적 빗금 무늬는 현대적 기술로
도 재현하기 어려울 만큼 섬세하다(그림 3).

 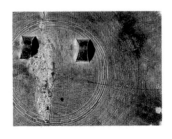

〈그림 3〉 청동거울 뒷면(『그림과 명칭으로 보는 한국의 문화유산』,
시공테크·시공미디어, 232쪽.)

청동기가 앞섰으니 철기도 중국에 비하여 앞설 수밖에 없다. 중국
의 철기문화가 서기전 8-6세기 경으로 추정되는데, 고조선의 철기문화
는 중국보다 4-6세기 앞선 서기전 12세기로 밝혀졌다.[36] 청동기와 철기

35) 全相運, 「韓國古代金屬技術의 科學史的 硏究」, 『傳統科學』 1, 漢陽大學校 韓
國傳統科學硏究所, 1980, 9-16쪽. 윤내현, 위의 책, 730-731쪽에서 재인용.
36) 강승남, 「고조선시기의 청동 및 철 가공기술」, 『조선고고연구』, 사회과학원
고고학연구소, 1996, 24쪽에서 서기전 12세기 무덤인 강동군 송석리 문선당
1호 돌판무덤에서 출토된 철기유물을 통해서 입증된다.

가 앞섰다는 것은 요즘으로 말
하면 IT 산업이 앞섰다거나 또
는 핵무기 개발이 앞섰다고 하
는 것이나 다름없다. 고조선의
무기와 모직물 등이 중국으로
수출되고[37] 고조선 갑옷이 중
국에 영향을 미친 사실도[38] 같
은 맥락에서 재인식될 필요가
있다. 고조선의 무기와 갑옷이

〈그림 4〉 검은모루유적 출토 주먹도끼의
앞면과 뒷면

동북아시아 지역에서 가장 앞선 사실은 문화적 수준 및 합금기술의 발
달과 더불어 국력의 상대적 우위를 말하는 것이다.

구석기시대로 거슬러 올라가면 문화적 우위가 더욱 잘 드러난다.
한반도에서 알려진 구석기시대유적들 가운데 가장 이른 시기의 것은
'검은모루 유적'으로 알려져 있다. 평양시 상원군 흑우리에 있는 유적
에서 주먹도끼 모양 석기(그림 4)와 뾰족끝석기, 반달형 석기 등이 출
토되었다.[39]

전곡리에서 발견된 구석기 유적은 세계적으로 가장 주목받는 유적
의 하나로 밝혀졌다. 30만 년 전의 아슐리안형 석기는 동아시아에서 처
음 발견된 것으로, 세계 전기구석기문화가 유럽·아프리카의 아슐리안

---

37) 윤내현, 앞의 책, 595쪽. "고조선은 일찍부터 활, 화살, 화살촉 등의 무기와
    모피의류, 모직의류, 표범가죽, 말곰가죽 등의 생활사치품을 중국에 수출하
    였다."
38) 박선희,『한국 고대 복식-그 원형과 정체』, 지식산업사, 2002, 547-612쪽의「고
    조선의 갑옷 종류와 특징」에서 이 문제를 자세하게 밝혔다. 고조선 갑옷이
    중국과 북방지역에 영향을 미쳤을 뿐 아니라 이후의 고구려와 백제, 신라,
    가야 갑옷에 영향을 미치고 다시 일본 및 중국에 영향을 미쳤다는 사실이
    같은 책, 613-673쪽에 걸쳐 자세하게 다루어졌다.
39) 조선유적유물도감편찬위원회,『조선유적유물도감』1, 조선유적유물도감편
    찬위원회, 1988, 25쪽.

문화전통과 동아시아 지역의 찍개문화전통으로 나누어진다는 기존 학
설을 무너뜨리는[40] 결정적 증거가 되었다. 왜냐하면 아슐리안형 석기
는 150만년 전 아프리카 직립원인에 의해 처음 사용되었던 구석기 유
물로서 동아시아 구석기 문화에서는 이와 같은 주먹도끼 문화가 없다
는 것이 세계 고고학계의 정설이었기 때문이다.[41] 그러므로 전곡리 구
석기 유적으로 볼 때, 한반도에는 선사시대 구석기문화가 아시아 지역
에서 우뚝했다고 할 수 있다.

〈그림 5〉 소로리볍씨 출토 모습

벼농사의 전통도 마찬가지이
다. 충북 청원군 소로리에서 발견
된 볍씨(그림 5)[42]는 약 1만 5천년
전의 볍씨로서, 그동안 국제적으로
가장 오래된 것으로 인정받아왔던
중국 후난성(湖南省) 출토 볍씨보다
도 약 3000년이나 앞선다. 이 연대
는 이융조 교수 연구팀이 소로리에
서 탄화볍씨 59톨을 발굴하여, 미국의 방사성 탄소연대 측정기관인 지
오크론(Geochron)과 서울대의 AMS연구팀으로부터 동일하게 얻은 것이
어서 국제적으로 공인 받은 사실이다.[43] 따라서 "소로리볍씨는 세계에

---

40) 배기동, 「구석기시대의 인류와 문화」, 국토교양강좌, http://land.go.kr/landinfo/
lecturelandinfo/landculturelec/6/landculture_list_10_text_6_10.jsp "석기공작은 1970년
대 말까지만 하더라도 유럽과 아프리카지역에서만 발견된다고 하여 아슐리
안문화권과 동아시아지역의 찍개문화권으로 세계전기구석기문화를 양분하
였지만 경기도 전곡리에서 1978년에 발견된 주먹도끼들 때문에 이 학설은
무너지고 말았다."

41) 조유전·이기환, 『고고학자 조유전의 한국사 미스터리』, 황금부엉이, 2004,
32-33쪽.

42) 이융조·우종윤, 『선사유적 발굴도록』, 충북대학교 박물관, 188쪽.

43) 이융조, 「중원지역 구석기연구와 과제, 『한 그릇에 담은 나의 학문과 삶』, 학
연문화사, 2006, 130쪽.

서 가장 오래된 볍씨이며 출토지인 것이 고고학적·과학적으로 증명"
되었기에 다각적인 대책이[44] 학계 차원에서 촉구되었다.

"지금까지 세계에서 가장 오래된 벼의 기원지를 갖고 있다고 자부
하던 중국학자들, 특히 후난성 문물고고연구소 원가영(袁家榮) 소장의
인정"은 더욱 주목된다. 왜냐하면 "그는 소로리 볍씨가 발견되기 전까
지 가장 오래된 볍씨가 출토된 옥섬암(玉蟾岩) 유적의 발굴책임자"이
기 때문이다.[45]

이 밖에도 '청원 두루봉 동굴' 유적 자료들은 구석기 사람들의 장례
문화와 더불어 동물숭배의 토템의식, 일상생활에서 꽃의 사용 등, 상당
히 수준 높은 문화생활을 보여주고 있다. 따라서 종래의 구석기문화
연구의 성과를 여러 모로 무색하게 만들었다. 이를테면 '꽃을 사랑한
첫사람들'로 해석되는가 하면, 일정한 양식의 장례의식을 행하고 신앙
생활도 누렸던 것이다.[46] 따라서 구석기인들도 상당히 인간다운 문화
생활을 누렸다고 해석할 만한 자료들이 발굴된 셈이다. 이처럼, 고고학
의 성과가 축적될수록 한반도 구석기문화의 역사적 선행성이 여러 모
로 입증되고 있다.

한반도와 만주 지역에 구석기문화가 앞섰다는 것이 발굴성과로 입
증되었으며, 신석기나 청동기시대의 주민들도 다른 지역에서 이주해
온 것이 아니라 토착민이었다는 사실이 밝혀졌다.[47] 나아가 이 지역에
신석기시대가 중국 황하유역과 비슷하거나 앞선 것으로[48] 드러났다.

---

44) 안승모, 「청원 소로리 토탄층 출토 볍씨」, 한국신석기학회 홈페이지, 발굴소
   식 64, http://www.neolith.or.kr/02_exca/exca_list.aspx?page=8
45) 이융조, 위의 글, 같은 곳.
46) 이융조, 「아시아 구석기문화에서 청원 두루봉 문화의 위상」, 『고대에도 한류
   가 있었다』, 지식산업사, 2007, 224-225쪽.
47) 李鮮馥, 「신석기·청동기시대 주민교체설에 대한 비판적 검토」, 『韓國古代史
   論叢』 1, 駕洛國史蹟開發研究院, 1991, 41-66쪽.
48) 임효재, 「한·일문화 교류사의 새로운 발굴자료」, 『제주 신석기문화의 원류』,
   한국신석기연구회, 1995를 참조하면, 제주도 고산리유적에서 화살촉 등과 함

황하유역의 신석기 유적 가운데 가장 이른 것이 하남성의 배리강문화
(裴李崗文化) 유적과[49] 하북성 경계지역의 자산문화(磁山文化) 유적으
로서[50] 그 연대가 서기 전 6000년경이다.

그런데 강원도 양양의 오산리유적과[51] 함경북도 선봉군 굴포리 서
포항유적,[52] 남해안의 조도,[53] 만주 내몽골자치구의 흥륭와유적[54] 등
의 연대가 서기전 6000년경으로 확인되었다. 특히 오산리유적의 방사
성탄소연대측정 결과 서기전 10000년의 연대가[55] 나왔으므로 서기전
6000년보다 올라갈 가능성이 있다. 그러므로 우리 신석기문화는 황하
유역보다 2000년 정도 앞선 서기전 8000년경으로 잡을 수 있다.[56]

고고학적 발굴유물로 확인되는 것은 물론, 중국의 고대 사료에도
우리 고대문화의 독자성이 여러 모로 기록되어 있다. 상고시대에 우리
민족은 중국으로부터 동이족으로 일컬어졌는데, 그들의 기록에 의하면
동이족은 여러 모로 문화가 앞선 것으로 나타나 있다. 『고사변(古史辯)』
에 의하면 태호복희씨(太昊伏犧氏), 여와씨(女蝸氏)가 모두 동이족이

께 토기가 발견되었는데, 그 연대가 서기전 8000년경으로 추정되고 있다.

49) 開封地區文管會·新鄭縣文管會,「河南新鄭裴李崗新石器時代遺址」,『考古』1978
  年 第2期, 73-74쪽 ; 嚴文明,「黃河流域新石器時代早期文化的新發現」,『考古』,
  1979年 第1期, 45쪽 ; 中國社會科學院考古研究所實驗室,「放射性碳素測定年
  代報告(六)」,『考古』, 1979年 第1期, 90쪽.

50) 邯鄲市文物保管所·邯鄲地區磁山考古隊短訓班,「河北磁山新石器時代遺址試
  掘」,『考古』1977年 第6期, 361쪽 ; 安志敏,「裴李崗·磁山和仰韶」,『考古』1979
  年 第4期, 340쪽.

51) 任孝宰·李俊貞,『鰲山里遺蹟 Ⅲ』, 서울大學校博物館, 1988.

52) 『조선유적유물도감』 1 원시편, 조선유적유물도감편찬위원회, 1988, 63쪽. 북
  한학자들은 이 유적을 서기전 5000년기로 편년하였으나, 任孝宰,「新石器時
  代 編年」,『韓國史論』12, 國史編纂委員會, 1983, 707-736쪽에서는 서기전 6000
  년으로 보고 있다.

53) 任孝宰, 위의 글, 같은 곳.

54) 楊虎,「內蒙古敖漢旗興隆洼遺址發掘簡報」,『考古』, 1985年 10期, 865-874쪽.

55) 任孝宰·李俊貞, 앞의 책, 같은 곳.

56) 윤내현,『고조선 연구』, 102쪽 참조.

었다고 하며,『황제내경』[57]「소문(素問)」편을 보면 침술 역시 동이족이 살고 있는 동방에서부터 전해 온 것이라고 할 뿐 아니라, "동방은 지구가 형성될 때 최초로 문화가 발생한 곳"이라 하였다.[58] 고대에 동이족 문화가 가장 발전했다는 사실을 말하는 것이다.

동이족 또는 고조선문화를 다룬 중국의 기본 사료로는『후한서』「동이열전」과『삼국지』「오환선비동이전(烏丸鮮卑東夷傳)」을 꼽는다.[59] 기본 사료를 중심으로 동이족 문화를 좀더 자세하게 살펴보기로 하자.『후한서』「동이열전」에서 동이사람들은 "천성이 유순하여 도리로서 다스리기 쉽기 때문에 군자국(君子國)과 불사국(不死國)이 있다"고[60] 했을 뿐 아니라, "공자도 동이에 살고 싶어하였다"고 밝혀두었다.[61] 게다가 "동이는 모두 토착민으로서 술 마시고 노래하며 춤추기를 즐기고, 머리에는 변(弁)이라는 모자를 쓰고 비단옷을 입었다"고 하였으며, 그러므로 중국이 "예(禮)를 잃으면 동이에서 구했다"고[62] 기록해 두었다.

「동이열전」의 가장 서두에 기술되어 있는 내용이어서 동이족에 관한 총론이자 일반적 경향성을 집약화하여 서술한 대목이라 할 수 있다. 따라서 핵심 상황을 나타내는 열쇠말(keyword)이 뚜렷하게 드러난다. 동이족의 문화적 수준을 '천성유순(天性柔順)', '도리로 다스리기 쉬움(易以道御)', '군자국(君子國)'의 세 가지 열쇠말로 표현한 셈이다. 첫째 열쇠말인 '천성유순'이 민족성을 나타내는 말이라면, 둘째 열쇠말

---

57) 김지하,『옛 가야에서 띄우는 겨울편지』, 두레, 2000.『황제내경』의 강담자(講談者) 기백(岐伯)은 동이족의 대선사 자부선인(紫府仙人)의 제자라 한다.

58)『黃帝內經』素問篇, "東方之域天地之所始生也".

59) 윤내현,『고조선연구』, 24-26쪽에 두 사서에 대한 사료적 가치와 문제를 자세하게 다루었다.

60)『後漢書』卷85,「東夷列傳」序, "故天性柔順 易以道御 至有君子不死之國焉".

61)『後漢書』, 위와 같은 곳, "故孔子欲居九夷也". 여기서 구이(九夷)는 곧 동이의 여러 세력을 포괄하는 말이다.

62)『後漢書』같은 곳, "東夷率皆土着 憙飮酒歌舞 或冠弁衣錦 …… 所謂中國失禮 求之四夷者也."

인 '도리로 다스림'은 도덕정치의 실현을 나타내는 말이다. 그리고 셋째 열쇠말인 '군자국'은 두 열쇠말을 아울러서 국가적 정체성을 드러내는 말이다.

천성이 유순하니 엄격한 법치보다 도리로 다스리기 쉽고, 백성을 도덕으로 다스려도 충분하니 군자국이라 하는 것이다. 따라서 세 열쇠말은 서로 개연성을 지니고 있다. 나아가 세 열쇠말의 의미를 더 부각시키는 결정적 열쇠말이 별도로 있어서 설득력을 확보하고 있다. 그것은 바로 동이에 가서 살고 싶어하는 '공자의 소망[孔子欲居]'이다. 앞의 세 가지 열쇠말들은 이 열쇠말을 통해서 그 의미가 한층 두드러진다. 공자는 도덕과 예의로 백성을 다스리는 덕치(德治)를 이상으로 여겼으며 군자를 가장 바람직한 인간상으로 추구한 성현이다. 동이족 사회는 바로 공자가 이상으로 삼은 세계로서, 덕치가 실현되는 수준 높은 문화를 누렸던 것이다. 그러므로 공자가 군자국 동이를 동경의 대상으로 삼은 것은 당연한 일이다.

공자가 동이에 가서 살고자 했다는 사실은 여러 문헌에 두루 기록으로 남아 있어서 설득력을 뒷받침한다. 『후한서』 한전(韓傳)에도 공자는, 군자들이 살고 있는 곳이어서 동이에 가 살고 싶다고 했다는[63] 기록이 있다. 그리고 『논어』 「자한(子罕)」편과, 『한서』 「지리지」에도 공자가 동이에 가서 살고 싶다는 내용이 더 구체적으로 밝혀져 있어 객관적 증거 구실을 하기에 충분하다.

조선에는 예의로서 백성을 교화하고 양잠을 하여 명주를 짜고 범죄를 금하는 8조의 법 외에 60여조의 법이 만들어져 있을 뿐 아니라, '어질고 슬기로 교화를 하여 동이족은 천성이 유순하며 이웃나라와 다른 까닭에, 공자는 도가 행해지지 않는 것을 서글프게 생각하여 뗏목을

---

63) 『後漢書』, 같은 곳, 韓傳, "仲尼懷憤 以爲九夷可居 或疑其陋 子曰 '君子居之 何陋之有'".

타고 바다를 건너 동이에 가 살고 싶다'고[64] 했던 것이다. 오죽하면 뗏목을 타고 해외이민까지 꿈꾸었을까.

공자만 한반도를 동경했던 것은 아니다. 공자가 이런 수준이니 다른 사람들은 더욱 절실했을 것이다. 따라서 실제로 중국에서 한반도로 이주해 오는 사람들이 많았다. 기자(箕子) 일족의 조선지역 이주는 기록에 나타난 그 첫 번째 사실일 따름이다. 춘추·전국시대부터 진·한(秦漢)시대에 이르기까지 고조선과 가까운 연(燕)·제(齋)·조(趙) 지역 중국인들이 계속해서 고조선으로 이주해 왔다.[65] 그리고 "진한(辰韓)의 노인이 스스로 말하기를, 자신들은 진(秦)나라의 망명인으로 고역을 피해 한국으로 왔다"고[66] 진술한다. 그러므로 요즘의 망명객들이 정치적 박해와 경제적 고난을 피해 선진국으로 이주하듯이, 당시 중국의 망명객들도 같은 심정으로 동이족의 선진문화를 동경하며 한반도로 망명해 왔던 사실을 알 수 있다.

『삼국사기』에도 같은 기록이 보인다. "중국인들이 진나라의 난리에 고난을 겪다가 망명하여 찾아오는 자가 많았는데, 대부분 마한 동쪽에 거처하며 진한과 더불어 섞여 살았다"고[67] 한다. 중국 이주민들이 워낙 많이 몰려들어 번성하게 되자, 마한은 그들을 싫어하여 질책할 정도였다.[68] 요즘 같으면 과도한 불법이민을 경계하게 되었다는 말이다. 동이 지역이 중국보다 살기 좋은 곳이었다는 사실을 나타내는 기록이다. 그러므로 중국인들은 공자를 비롯하여 귀족과 일반 백성들까지 다투어 동이지역에 와서 살기를 희망했다고 할 수 있다.

---

64) 『論語』「子罕」, "仁賢之化 然東夷天性柔順 異於三方外 故孔子悼道不行 設浮於海 欲居九夷".
65) 윤내현, 『고조선 연구』, 795쪽.
66) 『後漢書』 卷85, 「東夷列傳」 韓傳, "辰韓 耆老自言 秦之亡人 避苦役 適韓國".
67) 『三國史記』 卷1, 「新羅本紀」, 始祖 赫居世居西干. "前此中國之人 苦秦亂 東來者衆 多處馬韓東 與辰韓雜居".
68) 『三國史記』 위와 같은 곳, "至是 寢盛 故馬韓忌之有責焉".

중국의 역사가가 이웃나라 동이에 관한 제일 첫 서술에서, 동이는 '공자가 동경한 군자국'이라고 밝혀 두었다면, 그 문화적 수준은 더 이상 이웃의 다른 문화와 자세하게 견주어 보지 않아도 좋을 만큼 당대 최고의 문화를 누렸다고 해도 지나치지 않다. 그리고 군자국에 이어 '불사국(不死國)'이란 내용에 관해서는 이어지는 기록이 없지만, 중국의 『사기』에서 동이를 군자국 못지않게 불사국이라 일컫은 근거를 찾을 수 있다.

『사기』의 기록에 따르면, 기원 전 4세기부터 한무제 때까지 무려 3백 년 동안 불사(不死)의 꿈을 이루기 위해 삼신산(三神山)을 찾는 탐사대가 발해를 건너 한반도를 향해 끊임없이 떠났다고 한다.[69] 진시왕 대에 이르러 삼신산을 찾고 불사약을 구하기 위하여 동남동녀(童男童女)를 보내는 일이 절정을 이루었는데,[70] 발해 너머 동방에 그러한 유토피아가 있다고 생각한 까닭이다. 따라서 "고대 중국인들에게 '발해 동쪽의 바다'와 '조선'은 삼신산의 이상향으로 통하는 관문"이었으며, "삼신산 탐사대의 주된 행선지가 조선반도"였던 것이다.[71]

중국인들이 희구하던 불사의 주술이자 신선술인 방선도(方僊道)는 고대 동이의 문화이다. 그런 증거는 여러 기록에서 입증된다. 가장 앞선 기록으로는 허신(許愼)의 『설문해자(說文解字)』를 들 수 있다. 허신은 '이(夷)'를 풀이하면서 "夷는 平也"라고 해서 평평하고 바르다고 했다. 그리고 글자는 "大를 따르고 弓을 따랐다"고 하며, 이족(夷族)은 "동방의 사람들"이라고 했다.[72] 어느 곳에서도 동이를 오랑캐라 일컫은 적이 없다. 『설문해자』의 최고 주석서인 단옥재(段玉裁, 1735-1815)의

---

69) 『史記』 卷28, 「封禪書」.
70) 『史記』 卷6, 「秦始皇本紀」 28年條.
71) 김성환, 「최초의 한류, 동아시아 삼신산 해상루트의 기억을 찾아서」, 『동아시아 전통문화와 한류』, 동양사회사상학회 국제학술대회(전남대학교, 2007년 1월 8일), 83-86쪽에서 자세하게 다루었다.
72) 許愼, 『說文解字』, "夷 平也 從大從弓 東方之人也."

『설문해자주(說文解字注)』에는 동이를 더 구체적으로 풀이해 두었다.

"동이(東夷)는 '대(大)'를 따르는 대인(大人)들이다. 동이의 풍속은 어질고 어진 자는 장수하여 오래 살았다. 따라서 동이에는 군자국과 불사국이 있다"고[73] 했다. "君子不死之國"은 '군자의 나라이자 불사의 나라' 또는 '군자가 죽지 않는 나라'로서 군자가 끊어지지 않는 나라라고 이해할 수도 있다.

『산해경』「해외동경(海外東經)」에도 군자국에 관한 기록이 있다.[74] "군자국은 그 북쪽에 있는데, 그 나라 사람들은 의관을 정제하고 허리띠에 검을 찼으며 짐승을 먹고 큰 호랑이 두 마리를 부리며, 사람들은 서로 양보하기를 좋아하여 다투지 않았다. 무궁화가 있는데 아침에 피었다가 저녁에 진다."고[75] 했다. 산해경에서는 호양부쟁(互讓不爭)에 주석을 달아 이 뜻을 풀이하면서 『설문해자』를 인용하고 있다.[76] "동이는 대의를 따르는 대인이다. 동이의 풍속이 어질고 어진 자는 오래 살기 때문에 군자국과 불사국이 있다."는 것이다.

여러 문헌에 보이는 동이에 관한 기록은 '대인과 어진 풍속, 군자국,

---

73) 段玉裁, 『說文解字注』, 十篇下七, 〈夷〉 [東方之人也 從大從弓], "蓋在坤地頗有順理之性 惟東夷從大大人也 夷俗仁仁者壽有君子不死之國 按天大地大人亦大 大象人形 而夷篆從大 則與夏不殊夏者中國之人也."
　　段玉裁, 『說文解字經』, 臺灣: 蘭臺書局, 1977. 〈夷〉【東方之人也 從大從弓】"蓋在坤地頗有順理之性 惟東夷從大大人也 夷俗仁仁者壽有君子不死之國 按天大地大人亦大大象人形而夷篆從大 此與君子如夷 有夷之行降福." 許愼 原著, 段玉裁 注, 琴河淵·吳采錦 編, 『段注說文 Pinyin 聲符辭典』, 日月山房, 2009, 1145쪽, 〈夷〉 [東方之人也 從大從弓], "蓋在坤地頗有順理之性 惟東夷從大 大人也 夷俗仁 仁者壽 有君子不死之國 按天大 地大 人亦大 大象人形 而夷篆從大 則與夏不殊夏者中國之人也."

74) 『山海經』「海外東經」, "君子國 在其北 衣冠帶劍 食獸 使二大虎在旁 其人好讓不爭 有薰華草 朝生夕死."

75) 정재서 역주, 『산해경』, 민음사, 1985, 252쪽 참조.

76) 『山海經』「海外東經」, '君子國'의 互讓不爭 주석, "說文四云 東夷從大 大人也 夷俗仁 仁者壽 有君子不死之國".

불사국, 무궁화' 등의 열쇠말로 동이족의 문화적 정체성을 잘 드러낸다. 따라서 고대의 동이는 중국인들에게 도덕적으로 수준 높은 군자국이었을 뿐 아니라, 영생의 꿈을 이룰 수 있는 이상향의 불사국으로 인식되었던 것이다. 그러므로 당대 최고의 성인인 공자도 군자국 동이를 동경했고 최고의 권력자인 진시왕도 불사국 동이를 꿈꾸었던 것이다.

그런데 더 흥미로운 것은 같은 기록인 「동이열전」 말미의 서술 내용이다. 동이는 토착민으로서 음주가무를 즐기며 의관을 갖추고 비단옷을 입었다는 것이다. 서두의 기록과 짝을 이룰 만한 말미의 기록에는 동이족의 생활세계를 한층 구체적으로 다룬 열쇠말들이 있다.

하나는 모두 '토착민[皆土着]'이라는 사실이며, 둘은 '음주가무[憙飮酒歌舞]'를 즐겼다는 사실이며, 셋은 '관모에 비단옷[冠弁衣錦]'을 입었다는 사실이다. 첫째 열쇠말 '토착민'은 동이족이 떠돌이 유목민이 아니라 붙박이 농경민이었다는 것을 말한다.

『설문해자』에서도 동이가 떠돌이 생활이 아니라 붙박이 생활을 한 것으로 기록해 두었다. 동이족은 "무릇 대지에 머물러 살면서 자못 그 땅의 순리를 따르는 품성을 지니고 있다"고[77] 했다. "재곤지피유순리(在坤地頗有順理)"는 『삼국유사』 '고조선'조의 "재세이화(在世理化)"와 같은 뜻이다. 그러므로 고대 동이족 문화를 시베리아나 몽골의 유목민 문화에서 비롯된 것으로 해석하는 것은 잘못이다. 셋째 열쇠말이 그러한 사실을 더 구체적으로 밝힌다.

둘째 열쇠말은 음주가무의 풍류를 즐기는 민족이었다는 것을 말한다. 이 열쇠말은 오늘날의 '한류'를 설명하는 우리 고유문화의 유전자로서 주목할 만하다. 문화의 유전자도 마치 생물학의 유전자나 세포의 DNA처럼 변함 없이 지속되며, 상황에 따라 다양한 문화적 전통으로 재

---

77) 段玉裁, 『說文解字經』, 臺灣: 蘭臺書局, 1977. "〈夷〉【東方之人也 從大從弓】蓋在坤地頗有順理之性 惟東夷從大大人也."

창조되어 나타난다. 따라서 겉으로 나타난 모습은 그때마다 달라도 그 고갱이는 변함이 없다. '음주가무'를 즐긴 민족문화의 독창성은 이 시기부터 이민족들에게 포착될 정도로 두드러졌다는 사실을 알 수 있다. 이와 같은 문화의 독창성을 공시적 상대성으로 말하면 문화적 '정체성'이되 통시적 기원으로 말하면 문화적 '원형'이며, 지속적 전통으로 말하면 문화적 '유전자'라 할 수 있다.

지속적 전통으로 나타나는 문화적 유전자도 기능상 생물학적 유전자나 그리 다르지 않다. 실제로 음주가무를 즐긴 동이족의 풍류생활과 예술적 취향은 다른 기록에도 끊임없이 반복되며 더 구체적으로 묘사되고 있다. '음주가무'라는 열쇠말로 표현된 문화적 정체성이 유전자가 되어서, 노래와 춤을 즐기는 문화가 한층 넓게 일반화되어 동이족 문화의 보편성이 되고, 역사적으로 지속되어 시대에 따라 부침하다가 현재의 한류로 표출되고 있는 것이다.

따라서 이 기록은 동이족 문화의 역사적 출발점이자 문화적 유전자의 꼭지점을 이루며, 역사적 지속성으로 살아서 민족문화의 정체성을 형성하고 있는 셈이다. 그러므로 이 시기부터 우리 민족은 술을 즐겨 마시고 노래와 춤을 즐겼다는 사실을 민족문화의 정체성으로 받아들이고 현재의 한류 이해의 역사적 근거로 삼지 않을 수 없다.

셋째 열쇠말은 상투를 가리는 고깔 모양의 모자 '변(弁)'을 쓰고 비단옷을 입었다는 내용이다. 누에고치에서 뽑은 실로 비단을 짜서 옷을 지어 입었다는 것은 곧 정착 농경문화를 누렸다는 말이다. 상투는 고대 조선인의 독특한 머리 양식이며 고깔 모자인 변도 마찬가지이다. 북방 유목민들은 변발을 하거나 털모자를 착용했다. 상투머리에는 털모자를 쓸 수 없다. 특히 옷감은 전형적인 농경민의 것이다. 실크가 일반화될 정도로 양잠이 발달했다면 이 시기에 이미 상당한 수준의 농경문화를 누렸다고 하겠다. 양잠으로 비단옷을 곱게 지어 입고 '변'이라고 하는 특유한 양식의 모자를 갖추어 썼다고 하는 사실은 곧 '토착민'

이라는 첫째 열쇠말과 연관되어 있다.

왜냐하면 떠돌이생활을 하는 유목민들에게는 기대하기 어려운 옷차림이자 관모이기 때문이다. 유목민들은 털가죽옷이나 털실옷을 주로 입는다. 명주실로 짠 비단옷은 농경생활을 전제로 하는 복식이다. 따라서 지배층만 비단옷을 입은 중국인들에게, 예사사람들까지 비단옷을 두루 입은 동이족의 옷차림이 특히 눈길을 끌어 사서에 기록되었던 것이다. 『후한서』「한전」에도 "마한 사람들은 농사와 양잠을 할 줄 알며 길쌈하여 비단옷을 짰다"고 했으며, "땅을 파서 움집을 만들어 살았다"고[78] 한다. 그리고 "베로 만든 도포를 입고 짚신을 신었다"는[79] 기록에서 나타난 옷차림도 농경민의 전형적인 모습이다.

부여의 경우에도 사람들은 "토착생활을 하며 궁실과 창고, 감옥을 가지고 있었을 뿐 아니라, 산릉과 넓은 들이 많으며" "토질은 오곡이 자라기에 적당하다"고[80] 해서 농경민의 정착생활을 자세하게 밝혀두었다. 사람들이 국내에서는 "흰색을 숭상하며 흰 베로 만든 큰소매 달린 도포와 바지를 입었으며, 외국에 나갈 때에는 수놓은 비단옷을 즐겨 입었다"고[81] 한다. 우리 전통 옷차림의 정체성이 이때부터 확립되었던 셈이다.

중국의 황실에서는 고급 옷감으로서 비단옷 못지않게 우리나라에서 생산되는 고운 무명베를 특히 귀하게 여겼다. 우리의 전통 무명베를 백첩포(白氎布)라 했는데, 대군(代郡)의 황포(黃布), 낙랑의 연(練), 강동(江東)의 태말포(太末布)가 희고 곱지만, 백첩포의 깨끗함만 못하다고[82] 할 정도이다. 시인 두보(杜甫)조차 백첩의 밝게 빛나는 아름다

---

78) 『後漢書』 같은 곳, 韓傳, "馬韓人知田蠶 作縣布 …… 作土室". 여기서 縣布는 무명베가 아니라 누에고치 실로 짠 비단이다.
79) 『後漢書』 위와 같은 곳, "布袍草履".
80) 『三國志』 卷30, 「烏丸鮮卑東夷傳」, 夫餘傳, "其民土著 有宮室·倉庫·牢獄 多山陵·廣澤 …… 土地宜五穀".
81) 『三國志』 위와 같은 곳, "在國衣尚白 白布大袂袍袴 …… 出國則繒繡錦罽".

움을 시로 노래하며 극찬했다.[83) 따라서 목화를 고려시대 문익점이 원나라에서 처음 들여왔다고 하는 것은 잘못이다. 왜냐하면 야생면인 초면(草綿)이 그 이전부터 무명베 재료로 널리 쓰였기 때문이다.

『동경통지(東京通志)』에 의하면, 신라 때도 "누에를 기르고 삼베를 짜며 더불어 목면을 생산하느라 부녀들이 밤잠을 설치며 사철 의복을 만들었다고[84) 한다. 그리고 『삼국사기』에도 신라 경문왕대에 우리 토착품종의 무명베인 백첩포를 40필이나 당나라에 보냈다고[85) 밝혔다. 그러므로 무명베의 기원을 문익점의 목화 전래 이후로 잡는 것은 대단한 오류라 하지 않을 수 없다.[86)

삼한시기부터 재래면인 초면으로 무명베를 생산해 왔기 때문이다. 문익점이 중국에서 가지고 온 목화씨는 인도로부터 전래된 목면이 중국에 토착화된 중면(中綿)이다. 중면은 재배면으로서 생산성이 좋기 때문에 이 목화씨가 한국에서 널리 재배되면서 자생 초면과 대체되어 토착화된 것이다.[87) 그러므로 문익점의 목화 전래 이전에도 토착 목화는 물론 무명베와 무명옷을 입었다.

옷차림 뿐 아니라 그릇에서도 정착문화의 흔적이 고스란히 남아 있다. 당시 사람들은 조두(俎豆)라고 하는 굽이 있는 제의용 나무 그릇을 사용했다. 나무 그릇은 중국사람들의 눈길을 끌어서 기록으로 남았다. 중국의 여러 문헌에 이 그릇에 관한 기록이 두루 보인다. 일찍부터 그

---

82) 『太平御覽』 卷820, "魏文帝詔曰 …… 代郡黃布爲細 樂浪練爲精 江東太末布爲白 皆不如白疊鮮潔也". 박선희, 『한국 고대 복식』, 지식산업사, 2002, 206쪽에서 재인용.

83) 박선희, 위의 책, 207쪽.

84) 『東京通志』 卷5, 「風俗」, "養蠶積麻兼治木棉 婦女夜少睡爲四時衣服".

85) 『三國史記』 卷11, 「新羅本紀」 景文王 9年, "秋七月 遣王子蘇判金胤等入唐謝恩 兼進奉馬2匹 …… 白氎布 40匹 ….".

86) 박선희, 앞의 책, 189-217쪽에 우리 면직물의 기원을 자세하게 다루었다.

87) 박선희, 『고조선 복식문화의 발견』, 지식산업사, 2013, 179-182쪽에서 자세하게 다루었다.

릇을 사용한 사실이 주목할 만하다.

조두는 토기가 아니라 나무를 이용한 그릇이다. 곡류를 식품으로 먹는 문화에는 그릇이 상당히 긴요하다. 상대적으로 육식을 주로 하는 유목생활에는 그릇이 발달하지 않았다. 초원생활에서는 '조두'와 같은 나무 그릇을 기대하기 어렵다. 그러므로 『삼국지』 「위서」 동이전에서는 '조두'를 사용해서 예를 지켰으므로 중국에서 예를 잃으면 동이에서 구한다고[88] 했다. 그릇 사용이 예절의 보기가 될 정도였다.

앞의 세 가지 열쇠말을 마무리하는 가장 결정적인 열쇠말이 '예'이다. 중국이 '예를 잃으면 동이에서 구했다[中國失禮求之四夷]'는 것은 곧 동이는 예의의 모범이 되는 나라라는 말이다. 후대의 '동방예의지국'이라는 민족문화의 자리매김이 여기서부터 뿌리를 박고 있다. 앞의 머리말에서 이미 사람들이 유순한 천성을 타고났으며 도리를 존중하는 까닭에 군자국으로 밝혀두었을 뿐 아니라, 맺음말에 예의지국의 구체적인 생활세계 모습을 다시 자세하게 서술해 두어서 수미일관을 보이고 있다.

정착생활을 하며 음주가무를 즐기고 의관정재를 잘 갖추었다는 사실이 예의지국의 가장 긴요한 3 가지 요소이다. 상대적으로 떠돌이생활을 하거나, 가무를 즐기는 예술생활을 하지 못하고, 의관을 제대로 갖추지 못하면 예의지국이라 하기 어렵다. '예악(禮樂)'이 이때부터 짝을 이루며 존중되었던 것이다.

공자가 살고 싶어한 군자국이자 예의지국으로서 문화생활은 가무를 즐길 만큼 상당히 역동적이되, 수준 높은 의생활을 누렸던 셈이다. 공자는 '인의예지'를 추구한 까닭에 군자국이자 예의지국인 동이를 동경하지 않을 수 없었다. 자연히 공자 개인뿐만 아니라 중국의 백성들이 두루 '예'를 동이에서 구했던 것이다. 그러므로 동이열전의 서두와

---

88) 『三國志』 같은 곳, 東夷傳, "雖夷狄之邦 而俎豆之象尙存. 中國失禮 救之四夷".

결말은 아귀가 딱 맞을 정도로 수미가 일관된다.

중국사람들이 동이족의 문화적 정체성으로 기록해 둔 '예악'의 전통은 시대에 따라 다르게 전승되었다. 고려조까지는 예악 가운데 '악'이 '예'보다 성했다면, 조선조에는 '예'가 '악'보다 성했다. 고려조의 '악'은 고려가요를 통해서 잘 드러난다. 조선조 선비들은 '악'을 누르고 '예'를 떠받들었다. 고려가요를 '남녀상열지사'로 규정하여 검열로 걸러냈다. 자연히 조선조 이후에 '악'은 광대가 하는 천박한 짓으로 취급되었다. 조선조의 규범에 따라 최근 한 세대 전까지 가무악(歌舞樂)을 즐기는 사람은 광대나 딴따라로 폄하되었다. 그러나 고대는 달랐다. 동이족 풍속을 다룬 모든 기록에는 가무를 즐겼다고 거듭 밝혀두고 있다. 마치 오늘날의 한류를 묘사한 기록이나 다르지 않다.

4. '군취가무'의 문화적 유전자와 '한류' 인식

대중가요를 선두로 한 우리시대의 한류는 가무악을 즐긴 고대 풍류문화의 유전자로부터 나타난 표현형의[89] 결과라 할 수 있다. 그러한 문화적 유전자들은 고대기록에서 매우 잘 드러날 뿐 아니라, 아주 풍부하게 기록되어 있다. 『후한서』와 『삼국지』의 기록을 나라별로 모아서 정리하면 아래와 같다. 후대에 기록된 다른 사료들의 내용도 거의 같아서 일일이 인용하지 않는다.

> 夫餘 : "臘月에 지내는 제천행사에는 연일 크게 모여서 마시고 먹으며 노래하고 춤추었으니, 그 이름을 '迎鼓'라 한다. (……) 밤낮 없이 길에 사람이 다니며, 노래하기를 좋아하여 노랫소리가 끊이지 않았다."[90]

---

89) 이문웅, 「민속의 '인자형'과 '표현형'」, 『한국 민속문화의 탐구』, 국립민속박물관, 1996, 459-469쪽 참조. 여기서 문화적 유전자는 곧 문화적 유전자를 말한다.

"길에 다닐 때는 낮이나 밤이나, 늙은이 젊은이 할 것 없이 모두 노래를 부르기 때문에 하루 종일 노래 소리가 그치지 않는다."[91]

高句麗 : "그 풍속은 淫하고 모두 깨끗한 것을 좋아하며 밤에는 남녀가 곧잘 떼지어 노래부른다. 鬼神·社稷·零星에 제사지내기를 좋아하며, 10월에 하늘에 제사지내는 큰 모임 곧 '제천대회'가 있으니 그 이름을 '東盟'이라 한다."[92]

"그 백성들은 노래와 춤을 좋아하며 나라 안의 촌락마다 밤이 되면 남녀가 떼지어 모여 서로 노래하며 놀이를 즐긴다."[93]

濊 : "해마다 10월이면 하늘에 제사를 지내는데, 주야로 술 마시며 노래 부르고 춤추니, 이를 '舞天'이라 한다."[94]

韓 : "해마다 5월에는 농사일을 마치고 귀신에게 제사를 지내는데, 낮이나 밤이나 술자리를 베풀고 떼지어 노래 부르며 춤춘다. 춤출 때에는 수십 명이 서로 줄을 서서 땅을 밟으며 장단을 맞춘다. 10월에 농사의 추수를 끝내고는 다시 이와 같이 한다. (……) 그들의 풍속은 노래하고 춤추며 술 마시고 비파 뜯기를 좋아한다."[95]

---

90) 『後漢書』 卷85, 「東夷列傳」 75, 夫餘國傳. "以臘月祭天大會 連日飮食歌舞 名曰迎鼓 …… 行人無晝夜 好歌吟 音聲不絶."
91) 『三國志』 卷30, 「烏丸鮮卑東夷傳」 夫餘傳. "行道晝夜無 老幼皆歌 通日聲不絶".
92) 『後漢書』 위와 같은 곳, 高句麗. "其俗淫 皆契(潔)淨自憙 暮夜輒男女羣聚爲倡樂. 好祠鬼神·社稷·零星 以十月祭天大會 名曰東盟".
93) 『三國志』 같은 곳, 高句麗傳. "其民喜歌舞 國中邑落 暮夜男女群聚 相就歌戲".
94) 『後漢書』 같은 곳, 濊傳. "常用十月祭天 晝夜飮酒歌舞 名之爲舞天".
　　『三國志』 같은 곳, 濊傳. "常用十月節祭天 晝夜飮酒歌舞 名之爲舞天"
95) 『後漢書』 같은 곳, 韓. "常以五月田竟祭鬼神 晝夜酒會 羣聚歌舞 舞輒數十人相隨蹋地爲節. 十月農功畢 亦復如之. …… 俗憙歌舞飮酒鼓瑟".

"해마다 5월이면 씨뿌리기를 마치고 귀신에게 제사를 지낸다. 떼지어 노래 부르며 춤추고 밤낮을 쉬지 않고 술을 마셨다. 그 춤은 수 십명이 모두 일어나서 뒤를 따르는데, 땅을 밟으며 허리를 굽혔다 치켜들면서 손과 발이 서로 상응하며 가락과 율동은 鐸舞와 흡사하다. 10월에 추수를 끝내고는 다시 이와 같이 한다."[96]

弁辰 : "풍속은 노래하고 춤추며 술 마시기를 좋아한다. 비파가 있는데 그 모양은 筑과 같고 연주하는 音曲도 있다."[97]

馬韓 : "풍속은 귀신을 믿으므로 해마다 5월에 씨뿌리는 작업을 마친 뒤, 떼지어 노래하고 춤추면서 신에게 제사지낸다. 10월에 이르러 농사를 마친 뒤에도 역시 그렇게 한다."[98]

위의 기록에서 고대문화의 몇 가지 유형을 발견할 수 있다. 첫째, 5월 또는 10월에 하늘에 제사를 지내는 제천행사를 크게 했다는 것이다. 이 시기는 농공시필기를 말한다. 당시의 중요한 제천행사와 국중대회가 농경세시에 맞추어서 이루어졌다는 것을 뜻한다. 농경문화의 전형성을 잘 드러내는 대목이다.

부여의 토질은 오곡이 자라기 알맞았으며, 창고가 있다고 했듯이, 고대 여러 나라들은 모두 농사를 지었다. 따라서 동이열전 서문에서도, '동이는 어질어서 생명을 좋아하므로 만물이 땅에 근본하여 산출하는 것과 같다'고[99] 했다. 살생을 금하고 농사를 지었으므로 천성이 유순하

---

96) 『三國志』 같은 곳, 韓傳, "常以五月下種訖 祭鬼神 羣聚歌舞 飲酒晝夜無休 其舞 數十人 俱起相隨 踏地低昂 手足相應 節奏有似鐸舞 十月農功畢, 亦復如之".
97) 『三國志』 같은 곳, 弁辰傳, "俗喜歌舞飲酒 有瑟 其形似筑, 彈之亦有音曲".
98) 『晋書』 卷97, 「列傳」馬韓傳, "俗信鬼神 常以五月耕種畢 群聚歌舞以祭神 至十月農事畢 亦如之".

다고 한 것이다. 그러므로 동이족은 유목민족이 아니라 농경민족으로
서 문화적 정체성을 고대부터 확보하고 있었던 것이다.

둘째, 남녀노소가 모두 가무를 즐겼는데, 남녀가 밤늦도록 무리를
지어 가무를 즐겼을 뿐 아니라 행인들도 아이 어른 구분 없이 밤낮으
로 노래를 불러서 노래소리가 끊이지 않았다고 한다. 남녀가 더불어
밤낮으로 음악을 연주하고 놀이를 했는데, 특히 제천행사와 같은 축제
때는 '군취가무' 또는 '가무음주'를 밤낮 쉬지 않고 며칠씩 계속했다는
것이다. 가장 중요하게 되풀이되는 열쇠말을 유형별로 묶어 보면 아래
와 같다.

飮酒歌舞, 歌舞飮酒,
晝夜飮酒歌舞, 飮酒晝夜無休, 晝夜酒會, 連日飮酒歌舞
群聚歌舞, 歌舞數十人
晝夜男女輒羣聚, 暮夜輒男女羣聚

동이족 사람들은 음주가무 또는 가무음주를 즐겼다. 특히 음주보다
가무라는 말이 집중적으로 거듭된다. 그것도 한둘이서 즐긴 것이 아니
라 무리 지어 즐겼다. 따라서 '음주가무'와 함께 '군취가무'로 기록 하였
다. 특히 남녀가 더불어 밤늦도록 가무를 즐긴 사실이 주목된다. 중국
과 달리 가무를 즐기는 데 신분의 차별은 물론 남녀의 분별조차 없었
던 셈이다.

축제 때는 여러 사람이 모여서 노래 부르며 함께 일정한 양식의 춤
을 추었다. 이런 축제를 밤낮으로 쉬지 않고 계속했을 뿐 아니라 며칠
씩 이어서 했다. 최근에도 설이나 보름 명절을 5일 정도 놀았던 것을
생각하면 제천행사로 하는 국중대회의 상황이 짐작된다. 중국사람들

---

99) 『後漢書』 같은 곳, 「東夷列傳」 序, "言仁而好生 萬物柢地而出 故天性柔順".

의 눈에 특이한 풍속으로 보인 까닭에 이러한 내용을 거듭 밝혀 기록한 것이다.

지금 우리가 술을 잘 마시고 노래를 잘 부르며 춤을 잘 추거나, 밤문화가 특히 화려한 것은 이러한 문화적 유전자가 표현형으로 나타난 것으로 짐작된다. 현재 우리의 술소비량은 OECD 국가 가운데 거의 1위이다.[100] 이웃나라들에 비하여 밤늦도록 흥청대며 술을 마실 뿐 아니라 일본에서 들어온 노래방은 우리나라에서 더 성업중이다. 그리고 우리 노래방기계는 마침내 해외로 수출까지 한다. 지금 우리 노래방문화와 음주문화를 중심으로 한 밤문화 양상을 보면 밤낮 없이 음주가무를 즐겼다고 하는 고대의 기록과 고스란히 일치한다.

한류를 형성하고 있는 주류문화로서 대중문화는 모두 가무와 연관되어 있다. '가무일체'라고 할 정도로 노래와 춤은 원래 함께 가는 것이다. 가무를 즐겼다는 것은 신명이 많은 민족이라는 뜻이다. 세간에는 흔히 신명이라는 말 못지않게 신끼(神氣)를 들먹인다. 노래 잘 부르고 춤 잘 추는 사람을 신명이 많다고도 하지만 신끼가 있다고도 한다. 안에 간직하고 있는 신끼가 밖으로 뻗어나서 어떤 행위나 표현형태로 나타나는 것을 '신명을 푼다'고 한다. 그래서 신명풀이란 바로 신기발현(神氣發現)이라는 말이다.[101] 노래와 춤, 그리고 풍물은 신명풀이의 기본적 표현 양식이자 해방을 추구하는 예술활동이다.

가무로 신명풀이를 하는 데에는 혼자보다 여럿이 더불어 해야 제격이다. 함께 노래하고 춤을 추면 신명이 더 고조되는 까닭이다. 이른바 '집단적 신명풀이'를 통해 인간해방의 자유를 누리는 것이다. '군취가

---

[100] 신치영, 「술 독에 빠진 한국 - OECD 국가 중 술 소비량 최고」, 동아일보, 2001년 12월 18일자. "한국이 경제협력개발기구(OECD) 30개 회원국 가운데 술을 가장 많이 마시는 나라인 것으로 조사됐다. 특히 소주 위스키 등 20도 이상 고도주(高度酒)의 소비량은 한국을 제외한 나머지 29개 OECD 회원국 평균 소비량의 5.6배에 이른다."고 보도했다.

[101] 조동일, 『카타르시스 라사 신명풀이』, 지식산업사, 1997, 106쪽.

무' 또는 '가무 수십인'이라고 한 것은 공동체문화로 자리잡았다는 것을 말한다. 따라서『삼국지』고구려전에 보이는 것처럼, '가무를 즐기는 풍속이 나라 전체에 걸쳐 읍락마다 집단적으로 이루어졌다'고[102] 하는 것이다. 이때 이미 '읍락'의 문화와 '국중'의 문화로서 집단적으로 가무를 즐기는 인간해방의 문화가 두루 형성되었던 것이다.

신명풀이로 가무가 가능하려면 필수적으로 '악(樂)'이 전제된다. 악은 신명을 돋우는 기본 동력이기 때문이다. 따라서 신명풀이와 관련하여 더 정확하게 말하면 '악가무(樂歌舞)' 일체라 해야 할 것이다. '가무'를 즐긴다는 표현 속에 이미 '악', 곧 우리의 풍물 전통이 깃들어 있다. '악가무'는 으레 놀이[戲]를 동반한다. 남녀가 무리로 모여서 서로 노래와 '놀이'를 밤늦도록 즐겼다고 하는 대목이[103] 그러한 상황을 증언한다. '가무'처럼 '악희(樂戲)' 또는 '가희(歌戲)'도 함께 했던 신명풀이 양식이다.

놀이가 발전한 것이 곧 연극이자 드라마이다. 원래 '악·가·무·희'는 하나이지만, 음악을 기반으로 '가무희' 곧 '가요, 춤, 희곡'이 형성된다. 따라서 우리 연극사의 전개 양상도 '악·희·극'의 전통에서 포착한다.[104] 우리 탈춤은 악가무희(樂歌舞戲)이자 악가무극(樂歌舞劇)의 전형이라 할 수 있다. 제의 양식으로 보면 가무오신(歌舞娛神) 형식의 굿이기도 하다. 탈춤은 굿에서 비롯되었다. 연극의 기원도 굿에서 찾는 것이 세계 연극사의 일반론이다. 주술적인 굿에서 예술적인 연극이 발전했으므로, 굿이 흥하면 연극도 흥하게 마련이다. 지금 드라마가 한류의 주류를 이루는 것도 굿문화의 전통에서 그 뿌리를 찾을 수 있다.

길거리 문화에 관한 기록도 흥미롭다. 거리문화에 관한 열쇠말은 별도로 주목할 만하다.

---

102) 『三國志』같은 곳, 高句麗傳, "其民喜歌舞 國中邑落 暮夜男女群聚".
103) 『三國志』위와 같은 곳, "暮夜男女群聚 相就歌戲".
104) 사진실,『공연문화의 전통-樂·戲·劇』, 태학사, 2002, 5-8쪽 참조.

行人無晝夜 好歌吟 音聲不絕

行道晝夜無 老幼皆歌 通日不絕

마을에서 공동체를 이루고 있는 경우만 그런 것이 아니라 길을 가는 사람들도 노인과 아이 구별 없이 노래 부르기를 좋아했다는 것이다. 밤낮으로 무리 지어 가무를 즐기는 주체로 성인남녀가 중심을 이루었다면, 길을 가면서 밤낮으로 노래를 부르는 주체로는 노인과 어린이의 구분이 없었다. 결국 주체로 보면 남녀노소 모두 노래 부르기를 밤낮 없이 즐겼는데, 다만 노약자들은 군취가무는 하지 않고 거리에서 노래 부르기를 종일 했다는 것이다.

밤늦게까지 길거리에서 아이 어른들이 더불어 함께 노래를 부르는 상황은 예사 신명이 아니다. 따라서 동이족은 남녀노소 구분 없이 가무를 누구나 즐겼다고 할 수 있다. 그러므로 주체로 보면 남녀노소 구분이 없었으며, 시간적으로는 밤낮의 구분이 없었고, 공간적으로는 마을 광장과 길거리의 구분이 없었다고 할 수 있다. 붉은악마의 거리축제가 가능했던 것도 이러한 문화적 전통과 무관하지 않다.

지금까지 살펴본 『후한서』와 『삼국지』의 기록 내용을 요약하면, 크게 두 가지 사실로 집약된다. 하나는 농경시필기에 제천행사로서 고구려의 동맹(東盟), 부여의 영고(迎鼓), 예의 무천(舞天) 등 국중대회를 열어 국민적 축제를 벌였다는 것이며, 둘은 남녀노소가 더불어 밤낮으로 술 마시고 노래 부르며 춤추기를 며칠씩 계속했다는 것이다. 앞의 내용이 농경문화의 제의적 전통으로서 국중대회의 시기와 양상을 설명한 것이라면, 뒤의 내용은 국중대회의 축제 양상을 구체적으로 나타낸 것이다. 국중대회의 축제 모습을 나타내는 열쇠말만 가려내면 남녀노소(男女老少), 군취가무(群聚歌舞), 주야무휴(晝夜無休), 연일음주가무(連日飮酒歌舞) 등으로 정리할 수 있다.

한국인의 신명풀이 문화의 전통을 절묘하게 설정하고 있는 이 열쇠말은 고대 중국인들이 동이족의 문화에 관해 서술한 것이지만, 사실은 우리시대 한국문화의 특징을 고스란히 포착하고 있는 긴요한 메타포이기도 하다. 가무를 즐기는 음주문화와 노래방문화로 상징되는 한국의 밤문화를 그대로 묘사한 것이자, 대중문화를 앞세운 한류의 자질과 근성을 포착해 주는 문화적 유전자를 표현한 것이다. 그리고 세계를 놀라게 한 '붉은악마'의 응원문화를 설명하는 열쇠말로도 딱 맞아떨어진다. 위의 열쇠말에다가 '행도개가(行道皆歌)'와 '통일부절(通日不絕)'의 열쇠말을 덧보태면, 마당놀이로서 군취가무뿐만 아니라 거리축제로서 세계적 주목을 끈 '붉은악마'의 응원열기를 고스란히 설명해 주는 까닭이다..

'붉은악마'가 되는 데 남녀노소 분별이 없었다. 모두 거리와 광장, 체육관에 모여 한 동아리를 이루었다. 필승코리아를 외치고 깃발을 돌리며 노래 부르고 춤추기를 밤낮 쉬지 않고 계속했다. 우리 대표팀의 경기가 있는 날 광화문 거리에는 종일 응원 소리가 끊이지 않았다. 2002년 한일월드컵이 진행되는 약 한 달 동안 '붉은악마'의 응원축제는 계속되었다. 따라서 '남녀노소·군취가무·주야무휴·연일음주가무'라 할 만하다.[105]

2002년 붉은악마들의 월드컵 거리응원은 단숨에 피파(FIFA) 공식선정 서포터즈 세계 최강으로 평가되었다. 2006년 월드컵에서도 붉은악마들의 응원열기는 단연 압도적이었고 독일의 거리 응원문화에도 크게 영향을 미쳐서 월드컵의 새로운 문화를 창출하고 있다. 2002년 월드컵에서 한국축구가 4강에 오른 사실을 두고 '기적의 4강' 또는 '4강 신화'로 규정하고 환호했다. 따라서 2006년 월드컵을 겨냥하여 '4강 신화는 계속된다'는 구호를 내걸고 다시 한번 4강 진출을 꿈꾸었으나 좌절

---

105) 임재해,「경북의 문화인프라 구축과 세계화 전략」,『새천년 경북발전의 비전과 전망』, 경북새천년연구원 심포지엄(포항공대 산업과학연구원 강당, 2002년 7월 19일), 78-79쪽.

되었다. 신화나 기적은 계속될 수 없기 때문이다.[106]

그러나 '붉은악마'의 응원문화는 기적도 신화도 아닌 민족문화의 전통이기 때문에 계속될 수 있었다. 축구는 기적의 4강이므로 지속될 수 없지만, '붉은악마'의 거리축제는 우리 민족이 본디부터 지녔던 문화적 역량이므로 앞으로도 지속될 전망이자, 다른 나라에까지 영향을 미칠 가능성이 크다.

5. 문화적 정체성의 지속과 현실문화 읽기

세계를 압도한 '붉은악마'의 응원 열기는 우연한 것이 아니라 고대부터 전해오는 민족문화의 유전자가 세계적 축제인 월드컵을 통해서 표현형으로 분출했던 현상이다. 월드컵 대회의 응원축제는 곧 승리를 기원하는 현대적 제천행사이자 국중대회의 모습으로 나타났다고 해도 지나치지 않다. 제의와 축제의 기원은 늘 함께 간다. 따라서 영고와 동맹, 무천 등의 고대축제는 줄곧 우리 굿문화의 기원으로서 주목되어왔다.[107] 노래와 춤으로서 신을 즐겁게 하여 소망을 비는 것이 바로 우리 굿문화의 전통인 까닭이다. 가무오신(歌舞娛神)의 제의양식이 바로 굿문화의 전형이라 할 수 있다.

정신분석학적으로 보면, 노래와 춤을 즐기는 신명풀이문화는 우뇌형 기질을 가진 민족성과 만난다. 동이족 풍속으로 기록한 가무음주, 군취가무, 연일 음주가무는 모두 우뇌형 기질에 의해 형성된 굿문화의

---

106) 초월적이거나 신비한 현상을 신화나 기적이라고 하는데, 이러한 현상이 계속되면 일상이거나 상식이어서 기적이나 신화라 할 수 없다. 그러므로 4강에 오른 사실을 실력에 의한 것이 아니라 기적이나 신화로 인식하면서 거듭되기를 기대하는 것은 모순이다. 그러므로 '4강 신화는 계속된다'는 구호는 자기 모순에 빠져 있다.

107) 柳東植, 『韓國巫敎의 歷史와 構造』, 延世大學校出版部, 1975, 47-48쪽.
金仁會, 『韓國巫俗思想硏究』, 集文堂, 1987, 60-61쪽.

전통이라 할 수 있다. 굿문화가 우뇌형 문화로서 감성적 문화라면, 유교문화는 좌뇌형 문화로서 이성적 문화에 해당된다.[108] 고려시대까지 이어지던 굿문화의 민족적 전통이 조선조에 중국으로부터 들어온 유교문화에 의해 최근까지 억압되어 겉으로 드러나지 않았다. 그러다가 유교적 전통이 약화되면서 그 동안 잠복되어 있던 굿문화의 유전자와 억압되었던 우뇌형 기질이 다시 살아나게 된 것이다.

하나는 밤문화로 살아나고, 둘은 한류문화로 발전했다. 밤문화는 예사시민들의 일상에서 찾을 수 있고, 한류문화는 연예인들의 활동에서 잘 드러나고 있다. 예사시민들은 낮과 밤이 다른 이중생활을 하고 있다. 낮에는 유교적 전통에 의해 점잖은 생활을 하며 마치 좌뇌형 인간처럼 이성적으로 활동하지만, 밤에는 상황이 바뀐다. 어둠을 이용하여 낮의 질서와 체면에서 해방되는 까닭이다. 익숙한 이들끼리 어울리면 2차는 필수이고 3차는 선택 사항으로 가무음주를 즐긴다. 시군 단위의 소도시마저 불야성을 이룰 정도로 밤문화가 흥청망청하는 것이다. 정신의학자 이시형 박사는 이러한 우리문화의 이중성을 좌뇌형 낮문화와 우뇌형 밤문화로 흥미롭게 대조해서 설명한다.[109]

우뇌형 전통 ⇔ 좌뇌형 전통

밤문화 ⇔ 낮문화

굿판 ⇔ 제사

무당형 ⇔ 군자형

무교적 감성 ⇔ 유교적 이성

---

108) 이시형, '좌담: 웃음문화의 어제와 오늘', 한국웃음문화학회 제1회 학술발표대회(한국방송통신대학교, 2005년 12월 19일), 토론에서 우리문화의 2중적 전통을 좌뇌적 전통과 우뇌적 전통으로 설명했다.
109) 이시형, 위의 토론 내용에서 참조.

남녀노소가 더불어 주야무휴로 군취가무하던 굿문화의 전통이 유교문화의 영향으로 남녀노소가 분별되고 군취가무가 억제되었으나, 도덕적 검열이 민감하게 작동되지 않는 밤이 되면 숨김없이 드러나는 것이 현실의 밤문화이다. 최근에는 민주화와 더불어 통금이 사라지고 밤문화가 활성화되어 불황을 모른 채 더욱 휘황찬란해지고 있다. 이것이 예사 시민들의 우뇌형 밤문화 양상이자 신명풀이 굿문화의 전통이다.[110]

예사 시민들의 밤문화와 달리 연예인들의 우뇌형 기질은 한류문화로 발휘되고 있다. 민주화가 정착되면서 반공이데올로기나 정치적 억압이 더 이상 문예창작을 억압하지 않게 된 까닭이다. 1975년 군부정권은 우리 가요 220곡을 금지곡으로 규제했는데, 1996년 정태춘의 반대투쟁으로 금지곡이 해제되었다.

영화도 1996년 제1회 인권영화제에서 표현의 자유를 내세우며 사전심의를 거부하고 상영한 것이 처음이다. 금지곡 규제와 영화 사전심의가 폐지되자, 대중문화 작가들의 창조력을 규제할 이념적 장벽과 정치적 억압이 비로소 제거되기에 이르렀다. 그러므로 1990년대 후기부터 예술인들의 자유로운 상상력과 기발한 창조력을 마음껏 펼칠 수 있는 한류의 기반이 형성되었던 것이다.[111]

도덕적 검열이 작동되지 않는 밤에 우뇌적 감성의 신명풀이 문화가 발달하듯이, 사전심의와 이념적 굴레에서 해방되자 예술적 창조력이 마음껏 발휘되어 우리 영화가 괄목할 만한 수준으로 성장한 것이다. 그 결과 세계에서 아주 드물게 자국 영화보급률이 50%를 웃돌게 되었

---

110) 임재해, 「무형문화재의 문화적 가치 재인식과 창조적 계승」, 『무형문화재의 원형 전승과 창조적 계승』, 한국민속학회 제173차 학술발표회(2006년 4월 29일, 중앙대학교), 4-7쪽. 『韓國民俗學』 45, 한국민속학회, 2007, 273-285쪽에 재수록.

111) 임재해, 위의 글, 7-8쪽.

다. 종래에는 배우나 가수는 광대와 같은 천민들로 취급되었으며 한 세대 전까지만 해도 '딴따라'로 폄하되었다. 따라서 가무에 소질이 있고 신끼를 타고난 재주꾼들도 한결같이 대중문화 활동을 기피했다. 공부 깨나 하는 사람들은 아예 거들떠보지도 않은 것이 연예계여서 우리 대중문화는 구조적으로 국제사회에서 주목받을 수 없는 상황이었다.

그러나 이제 좌뇌적 유교문화의 가치관에서 해방되어 연예인들이 인기스타로 선망의 대상이 되자, 사정이 크게 달라졌다. 신끼가 많고 가무에 재능 있는 사람들은 사회적 부러움 속에서 너도나도 연예활동을 적극적으로 하게 되었다. 말리던 가족들도 제대로 밀어주지 못해 안타까워할 지경이다. 본디부터 타고난 우뇌적 민족성에다 고대 굿문화의 유전자를 지닌 연예인들이 마음껏 자기의 신끼를 발휘하며 대중문화를 주도하고 나서자, 독창적 한류문화를 형성하게 된 것이다. 기질적 자질과 문화적 유전자를 지닌 까닭에 우리 대중문화는 국제사회에서 비교우위를 확보하지 않을 수 없다.[112] 그러므로 한류열풍은 우연한 것이 아니라 민족문화의 유전자가 지속되다가 시대적 상황 속에서 자연스레 나투어진 일반화 현상이라[113] 할 수 있다.

풍물굿의 전통이 사물놀이와 '난타'로 거듭 나서 해외공연을 하며 국제적으로 인정을 받고 있다. 요즘 한류를 이끌어 가는 가수와 탤런트들도 사실은 전통사회의 굿판을 신명의 도가니로 몰고 간 소리광대와 탈광대들의 나타남새나 다름없다. 신끼 많은 무당들의 가무오신 활동이 지닌 신명풀이 문화적 유전자가 현대적 표현형으로 나타나서 대중을 휘어잡고 있는 것이 한류 현상이다.[114]

---

112) 임재해, 위의 글, 같은 곳 참조.

113) 신채호의 역사적 개념으로 말하면, 이러한 지속성과 일반화 현상은 연속성과 보편성에 해당된다.

114) 임재해, 「굿 문화사 연구의 성찰과 역사적 인식지평의 확대」, 『한국무속학』 11, 한국무속학회, 2006, 106쪽 및 136-137쪽에서 이미 이러한 주장을 펼쳤다.

　적어도 한류현상의 원천을 전통문화에서 찾으려는 지성들은 으레 굿문화를 주목한다. 대부분의 지식인들은 한류의 미래나 상업성에 매몰되어 있는 상황에서도 "한류의 미래에 대한 논의는 한류의 과거에 대한 물음과 같이 갈 때만 진정한 사색의 향연으로 나아갈 수 있으리라" 여기는 까닭에 한류의 뿌리를 무속적 기질과 상상력,[115] 곧 굿문화의 창조력에서 찾는다. 만일 중국인들이 현재의 우리 한류를 한자성어로 나타낸다면,『후한서』와『삼국지』에 기록한 열쇠말과 그리 다르지 않을 것이다.

　한류와 함께 나타난 별난 우리문화들도 같은 맥락에서 재해석되어야 한다. 일제강점기 이후 전통적인 축제가 거의 사라진 상황에서 최근에 만들어진 지역축제가 수백 개에 이르고[116] 국제영화제만 하더라도 10개나 된다. 부산, 부천, 전주, 광주 등에서 제각기 국제영화제를 하는가 하면, 서울에는 서울영화제 외에 여성영화제, 인권영화제, 노동영화제를 제각기 국제영화제 수준으로 하고 있다. 아마 국제 규모의 축제도 그러려니와 국제영화제도 세계에서 가장 많은 나라가 아닐까 한다.

　불과 10여 년 사이에 마쯔리[祭り]의 나라인 일본보다 세계적인 규모를 표방하는 국제축제나 국제영화제가 더 많아졌다. 다시 말하면 축제문화의 전통이 단절된 상황에서 지역축제가 우후죽순처럼 생겨나 마치 축제공화국을 방불하게 할 뿐 아니라, 국제규모의 세계축제는 그야말로 세계적이라 할 수 있다. 사실상 지방자치단체에서 생색내기 지역 이벤트에 머무는 것이 대부분이긴 하지만, 세계적으로 축제문화가 가

---

115) 김상환,「한류의 원천, 무속적 상상력」, 경향신문 2006년 4월 28일자. "한류는 분명 한국인의 '딴따라 기질'에서 왔을 것이다. 춤과 노래에서만은 둘째가라면 서러워할 사람이 바로 한국인이다. 그러면 이런 특성은 어디서? 전문가마다 설명이 다르겠지만 끝내는 한국인의 무속적 기질에서 찾아야 할 것이다."
116) 통계에 따라 작게는 600개 많게는 1200개로 추정될 정도로 축제가 많다.

장 빈곤한 나라에서 갑자기 세계적인 축제왕국으로 성장한 현상은 놀랄 만하다.[117] 비록 졸속행사라 하더라도 일시에 수백 개의 축제가 만들어질 수 있는 역량은 그저 주어지는 것이 아니다.

축제 못지않게 최근 한 세대 사이에 우리문화가 세계적으로 두드러진 현상을 보이는 것이 적지 않다. '한 세대만에 최고 수준의 출산율이 세계 최저 출산율로 바뀌고, 이혼율이 최저에서 최고로 바뀌는가 하면, 머리카락도 함부로 자르지 않던 나라에서 최고의 성형수술 국가로 바뀌었다.'[118] 게다가 새마을사업으로 지붕개량이 한창이던 때가 엊그제인데, 어느 새 아파트 보급율이 세계최고이며, 대중문화 수입국에서 수출국으로 비약하여 한류열풍을 일으키는가 하면, 우리 여성골퍼들이 미국과 함께 세계대회를 휩쓸고 있다.

오랜 역사를 생각할 때 아주 짧은 기간에 이처럼 비약적 변화를 보이는 문화양상은 예사롭지 않고 또 그 원인도 쉽게 해명하기 어렵다. 나는 이러한 문화적 비약을 특히 문화적 전도(顚倒) 현상 또는 추월(追越) 현상이라 일컫고자 한다. 문화의 전도현상은 아예 반대 상황으로 뒤집어지는 충격적 양상을 말하고, 추월현상은 뒤쳐진 채 따라가는 듯하다가 느닷없이 앞서는 상태로 발전하는 양상을 말한다. 우리는 지금 서구문화 앞지르기를 하고 있는 것이다. 대중문화 중심의 한류 현상도 그렇게 읽힐 수 있다.

그런데 이러한 문화적 전도나 추월의 현상을 두고 "자신들의 정체성을 쉽게 포기하고 타자와 서구를 너무 의식하기 때문"이라거나 "식민지 정신의 근원인 따라하고 흉내내기에 과도하게 몰두하고 있는 것"처럼, 상당히 비판적으로 해석된다.[119] 더 가혹한 비판은 우리 한류 현

---

117) 임재해, 「구비문학의 축제성과 축제에서 구비문학 기능」, 『구비문학과 현실문화 만들기』 2, 한국구비문학회 2006년도 하계학술대회(관동대학교, 8월 21-22일), 2쪽.

118) 이태주, 『문명과 야만을 넘어서 문화읽기』, 프로네시스, 2006, 174-175쪽.

상을 두고 "서구의 지배적 문화 유행 형식이 생산해낸 또 하나의 오리엔탈리즘"으로 깎아 내리거나 "천박한 B급 문화자본의 파생물"에[120] 지나지 않는 것처럼 매도한다. 가혹한 비판이 합리적 근거에 의한 자기 성찰로 이어지지 못하고 서구문화에 입각한 편견이라면 종속적인 자기비하에 머물 수 있다.

따끈따끈한 돌침대를 만들어 외국에 의료기기로 수출하고, 김치냉장고를 만들어 채소와 날고기까지 싱싱하게 갈무리하는 생장고(生藏庫)로 수출하는 것도 서구 기술문화의 오리엔탈리즘이자 천박한 B급 기술의 파생물이라 할 수 있을까? 적어도 침대와 냉장고가 서구의 독점적 문화이자 그들 고유의 문화라는 지배적 관점에서 보면, 어떤 양식으로 재창조하든 어떤 기술을 새로 발명하여 접목시키든, 그것은 서구 침대의 오리엔탈리즘이자 서구 냉장기술의 파생물에 지나지 않는다. 이러한 관점은 문화 양식과 기술문명의 선후를 뒤집을 수 없는 강고한 문화적 틀이 유지되어야 정상이라고 믿는 제국주의적 문화관념의 편견이라 할 수 있다.

그러나 돌침대는 고조선 시기부터 우리 민족이 누려온 구들의 전통에서 비롯된 발명품이다. 구들이 보일러와 만나 온돌보일러로 발전되고, 전기를 만나 전기장판과 전기구들(전기판넬)로 다시 발전되며, 침대를 만나 온돌침대로까지 비약적으로 발전된 것이다. 이렇게 다양한 표현형으로 전환되었지만, 그 기저에는 등을 따뜻하게 하는 구들의 밑면 난방방식이 일관되게 지속되고 있다.

따라서 구들의 전통을 지니지 않은 나라에서는 전기담요 발명을 먼저 했어도 전기장판은 결코 발명하지 못한다. 벽난로의 전통을 지닌 나라는 보일러가 들어와도 벽난로가 있던 측면에 라디에이터를 세워서 여전히 측면난방을 하게 마련이지, 우리나라처럼 보일러를 바닥에 깔아서 밑면난방을 하려는 구상을 하지 못한다.

우리 구들문화가 세계최초로 전기장판을 발명했다. 등을 따끈따끈하게 하는 돌침대도 밑면난방 방식을 누려온 구들문화의 전통만이 발명할 수 있는 것이다. 따라서 난방용 땔감이 어떻게 바뀌고 난방 방식과 잠자리의 이부자리가 무엇으로 바뀌든, 등을 따뜻하게 하는 밑면난방의 구들문화 전통은 문화적 유전자로 지속되고 있는 것이다. 보일러든 전기담요든 스프링 침대든, 우리 주거문화에 편입되면 구들과 같은 구실을 하는 온돌보일러, 온돌장판, 온돌침대로 바꾸는 것이 바로 우리문화의 정체성이다.[121] 김치문화에 의힌 김치냉장고 발명도 마찬가지이다.[122]

그러므로 외국문화를 우리답게 수용하여 주체적으로 변화시키는 것을 두고 '자기 정체성을 포기한 천박한 서구문화 따라하기' 정도로 자리매김하는 것은 우리문화의 정체성은 물론 문화상생의 변증법적 논리를[123] 정확하게 포착하지 못한 탓이라 하겠다. 노래 부르고 춤 잘 추는 우리문화의 본디 전통을 이해하지 못하면, 한류는 서구문화를 뒤따르며 흉내내다가 앞서게 된 현상으로 추론할 수밖에 없다. 문화 현상은 남을 따라해서 결코 남을 앞지를 수 없다. 흉내내기 문화는 기술문명과 달라서 아무리 잘 해도 최고가 될 수 없기 때문이다. 문화의 힘은 창조력과 독창성에서 비롯되는 까닭이다.[124]

---

121) 임재해, 「문화자산으로서 민속문화 유산의 경제적 가치」, 『比較民俗學』 27, 比較民俗學會, 2004, 73-76쪽에서 이 문제를 자세하게 다루었다.

122) 임재해, 위의 글, 76-77쪽에서 김치냉장고의 신기술과 해외수출을 다루었다.

123) 임재해, 『민속문화를 읽는 열쇠말』, 민속원, 2004, 279쪽. "민속문화의 전통과 외래문화의 만남을 서구문화적 시각에서 보는 문화접변의 논리로 획일화하여 적용할 것이 아니라, 민족문화의 본디 이치와 주체적 시각에서 문화접촉 현상을 객관적으로 주목"해야 한다.

특히 대중문화는 따라 해서 앞서기 어렵다. '기술은 모방해서 원래의 것보다 더 잘 나가는 상품을 만들 수 있지만, 문화를 모방하면 수입품 소비를 촉진할 따름이다. 문화상품을 모방해서 소비자로 전락하고만 사례는 일본의 영화산업이 잘 보여주고 있다.'[125]

지금 돌침대를 침대의 본고장인 유럽에 의료용 침대로 비싸게 수출하고, 온돌보일러를 설치한 아파트를 중국과 카자흐스탄 등지에 시공함으로써 온돌보일러 기술과 건축술을 함께 수출하는 것은, 천박한 서구기술의 파생물이나 서구의 오리엔탈리즘을 수출하는 것이 아니다. 우리 주거문화의 오랜 전통인 구들의 난방기술을 독창적으로 수출하는 것이다. 그러므로 나는 한류현상을 비롯한 우리문화의 추월현상을 서구문화 따라하기가 아니라, 군취가무를 즐긴 우뇌형 민족의 문화적 유전자에 의한 창조적 문화생산으로 해석한다.

실제로 한류를 받아들이는 외국인들은 한류를 서구문화의 아류로 인식하지 않는다. 그렇다면 굳이 우리 대중문화를 두고 '한류'라고 일컫지 않을 것이다. '한류'라는 규정 자체가 한국문화다운 정체성을 인정하는 용어이다. 한류를 수용하는 주류국가인 중국이나 일본 전문가들의 인식은 더 적극적이다. 아예 문화강국 한국의 정체성을 드러내는 '문화적 신분증'으로 받아들이는 것이다. 중국사회과학원 경제연구소 연구원 진샤오훙(詹小洪)은 최근에 중국을 휩쓸고 있는 「대장금」에[126] 관한 평론에서 흥미로운 주장을 하고 있다.

---

124) 임재해, 「구비문학의 축제성과 축제에서 구비문학 기능」, 같은 곳, 3쪽.
125) 조동일, 『카타르시스 라사 신명풀이』, 232-234쪽에서 기술상품과 문화상품을 모방해서 성공하고 실패한 사례로 일본의 자동차산업과 영화산업을 구체적 보기로 들어서 자세하게 설명하고 있다.
126) 김수이, 「한류, 21세기 한국문화의 국가적 아젠다·한류의 발전방향을 중심으로」, 『한류와 21세기 문화비전』, 청동거울, 2006, 24쪽. "조선시대 한국의 궁중문화가 난데없이 현대 중국 시민들의 일상 속에서 재현되는 미중유의 상황이 벌어진 것"이라고 할 정도로 그 영향력이 대단하다.

"「대장금」을 보면 유교 전통문화의 정수(精髓)가 진열된 박물관을 참관하는 느낌"이라고 하며, "이 드라마는 동아시아에서 한국의 궐기를 뜻하는 정치적 선언문일 뿐 아니라 한국이 자랑스럽게 세계로 나아가는 문화적 신분증을 의미한다"고 논평했다. 따라서 '한국을 국토가 분열되고 정치·군사적으로 미국에 의존하며 경제가 낙후되고 의식이 보수적인 것으로 인식했는데, 최근에 정보통신 강국으로 도약과 더불어 한국에 대한 인상이 완전히 바뀌었다'고 해석한다. 그러면서 "한국이 현대 중국보다 더욱 전통적인 이미지로 유교문화의 주체정신 해석권을 다투고 있는 데 주목해야 한다"고 주장했다.[127]

한국 드라마에 유교적 전통문화의 알맹이가 담겨 있다고 포착하고 한류야말로 한국이 세계로 뻗어나가는 문화적 신분증이라 해석한다. 드라마 양식은 비록 서구적이라 하더라도 유교문화의 전통을 살린 까닭에 한국문화다운 정체성이 잘 살아 있다는 주장인데, 은근히 유교문화 종주국을 내세우는 중국 중심의 해석이 깃들어 있다. 그러나 대장금은 유교 전통보다 반만년 이상의 역사 속에 가꾸어온 다양한 식품과 조리방식, 정갈한 식기 등 한국 특유의 음식문화 전통을 다룬 것이 더 비중 높다. 따라서 음식문화의 전통이 한국다운 점이라 해야 할 것이다. 그렇더라도 '대장금'을 한국의 문화적 신분증으로 해석하는 것은 주목할 만하다.

드라마가 주도하는 한류는 이전의 대중문화 향유와 전혀 다른 양상을 띤다. 미국을 비롯한 서구문화나 일본을 통해 수용된 외래문화가 아니라, 한국에서 한국문화의 정체성을 중심으로 생산된, 한국의 전통적 가치관을 담은 한국의 문화상품이 아시아의 대중에게 널리 향유되고 아시아를 넘어서 세계 문화시장에 진출하고 있다는 사실이다. 중국

---

127) 『新民週刊』, 2005년 9월 28일자. 이용욱, 「대장금'은 세계적 문화강국 뜻하는 신분증」, 마이데일리 2005년 9월 30일자에서 재인용.

학자가 한류를 세계로 나아가는 한국인의 문화적 정체성으로 자리매김한 까닭도 여기에 있다.

일본의 지식인들도 한류를 보는 눈이 남다르다. 중국 지식인은 한류에 나타난 유교적 전통으로 한국문화의 정체성을 주목하는 반면에, 일본 지식인은 일본인의 생활세계 속으로 깊숙하게 파고드는 한류의 인간적 감수성과 사회적 영향력에[128] 주목하며 계속해서 그 문화적 상황을 분석한다. 소장 철학자인 오구라키조(小倉紀藏)는 「겨울연가」의 매력에 대해, 인생론을 피력했다거나 연애하는 논리력이 드러나 있다고 분석하며, 성공요인으로서 짙은 인간관계의 형성, 도덕지향적이고 성공적인 인물설정, 출생의 비밀, 낭만적 사랑, 최신의 영상미, 고전적인 세계관 등을 들고 있다.[129]

일본 언론에서는 이미 여러 차례 한류의 긍정적 기능을 특집으로 다루었다.[130] 식물인간처럼 누워 있던 92세 할머니가 한류 드라마를 보고 일어나 앉았으며 마침내 활기를 되찾았다는 등의 신기한 내용들이 대부분이지만, 지식인들은 한류가 일본사회에 미친 의의를 문명사적으로 해석하기도 한다.

---

128) 木村惠子, 「욘様 〈家族〉 더욱 뜨겁다」, Asahi Shinbun Weekly AERA, No.35, 2006년 7월 24일자(창간 1000호 기념), 52쪽에서 일본여성들의 생활세계 속에 파고든 한류 현상을 다음과 같이 보고하고 있다. "욘사마는 일본의 여성에게 아내도 엄마도 아닌 '한명의 여자로서' 빛나는 삶을 가르쳐 주었다.", "주위 사람들에게 진정으로 배려하는 마음을 가지게 되었다.", "시어머니와 친해지게 되었다." "개발도상국의 어린이 도우미가 되었다.", "외양성복막 내출혈을 이겨냈다." 등 다양한 층위의 생활을 변화를 보인다. 개인적인 인격변화에서 질병의 치유, 가족과 이웃의 관계 개선을 넘어서 국제적인 봉사활동까지 하게 되는 매우 깊고 넓은 변화를 경험하고 있는 것이다.

129) 小倉紀藏, 『韓國 드라마, 사랑의 方程式』, 포푸라사, 2004, 71-84쪽, 尹光鳳, 「韓流でみた日韓文化交流」, 尹光鳳・權倖基 외, 『草の根の 日韓21世紀共同體』, 溪水社, 2006, 19쪽에서 재인용.

130) Asahi Shinbun Weekly AERA, No.56-59, 2003년 12월 22일자에 「한류가 아시아를 석권한다」는 특집으로 한류를 다루기 시작하였다.

이를테면, 일본 여성들이 한류를 더 깊이 있게 즐기기 위해 컴퓨터와 인터넷 이용을 적극적으로 하게 되었다는 것이다. 컴퓨터와 인터넷 사용에 무심한 중장년 여성들에게 컴퓨터 교육을 여러 모로 시도해 보았지만 별 효과가 없었는데, 한류에 빠진 중장년 주부들이 인터넷을 통해서 욘사마를 만나고 팬들끼리 서로 정보교환을 하느라 단숨에 컴퓨터 매니아가 되었다는 분석이다. 따라서 한류는 일본 중장년 여성들에게 컴퓨터를 보급하고 사용법을 익히는 데 결정적인 구실을 한 셈이다. 그러므로 컴퓨터 판매량이 급증한 것은 물론 주부들의 컴퓨터 교육에 크게 이바지했다는 점에서, 한류는 일본에서 문명사적 의의를 가졌다는 해석까지 한다.

최근에는 배용준 팬들이 진화하여 그 열기가 더욱 뜨겁다고 보도한다. 병원에서는 환자가족들이 모여 '겨울연가'를 환자와 함께 보고 병을 크게 회복시키는 효과를 보는가 하면, 팬들이 '배용준학회'를[131] 만들어 팬들을 추적형, 상품수집형, 정보탐색형 등 9가지 유형으로 분석하는 연구발표를 했다. 이 학회에서 '겨울연가 스토리와 사생관(死生觀)을 엮은 철학적 분석'을 주제로 강연한 우치다 타츠루(內田樹) 교수는 스스로 겨울연가 팬을 자처한다.

우치다 교수는 학회참여를 마친 뒤에 자신의 홈페이지에, 다른 학회처럼 발표자들이 '지적 위신 때문에 남의 학설을 깔아뭉개거나 자신의 박식을 과시하려드는 등의 치사한 동기는 전혀 없으며, 한류의 즐거운 경험들을 지성적이고 정서적으로 솔직하게 발표하는 자리'였다는 논평의 글을 올려두었다.[132] 그러므로 일본의 배용준 팬들은 양적으로 줄어들었지만 질적으로는 더욱 뜨거워져서 전체 열기는 여전히 변함이 없다고[133] 진단한다.

---

131) 일본인들은 '日本욘욘學會'라고 일컫는다.
132) 木村惠子, 위의 글, 54쪽.
133) 木村惠子, 같은 글, 52쪽.

중국과 일본 지식인들의 논평과 언론의 진단을 보면, 한류현상을 한갓 서구 대중문화의 모방이나 파생물로만 치부할 수 없는 문화사적 의의가 있다. 그러한 문화사의 뿌리를 고대문화의 원형과 우리 민족문화의 정체성에서 찾는 작업을 진지하게 벌일 필요가 있다. 우리 스스로 우리문화의 얼굴을 제대로 보지 못하고 민족문화의 형성기 상황을 정확하게 포착하지 못하는 자가당착에서 벗어나야 한다. 그러자면 민족문화의 원형을 찾아내고 그 정체성을 분석해내는 일련의 작업들이 우리 학계와 문화계로부터 지속적으로 전개될 필요가 있다.

우리가 고대문화를 통해서 확인한 것처럼, 지금 우리문화의 한류현상은 고대부터 노래 부르고 춤추기를 잘한 굿문화의 전통에서 비롯되었으며,[134] 단숨에 세계 최강으로 도약한 '붉은악마'들의 응원축제도 고대 국중대회와 같은 민족굿의 문화적 DNA가 되살아난 현상으로 해석할 수 있다.[135] 최근에 갑자기 지역마다 향토축제가 벌어지고 대도시에는 너도나도 국제축제를 기획하여 일시에 축제가 번성하는 것도 우연한 일이 아니다. 국중대회와 같은 고대 나라굿의 전통에서 갈무리되어 있던 문화적 유전자가 나타남새 구실을 한 것이 아닌가 한다.

불과 30년 사이에 초가생활에서 거대한 집단주택인 아파트생활로 비약할 정도로 아파트 보급률이 세계 최고를 자랑하는 사실도[136] 고대부터 집을 짓고 정착생활을 누려온 농경문화의 오랜 전통에서 비롯된

---

134) 임재해, 「굿 문화사 연구의 성찰과 역사적 인식지평의 확대」, 『한국무속학』 11, 한국무속학회, 2006, 136-137쪽 및 「무형문화재의 문화적 가치 재인식과 창조적 계승」, 『무형문화재의 원형 전승과 창조적 계승』, 한국민속학회 제173차 학술발표회(2006년 4월 29일, 중앙대학교), 4-9쪽.

135) 임재해, 「경북의 문화인프라 구축과 세계화 전략」, 『새천년 경북발전의 비전과 전망』, 경북새천년연구원 심포지엄(포항공대 산업과학연구원 강당, 2002년 7월 19일), 78-79쪽.

136) 아파트가 661만6천 가구로 전체의 52.5%를 차지했고 단독 32.1%, 다세대 9.2%, 연립 4.5% 등의 순이다. 박진성, 「우리나라 주택 1천331만 가구」, mbn TV, 2006년 6월 27일 뉴스.

것이라고 할 수 있다. 『삼국지』「동이전」고구려조의 내용은 그런 사실
을 뒷받침한다.

> 좋은 토지가 없으므로 부지런히 농사를 지어도 식량이 충분하지 못하
> 다. 그들의 풍속에 음식 먹을 때엔 몹시 아껴 먹으나 집은 잘 지어 치장한
> 다. 정침의 좌우에 큰 집을 세우고 귀신에게 제사한다.[137]

비록 식량이 부족하여 음식을 절약해서 먹어도 집은 잘 지어서 치
레하기를 즐겼다. 농경민족으로서 정착생활을[138] 하는 사람들에게 집
은 가장 중요한 생활공간이자 안정된 보금자리이다. 따라서 집을 잘
짓고 집치레까지 두드러지게 했을 뿐 아니라 귀신을 모시는 사당까지
집 좌우에 별도로 크게 지어 제사를 올렸다고 한다. 살림집과 사당을
번듯하게 짓는 외에 사위 집도 별도로 지었다. 과년한 딸이 있어 사위
감이 정해지면 살림집 뒤에 별채로 서옥(婿屋)을 지어두고 사위될 사
람이 찾아오면 서옥에 거처하도록 한다.[139] 그러므로 식생활의 절약과
달리 주생활은 규모도 크고 집치레도 대단했다.

육식을 하며 이동생활을 하는 유목민과 견주어 보면, 곡채식 중심
의 정착생활을 하는 농경민의 특징이 여러 모로 드러난다. 고대 중국
인들이 보는 상대적 인식이 기록으로 나타난 셈인데, 지금도 중국사람
들은 한국보다 살림집은 허술해도 음식은 더 잘 먹는다. 따라서 중국
인들은 한국 관광을 하는 동안 잠자리에 만족하더라도 음식에는 늘 불

---

137) 『三國志』같은 곳, 高句麗傳, "無良田 雖力佃作 不足以實口腹 其俗節食 好
　　治宮室 於所居之左右立大屋 祭鬼神".
138) 윤내현, 『고조선 연구』, 114쪽에 한반도와 만주지역의 여러 유적을 근거로
　　신석기시대 초기부터 우리 민족은 붙박이생활을 했다는 사실을 밝혀 두
　　었다.
139) 『三國志』같은 곳, "其俗作婚姻 言語己定 女家作小屋於大屋後 名婿屋 壻暮至女
　　家戶外 自名跪拜 乞得就女宿 如是者再三 女父母乃聽使就小屋中宿".

만이다. 반대로 한국인이 중국여행을 하면 잠자리는 다소 불편해도 음식은 호화판으로 먹는다. 중국사람들 스스로 너무 잘 먹어서 문제라고 할 정도로 음식이 기름지다. 한국사람들 스스로 아파트가 너무 호화판이라서 문제로 인식할 정도로 아예 궁전 같은 집을 짓고 산다. 세계적으로 한국은 집을 많이 짓고 신도시도 즉각 만드는 나라인데, 집값과 주택정책으로 정부가 늘 골치를 앓다.

일본에 견주어 봐도 우리 아파트의 크기나 수준은 훨씬 크고 집치레도 고급이다. 어느 모로 보나 이웃나라에 비해 집치레가 두드러진다는 사실을 부정하기 어렵다. 번듯한 집을 짓고 보란 듯이 집치레를 하여 살던 풍속은 고대부터 구들을 놓고 정착생활을 해온 오랜 민족문화의 전통이라 할 수 있다. 그러므로 아파트 보급률 세계 1위라는 주거문화의 추월 현상은 물론, 주택 보급률이 106%로 상당히 높은데도[140] 집값이 폭등하는 역기능 현상은 한갓 서구 따라하기에서 비롯된 것이 아니라 고대부터 집을 많이 소유했던 정착문화의 집단적 무의식, 곧 우리 민족의 문화적 원형이 표현된 까닭이 아닌가 한다.

그런데도 우리문화의 기원을 아직까지 천막을 치고 떠돌이 생활을 하는 시베리아 초원지대의 유목문화에서 찾고 있다. 우리문화의 독자적 정체성을 제대로 읽지 못하는 까닭에 빚어진 오류에 머물지 않고, 마침내 민족사의 기원을 북방민족에게 진상하는 역기능을 빚게 된다. 그것도 자력적인 학설이 아니라 일제강점기의 일본학자들이 해석한 시베리아기원설의 식민사관을 고스란히 되풀이하고 있는 수준이다. 따라서 우리 굿문화도 시베리아 샤머니즘에서 비롯된 것으로 해석하고, 세계적으로 가장 빛나는 문화유산인 금관조차 시베리아 샤먼의 무관에서 비롯된 것으로 간주한다.

---

140) 2003년 미국의 주택보급률이 105.3%로서 현재 우리와 비슷한 수준이다. 따라서 우리 주택보급률도 선진국 수준이라 할 수 있지만, 주택 소유에 대한 관심은 우리가 훨씬 높은 것 같다.

자연히 세계 지성인들은 한국문화의 독창성을 인정하지 않는다. 중국문화의 패러디이거나[141] 일본문화의 아류로 취급하는 것이다. 미국 중학교 2학년 역사교과서에는 "한국에는 전통문화가 없으며, 있다면 그 주변국인 중국과 일본의 아류"라고[142] 서술하고 있다. 우리 학자들 스스로 우리문화의 정체성을 인정하지 않는데, 국제사회에서 그 독창성을 인정해줄 까닭이 없다.

금관왕국에서 5세기의 신라금관을 19세기 시베리아 무당의 철제 사슴뿔모자를 모방하여 만든 것이라고 하는 고고학자의 주장이나, 지금의 한류를 천박한 서구문화의 B급 파생물로 규정하는 문화인류학자의 주장이나 우리문화의 독자성을 인정하지 않기는 마찬가지이다. 현재의 우리 문화적 얼굴은 백인들의 문화적 얼굴 흉내내기에서 찾고, 고대 선조들의 문화적 얼굴은 시베리아 유목민의 문화적 얼굴에서 찾는 것이 우리 학계의 식민성이다.

따라서 세계문명권을 분석한 『문명의 충돌』에서조차 중국문명과 일본문명은 인정하면서도 한국문명은 별도로 인정하지 않는다.[143] 세계의 문명을 중화문명과 일본문명, 힌두문명, 이슬람문명, 동방정교문명, 서구문명, 라틴아메리카문명, 아프리카문명 등 8개 문명권으로 나누면서 한국문명은 제외시키고 있다. 한국문명을 중국과 일본의 아류로 보는 까닭에 별도의 문명으로 인정하지 않는 셈이다. 우리 스스로 그러한 시각을 가지고 우리문화를 외래문화에 종속적으로 규정하고 있으니 외국학자들이야 당연히 그럴 수밖에 없다. 그러므로 이 책을 널리 읽고 인용하면서도 한국이 세계문명에서 빠진 사실에 대하여 비판적으로 문제삼는 이조차[144] 없다.

---

141) 이사벨라 버드 비숍, 이인화 옮김, 『한국과 그 이웃 나라들』, 살림, 1994, 29-30쪽.
142) 이승헌, 『한국인에게 고함』, 한문화, 2006, 표지글.
143) 새뮤얼 헌팅톤 저, 이희재 옮김, 『문명의 충돌』, 김영사, 1997, 52-56쪽.

6. 금관왕국 신라와 시베리아기원설 극복

세계적으로 주목할 만한 우리문화유산을 시베리아 샤머니즘이나 몽골 유목민의 문화인 것처럼 주장하는 연구를 끊임없이 하고 있는 학자들이, 세계문명권 속에 우리문명이 포함되지 않는 사실을 문제삼을 까닭이 없다. 스스로 자기 문화의 정체성을 부정하는 고정관념 속에 갇혀 있기 때문에, 자기 문화를 보는 자기 이론을 만들어내기는커녕 아예 제국주의적 문화이론의 틀에다 끼어 맞추는 연구를 하는 데 골몰한다. 따라서 우리문화의 정체성을 그 자체로 밝히는 연구나 자생적 기원설을 주장하는 연구는 국수주의적 연구로 매도되기[145] 일쑤이다.

그러므로 제국주의적 식민사관의 감옥에 갇혀 민족문화유산을 종속적으로 해석하는 데 안주하고 있는 식민지 지식인들을 해방시키기 위해서는 실증적인 문화유산을 중심으로 종래의 시베리아문화 전래설을 극복하는 작업을 하지 않을 수 없다. 그러한 구체적인 문화유산으로서, 시베리아 샤먼의 무관에서 온 것으로 부당하게 자리매김된 신라 금관을 주목하기로 하자.

금관의 발굴내용과 분포상황을 보면 우리나라는 금관의 종주국이자 금관왕국이라 해도 지나치지 않다. 가장 화려한 형상의 금관들이 경주지역을 중심으로 한반도 남부 지역에 집중적으로 분포되어 있기

---

144) 임재해, 『민속문화의 생태학적 인식』, 당대, 2002, 131-139쪽에서 '문명충돌론의 한계와 문명 다양성의 회복'이라는 주제로 비판하고, 「국학의 세계화를 겨냥한 이론 개척과 새 체제 모색」, 『국학연구』 6, 한국국학진흥원, 441-443쪽에 한국이 독자적 문명으로 인정받지 않고 있는 사실을 비판적으로 주목했다.

145) 김욱동, 『탈춤의 미학』, 현암사, 1994, 39쪽에서 탈춤의 미학을 독창적 이론으로 밝히고자 하는 조동일을 대표적인 국수주의자로 몰아붙이고 있는 것이 한 보기이다. 김욱동의 연구에 대한 비판적 논의는 임재해, 「미학 없는 '탈춤의 미학'과 식민 담론의 정체」, 『민족예술』, 1994년 겨울호, 130-143쪽에서 이루어졌다.

때문이다. 세계적으로 고대 금관은 모두 10여 점에 불과한데, 그 절반이나 되는 6점 이상이 경주 신라 고분에서 주로 발굴되었다. 그러나 신라금관과 견주어 보면 실제로 대등하게 여길 만한 금관은 2, 3점에 지나지 않는데다가,[146] 그것도 제각기 외따로 있어서 전혀 문화적 개연성을 찾기 어렵다.

따라서 고대 금관은 사실상 경주지역에만 집중되어 있다고 해도 지나치지 않다. 게다가 금동관까지 고려하면 약 30여 점이 경주를 중심으로 동심원을 그리며 한반도 남부에 집중 분포되어 있으며, 아직 발굴되지 않은 숱한 고분 속에 얼마나 많은 금관이 들어 있을까 추론해 보면, 신라는 어느 모로 보나 세계적인 금관왕국이 틀림없다.

금관의 양적 풍부성이나 분포의 집중성, 형상의 상징성 등을 고려하면 인류 문화유산 가운데 고대 금관의 중심지는 바로 경주를 구심점으로 한 한반도 동남쪽의 신라지역이라 해야 마땅하다. 한국이 고인돌왕국이라는 사실을 떳떳하게 말해야 하는 것처럼,[147] 우리나라가 금관왕국이라는 주체적 인식이 필요한 데에도, 금관연구는 계속 거꾸로 가고 있는 것이 우리 학계의 현실이다. 경주박물관 홈페이지에 금관을 찾아 들어가면 아예 사슴뿔을 먼저 보여준다. 시베리아 샤먼이 사슴뿔을 썼다는 사실을 근거로 금관을 설명하기 위해 제시하는 시각적 자료이다.

학계의 최근 연구를 보면, 신라금관은 시베리아 무관에서 기원했다는 학설을 극복하기는커녕, 왕이 생전에 쓴 왕관이 아니라 주검을 매

---

146) 흑해 북쪽 해안의 로스토프 지역에서 발굴된 사르마트(Sarmat) 금관과, 아프카니스탄의 틸리아테페(Tillya Tepe) 6호분에서 발굴된 금관 정도가 고작이다.

147) 하문식, 『고조선 지역의 고인돌 연구』, 백산자료원, 1999 및 「고인돌을 통해 본 고조선」, 윤내현 외, 『고조선의 강역을 밝힌다』, 지식산업사, 2006, 201-250쪽에 의하면, 고조선 지역의 고인돌이 가장 많고 가장 먼저일 가능성을 제기하고 있는데, 「고인돌왕국 고조선과 아시아의 고인돌문화」에서 한층 진전된 논의를 하였다.

장할 때 묘지에 묻은 부장품으로서 한갓 데스마스크에 지나지 않는다
는 주장까지 한다.[148] 금관왕국인 신라 사람들은 스스로 금관을 만들
지 못하고 시베리아 샤먼들이 굿을 할 때 쓰는 민속 모자를 본받아 만
들었다고 하는, 시베리아 무관 기원설을 펼침으로써[149] 신라문화의 독
창성과 민족적 창조력을 부정한다. 그리고 화려한 금관도 실제로 쓸
수 없는 관모이자, 끝마무리가 제대로 안 되었을 정도로 조잡하게 만
든 관모로서 한갓 껴묻거리로 무덤 속에 넣어 주는 장례용 부장품이었
다고[150] 함으로써 금관이 지닌 왕관으로서 가치를 한껏 깎아 내리고
있다.

　더 문제는 이러한 해석들이 모두 1930년대 식민지 시기 일본인 학자
들의 주장과 일치한다는 사실이다. 하마다 세료(濱田靑陵)는[151] 진작
부터 이러한 주장을 펼쳤으며, 마노메 슌이치(馬目順一)도 최근에 금
관이 장례용 부장품이라는 주장을[152] 펼쳤다. 우리 학계에서도 뒤질세
라 일본학자들의 주장을 확대재생산하고 있는 것이 금관연구사의 최
근 동향이다. 한국 역사학은 아직도 일제강점기의 조선사편수회에서
설정한 식민사학의 틀 안에 갇혀서 강단사학의 기득권을 누리고 있다.

---

148) KBS 역사스페셜 제86회, '금관은 죽은 자의 것이었다', 2000년 9월 23일 방송
　　내용 및 이한상, 앞의 책, 79-82쪽.
149) 金烈圭, 「東北亞 脈絡 속의 韓國神話－金冠의 巫俗神話的 要素를 中心으로」,
　　『韓國古代文化와 引接文化의 關係』, 韓國精神文化硏究院, 1981, 302-305쪽
　　참조.
　　김병모, 『금관의 비밀 -한국 고대사와 김씨의 원류를 찾아서』, 푸른역사,
　　1998, 122쪽.
150) 이한상, 같은 책, 79-82 쪽에서 금관은 머리에 쓰기 곤란한 관이자 조잡하게
　　만든 관으로서 왕이 생존시에 쓴 것이 아니라 한갓 장례용품이라는 근거
　　를 여러 모로 들고 있다.
151) 濱田靑陵, 『慶州의 金冠塚』, 慶州古墳保存會, 似玉堂, 1932. 이한상, 같은 책,
　　81 쪽에서 참고.
152) 馬目順一, 「慶州古新羅王族墓 立華飾付黃金制寶冠編年試論」, 『古代探叢』
　　IV, 1995, 601쪽. 이한상, 같은 책, 81쪽에서 참고.

왜냐하면 여전히 1930년대 수준의 북방문화 전래설, 유목문화 기원설을 동어반복할 뿐 아니라 일본학자들이 가르치고 해석한 상투적 주장을 복창하는 종속적 연구에 머물러 있기 때문이다. 자국사를 자기 눈으로 보고 자기 논리로 해석하는 자득지학(自得之學)의 독창적 학문을 추구하기는커녕, 오히려 일본학자들의 학설에 의존하여 술이부작(述而不作)의 학문으로 행세하거나, 또는 그들의 주장을 확대재생산하는 식민사학의 앞잡이 구실을 하고 있는 것이 현실이다. 금관연구라 하여 다를 까닭이 없다.

일본학자의 학설에 입각한 이한상의 주장에 따르면, 금관은 왕실의 의전용 왕관이 아니라 데스마스크라는 것이다. 왜냐하면 금관은 약한 구조여서 쓸 수 없을 뿐 아니라, 매우 엉성한 마무리와 제작 실수를 방치할 정도로 대충 만든 것인 데다가 피장자의 얼굴을 감싼 모습으로 발굴되었기 때문이라는 것이다. 따라서 금관은 왕관이 아니라 한갓 주검의 얼굴을 가리는 장례용품이라는 것이다.[153] 결국 금관이 왕관이 아니라 부장품이라는 근거는 4가지이다.

하나는 금관이 쓰기에 불편할 정도로 무겁다는 것이며, 둘은 세움 장식이 약해서 쓰면 꺾어질 가능성이 있다는 것이고, 셋은 실수로 구멍을 낼만큼 조잡하게 만들었다는 것이다. 그리고 넷은 발굴상태를 보면 금관이 주검의 머리에 쓰여진 상태가 아니라 얼굴을 가리고 있는 상태라는 것이다. 모두 금관 자체만 주목하고 왕관문화 또는 관모문화에 관한 최소한의 기본적인 상황조차 모르고 있는 데서 비롯된 억측이다.

우선 금관이 1kg이나 될 만큼 무거워서 왕관으로 쓸 수 없다는 전제가 잘못되었다. 영국 왕실 대관식에 쓰는 순금제 '성에드워드왕관'은 3kg이나 되며, 조선 사대부 여성들의 가채머리는 3-5kg까지 되는데, 고작 1kg의 무게가 무거워서 쓸 수 없다는 것은 설득력 없는 주장이다.

---

153) 이한상, 같은 책, 같은 곳 참조.

우리가 쓰는 생활모의 무게 정도
로 가벼워야 쓸 수 있다고 여기는
것은 왕관의 상징성이나 장식성을
모르고 하는 주장이다. 금관처럼
의전용 왕관은 상대적으로 일정한
무게를 담보할 수밖에 없다.

둘째, 세움장식의 금판이 약해
서 쓰면 꺾어질 위험이 있다고 했
는데, 지금까지 어느 금관의 세움
장식도 꺾어진 적이 없다. 왜냐하
면 세움장식 주변에 한두 줄의 점
열문을 통해 버팀력을 강화해 두
었기 때문이다. 점열문을 새기기

〈그림 6〉 금관총 금관

위해 뾰족한 쇠붙이를 금판에 대고 망치질을 할 때마다 충격을 받은
금판의 결정이 깨져서 규칙적으로 배열되어 있던 전자의 분포가 엉키
게 되므로 금판의 강도와 탄력은 현저하게 높아진다. 무늬효과가 제대
로 드러나지 않는 데도 아주 정교하도 일손이 많이 가는 점열문을 새
긴 것은 버팀효과를 높이기 위한 것이다. 그러므로 세움장식이 꺾어져
서 쓸 수 없다는 주장도 오류일 따름이다.

셋째, 쓸데없는 구멍들을 뚫어 둘 정도로 조잡하게 만든 관이어서
왕관으로 썼다고 보기 어렵다는 주장도 한다. 금관총 금관의 테에 있
는 송곳 구멍(그림 7) 몇 개를 근거로 조잡하게 만들었다고 하는 전제
는 두 가지 오류 속에 빠져 있다. 하나는 용도를 알 수 없는 송곳 구멍
을 실수로 뚫은 구멍이라 간주하는 것이다. 다른 용도로 쓰였을 가능
성이 얼마든지 있기 때문이다. 아무리 미숙한 장인이라도 공연히 관테
에 실수로 송곳 구멍을 낼 까닭이 없다. 정교하기 짝이 없는 천마총 속
관은 물론 금관총 속관 아래에도 송곳 구멍이 여러 개 나 있다. 착용할

〈그림 7〉 관테의 구멍

때 끈을 꿰어 고정시키기 위해 의도적으로 뚫어놓은 구멍이다.

게다가 금관의 다양한 세움장식과 달개 및 곡옥의 화려함, 전체적인 양식의 아름다움은 고려하지 않고 송곳 구멍 몇 개만으로 조잡하게 만들었다고 판단할 수 있을까. 곡옥은 대충 만들고 달개는 조잡하게 달았는가. 그렇지 않다. 곡옥을 세련되게 다듬었을 뿐 아니라 금실을 일일이 꼬아서 달개도 정교하게 달았다. 그리고 비록 실수로 뚫은 구멍이라 하더라도 그러한 빈 구멍조차 없는 금관이 대부분인데, 특정 금관의 작은 구멍을 근거로 장례용품이라 하는 것은 성급한 개괄의 오류에 빠진 셈이다.

넷째는 발굴과정을 보면, 금관이 주검의 머리 부분에 있는 것이 아니라 얼굴을 가리고 있는 형태로 발견된 것을 볼 때, 생전에 쓰지 않았다는 해석이다. 여기서 우선 두 가지 질문이 가능하다. 생전에 쓴 모자라고 하여 주검에 씌울 수 있는가 하는 것이며, 반대로 주검의 머리에 씌워져 있지 않은 모자는 생전에 쓰지 않은 것인가 하는 것이다. 둘 다 아무런 개연성이 없다. 구조적으로 모자는 어느 것이든 누워서 쓸 수 없기 때문이다.

앉거나 선 자세로 쓸 수 있는 모자도 주검처럼 누워 있는 자세에서는 쓰면 벗겨지게 마련이다. 금관처럼 높고 화려한 세움장식이 있는 모자는 생전에 쓰고 지내도 주검에는 결코 씌울 수 없다. 갓을 생전에 썼다고 하여 주검에다 갓을 씌울 수 없는 것과 같은 이치이다. 물리적으로 씌울 수 있다고 해도 주검에는 모자를 씌우지 않는다. 누운 사람은 모자를 쓰지 않기 때문이다. 그러므로 누워서 쓰도록 만든 모자는 본디부터 존재하지 않는다.

실제로 생전에 확실히 머리에 썼다고 인
정되는 절풍 모양의 속관은(그림 8) 발굴과
정에서 어느 위치에 놓여 있었는가. 절풍 모
양의 속관은 고조선 이래 우리 관모의 오랜
전통이다. 따라서 이 속관을 쓰지 않았다고
할 아무런 이유가 없으며 실제로 그런 주장
을 하는 이도 없다. 그런데 이 속관은 주검의
머리 위는커녕 아예 별도의 부장품 공간에서

〈그림 8〉 금관총 금관 속관

발견되었다. 하지만 발굴 당시 머리 위에 놓여 있지 않았다는 이유로
속관을 부장품이라고 하거나, 살아생전에 쓰지 않은 관이라고 해석하
는 사람은 아무도 없다. 그러므로 구조적으로 주검의 머리에 씌울 수
없는 사실을 근거로 금관은 생전에 썼던 관이 아니라고 하는 것은 이
만저만한 모순이 아니다.[154] 왜냐하면 누워서 쓸 수 없는 모자는 앉아
서도 쓸 수 없다고 우기는 것이나 다름없기 때문이다.

금관이라고 하는 물질자료 자체에 매몰된 채, 묘지 속의 발굴상태
에만 집착한 나머지, 주검에게 모자를 씌울 수 있는가 없는가 하는 문
제는 물론, 금관의 무게가 왕관 일반의 무게보다 훨씬 가볍다는 사실
조차 알지 못한다. 게다가 금관의 기원으로 삼는 시베리아 샤먼의 관
은 19세기의 민속품이다. 그러므로 신라금관은 시베리아 무관보다 1500
년이나 앞선 5세기의 왕관인데, 거꾸로 19세기의 무관을 금관의 기원이
라 하는 것은 이만저만한 억지라 하지 않을 수 없다.

신라금관은 왕이 살아 생전에 쓴 것이 아니라 죽을 때 데스마스크
로 또는 주검의 부장품으로 사용되었다는 부정적 해석이 마치 새로운
학설처럼 새삼 제기되고 있듯이, 금관의 형상을 두고도 그 해석이 점

---

154) 임재해, 『신라금관의 기원을 밝힌다』, 지식산업사, 2008, 139-148쪽에서 자세
하게 다루었다.

점 억측으로 가고 있다. 우선 '곧은 줄기 굽은 가지' 나무모양의 세움장
식을[155] 두고 사람에 따라 직각수지형(直角樹枝形)이라고 하거나 출자
형(出字形) 또는 산자형(山字形)이라고 하며 서로 어긋지게 해석하는
데다가, 산자형에 매몰된 연구자는 마침내 금관을 '삼산관(三山冠)이
라[156] 일컫기조차 하는 지경에 이르렀다.

한편, '굽은 줄기 곧은 가지' 나무모양을 녹각형 또는 사슴뿔 모양이
라 하여 시베리아 샤먼의 무관에서 기원을 찾는 까닭에, 왕권을 상징
하는 신성한 왕관이 한갓 민속품인 무당의 관모처럼 격하되어 민족문
화의 독창성을 부정하는 데 머물지 않고, 아예 금관을 사용했던 신라
김씨 왕족을 알타이족의 후예로 간주하기까지 한다.[157] 결국 금관연구
는 신라 김씨왕조의 민족적 정통성까지 훼손하는 결과에 이르렀다. 세
계적으로 가장 화려한 신라왕실의 금관문화를 여전히 유목생활을 하
고 있는 시베리아 샤먼에게 가져다 바치거나, 또는 신라인의 문화적
유산이자 한국의 국보를 알타이문화 유물의 하나로 진상하는 억지 해
석을 되풀이하고 있는 수준이다.

비전문가의 눈으로 봐도 금관의 세움장식에는 모두 나뭇잎이 달려
있고 가지 끝마다 새 순이 돋아나 있어서 살아 있는 나무의 생명력을
잘 드러낸 수목형이라는 것을 쉽게 알아차릴 수 있다. 그런데도 '곧은
줄기 굽은 가지' 모양 세움장식을 산자(山字)형 또는 출자(出字)형이라
고 하는가 하면, 굽은 줄기 곧은 가지 모양의 세움장식은 사슴뿔 모양
이나 녹각형이라 해석한다.

물론 왜 금관이 산자나 출자와 같은 한자의 글꼴을 해야 하는가 하

---

155) 임재해, 「왜 겨레문화의 뿌리를 주목하는가」, 『比較民俗學』 31, 比較民俗學
　　　會, 2006, 224쪽에 금관의 세움장식을 이와 같이 새롭게 자리매김하였다. 김
　　　병모가 자연수지형이라 하는 것을 '곧은 줄기 곧은 가지 나무모양', 녹각형
　　　이라 하는 것을 '굽은 줄기 곧은 가지 나무모양'이라 하였다.
156) 李鍾宣, 「高新羅의 三山冠」, 『高新羅王陵硏究』, 學硏文化社, 2000, 245-304쪽.
157) 김병모, 같은 책, 166-167쪽.

는 의문도 제기하지 않은 채 시베리아 지역 민속모자의 비슷한 모양만 찾아 연관성을 주장한다. 그리고 왜 사슴뿔에 나뭇잎 모양이 달려 있고 뿔 끝마다 나뭇가지 끝에나 있을 법한 움이 돋아나 있는가 하는 의문조차 제기하지 않은 채 시베리아 무관의 사슴뿔에서 영향 받은 것처럼 해석한다. 실제로 사슴뿔이라고 하는 세움장식을 보자. 과연 사슴뿔 모양을 하고 있는가.

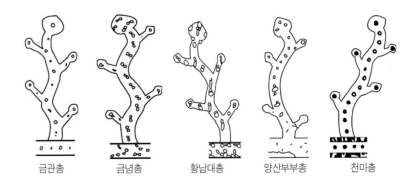

|금관총|금녕총|황남대총|양산부부총|천마총|

위의 그림에서 보는 것처럼, 사슴뿔 모양이라고 해석하는 것은 사실상 '굽은 줄기 나무에 곧은 가지'를 단 세움장식들이다. 사슴뿔은커녕 줄기가 자연스레 굽어 있는 다양한 양식의 나무 모양일 뿐 아니라, 흥미롭게도 현재 밝혀진 금관 가운데 가장 후대에 나타난 세움장식들이다.

그리고 이 양식도 그 자체로 생겨난 것이 아니라 '곧은 줄기 곧은 가지' 모양의 기본형에서(그림 1), '곧은 줄기 굽은 가지 모양'의 가지변이형으로(그림 2) 발전했다가, 다시 줄기 변이형으로(그림 3) 나아간 것이다.

따라서 3)의 줄기변이형 세움장식을 사슴뿔이라고 하는 해석 자체는 물론 그것으로 기원론을 펴는 것은 심각한 오류이다. 그러므로 금

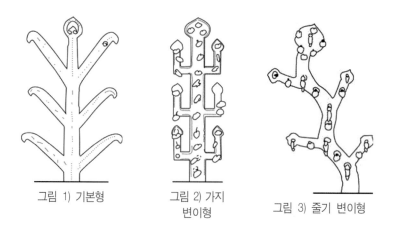

그림 1) 기본형   그림 2) 가지   그림 3) 줄기 변이형
                    변이형

관의 시베리아기원설은 기본형에서 2차례 변이를 거쳐 가장 늦게 등장한 줄기변이형 세움장식을 근거로 시베리아 샤먼의 사슴뿔과 연관지어 금관의 기원을 설명할 뿐 아니라, 시베리아 지역의 후대 민속품으로 15세기 이전 신라금관의 기원을 삼는 3중 모순에 빠져 있는 것이다.[158] 다시 말하면 그림 3)의 줄기변이형은 가장 늦게 나타난 세움장식이다. 실제로 금관에 나타나는 세움장식의 변화과정을 보면 한눈에 금관의 발전양상을 이해할 수 있다.

세움장식의 세 가지 유형과 그 변이과정을 제대로 포착하면 금관의 발전양상이 일목요연하게 포착된다. 가)의 기본형에서 나)의 발전형으로 갔다가 마침내 다)에 와서 완성형을 이루게 된다. 이 추론은 논리적으로 입증 가능한 개연성을 지녔을 뿐 아니라, 실제 금관의 세움장식 자료가 뒷받침하고 있어서 설득력이 높다. 다)의 완성형은 가)와 나)를 거쳐 가장 후대에 나타난 것이다.[159]

따라서 세움장식으로 기원론을 펴려면 가장 초기형인 가)의 세움장

158) 임재해, 「신라 건국신화의 맥락적 해석과 신라문화의 재인식」, 일연학연구원 국제학술발표대회, 『일연선사와 삼국유사』, 한국학중앙연구원, 2006년 7월 20-21일, 473-475쪽에서 이 문제를 자세하게 다루었다.
159) 임재해, 『신라금관의 기원을 밝힌다』, 442-448쪽에서 자세하게 논증했다.

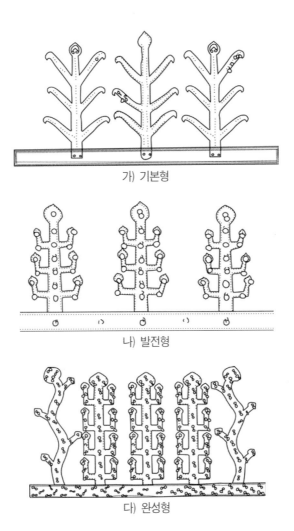

가) 기본형

나) 발전형

다) 완성형

식을 근거로 삼아야 한다. 그런데 거꾸로 완성형에 뒤늦게 추가된 '줄기변이형'을 근거로 기원론을 펴는 모순에 빠져 있다. 완성형의 줄기변이형 세움장식이 비록 사슴뿔 모양이라 하더라도 가장 늦게 나타난 양식이기 때문에 이 모양을 근거로 시베리아 샤먼의 무관기원설을 펴는 것은 자가당착이라 하지 않을 수 없다.

그런데도 지금껏 이러한 모순과 당착을 아무도 발견하지 못하고 있는 것이 고고학계의 수준이자 학문적 현실이다. 그럼 신라금관은 무엇을 형상화한 것인가. 그것은 금관을 쓰기 시작한 신라 김씨왕조의 시조신화에서 비롯된다. 김씨왕조의 후손들이 박석김의 왕조교체의 혼란을 딛고 김씨왕조를 굳건하게 이어가기 위해[160] 그들의 시조인 김알지신화를 시각적으로 형상화한 것이 금관이다. 김알지신화의 주요 무대이자 신라의 국림인 계림, 그리고 신라의 초기 국호인 계림국의 상징을 시각화 한 것이 금관의 나무모양 세움장식이다.

시조신화와 왕관은 서로 다른 구조물이지만 모두 신성한 왕권을 강화하는 상징적 정치 기능을 발휘한다는 점에서 동질성을 지닌다. 건국시조신화가 왕권의 신성성을 통시적으로 지속시키고 공시적으로 널리 확산시키는 구술적 상관물이라면, 왕관은 왕권의 신성성을 시각적으로 드러냄으로써 보는 현장에서 그 권위를 즉각 실현하게 하는 조형적 상관물이라 할 수 있다. 그러므로 건국신화와 왕관은 시조왕의 위대함을 상징하며 왕권의 신성성을 강화하는 기능을 공유한다.[161]

김알지신화의 서사적 줄거리를 포착하게 되면 금관의 형상적 구조물이 눈에 그려진다. 김알지신화의 열쇠말은 알지와 금궤, 계림이며, 시각적 아이콘은 번쩍이는 황금과 신성한 숲을 나타내는 계림의 형상이다. 왜냐하면 김알지는 닭이 울고 있는 시림의 나뭇가지에 걸린 금궤에서 출현했기 때문이다. 따라서 금궤의 금을 따라 알지의 성을 김씨로 삼았고, 닭이 운 시림을 계림으로 일컬었을 뿐 아니라, 신라의 국

---

160) 임재해, 「굿 문화사의 성찰과 역사적 인식지평의 확대」, 같은 책, 91-93쪽에 박·석·김 성씨교체에 따른 역사적 상황을 자세하게 분석했다.

161) 林在海, 「文化的 脈絡에서 본 金冠의 形象과 建國神話의 函數」, 『孟仁在先生古稀紀念-韓國의 美術文化史論叢』, 學硏文化社, 2002, 233-235쪽에서 건국시조신화와 왕관의 관련성을 다루었다. 이 논의는 「왜 지금 겨레문화의 뿌리를 주목하는가」, 「신라 건국신화의 맥락적 해석과 신라문화의 재인식」 등의 논문에서 재론되었다.

호를 계림으로 일컬었던 것이다. 김알지신화에 의하면 계림은 곧 김알
지가 출현한 신성한 성지이자 계림국의 상징물인 것이다. 그러므로 김
알지 후손들이 왕권을 잡고 김씨 세습왕조를 꾸리면서 그들의 시조신
화인 김알지신화의 내용을 시각적으로 형상화하여 왕관을 만든 것이
바로 금관이다.[162]

　김알지신화의 시각적 세계상을 왕관으로 나타낸 것이 신라금관이
다. 금궤를 상징하는 왕관의 재료를 순금으로 하고, 계림을 상징하는
나무모양 세움장식을 여러 개 세워서 왕관을 디자인한 결과, 현재 우
리가 보는 다양한 금관의 모습을 이루게 된 것이다. 김알지의 출현 공
간이자 신라의 국호 계림을 상징하는 신성한 숲을 상징한 것이 금관이
다. 처음에는 기본형의 나무를 3그루 세우다가, 다음에는 가지변이형
나무를 3 그루 세우고, 마지막으로는 가지변이형 나무 3그루에다가 다
시 줄기변이형 나무를 2그루 더 보태어서 5그루의 나무가 모여 있는
그림 다)와 같은 완성형의 금관을 이룬 것이다. 그러므로 가장 후대의
줄기변이형 세움장식을 사슴뿔이라고 주장하며, 시베리아기원설을 펼
치는 금관연구의 종속성을 극복하고, 금관 종주국으로서 신라금관의
기원과 문화적 정체성을 우리 문화와 역사 안에서 되찾아야 할 것이다.

7. 민족문화의 주체적 인식과 굿문화 전통

　금관처럼 가장 풍부하고 가장 화려한 우리문화유산조차 그 원류를
시베리아에 가서 찾는다. 그러나 시베리아 샤머니즘 문화권에서는 눈
을 씻고 찾아봐도 금관이 보이지 않는다. 흔히 신라금관의 원류로 거
론되는 흑해 북쪽 해안에서 발굴된 사르마트(Sarmat) 금관과 아프카

---

162) 임재해, 「신라 건국신화의 맥락적 해석과 신라문화의 재인식」, 462-471쪽에
　서 본격적으로 다루었다.

니스탄의 틸리아테페 금관에도 사슴뿔이라고는 없다. 모두 살아 있는 수목형상이다. 수목형상이라도 그 기법이나 구조 모두 신라금관의 양식과 다르다.[163] 따라서 세계 어느 금관에도 없는 사슴뿔을 근거로 기원설을 찾는 것은 시베리아 문화기원설에 매몰되어 있는 고정관념 탓이다.

이미 고대 복식사 연구를 통해서, '금관은 외부의 영향으로 이루어진 것이 아니라 고대 한민족이 널리 사용하던 변(弁)과 절풍(折風) 및 책(幘)의 변화 위에, 고조선 초기부터 계승된 한민족의 고유한 원형'에서 비롯된 것이[164] 밝혀졌지만 아무도 주목하지 않는다. 일제강점기부터 조성된 식민사학의 고정관념에 매몰되어 국학계의 주체적 연구 성과일수록 의도적으로 외면하는 경향조차 있다.

하기야 현재 세계가 인정하고 있는 한류도 우리문화로 인정하지 않는 지식인들이 고대문화를 주체적으로 포착하고 고대의 한류로서 정확하게 해석할 까닭이 없다. 오히려 국내에서 대수롭지 않게 여기는데 반해 국제사회에서 우리문화를 한류로 대단하게 자리매김하는 것처럼, 고대문화에 대해서도 중국 기록은 한류문화의 두드러진 사실들

〈흑해 북안 로스토프지역 출토 사르마트금관〉

〈아프가니스탄 틸리아-테페 출토 박트리아시대 금관〉

163) 임재해, 『신라금관의 기원을 찾는다』, 625-641쪽에서 신라금관과 두 금관의 양식을 비교해서 그 차이를 자세하게 밝혔다.

164) 박선희, 『한국 고대 복식』, 292쪽.

을 널리 기록하여 동이족의 수준 높은 문화와 독자적 정체성을 오롯이 드러내고 있다. 그러므로 중세에 발달한 중국의 기록문화가 우리 고대 문화를 비추어주는 훌륭한 거울 구실을 담당하는 것이다.

우리는 자신의 문화적 모습을 비추어주는 거울을 보고도 자기 모습을 발견하지 못한다. 오히려 거울에 비친 다른 얼굴에서 자기 모습을 찾는 까닭이다. 따라서 우리 역사와 문화가 주체적으로 발전되지 못하고 북방민족에 의해 타율적으로 전개되거나 정체되어 있었다는 관점은 고고학계와 역사학계로부터 국문학과 민속학, 인류학계에 이르기까지 알게 모르게 광범위하게 자리잡고 있다.

그 결과, 부분적 유사성이나 동질성을 근거로 전파주의적 해석을 하고 외래기원설을 펼치는 데 익숙하다. 문화는 부분으로서 전체를 구조화하지 못한다. 한 부분이나 특정 명칭의 어원으로 발생론을 펼칠 수 없다. 알랜 던데스가 설화의 전파론을 비판하면서 지적한 것처럼, 어디서나 흔하게 나타나는 화소 단위의 부분으로 유형을 결정할 수 없기 때문이다. 더군다나 기원론으로는 이미 전파설을 극복하고 다원발생설(polygenesis) 또는 독립발생설(independent invention)이 더 설득력을 지니고 있다.[165] 그런데도 대부분의 전파주의적 해석은 기본적인 요건을 충족시키지 못하고 있다. 문화가 전파되었다는 것을 입증하려면 형태의 준거, 양적 준거, 계속의 준거를[166] 갖추어야 한다. 대부분 가장 중요한 '계속의 준거'를 갖추지 못한다. 지리적 거리와 역사적 간격이 엄청난 까닭이다.

우리 학계 스스로 가당찮은 전파론으로 우리문화의 독창성을 부정하는 까닭에, 세계학계에서는 동아시아 여러 나라 가운데 우리나라 문

---

165) Richard M. Dorson, 'Current Theories of Folklore', *Folklore and Folklife*(The University of Chicago Pess, 1973), 8쪽.

166) 크네히트 페터, 「문화전파주의」, 아야베 쓰네오 엮음, 이종원 옮김, 『문화를 보는 열 다섯 이론』, 인간사랑, 1987, 25쪽.

화만 독자성을 인정하지 않는다. 우리문화를 일컫고 자리매김해주는 세계적인 용어가 아예 없다. 왜냐하면 우리 고대문화의 가장 원형이라 할 수 있는 굿문화조차 시베리아 샤머니즘으로 간주하는 까닭이다. 우리문화가 영향을 주었다고 우리 스스로 주장하는 일본문화는 세계학계에서 독자성을 인정받는다. 왜냐하면 세계학계에서 일본에는 우리와 달리 독자적인 신토문화가 있다고 여기는 까닭이다.

동양문화의 정체성은 힌두문화와 불교문화를 비롯하여 유교문화, 도교문화, 신토문화가 있는데, 모두 국제사회에서 힌두이즘(Hinduism)과 부디즘(Buddhism), 콘퓨시아니즘(Confucianism), 타오이즘(Taoism), 신토이즘(Shintoism) 등 고유한 학술적 용어로 소통되고 있다. 그런데 한국문화는 이 가운데 가장 중요한 세 가지 문화를 두루 가지고 있는 외에, 우리 고유의 굿문화를 별도로 가지고 있으면서도 자기 문화의 정체성을 스스로 드러내지 않기 때문에 독자적인 문화를 가진 민족으로 인정되지 않는다.

인도에는 힌두교와 불교가 발생되었고, 시베리아에는 샤머니즘, 중국에는 유교와 도교가 고유문화로 존재하는가 하면, 일본에는 신토가 토착문화로 국제사회에서 공인되고 있다. 그런데 왜 한국에는 이러한 민족 고유문화가 없는가. 성찰해볼 만한 질문이 아닌가. 중국과 일본도 자기 고유의 종교문화가 있는데 동아시아 세 나라 가운데 고대문화가 가장 찬란한 한국만 시베리아의 샤머니즘에 종속되어 있어야 할 문화적 이유가 있는가. 마땅한 근거를 제시하지 못한 채 일방적으로 우리 굿문화를 샤머니즘의 틀에다 끼어 맞추려는 것은 곧 우리문화의 정체성을 인정하지 않는 것이자, 민족적 창조력을 스스로 부정하는 일이다.

실제로 우리 굿문화는 시베리아 샤머니즘과 구조적으로 다르다. 외국학자들이 그런 사실을 먼저 밝혀두고 있다. 한국 굿을 조사 연구한 기유모즈(A. Guillemoz)는 '무당'과 '샤먼'의 구조적 차이를 대비해서 분석하고, 북방의 샤먼은 영혼이 최면에 걸린 동안 승천하거나 지옥으로 하강하기 위해 육체를 떠나지만, 한국의 무당은 천당이나 지옥으로 사라지지 않고 오히려 신이 내려온다고 했다. 따라서 샤머니즘에서는 굿을 하면 샤먼이 움직이지만, 한국 무당은 굿을 하면 신이 움직인다는 것이다. "무당은 샤먼과는 반대로 신을 찾으러 가는 것이 아니라 신을 받아들이고 맞아들이는 것이다. 즉 내려오는 것은 신들인 것이다."[167]

생태학적 시각에서 세계적인 샤머니즘을 비교 연구한 피어스 비텝스키(Piers Vitebsky) 역시 우리 굿문화를 유목문화의 샤머니즘과 구별하여 농경문화의 제의양식으로 대조하여 다루었다.[168] 따라서 유목민의 떠돌이생활에 따라 신을 찾아 이계(異界)로 떠나는 시베리아 샤먼과, 농경민의 정착생활에 따라 이계의 신을 불러오는 우리 굿문화의 구조적 차이를 분석한 연구성과를[169] 구체적으로 더 진전시킬 수 있게 되었다. 우리 굿문화를 시베리아 샤머니즘과 대비해 보면, "유목문화와 농경문화의 생태학적 차이에 따라 남성 샤먼과 여성 무당, 엑스타시와 포제션, 탈혼과 빙의, 이계여행과 신의 청배(내림), 동물 몸주와 인격 몸주, 동물신 옹고드와 인격신의 무신도, 하늘로 상승과 땅으로 하강 등 일일이 대립적으로 맞서 있다"는[170] 사실을 알 수 있다.

제주도 큰굿 열두거리의 내용과 구조를 분석한 결과도 고대부터 고유의 굿문화를 창조하고 전승해 왔다는 민족적 독창성을 입증하고 있다.[171] 그러므로 우리 굿문화의 옛기록을 보든, 또는 실제 제의양식의 특성을 보든 우리 굿문화가 더 이상 시베리아 샤머니즘에서 비롯되었

167) 알렉상드르 기유모즈, 「現世的 福樂追求의 信仰」, 크리스챤아카데미編, 『韓國의 思想構造』, 삼성출판사, 1975, 406쪽.
168) 피어스 비텝스키 지음, 김성례·홍석준, 『살아 있는 인류의 지혜 샤먼』, 도서출판 창해, 2005.
169) 임재해, 「굿 문화사 연구의 성찰과 역사적 인식지평의 확대」, 『한국무속학』 11, 한국무속학회, 2006, 120-131쪽에서 자세하게 다루었다.
170) 임재해, 「왜 겨레문화의 뿌리를 주목하는가」, 『比較民俗學』 31, 比較民俗學會, 2006, 213-214쪽.
171) 이수자, 『큰굿 열두거리의 구조적 원형과 신화』, 집문당, 2004, 408-409쪽.

다고 할 아무런 근거가 없다. 세계 어느 나라 문화와 견주어 봐도 가무악 중심의 굿문화가 도드라지고 생태학적 특징과 문화사적 고유성을 잘 확보하고 있다. 실제 조사에 의하면 우리 굿문화의 기원으로 떠받드는 시베리아 알타이의 무당들조차 '샤먼'이라 하지 않으며, '샤먼'이라 하면 무슨 말인지 알아듣지 못한다.[172] 자연히 샤머니즘이라는 보편적인 용어도 퉁구스족 일부만 사용하고 있는 특수용어일 뿐 시베리아 지역의 굿문화를 대표하는 것도 아니다.

그런데도 우리 무당과 굿을 기어코 샤먼 또는 샤머니즘으로 끌어다 붙인 까닭에 고유문화로서 독창성을 인정받지 못하게 된 것이다. 따라서 샤머니즘이나 힌두이즘, 부디즘, 타오이즘, 신토이즘과 나란히 우리 '굿문화(Kut culture)'를 '굿이즘(Kutism)'으로 자리매김해야 한다. 그러자면 굿문화를 더 이상 'Korean shamanism'과 같은 종속적 번역어로 나타내지 않고 '굿'이나 '무당'이라는 우리말로 고스란히 소통시켜서, '태권도'나 '김치'처럼 국제사회에서 굿을 우리말과 함께 한국 고유문화로 인정받도록 해야 한다.[173] 굿문화의 정체성을 살려야 우리문화가 세계 속에서 독자적인 문화주권을 누리고 고대 신명풀이 문화의 전통을 민주적으로 마음껏 누릴 수 있다.

오늘의 한류도 굿문화의 문화적 유전자가 나타난 표현형의 하나라는 사실을 재인식해야 한다. 동이족들은 옛날부터 남녀노소가 더불어 밤낮을 쉬지 않고 가무를 즐겼을 뿐 아니라, 길을 걸어가면서도 노래 부르기를 즐겨서 종일 노래소리가 끊어지지 않았다고 하지 않는가. 고대사회의 연행예술문화가 이처럼 풍부하게 서술된 사례를 발견하기 어렵다. 세계 어느 민족과 견주어봐도 동이족만큼 노래와 춤을 즐기며

---

172) 이건욱 외,『알타이 샤머니즘』, 국립민속박물관, 2006, 152-153쪽에 의하면, 알타이민족들은 "샤먼이란 말을 쓰지 않을 뿐 아니라 아예 그 단어조차 모르고 있었다." "알타이 민족들은 샤먼이 아니라 '깜(kam)이라는 용어를 쓴다."
173) 임재해, 「왜 지금 겨레문화의 뿌리를 주목하는가」, 같은 책, 236-237쪽.

신명풀이를 한 민족은 없을 것이다. 그러한 전통은 최근까지 고스란히 이어져서 마을마다 풍물이 갖추어져 있고 두레노동을 하면서도 풍물을 치며 가무를 즐겼다. 마을굿을 할 때도 풍물이 빠지지 않았다.

한류를 형성하는 지금의 대중문화를 돌아보자. 노래와 춤, 음악이 고대문화의 원형과 잘 맞아떨어진다. 그러나 지금의 한류는 더 나아갔다. 동영상시대에 이르러서는 노래와 춤 못지않게 영화와 드라마가 주류를 이루게 되었다. 우리는 지금 대중가요 못지않게 영화와 드라마로 한류를 이어가고 있다. 드라마의 한류 또한 굿문화의 유전자에서 그 뿌리를 찾을 수 있다.

영화와 드라마의 연기는 연극에서 출발한 것이다. 연극배우가 영화배우로, 드라마의 탤런트로 발전해왔다. 모두 연기가 기본인데, 이러한 연기야말로 굿을 하는 무당의 몫이다. 무당은 가무오신하는 까닭에 노래와 춤도 잘 추게 마련이지만, 신내림을 통해서 신의 역할을 하는 까닭에 무당은 곧 광대노릇을 잘 하지 않을 수 없다. 연극이 굿에서 기원했다는 것은 세계적 학설이며, 굿을 하는 무당이 배우 노릇의 출발이라는 사실도 새삼스러운 것이 아니다. 신끼를 타고난 사람이 무당 구실을 하듯이 신끼가 많은 사람들이 소리꾼과 춤꾼은 물론 광대 노릇도 담당하게 마련이다.

실제로 무당은 광대나 배우와 같은 행위를 한다. 무당은 굿을 하는 도중에 신내림을 통해서 다른 인물로 전환되며 다른 인물의 역할을 하는 까닭이다. 신내린 인물처럼 음성과 몸짓, 말을 완전히 딴사람처럼 바꾸어 표현하는 것이다. 마치 배우가 특정 배역이 주어지면 주어진 배역에 맞추어 행동하고 말하는 것과 같다. 실제로『배우의 길』을 쓴 브라이언 베이츠(Brian Bates)에 의하면, 무당은 제의적 공연을 통해 신이 전해준 미래의 사건들을 예언하고 신성한 의식을 주재하는 신비한 공연자이자 지혜의 전달자이며, 신성한 배우로 규정된다.[174]

무당이 굿을 하는 방식도 두 가지이다. 시베리아 샤먼처럼 이계로 여행하는 탈혼상태에 이르는 굿이 있는가 하면, 우리 무당처럼 신을 불러들여 내림을 받아 빙의상태에 이르는 굿도 있다. 탈혼 상태로 이계여행을 하게 되면 연극적인 상황과 거리가 멀어진다. 혼이 나간 엑스타시 상태는 일정한 배역을 하는 연극과 반대상황을 이루기 때문이다.

그러나 신내림을 받아 빙의상태로 굿을 하는 상황은 곧 연극적인 상황과 일치한다. 왜냐하면 무당이 자신의 몸에 빙의된 신의 행위를 고스란히 하는 까닭이다. 무당이 배우처럼 몸에 실린 신으로 인격전환을 하는 것이 굿의 빙의상황이다. 신들림 현상은 마치 배우가 주어진 배역의 인물 역할을 하는 것과 같다. 그러므로 우리 굿문화는 구조적으로 연극을 잘 할 수밖에 없는 문화적 토양을 마련해 주고 있다.

무당은 굿을 하면서 인격전환을 하게 되는데, 그것은 곧 배우가 연극을 하면서 등장인물로 인격전환을 하는 것이나 다르지 않다. 인격전환을 잘 하는 배우가 연기를 그럴듯하게 잘 한다. 신끼가 많은 무당도 신내림을 잘 받고 신들림 현상도 두드러져 굿을 잘 하는 것으로 인정된다. 무당은 신내림을 할 때마다 전혀 다른 인물로 인격전환을 하는 까닭에, 배우가 배역에 따라 다른 인물로 전환되는 상황이나 같다. 무당이 신에게 홀려서 다른 사람처럼 되듯이, 배우도 배역에 빠져들어 전혀 다른 사람처럼 연기를 해야 연극이나 드라마가 더 돋보이게 된다.

자연히 연극학자들은 무당의 신들림 현상을 배역에 의한 배우의 홀림 현상과 같다고 해석한다. 리챠드 홈비(Richard Homby)가 지적하듯이 최상의 연기는 '역할이 배우를 연기하는 상태' 곧 무아의식의 상태에서 이루어지는 연기이다.[175] 그것은 곧 신내림을 잘 받는 무당이 훌륭한 굿을 하는 것이나 다르지 않다. 자기 본디 정체를 잊어버리고 마치 신인 것처럼, 아니 신이 자기를 통해 현신한 것처럼 행동하는 것이 가장

---

174) 브라이언 베이츠, 윤광진 역, 『배우의 길』, 예니, 1997, 33-34쪽 참조.

175) Richard Homby, *The End df Acting. Applause*, 1992. 안창경, 「배우의 연기체험과 샤먼의 트랜스」, 『공연문화연구』 13, 한국공연문화학회, 2006, 209쪽 참조.

완벽한 연기가 이루어지는 셈이다.

　실제로 굿판에서 연극이 생겨나고 발전했다. 자연히 연극의 기원도 제의에서 찾는다. 하회별신굿의 탈놀이가 훌륭한 보기이다. 우리 탈춤은 풍농을 기원하는 마을굿에서 기원되고 발전했다.[176] 굿문화의 전통이 마을 풍물굿으로 전승되고 탈춤과 같은 연극예술로 지속되어왔다. 굿과 예술, 제의와 연기는 한 뿌리에서 성장했다. 따라서 고대부터 굿문화의 신명풀이 전통이 발전한 민족의 연예인들은 노래와 춤뿐 아니라, 드라마나 영화에서 연기도 잘 하게 마련이다. 그러므로 오늘날 한류가 세계적으로 주목받는 것도 고대 굿문화의 유전자가 아무런 제약 없이 자유롭게 발휘된 결과라 할 수 있는 것이다.

8. 고대문화의 아시아적 중심성과 '한류'

　고대 동이족들이 가무를 즐겼던 문화적 한류의 뿌리는 지금 대중문화의 한류를 통해서 지속되고 있다. 한류는 중국·일본·베트남·몽골·동남아시아를 석권하고 하와이를 거쳐 미국 본토까지 진출했다. 로스엔젤레스와 샌프란시스코, 시카고와 뉴욕 같은 대도시의 텔레비전 방송국들에서도 한국 드라마를 방송하게 된 것이다. 동이족의 빼어난 문화에 대하여 공자를 비롯한 고대 중국인들이 동경하고 흠모했듯이, 이제 한류문화는 세계인들이 주목할 정도로 국제적 보편성을 획득하고 있다. 붉은악마의 거리축제나 대중문화 중심의 한류, 그리고 넘쳐나는 축제는 모두 고대 제천행사의 국중대회 모형이 오늘날의 상황에 맞게 되살아난 셈이다.

　'남녀노소·군취가무·주야무휴·연일음주가무'로 나타나는 가무오신 형식의 제천행사는 고대 우리 민족의 발전된 굿문화 양상을 증언한다.

---

176) 조동일, 『탈춤의 역사와 원리』, 홍성사, 1979, 48-108쪽.

동이족의 굿문화가 중원에 영향을 미쳐서 도교로 발전했고,[177] 공자가 동경했던 군자국으로서 동이족의 도덕성은 중원에 영향을 미쳐 유교문화로 발전했다는 추론이 가능하다. 고대에 우리문화가 여러 모로 더 발전했다는 사실을 중국의 기록을 통해 확인한 결과이다. 최근의 고고학적 발굴유물들은 한층 실증적인 자료를 제시한다.

고대에 우세했던 '한〉중' 관계는 지속되지 못한다. 중세에는 '중〉한' 관계로 역전된 것이다. 중세에 이르면 중국에서 한문문화와 유교문화가 우세하게 발전된다. 우세한 중국문화가 다시 한국으로 들어와 크게 영향을 미쳤다. 그런데 현재 우리 유교문화의 전통이 종묘제례를 비롯한 유교제의와 한류를 통해 다시 중국에 영향을 미치고 있는 것은 우연한 일이 아니다. 고대에는 우리문화가 여러 모로서 앞서서 중국문화에 영향을 미쳤다면, 중세에는 중국문화가 여러 모로 앞서서 우리문화에 큰 영향을 미쳤다는 사실이다. 그런데 지금은 다시 우리문화가 선편을 잡고 있다는 사실을 부정할 수 없다.

고대 굿문화의 전통에서 나라굿의 국중대회 양식은 마을굿의 동중대회(洞中大會)로 이어지고 있고, 고조선 건국신화의 신단수와 단군의 전통은 마을의 당신화와 당나무, 단골신앙으로 이어지고 있다. 고대 굿문화의 가무악 전통이 예술적 신명풀이 활동으로서 현재의 공연예술 '한류'로 되살아난 것처럼, 가무사제 형식으로 이루어지는 굿문화의 주술적 신앙활동도 현재의 무당굿으로 여전히 지속되고 있다. 지금 한류의 대중문화가 국제사회에서 영향력을 미치는 것처럼, 무당굿도 세계적으로 가장 활발하고 가장 발전된 양식으로 살아 있어서 주목된다.

도시의 붉은 십자가들이 밤하늘의 별자리를 가릴 만큼 교회가 많은 것이 우리 사회의 현실이다. 하지만, 점술가와 무당들이 도시의 거리를

---

177) 안동준, 「고조선 지역의 무교가 중원 도교문화에 미친 영향」, 『고대에도 한류가 있었다』, 민족문화의 원형과 정체성 정립을 위한 학술대회 1(프레스센터, 2006년 12월 8일), 참조.

거대한 상가처럼 점유하고 있는 것도 우리 종교문화의 특성이다. 세계에서 한국의 도시처럼 점술가와 무당이 많은 나라도 없으려니와, 한국만큼 굿 문화의 전통이 시각적으로 화려하고 문학적으로 풍부하며 예술적으로 수준 높게 전승되고 있는 나라도 없다. 대도시일수록 무당이 더 많고 굿도 한층 성행한다.

서울에는 지금 2,3만 명의 무당이 있고 굿방이 평균 4개 정도인 굿당이 50여 개나 된다.[178] 따라서 굿방을 하루에 한 번씩만 이용해서 굿을 한다고 하더라도 하루 200회의 굿이 이루어지며, 공적인 굿당을 임대하지 않고 사사로이 하는 굿까지 고려하면 굿이 엄청나게 이루어진다는 사실을 짐작할 수 있다. 서울에서 마을굿이 전승되는 지역이 40여 곳이나 되고 굿을 할 때 200여명의 주민들이 참여한다.[179] 지역에는 마을굿이 더 드세게 전승되고 있다.

지역에서 이루어지는 굿의 상황까지 고려하면 전국적으로 굿이 엄청나게 전승되고 있다. 이런 사실을 근거로 볼 때, 세계적으로 한국처럼 굿이 풍부하게 전승되고 있는 나라는 없다. 게다가 굿의 양식도 매우 발전되어 있고 굿의 내용도 상당히 풍부하다. 그러므로 우리나라는 상고시대부터 굿의 전통이 뿌리 깊을 뿐 아니라 지금도 세계에서 굿문화가 가장 발전된 양식으로 전승되고 있는 굿의 나라라 할 수 있다.

고대의 굿문화 전통이 유교문화의 억압과 일제 식민정책의 탄압을 거치면서도 꿋꿋하게 다시 살아나고 있는 것은 시대적 상황과 연관되어 있다. 최근에 정치적 민주화의 진전과 더불어 아무런 제약 없이 자유로운 문화활동이 가능해졌기 때문이다. 더 이상 굿을 미신으로 취급하지도 않고 행정적으로 탄압하지도 않게 되었다. 굿을 설명하는 교과서 내용도 바뀌었다. 한류도 같은 문화적 상황에서 나타난 현상으로

---

178) 홍태한, 「서울굿에서 여성과 남성」, 『실천민속학연구』 7, 실천민속학회, 2005, 70쪽 참조.
179) 홍태한, 위의 글, 75-76쪽.

해석되어야 한다. 지금 세계가 누리고 있는 한류는 바로 우리 고대문화의 지속성이자 보편성으로 나타난 민족문화의 정체성에서 비롯된 것이며, 자유로운 창조력을 발휘할 수 있는 민주적인 문화상황과 세계화의 진전에 따라 조성된 결과이다.

현재의 한류는 고대의 한류를 읽는 거울이며, 고대의 한류는 현재의 한류를 읽는 거울이다. 그런데 우리는 그 거울을 온전하게 들여다보지 않았고 또 제대로 읽으려들지 않았다. 우리 문화를 보는 우리 눈에 콩깍지가 끼어 있는 셈이다. 고조선문화의 정체성을 나타내는 아사달 문양이나 태양신을 숭배하는 삼족오의 전통을 제대로 주목하지 않고 있다. 그 결과 우리 역사의 지속성과 우리문화의 보편성을 축소시키는 결과를 빚어서, 일본의 역사왜곡이나 중국의 동북공정에 학술적으로 맞서지 못하고 있다.

고조선의 동이족이 누렸던 아사달 문명의 유산은 아사달 문양으로 남아 있다. 중국 산동지역의 대문구문화(大汶口文化) 유적에서 발굴된 팽이형 토기의(그림 9) 아사달 문양은 여러 가지 문명사적 의미를 지니고 있다. 이 유적의 아사달문양을 연구한 중국학자들은 아사달 문양에서 중국의 한자가 발명되었다고 해석한다.[180] 우리나라에서도 한자가 동이족에 의해 만들어졌다는 본격적인 연구가 단행본 차원에서[181] 이루어져 더욱 주목을 끈다.[182] 따라서 아사달 문양은 고조선의 지리적

---

180) 愼鏞廈, 「古朝鮮 '아사달' 文樣이 새겨진 山東 大汶口文化 유물」, 韓國學報 102, 一志社, 2001 봄호, 9-10쪽에 의하면, 邵望平과 許進雄은 아사의 모양을 아침 단(旦)의 기원으로, 龔維英은 여름하늘 호(昊)의 기원으로, 王樹明은 빛날 경(炅)의 조형으로 보았다. 이 글은 『한국 원민족 형성과 역사적 전통』, 나남출판, 2005, 63-87쪽에 재수록되었다. 다음부터 전거는 이 책을 중심으로 밝힌다.
181) 俞昌均, 『文字에 숨겨진 民族의 淵源』, 集文堂, 1999, 5-7쪽 참조.
182) 김성재, 『갑골에 새겨진 신화와 역사』, 동녘, 2000, 712쪽. "중국에서 동이라고 부르는 한민족은 아주 이른 시기에 이 한자 만들기에 참여한 것이다."

팽이형토기의
아사달 문양

〈그림 9〉 팽이형토기

영역이 중국 산동반도 일대까지 미쳤을 뿐 아니라, 고조선의 문명이
중국에 미쳐서 중국문화를 발전시켰다는 것이다. 중국학자들 스스로
아사달 문명이 영향을 미친 산동지방의 문화가 중국 전체에서 가장 선
진문화를 이루었다고 해석한다.[183]

그런데 이 아사달 문양이 중국대륙에서 지금도 깃발로 살아 펄럭이
고 있다. 중국 내몽골 지역의 칭키스한릉(成吉思汗陵)[184] 입구와 제단
에는 여러 개의 깃발이(그림 10) 세워져 있는데, 한결같이 아사달 문양
을 새겨두고 있다. 더 정확하게 말하면 아사달의 아랫부분인 달[山]에
해당되는 문양은 없다. 해 윗부분에 올라가서 불꽃문양 구실을 하는
까닭이다. 몽골인들은 전통 혼례식 공연을 할 때 북이 등장하는데 북
에 그린 문양도 이와 같다. 몽골지역에서는 국기와 깃발 등에 고조선
의 아사달 문양을 널리 사용한다. 몽골국기 소욤보에는 아사달 문양이
위에 있고 그 아래에는 태극문양까지 갖추었다.

고조선 문명의 신화적 상징인 삼족오태양과 삼족오 문양의(그림 11)
분포와 지속도 주목된다. 선비족(鮮卑族) 무덤이라고 하는 중국 조양

183) 신용하, 『한국 원민족 형성과 역사적 전통』, 75쪽 및 85-86쪽 참조.
184) 중국 내몽고자치주 얼뭐스(東勝市)에 있는 칭키스한릉.

〈그림 10〉 칭기스한릉
깃발

〈그림 11〉 요령성 조양 원태자
벽화묘의 삼족오

원태자벽호묘에서 삼족오 그림이 나왔는가 하면, 산동반도의 곡부에
자리잡은 소호족의 삼족오태양 전설도 ‘구이(九夷)’ 곧 동이를 묘사하
고 있다. 다시 말하면 소호족 전설은 ‘구이’를 9개의 삼족오태양으로
묘사하고 있는 것이다.[185] 그런데 그리스인에게 삼족오태양 그림을 보
여주면 태양신 아폴론을 떠올린다. 왜냐하면 아폴론을 상징하는 신이
바로 까마귀이기 때문이다.

까마귀를 태양신으로 상징하는 문화는 세계적 보편성을 지니고 있
다. 그리스의 아폴론 신화 외에, 켈트족과 게르만족 신화, 이란의 미트
라 신화, 중앙 유목민들의 타타르 신화, 바이칼 유역의 브리야트 신화
등에서 까마귀는 하늘과 땅을 이어주는 신조(神鳥) 구실을 한다. 그러
나 발을 셋 가진 까마귀를 태양신으로 믿는 삼족오 문화는 고조선문화
권에만 한정되어 나타난다. 따라서 삼족오 문화 역시 고조선 문명의
지리적 경계와 역사적 뿌리를 실증하는 긴요한 자료이다. 흥미로운 사
실은 삼족오 문양 또한 아사달 문양처럼 중국 내몽골자치주 성도인 호
화호특(呼和浩特)시의 현대적 조형물 속에[186] 살아 있다는 점이다.

---

185) 신용하, 위의 책, 92-97쪽.
186) 중국 내몽골자치주 성도 후허하오터(呼和浩特)시 내몽고호텔 로비 왼쪽에

그런데 아사달 문양이나 삼족오 문양을 현대의 우리문화 속에서는 쉽사리 찾아보기 어렵다. 아사달 문양은 잊혀진 것이 아니라 아예 잃어버린 문양이다. 삼족오 문양도 거의 쓰이지 않고 있다. 국학원과 실천민속학회, 예맥출판사에서 삼족오를 상징으로 쓰고 있는 정도이다. 이처럼 우리문화 속에는 사라졌거나 흔적조차 남아 있지 않은 우리 고대문화의 시각적 상징물인 아사달과 삼족오 문양이 내몽골 지역에서는 현대문화로 지속되고 있다. 우리 민족문화의 정체성을 몽골문화가 이어가고 있는 것이다.

가무 중심의 한류문화 못지않게 시각적 상징 문화의 한류도 지속성과 보편성을 확보하는 노력이 필요하다. 민족문화의 정체성을 드러내는 시각적 상징물로 삼족오와 아사달 문양을 널리 쓰지 않으면 이 또한 몽골문화인 것처럼 해석될 가능성이 높다. 문화는 만든 사람이 주인이 아니라 누리는 사람이 주인이다. 문화를 지키고 가꾸는 사람이 바로 그 문화의 주인이다.

지금도 고대 동이족 지역에는 고고학적 발굴이 계속되고 있다. 그리고 이미 발굴된 유적에도 동이족 문화로 해석되는 유산들이 많다. 대표적인 것이 내몽골지역의 홍산문화 유적이다.[187] 홍산문화를 포함하는 요하지역 문명은 중국의 황하문명보다 신석기문화가 훨씬 앞선다. 다시 말하면 고대 동이족문화가 시기적으로 중국문화보다 앞서고 질적 수준도 훨씬 우수하다. 따라서 중국은 동이족 문화를 중화문화로 귀속시키기 위해 '중화문명탐원공정'을 수행하여 요하문명은 물론, 동북아 지역의 모든 소수민족을 '중화민족'의 일원으로 해석한다.

중국의 의도대로 요하문명론이 진전되면 고조선과 고구려의 건국

거대한 칭기스한 입상이 서 있는데, 입상의 배경이 되는 벽면 중심부에 삼족오가 부조로 조각되어 있다.
187) 우실하, 「민족문화의 원류로서 홍산문화와 요하문명론」, 『고대에도 한류가 있었다』, 지식산업사, 2007에서 이 문제가 집중적으로 다루어졌다.

시조는 모두 황제족의 후예로 귀속된다. 자연히 고구려사를 비롯한 그 이전의 모든 고대사는 중국사에 포함되고 마는 것이다. 그러므로 중국의 이러한 역사왜곡에 맞서는 역사연구는 물론 홍산문화 유산에 대한 본격적인 현지연구가 필요하다.

결국 동이족이 창출한 홍산문화를 중심으로 한 요하지역 문화는 사실상 고조선문화로서, 중국문화의 발상지로 알려진 황하문화보다 훨씬 앞선 것이다. 한 마디로 동이족이 황하문화보다 앞선 고대문화를 누렸다는 것이다. 따라서 사료의 기록으로 보나 고고학적 유물로 보나 우리 고대문화는 동아시아 지역에 여러 모로 영향을 미칠 정도로 가장 발전했다고 하지 않을 수 없다. 가무를 즐긴 공연예술문화와 제천행사를 성대하게 한 굿문화, 그리고 군자의 도리를 존중한 예절문화가 발전했고, 아사달과 삼족오 문양과 같은 시각적 상징문화도 발전했다. 이러한 동이족의 발전된 문화는 중국과 북방에 크게 영향을 미쳤다. 지리적 영역도 만주와 몽골지역은 물론 중국의 동북부 해안지역에 미칠 만큼 넓었고 문화적 수준도 아주 드높았다.

중국은 동이족의 선진문화를 받아들여 중세문화를 꽃피웠다. 우리 굿문화를 받아들여 도교를 발전시키고 예절문화를 받아들여 유교문화를 창조하며, 아사달 문양과 같은 상형문자를 통해 한문문화를 창조적으로 발전시켰다. 따라서 도교문화와 유교문화, 한문문화를 통해 중국의 중세문화는 동아시아의 선진문화를 이루었다. 그리고 발전된 중세문화는 한문과 유교를 중심으로 조선을 비롯한 아시아 지역에 문화적 영향을 크게 미쳤다. 문화적 대국으로서 책봉체제를 만들어 이웃나라를 속국화하는 중세적 질서의 중심이 되었다.

일본열도는 중세까지 문화적 변방이나 다름없었다. 고대에는 한국문화, 중세에는 중국문화의 영향을 받으면서 동아시아문화의 주변부에 머물렀다. 그러나 근대에 들어와서 동양적 전통을 바탕으로 서구문화를 적극 받아들여 근대문화를 가장 발전적으로 꽃피웠다. 명치유신의

계기와 후쿠자와 유기치(福澤諭吉)의 '탈아입구론(脫亞入歐論)'을 사상
적 배경으로[188] 일본은 기술문명의 발전과 군사적 대국화로 나아가서
마침내 아시아 여러 나라를 지배하는 제국주의 질서의 중심에 섰다.
선진국 일본의 지배로 아시아 여러 나라는 식민지의 고통을 겪었다.
따라서 일본의 근대문화는 한국과 중국에 충격적 영향을 폭력적으로
미쳤다. 그러므로 일본 국회에서 "아시아 제 국민에게 끼친 고통을 인
식하고, 깊은 반성의 뜻"을 표명하는 '전후 50년 국회결의'를 채택한 터
이다.

아시아적 지평 속에서 보면, 한국은 고대에, 중국은 중세에, 일본은
근대에 각각 고대문화와 중세문화, 근대문화가 우뚝했다. 고대에는 한
국이 중국과 일본에, 중세에는 중국이 한국과 일본에, 근대에는 일본이
한국과 중국에 각각 문화적 영향을 주었다. 문화사적 전개 속에서 세
나라는 제각기 다른 시기에 문화적 우위를 점유하며 서로 영향을 주고
받았다. 따라서 동아시아 세 나라 문화는 역사적 전개에 따라 우열의
형태로 존재하는 것 같지만, 역사적 안목으로 길게 보면 서로 대등했
다고 해야 할 것이다. 그러므로 세 나라의 대등한 문화적 관계를 역사
적으로 정확하게 포착하고 종래처럼 우열의 관계에 의한 일방적 영향
이 아니라 호혜적인 상생의 문화교류로 가져가야, 아시아가 문화의 세
기를 주도할 수 있을 것이다.

'고대에도 한류가 있었다'는 문제인식은 세 갈래 문화이해의 길을
제시한다. 하나는 현재의 우리문화가 한류라는 자기 얼굴을 오롯이 가
지고 있다는 사실이다. 한류가 지속되려면 국제사회에서 문화적 정체
성이 도드라지도록 자기 얼굴의 개성을 더욱 가꾸어나가야 할 것이다.
둘은 우리 고대문화 또한 자기 얼굴을 가지고 아시아에서 가장 앞섰다

---

188) 정일성, 『후쿠자와 유키치－脫亞論을 어떻게 펼쳤는가』, 지식산업사, 2001, 29-
61쪽.

는 사실이다. 현재의 한류 못지않게 우수했다는 역사적 인식을 근거로 우리 고대사와 고대문화 연구의 주체성을 온전하게 확보하는 것이 긴요한 과제이다.

셋은 고대와 달리 중세와 근대에는 중국과 일본이 각각 우리보다 문화가 앞섰다는 사실이다. 고대에는 문화적 교류가 자유로웠지만 중세와 근대는 체제가 경직되어 문화교류가 일방적이었다. 중세에는 중국의 유교문화가, 근대에는 일본을 통해 들어온 서구문화가 우리 문화의 본디 전통을 억압하며, 좌도나 미신으로 탄압했던 것이다. 그러므로 이 시기에는 우리 굿문화의 신명풀이 전통을 창조적으로 살리지 못했다. 그러나 국내적으로는 민주화가 진전되고 국제적으로는 세계화가 가속화되는 문화의 세기가 도래하자 새로운 상황을 맞이하게 된 것이 '한류' 현상이다.

고대의 굿문화는 문화적 유전자로 지금까지 생생하게 살아 있지만, 시대적 상황에 따라 부침을 거듭했다. 사회체제의 억압 속에서는 잠복하고 해방공간에서는 활성화되었다. 고대에는 역동적으로 활성화되어 이웃나라에 영향을 미칠 정도였지만, 봉건질서의 중세와 제국주의 체제의 근대에는 좌도와 미신이라는 탄압 아래 잠복해 있을 수밖에 없었다. 그러나 현대체제의 해방공간을 맞이하자, 굿문화가 다시 자유롭게 활성화되고 더불어 대중문화도 아연 활기를 띠게 되었다. 그러므로 인간해방의 문화가 성숙될수록 굿문화는 새로운 표현형태로 한류를 형성하면서 세계적 보편성을 발휘하게 될 전망이다.

이러한 상황인식 속에서, 문화의 세기를 살아가는 '지금·여기·우리'의 현실문화는 어떤가 돌아보지 않을 수 없다. 일본은 근대 이후 지금까지 문화적 중심지 구실을 하였지만, 지금은 일본에서 한국으로 그 중심지가 이동하고 있다. 한국에서 고대문화의 주류를 형성했던 군취가무의 연행예술(performance art)이 현대의 공연예술로 한류를 형성하며 국제사회에서 보편성을 획득하고 있는 까닭이다. 인간해방의 신명풀이 문화가 문화의 세기에 주류를 이룰 조짐이다.

남녀노소가 군취가무하는 굿놀이 속에서는 모두 하나되는 집단적 신명풀이가 추구된다. 인간해방의 대동사회가 형성되는 것이다. 한류는 기본적으로 해방문화 속에서 성장했고 또 활성화된다. 서구사회에서 대중문화가 앞섰던 것은 신분제를 극복하고 상대적으로 평등한 사회를 먼저 이루었으며 문화가 상품화되었기 때문이다. 중세문화의 중심지였던 중국은 신분질서가 강고했고, 근대문화의 중심지인 일본은 신분질서 위에서 다시 자본 중심의 계급제가 형성되었다. 아시아에서 일본 대중문화가 앞설 조건을 먼저 갖추었던 것이다.

한국은 중세에 중국의 영향으로 신분사회를 형성하고 근대에는 일본의 영향으로 계급사회로 바뀌었다. 그러나 현대는 신분도 계급도 넘어서서 해방세계를 추구한다. 우리 고대문화에는 신분사회 이전에 형성되었던 문화원형이 잘 갈무리되어 있다. 따라서 고대문화의 유전자를 통해서 현대문화 창조의 선편을 잡은 것이 '한류'라 할 수 있다. 백범 김구 선생이 소원하던 '문화강국'의 꿈을 실현하기 위해서도 잃어버린 우리문화의 본디 모습을 되찾고 고대부터 지속되는 신명풀이 해방문화의 유전자를 민족적 창조력으로 활성화해야 할 것이다. 그러자면 민족문화의 원형을 적극적으로 찾아 나서고 그 정체성을 밝히는 일에 관심을 기울이며 인간해방의 문화를 만드는 데 특별히 힘을 모으지 않을 수 없다.

그러나 한류도 자본에 의해서 유통되는 근대적 한계를 극복하지 못하고 있는 것이 문제다. 여전히 문화정책이 아니라 경제정책의 하나로 한류를 수단화하려는 경향이 주류를 이루며, 문화창조가 아니라 상품투자의 대상으로서 한류를 주목한다. 고대처럼 이웃나라와 자유롭게 교류하여 공유하는 문화적 대안 구상이 긴요하며, 중세와 같은 동아시아문명권의 공동문화자산으로 한류를 가지고 가는 길을 모색하는 것이 또 다른 과제이다.

제2장 단군신화에 담긴 민족문화의 정체성 포착

1. 단군신화와 민족문화의 유기적 관계 인식

신화는 신성한 시작의 이야기이다. 엘리아데는 태초의 시간에 발생한 사건 곧 성스러운 역사를 이야기하는 것이 신화라고 자리매김했다. 따라서 "신화는 항상 '창조'를 설명하며, 어떤 존재가 어떻게 만들어졌는지 존재의 시초를 말하고 있다."[1] 실제로 신화는 태초의 시작 곧 창조와 기원에 관한 일을 신성하게 이야기한다. 천지창조신화나 천지개벽신화가 중요한 보기이다. 단군신화나 주몽신화와 같은 건국신화도 나라의 창업을 성스럽게 이야기하고 있다.

하지만 신화가 시작의 이야기이기만 하는 것은 아니다. 신화는 여전히 우리 삶과 사유 속에 살아 있는 현재의 이야기이다. "신화가 인간 행위의 모범이 되고, 그 때문에 인생에 가치와 의미를 부여한다는 의미에서 '살아 있는' 사회를 대상으로 하고 있다."[2] 그렇다고 하여 현재의 이야기로 머무는 것도 아니다. 살아 있는 사회는 앞날이 있다. 행위의 모범이자 인생에 의미를 부여하는 신화의 내용은 미래에도 가치를 지닌다. 그러므로 신화는 태초의 이야기이자 현재의 이야기이며, 미래의 이야기이기도 하다.

단군신화를 읽는 눈도 마찬가지이다. 단군신화는 고조선의 건국신

---

1) Mircea Eliade, *Myth and Reality*, New York: Harper & Row, 1963, 5쪽. 미르세아 엘리아드 著, 李恩奉 譯, 『神話와 現實』, 成均館大學校 出版部, 1985, 14쪽.
2) 미르세아 엘리아드 著, 李恩奉 譯, 위의 책, 10쪽.

화이기만 한 것이 아니라, 지금 우리 민족의 일상생활과 더불어 가고 있는 현실의 생활신화이며, 미래의 문화와 민족적 가치관까지 일정하게 규정해 주고 있는 전망의 신화이다. 그런 점에서 단군신화는 민족문화의 정체성을 들여다보는 투명한 창이자, 민족문화의 독창성을 조명해 주는 빛의 구실을 감당한다. 그냥 보면 보이지 않는 민족문화의 정체성이 단군신화의 창을 통해 보면 선명하게 드러난다. 그러므로 이 논의는 고조선 시대의 민족문화를 읽기 위해 단군신화를 주목하는 것이 아니라, 지금 여기 우리 민족문화의 정체성을 조명하는 빛으로서 단군신화를 주목하는 것이다.

이러한 연구목적을 위해서는 신화에 대한 고정관념에서 벗어나지 않으면 안 된다. 단군신화를 직접 다루기 전에 신화에 대한 학계의 상투적 인식부터 극복할 필요가 있다. 흔히 서구 학계에서는 그리스·로마 신화를 중심으로 신화의 개념을 규정한다. 따라서 신화를 '신에 관한 이야기'로 정의해 왔다. 신화의 주인공들이 한결같이 신이기 때문이다. 그리스 신화의 주인공은 불사불멸이어서 신이라 할 수 있으나, 우리 건국신화의 주인공인 단군이나 주몽은 인간의 수명을 누리다가 죽었기 때문에 신이라 할 수 없다. 신의 후손이라 할 수는 있어도 인간적 면모를 갖추었기 때문에, 신에 관한 이야기라는 주장은 설득력이 떨어진다.[3] 그러므로 우리는 신에 관한 이야기라는 규정에 동의하지도 않고 얽매일 필요도 없다.

신에 관한 이야기여서 신성하다고 하더라도 시작의 시간에 관한 내용을 다루지 않으면 신화라 하기 어렵다. 귀신과 도깨비, 조상신, 장군신, 원혼 등 수많은 신의 이야기가 신성하게 이야기되지만, 그 시점이 태초의 시간에 일어난 창조의 역사를 이야기하지 않으면 신화로 인정되지 않는다. 이른바 종교적 영험담, 동신의 영험담, 제사 영험담 등 신

---

3) 장덕순 외, 『구비문학개설』, 일조각, 2006년 한글개정판, 54쪽 참조.

앙과 제의에 관련된 영험담들은 대부분 신성한 이야기들이라 할 수 있다. 그러나 시작의 역사를 말하지 않기 때문에 신화로 인정받지 못하고 신앙전설이나 종교전설 또는 민담으로 인식될 뿐이다.

이와 달리, 태초의 자연현상과 사회현상의 기원에 관한 사실을 다루기 때문에 신화를 '원인론적(aetiological) 이야기'로 규정하기도 한다. 신화의 서술목적이 '왜 무엇이 존재하고 있으며, 왜 무엇이 일어났는가를 설명하는 것'이기 때문이다.[4] 실제로 대부분의 신화는 시작의 역사로서 우주와 사물, 국가와 사회, 제도와 문화 등이 비롯된 기원을 다루는 까닭에 원인론적 이야기라 할 만하다.

그러나, 전설과 민담 가운데도 현상의 원인을 설명하는 기원담이나 유래담이 적지 않다. 해와 달, 별이 생긴 내력이나 바닷물이 짠 원인, 새벽에 수탉이 우는 유래 등을 비롯하여, 사소하게는 각종 지명유래까지 자연물과 현상의 원인을 설명하는 이야기가 풍부하지만 결코 이러한 이야기들을 신화라 하지 않는다. 한갓 전설과 민담으로서 유래담일 따름이다.

시작의 역사를 말하는 까닭에 '원인론적 이야기'라고 하더라도 그 이야기가, 모든 것이 시작되는 태초(in illo tempore)의 내용이[5] 아니면 신화로 자리매김되지 않는다. 태초는 천지창조나 천지개벽이 일어나는 것과 같은 성스러운 창조의 시간대를 말한다. 그러나 시작의 역사를 이야기하되, 태초의 상황을 다루지 않은 이야기들이 얼마든지 있다. 대부분의 전설들은 사물과 유적, 제도, 이름의 유래와 기원을 설명한다. 이른바 유래담이나 내력담이 모두 다 여기에 속한다. 이야기 말미에 유래를 덧붙인 민담들도 적지 않다. 그러므로 신화는 시작의 역사

---

4) 말리노우스키 지음, 서영대 옮김, 『원시신화론』, 民俗苑, 1996, 36쪽.
5) Mircea Eliade, *Myths, Dreams and Mysteries*, New York: Collins, 1968, 23쪽에 의하면, 신화는 원시사회 성스러운 역사, 곧 모든 것이 시작되던 성스러운 시간 (in illo tempore)에 일어난 초인간적인 계시로 인식된다.

라는 기원의 내용과, 태초의 상황이라고 하는 신성한 시간대, 그리고 사실로 믿는 전승집단의 믿음이 결합되어 있어야 한다.

천지개벽 신화는 우주가 시작되는 태초의 상황을 이야기한다. 단군신화는 단군조선이 건국되기 이전의 태고의 상황을 이야기한다. 어느 이야기나 까마득한 옛날이어서 지금의 현실 상황과 무관한 것 같다. 하지만, 신화가 태고적 이야기로서 원초적 상황을 설명하는 구실만 하는 것은 아니다. 지금 우리의 삶과 더불어 가고 있으면서 현재의 삶을 특징지어주고 미래의 삶을 방향잡아 준다. '신화는 살아 있는 현실이기 때문이다. 신화는 태초에 일어났던 것으로 믿는 이야기인 동시에, 줄곧 세상과 인간의 운명에 영향을 미치면서 지속되는 이야기이다.'[6] 그러므로 신화는 아득한 과거의 이야기가 아니라 현재진행형의 이야기이자 미래의 이야기라는 점에 더 주목할 필요가 있다.

그러한 보기가 종교신화이다. 종교 없는 신화는 있어도 신화 없는 종교는 없다고 해도 좋을 만큼 종교는 신화와 뗄 수 없는 관계에 놓여 있다. 모든 종교는 신화를 통해서 신성성을 확보한다. 말리놉스키가 지적한 것처럼, "신화는 신앙을 표현하며 과장하고 성문화(成文化)"하는[7] 까닭이다. 따라서 종교생활 속에 신화는 현실의 이야기로 살아 있다. 종교신화를 부인하면 종교활동은 지속될 수 없기 때문이다. 기독교의 천지창조신화는 진화론에 맞서서 여전히 구약성경 창세기의 창조론을 사실로 믿는다. 미래의 기독교도 그렇게 갈 수밖에 없을 것이다.

다른 종교의 교조신화도 선교활동에 적극적인 구실을 한다. 종교 없는 사회라면 모를까 미래사회에도 여전히 신화는 종교생활에 적지 않은 영향을 미칠 것이다. 이처럼 고대국가의 건국신화들도 태초의 이

---

6) Bronislaw Malinowski, *Myth in Primitive Psychology*, New York: Norton and Co. 1926, 101쪽.

7) Bronislaw Malinowski, 위의 책, 같은 곳. 및 Dan Ben-Amos ed., *Folklore Genres*, University of Texas Press, 1976, XXIII.

야기로 머물지 않는다. 여전히 현실문제와 맞물려 거듭 그 의미가 되물어지고 있다. 그것은 역사철학자 베네데토 크로체(Benedetto Croce)가 말했듯이, "모든 역사는 현재의 역사"라는 인식에 의한 것만은 아니다. 신화는 하나의 이데올로기를 형성하고 문화적 원형을 반영하고 있기 때문이다.

실제로 단군신화에서 말하는 홍익인간의 이상은 우리 교육법 1조에 명시적으로 표방되고 있을 뿐 아니라, 민족 동질성과 정치 이념으로 살아 있다. 개천절을 국경일로 정해서 기리는 것이나, 북녘에서 단군릉을 복원하여 해마다 천제봉행 기념행사를 성대하게 하는 것도 이념적 지향 때문이다. 이와 같이, 신화는 인간 행위의 신성한 본보기(model)이자 전범(paradigm)으로서[8] 되풀이되며 현실생활을 일정하게 지배하고 정치적 정당화의 근거로 작용한다.

그런 까닭에, 단군신화는 고조선 건국 당시의 이야기로 머물지 않는다. 오늘 우리 속에 살아 있는 현실의 이야기일 뿐 아니라, 새로운 문화를 일정하게 빚어내는 문화적 원형으로서 민족사의 운명과 함께 할 미래의 이야기이다. 더 중요한 사실은 단군신화가 거듭 이야기되며 후대신화를 창출하는 원형적 서사인 것 못지않게, 우리 삶의 일상 속에 다양한 양식으로 갈무리되어 있다는 점이다.

환웅이 인간세상으로 내려와 깃들어 있던 신단수는 동신이 깃들어 있는 당나무로서 마을의 동수(洞樹) 문화를 이루고 있으며, 곰네가 동굴 속에서 금기했던 3칠일은 아이들의 출산 민속으로서 산모가 3칠일 동안 출입을 삼가는 금기풍속으로 지속되어 왔다. 그리고 동굴 속에서 먹었던 쑥과 마늘은 여전히 우리의 중요한 식문화로 이어지고 있으며, 앞으로도 계속될 전망이다.

따라서 단군신화를 그 시대로 되돌아가서 읽는 방법도 있지만 지금

---

8) Mircea Eliade, *Myths, Dreams and Mysteries*, 23쪽.

여기의 우리 삶 속에서 찾아 읽을 수 있다. 왜냐하면 신화 일반이 그렇듯이, 신화를 전승하는 사람들은 신화의 내용을 상기하거나 재연하면서 신성하고 고양된 힘에 의해 사로잡히게 된다는 뜻에서, "어떤 방법으로든 신화를 '살고' 있는 것이다."[9] 그런데 일반 민중들은 물론, 단군신화를 연구하는 학자들까지 단군신화에 따라 우리 스스로 '살아가고' 있다는 사실을 알지 못한다. 한갓 사료나 신화작품으로 여겨서 분석이나 연구의 자료로 대상화하고 있을 따름이다.

'우리는 여전히 단군신화를 살고 있다'는 진술은 한갓 개천절을 국경일로 쉰다는 수준을 말하는 것이 아니다. 우리 공동체문화는 물론, 일상생활까지 단군신화에서 말하는 생활양식을 고스란히 따르고 있다는 것이다. 달리 말하면 현재 우리 국민들의 일상 속에서 단군신화의 전통이 여러 모로 갈무리되어 있다는 말이다. 자연히 우리문화는 단군신화의 독창적 세계관과 더불어 고유한 민족문화의 정체성을 이루게 마련이다. 그러므로 단군신화를 통해서 민족문화의 정체성을 새삼스레 포착하고, 현재의 민족문화 현실을 통해서 단군신화의 의미와 기능을 재인식할 수 있다.

논제를 '단군신화에 갈무리된 문화적 원형과 민족문화의 정체성'이라고 표방한 것도 단군신화는 현재 우리문화의 정체성을 빚어낸 문화적 원형으로 작동하고 있다는 데 근거하고 있다. 거꾸로 말하면, 현실문화에서 발견되는 민족문화다운 독창성을 통해서 단군신화에 갈무리된 문화적 원형을 포착해낼 수 있다는 뜻이기도 하다. 따라서 단군신화와 민족문화가 서로를 비추고 되비추어 주는 상호텍스트로서 주목하고 맥락적 해석을 시도함으로써, 지금 우리가 누리고 있는 일상생활의 현장 속에서 단군신화가 어떻게 살아있는가 하는 사실을 구체적으로 밝혀내려는 것이다. 이러한 목적을 실현하는 과정에 단군신화를 둘

---

9) 미르세아 엘리아드 著, 李恩奉 譯, 앞의 책, 1985, 30쪽.

러싸고 있는 두 가지 사실이 새로 포착될 것이다.

하나는 단군신화가 고조선의 건국신화로서 역사적 기원을 설명하는 데 머물지 않고 민족문화의 원형(archetype)을 이루면서 우리 문화의 정체성을 획득해 주는 결정적인 구실을 하고 있다는 사실이다. 이러한 연구의 축적에 따라 고조선의 문화적 독자성과 민족적 기원의 해명도 새롭게 할 수 있다. 둘은 신화비평 자료로서 단군신화는 민족문화의 정체성을 해명하는 중요한 근거가 된다는 사실이다. 따라서 민족문화 해석 일반에 단군신화를 비롯한 우리 신화유산들을 신화비평 자료로 적극 끌어들이게 될 것이다.

단군신화가 신화비평 자료로 이용되려면 단군신화에 갈무리된 문화적 원형을 포착하는 일이 긴요하다. 그렇다고 하여 신화적 원형을 그 자체로 추론하게 되면, '천부지모(天父地母)' 사상과 같은 아주 보편적인 논의만 하게 되어 민족문화로서 정체성을 발견하기 어렵게 된다. '하늘과 땅'의 양항대립 구조나 '천지인'의 3재론 등은 상투적 일반화의 추상성만 드러날 뿐 민족문화의 정체성을 구체적으로 밝히는 데는 한계가 있다.

따라서 민족신화다운 독창적 원형을 밝혀내려면 지금 우리가 전승하고 있는 구체적인 문화현상 속에서 그 실마리를 찾아야 제격이다. 그러므로 단군신화의 귀납적 해석에 의한 연역적 추론과, 일상 속에 널리 전승되고 있는 전통문화의 생생한 현상을 밀도 있게 관련지어야 논리적 추론과 일상의 문화가 겉돌지 않고 민족문화의 구체적 실상을 새로운 시각에서 해명할 수 있다.

2. 단군신화의 식문화 원형과 채식문화의 전통

신화비평은 주로 문예작품을 대상으로 고대신화의 원형이 어떻게 지속되고 반복되면서 재구성되는가 하는 데 관심을 기울인다. 그것은

작가들의 창조적 상상력이 의식적이든 무의식적이든 신화적 원형의
틀을 벗어나지 않고 있다는 사실을 전제로 한다. 따라서 신화비평가들
은 현대작가들조차 작품활동의 소재를 신화 속에서 취하고 그 서사적
구성도 신화적 원형을 재구성할 따름이라고 해석한다. 그런 까닭에 신
화비평은 역사적 환원주의라는 비판을 받게 된다.

신화비평은 여러 이론들과 결합되어 있지만, 가장 가까이 있는 것
이 정신분석학 이론이다. 정신분석학이 인간행동 밑바닥에 숨어 있는
동기를 밝히는 데 관심을 기울인다면, 신화비평은 그 동기가 투사되어
나타난 상징적 형태나 서사구조를 밝히는 데 관심을 기울인다. 자연히
문예작품 속에서 거듭되는 원형적인 패턴의 발견이 신화비평의 분석
과제이다. 그러나 민족문화의 전통을 해명하고 그 정체성을 밝히기 위
한 논의는 작가들 개인의 문예작품이 아니라, 역사적으로 전승되고 있
는 우리 민족 공동체문화와 일상문화를 대상으로 한다.

문예작품 중심의 신화비평은 정신분석학적 의의를 확인하고 정태
적 구조주의의 가능성을 입증하는 구실은 할 수 있으나, 민족문화의
정체성을 밝히는 데 일정한 한계가 있으며, 단군신화의 전통이 우리의
일상적인 삶 속에서 지속되고 있는 현실문화의 뿌리는 실감나게 해명
할 수 없다. 게다가 분석단위의 개념이 난해하고 해석이 추론적이어서
실증적 연구의 장점도 살리기 어려우며, 작가 개인의 작품을 대상으로
한 까닭에 민족공동체의 문화적 정체성으로 논의를 확대할 만한 근거
도 마련하기 힘든다.

이러한 한계를 극복하기 위하여 민속학적 시각에서 단군신화를 주
목하고 전통문화의 구체적 실상을 현장론적으로 해석할 필요가 있다.
현장론적 관점에서 보면, 단군신화 자료와 민족 고유의 전통문화 자료
는 둘이면서 하나이고 하나이면서 둘이다. 전통문화 가운데서도 민중
들이 전승하는 공동체문화는 개인적 문예작품과 달리 민족적 정체성
이 뚜렷하다. 따라서 우리 생활에서 아주 익숙한 공동체문화를 중심으

로 단군신화의 원형을 분석해 보면, 민족문화의 정체성을 새삼스럽게 포착할 수 있는 것은 물론, 여전히 우리 민족은 단군신화의 세계관 속에서 신앙생활을 하고 있을 뿐 아니라, 단군시대의 성모인 곰네처럼[10] 먹고 자며 생활한다는 사실을 설득력 있게 이해할 수 있다.

더군다나 단군신화와 같은 민족신화의 연구는 학자들끼리 높은 울타리를 만든 채, 마치 내부자거래처럼 일정한 카르텔을 형성하여 암호 같은 학술용어로 배타적 논의를 일삼거나, 민족의 주체인 민중들을 민족신화로부터 소외시키는 지식인들의 지적 과시에 머물러서는 배운 자로서 자기 몫을 제대로 감당한다고 하기 어렵다. 우리 민족의 삶과 함께 살아온 민중들의 문화적 전통들은 그 의미와 기능을 누구든 쉽게 이해할 수 있도록 배려되어야 하며,[11] 비록 학술적인 연구성과들이라 하더라도 민중들이 더불어 공유할 수 있도록 일상의 언어로 발표되고 서술되는 것이 바람직하다.[12]

그렇지 않으면, 단군신화의 해석이 민족의식을 일깨우기는커녕 자신들의 삶과 무관한 서재 속의 지식으로 격리시키게 되거나, 때로는 외세에 대한 종속의식을 강화하고 서구학자들의 오리엔탈리즘을 실현시키는 데 머물 수 있다. 단군신화의 해석을 학자들의 연구성과로 묶어둘 것이 아니라 민중들의 이야깃거리로 가져가야 바람직하다. 그러자면, 민중들의 생활세계와 동떨어진 전문용어와 난해한 추론적 분석

10) 임재해, 「단군신화를 보는 생태학적인 눈과 자연친화적 홍익인간 사상」, 『단군학연구』 9, 2003, 142-147쪽에서 웅녀를 곰네라 하고 곰네를 성모로 규정한 논의를 했다.
11) 설중환, 『상상 + 단군신화』, 우리겨레, 2006, 머리말에서 "나는 이 글을 누구나 쉽게 읽을 수 있는 교양서가 될 수 있도록 노력했다"고 밝히고, 실제로 그러한 글쓰기의 보기를 보였다.
12) 임재해, 『민족신화의 건국영웅들』, 민속원, 2006, 12쪽, "우리 아이들이 우리 아이들답게 자라려면 그들이 꿈꾸는 영웅상도 우리 민족신화에서부터 그려져 나와야 한다. 그러기 위해서는 우리 청소년과 젊은이들이 우리 민족신화를 쉽게 읽고 이해할 수 있는 매체가 다양하게 개발되어야 한다."

체계에다 무리하게 끼어 맞추는 고담준론식 논의구조에서 해방될 필요가 있다.

우리 국민이면 누구나 쉽게 이해되는 일상의 전통문화 현상을 생생하게 끌어들여서 '우리가 바로 단군의 후손이구나!', 또는 '단군신화의 전통이 우리 삶 속에 고스란히 지속되고 있구나!', '우리는 여전히 단군신화 속에서 살아가는구나!' 하는 사실을 절감할 수 있도록 쉬운 풀이를 해야 민중과 함께 가는 신화비평의 뜻을 살릴 수 있다. 민주적인 연구활동은 지식권력으로서 기득권을 누릴 것이 아니라, 누구든지 알아들을 수 있는 지식공유의 길을 개척해야 한다.

따라서 전문가들만 독해 가능한 고문헌의 기록자료나 고고학적 유물자료가 아니라, 민중들의 일상생활 자료를 대상으로 논의를 펴는 것이 효과적이다. 민중에게 중요한 일상생활은 '먹고 자는 일'이다. 삼신께 갓난아이의 건강을 빌 때도 '먹고 자고 먹고 자고 ……' 하며 빈다. 특히 민중에게는 나날의 삶 속에서 되풀이되는 일상의 문화로서 하루 세 끼 꼬박꼬박 챙겨 먹는 일이 중요하다. 그러므로 전통적인 우리 민족의 식문화 체계 속에서 단군신화가 생생하게 지속되고 있다는 사실을 실감하는 것만큼 민주적인 공유방법이 없다.

한국인은 누구나 끼니때마다 단군신화를 살고 있으면서도 아무도 그런 사실을 깨닫지 못하고 있는 것이 문제이다. 끼니때마다 만나는 음식이 마늘이다. 각종 반찬에 마늘이 양념으로 두루 들어가 있다. 쌈밥을 먹든, 불고기를 먹든, 회를 먹든 마늘은 빠지지 않는다. 곰네처럼 부지런히 마늘을 상식하고 있듯이, 해마다 단오절이 되면 쑥으로 떡을 만들어 절식으로 먹는다. 밥상 앞에 앉아서 마늘을 먹을 때마다, 곰과 범이 사람이 되기를 기대하면서 환웅이 준 마늘을 먹었다고 하는 단군신화의 식생활을 지속하고 있는 것이다. 봄철에 쑥국과 쑥떡을 먹는 것도, 사실은 쑥을 먹고 사람으로 변신한 곰네의 식생활을 이어받고 있는 것이다. 그러므로 우리는 지금 단군신화의 곰네처럼 부지런히 쑥

과 마늘을 먹으며 살아가고 있다. 먼저 우리 식문화의 하나로 마늘을
구체적으로 들여다보자.

한국인들은 마늘을 날것으로 즐겨 먹을 뿐 아니라 각종 요리에도
마늘이 빠지지 않는다. 한국 고유의 식문화로 가장 주목받는 김치와
된장찌개, 양념간장은 물론 콩나물무침, 멸치볶음, 육개장, 삼계탕에
이르기까지 어느 요리에든 마늘이 빠지면 제대로 양념이 되지 않는다.
우리 식문화의 찬거리로는 각종 장류와 김치, 나물무침, 찌개, 볶음, 국,
탕, 회 등으로 나눌 수 있는데, 이 8가지 유형의 요리방식 가운데 마늘
을 필요로 하지 않는 요리는 없다고 해도 지나치지 않다. 그러므로 가
난한 농가의 부엌에도 어김없이 마늘을 엮은 타래들이 빈지에 걸려 있
게 마련이다.

된장, 간장, 고추장이 한식의 기본 장류라면, 고춧가루와 마늘, 생강
은 한식의 기본 양념이다. 기본 양념 가운데도 마늘이 고춧가루나 생
강보다 그 역사적 뿌리도 깊고 쓰임새도 한층 넓다. 생강은 드물게 쓰
지만 마늘과 고춧가루는 상당히 일상적으로 쓴다. 고추는 17세기 이후
에 널리 보급되었는데, 마늘은 그 이전부터 우리 식품사의 밑자리를
구성하고 있다. 게다가 마늘은 음식을 조리하는 양념 구실만 한 것이
아니라, 그 자체로 밥상에 오르기도 한다. 마늘을 익힌 것은 물론 날
것 그대로 즐겨 먹는 까닭이다. 나물무침에는 날것을 다져서 양념으로
쓰고 다지지 않은 생마늘쪽을 그대로 먹기도 한다. 그러므로 마늘은
양념인 동시에 고추나 오이, 야채처럼 일종의 채소 구실도 한다.

나물무침이나 콩나물국, 멸치 볶음 등에 고춧가루는 넣지 않을 수
가 있지만, 마늘은 반드시 넣는다. 무국이나 데친 가지나 미나리 무침,
그리고 각종 산나물 무침에도 고춧가루는 빠져도 마늘은 빠지지 않는
다. 마늘이 들어가지 않으면 나물무침들이 제 맛을 내지 못하는 까닭
이다. 그만큼 마늘의 비중이 훨씬 크다. 한 마디로 우리나라 음식만큼
요리에 마늘을 많이 쓰는 음식이 없으며, 우리 민족만큼 마늘을 예부

터 지금까지 날 것으로 즐겨 먹는 사람들도 없다. 따라서 집집마다 마늘농사를 지었다. 마을의 자급체계를 갖출 정도로 마늘은 우리 식문화에서 비교우위를 점유하고 있다. 그러므로 한국 식문화의 정체성을 마늘에서 찾지 않을 수 없다.

이쯤에서 단군신화의 식문화 관련 내용을 구체적으로 읽어보자. 곰과 범이 신단수에 깃들어 있는 천신 환웅을 찾아와서 사람이 되기를 빌자, "신(神, 환웅)이 신령스러운 쑥 한 다발과 마늘(蒜) 20 줄기를 주고 이르기를, '너희들이 이것을 먹고 백일 동안 햇빛을 보지 않으면 사람이 되리라' 하였다."[13] 곰과 범이 쑥과 마늘을 받아서 먹고 금기를 지켜 3칠일만에 곰은 여자의 몸이 되었는데, 범은 금기를 지키지 못하여 사람이 되지 못하였다고 한다.

여기서 우리 민족의 먹거리로 쑥과 마늘이 뚜렷하게 제시된다. 쑥과 마늘은 예사 먹거리가 아니라 짐승을 사람으로 변신하게 만드는 대단한 효과를 지닌 먹거리이다. 문제는 기록대로 '애(艾)'와 '산(蒜)'이 과연 쑥과 마늘인가 하는 점이다. 그리고 왜 쑥과 마늘을 먹도록 했는가 하는 문제도 더 따져봐야 할 논의거리이다.

단군신화에서 '애(艾) 한 다발[艾一炷]'이라 했을 때, 애는 쑥이 틀림없는 것 같다. 예나 지금이나 산과 들에 쑥은 야생으로 잘 자라고 있는 까닭이다. 그러나 '산(蒜) 20 줄기[蒜二十枚]'라 했을 때, 산은 과연 마늘인가 하는 것은 의문이다. 당시에 지금과 같은 마늘이 있었다고 장담하기 어려운 까닭이다. 따라서 흔히 마늘로 번역되는 '산'은 융통성 있게 풀이해야 할 것이다. '산'은 마늘을 뜻하기도 하지만 달래를 뜻하기도 한다. 달래는 소산(小蒜), 마늘은 대산(大蒜)으로 구별하지만, '산'이라고 했을 때는 어느 쪽인지 정확하지 않다. 그러나 1527년에 편찬된

---

13) 『三國遺事』 卷1, 紀異 古朝鮮, "時神遺靈艾一炷 蒜二十枚曰 爾輩食之 不見日光百日 便得人形".

『훈몽자회(訓蒙字會)』에서는 산(蒜)이나 호산(胡蒜)을 마늘이라 하고, 소산(小蒜)은 달래라 하였다. 그러므로『삼국유사』의 '산'은 마늘로 해석해도 되지 않을까 한다.

요즘과 같은 재배 마늘이 고조선 시대부터 자생되지 않았다면 야생 달래로 풀이하는 것이 옳다. 요즘도 여전히 달래를 냉이와 더불어 봄나물로 즐겨 먹는다. 따라서 달래라 하여도 문제될 것이 없다. 게다가 '달래'를 먹었다고 하여, 마늘의 식성과 분별되는 것은 아니다. 마늘과 달래의 매운 맛은 거의 같다. 마늘의 매운 맛이 상대적으로 더 강할 따름이다. 마늘과 달래는 모두 알리움(Allium)속에 해당되는 같은 종류의 식물이므로 그럴 수밖에 없다. 따라서 둘 다 '산(蒜)'이라는 같은 한자로 나타낼 뿐 아니라 크기만 대소로 구분할 따름이다. 마늘로 치자면 작은 마늘이 달래이며, 달래로 치자면 큰 달래가 마늘인 셈이다.

역사적 기록으로 눈길을 끄는 것은『삼국사기』잡지(雜志) 제사(祭祀) 조의 기록이다. 신라 때 농신(農神)에 대한 제사를 봄, 여름, 가을의 들머리에 지냈다는 것이다. 겨울에는 파종을 하지 않는 까닭에 농신제가 없다. 기록을 보면, 입춘 뒤의 해일(亥日)에는 선농신(先農神)에게, 입하 뒤의 해일에는 중농신(中農神)에게, 입추 뒤의 해일에는 후농신(後農神)에게 제사 지내는데, 후농신에게 제사를 올릴 때는 마늘밭인 '산원(蒜園)'에서 제사를 지낸다[14] 것이다. 마늘은 가을에 심는 작물이다. 따라서 입추가 지난 가을에 '후농신'에게 제사를 지낸 것이다.

봄과 여름의 제사 장소는 특정 농작물과 무관한 곳인데, 특히 가을 제사에서는 다른 곳도 아닌 마늘밭에서 제사를 지냈다고 한다. 이것은 곧 마늘농사를 특히 중요하게 여겼다는 사실을 말한다. 따라서 신라 때 이미 마늘이 중요한 재배작물이자, 가을농사의 주류를 이루었다는

---

14) 『三國史記』卷32, 雜志 第一 祭祀, "立春後亥日 明活城南 熊殺谷祭先農 立夏後亥日 新城北門祭中農 立秋後亥日 蒜園祭後農."

사실을 알 수 있다. 고대부터 마늘을 먹은 민족은 많으나, 마늘밭에서 농신에게 정기적으로 제사를 올린 민족은 우리 민족이 유일할 것이다. 그러므로 신라 때 이미 마늘을 중요한 농작물로 재배하였을 뿐 아니라, 조정에서 농신제를 지내는 장소로 이용될 만큼, 마늘은 우리 식문화사 속에 차지하는 역사적 뿌리가 깊다.

단군신화가 말하는 신성한 식품으로는 마늘과 함께 쑥이 있다. 오히려 쑥이 마늘보다 더 앞서서 제시된다. 마늘과 쑥을 먹기 시작한 역사가 단군신화의 중요한 내용으로 자리잡고 있는 까닭에 단군신화를 곧 식문화신화라 일컬을 수도 있다. 쑥 역시 신화 속의 상상의 음식으로 이야기되는 데 그치지 않고 우리의 일상 음식으로 널리 먹고 있는 것이다. 어느 봄철이든 해마다 시장의 봄나물로 쑥이 나지 않는 경우가 없고 봄철 밥상에 쑥국이 오르지 않는 경우가 없다. 시골사람들은 물론이려니와 도시생활을 하는 사람들도 쑥국을 안 먹어 본 사람이 없을 정도로 쑥국은 계절음식의 하나로 오랜 전통을 지니며, 지금까지 지속되고 앞으로도 계속될 전망이다.

쑥은 봄철 국거리로서 일상음식의 하나일 뿐 아니라, 떡의 재료로도 널리 쓰이며 쑥차까지 개발되었다. 쑥을 뜯어서 쌀가루를 묻혀 쪄낸 '쑥털털이' 또는 '쑥버무리'와 같은 자연스러운 쑥떡이 있는가 하면, 데친 쑥과 불린 쌀을 넣어서 빻아 만든 본격적인 쑥떡도 있다. 쑥털털이는 쑥의 모습을 그대로 갖추고 있으나, 빻아서 만든 경단과 인절미 또는 절편으로 만드는 경우에는 쑥의 색깔만 도드라진다. 뜻밖에 쑥을 재료로 한 떡이 다양하다는 사실을 알 수 있다.

쑥털털이는 평소에도 수시로 해먹을 수 있는 떡이다. 절식으로 먹을 때는 반드시 경단이나 인절미 모양을 갖춘 본격적인 쑥떡을 만들어 먹는다. 쑥떡은 삼짇날에도 먹었으며, 특히 단오절에는 빠뜨리지 않고 챙겨 먹는다. 한가위 절식이 송편이듯이 단오 절식은 쑥떡이라 할 수 있다. 단오를 우리말로 '수릿날'이라 하는 까닭에 쑥떡을 더러 '수리떡'

이라고도 한다. 쑥떡은 곧 단오떡이란 말이다. 단오는 한국의 4대 명절에 속한다. 그러므로 한국인들은 단오명절과 더불어 해마다 일정한 시기에 쑥을 먹고 살아왔다.

쑥은 쑥국과 쑥떡, 쑥차 등 식용으로 다양하게 쓰일 뿐 아니라, 약용으로도 널리 쓰인다. 식용으로 쓰는 것은 음력 3, 4월에 쑥이 어릴 때 어린 잎을 채취하지만, 약용으로 쓰는 쑥은 음력 5월에 크게 자랐을 때 줄기 채 베어 갈무리한다. 이 때가 바로 단오 무렵인데, 쑥이 한껏 자라서 약쑥으로 이용하기에 적절한 시기이다. 따라서 단오날 아침에 이슬 먹은 쑥을 베어다가 다발로 엮어서 그늘에 매달아 말린다. 말린 약쑥은 겨우내 가정 상비약 구실을 하는 것이다. 그러므로 옛집에는 쑥타래들이 초가 뒤꼍에 으레 걸려 있게 마련이다. 그만큼 쑥은 우리 생활에서 마늘 못지 않게 중요한 구실을 하였다.

단군신화에서 환웅이 곰과 범에게 신령스러운 쑥과 마늘을 주면서 먹으라고 했다면 그 이전에는 곰과 범이 쑥과 마늘을 먹지 않았다고 할 수 있다. 그들의 식문화에 쑥과 마늘은 먹거리가 아니었다. 환웅천왕에 의해서 비로소 쑥과 마늘을 먹게 된 것이어서, 이 기록을 중심으로 보면, 단군신화는 사람들이 쑥과 마늘을 먹기 시작한 기원을 말하는 신성한 식문화의 역사라 할 수 있다. 그러므로 환웅은 처음으로 쑥과 마늘을 먹도록 식생활을 일깨워준 문화영웅이며, 그 내용은 우리 식문화의 원형을 이루는 셈이다.

문화의 기원을 설명하는 신화를 '문화신화'라 한다면, 단군신화를 편벽되게 고조선의 건국신화로만 자리매김할 것이 아니라 산신신화이자[15] 또한 식문화신화로 재인식할 필요가 있다. 식문화신화로서 단군

---

15) 임재해, 「한국인의 산 숭배 전통과 산신신앙의 전승」, 김종성 편, 『산과 우리 문화』, 수문출판사, 18쪽. "단군신화의 무대가 태백산일 뿐 아니라, 건국시조이자 민족시조인 단군이 죽어서 산신이 되었다고 하지 않는가. 따라서 단군신화는 고조선의 건국신화이기도 하지만, 사실상 산신의 기원을 말한다는

신화를 주목하고 문화영웅으로서 환웅천왕을 재인식해야 단군신화가
민족문화의 정체성을 해명하는 긴요한 자료로 더 풍부하게 해석될 수
있다. 왜냐하면 단군신화는 우리 민족이 쑥과 마늘을 즐겨먹는 식문화
의 원형을 신성한 역사로 서술하고 있는 까닭이다. 그런데 우리는 뿌
리깊은 식문화 원형의 유전자에 따라 여전히 쑥과 마늘(달래)을 즐겨
먹고 있으면서도 우리 식문화의 원형과 정체성을 제대로 자각하지 못
하고 있다.

　　이웃나라와 비교해 보면 단군신화의 식문화 정체성이 우리 민족의
식문화에서 상대적으로 잘 드러난다는 사실을 확인할 수 있다. 한국과
지리적 인접성과 문화적 친연성이 가장 두드러진 중국과 일본, 몽골의
식문화를 견주어 보면, 그러한 특성이 잘 드러난다. 중국은 우리와 같
은 역법에 따라 양수 명절인 삼월 삼짇날과 5월 단오절을 공유하지만,
이 날 쑥떡을 절식으로 먹지 않는다. 중국에는 쑥떡이라는 음식문화
자체가 형성되지 않았다. 마늘은 고조선문화권이라 할 수 있는 산동성
일대에서는 널리 경작되고 식단에도 마늘이 중요 식품 구실을 한다.

　　그러나 산동지역은 고조선문화권이라고 하는 점을 고려하면 마늘
을 먹는 것이 특이하지 않다. 산동성의 대문구문화(大汶口文化) 유물
에서 아사달 문양이 새겨진 팽이형토기들이 다수 발굴 보고됨으로써,
학계에서는 산동성 지역이 고조선문화권에 속한다고 해석하고 있다.[16]
아사달 문양은 고조선을 나타내는 가장 상징적인 문양이며, 팽이형토
기 또한 서기전 3000년 전반기부터 시작된 유물로서 고조선 지역에 널
리 발굴되고 있다.[17] 따라서 신용하는 대문구문화 유물을 근거로 산동

점에서 산신신화이기도 하다."

16) 愼鏞廈, 「古朝鮮 '아사달' 文樣이 새겨진 山東 大汶口文化 유물」, 『韓國學報』
　　102, 一志社, 2001 봄호, 20-23쪽. 이 글은 『한국 원민족 형성과 역사적 전통』,
　　나남출판, 2005에 재수록되었는데, 위의 내용은 이 책, 84-87쪽을 참조하기 바
　　란다.

17) 신용하, 『한국 원민족 형성과 역사적 전통』, 66-77쪽 참조.

성 지역을 고조선문화권으로[18] 설정하고 있다. 그러므로 같은 고조선 문화권에서 마늘의 식문화를 가진 것은 자연스럽다.

산동지역에서 마늘이 많이 생산되고 마늘을 즐겨 먹는다는 사실은, 오히려 고고학적 유물에서 입증된 고조선문화권을 보완하는 자료가 될 수도 있다. 하지만 고조선문화권에 귀속되지 않는 중국의 다른 지역에서는 마늘을 야채처럼 밥상에 올리는 식문화 전통이 발견되지 않는다. 마늘을 요리에 넣어서 익혀먹는 수준이다. 일본의 경우에는 마늘을 양념으로조차 쓰지 않는다. 날 것은 물론 익혀 먹는 일도 없다. 마늘의 식문화가 형성되지 않은 것이다. 그러나 쑥은 식용으로 쓴다. 봄철에 쑥이 나면 시골에서 쑥떡을 만들어 먹는 풍속은 아직도 그 자취가 조금씩 남아 있다.

그러나 일본에는 우리처럼 다양한 쑥문화가 없다. 단오절의 절식으로 쑥떡을 먹는 것도 아니다. 강한 냄새로 재난을 쫓기 위해 창포나 쑥을 처마에 매달았을 뿐이다. 음력 3월 3일에 풀떡(草餠)을 먹는 관습에 따라 다양한 봄나물을 넣은 풀떡을 만들어 먹었는데, 쑥은 그 가운데 하나일 따름이다. 결국 쑥떡은 죽순, 고사리, 쑥갓 등을 넣은 수많은 풀떡의 한 종류일 뿐 절식으로서 독점적 지위를 누린 것은 아니다. 에도 시대 말기에 비로소 쑥이 풀떡의 재료 구실을 하였다. 그러므로 단오 절식으로 먹는 한국의 쑥떡에 견주어 보면 그 비중은 현저히 낮다.

더군다나 일본에서는 쑥과 마늘을 한국에서 전래된 식품이라고 한다. 쑥은 식용으로 쓰되, 마늘은 강한 냄새와 맛 때문에 일본의 음식문화에서 자취를 감추었다. "나가노현의 아치신사(阿智神社)에서는 한국에서 일본으로 건너온 사람들에 의해 (마늘이) 숭배되고 있으며, 헤이

---

18) 신용하, 위의 책, 67쪽에서, 종래의 고조선문명권 설정을 근거로, "산동지방에서도 고조선문명권에 속한 고조선족들이 다수의 소국들을 세워 활동하면서 독자적 고조선문명과 문화를 창조했다"는 사실을 논증했다. 다만 나는 이 글에서 문명권을 문화권으로 바꾸어 일컬었을 따름이다.

안 시대(平安時代: 9-12세기)의 겐지모노가타리(源氏物語)에서는 (마늘을) 약으로 치고 있다."[19] 약재와 식재료의 쓰임은 크게 다르다. 일반적으로 일본사람들은 마늘을 식용으로 쓰지 않고 악귀를 물리치기 위해 문 위에다 부적처럼 마늘을 달아둘 뿐이다. 한국에서 일본으로 쑥과 마늘이 전해졌지만, 쑥의 식문화는 크게 약화되었고 마늘의 식문화는 전혀 뿌리를 내리지 못했다.[20]

몽골은 유목문화에 따라 유제품 중심의 육식문화 전통이 강하다.[21] 여름에는 유제품, 겨울에는 육식을 주로 한다. 초원지대라 야채 경작이 어려울 뿐 아니라, 이동생활을 하는 까닭에 야채가 자라도록 기다릴 수 없다. 따라서 야채는 물론 쑥과 마늘은 먹을 엄두도 내지 못한다. 그러나 일부지방에서는 야생의 파나 마늘을, 양고기를 넣고 끓이는 국수에 갈아넣는다.[22] 야생마늘 곧 달래를 먹는 식문화는 고조선문화권의 일반적 현상이라 할 수 있다. 몽골도 중국의 산동성 지역처럼 고조선의 일부였다.[23] 몽골은 고조선 후국인 부여족의 일부와 결합하여 형

---

19) 오시마 아키코(大島明子), 「일본에 불고 있는 음식 韓流」, 『일본의 새소식』, 주한일본대사관, 2006년 8월호. 필자는 주한일본대사 부인이다.
20) 오시마 아키코, 위와 같은 글, 같은 곳.
21) 김천호, 「몽골과 중앙아시아의 식문화 비교」, 比較民俗學 22, 比較民俗學會, 2002, 139-145쪽 참고.
22) www.foodrd.or.kr/world/right-4-foodmun.htm. "몽골인들이 좋아하는 아침식사는 양고기를 넣고 끓인 칼국수이다. 일부지방에서는 야생의 파나 마늘을 같이 넣어 먹기도 한다. 혹은 야생의 파를 다져 소금으로 간을 한 다음 그것을 칼국수에 조금 넣어 먹기도 한다."
23) 윤내현, 『고조선연구』, 일지사, 1994, 290쪽. "고조선은 北京 근처에 있는 灤河 유역과 碣石山지역을 중국의 경계로 하여 지금의 河北省 동북부로부터 內蒙古自治區 동부·遼寧省 전부·吉林省 전부·黑龍江省 전부 및 한반도 전부를 그 강역"으로 하고 있었다.
윤내현 외, 『고조선의 강역을 밝힌다』, 지식산업사, 2006 참조. 고인돌과 요령식동검의 분포, 복식사 자료, 역사적 기록 등을 고려하면 현재 몽골을 비롯한 북방민족의 여러 지역들이 고조선의 영역에 포함되어 있었다.

성되었으며 부여와 고구려의 오랜 지배를 받았다.[24] 따라서 신채호는
몽골족도 조선족의 한 종족으로 서술한다.

몽골에서 야생마늘이 나는 까닭에 마늘을 먹긴 하지만, 한국처럼
일상적으로 모든 요리에 마늘을 사용하지 않는다. 야생마늘을 이용하
는 데 한계가 있는 까닭이다. 우선 겨울철에는 먹을 수 없다. 몽골의
겨울은 상당히 길다. 게다가 쑥은 야생으로 자라되 먹지 않는다.

이와 달리, 한국은 쑥과 마늘의 식문화가 두드러진다. 얼마 전까지
시골마을의 집 뒤꼍에는 집집마다 쑥 타래와 마늘 타래들이 줄줄이 걸
려 있었다. 마늘 타래는 도시의 부엌에도 어김없이 걸려 있었다. 집집
마다 마늘농사를 지었을 뿐 아니라, 마늘시장이 별도로 형성되고, 의성
마늘은 지역 특산품으로 주목받는다. 마늘 자체를 이용한 다양한 요리
는 물론 마늘잎과 마늘종다리로 만드는 요리도 여러 가지다. 세계적으
로 우리나라만큼 마늘요리가 다양하고 마늘을 풍부하게 섭취하는 식
문화는 없을 것이다.

따라서 한국의 식문화는 쑥이 없는 중국의 식문화, 마늘이 없는 일
본의 식문화, 쑥이 없고 야생마늘을 일부 먹는 몽골의 식문화에 견주
어 볼 때 상당히 대조적이다. 쑥과 마늘의 식문화가 함께 갖추어져 있
기 때문이다. 그러한 식문화의 뿌리가 바로 고조선시대의 단군신화에
닿아 있는 것이다. 다시 말하면 단군신화의 식문화 DNA가 지금까지 우
리 식문화 속에 고스란히 살아 있다고 하겠다. 게다가 중국의 식문화
는 육식의 비중이 높다. 몽골은 아예 육식이 주류를 이룬다. 일본은 생
선이 중요한 비중을 차지한다. 상대적으로 우리 식문화는 채식의 비중
이 높다.

우리 식문화에서 중요한 것은 쑥과 마늘을 먹는 식문화 현상 자체

---

24) 愼鏞廈, 「古朝鮮文明圈의 형성과 동북아의 '아사달' 문양」, 『고대에도 한류
　　가 있었다』, 민족문화의 원형과 정체성 정립을 위한 학술대회 1(프레스센터,
　　2006년 12월 8일) 논문집에서 자세하게 다루었다.

가 아니라 이 두 식품을 중심으로 채식생활을 중요한 식문화로 정착시
키고 있다는 사실이다. 어로와 수렵 생활로 육식을 한 것은 사실이지
만, 주식은 채식에 큰 비중을 두었다는 것이다. 그리고 육식생활을 하
던 이웃의 여러 민족들은 채식생활을 더 바람직한 식문화로 보고 동경
했으며, 마침내 이 식문화에 적응한 곰족은 환웅천왕의 신시에 통합될
수 있었던 것이다. 따라서 곰족의 동화는 수렵생활이나 유목생활을 청
산하고 정착생활과 농경생활을 하게 됨으로써 육식이 아닌 곡물 중심
의 채식을 할 수 있게 된 까닭이다.

그러나 범족은 이러한 채식생활에 적응 불가능한 까닭에 스스로 일
탈하고 말았다. 환웅의 농경문화에 적응하려면 제일 먼저 넘어야 할
관문이 식생활의 적응이다. 식물의 줄기와 잎, 풀뿌리, 열매 등을 먹는
자연채식에 잘 적응해야 곡물과 채소 중심의 식생활을 하는 정착형 농
경생활을 순조롭게 할 수 있다. 그러한 식생활 검증 수단으로 동원된
것이 쑥과 마늘이다. 예사 곡채식(穀菜食) 종류와 달리 일상적으로 먹
기 어려운 채식이자 거의 약품에 가까운 식품들이다. 따라서 지독한
채식 경험으로 단시일 안에 적응 여부를 가릴 수 있다.

아무리 선진문화를 동경하고 이국문화를 열망하더라도 식문화를
받아들이지 못하면 그 문화에 적응하지 못한다. 그것은 문화적 각성과
민족적 의식으로서 가능한 것이 아니라, 몸이 음식을 받아들여야 가능
하다. 특히 농경문화는 생태학적 조건이 갖추어져야 성립 가능하다.
수렵과 유목생활은 기후가 한랭한 초원에서 가능하되, 채취와 농경생
활은 강우가 순조롭고 기후가 사철 뚜렷한 온대지역에서 가능하다. 온대
지역에는 쑥과 마늘 외에도 들에서 나는 여러 가지 봄나물이 풍부하다.

들나물과 더불어 산나물은 가장 오랜 인류의 먹거리 가운데 하나인
데, 우리 민족은 반만년 이전의 식문화 그대로 쑥과 마늘을 잘 먹고 있
는 것처럼, 여전히 산나물을 즐겨 먹고 있다. 봄이면 산나물을 뜯는 것
이 오랜 풍속으로 지속되고 있을 뿐 아니라 시장에는 봄철마다 산나물

이 풍부하게 나고 있다. 따라서 봄이면 달래와 냉이, 씀바귀, 쑥 등 들나물과 더불어, 두릅과 취나물, 참나물, 모시대, 원추리, 머위 등 산나물을 먹지 않는 사람이 없다. 제사 때는 고사리나물을 반드시 제수로 쓴다.

관광지 식당 차림표에는 으레 산나물 비빔밥 또는 산채정식이 중요한 차림표 구실을 하고 있다. 아마 산채비빔밥과 산채정식을 차림표로 내걸고 일년 내내 산나물을 찬으로 식단을 제공하는 경우는 세계적으로 한국식당밖에 없을 것이다. 인류의 가장 오랜 먹거리였던 산나물이 지금까지 밥상에 오르고, 정월 대보름의 절식으로, 제사 음식의 고정 차림으로 꼬박꼬박 챙겨지는 식문화는 한국 식문화만의 특성이라 할 수 있다. 산채가 아니라도 반찬에 나물이 빠지는 경우는 없다. 그러므로 쑥과 마늘에서 이어지는 산나물문화야말로 한국 식문화의 정체성이자, 만 년 전의 자연채취 문화를 고스란히 이어가고 있는 세계 유일의 식문화 전통이라 할 수 있다.

우리 음식의 가장 독특한 양식인 비빔밥과 쌈밥도 반드시 나물이 있어야 한다. 나물이 들어가지 않은 비빔밥을 상상할 수 없듯이, 나물 없는 쌈밥도 생각할 수 없다. 비빔밥은 전적으로 밥과 나물의 조합이라고 해도 좋을 만큼, 밥 위에 다양한 나물을 얹어서 각자 비벼먹는 음식이다. 나물을 부식으로 한 밥이자 숟가락으로 먹을 수 있는 밥이 비빔밥이다. 그러므로 산나물을 이용한 산채비빔밥이 비빔밥의 원조가 아닐까 생각게 된다.

밥을 주식으로 하지만 젓가락을 쓰는 문화에서는 우리와 같은 비빔밥이 없다. 젓가락으로는 비빌 수도 먹을 수도 없는 것이 비빔밥이다. 따라서 젓가락만 쓰는 일본에서는 비빔밥을 고양이밥이라 한다. 고양이에게나 밥을 비벼 줄 따름이다. 그런데 우리나라에서 비빔밥은 잔치음식이자 제사음식이며 농사철에는 들밥으로 널리 이용되었을 뿐 아니라, 식당의 차림표로 빠지지 않는다. 대한항공에서는 기내식으로 비빔밥을 개발하여 외국인들에게까지 인기를 끌었다. 1998년 기내식 세계경연대회에서 비빔밥으로 영화계의 아카데미상과 같은 기내식 최고의 영예인 '머큐리 (Mercury)'상을 수상하였다.

신선한 야채를 손바닥에 펼쳐 놓고 그 위에다 밥과 찬을 놓고 싸서 먹는 쌈밥도 우리 민족만의 독특한 식문화이다. 신선한 나물을 날 것 그대로 즐기는 음식이 바로 쌈밥이다. 밥뿐만 아니다. 생선회나 불고기를 싸먹을 때도 신선한 나물이 빠질 수 없다. 이때 마늘도 곁들여지는 것이다. 밥이든 고기든 신선한 나물에다 싸서 먹는 쌈문화는 한국식 채식문화의 절정이라 할 수 있다.

쑥은 아직도 중요한 봄나물이다. 시골뿐 아니라 도시 아낙네들도 여전히 쑥을 채취한다. 마늘 역시 달래마늘로서 봄나물 채취에서 빠지지 않는다. 따라서 '단군신화의 쑥과 마늘은 한국 나물 문화의 원형'으로 주목된다고[25] 해도 지나치지 않다. 산나물이든 들나물이든 식용으로 하는 나물이 200여 가지나 될 정도로 풍부하다. 조선조의 선비들이 나물 먹고 물 마시고 팔베개를 베고 자는 일을 청빈한 생활로 예찬한 것도 되새길 필요가 있다. 문화인류학자 마셜 설린스는 『석기시대의 경제학』에서 산나물과 같은 채취문화야 말로 현대문명의 위기에서 벗어나는 탈출구이자 미래문화의 모델이라고 했다.[26]

농경생활은 곧 곡물 중심의 채식문화를 형성하게 되는데, 신석기시대의 빗살무늬토기나 갈돌의 유물은 그러한 식생활을 입증하는 유물들이다. 토기는 곡식을 저장하거나 끓이는 도구로 이용되었을 것이며 갈돌은 곡식을 가루로 빻는 데 이용되었을 것이다. 서구사람들은 농경생활을 거치고 산업사회에 진입하면서 진작 나물을 뜯어먹는 채취문화를 잃어버렸는데, 한국인만은 그러한 변화를 함께 겪으면서도 유독 채취시대의 식문화인 나물문화의 전통을 그대로 간직하고 있

---

25) 이어령, 『디지로그』, 생각의 나무, 2006, 95쪽.
26) 이어령, 위의 책, 96쪽.

다.[27] 그것은 곧 단군신화가 말하는 식문화의 규범을 곰처럼 지키고, 쑥과 마늘을 훌륭한 먹거리로 존중하고 있는 까닭이 아닌가 한다. 그러므로 쑥과 마늘로 대표되는 채식문화의 원형은 단군신화이래 반만년 동안 지속되는 뿌리깊은 식문화의 전통이자, 민족문화의 정체성으로 주목하지 않을 수 없다.

3. 단군신화의 주거 규범과 정착생활의 주거문화

단군신화를 건국신화라는 고정관념에서 벗어나서 읽으면, 단군신화는 산신신화이자 식문화의 신화일 뿐 아니라, 주거문화의 신화라 할수도 있다. 인간다운 삶을 위해 어떠한 주거생활을 해야 하는가 하는 것을 단군신화에서 구체적으로 제시하고 있기 때문이다. 따라서 민족문화의 정체성을 해명하려는 시각에서 단군신화를 뜯어보면, 우리 일상생활이나 사유세계를 규정하는 민족문화의 기원을 여러 모로 분석해낼 수 있다. 그럼 단군신화는 바람직한 주거생활의 규범을 어떻게 설정하고 있는가. 주거문화는 식문화의 규범과 더불어 제시되고 있다.

곰과 범이 사람이 되고자 했을 때, 쑥과 마늘을 주면서 먹으라고 한 것은 식문화의 기원이자, 식문화의 규범을 설정한 것이다. 쑥과 마늘이 신령스러운 것은 물론, 이것을 먹어야 사람이 될 수 있다고 한 것은 식품 재료로서 쑥과 마늘의 가치를 제시한 것이자, 식문화의 규범을 설정한 것이다. 신화는 전승하는 집단의 도덕적 가치와 사회적 규범을 담고 있는 것이다. 따라서 "신화는 무의미한 이야기가 아니라 인류문화에 봉사하는 활동적 힘이며, 지적 설명이나 예술적 환상이 아니라 원시신앙과 도덕적인 지혜의 실용적인 헌장인 것이다."[28] 단군신화도 이러한 실용적 헌장으로서 규범적 기능을 담고 있다.

---

27) 이어령, 같은 책, 위와 같은 곳.
28) 말리노우스키 지음, 서영대 옮김, 앞의 책, 25쪽.

이런 시각에서 다시 보면, 쑥과 마늘을 먹도록 하는 대목은 우리 식문화에 관한 3 가지 정보를 함께 담고 있다는 것을 알 수 있다. 하나는 이 때부터 쑥과 마늘을 먹기 시작했다는 사실이다. 그 이전에 범숭배의 예족(濊族)과 곰숭배의 맥족(貊族)은 육식생활을 하다가 천신숭배의 환웅족 가르침을 받아 비로소 채식생활을 하게 되었는데, 맥족은 잘 적응을 하여 동화가 되고 예족은 적응하지 못해 일탈해 버린 것이다. 그러므로 이 내용은 식문화의 기원에 관한 중요한 정보이다.

둘은 쑥과 마늘이 인간이 되게 하는 중요한 식품이라는 것이다. 문화적으로 해석하면, 쑥과 마늘 같은 채식을 해야 인간다운 문화생활을 할 수 있고, 나아가 정착생활과 농경생활에 적응할 수 있다는 것이다. 곰과 범처럼 수렵생활을 하며 육식을 해서는 인간다운 생활로 변신할 수 없다는 뜻이기도 하다. 그러므로 이것은 식문화의 가치에 관한 정보라 할 수 있다. 육식문화에 대한 채식문화의 의의는 여전히 유효할 뿐 아니라, 앞으로 더욱 중요한 가치로 재인식될 것이다.

셋은 환웅족이 동맹을 요청하는 예족과 맥족의 식문화를 검증한 것이다. 이미 채식생활과 농경문화를 누리는 선진문화의 환웅족으로서는 아직도 육식생활과 수렵문화에 머물고 있는 두 민족과 동맹을 해서는 문화적으로 합일되기 어렵다고 판단한 것이다. 따라서 채식생활과 농경문화를 동경하며 환웅족과 동맹을 원하는 예족과 맥족에게 쑥과 마늘을 주어 채식생활이 가능한가 검증한 것이다. 그러한 검증을 단기간에 효과적으로 하는 방법은 쑥과 마늘처럼 일상적으로 먹기 어려운 채식을 하도록 하는 것이다. 그 결과 전적으로 육식을 하던 예족은 탈락하고 어느 정도 채식을 해오던 맥족은 통과한 것이다.

　　곰과 범이 먹은 쑥과 달래는 식물이다. 인간이 되기 위해 육식을 금하고 채식을 한다는 사실이 중요하다. 채식이라도 예사 채식이 아니다. 야생에서 자란 식물을 먹는다는 점에서 채취생활에 의한 채식이지만, 쑥과 달래는 맛이 아주 자극적이어서 쉽게 먹을 수 없다. 이것을 한 끼만 먹기도 어려운데, 백일 동안 먹기를 요구하고 실제로 곰은 범과 달리 3칠일 동안 먹으며 견딘다. 곡물과 채소를 먹는 예사 채식과 아주 다르다. 햇볕이 들지 않는 동굴에 갇혀 사는 것이 지독한 정착생활이듯이, 쑥과 달래만 먹고 지내는 것은 아주 '지독한 채식생활'이라 할 수 있다.[29)]

한마디로, 환웅이 곰과 범에게 '지독한 채식생활'을 시켜서 농경문화에 순조로운 편입 가능성을 검증한 셈이다. 그러므로 마지막 정보는 채식생활과 농경문화의 적응 여부를 검증한 통과의례라 할 수 있다.

마지막 정보는 다시 세 가지 사실을 말한다. 하나는 고대문화의 발전단계가 서로 다른 세 종족이 고조선 지역에 거주했다는 사실이다. 전적으로 육식에 의존하던 수렵문화의 예족, 어느 정도 채식생활을 하던 수렵채취문화의 맥족, 채식생활에 상당히 익숙하며 농경문화를 누린 환웅족이 있었다. 이 가운데 환웅으로 상징되는 환웅족 곧 한족(桓族, 韓族)은[30)] 바로 고조선의 주류 세력이자, 선진적 농경문화를 창출한 민족이었던 것이다.

둘은 선진적인 농경문화를 가진 환웅집단 곧 환웅족이 중심이 되어 맥족을 연맹체로 끌어들여 '고조선'이라고 하는 고대국가를 수립하였다는 사실이다.[31)] 이때 수렵문화에 전적으로 의존하여 육식생활을 하

29) 임재해, 「단군신화를 보는 생태학적인 눈과 자연친화적 홍익인간 사상」, 『단군학연구』, 2003, 125쪽.
30) 신용하, 「단군 설화의 사회학적 이해」, 『설화와 의식의 사회사』, 한국사회사학회, 문학과지성사, 1995, 25-27쪽에 환인과 환웅이 왜 한족(韓族)의 '한(韓)'을 나타내는가 하는 것을 자세하게 다루었으므로 여기서는 별도의 설명을 하지 않는다. 그러나 단군신화의 내용에 따라 한족이라 일컫지 않고 환웅족으로 일컫고자 한다.
31) 愼鏞廈, 「民族形成의 理論」, 『韓國社會學硏究』 7, 한국사회학회, 1984 및, 위의 글, 28-31쪽에서는 고조선이 한족과 예족, 맥족 3부족이 연맹하여 건국된 것으로 해석하고 있다. "단군 설화에서 환웅과 웅녀가 혼인하여 단군왕검을

던 예족은 문화적 검증에서 탈락되었거나, 스스로 거부했다고 볼 수도 있다. 어느 쪽이든 예족은 고조선의 일원이 되지 못한 채, 농경문화에서 일탈하여 자기들의 본디 문화였던 유목생활로 되돌아간 셈이다. 초원지대에는 아직도 유목생활을 하는 종족들이 많다.

셋은 채식생활을 주로 하며 농경문화를 누렸던 환웅족은 정착생활을 했다는 사실이다. 그러한 대목은 단군신화의 이어지는 대목에서 고스란히 드러난다. 환웅은 곰과 범에게 신령스러운 쑥과 마늘을 먹으라고 했을 뿐 아니라, 햇빛을 보지말고 100일 동안 지내라고 했다.[32] 여기서 바로 환웅족의 정착생활 기원이 드러난다. 따라서 고조선은 정착문화를 중심으로 형성된 국가였다는 것을 알 수 있다.

굴속에서 100일 동안 햇빛을 보지 않고 지낸다는 것은 정착문화의 역량을 말한다. 그러므로 미처 그러한 수준의 문화에 익숙하지 않은 범은 이 생활을 참지 못하고 며칠만에 뛰쳐나가고 말았다. 그러나 곰은 3 칠일 동안 참고 지내자 여인으로 변해서 인간이 되고자 하는 꿈을 이루었다.

> 범은 원래 육식을 하고 산천을 마음껏 내달리면서 지내는 짐승이다. 예사 채식과 정착생활도 견디기 어려운데 지독한 채식과 정착생활을 견딜 수 없다. 그러나 곰은 다르다. 원래 어느 정도 채식생활을 할 뿐 아니라 겨울에는 동굴 속에서 지내는 까닭에, 지독한 채식을 하면서 햇볕 없는 동굴생활도 참고 견딜 수 있었다.[33]

쑥과 마늘을 먹으라고 한 것이 지독한 채식생활을 통한 식문화 적

출생하였고 단군왕검이 고조선을 개창하였다고 한 것은 한부족과 貊(곰)부족의 혼인 동맹에 의한 고조선의 건국을 신화화하고 설화화한 것"으로 보았다.
32) 『三國遺事』 卷1, 紀異 古朝鮮, "不見日光百日 便得人形".
33) 임재해, 앞의 글, 125쪽.

응의 검증이라면, 햇빛을 보지 않고 깜깜한 어둠 속에서 100일을 견디라고 하는 것은 지독한 정착생활을[34] 통한 주거문화 적응의 검증이라 할 수 있다. 육식생활을 해서는 채식생활을 하는 '환웅족'과 연맹하여 국가공동체를 이룰 수 없는 것처럼, 떠돌이 유목생활을 해서는 농경활동을 하며 정착생활을 하는 '환웅족'과 연맹할 수 없었다는 사실을 말한다. 그러므로 단군신화에서 말하는 고조선 시기는 본격적인 채식생활과 정착생활을 중심으로 한 농경문화를 누렸던 시대라 할 수 있다.

유목생활과 정착생활, 육식생활과 채식생활은 지금 대수롭지 않은 생활양식의 차이처럼 보이지만, 당시에는 대단히 긴요한 사회체제이자 중요한 이념으로 작용했던 것이다. 가장 기본적인 생존양식인 채식과 육식의 차이는 마치 요즘의 이슬람주의와 시오니즘의 차이나 그리 다르지 않다. 현실생활에서도 채식주의자와 육식주의자가 부부로 동거하기 어려운 까닭에 공동체생활은 구조적으로 불가능하다. 기본적인 식생활의 차이는 공동체생활을 어렵게 만드는 이념 구실까지 한다. 현재도 채식주의자들은 일정한 종교생활과 연관되어 있다.

식문화 체제보다 더 동화되기 어려운 것이 정주방식이다. 유목주의자와 정착주의자는 사회체제를 결정적으로 갈라놓는다. 따라서 붙박이로 터를 잡고 누대로 머물러 사는 사람과, 일년에도 몇 차례씩 이동하며 생활하는 떠돌이는 더불어 살 수 없고 하나의 공동체를 이룰 수도 없다. 따라서 주기적으로 이동하며 유목생활을 하는 사람들과, 한 지역에 붙박이로 머물러 사는 사람들 사이에는 기본적인 사회체제가 다르다. 그러므로 유목주의자는 유목사회 체제를, 정착주의자는 정착사회 체제를 유지할 수밖에 없다.

유목체제에 익숙한 예족은 환웅족의 농경문화를 동경하긴 했지만, 정착생활을 하는 환웅족의 체제와 이념에 동화될 수 없다는 사실을 알

---

34) 임재해, 같은 글, 124-125쪽.

고 스스로 연맹을 포기할 수밖에 없었다. 따라서 동굴을 띄쳐나가고 말았다. 그러나 어느 정도 정착생활을 해왔던 맥족은 사정이 다르다. 이 체제와 이념에 적응력을 발휘한 까닭에 환웅족과 연맹체를 이루어 국가공동체를 성립시킬 수 있었던 것이다.

이것은 순전히 고조선 시기 정착생활의 문화적 원류를 설명하는 데 머무르지 않는다. 문화적인 기본 가치를 설정하고 있는 까닭이다. 환웅은 정착생활을 해야 인간이 될 수 있다고 했다. '쑥과 마늘을 먹고 햇빛을 보지말고 100일 동안 살아'고 하는 것은 유목민들처럼 떠돌아다니지 말고, 한 곳에 붙박이로 머물러 살라고 하는 뜻이다. 이것은 곧 인간다운 주거생활의 규범을 제시한 것이다. 이 규범에 따라 곰과 범이 함께 인간이 되고자 견디기 어려운 동굴생활을 했으되, 환웅의 가르침을 온전히 따랐던 곰만 인간으로 변신했다. 따라서 이 문화적 규범을 지키면 인간이 되고, 지키지 않으면 짐승인 상태로 되돌아갈 수밖에 없다는 사실을 밝히고 있다. 단군신화의 내용은 정착생활이 인간다운 주거문화의 규범이라는 점을 분명하게 설정하고 있는 것이다.

단군신화가 설정한 주거문화의 가치는 고조선 건국시기에 제시되었던 상고시대의 옛 이야기가 아니다. 지금 우리 주거생활에서 생생하게 지속되고 있을 뿐 아니라, 한국 주거문화의 중요한 특징을 이루고 있는 문화적 정체성이라는 사실이다. 여기서 단군신화는 다시 한번 신화다운 기능을 제대로 발휘하며, 우리 민족의 식문화뿐만 아니라 주거문화 속에서도 생생하게 살아 있다고 재인식하지 않을 수 없다. 왜냐하면 신화의 본디 기능은 한갓 과거의 기원을 설명하는 데 머물지 않고 "지속적으로 인간과 사회에 영향을 미치고 있다고 믿어지는 것"을 이야기하는 까닭이다.[35]

따라서 단군신화에서 인간다운 문화로 이야기되는 정착생활은 고

---

35) 말리노우스키 지음, 서영대 옮김, 앞의 책, 24쪽.

조선 시기 이래로 지금까지 우리 문화에 영향을 미치며 주거문화의 정체성을 규정하고 있는 것이다. 그러므로 위에서 줄곧 다룬 식문화 이야기처럼, 단군신화의 주거문화 이야기도 실제 우리 민족의 주거문화를 결정짓는 중요한 구실을 하고 있다. 그런 까닭에 우리 주거문화의 특성을 구체적으로 살펴보지 않을 수 없다.

곰과 범이 지낸 동굴은 정착생활 공간이라는 점에서 붙박이로 집을 짓고 사는 것이나 다름없다. 하지만 햇볕을 볼 수 없는 생활이라는 점에서 예사 정착생활과 다르다. 정착생활도 집안에서 자유롭게 움직이고 바깥 나들이도 가능하다. 그러나 햇빛을 보지 못한 것은 출입을 제한한 것이다. 게다가 굴속에서는 이동의 여유도 없다. 굴의 규모에 따라 다르겠지만 서서 활동하기도 불편하다. 그야말로 감옥살이나 다름없는 주거공간이다. 단군신화의 내용은 '지독한 정착생활'을 통해서 예족과 맥족의 정착형 주거생활 적응 역량을 검증한 것으로, 역사적 해석이 가능하다. 하지만, 이러한 독특한 주거생활의 규범은 우리 민족의 현대 주거문화에서도 여전히 지속된다는 사실은 문화적 정체성을 읽는 현실적 해석의 준거로도 긴요하다.

한국의 주거문화는 오랜 정착생활의 전통을 지니고 있으면서, 세 가지 독창성을 지니고 있어 다른 민족의 주거문화와 크게 다른 특수성이 있다. 하나는 구들을 놓아서 밑면을 따뜻하게 하는 민족 고유의 난방방식인 '온돌문화'이며, 둘은 앉아서 실내생활을 하는 독특한 '좌식문화'이고, 셋은 방이 여러 개 있되, 한 방이 여러 기능을 두루 갖추고 있어 종일 한 방에서 생활이 가능한 '각방문화'의 전통이다. 그럼 단군신화가 규정하고 있는 인간다운 주거문화의 전통으로서 온돌문화·좌식문화·각방문화의 특징을 좀더 자세하게 살펴보자.

첫째 온돌문화는 정착생활의 농경문화를 전제로 발전한 주거문화이다. 왜냐하면 떠돌이 생활을 하는 유목문화에서는 천막생활을 하는 까닭에 난방을 위해서 구들을 놓지 않고 또 구들을 놓을 수도 없다. 유목생활의 주거양식은 어느 민족이나 이동이 쉬운 천막(天幕)이다. 천막이란 말 그대로 하늘을 가리는 막이다. 추운 지방에서도 위와 둘레만 가리는 포장 형태를 이룬다. 천막에는 바닥 설치물이 따로 없다.

천막은 철거와 설치가 간편하여 언제든지 쉽게 뜯어 옮길 수 있는 기동성이 중요하다. 흔히 우리 문화와 친연성을 주장하는 몽골의 천막을 보자. 몽골의 '게르(ger)'는 4·5 명의 가족끼리 30분만에 철거가 가능하고 한 시간 안에 완벽하게 설치할 수 있다.[36] 게르 한 동의 무게와 부피는 낙타나 말에 실어서 운반하기에 알맞다. 굳이 게르를 보기로 들지 않더라도, 신속한 철거와 설치, 용이한 이동이 유목민 주거문화의 특징이다.

구들은 붙박이 생활과 오랜 설치를 전제로 한 반영구적 난방방식이자 정착형 주거양식이다. 강원도 지역에서 '구들'은 곧 방을 뜻한다. 구들이 놓이지 않는 실내공간은 방이 아니란 말이다. 그러나 이동생활을 전제로 한 가옥, 곧 천막에서는 땅바닥에 붙박이로 설치하는 구들을 깔아 밑면 난방을 할 수도 없고 할 필요도 없다. 자유로운 떠돌이 생활에 구들은 비효율적 난방 방식이기 때문이다. 따라서 어떤 양식의 천막생활을 하든 천막 안의 난방은 천막 바닥 가운데 설치하는 화톳불이나 난롯불을 이용한다. 구조적으로 이동식 주거에는 구들이 맞지 않기 때문이다.

몽골의 게르와 같은 전형적인 유목민의 주거형태에서는 구들이 사용될 수 없다. 우선 초원지역이기 때문에 구들장으로 쓸 마땅한 돌이 없다. 구들장으로 쓸 돌이 있다고 하더라도 '게르'를 옮길 때, 쉽게 낙타나 말 등에 실어 나를 수 없다. 그리고 구들을 놓으면 물로 진흙을 이겨서 고래를 만들고 구들장을 깐 다음 그 위에 다시 모래흙으로 미

장을 해야 하므로, 상당히 여러 날이 걸린다. 초원에서 물과 진흙도 귀할 뿐 아니라 추운 날씨에 이동하며 머무는 집을 여러 날 걸려 구들을 놓을 수 없다.[37] 유목민들의 천막은 한두 시간만에 설치가 가능해야 환경에 적응할 수 있다.

유목민의 주거조건 가운데 가장 중요한 것이 이동의 효율성이자 집의 해체와 설치의 용이성이다. 그리고 입식생활에 적절한 구조여야 한다. 그런데 구들은 이러한 여러 조건에 전혀 맞지 않다. 붙박이로 사는 것을 전제로 형성된 난방방식으로서 정착생활과 더불어 발전한 주거문화이자 좌식생활에 적절한 주거구조이다. 그것도 한두 해 정도의 정착이 아니라 아예 한 곳에 수 십 년, 또는 누대로 머물러 살 요량으로 집을 지을 때, 비로소 구들을 놓아 집을 짓는다.

왜냐하면 구들은 구조적으로 붙박이식 난방방식일 뿐 아니라, 오래 머물러 사는 데는 매우 효율적인 밑면난방 방식이기 때문이다.[38] 유목민의 주거는 파괴와 건축이 아니라 해체와 조립이 기본이다. 구들은 해체와 조립이 불가능하다. 이동하려면 구들을 버려 두거나 부수고 다시 설치해야 한다. 구들은 파괴와 건축에 의해 설치되는 것이다. 매트나 다다미도 이동 가능하나, 구들은 이동 불가능하므로 정착형 주거문화에 적절한 구조물이다. 실제로 한옥의 구들은 주거의 바닥에 놓이는 것이자 터잡기나 다름없는 가장 기초적인 공사에 해당된다. 그러므로 이동생활을 하는 유목문화의 주거에서는 기대할 수 없는 난방문화이다.

한국 온돌의 역사는 상당히 오래다. 한때 온돌을 사용한 시기를 고구려 초기로 보았는데,[39] 최근 북한에서 발굴된 유적에 따르면 고조선

---

37) 김남응, 「몽골의 주거생활과 난방방법」, 『비교민속학』 22, 2002, 176-177쪽.
38) 김남응, 앞의 글, 177쪽. "바닥난방시설은 특성상 '붙박이' 시설이다. 수년간 한곳에 머물러 살 집에 적합한 것이다. 한 장소에 몇 개월 머무는 데 쓰기 위하여 수고하기에는 적합하지 않다."
39) 孫晉泰, 「溫突考」, 『朝鮮民族文化의 硏究』, 乙酉文化社, 1948. 김남응·강재철, 「註解 孫晉泰의 溫突考」, 『比較民俗學』 19, 比較民俗學會, 2000, 486 및 511쪽.

시기에 이미 구들을 사용했던 것으로 밝혀졌다.[40] 고구려 고분벽화에도 지금과 같은 큰 가마솥을 부뚜막에 걸고 아궁이를 설치한 모습이 생생하게 그려져 있다.[41] 이 시기에 이미 솥을 붙박이로 사용했던 것이다. 따라서 상고시대부터 구들을 사용했을 뿐 아니라, 구들을 이용한 온돌문화는 한반도를 중심으로 한 배달민족 고유의 문화로 인정할 만하다.

구들을 이용한 정착형 주거생활의 문화적 원형은 단군신화에서부터 비롯되는 까닭에, 온돌문화는 역사적 뿌리도 깊고 지리적 분포도 고조선지역인 만주와 한반도 일대로 한정된다. 게다가 정착생활이 가치의 규범이었던 단군신화의 문화적 유전자가 역사적 전통으로 지속되는 까닭에, 온돌문화의 주거생활 양식은 우리의 현대 주거문화를 새롭게 창출하는 발명가 구실까지 하고 있다. 주거양식이 양옥으로 서구화되고 난방방식도 보일러 형태로 크게 달라졌으나, 바닥난방의 기본원칙은 고대 이래로 지금까지 이어지고 있는 것이 좋은 보기이다.

양옥과 아파트가 널리 보급되면서 전통 한옥은 찾아보기 어렵게 되었다. 양옥은 유목문화의 주거생활 방식에 따라 화톳불→난로→벽난로에서 라디에이터와 같은 측면난방방식으로 발전되었으나, 대기난방 방식이라는 점에서는 초기 유목민들의 화톳불 난방이나 다르지 않다. 우리 사회에서도 양옥을 수용하던 초기에는 난방도구로 난로와 라디에이터를 설치해서 난방방식까지 양옥의 것을 그대로 따랐다. 그러나 구들목에서 좌식생활을 하는 한국인의 주거생활에는 맞지 않았기 때문에, 점차 살림집에는 측면난방의 라디에이터가 온돌보일러 또는 전기

---

40) 이종호, 『한국의 유산 21가지』, 새로운사람들, 1999. 북한의 영변군 세죽리, 시중군 로남리, 요령성 무순시(撫順市) 연화보 유적 등에서 고조선 시기의 온돌 유적이 발견되었다. 온돌 유적은 중국 동북부의 무순시에서도 발견됐는데, 이 지역 역시 고조선의 영역이었다.

41) 4세기 유적인 황해도 안악3호 고구려 고분벽화 참조.

장판이나 전기구들과 같은 밑면난방 방식으로 변용되었다.

그 결과, 지금은 살림집 구조가 어떤 양식으로 전환되든 고대 온돌문화의 유전자에 따라 난방방식은 바닥난방 구조를 고스란히 이어가고 있다. 나아가 새로운 땔감과 난방기술에 따라 연탄과 석유, 전기 등을 쓰게 되면서, 구들이 온돌보일러로 바뀌고 전기장판, 전기구들(전기판넬)까지 발명하게 되었지만, 온돌구조의 바닥난방 원리는 고스란히 지속되고 있다. 마침내 서구에서 들어온 침대까지 바닥난방 구조로 전환시켜, 스프링침대와 매트침대를 돌침대 또는 흙침대와 같은 온돌구조로 재창조해서 등을 뜨끈뜨끈하게 하는 잠자리문화를 이어가고 있다. 밑면난방의 온돌문화 전통이 온돌 보일러와 전기장판, 전기구들, 돌침대까지 발명한 셈이다.[42)]

일본에서 세계 처음으로 전기담요를 발명해서 상품화했다. 하지만, 전기장판은 한국에서 세계 처음으로 발명해서 상품화했다. 전기장판은 다양한 옥매트로 끊임없이 진화하고 있다. 물론 온돌보일러와 전기구들, 돌침대도 세계 최초의 발명품들이다. 그러나 일본에는 전기담요 수준에 머물고 있다. 온돌문화를 누리지 않은 사회에서는 전기장판이나 온돌 보일러, 돌침대와 같은 밑면난방의 기술을 생각해낼 수 없기 때문이다.

김치문화가 김치냉장고를 발명한 것처럼, 온돌문화가 온돌 보일러와 돌침대까지 발명한 것이다. 한국에서 가장 행복한 상태를 "등 따스고 배 부르다"고 하는데, 절절 끓는 구들목의 문화를 모르는 사람들은 이해하기 어려운 말이다.

세계 어느 나라의 주거문화도 구들을 설치하여 등을 따뜻하게 해서 잠자리를 하는 경우는 없다. 실내 난방구조 자체가 바닥난방이 아니다.

---

42) 임재해, 「문화자산으로서 민속문화 유산의 경제적 가치」, 『比較民俗學』 27, 比較民俗學會, 2004, 73-75쪽.

〈일본의 고다쯔〉

이동생활의 전통에 따라 천막 가운데 피우던 화톳불을 변형시켜 난로를 설치하거나 화덕을 설치한다. 입식생활을 하는 중국은 여전히 난로에 불을 피워 대기난방을 하고, 반좌식생활을 하는 일본은 방바닥에 화덕과 같은 고다쯔(こたつ)를 설치하여 바닥 중심의 대기난방을 한다. 잠자리에 뜨거운 물을 담은 유단뽀를 이불 밑에 넣어서 난방을 하는 것도 같은 방식이다.

고다쯔는 천막 속에 피우던 화톳불의 변형이나 다름없다. 우리는 화톳불이나 난로와 같은 유목형 난방방식이 구들의 발달로 바닥난방을 하는 정착형 난방방식으로 나아가면서 자취를 감추었다. 바닥난방의 한계를 보완하기 위한 대기난방 기구로 이동식 화로를 발명했다. 그러나 화로는 어디까지나 보조난방일 따름이다. 이제 우리 민족의 가장 오랜 난방방식인 온돌구조가 점차 세계적으로 인정받고 있다. 그러므로 최근에는 해외로 온돌 보일러 자재와 함께 이 보일러를 설치한 아파트를 함께 수출한다. 그리고 우리가 발명한 돌침대를 의료용 기구로 외국에 수출하기까지 한다.[43]

온돌문화에 따른 한국다운 정착형 주거생활로 좌식문화를 들 수 있다. 좌식문화는 난방방식과 밀접한 연관성을 지닌다. 바닥이 차가우면 엉덩이를 바닥에 붙이고 생활하는 좌식생활을 하기 어려운 까닭이다. 그러나 바닥이 따뜻하면 몸을 바닥에 붙이고 생활하는 것이 편리하다. 따뜻함을 가능한 대로 더 즐기기 위해 몸을 가장 많이 바닥에 붙이는 가부좌 자세로 앉아 생활한다. 따라서 바닥난방의 온돌문화가 한국 고유의 좌식문화를 빚어냈다고 할 수 있다. 온돌문화와 좌식문화는 짝을

43) 임재해, 앞의 글, 74-75쪽 참조.

이루며 함께 가는 것이 일반적이다.

오랜 유목문화의 전통을 지닌 민족은 유목생활을 청산하고 농경생활을 하며 정착문화를 누리게 되었으나, 여전히 야외생활처럼 집안에서도 입식생활을 하고 있다. 정착생활과 더불어 이동용 주택인 천막에서 정착용 주택인 집으로 주거양식이 크게 바뀌었는데도 여전히 실내에서도 실외와 같이 신발을 신고 선 채로 활동하거나, 아니면 의자에 앉아서 생활하며, 잠자리에 들 때는 반드시 침대 위에서 잔다. 하루 종일 방바닥에 직접 몸을 붙이는 법이 없다. 방바닥이 실외처럼 차고 더러운 까닭에 반드시 방바닥과 몸 사이에 거대한 가구가 끼어 있다. 그러므로 입식문화에서는 방마다 의자와 소파, 책상, 탁자, 침대 등 거대한 붙박이형 가구가 자리잡고 있다.

이와 달리, 온돌형 좌식문화의 주거생활에서는 실내에 들어갈 때 신발을 반드시 벗는다. 방바닥이 따뜻한 까닭에 맨발로 방바닥의 온기를 직접 느끼고 몸도 방바닥에 붙여서 온기를 누리며 생활한다. 방바닥과 몸 사이에 가구는커녕 가능한 몸을 바닥에 많이 붙이는 자세를 취한다. 따라서 실내에서 바른 앉음새는 가부좌형태의 책상다리이다. 명상을 하며 수도하는 자세와 그리 다르지 않다.

실내에서 몸을 붙이고 앉으려면 방바닥이 깨끗해야 한다. 따라서 방바닥은 앉아서 생활하기에 적당하도록 청결하게 관리된다. 아침저녁으로 방바닥을 빗자루로 쓸고 물걸레로 닦는 청소를 한다. 양옥에서는 풀밭을 실내로 옮겨놓은 카페트 바닥에서 생활하므로 물걸레 청소는 엄두도 내지 못한다. 바닥의 카페트에 낀 먼지를 뽑아내는 진공청소기가 필요하다. 진공청소기는 마치 잔디 깎는 기계와 같아서 장판방에는 어울리지 않는다.

한옥의 좌식문화는 몸을 직접 바닥에 대는 까닭에 집의 실외와 실내가 엄격하게 구분된다. 실내는 앉아서 생활할 수 있도록 청결해야 하는 까닭이다. 실내와 실외의 적극적인 경계가 문턱이다. 따라서 방문에는 모두 높은 문턱이 설치되어 있다. 실내를 구분하는 방과 방 사이의 문턱은 낮지만, 실외와 실내를 구분하는 문턱은 상당히 높다. 그러한 문턱을 문지방이라 일컫는다. 문지방은 공간적 구분의 경계 구실을 할 뿐 아니라 내외를 차단하는 경계 구실도 한다. 그러므로 한옥 출입문의 문지방은 그 턱이 아주 높다. 안팎을 엄격하게 차단할 필요가 있기 때문이다.

그러나 이동 가옥인 유목민의 천막에는 온돌을 설치하지 않을 뿐더러 문지방도 만들지 않는다. 유목생활의 거주문화를 지닌 사람들이 정착생활을 하면서 집을 지어도 여전히 온돌을 설치하지 않는 것처럼, 출입구에 문지방도 설치하지 않는다. 여전히 야외처럼 신발을 신은 채 입식생활을 하는 까닭이다. 따라서 한옥의 특징은 온돌의 설치이자, 문지방의 설치라 할 수 있다. 그렇다고 하여 문지방만 넘어가면 실내로 바로 들어갈 수 있는 것이 아니다. 본격적인 한옥은 문지방 이전에 여러 겹의 경계가 설정되어 있기 때문이다.

마당에서 축대 위에 올라가 댓돌 위에 신발을 벗어두고 툇마루를 거쳐서 비로소 문지방을 넘어 실내로 들어간다. 축대(처막)→댓돌→툇마루→문지방→방안으로 복잡한 절차를 거치도록 되어 있다. 중요한 것은 이러한 절차 못지 않게 신발을 벗고 들어간다는 사실이다. 좌식과 입식의 차이는 앉고 서는 문제보다 신발을 벗는가 신는가 하는 것이 실내생활에서 더 중요한 요소이다. 신발을 벗지 않으면 좌식생활에 적합한 실내의 청결을 유지할 수 없기 때문이다. 그러므로 건축구조물의 특징만 주목할 것이 아니라 실내외 차단의 경계 기능을 비롯한 실내생활 양식까지 주목해야 독창적인 주거문화를 제대로 포착할 수 있다.

우리 주거생활에서 이러한 안팎의 경계 기능은, 입식생활에 적합하도록 지어진 양옥과 아파트에서도 고스란히 적용된다. 양옥에는 구조적으로 문지방이 없으나, 한국의 양옥에는 보이지 않는 문지방이 설치되어 있다. 건물의 형태는 양옥이지만 난방방식은 온돌형 바닥난방인

것처럼, 겉으로 보면 입식생활을 하는 구조물이지만 집안으로 들어가
보면 좌식생활을 하기에 알맞도록 설계되어 있으며, 문지방 구실을 하
는 구조물도 있다. 좌식생활의 기본이 실내에서 신을 벗고 생활하는
것이며, 실내외 구분을 분명하게 하는 것인 까닭에, 아파트 현관 입구
에는 신발장을 별도로 두고 모두 신발을 벗도록 해두었다.

　게다가 아예 현관 입구바닥을 낮게 하여 거실바닥과 구조적으로 차
이를 두었다. 신발을 신고 거실 안으로 진입할 수 없도록, 경계를 분명
하게 드러내기 위해 실내 바닥을 높게 만들어 둔 것이다. 문지방 없는
문턱이 있는 셈이다. 비록 작은 차이의 높이지만, 과거 한옥의 문지방
이나 다름없는 구실을 한다. 신발을 신을 수 있는 공간과 신을 수 없는
공간을 물리적으로 엄격하게 구분해 주는 까닭이다.

　신발을 신고 드나드는 현관과 실내 거실 공간을 구분하기 위해 높
이의 차이는 물론, 문을 달아서 그 경계를 한층 분명하게 구분하기도
한다. 이러한 경계와 구분은 입식생활을 하는 서구문화에서 발견되지
않는 현상이다. 현관 입구에 신발장을 두는 법도 없다. 신을 신은 채로
거실과 침실까지 진입하는 까닭이다. 한국에서 신발을 벗는 공간과 신
발장을 현관에 설치한 것은, 양옥의 실내구조를 한국인의 생활에 맞게
재창조한 독특한 양식이라 할 수 있다.

　양옥이 처음 수용되었을 때에는 바닥재도 입식생활에 맞게 카페트
곧 양탄자를 깔았다. 그리고 모두들 거대한 소파를 거실에 들여놓았다.
카페트(Carpet)는 라틴어의 '털을 빗질하다'라는 뜻을 가진 Carpita에서
나온 말이다. 유목문화의 유산임을 알 수 있다. 신발을 벗고 좌식생활
을 하는 데에는 적절한 바닥재가 아니다. 따라서 지금은 양옥에서도
바닥재를 마루와 자리, 장판과 같은 본디 자재로 바꾸거나, 그런 느낌
과 기능을 발휘하는 새로운 바닥재를 개발해서 이용하고 있다. 이런
바닥재는 신발을 신고 활동하는 입식생활에는 적절하지 않으나, 신발
을 벗고 활동하는 좌식생활에는 더 적절한 재질이다. 그러므로 전기장

판이나 온돌보일러 시스템처럼 앞으로는 한국형 실내바닥재도 외국으로 수출될 가능성이 높다.

좌식생활과 더불어, 한국의 주거문화로서 독특한 양식이 집안에서 여러 방을 쓰지 않고 한 방에 머물러 생활하는 '독방문화' 또는 '각방문화'이다. '독방문화'라는 말은 이 논의에서 처음 쓰는 말이어서 상당히 낯설다. 독방이라고 하면 죄수가 감방에서 벌칙으로 혼자 좁은 방에 특별히 갇히는 벌방의 경우를 떠올리거나, 좋게 보아 요즘 도시생활의 원룸시스템을 떠올릴 수 있다. 죄수의 독방 감금은 주거문화라 할 수 없으니 논외로 하더라도, 원룸시스템은 독방문화와 제법 닮아서 견주어 볼 만하다.

원룸은 방 하나로 거실과 침실, 부엌, 식당방을 겸하도록 하는 독립가구 형태의 방이다. 따라서 욕실을 겸한 화장실 외에 다른 방은 아예 없다. 다가구 주택의 경우에도 독립생활공간으로 설계되어 다른 방과 서로 연결되지 않는다. 독방문화는 이러한 원룸문화와 두 가지 점에서 크게 다르다.

첫째, 한옥에서 독방문화는 집안에 방이 여럿 있는데, 가족 성원들이 주로 한 방을 차지하고 그 방안에서 모든 생활, 곧 자고 먹고 쉬는 일은 물론, 손님을 맞이하고 독서하는 등 실내생활의 모든 일을 두루 할 수 있는 공간이라는 점이다. 자연히 한옥의 방은 집안의 다른 방이나 마루 등과 서로 연결되어 있으며, 이 방에서 저 방으로 쉽게 오갈 수 있고 필요에 따라 자유롭게 이동도 한다. 그러므로 다른 방으로 이동 불가능하거나 아예 하나의 방만으로 설계된 원룸의 구조와 전혀 다르다.

둘째, 한옥에서 독방문화는 원룸과 달리 절대로 부엌을 겸하지 않는다는 점이다. 모든 음식은 부엌에서 완전히 조리된 상태로 차려와서 먹는다. 그런 까닭에 부엌과 식당이 구분되어 있다. 한옥에서 부엌은 실내와 실외의 중간적 성격을 지니지만 사실상 실외의 성격이 더 짙다. 따라서 부엌은 문지방과 문으로 경계를 할 뿐 방처럼 댓돌이나 툇마루가 없다. 방처럼 엄격한 내외 경계가 없는 까닭이다. 구들을 놓지 않아서 흙바닥 그대로이며 신발을 신은 채 입식생활을 한다.[44] 부엌은 땔감을 저장하고 불을 지펴서 음식을 장만하는 공간인 까닭에 신발을 벗지 않으며 몸을 바닥에 붙이는 좌식생활을 할 수 없다. 그러므로 입식생활의 부엌 기능은 좌식생활을 하는 방의 기능과 구조적으로 대등하게 결합될 수 없다.

원룸시스템은 입식생활을 전제로 한 양옥에서 새로 설계한 주거형태이다. 원룸에서는 화장실이 방과 구분되어 있긴 해도 사실상 벽을 경계로 붙어 있다. 독신생활에 적합한 도시형 독립 주거구조이다. 다른 사람과 공유할 수 있는 별도의 주거공간이 없다. 독점 방식의 배타적 독방체제이다.

그러나 한옥에서 독방문화는 이와 근본적으로 다른 방식이다. 각자 자기 생활의 방이 정해져 있을 뿐 여러 방을 가족들이 함께 쓰는 체제로서 독립성과 공유성이 모두 보장되어 있다. 특히 욕실과 화장실은 아예 딴 채로 두어서 격리되어 있을 뿐 아니라 가족들끼리 공유하는 공간이다. 그럼에도 '독방문화'라는 말은 이미 '독방'의 개념이 선입견으로 굳어 있어서 소통에 장애가 있다. 그러므로 성인 가족들이 저마다 자기 방을 독립적으로 점유한다는 점에서 '독방문화' 대신에 '각방문화'라는 말을 쓰기로 한다.

한옥의 독방문화 곧 '각방문화'는 방의 기능이 다용도라는 점에서 원룸과 비슷하나 그 구조는 전혀 다르다. 원룸은 양옥의 구조처럼 여러 방의 기능을 조합한 상태이다. 다시 말하면 거실과 침실, 서재, 부엌

---

44) 방에서 부엌으로 갈 때 '부엌에 들어간다'고 하지 않고 '부엌에 나간다'고 한다. 부엌은 방과 달리 실외라는 뜻이다. 하지만 서구문화에서는 부엌에 들어간다고 한다. 방과 부엌이 동격인 까닭이다. 물론 우리도 마당에서 부엌으로 갈 때는 '부엌에 들어간다'고 한다.

을 통합해 놓은 상태이다. 따라서 거실용 소파나 의자, 침실용 침대, 서재용 책상, 부엌용 식탁과 조리시설이 모두 갖추어져 있다. 원룸이지만 가구의 배치에 따라 공간기능이 구분되어 있다. 그러나 한옥에서는 거실과 침실, 서재, 식당이 따로 구분되어 있지 않다. 한 방의 같은 공간에서 일상적인 주거생활을 하며 잠도 자고 밥도 먹으며 독서도 한다. 공간기능의 분화가 아니라 공간기능의 변화를 통해서 다용도로 쓰는 체제이다.

따라서 한옥에는 소파나 침대, 식탁, 책걸상 등 방의 기능과 용도를 결정짓는 거대한 붙박이식 가구가 없다. 마치 백지도처럼 가구 없는 빈방인데, 필요에 따라 휴대용 가구나 집기, 살림살이를 들여놓음으로써 방의 기능이 바뀌는 것이다. 이를테면, 사랑에 손님이 와서 방석을 내놓으면 거실이자 응접실로 바뀌며, 끼니 때가 되어 밥상을 차려오면 식당방으로 바뀌고, 손님이 간 뒤에 서안을 내놓고 책을 읽으면 서재가 되며, 저녁에 자기 위해 이부자리를 펼치면 침실로 전환되는 것이다. 안방이라고 해서 기능의 전환 방식이 다르지 않다. 그러므로 한옥에서는 손님을 응접실에서 맞이하고 다시 밥을 먹기 위해 식당방으로 가거나 잠을 자기 위해 침실로 이동하는 일은 없다. 남자 어른은 사랑에서, 여자 어른은 안방에서 이 모든 것을 해결하는 독특한 주거생활을 하므로 '각방문화'라 일컫는 것이다.

자연히 우리의 전통 가구나 집기는 모두 이동 가능하도록 작고 간편하며 쉽게 옮기고 펼칠 수 있다. 사람이 방의 기능에 따라 이동하는 것이 아니라 가구나 집기들이 방으로 이동해 오도록 되어 있는 까닭이다. 따라서 손님이 오면 술상이 들어오고 끼니때가 되면 밥상이 들어오며, 잘 때가 되면 이부자리를 꺼내서 펼치는 것이다. 아침에 이부자리를 걷어서 개켜 장롱에 넣어두면 방의 공간은 여러 가지 용도로 쓸 수 있게 된다. 그러므로 한옥의 방들은 제각기 독립적 기능을 하는 것이 아니라 하나의 방이 여러 기능을 두루 발휘하는 다용도 방인 까닭에, 방 하나만으로도 취사활동 외의 모든 일상생활이 가능하다.

양옥은 이러한 각방문화 양식과 다르게 방마다 기능이 제각각이다. 특별한 경우가 아니면 거실에서 밥을 먹거나 식당방에서 잠을 자지 않는다. 방의 기능에 따라 이동하면서 생활하는 것이다. 이를테면, 손님이 오면 거실에서 맞이하여 소파에 앉아 차를 마시다가 끼니때가 되면 식당방으로 모시고 가서 식탁에 앉아 밥을 먹고, 책을 읽을 때는 서재에 가서 책상에 앉아 공부를 하며, 잠잘 때는 침실로 가서 침대 위에 누워 잠을 자는 것이다.[45] 그러므로 아침에 침실에서 일어나 거실에서 생활하다가 끼니때마다 식당방에 들리고, 특별한 경우 서재나 작업실에서 일을 하며, 저녁에 침실에 드는 것으로 하루 일과를 마친다.

하루 종일 필요에 따라 이 방 저 방으로 이동하면서 생활하는 서구의 입식 주거문화는, 사랑방이나 안방 등 특정한 방에 머물면서 하루 생활의 모든 일을 할 수 있는 한옥의 좌식 주거문화와 근본적으로 다르다. 좌식인 우리 주거문화는 방의 기능이 분화된 것이 아니라 자유롭게 변화 가능하도록 되어 있다. 따라서 방을 쓰는 가족에 따라 사랑방과 안방, 아이들방으로 구분되어 있을 뿐 하나의 방이 다양한 기능을 발휘한다. 그러므로 방의 주인은 자기 방에서 하루 종일 머물러 앉아 정착생활을 해도 별문제가 없어서 각방문화가 가능하다.

이와 달리 입식인 서구 주거문화는 방의 기능이 분화되어 있어 한 방에 머물러 앉아 생활할 수 없다. 생활의 필요에 따라 거실, 식당방, 서재, 침실을 끊임없이 오가며 이동생활을 하지 않을 수 없다. 하나의 방이 하나의 기능만 하는 까닭이다. 따라서 천막과 달리 붙박이로 집을 지어 정착생활을 한다는 점에서 한옥과 같지만, 실내 주거생활은 근본적인 차이를 지니지 않을 수 없다. 하나의 방이 여러 기능을 발휘

---

45) 임재해, 「주거문화 인식의 성찰과 민속학적 이해지평」, 『比較民俗學』 32, 比較民俗學會, 2006, 52쪽.

하는 한국인의 가정에서는 이렇게 방을 이동하면서 생활하지 않는다. 우리 주거문화는 근본적으로 '원 소스 멀티 유스'처럼 한 방이 다양한 용도로 쓰임새를 발휘할 수 있는 까닭이다.

그러므로 양옥의 주거문화가 신발을 신고 서서 생활하는 이동형이라면, 우리 주거문화는 신발을 벗고 앉아서 생활하는 정주형이라 할 수 있다. 이러한 주거문화의 차이는 어디서 비롯되었을까? 나는 생업의 차이에서 비롯된 것으로 해석한다.

따라서 입식 이동형 주거문화가 유목문화에서 비롯된 것이라면, 좌식 정주형 주거문화는 농경문화에서 비롯된 것이라고 포착하는 것이다. 왜냐하면 쓰임새에 따라 필요한 방을 찾아다니는 입식형 주거문화가 마치 유목민들이 짐승을 이끌고 풀밭을 찾아 끊임없이 이동하는 생활과 같다면, 각방에 앉아서 필요에 따라 휴대용 가구와 집기들을 들여오거나 설치하는 데 따라 방의 쓰임새를 바꾸어가며 생활하는 주거문화는 마치 농경민들이 땅을 일구고 농작물을 가꾸며 정착해 사는 생활과 같다고 할 수 있기 때문이다.[46)]

농경생활을 하는 정착문화는 사람들이 터를 잡고 머무는 곳에서 모든 것을 해결한다. 계절에 따라 농사를 지어 의식주생활에 필요한 물적 자원을 확보한다. 한 지역에 집을 짓고 붙박이로 살면서 계절의 변화에 적응하고 자연현상을 이용하는 것이 정주형 농경문화의 특징이다. 그러나 목축생활을 하는 유목문화는 새로운 풀밭을 따라 끊임없이 이동하여 문제를 해결한다. 다음에 다시 제자리로 돌아올지라도 일단 풀이 고갈되면 새로운 풀밭을 찾아 조건이 갖추어진 곳으로 옮겨가게 된다.

따라서 유목문화의 전통을 가진 사람들은 집안에서도 입식생활을 하며 하루 종일 이 방에서 저 방으로 돌아다니며 이동생활을 하는 것

---

46) 임재해, 위의 글, 52쪽.

이다. 하지만 농경문화의 전통을 지닌 사람들은 주거공간 안에서는 좌식생활을 하며, 한 방에 머물러 각방생활을 하면서도 모든 집안생활이 가능하다. 각방은 필요에 따라 적절히 바뀌는 까닭이다. 그러한 변화는 농경생활과 같다. 땅을 개간하여 밭을 일구고 적절한 시기에 필요한 씨앗을 심으면 그때마다 밭이 바뀐다. 씨앗의 파종에 따라 보리밭이 되기도 하고 밀밭이나 고추밭, 감자밭, 콩밭, 조밭이 되기도 한다. 마치 빈방에 필요한 가구를 내놓을 때마다 새로운 방으로 변신하는 것처럼, 밭도 경작하는 농작물에 따라 새로운 밭으로 변신한다.

　유목민들은 경작은커녕 아예 땅을 변형시킬 생각조차 하지 않는다. 성을 쌓으면 망한다고 하는 것처럼 머물러 사는 것을 상극으로 여기는 까닭이다. 풀밭이면 풀밭, 삼림이면 삼림, 강이면 강을 변형하지 않고 있는 그대로 이용하다가 상황이 바뀌면 필요한 곳을 찾아서 옮겨다니며 이용할 따름이다. 이러한 이동형 생활양식이 정착생활을 하는 실내에서도 고스란히 이어진다.

　이와 달리, 한 방에서 붙박이 생활을 하는 농경민의 각방문화는 농경생활의 정착문화다운 면모이다. 환웅이 곰과 범에게 요구하는 인간다운 삶의 양식은 바로 그러한 정착생활이자 채식생활을 하는 농경문화의 양식이다. 환웅은 이미 정착형 농경문화를 누리고 있었기 때문에 곰과 범에게 햇빛을 보지 않고 머물러 사는 생활을 검증했던 것이다.

　단군신화에 갈무리된 다양한 층위의 생활양식을 재구성해 봄으로써, 단군의 조선 건국은 환웅에 의한 선진적인 농경문화의 형성 이후에 이 문화를 동경한 민족들과 연맹 관계가 확대되면서 이루어진 것으로 해석된다. 환웅이 신시에서 일구었던 정착형 농경문화는 당시에 가장 주목받았던 신문화이자, 이웃 민족들이 다투어 동경했던 선진문화였다는 사실을 알 수 있다.

　민족문화의 성립과 발전에는 기본적인 생태환경과 문화적 유전인자가 밀접한 연관성을 지니며 영향을 미친다는 사실도 확인할 수 있

다. 유목문화를 누렸던 민족은 정착생활로 전환되어도 실내에서 입식
생활과 이동생활을 한다. 그러나 정착문화를 누렸던 민족은 온돌문화
를 창출하고 실내에서도 좌식생활과 정주생활을 한다. 그러므로 우리
문화의 원형은 북방지역 초원에서 형성된 유목문화가 아니라 온대지
역에서 형성된 정착형 농경문화에서 찾아야 할 것이다.

야외에서 이동생활이 실내에서도 이동생활로 이어지며, 야외에서
정착생활이 실내에서도 정착생활로 이어지는 것은 일종의 문화적 프
렉탈 현상이라 할 수 있다. 프렉탈 현상은 자고 먹는 기본적인 생활에
서만 나타나는 것이 아니다. 상당히 관념적인 신앙생활에서도 고스란
히 이어진다.

무당의 입무과정은 물론 굿의 양식에서도 유목민들의 샤머니즘과
우리 굿문화는 기본적인 차이를 보인다. 엑스타시(Ecstasy)형인 샤머니
즘이 신을 찾아 이계로 여행하는 이동형 유목문화의 굿이라면, 포제션
(Possession)형인 우리 굿은 신을 내림받아 모셔두고 굿을 하는 정착형
농경문화의 굿이라 할 수 있다.[47] 그러므로 생태학적 조건과 생업양식
은 문화적 전형을 결정하는 중요한 변수라 하지 않을 수 없다.

4. 정착형 농경문화가 빚어낸 민족문화의 정체성

단군신화와 관련하여, 우리 민족이 자고 먹는 생활양식을 결정하는
기본적인 생존의 문화를 검토한 결과, 단군신화가 추구하는 규범이나
가치관이 현재의 우리문화에 고스란히 실현되고 있다는 사실을 알 수
있었다. 이러한 현상을 두고 고대신화가 현대문화를 규정하고 있다고
해석할 수 있을 뿐 아니라, 거꾸로 고대문화가 신화를 생산했을 가능

---

[47] 임재해, 「왜 지금 겨레문화의 뿌리를 주목하는가」, 『比較民俗學』 31, 比較民
俗學會, 2006, 102-109쪽에서 자세하게 다루었다.

성도 있다. 채식생활을 하며 정착형 농경문화를 누렸기 때문에 그러한 신화를 지어낼 수밖에 없었으며, 그러한 신화의 서사는 곧 역사적 전개과정과 문화사의 발전양상을 반영한 것이라 할 수 있다. 그렇다면 문화 발전과 역사의 전개, 신화의 전승이 유기적 연관성을 이루며 맥락적으로 존재하는 셈이다.

아무리 세 관계가 유기적으로 얽혀 있다고 하더라도 신화나 역사, 문화 자체의 발전을 부정할 수는 없다. 다시 말하면 신화가 아무리 문화를 결정하는 규범으로 작용한다고 하더라도, 민족문화의 특수성을 신화의 내용으로만 설명할 수 없다. 왜냐하면 신화와 관련된 문화는 그 자체로 생태학적 환경 속에서 끊임없이 발전하는 까닭이다. 실제로 민족문화의 특수성을 신화의 내용으로만 설명할 수 없는 것도 상당히 있다. 그것은 문화 자체의 논리로 설명할 수밖에 없다. 신화가 문화의 정체성을 결정하고 그러한 문화가 다시 새로운 문화 정체성을 창출하는 것이다. 그러한 문화현상을 실증적으로 주목해 보자.

우리 건축문화의 특징 가운데 하나가 단층이라는 사실이다. 달리 말하면 지하층도 없고 2층도 없다는 말이다. 역사적으로 오랜 정착생활의 전통을 지니며 붙박이 주거문화를 누렸지만, 전통적인 우리 가옥에는 지하실도 없으려니와 2층을 지어서 주거공간으로 사용하는 일도 거의 없다. 지하공간에 견줄 수 있는 것은 대청 밑에 바람이 잘 통하도록 한 마루 밑이 전부이다. 그리고 2층에 견줄 만한 공간으로는 천장 위나 다락이 고작이다. 방과 같은 주거공간을 지하실과 2층으로 설치하는 서구식 가옥구조는 찾아보기 어렵다.

그런데 우리보다 정착생활이 상대적으로 늦은 유목문화의 전통을 지닌 사람들의 가옥을 보면 오히려 건축술이 더 발달해 있는 것처럼 보인다. 지하실은 물론 2층, 3층의 다층건물을 지어 다양하게 주거공간으로 활용해 왔다. 서구의 가옥이 다층일 뿐 아니라 일본의 전통 살림집들도 2층이 많다. 우리보다 건축술이 발전해서 그런 것일까. 건축재료가 남달라서 그럴까.

법주사 팔상전처럼 옛날에도 목재를 사용해서 고층건물을 얼마든지 지을 수 있었다. 일본은 목조 살림집이 많아도 예사로 2층집을 지어 살았다. 전통가옥에도 2층집이 적지 않다. 다다미만 깔면 1층이나 2층이나 주거공간으로 쓰는 데 아무런 문제가 없기 때문이다.

중국의 소수민족들은 상대적으로 기술문명이 처진다. 그래도 다층집을 지어서 생활한다. 계림지역 쫑족(莊族)의 경우를 보면, 목재로 3층집을 지어서 아래층에 가축 우리, 2층에 주거공간, 3층을 저장 공간으로 사용하고 있다.[48] 신발을 신은 채 입식생활을 하며 거실에서는 의자를 이용해서 앉고 침실에도 모두 침대를 갖추고 있다. 농사를 지으며 정착생활을 하는 데도 입식생활을 한다. 흔히 다락논으로 알려진 계단식 논을 만들어 경작하며 산비탈에서 집을 짓고 사는 까닭에 대지 면적을 최대한 줄일 수 있는 다층건물의 가옥이 상대적으로 발달한 셈이다.

그런데 전통한옥은 한결같이 단층집이 대부분이다. 왜 그럴까? 단군신화를 준거로 설명할 수 있는 단서가 없다. 물론 그 원류는 단군신화에까지 소급될 수 있다고 하더라도, 이러한 2차적인 특징은 우리 주거문화 자체의 논리에서 원인을 찾지 않을 수 없다.

---

48) 중국 桂林 龍勝縣 龍脊 마을 壯族의 가옥을 비롯해서 이 지역의 猺族 가옥들은 산비탈을 이용하여 모두 3층집을 짓고 생활한다. 지상 1층은 가축, 2층은 마루와 방, 3층은 다락방을 이루고 있다. 이들은 아직도 2층 거실에서 화덕에다 화톳불을 피우며 생활하고, 부엌의 취사용 열이 온돌처럼 난방용 구실을 하지 않는다. 화덕은 난로처럼 실내의 대기난방용으로 쓰면서 조리도 하고, 아궁이의 취사용 열도 대기난방에 어느 정도 이바지할 따름이다(2007년 1월 27일 현지조사).
손대원, 「장족과 요족의 주거형태와 주거생활」, 『전통마을 BK사업팀 중국학술조사 보고서』(안동대학교 대학원 민속학과, 2007년 2월 28일), 74쪽 및 김유경, 「중국 소수민족 야오족과 장족의 부엌살림」, 위와 같은 보고회, 71-72쪽 참조.

전통 한옥이 단층일 수밖에 없는 이유는 간단하다. 밑면 난방을 위해 구들을 설치한 까닭이다. 터를 다진 기단부 위에 진흙으로 고래를 놓고 그 위에 넓적한 돌을 깔아서 구들을 설치하는 까닭에 단층의 바닥에는 온돌구조가 가능하지만, 지하나 2층 이상에는 불가능하다. 구들을 놓은 밑바닥을 파서 지하실로 이용하기 어려울 뿐 아니라, 지하실의 천장 위에다 구들을 설치하기도 어렵다.

천장 위에 다락을 설치하듯 2층을 만드는 것은 가능하다. 그래서 다락은 더러 있다. 농가에도 외양간 위에 다락을 설치하여 농기구와 살림살이를 보관하는 공간으로 이용하기도 한다. 그러나 그것은 단층의 지붕 밑 빈 공간을 이용한 것일 뿐, 2층을 지어서 온전한 방으로 사용하는 경우는 거의 없다. 구조적으로 2층에는 구들을 놓을 수 없기 때문이다. 구들을 놓는 천장구조는 엄청 튼튼해야 할 뿐 아니라 아궁이와 굴뚝을 설치할 수 있어야 하는 까닭이다.

온돌의 설치 방법과 구들돌의 무게 탓이기도 하지만, 만일 2층에 구들을 설치한다고 해도 아궁이를 밖으로 내고 불을 지필 수가 없다. 그것은 지하실에 구들을 깔 수 없어서 지하방이 없는 것이나 마찬가지이다. 지하실에는 구들을 놓는다고 하더라도 아궁이에 불을 지피고 굴뚝을 내는 일은 예삿일이 아니다. 특히 목조건물에는 불가능한 일이다. 그러므로 한옥은 아무리 큰집이라도 단층집의 전통을 유지할 수밖에 없었는데, 그 이유는 온돌문화에서 찾을 수 있다.

정착형 주거생활은 식문화도 결정한다. 우리는 세계 유일의 숟가락 문화를 지니고 있다고 해도 지나치지 않다. 한식에서 가장 긴요한 도구로 숟가락을 사용할 뿐 아니라, 숟가락을 사용한 역사도 가장 오래여서, 이미 서기전 6, 7 세기의 유적에 골제 숟가락이 발굴되었다. 숟가락은 뜨거운 밥을 먹는 데는 물론 뜨거운 국물 음식을 즐겨 먹는 데 긴요한 도구이다. 다른 음식은 손으로 먹을 수 있으나 뜨거운 국은 반드시 숟가락을 이용해서 떠먹을 수밖에 없다.

젓가락이나 포크로 먹는 음식은 손으로도 먹을 수 있지만, 숟가락
으로 먹는 뜨거운 국물은 손으로 먹을 수 없다. 손으로 먹을 수 있는
음식에 쓰는 젓가락과 포크는 손의 연장선에서 만들어진 것이다. 젓가
락은 손가락의 기능을 도구화한 것이다. 포크는 손을 무기화한 창의
기능을 도구화한 것이다. 손으로 먹을 수 없는 뜨거운 국을 먹는데 쓰
는 숟가락은 손의 기능을 도구화한 것이 아니라 손이 할 수 없는 기능
을 도우고자 만들어진 것이다. 그러므로 숟가락은 뜨거운 국물요리를
먹는 식문화의 산물이라 할 수 있다.

뜨거운 국물 요리도 온돌문화와 연관되어 있다. 구들을 놓고 부엌
에 솥단지를 걸어둔 채 오랫동안 국을 끓이거나 음식을 쪄서 먹는다.
고기도 뼈 채 우려먹는 곰탕문화가 발달되었다. 곰탕처럼 큰 가마솥을
붙박이로 걸어두고 물을 부어 오랫동안 음식을 끓여먹는 전통은 정착
형 주거문화의 산물이다. 국물 중심의 곰탕형 요리는, 구워먹는 바비큐
식 유목형 요리보다 더 경제적이며[49] 건강한 식문화로 평가될 뿐 아니
라, 더 문화적인 요리방식으로 해석된다.[50]

밥과 국이 발달한 한식에서 음식의 수준은 밥이 아니라 국의 질이
좌우한다. 국을 끓이는 주재료에 따라 나물국인가 고기국인가, 고기국
이면 어떤 고기국인가 하는 것이, 잘 차린 음식인가 아닌가를 결정하
는 기준이다. 따라서 훌륭한 국이 오르면 훌륭한 상차림으로 인식된다.
그리고 국은 어떤 국이든 뜨거워야 한다. 국이 식으면 데워서라도 뜨
겁게 해서 먹는다. 음식을 더 권할 때도 밥보다 국을 권하는데, 흔히
'뜨거운 국물 더 드세요'하고 권한다. 뜨거운 국물을 떠먹는 데는 숟가

49) Claude Lévi-Strauss, *Le Triangle culinaire*, 23쪽. http://www.synnic.com.ne.kr/op5.htm
에서 재인용. "끓이는 것은 고기와 그 즙액을 완전하게 보존하는 요리 수단
이지만, 굽는 것은 파괴와 상실이 수반되는 요리 수단이다. 이렇게 하여 전
자는 경제성을 나타내고, 후자는 낭비성을 나타낸다."
50) 임재해, 「왜 지금 겨레문화의 뿌리를 주목하는가」, 53쪽.

락이 제격이다. 밥도 뜨거워야 한다. 그래서 식기 전에 드시라고 권한
다. 소외된 사람을 '찬밥 신세'로 은유하는 것처럼 식은 밥은 천대 받는
다. 뜨거운 밥을 먹는 데도 숟가락이 적절하다. 숟가락이 뜨거운 밥의
온기를 유지하는 까닭이다. 이처럼 우리나라 사람들은 식은 음식을 싫
어한다. 온돌방에서 정착생활을 하기 때문이다. 따라서 같은 밥을 먹
어도 젓가락을 쓰지 않고 숟가락을 쓴다. 그러므로 한국인은 한중일
가운데 숟가락을 사용해서 밥을 먹는 유일한 민족이다.

　일식의 공기밥처럼 밥을 덜어서 들고 먹는 경우에는 밥이 자연스레
식게 된다. 어떤 음식이든 식히면서 먹으려면 조금씩 덜어 먹으면 된
다. 숟가락에 비해 젓가락은 보온 기능이 없다. 야외에서 도시락을 먹
을 때는 으레 젓가락을 주로 쓴다. 도시락처럼 식은 밥을 먹는 데는 숟
가락보다 젓가락이 편리하기 때문이다. 그러나 뜨거운 국과 밥그릇을
상에다 놓고 먹는 데는 숟가락이 훨씬 기능적이다.

　숟가락을 우리 민족문화의 독창성으로 주목하고 있는 연구도[51] 있
다. 또 중국이나 일본과 달리 같은 젓가락을 써도 우리는 유일하게 쇠
젓가락을 쓴다는 사실도 잘 알고 있다. 그래서 쇠젓가락을 사용하는
까닭에 황아무개 박사의 줄기세포 연구도 가능했다고 한다. 이런 주장
은 타당성을 입증하기 어려운 것이라도 쇠젓가락을 주로 쓰는 민족이
라는 점을 부각하는 데에는 의미가 있다. 그런데 왜 일본이나 중국과
달리 우리만 쇠젓가락을 사용하는지 그 이유를 아는 사람은 거의 없
다. 더러 의문을 가져도 대답을 찾지 못한다.

　우리나라에서 젓가락은 숟가락과 짝을 이룬다. 숟가락이 주이고 젓
가락은 종이다. 젓가락은 없어도 되지만 숟가락이 없으면 밥을 먹지
못한다. 실제로 전통사회에서 민중여성들은 숟가락만 사용했다. 노비
들도 젓가락을 사용하지 않았다. 젓가락은 제대로 밥상을 차려 먹는

---

51) 박문기, 『숟가락』, 정신세계사, 1999.

지배층의 식사도구였다. 예사사람들은 숟가락만으로 충분했다.[52] 젓가락은 어디까지나 숟가락을 보조하는 종속적인 짝이다. 따라서 숟가락을 쇠붙이로 만들었기 때문에 그 짝을 이루는 젓가락도 쇠젓가락인 것이다. 수저가 한 벌로 세트를 이루는 까닭에 재료가 어긋나면 어울리지 않는다. 쇠젓가락은 숟가락문화가 낳은 것이다. 그러므로 한국은 중국과 일본 젓가락과 다른 쇠젓가락의 전통을 지니고 있다.

그럼 왜 숟가락은 쇠붙이로 만들었을까? 나무젓가락을 상용하는 식문화는 흔해도 나무숟가락을 상용하는 식문화는 드물다. 포크와 나이프를 나무로 만들지 않는 것과 같은 이치이다. 육식을 주로 하는 양식에서 질긴 고기를 자르고 찌르는 데는 쇠붙이로 된 포크와 나이프가 더 적절하다. 마찬가지로 뜨거운 국을 중심으로 한 우리 식문화는 쇠숟가락이 적절하다.

왜냐하면 식사 시작과 더불어 끝날 때까지 숟가락은 국그릇에 담아 걸쳐두게 되어 있는 까닭이다. 나무숟가락은 국물을 흡수하여 불어나게 된다. 그러나 쇠숟가락은 뜨거운 국물에 아무리 오래 넣어 두어도 이상이 없다. 국물 없는 음식을 집어먹는 젓가락과 국물을 주로 떠먹는 숟가락의 재료적 차이는 필연적이다.

그런 까닭에 밥그릇도 다르다. 밥그릇은 커다란 세로형 밥식기 또는 주발이고, 국그릇은 가로형 대접이다. 흔히 밥식기와 대접이 놋그릇이나 사발로 한 쌍을 이룬다. 밥과 국이 음식의 기본이기 때문이다. 국이 없는 경우에는 비빔용 나물 대접이라도 밥그릇 오른 쪽에 자리잡고 있어야 제격이다. 따라서 밥그릇만 차린, 국이 없는 밥상은 갖춘 상차

---

52) 밥과 국, 된장은 숟가락으로 먹고 젓가락을 사용해야 할 김치나 나물은 숟가락을 이용하거나, 아니면 손가락으로 집어먹었다. 통닭을 먹을 때나 갈비를 뜯을 때는 누구나 손을 사용했다는 사실을 생각하면, 손으로 반찬을 집어먹는 일은 자연스럽다. 그리고 우리는 세계 유일의 쌈밥문화가 있는데, 쌈밥도 손바닥을 이용하는 중요한 식문화이다.

림이라 할 수 없다. 그것도 국그릇이 항상 밥그릇 오른 쪽에 우선하여 놓인다. 밥을 먹을 때 국이나 된장을 가장 먼저 떠먹는 것이 순서인 까닭이다. 자연히 밥숟가락은 식사 중에 항상 국그릇에 걸쳐져 있어야 한다.

일본 밥상에는 아예 숟가락이 없다. 젓가락만 차린다. 밥은 물론 국물을 먹을 때조차 젓가락을 이용하여 마신다. 일본 된장국 미소시루(みそ汁)는 우리 국처럼 뜨겁지도 않고 우리 된장처럼 짜지 않아서 그릇을 들고 마실 수 있으니 숟가락을 쓰지 않아도 좋다. 뜨거운 국은 물론 밥상 위에서도 보글보글 끓고 있는 뚝배기의 된장찌개나 순두부찌개와 같은 뜨거운 음식은 없다. 그러나 우리 한식의 국은 뜨겁고 된장은 짜기 때문에 어느 것이나 마실 수 없다. 숟가락으로 떠서 먹을 수밖에 없다. 한식은 국뿐 아니라 모든 음식이 뜨거워야 제격이다. 오랜 정착생활에서 터득한 식문화의 특성이다.

일본사람들은 항상 왼손에는 밥공기나 국 공기를 들고 오른손으로 젓가락을 이용해서 식사를 하는 까닭에 두 손을 다 쓴다. 오른 손을 쓰지 않을 때도 상 아래로 손을 내려놓지 않는 것이 식사예절로 되어 있다. 그리고 젓가락을 밥상 위에 내려놓으면 식사가 끝난다. 오른 손으로 숟가락과 젓가락을 번갈아 쓰는 우리 식문화와 다르다. 항상 왼손에 밥그릇이나 국그릇을 들고 있고 오른 손에 젓가락을 들고 있어서 마치 우리가 야외에서 들밥을 먹는 것과 비슷하다. 그릇을 들고 젓가락으로 먹는 것은 이동의 효율성을 나타낸다. 우리도 야외에서는 밥그릇을 들고 먹으며, 도시락은 주로 젓가락으로 먹는다. 한식이 정착형이라면 일식은 이동형이라 하겠다.

중국에도 우리와 같은 밥숟가락이 없다. '탕츠(湯匙)'라고 하는 사기로 된 국숟가락이 있을 따름이다. 그러나 우리 숟가락과 구조도 다르고 기능도 다르다. 국자 모양을 닮아서 국물을 먹는 데만 사용할 뿐 밥숟가락으로는 잘 쓰지 않는다. 탕츠라는 말 그대로 국숟가락일 따름이다. 따라서 국이 없을 때는 탕츠가 놓이지 않는다. 젓가락만으로 충분하기 때문이다.

그러나 우리 숟가락은 밥상의 필수품이자 국숟가락이 아닌 밥숟가락이다. 국이나 된장, 간장, 김치국물도 숟가락으로 먹게 되지만 어디까지나 '밥숟가락'이라 일컫는다. 국자라는 말은 써도 국숟가락이란 말은 쓰지 않는다. 숟가락이 밥을 먹는데 결정적인 구실을 하는 까닭이다. 철모르는 아이들이 젓가락으로 밥을 먹으면 어른들은 '왜놈처럼 먹는다'고 나무란다. 따라서 국이 없어도 숟가락은 반드시 필요하다. 밥상에 젓가락은 갖추지 않아도 숟가락은 반드시 갖추는 것이 한국의 상차림이다.

중국이나 일본에는 숟가락문화도 없을뿐더러 밥그릇도 우리와 상당히 다르다. 주발이나 대접처럼 크지도 않고 밥공기와 국그릇의 모양이 큰 차이가 없다. 다만 들고 먹기에 뜨거우므로 일본에서는 국그릇을 나무로 하고 밥그릇을 도자기로 하는 차이가 있다. 밥공기는 마치 다완처럼 위가 넓고 아래가 좁다. 거의 역삼각형 모양이다. 밥공기 뚜껑도 별도로 없다. 뜨거운 밥을 보온하려는 의도가 없고 젓가락질하기에 편리한 밥그릇 모양을 갖추면 그만인 까닭이다.

그러나 우리 밥식기는 뚜껑이 있을 뿐 아니라 위아래의 너비가 같거나 오히려 위쪽이 더 좁다. 어른들의 밥식기는 위가 더 좁은 옥식기를 사용하고 반드시 밥뚜껑을 덮어서 차린다. 보온효과가 높고 숟가락으로 밥을 먹기 쉽다. 그러므로 '젓가락과 밥공기', '숟가락과 옥식기'는 서로 짝을 이룬다.

식은 밥을 덜어서 밥공기로 '들고 먹기'는 이동생활 경향의 일식 문화라면, 뜨거운 밥을 밥솥에서 밥그릇에 퍼담아 밥상에 '놓고 먹기'는 정착생활 경향의 한식문화가 빚어낸 것이라 할 수 있다. 그러므로 일본은 도시락 문화가 발달했지만, 한국은 뼈까지 오래 우려먹는 곰국문화가 발달했다.

그 밖의 찬그릇도 대조적이다. 한식은 밥그릇이나 국그릇처럼 오목한 보시기가 중심을 이루는데, 중식과 일식은 모두 평면의 쟁반이나 접시가 주류를 이룬다. 음식을 담는 그릇으로 접시를 주로 쓴다는 점에서 중식은 양식이나 다르지 않다. 서양에서는 요리를 아예 접시(dish)라고 일컬을 만큼 모든 음식을 접시에 담는다. 양식은 국에 속하는 스프조차 접시에 담는다. 중식과 일식에 보시기나 종지가 아닌 평면형 접시를 주로 쓰는 까닭은 반찬에 국물이 거의 없는 까닭이다. 따라서 숟가락은 필요 없고 젓가락으로 집어먹기 좋은 음식들이 주류를 이루게 마련이다. 그러므로 생선초밥(すし)과 같은 전형적인 일식은 별도의 접시를 쓰지 않는 경우도 있다. 아예 도마 위에다 차려내기도 한다. 식기에다 음식을 담는 것이 아니라 도마에다 얹어놓는 셈이다.

그러나 우리는 사정이 다르다. 쟁반이나 접시와 같은 평면 그릇은 중요하게 쓰지 않는다. 접시에 담은 음식은 국물을 흥건하게 담을 수 없을 뿐 아니라 숟가락으로 먹기 불편하다. 국그릇이 아니더라도 중발과 보시기, 탕기, 종지에 이르기까지 모두 밥그릇이나 대접처럼 전이 깊게 생겼다. 접시나 쟁반과 달리 국물이 있는 요리를 넉넉하게 담을 수 있는 입체적 구조의 그릇들이다. 반찬에 국물이 많은 까닭에 숟가락을 함께 쓸 수밖에 없다. 일식 단무지에는 국물이 없지만, 깍두기에도 국물이 있고 김치에도 국물이 있다. 따라서 단무지는 접시에 담아도 되지만, 깍두기나 김치는 국물까지 담으려면 오목한 보시기에 담아야 제격이다.

된장 중발이나 간장 종지는 말할 것도 없다. 국물 있는 반찬도 모두 숟가락을 이용해서 먹어야 한다. 그런 까닭에 한국인들은 상대적으로 짜게 먹는다. 일식이나 중식에는 반찬에 국물이 있는 음식이 적다. 볶고 조리고 기름에 튀기는 음식이 많다. 접시에 담아 젓가락으로 먹는 것이 효율적이다. 한식에서도 자반이나 나물 등, 젓가락으로 집어먹을 찬들은 모두 접시에 담는다. 상대적으로 보시기에 비해 접시의 비중은 아주 낮다. 그러므로 숟가락과 보시기, 국물, 뜨겁고 짠 음식이 서로 짝을 이룬다면, 젓가락과 접시, 튀김, 따뜻하고 싱거운 음식이 짝을 이룬다.

맵고 짠 음식은 상대적으로 저장성이 강하다. 따라서 맵고 짠 한식은 정착형 요리라 할 수 있다. 뜨거운 요리나 국물이 많은 요리, 오랜 시간이 소요되는 요리도 정착성을 전제로 한 것이다. 뼈채 우려먹는 곰탕, 설렁탕, 우족탕, 사골탕, 도가니탕 등은 가마솥에 장작을 지펴 놓고 오래 끓여야 하는 까닭이다. 이와 달리 이동생활에 편리한 요리는 즉석요리, 마른 요리, 식어도 좋은 요리들이다. 김밥과 생선초밥, 튀김, 도시락 등 휴대 간편한 음식이자 모두 식은 밥을 전제로 한 것이며 젓가락으로 먹는 것이 더 편리한 음식이다.

양식에서 쓰는 나이프와 포크가 유목생활의 이동성 전통과 더불어 육식문화를 그대로 지속하면서 생겨난 도구라면, 젓가락은 유목적 이동성의 전통을 어느 정도 지속하면서 채식문화로 전환된 식생활에서 창조된 도구라 하겠다. 곡채식을 먹는 데는 포크보다 젓가락이 더 기능적이다. 그러나 숟가락은 처음부터 유목적 이동성과 무관하다. 붙박이로 솥을 걸어 놓고 뜨거운 국물요리를 먹는 과정에서 생겨난 것이다. 그러므로 숟가락은 농경적 정착성의 전통을 지닌 채식문화가 만들어낸 것이자, 한국 식문화의 독창성이라 할 수 있다.

숟가락문화와 같이 가는 것이 거대한 가마솥이다. 정착형 온돌문화에서 만들어진 솥은 구조적으로 붙박이 형태이다. 취사열과 난방열을 동시에 쓰는 까닭에 부엌 아궁이에다 큰솥을 2, 3개 걸어두고 불을 지펴 음식을 한다. 큰솥에는 밥을 짓고 중솥에는 국을 끓이고 동솥에는 된장을 지진다. 어느 솥이든 부뚜막에 걸어서 붙박이로 고정시켜 두었으므로 부뚜막을 부수고 솥을 뜯어내지 않으면 들어낼 수 없다. 정착생활의 전통이 붙박이로 설치한 솥에서도 지속되고 있다. 그러므로 큰솥을 움직일 수 없도록 부뚜막에 고정시켜 설치한 주방문화도 한국문화만의 특징이라 하겠다.

부뚜막에 고정적으로 설치하지 않고 후라이팬처럼 쉽게 들어 옮길 수 있는 냄비의 구조와 솥은 전혀 다르다. 냄비는 풍로나 화로, 숯불 위에 얹어서 조리하고 쉽게 옮길 수 있는 조리기구이다. 따라서 밑면이 평면이어서 그 자체로 안정적이되, 붙박이로 설치할 수 있는 구조가 아니다. 그러나 솥은 아궁이에 걸 수 있는 걸이가 마련되어 있다. 솥발을 이용해서 세우거나 솥전에 테두리가 넓게 부착되어 있으므로, 부뚜막에 걸쳐서 고정적으로 설치할 수 있다. 게다가 밑면이 반구형으로 둥글게 생겨서, 밑면이 평면인 냄비와 달리 곡면인 까닭에 붙박이로 걸어두지 않으면 안정감이 없다. 굳이 솥의 밑면을 불안정하게 반구형으로 만든 것은 평면형 냄비보다 곡면인 솥의 열 효율성이 더 높기 때문이다.

아궁이에 붙박이로 걸어두는 솥의 구조는 다른 나라에서 찾아보기 어려운 조리구이다. 왜냐하면 다른 나라는 온돌구조의 아궁이를 이용하지 않기 때문이다. 냄비나 후라이팬처럼 수시로 옮겨놓을 수 있는 이동식 조리구를 쓴다. 이동식 조리기구는 모두 밑면이 평평해야 한다. 그래야 어디든 옮겨 놓아도 안정감이 있다. 후라이팬 요리처럼 물을 쓰지 않고 기름으로 튀기거나 철판에다 직접 익히는 요리는 이동생활에 익숙한 유목문화의 조리법이다. 반대로 붙박이로 고정시켜서 사용할 수밖에 없는 솥과 같은 조리구는 물로 익히는 정착형 농경문화의 조리방법에서 비롯된 것이다.

우리 민족의 가장 오래된 유물이라 할 수 있는 빗살무늬토기들은 한결같이 밑면이 타원형이다. 그 크기도 독처럼 상당히 거대한 것이 많은데, 그 자체로 세워둘 수 없을 정도로 불안정한 구조이다. 솥처럼 붙박이로 걸어두고 사용했다는 사실을 알 수 있다. 따라서 이 토기는 정착문화가 빚어낸 용기라는 사실이 분명하다. 유목민들에게는 이러한 용기가 불필요하다. 거대한 크기나 불안정성으로 볼 때 이동용 용기가 아닌 까닭이다. 곡물을 오랫동안 저장하거나 음식을 끓이는 데 적절한 용기이다. 특히 밑면이 계란처럼 뾰족한 타원형 토기는 음식을 끓이는 데 밑면이 반구형인 솥보다도 훨씬 열 효율성이 높다. 그러므로 정착생활을 하면서 아궁이에 솥을 걸 듯이 걸어두고 사용했을 가능성이 높다.

　자연히 빗살무늬토기는 정착문화를 꽃피운 사람들의 발명품이라 할 수 있다. 지금 이 토기는 만주와 한반도를 비롯한 고조선 지역에서 가장 많이 발굴되고 또 가장 오래된 것이 출토되고 있다. 단군신화가 말하는 정착문화와 온돌문화, 높은 열로 불에 구운 빗살무늬토기, 그리고 이 토기의 지리적 분포와 빈도는 밀접한 연관성을 지닌다. 빗살무늬토기는 고조선문화 이전부터 존재했던 한민족 선사문화의 원형이라 할 수 있다.

　우리 학계는 빗살무늬의 상징이나 기능도 아직 제대로 밝히지 못하고 있다. 모래에 묻었을 때 마찰을 높이기 위해서라는 궁색한 기능을 말하는 것이 고작이다. 마찰에 의한 안정감을 높이려면 밑면을 평면으로 하는 것이 훨씬 더 효과적인데 왜 불안정한 모양을 굳이 만들어서 뒤늦게 마찰 기능을 하도록 번거롭게 무늬를 넣었을까. 속 시원하게 해명할 수 없다. 이와 반대로, 밑면이 뾰족한 이유는 모래땅에 묻었다가 파내기 쉽도록 만든 까닭이라고 한다. 마찰을 부정하는 해석이다. 모래땅에 마찰을 높이는 일과 묻기 쉽게 하는 일은 서로 모순관계에 있다. 그런데도 모순관계를 알지 못하고 해석의 당착에 빠져 있는 것이 학계의 현실이다.

　이 토기가 주로 발견되는 곳이 모래땅이라는 사실보다 강가라는 사실이 중요하다. 사람들이 강가에서 주로 정착생활을 했기 때문이다. 토기의 재료가 모래가 아닌 진흙인데, 모래땅을 찾아 정주했다는 사실은 긴요하지 않다. 물을 이용하여 살기 위해 강변에서 주거생활을 했을 것이다. 강변에 모래가 있는 것은 자연스러운 일이다. 그리고 토기를 이용하여 식재료와 물을 넣고 오랫동안 끓여서 음식을 조리했을 가

능성이 높다. 그러나 토기는
열전도율이 낮다. 따라서 열
전도율을 높이기 위해 가마솥
처럼 밑면을 길게 타원형으로
하고 빗살무늬까지 새겼던 것
이다. 타원형의 밑면이 뾰족
할수록 불꽃이 많이 닿아서
열효율성이 높고 빗살무늬가

〈V자형 빗살무늬토기〉

불꽃 방향으로 새겨져 있을 때 열전도율도 더 높다.

솥으로 이용한 토기일수록 가마솥처럼 크고 밑면이 팽이 모양으로
더 뾰족할 필요가 있다. 밑면이 뾰족한 타원형일수록 불기가 닿는 면
이 훨씬 많고 불꽃의 흐름을 모두 감싸안을 수 있다. 그리고 평면보다
골이 파여져 있으면 불기가 닿는 면이 더 많아지고 열전도율도 높아진
다. 빗살무늬 가운데도 불꽃이나 불기의 흐름에 따라 일정하게 새긴
무늬는 그러한 효율성을 더 높이게 된다.

따라서 다양한 빗살무늬가 있지만, 솥으로 사용한 토기의 빗살무늬
는 불꽃이나 열기의 흐름을 순조롭게 유도하는 모양이 더 효과적이다.
방향이 서로 얽혀 있는 빗살무늬보다 정교한 V자형 무늬를 첩첩이 정
교하게 파서 새겨둔 토기는 불꽃의 흐름을 끌어들일 뿐 아니라, 열전
도율이 더 높아서 음식을 끓이는 조리도구로 이용하기에 기능적이다.
그러므로 그림과 같은 토기는 밑면의 모양이나 V자형 빗살무늬가 열전
도율을 높이는 데 기능적이어서 솥단지 구실을 했을 가능성이 높다.

우리말에는 아직 솥단지라는 말이 남아 있다. 청동기나 무쇠솥이
나오기 전에는 질그릇솥을 사용한 까닭이다. 자배기나 단지와 같은 옹
기는 물론 토기도 물만 새지 않으면 솥 구실을 충분히 한다. 최근까지
나그네나 등짐장수들은 작은 질그릇 단지를 가지고 다니며 밥을 지어
먹었다. 따라서 선사시대의 토기들 가운데 고열로 구어서 물이 새지

〈그림 1〉 서울 구의동에서 출토된
고구려 철솥과 시루

않는 토기들은 솥 구실을 하는 데 문제가 없다. 그러므로 솥을 일컬어 아직도 '솥단지'라 하는 것이다.

더군다나 청동기 시기의 유물로 시루가 나타나고 있다. 시루는 증기를 이용하여 음식을 익히는 것으로서 솥을 전제로 한다. 솥도 정착문화의 산물일 뿐 아니라 증기를 이용한 시루도 정착문화의 산물이다. 질그릇 솥이 변이를 이루어 질그릇 시루가 출현했다. 질그릇 솥에 구멍을 뚫어서 만든 것이 시루이다.[53]

한 마디로 솥 없는 시루는 존재할 수 없다. 시루는 솥과 짝을 이룰 때 비로소 시루 구실을 할 수 있다(그림 1).[54] 빗살무늬토기 아랫부분에 구멍이 나 있는 것도 일종의 시루 구실을 한 것으로 보인다.

따라서 시루가 솥보다 앞이라는 전제로 우리 식품사를 정리하는 것은 논리적 오류이다. 청동기 시대에도 청동으로 만든 시루(그림 2)[55] 외에, 질그릇 시루도(그림 3)[56] 있었다. 질그릇 시루의 존재는 곧 질그릇 솥의 선행을 증언하는 셈이다. 따라서 시루떡 이전에 질그릇 솥으로 죽이든 밥이든 다양한 식재료를 끓여먹었던 식문화가 선행했을 것이다. 그러므로 먼저 시루에다 떡을 쪄먹다가 뒤에 밥을 지어먹은 것처럼, 밥의 역사 앞에 떡을 설정하는 식품학계의 해석은[57] 논리적 추

53) 임재해, 「물질문화의 재인식과 문물로서 유무형 문화의 유기적 해석」, 『민속학연구』 20, 국립민속박물관, 2007, 184쪽.
54) 경기도 박물관, 『우리 곁의 고구려』, 경기도 박물관, 2005, 192쪽.
55) 『조선유적유물도감』 2, 158쪽의 그림 331·332.
56) 『조선유적유물도감』 1, 209쪽의 그림 467·468.
57) 이종미, 「한국의 떡 문화 형성기원과 발달 과정에 관한 소고」, 『韓國食生活

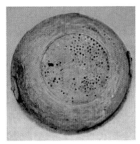

〈그림 2〉 평양시 낙랑구역 정백동 8호 무덤유적 청동시루

〈그림 3〉 함북 나진 초도유적 질그릇 시루

론이라 할 수 없다. 시루가 솥보다 먼저라는 유물의 물증에 지나치게 매몰된 나머지 논리적 해석 능력을 상실한 셈이다.[58)]

불에 직접 구워 먹는 유목문화에서는 솥을 붙박이로 설치한 부뚜막 문화도 찾을 수 없지만, 물로 오랫동안 삶거나 증기로 익히는 식문화도 찾아보기 어렵다. 시루는 솥으로 물을 끓이는 문화 속에서 증기를 이용하여 음식을 조리하는 기술적 방법의 모색 끝에 발명된 것이다. 따라서 이동생활을 하는 유목문화의 전통에서는 발명하기 어려운 것이 시루이다. 증기로 음식을 익히는 시루는 솥을 걸어 놓고 오랫동안 음식을 고우거나 물을 끓일 수 있는 정착문화의 조리문화 속에서만 등장할

文化學會誌』 7, 한국식생활문화학회, 1992, 181-182쪽.
58) 임재해, 앞의 글, 183-185쪽 참조.

수 있는 것이다. 그러므로 시루는 솥단지 이후에 발명된 정착문화의 전형을 이루는 식문화의 유물이라 할 수 있다.

자연히 시루떡은 시루가 빚어낸 한국 고유의 음식이라 할 수 있다. 시루떡은 쪄서 먹는 음식의 전형이다. 시루떡 외의 모든 떡도 구운 것이 아니라 쪄서 만든 음식이다. 찌는 것은 떡뿐만 아니다. 서양사람들이 구워먹는 옥수수나 감자, 고구마, 빵도 우리나라 식문화에서는 모두 쪄서 먹는다. 찐 옥수수, 찐 감자, 찐 빵은 모두 쪄서 먹는 식문화의 전통에서 비롯된 음식이다.

증기로 찌는 요리방식은 삶는 요리보다 더 발전된 조리법이다. 요리삼각형으로 식문화의 발전양상을 체계적으로 설명한 레비스트로스(Claude Lévi-Strauss)도 삶는 요리까지만 다루고[59] 증기로 찌는 요리는 다루지 않았다. 풍부한 현지조사 경험을 했지만, 오랜 정착생활과 온돌문화의 전통에서 빚어낸 시루문화, 곧 찌는 요리문화를 경험하지 못한 탓이 아닌가 한다.

오랫동안 가마솥에다 고아내는 곰탕과 증기로 쪄내는 시루떡 요리는, 물 없이 불에다 직접 익히는 유목민들의 바비큐형 굽는 식문화 유형과 견주어 보면 퍽 대조적이다. 유목문화의 전통이 클수록 불에다 직접 구워먹거나 익혀 먹는 경향이 강하다. 이러한 식문화의 차이는 곧 이동형 유목문화와 정착형 농경문화의 특성에서 비롯된다. 농경문화의 원형을 지닌 우리민족의 식문화는 무엇이든 물을 부어 솥에다 삶거나 증기를 이용하여 찌는 식문화가 발전되어 있고, 그에 따른 조리기구와 식기들이 발전되었다. 두 식문화의 대조적 관계를 정리하면 아래와 같다.

---

59) Claude Lévi-Strauss, 朴玉出 譯, 『슬픈 熱帶』, 三省出版社, 1977, 23쪽.

구 분	이동생활(유목문화)	정착생활(농경문화)
난방시설	난로(측면난방)	구들(밑면난방)
조리기구	프라이팬	솥과 시루
요리방식	굽는 요리	삶거나 찐 요리
음식그릇	쟁반과 접시	대접과 보시기
식사집기	나이프와 포크	숟가락과 젓가락
식습관	육식 중심	곡채식 중심
육류음식	바비큐	곰탕
가루음식	구운 빵	시루떡

서구인들이나 중국사람들도 오래 전부터 정착생활을 하며 농경문화를 누렸지만, 상대적으로 유목문화의 전통이 뿌리 깊어서 여전히 이동생활에 따른 문화적 경향성이 짙다. 우리 민족은 단군 출현 이전부터 정착생활을 하는 농경문화가 바람직한 삶으로 자리잡았으며, 그러한 문화적 전통이 지속되었던 까닭에, 상대적으로 농경문화의 경향성이 두드러진다. 그 자체로 잘 드러나지 않지만, 이동성이 강한 유목문화의 전통과 대비해 보면 농경문화의 특징이 상대적으로 잘 드러난다. 그러므로 단군신화가 규정하고 있는 채식문화와 정착문화는 온돌문화와 좌식문화, 문지방문화, 휴대용 가구문화와 같은 독특한 주거문화, 그리고 숟가락문화와 가마솥문화, 시루문화, 산채문화, 곰탕문화, 국문화와 같은 독특한 농경생활의 식문화를 창출했다고 하겠다.

5. 단군신화의 현실적 기능과 문화 창조력의 미래

우리문화는 여러 모로 서구문화와 대조적이다. 그렇다고 하여 중국과 일본 문화와 닮은 것도 아니다. 아시아 여러 문화와 견주어 봐도 퍽 대조적이다. 그러한 민족문화의 정체성은 기원적으로 단군신화가 성립되던 시기부터 형성된 것으로 추론된다. 인간이 되기 위한 생활양식으로서 채식 중심의 먹거리와 정착형 주거방식을 제시한 단군신화의 내용에서 그러한 문화적 원형을 분명하게 찾을 수 있기 때문이다.

농경문화를 누렸기 때문에 채식생활을 주로 하며 진작부터 정착생활을 하였던 것이다. 정착생활에서는 유목생활과 달리 우선 안정된 자기 집을 가지는 것이 중요한 과제이다. 집에 관한 소유욕이 남다른 까닭에, 다른 나라에 비해 유난히 집 값이 비쌀 뿐 아니라 크고 번듯한 집을 통해서 부를 실현하고 사회적 지위를 인정받으려는 경향이 드세다. 따라서 세계적으로 아파트 보급률이 가장 높을뿐더러, 가구수에 비해 주택보급률이 높은 데도 여전히 집 부족 현상이 심각하다. 한 가구가 여러 채의 집을 가지려는 욕망 때문이다.

그러나 유목문화의 전통을 지닌 사회에서는 사정이 다르다. 집에 대한 소유욕이 우리처럼 높지 않다. 임대주택 제도가 발달해 있어서 집을 소유하지 않고도 영구임대 또는 장기임대 주택에서 집값 걱정 없이 생활한다. 이사도 간단하다. 집은 물론 가구를 비롯한 대부분의 살림살이들이 붙박이로 준비되어 있어서 이삿짐이 거의 없다. 따라서 이사를 가는 사람은 옷가지와 식기 등 작은 살림살이들만 챙겨서 다닌다. 마치 유목민들이 천막을 뜯어 수레에 싣고 쉽게 여기저기 이동하며 생활하는 것이나 다름없다.

유목적 주거생활의 전통은 아예 집까지 이동식으로 발전한다. 집을 자동차로 실어 운반할 뿐 아니라 자동차나 다름없는 모빌 하우스(Mobile House)와 이동식 주택이 아주 발달해 있다. 따라서 집은 있되 집터는 고정되어 있지 않다. 마치 천막처럼 어디든 적당한 터를 잡고 설치하여 머물러 생활할 수 있다. 때로는 집을 별장처럼 멀리 떨어진 곳에 제각기 두고 계절에 따라 이동하며 생활하기도 한다. 여름에는 워싱턴에 살다가 겨울에는 아리조나의 피닉스에서 보낸다. 정착 농경민들은 발상조차 하기 어려운 주거문화이다. 농경민들에게는 집의 이동이 문제가 아니라 토지와 농사를 두고 이동하며 다닌다는 것은 사실상 불가능한 일이기 때문이다.

그러므로 농경생활은, 이웃집에 구애되지 않고 임대주택을 이용하여 자유롭게 이사 다니며 생활하는 유목적 주거생활과 퍽 대조적이다. 임대주택을 불안하게 생각하고 끊임없이 자기 집을 늘리려고 투자할 뿐 아니라, 과도한 이삿짐 때문에 이동하기 어려운 것이 농경문화의 주거생활이라 할 수 있다. 그러나 더 중요한 것은 이삿짐이 아니라 토지이자 농작물이다. 농지를 두고 이사한다는 것은 곧 생업을 포기하는 일이기 때문이다. 그러므로 농경문화의 원형을 이루고 있는 단군신화를 눈여겨보면 우리 문화의 정체성을 포착할 단서들이 적지 않다.[60]

실제로 단군신화에 갈무리된 채식생활 중심의 농경문화와 그에 따른 정착생활은 역사적 전통으로 지속되면서 정착형 농경문화다운 독창성을 다양하게 창출했다. 온돌문화와 숟가락문화는 모두 농경문화 중심의 정착생활 속에서 형성된 것이다. 이러한 일상문화의 전통은 다른 나라 문화에서 찾아보기 어려운 우리 민족만의 독자적인 문화라 할 수 있다. 그리고 그 전형은 단군신화의 지독한 채식생활과 지독한 정착생활에서부터 비롯된 것으로 포착된다. 한 마디로 우리는 여전히 단군신화를 살고 있는 것이다. 더 거칠게 말하면 단군신화의 곰네처럼 자고 먹는 생활을 일상적으로 하고 있다고 해도 지나치지 않다.

그러므로 단군신화는 한갓 만들어진 허황된 이야기가 아니라, 도덕적 가치관과 사회적 규범을 설정해 주면서 우리 민족의 일상생활과 밀접한 연관성을 맺고 있는 가운데 민족문화의 정체성을 확립해 주고 있다고 하지 않을 수 없다. 단군신화에서 말하는 채식생활과 정착생활은

---

[60] 농경민들은 정착생활을 하는 까닭에 말로 약속을 해도 증거력을 가진다. 그러나 유목민들은 이동생활을 하는 까닭에 문서로 된 계약서가 증거력을 가진다. 말의 신용보다 물적 증거가 중요한 까닭이다. 따라서 유목문화의 전통에서 기록으로 남기는 전통이 발전했다면, 농경문화의 전통에서는 상부상조의 전통이 발전했다고 할 수 있다.

우리 문화의 역사적 기원이면서, 동시에 창조적 원형(原型)을 이루고 있는 것이자, 현재의 역사와 문화로 살아 있는 생활세계라 할 수 있다.

> 신화가 가지는 기능적이고 문화적이며 실용적인 여러 원칙은 신화 자체의 내용에서뿐만 아니라, 그것이 실제 이야기되고 구체화되며 일상생활과 맥락적 관계를 가질 때 비로소 명백하게 드러난다.[61]

단군신화가 설정한 인간다운 삶의 원형은 문화적 유전자로 이어지고 역사적 전통으로 살아 있는 까닭에 현재의 우리 생활세계 속에서 독창적인 전통문화로 계승되면서 끊임없이 재창조되고 있는 것이다. 따라서 "어떤 의미로 볼 때, 우리는 아직도 고조선시대의 사람들이다. 말을 바꾸면, 단군신화가 지어지던 시대의 사람들과 더불어 오늘을 살아가고 있다"고[62] 했던 것이다.

여기서 더 나아가 건국신화를 다룬 단행본을 펴내면서 "우리는 아직도 신화시대에 살고 있다"는 제목의 머리말을 썼다. 그리고 10년 뒤에 이 책을 다시 펴내면서 "우리는 지금 신화시대로 간다"는 제목의 글을 재판 머리 글로 더 보탰다.[63] 우리는 지금 정보화시대에서 나아가 다시 신화의 시대로 가고 있다는 것이다. 신화가 태초의 이야기에 머물지 않고 지금 여기의 이야기이자, 나아가 미래의 이야기라는 것이다. 그러므로 마침내 신화는 '오래된 미래의 이야기'라는 형용모순의 자리매김을 하게 되었다.[64]

그런데도 우리 학계는 지금까지 단군신화 연구에서 두 가지 방향으

---

61) 말리노우스키 지음, 서영대 옮김, 같은 책, 38쪽.
62) 임재해, 「단군신화에 던지는 몇 가지 질문」, 『민족설화의 논리와 의식』, 지식산업사, 1992, 125쪽.
63) 임재해, 『민족신화와 건국영웅들』, 민속원, 2006의 머리글 8쪽 및 4쪽.
64) 임재해, 위의 책, 6쪽.

로 어긋지게 가고 있다. 하나는 단군신화를 한갓 허구로 간주하는 경향이며, 둘은 단군신화의 작품자체 연구에 매몰되는 경향이다. 앞의 경우는 고대사 자료로도 인정하지 않지만, 대부분의 연구는 단군신화를 태초의 것이거나 고대사의 것이어서 지금 우리 생활세계나 현실문화와 아무런 상관이 없는 자료로 여긴다는 점에서 크게 다르지 않다.

첫째, 단군신화가 실재 사실이 아니라 허구적으로 지어졌다고 여기는 주장은 고조선을 인정하지 않으려는 일본학자들의 일제강점기 식민사학 이래 지속되고 있다. 그러한 연구경향의 대표적인 보기로, 단군과 단군신화를 '만들어진 신화'로 규정하며 사료적 가치가 없는 허구이거나 실재 사실과 무관한 이야기로 폄하하는 해석을[65] 들 수 있다. 그런데 우리는 환웅천왕이 제시한 인간다운 식생활로서 곰네처럼 쑥과마늘을 즐겨 먹고 있을 뿐 아니라, 붙박이 주거생활에 익숙해 있다. 아예 방바닥에 구들을 깔고 좌식생활을 하며 현대적인 온돌문화 기술을 다각적으로 발휘하고 있다. 자고 먹는 일상문화의 전통이 단군신화의 생활세계를 그대로 이어받고 있는 것이다.

일상생활의 전통 외에도 민속신앙의 양식과 천지인의 세계관이 민족문화 속에 이어지고 있다.[66] 천부지모(天父地母) 사상과, 신성(神性)과 수성(獸性)을 함께 갖춘 인간성의 본질에 대한 내용도[67] 상당히 현실적이다. 이 밖에도 현실문화 속에서 분석해 낼 만한 단군신화의 내용들이 적지 않다. 여기서는 식문화와 주거문화만 다루었을 뿐이다. 따라서 지금까지 검토한 우리 민족의 생활세계가 허구라면 모를까, 그렇지 않다면 단군신화는 미래까지 우리 생활사와 문화사 속에서 생생하게 살아서 함께 갈 것이다. 그러므로 단군신화는 허구라는 뜻에서

---

65) 송호정, 『단군, 만들어진 신화』, 산처럼, 2004.

66) 이러한 논의는 학계에서 이미 어느 정도 이루어졌지만, 다른 논문에서 본격적으로 다룰 예정이다.

67) 임재해, 「단군신화에 던지는 몇 가지 질문」, 125-158쪽 참조.

'만들어진 신화'가 아니라, 우리의 문화적 원형과 세계관을 잘 갈무리
하면서 민족문화의 정체성을 규정해 주는 훌륭한 준거이자 미래의 지
표라는 점에서 오히려 매우 '잘 만들어진 신화'라 할 수 있다.

둘째, 대부분의 학자들은 단군신화의 내용을 고대사의 자료이거나
태초의 신성한 서사 작품으로 인식한다. 그런 까닭에 고조선 시대로
거슬러 올라가서 단군신화의 내용을 근거로 고대사를 재구하는 역사
적 연구를 하거나, 아니면 단군신화를 문학작품으로 다루어 서사적 구
조와 상징을 분석하고 해명하는 문학적 연구를 한다. 어느 쪽이든 신
화의 현재적 기능에 관해서는 문제의식을 하지 않는다.

신화의 내용 자체에 매몰되어 있는 까닭에, 관련 자료를 모아서 각
편을 대조하고 어원풀이나 요소적 해석을 하면서 어휘를 정확하게 주
석하고 내용을 제대로 읽어서 고대사를 해명하는 데 만족하기 일쑤이
다. 그렇지 않으면 작품자체를 구조적으로 현란하게 분석하여 내적 체
계의 서사적 형상성을 해명하는 수준이다.

다른 자료를 맥락적으로 다루어도 신화가 놓여 있는 시기의 고고학
적 유물에 한정된다. 현실의 삶으로 신화를 끌어올 엄두를 내지 않는
다. 그래도 민속학적 연구는 상대적으로 현재의 민속문화를 주목하면
서 방법적 전환을 시도했지만[68] 특수한 민속현상을 다루는 데 머물러서
자고 먹는 일상문화나 우리 민족의 생활세계와 깊은 관련을 찾는 데까
지 나아가지 못하고 말았다.

현장론적 연구를 하면서 현지조사를 해도 신화를 단순히 수집해서
기록만 하여 자료화하는 데 머무는 수준이다. 말리노우스키가 지적한
것처럼 '신화가 일상생활과 관련을 가지게 되는 다양하고 복잡한 방법

---

[68] 任東權, 「檀君神話의 民俗學的 考察」, 『韓國民俗學論考』, 集文堂, 1971,
343-363쪽.
장주근, 「단군신화의 민속학적 연구」, 『한국신화의 민속학적 연구』, 집문당,
1995, 9-42쪽.

을 주목하거나, 신화가 생동하고 있는 폭넓은 사회적 문화적 현실을
포착해서 신화의 기능을 연구하는 작업'은 거의 하지 않는다.[69] 그런
까닭에 신화의 본질에 대해서는 거의 알지 못하고, 신화의 현재적 기
능에 관해서는 무감각하다. 신화는 '오래된 미래의 이야기'라는 인식은
아예 없다. 자연히 단군신화는 문화창조의 원천이라는 생각도 하지 못
한다.

단군신화는 민족문화의 원형으로서 일상문화 속에서 문화적 정체
성을 확립해 주는 구실을 감당해 왔다. 우리 선조들은 알게 모르게 단
군신화의 규범대로 또는 그 문화적 원형을 좇아서 살아온 것이다. 그
럼 오늘을 사는 지금 우리는 단군신화를 어떻게 살아갈 것인가. 선조
들이 전통문화 체제에 맞게 단군신화를 살아온 것처럼, 우리는 현실체
제에 맞게 단군신화를 살아가야 할 것이다. 그것은 곧 미래의 문화를
단군신화의 내용답게 만들어 가는 일이다.

이를테면 쑥과 마늘의 식문화 전통을 현실에 맞게 적극적으로 되살
리는 구상이 필요하다. 쑥과 마늘을 식품으로서 장점과 약품으로서 효
능을 다각적으로 분석하는 과학적 연구는 물론, 쑥과 마늘을 우리 식
문화로서 가꾸어 나가는 데 힘을 기울어야 한다. 일본의 매실장아찌
(梅干: うめぼし)에 대하여, 우리 '마늘장아찌'를 한국 고유의 식품이자
건강식품으로 특화할 필요가 있다. 한식의 기본 차림표로 적극 끌어들
이는 전략이 기대된다.

지금은 간장을 이용한 마늘장아찌가 주를 이룬다. 간장 외에 고추
장, 된장, 젓갈 등을 이용한 다양한 마늘장아찌 개발도 구상할 만하다.
마늘이 건강식품이라는 것은 이제 널리 일반화되었다. 따라서 마늘장
아찌를 한국의 대표 식품으로 개발하면 김치 못지 않게 주목받는 세계
적 건강식품이 될 것이다.

---

69) 말리노우스키 지음, 서영대 옮김, 같은 책, 38-39쪽 참조.

그리고 일본의 모찌와 중국의 월병처럼, 한국의 쑥떡도 더 효과적으로 상품화하는 것이 바람직하다. 쑥의 효능을 생각할 때, 곡류로 만드는 모찌나 월병과 달리 건강식품으로 주목받을 수 있다. 쑥차와 쑥음료를 한국 고유의 건강음료로 개발하는 발상도 필요하다. 쑥과 마늘을 소재로 한 일련의 상품들을 세트화하는 것도 시도할 만하다.

쑥떡이든 마늘장아찌든, 신화시대부터 전승되는 신성한 식품으로서 단군신화의 의미를 부여해야 미래 문화상품으로서 주목을 받을 수 있다. 그러자면 곰을 사람으로 만들어준 단군신화의 신령한 쑥과 마늘 이야기를 필수적으로 이용해야 한다. 상품으로서 쑥떡과 마늘장아찌보다 단군신화가 보증하는 이야기의 이미지가 더 중요하다. 왜냐하면 앞으로는 소비자들이 물질적인 상품보다 상품과 더불어 있는 이야기를 선택하는 경향이 더 강해지기 때문이다.

따라서 상품의 진열도 상품의 종류가 아니라 이야기의 종류에 따라 진열될 것이라고 예측한다.[70] 미래학자 롤프 옌센(Rolf Jensen)은 아예 미래를 신화의 시대 또는 이야기의 시대로 전망한다.[71] 상품 자체보다 듣고 싶은 이야기를 제공하는 상품이 더 중요한 시대로 가게 된다.

그러므로 미래에 단군신화는 고조선시대 이래로 쑥과 마늘로 만든 다양한 음식들을 신령한 식품으로 보증하는 이야기로 거듭 태어날 수 있다. 단군신화를 얼마나 우리 문화 속으로 거듭 불러낼 수 있는가, 단군신화의 바람직한 세계관을 어떻게 우리 삶으로 끌어들일 수 있는가, 그런 능력이 바로 미래문화를 창조적으로 수립하는 민족문화의 역량이 될 것이다. 쑥과 마늘을 먹고 온돌문화를 누리는 한 우리 민족은 단

---

70) Rolf Jensen, 'From Information to Imagination: When Values Become More Important than Products, even in the Marketplace', 『문화다양성과 공동가치에 관한 국제포럼』(2003경주세계문화엑스포조직위원회-유네스코한국위원회, 2003년 9월 24-26일), 151쪽. "Stories, not products, will be competing with each other. The story is the produce, the product is the byproduct."
71) 롤프 옌센 지음, 서정환 옮김, 『드림 소사이어티』, 한국능률협회, 2000, 15쪽.

군신화와 함께 간다고 하지 않을 수 없다. 더 적극적으로 말하면, 우리 민족은 단군신화와 더불어 살아갈 수밖에 없는 단군문화 민족이라 할 수 있다.

6. 역사인식의 성찰과 민족문화 기원론의 재인식

지금까지 논의를 중심으로 볼 때 침체된 연구의 한계를 극복하려면 단군신화와 고대사, 민족문화 연구에 세 가지 혁신이 기대된다. 하나는 단군신화를 허구적인 사료로 왜곡하는 반역사적 연구에 대한 혁신이 필요하다. 단군신화가 고대사이자 현대사이며 미래사라고 하는 역사적 인식은 단군신화만의 것이 아니라 신화 일반의 이치이기 때문이다. 진정한 역사는 왕조사나 정치사가 아니라 민중생활사이다.

단군신화는 고조선의 생활사는 물론 현재의 민중생활사까지 생생하게 설명하는 까닭에 고대사 사료이자 현대 생활사 자체이기도 하다. 이처럼 단군신화는 현대 민중생활사를 설명하는 자료로서도 상당히 정확한 것이자 분명한 준거가 되고 있는데, 단군신화시대의 생활사를 설명하는 데 사료 구실을 하지 못하는 허구적 자료라고 하는 주장은, 의도적으로 식민사관을 추종하려들지 않는다면 이해하기 어려운 것이라 할 수 있다.

둘은 우리 민족문화의 원류를 시베리아에서 찾는 이른바 시베리아기원설에서 해방될 필요가 있다. 시베리아기원설은 으레 시베리아지역 각 민족은 물론 몽골문화 및 유목문화 기원설과 연결되어 있다. 적어도 고조선 건국시기의 우리 민족문화는 정착형 농경문화를 이루고 있었기 때문에, 아직까지 지속될 수밖에 없는 초원지역의 유목문화와 여러 모로 다른 문화적 정체성을 보여줄 뿐 아니라, 그 문화적 원형과 뿌리도 다르다 하지 않을 수 없다.

실증적으로 단군신화와 현실의 일상문화가 그러한 갈래 차이를 여

러 모로 대조해서 보여주는 것과 더불어, 우리 고대문화를 기록한 중
국의 사서에서도 한결같이 동이족은 토착민이며 비단옷을 입었고 농
사를 지었다고 하여, 정착문화와 농경문화의 내용을 두루 기록해 두었
다.[72] 그런데도 여전히 우리 문화는 북방문화이며 근본적으로 유목문
화라는 전제에서 벗어나지 못하고 있다.[73]

단군신화 자체가 농경문화를 구체적으로 말하고 있는데도 북방문
화 전래설에 매몰되어 있으면 유목문화를 우리 문화의 원류로 생각할
수밖에 없다. 환웅이 풍백(風伯), 우사(雨師), 운사(雲師)를 거느리고 태
백산 신단수 아래로 내려와 신시를 펼쳤다는 것은 농경문화의 배경을
간접적으로 말한다. 만일 유목문화 수준이라면 초원의 풀밭에서 신시
를 펼쳐야 할 것이다.

게다가 환웅이 거느리고 내려온 비바람 신은 모두 농경을 관장하는
신이다. 더 직접적인 내용은 환웅이 신시를 베풀고 "곡식·수명·질병·

---

72) 임재해, 「고대에도 한류가 있었다-민족문화의 정체성 재인식」, 『고대에도 한
류가 있었다』, 지식산업사, 2007, 44-48쪽.
73) 단군학회 제43차 학술대회(동북아역사재단, 2007년 6월 2일)에서 이 논문을
발표할 때 토론자 설중환 교수는 한국문화는 근본적으로 유목민의 전통을
지니고 중국문화는 근본적으로 농경민족의 전통을 지녔다고 주장하며, 그
근거로 『사기』 곳곳에 그런 기록이 있다고 하는 한편, 중국이 용을 숭상하
고 한국은 봉황 같은 새를 숭상하는 것이 그 흔적이라고 했다.
　우선 용과 봉의 숭상을 농경민과 유목민의 흔적이라는 것도 설득력이 없
지만, 『사기』 곳곳에 그런 기록이 있다는 사실도 납득할 수 없다. 『사기』 「秦
本紀」에는 중국을 처음 통일한 진시황조차 유목민 출신으로 서술하고 있다.
오히려, 중국사료 곳곳에서 고대 한국인을 농경민으로 서술하고 있다. 『후
한서』 「동이열전」에는 '동이사람들이 모두 토착민이자 관모에 비단옷을 입
었다'고 하였으며, 같은 책 「한전」에는 '마한 사람들이 농사와 양잠을 할 줄
알며 길쌈하여 비단베를 짠다'고 하고, '땅을 파서 움집을 만들어 살았다'고
하였다. 그리고 부여의 경우에도 '토착생활을 하며, 토질은 오곡이 자라기에
적당하고, 옷은 흰색을 숭상하며 비단옷을 즐겨 있었다'고 하여, 농경민의
생업과 옷차림, 주거생활에 걸쳐 농경문화의 정착생활을 다양하게 증언하
고 있다.

형벌·선악 등 360여 가지 일을 주관하였다"고[74] 밝혀 두었다. 환웅이
지상에서 제일 먼저 곡식에 관한 일을 주관하였다는 것은 농경활동을
가장 중요하게 여겼던 사실을 말한다.

> 환웅이 관장했던 일 가운데 곡식을 맨 먼저 언급한 것으로 보아 당시에
> 농업이 가장 중요했음을 알 수 있다. 바람과 구름, 비는 기후와 관계가 깊
> 은 것으로 농업사회에서 중요시되는 것이다. 이러한 내용으로 보아 환웅시
> 대는 농업사회였으며 농업을 바탕으로 붙박이생활에 들어갔을 것임을 알
> 수 있다.[75]

그러므로 자생적 농경문화의 원형을 부정하고 유목문화로부터 민
족문화의 원형을 찾는 논의는 문헌사료와 실증사료를 함께 부정하는
것이라 할 수 있다. 초원의 유목문화에 우리처럼 쑥과 마늘을 일상적
으로 먹는 식문화는 물론, 구들을 놓고 좌식생활을 하는 정착형 주거
문화가 없지 않은가.

셋은 역사인식의 한계를 혁신해야 한다. 현재 우리 학계가 안고 있
는 역사인식의 한계는 크게 3가지이다. 첫째, 역사는 왕조사처럼 시대에
따라 단절되고 교체되며 전환되는 단선적 교체와 단절의 역사에서 벗어
나, 문화사나 민속사처럼 시대가 바뀌어도 지속되고 누적되며 발전되
는 복선적 지속과 축적의 역사로 전환되어야 한다. 따라서 시대구분론
도 이와 같은 논리에서 이루어져야 한다. 자연히 연대기적 작업보다
위상적 작업이 더 중요하다.[76] 이러한 역사인식의 전환이 없으면 단군

---

74) 『三國遺事』 같은 곳, "降於太伯山頂 神壇樹下, 謂之神市. 是謂桓雄天王也.
　　將風伯雨師雲師 而主穀主命主病主刑主善惡 凡主人間三百六十餘事."
75) 윤내현, 『고조선연구』, 일지사, 141쪽.
76) 임재해, 「한국민속사 시대구분과 공생의 시대 전망」, 『민속문화의 생태학적
　　인식』, 당대, 2002년, 79-80쪽에서 자세하게 다루었다.

신화의 역사가 지금까지 지속될 수 있다는 생각은 꿈에도 하지 못한다.

둘째, 인류의 역사는 생태학적 환경에 크게 영향을 받는다는 인식이다. 생태학적 조건이 생업을 결정하고 생업에 따른 생산양식이 문화를 결정하는 긴요한 구실을 하는 까닭이다. 따라서 생태학적으로 초원지역에 사는 민족들은 21세기에도 여전히 유목생활에서 해방되지 못하고 있다.

아프리카 밀림 속에 사는 소수민족들의 문화는 인류학자들에 의해 원시사회 또는 원시문화로 자리매김되고 있다. 진화론의 한계를 인정한다고 하더라도 일반적인 역사발전 단계에 따라 역사가 발전되지 않고 있는 현상은 부정할 수 없는 사실이다. 문화상대주의에 따라 대등하게 문화적 가치를 인정할 때에도 가장 비중 높게 고려하는 것이 생태학적 조건이다.

그렇다면 생태학적 조건을 고려하지 않은 채 지리적 인접성을 중심으로 전파론을 펴는 것은 무리라 하지 않을 수 없다. 몽골의 문화가 티베트의 그것과 상당히 같은 것은 지리적 인접성 때문이 아니라 생태학적 친연성 때문이다. 농경생활이 어려운 초원지역에서는 유목생활을 할 수밖에 없는 것이 문화생태학적 현실이다. 몽골과 러시아는 한국이나 일본보다 중국과 지리적으로 매우 인접해 있지만, 중국의 한자문화나 유교문화의 영향을 받지 않았다. 생태학적 조건에 맞지 않은 까닭이다. 그러므로 초원지역의 유목문화를 근거로 온대지역 농경문화의 자생설을 부정하며 전파주의적 해석을 하는 것은 비판적으로 극복되어야 마땅하다.

셋째, 역사학이 역사를 연구한다는 착각에서 벗어나야 한다. 역사학은 사료를 연구할 따름이다. 역사와 사료가 같은 개념이라면 모를까, 지금까지 모든 역사학은 사료를 분석하고 해석하는 작업에 머물렀다. 사료연구를 곧 역사연구로 환원하는 것은 사료와 역사의 혼동을 스스로 인정할 따름이다. 달리 말하면 사료를 연구하는 학문은 사료학이지

역사학은 아니다.[77]

　문헌의 기록이나 역사 유적과 유물은 사료일 뿐 역사 자체는 아니다. 실제 역사는 일정한 시기의 공동체생활 자체여야 한다. 신라사는 신라사람들의 공동체생활의 통시적 흐름이라 해야 마땅하다. 신라사 전공자는 신라시대의 사료로 신라사 곧 신라인들의 공동체생활을 추론할 뿐이다. 어떤 신라사 전공자도 신라사를 직접 다루지 못한다는 한계를 인정해야 한다. 따라서 사료보다 실제 생활을 근거로 역사연구를 하는 것이 긴요하다. 그것이 가능한가. 불가능한 것을 주장하는 것은 헛된 이상이다.

　불가능한 것처럼 보이는 것은 역사인식의 한계 때문이다. 역사는 단절되고 전환되는 것이 아니라 지속되고 축적되는 것이라고 인식하면 사정이 달라진다. 우리가 아직도 단군신화를 살고 있다고 여기면, 단군신화시대의 역사연구를 지금의 우리 생활사를 통해서 해석할 수 있다. 쑥과 마늘의 식생활사는 단군신화시대의 역사이자 현실의 역사이며 미래의 역사이다. 정착형 주거생활사도 단군신화시대의 역사가 지속되고 있는 것이다. 고조선의 역사가 지속되며 변화되고 있는 것이 지금의 우리 민족사이자 민중생활사이다.

　현실의 민중생활사 속에 신라사와 고려사, 조선사는 물론 고조선시대의 역사도 살아있다. 그러한 문화적 유전인자와 역사적 지속성을 발견하는 눈이 문제이다. 시베리아와 몽골 문화 속에서는 현재의 우리문화와 같은 점을 찾아 성급한 전파론을 펼치면서, 왜 우리 역사와 문화적 전통 속에서는 고대사와 고대문화의 뿌리를 찾지 못하는가. 왜 신

---

77) 임재해, 「설화의 역사성과 관음사 연기설화의 재인식」, 『韓民族語文學』 41, 韓民族語文學會, 2002, 451-452쪽 참조. "역사학자들은 역사가 아닌 사료를 연구하면서도 마치 역사를 연구하는 것으로 탄탄히 믿고 있는데, 사료가 곧 역사가 아니라면 우리가 지금까지 역사학이라고 하는 것은 사실상 역사학이 아니라 사료를 연구한 사료학일 따름이다."

라금관의 기원을 신라의 역사와 문화 속에서 찾지 못하고 시베리아 샤면에서 찾는가.

통시적 흐름의 시간적 맥락을 포착하는 것이 역사학의 역량이자 장점인데, 오히려 그러한 장점을 발휘하지 못한 채 전파주의에 빠져 공간적 연관성을 찾는 지리학적 해석으로 만족하는 것이 고대사 연구의 근본적인 문제이다. 그러므로 역사연구의 성찰과 역사인식의 혁신 없이는 우리 고대사와 고대문화의 주체적 해석은 기대하기 어렵다. 민속학 전공자가 주제넘게 역사학의 기본적인 문제들을 안고 뒹구는 까닭이 여기에 있다.

제3장 건국신화로 읽는 민족문화의 과거와 현재

1. 한국신화의 정체성을 말해주는 본풀이

한국신화를 두 가지 목적과 방법으로 읽는다. 하나는 한국신화의 정체성을 찾는 목적이고, 둘은 한국신화를 근거로 민족문화의 정체성을 찾는 목적이다. 두 가지 목적을 이루기 위해 두 가지 방법으로 신화를 읽는다. 하나는 일상적인 방법이고 둘은 별난 방법이다.

먼저 신화고고학의 방법으로 신화가 서술하는 역사 이전의 역사를 밝히고, 다음으로 신화 고현학의 방법을 표방하며 신화의 내용이 문화 유전자로서 현대사회에 지속되고 있는 문화현상을 밝히는 것이다. 그러므로 신화 읽기가 곧 문화 읽기이자 역사읽기이며 현실읽기라는 사실을 포착하고, 신화학은 과거학이자 현재학이며 미래학으로서 통시적 학문이라는 사실을 인식하여 본풀이신화학의 새 지평을 열고자 한다.

신화는 본질적으로 태초의 이야기이자 신성한 시작의 역사인[1] 까닭에, 신화를 전승하는 민족의 원초적 세계관과 초기문화의 실상을 잘 갈무리하고 있다. 따라서 신화 속에서 문화의 원형을 찾을 수 있는 것처럼, 신화의 거울을 통해서 민족문화의 정체성도 찾을 수 있다. 그러므로 신화는 민족문화의 원형과 정체성을 집약적으로 갈무리하고 있는 일종의 압축파일이라 생각하며, 이 압축파일을 풀어 읽는 것을 이 논의의 과제로 삼는다.

---

1) Mircea Eliade, *Myths, Dreams and Mysteries*, New York: Collins, 1968, 23쪽에 의하면, 신화는 원시사회 성스러운 역사, 곧 모든 것이 시작되던 성스러운 시간(in illo tempore)에 일어난 초인간적인 계시로 인식된다.

한국신화의 정체성을 찾는 방법은 두 가지이다. 하나는 신화를 자리매김한 이론들을 통해 한국신화의 보편성과 특수성을 변별하는 일이며, 둘은 한국신화가 본디부터 놓여 있었던 문화적 상황에서 신화의 내용을 귀납적으로 포착하는 일이다. 결국 신화이론으로 연역적인 정체성 찾기와, 신화자료에서 귀납적인 정체성 찾기로 요약된다. 여기서는 뒤의 방법을 택한다. 이미 만들어진 열쇠로 한국신화의 문을 여는 것이 아니라, 한국신화의 실상을 통해 새로운 열쇠를 마련하는 것이 선행 작업이며, 마련된 새 열쇠로 압축파일을 푸는 것이 이어지는 다음 작업이다.

대부분의 신화이론들은 외국에서 수입된 것이다. 수입된 신화이론으로 우리 신화의 정체를 온전하게 밝히기 어렵다. 이론만 외국의 것을 들여오는 것이 아니라, 아예 우리 신화까지 외국에서 전래된 것으로 해석하는 이들도 적지 않다. 한국신화 가운데 북방민족의 신화로 해석되지 않는 것이 있으면 남방신화로 해석한다. 마침내 신화와 더불어 민족도 북방이나 남방으로부터 도래한 것으로 해석한다. 전래설이나 도래설에 매몰된 연구는 우리가 사는 한반도를 신화와 문화의 백지도 상태로 설정할 뿐 아니라 마침내 민족의 존재까지 백지도 상태였던 것처럼 몰아가기 일쑤이다.

한국신화의 정체성을 외래신화의 전래설로 해명할 수 있을까. 자기 신화를 스스로 읽지 못하는 한계를 남의 신화를 가져오면 순조롭게 극복할 수 있을까. 알지 못하는 자기 문화의 정체성을 남의 문화 해석에다 끌어다 붙이면 정당하게 해명될까. 만일 그렇게 생각한다면, 자기 정체성을 자기 속에서 찾지 않고 자기와 닮은 다른 사람에게서 찾는 것과 같은 잘못을 저지르는 셈이다.

더 문제는 닮은 것은 곧 영향을 받은 것이고 영향은 곧 전파에 의한 것이며, 전파는 곧 기원을 뜻하는 것처럼 비약적 해석을 하는 것이다. 영향 받지 않고도 닮은 점을 지닌 것이 인류문화의 보편성이다. 영향

받거나 전파되어도 독자성을 지니는 것이 인류문화의 독창성이다. 서로 영향을 받아도 닮지 않을 수 있으며, 기원이 같아도 서로 다른 양상을 이룰 수 있다. 그러므로 외국신화와 닮은 점을 들어서 한국신화의 기원을 거기서 찾는 것은 자기 무능을 드러낼 따름이다.

신화이론만 끌어오는 것이 아니라 신화도 끌어오듯이, 문화이론만 끌어오는 것이 아니라 민족문화의 원류도 다른 문화로부터 끌어오기 일쑤이다. 우리 민족 자체를 이주민이나 유이민으로 해석한다. 달리 말하면 우리가 지금 살고 있는 한반도나 만주지역에는 본디 사람이 살지 않았거나, 사람들이 살아도 문화나 신화가 없었던 것처럼 간주한다. 그러므로 우리 민족의 기원도 문화의 원류도 한반도 바깥에서 찾는 것이 관행처럼 굳어져 있다.

한반도의 문화적 백지도 상황을 주장하던 식민사학의 패러다임은 세 갈래로 극복되고 있다. 하나는 역사학의 방법과 비교사를 통해 고조선문화를 요서지역 중심의 만주와 한반도지역에서 자생적으로 형성된 것으로 보는 연구이고,[2] 둘은 사회사학의 관점과 방법에 의해 고조선문화를 대동강 유역 중심에서 형성된 것으로 보는 '대동강 유역 문명'설이며,[3] 셋은 고고학적 연구에 의해 고조선 및 고구려문화를 발해연안에서 형성된 동북아 문명의 중심으로 보는 '발해연안문명설'이다.[4] 지리적 위치의 중심성은 조금 차이가 나도 모두 한민족의 자생적 문화 기원설을 펴고 있는 공통점을 지니고 있다.

민족문화의 기원이나 원류라고 하는 큰 문화체계를 중심으로 보면, 중심적인 발상지가 특정 지역으로 한정될 수 있다. 그러나 문화의 독립발생설이나 다원발생설을 들지 않더라도, 기본적인 문화는 사람이 사는 사회 곧 모듬살이를 이루는 곳이면 어느 곳이나 다 있다는 사실

---

[2] 윤내현, 『고조선 연구』, 一志社, 1994.
[3] 愼鏞廈, 『韓國民族의 形成과 民族社會學』, 지식산업사, 2001.
[4] 이형구, 『한국 고대문화의 비밀』, 김영사, 2004.

을 알아차리에 되면 고정관념도 극복할 수 있다. 모듬살이 자체가 이미 문화현상이기 때문이다. 사람 사는 곳에 문화가 있었듯이 신화도 있었다. 신화는 신성한 시작의 역사를 말하는 이야기로서 모듬살이 문화의 기본을 이룬다. 그러므로 문화 없는 민족이 없듯이 신화 없는 민족도 없고 신화를 전승하지 않는 공동체도 없다.

따라서 국가 수준의 사회에서 신화가 전승되지 않거나 스스로 건국신화를 창출하지 못했다고 생각하는 것은 신화문화의 실상을 알지 못한 탓이 아닌가 생각한다. 왜냐하면 건국신화는 이야기를 매체로 한 '서사적 정치의 유산'이기[5] 때문이다. 그러므로 건국신화는 정치적 서사물로서 건국의 기틀을 다지는 기본적인 요소라 할 수 있다.

국가와 같은 거대 규모의 모듬살이뿐만 아니라 마을 단위의 작은 모듬살이 속에서도 신화적 사유가 있고 신화가 현재까지 전승되고 있다. 기본적으로는 마을을 처음 개척하거나 마을에 처음 들어온 입향시조 신화와, 마을을 지켜주는 서낭신에 관한 당신화가 함께 전승된다. 물론 주민들의 신화적 사유와 역사적 경험에 따라 마을신화들이 저마다 다르며 그에 따른 제의도 제각기 다르게 전승된다.

마을에서 전승되는 시조신화와 당신화를 조사해 보면, 모듬살이 문화와 더불어 자기 마을의 신성한 시작을 말하는 신화를 두루 수집할 수 있다. 이를테면 제주도에는 270여 신당마다 길고 짧은 당신화가 전승되고 줄거리가 잘 짜여진 것만 50여 편이나 된다.[6] 모듬살이를 이루는 마을공동체 성원들이 스스로 자기 신화를 생산하고 전승할 수 있는 신화적 역량을 갖추고 있기 때문이다. 이처럼 현재 전승되고 있는 마을신화를 통해서 신화문화의 실상을 이해하게 되면, 건국신화의 창조력 부재를 인정하기 어려울 뿐 아니라, 자연물의 의인화를 주장하는

---

5) 임재해, 「맥락적 해석에 의한 김알지신화와 신라문화의 정체성 재인식」, 『比較民俗學』 33, 比較民俗學會, 2007, 585쪽.
6) 玄容駿, 『巫俗神話와 文獻神話』, 集文堂, 1992, 82-83쪽.

태양신화학파나 제의기원설을 주장하는 제의학파 등의 여러 고전적 신화기원설들도 실제 신화와 겉돌고 있는 것을 알 수 있다.

누구나 자기 존재의 처음과 시작에 관한 사실을 이야기로 전승하려는 의식이 있다. 자기 존재의 정체성을 위해서도 자기 집단의 뿌리와 내력에 관한 지식을 전승하지 않을 수 없다. 혈연공동체이든 지연공동체이든 공동체문화를 이루고 있는 한 신화는 공동체 유지를 위한 사회적 유대와 정치적 기능을 위해서도 필수적이다.

따라서 비록 '패배하고 억압당한 민족이라도 신화를 전승하고 재창조하는 가운데 민족의 정체성을 확인하고 민족적 자부심을 키워왔으며, 소수민족은 물론 천대받는 지방민의 정신세계를 구현하는 데도 신화는 소중한 구실을 하고 있다.[7] 그러므로 구비서사시로 전승되는 신화를 통해서 '어느 지역에 살고 있는 어떤 집단 어느 민족이라도 인류는 서로 대등하고 문화 창조에서 각기 소중한 구실을 한다는 것을' 분명하게 입증할 수 있다.[8]

마을 시조신화나 당신화를 보면 건국신화의 논리와 그리 다르지 않다. 당신화의 서낭신이 당나무나 산에 산신으로 깃들어 있듯이, 단군신화의 환웅과 단군이 신단수 또는 아사달의 산신으로 깃들어 있는 것이다. 따라서 신화는 특수한 민족이나 집단만이 누릴 수 있는 특수한 문화가 아니라, 마을의 당신화처럼 어떤 집단이든 누릴 수 있는 보편적인 문화라 할 수 있다. 다만 그 전승집단에 따라 신화의 내용이 일정한 특성을 지닐 따름이다. 그러므로 한국신화의 정체성은 한국의 신화문화 속에서 찾아야 더 정확하게 포착할 수 있다고 보는 까닭에, 우리 신화문화 속에서 한국신화의 정체성을 귀납적으로 찾아내려는 것이다.

---

7) 조동일,『동아시아 구비서사시의 양상과 변천』, 문학과지성사, 1997, 44-45쪽.
8) 조동일, 위의 책, 45쪽.

2. 본풀이로 전승되는 한국신화의 정체 포착

신화는 본래 노래되었다. 우리 신화문화는 노래문화이자 굿문화였다.[9] 문학 갈래로 보면 구비서사시로 전승되었다. 신화가 널리 노래되던 시기가 바로 신화시대이다. 신화시대에는 신화가 널리 지어지고 사실로 믿어지던 시대였다. 신화시대를 역사적 시대구분에 따라 달리 말하면 주술의 시대로 일반화할 수 있고,[10] 한국문화의 상황에서는 굿문화의 시대라 할 수 있다. 그러므로 한국신화의 정체성을 찾으려면 굿문화와 더불어 노래되는 무속신화를 주목해야 한다.

신화가 굿판에서 노래된다는 것은 곧 굿을 하는 무당이 신화를 노래하는 주체라는 말이다. 그런데 무당들이 굿을 하면서 신화를 노래하지만 도무지 '신화'라는 말은 쓰지 않는다. 신화는 우리말이 아닌 것은 물론, 민중들이 쓰는 생활세계의 일상언어가 아니라 학계에서 쓰는 학술용어이기 때문이다. 따라서 신화의 본디 우리말을 찾아야 한국신화의 정체성을 풀이하는 실마리가 포착된다.

한국신화의 정체성을 찾으면서 신화의 어원이라고 하는 그리스어 '뮈토스(Mythos)'의 뜻을 탐색하는 것은 부질없는 짓이다. 그리스 신화와 한국신화의 정체성을 혼동하지 않으려면 신화의 본디 우리말을 찾아서 새겨야 한다. 그럼 굿에서는 신화를 무엇이라 일컫는가. 신화가 노래되는 굿의 현장을 주목하지 않을 수 없다.

최근까지 굿을 하면서 신화를 노래하는 전통을 잘 보여주는 굿은 성주굿과 제석굿, 칠성굿, 오구굿 등이다. 그리고 신화를 노래하는 굿

---

9) 조동일, 「신화의 유산과 그 변모 과정」, 『우리 문학과의 만남』, 弘盛社, 1978, 82-84쪽에 신화가 굿과 관련되어 노래되었을 것이라는 논의를 자세하게 하였다.

10) 임재해, 「한국민속사 시대구분의 모색과 공생의 시대 전망」, 『민속문화의 생태학적 인식』, 도서출판 당대, 2002, 90-103쪽에서 민속사를 주술의 시대, 예술의 시대, 변혁의 시대로 구분하고 미래를 공생의 시대로 전망했다.

문화가 잘 살아 있는 지역은 제주도이다. 따라서 신화의 본디 모습은 굿문화 속에 살아 있는 무속신화를 통해서 파악할 수 있다. 그러므로 성주굿이나 제석굿, 그리고 제주도지역의 굿에서 신화의 본디 모습과 원형을 발견할 수 있다.

성주굿에서 부르는 신화가 '성주풀이'이고, 제석굿에서 부르는 신화가 '제석본풀이'이다. 성주풀이는 성주신의 근본을 푸는 노래이고, 제석본풀이 또한 제석신의 좌정과정을 풀이하는 서사적인 노래이다. 굿판에서는 아예 신화라는 말이 없다. '풀이' 또는 '본풀이'가 신화를 뜻하는 우리말이다. '무속신화가 지닌 중요한 속성이 본풀이로 표현될 수 있듯이, 상고대 신화도 본풀이로 간주될 수 있다.'[11] 따라서 단군신화나 주몽신화란 말도 요즘 학계에서 일컫기 시작한 말이고, 사실은 단군본풀이자 주몽본풀이라 해야 마땅하다. 같은 논리로 성주풀이나 제석본풀이를 달리 말하면 성주신화이자 제석신화라 할 수 있다.

신화가 노래되는 제주도 굿을 보면 이러한 신화의 본디 모습을 더 자세하게 이해할 수 있다. 제주도에서는 아예 '서귀포본향본풀이', '세화본향당본풀이'처럼 '본향본풀이' 또는 '본향당 본풀이'라고 일컫는다. 당신(堂神)의 본향을 풀이하는 신화를 '본향본풀이'라고 하는 것이다. '성주의 본향이 어드메냐 경상도 안동땅 제비원이 본일레라' 하고 부르는 성주풀이도 사실은 '성주본향본풀이'라 해야 옳다. 본향을 묻고 답하는 까닭이다.

그런데 제주도에는 당신본풀이 외에도 '조상신본풀이',[12] '일반신본풀이' 등 본풀이 문화가 드세다.[13] 제주도에는 당신본풀이만 해도 270

---

11) 金烈圭, 『韓國神話와 巫俗研究』, 一潮閣, 1977, 2쪽.
12) 조상신본풀이라 하여 자기 조상신에 관한 혈연적 본풀이가 아니라, 자기 조상을 수호하던 신에 관한 본풀이 곧 조상수호신 본풀이를 말한다.
13) 玄容駿, 앞의 책, 15-66쪽에 제주도 본풀이에 관한 본격적인 연구성과를 수록해 두었다.

여 편이나 된다고 하니, 다른 본풀이들까지 두루 살피면 헤아릴 수 없이 많은 본풀이들이 전승된다. 따라서 제주도는 본풀이의 고장이자 신화의 섬이라 할 만하다. 그러므로 동아시아의 신화 논의를 제주도 신화로부터 시작한 것은[14] 풍부한 신화의 전승을 고려한 결과라 할 수 있다.

신화를 나타내는 본향당본풀이, 본향본풀이, 본풀이, 풀이는 모두 같은 노래를 뜻하는 말이되, 일반적으로 '본풀이'란 말을 주로 쓴다. 본풀이는 '본향풀이'의 줄인 말이다.[15] 본풀이에서 말하는 본향은 공간적으로 특정한 장소를 가리킨다. 종교적으로 말하면 본향은 특정 종교의 고향이자 발상지를, 혈연적으로는 성씨시조의 고향을 말한다. 특정 종교의 성인이 태어난 곳이나 득도한 곳 또는 순교한 곳으로서 성지 구실을 하는 곳이 바로 종교적 본향이다. 그러므로 본향은 종교적 발상지이자 성지로서 메카(mecca)를 뜻한다.

실제로 성주풀이에서도 성주 본향을 묻고는 '경상도 안동땅 제비원이 본일레라' 하며 구체적인 주소를 말한다. 이처럼 굿에서 말하는 '본향'은 신의 본거지 또는 출생지라는 뜻으로 사용된다.[16] 결국 무신으로 섬기는 신령의 본디 고향을 찾는 것이 본풀이라는 말이다. 인간관계에서도 서로 자신의 정체를 밝힐 때, 이름 다음으로 주소 또는 고향이 문제된다.

전통사회에서는 고향 못지않게 중요한 요소로서 관향(貫鄕)을 따졌다. 고향이 본적 개념이라면 본향은 시조의 고향으로서 곧 관향 개념

14) 조동일, 『동아시아 구비서사시의 양상과 변천』에서 논의를 제주도 구비서사시에서부터 시작했다.

15) 金烈圭, 「總論: 民談을 보는 多樣한 눈」, 『民談學槪論』, 一潮閣, 1982, 8쪽, "本풀이는 '本鄕풀이'라고도 한다. 神靈들의 本鄕·貫鄕에 관한 얘기, 그 根本이며 내력에 관한 얘기란 뜻이다. 탄생에서 神이 되기까지 神이 겪은 이력 또는 傳記라고 보아도 좋을 것이다."

16) 金泰坤, 『韓國民間信仰硏究』, 集文堂, 1983, 70-71쪽.

에 해당된다. 전통사회에는 이름보다 관향을 더 중요하게 따졌다. 관향이 인간의 정체성을 드러내는 가장 중요한 요소로 여긴 까닭이다. 따라서 여성들의 경우 족보에 주소와 이름을 밝히지 않아도 관향과 성은 꼭 밝힌다. 묘지에 세워 둔 비석에도 이름은 밝히지 않아도 관향은 밝혀서 새겨둔다. 그러므로 관향이 뼈대있는 집안이나 대단한 문벌의 정체성을 나타내는 기본 자질인 것이다.

그러나 본향을 단순하게 밝히는 것은 '본풀이'라고 하지 않는다. 바리데기 이야기를 두고 오구풀이라 하지 않는 것처럼, 당금애기를 이야기한다고 해서 제석본풀이 한다고 일컫지 않는다. 본풀이나 풀이는 모두 노래되는 양식을 뜻하기 때문이다. 본풀이의 본디 모습을 잘 전승하고 있는 제주도 본풀이에서 그러한 성격이 잘 드러난다. 같은 신의 내력담이라도 이야기가 아니라 노래되어야 한다. 정확하게 본풀이라 할 수 있는 것은 '신을 모셔 놓은 굿판에서 무악의 가락에 맞추어 노래 부르는 것'에 한정된다.[17]

본풀이는 무당이 굿상을 향해 앉아서 부르는 것으로서[18] 신이 본풀이를 듣고 굿판에 강림하기를 기대한다. 따라서 'ㄴ려옵네다', '먹는구나' 하고 모두 현재시제로 노래되며, 주고받는 대화체로 구연되는 까닭에 상당히 연극적 성격을 띤다. 본풀이 노래가 신의 현현(顯現)을 실현하는[19] 신성한 주술 구실을 하는 까닭이다. 그러므로 본풀이는 신의 좌정과 영험을 기원하는 굿에서 필수적으로 노래된다.

굿의 성격에 따라 본풀이의 내용도 달라진다. 달리 말하면 본풀이의 내용에 따라 굿이 결정된다는 말이다. 당본풀이는 마을굿이나 고을굿에서 노래되듯이, 건국시조풀이는 나라굿에서 노래되었다. 단군본풀이는 고조선의 나라굿에서 노래되었을 것이고 주몽본풀이는 고구려의

---

17) 玄容駿, 같은 책, 17쪽.
18) 玄容駿, 같은 책, 27쪽.
19) 玄容駿, 같은 책, 52-53쪽.

나라굿에서 노래되었을 것이다. 그러므로 굿에서 전승되는 본풀이의 논리에 따라 한국신화의 정체를 밝혀야 독창적 해석에 이를 수 있다.

3. 본풀이에 갈무리된 신화적 세계의 인식

본풀이는 신의 역사적 근원과 혈연적 계보를 시공간의 좌표 위에서 서사적으로 노래하는 것으로서, 한국신화의 본디 성격을 잘 나타내는 문화유산이다. 구체적으로 본풀이는 어떤 내용을 노래하는가. 굿에서 노래되는 본풀이를 통해서 확인할 수밖에 없다. 본격적인 본풀이는 단순히 신의 내력담을 구연하여 신을 청배하는 데 머물지 않고, 굿의 서두에 천지조판(天地肇判)의 과정을 노래한다. 제주도에서는 이것을 '초감제'라 하고, 육지에서는 흔히 '지두서(指頭書)'라 한다.

지두서는 천지가 개벽된 뒤에 한국의 산과 강이 형성되고 단군조선 건국 이래 조선왕조까지 우리 역사의 흐름이 통시적으로 노래한다. 그리고 지금 여기 굿판의 주소와 상황을 공시적으로 노래하며, 여러 무신들을 청배하여 좌정시키는 구실을 한다. 따라서 태초의 천지개벽 상황에서부터 지금 현재 상황까지 노래하는 통시적인 내용과, 우주의 천문지리와 굿판의 현주소를 구체적으로 밝히는 공시적인 내용이 함께 노래됨으로써, 굿을 하는 현장의 시공간적 좌표가 분명해진다.

제주도 초감제는 지두서보다 더 구체적이고 생생하다. 초감제에서 노래되는 '베포도업침'은 천지개벽신화로서 천지혼합의 혼돈에서 하늘과 땅이 갈라지고 천지가 처음 열리는 과정을 노래한다. 이 본풀이에서 우주 생성은 음양론에 바탕을 두고, 우주 구조는 천지인 삼재론에 바탕을 두고 있는 우주론이 잘 드러나 있다.[20] 이어서 구연되는 천지

---

20) 임재해, 「韓國 神話의 敍事構造와 世界觀」, 『說話文學研究』 上, 단국대학교 출판부, 1998, 88-93쪽에 자세하게 다루었다.

왕본풀이는 천지왕이 낳은 쌍둥이 형제가 해와 달의 수를 각각 하나로 조정하고 이승과 저승을 나누어서 다스리도록 하는 과정을 노래한다. 인간세상을 다스리는 시조 이야기를 하면서 세상이 이승과 저승으로 나뉘어지고 선과 악이 생겨난 사회현상을 설명하는 것이다.[21] 그러므로 세계의 두 차원과 인류의 선악에 관한 유래까지 이야기하는 셈이다.

이어서 '날과 국섬김'을 하고 '집안연유닦음'을 하는데, 현실계의 인간이 이룩한 나라의 역사를 구연한다. 굿하는 장소와 시간이 구체적으로 이야기되고 굿을 하는 사연과 이유를 고한 다음에 신의 강림을 기원하는 것이다.[22] 그리고 보면 초감제는 지두서와 전체적인 구조가 같다. 태초의 천지개벽 순간에서부터 우리나라의 역사가 흘러와 지금 굿을 하는 순간까지 통시적인 내력과, 천지일월의 우주 구조에서 굿판의 현장까지 공시적인 위치가 분명하게 밝혀진다.

따라서 큰굿의 본풀이 내용은 지금 여기의 시공간까지 구체적으로 노래한다는 점에서 고대 이야기로 끝나 버리는 기존의 신화와 크게 다르다. 항상 지금 여기의 상황까지 노래하는 까닭에 굿을 하는 시기와 장소, 사정에 따라 말미는 크게 다를 수밖에 없다. 한 편의 서사적 구조물로 완결되어 있는 것이 아니라, 주어진 굿판의 상황에 따라 끊임없이 더 보태지고 달라지는 것이 본풀이의 역동적 가변성이다. 굿을 하는 상황에 맞게 축적된 역사와 변화된 장소를 반영해야 하는 까닭이다. 이러한 역동성이 굿문화 속에서 전승되는 본풀이의 살아 있는 모습이자 한국신화다움의 실상이다.

그러므로 본풀이를 통해서 세 가지 사실을 알 수 있다. 하나는 본풀이의 역사적 서사의 마지막 지점이 늘 현재 상황이라는 사실이며, 둘

---

21) 김헌선, 「〈베포도업침〉과 〈천지왕본풀이〉에 나타난 신화의 논리」, 『比較民俗學』 28, 比較民俗學會, 2003, 241-249쪽에 두 본풀이의 내용이 잘 분석되어 있다.
22) 김헌선, 위의 글, 242쪽.

은 본풀이를 통해 인식하는 세계관이 시공간적으로 크게 열려 있다는 사실이고, 셋은 우리 신화유산이 매우 풍부하며 신화문화의 전통이 지금까지 생생하게 살아 있다는 사실이다.

먼저 신화유산부터 보면, 본풀이를 통해서 노래되는 신화에는 천지개벽신화와 인류시조신화, 일월조정신화, 인세차지신화 등 다양한 신화가 풍부하게 전승되고 있다. 신화가 한갓 서사문학으로 읽혀지는 것이 아니라 굿문화 속에 실제 기능을 하면서 살아 있는 것이다. 따라서 본풀이를 신화문화의 살아 있는 모습으로 이해하지 못하면, 마치 한국에는 천지창조신화나 인류시조신화, 죽음의 신화와[23] 같은 기본적인 신화가 없는 것처럼 인식되거나,[24] 그래서 신화문화 유산이 아주 빈곤한 것으로[25] 간주되어, 민담에서 그러한 신화적 요소를 찾을 수밖에 없다는 문제적 한국신화론이 제기되기도 한다.

그러므로 나는 지두서나 초감제에서 구연되는 본풀이를 창세신화라는 하나의 신화로 다루는 것에 동의하지 않는다. 왜냐하면 한국에는 자칫 창세신화 유형 한 편만 있고, 천지개벽신화나 인류시조신화, 물과 불의 신화, 일월조정신화 등 다양한 신화의 유형들은 없는 것처럼 인식될 가능성이 높기 때문이다.

실제로 본풀이는 여러 유형을 이어서 부르는 까닭에 '창세가'라 묶을 수 있지만, 천지개벽신화의 '베포도업침'과, 일월조정 신화 및 인세

---

23) 제주도의 이공본풀이는 죽음의 신화이다.

24) 崔南善, 「朝鮮의 神話」, 高大亞細亞問題硏究所 編, 『六堂崔南善全集』 5, 玄巖社, 1973, 17쪽. "우선 자연신화에 붙이는 것이 거의 없습니다. 천지개벽의 이야기도 없고, 홍수 난리 치르는 이야기도 없고 (일부 줄임) 대체로는 자연현상을 설명하는 신화는 조선에 없다 하여도 가합니다."

25) 金烈圭, 『韓國의 神話』, 一潮閣, 1976, 8쪽. "한국신화가 오늘날 세계의 개벽과 종말, 인간의 창생(創生)과 죽음에 관한 신화를 못 가지고 있는 것은 사실이다. 그래서 불행히도 신화에 있어서도 가장 원천적인 것이 결실(缺失)되어 있다는 그런 허전함이 있는 것도 사실이다."

차지 신화를 담고 있는 '천지왕본풀이'는 분명하게 구분되어 있다. 천지 개벽신화라 일컬은 베포도업침은 독립적인 유형(type)으로서 한 편의 신화를 이루는 유형적 서사구조를 갖추고 있으므로, 화소 차원의 신화소 (mytheme)라 하기 어렵다. 천지왕본풀이에 포함되어 있는 신화들도 마찬가지이다.

비록 하나의 본풀이 속에서 이어져 구연되어도, 서사적 내용에 따라 독립된 유형을 분별해야 신화의 유형들이 제대로 드러난다. 그것은 마치 굿은 하나이지만 그 안에 여러 거리의 작은 굿들이 포함되어 있는 것과 마찬가지이다. 전체가 하나의 굿이면서 굿을 이루는 작은 굿도 하나의 굿이다. 따라서 굿의 전체적인 유기성과[26] 부분적인 독자성을 함께 인정해야 굿을 총체적으로 이해할 수 있다.

우리가 전승하는 세계 기원 신화는 천지 '창조' 신화가[27] 아니라 천지'개벽' 신화로서, 천지창조 신화의 창조론과 다른 진화론적 개벽론을 펴고 있다. 이러한 세계관적 인식을 온전하게 포착하기 위해서도 '천지개벽신화'라는 유형적 인식과 명명이 필요하다.[28] 따라서 본풀이에서 노래되는 여러 유형의 신화를 창세신화의 한 신화소로 분석할 것이[29] 아니라, 독립적인 신화로 인정하고 유형별 신화론을 더불어 펼쳐야 할 것으로 생각한다.[30]

---

26) 이수자, 『큰굿 열두거리의 구조적 원형과 신화』, 집문당, 2004, 306쪽에 제주도 굿의 전체 과정을 유기적 체계로 도식화해 두었다.

27) 이수자, 위의 책, 401쪽에서는 '베포도업침'과 '천지왕본풀이'를 모두 천지창조신화 또는 천지창생신화라 하여, 천지개벽신화로서 한국신화의 정체성을 흐리게 만들었다. 154쪽에서 "베포도업침이야말로 우리민족이 창안해낸 천지창조신화라는 것을 시사한다"고 하여 천지창조신화의 존재를 인정하는 논의로는 적절한 표현이되, 우리민족 신화의 정체성을 나타내는 데에는 '천지개벽신화'라고 해야 더 적절할 것이다.

28) 임재해, 「韓國 神話의 敍事構造와 世界觀」, 72-73쪽.

29) 김헌선, 『한국의 창세신화』, 길벗, 1994, 40-41쪽.

30) 임재해, 「고대 신화에 나타난 한국인의 진화론적 자연관」, 안동대학교 민속

본풀이로 구연되는 천지개벽신화의 세계관은 요즘의 세계화 시대에 말하는 세계보다 훨씬 더 넓고 깊다. 21세기의 세계화는 기껏 세계보다 더 포괄적인 용어로 지구촌(globalization)을 들먹일 따름이다. 그러나 천지개벽신화에서는 광대한 우주천지를 두루 세계로 끌어들인다. 하늘과 땅은 물론 해와 달, 별까지 끌어들여 공시적인 우주관을 펼칠 뿐 아니라, 태초의 우주에서 지금 여기의 공간을 구체적으로 다루는가 하면, 굿이 전개됨에 따라 미래의 세계까지 전망한다.

하늘과 땅도 눈에 보이는 것에 한정되지 않는다. 공간적으로 끊임없이 확대되어 있다. 우리는 하늘을 하나의 공간으로 인식하지만, 천지개벽신화에서 하늘은 수 없이 많다. 굿을 하며 신화를 구송한 옛사람들의 세계관 또는 우주관이 현대인들의 인식 수준을 훌쩍 넘어서 있다.

> 하날은 어떤 것이 하날이냐
> 청청 맑은 청하날이요
> 잉은이도 삼하날 지하에도 삼하날 지자도 삼하날
> 삼십삼천구천서른세하날, 이것이 하날이외다.[31]

하늘은 천지인 3재의 하나이자 근본이다. 그 하늘이 다시 3재로 이루어져 있다. 하늘이 크게 셋으로 존재할 뿐 아니라, 하늘 셋이 다시 셋으로 분화되어 있다. "하늘 위에도 세 하늘, 땅 아래도 세 하늘, 땅 위에도 세 하늘"이 있다.[32] 이렇게 셋으로 계속 분화하여 결국 '삼십삼천구천서른세하날'이 있다. 3의 프렉탈 현상을 이루며 하늘은 무한하

학연구소 편, 『민속연구』 8, 민속원, 1998, 243-277쪽 및 「韓國 神話의 敍事構造와 世界觀」, 93-96쪽 등에 이 문제를 논의하였다.
31) 赤松智城·秋葉隆, 『朝鮮巫俗의 硏究』 上, 大阪屋號書店, 1937, 371쪽. 표기법은 원래 자료대로 따르되, 이해하기 쉽도록 띄어쓰기만 고쳐서 옮겨 놓았다.
32) 김태곤 외, 『한국의 신화』, 시인사, 1988, 207쪽.

게 존재하는 것이다.[33]

하늘만 그런 것이 아니라 땅도 마찬가지이다. 땅도 이미 땅 아래위로 나누어 지상세계와 지하세계를 함께 땅의 세계로 인식한다. 지상세계나 지하세계나 하늘이 셋이라면 땅도 셋으로 봐야 할 것이다. 지상세계를 다시 산과 물의 세계로 나눈다. 땅의 세계도 3의 프렉탈 현상을 이루고 있다. 우주 공간의 인식은 물론 지구촌의 인식도 더 다원적이고 포괄적이다. 따라서 천지개벽 신화에서 말하는 세계관은 중국 중심의 화이론적 세계관이나, 지중해 중심의 르몽드(Le Monde)가 뜻하는 세계인식을 넘어선다. 세계화를 표방하며 세계 각국을 아우르는 지표 차원의 현대적 세계인식보다도 한층 폭 넓다.

본풀이의 세계는 지금 우리가 겪는 당대의 지구촌에 한정되지 않는다. 태초에 천지가 개벽되던 우주적 상황에서, 우리가 살아가야 할 미래의 세계까지, 세계는 통시적으로 지속되며 그때마다 다른 세계를 이룬다. 본풀이에서는 과거와 현재, 미래의 세계를 통시적으로 다루며 우주적 세계관과 함께 역사적 세계를 포괄한다. 따라서 공간적 세계인식의 다층적 확장에 머물지 않으며, 시간적 세계인식까지 장기지속의 역사성을 지니며 무한하게 확장되어 있다.

더 중요한 것은 우주론적 세계가 공간적으로 여기의 현장과 연관되어 있고, 또 과거와 현재, 미래의 통시적 세계 또한 지금 여기 본풀이하는 사람들의 삶과 연관되어 있다는 사실이다. 무한한 공간적 세계와 역사적으로 지속되며 변화하는 세계가 지금 우리의 삶과 유기적 관계를 이루고 있다는 세계인식이 중요하다. 그러한 우주와 세계는 하나이다. 민족과 국가로 분화되어 있지 않다. 우주 차원의 유기적 세계가 지금 바로 여기에 있는 우리의 본향이다. 그러므로 본풀이는 자민족 중심으로 이야기되는 기존의 신화와 다른 세계관을 지녔다. 특정 공간이

---

33) 임재해, 「韓國 神話의 敍事構造와 世界觀」, 107쪽.

나 특정 시간의 세계가 아니라 모든 시공간을 하나의 유기적 실체로
인식하는 것이다.

본풀이의 형식도 흥미롭다. 질문하고 답하는 방식을 이루고 있다.
'성주본향이 어드메냐/ 경상도 안동땅 제비원이 본일레라'와 같이, 천
지개벽신화에서는 '어떠한 것이 천지혼합입니까?', 또는 '어떠한 것이
개벽이뇨?' 하고 질문한다. 그러면 '혼합한 후에 개벽이 제일입니다',
또는 '하늘과 땅이 각각 갈라서 개벽입니다' 하고 제각기 대답한다. 한
마디로 본풀이는 문답풀이라 할 수 있다. 질문은 모두 근원적이고 신
화적이어서 예사롭지 않다. 이러한 질문에 따라 천지혼합을 설명하고
개벽도 설명하며 인류시조도 설명한다.

흥미로운 사실은『삼국유사』와 거의 같은 시기에 저술된『제왕운기
(帝王韻紀)』에는 단군신화가 본풀이 양식처럼 문답풀이 양식의 주석으
로 인용되어 있다는 점이다. 첫 문장이 "처음에 누가 나라를 개창하고
풍운을 다스렸는가? 제석의 손자로서 이름을 단군이라 하는 분이다. (『본
기(本紀)』에 이르기를 상제 환인에게 서자가 있었는데.....)"[34]와 같이
서술되어 있다.

『본기』에서도 환인이 "(환웅에게) 삼위태백에 내려가 홍익인간의 뜻
을 펼치겠는가?"[35] 하는 질문으로 시작한다. 본풀이의 문답 양식과 상
당히 닮았다. 그런데 대부분의 연구자들은 단군신화의 이본으로『제왕
운기』의 단군신화를 인용하면서 이 부분을 놓치고『본기』의 기록만 끌
어온다. 단군본풀이라는 의식을 가지고 있지 않기 때문이다.

본풀이가 왜 문답풀이처럼 대화체로 전승되는가. 대화체로 이야기
를 전개하는 양식은 두 가지 특성을 지닌다. 첫째 대화체는 한결같이
현재형으로 이야기된다는 점이다. 따라서 본풀이는 과거형으로 이야

---

34) 『帝王韻紀』卷下,「前朝鮮紀」東國君王開國年代并序, "初誰開國啓風雲 釋帝
之孫名檀君(本紀曰 上帝桓因有庶子....)".
35) 『本紀』曰 上帝桓因有庶子曰雄云云, 謂曰 "下至三危太白 弘益人間歟".

기되는 예사 설화와 다르다. 둘째 대화체는 극적 형식을 이룬다는 것
이다. 희곡은 모두 대화체로 이루어져 있다. 따라서 대화체는 극적 제
시의 효과를 지닌다. 주술적으로 말하면 굿에서 신이 실제로 나타나는
것을 표현하는 방식이다. 이를테면 가톨릭의 미사도 같은 양식이다.

> 사제: 주님께서 여러분과 함께!
> 신자: 또한 사제와 함께!
> 사제: 우리 주 하느님께 감사합시다.
> 신자: 마땅하고 옳은 일입니다.

미사에서도 사제와 신도들이 대화를 주고받는데, 예수 그리스도가
실제로 미사의 현장에 재림해 있는 상황을 나타낸다. 굿판에서 신이
내린 경우에도 이와 같다. 무당과 신이 주고받는 대화 형식인데, 주로
무당이 묻고 신이 답을 하는 문답형식이다. 신이 굿판에 좌정해 있는
현상을 극적 제시의 방법으로 나타내는 것이다. 그러므로 굿에서 극이
발생했다는 연극의 제의기원설은 이런 시각에서 설득력을 지닌다.

본풀이의 질문에서도 이미 천지창조신화와 다른 개벽신화로서 특
징이 드러난다. '어떠한 것이 개벽이뇨' 하고 천지혼합의 상황에서 개
벽을 묻는다. 어디서도 천지창조를 묻지 않는다. 인류시조신화에서도
'사람이 생길 적에 어디서 생겼는가?' 하고 묻는다. '누가 만들었는가?'
하고 창조의 주체를 묻거나 '어떻게 만들었는가?' 하고 창조의 방법을
묻는 것이 아니라, '어디서 생겼는가?' 하고 사람이 생겨난 공간만을 묻
는다. 사람이 자력적으로 생기는데, 다만 그 장소를 묻는다. 그러므로
우리 신화에는 창조의 주체로서 조물주가 등장하지 않는다.

하늘에서 금벌레와 은벌레가 내려와서 사람으로 변하거나, 천지 압
록산의 흙이 모여서 사람이 된다. 금벌레 은벌레도 해와 달로 음양을
나타내고, 천지는 하늘과 땅, 압록산은 강과 산으로서 음양을 이루는

실체이다. 따라서 우주의 형성이 음양론에 의해 이루어지듯이 인류시
조도 음양론에 의해 출현한다. 그러므로 인류시조신화에서 하늘과 땅,
강과 산이 교섭하여 사람을 만들었다는 것은, 음양론적 우주 형성론에
입각한 천지개벽신화와 같은 일관된 세계관을 지니고 있다.[36]

4. 두 본풀이로 이루어진 단군신화의 구조

굿의 시작을 여는 지두서나 초감제의 본풀이는 세상의 근본 내력
곧 우주의 형성과 변화, 그리고 인류의 역사를 풀이해 줄 뿐 아니라 태
초의 시작과 우주의 구조, 인류의 출현과 같은 근원적인 의문을 풀이
해 준다. 굿을 할 때마다 태초의 우주와 나라의 역사, 그리고 지금 여
기의 문제를 본풀이의 서사무가 형식으로 풀이해 주는 것이다. 나라굿
을 할 때라고 해서 예외가 아니다. 나라굿에서도 여전히 태초의 우주
와 나라의 역사, 지금 여기의 상황까지 노래하게 마련이다. 나라와 민
족을 넘어서 우주와 인류가 하나이자 유기체라는 것을 말한다.

단군신화의 본디 모습은 나라굿에서 구연된 단군본풀이의 긴 노래
였을 것으로 짐작된다. 그러나 지금 우리가 만나는 기록에는 그러한
자취가 남아 있지 않다. 나라굿의 본풀이가 굿판에서는 사제왕(priest
king)에 의해 굿의 형식에 따라 노래되지만, 세간에서 이야기될 때에는
이야기 거리가 될만한 서사적 내용만 구연되게 마련이다.

특히 문헌에 기록될 때에는 본풀이로서 전후 맥락은 잘려나가고 중
요한 줄거리만 정리될 수밖에 없다. 구어로 전승되던 노래와 이야기가
한문으로 기록될 때는 더욱 축약될 수밖에 없다. 제주도 본풀이도 채
록자에 따라 차이를 보이긴 하나, 초감제의 전후 맥락은 거의 기록되
지 않았다.[37] 그러므로 『삼국유사』에서 인용된 『위서(魏書)』나 『고기

---

36) 임재해, 「韓國 神話의 敍事構造와 世界觀」, 99쪽
37) 김헌선, 『한국의 창세신화』, 자료편을 참조하기 바란다.

(古記)』의 기록 또한 단군본풀이의 실제 상황을 실감나게 기록하기 어렵다.

『위서』에서는 단군왕검의 역사와 도읍지, 고조선의 건국시기를 아주 간략하게 밝혀두었을 따름이다. 단군본풀이의 가장 기본적인 내용인 주인공의 이름, 역사적 시기, 지리적 위치, 나라이름만 기록으로 남겼다. 일종의 키워드만 기록한 셈인데, 구전되는 본풀이를 듣고 그 내용을 적었다고 하기 어렵다. 환웅에 관한 내용이 전혀 없는 것이 단적인 증거이다. 그러므로 중국인들은 단군이 세운 '조선'을 한민족의 가장 첫 국가로 알고 있는 것이다.

국가의 기원을 말하는 건국본풀이로 보면, 단군의 조선본풀이만 별도로 기록한 것이어서 환웅의 신시본풀이는 제외되어 있는 것이다. 환웅이 세운 신시의 역사는 알지 못했던 셈이다. 그런데 『고기』에서 인용한 내용은 환웅과 단군의 내력을 모두 기록해 두었을 뿐 아니라, '단군신화'라 일컬을 만큼 본풀이다운 서사구조의 성격을 상당히 갖추고 있다.

『고기』는, 중국의 『위서』에서 보이는 단편적인 사실 중심의 건조한 서술과 달리, 단군왕검과 고조선의 본향풀이를 제법 적극적으로 하고 있는 점이 눈길을 끈다. 본향을 하늘나라에서 시작하는 것도 본풀이 일반의 전통을 잘 이었다. 성주풀이도 성주의 본향을 현실 세계의 '안동 제비원'을 본향으로 하지 않는 경우에는, "성조본이 어데메요 천상 옥계가 본일네라"고[38] 하여 천상에서 본향을 찾는다.[39]

따라서 단군신화가 본풀이의 구조를 잘 갖추고 있는가 따져볼 필요가 있다. 본풀이가 구연되는 큰굿의 구조를 보면, 일반적으로 우주적

---

38) 金泰坤, 『韓國巫歌集』 4, 集文堂, 1978, 77쪽, 1976년 2월 23-26일, 김석출 무격, 55, 영일지역 무가 '성주굿'.
39) 이 무가집에 실린 성주 본향을 풀이한 성주풀이 10편 가운데 7편은 안동 제비원이 본향이고, 3편은 천상세계가 본향이라 하였다.

시공간의 차원에서 시작하여 인간의 존재론적 차원, 그리고 자연과 지리 및 역사적 차원으로 전개된다.[40] 단군본풀이도 이와 같은 맥락에서 분석해 보면 흥미로운 결과에 이른다.

1) 천제 환인과 아들 환웅이 인간세상을 굽어살피고 부자가 서로 홍익인간의 뜻을 헤아리며 공감할 때는 우주적 시공간 차원의 이야기이다.
2) 환웅이 천부인 3개를 지닌 채 무리 3천을 거느리고 태백산 신단수 밑에 내려와 신시를 베풀고 천왕이 되었다는 것은 존재론적 차원의 이야기이다.
3) 환웅천왕이 풍백·우사·운사를 거느리고 인간사 360여 가지 일을 주관하며 '재세이화'의 이치로서 세상을 다스리는 것은 자연과 지리 및 역사적 차원의 이야기이다.

이렇게 분석해 보면, 환웅의 신시 내용만 하더라도 큰굿의 구조와 일치하는 것은 물론, 하나의 본풀이로서 또는 서사구조로서 온전한 독립성을 지닌다. 천제 환인의 세계이자 환웅의 본향인 천상세계를 밝히는 가운데, 환웅이 인간세상에 내려와 신시의 천왕으로 자리잡는 존재론적 과정을 거쳐, 마침내 세상에 머물러 사는 정착생활의 이치로 홍익인간의 이상을 구현하는 역사적 상황까지 서사적 완결성을 갖추고 있다. 그러므로 이 내용만으로도 '환웅본풀이'라 일컬을 수 있는 독립적인 서사작품으로서 아무런 손색이 없다.

달리 말하면 '환웅본풀이'도 건국시조신화로서 부족함이 없다는 말이다. 그럴 수 있는 결정적인 근거는 "환웅이 무리 삼천을 거느리고 태백산 신단수로 내려와 자리를 잡고 '신시(神市)'라 이르는 국가조직을 만들었는데, 이 분이 바로 환웅천왕(雄率徒三千 降於太白山頂神壇樹下 謂之神市 是謂桓雄天王也)"이라는[41] 사실이다.

---

40) 이수자, 같은 책, 321-322쪽에 제주도 큰굿을 체계적으로 분석해 두었다.
41) 『三國遺事』 卷1, 紀異 古朝鮮.

환웅이 '신시'라는 성읍국가를 세우고 천왕 노릇을 했을 뿐 아니라, 곡식과 수명, 질병, 형벌, 선악 등 360여 가지 일을 다스렸다는 것이다. 따라서 이 이야기만으로도 '환웅본풀이'나 '신시건국신화' 또는 '신시시조신화'라 일컬을 만한 요건을 충분히 갖춘 셈이다. 그러므로 환웅본풀이를 '신시' 건국시조신화로 재인식할 있어야 고조선시대 연구의 새 지평을 개척할 수 있다.

다음에 이어지는 내용은 사실상 환웅본풀이에 곁들여져 있는 단군의 이야기이다. 따라서 나는 단군신화를 다루면서 진작부터 "왜 환웅신화가 아니고 단군신화인가?"[42] 하는 의문을 품었다. 환웅이 처음부터 단군신화 이야기의 주류를 이루고 있는 까닭이다. 한 마디로 "단군신화의 주역은 단군이 아니라 환웅이다." 주인공의 활동상황이나 이야기에서 차지하는 서술의 비중에서도 단연 환웅의 역할과 이야기가 중심을 이룬다.[43] 그러므로 환웅본풀이는 환웅신화이자[44] 신시건국신화로서, 단군이 세운 왕검조선 이전에, 환웅이 세운 '신시'라는 한민족 초기국가가 있고, 이 자료는 환웅천왕의 신시 정체를 밝혀주는 사료로 주목해야 한다는 새로운 문제의식의 눈을 뜨지 않을 수 없다.

결국 단군신화로 일컬어진 『고기』의 기록은 환웅본풀이와 단군본풀이의 묶음이라 할 수 있다. 일연도 『삼국유사』에서 '고조선' 또는 '왕검조선'이라는 항목으로 묶어서 기술해 두었다. 왜 두 본풀이를 한꺼번에 기록해 두었을까. 그것은 본풀이의 양식적 특성에서 비롯되는 한국적 문화 현상이다. 왜냐하면 구연되는 본풀이에도 둘 이상의 본풀이가

---

42) 임재해, 「단군신화에 던지는 몇 가지 질문」, 『文化財』 21, 文化財管理局, 1988, 207-223쪽. 이 글은 『민족설화의 논리와 의식』, 지식산업사, 1992, 125-159쪽에 재수록되었다.

43) 임재해, 『민족설화의 논리와 의식』, 132쪽.

44) 조현설, 『동아시아 건국 신화의 역사와 논리』, 문학과지성사, 2002, 202-204쪽에서 흔히 단군신화라고 하던 내용을 환웅신화와 단군신화로 분리하여 일컬었다.

함께 노래되거나 서로 연관되어 있기 때문이다.

이를테면 천지왕본풀이나 본향당본풀이, 성주풀이 등에서도 그러한 양상들이 두루 보이므로 새삼스러울 것이 없다. 초감제에서 창세가를 노래하며 천지개벽과 인류시조에 관한 본풀이를 노래하는가 하면, 천지왕본풀이에도 '일월조정' 본풀이와 '인세차지' 본풀이가 더불어 있다.

환웅의 신시시대 나라굿에서는 환인의 천상세계에서부터 태백산 신단수 아래에 하강하여 신시를 세우고 인간세상을 다스리는 당시 상황까지 본풀이를 노래하게 마련이다. 그것이 신시시대 나라굿에서 구연되는 환웅본풀이이다. 그러나 단군의 조선시대 나라굿 본풀이는 상황이 달라질 수밖에 없다. 시대가 바뀌고 도읍도 바뀌었을 뿐 아니라 나라도 신시에서 조선으로 바뀌었다. 따라서 조선의 왕검인 단군본풀이를 덧보태어 노래해야 한다. 단군본풀이를 하려면 자연히 그 부모인 환웅의 근본내력을 함께 노래하지 않을 수 없다. 그러므로『고기』의 고조선기록은 환웅본풀이를 포함한 단군본풀이로서 단군시대 말기 이후에 형성된 본풀이 내용이라 할 수 있다.

단군신화의 2원성은 성주풀이의 두 본풀이 존재양상과 구연상황을 보면 더욱 쉽게 이해할 수 있다. 왜냐하면 성주풀이도 천상옥계를 본향으로 하는 것과, 안동 제비원을 본향으로 하는 것이 함께 전승되는 까닭이다. 마치 천상옥계를 본향으로 하는 성주풀이는 환웅본풀이처럼 성주신에 해당되는 신격이 천상에서 지상으로 내려와 나무를 심고 집 짓는 법을 가르쳐 주는 내용이다. 환웅이 인간세상에 머물면서 360 여 가지 일을 주관하여 이치로서 사람들을 교화하는 것과 같다.

안동 제비원을 본향으로 하는 성주풀이는 구체적으로 집터를 잡아 성주목을 베어서 집을 짓고 성주를 좌정시킨 뒤에 가정의 번영을 비는 축원풀이까지 한다. 천상계에서 본향을 찾는 성주풀이와 달리, 현실세계에서 본향을 찾는 것이다. 그리고 아주 현실적인 집과 가정사의 실제 문제를 노래한다. 실제 본향을 알 수 없는 천상계가 아니라, 태백산 신단수처럼 안동 제비원의 소나무가 중요한 성주신의 무대다. 게다가 두 유형의 성주풀이는 함께 이어서 구연되기도 하고 따로 구연되기도 한다.[45] 그러므로 성주풀이는 둘이면서 하나이다.

둘인 것은 두 본풀이가 유형적 독자성을 지니며 제각기 구연되는 까닭이며, 하나인 것은 두 본풀이가 이어서 하나의 성주풀이로 구연되기도 하는 까닭이다. 고조선본풀이도 둘이면서 하나이고 하나이면서 둘이다. 이처럼 여러 본풀이들이 이어져 구연되는 것은 본풀이의 두 가지 성격에서 비롯된다.

하나는 구비전승의 이치 때문이다. 구비문학은 전승과정에 누적되고 적층되어서 최종본이 전승되는 까닭이다. 둘은 본풀이의 이치 때문이다. 본풀이는 후대로 갈수록 전대의 본풀이까지 구연하지 않을 수 없다. 시대가 바뀌면서 후대에 부르는 본풀이는 이전 시대의 본풀이를 부르지 않으면 제대로 본향을 노래할 수 없기 때문이다. 그러므로 본풀이는 일종의 구비역사로서 늘 태초부터 시작하여 새로운 역사적 사실을 덧보태어 나가는 것이다.

본풀이는 둘 이상의 본풀이가 서사적으로 이어져 마치 하나처럼 노래될 수도 있고, 베포도업침과 천지왕본풀이처럼 내용이 이원적으로 전승되면서 제각기 독립적으로 노래될 수도 있다. 성주풀이도 천하궁과 같은 천상계를 본향으로 풀이하는 것과, 안동 제비원처럼 지상계를 본향으로 풀이하는 것이 이원적으로 존재하듯이, 다른 신화들도 천상계와 지상계 또는 초월적 세계와 현실적 세계 등으로 이원화되어 있다. 그것은 마치 성경이 예수 탄생 이전의 구약과, 그 이후의 신약으로 이원화되어 있는 것과 같다. 단군본풀이에서 천제의 아들이 천상계에서 지상으로 내려온 환웅이 있고, 인간으로서 현실세계에서 태어난 단

---

45) 임재해, 『안동문화와 성주신앙』, 안동대학교 안동문화연구소, 2002, 443-453쪽 참조.

군이 있는 것처럼, 주몽본풀이도 천제의 아들이 천상계에서 지상으로 내려온 해모수가 있고, 인간으로서 현실세계에서 태어난 주몽이 있다.

본풀이의 논리로 보면, 북부여시대에는 해모수본풀이만 노래되다가, 고구려시대에 와서 주몽본풀이까지 노래되었던 사실을 알 수 있다. 이러한 전통은 박혁거세 신화에도 고스란히 이어진다. 박혁거세 본풀이 서두에 박혁거세를 시조왕으로 추대한 6촌촌장의 본풀이가 서술되어 있다. 처음에는 하늘에서 하강한 6촌촌장본풀이만 구연되다가, 신라가 건국되면서 박혁거세 본풀이가 덧보태어져 구연되었다고 봐야할 것이다. 그러한 자취가 『삼국유사』의 기록을 통해서 남아 있다. 촌장본풀이에 이어 박혁거세본풀이가 기록되어 있는 것이다.

석탈해와 김알지 후손들에 의해 왕권의 혈통이 바뀌면서 박혁거세 본풀이에 이어서 석탈해본풀이와 김알지본풀이도 차례로 구연되었을 것이다. 김알지본풀이는 신라 김씨 왕권이 확립되면서 비로소 구연되었을 터인데, 그러한 흔적 또한 『삼국유사』의 기록으로 확인할 수 있다. 김알지신화는 그 자체로 기록되어 있지 않고 '김알지 탈해왕대'에[46] 기록된 것은 물론, 석탈해신화 다음 항목에 기록되어 있다. 마지막 본풀이인 김알지신화는 탈해가 시림에 가서 금궤를 열어 김알지를 발견하고 혁거세의 고사에 따라 이름을 짓고 태자로 책봉하는 내용으로 서술되었다. 그 이전의 본풀이 주인공인 박혁거세와 석탈해가 김알지신화에 모두 등장하는 것이다.

따라서 김알지본풀이의 본디 구연상황은 김알지 이전에 석탈해, 그리고 그 이전에 혁거세의 내력이 함께 노래되었을 가능성이 높다. 다시 말하면 혁거세와 석탈해의 내력에 김알지의 내력이 새로 보태어져 김알지본풀이가 노래되었다는 말이다. 가장 후대에 형성되고 노래되었던 김알지본풀이에는 박혁거세와 김알지의 행적이 모두 갈무리되어

---

46) 『三國遺事』卷1, 紀異 金閼智·脫解王代.

있는 사실이 이러한 사실을 입증한다. 그러므로 박혁거세, 석탈해, 김 알지신화를 서로 무관한 신화로 해석하고 제각기 다른 북방민족들의 신화인 것처럼 전래설을[47] 펼 것이 아니라, 신라신화를 모두 상호관련 성 속에 유기적으로 해석할 필요가 있다.

결국 본풀이의 논리로 보면, 한 신화처럼 기록된 자료도 내용에 따 라 여러 신화로 나누어 보고, 여러 신화처럼 별도로 기록된 자료도 서 로 유기적인 연관성 속에서 하나의 본풀이로 해석해야 한다는 사실을 알 수 있게 되었다. 신라 신화만 하더라도, 시림의 알지가 탈해 없이 왕실의 태자로 거두어질 수 없고, 혁거세 없이 알지가 이름을 얻을 수 없으며, 혁거세 또한 6촌촌장 없이 신라의 시조왕에 오를 수도 없다.[48] 시조왕이 여럿이므로 다른 나라 건국시조신화에 비하여 한층 복잡할 따름이다. 그러나 천상계의 인물이 지상으로 하강하여 지도자가 된다 는 세계관적 인식은 한결같다.

신라 건국신화의 가장 첫 본풀이인 6촌촌장신화가 좋은 보기이다. 6촌의 시조들은 모두 하늘에서 산으로 내려와서 6촌의 지도자가 되었 다는 점에서 환웅본풀이나 다르지 않다. 그런데 대부분의 연구에서 박 혁거세 신화만 다루고 6촌촌장 신화는 다루지 않는 것이 문제이다.[49] 그것은 마치 단군신화에서 환웅신화, 주몽신화에서 해모수 신화를 별 도로 다루지 않는 것과 같은 문제를 지닌다. 그러므로 성주풀이를 두 유형으로 나누어 인식하듯이,[50] 단군신화는 물론 주몽신화와 박혁거세

47) 김병모, 『금관의 비밀 - 한국 고대사와 김씨의 원류를 찾아서』, 푸른역사, 1998, 167쪽. 이를테면 석탈해는 대장장이를 뜻하는 몽골어 탈한을 근거로 몽골족, 김알지는 금을 뜻하는 알타이어 '알타이'를 근거로 알타이족의 도래 인으로 해석하는 연구들이다.

48) 임재해, 「맥락적 해석에 의한 김알지신화와 신라문화의 정체성 재인식」, 比 較民俗學 33, 比較民俗學會, 2007, 579쪽.

49) 임재해, 『민족신화와 건국영웅들』, 민속원, 2006년판, 201-202쪽에서 이 문제 를 단군신화와 견주어 자세하게 다루었다.

신화도 두 신화로 나누어 인식해야 본풀이의 실상에 맞게 신화를 이해
할 수 있다.

이를테면, 주몽본풀이에서 해모수본풀이 또는 고구려건국신화에서
부여건국신화를 분별해서 다루어야 부여의 건국시조로서 해모수가 별
도로 주목되는 것은 물론, 고구려 이전의 부여국의 존재에 대한 인식
을 새롭게 할 수 있으며, 우리 신화유산도 더 풍부하게 조명할 수 있
다.[51]

고구려 건국 이전에는 당연히 부여 건국시조로서 해모수본풀이만
전승되었을 것이다. 그러나 뒤에 주몽이 세운 고구려가 강성해지면서
북부여와 동부여가 고구려 역사에 편입되자, 해모수본풀이도 주몽본풀
이에 귀속되어 전승되기에 이른 것이다. 환웅본풀이가 뒤에 단군본풀
이에 귀속되어 하나의 고조선본풀이처럼 전승된 사실과 같다. 그러므
로 단군조선 이전에 전승되었을 신시의 환웅본풀이를 별도의 건국신
화로 다루면, 상고시대 민족문화의 정체가 새롭게 밝혀질 수 있다.

5. '신시문화'에서 찾는 고조선문화의 뿌리

엄밀하게 말하면 단군본풀이는 환웅이 세운 신시 다음 단계의 본풀
이로서 고조선 건국본풀이이자, 또한 산신본풀이이기도 하다. 왜냐하
면 여차 저차로 단군왕검이 출생한 뒤에 평양성에 도읍하여 비로소 조
선이라 칭하기 시작하였을 뿐 아니라, 뒤에 아사달에 들어가 산신이
되었기 때문이다. 대부분 단군본풀이를 건국신화로만 여기는데, 한 인
물이 태어나서 역경을 이기고 일정한 과업을 이룬 뒤에 신으로 좌정하

---

50) 임재해, 『안동문화와 성주신앙』, 안동대학교 민속학연구소, 2002, 379-405쪽
    참조.
51) 임재해, 『민족신화와 건국영웅들』, 78-80쪽에 해모수신화 또는 부여신화를
    주몽신화나 고구려신화와 분별해서 다루어야 하는 까닭을 밝혔다.

는 것이 무신이나 당신의 본풀이 구조라는 사실을 고려하면, 단군신화
는 산신본풀이로서 산신신화에 해당되기도 한다.[52]

고대부터 산신신앙이 국가제의로 이어졌을 뿐 아니라, 세간의 민속
신앙에도 산신신앙이 가장 널리, 그리고 가장 상위의 신앙으로 전승되
는 것은 단군이 산신으로 좌정한 단군본풀이의 전통이 지속된 까닭이
라 할 수 있다. 그러므로 본풀이를 다루는 시각에서 우리 신화를 보면,
보이지 않던 한국신화다운 정체를 다양하게 포착할 수 있다.

그런데 정작 문제되는 것은 '신화'에 대한 인식이다. 『고기』의 '고조
선' 기록이 일제강점기 이후 최남선과 일본인 학자들에 의해 '단군신
화'로 규정된 사실을 근거로 고조선의 역사를 '만들어진 역사', 또는
'실체 없는 고조선'으로 규정하여 국사교과서에서조차 배제하였다. '단
군신화'라는 규정에는 두 가지 문제가 잠재되어 있다. 먼저 신화는 사
실이 아니라 상상의 이야기라는 신화의 허구적 인식 문제이고, 다음은
고조선신화가 아니라 단군신화라고 하는 고조선 부정의 논리이다. 결
국 '단군신화'라는 규정은 고조선의 실체를 인정하지 않는 빌미가 되고
말았다. 실증사학의 구실 아래 역사로 인정할 수 없는 허구로 규정된
개념이 바로 '신화'라는 굴레이다.

그러나 본풀이는 본향을 묻고 역사적인 내력을 현재상황까지 풀어
내는 신성한 노래로 자리매김된다. 태초의 우주사에서 인류사, 국가사,
지역사는 물론, 삶과 죽음, 이승과 저승, 선악의 문제까지 인류사회의
근본 내력을 풀어내는 구비전승의 역사이자, 집단적 무의식으로 전승
되는 총체적 세계 인식이다. 지금 여기 우리의 문제를 해결하기 위해
서 짚고 가야 할 우주사의 내력과 인류사의 근본을 찾는 과정이 신화
이자 본풀이이다. 그러므로 본풀이는 민족과 국가의 경계를 넘어서는

---

52) 임재해, 「한국인의 산 숭배 전통과 산신신앙의 전승」, 김종성 편, 『산과 우리
    문화』, 수문출판사, 2002, 18쪽.

총체적 세계의 풀이이자, 사실의 실증을 넘어서는 세계관적 역사인식의 공유라 할 수 있다.

다음 문제는 단군신화를 으레 고조선의 건국신화로 여기는 상투적 고정관념에서 벗어나는 일이다. 허구적 신화관과 고조선건국신화라는 고정관념은 모두 일제가 만들어낸 식민사학의 잔재이다. 식민사학의 굴레 탓에 고조선 이전에 형성된 초기국가 '신시'의 존재와 환웅시대의 신시문화에 관해서는 아예 문제의식조차 없게 되었다. 그리고 신시문화를 마치 고조선문화인 것처럼 오해하기에 이르렀다. 환웅과 신시를 기록하지 않은 『위서』의 내용도 그러한 인식을 심어주는 데 일조한 셈이다.

더 문제는 신시문화와 고조선문화가 고조선 이래 지금 여기 우리들의 생활세계에까지 그 문화적 유전자가 지속되고 있다는 사실을 알지 못한다는 사실이다. 그 결과 다만 고조선의 옛문화를 추론하는 과거지향적 연구에 머물거나, 한갓 상고사 자료로 해석하는 데 만족하고 마는 문제가 있다. 따라서 단군신화에 대한 두 가지 문제를 극복하려면, 고조선 이전으로 거슬러 올라가는 상고사의 원류에 관한 연구와 더불어, 지금의 현실문화 속에 뚜렷하게 이어지고 있는 고조선문화의 현실적 전통까지 실감나게 해명할 수 있어야, 단군신화를 본풀이답게 푸는 셈이다. 그러므로 과거 지향의 특정 시대사 중심의 신화론에 매몰되어 있을 것이 아니라, 태초에서 비롯되는 공시적인 세계인식과 현재에도 진행되는 통시적인 현실인식의 본풀이론으로 논의의 지평을 확대해 나가야 할 것이다.

실질적으로 고조선신화에서 해방되려면, 먼저 환웅본풀이와 단군본풀이 또는 신시건국본풀이와 조선건국본풀이로 분별해서 인식하는 데서 논의를 새롭게 시작해야 한다. 그래야 이른바 단군신화라고 하는 『고기』의 내용을 통해서 우리 민족의 본향과 정체를 제대로 풀어낼 수 있다. 두 본풀이로 나누어 보면, 우리 민족의 역사적 깊이와 지리적 무대의 새로운 지평이 열리게 된다. 현재 사학계에서는 단군조선의 실체조차 인정하지 않고 있는 학자들이 적지 않은데, 이렇게 분별해서 보면 단군조선은 물론 환웅이 세운 신시의 역사적 실체까지 인정하지 않을 수 없게 된다.

환웅본풀이를 근거로 신시건국신화를 별도로 다루게 되면, 단군이 나라를 다스리는 동안에도 도읍을 평양성에 옮겨서 '조선'이라 일컫기 전에는 '조선' 이전의 초기국가 '신시'를 다스렸을 가능성이 높다. 단군이 평양성에 도읍을 하기 전에 직접 신시를 다스리지 않았다 하더라도, 부왕인 환웅천왕이 다스리던 신시는 분명하게 존재했다는 사실을 인정하지 않을 수 없다. 따라서 단군조선의 초기 무대는 평양성 일대에서 시작되었기 때문에 태백산 지역이라 할 수 없다. 태백산 지역은 환웅이 세운 신시의 무대이자 신시의 중심지였다. 그러므로 고조선의 지리적 위치를 태백산에서부터 찾으려는 것은 처음부터 빗나갔다.

태백산 신단수 아래는 곧 환웅본풀이가 말하는 신시의 본향일 뿐, 결코 단군조선의 본향은 아니다. 따라서 환웅천왕이 세운 신시의 시대와 무대, 단군왕검이 세운 조선의 시대와 무대를 시공간적으로 분별해서 포착하지 않으면, 우리 고대사 체계는 물론 고대문화 이해에 혼선을 빚게 마련이다.

환웅이 세운 신시시대에 이미 신단수와 같은 신수(神樹)사상이 뿌리내렸다. 마치 '황금의 가지'처럼 신단수가 곧 환웅의 성지이자 환웅의 상징이었다. 신단수는 하늘에서 신인이 하강하여 머무는 신수이자 내림대이며 서낭목이다. 따라서 신단수를 성급하게 시베리아의 세계수 또는 유럽의 우주목과 연관지어 해석하는 것도 문제이다.

동신이 깃들어 있는 마을의 당나무처럼, 천왕이 깃들어 있는 신시의 당나무가 신단수이다. 신격이 깃들어 있는 까닭에 곰과 범이 찾아와서 소원을 비는 나무인 것이다. 따라서 지구의 중심에서 하늘을 받치는 기둥 구실을 하는 우주목이나[53] 지상의 샘을 하늘 위로 길어올리는 세계수의 기능과[54] 전혀 다른 것이다. 신성한 나무 숭배로서 공통성만 지닐 뿐, 환웅시대의 신수사상은 나라나 고을, 마을 등 공동체의 수호신이 깃들어 있는 신단수이자 당나무일 따름이다. 그러므로 신단수나 당나무는 '우주를 지탱하고 있는 축으로서 세계의 중심 기둥'이거나 '뿌리가 지하 깊숙이 박혀 있는' 우주목이라[55] 할 수 없다.

환웅은 곧 신시의 정치적 지도자로서 신단수를 자신의 제의적 신성의 상징으로 삼는 사제자였다. 그것은 마치 사명당이나 최고운, 의상조사가 꽂아놓은 지팡이가 거목으로 자라서 생존의 징표 구실을 하거나 또는 신성한 인물의 상징 구실을 하는 것이나 다름없다. 그러므로 범과 곰이 환웅에게 빌 일이 있으면, 곧 신단수에 찾아와서 빌었던 것이다. 신단수는 곧 환웅이어서 때로는 『제왕운기』에서 인용한 '본기'의 기록처럼, 신단수의 이름을 따서 '단웅'이라[56] 일컫기도 하였다.

신단수는 신의 서식처로서 사람들이 빌고 섬기는 대상이다. 따라서 곰네는 신단수를 찾아가 아이배기를 빌고, 그 결과 실제로 잉태하기에 이른다. 일종의 신성혼을 통해 단군을 낳는데, 달리 말하면 단군은 신단수의 아들이기도 하다. 신단수와 곰네의 신성혼과 단군의 잉태는 대홍수신화에서도 이어진다.

손진태에 의해 보고된 '목도령' 설화는[57] 노아의 방주 이야기처럼 대홍수 설화로 널리 알려져 있다. 선녀가 나무와 사랑하여 아기를 잉태하였으며, 그렇게 태어난 목도령이 인류의 시조가 되었다는 내용이

---

53) 金烈圭, 『韓國의 神話』, 44-45쪽. "세계수는 세계를 떠받드는 기둥이다. 하늘이 내려앉지 않게 버티고 있는 나무. 땅이 가라앉지 않게 지탱해 주고 있는 나무로 이 나무가 있었기에 하늘과 땅, 세계와 우주는 잘 짜여진 조직체로서, 유기적으로 관련된 기관으로서 의식된 것이다."

54) 金烈圭, 위의 책, 46쪽.

55) 박영은, 「B. 라스뿌찐의 『마쪼라의 이별』에 나타난 '우주목(宇宙木)'의 상징성 연구」, 『세계문학비교연구』 13, 세계문학비교학회, 2005, 97-122쪽 참조.

56) 『帝王韻紀』 卷下, 「前朝鮮紀」, "是謂檀雄天王也云云".

57) 孫晉泰, 『韓國民族說話의 研究』, 乙酉文化社, 1946, 166-168쪽.

다. 그러고 보면 단군도 신단수의 아들로서 목도령이나 다름없는 존재
인 까닭에 단웅으로 일컬지는 것이다.

목도령이나 단군의 부계는 현실적으로 나무라 할 수 있다. 목신의
감응에 의한 잉태이기 때문이다. 김알지가 시림에서 출현하는 것과 닮
았다. 그렇다면 신수의 아들로 태어난 단군이나 목도령은 수조(獸祖)
신화가 아니라 오히려 나무나 숲을 조상으로 하는 수조(樹祖)신화나
목조(木祖)신화라 하는 것이 더 적절할지 모른다. 그러므로 우리 고대
문화 속의 신수는 우주목이나 세계수와 다른 인격적 존재로서 신의 서
식처이자 건국시조 또는 인류시조를 생산하는 생명나무라 하겠다. 신
라금관의 세움장식이 모두 나무로 되어 있고 생명을 상징하는 곡옥이
주렁주렁 달려 있는 것도 이러한 상징과 만난다.

환웅본풀이를 통해 신시문화를 독립적으로 분리해 보면, 홍익인간
사상도 단군의 사상이거나 조선국시대에 비로소 수립된 이념체계가
아니라는 사실을 알게 된다. 그러한 내용은 모두 환웅본풀이에 갈무리
되어 있는 것으로서 조선국이 아닌 신시의 이념이자, 단군이 아닌 환
웅의 사상이었다. 단군은 부왕 환웅의 이념과 사상체계를 이어받았을
뿐이다. 단군시대만 하더라도 곰숭배의 맥(貊)족과 범숭배의 예(濊)족
이 있었는데, 환웅시대에는 민족개념도 민족의식도 없었다. 신시를 세
운 환웅은 '홍익민족'이 아닌 '홍익인간'을 표방했다. 자민족의 이익을
추구한 민족중심주의가 아니라 인간세상을 널리 이롭게 하는 인류의
이상을 추구한 것이다.

홍익인간에서 말하는 '인간'은 사람을 뜻하는 것이 아니라 '인간세
상'을 뜻하는 것이다. 인간을 곧 사람으로 새겨서 환웅이 '사람들을 널
리 이롭게 하기 위해' 지상으로 내려온 것처럼 해석하는 것은 잘못이
다. 여기서 말하는 '인간세상'은 인간중심의 세상을 말하는 것도 아니
며, 자연히 인본주의를 표방한 것이라는 해석도 잘못이다. 천상세계에
서 환웅이 뜻을 품은 것은 '천하'의 세계로서 인간세상을 총체적으로

일컫는 것이다.[58)]

홍익인간이 말하는 인간세상은 자연과 상대되는 인간사회가 아니라, 천상세상과 상대되는 천하세상으로서 지상세계 전체를 말한다. 따라서 환웅이 뜻을 품은 인간세상은 인간 중심의 세상이 아니라, 천상의 관념적 세계와 맞서는 현실세계이자 생태학적 총체로서 지구촌의 세계를 뜻한다. 자연히 단군신화의 인본주의적 인식에서[59)] 생태학적 세계인식의 전환이[60)] 필요하다. 그러므로 천하세상을 널리 이롭게 하는 홍익인간 사상을 인간중심주의나 민족중심주의로 해석하는 것은 자의적인 것일 뿐이다.

환웅의 신시시대에 이미 지상세계를 널리 이롭게 하는 홍익인간 이념이 형성되었을 뿐 아니라, 구체적으로 그러한 이념이 어떻게 환웅에 의해 실현되었는가 하는 사실도 환웅본풀이는 생생하게 나타내고 있다. 환웅천왕이 신시를 세우고 백성을 다스리는 일을 보면 예사롭지 않은 까닭이다.

환웅은 무리 3천을 거느리며 신시를 다스렸는데, '풍백·우사·운사의 세 막료를 통솔하면서 곡식을 가꾸는 일에서부터 수명과 질병, 형벌, 선악 등 무려 인간의 360여 가지 일을 주관하고, 세상에 머물러 살며 사람들을 다스리고 교화하였다.' 이 내용이 환웅본풀이의 끝부분이자, 환웅천왕이 신시국가를 다스리며 홍익인간의 이념을 실현하는 가장 구체적인 모습이다. 그러므로 지금까지 단군조선의 세계관이나 단군사상으로 추구했던 홍익인간 이념은 사실은 환웅사상이자 신시시대의

---

58) 『三國遺事』 같은 곳, "桓雄 數意天下 貪求人世".

59) 임재해, 「단군신화에 던지는 몇 가지 질문」, 132-135쪽에서 천신인 환웅도 인간세상을 동경하고 동물인 곰과 범도 인간이 되기를 소망한 까닭에 환웅이 말하는 인간세상을 사람 중심의 세상으로 인식하고 논의를 했다. 실제로 단군신화의 세계를 인본주의로 해석하는 학자들이 적지 않다.

60) 임재해, 「단군신화를 보는 생태학적인 눈과 자연친화적 홍익인간 사상」, 『단군학연구』 9, 단군학회, 2003, 115-157쪽.

이념이라 해야 마땅하다.

문화적 전통의 경우에도 환웅시대에 이미 두 가지 기본적인 생활양식이 틀지어졌다. 하나는 곡식을 가꾸는 농경생활이며, 둘은 일정한 공간에 머물러 사는 정착생활이다. 이 둘은 서로 연관되어 있는 것이면서도 독자성을 지닌다. 농경생활은 필수적으로 정착생활을 요구하지만, 정착생활은 반드시 농경생활을 요구하는 것은 아니다. 목축을 통한 정착생활도 가능하기 때문이다. 그런데 환웅본풀이에서는 이 두 가지모두 구체적으로 서술되어 있다.

정착생활은 신단수 아래에 신시를 세웠다는 사실에서 확인된다. 신단수와 같은 일정한 나무를 신수로 삼아 모듬살이를 시작한 것은 곧정착생활을 전제로 한다. 실제로 환웅은 늘 신단수를 배경으로 머물러있었다. 따라서 곰과 범이 환웅을 만나러 갈 때마다 으레 신단수를 찾아갔던 것이다. 환웅이 일정한 공간에 정착해 살았다는 사실을 말한다. 그리고 더 중요한 내용은 '재세이화'이다. 신시의 사람들을 다스리는방법을 말하는 것인데, 재세(在世)는 세상에 머물러 살면서 다스렸다는말이다. 상대적으로 떠돌이 유목생활을 부정하는 뜻이다. 그러므로 정착문화의 전통은 이미 환웅시대에 확립되었던 셈이다.

농경생활은 한층 구체적으로 나타나 있어서 정착생활의 더 결정적인 근거가 되고 있다. 환웅이 다스리는 360여 가지 일 가운데 제일 처음으로 문제삼은 일이 주곡(主穀)이다. 농경을 관장하여 식량 생산을지휘하고 감독했다는 말이다.[61] 당시에 농업이 가장 중요했음을 알 수있다. 풍백·우사·운사의 세 막료도 농경을 담당하는 직책이다. 따라서환웅시대는 농경을 중요시한 농업사회였으며 본격적인 붙박이생활이이루어진 정착사회였다.[62] 어느 부분에도 유목문화의 내용은 보이지않는다. 그러므로 우리 민족이 누린 농경문화와 정착문화의 원형은 이

---

61) 서대석, 『한국 신화의 연구』, 집문당, 2001, 46쪽.
62) 윤내현, 『고조선연구』, 一志社, 1994, 141쪽.

미 환웅시대에 수립되었다고 하는 것이 마땅하다.

그런데도 이러한 기록은 아랑곳하지 않은 채, 북방 초원지역의 유목문화로부터 민족문화의 원형을 찾는 사람들은 고조선 이전부터 누렸던 농경문화와 정착문화의 전통을 부정하고 있다. 그런 근거를 유목민들의 수조(獸祖)신화에서 찾는다. 단군을 낳은 성모가 곰네[熊女]였다는 사실이 중요한 근거이다. 이러한 근거로 단군본풀이를 마치 수조신화처럼 해석하는 것은 환웅본풀이를 제대로 인정하지 않은 까닭이다.

왜냐하면 단군은 환웅에 의해 태어난 인물이자, 부계혈통이 환웅천왕이기 때문만이 아니라, 환웅본풀이가 단군본풀이의 바탕이자 뿌리를 이루기 때문이다. 천신신화인 환웅본풀이를 두고 수조신화라 할 수 없지 않는가. 환웅은 환인의 서자로서 수조신화는커녕 신조(神祖)신화라 해야 마땅한 까닭이다. 단군본풀이를 그 자체로 읽는다고 하더라도, 단군은 환웅의 부계를 이어받은 천신의 아들로서 천손신화라 해야 마땅하다. 왜냐하면 수조신화는 양이나 이리와 같은 동물에서 인간이 태어나거나, 인간인 여성과 짐승 사이에 인간이 태어나는 것에 한정되는 까닭이다.

그러나 단군은 곰에서 태어난 것이 아니라 곰네 또는 손녀(孫女)라고[63] 하는 여인과 천신인 환웅 사이에서 태어나는 것이다. 따라서 부계는 물론 모계도 동물이라 할 수 없다. 만일 곰네도 짐승으로 여겨 수조신화라 한다면, 천마가 가져온 알에서 태어난 박혁거세신화도 수조신화라 해야 할 것이며, 닭이 울음과 함께 출현한 김알지신화도 수조신화라 해야 할 것이다.

더 문제는 단군신화에서 곰이나 범은 짐승을 나타내는 것이 아니라 환웅의 재세이화 문화권 밖에 있는 부족집단을 뜻한다는 사실을 놓치고 있는 점이다. 그들이 인간이 되고자 했다는 것은 사람답게 살고자

---

63) 『帝王韻紀』에서는 熊女를 孫女라 하였다.

하는 것, 곧 농경문화와 정착문화를 바탕으로 이루어진 신시의 재세이화 문화에 편입되고자 하는 사실을 뜻하는 것이다. 곰과 범은 사실상 곰부족이자 범부족으로서 제각기 맥족(貊族)과 예족(濊族)을 나타낸다는 논의는 이미 널리 이루어진 터이다.[64] 그러므로 단군신화를 두고 수조신화라는 전제로 북방의 유목문화 기원설을 펴는 것은 여러 모로 잘못되었다.

단군신화뿐 아니라 한국 건국신화의 뿌리를 모두 북방민족에게 있는 것처럼 해석한 연구도 있다. 고주몽 신화는 몽골족 계통, 수조신화는 퉁구스족 계통, 석탈해 신화 등 난생신화는 캄차카 반도 일대의 코리약족 계통의 신화로 해석하고, 이러한 신화를 전승한 지배집단의 혈연까지 몽골이나 퉁구스족, 코리약족에서 찾는다.[65] 우리 민족의 신화 창조력을 부정하는 것이자, 역사적 기록 내용을 인정하지 않는 셈이다.

유학자 이승휴는 『제왕운기』에서 단군의 내력을 서술하고 "이런 까닭에 신라와 고구려, 남북옥저, 동북부여, 예와 맥은 모두 단군의 자손"이라고 했다.[66] 따라서 고구려와 신라 신화를 단군의 후손이라 생각하지 않고 단편적인 신화 지식으로 북방민족의 도래설을 펴는 것은 잘못이라 하지 않을 수 없다.

『제왕운기』에 기록된 더 중요한 사실은 우리가 흔히 단군신화로 인용하며 『삼국유사』의 기록과 비교하는 내용을, 이승휴는 '전조선기(前朝鮮紀)'라 하여 고조선 이전 시대의 본기(本紀)로 기록했다는 사실이다. 그러면서 고조선 이후의 신라와 고구려, 옥저, 부여, 예맥 등 여러 나라 시대를[67] 말미에 설정하고 있다. 그러므로 『제왕운기』의 기록은

---

64) 愼鏞廈, 「檀君說話의 사회학적 해석」, 『설화와 의식의 사회사』, 문학과지성사, 1995. 『韓國民族의 形成과 民族社會學』, 지식산업사, 2001에 재수록. 뒤의 책 169-171쪽 참조.

65) 김화경, 『한국 신화의 원류』, 지식산업사, 2005.

66) 『帝王韻紀』 卷下, 「前朝鮮記」, "名檀君據朝鮮地域爲王 故尸羅·高禮·南北沃沮·東北夫餘·濊與貊 皆檀君之壽也".

고조선 이전의 신시시대를 '전조선기', 단군의 '조선기', 단군조선 이후의 신라와 고구려 등의 '후조선기'까지 다루었다. 단군조선 전후의 시대구분을 적극적으로 인식한 기록이라 할 수 있다. 고려시대에 벌써 고조선 이전의 신시시대를 구분해서 설정했다.

　본풀이의 논리로 보면,『삼국유사』'고조선'조의『고기』내용은 신시건국시조를 노래한 천손신화로서 환웅본풀이에 조선건국시조인 단군본풀이가 시대구분의식 없이 하나의 본풀이처럼 덧보태어져 있는 이야기이다. 그렇다면,『제왕운기』의 단군신화는『삼국유사』의 두 본풀이를 축약해서 싣는 데서 더 나아가 고조선 이후의 여러 나라 본풀이까지 덧보태어 기록한 것이라 할 수 있다. 다만 주석으로 설명한 까닭에 대부분의 이야기를 '운운'이라 하여 생략하였으므로 서사적 내용이 자세하지 않을 따름이다.

　하지만 단군의 고조선을 중심으로 그 이전과 이후의 시기를 두루 이어서 계승관계를 분명히 밝혀 놓은 이승휴의 역사의식은 상당히 탁월하다. 이승휴는『본기』의 본풀이를 인용하되, 일연처럼 고조선에 머물지 않고 자신이 살았던 시대까지 그 내력을 서술하려 했기 때문이다. 그러므로 서술내용은 빈약하나 서술형식과 서술의식은『제왕운기』의 내용이 본풀이다운 자질을 더 잘 갖추었다고 할 수 있다.

6. 고조선문화의 원형과 민족문화의 정체성

　신시를 건국한 환웅천왕은 천신의 아들이자 하늘에서 지상으로 강림한 천자로서, 하늘에 제의를 올리는 천제권(天祭權)을 지닌 대사제 구실을 하였다. 환웅은 천자이자 천왕으로서 신시의 건국시조일 뿐 아

---

67) 윤내현,『한국열국사연구』, 지식산업사, 1998에서 이 시대를 열국시대 곧 여러 나라 시대로 설정했다.

니라, 농경문화와 정착문화를 통해 홍익인간의 이념을 실현한 '재세이화'의 문화영웅이라 하겠다. 그러므로 단군조선 이전에 형성된 환웅시대의 '신시문화'를 고조선문화의 원형이라 할 수 있으며, 민족문화의 정체성도 이미 신시문화에서부터 형성되기 시작한 것으로 추론된다.

환웅은 자신이 품었던 홍익인간의 이념에 따라 이웃의 여러 민족들과 경쟁하거나 배척하지 않고 그들을 적극적으로 받아들여 문화생활을 일깨워 주고 마침내 신시국의 영역으로 끌어안는다. 대표적인 민족이 곰으로 상징되는 맥족과 범으로 상징되는 예족이다. 맥족은 쑥과 마늘을 먹는 '지독한 채식생활'과, 햇빛을 보지 않는 '지독한 정착생활'에 잘 적응하여 신시의 농경문화와 정착문화에 쉽게 통합된다.[68] 상대적으로 채식생활과 정착생활에 쉽게 적응하지 못한 예족은 단군조선 건국 이후에 통합되었을 것이다. 맥족을 받아들인 신시의 지도자 환웅은 상당히 확대된 영역의 신시를 단군에게 물려주게 된다.

결국 환웅의 신시국 이후에 형성된 단군조선은 신시문화의 전통을 발전적으로 계승한 고대국가라 할 수 있다. 고조선의 단군왕검은 환웅천왕의 직계 후손으로서 홍익인간의 뜻을 실현하려는 환웅의 이념을 이어받게 마련이다. 도읍지를 옮겨가며 예족을 비롯한 이웃민족의 흡수통합과 더불어 홍익인간의 세계를 이룩해 나갔던 것이다. 이렇게 계승된 고조선문화는 역사적으로 후대에 형성된 고구려와 신라, 부여, 옥저, 예맥 등의 나라에 발전적으로 이어졌으며, 이웃나라 중국으로부터 문화적으로 동경의 대상이 된 동이문화의 전통을 이루었다. 그러므로 민족문화의 원형은 환웅본풀이에 나타난 신시문화에서 찾지 않을 수 없다.

고조선문화의 정체성을 결정짓는 문화원형을 구체적으로 포착하려

---

[68] 임재해, 「단군신화에 갈무리된 문화적 원형과 민족문화의 정체성」, 『단군학연구』 16, 단군학회, 2007, 296-298쪽에서 자세하게 다루었다.

면 환웅시대의 신시문화를 더 자세하게 뜯어볼 필요가 있다. 신시는 여러 민족과 결합한 고조선과 달리 천신을 믿는 환웅족의 단일공동체였다. 그리고 신단수를 중심으로 도읍을 정한 신시가 곧 국가명이었다. 도읍지를 국호로 삼는 전통은 단군이 도읍한 아사달이 조선의 국호 구실을 하는 데까지 이어졌다. 규모는 고대 도시국가 정도로 추론된다. 환웅의 왕호를 보면, 천왕으로서 하늘에 대한 천제권을 독점하며 신정(神政)을 펼쳤던 사제왕이었던 사실을 알 수 있다. 따라서 신시는 혈연적 구성으로 보면 부족국가이고, 규모로 보면 성읍국가이며, 명칭으로 보면 도읍국가이다. 그리고 환웅천왕의 왕호와 통치방식을 보면 신시는 '신정국가'라 할 수 있다.

신정국가 신시의 도읍지 경관을 추론해 보면, 신시는 신단수라 일컫는 거목의 신수를 배경으로, 환웅천왕이 거주하는 궁실과, 천신에게 제사를 올리는 신성한 제단을 중요한 경관으로 구성된 도읍지라 할 수 있다. 특히 무리 3천명의 사람들이 모여 하늘에 천제를 올릴 수 있는 신시의 제단 규모는 거대했을 것으로 짐작된다. 환웅은 대사제이자 천왕으로서 신단수를 중심으로 마련되어 있는 천제단에 머무르며 신정을 펼치고 '재세이화'의 방법으로 홍익인간의 이상을 실현했을 것이다.

그러나 이것은 어디까지나 추론적 풀이에 머문다. 신시의 본풀이가 제대로 이루어지려면 추론을 입증할 수 있는 기록이나 유물을 전거로 제시할 수 있어야 한다. 신시와 관련된 기록자료는 단군신화 자료가 현재로서 유일하지만, 고고학적 발굴성과에 따라 유적자료는 충분히 확보할 수 있다. 최근에 발굴 보고되고 있는 홍산문화 유적이 중요한 보기이다. 홍산문화는 국가 체제가 확립된 수준의 문화유적으로 인정되지만, 그 문화를 수립한 국가의 정체는 아직까지 해명되지 않고 있다. 그러나 홍산문화 유적의 연대와 위치는 신시문화와 만난다.

단군조선이 서기전 2333년에 건국되었다면, 환웅의 신정국가 신시는 그 훨씬 이전에 조성되었을 것이다. 그런데 고조선문화권에 속하는

〈우하량 유적 2지점 전경〉

홍산문화는 서기전 4000년-2500년 무렵에 형성된 것이다.[69] 특히 홍산문화의 우하량(牛河梁) 유적은 서기전 3500년에 형성된 것으로 추정되는 거대한 제단 유적을 보여주고 있어서 눈길을 끈다.

이 제단은 원형과 방형의 적석 제단을 이루고 있어 천원지방(天圓地方)의 사유체계를 보인다. 제단의 돌돌림 울타리는 3중원형으로 직경은 각각 22m, 15.6m, 11m이며 높이는 0.3-0.5미터이다. 중국학자들은

---

69) 윤내현, 『고조선 연구』, 127쪽에 "홍산문화기를 서기전 4000년 무렵-2500년 무렵"으로 보고하고 있다.

이 유적지를 근거로 약 5500년 전에 이미 국가 성립의 조건을 모두 갖추고 있었다고 주장한다.[70] 하지만 이 유적이 역사적으로 어느 국가에 속했는지 알지 못한다. 중국학자들은 북경 천단구조의 원형이라고 하며 중화문명의 기원으로 해석한다. 홍산문화를 중화문명의 원형으로 해석하는 셈이다.

한국학자 가운데는 제단의 세 원형을 3수분화의 양식으로 보고 북방 유목문화의 샤머니즘이 모태가 된 것으로 주장하기도 한다.[71] 북방의 유목문화가 홍산문화의 뿌리라는 것이다. 그러나 이 제단과 닮은 제단 유적들은 북방의 유목문화 지역에서 보이지 않는다. 정작 이러한 제단 유적들은 오히려 한반도에 집중되어 있다. 한반도에는 방형 또는 원형의 돌돌림 제단유적이 여러 곳에서 보고되고 있다.[72]

한반도의 돌돌림 유적은 고조선 유적으로 파악된다. 자연히 서기전 4000년의 홍산문화 유적보다 한참 늦다. 돌돌림 유적의 기능은 집단적 공공활동을 위한 집회장소 또는 제의적 기능을 하던 제단으로 해석된다.[73] 돌돌림 유적의 규모와 축조방법, 기능을 고려할 때 홍산문화의 제단유적과 비슷하여, 기원을 홍산문화에서 찾는다.[74] 그러므로 홍산문화 제단의 규모나 방식, 유물 등을 고려할 때 환웅시대의 신시문화 유적일 가능성이 높다.

한반도의 돌돌림 유적은 신시에서 형성되기 시작한 제단유적이 고조선 이후 한반도 일대에 널리 전승되었던 것인데, 최근에 발굴을 통

---

70) 신형식·이종호, 「中華5천년', 紅山文明의 再照明」, 『白山學報』 77, 白山學會, 2007, 16-17쪽.

71) 우실하, 「요하 문명, 홍산문화와 한국문화의 연계성」, 『고대에도 한류가 있었다』, 지식산업사, 2007, 492-495쪽.

72) 하문식, 「고조선의 돌돌림유적에 관한 문제」, 『단군학연구』 10, 단군학회, 2004 참조.

73) 하문식, 위의 글, 321 및 326쪽 참조.

74) 하문식, 위의 글, 320-322쪽 및 「고조선의 돌돌림유적 연구: 追補」, 『단군학연구』 16, 단군학회, 2007, 16-17쪽.

해 그 모습을 드러내고 있는 것이다. 그렇다면 신시의 중심은 홍산지역일 가능성이 높다. 5천년 전의 제단과 사당, 무덤이 삼위일체를 이루는 대규모의 제의문화 유적은[75] 신정국가인 신시의 문화유적으로 해석하기에 알맞다.

특히 고조선문화의 상징으로 알려진 요령식동검형 옥검의 출토가 중요한 증거 구실을 한다. 고조선 동검의 모형이 홍산문화의 옥검이며, 이 옥검은 환웅이 하늘에서 가져온 천부인(天符印) 3개 가운데 하나일 것이다. 이 천부인 셋 역시 고조선의 청동기문화로 이어져 동검과 동경, 동방울로 전승되고 있다. 게다가 현재 홍산문화 시기와 일치하는 이 지역의 고대 국가체제는 신정국가인 '신시'밖에 없다. 단군조선 건국시기보다 홍산문화 유적이 상당히 앞설 뿐 아니라, 제단 유적의 규모와 양식이 신정국가이자 성읍국가로서 체계를 잘 갖추었기 때문이다.

제단의 3중원형 울타리는 환웅본풀이에서 되풀이되는 3의 세계를 반영한 것이다. 천부인 3개, 무리 3천, 우사·운사·풍백 3신, 곰이 3칠일 만에 사람으로 변신하는 등 모두 3의 구조로 이루어져 있다. 이러한 전통은 단군본풀이에서도 고스란히 이어진다. 환인과 환웅, 단군이 3대를 이룰 뿐 아니라, 단군은 고조선의 도읍지도 3차례 옮기고 다시 아사달로 되돌아간다. 신시문화에서 중요한 숫자는 3이라는 사실이 환웅본풀이에서 일관되게 나타난다. 그러므로 제단의 3원형은 유목문화의 3수 분화와 달리, 농경문화의 전통을 지닌 신시문화일 가능성이 높다.

중국학자들은 홍산문화를 '신비의 왕국'이 이룬 문화로 해석한다. 중국의 중원문화와 전혀 다른 독특한 문화이자, 시대적으로 가장 오래된 문화이기 때문이다. 하지만 신비의 왕국 정체에 관한 아무런 자료가 없다. 발굴 현장만 있을 뿐 이와 관련된 기록도 유물도 전하는 것이

---

[75] 郭大順,「序言: '遼河文明'解」, 遼寧省博物館·遼寧省文物考古研究所編,『遼河文明展文物集萃』, 2006. 우실하,「요하문명, 홍산문화와 한국문화의 연계성」, 501쪽에서 재인용.

없다. 따라서 어떤 중국학자들은 개인적으로 고조선문화라고 단정하기도 한다.[76] 그리고 우하량 여신묘에서 발견된 곰의 아래턱 뼈와 옥웅룡(玉熊龍) 유물을 근거로 단군신화에 나오는 곰토템의 웅녀족 문화로 해석하고, 마침내 웅녀족은 곰토템의 퉁구스족 후예로 간주하여 북방의 초원문화 또는 유목문화 전래설을 편다.[77]

그러나 단군신화나 고조선의 연대는 서기전 24세기부터 시작되므로 홍산문화보다 후기여서 연대기적으로 맞지 않다. 고조선문화가 민족문화의 가장 초기형이라 생각하는 사람들에게는 그 원류를 북방의 유목문화에서 찾을 수밖에 없다. 단군신화 이전에 환웅신화가 있고 단군조선 이전에 농경생활과 정착생활을 누린 천왕체제의 신시문화가 민족문화의 원형을 이루고 있다는 발상의 전환이 필요하다. 그러지 않으면 여전히 상투적 북방문화 전래설이나 유목문화 기원설에서 해방되기 어렵다. 따라서 홍산문화 유적과 유물, 연대 등을 고려할 때, 단군조선 이전의 신시문화 유적으로 추론하는 것이 상대적으로 적절하다. 그러므로 앞으로 홍산문화에 관한 본격적 연구가 기대된다.[78]

이제 환웅본풀이의 신시문화가 한갓 신화로서 상상의 이야기가 아니라 홍산문화 유적으로 그 실체를 어느 정도 인정하지 않을 수 없게 되었다. 따라서 홍산문화 연구에 앞서서 환웅본풀이에 나타난 신시문화의 다른 영역들도 새삼스레 주목하고 좀더 자세하게 뜯어볼 필요가 있다. 그래야 홍산문화와 신시문화의 관련성도 더 체계적으로 포착할 수 있다.

환웅본풀이를 들여다보면, 신시의 궁실에는 천왕을 비롯하여 신시

---

76) 안영배, 「중 랴오시 고조선 근거지로 추정」, 『주간동아』, 2003. 1. 23.
77) 우실하, 「홍산문화, 요하문명과 한반도의 연계성」, 『'단군과 고조선'에 관한 실증적·문화적 인식』, 제43차 단군학회 학술대회(동북아역사재단 세미나실, 2007년 6월 2일) 발표논문집, 116-125쪽.
78) 홍산문화 유적과 환웅본풀이에 갈무리된 신시문화의 관련성은 이 책 2부에서 본격적인 논의를 할 것이다.

정부의 3막료인 풍백·우사·운사가 함께 생활하며 세상의 360여 가지 일을 두루 보살폈다는 사실이 드러나는데, 그 일이 예사롭지 않게 보인다. 그 가운데 특히 곡식·수명·질병·형벌·선악을 별도로 열거한 것은 정부의 주무 조직이 5부로 구성되어 있었던 사실을 나타낸다. 따라서 신시정부는 3상5부(三相五部)의 행정체계를 갖춘 것으로 해석된다.[79]

신시정부의 행정조직과 환웅이 주관한 주요 업무를 보면, 농경문화와 정착문화 외에, 인간의 수명과 질병을 다루는 수명장수의 문화, 그리고 형벌과 선악을 다루는 법치문화 및 윤리문화도 자리잡았다는 사실을 알 수 있다.

'주곡'이 신시시대의 농경문화를 반영한 것이라면, '주명'은 생명 또는 수명에 관한 문제를 반영한 것이다. '주명'이 다음의 '주병'과 나란히 거론되는 것으로 봐서는 질병 없이 건강하게 수명장수를 누리는 생활에 특별한 관심을 기울였던 셈이다. 달리 말하면, 신시정부는 의술과 약술, 주술 등의 방법으로 불로장생에 관한 일을 주관하는 전문 부처가 있었던 것을 말한다.

다음의 '주형'과 '주선악'도 함께 봐야 할 것이다. 형벌을 주관한다는 것은 법을 만들어 집행한 것을 말한다. 일찍이 고조선에 팔조금법(八條禁法) 있었다는 것은[80] 곧 신시문화의 전통에서 비롯되었다고 할 수 있다. 법으로 죄를 다스렸다고 하는 것은 두 가지 의미를 지닌다. 하나는 형벌을 통해 사회질서를 바로잡았다는 사실이며, 둘은 군주라도 임의로 죄인을 처벌하지 않고 법질서에 따랐다는 사실이다. 이러한 전통은 최근까지 이어져서 이웃나라와 대조가 된다.

중국에서는 제왕의 권력이 너무 커서 최고의 신하라도 두려워했으

---

79) 愼鏞廈, 「韓國民族의 기원과 형성」, 같은 책, 39쪽 및 「檀君說話의 사회학적 해석」, 같은 책, 166-167쪽 참조.
80) 서대석, 『한국 신화의 연구』, 47쪽.

나, 한국에서는 초야의 선비라도 상소를 해서 임금의 잘못을 지적하고 시정을 촉구할 수 있었다.[81] 일본에서는 무사가 칼을 차고 다니며 시건방지다는 구실로 상민을 즉결처분할 수 있었으나, 한국에서는 종이 자기 아버지를 죽인 죄인이라도 관가에 고발해 반드시 재판을 거쳐서 형벌에 처하게 했다.[82] 제왕과 양반도 법을 따르는 전통이 뿌리 깊게 이어졌다.

법치국가에서 나아간 것이 선악의 문제를 다스리는 덕치국가이다. '주선악'은 법치보다 도덕이나 윤리 차원에서 세상을 도리와 덕으로 다스린 사실을 말한다. 따라서 선악의 판별이 통치행위의 주요 덕목이 되었다는 것은 그 사회가 매우 수준 높은 문화사회라는 사실을 말해 주는 것이다.[83] 그러므로 조선조에도 중국과 달리 초야의 선비들이 선악을 논하며 왕의 잘잘못을 따지는 상소를 올릴 수 있는 전통이 살아 있었다.

그러나 실제로 신시시대에 그러한 수준의 문화생활을 누렸는가 하는 것은 쉽게 단정하기 어렵다. 설득력을 갖추려면 더 구체적인 확인 작업이 필요하다. 왜냐하면 단순한 항목 제시에 지나지 않는 내용을 두고 환웅시대에 이미 수명장수를 추구하는 불로장생의 문화나, 법치와 덕치의 법문화 또는 윤리문화까지 형성되었다고 주장하는 것은 과도한 해석일 수 있기 때문이다. 따라서 이러한 해석을 뒷받침할 수 있는 논거를 들지 않을 수 없다.

그런데 신정국가의 제단이나 천부인 같은 유적과 유물은 고고학적 발굴보고서로 입증할 수 있으되, 수명장수나 불로장생 그리고 법문화나 윤리문화와 관련된 사실은 무형적인 것이어서 구체적인 유적이나

---

81) 조동일, 『세계·지방화시대의 한국학 2- 경계 넘어서기』. 계명대학교출판부, 2005, 238쪽.
82) 조동일, 위의 책, 238-239쪽.
83) 서대석, 위의 책, 48쪽 참조.

유물의 증거를 찾아 입증하기 어렵다. 무형문화는 오직 기록이나 구전, 민속자료에서 증거를 찾을 수밖에 없기 때문이다.

다행히 중국 고대사료에는 우리 고대사에 관한 기록들이 상당히 있어서 이러한 증거 부족의 한계를 극복할 수 있다. 그리고 현재의 우리 생활세계 속에서 그러한 전통이 지속되고 있는 사실도 중요한 증거가 된다. 먼저 중국의 문헌을 보면,『후한서』「동이열전」에서 동이사람들은 "천성이 유순하여 도리로서 다스리기 쉽기 때문에 군자국(君子國)과 불사국(不死國)이 있다"고[84] 했을 뿐 아니라, 이에 따라 "공자도 동이에 살고 싶어 하였다"고 한다.[85] 이 기록은 동이열전 총론의 가장 첫 문장이다. 그리고 "동이는 모두 토착민으로서 술 마시고 노래하며 춤추기를 즐기고, 머리에는 변(弁)이라는 모자를 쓰고 비단옷"을 입어서, "중국이 예(禮)를 잃으면 동이에서 구했다"고[86] 하였다.

'동이'의 어떤 나라가 도리로서 다스리는 군자국이자 불사국이어서 공자까지 동이에 가서 살고 싶어 했을까. 동이는 '토착민'이며 음주가무를 즐기고 비단옷을 입었다는 기록도 여기저기 보인다.[87] 음주가무는 농경시필기의 제천행사와 만난다. 한마디로 정착생활을 하는 농경민족이라는 사실이 드러난다. 따라서 초원을 떠돌아다니며 육식을 주로 하는 유목민과 달리, 정착하여 농경생활을 하며 선악을 분별하고, 법치와 덕치를 통해 재세이화하는 홍익인간의 나라 '신시'가 바로 군자국의 보기가 될 수 있다.

불사국은 불로장생하여 죽지 않는 나라이다. 따라서 불사국의 정체는 두 갈래이다. 하나는 현실적으로 불로장생하여 수명장수를 누리는

---

84)『後漢書』卷85,「東夷列傳」75, "故天性柔順 易以道御 至有君子·不死之國焉."
85)『後漢書』위와 같은 곳, "故孔子欲居九夷也". 여기서 구이(九夷)는 곧 동이의 여러 세력을 포괄하는 말이다.
86)『後漢書』위와 같은 곳, "東夷率皆土着 憙飮酒歌舞 或冠弁衣錦 …… 所謂中國失禮 求之四夷者也."
87) 이 책, 19쪽에서 자세하게 다룬 내용이다.

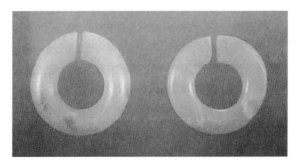

〈흥륭와유적의 옥귀고리〉

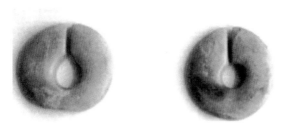

〈고성 문암리유적의 옥귀고리〉

나라이며, 둘은 죽어도 저승에서 다시 삶을 누릴 수 있다고 믿는 나라이다. 따라서 첫째 뜻으로서 불사국은 사람들의 질병과 수명을 중요하게 다스리며 불로장생을 추구하는 나라 신시가 불사국으로 은유되기에 충분하다.

둘째 뜻으로서 불사국은 죽음을 처리하는 방식에서 드러난다. 불사를 믿는 사람들은 저승에서 다시 영생한다는 인식에 따라 주검을 처리하고 무덤을 쓴다. 신시문화 지역으로 추론되는 요하지역 일대에는 대형 적석총이 분포되어 있을 뿐 아니라, 묘지에는 옥기들이 대량으로 출토되고 있다. 피라미드에 견줄 만한 적석총은 단순한 무덤으로 보기 어려우며, 주검과 더불어 출토된 다양한 옥기들도 영생불멸을 추구한 것이라[88] 할 수 있다.

요하지역 최초의 옥기는 흥륭와(興隆洼)문화에서 출토된 옥귀고리

로서 서기전 6000년 무렵의 것이다. 이와 같은 모양의 옥귀고리는 강원
도 고성 문암리 유적과 여수시 안도리 패총유적 등에서도 출토되었다.

따라서 이 시기에 요하지역과 한반도 남쪽은 같은 문화권이었음을
알 수 있다.[89] 옥기는 신라금관을 비롯한 각종 장신구의 곡옥으로 이어
진다. 물론 북방의 유목문화 지역에서는 이러한 옥기가 보이지 않는다.

피라미드 규모의 대형 적석총과 다량의 옥기 부장품은 죽음을 부정
하는 상징물이다. 단순한 주검의 처리를 위해서는 대규모 노동력의 장
기간 투입을 필요로 하는 돌무덤을 쓸 까닭이 없다. 특히 옥은 대단히
단단하여 예사 공구로는 가공하기 힘들다. 그런데도 정교하게 가공한
옥기들을 주검의 곳곳에 부장한 것은 죽음을 극복하고자 하는 종교적
의도가 내포되어 있었다고 봐야 할 것이다. 그러므로 신시문화의 유적
으로 추론되는 홍산문화는 불사국의 자취를 잘 보여준다고 하겠다.

군자국과 불사국은 둘이면서 하나이다. 모두 동이를 일컫는 말이니
하나이되, 그 성격은 둘이다. 고대 중국인들에게 동이는 두 가지 면모
를 다 갖춘 나라였던 것이다. 앞에서 홍산문화는 신시문화의 유적이라
하였는데, 군자국과 불사국의 자리매김과 다시 만난다. 정착생활과 농
경생활을 이룩하고 불로장생을 추구하며 선악으로 나라를 다스리는
가운데 홍익인간의 이상을 실현한 환웅의 신시문화는 충분히 군자국
또는 불사국으로 인식될 가능성이 높다.

물론 『후한서』의 시대에는 신시가 존재하지 않았다. 신시문화의 원
형이 동이지역에 후한시대까지 지속되었던 것이다. 왜냐하면 환웅의
아들 단군이 세운 고조선은 환웅의 신시문화를 계승하고 발전시켰기
때문이다. 따라서 환웅과 단군의 두 본풀이가 하나의 본풀이처럼 발전
적으로 이어질 수밖에 없다. 환웅의 신시문화와 단군조선문화가 부자
(父子)관계로 이어진 같은 계통의 문화이자 하나의 문화로 계승된 까

---

88) 이형구, 같은 책, 118-121쪽에 이 지역 출토옥기를 자세하게 소개하고 있다.
89) 우실하, 지도 「고조선의 강역과 요하문명」, (주)동아지도, 2007 참조.

닭이다.

고조선 이후에 성립된 여러 나라들도 마찬가지이다. 『제왕운기』에 밝혀둔 것처럼, 신라와 고구려, 남북옥저, 동북부여, 예와 맥 등이 모두 단군의 후예들로서 동이의 구이(九夷)를 이루었다. 그러므로 환웅의 신시문화가 단군조선을 거쳐, 고조선의 거수국(渠帥國)에서[90] 독립한 여러 나라들에도 이어지고 발전된 까닭에 군자국과 불사국으로서 수준 높은 문화적 전통을 꽃피웠다. 그렇지 않았다면 공자까지 동이문화를 동경했을 까닭이 없다. 한마디로 동이문화의 원형은 바로 환웅이 수립한 신시문화였던 것이다.

중국 사료에 의해서 단군조선 이전의 신시문화 정체가 한층 선명하게 드러났다. 오죽했으면 공자까지 뗏목을 타고 바다를 건너서라도 동이에 가서 살고 싶다고 했을까. 그리고 중국에서 예를 잃으면 동이에서 구했다고 했겠는가. 더군다나 이러한 내용은 『후한서』에 한정된 것이 아니라 다른 문헌에도 거듭 기록되어 있어서 한층 객관성을 지닌다. 군자국과 불사국의 내용은 『설문해자』에도 고스란히 나타난다. 어질고 슬기로운 문화를 누린 까닭에 공자가 동이에 가서 살고 싶었다는 내용은 원전인 『논어』에 더 자세하게 기록되어 있다.

허신(許愼)은 『설문해자(說文解字)』에서 동이를 이웃의 다른 민족과 대비하여 상대적으로 설명하고 있어서 더욱 흥미롭다. "남방의 만(蠻)은 점장이에서 비롯되었고, 북방의 적(狄)은 개에서 비롯되었으며, 서방의 강(羌)은 양에서 비롯되었다."고[91] 하면서, "오직 동이만은 대의

---

90) 윤내현, 『고조선 연구』, 63쪽. 고조선의 거수국은 고조선의 제후국으로서 고구려, 동옥저, 부여, 읍루, 예, 한(韓) 등의 나라를 일컫는다.

91) 『說文解字』 東夷, "南方蠻從虫 北方狄從犬 西方羌從羊".
段玉裁, 『說文解字注』, 十篇下七, 夷 東方之人也 從大從弓, "南方蠻閩從虫 東方貉從豸 北方狄從犬 西方羌從羊" 단옥재 주에서는 南蠻을 蠻閩이라 하고 점장이가 아닌 벌레에서 비롯되었다고 한 점이 다르다. 東貉은 東夷와 분별하여 '豸' 곧 담비처럼 다리가 짧은 짐승에서 비롯되었다고 하였다.

를 따르는 대인(大人)들이며, 그 풍속은 어질고(仁) 어진 이는 장수한
다. 따라서 동이에는 군자국과 불사국이 있다"고[92] 하였다.

동이족의 장점을 다른 민족과 견주어서 상대적으로 나타냈을 뿐 아
니라, 중국과 견주어 동이족 문화는 '중국과 같은 수준이지만 중국보다
빼어나지는 않았다'고[93] 했다. 동이족의 우수한 점들을 사실대로 기록
해 놓고 보니, 중국보다 훨씬 빼어난 것처럼 도드라진 까닭에 중국보
다 빼어나지 않았다고 하여, 중국의 자존심을 잃지 않으려는 서술자의
시각까지 잘 나타나 있다.

『논어』 자한(子罕)편의 기록은 한층 구체적이다. 조선에는 예의로서
백성을 교화하고 양잠을 하여 명주를 짜고 범죄를 금하는 8조의 법 외
에 60여조의 법이 만들어져 있다고 했다. '어질고 슬기로 교화를 하여
동이족은 천성이 유순하며 이웃나라와 다른 까닭에, 공자는 도가 행해
지지 않는 것을 서글프게 생각하여 뗏목을 타고 바다를 건너 동이에
가 살고 싶다'고[94] 했다. 예의로서 백성을 교화한 것은 군자국에 해당
되는 내용이다. 이른바 8조금법과 60여조의 법은 신시의 '주형(主刑)'에
의한 법치문화에 해당된다. 신시의 법치문화가 한층 정교하게 발전되
어 후대에 널리 계승되고 있는 사실이 잘 드러난다.

『논어』 공야장(公冶長)편에도 같은 내용이[95] 거듭 나온다. 따라서
공자는 수시로 이웃의 여러 민족과 동이를 비교하고 동이문화의 도덕
적 우수성에 대하여 동경하는 말을 했던 까닭에 같은 기록이 여러 곳
에 두루 보인다. 공자시대까지 환웅이 세운 신시문화의 전통이 동이의

---

92) "東夷從大 大人也 夷俗仁 仁者壽 有君子不死之國".
93) 段玉裁, 『說文子注』, 十篇下七, 夷 東方之人也 從大從弓, "按天大地大人
    亦大 大象人形而夷篆從大 則與夏不殊夏者中國之人也.",
94) 『漢書』 卷28, 「地理志」, "仁賢之化 然東夷天性柔順 異於三方外 故孔子悼道不
    行 設浮於海 欲居九夷".
95) 『論語』 公冶長篇 子漢地理, "東夷天性柔順 異於三方外 故 孔子曰 悼道不行
    設文解字 欲居九夷 有以也".

여러 나라들에 이어졌을 뿐 아니라, 공자가 그 사실을 알고 발해를 건너 한반도 이민을 꿈꿀 정도로 중국에까지 널리 영향을 미쳤다. 그러므로 공자처럼 학식이 높아서 동이의 문화를 제대로 알고 있는 이들은 동이문화를 동경하지 않을 수 없었다.

7. '신화고고학'으로 읽는 선사문화의 정체성

민족문화의 원형은 쉽게 사라지지도 바뀌지도 않는다. 홍산문화와 같은 시기에 형성된 서기전 30세기 전후의 신시문화 전통이 서기전 6세기 인물인 공자의 시대까지 중국문화를 압도할 만큼 발전적으로 이어졌다. 동이문화가 발해를 건너 중국에도 널리 영향을 미친 까닭에 동이는 중국인들에게 도덕적으로 수준 높은 군자국이었을 뿐 아니라, 영생의 꿈을 이룰 수 있는 이상향의 불사국으로 인식되었다. 그러므로 당대 최고의 성인인 공자도 군자국 동이를 동경했고, 최고의 제왕인 진시왕도 불사국 동이를 꿈꾸며 끊임없이 동남동녀를 보내 불로초와 불사약을 구했던 것이다.[96]

한무제 이후까지 300여 년 이상 지속된 불사약에 대한 동경은 진시왕 때 절정을 이루었다. 그들이 동경한 문화적 전통은 한반도에서 더 후대까지 지속되었을 것이다. 신시문화에서 형성된 민족문화의 원형이 고조선을 거쳐 신라, 고구려, 부여, 옥저 등의 여러 나라에 이어지면서 더욱 발전되고 이웃나라에도 크게 영향을 미쳤다. 중국의 진시왕대까지 이처럼 뿌리깊게 영향을 미친 동이문화가 한반도 주변의 동북아

96) 김성환, 「최초의 한류, 동아시아 삼신산 해상루트의 기억을 찾아서」, 『동아시아 전통문화와 한류』, 동양사회사상학회 국제학술대회(전남대학교, 2007년 1월 8일) 발표논문집, 83-86쪽에서 기원 전 4세기부터 한무제 때까지 무려 3백 년 동안 불사(不死)의 꿈을 이루기 위해 삼신산(三神山)을 찾는 탐사대가 발해를 건너 한반도를 향해 끊임없이 떠났으며, 진시황대에 이르러 절정을 이룬 상황을 자세하게 다루었다.

여러 나라에 영향을 미치지 않을 수 없었을 것이다.

문화란 일시에 흥성하고 망하는 것이 아니라 오랜 역사적 전통 속에서 서서히 이루어진다고 한다면, 환웅의 신시문화도 급작스레 형성된 것이라 보기 어렵다. 신시 이전에도 훌륭한 문화를 이룩한 문화적 전통이 토대가 되어 신시문화와 고조선문화가 형성되었을 것이다. 그러므로 본풀이가 태초의 우주에서 지금 여기의 현재상황까지 노래하듯이, 본풀이의 이치로 보는 신화학 논의도 시공간적으로 더 확장할 필요가 있다.

환웅본풀이에 나타난 신시문화의 전통이 공간적으로는 중국지역에, 시간적으로는 공자시대 이후까지 지속되었다는 사실을 중국측 고대사료를 통해서 확인하고, 또 중국의 현대 발굴자료를 통해서 시간적으로 홍산문화시대로까지 거슬러 올라갈 수 있다는 사실을 추론하기에 이르렀다. 따라서 본풀이의 시각으로 보면, 태초의 시기로 가능한 한 더 거슬러 올라가서 선사문화를 파고드는 고고학적 연구와, 지금 여기 우리의 생활문물과 문화적 정체성을 확인해 보는 고현학(考現學, modernology)적 연구의 가능성이 열린다. 그러므로 본풀이신화학을 제대로 펼치면 '신화고고학'과 '신화고현학'의 지평을 더 넓게 개척할 수 있다.

신화고고학적 시각에서 이미 환웅시대의 신시문화와 홍산문화의 관련성을 어느 정도 밝혔다. 신화고고학을 더 확장하려면 환웅의 신시문화 이전으로도 거슬러 올라가야 하며, 지리적으로 이웃한 다른 민족들과 교류관계도 더 확대해서 풀어야 할 것이다. 그러한 풀이의 열쇠도 단군신화의 압축파일 안에 두루 갈무리되어 있다. 하나는 직접적인 열쇠이자 무형문화의 열쇠로서 단군의 명칭이며, 둘은 간접적인 열쇠이자 유형문화의 열쇠로서 빗살무늬 토기이다. 뒤의 열쇠가 고고학적으로 더 거슬러 올라가게 될 것이다.

먼저 단군의 이름과 관련한 전래설을 보자. 최남선이 일찍이 단군을 몽골어 '텡그리'와 같은 말로 밝힌 이래, 일부 학자들은 텡그리에서 단군이 왔다는 전제로 몽골문화 기원설이나 유목문화 전래설을 펼치는 유혹을 받았다. 최남선은 '불함문화론'에서 단군과 관련하여 하늘과 무당을 나타내는 몽골어 Tengri를 거론하기[97] 시작한 이래, 계속해서 단군신화에 관한 여러 편의 글을 상당히 풍부하게 발표했는데, 그때마다 단군을 흉노어 '탱리(撑犁)'와 몽골어 '텅거리(騰格里)' 또는 '텅걸', 그리고 우리 무당을 가리키는 당굴, 당골네와 연관짓는 일을 되풀이했다.[98] 그러나 연관성과 동질성만 말했을 뿐 전래설을 펴지는 않았다.

최근에는 텡그리라는 말이 시베리아 유목민족은 물론 터키어에까지 '하늘' 또는 '천신'을 나타내는 말로 쓰인다는 사실이 학계에 널리 보고되었다. 전래설을 펴는 사람들은 텡그리를 근거로 단군의 고조선 문화가 북방의 유목문화에서 비롯되었다고 주장한다. 텡그리는 유목 문화 기원설을 펴기에 안성맞춤인 자료인 까닭이다. 그러나 단군과 텡그리의 공통조어를 인정하더라도 이 전래설에는 두 가지 모순이 있다.

하나는 단군신화에서 하늘을 뜻하거나 천신을 뜻하는 말은 환인과 환웅이 별도로 있다는 점이다. 따라서 하늘의 신이나 하늘에서 하강한 환인과 천제는 곧잘 환인천제(桓因天帝), 환웅천왕(桓雄天王)으로 표기된다. 아예 환인이 아니라 본디 '환국(桓國)'으로 기록되었다는 자료도 있다.[99] "옛날에 환인이 있었다(昔有桓因)"가 아니라 "옛날에 환국이 있었다(昔有桓國)"는 것이다.[100] 그러나 풀이는 제석(帝釋)으로서 천제

---

97) 崔南善, 「不咸文化論」, 『六堂崔南善全集』 2(壇君·古朝鮮 其他), 玄岩社, 1973, 60쪽.
98) 崔南善, 위의 책에 수록된 단군 관련 논문 참조.
99) 현재 전하고 있는 『삼국유사』 최고본인 정덕본(正德本)에는 환국으로 되어 있다. 이석남 송석하 소장 『삼국유사』에도 환인이 아니라 환국으로 표기되어 있다. '국'자는 □ 안에 土가 있는 글자이다.
100) 성삼제, 『고조선 사라진 역사』, 동아일보사, 2005, 7장에서 이 문제를 자세하게 다루었다. 일제가 역사왜곡을 위해 환국을 환인으로 바꾸었다는 것이다.

(天帝) 곧 천상의 제왕을 나타내는 데 일치한다. 『제왕운기』나 『세종실록』 지리지, 『동국여지승람』 등에는 모두 환인으로 기록되어 있다. '환인'은 불교에서 하늘을 뜻하고, 환웅은 천왕으로 일컫는다. 그러므로 환웅본풀이에서 말하는 하늘 또는 천신을 뜻하는 말은 '단군' 또는 '텡그리'가 아니라 환인과 환웅이다.

환인과 환웅이 아니라도 하늘과 천신을 나타내는 우리말은 본디부터 있었다. '하늘' 또는 '하느님'이다. 신을 나타내는 '서낭' 또는 '서낭님'이라는 우리말도 별도로 있다. 본디 우리말을 두고 텡그리라는 외국말을 가져올 까닭이 없다.

둘은 텡그리를 천신의 뜻으로 쓰며 텡그리를 섬기는 유목민족에게는 환인이나 환웅과 같은 하늘 또는 천신을 나타내는 말이 별도로 없다는 사실이다. 그들의 신화에 등장하는 텡그리는 천신으로서 건국시조가 아니다. 텡그리와 같은 말이라고 하는 단군은 사실상 환웅과 곰네 사이에서 태어난 인간이자 지상의 왕이었다. 따라서 천신의 후손이 되 사람 사이에서 태어난 단군과, 천신 자체를 뜻하는 텡그리는 같은 존재를 나타내는 것이 아니라, 전혀 다른 층위의 말이다. 단군은 어디까지나 천신의 후손으로서 나라를 처음 세운 건국시조이다.

유목문화 지역에서 텡그리가 신화에 등장하는 경우에도 천지창조 신화에서 천신으로 등장할 뿐[101] 건국신화에서 시조로 등장하지 않는다. 단군신화의 내용을 고려하면, 우리 민족은 단군 이전에 천왕인 환웅신이 있고 그 이전에 천제인 환인신이 있었다. 다시 말하면 '환인'과 '환웅', '하늘', '하느님' 등의 말은 '단군'이나 '텡그리'라는 말 이전에 형성된 말이자, 그보다 더 높은 층위의 말이다. 따라서 만일 단군과 텡그

---

101) 김효정, 「튀르크족의 기록에 나타난 '텡그리(Tengri)'의 의미」, 『韓國中東學會論叢』 28-1, 韓國中東學會, 2007, 387-407쪽에서 텡그리가 나오는 두 편의 신화를 소개하고 있는데, 모두 천지창조신화에서 하늘나라의 절대 신으로 나온다. 단군신화의 환인에 해당되는 존재가 텡그리이다.

리가 서로 영향을 주고받았다면, 단군에서 텡그리란 말이 생겨날 수밖에 없다. 텡그리는 그 계보가 불분명하지만 단군은 환인과 환웅으로부터 이어지는 계보가 분명한 까닭이다.

중국의 『위서』에도 환인이나 환웅의 신시 기록은 없고 단군의 조선에 관한 기록만 있다. 당시 동북아의 교류 수준과 세계 인식의 한계이다. 중국도 단군조선의 역사는 알고 있지만 환웅신시의 역사는 알지 못했던 셈이다. 따라서 북방민족들도 환인이나 환웅의 존재를 알지 못하고 고조선 이후의 단군을 비로소 알게 되었을 가능성이 높다. 단군이 조선을 세우고 왕호를 널리 사용하기 시작하면서, 단군이라는 말이 북방의 유목민족에게 영향을 미쳐서 텡그리라는 말이 생겼을 것으로 추론된다.

그것은 두 가지 이유 때문이다. 첫째는 단군이 환웅천왕의 아들로서 천자의 혈통과 지위를 누리고 하늘에 제사하는 제천의식의 사제권을 누렸기 때문이다. 따라서 이웃나라들은, 환웅천왕 이후부터 고조선 시기까지 줄곧 하늘에 제사를 지낼 수 있는 유일한 지도자로서 단군을 천자와 같은 존재로 인식했을 것이다. 고대사회 질서의 중심은 바로 제천의식의 천제권을 행사하는 천자였다. 환웅천왕의 천제권을 이어받은 단군은 바로 중국의 천자와 같은 왕호였으며, 단군조선은 당시에 북만주 일대의 문화적 중심국가였다. 그러므로 천제권을 지닌 단군이라는 왕호가 일반화되면서 북방민족들도 고조선문화의 영향을 받아 단군을 뜻하는 텡그리를 천신으로 일컬었을 가능성이 높다.

둘째는 단군조선의 국가 위상이 대단했기 때문이다. 환웅의 신시시대에는 성읍국가 수준이었으나 단군의 고조선 시대에는 고대국가 수준으로 그 문물이 이웃나라에 크게 영향을 미쳤다. 고조선의 갑옷을[102] 비롯한 복식도[103] 상당히 앞선 까닭에 동북아 지역에 영향을 주었

---

102) 박선희, 「고대 한국갑옷의 원류와 동북아시아에 미친 영향」, 『고대에도 한

다. 고조선의 강역도 북쪽 유목문화지역까지 대단히 넓게 점유하고 있었다.[104]

게다가 중국이 동이문화를 동경할 만큼 영향을 받았는데, 북방의 다른 민족이라고 하여 동이문화의 영향을 받지 않을 수 없다. 따라서 제천의식의 천제권을 누린 고조선의 단군이 여러 북방민족에게 신성한 존재로 영향을 미쳐 텡그리라는 어휘가 형성되었을 가능성이 높다. 그러므로 유목민에게는 천신을 뜻하는 환인이나 환웅과 같은 말이 별도로 없고 오직 '텡그리'라는 말만 있다.

신화고고학의 두 번째 열쇠는 고조선 지역에서 널리 발견되는 유물로서 빗살무늬토기를 들 수 있다. 우리 민족의 가장 오래된 유물이라 할 수 있는 빗살무늬토기들은 한결같이 밑면이 타원형이다. 크기가 독처럼 상당히 거대한 것이 많은데, 그 자체로 세워둘 수 없을 정도로 불안정한 구조이다. 따라서 솥처럼 붙박이로 걸어두고 사용했다는 사실을 알 수 있다. 그러므로 이 토기는 정착문화가 빚어낸 용기라는 사실이 분명하다.

왜냐하면 유목민들에게는 빗살무늬토기는 매우 불편한 그릇이기 때문이다. 거대한 크기나 불안정성, 그리고 부서지기 쉬운 재질로 볼 때 이동용도 휴대용으로도 적합하지 않은 까닭이다. 유목문화의 그릇은 아무 곳에 놓아도 안정감을 이루도록 밑면이 평면이어야 하고 크기도 휴대하기 쉽게 작아야 하며 쉽사리 부서지지 않는 재질이어야 한다. 실제로 유목문화 지역에는 지금도 이와 같은 거대한 토기나 질그릇에 해당되는 독을 사용하지 않는다. 따라서 빗살무늬토기는 정착문화를 누린 사람들의 발명품이라 하지 않을 수 없다.

그런데도 이 토기가 시베리아 지역에 널리 분포되어 있다는 이유로

류가 있었다』, 지식산업사, 2007, 231-295쪽 참조.
103) 박선희,『한국 고대 복식 - 그 원형과 정체』, 지식산업사, 2002 참조.
104) 윤내현 외,『고조선의 강역을 밝힌다』, 지식산업사, 2006 참조.

빗살무늬토기는 시베리아를 거쳐 한반도에 퍼진 것으로 해석하거나,[105] 우리 신석기문화를 북방문화권에 속하는 근거로 해석한다.[106] 그러나 이 토기는 붙박이용 정착생활에 적합한 용기여서 북방의 유목문화에서 발생하기 어려운 용기이다. 유목민들은 이동하기 쉽고 부서지지 않으며 쉽게 공급 가능한 가죽자루를 즐겨 사용한다. 그러므로 이 토기는 정착문화가 일찍이 발전한 지역에서 발생했을 가능성이 높다.

실제로 '발해연안에서 발견된 빗살무늬토기의 연대는 서기전 6000년에서 5000년으로 동유럽과 시베리아지역보다 무려 1000년 이상이나 앞선다.'[107] 게다가 만주 지역과 한반도에서 가장 많이 발굴되고 또 가장 오랫동안 지속되었다. 더 결정적인 것은 평양의 용곡 동굴 유적이다. 왜냐하면 '구석기시대 유물과 인류 화석이 발견된 윗층에 다시 신석기시대 빗살무늬토기와 인류 화석이 출토'되었기 때문이다.[108] 이 유적은 신석기 시대 빗살무늬토기가 시베리아에서 들어온 것이 아니라, 제자리에서 형성되었던 구석기 문화가 신석기 문화로 계승되고 발전되었다는 사실을 생생하게 보여주는 증거인 까닭에 시베리아기원설은 설득력을 잃게 되었다.

우리는 흔히 석기시대에서 청동기시대로 바로 건너가는데, 석기시대 후기에 이루어진 가장 중요한 발명품이 바로 토기이다. 토기가 있어서 비로소 물을 담을 수 있고 음식을 끓일 수 있게 되었기 때문이다. 토기는 정착문화의 산물 두 가지 가운데 하나로서 구들보다 앞서는 것이라고 하겠다.

---

105) 이건무·조법종, 『선사유물과 유적 - 한국미의 재발견』, 솔출판사, 2003, 27쪽. 이형구, 같은 책, 87쪽에서 참조.
106) 국립중앙박물관, 『한국전통문화』, 한국박물관학회, 1998, 14쪽, 이형구, 같은 책, 87쪽 참조.
107) 이형구, 같은 책, 93-94쪽.
108) 이형구, 「'발해문명' 창조 주인공은 우리 민족」, 주간 『뉴스메이커』 745호, 경향신문사, 2007년 10월 16일, 34쪽.

단군신화에서 환웅이 곰과 범에게 100일 동안 햇빛을 보지 말고 생활하라고 하는 것은 정착생활을 가르친 셈인데, 이때 이미 물을 담는 토기가 있었던 것이다. 집 안에 머물러 살려면 물을 저장해서 쓰지 않고서는 그러한 생활이 불가능하기 때문이다. 따라서 정착생활과 물을 담는 토기는 밀접한 연관성을 지닌다. 그러므로 "토기의 발명은 인류 최초의 혁명"이라고[109] 할 수 있다.

신석기 시대는 토기를 병용하기 시작한 시대인데, 사실 토기의 기능으로 본다면 석기시대 이후 토기시대를 별도로 설정하여 시대구분을 할 필요가 있다. 토기가 있어야 청동기도 가능하다. 석기만으로 청동을 녹이고 주물을 만들 수 없기 때문이다. 토기가 청동기, 철기를 낳은 셈이다. 게다가 토기는 석기처럼 과거의 유물이 아니다. 최근까지 요긴하게 쓰이고 있는 가장 오랜 생활도구이다. 그러므로 혁명적 발명의 빗살무늬토기는 고조선문화 훨씬 이전부터 존재했던 한민족 선사문화의 원형이라 할 수 있다.

그런데도 우리 학계는 빗살무늬의 상징이나 기능도 아직 제대로 밝히지 못하고 있다. 밑이 뾰족한 것은 그릇을 모래밭에 박아 고정시켜 사용했던 것으로 해석한다.[110] 빗살무늬는 모래에 묻었을 때 마찰을 높이기 위해서라는 궁색한 기능을 말하는 것이 고작이다. 모래에 박을 때 뾰족한 것은 마찰을 줄여서 쉽게 고정시키는 기능을 하는 반면에, 빗살은 마찰을 높이는 구실을 한다는 것은 사실상 모순관계에 있다. 정확한 용도를 모르니 그렇게 궁색한 추론을 할 수밖에 없다.

그러나 토기의 구조로 보면, 솥을 걸듯이 붙박이로 걸어두고 물이나 곡물을 저장하거나 음식을 끓이는 데 적절한 용기라는 사실을 알 수 있다. 토기는 열전도율이 낮기 때문에 솥으로 이용하려면 특히 열

---

109) 이형구, 같은 책, 86쪽.
110) 이형구, 「발해연안 빗살무늬토기 문화의 연구」, 『한국사학』 10, 한국정신문화연구원, 1989, 73-75쪽.

전도율을 높이지 않을 수 없다. 그래서 두 가지 기법을 사용했는데, 하나는 계란 모양의 타원형이고 둘은 빗살무늬 새김이다. 첫째, 가마솥처럼 밑면을 길게 타원형으로 하면 불꽃이 닿는 면적을 최대한 늘여서 열효율을 높일 수 있다. 우리 붙박이형 솥의 밑면이 모두 반구형인 까닭도 이 때문이다.

둘째, 평면에 새김무늬를 넣으면 불꽃이 쉽게 타오르게 되고, 골이 파여져 있으면 불기가 닿는 면이 더 많아져서 열전도율도 높아진다. 빗살무늬 가운데도 불꽃이나 불기의 흐름에 따라 V자 모양을 일정하게 새긴 무늬는 그러한 효율성을 더 높이게 된다. 초기의 토기는 민무늬였다가 후대에 빗살무늬를 사용한 것도 발전단계를 뜻한다. 초기의 민무늬토기는 막사발처럼 입구가 넓고 깊이가 얕은데, 빗살무늬토기는 팽이처럼 입구가 좁고 깊이가 깊다. 이러한 변화과정은 우리 식품사를 나타내기도 한다. 처음에는 곡물로 죽을 끓여먹다가 점차 밥을 지어먹은 것이 아닌가 한다. 밥을 지어먹는 데는 토기의 열효율이 높아야 하기 때문에 접시형 민무늬에서 팽이형 빗살무늬형으로 발전한 것이다.

시루는 증기를 이용하여 음식을 익히는 것으로서 솥을 전제로 한다. 자연히 솥 없는 시루는 존재할 수 없다. 따라서 시루가 솥보다 앞서 나타났다는 발굴유물을 전제로, 우리 식품사를 정리한 결과, 먼저 시루에다 떡을 쪄먹다가 뒤에 밥을 지어먹었다는 식으로 밥의 역사 앞에 떡을 설정하는 식품학계의 해석은[111] 잘못이라 생각한다.

시루라고 하는 유물의 물증에 지나치게 매몰된 나머지 논리적 해석 능력을 상실했을 뿐 아니라, 솥 구실을 했을 토기의 기능을 논리적으로 추론하지 못한 탓이라 할 수 있다.[112] 민무늬 토기에다 죽을 끓여

---

111) 이종미, 「한국의 떡 문화 형성기원과 발달 과정에 관한 소고」, 『韓國食生活 文化學會誌』 7, 한국식생활문화학회, 1992, 181-182쪽.

112) 임재해, 「물질문화의 재인식과 문물로서 유무형 문화의 유기적 해석」, 『민속학연구』 20, 국립민속박물관, 2007, 183-184쪽에서 자세하게 다루었다.

먹다가 밥을 지어먹으면서 발명한 것이 빗살무늬토기인 것이다. 떡을 쪄먹는 시루는 그 이후이다. 그러므로 빗살무늬토기를 통해서 솥과 시루에 의한 음식문화사를 다시 정리하지 않을 수 없게 되었다.

8. '신화고현학'으로 읽는 현실문화의 정체성

본풀이의 논리에 따라 '신화고고학'으로 선사시대까지 거슬러 올라갔다가 다시 지금 여기 우리들의 생활세계에까지 이르게 되었다. 이제 지금 여기의 문화를 풀어야 할 차례이다. 흔히 단군신화의 내용을 까마득한 고대사 자료로만 여기고 지금의 현실 상황과 무관한 것처럼 다루기 일쑤인데, 그래서는 본풀이로서 이해의 길이 막힌다. 본풀이는 과거의 내력이면서 현재의 문제상황이자 미래의 전망까지 겨냥하는 서사문학의 유산이다. 그러므로 신화고고학과 더불어 '신화고현학'으로서 논의도 피해갈 수 없다.

신화고현학에도 두 가지 길이 있다. 현재 신화가 본풀이로서 어떻게 노래되고 있는가 하는 구연현장 연구의 길과, 고대의 신화 내용이 현재 우리 생활세계 속에 어떻게 살아 있는가 하는 문화정체성 연구의 길이 있다. 이 논의에서는 단군신화를 대상으로 한 신화고고학의 연장선에서 문화정체성 연구의 길을 가고자 한다. 문화정체성을 겨냥한 신화고현학은 현재에도 우리가 단군신화를 살고 있다는 사실을 통해서 현실문화의 정체성을 실감나게 포착하는 일이다.

실제로 고조선 건국신화로서 단군신화의 전통은 후기에 형성된 다른 건국신화 체계로 이어지는 것은 물론, 지금의 우리 생활세계 속에 다양하게 지속되고 있다. 천손강림의 전통은 주몽신화와 박혁거세신화, 수로왕신화로 이어지고, 신수의 전통은 김알지신화의 계림과 대홍수신화의 나무, 그리고 당신화의 당나무로 이어진다. 환웅이 깃들어 있던 신단수는 동신이 깃들어 있는 당나무로서 마을의 동수(洞樹) 또는

당산숲으로 살아 있다. 나라의 신수인 신단수의 전통은 고을의 부신목
(府神木), 마을의 당나무, 마을굿의 서낭대, 무당의 내림대 등으로 이어
지고 있다.

당나무를 통해 신단수의 전통을 확인하는 것은 물론, 우리 굿문화
의 정체성도 확인할 수 있다. 천신 환웅이 내려와 신단수에 깃들어 있
듯이, 굿에서 모든 신들은 내림대를 통해 지상으로 내려온다. 굿을 할
때는 신이 내림대를 거쳐서 무당 몸에 실리거나 굿판에 좌정한다. 신
들림 현상이 우리 굿의 정체성이다.

그러나 시베리아 샤머니즘은 오히려 무당이 탈혼하여 이계(異界)여
행을 하며 신을 찾아간다. 따라서 기유모즈(Alexander Guillemoz)는 "무당
은 샤먼과는 반대로 신을 찾으러 가는 것이 아니라 신을 받아들이고
맞아들이는 것"이라고[113] 대비한다. 이계의 신을 불러오는 우리 굿과,
이계로 신을 찾아가는 샤머니즘은 구조적으로 맞서는 관계에 있다.[114]

샤머니즘과 달리, 굿문화의 전통은 정착생활을 하며 농경문화를 누
린 사람들이 창출한 신앙생활이자 제의양식이다. 무당이 되려면 신이
지펴야 한다. 굿을 할 때도 신령을 굿판에 모셔와서 좌정시켜야 비로
소 굿이 진행된다. 그러나 새로운 풀밭을 찾아 이동하는 유목문화는
신을 굿판으로 불러오는 것이 아니라 다른 세계로 찾아가서 만난다.
이계에 신이 있으면 그곳으로 찾아가야 한다고 여기는 것이 유목문화
의 사유방식이다.[115]

무당의 입무과정은 물론 굿의 양식에서도 유목민들의 샤머니즘과
우리 굿문화는 기본적인 차이를 보인다. 엑스타시(Ecstasy)형인 샤머니

---

113) 알렉상드르 기유모즈, 「現世的 福樂追求의 信仰」, 크리스챤아카데미編, 『韓
國의 思想構造』, 삼성출판사, 1975, 406쪽.

114) 임재해, 「굿 문화사 연구의 성찰과 역사적 인식지평의 확대」, 『한국무속학』
11, 한국무속학회, 2006, 76-80쪽에서 이 문제를 다루었다.

115) 임재해, 「왜 지금 겨레문화의 뿌리를 주목하는가」, 『比較民俗學』 31, 比較民
俗學會, 2006, 202-214쪽에서 이 문제를 다루었다.

즘이 신을 찾아 이계로 여행하는 이동형 유목문화의 굿이라면, 포제션(Possession)형인 우리 굿은 신을 내림받아 모셔두고 굿을 하는 정착형 농경문화의 굿이라 할 수 있다.[116] 따라서 유목문화와 농경문화의 신앙양식이 구조적으로 다를 수밖에 없다. 생태학적 환경이 종교문화에도 영향을 미치는 까닭이다. 그러므로 굿문화의 기원을 유목문화의 샤머니즘에서 찾는 것은 문화적 원형과 생태학적 차이를 고려하지 않은 한계를 지닌다.

단군신화에 갈무리된 굿문화의 원형이 지금의 굿문화에 지속되면서 한국 굿으로서 정체성을 확립하고 있는 것처럼, 곰네가 동굴 속에서 금기했던 3칠일은 출산 민속으로서 산모가 3칠일 동안 출입을 삼가는 금기풍속으로 지속되고 있다. 그리고 동굴 속에서 먹었던 쑥과 마늘은 여전히 우리의 중요한 식문화로 이어지고 있다. 흔히 곰이 쑥과 마늘을 먹고 금기를 지켜 인간으로 변신하는 이야기로 인식되지만, 사실은 환웅족의 신시문화를 동경한 곰족과 범족의 문화적 적응과정을 나타낸 것이다.

곰과 범이 환웅을 찾아와 사람되기를 빌었다고 하는 것은, 유목생활을 하며 주로 육식을 하던 맥족과 예족이 신시에 찾아와서 환웅에게 선진적인 농경문화의 전수를 요청한 셈이다. 이때 환웅이 "신령스러운 쑥 한 다발과 마늘 20 줄기를 주고 이르기를, '너희들이 이것을 먹고 백일 동안 햇빛을 보지 않으면 사람이 되리라' 하였다."[117] 육식생활을 버리고 채식생활을, 유랑생활을 버리고 정착생활을 해야 인간다운 삶을 누릴 수 있다고 가르친 것이다. 다시 말하면 유목생활에서 벗어나 농경생활에 적응하도록 이끌어준 셈이다. 따라서 단군신화에 나타난 곰네의 인간화는 한갓 변신담이 아니라 인간다운 삶을 동경하고 추구

---

116) 위의 글, 208-209쪽에서 자세하게 다루었다.
117) 『三國遺事』卷1, 紀異 古朝鮮, "時神遺靈艾一炷 蒜二十枚曰 爾輩食之 不見日光百日 便得人形".

한 문화적 전환을 뜻하는 문화사 이야기이다.

환웅본풀이의 구조로 보아서, 이러한 가르침이 바로 홍익인간의 실천이고 '재세이화'의 구체적 보기에 해당된다. 여기서 신시문화가 이룩한 채식 위주의 식생활과 정착 중심의 주생활이 구체화되고 민족문화의 원형이 분명하게 마련된다. 이 두 가지 문화적 원형은 민족문화의 유전자 구실을 하며 지금의 생활세계로 이어지고 있다.

실제로 쑥과 마늘을 먹는 식문화는 동북아시아에서 한민족에게만 완벽한 전통으로 지속된다. 중국은 쑥을 먹지 않고 일본은 마늘을 먹지 않으며, 몽골은 쑥과 마늘을[118] 먹는 식문화가 없다. 중국은 마늘만, 일본은 쑥만 어느 정도 먹되 그러한 반쪽 식문화의 전통도 한국에 비하여 상대적으로 비중이 낮다. 그러므로 우리 식생활을 돌아보면 환웅이 신시에서 곰과 범을 일깨우던 가르침대로 여전히 쑥과 마늘을 먹는 식생활을 하고 있다. 한국 식문화의 정체성을 보면, 우리는 여전히 단군신화를 살고 있는 것이다.[119]

쑥과 마늘은 전형적인 채식이자 자연채취에 의한 나물문화의 원형을 이룬다. 유목문화의 전통을 지닌 사람들은 농경생활에 진입하면서 나물을 뜯어먹는 채취문화를 잃어버렸는데, 한국인만은 산업사회에서도 유독 채취시대의 식문화인 나물문화의 전통을 지속한다.[120] 해마다 봄이면 산채를 즐겨 먹고 식당에 산채정식과 산채비빔밥이 차림으로 제공되는 식문화는 한국이 유일하다. 그러므로 쑥과 마늘로 대표되는 채식문화의 원형은 단군신화 이래 반만년 동안 지속되는 뿌리깊은 식문화의 전통이자, 민족문화의 정체성이라 하지 않을 수 없다.[121]

---

118) 몽골에서 야생마늘을 먹는 문화가 있다. 그러나 우리처럼 마늘을 즐겨 먹지 않으며 마늘을 재배하지도 않는다.

119) 임재해, 「단군신화에 갈무리된 문화적 원형과 민족문화의 정체성」, 『단군학연구』 16, 단군학회, 2007, 283-299쪽에 자세하게 다루었다.

120) 이어령, 『디지로그』, 생각의나무, 2006, 96쪽.

121) 임재해, 「단군신화에 갈무리된 문화적 원형과 민족문화의 정체성」, 294쪽.

식생활뿐만 아니라 주거생활도 마찬가지이다. 햇빛을 보지말고 100일 동안 지내라고 하는 것은 정착생활을 요구하는 것이다. 쑥과 마늘이 지독한 채식생활이듯이, 햇빛을 보지 않는 100일간의 칩거생활도 지독한 정착생활에 해당된다.[122] 문화적 교화를 위해서는 지독한 문화수련이 필요한 까닭이다. 실내에서 장기간 생활을 하려면 가옥을 짓고 물을 담아 저장할 그릇이 있어야 하며, 난방시설도 갖추어야 한다. 그러므로 실내에서 물을 저장할 수 있는 큰 토기가 진작 발전되고 정착생활에 적합한 난방방식으로 구들을 발명하였던 것이다.

선사시대의 빗살무늬토기와, 지금 우리가 누리고 있는 세계 유일의 온돌문화는 바로 농경문화 중심의 정착생활에서 비롯된 문화유산이다. 최근까지 시골 부엌에는 부뚜막에 고정시켜 놓은 붙박이 옹기물독이 있었고, 무쇠솥을 건 아궁이에 불을 지펴 구들을 데우는 정착문화의 두 전통이 살아 있다. 유목생활에서는 거대하고 불안정한 빗살무늬형 토기가 불필요하고 또 결코 구들을 깔아 집을 짓는 문화를 창출할 수 없다. 생태학적으로 맞지 않기 때문이다. 그러나 농경생활에 따른 채식문화와 정착문화는 필연적으로 온돌문화를 창조하게 되었고 좌식생활의 주거문화를 독특하게 이룩하였다.

유목문화의 전통을 지닌 민족은 농경생활을 하며 집을 짓고 정착생활을 하여도 여전히 집안에서 돌아다니며 산다. 집안에서 입식생활을 할 뿐 아니라, 침실에서 시작하여 거실·응접실·식당방·서재를 거쳐 다시 침실로 여러 방을 순환하며 이동생활을 한다. 그러나 우리는 좌식생활을 하며 한 방에 머물러서 침실과 거실, 응접실, 식당방, 서재의 기능을 다 이용한다. 온돌문화를 누리려면 좌식생활을 하는 것이 제격이기 때문이다.

---

122) 임재해, 「단군신화를 보는 생태학적인 눈과 자연친화적 홍익인간 사상」, 『단군학연구』 10, 단군학회, 2003, 125쪽 참조.

사랑방에 손님이 와서 술상을 내고 방석을 내 놓으면 응접실이 되고, 밥상을 차려오면 식당방으로 바뀌며, 서안을 내놓고 독서하면 서재가 된다. 그리고 저녁에 이부자리를 깔면 침실로 변한다. 집안에서 기능에 따라 여러 방을 찾아다니며 생활하는 유목문화의 주거생활과, 한 방에 머물러서 다양한 살림살이를 끌어들여 여러 방의 기능을 모두 누리는 정착문화의 주거생활이 대조적이다. 뿌리깊은 정착문화의 전통이 주거생활에까지 고스란히 나타나는 것이다.[123] 환웅본풀이에서 이룩한 정착문화의 원형이 현대 주거문화의 정체성을 결정해 주고 있는 셈이다.

정착문화에서 형성된 온돌문화의 전통은 외래문화를 받아들여 새롭게 바꾸는 창조력까지 발휘한다. 측면보일러는 밑면보일러로, 전기담요는 전기장판으로, 스프링침대는 돌침대로 모두 온돌문화에 맞게 재창조한다. 이제 돌침대를 비롯한 온돌보일러 문화는 주거문화의 '한류'로 외국에 수출되고 있다. 지금 우리는 단군신화에 따라 독특한 좌식생활의 정착형 주거문화를 누리며 현대적인 온돌문화를 계속 창출하고 있을 뿐 아니라, 국제사회에 새로운 주거문화를 제공하게 되었다. 그러므로 한국형 온돌문화의 정체성이 앞으로 인류의 주거문화를 한 단계 발전시키는 데 적극적인 구실을 하게 될 것으로 전망된다.

9. '본풀이신화학'이 밝힌 신화연구의 길

한국신화의 원형인 본풀이의 논리에 따라, 신화의 본디 이치를 포착하고 단군신화를 두 유형의 본풀이로 분석하여, 단군신화나 고조선의 건국신화로 간주한 상투적 해석에서 비롯된 한계를 여러 모로 극복할 수 있었다. 환웅본풀이를 뜯어봄으로써, 민족문화의 원형을 환웅의

---

123) 임재해, 「주거문화 인식의 성찰과 민속학적 이해지평」, 『比較民俗學』 32, 比較民俗學會, 2006, 51-532쪽.

신시시대 이전으로 소급해서 밝혔으며, 그 원형을 통해 현재의 생활세계 속에 여전히 살아 있는 민족문화의 정체성을 지금 여기서 실감나게 확인할 수 있게 되었다.

본풀이신화학은 크게 일곱 가지 신화연구의 길을 새로 일깨워 주었다. 첫째, 신화는 그 자체로 소중한 문화유산이면서 민족의 역사와 문화, 세계관의 정체성을 밝혀주는 문화유산 해설사 구실을 별도로 한다는 점이다. 따라서 본풀이의 이치를 통해서 신화 자체의 정체를 밝히는 데 머물지 않고, 민족사의 시작과 민족문화의 원형, 민족적 세계관 등을 새롭게 밝힐 수 있게 되었다. 그러므로 신화는 스스로 독립적인 하나의 문화현상이면서, 다른 문화현상들을 두루 해명해주는 '문화의 문화'라는 점에서 '메타문화'라 규정할 수 있다.

둘째, '메타문화'로 보면 본풀이는 민족적 세계관을 새롭게 일깨워주고 있는 사실을 알 수 있다. 본풀이의 세계관은 공간적으로 태초의 우주에서 지금 여기의 현장까지 총체적으로 열려 있어서 민족주의나 지역주의의 한계를 넘어서는 다층적이고 유기적인 세계를 포괄하고 있다. 하늘과 땅, 산과 물, 지상과 지하를 아우르는 것은 물론 하늘 위의 하늘, 땅 속의 땅, 이승과 저승까지 아우르는 유기적 세계관을 지니고 있다. 그러므로 본풀이의 세계관은 민족주의나 인본주의 신화연구의 한계에서 벗어나기를 요구한다.

셋째, 이러한 본풀이의 세계관은 환웅본풀이의 홍익인간 사상과 만난다. 따라서 구전되는 본풀이와 문헌신화는 같은 세계관 속에서 형성되고 공유되었다고 하겠다. 그 동안 홍익인간을 단군의 사상이나 단군조선의 이념으로 인식했던 것은 환웅본풀이를 신시건국신화로 분별해서 포착하지 않고 단군본풀이나 단군조선신화의 일부로 간주한 까닭이다. 홍익인간은 환웅의 사상이자 신시의 건국이념으로서 인간중심주의나 민족중심주의를 넘어선 세계관이다.

환웅의 홍익인간 사상은 천상세계에 대한 천하세계의 개념으로서 인본주의적 세계관을 뛰어넘는 것이다. 따라서 인류애를 넘어서는 생태학적이자 우주론적인 세계관으로서 천하세상을 두루 이롭게 하는 사상이라 할 수 있다. 그러므로 환웅본풀이의 맥락에서 말하면 홍익인간은 사실상 '홍익천하사상'이자 '홍익생명사상'으로서, 삼라만상을 모두 이롭게 하는 생태학적 공생의 이념으로 확대해 나가야 할 것이다.

넷째 생태학적 공생의 이념으로서 홍익인간 사상은 두 가지 실천의 보기로 잘 드러난다. 하나는 환웅의 신시문화 수준이며, 둘은 이웃 민족과 나라가 신시문화를 동경한 사실이다. 환웅이 360여 가지 일을 다스린 데서나 재세이화의 방법에서는 물론, 이웃 민족이 찾아와서 더불어 인간다운 삶을 누리고자 했을 때, 기꺼이 문화생활을 일깨워 주고 마치 아내를 맞이하듯이 적극적으로 끌어들여 한 민족으로 결연을 맺었던 데서 특히 잘 드러난다. 비록 혈연과 문화의 배경은 달라도 문화적 교류와 동질성 확보를 통해 하나의 공동체가 될 수 있다는 사실을 보여준 셈이다.

환웅의 홍익인간 사상에는 민족적 배타성은커녕 오히려 인류를 넘어서서 자연생명까지 아우르는 공생적 세계관이 두드러진다. 이러한 세계관과 선진문화의 수준은 중국인들의 문헌기록을 통해서 구체적으로 입증되었다. 따라서 고대 중국인들은 동이를 군자국과 불사국으로 인정했을 뿐 아니라, 공자까지 이민을 꿈꿀 만큼 선진문화를 지닌 민족으로 동경했다. 환웅의 신시시대는 물론 공자시대까지 홍익인간의 문화가 이웃나라로부터 국제적 공유의 대상이 되었던 것을 알 수 있다. 그러므로 홍익인간을 민족주의 이념으로 가두지 말고 '홍익천하'의 사상으로서 본디 정체성을 살려나가야 할 것이다.

다섯째, 홍익천하사상은 일찍이 하늘을 섬기는 제천문화로부터 비롯되었으며, 정착형 농경문화로부터 형성된 것이다. 따라서 신시의 제천의식 문화와 그 이전의 정착문화를 근거로 고조선 이전에 형성된 신시문화의 지리적 위치와, 고고학적 유물을 통한 식문화의 정체성을 새롭게 해명할 수 있었다. 신시시대 제천문화 유적으로서 홍산문화의 정체는 물론 정착문화 유산으로서 빗살무늬토기를 해석함으로써, 우리 문화의 시베리아기원설을 극복하고 민족사와 민족문화의 원형을 역사적으로 소급할 수 있게 되었다. 그러므로 본풀이신화학은 수수께끼로 남아 있는 상고사와 고고학의 문제까지 설득력 있게 해명할 수 있는 신화학의 새 지평을 개척하기에 이르렀다.

여섯째, 고조선시대에 형성된 문화의 원형이 현재의 생활세계 속에서 고스란히 지속되며 민족문화의 정체성을 형성하고 있다는 사실이다. 정착생활에서 비롯된 온돌문화는 주생활이 양옥으로 바뀌어도 지속되고 있을 뿐 아니라 현대적인 난방기술과 주거문화로 새롭게 창출되고 있다. 그리고 쑥과 마늘로 상징되는 채식 중심의 식문화 또한 여전히 지속되면서 건강한 식문화로 국제사회에 주목을 받고 있다. 그러므로 고조선 시기에 성립된 문화현상은 현대까지 지속되고 있을 뿐 아니라, 한국인의 주생활과 식생활에 머물지 않고 세계인의 문화로 공유될 전망이다.

따라서 고조선 시기의 건국신화를 연구한다고 하여 마치 상고시대를 연구하는 과거학으로 치부하는 것은 잘못이다. 그것은 곧 전통연구를 마치 과거학인 것처럼 오도하는 것과 같은 편견이다. 연구대상이 과거의 것이라고 과거학이라고 하는 것은 연구방법이나 해석 이론에 대한 자각이 없을 뿐만 아니라 현실적인 문제의식이 없기 때문이다.

고대사를 연구하는 역사학도 현실적인 문제의식을 갖추고 이론적 자각을 하게 되면 현재학이자 미래학일 수 있다. 본풀이신화학은 문화적 원형을 찾고 민족문화의 정체성을 포착하는 데서 나아가, 현대 인류의 보편적 문화로 재창조하고 공유할 수 있는 적극적인 대안까지 마련할 수 있게 되었다. 그러므로 신화학은 연구자의 해석 수준에 따라 과거학에 머물 수도 있지만, 현재학이자 미래학으로 나아갈 수도 있다.

제4장 고조선 시기 탈춤문화와 연행예술 수준

1. 탈춤 전래설과 산악백희 기원설의 비판

민족문화의 뿌리를 중국 아니면 몽골이나 시베리아 문화에서 찾는 오랜 관행이 민속문화의 기원 연구에서도 고스란히 이어진다. 이를테면, 몽골 초원의 누석단 어워(顎博)에서[1] 우리의 업신앙이나 서낭당의 누석단이 형성되었다는 해석이 그러한 보기이다. 어워신앙과 우리 업신앙이 어원적으로 같다는[2] 추론이나, 어워의 돌 쌓은 모습과 물품을 헌납하는 신앙 양식이 서낭당 신앙과 매우 흡사하다는[3] 주장이다.

아예 서낭당이나 솟대의 기원이 몽골의 어워에서 비롯되었다는 견해까지 나왔다. 그러나 정작 몽골에서는 어워의 기원을 알지 못한다. 아직까지 정확하게 밝혀져 있지 않았으며, 최근에는 어워가 몽골에서 자생된 것이 아니라 16세기 전후에 티베트에서 라마교와 함께 전래되었을 가능성이 높은 것으로[4] 연구되고 있다.

---

1) 몽골에서 누석단을 '오보'라 하지 않고 '어워'라고 일컫는다. '오보'라고 하는 것은 중국식 한자 발음이다. 어워를 오보라고 하는 것은 몽골을 두고 중국식 한자발음으로 蒙古라 일컫는 것과 같다.

2) 崔南善, 「不咸文化論」, 『육당최남선전집』 2, 현암사, 1951, 173쪽. '어워'를 '오보'로 잘못 일컫는 발음을 근거로 우리 '업'신앙이 몽골의 '오보'에서 왔다고 어원론적 주장을 펴게 되었다. 오보와 업은 닮은 소리이긴 하지만 모두 제 나라 말이 아닌 한자말이다. 한자말 오보의 몽골말이 어워이듯이, 한자말 '업'의 우리말은 지킴이이다. 업신앙의 대상인 구렁이나 쪽제비를 모두 지킴이라고 일컫는다. 실제 몽골말 어워와 우리말 지킴이는 아무런 연관성도 없고 그 신앙의 내용도 전혀 딴판이다.

3) 孫晉泰, 『朝鮮民族文化의 研究』, 乙酉文化社, 1948, 175-176쪽.

최근의 연구는 민족문화의 북방기원설과 달리 남방기원설을 새로 제기하고 있다. 석장승을 중심으로 한 거석문화나[5] 벼농사문화가[6] 남방지역에서 한반도로 전래되었다는 학설인데, 북방문화 전래설에 비해 아직 약세라 할 수 있다. 그러나 고조선문화의 독창성을 입증하는 표지(標識) 문화로 주목되는 고인돌마저 남방에서 기원되었다는 주장이 새로 제기되는[7] 상황은 예사롭지 않다.

이처럼 민족문화의 외래기원설이 남방문화 쪽으로 확장되고 있는 가운데 북방문화 기원설도 새로 문제되고 있다. 어떤 민족문화든 자생된 것도 있고 전래된 것도 있으며 전파된 것도 있는 것이 자연스럽다. 문제는 세 가지 가능성 가운데 무엇이든 어디서 전래되었다고 여기는 맹목성이다.

민속놀이는 어디서나 자생적으로 형성될 만한 일상의 문화이다. 놀이하는 인간(homo ludens)이라는 명제를 굳이 거론하지 않더라도 민속놀이를 단일기원설로 해명하려는 시도는 무리한 것이다. 이미 모든 문화는 한 곳에서 발생했다는 일원발생설 또는 단일기원설은 독립발생설 또는 다원발생설에 의해 극복되었을 뿐 아니라, 고급문화나 대중문화와 달리 민속문화는 자생적 경향이 두드러지기 때문에 전파론은 섣부른 적용일 수밖에 없다. 그런데도 보편적인 민속놀이조차 전파론에 의하여 한국 민속놀이 가운데 널뛰기 외에는 모두 다른 나라에서 전래

---

4) 이평래, 「몽골지역 오보신앙의 형성과 전개」, 『民俗學硏究』 8, 국립민속박물관, 2001, 340쪽에 의하면, "16세기 말 티베트 불교의 수용과 함께 티베트의 니마뚜이 영향으로 몽골에 돌무더기 어워가 출현했고, 여기에 신앙적 기능이 더해지면서 어워는 과거와 달리 숭배의 대상이 되었던 것"이라고 했다.

5) 김병모, 「한반도 거석문화원류에 관한 연구」, 『한국고고문화』 10·11 합집, 1983에서 시작된 일련의 연구 참조.

6) 위안리 지음, 최성은 옮김, 『도작문화로 본 한국문화의 기원과 발전』, 민속원, 2005.

7) 송화섭, 「한반도 고인돌의 남방문화론」, 『한민족연구』 1, 한민족학회, 2006, 19-43쪽.

되었다는[8] 연구가 아직도 이루어지고 있다.

한국의 활쏘기를 비롯하여 제기차기·씨름·팽이치기·연날리기·그네 뛰기·고누놀이·윷놀이·강강술래·닭싸움·돌팔매싸움·횃불싸움·소싸움·줄다리기·공기놀이·꼬리따기·돌치기·숨바꼭질·줄넘기 등 모두 50종 가운데 널뛰기만이 유일하게 우리 민족 스스로 만들어낸 놀이라 하고 다른 모든 놀이는 주로 중국에서 전래되었다고 한다. 그 이유는 중국에 다른 놀이들은 다 있는데 널뛰기만 없기 때문이다.[9] 이웃나라에 같은 놀이가 있으면, 으레 그 나라에서 전래된 것으로 간주한 까닭에 이런 어처구니 없는 해석에 이른다.

활쏘기는 세계 어느 민족이나 생존활동을 위해 누렸던 문화이다. 그럼에도 이웃나라로부터 배우지 않으면 스스로 만들어낼 수 없었던 것처럼 인식하는 것은 자민족의 문화적 창조력을 부정하는 종속적 사고라 하지 않을 수 없다. 일상적인 아이들 놀이조차 으레 전래된 것으로 해석하는 까닭에, 상당히 극적인 놀이라고 할 수 있는 탈놀이나 꼭두각시놀음은 더 이를 말이 없다.

탈춤은 풍농굿에서 기원되었고[10] 꼭두각시놀음은 주술인형 놀이에서 비롯되었다는[11] 선행연구가 있지만, 전래설에 매몰된 연구는 자생적 기원설을 밝힌 연구성과를 전혀 고려하지 않고 무시하기 일쑤이다. 특히 탈춤의 경우에는 고대부터 자생적인 탈춤문화를 누린 자료와 역사가 유물과 기록으로 남아 있는데도, 우리 탈춤은 18세기 전기에 몽골

---

8) 김광언, 『동아시아의 놀이』, 민속원, 2004.
9) 김광언, 위의 책, 695쪽.
10) 조동일, 『탈춤의 역사와 원리』, 홍성사, 1979, 45-108쪽: 조동일, 『탈춤의 원리 신명풀이』, 지식산업사, 2008, 15-33쪽.
11) 임재해, 『꼭두각시놀음』, 한국학술정보, 2001(초판 1981,개정1판), 195-199쪽 ; 임재해, 「꼭두각시놀음의 역사적 전개와 발전 양상」, 『口碑文學研究』 5, 한국구비문학회, 243-302쪽. 다음 각주부터 임재해의 경우는 이름을 밝히지 않는다.

의 유목문화에서 성립되었다는 주장조차[12] 계속되고 있다.

　문제는 상고시대뿐만 아니라 18세기에도 여전히 북방문화의 영향력으로 탈춤과 같은 민속극이 이 땅에서 자리잡게 되었다는 것이다. 삼국시대 이전에도 탈춤문화가 다양하게 있었을 뿐 아니라 고려 중기에 형성된 탈춤이 현재까지 전승되고 있는데도 18세기에 동몽골 유목민들에 의해 비로소 우리탈춤이 전승되었다는 것은 거의 억지에 가까운 주장이다.

　게다가 18세기 이전의 탈춤도 자생적으로 형성된 것이 아니라, 중국의 산악(散樂)·백희(百戱)가 삼국시대에 전래되어서 형성된 것이라는 전래설을 편다. 따라서 마을굿 양식의 일부 탈춤과 달리, 한양에서 형성된 본산대놀이의 탈춤은 "삼국시대에 유입된 산악·백희가 통일신라시대, 고려시대, 조선시대를 거치면서 발전해 형성된 것"이라고[13] 주장한다.

　이러한 근거도 중국과 일본 탈춤사를 보기로 든다. 중국에서 산악을 하던 사람들이 '나희(儺戱)'를 성립시켰고, 일본에서도 산악을 담당했던 사람들이 '노오(能)'를 성립시킨 것처럼, "한국에서도 중국 사신 영접시에 나례도감에 동원되어 연희를 펼치던 반인(伴人)들이 18세기 전반기에 산악·백희 계통의 연희들을 바탕으로 재창조해낸 것"이[14] 오

---

12) 전경욱, 『한국가면극』, 열화당, 1998, 123-124쪽에서 탈춤의 새로운 학설을 제기하겠다고 하면서 반인기원설을 펴고, 『한국의 전통연희』, 학고재, 2004, 322-328쪽에서 반인의 정체를 동몽골 유목민의 후예라고 하며, 그 증거로 탈춤에 몽골문화의 자취가 남아 있다는 것을 증거로 들었다.
　전경욱, 「가면극과 그 놀이꾼의 역사적 전개」, 『고전희곡연구』 1, 고전희곡학회, 2000, 283쪽. "본산대놀이는 동몽골을 포함한 북방유목민의 후예에 의해 전승되었기 때문에, 본산대놀이에는 몽골 등 북방문화의 영향이 남아 있다."
13) 전경욱, 「동아시아의 관점에서 본 산대놀이가면극」, 『동아시아 민속극의 축제성』, 보고사, 2009, 138쪽. 이러한 견해는 『한국 가면극 그 역사와 원리』, 열화당, 1998 이래 계속되었다.

늘날까지 전승되고 있는 본산대놀이 계통의 탈춤이라는 것이다. 이미
비판적인 검토를 한 것처럼[15] 18세기 반인기원설도 문제이지만, 삼국
시대 산악·백희 기원설은 더 큰 문제를 안고 있다. 왜냐하면 삼국시대
는 물론, 삼국시대 이전 시기에도 탈과 탈춤을 비롯한 각종 기예와 놀
이가 자생되어 널리 전승되었기 때문이다. 그러므로 이 논의에서는 이
러한 전래설의 오류를 극복하고 북방기원설의 편견을 바로잡기 위해
아예 민족문화의 뿌리를 이루는 고조선 시기의 연행예술을 집중적으
로 살펴보려고 한다.

삼국시대 중국의 산악백희 전래설이 가진 문제점은 크게 4가지이
다. 하나는 탈춤을 비롯한 각종 민속극의 역사적 연구 기점을 주로 삼
국시대 이후로 잡고 있다는 점이다. 그것은 마치 고조선 시대를 배제
하고 민족사를 삼국시대부터[16] 잡고 있는 식민사관의 한계를 되풀이
하는 것과 같다. 중국의 고대사료에도 널리 등장하는 고조선의 실체를
국립중앙박물관에서부터 인정하지 않는다. 그러다가 2009년에[17] 비로
소 고조선을 한국의 첫국가로 인정하고 고조선실을 설치하였다. 그러
므로 고조선을 제쳐두고 삼국시대를 중심으로 탈춤의 기원론을 다루
며 중국문화 전래설을 펼치는 것은 민족사의 뿌리를 잘라낸 뒤에 중국
사를 접붙인 것이나 다름없다. 중국의 동북공정에 적극 맞장구를 치는
셈이다.

---

14) 전경욱, 위의 글, 99쪽.
15) 임재해, 「한국 탈춤의 전통과 아름다움 재인식」, 『동아시아 민속극의 축제성』,
    보고사, 2009, 19-25쪽 및 33-38쪽 ; 「탈춤 기원론의 쟁점과 상고시대 탈춤문화
    의 뿌리」, 『韓國民俗學』 50, 한국민속학회, 2009, 577-628쪽 참조.
16) 고조선의 역사를 부정한 식민사학은 민족사를 고구려·백제·신라 중심으로
    연구하였다. 고조선과 부여의 역사를 배제하고 고구려나 백제·신라를 한국
    사에 처음 출현한 국가로 여긴 것은 고조선시대사와 열국시대사에 대한 이
    해 부족 때문이기도 하지만, 상고사를 인정하지 않으려는 식민사학에 종속
    된 탓이기도 하다.
17) 2009년 10월 3일 국립중앙박물관에서 비로소 고조선실을 만들었다.

둘은 삼국시대 이전부터 화려하고 풍부한 연행예술 문화가 형성되어 지금까지 지속되고 있다는 사실이다. 고고학적 유물 가운데에는 악기로 쓰인 자료들이 있는가 하면, 구체적으로 암각화의 탈 그림을 포함하여 탈 유물이 적지 않다. 그리고 고대 제천행사 때 남녀노소가 무리지어 모여서 노래 부르고 춤추기를 날밤을 세우며 며칠씩 계속했다는 기록이 풍부하다. 집단적인 가무 행위를 며칠씩 쉬지 않고 계속했다는 것은 대단한 연행예술 문화의 전통을 전제로 한다. 그러므로 중국의 산악백희 중심으로 탈춤의 형성론을 펼치는 것은 이러한 상고시대의 문화적 전통에 대한 사료의 기록들을 의도적으로 무시하고 있는 셈이다.

셋은 우리 탈춤의 역사를 그 자체로 해명하려 들지 않고 중국과 일본의 틀에 맞추어 해석하려는 타력적 연구이다. 더 문제는 한국 탈춤의 기원과 발전사를 일본의 민속극인 '가구라(神樂)'와 견주어 연구하지 않고 귀족극인 '노오(能)'와 관련하여 해석하는 것이 문제이다. 일본의 '노오'는 귀족들을 대상으로 한 정적인 가면극이자, 전설이나 소설 등 서사적 줄거리를 형상화한 전문적인 광대들의 세련된 고급예술이다. 이와 달리 우리 탈춤은 구비전승의 희곡을 바탕으로 그때마다 즉흥적 가변성이 마음껏 허용되는 민중들의 신명풀이 민속예술이다.

따라서 민속예술로서 한국의 탈춤을 일본의 고급예술 '노오'의 형성과 관련지어 같은 맥락에서 기원을 해석하는 것부터 어긋나 있다. 한국의 탈춤과 같은 맥락에 있는 것은 일본의 '노오'가 아니라 '가구라'이기 때문이다. 달리 말하면, 한국의 설화를 설명하기 위하여 일본의 고전소설을 끌어오는 것과 마찬가지 오류에 빠진 셈이다. 설화와 소설은 구비문학과 기록문학으로서 서로 다른 계층의 서사문학인 것처럼, 탈춤과 노오는 서로 다른 계층의 연행예술이다.

한국설화의 해명에 필요한 자료는 일본의 고전소설이 아니라 일본의 설화이다. 같은 논리로, 일본의 탈춤 형성에 견주어 한국 탈춤을 이해하려면 일본의 '가구라'를 주목할 필요가 있다. 대등한 자료로서 비교연구를 하기 위해서도 탈춤과 '노오'가 아니라 탈춤과 '가구라'를 다루어야 한다. 그러므로 노오를 끌어와서 한국 탈춤의 기원을 밝히려는 시도는 처음부터 빗나가고 말았다. 그것은 일본소설을 끌어와서 한국 설화의 기원을 밝히려는 것과 같은 당착이다.

최근에 일본의 노오와 한국의 탈춤을 비교한 연구가 상층문화와 하층문화로서 차이를 아주 분명하게 밝히면서 노오의 기원을 탈춤의 기원과 같은 맥락에서 밝혀 주목된다.[18] 일본에서도 노오는 자민족의 전악(田樂)에서 비롯되었다는 자문화 기원설과 중국의 원악(猿樂)에서 비롯되었다는 전래설이 맞서는데, 이 연구에서는 전악에서 노오가 발전한 과정과 원인을 연극미학의 기본원리를 근거로 자세하게 밝혔다.

한국 풍물과 같은 일본의 전악이 노오의 선행 예술로 널리 전승되었는데, 노오의 창시자로 알려진 관아미(觀阿彌)와 세아미(世阿彌) 부자가 노쇠기에 이르러 활달한 전악을 포기하고 정태적인 연기를 함으로써 노오가 등장했다는 것이다.[19] 한국이나 일본 모두 전악이나 풍물과 같은 농촌문화의 선행예능에서 노오와 탈춤이 발전했다는 동일성을 지닌다.[20] 전악이나 풍물은 모두 중국과 무관하게 독자적으로 형성된 것이다.[21] 그러므로 한국이나 일본 연극이 중국 연극의 수용으로 이루어졌다고 할 수 없다.

문제 넷은 본산대놀이에서 연행된 탈춤은 일종의 궁중문화에 속한

---

18) 趙東一,「일본 能의 幽玄과 한국 탈춤의 신명풀이 : 비교연구를 어떻게 할 것인가」,『學術院論文集』人文·社會科學篇 48집 1호, 大韓民國學術院, 2009, 93-121쪽.
19) 趙東一, 위의 글, 101-103쪽.
20) 田中一成,『中國演劇史』, 東京大學出版會, 1998에서 중국연극도 농촌의 제의와 굿에서 시작되었다고 했다. 연극의 발생이 세계 연극사의 일반적 과정과 일치한다(趙東一, 같은 글, 113쪽에서 참조).
21) 趙東一, 같은 글, 110쪽.

는 점이다. 그런데 궁중문화로 전승된 탈춤의 역사는 신라시대로까지 거슬러 올라간다. 처용탈춤은 신라 후기 헌강왕대부터 경주에서 형성되어 전승되다가 고려조에는 개경에서, 조선시대에는 한양에서 최근까지 지속되어 천년 이상 궁중탈춤의 전범을 이루고 있는 문화유산이다. 따라서 본산대놀이의 탈춤은 18세기 이후에 북방유목민들에 의해 전승되었다는 주장은 역사적 사실에 대한 무지를 드러낼 따름이다. 궁중의식에서 연행된 처용탈춤의 전통은 신라시대부터 최근까지 전승이 끊어진 적이 없기 때문이다. 왕조가 교체되고 나라가 바뀌며 도읍지가 여기저기 옮겨져도 처용탈춤은 신라 때부터 지금까지 계속 전승되고 있으므로 우리 민족의 살아 있는 탈춤사라 해도 지나치지 않다.

역사적 사실이 이렇게 명백한데도 전래설에 매몰된 종속주의자들은 의도적으로 고대부터 지속되어온 우리 민족의 탈춤 유산을 인정하지 않는다. 그것은 곧 자민족의 문화적 창조력과 민족문화의 역사적 전승력을 스스로 인정하지 않는 식민주의적 자문화 부정론이자, 무엇이든 중국문화나 유목문화의 영향으로 간주하는 북방문화 기원론의 도식에서 벗어나지 못한 종속주의적 전래설이다. 종속주의에 빠지게 되면 자문화의 주체적 형성과 전통적 계승에 대한 자각적 인식에 이르지 못하게 마련이다. 그러므로 일제강점기의 민족문화 정체론을 동어 반복하는 퇴행적 연구로 가고 있는 사실조차 알아차리지 못하고 있다.

이 가운데 가장 큰 문제는 단군조선과 그 이전 시대의 문화를 고려하지 않은 채 민족문화의 기원론을 펼친다는 점이다. 왜냐하면 고조선시대의 문화는 사실 민족문화의 형성기이자 독창성이 가장 두드러진 시기의 문화이기 때문이다. 따라서 단군조선 이전에 형성된 민족문화의 뿌리를[22] 제쳐두고, 독창성이 뚜렷한 고조선문화를 외면한 채, 이웃

---

22) 고조선문화의 밑자리를 이루는 신시고국의 문화를 민족문화의 뿌리라 할 수 있다. 신시고국의 문화에 관해서는 「'신시본풀이'로 본 고조선문화의 형성과 홍산문화」, 『단군학연구』 20, 단군학회, 2009, 229-394쪽에서 다루었다.

나라와 교류가 빈번하던 삼국시대 문화를 중심으로 민족문화의 역사
와 기원을 논의하는 것이 문제이다.

그런 까닭에 "한국의 전통연희는 상고시대 이래 자생적 연희의 바
탕 위에서, 삼국시대에 유입된 중국·서역 연희와의 교류를 통해 발전"
한 것으로[23] 서론적 논의를 펴고 있지만, 본론은 삼국시대부터 중국과
서역의 연희들이 전래된 사실을 밝히는 데 집중되고 있다.[24]

문제는 민족문화의 기점을 고조선 시대로 설정하지 않는 점이다.
고조선이 창조한 독창적인 문화를 다루지 않으니 후대의 전래설을 펼
수밖에 없다. 따라서 고조선을 잃으면 민족문화의 정체성을 잃고 민족
사의 뿌리도 뽑히게 되는 것이다. 달리 말하면 고조선문화를 외면한
채 펼치는 민족문화의 중국전래설은 중국의 문화적 동북공정에 자진
해서 복속하는 결과를 빚는 일이다.

이렇게 되면, 일제강점기 이후 굳어지기 시작한 외래문화 전래설의
선입견에서 벗어날 수 없다. 왜냐하면 삼국시대는 초기부터 중국이나
북방 지역과 교류가 활발했기 때문이다. 그러므로 민족문화사를 삼국
시대부터 다루면 이웃나라와 교류와 더불어 이웃문화가 전래되었을
것이라는 편견이 작용할 수밖에 없다.

2. 산악백희 전래설과 고구려사 인식의 한계

민족문화의 독창성을 주체적으로 밝히려는 문제의식 없이 '동아시

---

23) 전경욱, 위의 글, 98쪽.
24) 전경욱, 같은 글, 100쪽에서 본론의 첫 문장부터 고구려가 중국의 연희문화
를 받아들였다는 주장을 편다. 이와 달리, 다른 논의에서는 암각화와 석기
등 고고학적 유물에서 자생적인 탈춤문화의 전통을 서론적으로 제시하지만,
주장의 핵심은 중국의 산악·백희의 영향으로 삼국시대 산악·백희가 형성되
었고 18세기 전기에 몽골의 유목문화의 영향으로 산대놀이 계열의 탈춤이
형성되었다는 주장에 집중된다.

아의 관점'을 표방하게 되면, 자기도 모르게 타력적 시각으로 자문화를 해석하게 된다. 왜냐하면 말은 동아시아의 관점이지만 사실은 중국이나 일본의 관점으로 민족문화를 해석하기 때문이다. 따라서 '동아시아의 관점'이든 '유라시아의 시각'이든, 또는 '세계사의 문제의식'이든 자문화에 대한 주체적 시각을 상실하면, 결국 남의 눈으로 자문화를 종속적으로 보게 된다.

동아시아 문화의 중심축으로서 자문화를 보는 문제의식을 갖추지 않으면, '동아시아의 관점'은 곧 중국의 관점으로 자문화를 해석하게 마련이다. 마치 동양사라고 하면 중국사를 떠올리고 동양문화라고 하면 중국문화라고 여기는 것과 같다. 그러므로 자문화를 동아시아의 변두리 문화로 보는 타력적 시각은 진정한 의미의 '동아시아의 관점'이라고 할 수 없다. 왜냐하면 그것은 중국의 관점이거나 일본의 관점이기 때문이다.

중국의 관점을 '동아시아의 관점'으로 표방한 까닭에 상고시대의 예술사 자료는 물론, 문헌기록조차 잘못 읽게 된다. 따라서 탈춤의 기원과 역사를 밝히는 첫대목부터 엉뚱한 자료를 끌어와서 "고구려에 이미 산악·백희 같은 서역·중국 유래의 연희와 가면희가 있었음을 전해 준다."고[25] 하는 단정적인 주장을 펼치는 것이다. 실제 인용된 기록에는 탈춤에 관한 직접적 내용도 없을 뿐 아니라, 고구려의 국가적 정체성도 어긋나는 자료를 끌어와 마치 고구려 초기부터 중국 탈춤이 전래되었던 것처럼 해석한다. 구체적으로 인용된[26] 내용을 옮겨두고 제대로 읽어 보자.

한무제는 조선을 멸망시키고 고구려를 현으로 만들어서 현도에 속하게

---

25) 전경욱, 같은 글, 100쪽.
26) 이 인용문은 전경욱, 『한국의 전통연희』, 105쪽에도 인용되어 고구려의 중국 연희 수용 근거로 제시되었다.

하였으며, 북과 피리, 악공을 하사하였다.[27]

    중국전래설의 근거로 제시한 첫째 자료이다. 이 내용을 근거로 한의 음악과 놀이 관련 문화가 고구려에 영향을 미쳤다는 것이다. 물론 이것은 탈춤 관련 내용이라고 할 수도 없으려니와, 위의 기록에서 말하는 고구려는 서기전 37년에 주몽(또는 추모왕)이 건국한 고구려도 아니다. 왜냐하면 서한(西漢)의 무제(武帝)가 위만조선을 멸망시키고 서기전 107년에 설치한 현도군 안에 있는 '고구려현'이기 때문이다. 그러므로 '고구려의 전통연희' 첫문장에서 "고구려 시조 주몽이 고구려의 건국을 선언한 해는 서기전 37년"이라고 밝혀 두고,[28] 여기서는 그보다 70년이나 앞선 서기전 107년의 한무제 때 사실을 고구려사로 끌어들여 전래설을 펴는 자가당착에 빠졌다.

    다시 말하면 스스로 밝힌 고구려 건국 이전의 사료를 끌어다가 고구려 시기에 이미 중국 음악과 놀이의 영향을 받았다는 주장을 함으로써, 시간의 선후조차 못 가리는 모순을 스스로 드러냈다. 고구려라는 국가가 건국되기도 전부터 이미 고구려의 문화는 자생된 것이 아니라 중국의 영향을 받아서 성립되었다는 것은 곧 배지도 않은 아이를 두고 외간남자와 바람 피웠다고 주장하는 것이나 같은 억지이다.

---

27) 『後漢書』卷85, 「東夷列傳」, "武帝滅朝鮮, 以高句麗爲縣, 使屬玄菟, 賜鼓吹伎人." 전경욱은 이 문장에서 鼓吹를 악사로, 伎人을 연희자 또는 놀이꾼으로 번역했다. 기인은 놀이꾼으로 번역 가능하나 고취는 사람이 아니라 악기이다. 왜냐하면 『북사』 『北史』 卷94, 「列傳」 高句麗傳에도 같은 기록(置玄菟郡, 以高句麗爲縣以屬之. 漢時賜衣幘朝服鼓吹)이 있는데, 기인은 없고 고취만 있다. 이때 고취는 악사가 아니라 북과 피리를 뜻한다. 그러므로 고취와 더불어 있는 기인은 악공이라고 하는 것이 더 적절하다.

28) 전경욱, 『한국의 전통연희』, 103쪽 '고구려의 전통연희' 첫문장에서는 "고구려 시조 주몽이 고구려의 건국을 선언한 해는 서기전 37년이다."고 했는데, 여기서는 그보다 70년이나 앞선 서기전 107년의 한무제 때 사실을 고구려사로 끌어들여 전래설을 펴는 당착을 보이고 있다.

한무제가 언제 사람인지 알지도 못한 채 고구려라는 말만 나오면 곧 고구려 시대 사람으로 여길 뿐만 아니라, 고구려현과 고구려는 서로 다른 역사적 개념이자 지리적 영역이라는 사실조차[29] 알지 못하고 있다. 그러므로 한무제 당시 고구려현의 정체에 관해 자세한 검토가 필요하다.

동한(東漢)의 응소(應劭)는 이 고구려현에 관해 주석하기를, "옛날의 句麗 오랑캐이다"[30]라고 했다. 이 기록에서 현도군의 고구려현은 고구려족이 거주했던 곳에 설치되었거나 고구려족의 일부를 이주시켜 그곳에 살게 하고 그 지역의 이름을 고구려현이라 일컬었던 사실을 말한다.[31] 따라서 현도군의 속현으로 삼았던 고구려는 주몽이 건국한 고구려와 성격이 전혀 다른 대상이다. 주몽의 고구려 건국 이전에 고조선에 속해 있다가 한나라의 군현에 속했던 행정 단위가 여기서 말하는 고구려현이다. 그러므로 한무제는 요동지역에 있던 위만조선을 멸하고 고구려현을 속현으로 삼았던 것이며, 자기가 다스리는 속현에 악사와 놀이꾼을 보냈다는 것은 주몽이 건국한 고구려와 무관한 사실이다.

---

29) 고구려가 건국 뒤 계속해서 주위에 있는 나라들을 정복해 가는 과정에서 유리왕 때가 되어 고구려는 고구려현을 되찾기 위한 전쟁을 감행한다(『三國史記』「高句麗本紀」1. "유리왕 33년(서기 14년) 서쪽의 양맥을 쳐서 그 나라를 멸하고 군사를 진출시켜 한나라의 고구려현을 습격하여 탈취하였다."). 여기서 고구려현을 탈취했다는 표현은 이 고구려현이 원래 고구려와 관련이 깊은 곳이되, 한의 영역에 속해 있었던 까닭에 다시 빼앗았다는 의미이다. 따라서 『삼국지』「고구려전」의 기록을 고구려국에 대한 것으로 인식해서 고구려가 현도군에 예속되었다고 보는 것은 잘못이다. 고구려가 한의 현도군 안에서 건국되었다면 현도군 위치와 이들의 영역은 겹치는 결과를 가져오는 것이고 군사를 동원한 이러한 정복 활동은 불가능한 일이기 때문이다.

30) 『漢書』卷28下, 「地理志」下, 玄菟郡 '高句驪縣'에 대한 주석. "應劭曰, 高句驪胡."

31) 윤내현, 『열국사연구』, 지식산업사, 1998, 106-107쪽 ; 기수연, 「현도군과 고구려 건국에 대한 연구」, 『동북공정과 한국학계의 대응논리』, 여유당, 2008, 274-322쪽 참조.

『후한서』「예전(濊傳)」의 "예(濊) 및 옥저(沃沮), 구려(句麗)는 본래 조선 땅이다"라는[32] 기록을 볼 때, 고구려는 조선의 영역 안에 세워진 거수국(渠帥國)이자 조선에 귀속된 집단이다. 다시 말하면 고조선의 영역 안에 고구려가 있었다는 말이다. 그러나 주몽에 의해 고구려가 건국되는 역사적 시기에는 고조선 영역에 속해 있었던 부여에서 고구려가 비롯되었다. 주몽이 고구려를 세운 곳은 부여를 탈출하여 도착한 졸본부여이기 때문이다. 졸본부여 지역에서 건국한 고구려는 건국 직후부터 서기 74년까지 주변지역을 병합하기 시작하여, 비류국(沸流國), 행인국(荇人國), 북옥저, 선비, 개마국(蓋馬國), 구다국(句多國), 동옥저, 갈사국(葛思國) 등을 모두 정복했다.[33]

고구려가 한이 다스렸던 현의 하나였던가 아닌가 하는 것은, '한'과 '고구려'의 관계를 전하는 『후한서』「고구려전」과 『삼국사기』 내용을 검토해 보면 단박 드러난다. 고구려는 모본왕 2년(서기 49년)에 동한(東漢)의 우북평군(右北平郡)과 어양군(漁陽郡), 상곡군(上谷郡)은 물론, 서쪽 내지에 있었던 태원군(太原郡) 일대까지 쳐들어가 요동태수의 화친을 받아낼[34] 정도로 세력을 확장했다. 그리고 서기 105년에 다시 요동 지역으로 진격하여 한의 요동군 6개 현을 차지하는 전과를 올렸다.[35]

한도 고구려의 공격에 맞서 반격의 공세를 취했으나 패배했다. 건광(建光) 원년(서기 121년)에 동한은 유주자사(幽州刺史)의 통솔 아래 요동군과 현도군이 연합하여 고구려를 공격하지만 고구려군에 패하여 많은 병력을 잃고 열세에 몰렸다.[36] 그러자 광양(廣陽), 어양(漁陽), 우

---

32) 『後漢書』 卷85, 「東夷列傳」 '濊傳', "濊及沃沮·句麗, 本皆朝鮮之地也.."
33) 『三國史記』 卷14, 「高句麗本紀」 참조.
34) 『三國史記』 卷14, 「高句麗本紀」 慕本王條 ; 『後漢書』 권85, 「東夷列傳」 高句麗條 참조.
35) 『三國史記』 卷15, 「高句麗本紀」 太祖大王條 ; 『後漢書』 권85, 「東夷列傳」 高句麗條 참조.

북평(右北平), 탁군속국(涿郡屬國) 등에서 기마병을 동원해 대대적인
공세를 취했지만 고구려를 이기지 못했다.[37] 이러한 사실은 당시 고구
려가 동북의 여러 지역을 상대로 싸우면서 국력을 확장해 나갈 만큼
강대국이라는 것을 말한다. 그러므로 고구려가 한에 소속되어 있던 현
도군의 속현이라는 주장은 터무니없는 것이다.

　한무제가 고구려현에 악사와 놀이꾼을 보냈다는 내용과 관련된 기
록은 다른 사료에도 풍부하다. 따라서 관련 사료로서『삼국지』,[38]『후
한서』,[39]『북사(北史)』[40] 등의 기록들을 두루 검토해 봐야 한다. 현도군
에서 북과 피리, 악공을 하사하고 조복, 의책을 받아갔는데 고구려 현
령이 그에 따른 문서를 관장하였다는[41] 내용은 고구려에 관한 것이 아
니라 현도현에 속했던 고구려현이라는 사실이 한층 더 분명해진다. 따
라서 한무제가 위만조선을 멸하고 그 지역에 있던 고구려를 현도군의
속현으로 삼았다고 하는 '고구려'는 한무제가 다스렸던 하나의 군현이
었을 뿐, 주몽이 건국한 국가로서 고구려가 아니다.

　주몽이 건국한 고구려는 현도군의 속현으로 소속된 바도 없으려니

---

36) 『三國史記』, 위와 같은 곳.

37) 『三國史記』卷15,「高句麗本紀」太祖大王條 ;『後漢書』卷85,「東夷列傳」高
　　句麗條 ;『後漢書』卷5,「孝安帝 紀」참조.

38) 『三國志』卷30,「烏丸鮮卑東夷傳」高句麗傳, "漢나라 때에는 북과 피리와 악
　　공을 하사하였으며, 항상 현도군에 나아가 (한나라의) 조복과 의책을 받아
　　갔는데, (현도군의) 고구려령이 그에 따른 문서를 관장하였다(漢時賜鼓吹技
　　人, 常從玄菟郡受朝服衣幘, 高句麗令主其名籍)."

39) 『後漢書』卷85,「東夷列傳」, "武帝滅朝鮮, 以高句麗爲縣, 使屬玄菟, 賜鼓吹伎
　　人."

40) 『北史』卷94,「列傳」高句麗傳, "한 무제 원봉 4년(서기전 107년)에는 조선을
　　멸망시켜 현도군을 설치하고, 고구려를 현으로 삼아 현도군에 예속시켰다.
　　한나라 때에 의책·조복·고취를 하사하면 항상 현도군을 통하여 받았다(漢武
　　帝元封四年, 滅朝鮮 置玄菟郡, 以高句麗爲縣以屬之. 漢時賜衣幘朝服鼓吹,
　　常從玄菟郡受之)."

41) 『三國志』卷30,「烏丸鮮卑東夷傳」高句麗傳, 앞의 내용과 같음.

와, 『삼국지』에서 현도군은 요동에서 북으로 200리 떨어져 있었으나, 고구려는 요동에서 동쪽으로 1000여리 떨어진 곳에 있었다. 또한 현도 군은 속현이 3개 밖에 안 되는 300리 남짓한 규모를 가진 당시 서한(西漢)의 군(郡) 가운데서 가장 작은 군이었다.

따라서 2000리 정도의 크기였던 고구려가 이러한 작은 규모의 현도 군에 속하는 여러 현 가운데 하나로 존재했다는 것은 어느모로 보나 이치에 맞지 않는다.[42] 서기전 37년에 고구려를 건국한 주몽세력은 동 부여 또는 북부여에서 이주한 집단으로서 지금의 평안북도와 남만주 의 요동지역을 차지하고 있었다.[43] 그러므로 삼국시대에 독립적인 국 가 형태를 이룬 고구려는 한무제가 현도군의 속현으로 삼았던 '고구려 현'과 전혀 다른 역사적 실체이다.

한이 결코 고구려를 복속할 수 없었던 데에는 두 가지 역사적 사실 이 놓여 있다. 하나는 역사적으로 한은 고구려를 다스리기는커녕 고구 려의 공세에 늘 밀렸던 사실이며, 둘은 고구려는 큰 나라여서 결코 현 도군과 같은 작은 행정 단위에 귀속될 수 없다는 사실이다.

크게 양보하여 악사와 놀이꾼을 한이 다스렸던 현도군의 속현 고구 려현에 보낸 것이 아니라, 실제로 고구려에 보냈다고 하자. 그렇다고 한들 이것이 고구려의 연행예술이나 탈춤의 기원이 되었다고 할 아무 런 논거가 되지 못한다. 왜냐하면 그 이전 시기부터 고구려 지역에는 악사와 놀이꾼은 물론 구체적으로 탈춤문화가 없었다고 할 아무런 근 거가 없기 때문이다. 실제로 고조선 이전시기부터 풍부한 탈춤 관련 자료와 연행예술 자료들이 고고학적 발굴자료로 보고되고 있다는 사 실이 결정적 예증이다.

따라서 이웃나라에서 뭔가 오면, 그것이 곧 우리 문화의 시작으로 보거나 또는 우리 문화에 큰 영향을 미쳤을 것이라고 여기는 종속적

---

42) 기수연, 앞의 글, 273-322쪽에서 이 문제를 자세하게 다루었다.
43) 윤내현, 같은 책, 95-96쪽.

시각이 문제이다. 고구려 건국 이전인 고조선시대부터 각종 악기를 사용한 음악문화와 높은 수준의 기예(技藝)문화가 있었다는 사실을 알지 못하는 것보다, 아예 상고시대에는 그러한 문화와 예술이 우리 민족에게는 없었을 것이라는 자기 부정적 선입견이 더 큰 문제이다. 왜냐하면 수천 년의 역사를 지녔을 뿐 아니라 국가체계를 형성한 민족이 음악과 연희가 없었다는 것은 상상조차 할 수 없는 일이기 때문이다. 국가를 이루지 못한 소수민족의 작은 공동체에도 자기들의 음악과 기예, 놀이들이 풍부하게 전승되고 있다. 하물며 국가 규모의 조직에서는 더 말할 나위가 없다.

3. 문화교류론의 명분과 중국전래설의 문제

모든 인간은 자기가 필요한 문화를 스스로 창출하여 누리를 수 있는 능력을 타고났다. 나는 이러한 문화적 능력을 문화창조력이라 하고 그러한 능력을 발휘하는 권리를 문화주권이라고 일컬어왔다. 문화주권은 인간의 기본권이다. 왜냐하면 모든 인간은 문화적인 존재인 까닭이다.

문화가 없는 인간집단은 존재하지 않는다. 그러나 종속주의자들은 강대국 문화의 전래설에 사로잡혀 이러한 자력적 문화생산 능력을 알지 못하고 인정하려들지도 않는다. 전래설을 주장하는 식민지 지식인들은 인간의 문화창조력을 부정할 뿐 아니라, 자민족의 문화주권을 외면하기 일쑤이다. 이론적으로 자신이 주장하는 전래설이 전파론의 아류이자 사대주의에 종속된 논리라는 사실조차 알지 못한다.

전파론은 서구학자들의 자문화 중심주의에서 비롯된 것이다. 이른바 진화론의 한계를 극복하기 위해 전파론을 제기했지만, 여전히 자문화가 가장 발전했다는 선입견에 따라 문화는 수준이 높은 곳에서 낮은 곳으로 전파된다는 문화우열 논리를 전제로 하는 것이 핵심이다. 따라

서 자문화와 같은 문화가 다른 곳에 있으면 문화의 동질성을 인정하려
들지 않고 전파론으로 자문화의 선행과 우위를 주장한 것이다.

그런데 종속주의에 매몰된 사대주의 학자들은 전파론을 거꾸로 끌
어들여 자문화가 선진국으로부터 전파되어 왔다는 전래설을 펴는 것
이다. 가장 상투적인 전래설이 중국 → 한국 → 일본의 구도이다. 일본
인들은 이러한 도식에 불만을 품고 한국을 건너뛰어 중국 도래설을 펴
기 일쑤이다.

전래설에 사로잡힌 일부 학자들은 종속적 전파론을 합리화하기 위
하여 문화교류론을 내세우기도 한다. 교류론의 명분을 내세우지만 사
실상 두 국가 사이에 양방향으로 이루어지는 문화교류의 정확한 역사
관계를 포착하려 들지 않기 때문에 전래설을 동어반복하는 수준에 머
물게 된다. 그러므로 중국이나 북방지역에 비슷한 문화현상만 있으면
역사적 선후는 물론 국제적 교류관계조차 알지 못한 채 전래설의 근거
로 삼는다.

> 내몽골 성도(省都) 후허하오터(呼和浩特) 허린거얼(和林格爾) 동한(東
> 漢)시대의 고분벽화에는 중앙의 두 사람이 북을 치는 건고무(建鼓舞), 방울
> 받기, 칼받기, 무륜, 솟대타기, 물구나무서기, 안식오안(安息五案, 책상을
> 여러 개 쌓아놓고 물구나무서기), 칼재주부리기 등이 그려져 있다. 안식오
> 안의 안식은 페르시아로서, 이 연희가 페르시아로부터 유래했음을 알려 준
> 다.[44]

> 현재 중국 내몽골의 성도인 후허하오터 근처에 있는 허린거얼의 동한시
> 대 고분벽화에 그려진 연희 장면과 고구려 고분벽화에 그려진 연희장면을
> 비교해 보면, 둘 사이의 교류를 분명하게 확인할 수 있다.[45]

---

44) 전경욱, 「한국 가면극의 계통을 보는 시각」, 2009년 한국민속학회 하계학술
   대회(광주시립민속박물관, 2009년 6월 12일), 63쪽.

위에서 제시한 내몽골의 허린거얼현(和林格爾縣)은 동한시대 영성
(寧城)지역에 속했다. 당시에 영성지역에서는 오환족(烏丸族)과 선비
족(鮮卑族), 고구려, 중국 등이 호시(互市)를 했다.[46] 요즘 같으면 국제
시장을 이룬 것이 호시이다. 호시를 통해서 서로 문물교류를 하고 문
화적 영향도 주고받았다는 사실을 쉽게 짐작할 수 있다. '영성'은 한대
(漢代)에 하북성(河北省) 선화(宣化) 서북쪽으로 유주(幽州)에 속했던
지역이다.[47] 이 사실을 확인시켜주는 고분벽화가 위에서 제시한 내몽
골 허린거얼현의 동한시대 고분벽화인 영성도(寧城圖)이다.

영성도 성단(城壇)의 방제(榜題)를 "영시중(寧市中)"이라 했는데, 영
현(寧縣)의 성시(城市) 중심이라는 사실을 밝혀놓은 것이다. 이곳이 바
로 '호시'의 장소라는 뜻이다.[48] 실제 그림에도 호시로서 장사꾼들이
거래하는 모습을 그려 두었다. 이 가운데 '악무백희도(樂舞百戲圖)'는
한나라 잡기예술의 높은 수준을 반영하고 있다. 일찍이 춘추전국시대
부터 중국은 "각저(角抵)"와 "연동(緣橦)" 등의 기예가 있었다.

중국학계에서는 한대(漢代)의 "악무백희"가 고대 중국의 전통기예
를 계승했을 뿐만 아니라, 소수민족과 외국의 기예를 흡수한 것으로[49]
해석한다. 중국학자들이 자국의 전통 외에 여러 소수민족과 외국의 기
예를 본받은 것이라 하였다. 외국에는 당연히 그들과 교류가 많았던
고구려도 포함된다. 특히 이 그림의 복식과 고구려 복식은 많이 닮았
다는 사실을 눈여겨보아야 한다. 그래야 문화 교류론이 제대로 펼쳐질

---

45) 전경욱, 『한국의 전통연희』, 40쪽.
46) 『後漢書』 「烏丸鮮卑東夷傳」에 의하면 東漢 光武帝 建武 25년(서기 49년) 이
    후 明帝(서기 57년)·章帝(서기 76년)·和帝(서기 89-104년)시기에 烏丸과 鮮卑
    族은 장기적으로 寧城에서 互市를 했다.
47) 『後漢書』, 위와 같은 곳.
48) 內蒙古文物工作隊·內蒙古博物館, 「和林格爾發現一座重要的東漢壁畫墓」, 『文
    物』, 1974年 第1期, 17쪽.
49) 內蒙古文物工作隊·內蒙古博物館, 위의 글, 18쪽.

수 있다.

그러므로 이 영성도에 고구려와 같은 내용이 있다면, 오히려 고구려문화의 영향으로 볼 수 있어야 한다. 왜냐하면 고구려는 고조선의 옛땅을 수복하기 위해 모본왕(慕本王) 때부터 미천왕(美川王) 때까지 줄곧 요서지역을 공격하여, 지금의 허린거얼이 있는 요서지역까지 진출했기 때문이다.[50] 고구려는 동한시대 허린거얼이 있는 유주지역에 여러 차례 진출했고 일정시기 이 지역을 점령하기도 했다. 고구려가 370년 전연(前燕)이 멸망하는 것과 관련하여 북중국에 진출할 수 있는 유리한 정세를 놓치지 않으려고 요하를 건너 유주까지 진출하였다. 그러므로, 한때 이 지역은 고구려의 영역이 되었다. 동한 시기에 고구려가 이 지역에 진출했던 기반이 있었기에 가능했던 것이다.[51]

서기 49년(慕本王 2년)에 고구려 모본왕이 동한의 우북평군(右北平郡), 어양군(漁陽郡), 상곡군(上谷郡), 태원군(太原郡) 등에 쳐들어갔는데, 동한의 요동태수 제월삼(祭月彡)이 화친을 원하므로 다시 국경을 회복시켰다.[52] 이 가운데 우북평군과 어양군, 상곡군은『한서(漢書)』지리지를 보면 모두 당시의 유주에 속한다고 했다.[53] 허린거얼이 속한 유주를 고구려가 차지한 것이다.

그리고 동한시대인 태조왕 69년(서기 121)에 고구려는 선비족의 군

---

50) 『三國史記』卷14, 「高句麗本紀」 慕本王條 · 『後漢書』卷85, 「東夷列傳」 高句麗傳 참조.

51) 손영종, 「덕흥리벽화무덤의 주인공의 국적문제에 대하여」, 『력사과학』 1987년 제1호, 과학, 백과사전출판사, 1987, 13-18쪽 ; 김성철, 「원대자벽화무덤의 성격」, 『조선고고연구』 제3호, 사회과학출판사, 2004, 2-6쪽 참조.

52) 윤내현, 『열국사연구』, 306쪽. 『三國史記』卷14, 「高句麗本紀」 慕本王條, "二年 春 遣將襲漢 北平·漁陽·上谷·太原 而遼東太守祭肜 以恩信待之 乃復和親" ; 『後漢書』卷85, 「東夷列傳」 高句麗傳. "建武二十五年 春 句驪寇右北平·漁陽·上谷·太原 而遼東太守祭肜彡 以恩信招之 皆復款塞".

53) 『漢書』卷28下, 「地理志」, "右北平郡 秦置 莽曰北順 屬幽州." "漁陽郡 秦置 莽曰北順(通路) 屬幽州." "上谷郡 秦置 莽曰朔調 屬幽州."

사 8000여 명을 거느리고 중국의 요동지역을 공격하는[54] 등 선비족과
우호적인 동맹관계에 놓여 있었다. 이러한 과정에서 선비족은 고구려
의 영향을 많이 받았을 뿐 아니라, 영성지역은 고구려문화권 안에 속
해 있었다. 그러한 고구려문화의 영향은 실제 관모의 장식에서 나타
난다.

〈그림 1〉 방신촌 관식

〈그림 1-1〉

〈그림 2〉 방신촌 금방울

이를테면, 북조시대 선비족의 유
물인 요령성 북표현(北標縣) 방신촌
(房身村) 출토 관모 장식(그림 1, 1-1)
은 꽃나무 가지 모양을 하고 있다. 함
께 발굴된 유물들은 잔줄무늬 동경과
금방울(그림 2)인데[55] 고조선을 계승한 고구려 유물의 특징을 그대로
보여주고 있다.[56] 발굴자들은 이 유물이 나온 무덤을 선비족 귀족의
것으로 추론하는 한편, 양식의 법제가 고구려족의 금붙이 장식품과 유
사하다고 하여 고구려의 유물일 가능성도 내비추었다.[57] 새 순이 돋는

54) 『三國史記』 卷15, 「高句麗本紀」 太祖大王條 ; 『後漢書』 卷85, 「東夷列傳」 高
   句麗傳 참조.
55) 奈良縣立橿原考古學硏究所附屬博物館, 『新澤千塚の遺寶とその源流』, 奈良
   縣立橿原考古學硏究所附屬博物館, 1992, 18쪽의 그림3. 29쪽의 그림22.
56) 박선희, 『한국 고대 복식 - 그 원형과 정체』, 지식산업사, 2002, 276-277쪽 참조.
57) 陳大爲, 「遼寧北票標房身村晋墓發掘簡報」, 『考古』 1960年 1期, 24-25쪽.

모양의 수엽(樹葉) 장식은
고조선시대부터 사용되었
지만, 중국이나 북방지역
에서는 이러한 장식을 사
용하지 않았다. 그러므로
이 장식은 고구려의 것이
라 하지 않을 수 없다.

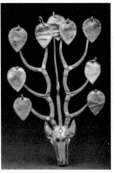

요령성 북표현 방신촌
에서 출토된 금으로 만든

〈그림 3〉 달무기 관식   〈그림 3-1〉

꽃가지 모양의 장식과 매우 닮은 관식이 내몽골자치구 달무기(達茂旗)
에서도 출토되었다. 이 관식은 금으로 만들어졌는데, 하나는 소 뿔처럼
뻗어나간 줄기 끝에 새 순 모양의 수엽이 장식되어 있고, 또 다른 하나
는 사슴머리 위에 사슴뿔이 있는데(그림 3, 3-1),[58] 그 끝에 나뭇잎 모양
이 장식되어 있다. 발굴자들은 이 유물이 북조시대에 속하는 선비족의
것이라고 했다. 이 유물은 북표현 방신촌에서 출토된 관식과 유사한
형식을 가지고 있어, 선비족이 고구려문화의 영향을 받았거나 고구려
인이 만들었을 것이다.[59] 왜냐하면 선비족은 고구려의 영향 아래 있었
기 때문이다. 그러므로 이 일대의 고고학적 유물은 고구려의 것이거나
고구려의 영향을 받은 것, 또는 고구려의 영향 아래 있었던 선비족의
것으로 추론된다.

이러한 사실을 고려할 때, 두 벽화 내용의 같은 점만 보고 중국전래
설을 펴는 것은 다음 세 가지 사실에서 납득할 수 없다. 가) 벽화가 그
려져 있는 지역이 호시로서 국제적인 무역이 이루어지던 곳이며, 나)

58) 徐秉琨·孫守道, 『東北文化-白山黑水中的農牧文明』, 上海遠東出版社·商務印
    書館(香港), 1998.
59) 陸思賢·陳棠棟, 「達茂旗出土的古代北方民族金飾件」, 『文物』 1984年 第1期,
    81-83쪽 ; 박선희, 앞의 책, 288쪽.

고구려가 힘의 우위를 과시하며 선비족을 이끌고 일정 기간 이 지역을 지배했던 사실, 그리고 다) 관모 장식을 비롯한 복식 문양이 고구려의 영향을 받아 이루어진 사실을 모두 무시한 까닭이다.

가)는 상호 문화교류가 가능했던 호시의 기능, 나)는 고구려가 힘의 우위를 앞세워 선비족을 이끌고 이 지역을 정복하거나 지배했던 역사적 사실, 다)는 관모의 장식처럼 이 지역의 다른 문화도 고구려의 영향을 받았다는 실증 가능한 문화적 유물들이다. 따라서 이러한 문제들을 널리 검토하지 않고 두 지역의 같은 벽화 그림을 중심으로 중국문화 전래설을 펴는 것은 성급하다.

전래설에 매몰된 학자들은 달무기 출토의 장신구를 신라금관의 원류인 것처럼 관련시키기도 한다. 사슴뿔 장식을 하고 있다는 것이 근거이다. 그러나 이 장식들은 어느 것이나 금관과 상관없는 관모 장식일 뿐 아니라 그 크기는 큰 머리핀 수준으로 작아서 신라금관과 겨룰 바가 못 된다. 사진으로 봐서는 크기가 드러나지 않는데, 실물을 보면 족두리와 같은 관모에 장식물로 달았음직한 크기이다.

한국과 중국 또는 한국과 몽골 등 이웃나라 문화 가운데 서로 같은 것이 발견되면 어떤 과정에 따라 해석을 해야 할까. 먼저 성급한 전래설을 펴기 전에 두 민족의 문화적 동질성으로 보고 제각기 자생적인 문화를 독립적으로 누렸을 것으로 추론하는 것이 가장 우선 해야 할 작업이다. 다음 단계로, 독립발생설이 성립되기 어려우면 한국문화가 이웃나라 문화에 영향을 미친 것이 아닌가 하는 전제에서 사실관계를 따져봐야 한다. 그리고 문화적 선후관계나 우열 양상으로 봐서 한국문화의 전파가 성립될 수 없을 때, 비로소 이웃문화의 전래 가능성을 검토해야 할 것이다. 그런데 문화 종속주의자들은 같은 문화현상만 보이면, 으레 중국이나 몽골 등 이웃나라에서 들어온 것이라는 고정관념에서 벗어나지 못하고 전래설에 끼어 맞추느라 사실관계를 왜곡하기 일쑤이다.

따라서 위와 같은 방법론으로 허린거얼과 고구려 벽화를 보면 고구려의 연희가 동한의 영향을 받은 것이라 단정하기 어렵다. 특히 고구려가 한때 이 지역을 지배했을 뿐 아니라 고구려문화의 영향력이 미친 지역이라는 사실을 고려하면 더욱 그렇다. 그러므로 두 벽화의 각종 기예 내용이 동질성을 보이는 것은 중국의 것이 고구려에 영향을 미친 것이 아니라, 중국과 고구려의 대등한 문화교류에 의한 것이거나, 아니면 중국이 고구려의 영향을 받은 것이라는 해석이 더 설득력을 지닌다. 왜냐하면 그러한 문화의 창조력은 고구려 이전의 고조선시대부터 나타나기 때문이다.

특히 탈춤의 경우는 고조선 지역에 이보다 수 천 년 앞서는 탈과 탈춤문화의 전통이 있다. 탈춤 관련 자료들을 보면, 중국문화 전래설이 아니라 오히려 한국문화 전파론을 뒷받침할 만큼 그 역사적 뿌리가 더 깊다. 따라서 삼국시대를 기점으로 하는 상투적 중국문화 전래설에서 벗어나 민족문화의 창조력과 독창성을 제대로 포착하려면, 삼국시대 훨씬 이전의 고조선시대 문화 곧 환웅천왕이 세운 신시고국 문화를 주목해야 한다. 그러므로 나는 본풀이사관을 근거로 단군조선 이전에 환웅의 '신시'문화를 먼저 주목하고[60] 신시고국의 문화를 홍산문화에서 찾아 실증적으로 그 문화사적 위상을 해명하려 했던 것이다.[61]

전파주의의 핵심은 문화의 역사적 선후관계에서 비롯된다. 이 사실을 분명하게 알지 못하면 전래설이 문제가 아니라 고구려사의 기본 사실조차 왜곡하게 된다. 고구려가 건국도 되기 전에 중국 연희문화가 고구려에 전래되었다는 웃지못할 주장을 하게 되어, 고구려 건국시기를 한무제 때로 앞당기는 왜곡이 이루어진다. 따라서 전파론이나 전래

---

60) 임재해, 「단군신화로 본 고조선문화의 기원 재인식」, 『단군학연구』 19, 단군학회, 2008, 277-372쪽.
61) 임재해, 「'신시본풀이'로 본 고조선문화의 형성과 홍산문화」, 『단군학연구』 20, 단군학회, 2009, 329-394쪽.

설처럼 문화의 선후관계를 따지는 작업일 때는 역사 이해의 기초가 필수적이다. 특히 전파주의와 관련하여 문화적 기원을 따질 때는 역사적 선후를 분명하게 가리기 위해 상고사 문제부터 풀어나가야 한다.

그것은 현실 문제를 해결하기 위해 굿을 하면서 본풀이 구연을 통해 태초의 천지개벽 상황부터 지금까지 역사적 경과를 되짚어 보는 일이나 다르지 않다. 태초의 근본이 잘못되면 지금 여기의 문제도 잘못될 수밖에 없을 뿐 아니라, 미래의 역사도 제대로 엮어갈 수 없기 때문이다. 그러므로 우리 탈춤의 뿌리를 찾으려면 삼국시대 언저리에서 머뭇거릴 것이 아니라 고조선 시기의 문화 현상부터 자세하게 검토할 필요가 있다.

4. 고조선 시기 옥기문화와 탈문화의 뿌리찾기

고고학적 성과와 자료를 근거로 보면 탈춤문화의 뿌리는 상고시대까지 소급될 수 있다. 암각화나 출토유물 가운데 탈이 있어서 오랜 역사를 증언하고 있기 때문이다. 이미 구석기 유물부터 신석기 이후의 유물에 이르기까지 탈 자료들을 역사적으로 검토한 성과가 있다.[62] 신석기와 청동기에 이를수록 독자적인 탈문화가 한층 풍부하게 성장되었다는 사실이 드러난다. 따라서 고조선 이전의 자생적 탈문화사를 고려하지 않은 채, 중국과 서로 교류가 빈번하던 삼국시대 이후의 자료로, 마치 우리 탈춤은 중국의 산악·백희에서 전래된 것처럼 해석하는 것은 문제가 심각하다. 우리 탈문화사의 뿌리를 잘라 버린 채, 가지만 꺾어다가 중국문화에다 접을 붙이는 일이나 다름없기 때문이다.

한 마디로 자생적인 자문화 자료를 확인하는 일에 인색한 반면, 타문화의 전래설을 입증하는 자료만 무리하게 찾아나서는 것이 문제이다. 그 결과 지금까지 학계에서 거론된 고조선 또는 그 이전 시기의 탈 관련 자료들은 모두 국내 또는 한반도 안에서 발견된 것들에 한정된다. 다시 말하면 우리 민족문화의 역사를 한반도로 한정하고 역사도 고조선 이후로 축소하여 탈문화의 형성에 관한 논의를 폐쇄적으로 하는 것이다. 식민사관의 전형인 반도사관의 틀에 갇혀 있는 셈이다.

그러나 반도사관에서 벗어나 고조선의 강역이나 역사를 고려하면 한반도 안에서 발굴된 고고학 자료만 민족문화 유산이라 할 수 없다. 과거 고조선 땅이었던 만주 지역은 물론 요하(遼河)를 중심으로 한 요서와 요동 지역 일대의 문화자료도 적극 끌어들여야 민족문화의 뿌리와 정체성을 제대로 밝힐 수 있다. 탈문화라고 해서 예외가 아니다.

그 동안 우리는 민족문화의 표지 유물을 고인돌과 청동기, 적석총, 빗살무늬 토기 등으로 한정해서 다루었는데, 재료로서 옥기 유물과 양식으로서 탈문화 자료 등으로 더 확대할 필요가 있다. 특히 고조선문화의 역사적 중심지로서 요동설을 고려하거나, 그 이전의 신시고국 중심지로서 우하량 지역의 문화를 주목할 때,[63] 홍산문화에서 발견되는 유물들을 중심으로 고조선문화의 정체성을 탐구하는 연구가 본격적으로 이루어져야 할 것이다. 그러지 않으면 여전히 유목문화 기원설이나 북방문화 전래설, 중국문화 영향설 등 종속적인 문화사 연구에 빠져들 수밖에 없다.

탈춤을 비롯한 민속예술사의 온전한 이해를 위해서도 요서지역의 홍산문화 유적에서 널리 보이는 발굴 자료들 가운데 옥기(玉器)와 뼈로 된 각종 탈 유물들을 지나칠 수 없다. 옥기는 지리적으로 요서지역 일대의 홍산문화를 이루는 가장 중요한 표지 유물이자, 역사적으로는

---

63) 임재해, 「신시본풀이로 본 고조선문화의 형성과 홍산문화」, 『단군학연구』 20, 단군학회, 2009, 387쪽.

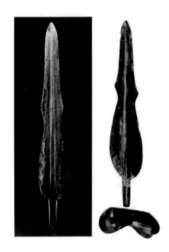

〈그림 4〉 조양 십이대영자, 릉원
삼관영자 청동검

고조선문화의 밑자리를 이루는 신시고국 문화의 정체성을 나타내는 중요한 표지 유물이다. 그러나 종래에는 고조선문화의 표지 유물로 '잎새형(이른바 비파형) 동검'과(그림 4)[64] 고인돌을 대표적인 자료로 다루었다. 미송리형 토기 또는 빗살무늬토기, 팽이형 토기 등으로 일컬어지는 토기문화도 고조선의 중요한 표지유물로 주목했다. 이러한 표지 인식을 종합적으로 다루어서 팽이형 토기와 고인돌, '잎새형 동검' 등이 함께 출토된 대동강 지역이 고조선의 초기 중심지, 곧 첫 번째 도읍지로[65] 설정되기도 했다. 잎새형 동검은 가치 중립적으로 일컫고자 한 명명인데, 고조선문화의 표지유물이라는 점을 고려할 때 '고조선동검'이라 일컫는 것이 더 바람직할 것이다.

그러나 지금까지 옥기를 고조선의 표지유물로 관심 있게 인식하지

64) 徐秉琨·孫守道, 『東北文化』, 上海遠東出版社·商務印書館(香港), 1998, 78쪽의 그림86·87. 비파형 동검이란 이름은 우리 고대 유물을 중국 악기인 비파를 끌어와서 중국문화 중심으로 붙인 명명이다. 물론 이 동검이 만들어질 때 비파라는 중국 악기가 있었던 것도 아니다. 비파와 무관한 것인데도 중국식으로 명명한 것은 우리 문화유산을 중국에 가져다 바치는 셈이다. 최근에 비파형 동검 대신에 요녕식 동검이라고 지명을 붙여서 일컫는 경우가 있는데, 이 또한 민족문화 유산을 요녕이라는 좁은 지역에 한정하는 문제가 있다. 이 동검은 요녕지역에만 있는 것이 아니라 한반도에 두루 분포되어 있는 까닭이다. 지역과 역사를 고려하면 고조선식 동검이라 일컬어야 마땅하다. 그러나 특정 국명에 한정 지우기 어려운 까닭에 버들잎과 같은 긴 나뭇잎 모양에 견주어 '잎새형 동검'이라 일컫는다.
65) 신용하, 「고조선 문명권의 형성과 동북아의 아사달 문양」, 『고대에도 한류가 있었다』, 지식산업사, 2008, 120쪽.

〈그림 5〉

〈그림 6〉

〈그림 7〉

못했다. 다만 옥기 자체가 아니라 옥기의 형
상 가운데 곰이 있다는 사실을 근거로 '고조
선'조의 『고기(古記)』 내용과 관련을 지어
곰네로 상징되는 웅녀족 또는 퉁구스족 문
화의 표지로 해석되기도 했다.[66] 옥기에는
곰뿐만 아니라 돼지와 호랑이, 거북, 부엉이,
봉, 물고기 등 여러 동물상(그림 5-7)[67]이 많

〈그림 8〉 우하량 1호무덤
유적에서 출토된 여신상

기 때문에 곰 형상만 주목하여 곰토템으로
규정하고 옥기문화를 고조선본풀이의 웅녀
족이나 퉁구스족 문화로 끌어가는 것은 편
협한 시각이라 할 수 있다.

더군다나 곰네로 해석되는 여신상을(그림 8) 모신 여신묘에는[68] 아
예 옥기 자체가 없다.[69] 여신묘에서(그림 9) 발굴된 유물은 소조와 토
기가 주류를 이룬다. 따라서 옥기의 여러 동물상 가운데 곰 형상만을

---

66) 우실하, 앞의 책, 327쪽.
67) 孫守道·劉淑娟, 「紅山文化玉器新品新鑒」, 吉林文士出版社, 2007 ; 戴煒·侯文
海·鄭耿杰, 『眞賞紅山』, 內蒙固人民出版社, 2007.
68) 徐秉民·孫守道, 『東北文化』, 上海遠東出版社, 1998, 26쪽, 그림 26·30.
69) 임재해, 「'신시본풀이'로 본 고조선문화의 형성과 홍산문화」, 379-380쪽에서
이 문제를 다루었다.

〈그림 9〉 우하량 여신묘 유적

문제삼아 문화적 표지로 삼는 것은 한계가 있다. 웅녀족의 유산으로 해석하는 여신묘에서 옥웅룡은커녕 아예 어떤 형상의 옥기도 나오지 않았기 때문이다.

옥기는 홍산문화 지역에만 집중되어 있지만, 석기와 토기, 청동기, 철기는 특정 지역과 민족을 넘어서 세계적인 문화유산으로 두루 발굴되는 유물이다. 따라서 돌과 흙, 청동, 쇠붙이 등 기물의 재료만으로는 특정 문화의 표지로 삼을 수 없다. 그러나 옥기는 이와 다르다. 특정 시기에 홍산문화 지역에만 다양한 양식의 옥기들이 집중 분포되어 있기 때문에 옥기 자체가 중요한 문화적 표지 구실을 한다. 그러므로 나는 옥기 및 적석문화를 누린 우하량 지역의 홍산문화를 환웅의 신시고국 문화로 설정하는 연구를 했던 것이다.[70]

환웅천왕이 세운 신시를 국가로 보지 않았기 때문에 신시문화라는 것은 상상조차 하지 못했다. 환웅을 천왕이라고 했다면 당연히 일정한 나라가 있게 마련이다. 단군왕검이 조선을 세운 것처럼, 환웅천왕은 신시라는 나라를 세운 것이다. 따라서 신시를 국명으로 인식하기 위하여 나는 '신시고국'이라 일컬었다.[71] 중국학자들이 홍산문화를 두고 홍산

---

70) 임재해, 앞의 글, 377-388쪽에서 자세하게 다루었다.

고국의 문화유산이라고 주장하는 데 대한 반론의 성격도 지닌다. 홍산고국은 역사에 존재하지 않은 국가이지만, 환웅의 신시고국은 역사 속에 엄연히 존재했던 나라가 아닌가.

단군조선의 역사도 제대로 인정하지 않은 사학계에서 신시고국의 역사를 인정할 까닭이 없다. 따라서 신시고국 문화는 학계에서 상상조차 하지 못했던 역사이다. 그런 까닭에 표지유물 자체가 문제될 수 없었고, 옥기 또한 민족문화의 표지유물로 적극적인 해석을 하지 않았다. 따라서 옥기는 홍산문화의 독특한 양식으로 이해되는 데 머물렀거나 아니면, 그 형상 가운데 곰인가 돼지인가 하는 것을 따지면서 퉁구스족의 문화적 표지로 연결시키는 작업에 골몰해온 수준이다.

옥기 유물에는 수많은 동물 형상이 있는데 그 가운데 극히 일부인 곡옥 형상을 곰 또는 돼지로 해석함으로써, 옥기유물이 지닌 문화적 역량보다 동물토템 수준의 논의로 퇴행시키고 말았다. 이 또한 전래설의 틀에 함몰될 결과인데, 퉁구스족 기원론에 매몰된 논의는, 풍부한 옥기유물에서 옥기문화의 수준과 다양한 형상을 총체적으로 인식하지 않고 곰과 돼지만 주목했던 것이다. 따라서 곰과 돼지를 포착하려는 토템논의는 옥기인가 토기인가 석기인가 철기인가 하는 문화적 역량에는 무관심할 수밖에 없다. 더 문제는 옥기에 호랑이도 있고 탈도 있지만, 퉁구스족의 곰토템 전래설에 골몰한 나머지 이러한 옥기형상은 마치 없는 것처럼 간주되었다. 그러므로 옥기유물이 신시고국의 표지유물이라는 인식은 처음부터 빗나가고 말았다.

옥기가 신시고국의 표지유물이라면, 환웅의 신시를 이어받아 건국된 단군조선의 문화적 표지유물로 주목하지 않을 수 없다. 신시고국과 단군조선 문화의 역사적 계승성을 인정한다면 당연히 홍산문화의 전

---

71) 임재해, 「단군신화로 본 고조선문화의 기원 재인식」, 『단군학연구』 19, 2008, 357-366쪽에 홍산고국에 관해 자세하게 다루었다.

통은 단군조선으로 이어질 수밖에 없다. 홍산문화가 단군조선 이전 단계의 문화란 사실은 역사학계에서 이미 1990년대 초기부터 제기되었다. 국사편찬위원회에서 간행된 학술지에 관련 논문이 발표되기[72] 시작하여 상고사 연구자들에게 꾸준히 주목을 받아왔으며, 지금까지 많은 연구물들이 축적되어 있다.[73]

한창균은 우하량(牛河梁), 동산취(東山嘴), 호두구(胡頭溝) 등의 유적이 발견된 홍산문화기는 서기전 4000년에서 서기전 2500년 무렵이고, 하가점하층문화기를 서기전 2500년무렵에서 서기전 1500년 무렵으로 추론하였으며, 하가점상층문화기는 서기전 1500년 무렵에서 철기시대 이전, 그 이후를 철기시대로 편년하였다.[74] 그리고 신석기 후기에 속하는 홍산문화기를 추방사회 단계로 상정하면서, 이러한 사회를 기초로 하여 하가점하층문화 시기에 고조선이라는 국가가 출현하였을 것으로 보았다.[75]

이 밖에도 홍산문화를 고조선의 선행문화로 해석한 연구는, 곡옥의 양식을 근거로 한 이형구의 저서와[76] 옥웅룡(玉熊龍)과 여신묘(女神廟)의 소조상을 분석하여 단군신화의 웅녀족으로 해석한 우실하의 저서,[77] 여신묘의 여신상과(그림 10) 옥기문화를 맥(貊)부족 문화로 해석한 신용하의 논문,[78] 적석목곽분을 중심으로 해석한 신형식의 논문

---

72) 한창균, 「고조선의 성립배경과 발전단계 시론」, 『國史館論叢』 第33輯, 國史編纂委員會, 1992, 13-33쪽.

73) 林炳泰, 「考古學上으로 본 濊貊」, 『韓國古代史論叢』, 駕洛國史蹟開發研究院, 1991, 41-66쪽.
   윤내현, 「고조선의 건국과 민족 형성」, 『고조선연구』, 一志社, 1994, 90-169쪽.

74) 한창균, 앞의 글, 29-31쪽 참조.

75) 윤내현, 앞의 책, 127쪽.

76) 이형구, 『발해연안에서 찾은 한국고대문화의 비밀』, 김영사, 2004. 118-122쪽.

77) 우실하, 『동북공정 너머 요하문명론』, 소나무, 2007, 311-331쪽.

78) 신용하, 「고조선 국가의 형성」, 『사회와 역사』 80, 한국사회사학회, 2008 겨울호, 20-27쪽.

이[79) 있다.

고고학적 발굴유물로 보면, 고조선 복식 관련 유물자료 가운데 가락바퀴와 방직도구, 뼈나 뿔로 만든 바느질도구의 내용과 형태가 홍산문화의 것과 유사하며, 특히 머리꽂이 장식이 홍산문화와 일치하여 고조선 복식문화는 홍산문화를 계승했다고 하는 박선희의 논문이[80) 중요한 성과들이다. 그러므로 홍산문화 지역 유물과 유적은 고조

〈그림 10〉 여신상 복원도

선 시기의 역사와 문화를 연구하는 긴요한 대상이 되지 않을 수 없다.

지금까지 고조선 표지유물로 가장 중요하게 문제되었던 것이 '잎새형 동검' 곧 고조선 동검이다. 따라서 고조선의 영역과 관련하여 이 동검의 분포와 양식적인 변이가 주목되어 왔다.[81) 그러나 이 동검의 연대를 서기전 10세기로 잡기 때문에 고조선 유물의 표지로 삼는 데 문제를 제기하고, 이 유물을 서기전 24세기 이전 예맥조선의 유물이라는 사실을 밝히기도 한다.[82) 그럼으로써 고조선의 역사를 크게 축소하려는 해석에 쐐기를 박고 있다.

고인돌이나 미송리형 토기를 중요 표지유물로 삼는 경우에도 넓게

79) 신형식·이종호, 「中華 오천년', 紅山文化의 再照明」, 『白山學報』 77, 白山學會, 2007, 5-42쪽.
80) 朴仙姬, 「유물자료로 본 고조선 이전시기의 복식문화 수준」, 『단군학연구』 19, 단군학회, 2008, 73-120쪽.
81) 동검의 유형 연구로는 尹武炳, 「韓國靑銅短劍의 型式分類」, 『震檀學報』 29·30, 震檀學會, 1966 및 李清圭, 『細形型銅劍의 形式分類 및 그 變遷에 對하여』, 『韓國考古學報』 13, 韓國考古學會, 1982 등을 참조.
82) 김정배, 「고조선과 비파형 동검의 문제」, 『남북학자들이 함께 쓴 단군과 고조선 연구』, 지식산업사, 2005, 13-35쪽.

는 요동지역, 좁게는 한반도 지역으로 고조선 영역을 좁게 잡는 문제
가 있다. 그러나 옥기문화를 고조선 시기의 표지유물로 주목하면 사정
이 달라진다. 만주지역의 신석기시대 대표적인 유적지들 가운데 내몽
고자치구 동부 흥륭와(興隆洼) 유적의 연대는 서기전 6,000년경[83]으로
추정되었다. 그런데 만주에서는 흥륭와 유적보다 훨씬 이른 서기전
7,000년경에 속하는 내몽골 적봉시 오한기 소하서(小河西) 유적이 발굴
되어 동북지역 최고의 신석기문화유적으로 발표되기도 했다.[84] 또한
고성 문암리유적의 연대도 서기전 10,000-6,000년으로 제시되었다.[85]

　　내몽골자치구 동부의 규모가 크고 오래된 신석기 집단 거주지인 흥
륭와 유적에서는 동아시아 최초의 옥귀고리(그림 11)와 함께 옥도끼 등
100여 점의 옥기가 출토되었다.[86]

중국의 옥전문가들은 흥륭와 유적
에서 출토된 옥귀고리는 세계에서
가장 오래된 것이라고 밝혔고, 이
시기 남녀모두 귀고리를 착용했을
것으로 추정했다.[87] 이들 옥기의

〈그림 11〉 흥륭와 옥귀고리

83) 楊虎, 「內蒙古敖漢旗興隆洼遺址發掘簡報」, 『考古』, 1985年 10期, 865-874쪽 ;
　　劉國祥, 「西遼河流域新石器時代至早期靑銅時代考古學文化槪論」, 『遼寧師範
　　大學學報』, 2006年 第1期, 社會科學出版社, 113-122쪽.
84) 劉國祥, 「紅山文化墓葬形制與龍玉制度硏究」, 『首屆紅山文化國際學術硏討會』
　　자료집 , 2004.
85) 국립문화재연구소, 『고성문암리유적』, 2004 ; 朴玧貞, 「高城文岩里 先史遺蹟
　　發掘調査」, 『韓國新石器硏究』 第5號, 한국신석기학회, 2003 참조 ; 고동순, 「양
　　양 오산리유적 발굴조사 개보」, 『韓國新石器硏究』 第13號, 한국신석기학회,
　　2007, 127쪽.
86) 中國社會科學院考古硏究所, 「-遺址保存完好房址布局淸晰葬俗奇特出土玉
　　器時代之早爲國內之最-興隆洼聚落遺址發掘獲碩果」, 『中國考古集成』 東北
　　卷 新石器時代(一), 北京出版社, 608쪽 ; 王永强·史衛民·謝建猷, 『中國小數民
　　族文化史北方卷』 上貳, 廣西敎育出版社, 1999, 14쪽.
87) 鞍山日報, "中國最早玉器出自岫岩", 2004年 7月 14日(우실하, 『동북공정 너머

재료는 분석결과 요령성 수암현
(岫岩縣)에서 생산되는 옥으로 밝
혀졌다.[88] 흥륭와유적에서는 옥기
와 함께 동북 지역에서 가장 이른
시기에 만들어진 새김무늬 질그릇
이 출토되었다.

〈그림 12〉 문암리 옥귀고리

한반도에서는 흥륭와 유적과 거의 같은 시기이거나 더 이른 시기일
것으로 추정되는[89] 강원도 고성군 문암리 선사유적에서 수암옥으로
만든 것과 같은 모양의 옥귀고리가 출토되었다(그림 12).[90] 또한 전남
여수시 남면 안도리 패총유적(서기전 4,000-3,000년)에서도 문암리와 거
의 같은 유형의 귀고리가 발굴되었다.[91] 한반도에도 홍산문화 초기(서
기전 4,500년경)와 같은 시기에 같은 양식의 옥귀고리들이 강원도 고성
문암리 유적지와[92] 전남 여수 안도리 패총[93]에서 나왔다는 사실은 홍
산문화와 단군조선 이전 시기 문화가 같은 문화권에 속해 있었다는 것
을 말한다.[94] 그리고 최근에 중국 요령성 우하량 홍산문화 지역에서
5000-6000년 전의 유물로 추정되는 고조선 옥검이 발굴되었다.[95]

놀라운 것은 옥으로 만든 비파형(잎새형)의 고조선식 검이 발견되

요하문명론』, 소나무, 2007, 111-112쪽.
88) 中國社會科學院考古研究所內蒙古工作隊, 「內蒙古敖漢旗興隆洼遺址發掘簡報」,
『中國考古集成』東北卷 新石器時代(二), 北京出版社, 1997, 611-621쪽 ; 『中國
文物報』第48期, 「興隆洼聚落遺址發掘獲碩果 - 遺址保存完好房址布局淸晰葬
俗奇特出土玉器時代之早爲國內之最」, 1993年 12月 13日 참조.
89) 우실하, 앞의 책, 119쪽.
90) 국립문화재연구소, 『고성 문암리유적』, 2005.
91) 조현종·양성혁·윤온식, 『安島貝塚』, 국립광주박물관, 2009.
92) 국립문화재연구소, 「고성군 문암리 선사유적 발굴설명회 자료」, 2004, 237-239
쪽. 이형구, 앞의 책, 2004, 335쪽.
93) 조현종·양성혁·윤온식, 『安島貝塚』, 국립광주박물관, 2009.
94) 박선희, 『고조선 복식문화의 발견』, 지식산업사, 2011, 479-482쪽.
95) 이종호, 『한국 7대 불가사의』, 역사의 아침, 2007, 142쪽.

었다는 점이다. 그 동안 학자들은 중국의 청동검과는 전혀 다른 비파형 동검의 비파 형태가 어떤 연유로 동이의 동검에 나타나는가를 의아해했는데 홍산문화의 옥기에서 잎새(비파) 형태가 발견됨으로써 이 형태는 갑자기 생긴 것이 아니라 홍산문화 시기에도 홍산인들에게 상당히 각인되어 있었다는 것을 알 수 있다.[96]

이 옥검은 문화사 이해의 아주 중요한 자료 구실을 하게 되었다. 잎새형 옥검은 잎새형 동검의 선행문화라는 사실을 뒷받침하기 때문이다.[97] 따라서 잎새형 동검의 발전 과정은 암각화의 그림에서부터 옥검, 동검으로 나아갔는데, 그것은 문화사의 발전단계와 일치한다.[98]

따라서 옥기를 주목하면 한반도 최남단에서부터 요서지역까지 고조선의 문화권이 확대되는 것은 물론, 그 역사적 뿌리도 지금부터 8000년 전까지 거슬러 올라갈 수 있다. 흔히 반만년 역사라고 하는데, 단군조선을 기점으로 한 경우에 그렇다. 고조선 지역의 홍산문화까지 고려하면 역사는 한층 더 거슬러 올라가서 반만년 역사가 8천년 또는 만년의 역사로 확장될 수 있다. 그리고 『삼국유사』 고조선조에 자세하게 기록되어 있는 역사이지만, 사학계에서 역사적 실체로 다루어지지 않았던 환웅천왕의 '신시고국' 역사도 제대로 포착할 수 있다.

단군조선 건국의 밑자리를 이루었던 신시고국 문화를 찾아들어가게 되면, 그 지리적 위치나 역사적 시기를 고려할 때 우하량을 중심으로 한 요서지역의 홍산문화를 중요한 자료로 끌어들이지 않을 수 없으며, 홍산문화의 여러 문화유산 가운데 가장 독창적인 양식으로 존재하는 옥기문화를 외면할 수 없다. 특히 한국 상고사의 시각에서 보면 옥

---

96) 우실하 「홍산문화와 고조선문화의 연계성」, 고조선-홍산문화답사 보고 및 학술발표회, 고인돌사랑회, 2006년 11월 3일, 이형석·이종호, 『고조선, 신화에서 역사로』, 2009, 우리책, 69-70쪽 참조.

97) 朝陽市文化局·遼寧省文物考古硏究所, 『牛河梁遺址』, 學苑出版社, 2004.

98) 임재해, 「단군신화로 본 고조선문화의 기원 재인식」, 『단군학연구』 19, 단군학회, 2008, 331쪽.

기문화는 단군조선 이전의 신시고국 문화를 가장 특징적으로 보여주는 문화적 표지 유물이기 때문이다.

더 흥미로운 것은 옥기 유물에 인물 형상을 한 탈이 상당히 많이 있다는 점이다. 달리 말하면 홍산문화에서 옥으로 사람의 얼굴 모양의 탈을 만들 만큼 탈 관련 문화가 아주 일찍부터 자리 잡았다고 할 수 있다. 그런데도 옥기 형상 가운데 용이나 돼지, 곰 등 그 모양조차 불분명한 동물형상에 관한 논의만[99] 무성했지, 분명하게 사람의 형상을 한 탈에 관한 논의는 거의 없었다. 중국의 보고서에도 해석은 없고 옥으로 만든 탈 사진과 크기만 수록되어 있는 수준이다.

사람의 얼굴 조형을 한 탈이 있다는 것은 인물상의 조각품을 만들었다는 사실을 넘어서 제의적 기능과 주술적 의미, 그리고 공연예술의 가능성까지 추론할 수 있다. 그런데 태아형 옥기를[100](그림 13) 두고 옥저룡이나 옥웅룡으로 일컬으며 딱 부러지게 단정할 수도 없는 용과 곰, 돼지 형상으로 해석함으로써, 중화제일용으로 주장하거나 곰토템 또는 돼지 사육문화를 구실로 퉁구스족과 연결짓는 작업에 골몰했다. 그러느라, 옥기 탈은 물론 옥기문화 전반을 해석하는 일에는 소홀했다. 옥기 탈을 보면 당시에 토템문화를 넘어서는 탈춤문화가 강성했던 사실을 짐작할 수 있다. 그러므로 이 논의에서는 옥기 탈을 중심으로 고조선 이전 시기 탈춤문화의 전통을 밝혀보고자 한다.

---

99) 중국 학계에서는 C형 곡옥이 나올 때마다 용으로 해석하고 옥저룡 또는 옥웅룡이라 하면서 용문화의 선진성과 기득권을 주장하는 쪽으로 기울어졌으며, 한국 학계에서는 이 곡옥이 돼지인가 곰인가 하는 판단을 하면서 자기 논지에 따라 곰토템 또는 돼지 사육과 관련을 짓고는 마치 이 옥기가 퉁구스족의 문화유산인 것처럼 해석하느라 분주하다.

100) 일반적으로 태아형 곡옥을 두고 C형 패옥이라고 하는데, 나는 이 곡옥이 용이나 돼지, 곰을 나타내는 형상이 아니라 태아 초기의 형상으로 해석하였다(『신라금관의 기원을 밝힌다』, 지식산업사, 2008, 420-423쪽 및 「단군신화로 본 고조선문화의 기원 재인식」, 353-357쪽에서 이 문제를 자세하게 다루었다.).

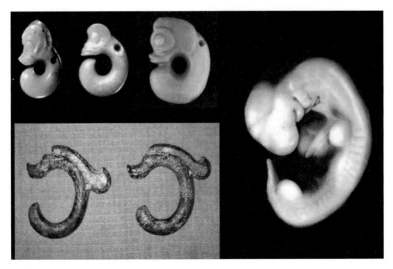

〈그림 13〉 홍산지역 태아형 곡옥과 C자형 곡옥, 그리고 태생 5주째 태아 모습

5. 홍산문화 유적지의 옥기 탈 형상과 탈춤문화

지금 우리가 만날 수 있는 고고학적 탈 유물은 모두 특수한 재질의 것이다. 나무탈이나 털가죽탈, 박탈 등은 널리 만들어 사용했더라도 지금까지 유물로 남을 수 없다. 탈의 재질이 오랜 세월을 견딜 수 없는 것이기 때문이다. 유물로 발굴되는 것은 옥탈과 조개탈, 뼈탈 등에 한정된다. 뼈로 만든 경우에도 재료의 크기를 고려할 때 실물 크기의 탈을 만드는 것은 불가능하다.

이러한 재료로서는 어떤 형상도 실물처럼 크게 만들 수 없으며 만들 필요도 없다. 문제는 사람 얼굴 모양의 형상이 탈일수도 있지만 사람 자체를 나타낼 수도 있다는 점이다. 그러므로 고고학적 유물의 경우에 탈인가 인물상인가 하는 판별 기준이 필요하다. 그것은 조형물의 크기와 무관하게 조형기법을 중심으로 기준을 마련할 수밖에 없다.

탈을 판별하는 기준은 두 갈래로 마련된다. 하나는 탈로서 갖추어야 할 조건 세 가지이며 둘은 탈로서 갖추지 않아야 할 세 가지 조건으로 정리할 수 있다. 첫째 갖추어야 할 조건이다. 탈은 인물상에서 눈과 입의 구멍이 뚫려 있는 두 가지 조건에다가 부조처럼 평면을 이루어야 하는 조건을 갖추어야 한다. 둘째 갖추지 않아야 할 조건이다. 탈은 인물상에서 머리카락 부분과 목, 귀 등 3 가지는 없어야 할 조건이다. 탈로 기능하는데 이 세 가지는 거의 불필요하기 때문이다.

그러나 이렇게 6가지 조건을 잘 갖춘 탈은 흔하지 않다. 최근의 탈 가운데도 입이 뚫려 있지 않는 탈이 있다. 그리고 필요에 따라 없어도 되는 머리카락을 나타낸 탈도 있다. 따라서 완벽한 탈 외에는 몇 가지 조건만 갖추기 일쑤이다. 탈로서 최소한의 조건이자 필수적인 요건만 들면, 평면적이며 눈이 뚫려 있고 목이 없는 인물상이면 탈이라 해도 좋다. 이런 준거로 얼굴 조형을 보면 이것이 일반적 조형물인가 탈인가 하는 것이 금방 분별된다. 탈을 가려낼 수 있는 기준을 갖추었으니 이제부터 옥기로 만든 탈을 보기로 하자.

홍산문화 유물 가운데 가장 대표적인 탈이 점박이 푸른 옥을 깎아서 만든 탈이다(그림 14).[101] 중국학자들은 이와 같은 조형물을 모두 '인면(人面)'이라 하여 '옥인(玉人)'이라 하는 인물상과 엄격하게 구분하였다. '옥인'이나 '인면' 자료들 모두 사람의 얼굴을 조형한 유물을 일컫는

〈그림 14〉 홍산 옥탈 1

---

101) 戴 煒·侯文海·鄭耿杰, 『眞賞紅山』, 內蒙古人民出版社, 2007, 129쪽. 높이 2.6cm, 너비 2cm, 두께 0.8cm.

다는 점에서 같다. 그러나 '인면'이 탈처럼 눈과 입을 뚫어 구멍을 내고 귀를 달지 않는 등 한결같이 탈의 형상을 나타내고 있는데 비해, '옥인'은 이와 달리 눈과 입 등을 일반적인 조각품처럼 구멍을 내지 않고 나타냈을 뿐 아니라, 탈에는 없는 귀까지 크게 조형되어 있다. 따라서 '옥인'은 '인면'과 달리 사람 탈이 아니라 사람 얼굴을 조형한 조각품이라는 사실을 쉽게 알아차릴 수 있다. 그러므로 중국학자들이 자료집에 표기한 '인면'은 인물 조각상인 '옥인'과 구별하여 사람 탈로 이해하면 큰 차질이 없다.

〈그림 14〉의 옥탈 1은 '인면'으로 보고되어 있는데, 탈의 형상이 분명하다.[102] 눈구멍을 동그랗게 크게 뚫어두고 두 눈 사이에 미간을 약간 들어가게 하였다. 콧대를 양각으로 두툼하게 새겼으며, 입은 둥근 구멍에다 그 둘레에 입술을 두껍게 나타냈다. 눈과 입은 구멍을 뚫어서 나타낸 반면에 코와 입술은 양각으로 도드라지게 조형한 것이 특징이다. 홍산문화의 탈 가운데서 입술을 이렇게 표현한 방법은 흔하지 않다.

세련된 조형은 아니지만 누가 보더라도 탈이 틀림없다. 인물상을 조형하려면 굳이 눈과 입을 뚫을 필요가 없다. 조금만 파내도 눈과 입을 나타낼 수 있는데, 굳이 힘을 들여 구멍을 낼 필요가 없기 때문이다. 귀와 목, 머리털이 없는 것도 인물상이 아니라 탈인 것을 나타낸다. 탈의 형상으로서 갖추어야 할 요건과 갖추지 않아야 할 요건을 잘 갖추었기 때문이다.

다음 탈은 흰색 계통의 옥에다 새긴 것이다(그림 15).[103] 눈과 입, 콧구멍을 파서 사실적으로 표현했는데, 한쪽 눈만 완전히 뚫었다. 이마 부분이 잘려나간 것처럼 아주 좁은 반면에 얼굴의 전체 윤곽은 사실적

---

102) 「탈춤 기원론의 쟁점과 상고시대 탈춤문화의 뿌리」, 『韓國民俗學』 50, 한국민속학회, 2009, 611쪽에서 간략히 소개된 탈이다.
103) 戴 煒·侯文海·鄭耿杰, 위의 책, 134쪽, 높이 1.5cm, 너비 1.2cm, 두께 0.5cm.

이며 코 모양을 실감나게 조형하
려고 애쓴 흔적이 역력하다. 콧대
아래 두 콧구멍을 나타내려고 구
멍을 깊게 판 것이 큰 특징이다.
홍산문화에서 옥으로 만든 사람
의 얼굴이나 탈에서 콧구멍을 거
의 나타내지 않거나 아주 적게 나
타냈는데, 이 탈에는 코끝 좌우에
홈을 크게 파내어 콧구멍을 분명
하게 표현했다. 특히 콧대 좌우에
단단한 옥을 파내려고 오랫동안
반복한 노력의 흔적이 그대로 남

〈그림 15〉 홍산 옥탈 2

아 있다. 의도하지 않게 깎여나간 부분들이 남아 있어서 옥을 조각하
는 공정의 어려움을 잘 보여주고 있다.

얼굴 형상으로서 실감나게 만들었지만, 한쪽 눈만 뚫었기 때문에
탈로서 기능에는 문제가 있다. 따라서 이 탈에서 문제되는 것은 눈이
다. 한쪽 눈은 뚫다가 말았기 때문이다. 눈을 뚫었거나 뚫으려 했을 뿐
아니라 귀가 없고 머리가 없는 것으로 봐서 탈을 제작하려 했던 것은
틀림없다. 옥의 단단한 강도를 고려하면 제작과정에 눈을 제대로 완성
하지 못한 채 유물로 남게 된 셈이다. 다른 부분들도 말끔하게 마무리
되지 않은 것이 그러한 사정을 잘 나타내고 있다.

탈 제작과정의 어려움과 손질의 방향을 잘 드러내 주는 것이 암갈
색 옥탈이다(그림 16).[104] 다른 탈과 달리 눈이 분명하게 뚫려 있지 않
아서 인물 조각상 같이 보이기도 한다. 그러나 귀와 목, 머리카락이 조
형되어 있지 않은 점을 볼 때 탈에 가깝다. 보고서도 인면(人面)이라고

---

104) 戴 煒·侯文海·鄭耿杰, 앞의 책, 133쪽. 높이 4.0cm, 너비 1.9cm, 두께 1.5cm.

하여 탈로 보고하고 있다. 전체적으
로 얼굴이 길고 코가 두드러진 것이
특징이다. 눈꼬리 부분이 위로 올라
가 있어서 사나운 표정을 짓고 있으
나 입은 말하듯이 벌리고 있는 모습
이다. 눈두덩과 입술을 나타내려 하
지 않았으나 코를 드러내기 위해 무
척 애쓴 흔적이 보인다. 코가 우뚝하
게 세모 모양으로 양각되어 있는 점
이 돋보인다.

〈그림 16〉 홍산 옥탈 3

정면에 오뚝하게 부조(浮雕) 기법으로 조각을 하였다. 작품이 비교적 좁
고 길다. 두 눈과 입 부분은 불규칙하게 파낸 깊은 홈으로 나타냈다. 코는
긴 삼각형으로 크고 높으며 돌출되어 있다.[105]

홍산문화에서 출토된 사람 탈이 대부분 얇은데 이 옥기는 비교적
두꺼운 편이다. 따라서 눈과 입을 제대로 뚫지 못했다. 그러나 코와 눈,
입을 다듬기 위한 작업과정이 흔적으로 잘 남아 있다. 쪼아내서 새기
고 갈아낸 방향이 불규칙하게 보인다. 가장 흥미로운 점은 측면으로
두 눈 사이를 뚫어서 구멍을 냈다는 점이다. 탈의 기능과 무관한 공정
인데, 끈으로 매달 수 있도록 하기 위한 것이 아닌가 한다. 그러느라
코를 특히 우뚝하게 만들고 탈의 두께도 두껍게 한 것으로 판단된다.
탈의 형상을 조형했으되 실제로 얼굴에 쓰기 위한 것이 아니라 끈을

---

105) 戴 煒·侯文海·鄭耿杰, 앞의 책, 같은 곳.

꿰어 매달 수 있도록 만든 셈이다.

따라서 이 탈을 보면 다른 탈의 기능도 이해된다. 다른 탈들도 모두 크기가 아주 작아서 2, 3cm가 고작이다. 실제로 얼굴에 쓸 만큼 큰 것은 없다. 물론 옥으로 만든 까닭에 얼굴 크기로 만들었다고 해서 쓸 수 있는 것도 아니다. 얼굴에 쓰기 위한 실용적 탈이 아니라 상징적 탈이다. 그런 까닭에 옥으로 만든 것이다. 크기가 아주 작은 것으로 보아서 구멍에 끈을 꿰어서 장신구처럼 목에 매달았을 가능성이 있다. 그런데도 탈이라고 할 수 있는 것은 다른 옥기 인물상과 다르기 때문이다.

〈그림 17〉의 인물상은 탈이 아니다.[106] 따라서 자료집에는 인면이라 하지 않고 옥인(玉人)으로 표시했다. 탈이 아니라 인물상이라 할 수 있는 것은 눈이나 입을 뚫으려 하지 않았을 뿐 아니라 받침대 위에 얼굴 조형물을 올려두도록 고정되어 있기 때문이다. 역삼각형의 평면 얼굴에 음각으로 눈과 눈썹, 코를 그리듯이 나타냈는데, 입을 3개의 작은 홈으로 나타낸 점이 특이하다. 보고서에도 자세한 해석이 없기 때문에 그 상징성을 추론하기 어려우나 입을 나타낸 것은 분명하다. 이마 위의 머리 부분 좌우에 귀 모양을 위로 나타낸 것이 주목된다. 보고서의 설명을 옮겨보자.

〈그림 17〉 옥 인물상 1

> 머리 위에는 두개의 뿔이 있는데, 홍산문화 옥인들의 머리장식(頭飾)에서 자주 보이는 것이다. 눈썹과 눈 코를 모두 음각으로 표현했는데, 음각의 선으로 보아 석질이 비교적 부드러운 것 같다.[107]

106) 戴 煒·侯文海·鄭耿杰, 앞의 책, 126쪽. 높이 2.0cm, 너비 1.6cm, 두께 0.6cm.
107) 戴 煒·侯文海·鄭耿杰, 앞의 책, 위와 같은 곳.

크기는 앞의 탈과 같이 작다. 구멍이 없는 것으로 봐서 걸어두거나 달고 다니는 용도로 쓸 수 없다. 턱 아래 조각상의 받침대까지 조형된 점을 보면, 얹어두는 용도로 쓰인 것 같다. 만일 신성한 존재를 상징하는 조형물이라면 제단 위에 얹어두었을 가능성이 높다. 그러나 크기가 작기 때문에 공적인 제단이 아니라 집안의 사적인 제단에 신격으로 모셨을 것으로 짐작된다.

더 구체적인 옥기 인물상으로는 〈그림 18〉과[108] 〈그림 19〉가[109] 있다. 특히 두 귀가 분명하게 조형되어 있을 뿐 아니라, 눈을 감고 있어서 탈이라 할 수 없다. 모두 역삼각형의 얼굴에 코를 우뚝하게 양각한 공통점을 지니고 있다. 〈그림 18〉의 인물상은 코가 사실적으로 표현되어 있는 반면에 눈이 감겨져 있는 형태이며 이마에 주름을 나타냈다. 입은 최소한으로 나타냈다.

〈그림 19〉의 인물상은 엷은 황록색 옥에 코를 삼각형으로 도식화했

〈그림 18〉 인물상 2   〈그림 19〉 인물상 3

---

108) 戴 煒·侯文海·鄭耿杰, 앞의 책, 124-125쪽. 높이 1.6cm, 너비 1.4cm, 두께 1.0cm.
109) 戴 煒·侯文海·鄭耿杰, 앞의 책, 123쪽. 높이 1.6cm, 너비 1.6cm, 두께 1.0cm.

으되, 눈은 아래 위의 눈꺼풀과 눈썹을 제각기 나타냈다. 입을 길게 음
각으로 나타냈다. 이마 위는 마치 빵모자를 씌운 것처럼 보인다. 유물
을 보고한 사람은 "아마도 모자나 머리모양을 표현한 것"으로 보인다
고 했다.[110] 귀가 유난히 큰 것이 인상적이다. "전체적인 얼굴이 비교
적 사실적이고 생동감이 있다."[111] 두 인물상 모두 뒷면 상단에 구멍을
가로로 뚫어 두어서 매달 수 있게 했다. 제단 위에 올려두었을 〈그림
17〉의 인물상과 달리, 이 두 인물상은 실이나 끈을 꿰어서 일정한 공간
에 매달아 두었거나 장신구처럼 목에 걸고 다녔을 가능성이 높다.

옥탈 외에 뼈로 만든 탈도 있는데(그림 20, 21),[112] 옥과 달리 뼈의
재질이 무르기 때문에 탈의 형상을 더 실감나게 형상화했다. 따라서
가장 사실적인 형상을 갖춘 탈은 뼈로 만든 탈이라 할 수 있다. 나무탈

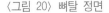

〈그림 20〉 뼈탈 정면   〈그림 21〉 뼈탈 측면

110) 戴 煒·侯文海·鄭耿杰, 앞의 책, 위와 같은 곳.
111) 戴 煒·侯文海·鄭耿杰, 앞의 책, 위와 같은 곳.
112) 戴 煒·侯文海·鄭耿杰, 앞의 책, 120-121쪽, 높이 2.6cm, 너비 1.9cm, 두께
0.6cm.

에 견주어 볼 만한 수준으로, 이목구비가 가장 뚜렷하게 조각되었다. 눈과 입을 동그랗게 파낸 옥으로 만든 탈과 달리, 가로로 긴 타원형으로 파내어 눈과 입 모양에 상당히 가깝게 조형했다. 눈은 아래 위의 눈두덩과 눈밑을 도드라지게 새겨 사실성을 높였으며, 콧대도 미간에서부터 돋을새김을 하여 실감나게 조형했다. 입술을 도드라지게 새기지 않았지만 뭔가 말하는 듯한 입 모양을 잘 살렸다. 얼굴의 광대뼈 부분과 뺨 부분도 분별이 가능하도록 잘 다듬었다. 탈로서 조형성의 수준이 최근 민속 탈과 견주어도 손색이 없을 정도이다. 옥보다 뼈가 조각에 훨씬 용이한 재질이기 때문이라 생각된다. 보고서의 설명은 아래와 같다.

> 새 뼈를 이용하여 만든 것으로 옆모습에서 볼 수 있듯이 얼굴면의 양측에 각각 1개씩 구멍이 있어 끈을 사용해 지닐 수 있다. 이 구멍 위에 움푹 들어가게 파내어 귀를 표현하였다. 비록 크기는 작으나 충분히 사실적이고 생동감이 나며 홍산문화 사람들의 높은 예술적 표현력을 볼 수 있다.[113]

이 탈을 보면 끈을 꿰는 구멍을 눈 좌우 얼굴 측면에 별도로 뚫었다. 구멍을 측면이나 뒷면에 만들어서 끈으로 매달아도 얼굴 형상을 나타내는 데 아무런 장애가 되지 않도록 고려한 것 같다. 특히 측면 위쪽에 매다는 구멍을 내서 매달아도 무게 중심이 뒤집어지지 않도록 했을 뿐 아니라, 귀를 만들지 않아도 그만인데 이 구멍을 아래위로 길게 파서 귀의 모양까지 나타냈다. 그러므로 탈이나 인물상의 형상성을 볼 때, 신시고국 홍산문화의 조형예술 수준이 현대적인 조형술 못지않게 탁월했다는 것을 알 수 있다.

---

113) 戴 煒·侯文海·鄭耿杰, 같은 책, 위와 같은 곳.

더 흥미로운 사실은 턱 아래에 길
게 손잡이를 달아놓은 독특한 양식의
뼈탈이 있다는 점이다(그림 22).[114]
턱 아래 길게 돌출시켜 놓은 것은 손
잡이처럼 보이나 일정한 받침대 구멍
에 꽂아서 고정시키는 구실을 하는
기둥일 수도 있다. 뼈의 자연스런 윤
곽을 이용하여 두 눈을 동그랗게 뚫
고 입을 크게 벌린 것처럼 우먹하게
도려내어서 마치 놀란듯한 표정의 얼
굴을 하고 있다. 인면의 탈이되 매다
는 구멍이나 받침대, 손잡이 등에 따

〈그림 22〉 손잡이 달린 뼈탈

라 그 쓰임새가 아주 다양했던 사실을 짐작할 수 있다. 그러므로 당시
사람들은 여러 가지 재질로 다각적 표정의 탈들을 풍부하게 만들어 생
활상의 필요에 따라 다양하게 이용했던 것을 알 수 있다.

옥탈이든 뼈탈이든 실제로 얼굴에 쓸 수 없을 만큼 작다. 쓰지도 못
할 탈을 굳이 옥이나 뼈와 같은 단단한 재질로 만든 까닭은 어디에 있
을까. 여신묘의 소조상처럼 신상 구실을 한 것일까. 그렇다면 굳이 탈
의 형태로 깎을 필요가 없을 것이다. 탈은 일반적으로 사람의 얼굴 형
상을 조형한 옥인상과 달리 더 어려운 공정과 제작과정을 거치는 까닭
이다. 그래도 굳이 옥으로 탈을 깎은 것은 탈문화가 지닌 유용성 때문
이 아닌가 한다. 옥탈을 고려할 때 당시에 상당한 수준의 탈문화가 존
재했다고 짐작된다. 따라서 나무나 털가죽, 천 등 여러 가지 재질로 탈
을 만들고 필요에 따라 다양하게 이용했을 가능성이 있다.

그런데 유물에는 이러한 탈이 없고 다만 옥이나 뼈, 조개껍질, 돌

---

114) 戴 煒·侯文海·鄭耿杰, 같은 책, 187쪽. 높이 5cm, 넓이 4.1cm, 두께 1cm.

등으로 만든 탈만 남아 있다. 그것은 재질이 썩지 않는 것이기 때문이
다. 따라서 옥탈이나 뼈탈은 나무탈이나 털가죽탈, 옷감탈 등 여러 가
지 재질의 풍부한 탈 가운데 재질의 특성상 썩지 않고 남아서 당시의
탈문화를 증언하는 유물 구실을 하는 셈이다. 그러므로 남아 있는 옥
기탈과 뼈탈이 당시의 탈문화 자체라고 경직되게 해석해서는 온전한
탈문화의 전모를 제대로 밝혀낼 수 없다.

〈그림 23〉 부여의 금동탈

홍산문화 시대와 지역을 벗어나면
옥과 뼈가 아닌 쇠붙이로 만든 탈이
발굴된다. 금이나 금동으로 만든 탈
유물이 그러한 보기이다. 옥기시대에
서 청동기 또는 금동기 시대로 바뀌면
서 금동탈이 출현하기 시작한 것이다.
중국 길림시 동단산(東團山)에서 출토
된 탈은 금동으로 만든 것인데(그림
23), 부여 탈로 보고되고 있다.[115] 이마
에 주름이 자연스럽게 3개가 나 있고
광대뼈가 두드러지며 코가 우뚝하여
입체감이 드러난다. 눈은 하회의 선비탈처럼 눈꼬리가 치켜든 채 두툼
한 모양의 눈이 마치 조개의 측면을 보는 것 같다. 그런데 눈구멍은 뚫
어져 있지 않다. 입은 열려 있으며 이빨까지 조형되어 있고 오른쪽 귀
가 만들어져 있는 것이 특징이다.

눈이 뚫려 있지 않아서 탈의 기능을 하기 어렵다. 그런데도 보고서
에는 '면구(面具)'라고 했다.[116] 옥탈을 인면이라고 한 것에 비하면, '면
구'라고 한 것은 탈이 틀림없다는 말이다. 왜냐하면 뒷면이 얼굴 모양
으로 파져 있어서 얼굴에 쓸 수 있도록 만들어져 있기 때문이다. 발굴

---

115) 王 斌·劉厚生, 『夫餘國史話』, 遠方出版社, 2005.
116) 黃 斌·黃瑞, 『走進東北古國』, 遠方出版社, 2006, 67쪽.

보고서에는 이것을 인면형식(人面形飾)'이라고 했다. 청동에 유금을 입힌 것인데, 얼굴 앞쪽이 돌출되어 비교적 입체감이 두드러지며, 머리모양은 틀어 올린 흔적이 남아있고 왼쪽 귀는 소실된 것으로 추론된다.[117]

발굴상황이 자세하지 않아서 정확한 추론은 불가능하다. 눈이 뚫려 있지 않은 것으로 볼 때, 주검의 얼굴을 가린 탈 곧 데스 마스크(death mask)가 아닌가 한다. 데스 마스크는 공연탈과 달리 눈이 뚫려 있을 필요가 없다. 따라서 눈의 형상만 있으면 족하다. 데스 맛스크는 탈의 기능 가운데 얼굴을 가리는 최소 기능만 요구된다. 아랍이나 서구에서 데스 마스크는 죽은 이의 얼굴을 기념으로 남기기 위해 사망 직후, 얼굴 모습을 본떠서 만들었다. 그러나 이 탈은 주검의 얼굴을 덮어서 보호하기 위한 것이다. 탈의 기능을 고려할 때 망자가 신의 모습으로 다시 태어날 수 있기를 기대한 것이 아닌가 한다.[118]

부여탈에 이어 고구려탈도 보인다. 요령성 북표(北票) 라마동(喇嘛洞) 무덤에서 출토된 것이다. 금동으로 만든 탈인데(그림 24), 상당히 특이한 형상을 하고 있다.[119] 보고서에는 '질이 우수한 금동으로 만든 얼굴(鎏金銅人臉)'이라 하였지만 영문으로는 'Gilt bronze Human mask'라고 하여 금동탈로 설명하고 있다. 현재 요령성문물고고연구소에 소장하고 있는데, 중국학계에선 이

〈그림 24〉 고구려 금동탈

---

117) 馬德謙, 「談談吉林龍潭山, 東團山一帶的漢代遺物」, 『中國考古集成』 東北卷 秦漢之三國(二), 北京出版社, 1997, 1249쪽.
118) 임재해, 「탈춤 기원론의 쟁점과 상고시대 탈춤문화의 뿌리」, 615쪽.
119) 위의 글, 615-616쪽에서 이 탈을 소개했다.

탈을 남북조시대(서기 5세기-6세기)에 속하는 탈로 해석하고[120] 있다. 그러나 이 시기 북표 지역은 고구려의 영역이므로[121] 이 탈은 고구려 탈이라 할 수 있다.[122]

돌을새김을 한 콧대를 중심으로 사선이 그어져 있는 것이 특징이다. 입술과 눈썹 눈매도 돌을새김으로 나타냈지만 얼굴 표면에 잘 맞지 않는 평면 형태이다. 보고서에 자세한 내용이 밝혀져 있지 않아서 구체적인 사실을 알 수 없으나 주물 형태로 제작된 것 같다. 만일 그렇다면 이런 탈이 상당히 풍부하게 만들어졌을 것이다. 눈이 뚫려 있지 않은 것으로 볼 때 얼굴에 쓰도록 만들어진 것은 아니다. 평면적이어서 위의 탈처럼 주검의 얼굴을 가리기 위한 것도 아니다. 신전이나 제단에 걸어두고 신의 존재를 나타내는 데 쓰인 것이 아닌가 한다.

황금탈이나 금동탈처럼 쇠붙이로 만든 탈은 무거워서 얼굴에 쓸 수 없다. 얼굴 윤곽과 뚜렷하게 일치하는 경우에는 주검의 얼굴에 씌웠을 가능성이 높다. 옥으로 만든 탈처럼 쇠붙이로 만든 탈 또한 무거워서 얼굴에 쓸 수 없는 것은 마찬가지이다. 그런데도 황금탈이 얼굴 크기이되 옥탈이 작은 까닭은 별도로 있다. 까닭 하나는 얼굴에 쓸 만큼 큰 옥을 구할 수 없으며, 둘은 구할 수 있다고 해도 그 작업공정이 힘들 뿐 아니라 무거워서 얼굴에 쓸 수 없기 때문이다. 셋은 황금탈처럼 데스 마스크로 쓴 것이 아니라 장식용으로 사용했기 때문에 옥탈이 작을 수밖에 없다.

---

120) 遼寧省博物館·遼寧省文物考古研究所, 『遼河文明展』, 2006, 115쪽.

121) 5, 6세기 고구려의 영역에 관한 내용은 『三國史記』 卷18, 「高句麗本紀」 '廣開土大王' 조를 참조할 것. 자세한 내용은 윤내현, 『열국사연구』, 지식산업사, 1998, 320-323쪽과 299쪽의 지도(5세기 후반 고구려 전성기 강역) 참조.

122) 중국학자들은 최근에 요하지역에서 고조선이나 고구려 관련 유물이 나오더라도 그 소속을 구체적으로 밝히지 않으려는 경향이 있다. 특히 고조선이나 고구려 유물로 판단되는 경우에 동북공정을 하는 데 장애가 되는 까닭이다. 따라서 이러한 사실을 고려해서 중국측 보고서를 읽어야 한다.

실제로 탈이 아닌 다른 형상의 옥기들도 대부분 소형이다. 동물형 옥기나 패옥형 옥기, 장신구형 옥기, 구운형 옥기 등 모두 옥탈 크기와 비슷한 규모이다. 이들 옥기가 작다고 해서 옥기가 나타내는 형상이 실제 크기와 다르므로 형상의 이미지를 인정할 수 없다고 부정할 수 없다. 옥웅룡의 옥기가 곰형상이라고 해서 곰처럼 클 필요가 없기 때문이다. 따라서 크기와 상관없이 옥탈과 뼈탈, 금동탈 등 현재 유물로 남아 있을 수 있는 재질의 탈들을 근거로 고조선 이전의 신시고국 시대부터 풍성한 탈문화의 전승을 유추할 수 있고, 부여와 고구려 시대까지 그러한 전승을 확인할 수 있다.

이처럼 탈춤의 가장 직접적인 자료인 탈 자료를 제쳐 두고 중국에서 놀이꾼을 보냈다는 사실을 근거로 고구려시대부터 우리 탈춤문화의 전래설을 펴는 것은 납득할 수 없다. 게다가 고조선 시대에 음악문화가 다른 지역에 비해 아주 발전했을 뿐 아니라, 당시에도 이미 곡예사와 같은 대단한 수준의 놀이꾼이 있었던 사실을 증거하는 유물도 있다. 그러므로 당시의 음악문화와 곡예문화를 함께 주목하지 않을 수 없다.

6. 옥탈의 제의적 기능과 굿문화로 연행된 탈춤

옥탈은 당시의 다양한 탈문화를 반영하는 거울효과 구실을 한다. 옥으로 어렵게 탈을 깎을 지경이면 나무나 다른 재질로 만든 탈은 상당히 풍부했을 것이다. 그렇다고 옥탈은 단순히 다른 탈문화를 알려주는 거울효과 구실만 하는 것은 아니다. 따라서 거울효과 외에 다른 기능을 이해하려면, 탈의 일반적 기능을 주목하는 외에 두 가지 문제를 더 고려할 필요가 있다.

하나는 상고시대 탈의 고유 기능으로서 옥탈을 검토하는 일이며, 둘은 옥탈의 고유성을 인정하고 옥탈이 어디에 어떻게 왜 이용됐는가 하는 점을 추론하는 일이다. 그리고 셋은 옥탈을 다른 옥기들의 형상과 관련지어 해석하는 일이다.

첫째, 탈의 일반적 기능은 얼굴을 가려서 다른 인물상을 나타내는 것이다. 이때 탈의 인물상은 인간일 수도 있고 신격일 수도 있다. 따라서 탈을 쓰게 되면 탈이 나타내는 새로운 존재로 변신하기도 하고 신내림을 나타내기도 한다. 탈을 얼굴에 씀으로써 새로운 인물로 변신하면 탈춤과 같은 연극탈 구실을 하게 되고, 신격을 나타내게 되면 사제자의 신내림을 나타내는 제의탈 구실을 하게 된다. 따라서 옥기탈을 통해서 고조선 이전시기부터 고조선 지역에 탈을 쓰고 하는 놀이나 춤, 연극 등의 연행예술과 탈굿이나 신굿의 제의문화가 널리 전승되고 있었던 사실을 추론할 수 있다.

둘째, 옥탈의 고유 기능은 탈굿과 탈춤의 거울효과 외에 그 구체적인 용도에서 찾아야 할 것이다. 옥탈이 부장품으로서 발견된 보고서는 아직 알지 못한다. 우하량 제2지점 1호총 21호묘와 같은 지점의 1호총 4호묘, 1호총 7호묘, 1호총 14호묘 등에도 옥기가 많이 발굴되었지만, 탈은 보이지 않는다. 옥탈은 주검을 위한 부장품이 아니라 다른 용도로 쓰였던 사실을 상대적으로 확인할 수 있다.

옥탈의 용도는 크기와 더불어 두 가지 형식을 통해 읽을 수 있다. 하나는 탈 뒷면에 가로로 뚫어놓은 구멍을 통해서 매달 수 있도록 만들어졌다는 사실이다. 둘은 턱 아래 달아 놓은 긴 손잡이를 통해서 어디엔가 꽂아둘 수 있다는 사실이다. 옥인으로 보고된 인물상에는 턱 아래에 받침대가 있어서 인물상을 세워둘 수 있다. 결국 탈을 어디에 매달거나 비치해 두기 위해 만들었다고 할 수 있다. 그런데 탈이나 인물상의 크기는 모두 작다. 따라서 공적인 자리에 설치해 두기는 어렵다.

끈으로 매단 경우에는 목걸이처럼 늘어뜨릴 수 있지만, 옷에 장신구나 단추처럼 매달아서 고정시킬 수도 있다. 그럴 경우 옥탈을 달거나 부착하고 있는 사람은 예사 사람이 아닐 것이다. 탈광대이거나 사

제자로서 다른 사람들과 구별하기 위한 중요한 의장(儀裝) 구실로 옥
탈을 드러내서 지녔을 것이다. 탈광대라면 예사 탈을 지닐 수는 있되,
귀한 보석에 속하는 옥탈을 지니기 어려우므로 탈광대의 의장이라 하
기는 어렵다. 그러므로 옥탈을 목에 걸거나 가슴에 부착한 사람은 신
성한 신분의 사제자일 가능성이 높다.

옥탈이나 뼈탈 또는 인물상을 단 위에 얹어두거나 꽂아둘 수 있게
만든 것도 실내의 특별한 장소에 한정된다. 그러한 공간은 신의 현현
을 나타내는 제의공간일 수 있다. 제단에 탈이나 인물상을 설치해 둠
으로써, 장승처럼 마을을 지켜주는 수호신이 존재하는 공간으로 인식
된다. 따라서 옥탈이나 옥인상은 부장품이 아니라 사제자나 제단의 신
성성을 확보해 주는 시각적 아이콘 구실을 한다. 그러므로 실제로 얼굴
에 쓸 수 있는 탈의 기능까지 유추할 수 있다. 탈은 중요한 제의행사에
널리 사용되면서 신의 현현을 나타내는 사제자의 주술물 구실을 한 것
이 아닌가 한다. 하회탈춤에서도 각시탈은 서낭신의 강림을 나타내는
데, 이러한 전통은 고조선 이전의 제의문화까지 거슬러 올라가게 된다.

셋째, 옥탈을 탈문화 속에서 해석할 수도 있지만 다른 옥기문화의
맥락 속에서도 해석할 필요가 있다. 옥기는 크게 4 유형이 있는데, 옥
조룡(玉雕龍)으로 대표되는 동물형 옥과 원통형으로 만든 고형옥(箍形
玉), 네모 판 윤곽의 구운(勾雲) 모양의 구형옥(勾形玉), 그리고 방원(方
圓) 모양의 옥벽(玉璧)이 있다.

동물형 옥은 곰과 돼지, 사슴, 호랑이, 봉, 부엉이, 거북, 물고기, 누
에, 벌레 등이 있는데, 특히 곰과 돼지 등의 옥기는 고리모양의 몸체에
머리 부분을 통해서 동물형상을 나타낸 것으로서 이른바 C형 옥이라고
도 한다. 그 모양은 신라금관에 달린 곡옥의 모습과 비슷하다. 다른 동
물들은 평조 또는 부조 형태이다. 이 짐승들을 신격화한 조형으로 해
석한다. '신격화된 이들 동물형의 옥은 홍산인들이 신과 소통에 사용한
공구의 일종'으로 해석하는 것이다.[123] 고형 옥도 주로 주검의 머리 아

래쪽에서 출토되는데, 신과 소통하는 공구로서 매장할 때 특히 머리 아래에 둔 예기(禮器)로 해석한다.[124]

구운형 옥패의 경우에도 큰 무덤의 부장품에서 주로 보인다. 어깨 부근에서 출토되는데, "권력을 상징하는 지팡이와 유관한 것"으로 해석된다. 그러므로 '신권의 상징물로서 홍산문화 옥기 가운데 가장 중요한 유물'로[125] 추론된다.[126] 옥벽은 홍산문화인이 '천원지방(天圓地方) 관념'을 나타낸 것으로 보며, 특히 3개의 옥벽이 연결되어 있는 삼련벽(三聯璧)은 홍산문화의 삼공기(三孔器)와 견주어 볼 때, "일종의 신기(神器)"로서 "제사의례"에 쓰였던 것으로[127] 해석된다.

그러므로 옥탈도 이와 같은 옥기의 기능과 연관되어 있을 것이다. 왜냐하면 옥기는 아무나 만들 수도 없고 지닐 수도 없는 것이기 때문이다. 구체적인 형상과 상관없이 옥이 가지는 재질적 특성 때문에 그 해석도 일반화가 가능하다. 중국학자들의 옥기 해석을 보자.

> 홍산의 옥기는 당연히 고대 중국의 가장 이른 시기의 예옥(禮玉)이다. 이후 시기인 상(商)나라와 주(周)나라 예옥보다 앞선 것이다. 무릇 옥은 역시 신성한 예물이다(夫玉 亦神物也) 홍산옥기는 예기(禮器)일 뿐만 아니라 신기(神器)이기도 하다. 무(巫)는 선사문화의 사회생활 가운데 중요한 지위를 점유하였다. 『설문해자』「一編上, 玉部」의 해석에서 '靈'자 下部의 巫는 以玉通神 곧 옥으로써 신과 소통한다고 하였다.

123) 궈다순(郭大順)·장싱더(張星德), 김정열 옮김, 『동북문화와 유연문명』 상, 동북아역사재단, 2008, 396쪽.
124) 궈다순(郭大順)·장싱더(張星德), 김정열 옮김, 위의 책, 같은 곳.
125) 饒宗頤「中國 '玉'文化研究二三問題」, 香港中文大學中國文化藝術研究中心, 『東亞玉器』, 1998, 15쪽: 郭大順, 「紅山文化勾雲形玉佩研究－遼河文明巡禮之四」, 『故宮文物月刊』, 臺灣 14卷 8期, 1996.
126) 궈다순(郭大順)·장싱더(張星德), 김정열 옮김, 앞의 책, 397쪽 참조.
127) 于倬雲, 「故宮三大殿形制探源」, 『고궁박물원완간』, 제3기, 1993. 궈다순(郭大順)·장싱더(張星德), 김정열 옮김, 앞의 책, 398쪽.

당시 사람들이 무당의 의례로 하늘과 땅을 통하고 귀신을 존경하며 조상을 받들었는데, 이러한 활동은 모두 무당이 옥기를 가지고 진행하였다. 옥기는 하늘과 땅, 인간과 신, 사람과 조상이 통하는 신기(神器)로 사용되었다. 오직 옥으로서 의례를 하고, 심지어는 오직 옥으로 신과 소통했다고 할 수 있다. 홍산인은 옥을 사용하여 사람과 자연, 신, 조상과 통하였고, 옥기를 실용성의 생산도구와 보통의 장식품으로 결코 사용하지 않았으며, 옥기를 재부의 표시로 삼지도 않았다. 홍산옥기는 비실용적인 것으로 예기(禮器)이자 신기(神器)이다.[128]

따라서 홍산문화 옥기유물의 하나인 탈은 옥 고유의 쓰임새와 절묘하게 만난다. 옥이라고 하는 재료의 문화적 상징성과 쓰임새, 그리고 탈이 지닌 제의적 기능은 서로 어긋나지 않고 일치되는 까닭이다. 옥은 예기와 신기로서 그 쓰임새가 요약된다. 구체적으로 사제자인 무당이 신과 자연 또는 조상과 소통하는 굿에서 중요한 제기(祭器) 구실을 하였다는 것이다. 탈은 굿판에서 인격신을 나타내는 구체적인 형상으로서 신내림을 시각적으로 상징하는 구실을 한다. 그러므로 무당이 신들과 소통하며 굿을 하는 제의의 현장에서 옥으로 만든 기물과 탈은 가장 긴요한 구실을 한다.

옥기가 예기와 신기로서 신과 소통하는 수단으로 제단에 비치되거나 신에게 바쳐졌다면, 옥탈과 옥인상은 제단에 신의 현현을 나타내는 신기로서 비치되었을 것이다. 연극에서 탈이 새로운 인물을 창조하는 것처럼 굿에서는 신의 존재를 드러내는 형상 구실을 한다. 탈을 통해서 신의 모습을 보여주는 것이야말로 굿의 중요한 제의적 기능이자 신의 형상을 창조하는 예술적 기능이기도 하다. 굿에서 신의 모습을 탈의 형상으로 보여주거나 신탈을 쓴 무당이 굿을 하는 것은, 제의에서

---

128) 戴煒·侯文海·鄭耿杰, 『眞賞紅山』, 內蒙古人民出版社, 2007, 6쪽.

인간과 신의 소통 현상을 가장 적극적으로 나타내는 일이다. 그러므로 제단에 탈을 신의 얼굴처럼 비치해 두거나, 굿을 하는 무당이나 광대가 탈을 써서 신의 모습을 나타내기도 한다.

이러한 탈의 기능은 최근의 민속신앙에서도 지속되고 있어 구체적인 보기가 된다. 경기도 개성 덕물산 최영장군당과 경북 영천 신녕의 무격사당에 장군탈이 모셔져 있는데, 최영장군당에는 나무탈 네 개가[129] 걸려 있고, 무격사당에는 장군탈 하나가 걸려 있다. 장군신을 섬기는 사당인 셈이다. 탈이 곧 신의 모습을 나타낸다. 따라서 조선조에는 사당에 신탈이 모셔져 있는 사례가 적지 않았다.

『동국세시기』에 보면, 고성군의 사당에 초하루 보름에 제사를 지내는데, 비단으로 신탈을 만들어 사당 안에 안치해 두면 12월 20일 이후에 신이 고을사람에게 내린다고 한다. 신내림을 받은 사람이 탈을 쓰고 춤추며 관아의 안팎은 물론 고을을 두루 돌게 되면, 집집마다 신맞이를 하며 즐긴다는 것이다. 그러다가 정월 보름 전날 신탈을 다시 사당 안에 모셔둔다.[130] 신내림을 받은 사람이 서낭신을 나타내는 탈을 쓰고 집돌이 굿을 하는 셈인데, 이때 탈은 곧 고성의 서낭신을 나타내는 시각적인 조형물 구실을 하는 것이다.

하회별신굿에서도 각시탈이 서낭신을 나타낸다. 굿을 시작하는 섣달 그믐날 굿패들이 서낭당에 가서 서낭신을 받아오는 굿을 한다. 이때 산주가 빌어서 서낭신이 내리면 광대에게 각시탈을 씌우고 무동을 태워 마을로 모신다. 각시탈이 곧 각시 서낭신이기 때문에 땅을 밟지 않도록 늘 무동을 태워서 이동한다. 이때부터 보름 동안 집돌이 별신굿을 하는데, 집돌이 길굿을 위해 이동할 때마다 각시탈은 무동을 탄 채 항상 행렬의 앞장을 선다. 굿패들이 마당에 들어서면 주민들은 서낭신의 내방(來訪)으로 이해하고 상을 차려 정성껏 맞이하며 폐백을

---

129) 네 탈 이름은 광대씨탈, 창귀씨탈, 소미씨탈, 놋도리탈이라고 한다.
130) 洪錫謨, 『東國歲時記』 12월조.

바치기도 한다. 탈이 곧 서낭신으로 섬겨지는 것이다.

서낭당에 서낭신의 상을 탈로 형상화하여 모시듯이, 옥탈도 이와 같이 신을 모시는 제단에 모셔졌을 가능성이 높다. 특히 옥은 그 자체로서 신과 소통하는 신성한 기물인 까닭에 제의적 기능으로 널리 쓰였다. 따라서 신기(神器)로서 신과 소통 구실을 하는 옥과 탈의 제의적 기능은 서로 일치한다고 할 수 있다. 그러므로 옥탈은 서로 상승 작용을 하여 제의적 주술물로서 가장 효과적인 구실을 수행한 셈이다.

탈이 굿판에서 신의 현현을 실감나게 나타내는 까닭에 무당은 탈을 쓰고 신으로 변신하여 굿을 수행하는 것이다. 이처럼 탈은 역동적인 굿을 하는데 필수적인 무구(巫具) 구실을 했다. 굿의 필요에 따라 옥이 아닌 다른 재질로 다양한 탈들이 만들어졌을 것이다. 그러한 문화적 전통이 서낭당의 당신으로 탈을 모셔두는가 하면, 마을굿의 일환으로 서낭신을 상징하는 탈을 모시고 탈놀이를 하는 것이다. 그러므로 다른 재료로 만들어 실제로 쓸 수 있는 제의탈은 아주 풍부했을 것으로 짐작된다. 그러나 재료의 특성 때문에 지금까지 남아 있을 수 없어서 마치 고대에는 나무탈이나 털가죽탈 등이 없었던 것처럼 보일 따름이다.

탈을 쓰고 춤을 추어 굿을 하면서 신의 존재를 현실감 있게 나타낸 보기는 현전하는 하회탈뿐만 아니라, 고대의 탈춤에서도 생생하게 찾아볼 수 있다. 신라 때 헌강왕이 포석정에 행차하여 남산신을 보고 남산신의 모습을 보여주기 위해 남산신의 탈을 쓰고 탈춤을 추었다는데,[131] 이때 헌강왕이 춘 어무상심(御舞詳審) 또는 어무산신(御舞山神)이라 일컫는 춤이 그러한 보기이다. 헌강왕이 남산신을 나타내기 위해 남산신의 탈을 쓰고 굿을 한 것처럼, 『삼국유사』권2의 '처용랑(處容郎) 망해사(望海寺)'조 기록에 등장하는 신들은 모두 탈의 형태를 통해서

---

131) 『三國遺事』卷2, 處容郎 望海寺, "又行鮑石亭 南山神現舞於御前 左右不見 王獨見之 有人現舞於前 王自作舞以像示之"

나타냈다.[132] 동해용이나 처용, 북악신, 지신 등은 모두 신격이며 헌강왕이 주관하는 나라굿에서 탈의 형상을 빌어 그 실체가 현현한 것처럼 표현했던 것이다.[133]

이러한 신탈과 탈굿의 보기를 근거로 홍산문명의 옥탈이 어떤 구실을 했는가 하는 것을 충분히 짐작할 수 있다. 무당이 굿을 하는데 탈이 필수적인 주술물 구실을 했다는 사실을 알게 되면, 신과 소통하는 데 유용한 옥으로 탈을 만든 까닭도 쉽게 이해할 수 있다. 따라서 처용이 탈을 쓰고 춤을 추며 병굿을 한 것이나 헌강왕이 나라굿을 하면서 탈춤을 춘 것은 이 시기에 갑자기 나타난 새로운 문화 현상이 아니라, 상고시대의 탈 유물을 볼 때, 오랜 문화적 전통이라는 것을 알 수 있다. 공동체굿 가운데도 가장 큰 굿인 나라굿에서는 탈이 더 적극적으로 쓰였을 것이다.

7. 고조선의 음악문화와 기예문화의 수준

중국 산악·백희의 전래설은 탈춤의 기원설이라기보다 모든 연행예술에 두루 해당하기 때문에 두 가지 문제에 부딪힌다. 하나는 산악백희를 '무용과 음악·연극·체육·무술이 세분화되지 않은 총체예술'로[134] 규정함으로써, 정작 논의의 구체적 주제인 탈춤의 기원으로 산악백희를 볼 수 있는가 하는 것이다. 왜냐하면 이 기원설은 모든 연행물의 기원을 산악백희에서 찾기 때문이다.

둘은 민족예술과 문화의 뿌리를 모두 중국의 산악백희에서 비롯되었다고 하는 것이나 다름없다. 무용과 음악은 물론 체육과 무술까지 중국의 산악백희에서 기원했다고 하기 때문이다. 달리 말하면 고대 한

---

132) 조동일, 『탈춤의 원리 신명풀이』, 지식산업사, 2008, 35-36쪽 참조.
133) 조동일, 위의 책, 37쪽.
134) 전경욱, 「한국 가면극의 계통을 보는 시각」, 57쪽. 각주 8) 참조.

국인들은 중국의 산악백희가 전래되기 전까지 춤도 추지 않고 노래도
부르지 않았으며 무술도 하지 않았다는 뜻으로 오해할 수도 있다.

> 저는 '산악백희'가 이 광범위함이 '산악백희 환원론'으로 흐르게 되지
> 않을까 우려됩니다. '산악백희'가 거의 모든 연행종목을 포괄하고 있기에,
> 당연히 산악백희의 영향 혹은 기원이라 주장하게 되지 않을까 하는 것입니
> 다. 그 시간적 공간적 거리를 뛰어넘고 비약하여 어떤 매개 근거의 제시도
> 없이 산악백희에 포함되는 한 연희 종목을 연결시키는 양상이 나타날 수
> 있다는 우려입니다. 문제는 이제 어떤 종목이 어떤 방식으로 어떻게 영향
> 을 주고받았는지를 말해야 하는 것이 아닐까 생각합니다. 구체적인 실증과
> 이론적 해명이 함께 이루어지지 않는다면 이 환원론에 대한 우려는 지속될
> 것이라 생각합니다.[135]

따라서 이것은 탈춤 전래설에 머물지 않고 모든 연행예술은 물론
한국의 놀이문화와 체육, 기예문화까지 중국에서 유래된 것으로 간주
하는 것이어서 더욱 문제가 된다. 이러한 문제를 극복하려면 고조선
전후 시기의 탈을 구체적으로 다루었듯이, 고조선 시기의 기예문화와
음악문화를 중심으로 고조선시대 연행예술 문화의 선진성을 밝히는
작업이 긴요하다. 중국의 산악백희 전래 훨씬 이전인 고조선시대 또는
그 이전부터 탈춤을 비롯한 각종 연행예술이 있었기 때문이다.

고조선의 음악문화는 여러 갈래의 악기 유물에서 잘 나타난다. 특
히 현악기 공후(箜篌)는 동아시아에서 가장 앞선다. 현악기는 재질상
유물로 남아 있기 어려운데, 공후는 고조선의 노래인 〈공무도하가(公
無渡河歌)〉의[136] 내력을 밝히는 기록 속에 전한다. 이 노래는 여옥(麗

---

135) 허용호, 「한국 가면극/탈춤의 자생설과 전래설을 보는 '또 하나'의 눈」, 『한
국민속학』 50, 한국민속학회, 2009, 655-656쪽에 이미 이러한 지적이 있었다.
136) 崔豹, 『古今注』, 「箜篌引」, "公無渡河 公竟渡河 墮河而死 將奈公何."

玉)이 남편 곽리자고(霍里子高)의 이야기를 듣고서 지은 것인데, 공후를 켜면서 노래 불렀다고 한다.[137]

곽리자고가 어느 날 새벽 배를 저어가다가, '백수광부(白首狂夫)인 남편이 강물에 뛰어들어 죽는 것을 본 그 노인의 아내가 공후를 타며 〈공무도하〉라는 애도의 노래를 부르고는 마침내 자신도 강에 몸을 던져 죽는 광경'을 지켜보고서 집에 돌아와 아내 여옥에게 그 이야기를 들려주자, 여옥이 슬픈 마음에 공후를 켜면서 그 노래를 따라 불렀는데, 노래 이름을 〈공후인(箜篌引)〉이라고 했다.[138] 기록에는 〈공후인〉이라 했지만 그 내용을 보아서 〈공무도하가〉라고 한다.[139]

이 내용으로 볼 때 공후를 켜면서 노래 부른 사람은 둘이면서 여럿이다. 하나는 백수광부의 아내이며, 둘은 곽리자고의 아내이다. 그리고 여럿은 그 노래를 따라 부른 이웃여자들이다. 따라서 공무도하가는 일회적으로 부르고 만 것이 아니라, 당대 여자들의 애송곡이라 할 수 있으며, 당대 여성들은 누구나 슬픈 상황에 빠지면 즉흥적으로 공후를 켜면서 노래를 지어 부를 수 있고, 또 이야기만 듣고도 따라서 공후를 연주하며 노래할 수 있었던 사실을 잘 나타내 준다.

중국 문헌에 수록되어 있긴 하지만, 유래 설명에서 '조선'의 작품이라는 사실을[140] 밝혀 둔 것으로 보아, 〈공무도하가〉는 원래 고조선의 노래이다.[141] 백수광부의 아내나 뱃사공의 아내인 여옥과 같은 고조선

---

137) 임재해, 「탈춤 기원론의 쟁점과 상고시대 탈춤문화의 뿌리」, 612쪽에서 더 간략하게 이 문제를 다루었다.

138) 『古今注』卷中, 音樂 第三, "箜篌引 朝鮮津卒霍里子高妻麗玉所作也. 子高晨起刺船而擢, 有一白首狂夫 被髮提壺 亂流而渡 其妻隨呼止之 不及 遂墮河而死. 於是援箜篌而鼓之作 公無渡河之歌: 聲甚悽愴 曲終自投河而死 藿里子高還 以其聲語妻語麗玉. 麗玉傷之 乃引箜篌而寫其聲 聞者莫不墮淚飲泣焉. 麗玉以其曲傳鄰女麗容名曰箜篌引."

139) 조동일, 제3판 『한국문학통사』 지식산업사, 1994, 99쪽.

140) 『古今注』, 같은 곳, "箜篌引 朝鮮津卒霍里子高妻麗玉所作也."

141) 조동일, 위의 책, 100쪽.

의 예사 여성들이 수시로 공후를 켜며 노래를 지어 부를 정도로 고조
선 사회에 현악기가 널리 보급되었다는 사실을 알 수 있다.

　더군다나 고조선의 공후는 중국의 제작시기보다 훨씬 앞서고 있다.
『사기』「효무본기(孝武本紀)」에 따르면, "그해에 월남을 멸하였고, 태일
(泰一)과 후토(后土)에 제사를 지냈는데 처음으로 음악과 춤을 사용하
였으며 25현을 만들고 공후슬(箜篌瑟)을 이때부터 사용하였다"고[142] 한
다. 주석에는 '무제(武帝)가 악인(樂人) 후조(侯調)에게 명하여 처음으로
공후를 만들었'으며,[143] '음이 고르고 소리가 자연스러워 이름을 공후'
라고[144] 일컬었다고 한다.

　중국에서는 궁중에서 일부 악사들만 비로소 공후를 연주하였으나
조선에서는 그 훨씬 앞서서 누구나 공후를 연주하였다. '공후는 중국에
서 발명된 것이 아니라 고조선의 악기였는데 서한 무제 때 중국에 전
달되어 서한의 궁중에서 처음 연주되었을 가능성이 높다.'[145] 왜냐하면
한나라처럼 고조선 멸망 2년 전에 왕의 명령에 의해 궁중 악사들이 비
로소 공후를 만들어 연주한 것이 아니라, 그 이전부터 세간의 예사 여
성들이 두루 공후를 타면서 즉흥적으로 노래를 부를 만큼 공후가 일반
화되어 있었기 때문이다.

　현악기는 타악기와 달리 음정과 박자를 함께 낼 수 있는 가장 발전
된 양식의 악기에 속한다. 타악기는 춤만 추도록 하지만 현악기는 춤
과 더불어 반드시 노래를 부르도록 한다. 타악기와 달리 현악기는 작
곡 작사를 필수적으로 요구한다고 하겠다. 그런데 상고시대에 공후만

---

142) 『史記』卷12,「孝武本紀」, "其年, 旣滅南越 …… 於是塞南越, 禱祠泰一·后土,
　　始用樂舞, 益召歌兒, 作二十五弦及箜篌瑟自此起."

143) 『史記』, 위와 같은 곳, 箜篌瑟 註釋,『史記集解』, "徐廣曰 應劭云武帝令樂人
　　侯調始造箜篌."

144) 『史記』, 위와 같은 곳, 箜篌瑟 註釋,『史記索隱』, "應劭云 武帝始令樂人侯調
　　作 聲均均然 名曰箜篌. 侯 其姓也"

145) 윤내현,『고조선 연구』, 742-745쪽에서 이 문제를 자세하게 밝혔다.

있었던 것이 아니라 거문고와 닮은 현악기 '슬(瑟)'이 있었다. 『삼국지』 '한전(韓傳)'에는 "변진(弁辰)에 슬이 있는데, 축(筑)과 비슷하고 그것을 연주하는 노래와 곡도 있다"고[146] 했다. '한은 고조선이 붕괴되기 전에 고조선의 거수국이었으므로 한에 있었던 현악기 슬은 고조선의 악기였을 것이다.'[147] 그러므로 고조선에는 공후와 슬 등 다양한 현악기 문화가 형성된 사실을 알 수 있다.

이러한 고조선의 음악문화는 다른 유물들이 더 구체적으로 뒷받침해 주고 있다. 가장 대표적인 것이 청동방울이다. 고조선 고유의 유물 가운데 청동방울이 특히 두드러지는데, 가지가 네 개 달린 방울이 있는가 하면, 가지가 여덟 개나 달린 8각형 방울(그림 25)도 있다. 특히 8각형 방울은 아주 정교하게 만들어졌다. 8개의 가지 끝에 방울이 달려 있고 중앙에 섬세한 무늬가 새겨 있어서 마치 8각 별빛이나[148] 눈의 결정 모양처럼 보인다. 정확하게 8각을 이룰 뿐 아니라 방울에 새긴 문양

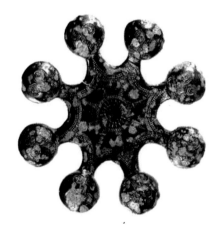

〈그림 25〉 8가지 청동방울

〈그림 26〉 조합식쌍두령

146) 『三國志』卷30,「烏丸鮮卑東夷傳」韓傳, "有瑟 其形似筑 彈之亦有音曲."
147) 윤내현, 앞의 책, 746쪽.
148) 金元龍, 『韓國考古學槪說』 3판, 108-109쪽 참조.

이 기하학적이면서도 세련되어 당시에 방울문화가 상당히 높은 수준을 이루고 있음을 알 수 있다.

충남 예산에서 출토된 청동방울에는 8각형 별모양의 각 모서리 끝에 방울이 달려있는 팔주령 1쌍 외에, 아령 모양의 쌍두령 1쌍과 포탄 모양의 간두령 1쌍, 그리고 쌍두령과 비슷하나 X자 형태로 둥글게 한 번 말려있는 조합식 쌍두령(그림 26) 1점이 있다. 이 밖에 종 모양을 하고 있는 방울도 있어서 방울 형태의 악기가 아주 다양하게 개발되어 이용된 사실을 알 수 있다. 방울의 양식으로 볼 때, 손에 잡거나 끈에 매달아서 방울을 흔들어 소리를 내었다. 손에 잡기 편리한 것은 아령 모양이나 둥근 모양이고, 매달기에 편한 것은 종 모양이다. 이용과 쓰임새에 따라 방울 모양을 다양하게 구조화한 것이다.

청동방울은 세 가지 구실을 했을 것이다. 하나는 굿을 하는 데 신명을 돋우고 신이 내리게 하는 주술용 제의악기 구실이며, 둘은 춤과 노래, 연극 등을 할 때 표현 효과를 높이고 정서를 공유하게 하는 예술용 반주악기 구실이다. 셋은 놀이나 곡예를 할 때 신명을 돋우고 흥겹게 하는 오락용 놀이악기 구실이다. 고조선 시기 유물인 장리 고인돌무덤에서 청동 2인 교예장식품과 더불어 청동방울 2개가 함께 출토된 것을 보면 방울이 곡예용으로도 널리 쓰인 사실을 확인할 수 있다.

이른바 '교예장식품'(그림 27)으로 일컬어지는 청동유물을 보면 당시의 곡예문화 수준이 대단했던 사실을 알 수 있다. 두 사람이 서로 나란히 어깨를 걸고 발도 한쪽을 서로 걸어서 마치 두 사람이 한 사람처럼 부자유스러운 가운데 두 손과 발을 한쪽씩만 사용하여 고난도의 곡예를 한다. 제각기 한 발로 굴렁쇠 위에 올라선 채 굴렁쇠를 굴리면서 한 손으로 굴렁쇠를 돌리는 재주를 부리는 묘기로서, 상당히 아슬아슬한 곡예 장면이다.

인물상의 어깨로부터 밑으로 내려가면서 물결모양의 굴곡을 조성해 둔 것을 보면, 어릿광대들이 음악적 율동에 맞추어 관중들의 흥취

〈그림 27〉 장리고인돌 교예장식품

를 돋구어준 교예의 기능이 잘 드러난다. 청동교예장식품에는 사람의 얼굴형상 즉 눈, 코, 입, 귀가 생동하게 묘사되어 있으며 몸체에는 삼각형의 기하무늬장식이 앞뒷면에 조화롭게 새겨져 있다.[149] 방울이 각종 곡예와 기예의 반주악기 구실을 한 사실을 입증하는 자료라 할 수 있다.

방울과 북은 리듬 악기로서 짝을 이룬다. 그 기능은 음악예술 또는 가무의 반주악기 구실 외에 제의 수행을 위한 악기 구실도 담당했다. 방울은 굿을 하는 무구이자 신내림을 알리는 주술물이다. 신내림을 시각적으로 알리는 것이 내림대이다. 작은 굿에 쓰는 내림대는 신내림에 따라 나뭇잎의 떨림이 잘 드러나는 소나무나 대나무와 같은 나뭇가지를 잘라서 쓴다.

그러나 마을굿과 같은 큰 굿에서는 굵은 나무기둥을 내림대로 쓴다. 나무기둥에는 나뭇가지나 잎의 흔들림을 볼 수 없다. 따라서 내림대 끝에 방울을 달아서 신내림과 더불어 기둥이 흔들리면 방울이 울려서 청각적으로 신내림을 쉽게 알아차릴 수 있다. 제의에 사용되는 방울로는 동그란 모양의 동령과 종 모양의 동탁이 있다. 동령 형태의 방울이 신내림을 알린다면, 동탁은 제의의 시작과 진행, 종료를 알리는 구실을 했을 가능성이 높다. 종 모양을 한 고조선 시기의 동탁은 대동군 상리를 비롯하여 대전 괴정동, 경주 죽동리 것으로 알려진 것이 있

149) 장철만, 「장리고인돌무덤에 대하여」, 『조선고고연구』 1996년 제4호, 사회과학원 고고학연구소, 사회과학출판사, 10-14쪽 참조.

다.[150]

『後漢書』「東夷列傳」에 보면 "한(韓)에서는 소도(蘇塗)를 만들고 큰 장대를 세워 방울과 북을 매달아놓고 귀신을 섬긴다."고[151] 했다. 방울은 고조선시대 청동방울을 계승한 것으로 짐작된다. 방울보다 더 만들기 쉽고 악기로서 효과가 큰 북도 고조선 이래의 악기라 할 수 있다. 다만 가죽을 이용한 북은 재질의 특성상 유물로 남기 어려웠을 뿐이다. 소도에서 방울과 북은 모두 종교적 의기(儀器)로서 짝을 이루는 한편, 군취가무의 흥을 돋우는 훌륭한 악기 노릇을 하였다. 방울이 곡예의 반주악기로 쓰인 것처럼, 북도 각종 가무와 연행물의 반주악기 구실을 하였다.

특히 부여에서는 '하늘에 제사 지내는 국중대회를 열고 며칠 동안 음주가무를 즐기는데 이를 영고(迎鼓)라 하였다.'[152] 영고는 북을 울려서 하늘에 제사를 지내는 제천의식이다. 이러한 제의를 특히 고제(鼓祭)라고 하는데, 북을 쳐서 하늘의 신을 맞이하는 일종의 맞이굿 형식이다. 당시의 생활과 '고제'의 형식을 고려할 때, 방울보다 북이 훨씬 더 풍부했을 것이지만,[153] 북은 청동방울과 달리 유물로 존재할 수 없기 때문에 기록에만 보인다. 다량의 청동방울과 고급기술의 여러 방울 양식을 볼 때, 더 만들기 쉽고 악기로서 효과가 큰 북은 훨씬 더 다양하고 풍부하게 발전했을 것이다. 북이 더 비약적으로 발전한 것이 장

---

150) 신용하, 「고조선 국가의 형성과 고조선 금속문화」, 『단군학연구』 21, 단군학회, 2009, 245쪽 참조. 한반도 이외에 요서지역 건평현 난가영자 901호 무덤과 능원현 심관전에서 출토된 고조선 시기 동탁이 있다.

151) 『後漢書』 卷85, 「東夷列傳」 韓傳, "又立蘇塗 建大木以懸鈴鼓 事鬼神."

152) 『後漢書』 卷85, 「東夷列傳」 夫餘國傳, "以臘月祭天 大會連日 飮酒歌舞 名曰 迎鼓".

153) 청동방울은 청동의 주조기술이 필요한 반면에, 북은 가죽으로 만들기 때문에 수렵생활을 하거나 가축을 기르게 되면 어느 민족이나 쉽게 만들 수 있는 악기이다.

〈그림 28〉 홍산문화유적 출토   〈그림 29〉 水泉유적

고이다. 장고를 보면 북과 같은 가죽 악기들이 얼마나 뛰어났는가 하
는 것을 알 수 있다.

청동과 가죽으로 만든 악기 외에 돌로 만든 타악기도 있다. 타악기
인 석경(石磬) 유물이 홍산문화유적과(그림 28)[154] 고조선 지역에서 두
루 출토되었다. 요동성 건평현의 수천유적(그림 29) 하가점하층문화층
과[155] 이도만자(二道灣子) 동남구유적[156] 및 객라심하동유적(喀喇心河
東遺蹟)[157] 등에서 석경이 다수 출토되었다. 석경의 크기는 깨진 꼬리
부분을 제외하면 길이 71cm, 높이 46.5cm, 두께 2.5cm인데, 원래 형태로
복원하면 길이가 약 1m 정도나 된다. 이 유적은 서기전 2100년 경으로
고조선 초기에 해당되는데,[158] 중국에서 출토된 석경보다 200년 이상
앞선다. 중원에서는 이리두(二里頭) 문화와 상(商)나라 문화에서 석경
이 출토된 바 있는데, 이리두 문화는 가장 오래 된 것이 서기전 1900년
이며 그 하한선은 1600년이다.[159]

---

154) 王冬力,『紅山石器』, 華藝出版社, 2007, 91-92쪽, 圖91・圖92.
155) 遼寧城博物館文物工作隊・朝陽地區博物館文物組,「遼寧建平縣喀喇心河東遺
    址試掘簡報」,『考古』. 1983年 第11期, 976쪽.
156) 馮永謙・鄧寶學,「遼寧建昌普查中發現的重要文物」, 1983年 第9期 66-67쪽.
157) 姜念恩,「建平縣喀喇沁出土距今四千年的石磬」,『遼寧文物』, 1980年 第1期.
    윤내현,『고조선연구』, 일지사, 1994, 747쪽에서 재인용.
158) 윤내현, 같은 책, 747쪽.
159) 姜念恩,「建平縣喀喇沁出土距今約四千年的石磬」,『中國考古集成』東北卷
    신석기시대(二), 北京出版社, 1662쪽.

최근까지 석경은 중국 고대의 전통적인 악기로 알려져 왔다. 그러나 새로운 석경 유물의 발굴로 그런 편견은 극복되었다. 대릉하 유역의 요녕성 일대에서 1980년대에 발견된 신석기 시대 석경은 지금까지 알려진 중국 유물보다 더 이른 시기의 것이자 더 큰 것이어서[160] 주목된다. 발해연안 북부에서 석경이 가장 먼저 출현한 사실은 고대 동북아 음악사 연구뿐만 아니라 동북아 문명의 기원을 밝히는 데에도 매우 중요한 자료로 해석된다.[161] 다시 말하면 가장 오래된 석경이 고조선 지역에서 발견되었다는 사실이다.

석경은 의례용 악기로 널리 쓰였다. 타악기이면서도 방울이나 북, 장고, 징, 꽹과리 등과 달리 음정을 나타낼 수 있는 악기로서 그 음악적 기능이 탁월하다. 조선시대 특경(特磬)과 편경(編磬)은 가장 우수한 소리를 내는 악기로 명성을 떨쳤다.[162] 돌을 이용하여 가락악기를 만든 것은 음악예술에 대한 수준 높은 문화적 배경이 아니고서는 불가능한 일이다. 현악기 공후인의 일반적 보급과 당시 사람들의 즉흥적인 시가 창작과 구연 역량을 고려할 때 석경과 같은 가락악기의 사용은 특이한 것이 아니다. 공후인과 석경만으로도 고조선 시기의 음악예술과 각종 기예들이 얼마나 발전했는가 하는 것을 알 수 있다.

음악예술의 발전 상황을 결정적으로 입증하는 것이 뼈로 만든 피리이다. 고조선 지역에서 출토된 서기전 20세기의 피리 유물이 그러한 보기이다. 함경북도 선봉군 굴포리 서포항 유적에서 발굴된 새의 다리뼈로 만든 피리는 서기전 2000년 전기에 속하는 유물로서[163] 고조선 초기의 악기로 추론된다.

---

160) 이형구, 『발해연안에서 찾은 한국고대문화의 비밀』, 145쪽.
161) 이형구, 위의 책, 146쪽.
162) 이형구, 같은 책, 같은 곳.
163) 고고학연구소, 「서포항 원시 유적 발굴 보고」, 『고고학민속론문집』 4, 사회과학출판사, 1972, 117-118쪽.

이 피리는 새다리뼈의 양쪽 끝을 잘라 내고 가운데 부분을 이용하여 만든 것인데 한쪽 끝은 좀 깨져서 복원한 길이가 18cm이다. 피리의 혀 부분 직경이 1.5cm, 끝부분 직경이 1cm이며, 음계를 조절하는 구멍이 직경 3-4.5mm 크기로 13개 뚫려 있다. 구멍 사이는 일정한 간격을 이루고 있다.[164] 요즘 피리보다 구멍 수가 오히려 더 많은 것을 볼 때, 연주 기법도 뛰어났다는 사실을 알 수 있다.

아주 흥미로운 것은 이 뼈피리의 형태가 조선시대의 『악학궤범(樂學軌範)』에 보이는 젓대, 곧 대금의 소리 구멍 개수와 일치한다는[165] 사실이다. 서포항 유적에서 출토된 뼈 피리는 고고학적으로 발견된 가장 오래된 우리 악기 가운데 하나이다. "우리 고유의 악기인 피리의 원형이 한반도에서 발견되었다고 하는 사실은 음악사적인 의의 이상의 것이다."[166] 뼈 피리는 관악기의 가장 오랜 유물로서, 공후와 석경과 더불어 아름다운 가락을 표현할 수 있는 3대 가락악기가 피리이다. 음악예술이 얼마나 발전했으면 돌로 석경과 같은 가락악기를 만들고 새의 다리뼈를 이용하여 피리까지 만들었을까.

옥탈이나 금동탈로 탈문화를 추론할 수 있듯이 뼈피리로 당시의 피리문화를 추론할 수 있어야 한다. 뼈피리는 재료가 뼈였기 때문에 4000년 뒤에 유물로서 발굴되었을 뿐이다. 따라서 뼈가 아닌 재질 곧 나무껍질이나 대나무, 가죽 등을 이용한 피리는 매우 풍부했을 것으로 짐작된다. 옥을 소재로 탈모형을 만들 지경이면 당시에 탈문화가 얼마나 발전했을까 짐작이 가는 것처럼, 뼈로 피리를 만들어 불 지경이면 당시에 다른 소재로 만든 피리들은 얼마나 풍부했을까 유추하여 인식할수 있어야 한다. 재료의 특성상 뼈피리만 지금까지 유물로 남고 다른

---

164) 윤내현, 같은 책, 747쪽.
165) 이형구, 『발해연안에서 찾은 한국고대문화의 비밀』, 도판의 그림 11에 두만강 유역의 뼈 피리와 악학궤범의 젓대 삼도를 대조해 두었다.
166) 이형구, 위의 책, 144쪽.

피리들은 남아 있지 않을 뿐이기 때문이다.

실제로 뼈피리 외에 "관목이라는 복숭아나무 껍질로 만든 피리와 굴나무잎피리 등이 있었다."[167] 울산 대곡리 반구대 암각화에는 "오른손을 허리에 대고 왼손으로 긴 나팔 같은 악기를 잡고 입으로 힘껏 불어제키는 듯한 자세"의 그림이 있다. 마치 출진(出陣) 나팔을 부는 것처럼 보이는데, "영락없이 악기를 연주하는 모습이다."[168] 악기 부분을 자세히 보면 나팔이라기보다 피리 모양을 더 닮았다. 이 암각화는 신석기 시대로 추론된다. 그러므로 고대 유물과 기록, 암각화 등을 자세하게 추적해 보면, 한국 음악사를 다시 서술해야 할 정도로 고조선 시기 전후에 이미 상당히 수준 높은 음악문화를 누렸다고 하겠다.

8. 고조선 시기 탈춤문화와 연행예술의 전통

지금까지 살펴본 것처럼, 고조선 이전 시기부터 탈을 이용한 제의문화와 연행예술이 상당한 수준을 이룬 것으로 추론된다. 당시의 다양한 악기 유물이 이러한 추론을 뒷받침한다. 한반도에서 발굴된 구석기시대의 뼈탈과 진흙탈, 조가비탈을 비롯하여, 홍산문화 지역의 옥탈과 뼈탈, 그리고 부여의 황금탈, 고구려의 금동탈 등의 유물이 그러한 구체적 증거들이다. 특히 홍산문화 지역에서 풍부하게 보이는 옥탈들은 그동안 우리 탈춤의 역사에서 자료로 주목하지 않았던 긴요한 유물이다.

발굴유물에 탈 자료들이 풍부한 데도 불구하고 탈이라고는 찾아볼 수도 없는 후대의 엉뚱한 기록으로 자생적 탈춤문화를 부정하며 중국 문화 전래설을 펴는 것은 세 가지 문제를 안고 있다. 문제의식도 빗나갔을 뿐 아니라, 연구자료에 대한 불성실한 조사와 수집, 그리고 방법

---

167) 사회과학원력사연구소, 『고조선사·부여사·구려사·진국사』, 과학백과사전종합출판사, 1991년 제2판, 백산자료원, 1997, 285쪽.
168) 이형구, 같은 책, 144쪽.

론의 퇴행성 문제이다. 따라서 구체적인 실물자료를 외면한 채 막연한 기록자료로 억지 추론을 하는 것은 극복되어야 한다. 탈춤의 역사는 유형문화재인 탈을 자료로 추론하는 것이 가장 정확하다. 실물이 구체적으로 남아 있기 때문이다. 하회탈춤이 복원되고 주목된 것은 하회탈이라는 국보급 실물이 있었던 까닭이다.

그러나 우리가 만날 수 있는 유물은 오랜 세월 속에서도 부식되지 않고 보존될 수 있는 일부 재질의 유물에 한정된다. 옥이나 뼈, 금, 금동으로 만든 탈은 오랜 역사에도 훼손되지 않기 때문에 발굴유물로 남아 있어서 당시의 탈춤문화를 증언하는 구실을 한다. 옥탈이나 뼈탈을 미루어 볼 때 털가죽이나 나무, 박, 천 등으로 다양한 재질의 탈을 만들어 다양한 탈춤문화를 누렸을 것으로 짐작된다. 탈춤이 연행예술로서 발전하려면 반드시 음악과 함께 해야 한다. 그런데 고조선시대에는 음악문화도 발전해서 이러한 탈춤문화의 가능성을 뒷받침해 준다.

고조선 시대에 이미 '공후'나 '슬', '고'와 같은 현악기, 방울과 북, 석경 등의 타악기, 그리고 피리와 같은 관악기를 모두 갖추었다. 악기의 양식을 다 갖춘 것은 물론, 음악적 기능에 따라 북이나 방울 같은 리듬악기와 공후, 석경, 피리 같은 가락악기도 두루 개발되어 있었다. 악기는 음악문화의 풍요만 증언하는 것이 아니라 노래와 춤, 놀이와 관련된 가무극(歌舞劇) 문화의 풍요도 증언한다. 가무악(歌舞樂)이 일체이듯이 가무극도 일체라 할 수 있기 때문이다. 특히 여러 가지 재료의 탈 유물은 이러한 추론을 뒷받침한다. 그러므로 탈춤의 전통이 고조선 시기 이전부터 뿌리를 내렸다는 사실을 인정하지 않을 수 없다.

다양하고 풍부한 악기문화의 수준을 보면, 당시의 음악예술과 공연예술이 대단한 경지에 이르러 있었다는 사실이 새삼 포착된다. 고조선 전후 시기의 악기들 가운데 지금껏 남아 있는 유물만 이 정도인데, 5000년 역사를 고려할 때 당시의 음악문화와 연행예술이 얼마나 풍부하고 다양했는가 짐작이 가고도 남는다. 공후인의 내력처럼 예사 여성들 누구나 슬픈 상황을 맞이하면 즉석에서 공후를 뜯으며 노래할 수 있었던 수준을 생각하면, 당시의 가무악 예술은 특수층에 한정된 것이 아니라 누구나 일상생활 속에서 두루 누린 것이라고 하지 않을 수 없다.

실제로 고조선의 문화를 이어받은 부여사람들은 '행인들까지 밤낮 없이 노래 부르기를 즐겨서 노래 소리가 끊이지 않았다'고[169] 하며, '한(韓)' 사람들의 풍속에도 '노래하고 춤추며 술 마시고 북치고 비파 뜯기를 좋아하며',[170] 고구려 사람들은 '남녀가 무리지어 광대놀이를 밤이 저물도록 했다.'고[171] 한다. 모두 고조선 이전부터 전승되었던 풍속이다. 특히 고구려 사람들이 밤이 이슥하도록 광대놀이 곧 창악(倡樂)을 놀았다는 사실이 주목된다. 그러므로 악기와 음악, 곡예, 노래 등 연행예술이 고조선 시대부터 상당한 수준을 이루었으며 중국과 견주어보아도 시대적으로 매우 앞설 뿐 아니라, 예술문화의 융성을 나타내는 독창성을 지녔다고 하겠다.

왜냐하면 중국의 문물을 볼 때, 고조선만큼 가무악이 발달하지 않았으며, 그 유물의 성격도 큰 차이가 나기 때문이다. 같은 청동기 유물을 비교해 보더라도 고조선과 중국의 것은 내용에 있어서 이미 상당한 차이를 보인다. 중국의 하(夏)·상(商)·주(周) 시대 청동기는 무기 외에는 식기(食器)와 술통, 술잔 등인데, 고조선의 청동기는 이런 유형 외에 청동거울과 각종 청동방울, 청동종, 교예장식품 등이 두루 나타난다. 따라서 옥탈이나 공후, 석경, 뼈피리 등의 유물을 보지 않더라도 청동거울로 몸을 장식하고 청동악기를 연주하며 노래와 춤을 추는 가무가 발달한 사실을 알 수 있다.

유물의 종류에 따라 다양한 갈래의 문화양식을 설명해 주는 것처럼 유물의 성격을 주목해 보면 같은 문화현상도 다르게 실현된 사실을 포

---

169) 『後漢書』 卷85, 「東夷列傳」 夫餘國傳, "行人無晝夜 好歌吟 音聲不絕."
170) 『後漢書』 卷85, 「東夷列傳」 韓傳 '辰韓'條, "俗喜歌舞飲酒鼓瑟."
171) 『後漢書』 卷85, 「東夷列傳」 高句麗傳, "暮夜輒男女羣聚爲倡樂."

착할 수 있다. 이를테면 식기와 술통, 술잔은 모두 종교의식에 사용한
것이다. 중국에서 이런 유물만 발견되었다는 것은 신에게 음식과 술을
바치는 고사(告祀) 형식의 제의를 올린 것으로 짐작된다. 그러나 고조
선 지역에서는 석경과 뼈피리, 옥탈이 발견되었을 뿐 아니라 청동 거
울과 방울로 보아, 사제자들이 다양한 장식품으로 몸치레를 하고 석경
을 치고 피리를 불며 방울을 흔드는 가운데 가무오신(歌舞娛神) 형식
의 굿을 했던 것으로 짐작된다.[172] 이러한 전통은 현재까지 이어져서
굿문화로 전승되고 있다.

　『후한서』「동이열전」 등 여러 문헌에서 '남녀노소'가 '군취가무'하기
를 '주야무휴'로 '연일음주가무'했다는 기록들이 반복되어 있는데, 이
부분도 다시 해석할 만하다. 일상적으로 이런 생활을 했다고 보기 어
렵다면 명절이나 경사스러운 날에 굿을 하거나 축제를 하는 상황이 아
닌가 한다. 농경시필기에 국중대회와 같은 나라굿을 하는 풍경일 수
있다. 주야무휴는 어촌별신굿의 모습이기도 하고 전통적인 탈춤마당
의 모습이기도 하다. 제주도에서도 큰굿을 할 때는 낮 이레 밤 이레 굿
을 했다고 한다. 고대 제천의식의 나라굿 전통이 지속되고 있는 모습
이다.

　따라서 고조선 시대와 그 이전 시대의 수많은 연행예술 자료와 관
련 기록들, 그리고 제천의식의 전통은 삼국시대 중국의 산악백희 전래
설을 무색하게 만든다. 우리 민족은 고대부터 가무음주를 특히 즐겼다
는 사실만으로도 요즘 노래방 문화의 활성화와 한류문화의 열풍을 해
명할 수 있다.[173] 반대로 현실의 탈춤문화 뿌리를 고조선 시기 옥탈 유
물에서 찾을 수 있어야 한다. 그러므로 삼국시대 이후 중국의 산악백
희 전래설로 우리 탈춤을 비롯한 민족예술의 기원을 대신하려 들 것이

---

172) 윤내현, 같은 책, 687쪽 참조.
173) 임재해, 「고대에도 한류가 있었다」-민족문화의 정체성 재인식」, 『고대에도 한
　　류가 있었다』, 지식산업사, 2007, 17-101쪽에서 이 문제를 자세하게 다루었다.

아니라, 삼국시대 이전, 곧 상고시대의 유물과 기록들을 자료로 민족예술의 기원을 찾아내고 그 원류를 해명할 때, 민족문화의 뿌리와 역사를 제대로 밝힐 수 있을 것이다.

제2부
'신시고국'의 문화유산 홍산문화

제1장 고조선본풀이에서 찾는 민족문화의 뿌리

1. 고조선의 역사인식과 '단군신화'의 자리매김

'단군신화가 없으면 고조선도 없다.' 더 비약적으로 말하면 '일연이 없으면 고조선도 없다'고[1] 할 수 있다. 단군신화를 처음 『삼국유사』에 기록으로 남긴 일연선사를 기리기 위한 말이다.[2] 사료의 가치를 제대로 알지 못하면 그 기록을 남긴 사가조차 제대로 기릴 줄 모른다. 사학자들이 중국 고대 사서인 『사기』의 저자 사마천(司馬遷)은 곧잘 기리면서 일연을 기리는 일에 소홀한 것은 무엇인가. 『삼국유사』의 가치를 알지 못하는 탓인가. 아니면 중국 중심의 역사관 탓인가.

사가로서 일연을 바람직하게 기리는 일은 일연을 위해 추모사업을 벌이는 것이 아니라 일연의 역사의식을 창조적으로 계승하는 역사연구를 스스로 실천하고 『삼국유사』와 같은 민중생활사 자료를 널리 수집하여 보고서로 남기는 일이다. 일연의 훌륭함을 기리는 데 능력을 발휘하는 사학자들은 더러 있다. 그러나 일연의 역사정신을 본받아서 상고사 체계를 제대로 세우는 연구를 하는 학자들은 드물다. 나아가 우리 시대의 『삼국유사』를 쓰겠다는 정신으로 민중생활사 자료수집을

---

1) 임재해, 「건국신화의 맥락적 해석과 신라문화의 재인식」, 일연학연구원 편, 『일연과 삼국유사』, 신서원, 2007, 409쪽.
2) 일연학연구원이 주최한 일연탄생 800주년 기념 국제학술대회(한국학중앙연구원, 2006년 7월 20일)에서 위의 논문을 발표하면서, "'일연이 없으면 고조선도 없다'고 일컬을 만큼, 『삼국유사』에 수록된 단군신화는 우리 민족 최고의 건국신화로서 민족사의 신성한 시작을 말하는 것이자, 민족적 세계관의 구심점 구실을 하고 있다."고 했다.

부지런히 하고 후세 사람들이 널리 이용할 수 있도록 보고서를 펴내는 일을 하는 사가들은 거의 없다. 말로만 민중생활사를 내세우고, 한갓 지식으로만 미시사와 문화사의 소중함을 제기할 따름이다.

오늘날 신사학의 시각에서 보더라도, 역사학의 사료로서는 물론 고대 생활사 자료와 문화 정보를 알려주는 『삼국유사』의 가치는 참으로 대단하다.[3] 특히 상고사로서 가치를 단적으로 말하면 고조선에 관한 기록을 가장 으뜸으로 다루었다는 사실이다. 달리 말하면 '삼국유사가 없었다면 고조선도 없었을 것'이라고[4] 할 만하다.

친중파(親中派)[5] 사가들은 '괴력난신(怪力亂神)'을 근거로 고조선의 역사를 『삼국사기』에 기록하지 않았다. 그러나 일연은 자서(自敍)에서 이러한 친중파 사가들의 태도를 비판하고 건국시조의 신이(神異)를 밝히는 것이 조금도 괴이(怪異)하지 않다고[6] 주장하며, 『삼국유사』 첫머리에 '고조선'의 건국사에 관한 내용을 먼저 서술했던 것이다.

일연의 『삼국유사』 서문은 역사가로서 사관을 밝히기 위한 것이지만, 더 직접적 이유는 왜 고조선의 역사를 기록하지 않으면 안되는지 절실한 이유를 밝히기 위한 것이다.[7] 그는 무엇보다 고조선의 역사를 분명하게 기록으로 남기는 것이 중요하다고 여겼다. 그런 까닭에 『삼

---

3) 임재해, 앞의 책, 405-406쪽에 학계에서 논의된 내용들을 모아서 정리해 두었다. 『삼국유사』는 역사서이자, 설화집이고 고승전이며 향가집이고 민속지이며 국어사 자료집이다.

4) 임재해, 「삼국유사 설화 자원의 문화콘텐츠 길찾기」, 『三國遺事 文化 콘텐츠 探索』, 제7회 일연학연구원 학술대회, 2008년 9월 26일, 33쪽.

5) 그동안 『삼국사기』를 유교주의 사관 또는 사대주의 사관으로 자리매김했는데, 나는 친중파의 역사서로 달리 부르고자 한다. 왜냐하면 유교주의나 사대주의라는 규정보다 종속적인 역사의식을 더 잘 드러내는 것이 친중파 역사라고 보기 때문이다. 친일파와 같은 맥락의 용어이다.

6) 『三國遺事』 卷1, 紀異1 自敍, "然則三國之始祖 皆發乎神異 何足怪哉".

7) 두 가지 점에서 그렇다. 하나는 건국시조의 신이를 밝히는 이유를 쓴 자서에 이어 바로 고조선 건국시조 이야기를 서술한 점이며, 둘은 『삼국사기』에 없는 고조선 건국시조 이야기를 가장 처음으로 서술한 점이다.

국유사』의 '고조선(왕검조선)'조[8] 기록이 고조선에 관한 최초의 문헌사
료이자 가장 소중한 가치를 지닌 고조선 사료로 남을 수 있었던 것이
다. 『제왕운기』를 비롯한 다른 문헌에도 고조선 역사에 관한 기록을 남
긴 사례가 있지만, 『삼국유사』의 내용이 가장 온전한 것으로 평가된다.

그런데 우리는 어느 시기부터 『삼국유사』 '고조선'조의 기록을 '단
군신화'라 일컫기 시작했다. 이 기록은 물론이고 다른 문헌의 기록도
고조선 건국에 관한 내용은 으레 단군신화로 일컬었다. '단군신화가 없
으면 고조선도 없다'는 이 글의 첫 문장도 같은 맥락에 놓여 있다. 왜
'고조선' 건국사가 '단군신화'로 일컬어져야 하는가 하는 문제에 대한
질문과 고민은 보이지 않는다. 사료로서 학술적 검토와 상관없이 관행
적으로 '단군신화'라 일컫는 셈이다. 이처럼 건국시조를 '신화'로 호명
하는 관행은 고조선 건국사에만 해당되는 것이 아니다. 고구려와 신라,
백제 등의 고대 건국사 또한 다르지 않다.

세 나라 초기 건국사 내용도 모두 주몽신화나 박혁거세신화, 온조
신화 등으로 일컬어진다. 건국초기 역사를 이렇게 시조신화로 일컫는
것이 상식처럼 굳어진 것이다. 어느 나라든 건국초기 역사는 '신화'로
은유되는 것이 일상화된 셈이다. 따라서 '주몽신화가 없으면 고구려는
없다'거나 '박혁거세신화가 없으면 신라가 없다'고 하는 진술도 가능하
다. 시조신화를 끌어들여 표현하면 더 그럴듯하게 받아들여지고 쉽게
이해되는 것이 현실이다.

그러나 이러한 이해방식과 표현체계는 잘못되었다. 특히 고조선의
역사를 우리 민족사에서 처음으로, 그리고 으뜸으로 서술한 일연의 역
사인식으로 보면, 더욱 큰 잘못을 저지르고 있는 셈이다. 왜냐하면 일
연은 기록 어디에도 '단군신화'를 표방하지 않았기 때문이다.

물론 일연 이후에 고조선 건국사를 서술한 이들도 마찬가지이다. 『제

---

8) 『三國遺事』 卷1, 紀異1 古朝鮮 王儉朝鮮.

왕운기』나『웅제시주』,『세종실록 지리지』등 어느 곳에도 고조선 건국
시조 이야기를 단군신화로 일컫지 않았다. 고조선 건국사를 단군신화
로 일컫기 시작한 것은 일제강점기에 최남선과 일본인들로부터 비롯
되었다. 일본인들은 한국 상고사를 부정하기 위한 의도로 '고조선' 또
는 '전조선기(前朝鮮記)'를 '단군전설'이나 '단군설화'로 일컫기 시작했
다. 설화라는 명칭은 역사적 실체를 인정하지 않으려는 상당히 자의적
명명 방식이다.

　　일본학계에서 단군을 부인하기 시작한 것은 일제강점기 이전인
1890년대 중기부터 시작되었으며,[9] 본격적으로 고조선 건국사를 '단군
신화'로 규정하며 고조선의 존재를 부정하기 시작한 것은 조선총독부
설치 이후부터이다. 일본인들의 단군 부정에 분개한 최남선은 반론을
펴는 글을 부지런하게 썼다. 단군을 역사적 인물로 긍정하는 '단군론'
을 펴는[10] 가운데 '고조선'조의 내용을 '단군신전(檀君神典)' 또는 '단군
고전(檀君古傳)'이라 일컬었다. 그러나, 최남선 또한「불함문화론(不咸
文化論)」에서 '단군신화'로 명명하고[11] 일본인들의 글에서 '단군전설',
'단군설화', '단군신화'라는 말을 인용하게 되면서[12] 점차 '고조선'조가
'단군신화'로 굳어지게 되었다.

---

9) 崔南善,「檀君 否認의 妄 - '文敎의 朝鮮'의 狂論」,『東亞日報』1926년 2월
　　11-12일자,『六堂崔南善全集』2, 玄岩社, 1973, 77쪽. "檀君 否認의 論이 日本
　　學界에 出現하기는 이미 30년의 歲月을 經하였고, 그 端緖는 那珂·白鳥輩의
　　少年 好奇하고 立異 衒能하자는 데서 생긴 것"으로 지적하고 있다.
10) 崔南善, 위의 글 외에,「檀君論」,「檀君神典의 古意」,「檀君神典에 들어 있는
　　歷史素」,「檀君 及 其研究」,「檀君과 三皇五帝」,「民俗學上으로 보는 檀君王
　　儉」,「檀君小考」등 일련의 단군연구를 발표하였다. 이 글은『六堂崔南善全
　　集』2, 玄岩社, 1973, 77-349쪽에 재수록되어 있다.
11) 崔南善,「不咸文化論」,『東亞日報』1926년 2월 11-12일,『六堂崔南善全集』2,
　　玄岩社, 60쪽.
12) 崔南善,「檀君論」,『東亞日報』1926년 3월 3일-7월 25일,『六堂崔南善全集』2,
　　玄岩社, 1973, 79-149쪽 참조.

따라서 고조선의 건국사 기록은 물론 고구려와 신라, 백제의 건국사 기록까지 한결같이 신화로 일컬어지게 되었다. 이제는 누구나 '단군신화'나 '주몽신화', '박혁거세신화'라고 해야 고대국가의 건국 초기 역사에 관한 내용을 잘 떠올리게 되는 상황이 조성되었다. 그러므로 단군신화를 '고조선'이나 '왕검조선', '전조선기'로 일컬으면 그 내용이 낯설고 역사적 정체성도 포착하기 어려운 처지가 되었다.

일제강점기 이후에 쓰기 시작한 일본식 한자말이 우리 생활세계를 지배한 탓에 우리말은 물론, 우리 한자말까지 잃어버린 것이 적지 않다. 특히 우리말 가운데도 역사 용어를 잃어버리고 그 개념을 놓치게 되면, 역사학이 바로 설 수 없다. 외부세계에 문호를 개방하기 시작한 시기를 '개화기(開花期)'라 일컫는 것이 그러한 보기이다. 이 말은 일제의 식민지배 이전에는 우리나라가 미개했다는 사실을 나타내는 시대구분 용어이다. 따라서 '개화'라는 말은 그 속뜻을 헤아려보면, '야만'을 전제로 하고 과거와 현재를 모두 부정하는 파괴적인 침략용어로 비판된다.[13] 그러므로 나는 흔히 말하는 개화기를 '개항기(開港期)'라 일컫는다.

일제가 '조선'을 '이조'라 일컫고 『조선왕조실록』을 '이조실록'이라 하는 바람에 '조선'의 국호를 잊어버리도록 만든 것도 이와 같은 식민사학의 책략이다. 한동안 너도나도 '이조실록', '이조시대', '이조백자'와 같이 조선을 '이조'라 일컬어왔다. 그러다가 최근에 비로소 왜색용어가 어느 정도 극복되어 본디 국호 '조선'을 되찾아 쓰게 되었다. 하마터면 이조라는 왜색용어에 가려져 조선을 잃어버릴 뻔했다.

'이조'라는 말이 가진 조선국 부정의 논리처럼, '단군신화'도 일제식민지 용어인 줄 모르고 널리 쓰는 바람에, '고조선' 또는 '왕검조선',

---

13) 呂增東, 『韓國文學歷史』, 螢雪出版社, 1987, 421-422쪽. "개화라는 말뜻은 역사의식에 대한 단절과 현재 자기 나라 모습에 대한 파괴를 거쳐 마침내 남의 나라에 대한 영합·아부로 떨어지게끔 만드는 침략 용어입니다."

'전조선기'라는 귀중한 상고사 자료를 한갓 단군이라는 인물의 신화로 인식하게 되었다. 따라서 고조선 기록을 단군신화라 일컫는 것은 곧 조선을 이씨조선이라 일컬어 본디 국호의 정체성을 훼손하는 것보다 더 심각한 잘못이다. 그런데도 역사학자들조차 고조선 건국사를 다루기 위해『삼국유사』의 '고조선'조 기록을 자료로 끌어다가 각주에 인용 조목까지 밝히면서도 기어코 그 조목이름과 달리 '단군신화'라 일컫기를 한결같이 한다. 그러므로 고조선에 관한 사료가 단군을 주인공으로 한 신화로 폄하되기에 이르렀다.

고조선 역사와 문화의 기원을 제대로 밝히려면 고조선에 관한 사료 인식부터 제대로 해야 할 것이다. 사료에 대한 신화적 명명을 비판적으로 극복해야 할 뿐 아니라, 사료의 질적 내용에 관한 정확한 인식과 역사적 해석도 제대로 해야 할 필요가 있다.

어떤 범주의 세계든 태초의 사료는 으레 신화이기 일쑤이다. 건국 시조신화도 예외일 수 없다. 국가 초기역사를 서술하는 데 건국신화만큼 중요한 사료가 없다. 그런데도 신화라고 하여 지어낸 이야기로 규정하고 역사적 논의에서 추방해버리는 것은 잘못이다. 신화의 역사성을 부정하는 탓이다. 따라서 신화사료의 역사적 연구의 길도 모색해야 할 뿐 아니라, 신화사료를 입증하기 위하여 다른 사료들도 적극적으로 끌어들여서 교차검증을 시도할 필요가 있다.

그러므로 이 논의는『삼국유사』고조선조의 기록을 고조선건국본풀이로 그 존재양식을 재인식하고, 상당히 비중 높게 기록되어 있는 고조선 이전의 '신시고국(神市古國)'과 신시문화를 독자적인 것으로 주목한다. 그리고 신화사료의 한계를 극복하기 위해 고고학적 발굴유물 자료와 관련하여 해석함으로써, 고조선문화의 기원을 신시문화에 두고 그 실체를 홍산문화와 관련하여 밝히고자 한다. 연구목적을 이루기 위한 구체적인 방법은 '신화사학'에서 나아가 '본풀이사학'을 표방하고 더 나아가 '본풀이고고학'을[14] 겨냥한다.

2. '단군신화'의 주체적 인식과 고조선본풀이

'고조선'조 기록의 정체는 무엇인가? 역사인가 신화인가? 역사이면 신화가 아니고 신화이면 역사가 아닌가? 우리는 당연히 물어야 할 질문을 의도적으로 피해 왔다. 따라서 신화 공부도 제대로 하지 않은 채 신화는 역사가 아니라는 잘못된 상식을 다지는 데 알게 모르게 이바지한 셈이다.

고조선 기록의 정체 못지않게 중요한 질문은 '누구의 역사인가?' 하는 질문이다. 중국 중심의 사관으로 보면 고조선조의 내용은 기록되지 못할 역사일 수 있다. 그래서 『삼국사기』에는 고조선조도 없고 아예 고조선이 기록될 자리조차 없다. 고조선을 배제한 것은 친중파에 의해 기록된 역사이기 때문이다.

역사는 기록주체 못지않게 해석주체의 정체도 중요하다. 누구에 의해 기록되었는가 하는 질문과 함께 누구에 의해 해석된 사료인가 하는 질문을 피해갈 수 없다. 고조선의 기록을 단군신화라고 자리매김한 주체는 식민사학자들이므로, 단군신화의 명명을 비판적으로 인식해야 한다. 고조선조 기록을 계속해서 단군신화로 호명하는 한 우리는 고조선 역사의 해석주체가 될 수 없기 때문이다. 그러므로 신화로 규정하든 역사로 받아들이든 우리가 고조선의 역사적 해석주체가 되어야 한다는 자각이 절실하다.

일연처럼 고조선의 역사를 기록한 역사의식과 다르게, 고조선 건국 이야기를 신화로 일컫는 것 자체는 사실 작은 문제라 할 수 있다. 거기에는 분명히 신화적 요소들도 있고 또 신화라고 자리매김해도 잘못이라 하기 어려운 내용이 있기 때문이다. 문제는 신화라는 명명과 개념

---

14) 임재해, 「한국신화의 주체적 인식과 민족문화의 정체성」, 『단군학연구』 17, 단군학회, 2007, 304-305쪽에서는 신화고고학을 표방했다.

규정이 사가들의 의도가 아닌 일본인들의 의도대로 고조선의 역사를 부정하고 조작하는 빌미가 되었다는 사실에 있다. 더 큰 문제는 사학자들조차 단군신화를 빌미로 '고조선' 건국사를 부정하는 데 있다. 일부 학자들은 상당히 적극적으로 신화라는 이유를 들어 고조선의 역사적 실체를 인정하지 않고 있다.

이와 반대로, 북한학자들은 고조선 건국사를 적극적으로 끌어안고 간다. 그 역사적 실체를 밝히는 연구가 드세게 이루어졌으나, 고조선 건국이야기를 단군신화로 일컫기는 마찬가지이다.[15] 적어도 '단군신화'라는 호명에는 남북한 사학자들 사이에 아무런 차이가 없다. 그러나 『삼국유사』 '고조선'조를 '단군신화'로 규정하는 데 약간의 문제가 있다고 여기는 학자는 '단군설화'로[16] 일컫었다. 설화보다 더 적극적인 사료로 인정하는 경우에는 '사화(史話)'라 하였다. '단군사화'로 일컫는 학자는 윤내현[17] 외에[18] 대부분 재야사학자들이다. 신화를 거부하고

---

15) 서영대 편, 『북한학계의 단군신화 연구』, 백산자료원, 1995에 보면, 리상호가 「단군 설화의 력사성」 또는 「단군 설화의 년대문제」를 다루면서 설화라 하였으나, 뒤에는 다른 학자들과 마찬가지로 단군 신화라 일컫었다.

16) 이은봉 엮음, 『단군신화 연구』, 온누리, 1994를 보면, 李丙燾, 「檀君說話의 解釋과 阿斯達問題」; 金廷鶴, 「檀君說話와 토템이즘」, 李乙浩, '檀君說話의 基本課題」 등이 고작이다.
    신화에 대한 선입견에서 벗어나 본격적 사료로 다루기 위해 '단군설화'를 표방한 연구로는 愼鏞廈, 「檀君說話의 사회학적 해석」, 『설화와 의식의 사회사』, 문학과지성사, 1995(『韓國民族의 形成과 民族社會學』, 지식산업사, 2001, 145-188쪽에 재수록)가 있으며, 「韓民族의 形成과 檀君에 대한 社會史的 考察」, 『단군학연구』 3, 단군학회, 2000, 17쪽(『韓國 原民族 形成과 歷史的 傳統』, 나남출판, 2005, 15-62쪽에 재수록)에서는 더 나아가 단군설화를 '고조선의 건국설화'로 자리매김했다.

17) 윤내현, 『고조선 연구』, 一志社, 1994, 36쪽부터 이른바 '단군신화'를 줄곧 '단군사화'로 일컫고 있다.

18) 방석종, 「요하문명과 고조선 역사의 문명사적 고찰(考察) : 단군사화(史話) 본문의 역사비평적 해석」, 『단군학연구』 15, 단군학회, 2006, 37-85쪽. 전체 기사는 '단군사화'라 하였지만, '고기' 부분은 단군설화라 일컫었다.

'설화' 또는 '사화'로 명칭을 달리 일컫는 학자들은 고조선에 대한 역사
인식이 남다르다. 그러므로 고조선 역사에 관한 놀랄 만한 연구성과
를[19] 이루었다. 그만큼 사료에 대한 명명이 역사인식을 결정할 정도로
중요하다.

사학자 홍이섭은 논문제목에서 『삼국유사』의 표기 그대로 '고조선'
조를[20] 표방하여 눈길을 끈다. 그러나 본문에서 『고기(古記)』를 인용한
부분은 여전히 신화로 규정하고 있다. 따라서 들머리의 「위서(魏書)」를
인용한 내용과, 『고기』를 인용한 다음의 말미 내용에 한정하여 "신화해
석과는 달리 고대사의 사실 연구의 방향"이 되어야 한다고[21] 했다. 『고
기』 인용부분은 신화이기 때문에 사료로 인정할 수 없다는 말이다. 논
제에서는 '고조선'조로 명명했지만, 고조선 건국이야기의 핵심 줄거리
는 여전히 신화로 규정하고 신화로 일컬었다. 그러므로 신화가 아닌
부분은 고대사의 사실로서 연구되어야 하지만 신화 부분은 그러한 역
사연구 대상이 아니라고 주장하기에 이르렀다.

역사연구에서 '신화'라는 명명의 해독이 이처럼 뿌리깊고 치명적이
다. 단군신화에서 '단군'에 방점을 찍으면 '단군'에 관한 사료로서 역사
적 해석의 가능성이 열리지만, '신화'에 방점을 두면 단군'신화'는 한갓
만들어진 이야기일 뿐 아니라, 단군도 실재하지 않았던 신화적 존재로
규정되고 만다. 더군다나 '고조선'조의 기록은 단군신화로 명명할 근거
도 빈약하고, 일제강점기 이전에는 어느 누구도 단군신화로 명명하지
않았다. '고조선'조에 인용된 『고기(古記)』의 기록은 환웅의 신시에 관

---

19) 앞에서 인용한 윤내현의 『고조선 연구』와 愼鏞廈의 『韓國民族의 形成과 民
族社會學』이 그러한 연구성과의 보기이다. 고조선 역사에 남다른 열정을 지
닌 두 학자의 연구는 윤내현, 『한국열국사연구』, 지식산업사, 1998, 그리고
愼鏞廈, 『韓國 原民族 形成과 歷史的 傳統』으로 이어졌다.
20) 洪以燮, 「三國遺事 '古朝鮮'條에의 한 試論」, 이은봉 엮음, 『단군신화 연구』,
온누리, 1994, 85-89쪽.
21) 洪以燮, 위의 글, 87쪽.

한 내용이 더 풍부하고 자세하기 때문이다. 단군을 내세우면 내세울수록 환웅은 가려지고 신시고국 역사는 묻혀버리게 된다. 그러므로 '단군신화'라는 명명을 고스란히 답습하는 것은 단군이라는 이름으로 환웅의 신시고국을 은폐하게 되는 동시에, 신화라는 개념으로 고조선 시기의 역사를 부정하게 되는 것이다.

결국 일제 식민사학의 역사왜곡 책동에 우리 스스로 말려들고 있다는 사실을 절실하게 깨닫고 깊이 성찰하지 않으면 '단군신화'의 고정관념에서 결코 벗어날 수 없다. 신화론에 갇혀서 고조선조 기록을 해석하는 오랜 관행을 따르게 되면, 일본의 식민주의 학자들이 만들어 놓은 식민사학의 감옥에서 우리 역사학은 해방될 수 없다. 따라서 우리는 '신화'라는 일본식 한자말에서부터 해방되어야 할 뿐 아니라, 고조선 건국사를 '단군신화'로 규정하는 식민사학의 굴레에서 한시바삐 벗어나야 한다.

고조선 시대의 사료를 '단군신화'로 호명하는 일을 맹목적으로 되풀이하고 있는 까닭에, 나라는 일제로부터 진작 해방되어도 조선 침략의 역사적 빌미가 되었던 고대사 연구는 아직도 일제 식민사학의 굴레에서 해방되지 않았다는 사실을 절감해야 한다. 그들에 의해 구석기 시대가 부정되었듯이 환웅의 신시고국은 물론 단군의 왕검조선 건국도 여전히 부정되고 있다. 더 심각한 문제는 일제 관학파 사학자들의 강요나 총독부의 부당한 역사 탄압이 없는 데도 한국 사학자들 스스로 식민사학의 틀 속에 자진해서 복속하고 있다는 사실이다. 이러한 사실은 제3세계 식민지 지식인의 굴욕적 모습을 드러내는 전형적 징후에 해당된다.

"제국주의 문화의 확장은 물리적 힘에 못지않게 동화 또는 자진하는 복속을 통하여 이루어진다"고 지적한 김우창은, 식민지인은 서양의 제국주의 문화와 그 세계관에 스스로 노예가 되어 자기 현실을 잃어버리고, "지배자의 논으로 스스로를 파악하면서 그것에서 자랑을 느끼는 식민지인의 희극적인 모습도 흔히 보는 현상"이라고[22] 비판하였다.[23]

단군에 앞서 고조선을 내세워야 고조선의 역사가 바로 서고, 신화라는 왜색용어 이전에 우리가 오랫동안 써온 말을 찾아서 우리말로 학문을 하며[24] 역사를 제대로 해석해야 비로소 우리 고대사가 식민사학에서 독립할 수 있다. 그것은 한갓 민족주의적 역사의식의 문제나 민족감정의 찌꺼기가 아니라 사료 자체의 문제이다.

사료 자체의 목차나 조목의 이름을 있는 그대로 인용한다는 원칙을 준수하자는 주장이, 왜 논문작성법과 같은 초보적 공부자리가 아니라 역사학 논문에서 제기되어야 하는가. 과거의 사료를 불러올 때, 그 사료의 이름을 바꾸어 호명해도 좋은가? 왜 단군신화에 관해서는 그런 질문을 하지 않는가? 그것은 조선을 이조로 호명해도 좋은가 하는 질문과 같다.

사서의 조목에서 붙여둔 이름 그대로 인용하고 조목 이름대로 사료를 호명하는 것이 정당하다 하더라도 그 사료의 성격에 관해서는 달리 자리매김하는 것이 마땅하다. 사료의 이름과 성격은 동질적 개념이 아니기 때문이다. 따라서 '고조선'조의 『고기』는 신화라고 하는 해석이 얼마든지 가능하다. 문제는 우리말 용어를 제쳐두고 굳이 신화라고 일

---

22) 김우창, 「전전성기의 문화: 외국 문화의 기여」, 『외국문학』 40, 1994년 가을호, 22-23쪽.
23) 임재해, 「21세기 우리 국학의 방향과 과제」, 『우리 국학의 방향과 과제』, 집문당, 1996, 31쪽.
24) 임재해, 「우리말로 문화 읽기가 필요한 몇 가지 이유」, 우리말로 학문하기 2008년 여름 말나눔 잔치(2008년 8월 29일, JS Theatre), 발표자료집, 74-99쪽에서 우리말로 학문을 해야 하는 이유를 논했다. 99쪽, "우리 학문을 식민사학에서 해방시키고 현대 학문답게 학술적으로 성숙시키기 위해서는 물론, 민족사의 체계를 올바르게 정립하고 민족문화의 뿌리와 줄기를 온전하게 밝히기 위해서도 우리말로 학문하기 운동을 벌이지 않을 수 없다."

컬어야 하는가, 또는 신화라 일컫는 것이 정당한가 하는 것이다. 왜냐
하면 신화를 일컫는 '본풀이'라는 우리말이 실제로 신화가 노래되는 현
장에 생생하게 살아 있기 때문이다.

　신화를 일컫는 우리 토박이말 본풀이는 원래 굿판에서 노래되는 서
사무가인데,[25] 일본식으로 무속신화라고 일컬어 왔다. 하지만 본디 우
리말로는 '본풀이'라 했다. 제주도에서는 아직도 신화라는 말을 쓰지
않고 본풀이로 일컬어지고 있다. 육지에서도 무속신화를 구체적으로
제석본풀이, 성주풀이처럼 '본풀이', 또는 이것을 줄여서 '풀이'로 일컫
는다. 일제 강점기 이후 자리잡은 왜색용어에 오염되지 않고 토박이말
이 고스란히 살아 있는 보기이다. 그러므로 신화를 우리 본디 말인 본
풀이로 일컫고 본풀이의 논리로 읽어야 건국시조신화가 더 이상 역사
학에서 부정의 대상이 되지 않는다.

　고조선 건국사가 '단군신화학' 중심의 식민사학에서 해방되려면, 친
중파 역사서에 맞선 일연의 『삼국유사』 서술처럼, 우리 역사를 우리 눈
으로 바라보는 민족사관을 확립해야 한다. 그러자면 본디 사서의 고조
선 기록을 있는 그대로 받아들여 '고조선 건국이야기' 또는 '고조선 사
료'로 일컫고 본격적인 사료로서 다루어야 할 뿐 아니라, 더 적극적으
로는 본디 우리말에 따라 '고조선본풀이'이라 일컫고 '신화사학'이 아
니라 '본풀이사학'으로 나아가야 할 것이다.

　본풀이는 두 가지 기능을 지녔다. 하나는 신의 근본 내력을 알 수
있도록 풀어서 설명하는 기능이며, 둘은 굿하는 사람들이 맺힌 것을
풀어서 순조롭게 해결하는 기능이다. 작은 굿의 본풀이는 굿거리에 해
당되는 신이 태어나서 신으로 좌정한 내력을 풀이하는 데 머물지만,
큰 굿의 본풀이는 우주가 형성되는 태초에서부터 지금 여기까지의 통

---

25) 조동일, 「신화의 유산과 그 변모 과정」, 『우리 문학과의 만남』, 弘盛社, 1978,
　82-84쪽.

시적 흐름과 공시적 좌표를 노래하면서 굿을 하게 된 사정을 노래한
다. 그러므로 본풀이는 천지굿의 본풀이에서 나라굿의 본풀이, 마을굿
의 본풀이, 집안굿의 본풀이 등 다양한 층위를 이루고 있다.

천지굿의 본풀이는 천지개벽신화에 해당되지만, 나라굿의 본풀이는
건국시조신화에 해당된다. 나라굿에서는 나라가 세워진 내력은 물론
태초부터 굿을 하는 시기까지 역사를 노래한다. 흔히 말하는 단군신화
는 바로 고조선본풀이에 해당된다. 고조선의 근본 내력, 곧 고조선의
기원과 역사를 풀어서 이야기하는 것이 바로 고조선본풀이이자, 고조
선신화인 것이다. 신화가 가치 있는 문화유산으로서 긍정적으로 쓰일
때는 문제되지 않지만, 괴이(怪異)하거나 황탄(荒誕)한 이야기로 규정
되어 부정적으로 쓰일 때는 신화라는 용어가 배격되어야 한다.

식민사학은 단군신화를 부정적인 뜻의 신화로 일컬었다. 고조선 사
료를 '단군신화'라는 새로운 용어로 규정하면서 실제로는 단군을 말살
하고[26) 고조선 역사를 부정하려고 했다. '단군신화'라는 말은 고조선
건국시조로서 단군을 드러내기 위한 것이 아니라, 단군을 부정함으로
써 고조선도 함께 말살하려 했던 것이다. 그러므로 일제 관학파가 명
명한 '단군신화'의 역사 부정론을 극복하기 위해서도 본풀이라는 우리
말로 고조선 건국사 이야기를 올바르게 인식하고 해석하는 것이 바람
직하다.

세계 주류 신화학과 맞서서 한국 본풀이학을 새롭게 정립하고, 이
논리를 근거로 고조선 건국이야기는 물론 다른 건국이야기들도 재해
석할 필요가 있다. 그러자면 식민사관이 씌워놓은 신화의 가면에서 해
방되어야 한다. 따라서 '단군신화가 없으면 고조선도 없다.'는 서두의
전제는 잘못되었다. 비약적이지만 '일연이 없으면' 또는 '삼국유사가

---

26) 崔南善, 위의 전집, 77쪽에 '日本人의 檀君 抹殺論'을 제기한 이래 『檀君論』
곳곳에서 일본인들의 단군 말살에 관해 비판하고 있다.

없으면' '고조선도 없다'는 표현이 오히려 적절하다.

'단군신화라 일컬으면 고조선이 망한다.' 단군신화라고 하면 할수록 단군의 정체는 물론 고조선의 역사적 실체가 신화의 세계 속으로 끌려 들어가는 까닭이다. 건국시조보다 나라를 앞세워야 역사가 살아난다. 그것은 조선조를 일컬을 때 건국주체인 이씨가 아니라 조선이라는 나라이름을 앞세워야 하는 것과 같은 이치이다. 고조선 연구가 신화학의 늪에 빠지지 않고 역사학의 세계로 나아가려면 단군보다 고조선을 앞세워야 한다. 군이 단군신화를 한정해서 일컬을 때도 '단군본풀이'라 해야 단군이 실존인물로 살아나고, 더 적극적으로는 '고조선 건국본풀이'라 해야 고조선이 상고사 체계 속에서 제대로 살아난다.

3. 고조선 건국본풀이의 신화성과 구전의 역사

고조선 건국본풀이를 단군신화라고 하면서도 신화해석의 이론이나 방법에 무관심하다. 연구자료가 신화라면 신화의 가치는 물론, 신화 연구를 위한 이론이나 연구방법에 대해 관심을 가지는 것이 마땅하다. 신화가 역사 못지않게 중요한 인류문화 자산이라는 사실도 알아야 한다. 문학과 종교학, 민속학, 인류학, 철학, 정신분석학 등에서 신화를 오랫동안 자기 학문의 중요한 연구거리로 삼고 있다.

나아가 앞으로 신화의 시대가 온다고 하는 『드림 소사이어티』의[27] 예측도 신화의 가치를 새삼스레 일깨워준다. 그런데도 사학자들만 신화라는 사실을 들어서 역사를 부정하는 방편으로 삼는다. 신화가 왜 중요하고 어떻게 연구되어야 하는지 알지 못한 채, 오직 신화를 역사에서 왕따시키는 큰 빌미로 삼을 뿐이다.

---

27) 롤프 옌센, 서정환 역, 『드림 소사이어티』, 한국능률협회, 2000에서 말하는 '꿈의 사회'는 미래사회를 이야기 사회 또는 신화의 사회로 인식하는 하나의 은유이다.

신화를 중요한 연구자료로 삼는 다양한 분과의 인문학문에서는 이와 거꾸로 간다. 고조선 건국이야기를 신화로 일컬어야 연구할 거리가 되는 것이다. 왜냐하면 건국이야기는 '태초의 신성한 시작의 이야기'라는 점에서 신화적 성격을 잘 갖추고 있기 때문이다. 이들 분과학문에서 건국이야기를 신화로 연구한다고 하여 역사를 부정하려는 뜻은 전혀 없다. 입향시조신화가 마을사를 이해하는 중요한 구술사료 구실을 하듯이, 건국시조신화는 나라의 초기역사를 이해하는 가장 기본적인 사료라는 사실을 알고 있기 때문이다. 그러므로 여러 분과학문에서 건국시조신화를 다각적으로 다루는 것은 바람직한 일이다.

역사학자들이 신화라는 이유로 고조선의 건국사를 인정하지 않는 데는 심각한 몇 가지 문제가 있다. 우선 신화의 역사성 또는 문학의 역사성을 인정하지 않는 편협한 사료주의가 문제이다. 역사의 과학성 못지않게 역사의 문학성도 소중하다는 역사학 자체의 두 가지 경향성을 인정하지 않는 실증사학의 폐단이라 할 수 있다. 따라서 신화라고 하더라도 건국신화는 모든 국가사의 첫장을 차지하기 마련이며, 고대 국가의 건국시조 이야기는 어느 것이나 신화다운 체계를 가지는 것이 정상이다.

고조선 건국이야기를 문헌에 기록해온 이래, 고조선본풀이는 일제강점기 전까지 아무도 단군신화라 하지 않은 역사적 서술 내용이다. 식민사학자들이 일방적으로 규정한 '신화'라는 전제에 따라 고조선 건국사를 부정한다면, 일본인의 고조선사 부정론에 자진 복속하는 것이나 다름이 없다. 식민지시기에 역사학을 한 사가들이야 시대상황의 문제로 그럴 수밖에 없는 한계를 지녔다고 할 수 있다. 문제는 아직도 "일본이 발명한 식민사학을 부둥켜안고 있는 한국 후식민 사학자들"이다.[28] 마치 식민사학자들이 신화라는 구실로 단군의 존재를 부정한 것

---

28) 김대문 저, 이종욱 역주해, 『대역 화랑세기』, 소나무, 2005, 6쪽.

처럼, 아예『단군, 만들어진 신화』라고[29] 표방하면서 고조선의 건국사를 적극적으로 부정하느라 안간힘을 쓰고 있다.

실제로 역사교사들은 직접 교재를 만들어서 조선 건국사를 부정한다. 물론 부정의 빌미는 신화라는 점이다. "우리는 신화와 역사를 구분할 필요가 있다. 신화를 그대로 믿으면 상식에서 벗어나게 된다."고[30] 하면서 단군이 고조선을 건국한 서기전 2333년의 역사는 사실이 아니라고 가르친다.[31] 학문의 세계에서 무엇이든 그대로 믿으면 되는 것은 아무것도 없다. 신화가 아닌 역사라도 그대로 믿으면 상식에서 벗어난다. 한국사를 비롯한 세계사 교재에서 잘못된 내용이 적지 않기 때문이다. 그런데도 신화를 믿지 않도록 하기 위해, 역사는 그대로 믿어야한다는 투의 주장을 예사로 한다.

『삼국유사』'고조선' 기사를 이와 같이 신화라는 구실을 내세워 역사로 인정하지 않는 데에는 세 가지 빗나간 역사인식이 잠재되어 있다. 하나는 '고조선' 기사를 '단군신화'라고 규정한 전제를 고스란히 받아들이는 점이다. 이 전제는 신화와 역사를 구분해야 한다는 그럴듯한 논리에 따라 고조선 역사를 부정하는 빌미를 제공하기에 충분하다. 따라서 자세한 사료 검토나 내용 분석이 이루어질 필요도 없다. 신화는 결코 역사가 될 수 없다는 자명한 상식론으로 고조선의 역사를 부정하는 고정관념을 더욱 확고하게 다지고 만다. 신화에 대한 역사적 연구방법의 몰이해를 고스란히 드러낸다.

둘은 '고조선' 기사를 신화라고 자리매김하더라도 '고조선 건국신화', 또는 '산신신화'라고[32] 해야 다양한 역사해석과 문화해석으로 발

---

29) 송호정,『단군, 만들어진 신화』, 산처럼, 2004.
30) 전국역사교사모임,『살아있는 한국사교과서 1』, 휴머니스트, 2002.
31) 성삼제,『고조선 사라진 역사』, 동아일보사, 2005, 24-25쪽.
32) 임재해,「한국인의 산 숭배 전통과 산신신앙의 전승」, 김종성 편,『산과 우리
   문화』, 수문출판사, 2002, 18쪽. "단군신화는 고조선의 건국신화이기도 하지
   만, 사실상 산신의 기원을 말한다는 점에서 산신신화이기도 하다."

전하는데, '단군'신화로 일컫는 바람에 단군의 고조선 건국을 부정하는 기능에 충실하게 되었다. 식민사관의 고조선 부정론에 말려든 꼴이다. '단군신화'를 구체적으로 풀어서 아예 '단군, 만들어진 신화'로 쐐기를 박아두는 경우가 대표적인 보기이다. 허구로 만들어진 신화의 주인공이 세운 나라인데 어떻게 역사적 실체로 인정할 수 있는가 하는 주장이다.

모든 역사는 사가에 의해 구성된다는 점에서 모두 허구이다. 역사는커녕 인류학자가 현장에서 관찰하고 조사하여 적은 기록도 픽션이다. 왜냐하면 조사자가 현장에서 보고들은 문화현상의 내용을 일정한 메타포와 비유적 표현, 이야기와 같은 문학적 구성의 영향을 받아서 정리하기 때문이다.[33] "그것은 문화적 진실이나 역사적 진실의 부분성, 즉 진실이라고 일컬어지는 것이 사실은 얼마나 고의로 정리되어 있고 또 배타적인가 하는 것을 의미한다."[34] "그런 의미에서 민족지는 마땅히 픽션이라 할 수 있다."[35] "그리고 민족지학자들은 곧잘 되다만 소설가들이라고" 일컬어지기도 했다.[36]

인류학자의 현지조사 보고서도 자료의 "배제와 레토릭이라는 강력한 '거짓말'에 의해 비로소 모든 진실이 구축되는 것"인데,[37] 직접 참여 관찰은커녕 수 백년 또는 수 천년 전의 역사를 추론하여 기록한 고대 사료의 내용은 그야말로 사가의 재량에 의해 자의적으로 구성된 허구일 따름이다. 따라서 신화가 아닌 다른 사서의 기록을 신화가 아니라는 이유로 역사적 사실로 여긴다면 그것이야말로 천진한 생각이다.

그러므로 나는 진작 사학자들이 '역사학은 역사연구를 하는 것'이라

---

33) James Clifford and George E. Marcus 지음, 이기우 옮김, 『문화를 쓴다 -민족지의 시학과 정치학』, 한국문화사, 2000, 22쪽.

34) James Clifford and George E. Marcus 지음, 이기우 옮김, 위의 책, 25쪽.

35) James Clifford and George E. Marcus 지음, 이기우 옮김, 같은 책, 위와 같은 곳.

36) James Clifford and George E. Marcus 지음, 이기우 옮김, 같은 책, 21쪽.

37) James Clifford and George E. Marcus 지음, 이기우 옮김, 같은 책, 26쪽.

는 착각에서 벗어나야 한다고 주장했다. 역사학은 역사를 연구하는 학
문이 아니라 사료를 연구하는 사료재구학일 따름이다.[38] 왜냐하면 "모
든 역사연구는 사료의 벽돌을 원자재로 삼아 역사의 옛집을 짓는 역사
재구적(再構的)인 방법을 택하고 있는 까닭이다."[39]

역사학이 사료재구학이라면, 사료의 성격과 재구 방법에 따라 어떤
사료라도 역사적 재구가 가능하다. 단군을 신화가 창조한 허구적 인물
로 규정하면 단군이 세운 고조선은 역사학에서 배격되지만, 단군은 고
조선을 건국한 영웅이라고 보면 사정은 달라진다. 왕검조선이라는 나
라가 있는 한 그것을 세운 시조는 있게 마련이기 때문이다. 신화를 문
학적으로 보면 허구적 상상력으로 창조된 것이지만, 역사적으로 보면
실증사학을 뛰어넘는 태초의 신성한 역사라는 사실을 인정할 필요가
있다.

셋은 고조선의 건국사를 인정하지 않는 데에는 '고조선'의 기록을
모두 신화라고 해석하는 성급한 일반화의 오류가 있다. 고조선조 기록
을 제대로 분석하면 적어도 세 부분으로 나뉘어진다. 『위서』를 인용한
앞부분과, 『고기』를 인용한 환웅과 단군 관련 내용의 가운데 부분, 그
리고 고조선 건국 이후 도읍지를 옮긴 말미 부분이다. 학계에서 신화
라고 하는 내용은 세 부분 가운데 『고기』인용 부분에 한정된다. 이 부
분은 고조선의 역사를 인정하는 학자도 신화로 받아들인다. 문제는 '고
조선'조의 일부에 해당되는 신화적 내용을 근거로 '고조선'조 기사 전
체를 부정하는 데 있다.

『위서』를 인용한 부분은 신화와 상관없이 고조선의 건국주체와 시
기에 관한 기록이다. 조선조 유학자들의 문헌에서는 물론, 사학자들도
이 기록을 인정하여 고조선 건국 시기를 서기전 2333년으로 비정(批正)

---

38) 임재해, 「설화의 역사성과 관음사 연기설화의 재인식」, 『韓民族語文學』 41,
韓民族語文學會, 2002, 452-454쪽 참조.
39) 임재해, 앞의 글, 454쪽.

하고 있는데, 일부 학자와 교사들은 신화라는 근거를 들어 역사로 인정하지 않는다.[40] 서기전 2333년은 『고기』 부분에 들어 있는 이야기가 아니라 『위서』 인용 부분의 기록으로서 신화의 영역에 속하지 않는다. 결국 신화라는 이름으로 『위서』 부분의 사료도 부정하는 것이다. 비록 『고기』 부분은 신화라고 하더라도 『위서』 부분이나 고조선의 도읍지 천도 부분은 신화가 아니다. 그러므로 이러한 주장을 성급한 일반화의 오류로 지적하지 않을 수 없다.

　고조선 역사를 신화라는 이유로 부정하는 데에도 그들 나름대로 근거가 있다. 중요한 근거가 청동기 연대이다. 청동기를 사용한 시기가 서기전 8-7세기이므로 그 이후에 비로소 고조선이 성립되었다는 것이다.[41] 따라서 서기전 2333년의 고조선 건국설은 허구라는 말이다. 신화가 아닌 역사적 기록을 신화로 간주하여 역사적 사실을 부정하는 논리적 오류 외에, 여기서 다시 세 가지 문제가 더 제기된다.

　하나는 연대가 맞지 않은 기록은 다 신화라는 편견이다. 둘은 청동기 사용 시기가 서기전 8세기인가, 아니면 서기전 24세기 무렵인가 하는 청동기 편년문제에 대한 고정관념이다. 셋은 청동기 사용 이전에는 고대국가가 성립될 수 없는가 하는 문제이다.

　첫째 문제는 마치 비실증성이 신화의 본질이자 충분조건인 것처럼 잘못 알고 있는 점이다. 신화에 대한 부정적 복합심리가 마침내 사실과 다른 것은 곧 신화로 규정하는 편견을 빚은 셈이다. 『위서』 인용 부분이 역사적 사실로 다루어져야 한다는 것은 최남선 이래 최근까지 사학자들이 지속적으로 주장해 왔다.

　특히 신용하는 "『위서』의 기록은 완전히 사실만을 간단히 기록"한[42] 점을 구체적으로 분석한 뒤에, "이 기록은 중국역사가의 한 사람이 역

---

40) 성삼제, 앞의 책, 같은 곳에서 이러한 시각을 비판적으로 검토하고 있다.
41) 송호정, 앞의 책, 18-21쪽.
42) 愼鏞廈, 『韓國 原民族 形成과 歷史的 傳統』, 나남출판, 2005, 18쪽.

사적 사실을 담담하게 기록한 것"으로 평가하고 "일연은 이 『위서』의
기록을 그대로 전재하여 인용하고, 자기의 견해는 잔주를 붙였다."고[43]
하여 훌륭한 사료로 인정했다.

둘째 문제는 실증성으로 뒷받침된다. 이미 고조선 지역에는 서기전
25세기 이전의 청동기가 발굴되어 학계에 보고되었을 뿐 아니라, 학계
에서도 고조선문화로 인정되고 있다. 따라서 서기전 8세기 청동기를
기준으로 고조선 성립을 부정하는 것은 실증사학의 논리로도 타당하
지 않다. 고조선 지역인 내몽골 적봉시의 하가점하층문화 유적은 서기
전 2500년경으로 밝혀졌으며,[44] 여기서 출토된 요령식동검은 학계에서
고조선문화로 해석되고[45] 있다.[46]

더 놀라운 사실은 대동강 유역에서 서기전 4000년 전후의 다양한 청
동제품이 발굴되었다는 점이다.[47] 따라서 청동기문화를 준거로 볼 때,
오히려 고조선은 서기전 2333년보다 더 일찍 건국될 수 있었다고 주장
한다.[48] 그러므로 문헌사료보다 더 정확하고 분명한 고고학적 발굴유
물인 청동기들이 서기전 2333년 무렵 고조선 성립 조건의 역사적 실증
성을 생생하게 입증하고 있다.

셋째 문제는 고대국가의 성립조건에 대한 고정관념이다. 청동기는

---

43) 愼鏞廈, 위의 책, 19쪽.
44) 윤내현, 『고조선 연구』, 일지사, 1994, 106쪽. BC 25세기 전후의 고조선지역 청
    동기 유물에 대한 보고 자료는 이 책 103-107쪽에 자세하게 다루었다. 中國社
    會科學院考古研究所實驗室, 「放射性炭素測定年代報告(一五)」, 『考古』, 1988
    年 第7期, 659쪽 ; 張忠培·孔哲生·張文軍·陳雍, 「夏家店下層文化」, 『考古學文
    化論集』, 文物出版社, 1987, 58˜78쪽.
45) 한창균, 「고조선의 성립배경과 발전단계 시론」, 『韓國 上古史의 諸問題』, 韓
    國精神文化研究院, 1987, 24-25쪽.
    林炳泰, 「考古學上으로 본 濊貊」, 『韓國古代史論叢』, 81-95쪽.
46) 윤내현, 앞의 책, 106쪽에서 참조.
47) 愼鏞廈, 『韓民族의 形成과 民族社會學』, 지식산업사, 2001, 15-18쪽에 자세한
    발굴보고 내용을 정리해 두었다.
48) 愼鏞廈, 위의 책, 53-54쪽.

서기전 8세기 이후부터 사용되었다는 전제 못지않게, 청동기 사용이 고대국가 성립의 필수적 전제로 삼는 것도 문제이다. 왜냐하면 청동기 이전에 옥기와 토기를 사용하는 민족이 고대국가를 성립시켰을 가능성도 있기 때문이다. 청동기 사용만이 고대국가의 성립 기반이라는 역사학의 오랜 고정관념에서 벗어날 필요가 있다.

더 중요한 고대국가 성립 요건은 농경문화의 정착이다. 고조선 성립 이전에 이미 농경문화가 형성되었다는 사실도 주목할 만하다. 그러므로 신화화되어 있는 고대국가 건국 인식의 고정관념을 깨야 할 뿐 아니라, 반역사적 신화관에 대한 편견도 바로잡아야 새로운 상고사 서술이 가능하다.

신화를 빌미로 역사를 부정하는 반역사적 신화관은 신화의 역사성과 역사적 가치를 알지 못한 실증주의적 편견에 의한 것이다. 신화가 역사 서술의 오랜 방식이고, 역사가 신화로 이야기되며 전승된다는 사실을 지나치고 있다. 문자가 없는 '무문자사회'나 문자생활을 하지 않는 '문맹사회'에서는 자기 역사를 이야기로 전승한다. 그래서 이들 사회에서는 구비전승의 역사가 있고, 역사 구술을 담당하는 전문적인 구술사가(oral historian)가 있다. 구술사가는 선배 역사가의 구술역사를 모두 전수받고, 이어서 자기가 경험하고 수집한 당대의 역사 자료를 덧보태어 구술하다가, 다음 세대의 후배 구술사가에게 다시 전수해준다. 이것이 바로 구비전승의 연쇄이자, 구술역사의 전승방식이다.[49]

따라서 무문자사회나 문맹사회에는 역사가 없을 것이라는 생각은 선입견일 따름이다. 역사의 서술방식이 구술(口述)인가 기술(記述)인가 차이가 있을 뿐 역사 없는 사회는 없다. 역사도 하나의 공동체 문화이기 때문에 역사 없는 사회는 곧 문화 없는 사회란 말인데, 그런 사회는

---

[49] Jan Vansina, *Oral Tradition—A Study in Historical Methodology—*, Penguin Books 1965에서 구비전승의 역사와 구술역사가를 자세하게 다루며 구비전승의 역사적 연구방법을 제시했다.

존재할 수 없다.

오히려 기술한 역사보다 구술한 역사가 더 역사답다. 쓰여진 역사보다 이야기되는 역사가 역사를 움직이는 주체들이 모두 공유할 수 있는 민주적인 역사인 까닭이다. 서로 소통하며 민주적으로 공유하는 구술역사가 지식인이 독점하는 쓰여진 역사보다 더 바람직한 공동체역사다. 그러므로 선사시대라는 말은 쓰여진 역사만 역사라는 문헌사학 중심의 편견에서 비롯된 말일 따름이다.

구비문학을 문학 이전의 문학으로 인정하지 않고 기록문학과 대등하게 인식하듯이 구비전승의 역사도 쓰여진 역사와 대등한 역사로 인식해야 할 것이다. 따라서 문헌사료 못지않게 구전사료를 소중하게 찾아서 다루고, 시대구분에서도 선사시대라는 용어 대신에 구전역사시대를 표방해야 무문자 시대였던 상고사 연구의 길이 열린다. 용어만 바꾼다고 문제가 해결되는 것은 아니다. 용어에 따라 사고도 바꾸어야 한다. 쓰여진 역사만 역사인 것처럼 여기는 우상의 역사학에서 벗어나 구비전승의 역사에 대한 가치인식을 새롭게 해야 할 것이다. 다시 말하면, 민중생활사 중심의 구술사학으로 나아가야 문헌사학의 한계를 넘어서고 중앙사와 정치사 중심의 왕조사학이 지닌 폐단을 극복할 수 있다.

아직도 지구상에는 무문자사회가 적지 않다. 문헌사학의 기준으로 보면 문자생활을 하지 않는 소수민족은 선사시대나 다름없는 삶을 살고 있다. 그럼 제3세계 소수민족은 기록된 역사가 없으니 선사시대인이라 할 것인가. 만일 그렇게 규정하는 이가 있다면, 문화상대주의를 들먹이지 않더라도 문헌사학의 횡포라 할 수 있다. 왜냐하면 그들에게도 엄연히 역사가 있기 때문이다. 무문자사회일수록 구비전승의 역사가 생생하게 살아 있어서, 문자사회에서 쓰여진 역사보다 더 역사적인 기능을 감당하고 있다. 쓰여진 역사는 공동체 성원들이 공유 불가능한 것이지만 구전역사는 공동체 성원 누구나 공유하고 소통하며 흥미롭게 전승하고 있기 때문이다.

　지금까지 문자문화를 누리지 못하는 민중사회에도 구전역사를 전 승하고 있다. 마을에는 쓰여진 역사 대신에 아직도 구전역사가 그 몫을 대신한다. 그것은 문자문화를 누리는 문명국가에서도 불문법이 훌륭한 법전 구실을 하는 것과 같다. 더 중요한 것은 법전과 같은 성문법이 없는 사회는 많아도, 법이 없거나 법문화가 없는 사회는 없다는 사실이다. 비록 육법전서와 같은 번듯한 성문법은 없어도 공동체를 유지하는 다양한 관습법이 있고 불문법으로 전승되는 법문화가 있기 때문이다.

　제3세계 소수민족의 법문화가 그러한 보기이다.[50] 법학자조차 다 알지 못하는 수많은 법조문으로 거창한 법전을 만들어두었으면서도 사실은 법망을 피해 가려고 안간힘을 쓰는 탈법적 문명사회보다, 관습법과 불문법만 있는 공동체사회가 마치 '법 없이도 사는 사람들'의 사회처럼 오히려 건강한 법문화를 누린다. 선사시대라고 하는 고조선시대에 이미 범금8조법(犯禁八條法)이 있었다고 하는데, 이 법은 곧 불문법을 말한다. 이처럼 상고시대에도 일정한 수준의 법이 엄연하게 있었는데, 다만 역사가 없었다는 전제로 선사시대라 하는 것은 부당하다. 불문법을 법으로 인정하는 것처럼 구전역사도 역사로 인정해야 하기 때문이다.

　그런데도 쓰여진 역사만 역사라고 하며 그 이전시대를 선사시대라 하는 것은 문헌사학자들의 억지 논리이다. 성문법과 불문법처럼 역사도 쓰여진 역사와 이야기되는 역사로 구분하는 것이 역사학의 지평을 새롭게 열어 가는 데 중요한 전환이 될 것이다. 기록문학만 문학이라고 하며 구비문학을 문학으로 인정하지 않은 시대는 벌써 지났다. 더

---

50) 포스피실 레오폴드, 이문웅 옮김, 『법인류학』, 民音社, 1992는 관습법으로 생 활하는 소수민족의 법문화를 집중적으로 다룬 책이다.

중요한 사실은 구비문학 연구가 문학사 서술을 풍부하게 하는 것은 물론 새로운 문학이론을 개척하는 데 이바지하고 있다. 역사학에서도 구술역사가 그러한 구실을 하게 될 것이다.

따라서 쓰여진 역사만 역사라고 하는 것은 마치 성문법만 법이라고 우기며 불문법을 법으로 인정하지 않는 것이나 마찬가지이다. 불문법도 훌륭한 법인 것처럼, 이야기되는 역사도 쓰여진 역사와 대등한 사료적 가치를 지니고 있다. 관습법과 같은 불문법이 오히려 더 건강한 법문화를 이룬다는 점에서 구전역사가 기록역사보다 더 건강한 역사문화를 만들어갈 수 있다. 그러므로 '신화'의 논리에서 '본풀이'의 논리로 문제의식을 전환하기 전에 구전역사의 실제 기능을 좀더 들여다볼 필요가 있다.

4. 구전역사로서 본풀이의 성격과 역사적 기능

구전역사에는 본풀이처럼 노래되는 것도 있지만 이야기로 구술되는 설화도 있다. 설화 가운데서도 전설이 가장 역사성이 두드러진 갈래이다. 서재에 꽂혀 있는 사가들의 문헌역사보다 머리 속에 이야기로 저장되어 있는 전설의 역사가 더 실천적 역사 구실을 한다. 전설처럼 구전되는 역사는 쓰여진 역사와 달리 무의식적이든 의식적이든 실제 생활사 속에서 늘 작동되고 있는 삶의 역사이기 때문이다.[51]

서재의 문헌역사가 찬장 속의 양식과 같은 구실을 한다면, 구전역사는 피가 되고 살이 되는 위장 속의 양식이라 할 수 있다. 곳간과 찬장 속에 있는 양식이 부자의 재물이라면, 몸 속에 저장되어 있는 양식

---

51) 임재해, 「설화의 역사성과 관음사 연기설화의 재인식」, 『韓民族語文學』 41, 韓民族語文學會, 2002, 456쪽. "문헌사료는 삶과 분리되어 서재 속에서 존재하지만, 설화는 삶의 일상과 함께 간다. 오랜 전승과정에서 사람들에 의해 검증받고 공감된 것으로서 설득력도 지니고 있다."

이나 몸에 지니고 있는 양식은 생명의 양식이자 살림의 양식이다. 서재의 역사는 지식인의 독점적 역사이자 사가와 학자들의 전문성과 연구역량을 과시하는 역사일 따름이다.

그러나 구전되는 현장의 역사는 역사주체인 민중들이 공유하는 역사이자 실제 삶을 이끌어주는 길잡이의 역사이다. 우리 생명을 살아 있게 하는 음식은 찬장 속의 것이 아니라 몸 속에 있는 것이듯이,[52] 실제 생활 속에서 역사로서 기능하는 것은 서재 속의 문헌역사가 아니라 머리 속에 기억되어 있는 구비전승의 역사이다. 그러므로 구전역사는 삶의 역사이자 실천의 역사이며, 역사를 바람직하게 만들어가는 '역사의 역사'라 할 수 있다.

따라서 구비전승의 역사를 쓰여진 역사와 대등하게 또는 그 이상의 사료적 가치로 인정하고 역사연구에 깊이 끌어들여야 할 것이다. 그러자면 시대구분부터 달리 해야 할 뿐 아니라, 선사시대라는 상투적 자리매김도 극복되어야 한다. 역사시대라고 하여 역사가 온전하게 기록되는 것도 아니다. 민중의 생활사는 거의 기록되지 않고 사라지고 있다. 더 중요한 문제인식은 역사시대라고 해서 구전역사가 사라지는 것도 아니라는 점이다.

역사를 기록으로 남기는 일은 지식인과 지배집단의 몫이기 때문에 민중은 늘 소외되어 있다. 그렇다고 해서 민중이 역사에 무관심한 것도 아니다. 그들 나름대로 끊임없이 역사를 이야기한다. 생애사와 가족사, 마을사, 고을사 등 자기 주변의 생활사 중심의 역사를 구전하는 것이다. 그러므로 기록문학과 더불어 구비문학이 지속적으로 전승되는 것처럼, 지식인 집단의 문헌사와 더불어 민중생활사로서 구비전승

---

[52] 우리가 등산을 하다가 길을 잃고 허기가 졌을 때, 자신의 생명을 구해주는 양식은 찬장 속의 식품이나 곳간 속의 양식이 아니라, 위장 속의 음식물이자 호주머니와 배낭 속에 있는 휴대식품이다. 구비전승의 역사는 바로 머리 속에 기억된 역사로서 마치 호주머니나 배낭 속에 들어 있는 역사와 같다.

의 역사는 인류사와 함께 갈 것이다.

구비전승의 역사는 사실의 내용에 따라서 신화로 이야기되기도 하고 전설로 이야기되기도 한다. 따라서 전설의 역사적 연구와[53] 더불어 설화의 역사적 연구 문제도[54] 진작 제기되었다. 역사적 사실과 연관된 인물이나 유적, 풍속 등은 전설로 전승된다. 홍의장군 전설이나 신돌석 장군 전설은 모두 역사적 인물에 관한 전설이면서 인물사이다. 봉덕사 신종의 에밀레전설이나 석가탑의 무영탑 전설, 부석사나 봉정사의 연기설화는 모두 유적에 얽힌 전설인데 유적의 역사를 설명하는 구실을 한다. 강강술래 전설이나 동채싸움 전설은 풍속전설인데 풍속의 기원과 유래를 말한다. 인물의 출생과 행적을 말하고 문화유적이 만들어진 유래를 설명하며, 풍속이 생겨난 내력을 이야기하는 것은 인물사이자 문화사이며, 풍속사이다. 그러므로 전설은 구체적인 증거물의 유래를 설명하는 구비전승의 역사라 할 수 있다.

신화는 전설의 역사보다 더 원초적이고 더 근본적이다. 따라서 고대사 연구자들이 건국신화를 다루는 것은 상식화되어 있다. 민속학자들은 천지개벽신화와 인류시조신화까지 연구한다. 천지개벽신화는 우주생성의 역사를 이야기하고 인류시조신화는 인류의 역사를 이야기한다. 건국시조신화는 나라를 세운 시조의 정체와 그 유래를 말하는 건국초기 역사이며, 마을의 개촌신화는 마을을 처음 개척하고 자리잡은 입향시조의 역사이다. 따라서 건국신화가 고대사 연구의 필수 사료인 것처럼 입향시조신화는 마을사 연구의 필수 사료 구실을 한다.

그렇다고 하여 신화가 곧 역사라는 것은 아니다. 어떤 사료도 그 자체로 역사인 것은 없다. 그 사료의 성격에 맞게 분석하고 해석되어서 귀납적으로 재구된 사실이 역사이다. 따라서 사료의 자질에 따라 고고

---

53) 임재해, 「전설과 역사」, 『한국문학연구입문』, 지식산업사, 1982, 123-132쪽.
54) 임재해, 「설화의 사료적 성격과 새 역사학으로서 설화연구」, 『역사민속학』 12, 한국역사민속학회, 2001, 243-276쪽.

학이 있고 문헌사학이 있으며, 미술사학이나 구술사학이 있다. 다양하게 존재하는 연구대상의 사료적 성격을 제대로 알아야 온전한 연구가 가능하다. 고고학자가 문헌사학에 약하듯이, 문헌사학자도 고고학에 약하기 마련이다. 고고학적 유물과 문헌기록의 사료적 성격이 다를 뿐 아니라, 거기에 따른 해석방법도 다른 까닭이다.

신화의 역사적 연구도 아무나 하는 것이 아니다. 신화의 고유한 자질과 가치를 그 자체로 인정하고 받아들여야 신화의 역사적 해석의 길이 열린다. 신화가 아닌 다른 사실과 견주어 마치 문제가 있는 사료처럼 가치평가를 하는 것은 문헌사료를 고고학 유물의 기준으로 평가하는 것과 같은 한계가 있다. 신화도 다른 사료와 마찬가지로 어떻게 신화사료에 맞게 역사적으로 해석할 것인가 하는 연구방법의 문제가 있을 따름이다. 그러므로 사학자들이 신화를 허구로 규정하여 사료로서 배격하더라도 신화의 역사성은 부정되지 않으며 부정될 수도 없다.

따라서 '단군신화를 역사적 사실로 국사교과서에서 가르칠 수 없다'고[55] 하는 학자도 같은 글 안에서 단군신화를 자료로 역사해석을 시도하며 스스로 '신화적 기원론'을[56] 펴는 당착에 빠지기도 한다. 단군신화에 중요한 역사적 사실이 갈무리되어 있기 때문이다. 일반신화는 역사로 가르칠 수 없지만, 건국시조신화는 역사로 해석하고 또 역사교과서로 가르쳐야 한다는 사실을 스스로 입증한 셈이다. 일반신화도 역사교재는 될 수 없으나, 역사연구의 대상은 될 수 있다. 그리스 신화를 모르면서 그리스의 역사를 이해한다는 것은 무리이기 때문이다.

주몽신화를 제쳐두고 어떻게 고구려사를 온전하게 가르칠 수 있으며, 박혁거세신화와 석탈해신화, 김알지신화를 빼놓고 어떻게 신라사를 제대로 가르칠 수 있겠는가. 과학적 역사서술은 건국시조신화를 배

---

55) 김정학, 「민족사관의 재정립을 위하여 -남북 고고학 연구의 성과와 과제」, 이형구 편, 『단군과 고조선』, 살림터, 1999, 35쪽.
56) 김정학, 위의 글, 같은 곳.

제하고 있는가. 역사학자들의 실제 연구활동이 이러한 주장을 부정한
다. 단군신화를 대상으로 하지 않은 고조선사 연구는 찾기 어려운 것
이 중요한 증거이다. 무의식적으로 단군신화를 사료로 다루어 고조선
역사를 연구하면서, 의식적으로는 '단군신화'라는 사실을 들어 고조선
의 역사를 부정하는 모순에 빠져 있는 것이 사학계의 현실이다. 그러
므로 식민사학이 씌워놓은 '단군신화'의 굴레를 벗어 던지고 '고조선
건국본풀이'로 고조선의 역사를 재인식하는 논의가 필요하다.

본풀이는 굿판에서 노래되는 무교의 신화이다. 흔히 무속신화나 서
사무가라 하는데, 제주도에는 아직도 본풀이가 생생하게 구연되고 있
다. 섬기는 신이 태어나 신격으로 좌정된 내력을 풀이하는 역사가 바
로 본풀이다. 당본풀이는 마을을 지키는 수호신이 서낭당에 좌정한 역
사이며, 제석본풀이나 성주풀이는 제석신과 성주신이 신격으로 좌정하
게 된 내력을 노래하는 본풀이이다.

태초의 근본에서부터 지금 여기까지 통시적인 내력과 공시적인 밑
자리를 풀어서 이야기하는 것이 바로 우리신화의 본디 모습이자 굿판
의 본풀이이다. 굿에서 본풀이를 구연하는 까닭은 삶의 근본 내력을
제대로 풀어야 지금 여기 부닥뜨린 문제를 온전하게 해결할 수 있다고
여기는 역사의식이 있기 때문이다. 그러므로 성주굿을 하려면 성주풀
이, 제석굿을 하려면 제석본풀이, 당굿을 하려면 당본풀이를 구연하게
되는 것이다.

말을 바꾸면 근본 내력을 알아야 굿의 목적을 실현할 수 있다는 말
이다. 굿의 목적은 여러 가지이지만, 그 가운데 근본적인 것은 현실 속
에 직면하고 있는 삶의 문제를 해결하는 데 있다. 달리 말하면 삶 속에
서 '맺힌 것을 푸는 것'이 굿이다. 사회학문의 전문용어를 쓰면 '구조적
모순을 해결하는 것'이 굿이라[57] 할 수 있다. 지금 여기서 맺힌 것을

---

57) 임재해, 「굿의 주술성과 변혁성」, 『比較民俗學』 9, 比較民俗學會, 1992, 115-

제대로 풀려면 맺힌 것 자체에 매달릴 것이 아니라, 태초로 거슬러 올라가서 역사적 내력을 근본부터 풀어나와야 현실문제도 순조롭게 풀수 있다. 이것이 바로 굿을 할 때 본풀이를 노래하는 까닭이다.

근본을 제대로 풀지 않은 채 현실문제를 그 자체로 해결하려는 것은 어리석은 일이다. 모든 일은 통시적으로 인과관계 속에 놓여 있기 때문이다. 역사학이란 무엇인가. 통시적 인과관계의 논리를 인정하며 그 선후의 개연성을 체계적으로 추론하는 것이 아닌가. 본풀이도 이와 같은 역사의식을 지니고 있는 까닭에 현실문제의 원인이 과거에 사실에서부터 비롯되었다고 믿고 과거의 문제부터 통시적으로 들추어내는 것이다. 그러므로 태초의 천지개벽 순간에서부터 굿을 하는 지금 여기까지 내력을 통시적으로 풀어내고, 다시 지금 여기서 미래의 문제를 전망하고 예측하는 데까지 나아가는 것이 굿의 순차적 구조이다. 그러므로 본풀이야말로 통시대적이며 우주적인 유기체적 역사관을 지녔다고 할 수 있다.

본풀이는 역사학 이전의 역사를 노래할 뿐 아니라 유기체적 사관을 통해 역사학의 바람직한 길을 일깨워주는 구실을 한다. 따라서 역사학도 본풀이의 역사의식을 본받아야 할 터인데, 오히려 신화라고 하여 불신하는 것이 문제이다. 본풀이는 태초의 역사가 잘못되면 지금의 역사도 잘못되고 미래의 역사도 잘 풀리지 않는다고 여기는 민중의 역사의식 속에서 창출된 것이다. 그러므로 지금 여기서 부닥뜨린 문제를 풀기 위해 굿을 할 때마다 본풀이를 거듭 노래하는 것이다.

사학자들은 사회현실이 어려울 때마다 지금 여기의 시각에서 역사를 다시 쓰는가. 아니면 태초부터 현대사까지 전 역사를 다시 반추하고 되새기기라도 하는가. '역사는 과거와 현재의 대화'라는 E. H. 카아의 『역사란 무엇인가』의 한 구절을 지식으로 읊조릴 뿐 그에 따른 실

143쪽에서 구조적 모순을 해결하는 굿의 변혁성에 관해 다루었다.

천적 역사서술은 하지 않는다. 그러나 굿판에서는 굿을 할 때마다 태초부터 현재까지 역사를 구술한다. 지금까지 살아온 역사를 제대로 알지 못한 상태에서는 현실문제를 근본적으로 해결할 수 없다고 여기는 까닭에 굿을 할 때마다 본풀이를 노래하는 것이다. 이야기보다 노래가 기억하기 쉽고 거듭 불러도 식상하지 않기 때문에 노래로 부르는 것이다. 그러므로 본풀이는 노래로 공유하는 역사이야기라고 할 수 있다.

본풀이를 한자말로 나타내면 '본기(本紀)' 또는 '고기(古記)'이다. '본기'는 본디 실마리 또는 근본이 되는 벼리를 뜻하는 것이므로 사실상 본풀이와 같은 말이다. '고기'도 옛 유래를 기억하여 외우는 것을 뜻하므로 본풀이의 구비전승 상황과 맞아떨어지는 말이다. 실제로 인용한 자료를 보면 『삼국유사』는 '고기'를, 『제왕운기』는 '본기'를, 『세종실록』은 '단군고기'를 들고 있는데, 이러한 한자표기를 우리말로 풀이하면 모두 '본풀이 또는 '단군본풀이'라 할 수 있다. 그러므로 본풀이는 현대 제주어로서 제주 토박이말이자, 우리 고대어로서 건국신화나 무속신화 등 건국시조와 같은 신이한 영웅이나 무신과 같은 신격의 내력을 노래하는 신화를 뜻하는 말로서, 역사의 근본을 바르게 풀어주고 상고사의 체계를 바로잡아주는 서사체계라 할 수 있다.

과연 본풀이가 그러한 역사적 임무를 다 감당할 수 있을까. 본풀이는 지리적 시작의 본디 공간과, 태초의 역사적 시기, 시조 노릇을 하는 영웅의 계보를 풀어서 설명하는 까닭에 당연히 역사적 기원을 해명하는 데 전적으로 기능한다. 따라서 태초의 시간과 우주 공간, 그리고 그 주체인 영웅의 출현에 관한 세 가닥의 기본 문제를 아울러 풀어준다. 따라서 본풀이는 곧 기원을 밝히는 풀이이자 역사이야기 노래라고 할 수 있다. 본풀이는 역사 이전의 역사를 풀어주는 원초적 역사이다. 그러므로 상고사 연구에서 필수적인 사료가 바로 본풀이이다. 특히 건국 시조본풀이는 더 이를 나위가 없다.

5. 본풀이 논리로 본 고조선의 뿌리 '신시고국'

신화를 종교학적으로 받아들이면 매우 신성한 경전이고, 철학적으로 받아들이면 원초적인 세계관을 갈무리한 신화철학이며, 문학적으로 받아들이면 민족적 창조력을 발휘한 서사작품이다. 심리학에서는 신화가 정신분석학의 중요한 연구대상이다. 역사학에서도 유헤메루스(Euhemerus)에 의해 신화의 역사적 연구가 제기된 이래 신화는 중요한 사료 가운데 하나이다. 신화를 순전히 역사적인 것으로만 설명하려고 노력해서 마침내 '유헤메리즘(Euhemerism)' 곧 신화역사주의를[58] 형성하기도 했다. 신화를 곧 역사로 받아들이는 역사주의파와 달리, 우리 사학계 주류에서는 한갓 허무맹랑한 이야기로 간주하여 부정하기 일쑤이다.

신화를 신성한 진리이자 최고의 철학으로 과대평가하는 학파에서부터 한갓 우의적(寓意的) 알레고리로, 또는 대중을 오도하기 위한 미신이자 꾸며낸 허구라고 여기는 다양한 학파가 있다.[59] 따라서 신화를 보는 학파들의 다양한 관점들 사이에서 어떤 관점을 취하는가 하는 것이 문제이다. 카시러(Cassirer)는 "신화적 지각은 과학적 지각과 마찬가지로 현실적"이라고 하며, "따라서 신화는 그 특유의 상징적 형태와 범주를 통하여 현실을 파악하는 명백한 방식으로 그 자체만의 진리를 제시한다"고[60] 주장했다.

---

58) David Bidney, 'Myth, Symbolism, and Truth', Edited by John B. Vickery, *Myth and Literature - Contemporary Theory and Practice*, University of Nebraska Press, 1969, 3쪽. "Euhemerism has since become a symbol for all purely historical explanations of myth."

59) David Bidney, 위의 글, 3-6쪽 참조.

60) David Bidney, 같은 글, 7쪽. "과학적인 사고방식의 모든 노력들은 자연에 대한 주관적, 인상적 지각을 제거하는 데 집중되어 있지만, 이낭에 의한 경험으로 얻어진 자료의 '인류학적 가치'는 변함이 없다."

그런데 고조선 본기를 일컫는 단군신화라는 말은 '만들어진 허구'의 뜻으로 편벽되게 받아들여졌다. 신화에 대한 이러한 편견과 반대로, 본디 우리말 '본풀이'는 상고사 연구를 필수적으로 요구한다. 왜냐하면 본풀이는 태초의 역사부터 풀어나가는 이야기이기 때문이다. 학계에서는 우리 역사를 구석기시대부터 서술하기 일쑤이지만, 본풀이는 천지개벽의 우주사와 인간이 최초로 출현하는 인류시조의 역사를 아우르는 태초의 역사부터 지금 여기 우리들의 역사까지 풀어낸다.

따라서 사학자들의 역사의식보다 더 뿌리깊을 뿐 아니라 더 정확한 역사인식을 하고 있다. 왜냐하면 태초의 역사인 근본 내력을 제대로 풀지 않고서는 지금의 현안 문제도 온전하게 풀 수 없다고 여기는 까닭이다. 그러므로 큰굿을 할 때는 천지왕본풀이를 비롯한 우주사 또는 창세의 역사부터 노래하는 것이다. 그것은 곧 상고사가 잘못되면 그 다음의 역사도 잘못되고, 과거사가 잘못되면 현대사의 문제도 풀기 어렵다고 여기는 역사의식에서 비롯된 것이다.

지금 동북공정을 비롯한 동아시아 역사문제가 혼란 속에 빠진 것은 우리 상고사 연구가 제대로 이루어져 있지 않기 때문이다. 우리가 상고사를 정확하게 밝히려는 것은 역사적 지식을 확충하여 아는 체하려는 것이 아니라, 상고사 체계를 올바르게 가닥 잡아서 현실문제 해결의 실마리를 찾기 위한 것이다. 본풀이는 그러한 역사의식 때문에 태초의 역사부터 되새기는 것이다. 그러므로 역사 이전의 역사를 주목하는 본풀이의 원초적 역사의식과, 동시대 역사의 문제를 해결하기 위해 태초의 역사부터 주목하는 본풀이의 인과적 역사인식은 고조선의 기원을 찾아 상고사의 뿌리를 캐도록 만드는 것이다.

『삼국유사』 '고조선'조 기록을 일제 관학파의 시각처럼 신화로 보면 고조선은 우리 역사에서 증발된다. 그렇다고 해서 신화를 본풀이로 바꾸어 놓는다고 문제가 저절로 해결되는 것은 아니다. 무속신화의 관점에서 무신의 본풀이라는 뜻으로 명명하게 되면, "상고대 신화는 무속적 원리를 지닌 신성왕권의 본풀이"로[61] 간주된다. 따라서 본풀이가 역사의 근본을 푸는 것이 아니라 기껏 천손 관념에 의한 왕권의 신성한 혈통을 강조하는 무교의 종교적 의도를 나타내는 것으로 이해되거나[62] 몽골어 Tengri 영향론을 제기한 최남선의 견해를[63] 따라 "단군의 칭호가 몽골어 Tengri에서 유래되었다"고[64] 하는 쪽으로 빠지게 된다.

결국 최남선의 비슷한 말풀이 수준의 어원론에 안주하여 역사연구를 하게 되면, 고조선 연구는 백년하청(百年河淸)이다. 여전히 단군을 단골무당과 연결지어 샤먼(무당)으로 또는 천군(天君)과 관련하여 제사장으로 해석하는[65] 수준에서 머문다. 최남선은 단군이 군장(君長)임과 동시에 무당이었다고 하여 단군 - 무군(巫君) - 천군의 연관성을 제기했는데,[66] 신용하는 이 견해를 비판하면서 단군을 무군이 아니라 정부조직의 제왕(帝王)으로 규정한다. 다만 국가적 행사의 제천의식에서만 제왕으로서 제사장 구실을 했다고 본다.[67] 그러므로 비슷한 말들을 찾아서 줄긋기식 말풀이 중심으로 단군의 정체를 밝히는 것은 연구의 진전에 도움이 되지 않는다.

본풀이가 지닌 역사 서술체계나 본풀이 구연의 역사적 문제인식과 상관없이, 한갓 무속신화로서 주목하고 말거나 무당 관련 낱말들을 끌어와 단군을 무당 수준으로 자리매김하기 일쑤이다. 무속신화 시각이

---

61) 金烈圭, 『韓國神話와 巫俗硏究』, 一潮閣, 1977, 2쪽.
62) 노태돈, 「단군과 고조선사에 대한 이해 -사실과 상징의 변주곡」, 『단군과 고조선사』, 사계절, 2000, 19쪽.
63) 崔南善, 「不咸文化論」, 『六堂崔南善全集』 2, 玄岩社, 60쪽. "檀君이란 Tenfri 또는 그 類語의 寫音으로서, 원래 天을 의미하는 말에서 轉하여 天을 代表한다는 君師의 呼稱이 된 말에 不外하다."
64) 윤경수, 「단군신화의 신화성과 역사인식」, 『단군학연구』 2, 단군학회, 2000, 59쪽.
65) 노태돈, 앞의 글, 18쪽. 이 주장도 최남선의 견해이다.
66) 愼鏞廈, 『韓國民族의 形成과 民族社會學』, 지식산업사, 2001, 39쪽 참조.
67) 愼鏞廈, 위의 책, 40쪽.

아니라 역사적 시각에서 본풀이의 논리와 본풀이의 사관으로 고조선
본풀이를 보면, 단군조선 이전의 원초적인 역사까지 보인다. 고조선본
풀이는 한갓 무신의 내력을 말하는 무속신화가 아니라 고조선 이전의
상고시대 역사, 다시 말하면 한민족 태초의 역사를 풀이하는 이야기이
다. '고조선' 본풀이는 고조선의 단군본풀이 이전에 신시(神市)의 환웅본
풀이까지 거슬러 올라가서 고조선 역사의 근본을 풀어낸다는 말이다.

더 큰 비중을 차지하고 있는 내용은 고조선의 단군이야기가 아니
다. 시조 단군의 내력이나 행적보다, 신시 시조 환웅의 근본 내력과 행
적을 아주 자세하고 웅장하게 이야기한다. 그렇다면 신화라 일컫더라
도 환웅신화라 해야 마땅하다. 그런데도 단군신화라는 선입견 탓에, 상
고사에 남다른 역사의식을 가진 학자들조차 무의식 중에 "우리 역사의
시작은 단군에서 비롯되었다."고[68] 한다. 단군신화의 중요성을 강조한
정인보가 '단군은 우리 역사와 우리 문화의 시작이요 모태였다'고[69] 하
는 무의식의 흐름 위에서 단군을 민족사 시조로 인식하는 것이 일반적
경향이다.

단군 또는 고조선 부정론에 맞서서 단군을 강조하다가 빚어진 일이
다. 그러나 단군에서 비롯된 것은 단군조선일 뿐이다. 따라서 '우리 역
사의 시작'이 아니라 '단군조선의 시작'은 단군에서 비롯되었다고 하는
것이 옳다. 다만 우리 역사의 시작은 환웅에서 비롯되었다고 해야 마
땅하다. 왜냐하면 우리 역사에는 단군의 고조선 이전에 환웅의 신시가
있었기 때문이다. 그러므로 우리가 알고 있는 고조선본풀이는 '단군신
화'라는 왜색 역사용어의 가리개에 의해 크게 잘못 알려져 있다. 상식
적인 내용조차 제 눈으로 보고도 모르는 착각에 빠져 있다고 해도 지
나치지 않다.

고조선본풀이는 고조선 시조 단군풀이로 생각하고 단군신화라고

---

68) 박성수, 『단군문화기행』, 서원, 2000, 6쪽.
69) 정인보 저, 박성수 편역, 『정인보의 조선사연구』, 서원, 2000, 5쪽.

줄곧 일컬어 왔는데, 사실은 그렇지 않다. 단군신화라는 말과 관념은 단군 자신을 말살하고 고조선을 부정했을 뿐 아니라, 단군의 부계이자 고조선 역사의 뿌리라 할 수 있는 환웅의 신시를 역사 속에서 증발시켜 버린 것이다. 단군이 강조되면서 그 부계인 환웅이 사라지고 고조선이 부정되면서 신시는 아예 거론조차 되지 않게 된 것이다. 그 결과 어처구니없게도 환웅의 이념과 신시의 공간이 모두 단군의 이념과 고조선의 공간인 것처럼 착각하기에 이르렀다.

따라서 단군이 마치 "홍익인간 이념과 재세이화(在世理化)"의 주체인 것처럼 알고 있는 경우가 적지 않으며, 고조선이 태백산 신단수 아래에서 건국된 것으로 알기도 한다. 태백산의 지리적 위치를 비정하면 고조선의 초기 위치도 포착할 수 있다고 믿는다. 본풀이의 관점에서 보면 민족사의 근본을 왜곡하고 있는 셈이다. 고조선문화의 기원을 온전하게 찾아야 하는 이유도 이러한 착각과 왜곡을 바로잡기 위한 것이다.

고조선조의 기록에는 단군풀이보다 환웅본풀이가 더 큰 비중을 차지하고 있을 뿐 아니라, 중요한 서사적 내용도 단군이 아닌 환웅이 주인공이 되어서 펼쳐지는 것이다. 따라서 굳이 서사적 주인공을 중심으로 나타내려면 단군풀이가 아니라 환웅풀이 곧 단군신화가 아니라 환웅신화라 해야 마땅하다. 왜냐하면 단군풀이는 환웅풀이에 사족처럼 곁들여 있기 때문이다. 실제로 고조선조 기록에는 단군에 관한 내용은 거의 없다. 대부분은 환웅에 관한 내용이다.

단군은 환웅과 곰네 사이에서 태어나 고조선을 세우고 도읍지를 세 차례 옮겼으며 1908세를 살다가 아사달의 산신이 되었다고 하는 내용이 전부이다. 그 행적은 두 가지뿐이다. 역사적으로 보면, 고조선을 세운 사실과 도읍지를 옮긴 사실이 전부다. 환웅본풀이와 같은 서사적 줄거리도 거의 없다. 역사적 사실만 간략하게 요약한 셈이다. 그런데도 단군의 고조선 건국 사실은 역사적으로 아주 중요하다. 고조선 건국본풀이로 보면 이 부분이 빠질 수 없다.

따라서 고조선본풀이는 '환웅풀이' 부분과 '단군풀이' 부분 또는 '신시풀이' 내용과 '고조선풀이' 내용의 결합으로 이루어진 2중 구조를 이루고 있는 것이다. 굿판에서 전승되고 있는 실제 본풀이에서도 대부분 2중 구조 또는 2원적인 구조라 할 만큼[70] 두 유형의 서사적 본풀이가 따로 또는 함께 구연되고 있다. 태초부터 지금 여기까지 노래하는 본풀이의 논리로 보면, 말이 2중 구조일 뿐 사실은 두 본풀이가 하나의 본풀이로 이어져 구연될 따름이다.

신시시대 나라굿에는 천상에서 관념적으로 존재했던 환인시대에서부터 신시 건국시조인 환웅풀이까지 노래할 수밖에 없다. 환인이 환국으로 실재했던 역사적 사실이라 하더라도 본풀이에서는 하늘나라로 관념화되어 노래된다. 신시시대 나라굿에는 미래의 단군조선에 관해서 노래되지 않고 노래될 수도 없다. 그러나 고조선시대에 들어오면 나라굿을 할 때 단군조선 이전의 환웅풀이만 노래할 수도 없고 단군풀이만 노래해서도 안된다.

태초에서 지금 여기의 상황까지 노래해야 하므로, 태초의 환인에서 시작하여 신시시조 환웅풀이를 구연하고 이어서 고조선 시조인 단군풀이까지 모두 노래하게 된다. 구비전승되는 본풀이는 역사의 진전에 따라 본풀이도 함께 축적되게 마련이다. 그러므로 단군조선 이후에 전승되는 고조선본풀이는 신시의 환웅풀이와 고조선의 단군풀이가 함께 이어져 하나의 새로운 본풀이로 전승되는 것이다.

고조선만 그런 것이 아니라 고구려나 신라 건국본풀이도 마찬가지이다. 고구려 본풀이도 동명왕신화나 주몽신화로 일컫고 말 일이 아니다. 주몽 이전의 부여국 해모수 신화가 있다. 환웅처럼 천상계에서 지상으로 내려온 천제의 아들 해모수가 있고, 단군처럼 인간으로서 현실

---

[70] 임재해, 『안동문화와 성주신앙』, 안동대학교 안동문화연구소, 2002, 443-453쪽에 성주풀이의 2원적 양상을 다루었다.

세계에서 태어난 주몽이 있다. 따라서 주몽신화라 일컫게 되면 주몽 이전에 해모수와 해부루가 건국한 북부여 또는 동부여는 역사 속에서 사라진다. 두 역사는 모두 고구려사보다 선행하는 역사로서 통시적으로 함께 다루어야 한다.

신라 건국본풀이도 박혁거세신화로 일컫게 되면 신라 이전의 6촌 역사는 사라진다. 6촌을 세운 촌장신화들도 환웅처럼 하늘에서 땅으로 내려왔다. 한결같이 산으로 내려와 정치 지도자가 되고 성씨 시조가 되었다. 그들이 추대한 인물이 박혁거세이며 신라 건국시조이다. 따라서 신라 형성 이전에는 본풀이로 6촌촌장풀이만 노래되다가 박혁거세에 의해 신라가 건국되면서 박혁거세풀이도 함께 노래되었다. 그러한 전승 상황의 자취가 『삼국유사』의 기록을 통해서 고스란히 남아 있다. 촌장풀이에 이어 박혁거세풀이가 마치 하나의 본풀이처럼 기록되어 있는 것이다. 그러므로 건국본풀이를 건국시조 관련 풀이들만 제각기 따로 떼어서 '단군신화'나 '주몽신화', '박혁거세신화'로 명명하고 하나의 독립적인 서사작품이나 사료처럼 다루는 것은 본풀이로서 역사 이해와 크게 어긋나는 일이다.

가장 대표적으로 어긋난 것이 신라 건국본풀이 해석이다. 신라 본풀이는 모두 11개의 본풀이들이 더불어 얽혀 있는 장엄한 역사 서술이다. 그런데 6촌촌장 본풀이는 아예 신화로 인정하지도 않고 기껏 박·석·김 세 본풀이만 신화로 일컬을 뿐 아니라, 세 본풀이조차 제각기 고립된 별개의 신화로 간주하여 그 내력과 유래를 따로 해석하고 있다. 이를테면 박혁거세 본풀이는 천손신화이고, 석탈해 본풀이는 도래신화이거나 몽골에서 온 신화이며, 김알지본풀이는 알타이에서 온 신화로 해석된다. 따라서 신라 건국시조는 모두 신라인도 한반도인도 아니다. 게다가 학자들 사이에 그 출신 민족도 다르게 해석된다.

박혁거세는 북방계의 기마민족이자[71] 북방민족의 유이민이거나[72] 도래인이라[73] 하기 일쑤이다. 석탈해나 김알지도 도래인으로[74] 해석한

다. 구체적으로는 석탈해와 김알지가 제각기 몽골인이며 알타인이라
고까지[75] 한다. 결국 신라를 세우고 나라를 다스린 시조왕들은 모두
신라인이 아닌 이방인들이자 도래인이라는 것이다. 결국 신라는 도래
인들이 세운 나라일 뿐 아니라, 도래인들이 차례로 경주를 점유하고
도래인들끼리 서로 다투며 왕조교체를 해온 기이한 건국사를 지닌 나
라로 규정된다.[76] 그래서 신라 건국시조들 셋 모두 신라인들이 아니라
북방민족으로 간주되고, 마치 신라를 세우고 시조왕이 된 인물은 모두
북방 여러 민족이 제각기 신라에 들어와서 신탁통치한 것처럼 종속적
인 해석을 하는 것이다.

　도래신화라는 용어는 섬나라 일본에서 만든 용어이며, 북방민족 기
원설이나 시베리아 유목문화 기원설 또한 한국고대사의 주체성을 인
정하지 않으려는 식민사관의 산물이다. 그런데 이러한 도래설 또는 이
주민 지배설을 비판없이 고스란히 받아들여 한국 신화의 특징으로 일

71) 尹徹重, 『韓國의 始原神話』, 白山資料院, 1996, 251쪽.
72) 崔光植, 「박혁거세신화」, 『한국사』 7, 국사편찬위원회, 1997, 16쪽.
　　박종성, 「新羅神話의 形成과 新羅上古史의 한 단서」, 『口碑文學硏究』 13,
　　2001, 257-260쪽.
73) 尹徹重, 『韓國渡來神話硏究』, 백산자료원, 1997, 35-46쪽.
　　趙顯卨, 「호공의 정체와 신화적 성격」, 『東岳語文論集』, 東岳語文學會, 1997,
　　323쪽.
　　박종성, 위의 글, 같은 곳.
74) 특히 도래인(渡來人)이란 말은 섬나라의 입지를 갖춘 일본인들의 처지에서
　　쓰는 특수한 용어인데, 북방전래설을 펴면서 한국의 상황에 맞지 않게 도래
　　인이라고 하는 것은 옳은 표현이라 할 수 없다. '외국여행'을 일본인들이 '해
　　외여행'이라고 한다고 해서 우리도 그렇게 따라 말하는 것과 같은 잘못이다.
75) 김병모, 『금관의 비밀 -한국 고대사와 김씨의 원류를 찾아서』, 푸른역사,
　　1998, 167쪽. 이를테면 석탈해는 대장장이를 뜻하는 몽골어 탈한을 근거로
　　몽골족, 김알지는 금을 뜻하는 알타이어 '알타이'를 근거로 알타이족의 도래
　　인으로 해석하는 연구들이다.
76) 임재해, 「신라 건국신화의 맥락적 해석과 신라문화의 재인식」, 일연학연구
　　원편, 『일연과 삼국유사』, 신서원, 2007, 430쪽.

반화하기도 한다. 송호정은 '우리 고대 건국신화에는 외부에서 유입된 유이민이 주인 역할을 하는 경우가 많다. 고구려의 주몽, 백제의 온조와 비류, 신라의 혁거세·알지, 가야의 수로 등이 모두 그러하다.'고 하면서 환웅도 같은 인물로 간주한다.[77] 한국 건국시조를 모두 유이민 집단으로 해석하는 것이다.

그러나 본풀이의 관점에서 보면 사정이 다르다. 신라 건국시조 이야기도 사서에 기록하는 과정에 제각기 분리되어 기록되어 있다. 그러나 본풀이의 체계로 보면 6촌촌장신화 6편과, 선도산성모신화, 박혁거세신화, 알영부인신화, 석탈해신화, 김알지신화 5편을 합해 모두 11편의 신화가 유기적 관계 속에서 신라 건국과정과 역사를 설명하는 하나의 본풀이를 이루고 있다.[78] 그러므로 박혁거세, 석탈해, 김알지신화를 서로 무관한 신화로 해석하고 제각기 다른 북방민족들의 신화인 것처럼 전래설을[79] 펼 것이 아니라, 신라신화를 모두 상호관련성 속에 유기적으로 해석해야 신라사가 제대로 살아난다.

결국 본풀이의 논리로 보면, 한 신화처럼 기록된 자료도 내용에 따라 여러 신화로 나누어 보고, 여러 신화처럼 별도로 기록된 자료도 서로 유기적인 연관성 속에서 하나의 본풀이로 해석해야 한다는 사실을 알 수 있게 되었다. 따라서 고조선본풀이도 이러한 시각에서 분석되고 통합되며 재해석되어야 한다. 이른바 '단군본기'의 내용은 언제 형성되었는지 구체적으로 알기 어렵지만, 학계에서는 고조선 건국 이후에 만

---

77) 송호정, 같은 책, 123쪽.
78) 임재해, 「삼국유사 설화 자원의 문화 콘텐츠화 길찾기」, 『三國遺事 文化 콘텐츠 探索』, 제7회 일연학연구원 학술대회, 2008년 9월 26일, 58-61쪽에서 이 문제를 다루었다.
79) 김병모, 앞의 책, 167쪽. 석탈해는 대장장이를 뜻하는 몽골어 탈한을 근거로 몽골족, 김알지는 금을 뜻하는 알타이어 '알타이'를 근거로 알타이족의 도래인으로 해석하여, 신라건국신화들을 몽골과 알타이에서 비롯된 것으로 간주한다.

들어진 하나의 지배 이데올로기로[80] 해석되고 있다.

고조선본풀이를 단군신화라 하여 불신하는 학자들은 일연이 『삼국유사』를 편찬하던 시기에 꾸며낸 이야기로 단정하기도 한다.[81] 고조선 멸망 이후 천여 년 뒤에 기술된 것이어서 믿을 수 없는 사료로 간주되는 것이다. 고조선본풀이를 일시에 완성된 하나의 단일한 작품으로 보거나, 순전히 문헌사료로 기록된 건국시조 이야기로 보면 그렇게 생각할 수 있다.

그러나 고조선본풀이는 일연이 『고기(古記)』의 내용을 고스란히 인용한 것일 뿐 아니라, 인용과정에서 역사적 사실과 어긋난다고 판단되거나 자기 생각과 다르다고 여기는 대목에서는 협주로 자기 생각을 따로 밝혀 두었다. 그러므로 사료로서 객관적 체계를 잘 갖춘 기록이라 할 수 있다.

그러나 고조선본풀이는 처음부터 기록된 것이 아니라 말로 전승되던 것이었다. 구비전승으로 노래되는 것이 본풀이의 기본적인 존재양식이다. 기록물이라 하더라도 실제보다 빠르게 형성되었을 것이다. 왜냐하면 『삼국유사』에 기록되기 이전에 고조선의 역사적 개요는 『위서』에 기록되어 있었고, 구체적인 이야기의 내용은 『고기(古記)』 또는 『본기(本紀)』, 『단군고기(檀君古記)』에 먼저 기록되어 있었기 때문이다.

『삼국유사』와 『응제시주(應製詩註)』는 '고기'를 인용하였으며, 『제왕운기』는 '본기'를, 『세종실록』은 '단군고기'를 인용하였다. 따라서 『삼국유사』 이전에 이미 '고기'나 '본기', '단군고기'와 같은 문헌에 고조선

---

80) 송호정, 같은 책, 229쪽. "그것(단군신화)은 고조선이 국가체제를 갖추었을 때 지배를 합리화하기 위해, 즉 하늘에서 신성한 기운을 타고 내려온 자신들의 지배는 절대적이며 백성들을 널리 이롭게 하기 위한 것이라는 이데올로기 차원에서 만들어낸 것이다."

81) 주로 일본인들의 주장으로서 최남선의 용어를 빌린다면 '僧徒 妄談說'에 해당된다. 일연의 조작설이라는 것인데, 사학계 일부에서는 불교적 윤색으로 보기도 한다.

본풀이가 기록되어 있었다는 사실을 알 수 있다. 그러므로 흔히 단군
신화라고 하는 고조선본풀이가 일연에 의하여 『삼국유사』 집필 당시
에 지어졌을 것이라는 추론은 가당찮은 억지이다.

　더 중요한 사실은 고조선 건국 내용이 문헌에 기록으로 정착되기
이전부터 오랫동안 '본풀이'로서 구비전승되었다는 점이다. 모든 구비
전승이 그렇듯이 일시에 완성되어 창작되는 것이 아니라 전승되는 동
안에 가감되고 보완되며 수정된다. 역사적 상황이 달라지면 본풀이도
그에 따라 달라질 수밖에 없다. 특히 본풀이는 그러한 성격이 더 강하
다. 왜냐하면 근본 내력을 풀이하는 이야기 노래이기 때문에, 역사적
사실이 진전되는 데 따라 계속해서 이야기가 덧보태어져 노래될 수밖
에 없다. 우리가 지금 만나는 나라본풀이 곧 건국신화는 가장 후대에
노래되던 것이다. 그러므로 이른바 단군신화를 우리 신화학인 본풀이
론의 맥락 속에서 해석하려면 본풀이의 구조와 논리로 재해석하지 않
을 수 없다.

　단군신화는 나라굿을 할 때 노래되었던 고조선본풀이라 할 수 있
다. 지금 우리가 만나는 고조선본풀이는 단군이 1908세를 살다가 아사
달의 산신이 된 이후에 노래되었던 내용이다. 풀어서 말하면 단군 왕
호를 마지막으로 사용한 인물이 죽은 다음에 오래 전부터 전승된 내용
과 현재 상황을 보태어 구연한 노래라 할 수 있다. 그러나 단군이 살아
있을 때, 또는 고조선이 건재할 때도 나라굿을 하였으며, 이때도 고조
선 건국본풀이를 노래했을 것이다. 다만 그때는 단군이 살아 있으므로
그 당대상황까지 부르고 단군의 죽음 이후 상황은 부를 수 없다.

　더 거슬러 올라가서 단군이 등장하기 전의 역사적 상황에서는 바로
그 당시의 내력까지 노래 불렀을 것이다. 단군이 등장하기 이전 단계
에는 환웅본풀이 또는 신시본풀이라고 할 수 있는 이야기가 신시에서
베풀어지는 나라굿에서 노래되었을 것이다. 따라서 지금 우리가 만나
는 고조선 본기 속에는 여러 시대에 걸쳐서 노래되었던 나라의 역사가

축적되어 있는 셈이다. 나라본풀이는 나라가 건국될 때마다 하나의 노래로 완성된다고 한다면, 단군이 출현하기 이전, 또는 곰과 범이 환웅을 찾아와 사람되기를 빌기 이전에는 환웅의 신시내력만 하나의 본풀이로 구연되었을 것이다.

실제로 고조선 본기 안에 환웅 관련 기사의 서사적인 구조를 보면 본풀이의 틀을 온전하게 잘 유지하고 있다. 일반적으로 큰굿의 구조는 3차원으로 전개되는데, 환웅의 신시본풀이가 그러한 구조를 잘 갖추고 있다. 이를테면 큰굿은 우주적 시공간 차원에서 시작하여 인간의 존재론적 차원, 그리고 자연과 지리 및 역사적 차원으로 전개된다.[82] 신시본풀이를 이와 같은 구조로 분석해 보면 잘 맞아떨어진다.

> 1) 우주론적 차원 : 하늘나라에서 천제 환인과 아들 환웅이 인간세상을 굽어살피며 서로의 뜻을 헤아린다.
> 2) 존재론적 차원 : 환웅이 천부인 3개를 가지고 무리 3천을 거느리며 태백산 신단수 밑에 내려와 신시를 베풀고 천왕이 되었다.
> 3) 역사적 차원 : 환웅천왕이 풍백·우사·운사를 거느리고 인간사 360여 가지 일을 주관하며 인간세상을 다스리고 교화하였다.

이렇게 분석해 보면, 신시본풀이가 하나의 완결된 구조이자 독립된 신화로서 신시건국의 역사를 온전하게 설명해 주고 있는 사실을 알 수 있다. 천상에서부터 하강한 환웅의 본향을 충분히 밝히면서 환웅이 인간세상에 내려와 사는 역사적 과정과 지리적 위치, 그리고 천왕으로서 인간사를 두루 다스리고 교화하였다는 당대 상황까지 잘 풀이하고 있는 까닭이다. 따라서 이 내용을 '환웅본풀이' 또는 '환웅신화'라고 해도 전혀 손색이 없다.[83] 신시시대의 나라굿에서는 여기까지 노래되었을

---

82) 이수자, 같은 책, 321-322쪽에 제주도 큰굿을 체계적으로 분석해 두었다.
83) 임재해, 「한국신화의 주체적 인식과 민족문화의 정체성」, 274-275쪽.

것으로 추론된다. 본풀이는 늘 현재 상황까지 노래하는 까닭이다.

굿판에서 노래되는 지두서(指頭書)가 그러한 보기를 잘 보여주고 있다. 나라굿이 아니라도 큰굿을 할 때에는 굿의 들머리에 천지조판 (天地肇判)의 과정을 노래한다. 이 노래를 제주도에서는 '초감제'라 하고, 육지에서는 흔히 '지두서'라 한다. 이때 태초의 천지개벽 상황에서 부터 지금 현재 상황까지 노래하는 통시적인 내용과, 우주의 천문지리 와 굿판의 현주소를 구체적으로 밝히는 공시적인 내용이 함께 노래하 는데, 우주의 역사와 구조, 나라의 역사와 지리가 모두 노래된다. 이 대목에 더 보태어 지금 여기 굿판의 주소와 상황을 노래하는 것으로 마무리된다. 그러므로 이 마지막 부분은 본풀이를 부를 때마다 달라지게 마련이다.

나라본풀이도 이와 같은 구조로 이루어져 있다. 태초의 신성한 시 작에서부터 지금 여기의 현실적인 상황까지 노래하는 것이다. 환웅시 대에는 그 시대상황의 현재 시점까지 환웅본풀이를 노래했을 것이다. 환웅시대가 지나고 단군시대로 나아가면서 그 과정의 이야기들이 다 시 덧붙여져서 단군본풀이가 이루어진다.

따라서 환웅본풀이 다음에 등장하는 곰과 범, 단군의 출생 이야기 는 후대에 덧붙여진 것이다. 신시에서 단군조선으로 발전해 가는 과정 을 풀이한 내용이다. 그러므로 본풀이의 논리에 따라 적어도 고조선 본기는 역사적 전개와 시대 변화에 따라 환웅의 신시본풀이에 단군의 고조선본풀이가 첨가된 것이라 할 수 있다. 이러한 본풀이의 전승양상 을 정확하게 알아야 고조선의 기원을 역사적 과정 속에서 제대로 포착 할 수 있다.

결정적인 근거는 "환웅이 무리 삼천을 거느리고 태백산 신단수로 내려 와 자리를 잡고 '신시(神市)'라 이르는 국가조직을 만들었는데, 이 분이 바 로 환웅천왕(雄率徒三千 降於太白山頂神壇樹下 謂之神市 是謂桓雄天王

也"이라는[84) 사실이다. 환웅이 '신시'라는 성읍국가를 세우고 천왕 노릇을
했을 뿐 아니라, 곡식과 수명, 질병, 형벌, 선악 등 360여 가지 일을 다스렸
다는 것으로서, '환웅본풀이' 또는 '신시건국신화' 또는 '신시시조신화'라 일
컬을 만한 요건을 충분히 갖춘 셈이다.[85)

따라서 처음 단군신화를 다루면서 "왜 환웅신화가 아니고 단군신화
인가?"[86) 하는 의문을 품었던 것이다. 환웅본풀이는 환웅신화이자 신
시건국신화로서, 단군이 세운 고조선 이전에, 환웅이 세운 '신시'라는
한민족 초기국가의 정체를 밝혀주는 본풀이라 할 수 있다. 그러므로
고조선의 기원은 신시에서부터 시작되고 고조선문화의 원형도 신시문
화에서 비롯된 것이라 하지 않을 수 없다.

6. 고조선문화의 기원과 환웅의 신시문화 인식

단군의 고조선 건국조차 신화라는 이름으로 불신하는 이들에게는
받아들이기 어려운 사실이지만, 고조선 본기 내용을 본풀이의 시각에
서 보면 단군의 고조선 이전에 환웅의 신시가 있었다고 하지 않을 수
없다. 따라서 이러한 근본 체계를 제대로 알지 못하면서 단군을 민족
의 시조로 섬기는 사람들은 '홍익인간'을 단군의 사상이자 단군조선의
건국이념이라고 해석하거나 아예 '단군께서 홍익인간 재세이화했다'고
태연스레 말하기도 한다.

---

84) 『三國遺事』卷1, 紀異1, 古朝鮮.
85) 임재해, 앞의 글, 275쪽.
86) 임재해, 「단군신화에 던지는 몇 가지 질문」, 『文化財』 21, 文化財管理局,
    1988, 207-223쪽. 이 글은 『민족설화의 논리와 의식』, 지식산업사, 1992, 125-
    159쪽에 재수록되었다.

근대 민족교에서의 계몽·보급에 힘입어 단군은 '반만년 유구한 역사'와 '단일민족의 배달겨레', 홍익인간(弘益人間)의 민족이념 등 긍지 높은 민족의식의 근거를 제공하는 존재로서 대중의식 속에 정착했으며, ……. [87]

단군은 '홍익인간 재세이화(弘益人間 在世理化)'라는 건국이념과 관련하여 민주·평등·복지· 평화를 지향하는 민족의 높은 이상을 각성시켜 왔다. [88]

이른바 '단군 민족주의'에는 단군의 자리만 있지 환웅의 자리는 없다. 환웅의 사상과 행위도 단군의 것으로 치환되기 일쑤이다. 신시의 건국이념 홍익인간을 '우리나라 건국이념'이라고[89] 하면서 아무도 신시를 우리나라로 여기지 않는 당착에 대해서, 사학계는 문제의식이 전혀 없다. 홍익인간을 '대한민국 교육이념'으로 설정하고 바람직한 교육가치로[90] 자부심을 가지긴 하지만, 실제 교육현장에서 신시는커녕 고조선조차 대한민국 역사답게 국사 시간에 제대로 가르치지 않는다. 홍익인간을 건국이념 또는 교육이념으로 표방하면서, 그러한 뜻을 처음 펼친 환웅의 정체에 관해서 계속 침묵해도 좋은가. 교육이념과 교육내용이 완전히 어긋지게 나가도 묵비권만 행세할 것인가.

신화를 구실로 단군을 불신하는 이들과 반대로, 단군을 성조로 신격화하여 숭배하는 사람들은 '단군·고조선·홍익인간·재세이화' 네 낱말을 서로 뗄 수 없는 관계에 있는 핵심어(key-word)처럼 사용한다. 거듭 말하거니와 홍익인간의 이상을 꿈꾸고 재세이화한 주체는 단군이

---

87) 정영훈, 「단군의 민족주의적 의미」, 노태돈 편, 『단군과 고조선사』, 사계절, 2000, 184쪽.
88) 정영훈, 위의 글, 195쪽.
89) 문교부, 『문교개관』, 1958, 4-5쪽 참조.
90) 白樂濬, 『韓國敎育과 民族精神』, 文敎社, 1953, 25쪽.

아니라 환웅이며 단군조선 이전에 신시 건국을 통해 실현하고자 했다.

고조선의 역사를 적극적으로 해석해야 한다는 사람들도 단군과 달리 환웅은 신화적 인물로 봐야 한다고 주장한다. 당연히 고조선 이전의 신시국과 신시문화는 상상조차 하지 않는다. 환웅의 이념과 통치방식을 모두 단군의 것으로 부당하게 상속해 버린다. 그리고 신시에서 가꾸어낸 찬란한 문화사회는 마치 고조선 사회가 그랬던 것처럼 착각하기도 한다. 그러므로 환웅의 신시를 역사적 실체로 인정하지 않는다는 점에서는, 단군을 신화적 인물로 간주하든, 역사적 실체로 보든, 또는 단군을 신격으로 숭배하든 한결같다.

본풀이론으로 민족사의 근본을 풀어보면, 단군을 부정하든 인정하든 신성시하든, 환웅과 신시의 역사를 부정한다는 점에서 세 주장은 모두 잘못이라 하지 않을 수 없다. 단군을 민족의 시조라 하는 것도 단군성조를 신성한 존재로 과대평가하는 데서 비롯된 것인데, 결과적으로는 고조선 건국의 밑자리 구실을 한 환웅의 신시를 부정하는 결과에 이른다. 단군을 낳은 환웅과 곰네가 있는데, 단군을 민족시조라 해야 할 것인가. 족보를 따지는 계보학에서처럼 부계 혈통을 보더라도 단군을 낳은 환웅이 더 으뜸 시조가 되어야 하지 않을까.

족보와 혈통을 따지는 데 이력이 난 조선조 선비들도 단군은 숭모해도 환웅은 주목하지 않았다. 다만 18세기에 이환모(李煥模)의『동어(東語)』라는 역사서에 환웅이 단군에 앞서 별도로 다루어진 일이 있어서 주목된다.[91] 환웅의 신시기(神市紀)를 단군기(檀君記) 앞에 편찬하여 단군시대와 별도로 환웅시대를 설정했다. 앞으로 고조선 이전의 신시시대를 별도로 규정하고 상고사의 시대구분에 신시를 고조선과 선후관계로 설정해야 할 것이다. 고조선 건국본풀이를 단락별로 나누고

---

91) 徐永大,「이환모의 東語에 대하여」,『한국학 연구』9, 인하대학교 한국학연구소, 1998, 225-239쪽에서 자세하게 논의되었다.

내용을 자세하게 분석한 연구는[92] 많지만, '그러므로 신시시대를 고조
선시대와 별도로 설정해야 한다'는 주장은 없었다.

지금 중국은 삼황오제를 거슬러 올라가 사라진 역사를 더 소급하는
역사공정에 열을 올리고 있는데,[93] 한마디로 '역사 기원 밀어 올리기'
를 하는 것이다.[94] 그런데 우리는 사료에 분명하게 기록되어 있는 역
사조차 우리 스스로 부정하고 있다. 그것은 마치 일제 식민사학자들의
주장에 따라 한반도의 구석기시대를 부정해 왔던 것과 같은 오류를 되
풀이하는 일이다.

정확하게 말하면 단군은 조선의 시조일 따름이다. 단군을 민족의
시조라고 하는 것은 단군조선 이전의 민족사를 부정하는 결과를 빚어
서 상고사의 역사적 뿌리와 실체를 잘라내는 셈이다. 단군이 단군조선
의 건국시조로서 숭앙될 만하지만, 그렇다고 하여 민족의 시조로 자리
매김되는 것은 잘못이다. 이름을 떨친 중시조가 있다고 하여 원시조를
부정할 수 있는가. 태초의 시조는 시조대로 인정하면서 중시조는 중시
조대로, 파시조는 파시조대로 계보를 인정해야 순조로운 족보학과 문
중사가 이루어진다. 중시조가 잘 난 인물이라고 해서 원시조가 한 행
적까지 중시조의 행적으로 끌어가는 황당한 족보 서술이 있다면, 우리
는 그러한 서술이 얼마나 비합리적이고 반역사적이라고 나무랄까. 사
학계에서는 그런 황당한 역사해석이 없는가, 스스로 자문하는 성찰이
필요하다.

단군을 신화적 인물이라 하여 부정하는 것도 문제이지만, 단군을
실존 인물이라 하여 단군만 인정하는 것도 문제이다. 단군을 민족의

---

92) 尹徹重, 「檀君神話의 文段考」, 『韓國渡來神話硏究』, 백산자료원, 1997, 243-278쪽.
김성환, 「단군신화의 기원과 고구려의 전승」, 『단군학연구』 3, 단군학회
2000, 107-136쪽.
93) 김선자, 『만들어진 민족주의 황제신화』, 책세상, 2007이 중국의 상고사 조작
문제를 자세하게 다루었다.
94) 김선자, 위의 책, 27쪽.

시조라 하는 것은 민족사를 단군조선으로부터 시작하는 것처럼 상고
사의 뿌리를 자르는 일에만 머물지 않는다. 신시 국가의 존재를 부정
한다는 점에서 고조선을 부정하는 식민사학과 같은 구실을 하며, 더
나아가 환웅의 홍익인간 이념이나 재세이화의 통치방식을 마치 단군
의 행적인 것처럼 왜곡시키는 폐단을 일반화하는 역기능까지 발휘한
다. 단군을 민족의 시조라고 일컫는 한 태초의 민족사상이자 환웅이
펼친 홍익인간 이념은 단군의 사상으로 여길 수밖에 없기 때문이다.

따라서 고조선문화의 기원을 찾는 일은 민족문화의 뿌리와 밑자리
를 찾는 일이자, 우리 민족사를 우리 스스로 왜곡하고 있는 일을 비판
적으로 극복하고 교육법의 기본정신인 홍익인간에 대한 착각을 바로
잡는 일이다. 그러므로 애써 단군본풀이에서 환웅본풀이를 분리시켜
그 자체로 독립적인 본풀이로[95] 분석하려고 하는 것이다.

고조선본풀이에서 단군 이전에 환웅이 있었고 단군조선 이전에 신
시가 있었다는 사실을 확인한다면, 환웅본풀이를 통해서 고조선문화의
뿌리와 밑자리는 환웅의 신시문화에서 찾지 않을 수 없다. 나는 신시
를 단군조선 이전의 '도읍국가'[96] 또는 '신정국가'로[97] 자리매김했다.
왜냐하면 신시풀이 내용을 볼 때 그 정치 체계와 사회 제도, 가치관 등
의 수준이 단순한 부족사회나[98] '마을사회'[99] 정도로 보기 어려울 정도

---

95) '한국신화의 정체성을 밝힌다'는 주제의 학술대회에서 본풀이론을 펼치며
    이른바 단군신화는 환웅신화와 단군신화의 결합으로 이루어져 있다는 사실
    을 발표했는데, 토론을 하는 자리에서 조현설은 환웅신화의 독립성을 인정
    하기 어렵다고 했다.
96) 임재해, 「한국신화의 주체적 인식과 민족문화의 정체성」, 283쪽.
97) 임재해, 위의 글, 292쪽.
98) 慎鏞廈, 「한국민족의 형성과 민족사회학」, 160-171쪽에서 고조선의 '3부족 연
    맹설'을 펴는데, 환웅의 집단을 '한부족'이라 일컬어 부족사회로 인식하고
    있다.
99) 윤내현, 『고조선연구』, 141쪽에서 환웅시대는 마을사회(전기 신석기), 환웅+
    곰녀시대는 고을사회(후기 신석기)라 하였다.

로 상당히 발전된 체제를 이루고 있기 때문이다.

오히려 단군의 통치 행적과 단군조선의 국가체제는 자세하게 밝혀져 있지 않으나, 환웅의 건국이념과 통치 방식, 신시의 구성과 정부 체제는 상당히 자세하다. 『삼국유사』의 오랜 판본에는 환웅시대 이전의 환인시대도 이미 환국(桓國)이라[100] 일컬었다. 그러므로 이제 신정국가인 신시의 문화를 구체적으로 살펴봄으로써 고조선문화의 기원이자 민족문화의 원류를 추론해 보기로 한다. 이 신시문화야말로 고조선문화의 기원을 이루기 때문이다.

그러나 본풀이는 역시 사실주의적 서사가 아니다. 기억하기 쉽고 노래하기 쉬우며 전달하기 쉬운 이야기 구조로 이루어져 있다. 역사적 사실을 근거로 본풀이 구조에 맞게 다양한 상징과 은유로 표현되고 재구성된다. 따라서 본풀이 내용을 실증주의적 시각에서 고증하려는 것은 잘못이다. 종래처럼 단군을 고유명사로 여겨서 1908세를 살았다는 것을 부정하는 이는 더 이상 없는 것 같다. 단군이 고조선의 정치적 지도자를 일컫는 보통명사로 이해하는 수준까지는 자리잡혔다. 그러므로 낱말풀이 수준의 고증과 해석이 아니라 상징의 체계와 문화적 세계의 아우라(Aura)를 맥락적으로 읽어내는 것이 긴요하다.

환웅본풀이의 서사내용을 순서에 따라 신시문화의 핵심요소를 정리해보면, 가장 으뜸으로 문제되는 것이 환웅이 천하에 뜻을 두고 인간세상을 다스리고자 했다는 것이다. 천상세계보다 인간세상이 동경의 대상이고 가치의 중심이라 볼 수 있다. 따라서 신격인 환웅이 세상으로 내려오는 것이다. 이른바 천손강림의 성격이 중요하다. 환웅은 천신의 아들이자 천왕으로서 스스로 지상에 내려왔다. 종교적으로 보면 신의 지상 강림을 뜻한다.

이것은 환웅의 뜻이자 인간의 소망이기도 하다. 사람들은 현실문제

---

100) 崔南善, 앞의 전집, 97쪽 및 성삼제, 앞의 책, 166-177쪽 참조.

를 해결하지 못할 때 신에게 빌어서 해결하려고 한다. 사람들이 신에게 빌기 위해서는 신의 존재가 사람들이 있는 현장에 강림해야 한다. 그러므로 비는 일의 기본적인 활동이 신내림이다. 신이 내림대를 타고 비는 현장에 내려와서 공수를 주기 바라는 것이다.

둘은 홍익인간의 이상이다. 홍익인간에 관해서 거듭 논의하는 것은 진부하다. 이미 홍익인간은 인본주의가 아니라 인간세상 곧 천하의 모든 만물을 이롭게 하는 것이라고 확대 해석하고, 생태학적으로 신과 인간, 동물과 식물, 산과 자연이 공생하는 홍익생명사상이 갈무리되어 있다는 논의를 했다.[101] 다만 홍익인간의 이념 또한 환웅의 뜻이자 세상 사람들의 소망이라는 점에서는 다르지 않다.

셋은 홍익인간의 무대인 삼위태백(三危太伯)이다. 삼위는 중국의 삼위산, 태백은 성산이라고 하나 그 실제 위치는 비정하기 어렵다. 삼위태백에 관한 개념과 위치에 관한 여러 학설들을 두루 끌어다가 정리해 보아도[102] 분명하게 귀결지을 만한 결론이 나지 않는다. 지리적 개념보다 문화적 개념의 인식으로 보면, 삼위태백은 크고 성스러운 산 또는 우뚝하고 거대한 산세(山勢)를 나타내는 것이다. 중요한 것은 이러한 우뚝한 산세는 초원의 평원이 아니라 우뚝 솟은 산세를 이루는 삼림지역이라는 사실이다.

삼위태백이 우뚝한 산세와 거대한 산지(山地)를 나타낸다고 하여 고산준령의 산악지대로 확정하면 곤란하다. 산악지대는 홍익인간의 이상을 실현할 지리적 공간이 되지 않으며, 무리사회를 이룰 만한 입지조건도 되지 않기 때문이다. 삼위태백은 유목생활밖에 할 수 없는 초원의 평원과 상대되는 지역으로서 농경생활이 가능한 삼림지역이다. 산이 있는 곳에는 평원과 달리 강물이 흐르기 마련이다. 높은 산세와

---

101) 임재해, 「단군신화를 보는 생태학적인 눈과 자연친화적 홍익인간 사상」, 『단군학연구』 9, 단군학회, 2003, 115-157쪽.
102) 윤명철, 『단군신화, 또 다른 해석』, 백산자료원, 2008, 27-33쪽.

큰 강은 함께 가는 것이다. 한 마디로 평원의 유목지역이 아닌 산세가 우뚝한 농경지역이야말로 환웅이 홍익인간의 이상을 펼 만한 터전이라는 것이다.

넷은 천부인(天符印) 셋이다. 셋이라는 점에 착안하여 최남선은 '신경(神鏡)·신모(神帽)·신검(神劍)'의 무구(巫具)로 해석하고, 장덕순은 '신·대자연·인간'의 삼계(三界)로 해석하였으며, 유동식은 '하늘·땅·저승'을 지배하는 신기(神器)로 해석하였다. 그리고 황패강은 Tjurunga와 같은 성구(聖具)라고 주장했다.[103] 천부인을 '풍백·우사·운사'로 해석하는 이도 있다.

본풀이 내용에 따르면 천부인은 환인이 환웅에게 준 신성한 주술물이다. 예사 살림살이 물건이 아니라 정치적·종교적인 의기(儀器)에 해당된다. 왜냐하면 환인이 천하의 인간세상을 잘 다스리라는 뜻으로 천부인 세 개를 환웅에게 주었기 때문이다. 천부인은 환웅천왕답게 신성왕권을 상징하고 천제의 사제권을 인정하는 구실을 했을 것이다. 환인에 의해 그것이 보장되었다면, 당시 왕권과 사제권은 부자세습제였다고 할 수 있다.

따라서 천부인 세 개는 다시 두 가지 의미를 지닌다. 첫째, 환웅 스스로 마련한 것이 아니라 환인에 의해 주어진 것이므로, 환웅이 환인의 정통성을 이어받은 징표를 뜻하는 것이다. 그러므로 천부인 세 개는 천왕을 상징하는 징표 구실을 했던 것이며, 뒤에 천제를 올리는 사제왕들도 이 3가지 의기를 통해서 왕권과 천제의 사제권을 확보했을 것이다.

둘째, 천부인이 현실적으로 환웅천왕의 제천의식에 사용되는 신성한 주술물 구실을 했던 것으로 추론된다. 제의의 현장에서 세 주술물은 제각기 중요한 기능을 담당했을 것이다. 하나는 천제를 올리는 제

---

103) 장주근, 『한국신화의 민속학적 연구』, 집문당, 1995, 22쪽을 참조할 것.

사장으로서 천왕의 신성한 권위를 상징하는 것이며, 둘은 제사를 올리
는 신궁 또는 천제장을 신성한 장소로 나타내는 징표이며, 셋은 천신
이 천제를 올리는 제단에 강림한 사실을 알리는 구실을 하는 것이다.

따라서 이 세 의기는 가) 천제권을 지닌 사제자로서 인물의 권위,
나) 천제를 올리는 신성한 제사터의 상징, 다) 제사를 올릴 때 신의 강
림을 알리는 신의 현현 기능을 하는 것이다. 차례로 그 기능을 자세하
게 보면, 가) 정치적 지도자이자 사제자의 권위는 늘 휴대 가능한 상징
적 지표 구실을 해야 한다. 잎새형 동검이 그러한 구실을 하기에 알맞
다. 당시에 검은 최고의 무기로서 절대적 권위를 상징할 뿐 아니라 쉽
게 휴대 가능하기 때문이다. 나) 천제를 올리는 제단 앞에는 천신을 상
징하는 신성한 기물이 늘 비치되어 있어야 할 것이다. 그러한 기물로
는 태양빛을 반사하며 천신인 태양을 상징하는 거울을 들 수 있다.

다) 제의를 올리면 신내림을 알려주는 청각적인 징표가 필요한데,
그것이 곧 방울소리이다. 아직도 굿을 할 때 내림대에 방울을 달아두
는 사례가 있다. 소도에도 큰 장대에 방울과 북을 달아두었다고 하는
데, 같은 기능을 하는 것이다. 내림대가 흔들리고 방울소리가 울리면
신이 내렸다고 여기는 것이다.

그러므로 천부인 하나는 대사제인 천왕의 권위를 상징하는 고조선
식[비파형] 동검이고,[104] 둘은 천제당의 제단에 걸어두는 동경, 셋은 신
내림을 알리는 방울이라 할 수 있다. 이 셋 가운데 사제자가 늘 휴대하
는 것이 동검이며, 제단에 늘 걸려 있는 것이 동경이고, 방울은 굿을

[104) 비파는 중국 악기이자 동검의 훨씬 후대형 문화인데, 고대의 고조선문화유
    물을 비파형이라 일컫는 것은 잘못이다. 고조선문화의 중요한 지표인 이
    동검의 명칭을 비파형이라 하는 것은 역사적 선후나 지리적 분포, 문화적
    상징에 전혀 맞지 않기 때문에 출토지역에 따라 요령식 동검으로 일컫다
    가 버들잎이나 나뭇잎 모양으로 인식되어 '잎새형 동검'으로 일컫기로 한
    다. 임재해, 『신라금관의 기원을 밝힌다』, 지식산업사, 2008, 440쪽에서는
    '버들잎 모양이나 나뭇잎 모양 동검'이라 하는 것이 옳다고 했다.

할 때 의기로 사용되었을 것으로 추론된다. 청동검, 청동거울, 청동방울은[105] 고조선문화의 발굴유물로서 천부인의 문화적 전통을 이은 것이라 할 수 있다. 지금까지 청동의기를 동검과 거울, 방울로 해석한 연구들이 있으나 그 구체적인 의미나 기능을 논리적으로 귀납하지 않았다. 현재 무구의 기능으로 설명을 대신했는데,[106] 그래서는 신시시대의 의기를 해명했다고 할 수 없다.

그러나 청동 검과 거울, 방울은 그야말로 청동기 문화이자 고조선 관련 문화이기 때문에 고조선에 선행하는 신시문화라 하기 어렵다. 따라서 형태와 양식은 인정되어도 청동기는 인정되기 어렵다. 그런데 '방울' 대신에 '곡옥'을 천부인의 하나로 제시하는 해석이 새로 제기되었다.[107] 이 해석의 문제는 두 가지이다. 하나는 천부인을 환인이 환웅에게 준 의기인데, 마치 단군이 통치자로서 천명을 받은 것처럼 해석하는 것이고, 둘은 그런 까닭에 곡옥을 단군의 모계인 맥족의 문화로 해석하는 것이다. 거듭 말하거니와 천부인은 단군의 부계이자, 맥족 등장 이전에 환웅이 환인에게서 받은 환웅의 의기이다. 그러므로 곡옥이 천부인의 하나일 수는 있어도 맥족으로 해석하는 근거는 될 수 없다. 그런데도 맥족이라고 해석하는 것은 환웅과 단군, 또는 신시와 고조선문화의 혼동에서 비롯된 착각이자, 홍산문화를 무리하게 웅녀족의 것으로 해석하려는 데서 빚어진 당착이다.

천부인은 환웅의 신시시대 의기문화이다. 따라서 사제자의 권위, 제단의 장식물, 신의 강림 현상을 나타내는 다른 의기들을 청동기 이전의 문화에서 찾을 필요가 있다. 그 실마리는 고조선식 동검에서 찾을

---

105) 장주근, 위의 책, 23-25쪽에는 현재 전승되는 무구를 중심으로 천부인을 거울, 검, 방울로 설정하고 있다.
106) 최남선과 장주근의 연구가 그렇다. 장주근, 같은 책, 위와 같은 곳 참조.
107) 신용하, 「고조선 국가의 형성과 영역」, 『고조선 탐색』, 고조선학회 제1회발표회(상명대학, 2008년 10월 25일) 발표논문집, 64쪽.

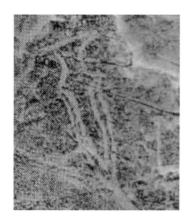 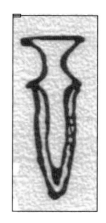

〈그림 1〉 오림동 암각화 　　〈암각화도안〉
고조선식 동검

수 있다. 왜냐하면 이 세 의기 가운데 가장 선행하고 가장 많이 사용되었던 것이 동검이기 때문이다. 그리고 검은 석검에서 옥검, 동검, 철검까지 문화사의 단계별로 일관되게 나타난다.

　중요한 것은 검의 소재가 아니라 형태이자 양식이다. 고조선문화의 지표 구실을 하는 것이 고조선식 동검이다. 고조선식 검의 형태는 동검에서 특히 풍부하고 또 널리 분포되어 있지만, 이른 시기의 암각화에서도 그 자취가 보인다. 암각화에는 검파형(劍把形) 그림도 풍부하다. 특히 여수 오림동 암각화에서도 고조선식 동검이[108] 나타나 주목된다(그림 1).

　옥기문화에서도 같은 양식의 검이 보인다. 최근에 중국 요령성 우하량 홍산문화 지역에서 5000-6000년 전의 유물로 추정되는 고조선식 옥검이 발굴되었다.[109] 이 옥검은 문화사 이해의 아주 중요한 자료 구

108) 이상길, 「패형암각의 의미와 그 성격」, 한국역사민속학회, 『한국의 암각화』, 한길사, 1996, 154-155쪽, 그림8의 여수 오림동 암각화 참조. 이 석검은 '무(武)' 자체를 숭상하는 예사 검으로 해석되었지만, 예사 석검과 달리 잎새형 검으로서 의기가 아닌가 한다. 왜냐하면 손잡이 부분과 다르게 날 부분은 이중으로 홈을 파서 날 가운데가 도드라지도록 되어 있기 때문이다.

실을 하게 되었다. 고조선식 옥검은 고조선식 동검의 선행문화라는 사
실을 뒷받침하기 때문이다. 따라서 고조선식 동검의 발전 과정은 암각
화의 그림에서부터 옥검, 동검으로 나아갔는데, 그것은 문화사의 발전
단계와 일치한다. 그러므로 옥검은 옥기문화를 다루면서 더 집중적인
논의가 이루어져야 할 것이다.

천부인 해석이 홍산문화의 옥검 논의로까지 나아갔다. 다시 본디
논의로 돌아와서 '천부인' 다음으로 문제되는 신시문화를, 환웅본풀이
의 서사적 줄거리를 따라가 보자. 환웅이 천부인 세 개를 지닌 채, 무
리 3천을 거느리고 태백산 꼭대기에 있는 신단수 아래로 내려와 신시
를 베풀었다는 것이다. 지금부터는 환웅이 전적으로 주체가 되는 홍익
인간의 지상세계가 시작된다.

신시문화에서 제기되는 문제 다섯은 무리 3천의 정체이다. 이 대목
을 주목하지 않은 사 람들은 곰네와 단군 이전에 사람이 없었던 것처
럼 여기며, '우리가 곰의 자손이란 말인가' 하고 얼굴을 붉히기도 한다.
환웅이 거느린 무리 3천은 주몽이 움직일 때도 재사, 무골, 묵거와 같
은 세 인물을 신하로 거느렸듯이, 이들은 예사 사람들이 아니라 환웅
을 좇아 함께 일할 뛰어난 능력의 인재들이다. 왜냐하면 3천을 이루는
무리는 예사 '무리[群]'가 아니라 일정한 경향성을 가진 공동체 집단으
로서 '무리[徒]'이기 때문이다. 따라서 환웅이 이끄는 무리는 그의 홍익
인간 이념을 스스로 따르는 인물들이자, 환웅을 천왕으로 일컬으며 환
웅의 재세이화를 실천하는 집단주체라 할 수 있다. 그러므로 지도자로
서 환웅의 인격과 역량은 탁월했으며 인재들이 널리 따를 만큼 흡인력
또한 대단했다는 사실을 알 수 있다.

여섯은 태백산 신단수이다. 환웅이 세운 신시의 공간적 위치를 알
려주는 중요한 생태학적 조건이다. 태백산은 삼위태백의 지리적 중심

109) 이종호, 『한국 7대 불가사의』, 역사의 아침, 2007, 142쪽.

지로 보인다. 신단수는 생태학적 환경과 문화적 경관의 중요한 요소를 이룬다. 따라서 신시는 평원이 아닌 산상국가(山上國家)이자 산림지역에 수목을 중요한 문화경관으로 숭배하는 산림국가라 할 수 있다. 그렇다고 해서 신시를 백두산과 같은 태산준령에 자리잡은 나라라 할 수 없다. 태백산이라는 이름풀이에 얽매이지 말고 다른 내용과 관련하여 추론해야 한다.

신단수는 신수(神樹)의 상징을 지닐 만한 거대한 크기의 교목일 것이다. 천상의 환웅이 천하의 세계로 내려오면서 신단수 아래에 터를 잡았다고 하는 것은 신단수가 곧 신을 받아 강림시키는 내림대 구실을 하는 신목이라고 할 수 있다. 그리고 환웅이 그곳에 늘 머무른 것으로 보면, 신단수는 신이 깃들어 있는 당산나무와 같은 구실을 한 셈이다. 따라서 신단수를 하늘을 받치는 세계의 기둥으로서 우주목 또는 지구의 중심이나 배꼽을 이루는 세계수로 해석하는 것은 문제가 있다.[110]

수목숭배 사상이라도 신의 내림대나 서식처로 보는 신수사상은 한국적이지만, 하늘을 받치는 우주목이나 지하의 물을 하늘로 길어올리는 세계수로 보는 것은 시베리아 유목민의 관념이다. 신단수는 대홍수 설화에서 목도령을 낳은 밤나무, 김알지를 낳은 계림, 입향시조가 깃들어 있는 당나무처럼 환웅이 강림하여 깃들어 있고 단군을 잉태하게 한 당나무이자 생명나무이며 시조나무이다. 당나무는 아이 없는 사람들이 잉태를 비는 곳이다.[111] 곰네가 신단수에 찾아와 환웅에게 아이배기를 빈 것도 이와 같은 전통이다. 그러므로 당나무와 관련된 출산 이야기가 적지 않다.

태백산과 달리 신단수는 고유명사가 아니므로 산과 관련된 생태학적 위상을 주목할 필요가 있다. 아주 높은 산에는 나무가 크게 자라지

---

110) 임재해, 「단군신화를 보는 생태학적인 눈과 자연친화적 홍익인간 사상」, 139쪽.
111) 임재해, 위의 글, 135-141쪽에 이 문제를 자세하게 다루었다.

않으며 수목의 식생도 빈약하다. 위도상으로 북부 초원지대에 속하기 어려우며 높은 산이 많은 산악지대라 할 수도 없다. 산악지대에서는 무리를 이끌고 이상국가를 세울 환경이 못된다.

게다가 농업을 가장 중요한 정책으로 삼은 것으로 보아 경작이 가능한 산상이라 할 수 있다. 그렇다면 강이나 개울을 끼고 일정한 구릉이 형성되어 있는 낮은 산지라 해야 알맞다. 곰과 범으로 상징되는 사람들이 누구든지 신단수 아래 찾아와 인간답게 살고자 소망을 이야기할 수 있는 그러한 지역으로 설정된다. 옥기가 신시문화의 산물이라면 옥기가 많이 출토되는 홍산문화 지역과 신시를 연관지어 생각할 필요가 있다.

일곱은 환웅이 신시를 세우고 천왕이 되었다는 것이다. 신시는 예사 국가와 다른 신정국가이다. 환웅의 인물성격과 나라 이름은 유기적 연관성을 지닌다. 단군이 세운 고조선을 단국이라 일컫는가 하면, 기자가 점유한 조선을 기자조선이라 하는 것과 같다. 환웅천왕은 통치자로서 하늘에서 내려온 신격이자 천신 환인을 아버지로 여기는 지상의 지도자이다. 그리고 천신의 뜻을 받들어 천하를 다스리고 홍익인간의 이념을 구현하고자 하는 신웅(神雄)이기도 하다. 따라서 단군의 단국처럼 신웅의 신시라는 국명은 신정국가의 국호로서 적절하다. 환웅은 신시를 세우고 신정(神政) 펼치며 홍익인간의 뜻을 이루는 것이 꿈이었다.

따라서 신시는 혈연적 구성을 보면 부족국가이고, 규모로 보면 성읍국가이며, 명칭으로 보면 도읍국가이다. 그리고 환웅천왕의 왕호와 통치방식을 보면 신시는 '신정국가'라 할 수 있다. 신정국가인 신시의 도읍지 경관을 추론해 보면, 신시는 신단수라 일컫는 거목의 신수를 배경으로, 환웅천왕이 거주하는 궁실과, 천신에게 제사를 올리는 신성한 제단을 중요한 경관으로 구성된 도읍지라 할 수 있다. 특히 무리 3천 명의 사람들이 모여 하늘에 천제를 올릴 수 있는 신시의 제단 규모는 거대했을 것으로 짐작된다.[112]

그러므로 환웅은 천제를 올리는 대사제(大司祭)이자 천왕으로서 신
단수를 중심으로 마련되어 있는 천제단 근처의 궁실에서 신정을 펼쳤
을 것이다. 신정의 구체적인 내용과 방법은 다음 대목에 나온다.

여덟은 환웅천왕이 풍백·우사·운사를 거느리고 정사를 보았다는
내용이다. 학계에서 널리 해석되고 있는 것처럼 한결같이 농경과 관련
된 자연신들이다. 신화적으로는 신격일 수 있지만 사회사적으로 보면
농경과 관련한 기상 담당 관리이다. 환웅천왕 밑에서 기상을 담당하는
3상(三相)이 행정조직을 이루고 있었다는 해석이다.[113] 이 조직의 으뜸
이 풍백이다. 바람을 다스리는 신하가 비구름을 다스리는 신하보다 더
앞자리에 있다. 그만큼 바람이 농경에 더 중요한 영향을 미쳤다고 하
겠다. 신시지역은 바람이 많은 지역으로 추론된다.

바람과 비구름을 다스리는 3상이 신정국가의 중요한 재상이자 환웅
천왕의 홍익인간 이념을 실현하는 주체였다. 기상을 관리하는 신하도
일종의 사제자이다. 원시사회에는 비를 오게 하는 주술사 곧 기우주술
사(Rain-maker, 雨師)가 정치적 지도자 구실을 하였다. 중국 고대의 지도
자들은 치산치수(治山治水)에 능력을 발휘해야 추대를 받았다. 농경사
회 지도자들은 치산치수를 국가 경영의 기본 덕목으로 삼았던 것이다.
물을 모아서 농경에 이용하고 하천의 범람을 막는 토목기술이 요청되
었다.

그러나 바람과 비구름을 관리하는 것은 치산치수와 같은 토목기술
이 아니라 '우사'처럼 주술적 능력이 요구된다. 따라서 풍백·우사·운사
는 고대의 치산치수 기술 이전에 기우주술을 지녔던 지도자라 할 수
있다. 자연 강우에 의존하던 시기에 형성된 농경 중심의 주술문화에
속한다. 주술의 공식적이고 구체적 행위는 제의로 나타난다. 기우주술
또는 기우제는 하늘에 제의를 올리는 천제(天祭)를 필수적으로 요구한

112) 임재해, 「한국신화의 주체적 인식과 민족문화의 정체성」, 292쪽.
113) 愼鏞廈, 『韓國民族의 形成과 民族社會學』, 166쪽.

다. 홍산문화 유적의 제단들은 천제단이자 기우제의 제단 구실을 했을 것이다.

문제는 이러한 기우주술이 치산치수와 달리 인간생명은 물론 자연생명도 구한다는 점이다. 비바람이 순조로워야 농작물도 잘 자라고, 산야의 초목과 들짐승도 살아가는 데 지장이 없다. 치산치수는 인간 중심의 기술이지만, 기상을 순조롭게 다스리는 기우 능력은 인간세상의 모든 생명을 도와주는 삼라만상을 위한 주술이다. 그러므로 우리는 기상을 관리하는 '삼상체계'에서 순전히 농경문화의 내력뿐 아니라 기우제 문화로서 천제의 전통과 인간세상을 널리 이롭게 하는 홍익인간의 사상도 발견할 수 있다.

마지막으로 환웅천왕은 주곡(主穀)을 비롯하여 명(命)·병(病)·형(刑)·선악(善惡)을 중심으로 무릇 인간의 360여 일을 세상이치에 따라 도리로 다스려서 교화했다고 한다. 이 문제에 관해서는 '정부의 조직이 3상에 이어 5부로 구성되어 있다는 것으로서 신시정부의 3상5부(三相五部) 행정체계로 해석된다.[114] 그리고 5부가 뜻하는 문화적 내용에 관해서는 선행연구에서 중국 고대사료 및 발굴유물과 관련하여 자세하게 다루었다.

요약하면 신시는 곡식 수확을 으뜸으로 여기는 분명한 농경문화 국가였으며, 인간의 수명과 관련하여 영생불멸을 추구하는 적석총과 옥기들이 발전한 사회였다. 거대한 적석총과 옥기문화도 오랜 정착생활에서 비롯된 것이다. 중국인들이 동이를 불사국이라 할 만큼 수명장수와 질병 치료술에 관심이 높았으며, 군자국이라고 일컬을 만큼 선악을 가리고 도덕적인 삶을 소중하게 여겼다. 그리고 범죄자를 형벌로 다스리는 법치문화도 이루었다. 공자가 동경하는 동이족 문화의 도덕성도 여러 모로 포착되었다.

---

114) 愼鏞廈, 위의 책, 39쪽에서 자세하게 다루었다.

그러므로 민족문화의 원형을 북방 유목문화의 전래로 해석하는 것은 근본적으로 잘못되었다고 했다.[115] 왜냐하면 고조선은 물론 그 이전의 신시시대에 이미 농경문화와 정착생활을 확립하고 있기 때문이자, 북방민족의 유목문화에는 없는 적석총과 옥기문화를 독창적으로 누렸기 때문이다.

7. 홍산문화의 옥기유물에 담긴 신시문화 정체

신시문화의 정체를 해명하려면 홍산문화 지역의 옥기에 관한 논의를 더 진전시킬 필요가 있다. 옥기는 생활용품이거나 생업도구로 쓰이지 않았다는 점이 석기나 토기, 청동기와 구분된다. 왜냐하면 발굴된 옥기를 보면 옥으로 만든 도끼나 검이 고작이기 때문이다. 실제로 옥기는 희귀재질이고 높은 제작기술을 요구하는 데다가 제작공정이 복잡하고 시간도 오래 걸린다는 점을 고려할 때, 예사 사람들의 일상에 필요한 생활용구로 쓰일 수 없었을 것이다.

더군다나 옥기의 형상이 특수하다는 사실을 고려할 때, 생활도구와 거리가 멀 뿐 아니라 그 쓰임새도 분명하지 않다. 거북이나 호랑이, 새, 나비, 누에, 부엉이 등 동물 모양이 비교적 알아보기 쉬운 형상이다. 알아보기 어려운 추상적 동물로는 돼지나 곰, 용과 같은 것이 있다. 그리고 구운형(勾雲形)이라고 하는 추상적인 모양의 옥패(玉佩), 사각형과 원형이 결합된 옥벽(玉璧), 양쪽에 짐승의 머리가 장식된 쌍수수삼공기(雙獸首三孔器) 등 다양하게 있다.[116] 다만 귀고리와 팔찌는 장신구로

---

115) 임재해, 「한국신화의 주체적 인식과 민족문화의 정체성」, 297-303쪽에서 자세하게 다루었다.
116) 孫守道·劉淑娟 著, 『紅山文化玉器新品新鑒』, 吉林文史出版社, 2007 ; 載煒·侯文海·鄭耿杰, 『眞賞紅山』, 內蒙古人民出版社, 2007 ; 遼寧省博物館·遼寧省文物考古研究所, 『遼河文明展』, 2006 ; 궈다순(郭大順)·장싱더(張星德) 지음, 김정열 옮김, 『동북문화와 유연문명』 상, 동북아역사재단, 2008, 395-399

서 쓰임새가 분명하다. 곡옥 형상의 패옥형(佩玉形) 옥기는 모두 곡옥처럼 매달 수 있는 구멍이 뚫려 있어서 장식용처럼 보인다.

홍산문화의 옥기는 종류와 형상, 문양, 세공 수법 등이 매우 독특하고 양식화되어 있으며 고도의 기술을 필요로 하는 것이므로, 대부분의 옥기는 특별한 정치적 권위나 종교적 의기, 주술적 부적, 장신구 등으로 사용되었을 것으로 보인다. 또는 주검의 영생을 위해 부장품으로 특별히 제작되었을 가능성도 있다. 옥기와 반대로 토기나 석기 등 생활도구를 부장한 사례는 잘 나타나지 않는다. 홍산문화인들이 고도의 기술로 오랜 시일에 걸쳐서 비실용적인 옥기를 제작한 이유는 어디에 있을까?

> 그것은 옥기가 최초의 예기였음을 증명할 뿐 아니라, '옥만이 예기가 된다'고 하는 바로 그것이 예의 본래 뜻이었음을 분명하게 보여준다. 아울러 옥기는 신과 교통하는 능력을 갖춘 신기이다. 옥만을 수장한 것은, 오직 옥만이 신과 교통할 수 있다는 의미이며, 이것이 홍산인의 중요한 사상적 관념이다.[117]

옥기가 예기라면 '예'가 아주 발전한 문화를 상징하며, 신기라면 '제의'가 아주 발전한 문화를 상징한다. 그러나 옥기는 예기와 신기에 머물지 않는다. 옥은 재질 자체가 보석처럼 윤기가 있을 뿐 아니라 견고하여 절대 부식되거나 빛이 바래지 않으며, 수 천년이 지나도 본디 모습 그대로 빛난다. 고분 속의 뼈는 부식이 아주 심해도 옥은 생생하다. 따라서 옥은 영생불멸의 신비한 힘을 지녔다고 여기고 주검과 함께 부장함으로써 주검의 부패를 막고 악귀를 추방하며, 옥기의 형상에 따라 다양한 주술적 기능을 기대했을 것이다.

쪽의 '홍산문화 옥기의 유형과 특징'을 참조하기 바란다.

117) 귀다순(郭大順)·장싱더(張星德) 지음, 김정열 옮김, 앞의 책, 401쪽.

그러나 옥기를 예기나 신기로서 관념적 기능만 지녔다고 주장할 수 없다. 예기나 신기로 관념화되고 부장품으로 쓰인 것도 옥이 지닌 신비한 기운을 알고 있었던 까닭이 아닌가 한다. 실제로 옥이 발산하는 기운은 생기이다. 음이온과 원적외선을 방출한다고도 한다. 옥찜질방, 옥돌침대, 옥매트, 옥돌욕조는 물론, 최근에는 옥기쌀도 공급되고 있다. 한결같이 옥이 건강에 좋다고 개발된 것이다. 그러므로 옥기를 가까이 하고 몸에 지니면 건강에 좋고 수명장수한다는 사실을 알았다고 봐야 할 것이다.

환웅이 재세이화를 한 360여사 가운데 주명과 주병을 다스리는데 긴요한 것이 옥기문화이다. 옥은 흔하지 않고 특별한 재질의 소재여서 지금도 보석처럼 귀하게 여긴다. 따라서 옥기는 석기나 토기와 달리 집단적인 문화창출이라 보기 어렵다. 옥의 생기를 느낄 수 있는 특별한 재능과 고도의 기술을 터득한 전문가에 의해 발견되고 전수되어서 전승되었을 가능성이 높다.

불을 가져다 준 영웅이나 농업을 가르쳐 준 영웅처럼, 옥기는 문화영웅에 의해 창안되었다고 봐야 할 것이다. 고대인들도 옥기와 관련하여 이러한 사실을 인정한다. 초(楚)나라 풍호자는 옥기문화를 설명하면서 "대저 옥은 또한 신물(神物)이니, 성스러운 주군을 만나 그리 된 것"이라[118] 하였다. 옥으로 만든 병기를 근거로 말한 것이니 구체적 유물로는 옥검이 지목된다. 옥기는 병기 외에 다른 도구로도 쓰였다고 하니 석기와 동기가 아닌 옥기문화 전반이 해당된다. 성스러운 주군을 만나 옥기문화가 신물이나 신기로 발전하게 되었는데, 그 주군은 밝혀지지 않았다. 그 주군의 나라도 거론되지 않았다.

그러면 주군은 누구이고 주군의 나라는 어디일까? 현재 상황으로는 홍산문화 지역에 있었던 옛 나라로 추론하는 것이 가장 가까울 것이라

---

118) 궈다순(郭大順)·장싱더(張星德) 지음, 김정열 옮김, 같은 책, 403쪽에서 재인용.

판단된다. 왜냐하면 그 지리적 위치와 역사적 시기, 문화적 수준이 걸맞기 때문이다. 홍산문화는 서기전 4천년에 시작되었지만 서기전 3천년에는 이미 초기 국가단계에 진입한 수준의 문화로 해석된다.

옥기문화와 제단, 여신전, 적석총 등을 고려할 때 상당히 발전된 국가공동체의 문화를 이룬 까닭에 중국 고고학계에서는 "홍산고국(古國)의 출현"으로[119] 인식한다. 구체적으로 "홍산문화의 제단·여신전·적석총"을 다루면서 "중화 5,000년 고국의 실증"이라고[120] 해석한다. 그들은 중국문명의 기원으로 "홍산문화의 새로운 고고학적 발견과 중화 5,000년 문명기원론의 제기"를[121] 표방하지만, 중화문명을 입증할 사료는 없는 셈이다.

나는 이미 홍산문화의 제단유적과 대형 적석총, 옥기를 근거로 지리적 위치와 분포, 역사적 연대, 문화적 내용과 수준을 근거로 홍산문화가 고조선 이전의 신시문화이자,[122] 중국인들이 『후한서』 동이열전에서 기록한 군자국과 불사국(不死國)의[123] 동이문화로 해석한 적이 있다.[124] 그러한 해석의 근거는 홍산문화의 옥기를 통해서 더 구체적으로 마련할 수 있다. 중국학자들이 문화의 수준을 볼 때 홍산지역에

---

119) 궈다순(郭大順)·장싱더(張星德) 지음, 김정열 옮김, 같은 책, 408쪽.
120) 궈다순(郭大順)·장싱더(張星德) 지음, 김정열 옮김, 같은 책, 344쪽. 이 책의 4절 제목을 이렇게 뽑았다. 張星德, 『紅山文化研究』, 中國社會科學出版社, 2005 ; 劉國祥, 「紅山文化建築與手工業技術進步」 『中國考古集成』 東北卷 新石器時代(一), 北京出版社, 1997, 266-274쪽 ; 楊虎, 「于紅山文化的幾個問題」(『慶祝蘇秉琦考古五十五周年論文集』, 文物出版社, 1989年版), 『中國考古集成』 東北卷 新石器時代(一), 北京出版社, 1997, 169-174쪽.
121) 궈다순(郭大順)·장싱더(張星德) 지음, 김정열 옮김, 같은 책, 355쪽.
122) 임재해, 「한국신화의 주체적 인식과 민족문화의 정체성」, 292-296쪽에서 자세하게 다루었다. 296쪽. "따라서 홍산문화 유적과 유물, 연대 등을 고려할 때, 고조선 이전의 신시문화 유적으로 추론하는 것이 상대적으로 적절하다."
123) 『後漢書』 卷85, 東夷列傳 75, "故天性柔順 易以道御 至有君子不死之國焉."
124) 임재해, 위의 글, 299-302쪽에서 자세하게 다루었다.

는 고대 초기 국가체제를 갖춘 '고국'이 있었다고 하는데, 그것인 바로
신시고국(神市古國)이 아닌가 하고 추론한다.

환웅의 신시고국은 천제의 대사제권을 지닌 천왕이 홍익인간의 이
념으로 재세이화하는 신정국가로서 정착생활을 하며 농경문화를 누렸
다고 했는데, 신기와 예기의 옥기문화를 누린 이름 모를 홍산지역 고
국의 문화적 정체성과 잘 만나기 때문이다. 대량의 제의용 옥기와 여
신상, 제단 유적, 대규모 적석총 등을 갖춘 홍산고국은 대규모 인구가
집단취락을 이루며 거주했을 뿐 아니라, 농업 외에 전업으로 하는 수
공업 조직도 있었다는 사실을 반영한다. 이 논의에서 새롭게 입증할
것은 옥기문화와 신시고국의 관련성이다.

신시고국의 옥기는 환인이 환웅에게 하사한 천부인 세 개와 연관되
어 있을 것이다. 천부인이 종교적 의기이기 때문에 예기와 신기 구실
을 한 옥기와 만난다. 이미 옥검을 중심으로 자세한 논의를 폈다. 환인
이 천부인의 세 의기를 환웅에게 주었다고 하지만, 사실은 환웅이 이
의기를 처음 사용한 셈이다. 홍익인간의 이념으로 재세이화를 실현한
환웅천왕은 누가 보더라도 '성스러운 주군'이라 할 수 있다. 따라서 옥
기를 만든 성스러운 주군은 옥기문화의 영웅이다. 옥기의 문화영웅은
천왕의 신성한 권위를 위해 천부인 가운데 하나인 옥검을 늘 패용했을
가능성이 있다. 옥검은 고조선식 청동검과 더불어 고조선문화의 기원
과 정체성을 해명하는 가장 중요한 유물자료라 할 수 있다.

옥검이 홍산문화에서 발굴된 것은 홍산문화가 옥기문화의 중심지
였다는 사실을 입증하는 또 하나의 증거이다. 선사시대 무덤에 토기를
주로 부장하는데 홍산문화는 예외로 "토기와 석기를 수장한 경우가 매
우 적으며, 대개 옥기만 수장하였다."[125] 그것은 "옥기가 최초의 예기

---

125) 遼寧省文物考古硏究所, 「寧牛河梁紅山文化"女神廟"與積石塚群發掘簡報」 『文
物』, 1986年 8期, 1-17쪽 ; 孫守道·郭大順, 「河梁紅山文化女神頭像的發現與硏
究」 『文物』, 1986年 6期, 19쪽 ; 方殿春·劉葆華, 「遼寧阜新縣胡頭溝紅山文化

(禮器)였음을 증명할 뿐 아니라, '옥만이 예기가 된다'고 하는" 사실을 분명하게 보여준다.[126] "아울러, 옥기는 신과 교통하는 능력을 갖춘 신기(神器)"라는 것이 "홍산인의 중요한 사상적 관념이다."[127] 그러므로 옥기는 홍산문화의 중요한 징표라 하지 않을 수 없다.

이 가운데 옥검은 잎새형 고조선 동검과 연관되어 있어서 한층 특별한 의미를 지닌다. 왜냐하면 잎새형 동검을 통해서 고조선문화의 역사적 뿌리와 지리적 분포를 연구할 수 있듯이, 홍산문화 지역에서 발굴된 잎새형 옥검을 자료로 우리는 네 가지 역사적 추론을 할 수 있기 때문이다.

1) 하나는 잎새형 고조선 동검문화의 선행 형태가 옥검문화로서 옥기문화는 청동문화의 선행형태라는 사실이다. 두 검문화의 선후관계는 유물의 선후나 출토 지역으로 봐서 타당한 추론이라 할 수 있다. 최근 홍산문화 지역의 옥기 발굴 이전에, 고대인들도 문화사의 한 단계로서 옥기문화를 별도로 설정하고 있다. 춘추시대 풍호자(風胡子)는 돌로 병기와 도구를 만들던 헌원(軒轅)·신농(神農) 시대, 옥으로 병기와 도구를 만들던 황제(黃帝) 시대, 동으로 병기와 도구를 만들어 쓰던 우(禹) 임금 시대로 구분했다.[128] 그러므로 석기→옥기→동기→철기 시

玉器墓發現」, 『文物』, 1984年 6期, 1~5쪽 ; 귀다순(郭大順)·장싱더(張星德) 지음, 김정열 옮김, 같은 책, 399쪽. "통계에 따르면, 뉴허량에서 발견된 홍산문화의 무덤 61기 가운데 부장품이 있는 무덤은 31기이며, 그 가운데 옥기를 수장한 것은 26기이다. 이 수치는 전체 부장품 무덤의 80%를 상회하는 것이다. 그리고 중심대묘 및 기타 비교적 큰 무덤 모두는 옥기만을 수장하였고 ……."

126) 孫長慶·殷德明·干志耿, 「黑龍江古代玉器文化問題的提出與研究」, 『中國考古集成』 東北卷 新石器時代(二), 北京出版社, 1997, 1976쪽 ; 귀다순(郭大順)·장싱더(張星德) 지음, 김정열 옮김, 위의 책, 401쪽.

127) 귀다순(郭大順)·장싱더(張星德) 지음, 김정열 옮김, 같은 책, 위와 같은 곳. "옥기는 신과 교통하는 능력을 갖춘 시기이다. 옥만을 수장한 것은, 오직 옥만이 신과 교통할 수 있다는 의미"라고 했다.

128) 『越絕書』에서 풍호자가 楚왕에게 병기의 야주(冶鑄)와 그 기술 발전사를

대의 발전단계를 이룬다.

2) 둘은 잎새형 고조선 동검문화가 고조선의 문화적 영역 지표 가운데 하나로[129] 볼 때, 옥기문화는 고조선문화의 선행문화로 해석된다는 사실이다. 동검은 고조선문화의 하나로서 고조선 지역에 널리 분포되어 있는데, 옥검은 동검의 선행문화이자 옥기문화가 청동문화의 선행문화인 까닭에 고조선식 옥검을 비롯한 다양한 옥기문화는 고조선문화의 선행문화로 추론된다.

3) 셋은 옥기문화가 발전한 홍산문화 지역은 고조선 이전의 신시국 중심지였을 가능성이 높다는 사실이다. 고조선의 건국시조 단군은 신시국의 천왕인 환웅의 후예이다. 따라서 환웅과 단군의 계보적 연속성을 인정한다면, 신시와 고조선의 지리적 연속성도 인정해야 한다. 그러므로 고조선의 선행문화인 옥기문화 분포지역은 고조선 이전에 신시국 지역이었으며 옥기가 풍부하게 나오는 홍산문화 지역은 신시의 중심지라 할 수 있다.

4) 넷은 옥기문화가 환웅의 신시문화 유산이라는 사실이다. 옥기문화는 고조선 선행문화이자 신시국 지역의 문화이므로 신시문화라 하는 추론은 필연적이다. 따라서 환웅의 신시문화 특징은 시대적으로 신석기와 청동기 사이의 옥기문화로 나타낼 수 있으며, 예기로서 또는 신기로서 옥기의 문화적 기능에 따라 신시문화의 정체성을 포착하고 고조선문화의 원형을 밝힐 수 있을 것으로 기대된다.

신시문화 지역으로 추론되는 홍산문화 유적지에는 옥기뿐만 아니라 대형 적석총이 분포되어 있어서 문화적 연관성이 주목된다. 묘지에

말한 내용이다. 궈다순(郭大順)·장싱더(張星德) 지음, 김정열 옮김, 같은 책, 403쪽의 인용문 참조.
129) 윤내현, 「고조선의 강역을 밝힌다」, 윤내현·박선희·하문식, 『고조선의 강역을 밝힌다』, 지식산업사, 2006, 63-65쪽, '비파형 동검의 분포는 고조선 강역을 밝히는 기준이 된다'에서 자세하게 다루었다.

는 생활용구로 보기 어려운 옥기들이 대량으로 출토되고 거대한 적석 총은 단순한 무덤으로 보기 어렵다. 피라미드에 견줄 만한 적석총과 무덤에서 출토된 다양한 옥기들은 모두 주검을 거부하고 영생불멸을 추구한 것이[130] 아닌가 추론된다.

> 피라미드 규모의 대형 적석총과 다량의 옥기 부장품은 죽음을 부정하는 상징물이다. 단순한 주검의 처리를 위해서는 대규모 노동력의 장기간 투입을 필요로 하는 돌무덤을 쓸 까닭이 없다. 특히 옥은 대단히 단단하여 예사 공구로는 가공하기 힘들다. 그런데도 정교하게 가공한 옥기들을 주검의 곳곳에 부장한 것은 죽음을 극복하고자 하는 종교적 의도가 내포되어 있었다고 봐야 할 것이다.[131]

한반도의 적석총 분포는 물론 옥기의 분포도 주목할 만하다. 특히 경남 진주 대평리 옥방(玉房) 유적에서 옥기를 제작하던 옥기공방(玉器工房)이 발견되기도 하였다.[132] 홍산문화에서 옥기가 대량으로 발굴되지만 옥방유적이 발굴된 사례는 아직 없다. 서기전 6000년 무려의 흥륭와(興隆窪)문화에서 출토된 옥귀고리는 요서지역 최초의 옥기인네, 같은 연대 같은 모양의 옥귀고리가 강원도 고성 문암리 유적과 여수시 안도리 패총유적 등에서도 출토되었다.[133] 옥기로 볼 때 이 시기에 요하지역과 한반도 남쪽은 같은 문화권이었음을 알 수 있다. 옥기문화의 전통은 신라금관을 비롯한 각종 장신구의 곡옥으로 이어졌다.

130) 이형구, 『한국 고대문화의 비밀』, 김영사, 2004, 122쪽 참조.
131) 임재해, 「한국신화의 주체적 인식과 민족문화의 정체성」, 300-301쪽.
132) 이형구, 『진주 대평리 옥방5지구 선사유적』, 선문대학교박물관, 2001, 742쪽. 이형구, 앞의 책, 121쪽에서 재인용.
133) 윤근일, 「고성 문암리 신석기유적 발굴조사 개요, 98-99년」, 『문화사학』, 한국문화사학회, 1999, 11·12·13호, 881-99쪽. 우실하, 『동북공정 너머 요하문명론』, 소나무, 2007, 115-116쪽에서 재인용.

그러나 북방의 유목문화 지역에서는 대형 적석총이나 옥기가 보이지 않는다. 떠돌이 생활을 하는 유목생활인들에게는 찾아볼 수 없는 문화들이다. 대형 적석총과 옥기들은 정착생활을 하며 오랜 노동시간을 필요로 하기 때문이다. 특히 옥은 대단히 단단하여 예사 공구로는 가공하기 힘들다. 농사를 지으며 정착생활을 하는 사람들이 아니면 장기간에 걸쳐 이러한 대형 적석총을 쌓고 다양한 옥기를 제작하기 어렵다. 그런데 환웅의 신시시대에는 이미 곡식을 가장 중요시할 만큼 농경생활을 하고 정착문화를 누렸다. 그러므로 홍산문화 지역은 유적과 유물의 내용과 연대를 고려할 때, 단군조선 이전에 신시고국이 있었던 지역으로 추론할 수 있다.

옥기 가운데는 금관의 곡옥과 견주어 볼 만한 것이 많다. 우하량 여신묘(女神廟) 유적지에서는 돼지 모양 외에 곰모양의 웅룡 옥기가 발견되고, 희생제물로 바쳐진 곰의 아래턱뼈가 발견됨으로써, 홍산문화를 누린 세력들이 곰토템족이자 단군신화의 웅녀족으로 추론되기도 한다.[134] 여신묘 안에서는 곰 형상의 조소품 외에 용 형상과 매 형상의 조소품도 발굴되었다.[135]

〈그림 2〉 옥저룡

문제는 곡옥의 머리 형상이 엇갈리게 해석되어 역사적 물줄기를 크게 틀어버리는 데 있다. 곡옥의 형상에 따라 돼지, 곰, 용 등으로 제각기 해석하며 그에 따라 세계제일용으로 내세우기도 하고, 또는 웅녀족 또는 퉁구스족의 문화로 주장하기도 한다. 그러므로 곡옥의 해석은 매우 민감한 문제로 제기되고 있다.

134) 우실하, 『동북공정 너머 요하문명론』, 소나무, 2007, 327쪽.
  이정훈, 「홍산문명과 황하문명 4000년 전쟁」, 『新東亞』 2008년 9월호, 700쪽.
135) 궈다순(郭大順)·장싱더(張星德) 지음, 김정열 옮김, 같은 책, 384-385쪽.

　　실제로 이 지역에서 출토된 곡옥의 머리를
보면 일정한 짐승 모습을 하고 있는 것처럼 보
인다. 그러나 정확하게 어떤 짐승이라고 규정하
기 어렵다. 따라서 옥저룡(玉猪龍)이라고도(그
림 2) 하고 옥웅룡(玉熊龍)이라고도(그림 3) 한
다.[136] 중국학자는 용의 형상이라고 하여 인류
최고의 용 기원설을 펴고, 한국학자들은 곰의
형상이라고 하면서 단군신화의 곰네와 연결지

〈그림 3〉 옥웅룡

으려 한다. 옥기의 곰 형상을 근거로 아예 "곰토템의 퉁구스족들이 홍
산문화를 주도한 웅녀족이 된다"는[137] 해석까지 한다. 결국 곰 형상을
근거로 웅녀족을 퉁구스족인 것처럼 비약적인 해석을 한 셈이다.

　　이러한 해석은 일제강점기 일본학자들의 퉁구스족 신화기원론과
만난다. 이마니시 류(今西龍)는 북방민족의 시조들이 동물에서 출생한
시조신화를 전승한다는 설을 펴면서, 곰에게서 태어난 단군출생담을
현재 조선민족의 것이 아닌 퉁구스족의 것이라고 주장했다.[138] 단군본
풀이를 고조선 역사와 무관한 북방민족의 공통적인 동물출생담이라고
함으로써 고조선의 역사를 한국사에서 분리시키는 한편, 『삼국유사』
고조선조 기록을 날조한 것으로 만들고 일연을 역사 왜곡의 인물로 간
주한 것이다.[139] 본풀이에 나오는 곰을 동물인 곰 자체로 인식해서 퉁

---

136) 劉國祥, 「論紅山文化建築與手工業技術進步」, 위의 책과 같은 곳 ; 우실하,
　　앞의 책, 317-327쪽에 돼지와 곰의 실물사진까지 제시하며 자세하게 다루
　　었다.
137) 우실하, 같은 책, 334쪽.
138) 今西龍은 「단군의 說話에 대하여」, 『歷史地理』, 1910을 증보하여 「檀君考」
　　라는 제목으로 바꾸어 『朝鮮古史의 研究』, 近澤書店, 1937에 재수록했다. 이
　　마니시 류, 김희선 번역, 「檀君考」, 『일본인들의 단군 연구』, 한국학중앙연
　　구원, 2005, 49-119쪽에서 참조.
139) 실제로 일본학자들은 『삼국유사』의 단군본풀이를 두고 '중의 망설(妄說)'이
　　라 하였다.

구스족 이야기라는 해석은 본풀이 논리에 맞지 않는 해석이다. 다시 말하면 신화적 상징을 문자적으로 해석하는 비신화학적 해석이란 말이다.

곡옥의 형상도 상징적으로 해석하지 않으면 같은 오류에 빠질 수 있다. 곡옥의 모양은 곰이나 돼지가 아니라 태아의 형상이라는[140] 사실을 고려하면, 돼지를 기른 종족이나 곰을 숭배한 종족으로 옥기문화를 끌고가는 해석은 재고되어야 한다. 옥기의 형상으로 말하면 곰과 돼지 외에 용과 호랑이, 거북, 부엉이, 물고기, 누에 등 매우 다양하다. 그러면 이들 옥기의 동물들을 토템으로 숭배하는 종족으로 다 끌어가면 홍산문화는 도무지 누구의 것이란 말인가.

우리 민족을 시베리아 유목민 가운데서도 특히 퉁구스족에서 왔다는 전래설을 펴는 사람들은 돼지가 나와도 퉁구스족, 곰이 나와도 퉁구스족에 끌어다 붙인다. 돌궐말로 돼지를 '퉁구즈'라 부른다는 사실을 근거로 돼지를 곧 퉁구스족 문화의 산물인 것처럼 주장하는가 하면, 곰을 숭배하는 곰토템족이 바로 퉁구스족이기 때문에 곰문화는 물론이고 단군본풀이의 웅녀도 퉁구스족의 후손인 것처럼 해석한다. 퉁구스족은 참 행복한 민족이다. 아직도 유목생활을 하고 있는 처지인데, 마치 상고대문화의 발상지에서 정착 농경문화를 주도한 민족인 것처럼 과도하게 미화되고 있을 뿐 아니라, 한국학자들이 다투어 자민족의 선조로 찾아서 모시는 까닭이다.

홍산문화와 같은 상당히 발전된 문화유적과 유물을 다루면서 순전히 가축사육이나 동물토템으로 민족의 정체성을 결정할 수 있을까? 중국학자들은 '고문화, 고성, 고국'이라는 큰 틀에서 홍산문화를 해석하여 "원시사회에서 문명사회로 이행하여 가는 고국시대"로 규정하고,

---

140) 임재해, 『신라금관의 기원을 밝힌다』, 421-423쪽에 이 문제를 자세하게 다루었다.

"부락보다 높은 안정적이며 독립적인 정치적 실체"로 해석하는데,[141] 한국학자들은 피라미드 건축, 대형 적석총, 원형제단, 석성, 여신묘, 대규모 취락 유적 등 풍부하고 다양한 문화현상들을 다 제쳐두고 이 가운데 특정 동물 형상에만 집착하여 홍산문화를 웅녀족문화로 간주하다가 마침내 퉁구스족에게 가져다 바치고 만다. 풍부하고 다양한 옥기문화를 이처럼 단편적인 사실에 집착하여 요소적 해석을 할 것이 아니라 복합적이고 총체론적 시각에서 유기적 해석을 해야 할 것이다.

본풀이는 우주론적 총체사를 노래한다는 사실을 고려할 때, 요소적 해석이나 형태론적 접근은 왜소하기 짝이 없다. 옥기 가운데도 곰이나 돼지의 형상, 그리고 소조상 가운데도 여신상에만 집착하게 되면, 홍산문화 전체는커녕 홍산지역의 옥기문화나 소조문화조차 제대로 포착하기 어렵게 된다. 옥기나 소조를 제외한 나머지 문화만으로도 홍산문화의 정체를 밝힐 수 있어야 한다. 그만큼 홍산문화는 풍부하고 다양한 문화를 이루고 있기 때문이다. 그런데 홍산문화가 지닌 문화사회의 수준을 제대로 포착하지 않은 채, 옥기의 일부 양식에 지나지 않는 특정 동물형상을 근거로 홍산문화의 정체를 규정하는 것은 성급한 일반화의 오류에 속한다.

만일 곰형상을 근거로 곰토템족의 문화라는 주장이 논리적 설득력을 지니려면, 다른 동물형상도 동시대의 다른 민족문화와 연결되어 같은 수준의 토템 논리로 설명 가능해야 할 것이다. 그리고 다른 문화유산도 토템과 유기적 관련을 지니고 있어서 일관된 해석이 이루어져야 할 것이다. 하지만 어느 것도 불가능한 일이다. 우선 홍산문화의 주체들은 옥기문화만 누린 것이 아니라 거대한 피라미드 문화와 대규모 적석총, 고대 도시형 집단취락, 그리고 독특한 제단유적을 아울러 지니고 있는 당대 최고 수준의 문화를 누렸다는 사실이다.

---

141) 궈다순(郭大順)·장싱더(張星德) 지음, 김정열 옮김, 같은 책, 408쪽.

따라서 홍산문화는 학계에서 세계를 놀라게 한 20세기 최고의 고고학 발굴로 꼽을 뿐 아니라, 신비한 문명국이자 이미 5천여 년 전에 초기 국가 형태를 이루었던, 수준 높은 문명국가의 기원문화로 평가되고 있다. 그런데 지금껏 유목문화 수준을 벗어나지 못한 퉁구스족이나, 환웅을 찾아와 인간이 되기를 빌었던 웅녀족을 두고 당시에 동북아시아 최고의 문명국을 이루었다고 할 만한 역사적 근거를 제시하기 어렵다.

만일 곡옥의 동물형상과 연관시켜 그 문화를 누린 종족을 해석한다면 돼지형 곡옥도 퉁구스족의 문화로 봐야 하지 않는가. 실제로 돼지 모양 곡옥을 근거로 홍산문화의 주인을 '돼지를 애완하여 사육한 맥부족'으로 해석하기도 한다.[142] 돼지를 기르는 맥부족도 웅녀족이라면 옥저룡과 옥웅룡을 애써 구분할 필요도 없다. 그런데도 웅녀족과 결부시키기 위해 곡옥의 돼지와 곰의 형상을 기어코 분리시켜 놓는다.[143] 그것은 돼지가 아니라 곰이어야 웅녀족과 연관지을 수 있기 때문이다. 한국학자들 사이에도 곰과 돼지를 제각기 자기 논리로 끌어다가 웅녀족으로 해석하는데, 중국인들이야 오죽하겠는가.

중국사람들은 돼지라야 옥룡의 원시형이 된다고 여겨서 돼지용이라고 주장한다. 돼지는 기우제 제물로 썼기 때문에 돼지와 용은 결국 같은 의미라는 것이다.[144] 곰이라고 해도 중국사와 연결 짓기는 마찬가지이다. 중국학자들은 곰을 웅녀족과 연관짓는 것이 아니라 황제 유웅씨(有熊氏)와 연관지어, 이 지역이 황제가 다스렸던 곳으로 해석한다.[145] 곰이든 돼지든 연구자의 국적에 따라 중국사와 한국사 중심으로 끌어가기는 마찬가지인데, 왜 곰과 돼지 다툼을 하는가.

142) 신용하, 앞의 글, 41쪽.

143) 우실하, 같은 책, 317-327쪽 참조.

144) 孫守道·郭大順,「論遼河流域的原始文明與龍的起源」,『文物』, 1984년 6기, 11-17쪽 ; 복기대,「試論 紅山文化 原始龍에 대한 재검토」,『白山學報』 77, 2007, 51-52쪽에서 참조.

145) 우실하, 같은 책, 314-315쪽.

곰형상의 옥기를 '유웅씨'에 끌어다 붙이는 것도 억지이지만, 굳이 퉁구스족에 끌어다 붙이는 일도 경이롭다. 짐승의 종류만 보고 문화는 보지 않은 까닭이다. 그렇다고 해서 옥기에 곰과 돼지 모양만 있는 것도 아니다. 온갖 동물과 추상적 형태가 두루 있다. 다양한 옥기의 형상 가운데 특정 종의 동물만 가려서 역사적 해석을 하는 것은 작위적이라 하지 않을 수 없다. 옥기문화의 다양한 동물상을 총체적으로 해석하지 않고 부분적 형상으로 특정 종족과 연관 짓는 것은 논리적으로 성급한 개괄의 오류에 해당된다.

옥기 가운데 호랑이는 왜 단군본풀이에 나오는 호랑이족과 연관성을 짓지 않는가. 거북과 자라는 또 어느 종족의 토템인가. 토템을 동물 숭배나 동물신앙으로 여기는 것 자체가 잘못이다. 토템은 어떤 공동체가 신성한 동물이나 자연물을 기호로 공유하며 민족적 동질성을 유지하는 상징물이다. 따라서 특정 민족과 특정 동물은 1대 1의 기호 또는 상징적 대응관계를 가진다. 한 민족은 하나의 동물을 상징으로 토템을 형성한다는 사실을 제대로 안다면, 여러 동물 형상의 옥기 가운데 하나를 지목하여 토템동물로 규정하는 것은 무리가 따르게 마련이다. 왜냐하면 용과 돼지, 곰, 호랑이를 비롯한 다양한 동물들이 옥기에 두루 나타나는데, 제각기 토템 상징으로 규정하다가 보면, 토템의 본디 문화적 기능과 달리 민족적 정체성 확보는커녕 오히려 그 문제를 더 혼란스럽게 훼손하는 까닭이다.

동물이나 자연물 숭배는 애니미즘일 뿐 토템문화라고 할 수 없다. 토템을 동물로 한정하여 말하면 특정한 민족집단을 상징하는 동물이 토템동물이다. 따라서 한 민족에게는 하나의 토템동물만 있을 따름이다. 그래야 해당 동물을 상징으로 민족 정체성을 나타낼 수 있기 때문이다. 자연히 다양한 동물의 옥기 형상을 두고 토템문화로 받아들일 수 없다. 모두 자기 종족의 상징이라 할 수 없기 때문이다. 그러므로 토템동물로 일관되게 해석할 수 없다면 아전인수격 해석은 자제되어야 한다.

우선 동물 이름으로 붙인 옥기의 명명조차 재검토되어야 한다. 용이면 용이고 돼지면 돼지, 곰이면 곰이지, 돼지용[豬龍]이니 곰용[熊龍]이니 하는 발상 자체가 아전인수식 해석이다. 실제로 돼지용이나 곰용이라고 하는 것이 있는가.

중국학자들이 돼지용이나 곰용으로 명명한 근거는 돼지나 곰이란 뜻이 아니라 용이란 뜻이다. 돼지와 곰은 용의 유형을 형상에 따라 나누어 붙인 이름일 따름이다. 조보구문화 소산유적에서 출토된 존형기 몸통에 그려진 용도 머리 모양에 따라 둘로 나누었다. 사슴모양 용을 녹수룡(鹿首龍), 돼지모양 용을 저수룡(豬首龍)이라 일컬었다.[146] 그렇다고 이 그림은 용이 아니라 사슴이나 돼지라는 뜻이 아니다. 용의 일종으로 구분했을 따름이다. 이러한 명칭은 우리나라에서도 마찬가지이다. 알영부인이 계룡(鷄龍)의 옆구리에서 태어났다고 할 때, 계룡은 닭의 형상을 한 용을 뜻하는 것이지 닭을 뜻하는 것은 아니다.

더 중요한 사실은 이 지역에서 용이라고 하는 C자형 옥기들, 곧 옥룡이나 옥저룡, 옥웅룡이 발굴되었을 때, 처음에는 아무도 용이라고 일컫지 않았다는 사실이다. 뒤늦게 용이라고 하여 천하제일용을 주장하고 세계적인 용문화의 중심지로 자처하기 시작한 것이다. 그러다가 학자들에 의해 원시룡으로 주목되어 마침내 저룡으로 이름이 부여되었다.[147] 저룡 논의를 재검토한 결과 용이 아니고 태아이거나 돼지, 또는 뱀장어일 가능성도 제기되었다.[148] 그러므로 굽은 모양의 C자형 옥기를 딱 부러지게 어느 동물 모양이라고 일컫기 어렵다.

이처럼 비슷한 형상을 두고 용과 돼지, 곰으로 해석이 엇갈리는가 하면, 양적으로 수가 많다는 사실을 근거로, 마치 다수결이 토템문화를

---

146) 복기대, 위의 글, 44쪽.
147) 복기대, 같은 글, 46-50쪽 참조.
148) 복기대, 같은 글, 61-62, 67쪽 참조.

결정하는 것처럼 곰토템으로 끌어가기도 한다. 곰모양이 돼지모양보다 더 많으면 곰토템족이라 해석할 수 있을까. 과연 곰모양이 돼지모양보다 더 많다고 할 수 있을까. 그런데 왜 용의 논의에서는 돼지모양옥기가 더 집중적으로 논의되는가. 더 문제는 과연 곰이나 돼지가 왜옥기로 만들어져 장식품 구실을 하였을까 하는 점이다. 토템동물을 장신구처럼 만들어 매달고 다니거나 부장품으로 매장하는 것이 정상인가. 이 질문에 답하기 어려우면 옥기의 형상을 근거로 특정 동물토템으로 해석하는 것은 성급한 것이다.

그래도 옥기문화에서 보이는 다양한 동물들이 저마다 특정 종족의 토템을 나타내는 것이라 생각하는가. 그렇다면 논리적으로 더 심각한 문제가 제기된다. 한 무덤 속에 다른 동물 형상의 옥기들이 부장되어 있기 때문이다. 무덤 속에 부장된 옥기들의 상태로 볼 때, 서로 다른 문화의 토템을 지닌 종족들이 두루 모여서 한 주검을 위해 옥기들을 부장품으로 증여하고 공동으로 장례를 치른 뒤에 매장했다고 하는 사실이 입증되어 할 것이다. 과연 여러 토템족들이 공동으로 장례를 치뤘을까.

부장품에는 반드시 부장하는 이유가 있다. 부장품과 관련하여 토템동물과 사육동물, 제사동물을 함께 연구해 봐야 할 것이다. 이 세 동물은 서로 다른 기능과 의미를 지니는데 마치 같은 기능과 의미인 것처럼 해석하는 것이 문제이다. 왜냐하면 부장품인 옥기의 형상을 두고, 옥저룡을 주목하는 이는 제사동물과 사육동물로, 옥웅룡을 주목하는 이는 토템동물로 해석하기 때문이다. 돼지를 사육하거나 제물로 쓰면, 옥기로 만들어 부장품으로 묻는가. 이미 돼지와 곰은 주검과 함께 실물이 순장되어 있는 사례가 있다. 무덤에 암수 돼지가 순장되어 있는가 하면, 유적지에 곰의 턱뼈가 발굴되기도 했다. 그런데 왜 굳이 옥기로 만들어 부장했을까.

부장품은 제물인가, 가축인가, 토템인가. 왜 옥기형상이 곰이면 토템동물이고 돼지이면 가축이고 제사동물인가. 옥기형상에 두루 보이는 용과 호랑이, 거북, 부엉이, 물고기 모양 옥기는 제물인가, 가축인가, 토템인가. 만일 곰이 토템동물이라면 곰을 순장하거나 제물로 바칠 수 있을까. 우하량 유적에서 곰의 아래턱뼈가 나온 것은 곰을 순장했거나 제물로 사용했기 때문이다. 우하량 여신묘에서 출토된 여신상을 근거로 학계에서는 여신을 숭배한 여신 제사 유적으로 해석한다. 그런데, 곰을 숭배하는 곰토템족인 웅녀족이 여신을 숭배했다고 하는 것은 종교 제의적으로 충돌된 해석은 아닌가.

종교적으로 한 종족을 두고 곰토템족이자 여신족이라고 하는 것은 적어도 토템문화 수준의 종족에서는 받아들이기 어려운 까닭이다. 특히 여신묘에서 출토된 여신상은 동산취에서 발견된 소형 임산부상과 달리 거대한 조소작품이자 상당히 사실적인 형상으로 만들어진 것이다. 그리고 7개의 여신상은 사람 크기의 3배인 대형 여신상 하나, 2배 크기의 중형 여신상 하나이고 나머지 신상은 5개는 실물 크기와 같다.[149] 그런데 이 여신상들과 함께 조소작품으로 용 형상 2개와 독수리 형상 1개가 발굴되었다. 용 소상은 돼지나 곰으로 해석되기도 한다. 같은 그림을 중국학자들은 '용머리'로 해석했는데,[150] 이 사진을 인용한 한국학자들은 '곰의 아래턱'으로 해석한다.[151]

만일 곰토템족으로서 곰을 숭배한다면 토템폴처럼 곰의 조소상도 여신상처럼 대형으로 만들어 두고 섬겨야 하지 않을까. 그런데 용인지, 돼지인지, 곰인지 학자마다 해석이 다르다. 그리고 거대한 맹금의 발톱이 한 쌍 나왔는데 그림 설명에는 독수리 발톱이라고 밝혀두었다.[152]

---

149) 궈다순(郭大順)·장싱더(張星德) 지음, 김정열 옮김, 같은 책, 388-389쪽.
150) 궈다순(郭大順)·장싱더(張星德) 지음, 김정열 옮김, 같은 책, 385쪽, 사진 2. 4-7.
151) 우실하, 같은 책, 324쪽 자료 4-18 및 신용하, 앞의 글, 41쪽, 그림7-1.
152) 궈다순(郭大順)·장싱더(張星德) 지음, 김정열 옮김, 같은 책, 위와 같은 곳, 그림 2.4-8.

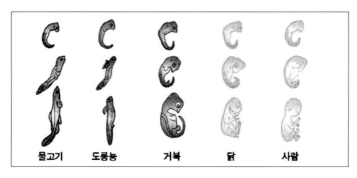

〈그림 4〉 각종 동물의 태아발달 단계 모습

그럼 홍산문화인은 독수리토템족이라고 해야 할까. 중국학계에서는 동물소상을 토템과 연결지어 해석하지 않고 있다. 그러므로 정밀한 연구 없이 풍부하고 다양한 옥기문화의 일부를 근거로 곰토템이나 특정 종족문화로 제각기 끌어다 붙여서는 어느 것이나 설득력을 얻기 어렵다. 홍산문화의 전체적인 맥락 속에서 총체적인 해석이 일관되게 이루어질 필요가 있다.

　홍산지역 옥기문화 가운데 용이나 돼지, 곰으로 해석되는 옥기는 C자형으로 굽은 옥일 뿐 아니라 매달 수 있도록 굽은 목 부분에 구멍이 뚫려 있는 공통성이 있다. 그런데 나는 이와 닮은 신라금관의 곡옥을 두고 태아생명을 상징하는 것으로 해석했다. 초기의 태아 모습은 곡옥 모습과 흡사한 까닭이다. 김알지가 계림의 나뭇가지에 걸려 있는 금궤 안에서 아기 모습으로 출현한 사실을 상징한 것으로 봤기 때문이다.[153] 해부학적으로 보면, 사람의 태아뿐만 아니라 도롱뇽이나 물고기, 거북, 닭 등 구분 없이 태아의 초기 모습은 모두 곡옥과 같은 형상이다(그림 4).

　사람의 태아가 자라는 데 따라 얼굴 없는 곡옥 모양에서 점차 얼굴을 갖추기 시작한 곡옥 모양으로 성장한다. 그런데 8주 전후의 태아 얼

153) 임재해, 『신라금관의 기원을 밝힌다』, 지식산업사, 413-425쪽에서 자세하게 다루었다.

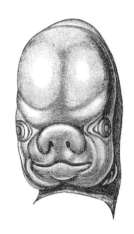

〈그림 5〉 8주째 태아

굴(그림 5)은[154] 보기에 따라서 돼지 모습 같기도 하고 곰 모습 같기도 하다. 더 자세하게 보면 어느 특정 얼굴모습이라 하기도 어렵다. 그 이전 단계로 가면 도롱뇽의 태아 모습과 거의 같다. 자라는데 따라 얼굴모양이 바뀌는데, 특정 짐승의 모습과 관련지을 수 없을 만큼 독특하고 다양하다. 사람의 얼굴 모습을 갖추기 시작하는 것은 훨씬 이후이다.

따라서 곡옥의 동물형상에 따라 자문화의 기원이나 종족별로 문화적 연관성을 찾아 제각기 끌어가게 되면 곡옥의 정체도 불확실하게 될 뿐 아니라 홍산문화 지역의 곡옥문화를 여러 종족의 문화로 해체해 버리게 된다. 이러한 종족별 끌어가기식 해석은 곡옥문화를 해석하는데 타당한 연구 논리도 아니고 설득력도 확보할 수 없다. 옥기의 형상이 어떻게 생겼든 같은 옥기문화 집단의 동질적 문화현상으로 끌어안고 유기적으로 해석하는 것이 온당한 까닭이다.

옥룡의 원형을 유추할 때 돼지, 곰, 뱀, 뱀장어, 도마뱀, 악어, 용 등의 모델을 각개로 생각하면 서로 끝없는 논란만을 불러일으킬 것이다. 하지만 그 원형을 인간 생명의 씨앗이 태동하는 배아로 상정한다면 이들 상이한 모델들은 마치 퍼즐이 맞추어지듯 연결되어 모두 하나로 이해될 수 있을 것이다. 배아와 태아는 이들 모델의 각개 형상을 모두 가지고 있기 때문이다.[155]

---

154) 김영균·김태은, 『탯줄코드 -새끼줄, 뱀, 탯줄의 문화사』, 민속원, 2008, 64쪽 그림.
155) 김영균·김태은, 위의 책, 64쪽.

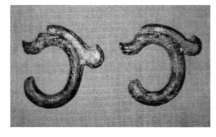
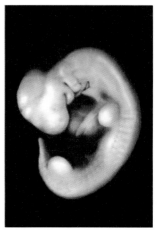

〈그림 6〉 홍산지역 곡옥과 태생 5주째 태아 모습

의학도처럼, 태아에 관한 해부학적 지식을 갖추게 되면, 그 형상이 어떤 짐승을 닮았든 인간을 비롯한 동물의 원초적인 생명, 곧 태아를 상징한다는 사실을 발견하게 된다(그림 6).[156] 태아의 얼굴을 보면 인간이 아니라 짐승의 얼굴모습과 같다. 태아는 신비성을 지닌 신화적 생명이나 다름없다. 달리 말하면 인간의 신화시기는 태초의 태아 시기이다.

태아 형상의 곡옥 모양 옥기가 주검의 복부 근처에 부장되어 있는 것으로 보인다. '우하량 제2지점 제1호총 4호묘 출토'의 태아형 옥기를 보면,[157] 주검의 복부 자리에 머리부분이 아래로 향해 있는 2개의 곡옥형 옥기가 부장되어 있다. 태아는 어머니 자궁 속에서 머리가 아래로 향해 있는 상황과 만난다. 그러므로 태아 형상의 옥기는 주검의 영혼이 다시 태아로 재생하기를 기대하는 주술로 이해할 수 있다.

특히 홍산문화 유적에서 소형의 임산부상이 계속해서 출토되고 대

---

156) 김영균·김태은, 같은 책, 65-66쪽의 사진.
157) 우실하, 같은 책, 181쪽, 자료 2-53의 '우하량 제2지점 제1호총 4호묘 출토'의 태아형 옥기.

형 신상도 모두 여성들이라는 점이 주목된다. 임산부상뿐만 아니라 여
신들도 모두 풍요다산을 상징하는 공통점을 지니기 때문이다. 그리고
이 출토물은 적석총 유적과 제단, 또는 여신의 사당과 같은 제사유적
에서 주로 발굴되었다.

따라서 부장품의 곡옥과 제단, 여신묘, 인물상들은 유기적인 관련성
속에서 독특한 제의문화를 이루고 있는 것이다. 여신묘의 신상은 조상
숭배의 한 양상으로도 이해되지만, 생육과 풍요다산을 기원하는 지모
신 숭배의 제의문화로 해석할 수 있다.[158] 그러므로 태아형 옥기의 부
장품도 한갓 동물토템이 아니라 풍요다산을 기원하는 농경문화의 지
모신 숭배와 관련된 주술물로 해석되는 것이 더 설득력을 지닌다.

그러나 아직 옥기문화는 해명된 것보다 연구해야 할 과제가 더 많
다. 곡옥 목덜미 부분에 일관되게 구멍이 뚫려 있는 이유도 밝혀내야
한다. 살아 생전에 장신구로 사용한 사실을 나타낼 수도 있다. 그런데
이 구멍을 이용하여 매달면 대부분의 옥기는 머리 부분이 아래쪽으로
향해 기울지게 되어있다. 왜 이러한 방식을 택했는지 궁금하다. 옥기
형상의 다양성에 대한 해석도 더 정밀한 연구가 필요하다. 현재로선
무덤에 다양한 생명들을 끌어들임으로써 죽음의 세계를 자연친화적으
로 누리고자 하는 뜻과 함께, 주검의 영혼이 저승에서 그와 같은 생명
들과 더불어 노닐며 영생하기를 기대한 것으로 추정할 따름이다. 부장
품답게 유감주술의 원리로 해석하는 것이다.

8. 고조선문화의 원류 '신시고국'의 홍산문화

단군조선은 갑자기 등장한 나라가 아니다. 단군조선뿐만 아니라 어
느 나라도 갑자기 출현할 수 없다. 건국시조 단군도 어느 날 갑자기 나

---

158) 궈다순(郭大順)·장싱더(張星德) 지음, 김정열 옮김, 같은 책, 390쪽 참조.

타난 인물이 아니다. 어떤 시조든 조상이 있게 마련이고, 어떤 나라든 국가가 성립되려면 그만한 선행 조건을 갖추어야 한다. 그러자면 오랜 시일이 걸리게 된다. 문화의 경우는 더 이를 말이 없다.

고조선문화의 형성도 그 뿌리와 밑자리가 있게 마련이다. 역사학은 그 뿌리와 밑자리를 찾아서 통시적인 연원과 공시적인 바탕을 밝히기 위해 옛날로 거슬러 올라간다. 본풀이는 그러한 일을 태초부터 챙길 뿐 아니라, 우주론적 총체사의 관점에서 폭넓게 풀어나간다. 그러므로 삶의 문제를 풀어야 할 일이 있으면 태초의 역사부터 풀어내는 작업부터 하는 것이다.

본풀이는 한갓 서사무가이거나 굿판에서 노래되는 무속신화가 아니라, 우리 굿문화 속에서 창출된 구술역사이자, 역사 서술방식으로서 역사학의 논리를 실제로 보여주는 실천역사학이다. 지금 여기의 문제를 풀기 위해 태초의 거기부터 풀어나가는 것이 본풀이사학이다. 본풀이사학은 역사의 근본을 풀어야 당대사의 문제도 순조롭게 풀 수 있다는 역사의식 때문에, 지금 문제가 있어서 맺힌 것을 풀 때마다 태초의 역사부터 다시 푸는 일을 한다.

한국사는 지금 고대사 문제가 크게 꼬여 있다. 식민사학의 틀에서 벗어나지 못하고 시베리아기원설에 안주하고 있는 데다가, 중국이 한국 고대사를 자기네 역사로 왜곡하고 있다. 이 문제를 제대로 해결하려면 우리 민족의 태초 역사라 할 수 있는 고조선 건국 이전의 역사를 주목해야 한다. 단군조선은 단군이 불쑥 세운 나라가 아니라 오랫동안 우리 민족의 문화적 역량이 축적되고 성장하여 비로소 건국된 나라이다. 따라서 본풀이의 시각에서 분석해 보면, 단군의 조선 건국 이전에 이미 상당히 발전된 문화를 누렸던 환웅의 신시고국이 있었다는 사실을 알 수 있다.

그런데 단군본풀이 이전에 환웅본풀이가 더 장엄하고 더 수준 높게 노래된 사실을 알지 못하면, 기껏 단군신화는 "곰과 단군의 관계가 중심이고 곰에 관한 이야기가 초점이 된다고 믿는" 까닭에, "곰의 자손이라는 신화는 시베리아 등지에 선주하였던 고아시아족들"의 것과 같은 것으로[159] 해석된다. 그리고 단군신화를 이해할 때 "원초적인 핵심문제를 곰의 자손이라는 주민의 역사와 문화에서 줄기를 찾아야 한다."고[160] 주장한다. 다시 말하면 곰의 신화를 지닌 시베리아 고아시아족들이 고조선의 역사와 문화의 줄기라는 것이다.

고조선문화를 제대로 해명하려면 곰과 단군 이야기 이전에 환웅의 신시문화부터 다루지 않을 수 없다. 단군을 출현시킨 주체는 곰이 아니라 환웅이라는 사실을 알아야 민족사의 주체를 제대로 포착할 수 있다. 곰과 단군 이전에 환웅과 신시가 있었던 것이다. 신시는 신정국가다운 건국이념을 지니며 천왕을 비롯한 3상5부의 정치체제를 갖춘 법치국가였다. 정착생활 중심의 농경국가로서 입지를 굳히고 인간의 수명과 질병을 다스리는 불사국이자, 선악과 윤리를 소중하게 여기는 군자국이었다.

학계에서는 이런 찬란한 문화를 누린 환웅의 신시고국을 단군이 세운 고조선으로 착각해 왔다. 마치 단군이 천부인 3개를 받고 홍익인간의 이상을 이루기 위해 조선을 건국한 것처럼 여길 뿐, 그것이 모두 환웅이 신시고국을 통해서 실현한 것이라는 사실을 알지 못한다. 그러므로 지금까지 신시고국의 역사적 실체를 주목하지도 않았고 또 실증적으로 입증하기도 어려운 한갓 신화적 상상으로만 여겼다.

그런데 고조선 지역인 중국 요서지역의 홍산문화를 주목해 보면 사정이 달라진다. 고조선 영역 안에 속해 있는 홍산문화 지역에는 고조선 이전 시기의 여러 문화유적과 유물들이 다양하게 남아 있다. 중국학계에서는 홍산문화가 '고문화·고성·고국'의 3요소를 갖춘 초기형태의 국가체제가 일구어낸 문화유적으로 해석한다.

---

159) 金貞培, 『韓國古代의 國家起源과 形成』, 高麗大學校 出版部, 1986, 22쪽.
160) 金貞培, 위의 책, 23쪽.

성자산(城子山)과 삼좌점(三座店)의 석성(石城) 유적, 수많은 적석총, 원형 구조의 제단유적, 여신상을 모신 여신묘, 정교한 옥기문화, 대단위 취락지 유적 등은 한갓 특정 토템족의 문화수준을 훨씬 넘어선다. 바위로 성을 쌓고 피라미드 규모의 적석총을 만들려면 대단한 지도력을 갖춘 정치지도자와 통치조직 및 용의주도한 노동력 동원 체계, 정착문화에 의한 집단취락의 형성, 농경문화에서 비롯된 경제적 기반을 두루 갖추어야 한다.

그런데 이러한 수준의 문화를 창출한 국가의 정체는 아직까지 해명되지 않고 있다. 물론 그와 관련된 문헌사료도 『삼국유사』 고조선조에 수록된 환웅의 신시본풀이 외에는 발견되지 않았다. 더군다나 홍산문화 유적의 연대와 위치는 신시문화와 견주어 보면 상당히 일치한다. 단군의 고조선이 서기전 2333년에 건국되었다면, 환웅의 신정국가 신시는 그 훨씬 이전에 조성되었을 것이다.

그런데 고조선문화권에 속하는 홍산문화(紅山文化)는 서기전 4000년-2500년, 또는 서기전 4500-3000년 무렵에 형성된 것이다. 특히 홍산문화의 우하량(牛河梁) 유적은 서기전 5000-4000년, 또는 3500년에 형성된 것으로 추정되는 거대한 제단 유적을 보여주고 있어서 눈길을 끈다. 이 제단은 원형과 방형의 적석 제단을 이루고 있어 천원지방(天圓地方)의 사유체계를 보이며, 제단의 돌돌림 울타리는 3중원형을 이룬다.

중국학자들은 이 유적지만으로도 약 5500년 전에 이미 국가 성립의 조건을 모두 갖추고 있었다고 주장하지만, 이 유적이 역사적으로 어느 국가에 속했는지 알지 못한다. 이것과 닮은 제단 유적들은 북방의 유목문화 지역에서 보이지 않는 반면에, 한반도에 집중되어 있다. 한반도에는 방형 또는 원형의 돌돌림 제단유적이 여러 곳에서 보고되는데[161]

---

161) 하문식, 「고조선의 돌돌림유적에 관한 문제」, 『단군학연구』 10, 단군학회, 2004, 311-327쪽 참조.

모두 고조선 유적으로 파악된다. 자연히 서기전 4000년의 홍산문화 유
적보다 한참 늦다. 돌돌림 유적의 규모와 축조방법, 기능을 고려할 때
홍산문화의 제단유적과 비슷하여, 그 기원을 홍산문화에서 찾는다. 그
러므로 홍산문화의 제단 규모와 양식, 유물 등을 고려할 때 환웅시대
의 신시문화 유적으로 추론된다.

신시에서 형성되기 시작한 제단유적이 고조선 이후 한반도 일대에
널리 전승되었던 것인데, 최근에 발굴을 통해 그 모습을 드러내고 있
다. 홍산문화의 제단유적에는 원형 돌무지 제단 외에 제사를 지내던
건물터, 돌널무덤의 유구 등이 더불어 있어[162] 신시문화의 제사터를
연상하기에 충분하다. 5천년 전의 제단과 사당, 무덤이 삼위일체를 이
루는 대규모의 제의문화 유적은[163] 신정국가인 신시의 문화유적으로
해석하기에 알맞다. 홍산문화 시기와 일치하는 이 지역의 고대 국가체
제는 신정국가인 '신시'밖에 없기 때문이다. 고조선 건국시기보다 홍산
문화 유적이 상당히 앞설 뿐 아니라, 제단 유적의 규모와 양식이 신정
국가이자 성읍국가로서 체계를 잘 갖추었기 때문이다.

고조선 건국과 문화 형성의 뿌리를 이루는 신시는 신정국가이자 산
상국가였다. 삼위태백의 지리적 영역 안에 있는 태백산을 무대로 신시
의 기틀을 잡았을 뿐 아니라, 단군도 죽어서 아사달의 산신이 되었다
는 것이 산상국가라는 중요한 증거이다. 따라서 신시문화의 지리적 중
심지는 고조선 강역 안에 있었던 요서지역의 산지를 무대로 형성된 홍
산문화 유적지들 속에서 찾을 수 있다.

문화적으로 가장 독창적인 옥기문화의 세계를 다각적으로 뜯어보
고 신시고국의 문화 수준과 세계관이 어떻게 연관되어 있는가 하는 연

---

162) 하문식, 「고조선의 돌돌림유적에 관한 문제」, 320-321쪽 참조.
163) 郭大順, 「序言: '遼河文明' 解」, 遼東城博物館·遼東城文物考古研究所編, 『遼
　　　河文明展文物集萃』, 2006. 우실하, 「요하 문명, 홍산문화와 한국문화의 연계
　　　성」, 『고대에도 한류가 있었다』, 지식산업사, 2007, 205쪽에서 참고.

구가 뒷받침되어야 할 것이다. 현단계에서는 홍산문화의 풍부한 옥기를 통해서 민족문화의 시베리아기원설이나 유목문화 전래설을 극복하고 고조선 이전의 신시시대에 이미 정착생활과 농경문화를 기반으로 하는 수준 높은 옥기문화를 창출했다는 추론을 제시할 수 있게 되었다.

본풀이는 부를 때마다 지금 여기서 태초로 거슬러 올라가 연유를 다시 닦고 그 역사적 내력을 거듭 노래한다. 지금 여기의 상황에 따라 본풀이를 다시 부르며 지금의 문제를 풀어내는 것이다. 지금 우리 학계는 자국문화가 다른 데서 왔다는 전래설을 펴느라 분주할 뿐 아니라, 민족문화의 기원이나 원류를 찾는다는 구실로 시베리아 초원지대와 몽골의 유목지역을 누비며 떠돌이 조사를 하고 있다. 분과학문의 경계를 넘어서는 사유의 지적 유목이 아니라 고대사의 보물찾기를 위해 여기저기 떠돌아다니는 공간적 방황이다. 이러한 학풍 속에 발표되는 민족문화의 기원설은 자세하게 따져보지 않아도 일정한 틀 속에 갇혀 있어서 손쉽게 정리 가능하다.

지역으로 말하면 시베리아기원설이며, 문화로 말하면 유목문화 기원설이고, 방위로 말하면 북방민족 기원설이 주류를 이룬다. 도무지 자민족문화의 기원을 자민족이 사는 지역과 자민족문화 안에서 찾으려 들지 않는다. 우리 민족은 상고시대부터 산세 좋고 강이 있는 곳에 터를 잡아 정착생활을 하고 농경문화를 누렸는데, 현대를 살아가는 오늘의 학자들은 자기 학문의 뿌리를 제 땅에 박지 못하고 일제강점기의 학설을 좇아 시베리아 초원지대에서 유랑하고 있는 것이다. 산상국가를 이룬 상고시대 조상들의 삶과 농경문화의 전통을 거스르는 학문을 하느라, 초원지대의 유목민을 선조로 모시고자 때아닌 떠돌이생활을 자처하고 있다.

문화 전래설은 문화이론 가운데 전파주의의 아류에 속한다. 전파주의는 19세기 초에 유럽의 제국주의 문화학자들이 진화론에 이어 자문화중심주의의 하나로 주장한 학설이다. 전파론자들은 자국문화와 비슷한 문화가 이웃나라에 있으면 이웃민족의 문화 창조력을 인정하지 않고 자국문화가 전파된 결과로 해석하는 것이다. 진화론의 역사적 발전단계론이 한계에 부딪히자, 전파론의 지리적 확산에 따라 이웃문화를 자국문화로 귀속시킨 셈이다. 그러므로 전파론에는 문화의 중심부와 주변부는 물론 문화의 선후론과 우열론이 필수적인 전제가 된다.

문화 전파론은 문화상대주의와 문화다원주의로 진작 극복된 것일 뿐 아니라, 이웃나라 문화와 자국문화를 대등하게 보는 민주적인 문화시각을 가리는 반민주적인 문화이론이다. 그런데, 우리 학계는 자문화 중심의 전파론과 거꾸로 종속적인 전래설에 빠져 있다. 이웃나라에 비슷한 문화가 있으면 거기서 문화가 전래되어 왔다고 주장하는 것이다.

무엇이든 거기서 왔을 것이라는 전제로 초원의 유목문화 지역에 가서 우리 문화와 닮은 현상을 찾느라 많은 수고를 하고, 감상적인 태도로 낭만주의적 전래설을 펴기까지 한다. 그러므로 전파론의 이론적 준거를 제대로 충족시킨 전래설은 거의 없다고 해도 지나치지 않다. 왜냐하면 전파이론 자체를 제대로 알지 못하는 까닭이다.

상투적인 전래설에 따라서 시베리아 고아시아족이 신석기 이후에 한반도에 이주해서 형성된 것이 고조선이라는 기존연구를 받아들이면, 한반도를 중심으로 한 고조선지역은 문화적 백지도로 남아 있었다는 말이 된다. 이 지역에는 신석기 이전에 아무도 살지 않았으며 살았다고 하더라도 아무런 문화도 창출하지 않았던 것으로 간주하는 것이다. 우리 스스로 이런 연구를 되풀이하는 까닭에 시베리아나 몽골에서 한국문화는 자기네 문화라고 우기면 할말이 없다. 중국의 동북공정과 달리, 우리 학계가 자진해서 시베리아에 복속하고 유목문화를 문화적 스승으로 삼으며 북방민족을 우리 선조로 주장하는 연구를 계속해왔기 때문이다.

'본풀이사학'은 이러한 상고사의 뒤엉킨 매듭을 풀기 위해 민족사의 뿌리를 태초부터 찾아서 밝히고, 그 밑자리를 거대한 적석총처럼 튼실하게 다지는 노래를 거듭 부르지 않을 수 없다. 고조선 이전의 밑자리 연구를 튼실하게 해야 고조선의 역사를 바로 세울 수 있지 않은가. 단군조선은 느닷없이 성립된 나라가 아니다. 단군조선이 우뚝한 나라일수록 그 뿌리이자 바탕을 이루었던 신시고국의 문화도 대단했다는 사실을 인정해야 할 것이다. 우리가 환웅본풀이를 새삼스레 뜯어보는 까닭이 여기에 있다.

제2장 신시본풀이로 본 신시고국과 홍산문화 유산

1. 고조선 사료에 대한 신화적 편견과 극복

고조선문화는 민족문화의 밑자리를 이루는 문화이다. 민족문화의 원형과 정체성을 알기 위해서는 밑자리를 이루고 있는 고조선의 역사와 문화를 제대로 읽어낼 수 있어야 한다. 고조선문화가 민족문화의 역사적 뿌리와 지리적 바탕을 이루고 있는 까닭이다. 따라서 고조선의 역사적 시작은 언제인가, 고조선이 자리잡은 강역의 지리적 경계는 어디인가 하고 묻지 않을 수 없다. 왜냐하면 이 두 질문이야말로 민족문화의 본디 모습을 찾아들어가는 가장 기본적인 질문이기 때문이다.

통시적인 시작의 기점과 공시적인 바탕 문화의 원형을 알지 못하고서 민족문화의 정체성을 논의하는 것은, 물위를 떠도는 부초의 근본을 캐묻는 것처럼 헛된 추론에 머물 가능성이 높다. 배달민족은 일찍이 만주대륙과 한반도에 정착하여 농경생활을 한 까닭에 떠돌이 생활을 한 민족도 아니고, 민족 대이동을 거친 역사도 없다. 그런데 마치 부초의 온 곳을 묻듯이 시베리아 지역 일대를 찾아다니며 배달문화의 뿌리를 찾으려 하는가 하면, 아직도 떠돌이 생활을 하고 있는 유목민들의 천막 속을 좇아다니며 선조들의 혈연적 호적대장을 발견하여 계보를 작성하려고 애쓰느라 분주하다.

이처럼, 자기 역사의 뿌리와 문화의 본디 모습을 자국 민족사와 자국의 강역 안에서 찾지 않는 학문적 풍토는 본디 민족이동의 역사가 빈번한 유럽 사람들에 의해 형성된 것이다. 섬나라 일본의 학풍도 이와 다르지 않다. 일본문화는 대륙과 한반도로부터 바다를 건너 전래된 것이 적지 않기 때문에 민족과 문화의 '도래설(渡來說)'를 펼 수밖에 없었다. 유럽 학계의 전파설이 일본 학계에 수용되면서 섬나라의 특수한 환경 탓에 '도래설'로 일반화된 셈이다. 그러나 문화학계의 전파론은 문화의 독립발생설이나 다원발생설에 의해 극복된 것이다. 더군다나 전파론은 문화의 '우열과 선후'를 전제로 한 해석이기 때문에 문화상대주의적 시각에서 볼 때도 인정되기 어려울 뿐 아니라, 최근에 대두한 다문화주의 시각에서도 수용되기 어려운 시각이다.

그런데도 우리 학계에서는 여전히 전파설에 매몰되어 민족문화의 기원론을 북방문화 전래설로 대체하고 있다. 그 이유는 크게 세 가지로 추론된다. 하나는 일제강점기에 형성된 일본학자들의 식민사학이 미친 영향이며, 둘은 민족문화의 원류를 그 자체로 해명할 수 있는 주체적 해석 능력의 결여이고, 셋은 기존학설을 좇아서 학문적 기득권을 누리려는 학자들이 우리 학계를 점유하고 있는 탓이다. 다시 말하면 식민사학의 폐단이 아직도 학문유산으로서 학계에 고스란히 상속되고 있는가 하면, 독창적 학설을 수립할 수 없을 만큼 허약한 한국학계의 낮은 학문 수준과 더불어, 기존학설을 따름으로써 학계의 기득권을 누리려는 후기식민지 학자들의 태도가 큰 원인이다.

그러나 더 결정적인 원인은 한국 근대학문이 일본학자들의 학설과 학풍을 좇아 형성된 데서 찾을 수 있다. 일본학자들에 의한 도래설의 논리적 연장과 제국주의적 침략사관에 따라, 한국문화도 자체적으로 형성된 것이 아니라 으레 북방문화의 전래에 의해 형성된 것으로 규정되었다. 식민사학의 굴레로 주어진 전래설을 운명처럼 받들고 비판 없이 따르는 것을 능사로 여긴 까닭에, 자생적으로 창조된 문화현상까지 그 기원과 역사를 제대로 가리지 못하고 있다. 그러므로 대단히 독창적인 이론을 펼치고 있는 것처럼 보이지만, 결과는 항상 상투적인 북방문화 원류설 또는 유목문화 기원설 안에서 맴돌고 있는 형국이다.

식민지 경영의 방편으로 일본학자에 의해 규정된 북방문화 전래설이 식민체제에 영합한 기득권 지식인들에 의해 오랫동안 교과서로 서술되고 강단에서 가르쳐진 까닭에, 식민교육 체제 속에 훈육된 지식인들 또한 북방문화 전래설을 값진 유산처럼 물려받아 같은 주장을 거듭하고 있는 것이 현실이다.

그 유산은 두 가지 경향을 이루고 있다. 하나는 무의식적인 학습효과 속에 머물러 있어서 미처 성찰하지 못하고 동어반복하는 소극적 상속자가 있는가 하면, 둘은 의식적인 자각 속에도 비판적인 극복을 포기하고 학문적 기득권을 유지하려고 기존연구 체제를 옹호하는 적극적인 상속자가 있다. 그런데도 우리 학계에서는 이 문제에 대한 비판적 논의나[1] 성찰적 검토가 본격적으로 제기되지 않고 있다.

일제강점기 학자들은 식민체제에 영합하여 기득권을 누리려 한 까닭에 식민사관의 틀을 벗어나지 못했다고 이해할 수 있다. 그러나 독립국가의 학문주권을 마음껏 누리는 우리시대의 젊은 학자들은 아무도 강요하지 않는데도 왜 고조선의 역사조차 부정하며 민족문화의 창조력을 인정하지 않는 연구에 안주하고 있을까. 도전적 연구로 학문의 틀을 바꾸려는 열정이 없고 독창적 해석의 역량도 갖추지 못한 학문수준이 문제이지만, 그 보다 더 큰 문제는 여전히 학계의 기득권 논리에 안주하여 기존연구를 우상화 하는 바람에 독창적 연구로 나아가지 못하는 데 있다. 이러한 경향을 학자들의 후기식민성이라 일컫는다.

후기식민성의 증세도 두 갈래로 나타난다. 여전히 일본학자들의 연구동향에 주목하며 그들의 주장을 남들보다 먼저 끌어들이는 일본학계 중심의 대외의존형과, 식민체제 속에 연구된 선학들의 연구성과를 자기 학문의 배수진으로 설정해 두고 그 안에서 술이부작(述而不作)의 연구활동을 마음껏 누리는 대내종속형이 있다. 어느 쪽이든 민족문화

---

1) 이희진, 『식민사학과 한국고대사』, 소나무, 2008이 식민사학의 문제를 비판적으로 다룬 본격적인 성과이다.

의 뿌리를 자생적 문화나 고조선문화 자체에서 찾는 일을 경계하는 것은 물론, 고조선의 역사조차 제대로 인정하지 않는다는 점에서 서로 만난다. 때로는 자기 학문의 기득권을 위해 그와 반대되는 연구활동을 봉쇄하기도 한다. 그러므로 고조선 연구의 괄목할 만한 성과를 부당하게 억누르기도 하는 것이다.

실제로 고조선을 비롯한 상고사 연구를 골똘히 하여 놀랄 만한 업적을 내고 고조선의 역사적 뿌리와 강역의 폭을 깊고 넓게 연구한 성과를[2] 낸 학자가 학계에서 아이들 수준의 또래집단에서나 있을 법한 따돌림을 당하는 일도 발생했다.[3] 더 문제는 따돌림으로 학문적 논의에서 의도적으로 배제시키는 데 머물지 않고, 북한학설을 유포하는 사상범으로 지목하여 정보기관에 조사를 의뢰하는 등 관권을 동원해서 음해하는 일까지 하는 것이다.[4]

자기와 다른 학설을 펴는 학자를 공권력으로 취체하고 억압하려는 학문 권력화 행위는, 반대파를 공권력으로 제거하려는 독재 권력의 부도덕한 정치 행위보다 더 나쁜 반학문적 활동이라 하지 않을 수 없다. 일제강점기에 식민지배를 강화하기 위해 학자들을 취체하고 학문의 자유를 말살하는 것처럼, 반민주적 권력을 끌어들여 자기 학설을 보호하려는 아주 위험한 학문풍토를 조성한 셈이다. 그러므로 친일파와 일제 잔재의 청산 못지않게, 학계의 친일학자 및 학문권력자를 청산하는 학문주권 운동이 학계에서 일어나야 한다.

학문적 수준으로 보았을 때 근본적인 문제는 사료를 자기 눈으로 읽지 못한다는 사실이다. 고조선의 사료를[5] '단군신화'로 바꾸어 일컫

---

2) 윤내현, 『고조선 연구』, 一志社, 1994 및 『한국 열국사 연구』, 지식산업사, 1998.
3) 윤내현, 『우리 고대사 상상에서 현실로』, 지식산업사, 2003, 226-230쪽 참조.
4) 윤내현, 위의 책, 227쪽.
5) 『三國遺事』卷1, 紀異1 '古朝鮮(王儉朝鮮)'條가 가장 기본적인 문헌사료이고, 이 밖의 사료들을 연대순으로 보면 『帝王韻紀』(1287) '前朝鮮記'와 『世宗實

는 데 대하여 아무런 문제의식이 없는가 하면, 여러 사료를 인용하여 구성한 역사적 사실조차 한갓 허구적인 이야기로 일반화하는 오류에[6] 빠져 있을 뿐 아니라, 신화연구의 역사적 해석방법조차 부정하는 실증사학의 폐단을 되풀이하고 있다.

따라서 신화가 사료로서 얼마나 중요하고 신화의 역사적 연구는 어떻게 해야 하는지[7] 알지 못한 채 신화를 빌미로 역사를 부정한다.[8] 신화가 태초의 역사를 근본적으로 풀어서 노래하는 '본풀이'라는 사실을 알 턱이 없다. 신화라고 하는 것이 한국문화 속에서 '본풀이'라는 사실을 알았다 하더라도, 본풀이의 역사적 기능을 제대로 알지 못하는 경우에는 한갓 샤머니즘의 아류인 것처럼 인식하는 민속학적 해석에 머물러서 역사학적 연구로 나아가지 못하고 있다.

특히 건국시조신화는 모든 국가사의 출발점이다. 국가사의 출발을 다룬 사료를 부정하면서 국가의 건국사를 연구하겠다고 하는 것은 그 자체로 모순이다. 신화는 역사와 다르다는 경직된 단순 논리로 건국신화의 역사적 의의를 인정하지 않는 것은 역사를 연구하면서도 신화사료 또는 구술사료를 알지 못하는 까닭이다. 신화가 역사이고 역사가 신화라는 사실을 깨달아야 하고, 역사가 문학이고 문학이 역사라는 사

錄 地理志』(1454) '平壤府',『應製詩註』(1461) '始古開闢東夷主' 등에 '古記'와 '本紀' 또는 '檀君古記'를 인용하여 서술하였다. 그러나 이들 사료 어디에도 '단군신화'라는 말은 없다.

6) 흔히 단군신화라고 하는 것은『삼국유사』고조선조 가운데『古記』에 전하는 내용에 한정된다. 그런데 고조선조에는『古記』앞에『魏書』를 인용하여 단군왕검이 도읍을 정한 역사적 시기를 '지금으로부터 2천년 전', 그리고 '중국의 요(堯)임금과 같은 시기'라고 하여 2원적으로 밝혀두었으며, 古記 뒤에『新唐書』의「裴矩傳」과『通典』을 인용하여 고죽국과 고구려, 기자조선 및 한사군을 서술하고 있다. 그런데『고기』의 내용을 신화라는 근거로,『위서』를 인용하여 밝혀둔 고조선의 건국연도까지 부정하는 것이다.

7) 임재해,「단군신화로 본 고조선문화의 기원 재인식」,『단군학연구』19, 단군학회, 2008, 301-307쪽에서 이 문제를 자세하게 다루었다.

8) 임재해, 위의 글, 291-300쪽 참조.

실도 재인식해야, 신화와 문학 자료에 의한 역사연구의 길이 열린다.

신화는 허구이자 과장된 환상이며 '괴력난신'의 이야기라는 편견을 극복해야, 일연처럼 『삼국유사』 첫머리에 고조선 사료를 생생하게 수록할 수 있고, 신화는 역사의 근본을 해명하는 '본풀이'이자, 역사적 사실을 구비전승되기 쉽도록 최대한 흥미롭게 집약적으로 구성한 고대인들의 슬기로운 사료라는 사실을 알아차릴 수 있다.

그러므로 "신화는 역사와 다르다"는 초보적인 문제인식이나, '신화는 지어낸 이야기'라는 상식적인 명제로 고조선 역사를 부정해 온 '신화사학'의 한계를 극복하기 위해 '본풀이사학'을 표방했다.[9] 신화라는 왜색 용어의 한계를 극복하고 우리 용어로 '본풀이'를 일컬어야, 역사적 근본을 태초부터 풀어서 이야기하는 '본풀이사학'을 제대로 정립할 수 있기 때문이다.

사서의 어느 기록에도 '신화'라 일컫지 않았는데도 우리 학계가 '신화'라는 이름으로 고조선을 부정하는 데에는 두 가지 근거가 있다. 하나는 실증주의 사학의 논리이고, 둘은 문헌기록 중심주의에 빠진 문헌사학의 한계이다. 그런데 이 둘은 신화를 역사연구 자료로 불신한다는 점에서는 사실상 하나로 만난다. 신화는 구비전승되는 것이자 초월적 내용들이 서사적으로 구성된 것이기 때문에 문헌사료를 존중하는 실증주의 사학자들은 사료로서 인정하기 어렵다. 그들의 시각에서 보면 사료로서 배격할 충분한 근거가 되는 것이다.

그렇더라도 고조선 건국본풀이를 역사학의 자료로 인정하지 않는데에는 문제가 있다. 왜냐하면 『삼국유사』 '고조선'조는 복합적으로 구성된 사료이자, 모두 다른 문헌에서 인용된 사료라는 점을 고려해야 하기 때문이다. 따라서 구비전승 자료라는 근거로, 또는 후대에 『삼국

---

9) 임재해, 같은 글, 289쪽. "본디 우리말에 따라 '고조선본풀이'라 일컫고 '신화사학'이 아니라 '본풀이사학'으로 나아가야 할 것이다.

유사』집필 시기에 비로소 기록된 내용이라는 사실을 근거로 사료적 가치를 부정하는 것은 설득력을 잃게 된다. 『삼국유사』'고조선'조 내용은 모두 기존 문헌에서 출처를 구체적으로 밝히고 인용한 기록사료일 뿐 아니라, 사실 자체에 관한 기록과 자료를 대조하여 검토하고 논증한 해석자료로 이루어져 있는 까닭이다.

따라서 '고조선'조의 '고기' 내용을 '단군신화'로 규정하며, 신화라는 빌미로 '위서'를 인용하여 기록한 건국시기까지 부정하는 것은 성급한 개괄의 오류에 지나지 않는다. 일부 사학자들의 오류에 따라 예사 사람들도 그렇게 받아들여지도록 만드는 원인이 바로 사료의 복합적 성격과 달리, '고조선'조의 내용을 '단군신화'로 호명하고 신화로 자리매김하는 데서 비롯된다. 게다가 우리 건국신화나 본풀이를 중심으로 신화를 제대로 공부하지 않은 탓도 크다. 신화라고 하면 으레 그리스 로마 신화와 같은 신들의 세계에 관한 환상적인 이야기로 알고 있는 선입견이 작용한다.

2. 신시본풀이로 읽는 '신시문화' 정체 인식

신화에 대한 선입견을 극복하고 고조선의 사료들을 제대로 이해하려면 잘못된 명명부터 바로잡아야 한다. 이 명명에 포획된 나머지 '고조선'조 자료의 전모를 구체적으로 보지도 않은 채 단군에 관한 신화적 이야기로 치부하고 고조선의 오랜 역사를 부정하는 근거로 삼는 까닭이다. 따라서 고조선 연구에서 '단군을 내세우면 고조선이 사라지고 신화를 표방하면 민족사의 뿌리가 뽑힌다.'는[10] 사실을 알아야 한다. "'단군신화'라는 말은 고조선 건국시조로서 단군을 드러내기 위한 것이 아니라, 단군을 부정함으로써 고조선도 함께 말살하려 했던 것이다."[11]

---

10) 임재해, 앞의 글, 322쪽.
11) 임재해, 같은 글, 290쪽.

그러므로 이 논의에서는 '단군신화'라는 왜색용어와 그 역사적 규정의
폐단을 극복하기 위해 사료에 기록된 대로 '고조선'조라 일컫거나, 그
내용의 핵심을 포착해서 단군신화가 아니라 환웅의 '신시본풀이' 또는
단군의 '고조선본풀이'를 나누어 자리매김하는 것이다. 그래야 단군 이
전에 환웅의 역사적 행적이 드러나고 고조선 이전에 신시국가의 정체
까지 제대로 밝혀지는 까닭이다.

> '단군신화라 일컬으면 고조선이 망한다.' 단군신화라고 하면 할수록 단
> 군의 정체는 물론 고조선의 역사적 실체가 신화의 세계 속으로 끌려들어가
> 는 까닭이다. 건국시조보다 나라를 앞세워야 역사가 살아난다. 그것은 조
> 선조를 일컬을 때 건국주체인 이씨가 아니라 조선이라는 나라이름을 앞세
> 워야 하는 것과 같은 이치이다. 고조선 연구가 신화학의 늪에 빠지지 않고
> 역사학의 세계로 나아가려면 단군보다 고조선을 앞세워야 한다. 굳이 단군
> 신화를 한정해서 일컬을 때도 '단군본풀이'라 해야 단군이 실존인물로 살
> 아나고, 더 적극적으로는 '고조선 건국본풀이'라 해야 고조선이 상고사 체
> 계 속에서 제대로 살아난다.[12]

　'고조선'조 기록을 신화로 보든 사실로 보든 문헌에 버젓이 기록되
어 있는 내용을 제대로 읽지 않은 까닭에, 고조선의 역사적 기원을 부
정할 뿐 아니라, 단군의 고조선에 관한 내용보다 더 근본적이고 더 풍
부하게 서술된 환웅의 영웅적 활동과 고대국가로서 체계를 갖춘 신시
의 역사는 주목조차 하지 않게 되었다. 더 심각한 문제는 환웅의 행적
과 사상을 마치 단군이 그랬던 것처럼 착각하고, 신시의 국가체제를
고조선의 국가체제였던 것처럼 왜곡하고 있는 사실이다. 이러한 기본
적인 착각과 본질적인 왜곡이 예사로 이루어지는 배경에도 '단군신화'

---

12) 임재해, 위와 같은 곳.

라는 왜색용어의 명명이 큰 원인을 제공한다.

따라서 고조선조 기록을 '단군신화'라는 이름으로 호명해서 역사학의 무대에 세우는 한 고조선의 역사도 신화라는 이름으로 부정될 뿐 아니라, 환웅의 신시 역사는 아예 고대사 서술에서 거론될 기회조차 없이 묵살되고 만다. '고조선'조가 단군신화로 호명되는 한, 실제로 더 중요한 내용과 더 큰 비중을 차지하고 있는 환웅의 신시건국에 관한 내용은 연구 대상의 전면으로 떠오를 수 없기 때문이다. 이러한 한계를 극복하기 위해서 '단군신화'라는 이름 아래 부당하게 가려져 있는 '환웅신화' 또는 '신시신화'를 본풀이의 논리에 따라 '환웅본풀이' 또는 '신시본풀이'로 명명하여[13] 역사의 무대 전면으로 불러내려고 한다.

그러자면 이른바 단군신화라고 하는 고조선조 '고기'의 내용에서 단군 관련 이야기는 일단 제쳐두고, 그 전사(前史)이자 단군의 부계인 환웅 관련 이야기만 별도로 분리하여 우선적으로 다루지 않을 수 없다. 그것은 단군과 고조선을 부정하는 것이 아니라 긍정하기 위한 논의의 중요한 과정이자 선행연구의 절차이다. 단군과 고조선을 일단 제쳐두고 그 부계이자 선행 국가공동체인 환웅과 신시를 주목함으로써 단군의 조선 건국 또는 고조선사 서술의 역사적 기반을 튼실하게 갖추려는 것이다.

그것은 본풀이가 태초의 역사부터 풀어나가는 것과 같은 작업이며, 민족문화의 정체성을 찾기 위해 상고사에 주목하는 것과 같은 의도이다. 단군의 조선 건국 밑자리 구실을 한 환웅의 신시고국이 제대로 밝혀져야 고조선의 역사적 뿌리와 문화적 정체성이 분명하게 드러날 수 있다. 단순히 고조선은 하루 아침에 이루어지지 않았다는 사실을 말하려는 것이 아니라, 고조선의 지리적 강역과 민족적 정체성, 문화적 독

---

13) 임재해, 「한국신화의 주체적 인식과 민족문화의 정체성」, 『한국신화의 정체성을 밝힌다』, 지식산업사, 2008, 45-46쪽 참조.

창성을 밝히는 가장 기본적인 사실을 논증하는 작업이다. 그러므로 '고조선'조 '고기'의 내용을 '단군신화'라 명명하지 않고 '고조선 건국본풀이' 또는 '고조선본풀이'라 일컬으며, 이 가운데 특히 '신시본풀이'를 신시고국의 신화로서 별도로 주목하려는 것이다.

시인 김춘수의 시 「꽃」처럼[14] 사학자들이 '고기'의 기록을 무엇으로 불러주는가에 따라 한갓 허구적인 이야기도 되고 건국사의 비밀을 푸는 긴요한 사료가 되기도 한다. 단군신화로 부르는 바람에 고조선 사료 '고기'는 역사적 뿌리가 얕고 사실로 믿을 수 없는 한갓 만들어진 이야기에 지나지 않은 것처럼 보이지만, '고기'가 기록하고 있는 사료의 실상대로 '신시본풀이'로 부르게 되면, 고조선의 역사는 물론, 고조선의 조상나라인 신시고국의 역사와 문화가 파노라마처럼 생생하게 펼쳐진다.

아직도 '고기'의 기록을 단군'신화'라고 생각하는 사람은 '신화'라는 안경을 벗고 '고기'의 내용을 다시 읽어보면, 단군의 고조선 이야기는 환웅의 신시본풀이 말미에 조금만 덧붙여져 있을 뿐이며, 그것도 아주 건조하게 기록되어 있는 반면에, 환웅의 신시에 관해서는 본풀이답게 아주 풍부하고 자세하게 기록되어 있는 사실을 알아차릴 수 있다. 다시 말하면 '고기'의 내용은 '단군신화'가 아니라 온통 환웅의 신시에 관한 이야기로 충만해 있는 '신시본풀이'라고 해도 지나치지 않다는 말이다.

서사적 줄거리만 풍부하고 충만한 것이 아니라, '고기'를 이루는 열쇠말, 곧 단군사상이나 고조선의 건국이념을 말하는 데 흔히 인용하는 주제어들이 모두 환웅의 영웅적 행적과 연관되어 있거나, 모두 신시나라를 다스리는 일에 관련된 것이다. 이를테면 '수의천하(數意天下)', '탐구인세', '삼위태백', '홍익인간', '천부인(天符印)', '솔도삼천(率徒三

---

14) "내가 그의 이름을 불러 주기 전에는/ 그는 다만/ 하나의 몸짓에 지나지 않았다./ 내가 그의 이름을 불러 주었을 때/ 그는 나에게로 와서/꽃이 되었다."(김춘수 시 「꽃」 일부)

千)’, ‘태백산정’, ‘신단수’, ‘위지신시(謂之神市)’, ‘환웅천왕’, ‘풍백·우사·
운사’, ‘주곡·주명·주병·주형·주선악’, ‘삼백육십여사’, ‘재세이화(在世理
化)’, ‘유일호일웅(有一虎一熊)’, ‘원화위인(願化爲人)’, ‘쑥과 마늘’, ‘불견
일광백일(不見日光百日)’, ‘기삼칠일’ ‘웅득여신(熊得女身)’, ‘주원유잉
(呪願有孕)’, ‘가화이혼(假化而婚)’, ‘잉생자(孕生子)’, ‘단군왕검’ 등의 열
쇠말들이 모두 단군이 태어나기 전사(前史)이자 환웅천왕의 행적이며,
고조선 건국 이전의 신시고국(神市古國)에서 있었던 일이다.

　그런데도 단군의 부계 환웅을 제쳐두고 단군을 민족의 시조라고 하
는가 하면 단군사상이나 고조선의 이념으로 홍익인간과 재세이화를
거론하기 일쑤이다. ‘수의천하’의 주체도 환웅이며 ‘탐구인세’의 주체도
환웅이다. 태백산 정상의 신단수 아래는 신시의 터전인데 때로는 고조
선의 자리였던 것처럼 착각하거나, 천부인도 환웅이 환인에게서 받아
온 것인데, 마치 단군이 받은 것처럼 오해되기도 한다. 이 모든 착각과
오해는 ‘단군신화’라는 안경을 통해서 『고기』를 읽은 데서 비롯된다.

　우리에게 ‘단군신화’라는 안경을 씌워준 것은 타자이자 외세이며 일
제 식민사학이다. 자문화와 자국사를 자기 눈과 역량으로 보고 읽고
서술하며 해석하는 것이 당연한 일인데, 아직도 남의 눈에 따라 자기
바깥에서 자기 모습을 찾아 쏘다니는 수준에 머물러 있는 것이 식민지
지식인의 슬픈 초상이다. 자기를 자기 속에서 찾지 않고 자기 바깥에
서 찾아다니는 것은 외세 의존적인 사대주의 속성이다. 자기 눈으로
자기를 보지 못하고 타자의 눈으로 자기를 보려고 하는 것은 외세가
규정하는 대로 종속적인 삶을 살아가는 일이나 다름없다.

　사대주의적 속성과 식민지적 비굴함이 우리 안에 알게 모르게 상속
되어 뿌리 깊게 잠재되어 있는 사실을 비판적으로 성찰하고 그 한계를
정확하게 포착해야 상고사 연구를 혁신할 수 있다. 그러지 않으면 식
민사학의 굴레 속에 갇혀 동어반복의 연구 수준을 넘어설 수 없다. 이
제 고조선문화가 역사적으로 민족문화의 시작 지점이자 지리적으로

민족문화의 공간적 토대를 이루는 밑자리 문화라는 인식까지 뛰어넘
어야 한다. 왜냐하면 고조선 역사의 밑자리를 이루는 '신시'의 역사와
문화를 밝히는 데까지 거슬러 올라가야 하기 때문이다. 따라서 환웅의
신시본풀이를 별도로 역사 전면에 불러내지 않을 수 없다. 그러므로
이 논의는 민족문화를 이루는 밑자리 문화의 그 밑자리를 파고드는 본
풀이 작업으로서, 고조선문화 이전의 신시문화를 주목하는 것이다.

   이 연구에 앞서, 신시문화의 실체를 홍산문화로 추론하는 일련의
연구를 하였는데,[15] 여기서는 더 진전된 논의를 할 것이다. 고조선문화
의 형성을 홍산문화와 관련하여 해석한 연구는 윤내현 교수에 의해 진
작 제기되었다.[16] 고조선 건국시기까지 고대사회의 발전 단계와 고고
학적 발굴자료 및 고조선본풀이 내용을 용의주도하게 연관지어 체계
화하면서 고조선의 강역을 밝히는 연구로 나아가면서 자연스레 요서
지역 홍산문화로 연결되었다.[17]

   학계에서 홍산문화와 관련한 고조선 연구가 적극적으로 이어지지
않았는데, 이 연구는 환웅의 신시본풀이를 자료로 신시고국문화와 홍
산문화의 연관성을 더 본격적으로 다룰 것이다. 홍산문화를 곰토템문
화와 관련하여 퉁구스족 문화유산으로 해석하는 것을 극복하며, 홍산
문화가 홍익인간의 이상을 실현하려는 신시고국의 문화유적지이자 우
하량(牛河梁)이 신시고국의 도읍지이며 고조선문화를 이룬 밑자리 문
화라는 것을 밝히는 데까지 이르는 것이 이 연구의 구체적인 목적이다.

   고조선문화 연구의 주자료는 두 가지이다. 하나는 『삼국유사』'고조
선'조 기록이고, 둘은 고조선 지역에서 출토되는 고고학 자료이다. 이
두 자료가 상고사 연구의 자료로서 설득력을 지니려면 교차검증이 가

---

15) 임재해, 「한국신화의 주체적 인식과 민족문화의 정체성」, 15-96쪽; 「단군신화
   로 본 고조선문화의 기원 재인식」, 277-372쪽..
16) 윤내현, 『고조선 연구』, 114-118쪽 및 126-127쪽 등에서 자세하게 다루었다.
17) 윤내현, 위의 책, 125-142쪽에 잘 집약되어 있다.

능해야 한다. 앞의 두 가지 주자료를 보완할 수 있는 보조자료도 두 가지로 나누어 인식할 수 있다. 하나는 고조선에 관한 중국 문헌사료의 기록이고, 둘은 고조선문화의 정체성이 현실문화 속에 지속되고 있는 문화적 전통이다.

고조선조의 기록과 고고학 자료, 중국 사료들은 모두 고조선 연구의 자료로 인정받을 만하지만, 현실문화 속에 보이고 있는 문화적 전통도 그럴 만한 가치가 있는가 하는 것은 별도의 논의가 필요하다. 왜냐하면 지금 현실문화 속에 고조선 시대 문화가 남아 있을 까닭이 없기 때문이다. 얼른 생각하면, 터무니없는 것처럼 보이지만 문화적 원형을 고려하면 고조선 시대의 문화가 아직도 우리 생활 속에 '문화적 유전자'로 생생하게 살아 있다. 정신적인 가치와 전통으로서 따져봐야 할 것이 많지만, 구체적인 생활사 속에서도 오롯이 발견되는 까닭에 흥미롭다.

환웅이 신시를 베풀었던 공간적 구심점이었던 신단수의 원형은 마을마다 '당나무'의 전통으로 이어지고 있다.[18] 환웅이 신단수에 깃들어 있으면서 신시를 다스렸듯이, 동신은 당나무에 깃들어 있으면서 마을을 지킨다. 당나무에 모신 서낭신이 입향시조인 경우에는 더 이를 말이 없다. 당나무를 보면서 신단수의 원형을 떠올리듯이, 현재의 식생활 속에서 고조선의 식문화 원형을 읽을 수 있다.

고조선의 본풀이에서 곰이 쑥과 마늘을 먹고 인간으로 변신한 것처럼, 우리 민족은 아직도 쑥과 마늘을 중요한 음식으로 먹고 약재로도 다양하게 이용하고 있다. 환웅본풀이의 곰네 이래로 지속된 쑥과 마늘을 먹는 식문화의 전통은[19] 앞으로도 쑥 채취와 마늘 농사와 함께 변

---

18) 崔南善, 「檀君神典의 古意」, 東亞日報, 1928년 1월 1일-2월 28일, 『六堂崔南善全集』 2, 玄岩社, 1997, 210-212쪽.
　　金載元, 『檀君神話의 新研究』, 探究堂, 1947, 73쪽 등에서 거론되었다.
19) 임재해, 「단군신화에 갈무리된 문화적 원형과 민족문화의 정체성」, 『단군학

함없이 지속될 것이다. 채식 위주의 식생활문화는 물론, 고대부터 양잠을 하여 비단옷을 입은 의생활과, 구들을 놓고 정착생활을 한 주생활문화의 전통도 환웅본풀이에서 읽을 수 있는 문화적 원형의 지속이라[20] 할 수 있다.

나는 이러한 현실문화를 보면서 우리는 아직도 환웅시대의 신시본풀이, 곧 이른바 '단군신화'를 살고 있다고 주장하는 한편, '신화고고학'과 더불어 '신화고현학'을 제기하기도 하였다.[21] 본풀이사관으로 말하면 본풀이 '고고학'과 '고현학'이 제각기 요청되는 것이다. 따라서 신화는 역사와 다르다고 하여 역사연구를 배격할 것이 아니라, 연구시각에 따라 현실 생활사 연구에도 아주 긴요한 자료 구실을 한다. '본풀이고현학'의 시각에서 현실문화 속에 갈무리된 고조선문화의 전통은 후속연구에 더 본격적으로 다루기로 하고, '본풀이고고학'의 시각에서 환웅의 신시본풀이와 고고학 자료를 근거로, 고조선문화의 밑자리를 이룬 신시고국의 문화를 해명하고자 한다.

고조선의 역사와 단군의 실체를 인정하지 않는 이들에게는 신시문화 연구가 참 한심스러운 작업일지 모른다. 왜냐하면 고조선의 역사도 인정하지 않고 단군도 신화적으로 만들어진 인물이라 여기는데, 고조선 이전의 신시고국과, 신웅 또는 단웅이라고도 하는 환웅을 역사적 실체로 인정하고 그가 세웠다고 하는 신시문화를 밝히겠다고 하기 때문이다. 그러나 이른바 '단군신화'라 일컫는 『삼국유사』「고조선」조의 내용을 보면 고조선의 역사보다 오히려 환웅의 신시고국에 관한 역사와 문화가 더 구체적으로 기록되어 있다는 사실을 알게 된다. 환웅의 신시본풀이가 이른바 단군신화 곧 '고조선본풀이'의 중심을 이루고 있기 때문이다.

연구』16, 단군학회, 2007, 283-294쪽에서 이 문제를 자세하게 다루었다.
20) 임재해, 위의 글, 294-315쪽 참조.
21) 임재해, 「한국신화의 주체적 인식과 민족문화의 정체성」, 72-88쪽.

환웅의 신시본풀이는 환웅이 인간세상을 동경하며 홍익인간의 이상을 펼치려고 하는 데서 비롯하여 태백산 신단수 아래에서 신시를 베풀고 '재세이화'하는 대목에서 마무리된다. 이 부분이 신시고국의 문화를 다양하게 풀어주는 가장 중요한 사료이자, 고조선문화의 정체성을 알려주는 핵심 자료인데, 대부분의 '단군신화' 논의는 자료의 호명에서부터 빗나간 탓인지, 곰과 호랑이의 등장 이후 내용에 집착하고 있다. 따라서 기존연구처럼 고조선 건국본풀이를 마치 곰신화로 여기거나 또는 퉁구스족의 내력을 밝히는 이야기로 해석하기에 이른다. 곰은 환웅이 신시고국을 세운 이후에 인간이 되려고 환웅천왕을 찾아온 존재일 따름이다.

환웅이 세운 신시고국의 정체는 크게 다섯 가닥으로 구분하여 해석할 수 있다. 이를테면 신시고국의 세계관, 지리적 위치, 통치체제, 생업양식, 문화유산 등이 제각기 논의되고, 또 서로 연관성 속에 재해석될 만하다. 다른 문제들과 관련하여 해석하면 제각각의 성격을 한층 더 분명하고 자세하게 해석할 수 있다. 이 다섯 가닥의 문제들은 고대 국가공동체의 성격을 밝히는 준거이기 때문이 아니라, 신시본풀이 내용이 이러한 문제들로 이루어져 있기 때문이다.

따라서 신시고국의 다른 문제들은 다른 자료, 이를테면 고고학의 발굴자료나 중국쪽 사서의 기록을 자료로 해석해야 할 것이다. 이미 고조선문화의 기원을 다루면서 그러한 문화의 실증적 자료가 홍산문화라고 추론했다.[22] 그러므로 이 논의에서는 그러한 추론을 구체적으로 더 진전시키게 될 것이다.

---

22) 임재해, 「단군신화로 본 고조선문화의 기원 재인식」, 277-372쪽.

3. 신시고국의 세계관과 홍산문화의 옥기유물

신시 건국본풀이에는 신시를 세우는 환웅의 뜻이 가장 먼저 이야기
되고 있다. 그것이 더러는 단군의 이념이나 사상처럼 잘못 거론되는
홍익인간의 이상이다. 신시본풀이에서 보이는 세계관은 천상세계에서
인간세상을 동경하는 데서 잘 나타난다. 이 본풀이를 근거로 고조선의
이념이나 정체성을 다루면 흔히 민족주의로 문제삼는데, 환웅은 '민족'
을 내세우지 않고 인간세상을 내세웠다. '홍익민족'이 아니라 '홍익인
간'을 표방한 것이다. 이때 '인간(人間)'은 사람을 뜻하는 것이 아니라
인간세상 전체를 뜻하며, 특히 천상세계에 머물면서 인세(人世)에 뜻을
품었기 때문에 사실상 천상세계에 대립되는 천하세계의 삼라만상을
모두 포괄하는 뜻으로 받아들여야 할 것이다.

거듭 말하거니와 천상세계에서 환웅이 뜻을 품은 것은 '천하'의 세
계로서 인간세상이다.[23] 결국 천하세계를 이롭게 한다는 것은 민족주
의는 물론 인간중심주의도 뛰어넘어 동물과 식물, 인간과 신, 자연물
등 모든 존재가 더불어 공생하고 순환하는 생태학적 이상세계를 그리
고 있다. 자연친화적 홍익인간의 이상은 고조선 건국본풀이 전면에 해
석학적으로 잘 구현되어 있다.[24] 더군다나 일정한 공간에 머물러 사는
정착문화 수준을 고려하면, 유목과 수렵생활을 생업으로 하는 종족의
세계관과 상당한 거리가 있다. 특히 곰 사냥을 중요한 생업으로 삼고
그와 관련된 곰제의를 하는 종족의 살생문화는 공생적 세계관의 문화
라 할 수 없다.

신시고국과 같은 시기, 같은 지리적 공간에 환웅의 공생적 세계관
을 보여주는 문화의 보기로 들 수 있는 것이 바로 홍산문화이다. 옥기

---

23) 『三國遺事』 같은 곳, "桓雄 數意天下 貪求人世".
24) 임재해, 「단군신화를 보는 생태학적인 눈과 자연친화적 홍익인간 사상」, 『단
　　군학연구』 9, 단군학회, 2003, 115-157쪽에서 이 문제를 자세하게 다루었다.

유물을 보면 생활도구는 상대적으로 빈약한 반면에 여러 종류의 동물형 옥기가 풍부하다. 생활용구로는 옥도끼, 옥자귀, 옥검 등이 고작이며, 장신구로 쓴 것으로 보이는 귀고리와 팔찌가 있는데 비하여, 특별한 쓰임새를 알 수 없는 동물형상은 매우 풍부하다. 거북이나 호랑이, 새, 나비, 누에, 부엉이, 물고기 등 알아보기 쉬운 동물 형상과, 돼지나 곰, 사슴, 용으로 알려진 추상적 동물 형상이 주류를 이룬다.[25] 물짐승과 뭍짐승, 날짐승과 길짐승, 일년생 곤충과 다년생 짐승, 곤충의 애벌레로서 누에와 성충으로서 나비 등 모든 동물유형을 망라한 것처럼 보인다.

기능이 불확실한 동물형상의 옥기야 말로 옥기문화를 누린 사람들의 관념적 세계관을 나타낸다. 쓸모없는 유물의 쓸모를 밝히는 것이 바로 인문학적 해석의 영역이다. 장신구를 보고 장신구라 하고 곰형상을 보고 곰이라고 하는 것은 사실상 해석이라 하기 어렵다. 곰인가 돼지인가 용인가 판별하는 일은, 유치원 아이들의 그림 이름 맞추기나 다름없는 작업이다. 그러므로 옥기문화에서 보이는 이러한 동물종 다양성을 두고 곰이나 돼지 형상 중심의 아전인수격 해석은 그 자체로도 설득력이 없을 뿐 아니라, 옥기문화의 세계관적 지평을 토테미즘 수준으로 축소하는 결과에 이른다.

더군다나 토테미즘을 제대로 알고 있다면, 여러 동물상 옥기를 두고 특정 토테미즘 관련 논의를 펴는 것이 얼마나 우스운 일인가 하는 것을 알게 된다. 더 문제는 토템이 무엇이고, 토테미즘이 어떤 문화인가 하는 사실을 정확하게 알지 못한 채, 동물형상 자료만 보면 토테미즘으

25) 孫守道·劉淑娟 著,『紅山文化玉器新品新鑒』, 吉林文史出版社, 2007 ; 載煒·侯文海·鄭耿杰,『眞賞紅山』, 內蒙古人民出版社, 2007 ; 遼寧省博物館·遼寧省文物考古硏究所,『遼河文明展』, 2006 ; 戴 煒·侯文海·鄭耿杰,『眞賞紅山』, 內蒙古人民出版社, 2007; 궈다순(郭大順)·장싱더(張星德) 지음, 김정열 옮김,『동북문화와 유연문명』상, 동북아역사재단, 2008, 395-399쪽의 '홍산문화 옥기의 유형과 특징'을 참조.

로 해석하는 것이다.

　　암각화에 여러 동물상이 나오지만, 토테미즘의 유산으로 보지 않는다. 옥기 모양에 여러 동물상이 두루 보이는데, 제각기 토테미즘으로 해석하는 것 자체가 모순이다. 토테미즘에는 특정 동물 한 가지를 정해서 자기 종족의 토템으로 설정하기 때문이다. 그렇다고 하여 여러 동물 가운데 특정 동물상 하나만 토템이라고 할 근거도 없다. 그러므로 옥기의 다양한 형상을 재해석하지 않으면 안된다.

　　옥기유물에서 두드러진 특성을 이루는 것은 곡옥 형상의 옥기들이다. 형상은 조금씩 다르지만 곡옥의 모습은 모든 짐승의 초기 태아 형상으로서 동질성을 지니는 것이다. 모든 생명은 구체적으로 다르지만 생명이 시작하는 태아 단계에는 모두 같은 형상을 하고 있다. 흥미로운 것은 곡옥은 반드시 구멍을 뚫어서 장신구처럼 매달 수 있도록 패옥형태를 이루고 있다는 점이다. 귀고리나 팔찌와 같은 원형 장신구에는 특별한 동물 형상이나 상징성이 없다. 따라서 동물형상을 한 패옥형 옥기는 예사 장신구와 구별되어야 한다. 패옥형은 모든 동물의 초기형 태아 모습을 하고 있기 때문이다.

　　굳이 이러한 태아 형상을 한 곡옥을 패용했던 것은 특별히 의도된 것으로 봐야 할 것이다. 특별한 의도와 목적이 없다면 당시의 도구나 기술로 보아서, 무한한 인내와 노력을 기울여 실용적 도구도 아닌 상징적 형상의 옥기를 이처럼 정교하게 만들 까닭이 없다. 암벽에다 불상을 조각하고 소금바위 굴에다 예수상을 새기는 종교적 신앙심 못지 않은 상당히 절실하고 분명한 목적이 있었을 것으로 짐작된다. 따라서 중국학계에서는 옥기를 종교문화의 하나로 해석하기도 한다.[26] "태아 형상의 옥기는 주검의 영혼이 다시 태아로 재생하기를 기대하는 주술

---

26) 張錫瑛, 「紅山文化原始宗敎探源－原始宗敎考古硏究之二－」, 『中國考古集成』 東北卷, 新石器時代(二), 北京出版社, 1997, 1597-1602쪽.

물"로 해석하는[27] 것도 같은 맥락이다.

종교적 관념과 제의적 주술물도 일정한 세계관과 연관되어 생성된다. 여러 옥기들 가운데 태아형상의 다양한 곡옥은 환웅의 신시건국 의도나 건국이념과 상당히 긴밀한 관계 속에서 형성된 것으로 짐작된다. 신시본풀이를 보면, 인간세상을 다스리고자 하는 환웅의 뜻은 절실하고도 분명하다. 인간세상을 널리 이롭게 하려는 사상이 넓고 깊다. 그런 까닭에 환인이 환웅의 홍익인간 사상에 공감하고 천부인 세 개를 주어서 삼위태백에 자리를 잡아주었을 뿐 아니라, 뜻을 같이 하는 지도층 인물들이 삼천 명이나 따라 나섰다.[28] 홍익인간의 뜻이 깊고 아름답기 때문이다.

따라서 곡옥 패용의 뜻을 이와 관련하여 해석하면, 모든 생명을 인간생명과 대등하게 여기며 더불어 삶을 누리는 생명사상을 나타내기 위한 것으로 이해된다. 그러므로 나는 자연친화적 홍익인간 사상의 구체적인 표현물로 이 태아형 곡옥을 해석하려는 것이다. 모든 생명을 태아생명 수준으로 대등하게 인식할 때, 더불어 공생하고 순환하는 환웅본풀이의 홍익생명사상이 실현될 수 있기 때문이다.

4. 신시고국의 지리적 위치와 홍산문화 유적

천하세계를 다스리고자 하는 환웅의 사상은 분명했다. 아버지 환인은 미처 품지 못했던 사상이다. 그러나 환인은 아들 환웅의 사상을 잘 헤아렸고 또 공감했다. 따라서 환웅의 뜻을 좇아 '탐구인세'와 '홍익인간'의 뜻에 맞게 세상 지리를 살펴서 가려 뽑은 곳이 바로 '삼위태백(三危太伯)'이었다. 따라서 환웅이 이에 따라 지상으로 내려와 터를 잡고

---

27) 임재해, 「단군신화로 본 고조선문화의 기원 재인식」, 356쪽.
28) '奉徒三千'에서 뜻하는 무리(徒) 삼천은 군중을 뜻하는 무리(群)와 달리 일정한 뜻을 같이한 다수의 공동체를 이루는 무리라 할 수 있다.

'신시'를 이룬다. '신시'의 구체적 공간은 삼위태백 가운데 태백산 신단수 아래이다. 그러므로 태백산은 삼위태백의 가장 요지일 것이다. 삼위태백의 지리적 공간은 정확하게 알 수 없지만, 인문지리적 시각에서 보면 네 가지 조건을 갖춘 곳이라 할 수 있다.

하나) 삼위태백은 크고 성스러운 산 또는 우뚝하고 거대한 산세(山勢)를 나타낸다. 초원지대의 평원이 아니라 우뚝 솟은 산세를 형성하고 있다는 말이다. 더 구체적으로 말하면 삼위태백은 세 봉우리가 특히 우뚝하게 솟아 있으며 모두 태백산으로 일컬었을 가능성이 높다. 그리고 이 지역은 산 정상에 신단수가 자랄 만한 생태적 조건을 갖춘 곳이다. 그렇다면 삼림지역에 있는 산이라 하더라도 지나치게 높은 지역은 아니다. 주변 지역에 비하여 상대적으로 높은 산지가 타당하다.

둘) 신단수는 한 그루의 신성한 신수(神樹)라기보다 신수를 중심으로 형성된 성림으로 봐야 할 것이다. 김알지가 출현한 경주 계림과 같은 개념의 신단수를 헤아려 본다면, 신단수는 한 그루의 나무가 아니라 신성한 숲을 이루었을 것이다. 김알지의 금궤는 한 그루의 나무에 매달려 있지만, 계림은 그 생명수를 포함한 신성한 숲으로서 문제되었기 때문이다. 그러므로 신시가 자리 잡은 곳은 산상이면서 숲이 무성한 삼림지대라 할 수 있다. 숲이야말로 공동체의 무리들이 머물러 살 만한 입지를 잘 갖추고 있기 때문이다.

셋) 태백산 신단수 아래 세운 신시고국은 산상국가이자 삼림국가이면서 무리 3천을 거느리고 일정한 공동체생활을 할 수 있는 사회체제를 갖춘 공동체국가이다. 따라서 평원의 초원국가도 아니지만 고산준령의 산악국가도 아니다. 초원이나 산악 어느 입지도 홍익인간의 이상을 실현할 지리적 공간이 되지 않는다. 초원에서 유목생활을 해서는 신시와 같은 국가공동체의 구심점을 마련할 수 없으며, 산세가 험준한 산악 정상에서도 여러 사람들이 공동체생활을 하며 무리사회를 이루는 재세이화의 공간이 되기 어렵다. 그러므로 상대적으로 위엄을 갖춘 산세

를 이루고 있지만 험준하지 않으며, 신단수를 중심으로 한 숲이 조성
되어 있어서 충분히 공동체생활이 가능할 정도의 중산간일 것이다.

넷) '신시'는 국가공동체의 이름이자 신시고국을 통치하는 도읍지라
고 생각된다. 이 시기는 국가 개념도 없고 국경도 없었을 것이다. 환웅
천왕이 하강하여 입지한 신성한 성지이자, 곰과 범처럼 누구든 찾아와
서 기원을 할 수 있었던 성소 구실을 하는 도읍지였을 것이다. 도읍지
신시를 중심으로 느슨한 체제의 국가공동체를 이루었을 가능성이 높다.

환웅이 머문 신시는 태백산 정상이자 신단수가 있는 곳이다. 이 공
간의 위상과 상징성으로 볼 때 환웅은 천제 환인의 통치권과 사제권을
함께 이어받았으며, 그러한 권력을 행사하는 공간이 바로 신단수 아래
신시였다. 태백산 정상은 환인천제가 머무는 공간과 수직적으로 닿아
있다는 것을 상징한다. 신단수는 천제권을 행사하는 제의공간을 상징
한다. 따라서 신시는 정치적으로 도읍지이자 종교적으로는 천제단이
있는 신성한 제의공간이다. 신단수는 신수이자 성림으로서 천제단의
자연적 조건을 나타낸다면, 신단수 아래 설치된 신단(神壇)은 돌을 쌓
아 만든 제단으로서 천제단의 인위적 조건을 이루었을 것이다.

돌과 바위를 쌓아 만든 산 정상의 제단은 천제단 구실을 했으며, 이
천제단을 보호하기 위하여 산성이나 석성들이 축조되었을 가능성이
있다. 천제의 사제권을 지닌 정치적 군장의 신성한 권위를 위해 석성
이 필요했던 것이다. 그리고 사제권을 지닌 최고 지도자가 죽으면 구
릉에 거대한 제단 형태의 적석묘를 쓰고 또 작은 산 꼭대기에 고인돌
형태의 묘지 제단을 마련했을 것으로 추론된다. 제단 형태의 적석묘는
구릉에 조성하고, 고인돌은 적석묘 규모 이상의 산 정상이나 산 허리
에 조성했다.

홍산문화 지역 유적을 볼 때, 성자산산성(城子山山城)이나 삼좌점
석성(三座店石城)처럼 산 위에 석성이 있는 곳을 그러한 신시의 구체
적인 공간으로 예상할 수 있다. 여러 기의 제단형 적석묘와 원형제단

이 있는 우하량 유적지도 그런 곳으로 추론할 만하다. 이처럼, 삼위태백의 태백산 신단수에 자리잡고 있는 신시의 지리적 위치를 추적하면서, 홍산문화 유적지를 신시고국의 입지로 추론하는 것은 신시본풀이에서 설명하고 있는 신시의 지리적 위상과 크게 관련되어 있지 않다. 실제로 신시본풀이에는 신시의 지리적 위치를 지정할 만한 구체적인 정보가 부족하기 때문이다.

따라서 상대적으로 막연한 입지보다 역사적 시기를 더 적극적으로 고려했다. 홍산문화의 성립 연대와 신시고국 수립 연대가 상당히 일치하는 까닭이다. 그리고 신시고국을 다스린 환웅천왕의 세계관과 통치체제, 생업양식, 문화생활의 수준 등을 아울러 고려했다. 그러므로 이 추론의 설득력을 높이기 위해서는 신시고국의 통치체제를 비롯한 생업양식, 문화생활 등을 계속해서 검토할 필요가 있다.

5. 신시고국의 통치체제와 홍산문화

신시고국의 통치체제에 관해서는 이미 선행연구가 상당한 수준으로 이루어졌다. 가장 대표적인 것이 신시정부에서 시행된 3상5부(三相五部) 제도의 관제 조직이다.[29] 이 조직은 그 위계와 역할이 상당히 구체적으로 분석되어 구조도까지 그려진다. 환웅 아래 3상이 있는데, 풍백이 상대적으로 중심이자 우두머리이고 그 좌우에 우사와 운사가 있다. 그리고 그 아래 주곡, 주명, 주병, 주형, 주선악을 담당하는 5부의 행정기관이 있다.[30]

---

29) 愼鏞廈, 「民族形成의 理論」, 『韓國社會學硏究』 7, 한국사회학회, 1984, 14쪽. 이 글은 『韓國 原民族 形成과 歷史的 傳統』, 나남출판, 2005, 15-62쪽에 재수록되었는데, 해당내용은 51-52쪽에 있다.

30) 愼鏞廈, 「檀君說話의 사회학적 해석」, 『설화와 의식의 사회사』, 韓國社會史學會論文集 47, 문학과지성사, 1995. 이 글은 『韓國民族의 形成과 民族社會學』, 지식산업사, 2001(해당내용 166-167쪽)에 재수록되었다. 앞으로 인용과 쪽수

3상5부 조직은 연구자에 따라서 3백5사(三伯五事) 관료조직으로[31] 해석되면서 이 체제는 3신5제(三神五帝) 사상으로부터 형성되었다는[32] 사실도 밝혀졌다.[33] 그러므로 환웅은 3상5부의 정치체제를 조직하여 인간세상의 360여사를 관장하며 다스렸던 것이다.

환웅천왕이 거느린 신시고국의 이 조직은 상당한 수준의 국가공동체를 경영한 사실을 반증한다. 단군의 고조선본풀이에서는 이러한 조직이 설명되지 않았다. 신시고국을 토대로 형성되었을 터이니 아마 3상5부의 조직을 발전적으로 이어받았을 것으로 짐작할 따름이다. 그런데도 학계에서는 고조선조차 온전한 국가로 인정하지 않는 것은 물론 신시고국은 제대로 거론조차 하지 않으려 한다. 때로는 신시고국의 3상5부 조직조차 단군이 통치하는 고조선의 행정조직으로 착각하는 이들도 있다.

환웅천왕은 3상5부 조직을 거느리고 인간의 360여사를 주관하며 재세이화한 주체였다. 이러한 통치가 가능했던 것은 환웅이 인간세상을 다스릴 큰 포부와 지도력이 있었고 홍익인간 사상을 마음 속에 늘 품고 있었기 때문이다. 환웅은 대단한 사상과 이상을 가졌으며 남다른 통치능력을 갖춘 당대 최고의 정치적 지도자이자, 탁월한 역량을 지닌 영웅이었다. 따라서 천제(天帝) 환인이 환웅의 그러한 뜻과 능력을 인정하여 삼위태백을 가려서 지리적 위치도 선정해 주고, 통치자를 상징하는 '천부인' 셋을 주었던 것이다.

는 뒤의 책을 중심으로 밝힌다.

31) 李康植, 「'古記'에 기록된 神市組織의 構造와 機能」, 『경상대학논집』 15, 경북대학교 경상대학, 1987, 360-363쪽.

32) 李康植, 「『天符經』의 組織論的 解釋」 下, 『한배달』 5. 166-187쪽.

33) 李康植, 「主穀·主命·主病·主刑·主善惡이 名詞로서 官名 내지 組織名이며 5事組織이라는 辨證」, 『論文集』 3, 경주대학교, 1991, 1-57쪽에 '3백5사' 조직에 관한 자세한 논의를 계속하면서, 조직론으로 볼 때 '3대 관리와 5대 업무' 기능을 지니며, 사상으로 볼 때는 '3신5제 사상'에서 비롯된 것이라고 해석했다.

환인은 환웅의 아버지이자, 정치적 군장으로서 당대 최고의 통치자이며, 하늘에 제사를 지내는 천제(天祭)의 사제권을 지닌 제천의식의 제사장인 것으로 짐작된다. 그러면서도 환웅과 동행하지 않았으며, 환웅의 신시고국이 독립적인 국가를 이룰 수 있도록 뒷받침하는 일에 머물렀다.

환웅은 환인의 아들로서 천왕이자 천자였다. 그러나 여기에 안주하지 않고 홍익인간 세상을 실현하기 위하여 아버지로부터 독립하여 신시를 세웠다. 환웅은 일종의 혁명적 사상가로서 홍익인간 이념의 창시자이자 신시의 창건자였다. 따라서 천제권을 행사한 사실만 주목하게 되면, 앞에서 거론한 3상5부 체제의 정부를 구성하고 3백60여사를 이치로서 교화하며 홍익인간의 이상을 펼친 정치력을 지나쳐버리게 된다. 그러므로 환웅은 정치적 군장으로서 상당히 잘 갖추어진 정치체제와 행정체계를 이룩하여 신시고국을 통치했을 뿐 아니라, 천제권을 지닌 천왕으로서 사제왕 기능도 수행한 것으로 해석해야 마땅하다.

그런데 환웅의 아들이자 고조선의 건국주체인 단군조차 무당왕으로 격하해서 해석하고 마는 경우도 있다. 단군의 명명과 비슷한 발음을 찾아서 단골 또는 당굴 등 무당 호칭과 연결시킨 다음, 단군을 무군(巫君)으로 해석하여[34] 한갓 무당왕으로 규정하는 것이다. 그래야 단군의 존재는 물론 고조선의 국가적 정체성과 문화적 위상을 최대한으로 깎아내릴 수 있다. 그리고 시베리아 샤머니즘의 전통과 연관지을 수 있는 무당왕으로 규정하면 시베리아기원설 또는 북방문화 원류설을 펼칠 수 있기 때문이다. 단군을 제대로 포착한 연구에서는 단군을 무군이 아니라 정부조직의 제왕(帝王)으로 규정하며, 국가적 행사인 제천의식에서만 제왕으로서 제사장 구실을 했다고 본다.[35] 그러므로 단

---

34) 최남선의 주장 이래 샤머니즘 또는 무속의 무당과 관련지은 해석들이 여기에 속한다. 최근에도 단군과 고조선의 역사를 부정적으로 보는 시각에서는 여전히 이와 같은 해석에 머물러 있다.

군을 무군으로 간주하는 해석은 다음 세 가지 근거로 볼 때 모두 빗나
간 것이라 할 수 있다.

하나) 단군은 단골무당이 아니라 왕검(王儉)으로서 정치적 지도자
라는 점이다. 정치적 군장으로서 왕검이기 때문에, 일연은 『삼국유사』
에서 고조선을 단군조선이 아니라 '왕검조선'으로 명명했다. 그런데도
단군이 왕검으로서 정치적 지도자였다는 사실을 애써 모른 체 한다.
그것은 환웅을 천왕으로 인정하지 않는 것과 같다. 일연이 단군조선을
표방하지 않고 '왕검조선'을 표방했는데도 사료 자체를 제대로 주목하
지 않고 선입견에 따라 단군왕검 가운데 단군만 가려서 어원풀이 수준
의 해석에 만족한 까닭에 한갓 무군으로 해석하고 말았다.

둘) 단군 이전에 환웅천왕이 이미 신시고국을 세우고 3상5부 체제의
행정조직을 갖추어 세상사람들을 재세이화하는 정치적 지도자 구실을
했다는 사실이다. 재세이화한 점이 환인천제와 다른 환웅천왕의 독창
적 정치실천이다. 환인천제처럼 천상세계로 은유되는 격리된 공간 곧
인세와 다른 신성공간에 머물면서 신통력으로 사람들을 다스린 것이
아니라, 인간세상에서 사람들과 더불어 사는 가운데 이치로서 교화한
것이다.

환인이 상대적으로 주술적 신통력을 앞세웠다면, 환웅은 인간세상
의 이치에 따라 현실적인 정치력을 중요시한 지도자였다. 따라서 환인
이 환웅에게 준 천부인 3개도 주술적 신통력을 상징하는 주술물일 가
능성이 있지만, 환웅은 이것을 통치권을 나타내는 정치적 상징물로 이
용하는 데 만족했을 것이다. 그러므로 환웅은 이미 주술적 권능에 의
존하는 사제왕이라기보다 홍익인간 사상이라는 정치이념까지 갖춘 철
학적 정치지도자로 성장했던 왕이다.

따라서 단군왕검 이전의 환웅천왕조차 벌써 무당왕이 아니라 정치

---

35) 愼鏞廈, 위의 책, 40쪽.

지도자로서 사상과 행정체계를 갖춘 왕이었는데, 그의 정치철학을 이어받은 단군을 무군으로 간주한다는 것은, 상식적으로 납득할 수 없는 주장이다. 그리고 사료에서 구체적으로 밝혀 놓은 왕검의 명명을 무시한 것 못지않게, 샤머니즘 기원론을 펼치기 위해 사료의 중요한 내용들을 의도적으로 무시한 것이나 다름없다.

셋) 단군을 무군(巫君) 또는 무당왕이라 하고 고조선문화를 샤머니즘 수준의 세계관으로 해석하는 점이다. 이러한 해석도 고조선문화의 시베리아기원설을 정당화하고 고조선문화 수준을 폄하하는 구실을 함께 한다. 무군 또는 무당왕은 샤머니즘 용어로 말하면 샤먼킹이라는 말인데, 시베리아 샤머니즘 문화권에서 샤먼이 정치적 군주가 된 사실이 없다. 따라서 샤머니즘 사회에서도 무당왕은 존재하지 않았다. 단군은 환웅천왕처럼 군주로서 국가를 다스리는 일환으로 천제권을 지니며 종교적 사제자 구실을 하였을 따름이다. 고대는 물론 중세의 왕도 3산5악 또는 종묘사직에 제의를 올렸지만, 샤먼으로서 제의가 아니라 왕으로서 제의를 올렸던 것이다.

시베리아 샤머니즘을 제대로 알지 못한 채, 제정일치 시대의 정치행위 가운데 하나로 천지신명에 대한 왕의 제의행위를 곧 샤머니즘으로 해석하는 경향이 있다. 분명하게 다시 말하면, 시베리아 샤머니즘에서는 주술적 사제자로서 샤먼은 있어도, 정치적 지도자로서 샤먼은 존재하지 않았다. 샤먼이 환웅처럼 정치지도자로서 국가를 세우고 3상5부와 같은 고도의 행정체제를 조직하여 국가를 경영한 역사가 없고, 우리 역사에도 그러한 사례가 없다. 시베리아 샤머니즘에 관한 연구서가 무수하게 나왔고, 현지조사를 한 보고서와 오랜 답사자들의 다양한 증언들이 많았지만, 어느 책, 어떤 연구물에서도 샤먼이 국가를 세운 사례를 보고하지 않고 있다. 더구나 샤먼이 처음으로 국가를 세우고 시조왕이 된 사례가 없다.

시베리아 샤머니즘 전공자인 러시아학자의 증언을 들어보면 더 분명하다. '러시아 표트르대제 인류학·민족지학박물관'의[36] 시베리아 지역 과장이자 샤머니즘 전공 학자인 라리사 빠블린스까야(Larisa R. Pavlinskaya) 박사는 시베리아 샤머니즘에서 '샤먼은 결코 왕이 아니며, 역사적으로도 샤먼이 왕이 된 적이 없고, 샤먼이 왕이 될 수도 없다'고[37] 단호하게 말했다. 샤먼은 제의적 주술적 권능을 지닐 뿐 정치적 권능은 지니지 않는다는 것이다. 특히 국가체제와 같은 정부조직을 구성할 수도 없고 정부조직을 움직일 수 있는 지위에 속해 있지도 않으며 그럴 능력도 없다는 것이다. 그리고 러시아나 시베리아 역사에서 샤먼이 정치적 능력을 인정받아 왕으로 추대된 적도 없다고 했다.

빠블린스까야 박사는 러시아 샤머니즘에 관한 전문가로서 샤먼의 기능과 역할을 누구보다 잘 알고 있다. 따라서 경주박물관 안내자가 신라금관을 설명하면서 시베리아 샤먼의 사슴뿔 무관(巫冠)으로부터 비롯된 것이라고 하자, 즉석에서 그 설명을 부정했다. 전혀 수긍할 수 없는 잘못된 해석이라는 것이다. 왕관 또는 정치적 지도자의 관모인 금관은 샤먼의 무관과 관련지을 만한 아무런 근거가 없다는 것이다.

첫째 시베리아 샤먼은 국가조직을 경영한 왕이 된 적이 없고, 둘째 시베리아 샤먼의 무관 장식은 한 쌍의 사슴뿔로서 두 개여야 하는데, 신라금관은 장식이 모두 3개 또는 5개여서 사슴뿔일 수 없으며, 셋째 시베리아나 러시아에서 무관을 보기로 왕관을 만들어 쓴 역사조차 없

---

36) 이 박물관은 1714년 러시아 표트르 대제의 명에 의해 세운 세계 최초의 인류학 박물관으로서 300년의 역사를 자랑하며, 총 100만점의 소장유물 가운데 2만 점을 전시하고 있으며, 120명의 연구직(박사 78명 포함)이 인류학과 민속학을 연구하는 학술적인 대형박물관이다.

37) 라리사 빠블린스까야는 국립민속박물관 주최, 러시아 표트르 대제 인류학·민족지학 박물관장 초청 특별강연회'(국립민속박물관, 2008년 12월 2일)에 참여하여 「러시아 과학 아카데미 표트르대제 인류학·민족지학박물관 샤먼의 례유물수집」이라는 주제로 발표하고 사흘 동안 경주와 안동 등 한국 유적지와 박물관 답사를 했는데, 12월 5일 안동 답사를 왔을 때 만나서 면담한 내용이다.

다는 점이다. 결국 시베리아 샤먼에는 전혀 없거나 일어나지 않은 일을 마치 있거나 있었던 역사처럼 해석하여 우리 문화의 기원으로 삼는 것은 명백히 오류라는 지적이다. 이러한 빠블린스까야의 견해는 국립민속박물관 천진기 박사의 주선으로 2008년 12월 5일 안동에서 면담으로 확인한 내용이다.

따라서 왕관은 무관을 겸할 수 있어도 무관은 결코 왕관이 될 수 없으며, 한 쌍의 사슴뿔도 결코 세움장식이 3개인 금관의 기원이 될 수 없다는 해석에[38] 전적으로 동의한 셈이다. 그런데도 고고학계에서는 금관을 무관으로 간주하고 금관을 쓴 왕도 무당왕으로 간주한다. 국립중앙박물관에서는 신라금관을 아예 무속실에 진열해두고 있다. 금관이 왕관이 아니라 무관이라는 말이자, 신라 왕은 왕이기 전에 무당으로 자리메김한 까닭이다.

무관이 왕관이 될 수 없는 것처럼 무당은 왕이 될 수도 없고 된 적도 없다. 시베리아 샤머니즘을 근거로 단군이든 신라왕이든 고대왕들을 무당왕으로 해석한 것은 잘못이며, 단군 이전에 환웅천왕부터 이미 상당한 수준의 국가공동체다운 정치체제를 갖추고 신시고국을 다스렸던 정치적 군장으로 해석해야 할 것이다.

신시고국처럼 3상5부 체제를 갖추고 360여 가지 세상일을 이치로서 다스리려면, 그만한 행정조직과 행정시설을 갖춘 도읍지가 있어야 할 것이다. 그럼 이런 수준의 신시고국 도읍지는 어느 시기 어느 지역에 자리잡았을까? 나는 이미 역사적 시기와 문화적 수준을 고려하여 홍산문화 지역을 신시고국의 중심지로 추론한 바 있다.[39] 여기서는 정치적인 체계와 수준을 고려하여 홍산문화와 관련한 추론을 더 확장하려 하

---

38) 임재해, 『신라금관의 기원을 밝힌다』, 지식산업사, 2008에서 이 문제를 자세하게 다루었다.

39) 임재해, 「단군신화로 본 고조선문화의 기원 재인식」, 336-363쪽에서 자세하게 다루었다.

는 것이다. 왜냐하면 홍산문화의 중요한 유적지가 집중되어 있는 우하
량 지역이 이러한 체계를 잘 갖춘 중심지로 생각되기 때문이다.

우하량은 홍산문화의 중심지로서 '중화 5,000년 고국의 실증으로 드
는 제단과 여신묘, 적석총' 유적이 집중되어 있는 지역이다. 중국학계
는 고문화와 고성(古城), 고국(古國)의 세 형식을 이룬 중화 5,000년 문
명의 빛이자 중국문명의 기원을 이룬 것이 우하량의 홍산문화라고 해
석한다.[40] 왜냐하면 여기에는 국가체제에서나 있을 법한 대규모 종교
문화가 형성되어 있기 때문이다. 종교의식을 목적으로 한 제의용 건물
과 제단 유적이[41] 집중되어 있으며, 대형 적석총들이 우하량 구릉 정
상부를 따라 여러 기가 밀집되어 있고, 이 지역 유일의 여신묘가 있는
가 하면 홍산문화의 상징인 옥기유물이 가장 풍부하게 나타나고 있다.

적석총의 규모와 숫자, 내부 묘실의 배치, 부장품의 내용, 계단식 구
조 등을 통해서 당시의 사회규모와 위계질서, 묘주의 신분을 알 수 있
다. 특히 '중심대묘는 모든 등급을 초월하여 지고무상한 위치에 있다'
고 해석한다.[42] 적석총 중심대묘에는 홍산문화의 옥기 가운데 가장 대
표적인 마제형 옥고와 구운형 옥패, 그리고 동물형 옥기들이 짝을 이
루어 한 쌍씩 발굴되었다.[43]

40) 궈다순(郭大順)·장싱더(張星德) 지음, 김정열 옮김, 『동북문화와 유연문명』
    상, 동북아역사재단, 2008, 344-352쪽, 364-365쪽 참조.
41) 遼寧省文物考古研究所, 「遼寧牛河梁紅山文化"女神廟"與積石冢群發掘簡報」,
    『文物』, 1986年 第8期, 1-17쪽 ; 卜 工, 「牛河梁祭祀遺址及其相關問題」, 『中國考
    古集成』 東北卷, 新石器時代(二), 北京出版社, 1997, 1564-1569쪽 ; 孫守道·郭大
    順, 「牛河梁紅山文化女神頭像的發現與研究」, 『文物』, 1986年 第8期, 18-24쪽 ;
    궈다순(郭大順)·장싱더(張星德) 지음, 김정열 옮김, 위의 책, 362-363쪽. 종래
    에는 중국문명의 기원 표지를 문자의 출현과 도시의 형성, 금속의 발명 등
    에 두었으나, 우하량의 제사유적이 발견되면서 오히려 '예제(禮制)의 출현'
    에 더 무게 중심을 두고 있다.
42) 궈다순(郭大順)·장싱더(張星德) 지음, 김정열 옮김, 같은 책, 371-378쪽.
43) 李恭篤·高美璇, 「紅山文化玉雕藝述初析」, 『中國考古集成』 東北卷, 新石器時
    代(一), 北京出版社, 1997, 212-217쪽 ; 陸思賢, 「"勾云形玉佩"的形狀結構及愚

적석총은 묘지이면서 또한 제단 구실을 했다는 사실이 흥미롭다.
거대한 적석총 상부에 원형 또는 방형의 제단이 있었으며, 적석총 남
쪽 앞면에도 돌 무더기를 원형으로 쌓은 제사유적이 있다. 그리고 적
석총 높이의 별도 제단도 적석총과 더불어 있다. 이처럼 큰 규모의 제
단 유적은 중원문화와 전혀 다른 독자적 문화로 해석된다.[44]

이 밖에도 지름이 100m 전후이고 총 1만㎡ 규모의 원구형(圓丘形)
피라미드식 거대 건축물 유구들이 있다.[45] 이 건축물의 규모는 같은
시기 고고학적 유적으로서 동아시아 전역에서 가장 큰 것이다. 피라미
드식 대형 건축물이 가지고 있는 복잡한 내용과 특수한 기능을 주목할
때,[46] 이 시기에 정교한 체계의 정치조직과 함께 거대한 제단이나 적
석총을 축조할 만한 토목기술과 건축술, 수공업기술과 많은 노동력 등
을 두루 보유했다는[47] 것을 알 수 있다. 대규모 구조물을 계획적으로
짜임새 있게 연속적으로 건축하려면 조직적 행정체계를 갖춘 국가공
동체의 주도가 필연적이다. 그러므로 신시고국 3상5부의 통치체제는
5,000년 전에 조성된 우하량 지역 홍산문화의 고고학적 유물이 실증한
다고 할 수 있다.

우하량의 여러 유적은 "홍산문화 지역 가운데서 사통팔달의 중심부

意的思想內容」, 『中國考古集成』 東北卷, 新石器時代(一), 北京出版社, 1997,
232-237쪽.

44) 卜 工, 「牛河梁祭祀遺址及其相關問題」, 『中國考古集成』 東北卷, 新石器時代
(二), 北京出版社, 1997, 1564-1569쪽.

45) 魏運亨·卜昭文, 「紅山文化遺址又發現五千年前金字塔式巨型建築」, 『中國考
古集成』 東北卷, 新石器時代(二), 北京出版社, 1997, 1606쪽.

46) 孫守道, 「牛河梁與紅山文化(提要)」, 『中國考古集成』 東北卷, 新石器時代(二),
北京出版社, 1997, 1561-1563쪽 ; 魏運亨·卜昭文, 「紅山文化遺址又發現五千年
前金字塔式巨型建築」, 『中國考古集成』 東北卷, 新石器時代(二), 北京出版社,
1997, 1606쪽.

47) 劉國祥, 「論紅山文化建築與手工業技術進步」, 『中國考古集成』 東北卷, 新石
器時代(一), 北京出版社, 1997, 266-274쪽.

위를 차지"하고 있을 뿐 아니라, 일정한 설계와 계획된 구상 위에서 용
의주도하게 배치되어 유기적 일체를 이루고 있다. 이러한 계획도시의
구조는 '취락보다 높은 독립적인 정치실체'로서 '홍산고국의 출현'을
실증하는 중심취락으로[48] 해석한다. 홍산고국을 사실상 신시고국으로
본다면 우하량은 자연스레 신시의 도읍지라 하지 않을 수 없다.

그러므로 중국학계에서 우하량 유적을 "최고 등급 중심 읍락의 응
집력과 통제력을 충분히 발휘"한 것으로[49] 해석하거나, "묘제와 옥 예
기에 보이는 고도의 일치성은 주변 지역에 대한 중심 읍락의 정치적
통제를 고고학적으로 입증하는 것"으로[50] 해석한다. 이러한 사실을 다
르게 말하면 홍산문화를 이룩한 공동체는 고대국가의 초기 수준에 이
르러 있으며, 우하량 유적은 그러한 국가의 도읍지로서 요건을 충분히
갖추고 있다는 것이다.

6. 신시고국의 생업양식과 홍산문화의 농업

일정한 통치체제가 유지되려면 그것을 뒷받침할 만한 경제생활이
이루어져야 한다. 통치체제에 이어 신시고국의 경제생활 수준을 이해
하기 위해 생업양식을 주목할 필요가 있다. 생업양식은 사회발전 단계
를 나타내는 가장 중요한 요소인데, 신시본풀이에는 이러한 내용을 상
징적으로 또는 구체적으로 드러내고 있어 주목된다.

사회발전 단계와 경제생활, 그리고 생업양식은 서로 밀접한 연관성
을 지니고 있기 때문에 함께 논의되어야 하지만, 이 본풀이에는 사회
체제나 경제생활보다 생업양식에 관한 내용이 두드러져 있기 때문에

---

48) 王 曾, 「紅山文化的走向」, 『中國考古集成』 東北卷, 新石器時代(一), 北京出版
    社, 1997, 190-195쪽.
49) 궈다순(郭大順)·장싱더(張星德) 지음, 김정열 옮김, 같은 책, 410쪽.
50) 궈다순(郭大順)·장싱더(張星德) 지음, 김정열 옮김, 같은 책, 412쪽.

생업양식 중심으로 논의를 하려는 것뿐이다. 실제 논의는 여러 요소들
이 총체적으로 다루어질 것이다. 그러므로 자료를 맥락에 따라 해석하
는 유기적인 총체론으로 나아가야, '곰'과 같은 작은 단서 하나에 집착하
여 과도한 곰토테미즘 논의나 퉁구스족 기원론에 빠지는 요소적인 해체
론을 극복할 수 있다.

일찍이 윤내현은 고대사회의 발전단계 이론에 따라 고조선 이전 사
회를 무리사회, 마을사회, 고을사회 3 단계로 해석하였다.[51] 구체적으
로 사회체제와 생업양식을 함께 고려하여 환인의 경우 떠돌이생활 단
계의 무리사회를 이루었으며, 환웅은 이 단계에서 나아가 붙박이생활
단계의 마을사회를 이루고 다시 고을사회로 나아갔다고 해석한다.[52]
그 근거는 풍백·우사·운사의 3상이 이미 농경사회에서 중요시되는 바
람과 구름, 비 등 기상 관련 조직일 뿐 아니라, '5사'를 주관하면서 주곡
(主穀)을 가장 으뜸으로 삼은 사실에 두고 있다.

따라서 고조선의 역사적 실체를 부정적으로 보는 학자들도 고조선
시대에 농경사회를 이루었다는 사실은 어느 정도 인정한다. 기록이 명
백하기 때문이다. 사실은 단군조선 이전인 신시고국 시대에 이미 농경
생활을 했다는 것이다. 농경생활은 정착생활을 전제로 한다. 환웅천왕
이 '재세이화'했다는 정착문화의 정신이 농경생활을 뒷받침한다.

농경생활도 여러 가지이다. 다양한 곡물을 재배하기 때문이다. 그
러나 주곡에 따라 밭농사지역과 논농사지역으로 나눌 수 있다. 상대적
으로 논농사에서는 비가 중요하고 밭농사에서는 바람이 중요하다. 논
농사는 고온다습한 남쪽지역에서 발달한 반면에, 밭농사는 저온건조한
북쪽지역에서 주로 이루어진다. 비가 적은 지역에서는 논농사가 불가
능하다.

---

51) 尹乃鉉,「人類社會 進化上司의 古朝鮮 位置」,『史學志』26, 檀國大史學會學,
    1993, 12-30쪽.
52) 윤내현,『고조선 연구』, 131쪽 및 140-142쪽에서 이 문제를 자세하게 다루었다.

신시고국에서 농경문제를 관장하는 3상 가운데 비와 구름을 주관하는 우사와 운사보다 바람을 주관하는 풍백을 더 으뜸으로 여긴 것을 보면 두 가지 사실을 알 수 있다. 하나는 이 지역이 상대적으로 바람이 많은 지역이며, 둘은 논농사보다 밭농사가 상대적으로 비중이 높은 지역이라는 것이다. 그러므로 환웅의 신시지역은 바람이 많고 밭농사가 우세한 홍산문화 지역이 아닌가 한다.

상황이 이런데도 고조선문화의 원류나 민족의 뿌리를 찾는 사람들은 한결같이 유목문화에서 찾으려 든다. 그런 까닭에 단군조선 이전에 환웅의 신시고국이 농업을 생업으로 하는 정착형 농경사회라는 사실을 잘 인정하지 않을뿐더러, 여전히 유목생활을 하는 시베리아 지역 여러 민족으로부터 고조선이 성립되었다고 주장한다. 그래야 일제강점기 이후 계속된 시베리아기원설, 북방문화 전래설, 유목문화 기원설을 펼칠 수 있기 때문이다.

시베리아 지역에서 떠돌이 생활을 하는 유목문화 지대에서는 기후조건 때문에 사실상 농경생활을 할 수 없다. 정착생활이 구조적으로 불가능하다는 말이다. 따라서 몽골의 경우 정부에서 주민들에게 정착생활을 요구하고 정착생활을 위한 정책을 적극 펼치고 있으나, 주민들에 의해 쉽게 받아들여지지 않고 있다. 생태학적으로 유목생활을 할 수밖에 없기 때문이다. 그런데 우리 민족은 이미 환웅시대인 신시고국에서부터 정착생활을 하고 농경문화를 누렸다.

그런 까닭에 3상5부와 같은 정부조직을 가지고 붙박이생활을 중심으로 한 '재세이화'가 가능했던 것이다. 학자에 따라 '재세이화'를 여러 모로 해석하지만, 나는 신시본풀이의 전후맥락을 고려할 때 다르게 풀이한다. '재세(在世)'를 넓게는 인간세상을 뜻하는 것으로 보나, 구체적으로는 한 지역에 머물러 있는 상황, 곧 정착생활을 뜻한다고 본다. 세상을 돌아다니는 것이 아니라 일정한 지역에 머물러 사는 것이 곧 '재세'이다. 적어도 유목생활을 하는 사람들에게 정착생활은 완전히 별세계에 사는 것이나 다름없다. 따라서 환웅의 '재세이화'는 생업양식과 더불어 정착생활을 뜻하는 것으로 새롭게 해석될 필요가 있다.

'이화(理化)'도 '이치로서 교화'했다고 할 수 있으며, 그 이치는 정착하여 농사를 짓는 일을 뜻하는 것으로 풀이된다. 유목생활을 하는 사람에게 농경생활은 대단히 새로운 삶의 이치이다. 머물러 산다고 살수 있는 것은 아니기 때문이다. 짐승들이 스스로 풀을 뜯어먹으며 자라는 유목생활과 달리, 사람들이 농사짓는 법을 알고 직접 농사일을 계획적으로 해야 농경생활이 가능하다. 농작물에 따라 파종시기는 물론 생육의 이치도 제각기 다르다. 따라서 농작물의 생육과 농사기술을 잘 알고 있는 사람이 나서서 잘 가르치고 또 그것을 배워서 익히지 않으면 쉽사리 할 수 없는 일이 농사이다. 그러므로 '재세이화'란, 환웅이 무리를 이끌고 일정한 지역에 터전을 잡아 붙박이 생활을 하면서, 자연의 섭리와 기후환경을 고려하며 농작물의 생육이치에 맞게 농법을 익혀 농경생활을 하도록 교화한 사실을 뜻한다.

유목생활을 하는 시베리아 초원지역에는 농경생활이 불가능하다. 여름이 짧고 비가 적어서 농작물을 경작할 수 없기 때문이다. 현재 한국보다 봄은 2달 늦고 겨울은 2달 빠르다고 생각하면 된다. 흔히 우리 민족의 시원지라고 잘못 알고 있는 바이칼 일대에는 아직도 농경생활이 이루어지지 않고 있다. 따라서 생태학적으로 농경생활이 불가능한 지역에서 농업문화의 기원을 찾는 것은 무리일 수밖에 없다. 그러나 신시본풀이에 나타나고 있는 것처럼, 환웅의 신시고국 시기에 이미 농경생활을 하였다. 360여사 가운데 주곡을 가장 으뜸으로 여길 만큼 가장 중요한 치세활동으로 삼았다.

단군조선 이전 시기부터 농경생활을 했던 곳으로 추론되는 것은 물론, 지금도 농경생활을 하고 있는 곳이 홍산문화 지역이다. "홍산문화는 동북지역의 어로·수렵문화의 전통을 계승"하면서, "농경문화와 가장 먼저 접촉하여 농경문화의 선진적인 요소를 크게 받아들이면서 자신을 발전"시킨[53] 문화이다.

서기전 6천년 무렵의 흥륭와문화에 이미 해자(垓字)를 두른 집단 정 착지가 나타나고, 이 문화에서 "탄화된 '기장'이 무더기로 발굴되어 초 기농경이 시작"되었으며, 서기전 3500년 무렵 '홍산문화 후기에 오면 대 규모 농업으로 발전하였다.'[54] 보습이나 호미와 같은 농기구들도 석기 로 발굴되었다. 홍산문화 유적들에서는 '석리(石犂)'가 출토되어 원시 쟁기를 사용하는 이경(犂耕)농업이 시작되었을 것으로 추론되기도 한 다.[55] 그러므로 "홍산문화는 이미 상당히 발달한 농업을 소유하였다." 고[56] 하지 않을 수 없다.

정착문화와 농업경제의 뒷받침 없이는 피라미드 규모의 적석총이 나 제단, 또는 석성을 일관된 체계로 조성할 수 없다는 점을 고려하면, 홍산문화 사회는 농업사회였다는 것을 쉽게 추론할 수 있는데, 구체적 으로 농기구와 씨앗 유물들이 당시의 농업사회를 생생하게 입증한다. 이런 수준의 농경문화를 고려할 때, 곰 형상을 근거로 홍산문화를 곰 토템족인 퉁구스족이나 여신숭배의 웅녀족 문화라고 하는 것은[57] 설 득력이 없다.

곰토템족이라는 것은 토템의 본디 뜻과 상관없이 곰 사냥족을 일컫 는다. 북퉁구스족은 곰 사냥을 하며 살아가되 곰을 기르지 않았다. 이 와 달리, 곰새끼를 집에서 기른 남퉁구스족은 곰을 가축처럼 길렀다. 퉁구스족의 곰문화를 연구한 학자들은 곰을 집에서 기른 것은 퉁구스

---

53) 궈다순(郭大順)·장싱더(張星德) 지음, 김정열 옮김, 같은 책, 414쪽.
54) 우실하, 「요하문명과 동북아시아 상고사」, 단국대 북방문화연구소 주최, '북 방문화와 한국 상고문화의 기원'을 주제로 한 국제학술대회(단국대 천안캠 퍼스, 2008년 10월 13일) 논문집, 44쪽.
55) 李宇峰, 「紅山文化發現的石農具」, 『中國考古集成』 東北卷, 新石器時代(二), 北京出版社, 1997, 247-248쪽.
56) 궈다순(郭大順)·장싱더(張星德) 지음, 김정열 옮김, 같은 책, 414쪽.
57) 우실하, 『동북공정 너머 요하문명론』, 소나무, 2007, 312-327쪽.

족의 본디 문화가 아니라 남쪽지역 농경문화의 영향으로 해석한다.[58]

가축문화와 사육문화가 확립된 농경 지역에서나 짐승을 우리에 가두어 기르기 때문에 이러한 기원설을 펴는 것이다. 농경문화는 북방민족의 유목문화에서 비롯된 것이 아니라 남방민족에서부터 영향을 받아 형성된 것이라는 말이다. 따라서 상당한 수준으로 발달한 농경문화를 바탕으로 형성된 홍산문화가 곰사냥족인 퉁구스족 세력에 의해 성립되었다고 하는 것은 그 자체로도 논리적 개연성이 없다. 더 문제는 곰제의와 곰축제를 연구한 퉁구스족 전문가들이 말하는 퉁구스 문화의 기원론과 반대되는 해석이라는 점이다. 남퉁구스족이 가축을 기르는 사실만으로도 이 요소는 남쪽의 농경문화에서 비롯된 것으로 해석하고 있기 때문이다. 그런데도 일부 학자들은 농경문화로 성립된 홍산문화를, 짐승조차 우리에 가두어 기르지 않는 퉁구스족으로부터 비롯되었다는 전래설을 펴고 있다. 퉁구스족 곰문화 연구자들과 상반된 주장을 펴고 있는 셈이다.

7. 신시고국의 농경생활과 홍산문화의 정착

농경생활과 정착생활은 필연적 관계에 있다. 농경을 하면 정착생활을 하지 않을 수 없고 정착생활을 하면 집단취락을 이루게 마련이다. 집단취락을 이루고 정치적 지도자가 통치체계를 갖추게 되면 그와 관련된 구조물들이 지어지게 마련이다. 정치적 군장이 위엄을 갖추어 다수의 무리를 통치할 수 있는 정치적 구조물과, 천신에게 종교적 제의를 바치며 의식을 거행할 수 있는 제의적 구조물이 함께 필요하다. 물론 이러한 구조물은 고대 유목민들에게는 물론 최근의 유목사회에서

---

58) 한스-요아힘 파프로트 지음, 강정원 옮김, 『퉁구스족의 곰의례』, 태학사, 2007, 315쪽 및 320쪽 참조.

도 잘 나타나지 않는 것이다. 그러므로 생업양식은 문화유적까지 결정한다.

농경문화를 일구었던 환웅의 신시고국에는 정착생활에 긴요한 두 가지 구조물이 존재했을 것이며, 그것이 고고학적 발굴로 드러나는 문화유적의 중요한 지표를 이룬다. 하나는 정치적 구조물로서 통치자와 그 조직이 머물며 지도력을 발휘하는 도읍지이다. 도읍지의 기본구조는 일반 취락지와 공적 건물, 그리고 도성을 이루는 성곽으로 이루어진다. 최근까지 그 자취를 드러내는 가장 거대한 유구는 성곽일 것이다. 각종 석성과 토성은 상고시대 국가공동체의 자취를 보여주는 구조물로서 대표적인 문화유적이라 할 수 있다. 유목생활을 한 지역에서는 이러한 성곽 유적이 나타날 수가 없다.

다른 구조물로는 제의적 유적으로서 하늘과 자연신에게 제사를 지내던 제단 또는 신전을 들 수 있다. 농사와 가축의 풍요를 기원하며 우순풍조를 비는 제단이 존재했으며 전문적인 사제자가 기거하며 주기적으로 제의를 올리는 신전이 있었다. 시골마을에도 제관을 정해 두고 풍농을 기원하고 가축이 잘 되기를 비는 신전으로서 서낭당이 있다. 하회마을에는 산주(山主)와 같은 종신직 제관이 있어서 삭망주기로 서낭당에 가서 기도를 올렸다고 한다. 따라서 국가공동체 규모에서도 이러한 신전과 제단이 있게 마련이다.

신전은 정치적 구조물과 별도로 존재한 것이 아니기 때문에 도읍지에 함께 있었을 것이다. 통치행위를 하는 공적 건물이 제의적 기능을 겸하는 신전 구실도 했다. 그것은 정치적 군장이 제사장 구실을 겸하는 것과 같은 맥락에 있기 때문이다. 환웅이 처음 터를 잡은 신단수가 이미 그러한 제단 구실을 했으며, 신시는 곧 신전이 있는 신시고국의 도읍지를 뜻한 것으로 짐작된다.

신전과 제단은 종교문화 유산이다. 환웅은 환인이 주는 천부인(天符印) 세 개를 받아서 정치적 정통성과 더불어 종교적 사제권을 갖춘 인물이다. 따라서 환웅은 천자이자 천왕으로서 신시고국의 신전과 제단을 갖춘 도읍지 신시의 주인이자, 신단수의 관리자였다. 곰과 범이 신단수에 찾아 와서 환웅에게 사람이 되기를 기원한 것도 그가 바로 천제권을 지닌 대사제 구실을 하였기 때문이다. 환웅을 신웅(神雄) 또는 단웅(檀雄)이라 일컫는 것도 같은 의미이다. 그러므로 이 시기에 이미 하늘에 천제를 올리는 제천의식의 종교문화가 국중대회 수준으로 이루어진 것으로 추론된다.

도성의 성곽과 제단 유적이 정치적 군장의 통치활동을 위한 것이라면, 묘지 유적은 사후의 제의를 위한 것이다. 따라서 정치적 군장이 죽으면 거대한 무덤이 조성되게 마련이다. 무덤은 정착생활을 하는 사람들의 기념물이자 상징물이다. 집이 산 자의 주거공간이자 보금자리인 것처럼, 무덤은 죽은 자의 주거공간이다. 떠돌이생활을 하는 사람들에게 붙박이형 주거공간이 불필요한 것처럼 고정적인 실체로서 무덤도 긴요하지 않다. 그러므로 유목생활 수준에서는 거대한 건축물과 함께 거대한 규모의 묘지도 조성되지 않았다고 보는 것이 옳다.

정착문화의 국가공동체에서는 정치적 군장이자 제사장인 통치자가 죽으면 그 주검의 처리가 예사롭지 않다. 다음 세대의 군장이 자신의 정통성과 정치적 권위를 확보하려면 부왕의 주검을 성대하게 장례하고 그 무덤을 거대하게 쓰지 않을 수 없다. 신성한 통치권의 영속성을 유지하기 위해, 부왕의 무덤을 제의의 대상이자 제단 구실을 하도록 했을 가능성이 있다. 특히 적석총을 영구적인 구조물로 조성한 것은 이러한 두 기능을 함께 담당하기 위한 목적의식이 분명했던 까닭이다.

더군다나 피라미드와 같은 거대한 적석총은 전문적인 기술을 갖추고 오랫동안 설계하여 대규모의 노동력을 장기간 동원해서 용의주도하게 조성하지 않으면 불가능한 것이다. 특히 대규모의 돌 유적은 국가공동체의 만년대계를 겨냥한 장기적인 토목공사이다. 따라서 석성과 돌로 만든 제단, 적석총 등은 정착문화를 이룬 국가공동체 수준의 도읍지 문화유산으로서 유기적 총체를 이룬다고 할 수 있다. 그러므로 이러한 체계를 잘 갖춘 홍산문화 유적은 해당 시기나 분포지역, 문화적인 수준 등으로 볼 때, 홍익인간의 이념으로 재세이화를 실현한 환웅천왕의 신시고국 유적으로 해석되는 것이다.

신시고국의 의식주문화 가운데 식생활과 주생활에 관해서는 이미 자세하게 논의했다. 사람이 되고자 비는 곰과 범에게 환웅이 '쑥과 마늘을 먹으며 햇빛을 보지 말고 백일 동안 머물러 살아라'고[59] 한 사실을 근거로, 이미 채식을 중심으로 한 식생활과 구들을 깔고 정주하는 좌식형 주생활을 추론하고 정착형 농경문화를 정립한 단계로 해석하였다.[60] 이러한 문화적 전통은 현재의 민중생활사로 이어지고 있다. 그러나 아직도 의생활에 관해서는 자세하게 다룰 겨를이 없었다. 신시본풀이에 의생활 관련 내용이 전혀 나타나지 않기 때문이다.

신시본풀이에 나타나지 않은 내용이라도 신시고국 지역 또는 고조선 강역 안에 있는 이 시기의 의생활 관련 다른 자료들이나 이 지역 복식에 관한 고대의 기록물이 있다면, 그것을 통해서 신시고국의 복식문화를 추론할 수 있다. 실제로 중국의 고대 사서에 이미 우리 복식에 관한 기록이 보이며 고조선 지역에 여러 가지 복식유물들이 출토되어 보고되고 있다. 먼저 기록부터 보자.

중국 기록을 보면, 우리 민족은 고대부터 의관을 갖추어 비단옷을 입었다는[61] 내용이 여러 사서에 일관되게 나타난다. 비단옷을 입은 화려한 의생활사의 전통이 잘 드러난다. 중국과 다른 복식문화를 지니고 있는 것이 눈에 띄어서 기록으로 남겼을 것이다. 유목민들처럼 털가죽옷이나 털옷이 아니라, 마포와 같은 거친 옷감에서부터 누에실을 이용

---

59) 『三國遺事』卷1, 紀異 古朝鮮, "時神遣靈艾一炷 蒜二十枚曰 爾輩食之 不見日光百日 便得人形".
60) 임재해, 「단군신화에 갈무리된 문화적 원형과 민족문화의 정체성」, 273-348쪽.
61) 『後漢書』卷85, 「東夷列傳」 75, "東夷率皆土着 憙飲酒歌舞 或冠弁衣錦".

한 비단옷에 이르기까지 직조에 의한 옷감이 주류를 이룬다.[62) 실제로 우리 민족은 상고시대부터 대마(大麻)와 저마(苧麻)를 생산했다. 고조선의 모든 지역에서 마직물을 짜서 옷감 재료로 삼았다.[63)

마직물뿐 아니라 모직물과 면직물, 견직물이 고대부터 상당히 발전해서 동아시아지역에서 가장 앞섰을 뿐 아니라, 의복과 관모 및 장신구 등은 물론 갑옷과 투구 등 무구의 양식적 발전도 상당히 앞섰다.[64) 따라서 종래 중국 복식 전래설이나 북방 계통의 영향론이 극복되고 '고조선 시대부터 줄곧 이어져 온 한국 고유의 복식'이라는[65) 사실이 밝혀졌다.

발굴유물을 보면 그 역사는 더 오래고 더 확실하다. 사직물은 서기전 2,700년에 생산한 중국보다 거의 천년이나 앞선다. 고조선 지역에서

〈옥잠 1〉

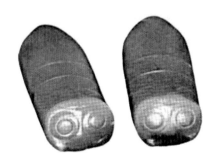

〈옥잠 2〉

---

62) 임재해, 「고대에도 한류가 있었다-민족문화의 정체성 재인식」, 『고대에도 한류가 있었다』, 지식산업사, 2007, 45-47쪽 참조.

63) 박선희, 『한국 고대 복식-그 원형과 정체』, 지식산업사, 2002, 108-109쪽. 『說文解字』에서 紵는 경(檾)에 속하며, 가는 것은 전(絟)이고 거친 것은 저(紵)라고 했다.

64) 박선희, 위의 책, 675-703쪽 참조.

65) 박선희, 같은 책, 692쪽.

는 약 6,000년전 무렵, 그러니까 서기전 3,700년 무렵부터 사직물을 생산한 것으로 짐작된다. 그것은 누에 조소품을 통해서 추론된다. 요령성 동구현(東溝縣) 마가점진(馬家店鎭) 삼가자촌(三家子村) 후와(后洼)유적에서 약6,000년 전의 누에 조소품이(옥잠1) 출토되었다.[66] 홍산문화에 속하는 내몽골 파림우기(巴林右旗) 나사태(那斯台) 유적 등에서도 옥잠(玉蠶)(옥잠2)이 출토되었다.[67]

고조선 지역의 신석기시대 유적에서 뽕나무 조각무늬가 새겨진 질그릇이 출토되었다. 신석기 시대는 메누에로부터 토종 뽕누에로 순화된 시기라는 사실도 밝혀졌다.[68] 따라서 고조선 건국 이전인 신시시대부터 농경문화를 바탕으로 이미 양잠을 하고 누에실을 이용한 사직물 옷감이 발달하였다는 추론이 가능하다. 홍산문화의 옥기 가운데 누에가 그러한 사실을 입증한다.

구체적으로 옷감과 옷의 생산조직 규모를 고려하거나 생산량과 생산내용의 다양성을 고려할 때 "홍산문화 지역이 역사적으로 가장 앞서고 양적으로 가장 풍부하며 질적으로 상당히 수준 높은 발달 상황"을 보인다.[69] 그러므로 서기전 4,000년 전후부터 서기전 2,500년 전후까지 계속된 홍산문화는[70] 그 문화적 수준이나 내용과 성격을 볼 때, 이 시기에 존재했던 신시고국의 문화일 가능성이 한층 높다. 이러한 사실을

---

66) 許玉林·傅仁義·王傳普, 「遼寧東溝縣后洼遺址發掘槪要」, 『文物』 1989年 第12期, 1-22쪽. 后洼유적은 방사성탄소측정 결과 서기전 6055±96년, 6165±96년, 6180±96년, 6205±96년, 6255±170년 등으로 확인되었다.

67) 巴林右旗博物館, 「內蒙古巴林右旗那斯台遺址調査」, 『中國考古集成』 東北卷 新石器時代(一), 北京出版社, 1997, 536쪽. 옥잠은 길이 7.8, 둘레3.3cm, 길이 9.9, 둘레3.8cm, 길이18.2, 둘레11cm미터 등이다(도14-7,6).

68) 조희승, 『조선의 비단과 비단길』, 사회과학출판사, 2001, 4-23쪽 참조.

69) 박선희, 「유물자료로 본 고조선 이전 시기의 복식문화 수준」, 『단군학연구』 19, 단군학회, 2008, 109쪽.

70) 윤내현, 『고조선 연구』, 127쪽에 "홍산문화기를 서기전 4,000년 무렵에서 2,500년 무렵"으로 보고하고 있다.

문헌기록과 발굴유물이 함께 뒷받침하기 때문이다.

8. 신시고국의 정체성과 홍산문화의 친연성

고조선 사료를 '단군신화'로 일컬으면 고조선의 역사가 제대로 포착되지 않는다. '단군'을 내세우면 '고조선'이 가려지고 '신화'를 내세우면 '역사'를 잃게 된다. 따라서 흔히들 말하는 '단군신화'를 '고조선 건국본풀이' 또는 '고조선본풀이'라 일컬어야 마땅하다고 했다. 고조선의 역사를 인정하는 학자들도 고조선본풀이 가운데, 환웅의 신시본풀이를 주목하지 않거나 소홀하게 다루는 경우에는 고조선을 세운 근본 토대가 되고 있는 환웅의 신시 역사를 제대로 포착하지 못한다.

환웅의 신시고국 이후에 등장한 '곰'과 '단군'을 핵심 주제어로 인식하고, 논의를 여기에 집중하면 환웅도 사라지고 신시도 증발된다. '곰'을 근거로 곰토템 논의에 휘말려서 일제강점기 일인학자들이 제기한 퉁구스족 문화로 연결하는 데까지 빠져들면, 아예 환웅의 신시가 이룩한 수준 높은 문화적 전통이나 민족사의 뿌리를 잘라버리는 결과에 이른다.

따라서 동물론이나 토템론이 아니라 옥기문화론으로 나아가야 발전적 해석에 이를 수 있다. 그러므로 곡옥의 특정 동물형상에 집착하지 않고 발해연안과 한반도에 널리 분포하고 있는 곡옥유물을 주목하며 동일문화권으로[71] 해석하는 한편 진주 대평리 옥방유적[72] 및 고성군 죽왕면 문암리 출토 곡옥을[73] 중심으로 그 원류를 탐색하는 연구가

---

71) 이형구, 『발해연안에서 찾은 한국 고대문화의 비밀』, 김영사, 2004, 118-122쪽.

72) 이형구, 『진주 대평리 옥방5지구 선사유적』, 선문대학교박물관, 2001, 742쪽 참조.

73) 국립문화재연구소, 「고성군 문암리 선사유적 발굴설명회 자료」, 2004, 237-239쪽. 이형구, 앞의 책, 2004, 335쪽.

한층 돋보인다.

곰토템론에 매몰되면 고조선사를 왜곡하게 된다. 단군은 곰의 모계 혈통이기 전에 환웅의 부계 혈통에 의해 출현된 인물일 뿐 아니라 단군이 조선을 세우기 전에 그 아버지 환웅이 신시를 세웠다는 사실을 묵살하게 되는 까닭이다. 신시가 한갓 신화적 상상의 역사가 아니라, 홍산문화를 통해서 그 시기에 이룩한 국가공동체의 실체와 독창적 문화유산을 생생하게 실증하고 있다. 그러므로 단군신화를 표방하면 고조선의 역사가 가려지는 것처럼, 곰을 먼저 내세우고 곰토템에 집착하면 곰을 인간으로 만들고 곰네에게 단군을 잉태시킨 환웅이 역사적 죽음에 이르게 된다. 그리고 단군조선을 민족사의 기원으로 알면 그 밑자리를 이루었던 신시의 존재도 역사 속에서 증발하게 된다.

단군의 조선은 환웅의 신시를 밑자리로 성립되었다는 사실을 환기하는 것이 이 논의의 일차적 과제이다. 따라서 신시와 조선, 환웅과 단군의 역사적 선후관계와 통시적 맥락을 놓치지 말아야 한다. 고조선 건국본풀이에서 역사적 의미와 사상적 내용의 핵심을 이루는 것은 단군의 조선이 아니라 환웅의 신시고국이라는 사실이다. 그러므로 고조선이 아니라 신시고국 시대에 환웅의 홍익인간 사상이나 3상5부 체제, 재세이화의 정신이 모두 실현되었다는 사실을 밝히는 것이 이 논의의 2차적 과제이다. 단군의 고조선본풀이에는 이와 같은 사실들이 전혀 포함되어 있지 않다. 다만 신시를 이어받은 국가이므로 단군조선에서도 그러한 국가체제와 이념들이 지속되고 발전되었을 것이라는 추론이 가능할 따름이다.

그런데도 신시본풀이에 나타난 환웅천왕의 근본이념이나 통치체제와 통치방법 대신에 그 뒤에 나타난 곰을 고조선 건국의 중요한 세력으로 내세우게 되면, 홍익인간과 같은 건국이념은 없고 곰토템 같은 동물신앙만 문제된다. 곰토템족의 전래설에 빠져들면, '고조선 건국본풀이'의 핵심을 이루는 신시고국의 건국이념이나 국가체제, 문화적 정체성을 제대로 해석할 수 없게 마련이다. 뒤늦게 챙기더라도 그것은 마치 단군조선의 것인 양 왜곡하게 된다. 신시본풀이는 곰과 단군 이전에 환웅이 홍익인간의 이상을 지니고 3상5부의 행정조직을 갖추어 신시고국을 '재세이화'한 사실을 자세하게 풀이하고 있는데, 곰을 화두로 삼게 되면 이러한 수준 높은 국가체제와 문화를 곰토템족 또는 웅녀족으로 포장하여 시베리아 고아시아족이나 퉁구스족에 고스란히 가져다 바치는 결과에 이른다.

단군의 고조선본풀이의 토대를 이루는 환웅의 신시본풀이를 보면, 현대 인류사회가 보기로 삼아도 좋을 만한 이념과 사상, 사회체제가 제시되어 있고, 그것을 실증할 만한 고고학적 유적과 유물이 '홍산문화'로 존재하고 있다. 신시고국과 홍산문화는 역사적 시기, 지리적 위치, 문화적 수준, 통치체제, 생업양식, 자연친화적 내용 등이 모두 일치하기 때문이다. 그런데도, 홍산문화 해석에서 환웅과 신시를 제쳐두고 그를 찾아와서 사람이 되고자 빌었던 곰을 중심으로, 최근까지 곰 사냥을 하여 먹고 사는 퉁구스족의 유목문화에다 고조선문화를 귀속시키고 있다. 고도로 발전한 인류최고의 홍산문화까지 마치 곰토템족인 퉁그스족의 유산인 것처럼 몰아가는 경향은 역사와 문화를 총체적으로 보지 않고 분절적이고 요소적으로 보는 까닭이다.

홍산문화는 옥기만 두드러진 것이 아니라 성곽과 제단, 적석총, 취락 유적들이 함께 두드러진 문화이다. 이 유적들은 인류문화에서 가장 오랜 것이자, 가장 대규모이며 가장 정교한 체계와 통일성을 이루고 있는 거시적 구조물이자, 계획된 도시 수준의 도읍지 유적이다. 마치 외계인들이 와서 건축한 구조물로 보일 만큼 인류문화의 가장 놀랄 만한 유산이자 창조적인 구조물이다.

따라서 옥기문화만 떼어서 특정 종족의 문화인 것처럼 해석해서도 안되고 옥기의 여러 동물형상 가운데 곰만 옥기문화를 대표하는 것처럼 곰토템족의 유산으로 해석하는 것도 무리이다. 문제는 고대사 해석에 현대사회에서 주변부 세력으로 남아 있는 소수민족들의 토템문화가 핵심 내용으로 거론되는 것 자체가 문제이다.

옥기문화에서 여러 동물 속에 섞여 있는 곰이 중요한 것이 아니라, 곰을 비롯하여 돼지, 용, 호랑이, 벌레, 나비, 자라, 물고기 등 온갖 동물이 더불어 있다는 사실이 중요하다. 더 중요한 것은 이런 동물상과 더불어 추상적인 여러 형상의 옥기들이 있을 뿐 아니라, 생활용구와 장신구들도 풍부하며, 무슨 형상인지 해석 불가능한 옥기들도 많다는 사실이다.

옥기문화를 총체적으로 보면서 그 문화적 수준과 상상의 세계를 헤아리지 않고, 곰에 집착하면 옥기문화의 인문학적 가치는 보이지 않는다. 한갓 곰이라는 동물상만 보게 되면, 옥기의 곰, 소조 곰, 곰뼈 등 아무런 분별없이 오직 곰이라는 사실 자체에만 골몰하게 된다. 곰은 옥기 돼지, 돼지뼈, 소조 독수리, 소조 용과 어떤 관계에 있는지 관심이 없다.

상고시대 역사와 문화를 연구할수록 유물의 재료가 중요하다. 특히 옥기문화는 고대 인류문화 유산 가운데 홍산문화와 한반도 일대 외에는 어느 지역에서도 두드러지게 나타나지 않는다. 따라서 옥기는 석기나 토기, 청동기 유물 이상으로 문화해석에 중요한 자료이다. 이미 옥기가 지닌 견고성과 불변성이 정착문화의 산물이며, 비실용성의 신기와 예기로서 기능은 물론, 옥이 가진 생기가 사람의 건강을 증진시키는 구실까지 하며, 이것이 신시본풀이의 5부 가운데 인간의 수명을 다스리는 '주명', 인간의 질병을 다스리는 '주병'과 밀접한 연관성을 지닌다는 사실까지 밝혔다.[74] 그러므로 옥기문화는 환웅의 홍익인간의 이상 및 신시의 행정체제와 잘 맞아떨어지는 세계적으로 유일무이한 문화유산

---

74) 임재해, 「단군신화로 본 고조선문화의 기원 재인식」, 336-345쪽에서 자세하게 다루었다.

이라 할 수 있다.

더 구체적으로 보면, 옥석을 분별해야 하듯이 옥은 예사 돌이 아니라 보물이나 다름없다. 신라금관에 곡옥 장신구가 주렁주렁 달렸는데, 경주사람들은 일찍부터 옥을 금붙이와 같은 귀물로 여겼으며 옥을 자유롭게 가공할 수 있는 수공업 기술이 있었기 때문에 가능한 일이다. 경주 지역에는 옥이 풍부했던 셈인데, 경주돌이 다 옥돌이 아니라 하는 것도 이러한 사실을 말한다.

따라서 옥을 아무리 잘 다루는 기술이 있고 또 옥이 풍부하게 난다고 하더라도 옥기를 석기와 토기, 청동기, 철기 등과 같은 생활도구로 해석해서는 곤란하다. 곡옥과 같은 장신구만 보더라도 옥이 나타내는 문화적 의미와 상징적 가치는 동시대의 석기나 토기, 청동기와 같은 수준에서 논의할 수 없는 것이다. 실제로 신라금관의 곡옥은 태아생명을 상징하며 세움장식의 나무를 생명나무로 형상화하는 구실을 한다. 모든 태아의 생명을 상징하는 곡옥은 세움장식의 신수 가지 끝마다 달려 있는 '움'의 상징과 연관되어 있다.[75]

도끼와 칼, 화살촉, 그릇 등을 만들어 쓴 석기나 토기, 청동기처럼 생활도구 수준으로 옥기를 보면 옥기문화의 인문학적 해석은 길이 막힌다. 경제생활과 다른 정신생활의 가치를 추구하기 위해 옥기를 사용했기 때문이다. 따라서 옥기문화는 두 가지 사실에서 기존 도구문화와 구별된다. 하나는 옥의 재료가 가지는 문화적 의미이며, 둘은 옥기의 추상적 형상과 비실용적 요소가 지니는 상징적 의미이다. 그러므로 옥의 문화적 의미를 곰이나 돼지, 용 등 특정 동물형상론으로 파편화하여 이끌어 갈 것이 아니라, 옥기의 다양성이 지닌 옥기문화의 총체성을 두루 수렴하는 상징적 의미 해석으로 나아가야 할 것이다.

먼저 재료로서 옥의 문화적 상징 가치를 주목해 보면, 옥은 모든 생

---

75) 임재해, 『신라금관의 기원을 밝힌다』, 404-425쪽 참조.

명과 더불어 살아가는 공생의 가치와, 모든 일을 이치로서 교화하는 군자의 덕을 갖추고 있는 특별한 귀물이라 할 수 있다. 이미 홍익인간 사상과 관련하여 옥기의 여러 동물형상이 신시본풀이에 나타난 생태학적 자연친화 사상으로 해석하였는데, 중국학계에서도 사상적인 관념으로 해석할 때 "홍산인은 옥을 이용하여 사람과 자연의 조화로운 관계를 표현"한 것으로 본다.[76] 왜냐하면 "옥에는 사람과 자연, 사람과 사람의 관계를 조화롭게 하는 가치 관념과 도덕 기준이 부여되었고, 옥은 그 매개체였다"고[77] 해석하는 까닭이다.

그러한 사상적 근거로 공자 말씀을 든다. 『예기(禮記)』「빙의(聘義)」를 보면, 자공(子貢)이 '아름다운 돌과 달리 옥을 특히 귀하게 여기는 까닭'을 묻자, 공자가 "군자는 덕을 옥에 비유한다"고 하며 옥의 가치론을 자세하게 펼쳤다.

> 옛날 군자는 덕을 옥에 비유했다. 온화하고 윤택한 것은 어짊(仁)이며, 치밀하고 굳센 것은 지혜(知)이다. 날카롭지만 사람을 다치게 하지 않는 것은 의로움(義)이며, 무거워 몸을 숙이게 하는 것은 예(禮)이다. 두드리면 그 소리가 맑고 길게 퍼져나가다가 끝에는 뚝 끊어지니 이것은 음악(樂)이다. (일부 줄임) 옥으로 만든 규장만으로 모든 신물을 대신하니 이것은 덕이며, 천하에서 귀하게 여기지 않는 이가 없으니 이것은 도이다. 시에 이르길 "군자를 생각하면 그 따뜻함이 옥과 같다"고 했다. 그렇기 때문에 군자는 옥을 귀하게 여기는 것이다.[78]

옥을 귀하게 여기는 옥기문화가 군자의 문화라면 이 문화를 창출한 고국은 곧 군자국이라는 뜻이다. 흥미로운 것은 공자가 군자론으로 옥

---

76) 궈다순(郭大順)·장싱더(張星德) 지음, 김정열 옮김, 앞의 책, 403-404쪽.
77) 궈다순(郭大順)·장싱더(張星德) 지음, 김정열 옮김, 같은 책, 404쪽.
78) 궈다순(郭大順)·장싱더(張星德) 지음, 김정열 옮김, 위와 같은 곳.

의 사상을 말했는가 하면, 동이를 군자국으로 논했다는 사실이다. 다시 말하면 현대 중국학자들이 옥문화를 이야기 하면서 공자와 자공의 대화를 끌어들여 옥의 사상론과 군자론을 함께 이야기하듯이, 고대 중국인들도 동이사람을 말할 때 군자다운 점을 말하고 동이를 아예 '군자국' 또는 '불사국'이라 하였으며, 나아가 그러한 사실을 입증하기 위하여 여전히 공자를 끌어들인다. 그야말로 '공자님 말씀'이니 더 의심의 여지가 없다.

『후한서』「동이열전」에서 동이사람들은 "천성이 유순하여 도리로서 다스리기 쉽기 때문에 군자국(君子國)과 불사국(不死國)이 있다"고[79] 했을 뿐 아니라, 이에 따라 "공자도 동이에 살고 싶어 하였다"고 한다.[80] 이 기록은 「동이열전」 총론의 가장 첫 문장이다. 그리고 "동이는 모두 토착민으로서 술 마시고 노래하며 춤추기를 즐기고, 머리에는 변(弁)이라는 모자를 쓰고 비단옷"을 입어서, "중국이 예(禮)를 잃으면 동이에서 구했다"고[81] 하였다.[82]

『설문해자』에서도 '동이는 대의를 따르는 대인(大人)들이며 그 풍속이 어질어서 장수하므로 군자국이자 불사국'이라고 자리매김했다.[83] 『논어』 자한(子罕)편과 공야장(公冶長)편에도 같은 내용이 연관되어 기록되어 있다. 공자는 중국에서 도가 행해지지 않는 것을 서글프게 생각

---

79) 『後漢書』 卷85, 「東夷列傳」 序, "故天性柔順 易以道御 至有君子·不死之國焉."
80) 『後漢書』 卷85, 「東夷列傳」 序, "…… 夷有九種 曰畎夷 于夷 方夷 黃夷 白夷 赤夷 玄夷 風夷 陽夷 故孔子欲居九夷也."
81) 『後漢書』 卷85, 「東夷列傳」 序, "東夷率皆土着 憙飲酒歌舞 或冠弁衣錦 …… 所謂中國失禮 求之四夷者也."
82) 임재해, 「한국신화의 주체적 인식과 민족문화의 정체성」, 71쪽.
83) 段玉裁, 『說文解字注』, 十篇下七, "東夷從大大人也 夷俗仁仁者壽有君子不死之國."

하여 '뗏목을 타고 바다를 건너 동이에 가 살고 싶다'고[84] 했다.

중국은 사방의 외세를 모두 오랑캐라 하였지만 오직 동이는 다른 외세들과 달리 도를 알고 대의를 존중하는 대인들로서 군자국이자 불사국이라 하고, 중국에서 예를 잃으면 동이에서 찾는다고 할 정도로 동이를 문화선진국으로 추앙했다. 학자들에 따라서 선진시대의 동이는 산동지역을 일컫는다고 하지만, 산동에 살고 있는 공자는 뗏목을 타고 바다를 건너서라도 동이에 가고 싶다고 했다. 산동반도에서 바다를 건너서 가는 지역이라면 한반도나 발해 연안지역일 따름이다.

천성이 유순하고 도를 알며 예를 지키는 대인들이 사는 군자국이라면, 그것은 인류의 보편적인 이상인 홍익인간 사상을 표방하며, 모든 만물과 조화를 이루고, 농사짓는 일을 주관하는 주무부처[主穀]가 있는가 하면, 선악을 분별하여 도와 예를 따르도록 지도하며[主善惡], 세상의 이치에 따라 백성들을 널리 교화[在世理化]한 환웅천왕의 신시고국이라 하지 않을 수 없다.

'불사국'이라 한 사실도 신시고국의 5부 조직과 옥기문화에서 잘 나타난다. 생명력이 왕성하도록 생기를 부여해주는 옥기문화를 누림으로써 인간의 수명을 보장하며[主命], 사람들의 각종 질병을 치유하는 부서[主病]를 두어 백성들의 건강을 관리했다면, 가히 '불사국'이라 하지 않을 수 없다. 그러므로 건강과 생명의 풍요를 위해 옥기문화를 누린 홍산문화와 인간의 장수와 건강을 추구한 신시고국의 문화사회는 일치한다고 하지 않을 수 없다.

9. 신시의 홍산문화에서 이룩한 고조선문화

단군의 고조선 실체를 부정하는 이들은 환웅의 신시 실체를 상상조

---

84) 『論語』「公冶長」“道不行 乘桴浮于海”；「子罕」, “欲居九夷”.

차 하기 어려울 것이다. 단군을 낳은 곰네를 근거로 고아시아족이나 퉁구스족과 고조선을 연결짓는 전래론자들은 단군의 부계인 환웅의 존재와 그가 세운 신시고국에 관해서는 외면하거나 침묵으로 일관한다. 역사연구를 표방하는 학자들이 고조선 전후사의 통시적 흐름과 상고사의 종적체계를 역사적으로 밝히는 일보다 오히려 북방민족의 지리적 이동 경로나 퉁구스족과 혈연적 친연성 등 공간적 이동에 따른 종족의 횡적 연관성에 더 관심을 기울이고 있다. 역사학이 공시적 관계와 지리적 전파에 골몰한 나머지, 정작 자기학문의 본령이라 할 수 있는 통시적 선후 문제와 역사적 흐름을 놓치고 있기 때문이다.

민족의 지리적 이동과 문화의 전파관계에 흥미를 가진 사람들은, 환웅의 신시본풀이가 민족사의 내력을 근본부터 풀어주고 있다는 사실을 알지 못한다. 신시고국의 건국이념이나 통치체제, 제세이화를 한갓 꾸며낸 이야기로 여길 수 있다. 그러나 중국쪽 사서의 기록이나 홍산문화 유적은 단군조선 이전에 환웅의 신시고국 실체를 입증하거나 실증하고 있다. 거대한 적석총으로 죽음을 부정하고 영생을 추구하며, 생기를 주는 옥기문화로 질병을 극복하고 장수를 추구하는 불사 관념의 추구, 그리고 만물과 상생하는 자연친화의 홍익인간 사상은, 홍산문화의 유적과 중국 고대사서의 기록, 신시본풀이의 내용에서 모두 일관되게 나타난다. 그러므로 고조선문화를 이룩한 그 밑자리 문화는 환웅의 신시고국이 창출한 홍산문화라는 사실을 거듭 밝히지 않을 수 없다.

『삼국지』「위서」동이전이나『한서(漢書)』「지리지」에 의하면 고조선에는 범금팔조(犯禁八條)가 있었다고 한다. 8조 가운데 3조만 기록으로 전하는데, 둘째 조는 '남의 몸을 다치게 하면 곡물로서 배상'을 해야 하고, 셋째 조는 '남의 물건을 훔치면 그 집의 노비가 되는 것이 원칙이나 갚으려고 하면 50만 전을 배상'해야[85] 하는 것으로 되어 있다. 이

---

85) 『漢書』 卷28下, 「地理志」, "樂浪朝鮮民犯禁八條 相殺以當時償殺 相傷以穀償

법률들은 신시고국의 5부 가운데 4부에 해당되는 '주형(主刑)'이 법을
주관하는 판관의 업무라는 사실을 뒷받침해 준다. 범금8조를 비롯한
고조선의 법문화는 신시의 법무담당 부서인 '주형'의 전통에서 계승된
사실을 알 수 있다. 뒤에 범금 8조는 60조로 더 확대되는데, 사회가 복
잡해질수록 법률도 더 복잡해지기 마련이다.

　흥미로운 것은 범법 행위에 따른 배상 내용이다. 상해의 범죄에 곡
물로 배상한 것을 보면, 유목생활이 진작 청산되고 농경문화가 정착되
었던 사실을 입증한다. 그리고 도둑을 노예로 삼거나 50만 전으로 배상
하도록 한 것을 보면, 노예제 사회를 이루었을 뿐 아니라 화폐경제를
이룬 사실을 알 수 있다. 화폐는 신시문화에서나 홍산문화에서 나타나
지 않는 것이다. 그러므로 단군조선은 신시고국의 문화 가운데서도 경
제적인 면이 크게 발전되어 화폐를 쓰기 시작했다고 하겠다.

　홍산문화의 적석총 외부구조를 보면 천신에게 제의를 올린 사실을
알 수 있고 그 내부구조를 분석해 보면 계급제가 이루어졌다는 사실을

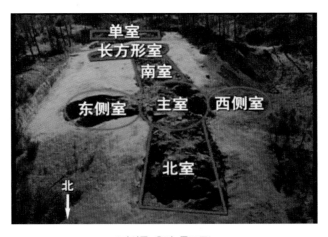

〈여신묘 유적 구조도〉

相盜者男沒入爲其家奴 女子爲婢 欲自贖者 人五十萬."

알 수 있다. 따라서 단군조선은 신시고국의 제도와 체제, 문화를 순조
롭게 계승한 것으로 보인다. 신시와 단군조선의 그러한 계승관계를 실
증하는 유적이 여신묘(女神廟)이다. 흔히 '여신전'이라고도 일컫는 우
하량의 여신묘가 신시에서 단군조선으로 발전하는 데 중요한 문화적
징검다리 구실을 하며 사회적 연맹을 이룬 역사적 자취라고 보는 것이
다. 왜냐하면 여신묘는 환웅의 신시를 찾아와 혼인하기를 빌었던 곰족
의 유적으로 해석되기 때문이다.

　　여신묘는 우하량 지역 가운데 산 능선에 별도로 자리잡고 있다. 그
리고 그 분포도 상당히 제한된 지역으로 한정되어 있다. 다른 문화유
적이나 유물처럼 여신묘는 널리 분포되어 있지 않은 단일 유적이라는
사실이 가장 큰 특징이다. 달리 말하면, 중심부 문화에 대해서 주변부
문화이며, 다수문화에 대해서 소수자문화라는 것을 말한다.

　　구체적으로 여신묘의 유적과 출토유물의 내용 및 규모를 뜯어보면,
홍산문화의 주류를 이루는 적석총이나 옥기문화, 성곽, 취락지 등과 같
은 대규모 집단세력의 문화가 아니라, 하나의 작은 집단을 이룬 여신
숭배 신앙공동체 유적이라 할 수 있다. 여신숭배문화는 우하량에서 비
주류에 속하는 소수자문화였던 것이다.

　　여신묘 유적에서는 홍산문화의 대표적 상징 가운데 하나인 옥기유
물의 출토가 없다는 점도 주목할 만하다. 홍산문화권에서 차지하는 옥
기문화의 지역적 분포와 역사적 층위는 매우 넓고 깊다. 그런데도 홍
산문화의 가장 중심지인 우하량에 있는 여신묘 유적에서는 옥기유물
이 전혀 나타나지 않고 있는 것은 쉽게 납득하기 어렵다. 여신묘에서
는 오직 토기제품만 다양하게 출토되었다. 아무도 이 점에 관심을 기
울이지 않고 곰 출토와 여신상 출현에만 주목한 탓에 폭넓은 해석의
길이 막혀 있다. 옥기와 토기는 전혀 다른 문화적 계열성을 지닐 뿐 아
니라 문화수준의 층차를 나타내는 것이다.

　　문화의 계열성과 수준을 고려하지 않고 동물상인 곰에만 관심을 기

울인 까닭에 옥기의 곰과 토기의 곰을 하나의 문화인 것처럼 간주하기에 이른다. 따라서 곰형상의 옥기와 고조선본풀이의 웅녀, 그리고 진흙으로 빚은 여신상을 비약적으로 관련짓게 되면, 정작 여신묘 내부에서 다른 유물들은 새로 발굴되어도 그 흔한 옥기가 보이지 않는 사실에 관해서는 특별한 문제의식을 하기 어렵다. 그러면 옥기문화의 곰과 토제품 곰을 관련지우는 일이 불가능한 탓도 있을 것이다.

돌도끼와 청동도끼가 다른 시대의 다른 문화인 것처럼, 같은 도구라 하더라도 옥기와 토기는 서로 다른 문화의 계열이라 할 수 있다. 옥기와 석기, 토기, 청동기를 문화적으로 구분하지 않으면 홍산문화의 고유성도 사라진다. 홍산문화의 중요한 특징 가운데 하나가 옥기문화이기 때문이다.

이처럼 홍산문화에는 옥기 유물이 풍부하게 출토되었지만, 여신묘에서 출토된 유물은 모두 흙으로 빚은 소조형태의 동물상, 여인상, 각종 그릇 등으로서 모두 토제품으로 일관되어 있다. 어떤 옥기도 여신묘에서 나오지 않았다. 이러한 발굴 사실은 유물의 구체적인 형상 못지않게 재질도 아주 중요하다는 사실을 말한다. 그것은 같은 칼이나 도끼라도 석기인가, 청동기인가, 철기인가 하는 데 따라 문화적 수준과 연대가 전혀 다르기 때문이다. 그러므로 같은 곰 형상이라도 옥기인가

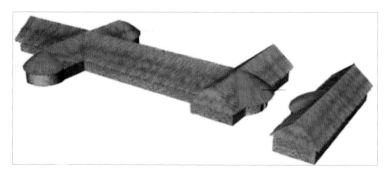

〈여신묘 유적 복원도〉

토기인가 하는 것은 매우 중요한 문화적 차이를 말한다. 옥기와 토기
는 석기와 청동기 사이에 존재했던 서로 다른 갈래의 문화유산이다.

그런데 여신묘에서 나온 출토품에 옥제품은 전혀 없고 모두 토제품
일 뿐 아니라 여신묘의 건축 유적인 신전도 이와 같은 수준이라는 점
이다. 여신전이라 할 수 있는 건축 구조물은 돌로 이루어진 구조물이
아니라 나무기둥을 세운 뒤에 기둥 안쪽에 섶단을 붙이고 풀을 섞은
진흙을 발라 벽을 조성한 토담 구조물이다.[86] 따라서 목조토담으로 이
루어진 여신전은 홍산문화 유적 가운데서 돌을 쌓아 조성한 거대한 적
석총이나 석조제단과 근본적으로 다른 구조물이라는 사실을 나타낸다.
그러므로 여신묘 유적은 옥기문화를 이룬 적석총 및 석관묘 유적과 관
련이 없는 토기문화 유적이라는 사실이 드러난다.

옥기의 곰형상으로 곰토템족과 웅녀족을 관련지어 해석하는 경우
에도 옥기의 곰형상 따로, 여신묘의 여신상이 따로 존재한다는 사실을
지나쳐 버린다. 만일 옥기의 곰형상이 웅녀족의 곰토템을 나타낸다면
여신묘에서 곰형상 옥기가 집중적으로 나와야 할 것이며, 곰형상과 상
관없이 옥기문화가 여신숭배의 웅녀족 문화라면 여신전에서 옥기가
가장 많이 출토되어야 할 것이다.

그런데 유물의 실제 내용은 거꾸로다. 여신묘에서는 곰형상 옥기는
커녕 옥기 자체가 나타나지 않았다. 오히려 여신묘의 토기문화는 적석
총의 옥기문화와 여러모로 이질적이라는 것을 말한다. 그러므로 적석
묘 형태의 대규모 제단과 옥기문화가 서로 짝을 이루며 함께 가는 데
비하여, 나무기둥 토담형태의 소규모 여신묘는 토기의 소조문화와 서
로 짝을 이루며 함께 가는 것으로서 옥기문화와 무관한 문화유적이다.

결국 광범위한 지역분포를 이루는 홍산문화, 그리고 그 속에서 두
루 형성된 풍부한 옥기문화와 달리, 여신묘는 특정 지역에 단일한 유

---

86) 궈다순(郭大順)·장싱더(張星德) 지음, 김정열 옮김, 같은 책, 383쪽.

적으로 나타나며 독자적 문화를 이루고 있다는 점이 소중하다. 그리고 옥기유물 대신에 독수리와 여인상, 곰룡 등 흙으로 빚은 다양한 소조물이 발굴되었다. 소조유물 출토가 여신묘 유적의 특징으로 주목해야 신시와 단군조선에 관한 역사적 해석의 실마리가 제대로 풀린다. 신시문화와 곰문화가 합류한 것이 단군조선문화이기 때문이다.

여신묘 유적은 옥기유물이 아니라 그보다 한 단계 낮은 소조유물이 부장되어 있는 특별한 성격의 문화라는 사실을 인식하게 되면, 다른 유물도 제대로 보이고 맥락적인 해석도 가능하게 된다. 제기로 쓴 것처럼 보이는 토기에는 양뼈와 사슴뼈들이 담겨 있는데 양뼈가 더 많다. 중요한 제물로 양을 쓴 사실을 나타내는데, 이것은 양을 희생제물로 바치는 유목문화의 유산이기도 하다. 곰의 머리뼈도 곰을 사냥해서 고기와 털가죽은 먹고 제단에 바친 것이다.

곰문화대의 여러 민족들은 곰 축제에서 머리고기는 먹고 눈과 뼈는 매장하거나 제단 위에 둔다. 곰뼈는 악마의 몫이라고도 하여 제단에 바치는데, 대부분 곰이 다시 부활하여 사냥감이 줄어들지 않도록 하는 목적으로 곰의 머리뼈를 보존하거나 묻는다고 한다.[87] 그러므로 여신묘의 양뼈와 곰뼈는 곰문화대의 유목문화를 나타내는 것으로서 정착문명을 이룬 홍산문화의 주류와 일정한 차이를 보인다.

따라서 곡옥의 동물형상 가운데 곰과 여신묘의 여신상을 결부지어서 곰토템의 웅녀족이 홍산문화를 이루었다는 해석은 비약일 수 있다. 옥기유물의 곰형상과 소조유물의 여신상은 계통을 달리하는 유물이자 종교적 세계관의 차이를 보이는 구조물이기 때문이다. 그러므로 옥기유물 대신 소조유물로 이루어진 여신묘 유적은, 옥기문화의 전통과 다른 것은 물론, 홍산문화의 본류와 흐름을 달리하는 독자적인 문화 갈래 속에서 형성된 것이라 해석해야 마땅하다. 여신묘 유적의 문화적

---

87) 한스-요아힘 파프로트 지음, 강정원 옮김, 앞의 책, 73-74쪽 참조.

특수성과 분포의 한정성, 재료의 특질, 기술적 수준, 세계관의 차이 등
을 고려할 때, 홍산문화 본류에 뒤늦게 합류한 주변부 문화가 아닌가
한다.

그러한 갈피를 고조선 건국본풀이에서 포착할 수 있다. 환웅의 신
시본풀이 이후의 고조선본풀이를 보면, 곰이 고조선을 건국한 단군의
모계 구실을 한다는 사실이 중요한 근거이다. 곰은 환웅의 신시에 찾
아와서 곰네로 변신하고 환웅과 혼인하기를 원한다. 그 결과, 천신족인
환웅의 부계와 여신족인 곰네의 모계가 결합하여 단군을 낳고 조선을
건국하게 된다. 따라서 옥기중심의 홍산문화 유적과 토기중심의 여신
묘 유적을, 단군조선을 건국한 부계의 주류문화와 모계의 비주류문화
로 정리해 보면 아주 흥미로운 대조를 이룰 뿐 아니라, 고조선본풀이
의 역사적 사실을 잘 뒷받침해 준다.

부계의 주류문화	모계의 비주류문화
환웅천왕의 천신족	곰네의 지모신 종족
홍익인간의 이상 추구	풍요다산의 기원
농경문화와 정착생활	수렵채취와 정착생활[88]
관념성을 띤 옥기문화	구체성을 띤 토기문화
대규모의 적석총 제단	소규모 목조토담 신전
광범위한 분포의 유적	한정된 분포의 구조물
천신신앙 문화	지모신 신앙 문화

두 문화의 특징을 상대적으로 대조해 보면, 주류문화이자 중심부문
화인 홍산문화에, 비주류 문화이자 주변부 문화인 여신묘 문화가 합류
했다는 추론이 상당한 설득력을 지닌다. 달리 말하면, 환웅의 신시문화
주류에 곰네의 여신묘 문화가 비주류로 합세한 것이며, 천신족의 옥기

---

88) 농경문화에 따른 정착생활은 확고한 붙박이생활을 이루지만 수렵채취에 따
   른 정착생활은 다소 유동적인 생활을 한다.

문화권에 지신족의 토기문화권이 합류해온 것이라는 말이다. 그러므로 주류문화와 주변부문화의 합류과정은 신시본풀이에 이어서 전개되는 단군의 고조선본풀이가 적절하게 설명해주고 있다. 신시 이후의 고조선본풀이 내용을 더 구체적으로 보자.

환웅이 신시를 건국하여 홍익인간의 이념으로 재세이화하고 있는 가운데, 곰과 범이 환웅의 신시고국을 찾아온다. 곰족과 범족이 환웅의 신시를 찾아온 것은 「동이전」에서 밝혀놓은 대로 사람들의 천성이 착하고 도리로서 생활하는 군자국이자 불사국이기 때문이다. 곰족과 범족이 인간이 되기를 소원하는 것은 곧 인간다운 문화를 누리며 살겠다는 것이다. 살생 위주의 수렵생활과 떠돌아다니는 유목생활을 청산하고, 신시고국 사람들처럼 홍익인간의 이념 아래 붙박이생활을 하며 농사를 지어 곡물을 먹고 건강하게 수명장수하며 군자와 같이 삼라만상과 공생하며 살고 싶다는 뜻이다. 그것은 바로 인간다운 삶의 가치이자, 곰과 범이 환웅을 찾아와 '인간이 되고 싶다'는 은유로 이야기되는 본풀이의 내용이다.

그렇다고 하여 누구나 받아들일 수 없는 것이 환웅의 처지이다. 서로 문화적 적응이 어려우면 더불어 사는 것이 오히려 갈등의 불씨가 된다. 문화적 동질성과 이질성에 따른 조화와 갈등을 알고 있는 환웅은 곰족과 범족이 신시고국 사람들처럼 채식생활과 정착생활에 적응 가능한지 검증하지 않을 수 없다. 그러한 검증 기제가 바로 식생활과 정착생활이다. 따라서 '쑥과 마늘을 먹고 100일 동안 햇빛을 보지 않은 채 참고 지내라'고 한 것이다. 상대적으로 채식생활이 가능하고 일정한 지역에 장기간 머물러 사는 생활에 익숙한 곰족은 적응이 가능하여 검증을 통과했다. 그러나 전적으로 육식생활을 하고 산천을 마음껏 주유하며 떠돌이생활을 하는 범족은 적응하지 못해 끝내 검증에 통과되지 못했다.[89]

검증 결과를 토대로, 환웅은 농경문화에 적응 가능한 곰족을 택하여 혼인동맹을[90] 하고 아들 단군을 시조로 내세워 조선을 건국하도록 한 것이다. 물론 정착생활과 채식생활에 적응 불가능한 범족은 동맹에서 제외되었다. 홍산문화 우하량 지역 어디에도 범족의 것으로 보이는 별도의 문화유적이 보이지 않는다. 곰족의 여신묘 문화만 독창성을 띠고 있다. 그러므로 여신묘 유적은 환웅의 신시고국 문화인 홍산문화의 주류에, 뒤늦게 혼인동맹으로 합류한 곰네의 여신족 문화가 비주류를 이루며 합류한 증거라 하겠다.

그런데 오히려 이러한 현상을 거꾸로 해석하는 경우도 있다. 홍산문화를 일으킨 주도세력이 곰토템족으로서 '단군신화'의 웅녀족이고[91] 환웅족은 홍산문화로 유입되어 합류한 새로운 집단으로 해석한다. 그것은 '고조선본풀이'를 잘못 읽고 있기 때문이자, 우하량 유적을 곰토템문화로 해석한 탓이다. "단군신화는 웅녀족과 호랑이족이 터를 잡고 있는 곳에 환웅족이 새롭게 유입된 것"으로 되어 있다고 하며,[92] 환웅이 있는 신단수 아래로 곰과 호랑이가 찾아와 사람 되기를 빌었다는 사실을 거꾸로 읽고 있는 것이다.

북방문화 전래설이나 민족이동설을 믿는 사람들은 이른바 단군신화 문맥을 그대로 읽지 않는다. 곰과 범이 주류를 이루며 붙박이생활을 하고 환웅이 비주류를 이루며 이동해온 것처럼 해석한다. 그러므로 아예 환웅족은, 이란 서남부 평원의 수시아나에서 천산을 넘어 이주해

---

89) 임재해, 「단군신화에 갈무리된 문화적 원형과 민족문화의 정체성」, 285-315쪽에서 이 문제를 자세하게 다루었다.

90) 愼鏞廈, 「民族形成의 理論」, 『韓國社會學研究』 7, 한국사회학회, 1984 ; 이래로, 『韓國 原民族 形成과 歷史的 傳統』, 나남출판, 2005 및 「고조선 국가의 형성 −3부족 결합에 의한 고조선 개국과 아사달」, 『사회와 역사』, 한국사회사학회, 2008에 이르기까지, 환웅의 한국과 웅녀의 맥국이 혼인동맹으로 고조선을 개국했다는 사실을 지속적으로 다루었다.

91) 우실하, 『동북공정 너머 요하문명론』, 313쪽.

92) 우실하, 위의 책, 327쪽.

온 종족으로 해석한다.[93] 환인과 환웅이 고조선 건국의 주체 세력이
아니라 곰네가 주체세력이라는 것이다.

그러나 단군신화 곧 '고조선본풀이'를 보면, 환인과 환웅이 고조선
의 부계이자 주체 세력이며, 곰과 범은 단군을 찾아와 사람이 되기를
빌고 또 곰네기 사람이 되자 다시 환웅을 찾아가 혼인하기를 빌었던
인물로서, 곰족이야말로 환웅의 신시에 합세한 유입세력이다. 따라서
'고조선본풀이'에 나타난 고조선의 건국과정을 근거로 보거나, 홍산문
화 우하량 지역의 유적을 볼 때, 여신묘 유적은 바로 신시고국을 찾아
와 동맹관계를 맺고자 한 곰족의 문화적 전통이 낳은 독창적인 유산으
로 생각된다.

곰족의 곰네는 단군의 모계로서 단군 이래 고조선의 제왕들로부터
여신으로 숭배되었을 가능성이 높다. 따라서 단군의 부계이자 고조선
문화의 기틀을 닦은 환웅의 신시고국에서 제천의식의 천제단 유적을
풍부하게 창출한 홍산문화의 중심으로부터 조금 비켜난 지역에, 단군
의 모계로서 환웅의 신시고국에 스스로 찾아온 곰네족을 위해 여신숭
배의 여신전을 별도로 구축한 셈이다. 그러므로 여신묘의 위치는 우하
량 제2지점의 동북쪽 산중턱에 자리잡고 있으며 그 좌우 구릉에 적석
총이 배치되어 있다.

곰네를 단군의 모계라고 일컬으면서 더러 모계사회로 착각하는 경
우도 있다. 모계와 모계사회는 전혀 다른 개념이다. 모계는 부계의 상
대되는 말로서 부모의 혈통을 어머니쪽으로 일컫는 말일 뿐이다. 부계
사회에서도 어머니쪽 혈통을 일컬을 때 모계라고 한다. 이와 달리 모계
사회는 여성이 사회와 가족을 지배하는 모권제(matriarchy) 사회로서 가
장권을 여성이 행세하고 가계계승이나 상속이 여성 중심으로 이루어

---

93) 정형진, 『천년왕국 수시아나에서 온 환웅』, 일빛, 2006 ; 우실하, 같은 책, 328
　　쪽에서 참조.

진다. 종족에 따라서는 모계인 외삼촌이 자녀 양육권을 지니기도 한다. 따라서 곰네는 단군의 모계일 뿐 모권제 사회의 여성이라 할 수 없다.

곰네는 가부장 사회인 환웅천왕에게 시집 온 가부장권 속의 여성으로서 단군의 모계이긴 하지만, 모계사회 출신이라 할 수 없다. 곰네가 모계사회 출신의 여성이라는 근거는 본풀이에도 여신묘에서도 없다. 모계사회 출신의 여성이라면 환웅에게 찾아와 혼인하기를 빌지 않는다. 오히려 환웅이 곰네를 찾아가서 혼인하기를 빌어야 한다. 따라서 여신묘의 여신상은 단군의 처지에서 모계인 어머니를 신격으로 숭배하기 위한 것일 따름이다. 그러므로 여신묘의 여신상을 두고 모계를 섬기는 조상숭배의 일환으로 봐야지, 모계사회나 여신숭배 사회의 문화로 보는 것은 지나친 해석이다.

이처럼 시조의 모계를 여신으로 섬기는 전통은 고구려시대까지 이어졌다. 고구려 사람들은 나무로 부인상을 새겨 만든 인형을 신격으로 모셨으며 시조인 부여신의 아들도 신격으로 모셨다.[94] 부여신과 그 아들은 곧 해모수와 하백의 딸 유화 사이에서 태어난 주몽을 일컫는다. 고구려인들은 시조왕 주몽 사당과 별도로 사당을 짓고 유화부인을 나무 신상으로 모셨는데,[95] 이러한 풍속은 곰네를 여신상으로 모시는 여신묘 유적의 풍속과 같다고 하겠다.

여신묘는 곰네의 문화이자 곰네를 섬기는 문화유산으로서, 환웅의 홍산문화와 유기적 관계를 이루되, 시조왕의 모계를 여신으로 숭배하는 사당으로서 우하량 지역의 주변부문화로 존재했다. 왜냐하면 부계이자 주류문화인 환웅의 신시고국 문화에 뒤늦게 합류한 모계의 곰네는 사실상 비주류문화이자 상대적으로 주변부문화이기 때문이다.

---

94) 『大東韻府群玉』, "高句麗俗 敬鬼神多淫祠社T 有神廟二所 一事日扶餘神 刻木作婦人像 一日高登神云 是其始祖扶餘神之子".

95) 임재해, 「꼭두각시놀음의 역사적 전개와 발전양상」, 『口碑文學研究』, 한국구비문학회, 1998, 257-258쪽.

여신묘는 화려한 장신구 중심의 옥기문화보다 한 단계 낮은 실용적 토기문화를 누렸을 뿐 아니라, 천신을 숭배하지 않고 지모신을 숭배했으며, 대규모의 적석총 제단이 아니라 소규모의 목조토담 신전이기 때문이다. 그러므로 홍산문화의 우하량 지역은 환웅의 천신족 문화가 건설한 신시고국의 도읍지이면서, 또한 지모신 문화를 지닌 곰족이 합류하여[96] 더불어 이룩한 고조선 건국의 중심지이자 고조선문화 형성의 밑자리를 이룬 중요한 문화 유적지라고 보는 것이다.

단군조선의 건국이 신시에서 비롯되었듯이 고조선문화의 형성도 신시문화가 밑거름이 되어서 형성되었다. '고조선 건국본풀이'를 보면 신시본풀이의 내용이 풍부한 반면에 고조선본풀이는 상대적으로 빈약하다. 따라서 신시의 국가 정체성은 뚜렷하지만 단군조선은 상대적으로 불확실하다. 이민족과 연합 및 도읍지 이주에 관한 사실만 자세하다. 실제 문화유산도 신시의 유적은 홍산문화로 실증할 수 있는 데 비하여, 고조선의 유적은 홍산문화처럼 구체적으로 뚜렷하지 않다. 그러나 단군조선은 신시의 문화유산인 홍산문화를 고스란히 이어받고 새로운 문화를 창조해서 더 보태나갔을 것이기 때문에 고조선문화의 실상도 이 범주 속에서 찾을 수 있다. 그러므로 고조선 건국본풀이와 홍산문화 유산을 중심으로 고조선문화의 실체와 정체를 본격적으로 해석하는 연구가 지속되어야 할 것이다.

신시고국의 홍산문화는 고조선문화의 밑자리로 주목되었으나, 그렇다고 하여 홍산문화를 고조선의 것으로 한정하는 데는 문제가 있다. 왜냐하면 홍산문화는 주변의 여러 문화에 영향을 주었을 뿐 아니라, 고조선문화로 한정하는 것은 홍익인간 이념에도 맞지 않기 때문이다. 신시고국의 홍산문화는 외부문화를 끌어들여 교화시키기도 하고, 또

---

96) 이정훈, 『발로 쓴 反동북공정』, 지식산업사, 2009, 278쪽. "환웅족과 곰족이 만난 곳은 우하량이다."

외부문화로 나아가 동북아시아 여러 나라 문화에도 영향을 미쳤다. 홍익인간 사상은 홍익민족을 넘어서 홍익생명을 추구하며 인간세상의 삼라만상을 두루 아우르고자 했다. 그러므로 홍산문화의 어떤 국면을 자국문화와 관련하여 일방적으로 끌어가려는 것은 문화의 실상과 맞지 않고, 또 신시문화의 정체성과도 맞지 않다.

왜냐하면 홍산문화는 인류사회의 가장 오랜 문화유산이자 그 시기 동아시아 세계가 이룩한 공동의 문화유산이기 때문이다. 그렇다고 해서 홍산문화를 주인없는 동아시아 공유의 문화라고 하는 것은 문화의 실상과 맞지 않고 역사 발전의 통시적 맥락을 무시한 해석이다. 왜냐하면 홍산문화의 신시고국 전통을 가장 잘 이어받고 있으며 민족문화의 정체성을 잘 계승하고 있는 나라가 바로 홍산문화 지역에서 나라를 일으킨 단군조선이자 고구려, 부여 등이기 때문이다. 그러므로 적석총과 석성의 치, 원형 제단, 옥기문화 등 홍산문화의 정체성이 고조선 지역과 고구려문화에서 잘 이어지고 있다.

제3장 신시고국 문화의 '해' 상징과 천신신앙 전통

1. 문화의 두 존재양식과 변증법적 인식[1]

문화는 크게 두 갈래 양상으로 대립적 통일성을 이루며 존재한다. 하나는 공시적인 양상으로 모이면서 흩어지고 흩어지면서 모이는 '이합집산'을 되풀이하는 현상이고, 둘은 통시적 양상으로 지속되면서 변화하고 변화되면서 지속하는 변증법적 전승의 현상이다. 공시적 이합집산을 문화의 횡적 교류라고 한다면, 통시적 전승력은 문화의 종적 흐름이라고 할 수 있다.

그런데 횡적 교류를 전파주의 논리로 받아들이면 문화의 대등한 교류와 소통보다 일방적 영향론 또는 전래설에 머물고, 종적 흐름을 전통주의 논리로 받아들이면 문화의 지속과 변화보다 일방적 지속 또는 전통 단절론에 머물게 된다. 그러므로 일방향의 종속적 전래설보다 대등한 상호 교류론이 기대되는 방향이며, 경직된 전통주의의 지속과 단절 여부보다 지속과 변화의 변증법적 전승론에 논의의 무게를 두어야 할 것이다.

문화의 횡적 교류와 종적 흐름을 두 갈래로 나누는 것도 분석적 인식일 뿐, 실제 문화는 서로 얽혀서 유기적 관련성 속에 존재하는 것이 실상이다. 공간상의 횡적 교류도 결국 시간상의 종적 흐름 속에서 이

1) 이 글은 고조선학회가 '고조선의 정체성과 지속성'이라는 주제로 개최한 2010년 고조선학회 하계학술대회(서울역사박물관, 2010년 6월 19일)에서 발표한 「고조선문화의 지속성과 민속신앙의 현실적 전승 인식」이라는 발제논문 가운데 전반부를 정리 보완한 것이다.

루어지는 것이며, 통시적인 문화의 흐름과 변화도 실제로는 지리적 공간의 지표 위에서 결코 벗어날 수 없다. 따라서 문화의 존재양식을 두 갈래로 나누어 인식하는 분석적 논의는 가능하지만, 문화의 실상을 제대로 이해하려면 서로 대립되거나 상반되는 현상을 통일적으로 이해하는 총체적 인식이 긴요하다. 먼저 공시적 존재양상부터 보기로 하자.

첫째, 문화는 여러 갈래들이 그 자체로 존재하기도 하지만, 한 곳으로 모여서 집중되고 집약되는가 하면, 한 곳에 집약화된 문화가 다시 다양한 갈래로 나뉘어지고 전파되면서 확대되기도 한다. 편의상 문화의 공간을 중심부와 주변부로 나눈다면, 주변부의 문화가 진상(進上)의 문화처럼 중심부로 모여들어 제각기 영향을 미치다가 마침내 하나의 중앙문화를 이루는가 하면, 중심부에서 형성된 중앙문화가 다시 주변부에 영향을 미쳐 주변부 문화를 중앙문화에 종속시키기도 하고, 그 가운데서 다시 주변부 문화로서 독자성을 지니기도 한다. 이러한 이합집산을 거듭하면서 중심부 문화와 주변부 문화는 서로 교류하는 가운데 중앙문화와 변방문화로서 관계를 지속하거나 때로는 관계를 바꾸기도 하는 것이다.

동아시아의 경우만 하더라도 고대에는 고조선문화가 앞섰으나 중세에는 중국문화가 앞섰으며, 근대에는 일본문화가 앞섰다. 고대에는 홍산문화를 이룩한 고조선문화가 중국을 비롯한 이웃나라에 영향을 미쳤으나, 중세에는 중국의 한자문화 또는 유교문화가 이웃나라에 영향을 미쳐 동아시아는 한자문화권이자 유교문화권을 이루었다. 그러나 근대에 와서는 일본이 서구의 산업문화를 가장 빨리 받아들여 동아시아를 근대화하는 데 여러 모로 영향을 미쳤다. 이처럼 문화의 중심부와 주변부는 서로 교체되며 상호교류하는 것이다. 그러므로 일방적인 전파론이나 전래설을 펴는 것은 문화교류라 할 수 없다.

세계문화와 국가문화의 관계도 변증법적 관계 속에서 서로 소통하고 교류하며 발전한다. 과거 수천 년 동안 몇몇 국가들은 자신들의 문화를 보편적인 진리로 주장하는가 하면, 세계화가 진전되면 보편적 가치를 지닌 단일화된 세계문화가 이루어질 것처럼 주장하기도 했다. 모두 특정한 문화를 보편적 가치나 진리로 지향하여 필연적으로 하나의 세계문화를 이룬다는 인식이다.[2] 그러나 이러한 인식은 역사적 변화의 긴 흐름을 읽지 못하고 현실문화의 드러난 현상만 주목한 한계가 있다.

월러스타인이 잘 지적한 것처럼 '같은 집단 성원들조차 같은 문화를 공유하지 못하는데, 서로 다른 집단들이 같은 문화를 공유한다는 것은 처음부터 불가능하다.' 구체적으로 보면 민족이나 국가는커녕,[3] 한 지역 공동체 안에서도 계급과 혈연, 세대 또는 소집단마다 문화의 차이가 조성된다. 우리나라 안에서도 지역마다 독자적인 문화를 지니고 있어서 방언권이나 문화권을 이루고 있다.[4] 그럼 세계문화는 어느 방향으로 나아가는가?

> 점점 동화되어가는 하나의 세계를 만듦과 동시에 그 세계 안에서 고유한 민족문화를 창출하려는 변증법적 움직임이 존재하는 것과 마찬가지로, 한 민족국가 내에서 동일한 민족문화를 형성하려는 노력과 동시에 내부적으로 서로 구분되는 민족집단 또는 소수민족이 생겨나는 변증법이 존재한다.[5]

따라서 세계는 끊임없이 문화의 동질성을 추구하는 동시에, 저마다 자기문화의 독자성을 추구하는 양면성을 지닌다고 하겠다. 그럴 수밖에 없는 이유는 둘이다. 하나는 서로 다른 집단끼리 교류와 소통을 통

---

2) 임마누엘 월러스타인, 박금제 역, 「민족적인 것과 보편적인 것 : 세계문화란 가능한가」, 이영철 엮음, 『21세기 문화의 미리 보기』, 시각과언어, 1996, 500-501쪽 참조.
3) 임마누엘 월러스타인, 박금제 역, 위의 글, 502쪽.
4) 임재해, 『민속문화를 읽는 열쇠말』, 민속원, 2004, 169쪽.
5) 임마누엘 월러스타인, 박금제 역, 같은 글, 506쪽.

해서 문화를 공유하는 까닭이며, 둘은 주체적 개성과 문화적 창조력에 의해 저마다 남다른 문화를 새롭게 만들어가려는 문화생산 활동이 끊임없이 이어지는 까닭이다. 그러므로 문화현상을 공시적으로 포착해서는 그 실상을 정확하게 알 수 없다. 통시적인 전승양상의 인식이 더불어 이루어져야 한다.

둘째, 문화는 특정 시기에 새로 형성되고 창출되기도 하지만, 역사적으로 전승되는 가운데 본디 틀을 유지하며 지속되는가 하면, 시대에 맞게 적응하고 발전하거나 도태되면서 일정한 변화를 겪기도 한다. 사회적으로 안정적일 때에는 이미 있는 문화가 변함없이 지속되지만, 사회적 격변에 따라 요동칠 때에는 이미 있는 문화가 밀려나고 새로운 문화가 창출되게 마련이다. 따라서 문화적 변동의 폭은 사회체제의 위기 또는 변혁과 연관되어 있다. 외부세력이 침투되거나 지배세력이 교체될 때, 문화변동도 따라 일어나게 되며 그 진폭도 크게 마련이다.

외래문화가 과도하게 침투되어 자문화의 전통이 위기를 맞이하게 되면 자연스레 전통문화에 관심을 기울이는 운동이 일어나게 마련이다. 몽골의 침입에 맞선 민중적 민족사관의『삼국유사』편찬이 그랬고, 성리학의 우상화에 맞서는 실학운동이 그랬으며, 일제강점기에 식민지 문화정책에 맞선 민족문화 운동이 그랬다.

한 세대 전에 외래문화가 석권하여 민족문화의 정체성이 흔들릴 때 민족문학을 비롯한 민족예술 운동과 더불어 민중문화 운동이 일어난 현상도 그러한 보기이다. 1980년대 전후 탈춤과 민요, 풍물 전승운동이 특히 활발했던 사실이 구체적 보기이다. 그러므로 문화는 지속과 변화의 변증법 속에서 역사적으로 전승되는 것이다.

이러한 관점에서 역사와 문화를 보면 단선적 역사인식과 평면적 문화 이해의 수준을 넘어설 수 있다. 우리는 흔히 고조선을 민족사의 출발이라고 여기고 단군을 민족의 시조라고 믿는다. 우리를 단군의 후손으로서 단일민족이라고 여기는 것도 이러한 상상력과 연관되어 있다.

그러나 생각을 바꾸어 보면 고조선 이전에도 고조선을 일으킨 세력과 집단이 있었을 것이며, 단군 이전에도 단군을 낳은 선조들이 있었다는 것을 인정하지 않을 수 없다. 구체적으로 고조선본풀이를 보면 고조선 이전에 신시고국이 있었고 또 단군을 낳은 환웅과 곰네가 있었다는 사실을 알 수 있다. 그러므로 민족사의 시작이나 민족시조를 잘라서 말하는 것은 그 시기와 인물을 특별히 역사화한 결과일 따름이다.

고조선 앞에 고조선 이전 시대가 있었던 것처럼 고조선 뒤에도 고조선 이후 시대가 있다. 고조선 이전 시대가 고조선 건국과 밀접한 연관성을 지니듯이, 고조선 이후 시대 또한 고조선과 무관한 것이 아니라 일정한 연관성을 지니며 지속되고 있다. 특히 문화의 관점에서 보면 더욱 그렇다.

문화는 왕조나 국경을 넘어서 공유될 뿐 아니라 시대를 넘어서 지속되는 까닭이다. 따라서 고조선문화는 고조선 시대에 주류를 이루는 문화라고 하더라도 그 형성의 연원은 이전 시기로 계속 거슬러 올라가야 밝힐 수 있다. 반면에 고조선문화의 전통과 전승 양상은 고조선 이후 시대부터 지금 여기까지 끌어내릴 수 있어야 제대로 해명할 수 있다. 그러므로 고조선 이전의 신시고국 문화가 고조선을 거쳐 고조선 이후 지금까지 지속되며 변화하고 있다는 사실을 인정하지 않을 수 없다. 그러기 위해서는 앞서서 제기했던 것처럼,[6] 본풀이를 자료로 한 본풀이 '고고학(考古學)'과 본풀이 '고현학(考現學, modernology)'이 함께 필요하다.

우리가 지금 여기서 보면 고조선은 하나의 민족국가이자 민족사의

---

6) 임재해, 「한국신화의 주체적 인식과 민족문화의 정체성」, 『한국신화의 정체성을 밝힌다』, 지식산업사, 2008, 73쪽, "본풀이의 시각으로 보면, 태초의 시기로 가능한 더 거슬러 올라가서 선사문화를 파고드는 고고학적 연구와, 지금 여기 우리의 생활문물과 문화적 정체성을 확인해 보는 고현학(考現學, modernology)적 연구의 가능성이 열린다. 그러므로 본풀이신화학을 제대로 펼치면 '신화고고학'과 '신화고현학'의 지평을 더 넓게 개척할 수 있다."

시작처럼 보인다. 그러나 고조선 시대로 거슬러 올라가 그 시점에서 보면, 여러 민족의 이합집산으로 형성된 국가인 동시에, 고조선의 역사를 만들기까지 수많은 전단계의 역사가 있었다는 사실을 인정하지 않을 수 없다. 따라서 고조선이 민족사의 출발이라고 하는 전제는 잘못된 것이다. 민족국가의 한 분기점으로서 가장 초기 형태의 고대국가로 인식하는 데 만족해야 할 것이다.

왜냐하면 고조선 이전의 역사가 얼마든지 있을 수 있기 때문이다. 특히 문화로 보면 고조선 이후의 역사 속에서도 고조선의 전통이 살아 있다. 그러므로 "어떤 의미로 볼 때, 우리는 아직도 고조선의 사람들이다."고 하는[7] 진술까지 가능하다. 실제로 우리 생활세계 속에서는 고조선의 문화적 전통과 가치관이 지속되고 있기 때문에 미래의 문화 창출의 전망이기도 한다.[8]

고조선을 건국한 단군왕검도 지금 여기서 보는 까닭에 민족의 시조처럼 인식되지만, 단군의 시기로 올라가서 보면, 단군 또한 여러 조상들의 한 후예일 뿐이다. 단군으로부터 그 조상을 거슬러 올라가면, 단군의 아버지 환웅과 어머니 곰네가 있고, 환웅의 아버지 환인이 있다. 이러한 인식은 고조선조 본풀이의 서사적 구조 속에 있는 것일 뿐, 실

---

7) 임재해, 「단군신화에 던지는 몇 가지 질문」, 『민족설화의 논리와 의식』, 지식산업사, 1992, 125쪽.
8) 임재해, 「단군신화에 갈무리된 문화적 원형과 민족문화의 정체성」, 『단군학연구』 16, 단군학회, 2007, 273-348쪽에서 고조선본풀이가 과거의 이야기이자 현재진행형의 이야기라는 관점에서 현실문화와 가치관을 다루고 미래문화 창조의 원천이라는 사실을 주목했다.
278쪽, "단군신화는 고조선 건국 당시의 이야기로 머물지 않는다. 오늘 우리 속에 살아 있는 현실의 이야기일 뿐 아니라, 새로운 문화를 일정하게 빚어내는 문화적 원형으로서 민족사의 운명과 함께 할 미래의 이야기이다. 더 중요한 사실은 단군신화가 거듭 이야기되며 후대신화를 창출하는 원형적 서사인 것 못지않게, 우리 삶의 일상 속에 다양한 양식으로 갈무리되어 있다는 점이다."

제로 단군의 조상들을 추적하고 그 어머니 곰네의 조상을 계속 추구하면 마치 나무줄기처럼 복잡하고 방대한 계보학을 이루게 마련이다. 지금 우리가 단군을 정점으로 한 수많은 후손들 가운데 한 사람이듯이, 단군도 그 이전의 계보를 거슬러 추론하면 우리와 마찬가지 위상에 놓여 있을 따름이다. 그러므로 단군을 민족의 시조로 규정하는 것은 역사적 실상과 맞지 않다. 다만 고조선 건국시조로서 단군왕검을 자리매김하는 데서 머물러야 할 것이다. 왜냐하면 단군을 낳은 조상들이 엄연히 있을 뿐 아니라, 그들의 정치체제가 분명하게 기록되어 있기 때문이다.

민족과 민족문화의 형성과정도 같은 맥락에서 재인식되어야 할 것이다. 지금 여기서 보면 상고시대의 민족과 민족문화 형성은 하나의 꼭지점처럼 보이지만, 그 당시의 시점에서 보면 지금 여기와 같이 당시의 민족도 여전히 이합집산을 거치며 오랜 역사적 과정 속에서 형성되었을 것이며, 민족문화 또한 여러 문화들이 서로 교류하는 가운데 복잡하게 어우러지고 버무려져서 일정한 양식을 이루고 있었을 것이다. 따라서 쉽사리 그 계통이나 형성과정을 추론하기 어렵다. 왜냐하면 민족의 이합집산과 문화의 교류, 그리고 역사적 전승과정의 변화가 변화무쌍하기 때문이다. 그러므로 문화의 공시적 존재양상과 통시적 전승양상을 융통성 있게 총체적 관련성 속에서 변증법적으로 읽는 눈이 필요하다.

2. 고조선문화의 성립과 전승의 몇 가지 갈래

고조선은 하느님을 숭배한 씨족과 곰을 숭배한 씨족이 혼인을 통해 이룩한 나라이다.[9] 고조선본풀이에 나타난 환웅과 곰네[熊女]의 혼인

---

9) 윤내현, 『고조선 연구』, 일지사, 1994, 147쪽.

을 개인화하지 않고 씨족이나 부족 등 집단적 개념으로 받아들이면 환
웅족과 곰족의 혼인동맹에 해당된다. 따라서 고조선은 환웅을 대표로
하는 천신족과 곰네를 대표로 하는 곰토템족의 혼인동맹에 의해 성립
된 국가라 할 수 있다.[10] 이 과정에서 범토템족도 천신족과 결합하여
동맹관계를 이루고자 하였으나, 문화적 차이를 극복하지 못하고 스스
로 일탈하였다. 범족이 천신족이나 곰족에 의하여 밀려났을 가능성도
있지만, 본풀이의 내용으로 보면 범족 스스로 문화적 동화를 거부하고
자문화의 길을 찾아간 것으로 봐야 할 것이다.

고조선문화도 건국주체인 두 종족문화가 결합되어 이루어졌다고
할 수 있다. 서로 다른 세 종족이 제각기 다른 수준의 문화를 누리다가
일정한 시기에 이합집산을 한 결과, 범족은 배제되고 곰족만 천신족에
게 수용되어 이룩한 국가가 고조선이다. 그렇다면 고조선의 초기문화
형성은 천신족과 곰족의 두 갈래 문화로 이루어졌을 것으로 추론된다.
자연히 범족의 문화는 고조선문화의 주류에 편입될 수 없게 되었다.

따라서 범족문화는 고조선문화의 주변부문화로 남아 있거나, 아니
면 소멸되는 처지에 놓여 있게 된 것이다. 그런데 후대의 기록이나 전
승문화를 보면 곰족문화는 약화되고 오히려 주변부로 밀려난 범족문
화가 꿋꿋하게 살아 있다. 이 사실이 역사적 추론과 문화적 전통이 어
긋나는 점이다. 그러므로 고조선본풀이의 내용을 좀더 꼼꼼하게 따져
볼 필요가 있다.

고조선 지역에는 천신족과 곰족 외에 범족도 함께 이웃하여 살았다
는 데서 고조선 건국의 실마리가 전개된다. 문제는 본풀이에 등장하는

---

10) 愼鏞廈, 「民族形成의 理論」, 『韓國社會學研究』 7, 한국사회학회, 1984 이래로,
   『韓國 原民族 形成과 歷史的 傳統』, 나남출판, 2005 및 「고조선 국가의 형성-
   3부족 결합에 의한 고조선 개국과 아사달」, 『사회와 역사』, 한국사회사학회,
   2008에 이르기까지, 환웅의 한국과 웅녀의 맥국이 혼인동맹으로 고조선을
   개국했다는 사실을 지속적으로 다루었다.

곰과 범을 무엇으로 보는가 하는 것이다. 종족의 문화적 상징으로 보는가, 아니면 동물 자체로 보는가 하는 데 따라 해석이 전혀 다르게 전개되는 까닭이다. 여기서 곰과 범을 짐승 자체로 보지 않고, 곰과 범을 숭배하는 종족집단 또는 그 집단의 대표로 보면, 곰과 범은 한 집단의 문화적 표상으로 해석된다. 따라서 곰으로 자기 정체성을 드러내는 곰족은 곰의 생태와 관련된 문화적 수준을 누리는 집단이고, 범으로 자기 정체성을 드러내는 범족은 범의 생태와 관련된 문화적 수준을 누리는 집단으로 해석할 수 있다. 그러므로 곰과 범이 환웅을 찾아가서 사람이 되기를 원했다고 하는 것은 환웅의 발전된 문화를 인간다운 문화로 보고 동경하며 그러한 문화를 자신들도 누릴 수 있기를 원했다는 말이다.

환웅의 천신족과 곰족·범족 사이의 문화 차이는 선진문화와 후진문화의 차이로서 인간다운 문화와 그렇지 않은 문화로 차별화되었을 가능성이 크다. 이러한 문화 차이는 마치 유럽인들이 아프리카 흑인들을 인간답지 않게 여기고 포획하여 짐승처럼 다루고 거래하며 노예로 삼은 것이나 다르지 않다. 문화의 수준이나 경제적 빈부에 따라 같은 인간이면서도 마치 인간과 짐승처럼 차별화되는 관계는 최근까지 지속되었다. 정도의 차이는 있지만, 지금의 현실사회에서도 이러한 차별은 여전히 지속된다.

시골사람들 가운데는 도시의 화려한 삶과 견주어, 자기들이 사는 것은 인간도 아니라고 말하는 경우가 있다. 따라서 곰과 범이 곰족이자 범족이며 그들이 환웅처럼 인간이 되기를 원했다면, 그것은 곧 환웅족처럼 그들의 농경문화와 정착문화를 누리며 인간답게 살고자 원했다는 뜻이다. 곰족과 범족으로서는 환웅족과 같은 수준의 선진문화를 누리는 것이 곧 인간화였던 것이다.

그들의 희망에 따라 환웅이 쑥과 마늘을 주며 햇볕을 보지 말고 100일 동안 지내라고 하는 것은 환웅족의 농경문화에 따른 채식생활을 익히고 정착문화에 따른 주거생활을 받아들이라고 하는 것이다. 그런데 범은 견디지 못하고 뛰쳐나가고 곰은 잘 견뎌서 사람이 되었다고 하는 것은 곰이 사람으로 변신했다는 것이 아니라, 환웅족 수준의 문화를 누릴 수 있게 되었다는 것이다. 서로 동질적 수준의 문화생활이 가능하게 되자 환웅과 곰네가 대등하게 혼인동맹을 맺게 된 것이다.

그러나 곰과 범이 사람이 되고자 하는 것이나 곰이 사람이 되었다고 하는 것을 마치 두 짐승이 사람으로 변신하려 하는 것처럼 해석하거나, 곰이 인간으로 변신했다고 하게 되면 고조선본풀이의 역사적 해석이나 문화적 연구는 완전히 빗나가 버린다. 실제로 곰의 변신을 근거로 이 본풀이를 수조신화(獸祖神話)로 해석하기도 한다.[11] 이러한 수조신화 해석은 일제강점기 일본학자들이 주장한 퉁구스족 신화기원론과 만난다.

　　이마니시 류(今西龍)는 북방민족의 시조들이 동물에서 출생한 시조신화를 전승한다는 설을 펴면서, 곰에게서 태어난 단군출생담을 현재 조선민족의 것이 아닌 퉁구스족의 것이라고 주장했다.[12] 단군본풀이를 고조선 역사와 무관한 북방민족의 공통적인 동물출생담이라고 함으로써 고조선의 역사를 한국사에서 분리시키는 한편, 『삼국유사』 고조선조 기록을 날조한 것으로 만들고 일연을 역사 왜곡의 인물로 간주한 것이다.[13]

---

11) 조현설, 『동아시아 건국 신화의 역사와 논리』, 문학과지성사, 2002, 284-286쪽에서 웅녀 곰네를 수조신일 가능성을 추론하고 있다.
12) 今西龍은 「단군의 說話에 대하여」, 『歷史地理』, 1910을 증보하여 「檀君考」라는 제목으로 바꾸어 『朝鮮古史の硏究』, 近澤書店, 1937에 재수록했다. 이마니시 류, 김희선 번역, 「檀君考」, 『일본인들의 단군 연구』, 한국학중앙연구원, 2005, 49-119쪽에서 참조.
13) 위와 같은 글, 346쪽. 실제로 일본학자들은 『삼국유사』의 단군본풀이를 두고 '중의 망설(妄說)'이라 하였다.

이러한 논의는 으레 유목민족의 수조신화와 관련지어 고조선문화를 유목문화에서 비롯된 것처럼 해석하는데, 고조선본풀이를 나라의 근본내력을 풀어서 이야기하는 역사적 자료로 보지 않고 한갓 허구적인 신화로 간주하는 데서 비롯된다.

상고대 사료에는 시조를 나타낼 때, 동물명으로 기록한 사례들이 많다. 상고대는 물론 현대 소수민족들도 자기 민족의 존재를 동물로 표상화해서 나타난다. 그것이 토템의 기능이며 밀림 속에서 여러 종족들이 자기 정체성을 나타내는 긴요한 표상이다. 실제로 중국 고대 사서에는 부족이나 종족 이름을 서로 다른 동물로 기록해 두었다. 중국인들이 최고의 조상으로 받드는 황제(黃帝) 헌원(軒轅)에 관한 『사기』의 기록을 보면 여러 부족들을 모두 동물로 나타냈다.

> 염제가 제후들을 침략하려 하자 제후들은 모두 헌원에게 귀순하였다. 헌원은 이에 덕치를 베풀고 군대를 정돈하였고, 5기(五氣)를 다스리고 5종의 곡식을 심게 하였고, 만민들을 위무하고 사방의 토지를 측량하여 정비하였으며, 곰, 불곰, 비휴, 이리, 호랑이 등 용맹한 동물 이름의 종족들에게 군사훈련을 시켜 염제와 판천의 들판에서 전쟁하였다.[14]

염제가 제후를 침략하려고 하자 제후들이 헌원에게 귀순해 온 상황을 기록한 내용이다. '이때 헌원이 덕을 닦고 무기를 들어서 오기(五氣)를 다스리고 오종(五種)을 잡으며 만민을 위무하고 사방을 헤아린 뒤에, 여러 제후들 또는 종족들을 이끌고 염제와 싸웠다'는[15] 것이다. 여기서 여러 종족들을 모두 "熊羆貔貅貙虎"와 같이 동물로 나타냈다. 웅

---

14) 『史記』卷1, 「五帝本紀」第一, "炎帝欲侵陵諸侯 諸侯咸歸軒轅 軒轅乃修德振兵 治五氣 藝五種 撫萬民 度四方 敎熊羆貔貅貙虎 以與炎帝戰於阪泉之野."
15) 궈다순(郭大順)・장싱더(張星德) 지음, 김정열 옮김, 『동북문화와 유연문명』 상, 동북아역사재단, 2008, 417쪽의 번역 참조.

(熊)은 곰부족이고, 비(羆)는 큰곰을 나타내므로 '비부족' 또는 큰곰부족이다. 그리고 비휴(貔貅)는 호랑이 또는 곰과 비슷한 맹수인데 백곰으로[16] 알려져 있으며, 추(貙)도 이리 또는 호랑이와 비슷하되 크기가 개만한 맹수를 나타낸다. 각각 '비휴부족' 또는 '추부족'을 일컫는다. 마지막의 호(虎)는 범부족을 일컫는다.

기록을 글자 그대로 해석하면, 황제 헌원이 곰과 큰곰, 비휴, 추, 범 등 맹수들에게 (무술을) 가르친 셈이 된다. 그러나 전후 문맥을 보면, 맹수가 아니라 맹수로 상징되고 일컬어지는 곰부족을 비롯하여 큰곰부족, 비휴부족, 이리부족, 범부족들에게 무술을 가르쳐서, 이들과 더불어 염제(炎帝)와 판천(阪泉)의 들판에서 전쟁을 치뤘다는 말이다. 실제로 중국 역사학계에서도 그렇게 해석하고 있다. "황제가 거느리고 염제와 싸움을 벌였던 곰, 큰곰, 비, 휴, 이리 등은 일반적으로 황제 부족 내에 야수를 토템으로 한 여러 부락의 명칭"으로[17] 보는 것이다.

황제 헌원을 일컬어 유웅(有熊)씨라고 한『사기』「오제본기(五帝本紀)」의 기록을[18] 근거로 중국고고학자들이 홍산문화의 옥기인 옥웅룡의 곰, 또는 우하량의 동산취 여신묘 유적의 곰상을 황제 후손들의 유적으로 끌어들인다. 유웅을 곧 곰으로 보는 것이자 곰을 곧 유웅의 문화적 정체성으로 해석하는 것이다. 홍산문화 연구자인 곽대순(郭大順)은 여신묘에서 출토된 흙으로 만든 용 둘을 모두 곰 형상을 한 웅룡(熊

---

16) 박선희,『한국고대복식-그 원형과 정체』, 지식산업사, 2002, 27쪽 주5. 貔에 대해『說文解字』에서는 "표범에 속하며 맥국에서 난다(豹屬, 出貉國)"고 했고,『爾雅』「釋獸」에서는 "貔白狐, 其子縠'의 注에서 "一名執, 夷虎豹之屬"이라고 했으며, "陸機는 貔에 대해 貔는 호랑이 같다고 하고 혹은 곰 같기도 하다고 하고, 執夷 또는 白狐라고도 부르고, 遼東 사람들은 이를 白羆라고도 부른다(陸機疏云：貔似虎, 或曰似熊, 一名執夷, 一名白狐, 遼東人謂之白羆.)"고 했다.

17) 궈다순(郭大順)·장싱더(張星德) 지음, 김정열 옮김, 앞의 책, 418쪽.

18)『史記』卷1,「五帝本紀」第一, "自黃帝至舜禹 皆同姓而異其國號 以章明德 故黃帝爲有熊."

龍)이라고 해석하고 곰을 가장 중심적인 토템으로 해석한다.[19] 이 밖에도 황제의 후손을 서술한 기록들에 따르면 황제가 묘룡(苗龍)을 낳았다고 한다. 그리고 그 후손들 가운데에는 백견(白犬) 또는 빈모(牝牡) 곧 견융(犬戎)이 있다.[20] 한결같이 동물을 나타내는 말들이지만, 아무도 동물 자체로 해석하지 않는다.

시베리아의 퉁구스족이 자기 종족을 나타내는 말은 '돼지'이다. 퉁구스라는 말은 돌궐말로 '돼지'를 뜻한다. 그들은 돼지를 사육하며, 곰 토템을 전승하고 있다. 그러나 지금 학계에서는 그 종족을 '퉁구스' 곧 '돼지'라 일컫지만, 이때 퉁구스는 돼지를 뜻하는 동물명이 아니라 종족을 나타내는 퉁구스족의 명칭이다.

지금도 아이들을 일컬을 때 제 이름 대신에 '말'이나 '범'이라고[21] 일컫는 것처럼, 과거에는 종족명이나 집단의 이름을 동물로 일컬었다. 동물로 호명하고 상징하는 것이 집단의 정체성을 나타내는 데 특히 기능적이었기 때문이다. 이런 현상을 두고 흔히 토템이즘이라고 한다. 흔히 동물신앙을 토템이즘이라 하고 해당 동물을 토템이라고 하는 것은 편벽된 이해이다. 토템은 동물이나 식물을 숭배하는 신앙물이기도 하지만, 더 중요한 사회적 기능은 자기 종족집단의 정체성을 나타내는 상징물 구실이다.

지금도 제3세계 소수민족들은 동물토템으로 자기 종족의 정체성을 나타낼 뿐 아니라, 현대사회의 특정 집단도 동물을 자기 집단의 상징으로 나타낸다. 타이거즈(기아), 라이온즈(삼성), 베어스(두산), 와이번즈(SK), 유니콘즈(현대), 이글스(한화) 등의 야구팀은 물론 대학까지 호

---

19) 郭大順, 『龍出遼河源院』 白花文藝出版社, 2001, 60쪽. 우실하, 『동붕공정 너머 요하문명론』, 소나무, 2007, 31쪽에서 참조.
20) 궈다순(郭大順)·장싱더(張星德) 지음, 김정열 옮김, 같은 책, 419쪽.
21) 쓴이의 초등학교 동기 가운데 임준호는 '말'이고 임세호는 '범'이라고 일컬었다. '말'이는 현재 중등학교 교장이고 '범'이는 공직생활을 하다가 은퇴했다.

랑이(고려대), 독수리(연세대), 용(성균관대), 사자(한양대), 코끼리(동국대), 황소(건국대) 등의 동물로 표상하고 있다.

야구팀 타이거즈를 두고 호랑이가 야구했다고 하거나 성균관대의 용을 두고 용이 성균관에서 공부했다고 여기는 사람은 아무도 없다. 타이거즈나 용은 모두 특정 야구팀과 대학을 상징하는 일종의 토템일 뿐 동물 그 자체가 아니다. 타이거즈와 라이온즈가 겨루어 타이거즈가 이겼다고 할 때는 기아와 삼성 야구팀 경기에서 기아팀이 이겼다는 말이다. 따라서 환웅의 신시본풀이에 곰과 호랑이 나타나서 환웅에게 인간이 되게 해달라고 빌었다는 사실도 동물이 인간으로 변신하겠다는 뜻이 아니다. 곰족과 범족이 환웅족처럼 인간다운 삶을 누리게 해달라는 뜻이다.

지금도 부모들 가운데에는 곧잘 자기 자녀를 학교 선생님께 맡기거나 가르침을 부탁하면서 "아무개를 인간되게 가르쳐 주세요." "얘를 인간 좀 만들어 주십시오." 하고 부탁한다. 자녀가 인간이 아닌 짐승이어서 그런 부탁을 하는 것이 아니다. 제대로 된 인간, 인간다운 인간을 만들어 달라는 부탁이다. 그러므로 상고시대 사료에 기록된 동물명을 곧 그 동물 자체로 해석하여 마치 단군을 곰의 자손인 것처럼 비하하거나 고조선본풀이를 수조신화(獸祖神話)로 해석하는 것은 재고할 필요가 있다. 그것은 곰족을 곰으로 환원하여 퉁구스족 곧 돼지에게 가져다바치는 일에 지나지 않기 때문이다.

동물토템도 여러 종족이나 집단들이 자기 정체성을 나타내기 위한 기능이 크다. 따라서 "한 사회에 속하는 서로 다른 집단들이 같은 자연의 토템을 공유하지 않는다."[22] 그래야 변별 기능이 분명해서, 서로 언어가 소통되지 않는 종족들끼리 부딪히더라도 토템을 통해서 쌍방간

---

22) 서영대, 「東濊社會의 虎神崇拜에 대하여」, 『역사민속학』 2, 이론과 실천, 1992, 66쪽.

의 정체성을 쉽게 확인할 수 있다.

특히 밀림이나 평원에서 생활하는 종족들은 서로 상대방의 정체성을 정확하게 알아차리는 장치가 필요하다. 그렇지 않으면 이동 중에 서로 적으로 오인하여 불필요한 마찰을 일으킬 수 있기 때문이다. 서로 다른 종족들은 개별적인 얼굴 모습을 보고 쉽게 해당 종족의 정체를 알아차릴 수 없다. 종족들 사이에 갈등과 전쟁의 역사가 있는 까닭에 밀림에서 생활하는 종족들은 밀림을 이동하다가 우연히 만나게 되는 다른 종족들에 대해서 그 정체성을 쉽게 포착하지 않으면 위험하다. 왜냐하면 다른 종족으로부터 기습을 당할 수 있기 때문이다.

따라서 우호적 관계의 종족이면 인사를 하고 지나치지만, 적대적 관계의 종족이면 선제공격을 하거나 마찰을 피하여 우회해야 안전하다. 그러자면 종족들끼리 자기 정체성을 잘 드러내고 서로 쉽게 알아차리는 시각적 장치가 필요하다. 이 문제를 해결하기 위해 제각기 다른 동물상을 토템으로 설정하고 표상화했던 것이다. 이렇게 해서 생겨난 것이 동물토템이다. 그러므로 고대 사서에 종족 이름을 동물로 기록한 논리와 소수민족들의 토템 전통을 고려할 때, 고대사료의 동물을 동물 그 자체로 해석하는 것은 상당히 위험하다.

고조선본풀이처럼 상고시대 건국과정을 기록한 내용에 등장하는 동물도 사람처럼 생각하고 말하는 경우에는 동물 자체라기보다 동물을 상징으로 삼는 종족이나 부족을 일컫는다고 봐야 할 것이다. 만일 황제 헌원에 관한 기록을 동물 자체로 해석한다면, 곰과 큰곰, 이리, 호랑이 등의 맹수들에게 무술을 가르쳐서 전쟁에 투입했다는 엉뚱한 해석에 이르게 된다.

마찬가지로 고조선본풀이에 나오는 곰과 범도 사람들의 종족을 일컫는 것으로 풀이하지 않고 동물종으로 풀이하게 되면, 이상한 해석에 이르게 된다. 곰과 범이 사람처럼 말을 하고 쑥과 마늘을 먹었으며, 곰은 사람으로 변신했다는 식으로 축자적 해석을 하게 됨으로써 고대사료가 한갓 동물담에 지나지 않게 된다. 축자적 해석은 완전히 신화적 허구성을 전제로 한 것이자, 고조선의 역사적 실체를 인정하지 않는 빌미를 제공하는 것이다.

군이 실증주의를 들먹이지 않더라도 짐승의 변신이야기를 두고 고조선의 사료라고 끌어안을 수 없다. 그러나 상고시대 문화의 상황과 기록의 관행, 전승되는 문화의 실상 등을 고려해 보면, 고조선본풀이에 기록된 곰과 범은 짐승이 아니라 그러한 동물을 집단의 표상으로 내세우는 사람들의 종족이다. 그리고 본풀이의 서술내용이나 이름, 서사적 관계를 근거로 문화적 성격과 수준도 충분히 추론할 수 있다. 사료가 부족하거나 기록이 미흡한 것이 아니라 해석의 역량이 부족하고 연구 방법이 미흡해서 고조선의 역사와 문화를 제대로 이해하지 못하고 민족사에서 소외시켰을 따름이다.

3. 고조선문화의 이합집산과 민족신앙의 형성

상고대에도 여러 종족이 더불어 살게 되면, 지금의 국제관계처럼 종족끼리 서로 교류하며 부대끼는 가운데 이합집산을 하게 마련이다. 어떤 종족과 동맹관계를 맺는가 하면, 특정 종족과 적대적 관계 속에 놓이게 되기도 한다. 문화적 관점에서 보면, 이웃하여 사는 여러 종족 가운데 문화적 우위에 있는 종족이 있으면 다른 종족들은 그 선진문화를 익히려고 하게 마련이며, 때로는 그 종족을 중심으로 다른 종족들이 동맹관계를 맺으려고 하게 된다. 고조선본풀이 가운데 신시의 환웅본풀이에 해당되는 내용을 보면 이러한 과정이 생생하게 서술되어 있다.

문제는 고조선본풀이의 서술내용과, 고대의 기록이나 현재 전승되는 문화적 전통이 딱 맞아떨어지지 않는다는 점이다. 고조선 건국주체인 곰족의 곰신앙에 관해서는 고대의 문헌에도 기록에 남아 있는 것이 거의 없는 데다가 현실 문화로서 전승되는 사례도 아주 드물다. 그런

데 오히려 고조선 건국과정에서 일탈하거나 밀려난 범족의 범신앙에
관해서는 문헌에도 기록으로 남아 있고 현실 문화 속에서도 범신앙이
산신신앙과 더불어 광범위하게 전승되고 있다.

이러한 현상에 대해서 당연히 의문을 제기하고 해결해야 하는데 논
외로 하는 것이 문제이다. 왜냐하면 단순 논리로 고조선본풀이를 보면,
현재 우리 문화적 전통 속에서 있어야 할 곰신앙 문화가 없고, 오히려
없어도 무관할 것 같은 범신앙 문화는 있는 것이 모순처럼 보이기 때
문이다. 그러므로 문화의 공간적 이합집산 문제와 전통의 역사적 지속
문제를 새로운 시각에서 주목할 필요가 있다.

그러기 위해 인과논리의 사고도 확장해야 하겠지만, 무엇보다 고조
선본풀이를 근거로 고조선의 건국과정을 자세하게 이해하는 것이 중
요하다. 환웅족에 관해서는 구체적인 이념과 통치조직, 문화적인 양식
등이 자세하게 서술되어 있어서 해석에 따라 신시고국의 문화를 진전
된 시각에서 설정할 수 있고 구체적으로 그 지리적 영역과 문화유산까
지 홍산문화를 변별하여 명쾌하게 설정할 수 있다.[23] 그러나 곰족과
범족에 관해서는 고조선본풀이에 별도의 서술이 없어서 자세한 이해
의 길이 막혀 있다. 그러나 본풀이의 전체 서사 속에서 곰과 범의 행동
양식을 인간의 문화양식과 관련지어 보면 어느 정도 추론이 가능하다.
먼저 환웅족의 문화를 헤아려 보자.

환웅의 신시고국은 홍익인간 이념을 표방하며 삼상오부(三相五部)
의 관제 조직을[24] 갖추어서 초기 국가체계를 어느 정도 이루고 있을

---

23) 임재해, 「'신시본풀이'로 본 고조선문화의 형성과 홍산문화」, 『단군학연구』
20, 단군학회, 2009, 377-388쪽 참조.
24) 愼鏞廈, 「民族形成의 理論」, 『韓國社會學硏究』 7, 한국사회학회, 1984, 14쪽.
이 글은 『韓國 原民族 形成과 歷史的 傳統』, 나남출판, 2005, 15-62쪽에 재수
록되었는데, 해당 내용은 51-52쪽에 있다.
李康植, 「主穀·主命·主病·主刑·主善惡이 名詞로서 官名 내지 組織名이며 5
事組織이라는 辨證」, 『論文集』 3, 경주대학교, 1991, 1-57쪽에 '3백5사' 조직에

뿐 아니라, 주곡(主穀)을 360여 일의 가장 으뜸 정책으로 삼을 만큼 상
당한 수준의 농경생활을 했다. 고고학적 유적과 유물을 보면, 대규모
적석총을 쌓고 석성을 이룩하였으며 화려한 옥기문화를 누릴 정도로
높은 수준의 정착문화를 누렸다.[25) 적석총과 석성, 제단 등의 석조유적
은 오랜 정착생활을 전통으로 삼지 않으면 불가능한 문화일 뿐 아니라,
상당히 먼 후대까지 겨냥한 장기지속적인 전망 속에서 만들어진 것이
다. 그러므로 섣불리 유목문화와 관련지어 전래설을 펴는 것은 설득력
이 없다.

환웅천왕은 주곡(主穀)을 비롯하여 명(命)·병(病)·형(刑)·선악(善惡)
을 중심으로 무릇 인간의 360여 일을 세상이치에 따라 도리로 다스려
서 교화했다고 한다. 이 문제에 관해서는 '정부의 조직이 3상에 이어 5
부로 구성되어 있다는 것으로서 신시정부의 3상5부(三相五部) 행정체
계로 해석된다.[26) 그리고 5부가 뜻하는 문화적 내용에 관해서는 선행
연구에서 중국 고대사료 및 발굴유물과 관련하여 자세하게 다루었다.

요약하면 신시는 곡식 수확을 으뜸으로 여기는 분명한 농경문화 국
가였으며, 인간의 수명과 관련하여 영생불멸을 추구하는 적석총과 옥
기들이 발전한 사회였다. 거대한 적석총과 옥기문화도 오랜 정착생활
에 비롯된 것이다.[27)

환웅이 재세이화를 한 360여사 가운데 주명과 주병을 다스리는데 긴요

관한 자세한 논의를 계속하면서, 조직론으로 볼 때 '3대 관리와 5대 업무' 기능
을 지니며, 사상으로 볼 때는 '3신5제 사상'에서 비롯된 것이라고 해석했다.

25) 거대한 적석문화를 축조하고 장기간의 공정을 필요로 하는 옥기문화는 정
착생활을 하지 않으면 불가능한 문화이다.

26) 愼鏞廈,『韓國 原民族 形成과 歷史的 傳統』, 나남출판, 2005, 39쪽에서 자세하
게 다루었다.

27) 임재해,「단군신화로 본 고조선문화의 기원 재인식」,『단군학연구』19, 단군
학회, 2008, 335-336쪽.

한 것이 옥기문화이다. 옥은 흔하지 않고 특별한 재질의 소재여서 지금도
보석처럼 귀하게 여긴다. 따라서 옥기는 석기나 토기와 달리 집단적인 문
화창출이라 보기 어렵다. 옥의 생기를 느낄 수 있는 특별한 재능과 고도의
기술을 터득한 전문가에 의해 발견되고 전수되어서 전승되었을 가능성이
높다.[28]

중국 고고학계에서는 홍산문화의 옥기와 제단, 여신전, 적석총 등의
유적을 근거로 "홍산고국(古國)의 출현"을[29] 주장한다. 그러나 홍산 고
국은 역사적 기록에 나타나지 않는다. 오히려 홍산고국은 이 지역의
문화적 성격과 출현 시기, 지리적 경역을 고려할 때, 고조선 이전에 환
웅족이 수립했던 신시고국으로 추론된다.[30] 신시고국은 세계적으로
가장 이른 시기에 가장 수준 높은 문화를 누렸던 상고시대 문화발상의
중심지라 할 수 있다. 그러므로 고조선본풀이의 주류를 이루는 환웅족
의 신시고국은 이웃의 곰족과 범족의 문화적 선망 대상이 되지 않을
수 없다.

곰족과 범족이 환웅족의 선진문화를 동경한 나머지 각 종족의 대표
가 신시고국의 환웅을 찾아가서 사람이 되고자 가르침을 요청한다. 곰
을 자기 종족의 표상으로 삼는 곰족은 상대적으로 범족보다 환웅족의
문화생활에 가깝다. 범족이 범의 생태처럼 육식생활을 주로 하며 산천
을 주유하는 유목생활에 익숙한 반면에, 곰족은 곰의 생태처럼 채식에
가까운 잡식생활을 하며 굴에 은거하는 까닭에 환웅의 농경문화와 정
착생활에 쉽게 적응할 수 있었다. 그러나 범족은 수렵문화에 따른 육
식생활에 익숙한 나머지 쑥과 마늘을 먹는 채식생활에 도저히 적응할

---

28) 위의 글, 338-339쪽.
29) 궈다순(郭大順)·장싱더(張星德) 지음, 김정열 옮김, 『동북문화와 유연문명』
    상, 동북아역사재단, 2008, 408쪽.
30) 앞의 글, 277-372쪽.

수 없고, 또 오랜 유목생활에 길들인 나머지 정착생활을 하기 어려워 뛰쳐나가고 말았던 것이다. 그러므로 신시고국의 환웅족은 자문화에 쉽게 적응하고 문화적 경향이 비슷한 곰족을 동맹국으로 끌어들여 고조선을 건국했던 것이다.

고조선문화는 환웅족과 곰족의 두 문화가 결합되어 이루어진 것이므로 그 계통이 두 갈래로 포착되어야 한다. 그런데 두 갈래의 문화가 잘 이어지지 않고 있는 것이 문제이다. 문화의 수준으로 볼 때 농경문화와 정착문화를 누린 환웅족 중심의 고조선문화가 후대까지 지속되는 것은 자연스러운 일이다. 초기의 수렵문화나 유목문화도 점차 정착형 농경문화로 발전해온 까닭에 종족에 따른 초기문화의 양상이 지금까지 남아 있기를 기대하기는 어렵다.

그러나 문화의 경향성이 서로 다른 종족들 여럿이 결합한 경우에는 사정이 다르다. 다양한 경향성이 함께 전승되는 문화다양성을 이루는 것이 정상적이기 때문이다. 거듭 말하면 문화의 수준 차이는 역사 발전과 함께 변모하여 발전적인 방향으로 통일될 수 있지만, 문화의 경향성 차이는 역사 발전과 상관없이 문화적 원형에 따라 문화다양성을 이룰 수 있다.

문화의 수준으로 말하면 정착형 농경문화를 누리며 신시고국을 건설한 환웅족이 가장 앞섰고, 다음은 유동형 채취문화를 누린 곰족이며, 마지막 수준이 이동형 유목문화를 누린 범족이라 할 수 있다. 그러나 문화의 경향성은 신앙의 양식에서 잘 드러나는 데 상대적으로 서로 대등하다고 보아야 할 것이다.

환웅족은 본풀이 내용에서 잘 드러나는 것처럼 하늘에서 강림한 천신족이자 천신 곧 하느님을 섬기는 신앙문화를 지녔다. 그러나 곰족과 범족은 흔히 곰토템족 또는 범토템족이라고 하는 것처럼, 곰과 범을 숭배하고 곰이나 범을 잡아먹지 않는 문화를 제각기 지녔을 것으로 추론된다. 동물토템 수준 신앙의 경향성은 문화의 우위를 결정짓는 요소라기보다 자기 정체성을 결정짓는 요소이기 때문에, 그 경향성을 쉽게 상실하지 않는다.

실제로 여러 문화 가운데 장기지속적인 전승력을 지닌 갈래가 민속신앙이자 종교문화이다. 굿문화가 수많은 핍박과 탄압 속에서도 지금까지 줄기차게 전승되고 있는 것처럼, 일본의 신토문화도 일본의 현대 도시 산업사회에까지 강고하게 뿌리내리고 있다. 소련이 해체되고 사회주의 체제가 무너지자 가장 먼저 복원된 것이 러시아 정교회이다. 이러한 상황을 고려할 때, 앞으로 첨단과학이 아무리 발달해도 종교문화가 사라지는 시대는 오지 않을 것으로 전망된다.

인류가 고대부터 누려온 종교문화의 전통은 수렵사회에서 농경사회, 산업사회, 정보지식사회로 발전해도 여전히 강고하게 지속되고 있는 까닭이다. 종교를 부정하는 사회주의 체제, 또는 특정종교를 국교로 삼아 다른 종교가 제도적으로 자리잡을 수 없는 체제가 아닌 사회에서는 종교가 통일되는 경우도 나타나지 않을 것이다.

그런데 고조선의 종교문화는 독특한 점이 있다. 논리적으로 추론하게 되면, 세 종족의 이합집산에 따라 고조선의 건국주체가 된 환웅족과 곰족의 종교문화가 나란히 공존하는 것이 온전하다. 다시 말하면 환웅족의 천신신앙과 곰족의 곰신앙이 더불어 전승되는 것이 정상이다. 그리고 고조선 건국과정에서 소외된 범족의 범신앙은 전승이 약화되거나 우리 종교사 속에서 잠적되는 것이 당연한 사실처럼 보인다. 그런데 문화적 실상은 거꾸로다. 곰신앙 관련 문화는 찾기 어렵고 범신앙 관련 문화는 상당히 다양하고도 풍부하게 전승되고 있다.

학자들은 고조선본풀이에 곰네가 등장하는 것을 근거로 곰토템족인 퉁구스족과 연관지어 고조선 건국주체 또는 배달민족의 기원을 퉁구스족, 또는 곰토템을 지닌 고아시아족에서 찾는 경우가 많다. 고조선 시조 단군의 성모가 곰네인 까닭에 그럴 가능성이 전혀 없다고 할 수 없다. 그러나 여기에는 세 가지 문제가 있다.

하나는 민족의 계보를 찾는데 있어, 고조선 건국의 주체 노력을 한 천신족 환웅천왕을 주류로 다루지 않는 것은 물론, 환웅의 천신신앙 문화를 고조선의 중심 문화로 주목하지 않는다는 점이다. 둘은 환웅천왕의 아들이자 고조선의 건국시조인 단군의 종적 계보보다 오히려 곰네에 치우쳐 곰토템을 근거로 민족문화의 계보를 밝히려 하는 반면에, 건국시조 단군이 죽어서 산신이 되었다고 하는 사실이 본풀이의 내력에 분명하게 밝혀져 있는 데도 산신신앙 연구에 소홀하고 있다는 점이다. 셋은 고조선의 문화나 종족적 원류를 찾는 실마리는 곰토템 또는 곰토템족에서 찾으면서도 정작 중요한 문제인 곰신앙의 증발현상에 무관심하다는 점이다.

다시 말하면, 고대부터 천신신앙과 산신신앙은 지금까지 생생하게 전승되고 있는데, 곰토템족의 후손이라고 하면서 곰신앙 또는 곰 관련 문화가 사라진 사실에 대해서는 아무런 문제의식이 없다는 사실이 바로 연구의 문제점이다. 역사는 통시적 고찰이 기본적인 방법이다. 과거의 역사를 잘라서 그 시점의 문제로 보는 것은 과거학이지 통시적 학문으로서 역사학이라 하기 어렵다. 문화학과 사회학은 상대적으로 공시적 관계의 고찰을 중요시한다. 그런데 고조선 연구에 이르면, 통시적 학문으로서 역사학의 장점도 살리지 못하고 공시적 학문으로서 문화학의 장기도 발휘하지 못하는 것이 고조선문화 연구의 한계이다.

종교문화로 말하면, 천신신앙과 산신신앙은 고조선 전후 시기부터 지금까지 지속되고 있는 반면에 곰네의 출현과 함께 등장한 곰신앙 자취는 거의 드러나지 않아서 매우 빈약한 지경이다. 곰네와 함께 증발된 것이 민족신앙에서 차지하는 곰신앙의 전통이다. 그런데도 통시적으로나 공시적으로 중요한 비중을 차지하고 있는 천신신앙과 산신신앙의 전통을 제쳐두고, 오히려 고조선 건국과정에 잠깐 보이다가 사라진 곰토템에 매달리고 있는 것이 현실이다. 곰이 마치 우리 민족의 기원을 해명하는 열쇠인 것처럼, 곰토템을 근거로 고조선의 역사적 계보

와 문화적 형성을 해명하려는 것은 납득하기 어렵다. 왜냐하면 신시고
국과 고조선, 부여, 고구려 등 상고시대 국가 건국시조들은 모두 천신
신앙의 주체들이기 때문이다.

곰토템에 집착하여 민족 전래설을 펼치게 되면, 민족신앙의 토대를
이루는 천신신앙과 산신신앙을 부정하고 곰신앙이 마치 우리 전래의
신앙인 것처럼 오도되는 문제만 발생되는 것이 아니다. 그것은 곧 천
신신앙과 산신신앙의 주체인 천신족 환웅이나 죽어서 아사달의 산신
이 된 단군의 계보를 부정하고, 마치 곰신앙의 주체인 곰네가 민족의
주류인 것처럼 착각하게 됨으로써, 고대사 인식의 근원적인 한계에 빠
져들게 된다. 그 결과 고대사학계는, 홍익인간 이념으로 신시고국을 세
우고 재세이화하면서 정착 농경문화를 이루고 천신을 섬기는 환웅족
을 제쳐두고, 환웅을 찾아와 사람이 되고자 한 곰족을 마치 민족의 원
류인 것처럼 착각하여 퉁구스족이나 시베리아 또는 몽골의 유목문화
종족에서 한민족의 기원을 찾느라 골몰하고 있다.

실제로 홍산문화의 곰토템을 입증하는 데 집착하게 된 연구를 보면

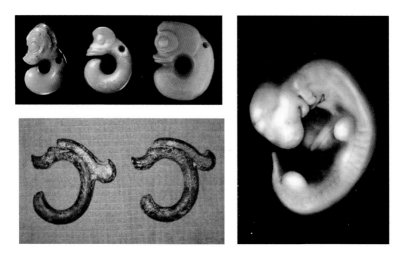

〈그림 1〉 홍산지역 곡옥과 태생 5주째 태아 모습

그런 경향이 두드러진다. 곰네의 곰토템족이 홍산문화를 일으킨 주류
종족으로 해석하느라, 신시고국 건국의 주체이자 고조선 건국의 주류
집단인 환웅족을 오히려 다른 지역에서 이동해 온 종족으로 해석하는
당착을 보인다. 홍산문화를 곰족문화라는 것을 입증하기 위해, 곡옥 유
형의 옥룡이 저룡인가 웅룡인가 하는 문제를 두고 다투는가 하면, 어
느 쪽인가 관계없이 중국학자는 자국 시조에게 연결짓고 한국학자는
퉁구스족에 연결 짓는다. 그러는 사이에, 곡옥의 옥기를 두고 아예 용
이 아니라는 주장까지 나왔다.[31] 〈그림 1〉에서[32] 보는 것처럼,[33] 곡옥
이 용이 아니라 태아를 상징하는 형상이라면[34] 천하제일용을 표방한
중국학자들의 논의는 물론, 돼지 또는 곰으로 해석하여 퉁구스족으로
끌어가려는 해석도 무색하게 된다.

더 중요한 것은 어느 쪽이든 민족신앙을 이해하는 데 주변적인 논
의에 머문다는 점이다. 그 이유 가운데 홍산문화의 옥기는 곡옥 유형
외에도 수많은 유형과 동물상이 있기 때문이며, 둘은 신시고국의 주체
이자 고조선 형성의 주류는 곰신앙의 곰족이 아니라 천신신앙의 환웅
족이기 때문이다. 그러므로 홍산문화의 대형 적석총이나 석성, 제단 등
중요한 석조 유적들과 풍부하고 다양한 옥기문화의 표지(標識) 유물들
을 무색하게 만들며, 상대적으로 빈약한 곰뼈나 곰소조상을 고조선문
화의 중요 표지 유물로 해석하는 논의를 경계하지 않을 수 없다.

거대한 석조 유적들과 수많은 옥기 유물들의 다양성 속에 상대적으

---

31) 복기대, 「試論 紅山文化 原始龍에 대한 재검토」, 『白山學報』 77, 2007, 61-62,
   67쪽에서 저룡을 태아나 돼지, 또는 뱀장어일 가능성이 있다고 문제제기를
   했다.
32) 김영균·김태은, 『탯줄코드-탯줄, 뱀, 탯줄의 문화사』, 민속원, 2008, 64-66쪽 사
   진들 참조.
33) 임재해, 『신라금관의 기원을 밝힌다』, 지식산업사, 2008, 420-422쪽 참조.
34) 임재해, 「단군신화로 본 고조선문화의 기원 재인식」, 『단군학연구』 19, 단군
   학회, 2008, 354-356쪽에서 이 문제를 자세하게 다루었다.

로 작은 비중을 차지하고 있는 곰 유물에 집중하여 고조선문화의 정체
성을 찾고 그 종족적 계보를 해명하는 것을 보면, 만일 고조선본풀이
에 곰이 등장하지 않았다면 고조선의 역사는 미아가 될 지경이다. 고
조선문화 전체를 포괄적으로 읽어내는 통찰력을 잃어버리고 곰네라고
하는 요소적 문제에 집착하고 있는 것이 문제이다.

　　고조선본풀이에서 곰은 환인과 환웅, 단군, 범 등의 주요 인물들 가
운데 일부를 이룰 뿐 아니라, 상대적으로 그 비중도 낮은 존재이다. 곰
이라는 요소적 자료로 원자론적 해석을 할 것이 아니라, 환인과 환웅,
단군으로 이어지는 유형적 자료로 맥락적 해석을 해야 고조선문화의
총체적 이해에 이를 수 있다. 그러므로 고조선문화의 형성과 문화적
지속성 문제를 제대로 해명하려면, 고조선 성립 전후 시기의 세 종족
곧 환웅족과 곰족, 범족의 종교문화 행방을 면밀하게 검토하고 통시적
인 흐름과 역사적 전통을 주목하지 않을 수 없다.

4. 천신족 환웅의 신시고국과 천신신앙의 뿌리

　　환인천제의 후손이자 하늘에서 강림한 환웅족은 천손의 후예로서
하느님을 믿는 천신족의 정체성이 아주 오롯하게 나타난다. 아버지 천
제로부터 천부인 세 개를 받아 풍백, 우사, 운사를 거느리고 하늘에서
태백산 신단수 아래로 하강하여 신시고국을 세운 환웅족은 하느님을
믿는 천신신앙의 문화가 상당히 확고하다는 사실을 알 수 있다.

　　특히 홍익인간의 이념을 실현하기 위해 인간세상을 다스리고자 했
다는 환웅의 강림은, 인간세상을 구원하기 위해 하느님의 아들로 이땅
에 태어난 예수의 이상과 만난다. 예수가 인간세상을 구하는 구세주로
왔듯이 환웅도 인간세상을 구하기 위해 환인천제의 뜻에 따라 이 땅에
온 것이다. 그러므로 고조선본풀이의 서사구조는 예수의 탄생신화 구
조와 거의 일치한다.[35]

고조선 건국주체인 환웅족이 천신족이자 천신신앙의 종교문화를 누렸다는 사실은 다른 기록과 전통을 통해서도 충분하게 확인된다. 환인(桓因)은 '환인천제(桓因天帝) 또는 환인제석(桓因帝釋)이라 하여 '환인+천제', '환인+제석'의 구조를 이루고 있다. 마찬가지로 환웅천왕(桓雄天王)과 단군왕검(檀君王儉)도 같은 구조를 이루고 있어 '환웅+천왕', '단군+왕검'으로 분석된다. 두 말은 서로 다른 말이 아니라 같은 뜻을 지닌 소리말과 뜻말을 결합시켜서 혼란을 줄이고 설명력을 높이기 위한 것이다.

다시 말하면 "우리말의 소리값을 효과적으로 표현하기 위하여 '환인'이라는 우리말 소리값과 하느님의 개념을 나타내는 '제석(천제)'이라는 한자말을 함께 쓴 것이다."[36]

우리말 소리값을 지닌 환인은 '환한 님', '하느님', '밝은 님'을 나타내는 말인 까닭에 '태양' 곧 '해'를 뜻하는 것으로[37] 추론된다. 따라서 더 정확하게 환인천제를 분석하면 '환인=천제'이다. 환인이 천제 또는 제석을 뜻하는 것이자, 제석 또는 천제가 곧 환인으로 일컬어지는 것이다. 천제는 곧 상제님이자 하느님이며, 물리적 실체와 관련해서는 태양 곧 해일 수 있다.

따라서 환인은 사실상 천제이며 태양신으로서 상제님이자 하느님을 일컫는다. 같은 구조로 '환웅=천왕'은 환웅이 곧 천왕이며 천왕이 곧 환웅이다. 환웅은 '화눙' 곧 '하늘'로서 환인인 태양의 위상 아래에 놓인다. '단군=왕검' 또한 단군이 곧 왕검이자, 왕검이 곧 단군으로서 지상의 지도자를 뜻한다.

35) 임재해, 『민족설화의 논리와 의식』, 지식산업사, 1992, 153-154쪽에서 예수의 탄생신화의 내용과 단군 탄생본풀이의 내용이 어떻게 같은 구조를 이루고 있는가 하는 점을 논의했다.
36) 임재해, 『민족신화와 건국영웅들』, 민속원, 2판 2006, 49쪽.
37) 윤내현, 앞의 책, 701쪽.

인간세상의 군장인 왕을 일컫는 우리말이 과거에 '단군'에 가까운 소리값을 지녔던 것이다. 단군은 밝달 임금이라는 뜻을 지닌 말이다. 박달나무 '단(檀)'이 '밝은 땅'을 나타내기 때문이다. 박달 - 밝은 땅 - 동 녘땅 - 아사달 - 조선과 연결되는 말이다. 그러므로 '환인·천제(제석)'나 '환웅·천왕'처럼 '단군·왕검'도 고유명사가 아니라 신격 또는 인격의 지 위를 나타내는 보통명사이다.

환웅은 천제의 아들이고 단군은 천제의 손자이다. 천손사상이 천신 신앙의 모태라 할 수 있다. 그런데 단군은 고구려와 관련된 기록에도 등장한다. 고구려의 주몽본풀이에 해모수가 천손으로 등장하는데 단 군이 해모수와 같은 인물로 이야기되는 것이다. 고조선과 고구려가 함 께 천신신앙과 천손사상을 누린 결과로 추론된다. 구체적인 자료의 기 록을 보자.

> 『단군기(壇君記)』에 이르기를, "단군이 서하에 있는 하백(河伯)의 딸과 친하여 아들을 낳아 이름을 부루(夫婁)라 하였다"고 했는데, 지금 이 기록 을 살펴보면 해모수가 하백의 딸을 사통하여 뒤에 주몽을 낳았다고 했다. 『단군기』에 "아들을 낳아 이름을 부루라고 했다" 하므로 부루와 주몽은 어 머니가 다른 형제일 것이다.[38]

하백녀와 관계하여 아들을 낳은 사람은 단군과 해모수 두 사람이 다. 하백녀를 중심으로 보면 단군과 관계하여 낳은 아들은 부루이고, 해모수와 관계하여 낳은 아들은 주몽이다. 기록에는 부루와 주몽을 어 머니가 다른 형제라고 하였으나, 사실은 어머니 하백녀는 같고 아버지 가 단군과 해모수로 다르다. 부루와 주몽은 어머니가 다른 형제가 아

---

38) 『三國遺事』 卷1, 「紀異」1 高句麗 一然의 註釋, "壇君記云 君與西河河伯之女 要親 有産子 名曰夫婁 今按此記 則解慕漱私河伯之女而後産朱蒙. 壇君記云 産子名曰夫婁 夫婁與朱蒙異母兄弟也."

니라 아버지가 다른 형제이다. 일연의 설명이 잘못된 셈이다.

그러나 일연의 기록을 옳은 것으로 보면, 윤내현의 해석대로 '단군 과' '해모수'는 같은 인물이다.[39] 부루와 주몽 형제의 아버지가 같다면 그를 낳은 단군과 해모수는 사실상 같은 인물이다. 다른 기록에도 단 군과 해모수가 모두 '부루'의 아버지로 기록되어 있는 점이 주목된다. 『삼 국유사』 '북부여'조에는 해모수가 부루를 낳았다고 하고, 『제왕운기(帝 王韻紀)』 '전조선기(前朝鮮紀)에 보면, 단군이 부루를 낳았다고 한다. 두 기록을 옮겨보자.

"천제가 흘승골성(訖升骨城)에 내려와 오룡거(五龍車)를 타고 도읍을 정한 뒤에 스스로 왕을 칭하였으며, 국호를 북부여라 하고 자칭 해모수라 하였다. 아들을 낳아 부루라 하고 해(解)로써 성씨를 삼았다."[40]

『단군본기(檀君本紀)』에 이르기를, "비서갑(非西岬) 하백의 딸과 결혼하 여 아들을 낳았으니 이름을 부루라 하였다."[41]

중요한 것은 천제인 해모수가 강림하여 북부여를 세우고 아들 부루 를 낳았고 단군도 아들 부루를 낳았다고 하는 점인데, 그렇다고 하여 부루를 기준으로 아버지 해모수와 단군을 동일 인물이라 할 수 있는가 하는 점이다. 해모수가 스스로 왕을 칭했으니 단군 왕검과 같은 이름, 곧 보통명사로 본다면 가능한 일이다. 단군이든 해모수든 왕이 부루를 낳았다고 하는 점에서 보면 두 인물은 사실상 왕을 나타내는 동일인물

---

39) 윤내현, 같은 책, 702쪽.
40) 『三國遺事』卷1,「紀異」北夫餘, "天帝降于訖升骨城 乘五龍車 立都稱王 國號 北夫餘 自稱名解慕漱 生子名夫婁 以解爲氏焉."
41) 『帝王韻紀』卷下,「前朝鮮紀」李承休의 註釋. "檀君本紀曰 與非西岬河伯之 女婚而生男 名夫婁."

일 수 있다. 문제는 천제의 아들 해모수가 단군왕검처럼 나라를 세우고 부루를 낳은 뒤, 성을 '해'씨로 하였다는 점이다.

해모수는 천제 또는 천제의 아들로서 태양을 상징하는 인물인데, 그 이름도 '해모습'[42) 또는 '해머슴아'를[43) 표현한 것으로서 환인이나 환웅처럼 우리말 소리값에 따라 한자를 빌어 표기한 것이다. '단군은 해의 아들 곧 일자(日子)라는 것이다. 고조선 사람들은 해를 하느님으로 인식하여 단군을 해의 아들로 불렀던 셈이다. 고조선 사람들은 하늘의 상징인 해를 하느님으로 받들었다는 사실을 알 수 있다.'[44)

더 구체적으로 말하면 고조선 건국 이전부터 환웅족들은 해를 천신 곧 '하느님'으로 인식하고 '환님' 또는 '한님'으로 부르면서 그들의 수호신으로 숭배했던[45) 천신족들이다. 스스로 하느님을 믿는, 그리고 하느님의 후손으로 자처하면서 '한족'으로 일컬었을 가능성이 높다. 그러므로 환인천제의 후손을 표방하는 한족은 곰족과 범족과 달리 동물토템이 아닌, 천신과 광명을 신앙하는 해토템족으로 해석되기도 한다.[46)

여기서 주목할 점은 천제를 상징하는 구체적인 대상으로서 태양을 '해'라는 말로 일컬었던 사실이다. 해를 상징하는 천제 곧 하느님을 '解慕漱' 또 '解氏'와 같이 한자 '解'로 표기했지만, 그것은 우리말의 소리값을 그대로 따른 것이다. 지금도 태양을 우리말로 '해'라고 일컫는다.

---

42) 최래옥, 『하늘님, 나라를 처음 세우시고』, 고려원, 1989, 32쪽. "이름은 해모수라 하였는데, 뜻은 알기 어려우나 '해모습' 정도가 아닌가 한다." 임재해, 『민족신화와 건국영웅들』, 2판, 107쪽. "'해모수'라는 이름은 고유명사로 볼 수 없고 태양신 곧 '해 모습'을 나타내는 보통명사로 볼 수 있다. 따라서 천제나 천제의 아들이 한결같이 태양신을 겨냥하며 '해 모습'의 해모수를 표방할 수 있었다."

43) 金庠基, 「國史上에 나타난 建國說話의 檢討」, 『東方史論叢』, 서울대학교출판부, 1984, 6-7쪽. 윤내현, 『고조선 연구』, 702쪽에서 재인용.

44) 윤내현, 같은 책, 702쪽.

45) 윤내현, 같은 책, 같은 곳.

46) 愼鏞廈, 『韓民族의 形成과 民族社會學』, 지식산업사, 2001, 164쪽.

해모수 또한 천제로서 태양족을 표방하는 천신족이다.

태양을 천체로서 일컬을 때는 '해'라고 하지만, 태양을 천신으로서 신격화해서 일컬을 때는 '환인' 곧 '하느님'으로 일컫은 것이 아닌가 한다. '천제 해모수'는 곧 '천제 환인'과 같은 뜻인데, 신격화한 하느님을 한자로 천제라 표기하고 우리말 소리값으로 해모수 또는 환인으로 표기했던 것이다. 그러므로 배달민족은 고조선 이전시기 곧 환웅의 신시고국 시대부터 이미 하느님과 태양신을 섬기는 천신신앙이 자리잡은 것으로 추론된다.

태양 곧 '해'를 하느님으로 섬기며 천신족의 족장 성씨를 '해씨'라 하여 해모수, 해부루(解夫婁)라 일컫은 것은 세상에서 가장 오래된 성씨의 역사라 할 수 있다. 해모습을 한 '해모수'가 햇빛의 밝음을 상징한다면, 그래서 사실상 '환한 님', 환님과 같다면, 해의 뜨거움을 나타내는 '해부루'는 곧 '해+불'의 음차로서 해의 불꽃 같은 열기를 상징한다고 할 수 있다.

해부루의 '부루'와 '부여'의 나라명도 일치한다. "전기 부여는 중국 고문헌에서 '부루(符婁)', '불이(不而)', '비여(肥如)' '불이(不二)', '부역(鳧繹)',[47] '부여(扶黎)' 등으로 기록"되었다.[48] 환웅천왕의 신시고국, 단군의 아사달 조선은 물론 해모수와 해부루의 부여도 천신으로서 하느님 곧 '해'를 숭상하고 시조왕의 이름과 국호까지 해의 구체적 형상과 기능, 또는 시공간적 인식과 관련하여 나타냈던 것이다.

이런 까닭에 '해[太陽]'의 공전주기를 기준으로 한 '해[年]'를 설정하는 태양력의 역법 인식도 이 시기부터 성립되었다고 판단된다. 왜냐하면 세계에서 유일하게 태양(太陽)을 나타내는 말로서 천체의 '해'와, 한

---

47) 鳧繹는 중국어 발음으로 '부이'로 소리난다.
48) 신용하, 「고조선문명권 형성의 기본구조」, 『고조선의 정체성과 지속성』, 2010년 고조선학회 하계학술대회(서울역사박물관, 2010년 6월 19일) 발표논문집, 3쪽.

해 곧 1년을 나타내는 말로서 역법의 '해'라는 말이 같기 때문이다. 우리말 '해'는 '한 해[年]'를 나타낼 때나 '하늘의 해[太陽]'를 나타낼 때나 서로 다르지 않다. 이 사실은 매우 중요한 문제로서, 시간을 결정하는 천체의 두 축인 해와 달, 그리고 역법의 두 기준인 해와 달이 고스란히 일치하기 때문이다.

따라서 천체 태양[日]도 '해'라고 하고 역법의 연(年)도 '해'라고 하며, 하늘에 뜬 달도 '달'이라 하고 역법의 달도 '달'이라고 하는 것은 천체의 운행에 따른 공간적 인식을 역법으로 시간화한 이치가 고스란히 맞아떨어진다고 할 수 있다. 그러므로 우리말 해와 달은 천체의 해와 달, 역법의 해와 달을 모두 꼭 같이 일컫는 것을 근거로 볼 때 우리말이 성립되던 시기부터 태양과 태음의 두 역법을 함께 쓴 것이 아닌가 한다. 왜냐하면 다른 나라의 경우에는 우리말과 달리 태음력 경우에는 다소 같은 말을 쓰기도 하지만, 태양력 경우에는 전혀 다른 말을 쓰기 때문이다.

	〈천체〉	〈역법〉	〈천체〉	〈역법〉
한국어	해	해	달	달
한자어	日	年	月	月
영　어	sun	year	moon	month

일반적으로 달의 공전주기가 관찰 가능한 대상이므로 태음력을 먼저 사용하다가 뒤에 일년주기의 정확성을 위해 태양력을 사용한 것으로 이해된다. 실제로 역법이 아주 발달했던 중국의 경우도 달의 경우는 천체의 달(月)과 역법의 달(月)을 같이 쓰지만, 해의 경우에는 전혀 다른 말을 쓴다. 중국의 한자말은 역법으로 한 해를 나타낼 때는 연(年)을 쓰지만, 천체로서 하늘의 해를 나타낼 때는 일(日)을 쓴다. 일본의 경우도 이와 같다.

영어의 경우에도 한 해를 나타내는 'year'와 태양을 나타내는 'sun'은 전혀 다른 소리값의 말이자 전혀 무관한 기호의 문자로 표기한다. 서양에서도 태음력을 먼저 썼던 사실은 언어에 그 자취가 남아 있다. 한 달을 나타내는 'month'는 천체 달을 나타내는 'moon'에서 비롯되었기 때문이다.

적어도 '해'를 뜻하는 말이 해모수 시대에 이미 성씨로 자리잡았다는 사실을 재인식해야 고대문화의 정체성을 제대로 포착할 수 있다. 그것은 천체를 관찰하여 수립한 태양력의 역법과 자신들이 숭배하던 신성한 대상을 끌어와 성으로 삼은 성씨문화의 발상도 이러한 천신신앙 곧 태양신앙과 연관되어 있다는 사실을 알아차릴 수 있기 때문이다.

국호 '조선(朝鮮)'의 형성도 같은 맥락에서 해석된다. '아사달'은 아침을 나타내는 '아사'와 땅을 뜻하는 '달'로서 '아침 땅'을 이르는 한자말이 '조선'이다.[49] 아사달 곧 '아침 땅'은 시간적으로 해뜨는 땅이지만 공간적으로 양지바른 땅을 뜻한다. 그러므로 고대 중국인들은 고조선을 밝은 조선이라는 뜻으로 '발조선(發朝鮮)'으로 일컬었다. 고조선의 국호가 중국문헌에서 최초로 나타나는 『관자(管子)』 '경중갑(輕重甲)' 편에 보면 고조선의 국호를 '발조선'으로 기록해 두었다.[50] 바다이름 발해나 나라이름 발해도 발조선의 전통을 따른 것이 아닌가 한다. 발해가 고구려의 적통을 이으려고 했을 뿐 아니라, 연호를 하늘의 법통을 잇는다는 뜻으로 '천통(天統)'이라 한 사실도 참고할 만하다.

실제로 고조선은 발조선 또는 아사달이라 일컬을 만하게 지리적으로 해가 가장 먼저 비치는 동방의 땅이다. '아사달'에서 비롯된 국호 '조선'은 해가 처음 떠오르는 시점(時點)과 해가 가장 잘 비치는 지점(地點)을 이상으로 추구하는 뜻을 담고 있다. 그러므로 국호 '조선' 곧

---

49) 李丙燾, 「檀君說話의 解釋과 阿斯達 問題」, 『韓國古代史硏究』, 博英社, 1981, 40쪽.
50) 『管子』 卷24, 「輕重甲」, "然後八千里之發朝鮮可得而朝也."

아사달이라는 이름에서도 이미 태양신 하느님을 국가신앙으로 삼았다
는 사실이 잘 드러난다.

중요한 것은 아사달과 조선의 뜻을 등식화하는 데 머물 것이 아니
라, 이것이 민족신앙 또는 민족문화의 세계관을 나타내는 복합적 문화
유산의 여러 징표 가운데 상당히 중요한 핵심을 차지하고 있다는 사실
인식으로 나아가야 한다는 것이다. 단군조선 건국 이전의 환인, 환웅
부자를 계보로 하는 신시고국에서 이미 천제 하느님을 믿는 태양신앙
이 자리잡았으며, 고구려 건국 이전인 해모수, 해부루 부자를 계보로
하는 부여국에서 또한 천제 해모수를 믿는 태양신앙이 한층 진전되게
성립되고 발전되었다는 사실이다.

단군조선은 하느님 환인 부자를 시조로 하는 신시고국을 계승한 나
라이며, 고구려 또한 단군조선을 계승하여 하느님 해모수 부자를 시조
로 하는 부여국을 이어받은 나라로서 하늘을 섬기고 태양을 숭배하는
천신신앙의 전통이 고스란히 지속된 나라라는 것을 알 수 있다. 그러
므로 단군과 해모수가 동일 인물이 아니라 하더라도 태양을 신격으로
하는 천신신앙의 전통을 계승하고 강화하는 동일문화권의 인물이라는
사실은 틀림없다.

환인을 시조신격으로 표방하는 신시고국의 천신신앙이 태양이 뜨
는 시공간을 성지로 삼는 아사달의 단군조선으로 이어지면서 태양신
앙으로 구체화되고, 다시 천제 해모수를 시조신격으로 삼는 부여국에
서 천신신앙이 태양신앙으로 한층 집약화되어 발전한다. 따라서 주몽
은 해모수 곧 천제 태양신의 아들이다. 그러한 상징을 더 구체적으로
나타내기 위해 주몽은 어머니 유화부인이 태양빛을 받아서 잉태했으
며 알로 태어났다는 사실을 한층 실감나게 서술해 두었다.

금와왕은 유화를 이상하게 여겨 방 속에 가두어 두었다. 그랬더니 햇빛
이 방 안을 비추었다. 유화가 몸을 피하자 햇빛이 따라와서 또 비추었다.

그로부터 태기가 있어 알 하나를 낳았는데 크기가 닷되들이 만했다.[51]

주몽이 천제인 태양신의 후손이라는 사실을 해모수와 유화의 결합 관계나 유화의 주몽 잉태 과정을 통해서 생생하게 서술해 두었다. 해모수가 곧 해인 것은 천제의 아들일 뿐 아니라, "아침이면 일을 보고 저녁이면 하늘로 올라갔으므로 세상에서 천왕랑(天王郞)이라 했다"는[52] 사실에서 잘 드러난다. 해모수의 행동양식은 곧 아침저녁 해의 출몰과정과 같다. 세상사람들이 일컬은 천왕랑이란 이름도 해를 뜻한다.

주몽 스스로 천제의 아들 또는 천제의 손자라고 주장하여 태양신의 후예라는 사실을 밝힌 사실도 흥미롭다. 『삼국유사』에서는 주몽이 천제 해모수의 아들이라 했고 『세종실록』에서는 주몽이 천제의 손자라고 했다. 주몽이 천제의 아들인가 손자인가 하는 것은 그 아버지인 해모수의 정체에 달려 있다. 해모수를 천제라고 보면 주몽은 『삼국유사』에서처럼 그 아들이 되나, 해모수를 천제의 아들인 천왕랑(天王郞)이라고 보면 주몽은 『세종실록』에서처럼 그 손자가 된다. 천신신앙의 문화에서 중요한 것은 주몽이 천제의 아들인가 손자인가 하는 것이 아니라 천제의 후손이자 햇빛 감응에 의해 태어난 태양신의 표상이라는 점이다.

단군과 해모수의 관계도 동일성 여부가 문제이지만, 해모수의 두 아들도 문제이다. 해모수는 유화와 관계하여 아들 해부루와 주몽을 낳았다. 해모수의 동부여 전통을 이어받은 해부루는 북부여를 세우고 아버지의 성씨 '해'를 따랐으며, 해모수의 일광을 받아 태어난 주몽은 고구려를 세우고 성씨를 '고'씨로 삼았다. 주몽도 본디 성은 해모수에 따라 해씨였으나 천제의 아들로 햇빛을 받아 태어났다고 하여 스스로

---

51) 『三國遺事』 卷1, 「紀異」 高句麗, "金蛙異之 幽閉於室中 爲日光所照 引身避之 日影又逐而照之 因而有孕 生一卵 大五升許."
52) 李奎報, 『東國李相國集』 卷3, 東明王篇.

'고'씨라 하였던 것이다. 해가 높은 곳에 있는 사실을 근거로 고씨라 한 것 같다. 그러므로 해씨나 고씨나 모두 천제 해모수의 전통을 이어받은 것일 뿐 아니라 한결같이 태양신을 상징하는 성씨이다.

환웅의 신시고국에서 비롯된 천신신앙의 전통은 부여를 거쳐 주몽의 고구려로 계승되고 발전되었을 뿐 아니라, 주몽의 정통성을 확인하는 유리태자의 검증과정에서 한층 뚜렷하게 나타난다. 주몽과 예씨부인 사이에 태어난 유리(琉璃)는 이름부터 주몽의 후손답게 빛과 관련된 이름을 가졌다.

유리는 햇빛을 반사하여 반짝이는 까닭에 보석처럼 빛난다. 따라서 유리는 태양신 해모수와 햇빛을 받아 탄생한 주몽의 후손에 맞는 이름을 가진 셈이다. "해모수는 곧 해 모습을 한 태양신 그 자체라면, 해모수의 아들인 주몽은 동쪽에서 돋아오는 여명의 해돋이 '동명(東明)'이고, 동명왕 주몽의 아들 유리는 그 태양을 받아 반짝이는 유리구슬과 같은 인물"이다.[53] 모두 태양신이 발하는 햇빛과 연관되어 있다.

따라서 유리가 아버지 주몽을 찾아갔을 때, 주몽은 아들 유리에게 아들임을 나타내는 증표로서 '부러진 단검'을 제시했지만, '천제의 후손답게 신이한 재능'을 펼쳐 보이라고 요구한다. 이를테면 "유리야, 너는 천제 해모수의 손자이자 동명왕의 아들로서 어떤 재주를 가졌는가?"하고 묻는 것이다. 그것은 혈통의 입증이 아니라 문화적 역량의 입증을 요구한 것이다. 당시에는 혈연적 정통성 못지않게 태양신을 섬기는 천신족으로서 문화적 정통성이 중요했던 까닭이다. 이러한 동명왕 주몽의 요구에 유리는 즉각 재주를 발휘한다.

유리는 곧 나무로 짠 창틀을 타고 하늘을 날아 높이 치솟아 오르는 역량을 보였다. 마치 하늘에 떠 있는 해에 맞닿을 듯이 까마득하게 날아오른 것이다. 태양신 해모수의 손자로서 할아버지를 만나기 위해 지

53) 임재해, 『민족신화와 건국영웅들』, 155쪽.

상에 아버지 주몽을 두고 하늘의 해를 찾아간 셈이다. 그러자 주몽은
더 이상 유리를 시험하지 않고 그 자리에서 태자로 책봉했다. 천신신
앙을 가진 고구려의 태자로서 다음 대를 이을 혈연적 정통성과 문화적
역량이 충분하다고 판단한 까닭이다.

그러므로 환인의 뜻을 이은 환웅의 신시고국에서 단군의 고조선,
해모수의 부여, 주몽의 고구려를 거쳐 유리왕대에 이르기까지 태양신
을 섬기는 천신신앙의 문화는 상당히 수준 높게 발전해왔다는 사실을,
건국시조의 출현과 왕명, 국호, 왕위계승 과정에서 아주 뚜렷하게 포착
할 수 있다.

5. 고대 국중대회의 제천행사와 천신신앙 전통

서기 전 30세기 이전의 신시고국 시대부터 비롯된 천신신앙의 전통
은 수천 년을 이어오면서 고대 제천행사와 같은 국중대회를 이룩하는
문화로 성장한다. 국중대회의 주체와 규모로 보면 나라굿이지만, 섬기
는 대상의 신격과 방식을 보면 제천행사로서 하늘굿이다. 따라서 천신
신앙의 전통을 주목하려면 나라굿보다 하늘굿으로 일컫는 것이 더 효
과적이다. 건국시조가 하느님 또는 그 후손을 자처하며 천신을 섬기는
까닭에 하늘굿은 으레 국중대회로서 나라굿을 이루게 마련이다. 그러
므로 이 시기 하늘굿은 곧 나라굿이고 나라굿은 곧 하늘굿이라 할 수
있다. 다행히 중국의 『후한서』 「동이열전」 또는 『삼국지』 「위서」 '오환
선비동이전(烏丸鮮卑東夷傳)' 등에 기원 전후 시기 나라굿에 관한 기
록이 풍부해서 그 전모를 파악하는 데 긴요하다.

夫餘 : "臘月에 지내는 제천행사에는 연일 크게 모여서 마시고 먹으며 노래
하고 춤추었으니, 그 이름을 '迎鼓'라 한다."[54]

高句麗 : "鬼神·社稷·零星에 제사지내기를 좋아하며, 10월에 하늘에 제사지
　　　　내는 큰 모임 곧 '제천대회'가 있으니 그 이름을 '東盟'이라 한다. 그 나라
　　　　동쪽에 큰 굴이 있는데 이름을 隧神이라고 한다. 또한 10월에 수신을 맞
　　　　이하여 제사를 올린다.[55]

　　　　10월에 제천행사를 국중대회로 하는데 이름을 '동맹'이라 한다. (일부
　　　　줄임) 거처하는 곧 좌우에 큰 집을 건립하고 귀신에게 제사지내며 또 靈
　　　　星과 社稷에도 제사를 지낸다. (일부 줄임) 나라 동쪽에 있는 큰 굴 이름
　　　　을 隧穴이라 하고 10월 국중대회 때 이 굴에 있는 수신을 맞이하여 굿을
　　　　하다가 다시 나라 동쪽으로 돌아와 높은 곳에 모셔두고 제사를 올렸다.
　　　　神座에는 나무로 만든 수신을 모셔두었다."[56]

濊 : "해마다 10월이면 하늘에 제사를 지내는데, 주야로 술 마시며 노래 부르고
　　춤추니, 이를 '舞天'이라 한다. 또 호랑이를 신으로 섬겨 제사했다."[57]

韓 : "해마다 5월에는 농사일을 마치고 귀신에게 제사를 지내는데, 낮이나 밤
　　이나 술자리를 베풀고 떼지어 노래 부르며 춤춘다. 춤출 때에는 수십 명
　　이 서로 줄을 서서 땅을 밟으며 장단을 맞춘다. 10월에 농사의 추수를 끝
　　내고는 다시 이와 같이 한다."[58]

---

54) 『後漢書』, 卷85, 「東夷列傳」 夫餘國傳, "以臘月祭天 大會連日 飮食歌舞 名日
　　迎鼓."
55) 『後漢書』 위와 같은 곳, 高句麗傳, "好祠鬼神·社稷·零星 以十月祭天大會 名
　　日東盟 其國東有大穴 號隧神, 亦以十月迎而祭之."
56) 『三國志』 卷30, 「烏丸鮮卑東夷傳」 高句麗傳. "於所居之左右立大屋 祭鬼神 又
　　祀靈星·社稷. ……以十月祭天 國中大會 名日東盟 …… 其國東有大穴 名隧穴
　　十月國中大會 迎隧神還于國東上祭之 置木隧於神坐."
57) 『後漢書』 같은 곳, 濊傳, "常用十月祭天 晝夜飮酒歌舞 名之爲 舞天 又祀虎以
　　爲神". ; 『三國志』 卷30, 「烏丸鮮卑東夷傳」 濊傳의 기록도 이와 같다.
58) 『後漢書』 같은 곳, 韓傳, "常以五月田竟祭鬼神 晝夜酒會 羣聚歌舞 舞輒數十
　　人相隨蹋地爲節 十月農功畢 亦復如之."

馬韓 : "풍속은 귀신을 믿으므로 해마다 5월에 씨뿌리는 작업을 마친 뒤, 떼 지어 노래하고 춤추면서 신에게 제사지낸다. 10월에 이르러 농사를 마친 뒤에도 역시 그렇게 한다."[59]

제천행사로서 하늘굿을 한 나라는 부여와 고구려, 예, 한 등이다. 마한에는 '제천'이라는 말이 구체적으로 나타나 있지 않지만 '한'과 마찬가지로 5월과 10월에 신에게 제사했다고 하는 걸보면, 농경시필기를 뜻하는 제의의 시기나 풍농을 기원한 의도로 볼 때 신을 섬기는 마한의 제사 또한 하늘굿의 일환이라는 사실을 알 수 있다. 그리고 같은 시기에 같은 방식으로 하늘굿을 했다는 것은 같은 문화권에 속해 있었던 사실을 말한다. 원래 고조선에 속해 있던 고조선의 거수국들이었기[60] 때문이다. 그러므로 이러한 여러 나라의 나라굿 풍속은 곧 고조선의 풍속으로 주목될 수 있다.[61]

고대 여러 나라들의 나라굿이 하늘굿으로서 하느님 또는 태양신을 섬긴 내용은 '제천'이라는 표기에서 잘 나타날 뿐 아니라, 나라굿의 고유한 명칭에서도 구체적으로 나타난다. 나라굿을 제천대회라고 하면서도 나라마다 구체적인 이름을 가지는데, 부여의 영고(迎鼓), 고구려의 동맹(東盟), 예의 무천(舞天) 등이 그러한 보기이다.[62]

하늘에 제사했다는 '제천'이라는 말이 하늘굿을 나타내는 일반적 이

---

59) 『晋書』 卷97, 「列傳」 馬韓傳, "俗信鬼神 常以五月耕種畢 羣聚歌舞以祭神 至十月農事畢 亦如之".
60) 윤내현, 『고조선 연구』, 441-474쪽에 고조선의 거수국 문제를 자세하게 다루었다.
61) 윤내현, 위의 책, 149-150쪽.
62) 임재해, 「한국 축제 전통으로 본 마을 잔치문화의 축제성 인식」, 『아시아 축제의 비교연구』, 비교민속학회 2010년 춘계학술대회(한양여자대학교 정보문화관 대강당, 2010년 5월 28일) 발표논문집, 25-26쪽에서 하늘굿의 명칭을 자세하게 다루었는데, 여기서 재론한다.

름이라면, 영고와 동맹, 무천 등은 자국의 나라굿을 고유명사로 나타낸 것이다. '제천'의 나라굿과 가장 가깝게 나타낸 것이 예의 '무천'이다. 하늘굿의 제의양식을 춤에 비중을 두고 호명한 셈이다. 무천은 가무오 신(歌舞娛神)의 방식으로 하느님께 제사를 올렸던 하늘굿의 제의양식 을 구체화한 이름이다.

부여의 영고는 납월(臘月) 곧 은정월(殷正月)의 제천대회를 일컫는 말이다. 북을 치는 것이 굿의 중요한 의식인데, 공간적으로는 하늘의 신을 맞이하고 시간적으로는 새해를 맞이하는 신맞이굿 또는 해맞이 굿이라 할 수 있다. 무천이 하늘굿의 양식 가운데 시각적인 춤을 중심 으로 명명한 것이라면, 영고는 북을 치는 의식을 강조함으로써 청각적 인 음악을 중심으로 명명한 이름이라 할 수 있다. 납월에 하는 하늘굿 은 곧 새해의 신이자 하느님인 해(태양) 맞이굿을 나타내는 것이다. 새 해에 떠오르는 '해[日]맞이'가 곧 신년맞이로서 '해[年]맞이'이다. 납월의 신년이 곧 새해이자 동녘에서 떠오르는 해가 곧 새해이다. 그러므로 영고는 북을 둥둥 울리면서 해가 두둥실 떠오르기를 새해맞이와 더불 어 해맞이굿을 한 셈이다.

고구려의 동맹은 나라굿을 하기 위해 군중이 모인 공간적인 집회 자체를 이름으로 나타냈다. 국중대회답게 많은 사람들이 동녘에 모여 서 동쪽 수혈(隧穴)의 수신(隧神)을 맞이하여 놀리다가 다시 동쪽에 마 련된 신좌에 모셔두고 제사를 올렸다. 나무로 깎은 수신은 고구려의 시조들을 상징한다. 여기서 문제된 '수혈'을 시조신의 신상을 모시는 사당으로 보지 않고 동굴로 보는 경우에, 고조선본풀이에 나오는 곰네 의 내용을 근거로 곰신을 모신 동굴로 추론되기도 한다.[63] 그 결과 수 신을 받들었던 고구려족은 곰을 숭배했으며, 고구려족은 곰족이었다는

---

[63] 윤내현, 「고조선의 종교와 사회성격」, 『단군학연구』 12, 단군학회, 2005, 39-40 쪽 참조.

해석에[64] 이르기도 한다.

그러나 고구려의 시조는 앞에서 살핀 것처럼 천제로서 태양신을 자처하며 해를 섬기는 천신신앙의 전통을 지니고 있어서 환웅과 단군의 전통을 계승한 것이자, 제천행사로서 동맹이라는 하늘굿을 하는 까닭에 수혈을 근거로 곰족이라고 추론하는 것은 비약이라 할 수 있다. 왜냐하면 수혈은 고구려의 시조모인 유화부인과 시조 주몽을 섬기는 사당이기 때문이다. 그러한 내용은 『삼국사기』 「제사」조와 『대동운부군옥(大東韻府群玉)』의 기록에 자세하게 설명되어 있다.

> 고구려에는 항상 10월에 제천행사를 하며 음사(陰祀)가 많았다. 신묘(神廟)가 두 곳 있는데, 하나는 부여신(扶餘神)으로 나무를 깎아 부인상을 만들고, 또 하나는 고등신(高登神)으로서 시조신인 부여신의 아들이라고 한다. 아울러 관사(官司)를 설치하고 사람을 파견하여 수호하게 했는데, 대개 하백녀와 주몽을 일컫는다.[65]
>
> 고구려 풍속에는 음사(陰祠)가 많았는데, 고구려 사람들은 두 개의 사당을 두고 나무로 부인의 인형을 깎은 '부여신'과, 부여시조인 부여신의 아들인 '고등신'을 신격으로 제각기 모셨다.[66]

따라서 부인상을 한 부여신은 유화부인이고 고등신은 고주몽인 셈이다. 부여신과 고등신의 신상을 모두 나무로 깎았다고 하는 데 주목하면, 나무로 깎아만든 수신이 곧 부여신으로서 고구려 시조 주몽의

---

64) 윤내현, 위의 글, 40쪽, "고구려족이 곰을 숭배했음은 일본어에 그 잔형이 남아 있다. 일본인들은 고구려 또는 고려를 고마(こま)라고 읽는다. 곰은 일본어로 구마(くま)인데 한국어의 곰과 일본어의 고마, 구마는 그 어원이 같은 것임을 알 수 있다. 이것은 고구려가 곰족이었음을 알게 해주는 것이다."

65) 『三國史記』 卷32, 「雜志」1 祭祀.

66) 『大東韻府群玉』, "高句麗俗 敬鬼神多陰祀事 有神廟二所 一曰 扶餘神 刻木作婦人像 一曰 高登神云 是其始祖扶餘神之子."

신상인 셈이다. 왜냐하면 "수신은 나무로 신상을 만들어 신좌에 안치되었는데, 부여신 역시 나무로 만든 부인상이다."고 했기 때문이다.[67] 그러므로 제천행사로 하늘굿을 하면서 천제의 부인인 유화부인과 그 아들인 건국시조 주몽의 제의도 올렸던 것이다.

왜 하늘굿을 하면서 정작 중요한 신격인 천제 해모수는 섬기지 않고 유화부인과 주몽만 섬기는가 하는 것을 묻는다면 어리석은 질문이다. 하늘굿 자체가 이미 천제 해모수를 섬기는 굿이기 때문이다. 천제 해모수는 하느님이자 태양신 그 자체이기 때문에 나무로 인형을 깎아 신상을 만들어 사당에 모신다는 것은 격에 어울리지 않는다. 천제단에서 하늘을 향해 북을 울리고 춤을 추며 기도하는 가무오신 행위가 바로 하늘굿의 기본이다.

하느님의 신체는 하늘에 있는 태양이다. 그러나 천제와 달리, 주몽을 낳은 지상의 어머니이자 시조신인 유화부인과, 고구려 건국시조인 주몽은 인간화된 신격이다. 따라서 나무를 다듬어서 사람 모양의 신상을 만들어 사당에 모셔두고 제의를 올리는 것이 별도로 필요했다. 문헌에도 "고구려 풍속에는 귀신을 섬기는 음사가 많았다"고[68] 한 다음에 부여신과 고등신을 두 사당에 모신 상황을 기록했다.

이때 '귀신'은 잡귀잡신을 나타내는 요즘 개념과 달리 조상신을 나타낸다. 왜냐하면 귀신을 섬기는 음사로서 부여신 유화부인과 고등신 주몽을 섬기는 제의를 소개하고 있기 때문이다. 따라서 이 시기부터 이미 조상을 신상으로 다듬어서 모시는 사당이 있었다는 사실을 알 수 있다. 오늘날 사당에 모시는 위패는 고대의 신상을 추상화한 셈이다. 이처럼 조상신을 귀신으로 일컫는 것은 시대적인 상황이다.

유교사회에는 조상신을 숭배하는 까닭에 귀신이라 할 수 없지만,

---

67) 金杜珍, 「三韓 別邑社會의 蘇塗信仰」, 『韓國 古代의 國家와 社會』, 一潮閣, 1993, 108쪽.
68) 『大東韻府群玉』, 위의 인용내용 참조.

당시에는 태양신을 가장 중요한 신으로 모시는 까닭에 조상신은 귀신이라 일컬을 수밖에 없다. 일반적으로 '신'과 '귀신'은 상대적인 개념이다. 주신을 '신'이라고 일컬으면 다른 신은 상대화시켜 '귀신'으로 일컫는다. 조상을 주신으로 섬기는 경우에는 조상이 신이고 다른 신들은 귀신이지만, 하느님을 주신으로 섬기는 경우에는 조상신이 귀신일 수밖에 없다. 지금 기독교에서 하느님을 믿는 까닭에 조상신을 인정하지 않거나 귀신 또는 사탄으로 간주하는 것과 같은 논리이다.

여기서 천신과 시조신에 대한 정리가 다시 점검될 필요가 있다. 왜냐하면 상고시대의 건국시조는 천신이자 시조신이기 때문이다. 건국시조가 천제의 후예인 까닭에 천신족으로서 천신신앙의 전통을 이은 고조선과 부여에서는 하늘굿이 곧 조상굿이며 제천행사가 곧 조상제의를 겸하게 마련이다.

그런데 고구려의 경우에는 '양(陽)의 제의'로서 제천행사와 '음(陰)의 제의'로서 조령 및 기타 신격에 대한 제의를 분별하고 있어 주목된다.『후한서』「동이열전」고구려전을 보면, "그 풍속은 음(淫)하고 모두 깨끗한 것을 좋아하며 밤낮으로 남녀가 곧잘 떼지어 노래 부른다. 귀신과 사직(社稷), 영성(零星)에 제사지내기를 좋아했다"고[69] 기록하면서 나라굿으로서 제천대회는 이와 분리해서 별도로 설명하고 있다.

천신에 대한 제의 곧 제천행사가 아닌 제의를 설명하면서 고구려 풍속이 음(淫)하다고 했다. 또 귀신을 섬기는 음사가 많다고도 하였다. 그리고는 시조인 부여신과 주몽을 섬기는 제의를 설명했다. 이것은 달리 말하면, 귀신을 비롯하여 사직과 영성에 올리는 제의는 음사(淫祠) 곧 음사(陰祀)로 간주한 것이 아닌가 한다. 제천행사인 하늘굿이 '양'의 제의라면, 조상굿을 비롯한 지신굿, 칠성굿 등은 '음'의 제의였던 것이다.

---

69)『後漢書』卷85,「東夷列傳」高句麗傳, "其俗淫 皆絜淨自憙. 暮夜輒男女羣聚爲倡樂. 好祠鬼神·社稷·零星."

따라서 귀신과 사직, 영성에 대한 제의는 음사로 분리해서 인식했지만, 이것을 부정하거나 폄하한 것은 아니고, 양의 제의로서 천신신앙에 견주어 음의 제의로서 조령신앙과 지신신앙, 칠성신앙 등을 분별해서 인식했던 것이다. 하늘굿과 마찬가지로 조상굿과 지신굿, 칠성굿에서도 남녀가 더불어 군취가무하며 밤새도록 가무오신한 사실을 알 수 있다.

고구려의 하늘굿인 동맹은 무천이나 영고와 달리 가무오신의 춤이나 음악의 양식보다 굿의 집회 양식을 드러내서 이름으로 삼았다. 동맹은 지리적으로 나라의 동쪽 특정 공간 곧 수혈에 있는 신을 모시고 굿을 했던 상황을 나타낸다. 『해동운부군옥』의 기록처럼, 수혈(隧穴)에 모셔 둔 나무로 만든 신상을 맞이하여 지신밟기처럼 순행을 한 다음에, 다시 동쪽 제단에 모셔두고 마무리 제의를 올렸던 것이다.[70] 고구려 초기에는 조상신의 신상을 사당에 모시지 않고 수혈에 모셨던 셈이다. 그러므로 두 기록을 대조해 보면, 수혈에서 사당으로 조령신을 모시는 변화를 읽을 수 있으며, 고구려 초기부터 신을 모시고 공동체를 이동하는 양식의 길굿 곧 요즘 양식으로 말하면 집돌이굿과 같은 양식이 시작되었던 사실을 발견할 수 있다.

고구려의 동맹은 지리적 위치와 대규모 집회의 군중성을 아울러 나타내는 명칭이다. 동녘은 하늘신인 해가 처음 떠오르는 곳으로서, 고구려의 시조 주몽은 동명왕이자 태양신 해모수의 아들로 일컬어지는 사실과 밀접한 연관성을 지닌다. 따라서 해가 뜨는 동녘에 시조신을 모시고 제사를 올리며 대규모 집회인 국중대회를 하는 까닭에 이름을 동맹이라 일컫은 것이다.

단군고조선의 수도 '아사달'이나 '평양성', 국호 '조선', 그리고 고구

---

70) 『後漢書』, 위와 같은 곳, "其國東有大穴 號隧神 …… 名隧穴 十月國中大會 迎隧神 還於國東 上祭之 置木隧於神座."

려 제천대회의 '동맹'은 모두 태양이 떠오르고 햇빛이 먼저 비치는 공간 개념을 적극적으로 나타내고 있는 명칭이다. 특히 동맹은 해를 섬기고 맞이하는 전통 나라굿의 정체성을 공간적 개념으로 잘 드러낸 것이다.

이처럼 나라굿의 명칭을 볼 때, 천신으로서 하느님 또는 하늘을 상징하는 태양신을 섬기는 하늘굿으로서 천신신앙의 요소가 잘 갈무리되어 있다. 천(天)이 하늘이자 천체로서 자연을 나타내듯이 천신으로서 하느님은 사실상 태양신으로서 자연신을 뜻한다. 건국시조의 이름, 국호, 도읍지 등이 모두 하늘과 태양을 뜻하는 천신신앙과 연관되어 있다.

농경시필기에 하늘굿을 했다고 하는 제의의 시기를 고려할 때, 제천행사는 사실상 풍농을 관장하는 자연신 또는 더 구체적으로 농경신을 섬기는 종교 제의적 목적을 띠고 있다. 하늘굿은 곧 '시월제천' 또는 '시월국중대회'로 일컬어지는데, 진한의 경우에는 파종을 마치거나 밭농사를 끝낸 5월에도 시월과 같이 제천행사를 하였다. 그러므로 나라굿은 해맞이의 신년축제와 더불어, 파종을 마친 뒤에 풍농을 기원하거나 가을걷이를 마치고 감사하는 제천행사로서 점차 풍농굿의 기능을 띠게 되었다고 할 수 있다.

신시고국 이래로 농경문화와 천손사상을 지닌 천신족의 천신신앙이 나라굿이자 시조굿으로서 제천대회를 하다가, 농업사회의 진전과 함께 농사의 풍년을 기원하는 풍농굿 쪽으로 발전하게 된 것으로 추론된다. 이 시기의 하늘굿 양식이나 내용이 오늘날 풍농기원굿으로 하는 마을굿에서 널리 계승되고 있기 때문이다. 그러므로 '영고'의 해맞이굿이나 '동맹'의 동녘굿, '무천'의 하늘굿은 구체적으로 다른 특성을 드러내긴 하되, 모두 제천대회의 천신신앙 또는 태양신앙의 양식을 드러내는 이름으로서 공통성을 지녔다고 하겠다.

『후한서』 및 『삼국지』 「한전(韓傳)」에는 제천행사와 관련하여 하늘

굿을 주관하는 제관과 제의 공간의 양식 및 신성성에 관한 서술이 있
어서 천신신앙을 한층 구체적으로 이해할 수 있다.

여러 국읍마다 제각기 천신을 주제(主祭)하는 사람이 한 명씩 있는데
천군(天君)이라 일컬었다.[71]

귀신을 믿었는데 나라의 고을마다 각각 한 사람씩 뽑아서 천신에게 제
사를 담당하도록 했으며 그 이름을 천군(天君)이라고 했다. 또 모든 나라마
다 제각기 별읍이 있어서 이름을 소도(蘇塗)라 했으며 큰 나무를 세우고 방
울과 북을 매달아서 귀신을 섬겼다.[72]

'한'에서도 고구려와 부여, 예와 같이 천신을 섬기는 하늘굿을 했다.
국읍에서 나라굿을 담당하는 제관을 천군이라고 했는데, '천군'이라는
제관 이름이 천신신앙의 제사장이라는 사실을 잘 드러낸다. 천군은 단
군과 같은 이름이자 천왕과 같은 이름이다. 천군의 '천(天)'을 두고 말
하면 환인 '천제'와 환웅 '천왕'의 하늘을 표방한 것이며, 천군의 '군
(君)'을 두고 보면 단군의 왕검을 표방한 것이다. 천신신앙의 전통이 단
군에서 천군으로 더 강화되어 호명된 셈이다. 따라서 단군이나 천군을
천신신앙의 전통을 지닌 민족지도자로 보지 않고 무군(巫君)이라는 호
칭으로 전환시켜 한갓 무당왕으로 자리매김하려는 시도는 잘못된 것
이다.

'단군'이라는 말은 몽골을 비롯한 유목민족들이 '텡그리(tengri)'라고
하는 하느님을 뜻하는 말과 닮았다고 하여,[73] 마치 몽골어에서 단군이

71) 『後漢書』卷85, 「東夷列傳」韓傳, "諸國邑各以一人主祭天神 號爲天君."
72) 『三國志』卷30, 「烏丸鮮卑東夷傳」韓傳, "信鬼神 國邑各立一人主祭天神 名之
　　天君 又諸國各有別邑 名之爲蘇塗 立大木懸鈴鼓 事鬼神."
73) 崔南善, 「不咸文化論」, 『六堂崔南善全集』2(壇君·古朝鮮 其他), 玄岩社, 1973,

온 것처럼 주장하기도 한다. 하지만, 단군은 그 이전의 환인, 환웅의 하느님 전통을 이어받았기 때문에 굳이 '텡그리'에서 영향을 받을 필요가 없다. 오히려 서로 영향관계가 있다면, 단군에서 텡그리로 갔을 가능성이 더 크다.[74] 왜냐하면 천신사상은 단군의 직계조상인 환인과 환웅에서 이미 형성되었기 때문이다.

텡그리와 단군의 소리값이 닮았다고 하여 단군을 곧 샤먼이나 무당으로[75] 주장하는 것도 잘못이다. 고조선본풀이의 줄거리 속에서도 단군과 무당을 동일시할 만한 아무런 근거가 없다. "실제로 텡그리가 샤먼이 아닌 하늘신을 지칭하는 기표임을 보면 단군을 샤먼으로 상정할 만한 근거를 제시하기 곤란"하다.[76] '무당을 일컫는 당골과 단군의 음성적인 유사성을 근거로 단군=샤먼의 가능성을 논하는 것 역시 당골이라는 단어가 단군의 존재보다 선행하는 사실을 문헌으로 입증하기 전까지는 받아들이기 어렵다.'[77]

위 기록에서 주목할 것은 '천군'의 언어적 유사성에 따른 전파론이 아니라 나라굿에 덧붙여 서술한 고을굿의 내용이다. 나라굿보다 고을굿의 양식이 한층 구체적으로 설명되어 있다. 고을에는 저마다 소도라고 하는 별읍이 있어서 큰 방울과 북을 단 큰 장대를 세우고 귀신을 섬겼다는 사실이다. 이 기록을 두고 별읍과 소도를 분리해서 인식하는

60쪽. 최남선은 이후에도 단군신화에 관한 여러 편의 글을 상당히 풍부하게 발표하면서, 그때마다 단군을 흉노어 '탱리(撑犁)'와 몽골어 '텅거리(騰格里)' 또는 '텅걸', 그리고 우리 무당을 가리키는 당굴, 당골네와 연관짓는 일을 되풀이했다.

74) 임재해,「한국신화의 주체적 인식과 민족문화의 정체성」,『한국신화의 정체성을 밝힌다』, 지식산업사, 2008, 75-78쪽에서 이 문제를 자세하게 다루며, 오히려 전래설이 아니라 전파설의 가능성을 제시했다.

75) 연구자도 한때 선행연구에서 단군을 당골 또는 무당으로 해석한 보기를 따라 단군을 사제왕이나 무당왕으로 간주한 적이 있다.

76) 양민종,「단군신화와 게세르신화」,『단군학연구』, 18, 단군학회, 2008, 13쪽.

77) 양민종, 위의 글, 14쪽.

경우도 있고[78] 별읍을 소도제를 지내는 대규모의 제의터로 해석하는 경우도[79] 있다. 하지만, 위의 기록으로 봐서는 같은 대상을 다른 측면에서 일컬은 것이 아닌가 한다.

별읍이 각 나라의 행정구역으로서 특수한 고을을 나타내는 것이라면, 소도는 별읍의 구체적인 기능을 나타낸 이름으로 읽을 수 있다. 별읍에서 하는 소도의 귀신신앙[事鬼神] 양식은 "방울과 북을 단 큰 장대(立大木懸鈴鼓)"로 구체화된다. 국읍의 하늘굿을 담당하는 천군의 제천의식과 다르게, 별읍에서 귀신 섬기는 일을 소도라고 했던 것으로 추론되는데, 그 양식은 솟대라기보다 거대한 서낭대가 아닌가 한다.

6. 천신신앙의 전승력과 민속신앙의 현재

솟대도 최근까지 전승되고 있으며 서낭대도 현실문화로서 살아 있다. 솟대는 긴 장대 위에 새를 앉힌 양식이다. 지금도 마을 어귀에 솟대가 남아 있는 곳이 적지 않고 최근에는 관광상품으로 되살아나고 있다. 솟대가 없어도 지명 가운데 '솟대배기'라는 이름이 있는 곳은 솟대를 세웠던 터를 증언한다. 강원도 지역에서는 솟대를 진또배기 또는 짐대라고도 한다.

서낭대는 마을이나 고을의 수호신을 내림받아 모시는 신장대이자 내림대를 말한다. 따라서 솟대나 서낭대는 모두 하늘과 지상을 소통하는 신의 오르내림 통로라고 할 수 있되, 그 소통의 방향은 반대로 나타난다. 그런 점에서 '안테나'에 비유되기도 한다. 솟대가 발신용 안테나라면, 내림대는 수신용 안테나에 해당된다. 솟대가 새를 통해 하늘로 비상하여 사람들의 소망을 천신에게 알리는 구실을 하는 반면에, 서낭대는 천신을 강림하여 제의공간에 좌정하거나 깃들어 있게 하는 내림

---

78) 李鍾旭, 『新羅國家形成史研究』, 一潮閣, 1982, 71쪽.
79) 宋華燮, 「馬韓의 蘇塗硏究」, 圓光大學校 大學院 博士學位論文, 1991, 247쪽.

대 구실을 한다. 소도의 장대 끝에 단 방울과 북은 지금도 내림굿을 할
때 긴요한 무구로 쓰인다.

작은 굿을 할 때는 내림대로 소나무나 대나무 가지를 쓰기 때문에
방울을 달지 않는다. 신이 내리면 나뭇가지의 떨림이 나타나서 신내림
현상을 금방 알아차릴 수 있다. 그러나 마을굿과 같은 큰 굿을 하면 서
까래와 같은 크기의 장대를 내림대나 서낭대로 쓰게 된다. 이때에는
신이 내려서 내림대가 흔들려도 시각적으로 쉽게 감지되지 않는다. 특
히 큰 굿은 멀리 떨어져 참여하거나 구경하는 사람들이 많은데, 그들
은 더욱 신내림을 알아차릴 수 없다. 그러므로 내림대 끝에 방울을 달
아두면 내림대의 흔들림과 동시에 방울소리가 들려서 내림대를 보지
않고도 신내림을 알아차릴 수 있다.

당본풀이나 마을굿의 유래를 보면 방울이 날아와서 동신으로 좌정
했다는 이야기가 있다.[80] 하회마을의 현재 방울도 하늘에서 날아왔다
고 한다. 별신굿 기능보유자인 이창희 할아버지는 허도령의 탈막을 엿
보다 처녀가 죽은 뒤에 당방울이 날아와서 떨어진 곳에 서낭당을 지었
다는 전설을 들려주었다.[81] 그것은 곧 신내림을 뜻한다. 이러한 모습
은 하회에만 보이는 것이 아니라는 점에서 더 설득력을 지닌다.

안동시 도산면 의촌 2동 의인마을의 당본풀이에 따르면, '옛날 어느
할머니 꿈에 방울이 울리며 자기 품에 안겼는데, 다음날 아침에 그 방
울을 모셔다가 당을 짓고 위하였다'고 한다.[82] 그리고 약 200년 전에 방
울 3개가 경주에서 날아와 마을의 산기슭에 떨어졌다가 다시 마을 동
남쪽에 있는 산에 안착했다고 하며, 마을사람들은 이를 부인서낭이라

---

80) 임재해, 「하회별신굿에 나타난 옛 제의의 자취와 별읍의 전통」, 『安東文化』
14, 安東文化硏究所, 1993, 206-211쪽 참조.
81) 朴鎭泰, 『탈놀이의 起源과 構造』, 새문사, 1990, 127쪽.
82) 張籌根, 「部落 및 家庭信仰」, 『韓國民俗綜合調査報告書』 慶尙北道篇, 文化財
管理局, 1974, 145쪽.

한다는 설도 있다.[83] 도산면 단천1동 서낭신은 주민의 꿈에 신의 방울을 얻어 당신으로 모셨다고 한다.[84] 이처럼, 도산면 일대의 동신들은 한결같이 신체가 방울과 연관되어 있으며, 당방울을 내림대에 달고 신내림을 받으며 이를 앞세우고 집돌이 풍물을 쳤다고 하는 사실은 하회별신굿의 양상과 같을 뿐 아니라 소도의 방울 단 내림대와 연관되어 있는 마을굿의 전통이라 하겠다.

고고학 발굴품 가운데 다양한 양식의 청동방울들이 발견되는데, 대부분 종교적 의기(儀器)로서 무구(巫具) 구실을 한 것으로 해석된다. 작은 굿에도 방울은 필수적인 무구구실을 한다. 북은 유물로 남을 수 없지만 방울은 청동제품이므로 고대의 유물이 지금까지 남아 있다. 기록으로 전하는 소도의 장대와 방울은 현재 전승되는 굿의 내림대와 방울과 짝을 이룬다. 그러한 전통이 하회별신굿에서 고스란히 남아 있다.

서낭당에서 방울을 단 내림대로 신을 받으면 이 방울을 큰 장대인 서낭대 끝에 매달고 굿패의 앞장을 선다. 서낭신이 서낭대를 떠나서 서낭대에 실려 있다는 표시이다. 김택규는 당방울을 신령(神鈴)이라고 하며 신체(神體)의 주체(主體)라고 규정했다.[85] 그렇다면 당방울이 곧 신격의 구체적인 형체로 상징된 셈이다. 그러므로 방울을 단 큰 장대는 서낭대이자 신목이며 신이 깃들어 있다는 사실을 나타내는 중요한 상징물이다.

하회별신굿의 제사장 구실을 하는 '산주'는 예사 동제의 제관과 달리 국읍의 제사장인 천군(天君)과 같은 성격을 지니고 있음을 알 수 있었으며,

---

83) 張哲秀, 「民俗宗敎와 信仰」, 『安東民俗資料誌』, 安東郡, 1981, 286쪽.
84) 成均館大 國語國文學科, 『安東文化圈學術調査報告書』, 1967, 29-30, 31-33쪽.
85) 金宅圭, 『同族部落의 生活構造硏究』, 靑丘大學出版部, 1964, 38쪽. "성황신의 신체는 서낭대라고 불려지는 신간 끝에 당방울이라고 하는 신령(神鈴)이 달린 것이고 주체는 당방울이다."

서낭신을 받아내리는 내림대와 당방울은 방울과 북이 달린 소도의 긴 장대에 견주어 이해할 수 있었다. 그리고 '별신굿'이라고 하는 명칭도 별읍의 신굿으로부터 비롯되었을 가능성을 추론하고, 집돌이 풍물굿이 국중대회 형식으로 이루어졌던 고대 제의의 또 다른 모습으로서 동중대회에 해당되며, 이를 통해서 고대 국중대회의 실상을 추적하는 단서를 마련할 수 있었다. 이처럼 역사재구적 방법은 현재 전승되고 있는 하회별신굿을 통해서 고대 별읍의 제의적 전통을 추론할 수 있는 한편, 하회별신굿에 남아 있는 고대 제의의 흔적들을 여러 모로 발견함으로써 하회별신굿의 위상과 변모 양상을 이해하는 새로운 길을 마련하였다.[86]

더 구체적인 신격의 형상은 나무탈로 형상화한 각시 서낭신이다. 하회탈춤의 각시탈은 각시 서낭신을 조각하여 나타낸 것인데, 별신굿을 하는 동안 이 각시탈을 무동 태우고 굿패의 앞장에 세워 집돌이 별신굿을 한다. 각시탈은 곧 서낭신의 신체이기 때문에 함부로 다루지 않고 늘 무동을 태워 이동한다. 하회별신굿이란 결국 서낭신을 맞이하여 마을을 돌아다니며 보름동안 굿을 하다가 서낭당에 되돌려 놓는 마을굿이다. 초계 밤마리 대광대패의 경우에도 서낭당 각시 인형을 신주처럼 모시고 가가호호 다니며 풍물을 쳤다고 한다.

이러한 굿의 양식은 고구려에서 '동맹'이라는 이름의 하늘굿을 할 때, 동쪽 수혈에서 나무로 깎은 신상을 맞이하여 순행한 다음 다시 동쪽 신좌에 모셔두고 제의를 올리는 내용과 일치한다. 나무로 깎은 수신(隧神)은 부인상을 새긴 것으로 부여의 시조를 나타낸다고 했는데, 하회의 서낭당도 동쪽 산록에 있을 뿐 아니라, 서낭신을 나타내는 나무를 깎아 서낭신을 나타낸 각시탈 또한 부인상이라는 점에서 상당히

---

86) 임재해, 「하회별신굿의 당제 시기와 낙동강 유역의 탈놀이 전파」, 『安東文化』 15, 安東大學 安東文化研究所, 1994, 47-48쪽.

닮았다.

별신굿의 양식도 섣달 그믐날 동쪽 서낭당에 모셔져 있는 각시신을 모셔다가 마을을 순행하며 집돌이 별신굿을 한 다음, 보름에 다시 서낭당에 모신 뒤에 마무리 굿을 한다. 그 제의적 상징과 구조가 일치한다. 그러므로 하회별신굿은 고구려의 나라굿 전통과 '한'의 소도신앙 전통이 빚어낸 문화적 역량의 창조물로서 지금 여기까지 지속되고 있는 공동체굿이라 하지 않을 수 없다.

이러한 천신신앙의 전통은 곰족의 문화와 일정한 거리가 있다. 곰네로 상징되는 단군의 모계인 곰족문화는 국사학계에서 고아시아족, 또는 더 구체적으로 퉁구스족과 연결시키는데, 문화적으로 보면 곰족의 문화는 민족문화 속에서 잠적되어 있다. 지금까지 전승되는 문화적 전통을 주목해 보면, 환인천제와 환웅천왕에서부터 비롯된 천신신앙의 전통이 제천의식의 나라굿으로부터 고을굿, 마을굿에 이르기까지 지속되고 있다.

고조선 건국시기에 환웅족을 두고 각축을 벌인 곰족과 범족 가운데 곰족의 곰신앙은 잠적한 반면에 범족의 산신신앙 문화가 천신신앙 못지않게 전승력을 확보하고 있다.[87] 세 종족의 문화 가운데 가장 미약하고 전승력이 약화된 것이 곰족문화이다. 그러므로 민족문화의 뿌리를, 환웅에게 혼입해 온 곰족문화에서 찾아 고아시아족의 유목문화에 가져다 바칠 것이 아니라, 신시고국의 건국주체이자 고조선 건국의 주류 세력인 환웅의 농경문화와 천신신앙 문화에서 찾아야 할 것이다.

---

87) 이 책 3부 4장에서 자세하게 논의한다.

제4장 본풀이로 읽는 시조왕의 '해'상징과 지도자상

1. 본풀이의 역사적 기능과 건국시조 인식

사료가 사관이고 사관이 사료이다. 사료를 잘 읽으면 독창적 사관이 수립되고, 일정한 사관으로 자료를 보면 새로운 사료로 의미가 부여된다. 사관은 사료에서 비롯되고 사료는 사관에서 생명력을 얻는다. 사료와 사관의 이러한 변증법적 문제인식 속에 본풀이사관을 수립했다.[1] 흔히 '단군신화'라고 잘못 일컫고 있는『삼국유사』'고조선'조의 '「고기(古記)」'[2] 자료에서 고조선의 역사와 문화를 읽는 본풀이사관을 발견하고, 다른 사료와 자료들도 같은 사관에 따라 해석하는 길을 열었다.

본풀이사관에 따라 '본풀이고고학'과 '본풀이고현학(考現學, modernology)'을[3] 통해 민족사를 통시적으로 확장하고 민족문화의 지속과 변화를 고조선 이전 시기부터 지금 여기의 현실문화까지 다루는 일련의

---

1) 고조선문화에 관한 일련의 연구에서 본풀이사관을 제기하고, 임재해, 「고조선 '본풀이'의 역사인식과 본풀이사관의 수립」,『단군학연구』21, 단군학회, 2009, 351-408쪽에서 본격적으로 다루었다. 본풀이사관은 지금 여기의 시각에서 태초의 역사를 근본적으로 풀어냄으로써 현실문제를 해결하고 미래의 전망까지 수립하는 통시적 사관을 뜻한다.

2) 『三國遺事』卷1,「紀異」1 古朝鮮: 王儉朝鮮.

3) 임재해, 「한국신화의 주체적 인식과 민족문화의 정체성」,『한국신화의 정체성을 밝힌다』, 지식산업사, 2008, 72-88쪽에서 '신화고고학'과 '신화고현학'의 문제를 논의했다. 이어서 「단군신화로 본 고조선문화의 기원 재인식」,『단군학연구』19, 단군학회, 2008, 283쪽에서는 신화를 본풀이로 바꾸어 '본풀이고고학' 또는 '본풀이고현학'을 표방했다. 277-372쪽. 8815-96쪽.

연구를 실천하고 있다. 고조선문화의 원천은 신시고국문화에 있고 그 것을 입증하는 자료로 문헌사료 외에 홍산문화 유산을 적극적으로 해 석한다. 홍산문화 유산 가운데 적석총의 제사유적과 옥기유물을 고조 선문화를 밝히는 새로운 문화적 표지유물로 끌어들여 신시고국의 문 화적 정체성을 소급해서 추론하고 고조선문화 형성의 밑자리로 설정 한다. 이 연구는 그러한 계획의 하나로 이루어진 것이다.

'본풀이'는 우리 민족신화를 일컫는 토박이말로서 태초의 내력을 풀 어 지금 여기의 문제 상황까지 노래하는 굿노래를 일컫는다. 한국에는 원래 '신화'라는 말이 없었다. 신화가 서구어 myth를 번역한 일본식 한 자용어로서 근대에 형성된 것이라면, 본풀이는 본디부터 우리 선조들 이 일컬어왔던 민족 토박이말이다. 따라서 본풀이가 예전부터 써왔던 우리말이되, 현재는 굿판에서 본풀이를 노래할 때만 한정되어 일컫는 바람에 거의 잊혀진 말이다.

그런 반면에, 신화라는 말은 번역어인데도 일제강점기 이후부터 학 계에서 쓰이기 시작하여 이제는 아주 일상적인 언어로 흔하게 사용되 는 생활말로서 자리를 잡고 있다. 다시 말하면, 신화라는 말은 학술용 어로도 쓰이고 일상적인 은유로도 널리 쓰인다는 것이다. 그 바람에 본디 우리말인 본풀이는 빛이 바래져서, 굿판에서나 일컬어지는 말이 되고 학술자료나 논문에서만 아주 드물게 거론되는 위기 상황에 몰리 고 말았다. 그러므로 신화 해석의 중요한 학파 가운데 제의학파(Ritual School)가 있는 것처럼, 본풀이를 제대로 이해하려면 굿의 상황을 정확 하게 포착해야 한다.

우리말이 학술용어나 민족문화를 나타내는 말로서 제 구실을 하지 못하는 것은 본풀이에 한정되지 않는다. 따라서 본풀이자료를 주목하 고 본풀이의 시각에서 이 문제를 인식하기 위해서도 용어 논의를 좀더 하지 않을 수 없다. 일본식 번역어 '신화'라는 말이 그리스 로마 신화를 연상하게 하는 오리엔탈리즘의 한계를 지녔다면, 본풀이는 한국 토박이 신화를 일컫는 주체적 역사관과 독창적 세계관을 뜻하는 의의를 지니고 있다. 따라서 제석본풀이나 성주풀이가 사실상 제석신화나 성주신화와 같은 맥락에 있는 우리말 용어라면, 단군신화나 박혁거세신화는 고조선본풀이 또는 신라건국시조본풀이라 해야 할 것을 일본식 번역어로 일컫는 것이다.

신화라는 번역어를 학술용어로 쓰는 데에는 크게 두 가지 문제가 있다. 하나는 대상을 사실과 다르게 왜곡하는 것이며, 둘은 서구 신화학의 눈으로 우리 신화를 보게 될 가능성이 크다는 것이다. 첫째 사례로 상고사나 신화연구에서 흔히 거론되는 '단군신화'를 들어보자. '단군신화'라는 말은 우리 사서나 고전 어디에도 없는 말이다. 이 내용이 처음 실린 『삼국유사』에는 '고조선'이라[4] 하였고, 다음으로 실린 『제왕운기』에는 '전조선기'라[5] 하였다. 다른 어느 사료에도 '단군신화'라고 일컬은 일이 없다.

따라서 이 자료를 인용할 때에는 『삼국유사』 '고조선'조에는, 또는 『제왕운기』 '전조선기'를 보면 하고 인용해야 하는데, 으레 '단군신화'라는 이름으로 인용한다. 일제강점기 이후 신화라는 말이 일반화되고 고조선의 역사를 부정하면서 고조선조의 기록은 으레 '단군신화'로 일컬어지게 되었다. 그러므로 단군신화라는 말은 고조선조의 조목 이름을 바꾸는 왜곡현상을 빚게 되었다.

본풀이라는 우리말 대신에 신화라 일컫게 되면, 우리 사료를 서구 신화학의 개념범주 속에 가두게 되어 본풀이가 지닌 역사성 또는 사료로서 가치를 부정하게 된다. 그러면, 굿판에서 본풀이가 노래되고 본풀이는 곧 역사적 내력을 노래하는 것이며, 현실문제를 해결하는 굿판이 곧 역사를 점검하는 자리라는 사실을 알지 못한다. 이를테면, 가족 가운데 누가 아파서 병굿을 하거나 집안에 불운한 일이 있어서 재수굿이

---

4) 『三國遺事』卷1, 紀異1 古朝鮮; 王儉朝鮮.
5) 『帝王韻紀』卷下, 前朝鮮紀.

나 해원굿을 하게 되면, 굿판에서 무당의 입을 통해 이전의 불행했던 가족사가 다 드러나게 마련이다. 가족들도 미처 알지 못했던 조상들의 고난과 원한의 역사들이 구술되면서 그 동안 묵살되었던 가족사의 문제를 풀어주는 계기를 마련하는 것이다.

공동체의 문제는 가족사의 문제를 풀어준다고 해결되는 것은 아니다. 마을굿 이상의 공동체굿은 사회적인 문제를 해결하는 굿이다. 자연히 민족사와 함께 사회적 모순이 서로 얽혀 있다. 하회별신굿을 하면서 반상의 신분차별이나 남녀의 성차별 등에 대한 비판적인 탈춤을 추는 것은 그러한 사회적 모순을 해결하기 위한 것이다.

제주도 큰굿에서는 서두에 천지왕본풀이라고 하는 천지개벽신화를 노래한다. 우주의 생성에서부터 지금 여기 굿을 하는 시점까지 노래하는 본풀이다. 따라서 본풀이나 굿을 한갓 신화나 미신, 주술이라고 하여 역사와 무관하게 간주하는 것은 사학자들의 편견일 따름이다.

실제로 역사교육 현장에서, 『삼국유사』의 고조선조 사료를 단군신화로 간주하고 "우리는 신화와 역사를 구분할 필요가 있다. 신화를 그대로 믿으면 상식에서 벗어나게 된다."고[6] 단정하고, 단군이 고조선을 건국한 서기전 2333년의 역사는 사실이 아니라고 가르친다.[7] 여기에서는 두 가지 오류가 있다. 하나는 고조선조의 사료를 신화로 간주하는 편견이고, 둘은 신화 곧 본풀이를 역사적 사료로 인정할 수 없다는 편견이다. 시조신화를 역사와 다르다는 빌미로 역사에서 배격해야 한다는 것은 마치 구술사를 역사로 인정하지 않는 전근대적 사학자들의 고정관념에서 아직도 해방되지 않은 것이다.

학문의 세계에서 무엇이든 그대로 믿으면 되는 것은 아무것도 없다. 신화가 아닌 역사라도 그대로 믿으면 상식에서 벗어난다. 한국사를 비롯한 세계사 교재가 잘못된 것이 적지 않기 때문이다. 그런데도

---

6) 전국역사교사모임, 『살아있는 한국사교과서 1』, 휴머니스트, 2002.
7) 성삼제, 『고조선 사라진 역사』, 동아일보사, 2005, 24-25쪽.

신화를 믿지 않도록 하기 위해, 마치 역사는 그대로 믿어도 좋다는 투의 주장을 예사로 한다.[8] 이처럼 역사교사들은 '고조선'조 기사를 신화라는 이름을 빌미삼아 고조선 역사를 불신하는 구실로 삼는다. 역사교사들의 주장은 사실상 역사학 교수들의 주장이다. 그들을 가르친 역사학교수들의 주장을 복창하는 것이므로, 결국 역사교사들의 주장은 역사교수들의 사관을 비추어주는 거울이다.

근본적인 잘못은 사료조차 제대로 읽지 않고 역사교수들이 잘못 가르친 사실을 그대로 동어반복하는 데서 비롯된다. 역사서의 편명이나 조목 이름을 그대로 인용하지 않고 엉뚱하게 '신화'라는 명칭으로 호명함으로써[9] 역사적 사실과 무관한 허구의 이야기로 규정하려는 것은 일제강점기 이후 형성된 식민사학의 폐단이라 할 수 있다. 마치 일제가 '조선'을 '이조'라 일컫고 『조선왕조실록』을 '이조실록'이라 하는 바람에 '조선'의 국호를 잊어버리도록 만든 것과 같은 식민사학의 책략이다. 그러므로 단군을 전면에 내세우면 고조선이 사라지고, 역사적 기록을 신화라고 호명하면 사료가 허구화된다는 사실을 알아야 한다.

고조선조의 기사를 단군신화라 일컫게 됨에 따라, 단군이 전면에 내세워지는 반면에 고조선의 역사가 가려지고, 신화라 일컫은 까닭에 이 조목의 사료적 가치가 허구적 상상력으로 훼손되는 결과를 낳게 되었다.[10] 따라서 이 기록이나 내용을 자료로 인용할 때에는 '고조선'조

8) 임재해, 「단군신화로 본 고조선문화의 기원 재인식」, 『단군학연구』 19, 단군학회, 2008, 292-293쪽.
9) 고대사 연구를 자력적으로 수행하기 전에는 쓴이도 이러한 풍조에 따라 『삼국유사』 '고조선'조에 인용된 『고기』의 내용을 단군신화로 호명하면서 연구를 수행해 왔다. 문제를 제대로 인식하면서 '단군신화' 대신에 '고조선본풀이'라고 일컫는다.
10) 임재해, 앞의 글, 286쪽. "그러므로 '단군신화'라는 명명을 고스란히 답습하는 것은 단군이라는 이름으로 고조선이라는 국가를 가리는 동시에, 신화라는 개념으로 역사를 부정하는 일제 식민사학의 역사왜곡 책동에 우리 스스로 말려들고 있다."

라고 하거나 '전조선기'라는 조목 이름을 써야 할 뿐 아니라, 우리말 개념에 따라 그 내용을 드러내려면 '고조선본풀이' 또는 '고조선 건국본풀이'라 일컬어야 고조선의 역사와 문화를 제대로 읽을 수 있다. 왜냐하면 본풀이라는 말 속에는 역사 서술이라는 뜻이 갈무리되어 있기 때문이다. 근본내력을 풀어내는 이야기가 곧 역사이기 때문에 본풀이는 역사성을 지니게 마련이다. 그러므로 모든 역사의 첫장은 본풀이로 이루어져 있다고 해도 지나치지 않다.

본풀이는, '역사란 무엇인가?', '왜 역사를 거듭 서술하고 그때마다 되새기는가?' 하는 의문을 해결해 주는 원초적인 역사로서 중요한 보기 자료 구실을 한다. 왜냐하면 본풀이는 역사 서술의 가장 초기 형태라는 점에서 태초의 역사이자, 태초의 역사를 보여주는 역사로서 메타역사(meta-history)인[11] 까닭이다. 따라서 본풀이를 자료로 역사를 읽는 눈을 주체적으로 마련한다면, 그것이 바로 본풀이사관의 수립이라 할 수 있다.

본풀이는 큰굿을 할 때 태초의 우주 생성부터 노래하는 총체사라는 사실을 고려하면, 본풀이사학은 역사의 큰 줄기를 푸는 것일 뿐 아니라, 지금 여기의 문제를 풀기 위해 태초의 세계부터 풀어 그 내력을 이해하는 것이라 할 수 있다. 지금 여기의 문제는 그 자체로 생겨난 것이 아니라 과거의 문제에서 비롯된다는 역사적 문제인식이 오롯하다. 다시 말하면 지금 여기 우리가 겪는 모든 문제들은 통시적 인과관계 위에서 비롯된다는 것이다. 그러므로 본풀이사학은 역사의 근본을 풀어야 당대사의 문제도 순조롭게 풀 수 있다는 역사의식이 분명하다.

이러한 역사의식 아래 굿판에서 본풀이를 노래하는데, 본풀이가 곧

---

11) 임재해, 「고조선 '본풀이'의 역사인식과 본풀이사관의 수립」, 『단군학연구』 21, 단군학회, 2009, 352쪽. "역사의 시작을 묻고 역사의 기원을 따지는 것은 곧 '역사의 역사'를 묻는 메타역사이다. 메타역사는 역사의 역사를 서술하는 것이다."

문제를 해결하는 굿의 가장 핵심적인 내용이다. 굿은 맺힌 것을 풀어서 앞으로 일어날 일을 알려주는 것으로서 제의적 문제해결의 방식이다. 굿을 사회학적으로 나타내면 지금 맞닥뜨리고 있는 구조적 모순을 해결하는 것이며, 역사학적으로 나타내면 태초의 역사부터 다시 푸는 일을 할 뿐 아니라,[12] 앞으로 가야할 길까지 제시해 주는 역사 만들기 구실까지 하는 것이다.

현실문제를 푸는 것은 곧 미래를 전망하는 일까지 연결되게 마련이다. 본풀이는 지금 여기까지의 역사를 노래하지만, 굿에서는 미래의 역사까지 제시하고 추론하며 전망하는 일을 한다. 굿을 하는 주체는 태초의 우주 기원에서부터 지금 여기의 시공간적 내력을 풀이하고 현재 문제를 제시하여 해결하며, 미래의 전망을 제시하고 축원하는 데까지 나아간다. 굿에서 본풀이를 구연하는 목적은 과거의 역사로 돌아가기 위한 것이 아니라 현실의 문제를 해결하여 새로운 미래로 나아가기 위한 것이다. 본풀이는 현재의 문제해결을 과거사 속에서 원인을 찾고 미래사의 전망도 그 속에서 발견하여 제시한다. 태초의 역사 속에 현재의 원인과 미래의 결과도 변증법적으로 내포되어 있다고 보는 것이다. 그러므로 본풀이는 과거사이자 현재사이며 미래사로서[13] 새로운 역사 만들기를 겨냥하고 있는 것이다.

사학자들은 사회현실이 어려울 때마다 지금 여기의 시각에서 역사를 다시 쓰는가. 그런 사가들은 극히 드물다. 사가들은 미래사를 전망하고 바람직한 역사 만들기를 위한 역사학을 실천하는가. 기대하기 어려운 역사학의 현실이다. 일연의『삼국유사』는 그러한 역사의식과 만난다. 몽골의 침략으로 나라가 위기에 이르렀을 때, 민족사의 뿌리를 밝히고 민족문화의 정체성을 드러냄으로써 몽골의 지배로부터 벗어나기

---

12) 위의 글, 358쪽.
13) 임재해,「고조선 '본풀이'의 역사인식과 본풀이사관의 수립」,『단군학연구』 21, 단군학회, 2009, 367쪽.

위해 『삼국유사』를 서술했다.[14] '역사는 과거와 현재의 대화'라는 E. H. 카아의 『역사란 무엇인가』의 한 구절을 지식으로 읊조릴 뿐 실천적 역사서술을 그렇게 좋아 하지 않는 것이[15] 역사학계의 경향이다.

역사학은 과거에 대한 관심에서부터 시작된다는 고정관념을 넘어서야 새로운 역사학이 열린다. 과거는 현재의 원인이고 현재는 미래의 원인이라는 단선적인 시각을 넘어서야 본풀이사학을 더 창조적으로 할 수 있다. 역사학이 현재의 문제를 해결하기 위한 관심에서 출발한다면, 그것은 본풀이사학의 관점과 만난다. 현재가 미래의 원인이 아니라 미래가 현재의 원인이라는 사실을 깨달으면 본풀이사학의 전망이 더 밝아진다. 미래를 열어가기 위한 사학을 수립할 수 있기 때문이다. 미래가 현재의 원인일 수 있는가? 그렇다. 미래에 대한 전망을 꿈으로 가지고 있는 사람은 이 전망이 원인이 되어 현재의 삶이 달라진다. 인생의 목표가 무엇인가에 따라 현재의 삶이 결정적으로 영향을 받기 때문이다.

이 논의는 미래의 지도자에 대한 바람직한 인물상을 제시하기 위하여 건국시조본풀이 자료를 주목하고, 본풀이가 노래하는 건국시조왕들의 정체를 주목한다. 건국시조들은 어떤 이상을 가지고 나라를 다스렸으며, 어떤 존재로 인식되었는가. 실제로 어떤 일을 했는가 하는 사실의 문제를 실증적으로 따지지 않고, 건국시조로 상상되고 바람직한 지도상으로 노래되는 본풀이의 주인공으로서 정치 지도자를 추론한다. 그러한 지도자상은 태초의 시조왕에 머무르는가, 아니면 미래의 지도자상으로 전망할 수 있는가 하는 것은 본풀이 해석에 따라 다를 수 있다. 시조왕이 극복의 대상이 될 수도 있고 보기의 대상이 될 수도 있기 때문이다.

---

14) 鄭求福, 「三國遺事의 史學史的 考察」, 『三國遺事의 綜合的 考察』, 한국정신문화연구원, 1987, 13-24쪽 참조.
15) 임재해, 앞의 글, 369쪽.

흥미로운 사실은 본풀이에서 노래되는 건국시조들은 한결같이 하늘에서 이 땅으로 내려온 신성한 존재라는 것이다. 하늘에서 내려온 존재라고 해서 천손이라 하기도 하고, 이러한 본풀이를 천손강림형이라 일컫기도 한다. 하늘에서 내려왔기 때문에 신성한 지도자가 아니라, 그 지도자가 어떤 이념과 세계관으로 나라를 세우고 백성들을 다스렸는가 하는 점이 문제된다. 그러한 점을 알려면 건국시조의 본향인 하늘도 알아야 하고 하늘에서 어떤 이상을 가지고 이 땅에 내려왔는가 하는 사실도 알아야 한다. 태초에 하늘과 땅이 어떤 관계 속에서 존재했는가 하는 사실부터 실마리를 풀어가야 할 것이다.

2. '하늘'의 본디말 '한울'과 천손의 건국시조

사학자들이 본풀이를 신화라 일컫고 일정한 사료로 인정하여 역사적 해석을 할 때에도 문제가 드러난다. 고조선본풀이는 곰을 들어 퉁구스족을 비롯한 고아시아족에서 비롯되었다고 여기고 고조선을 북방의 유목민족이 건국한 것처럼 해석하거나, 박혁거세의 '박'과 호공(瓠公)의 표주박을 들어 박의 기원에 따라 남방에서 비롯되었다는 추론을 편다. 그런가 하면, 석탈해는 대장장이를 뜻하는 탈한이라는 몽골어를 근거로 몽골인물, 김알지는 금을 뜻하는 알타이어를 근거로 알타이인으로 해석하는 등 고대 건국시조들을 그 자체로 해석하지 않고 한결같이 다른 나라나 민족에서 건너온 인물로 해석하기 일쑤이다.

이처럼, 고대국가를 한결같이 다른 민족의 영웅이 도래해 와서 건국한 신탁통치국가로 자리매김하는 것은 곧 자민족사를 이웃나라에 가져다 바치는 일일 뿐 아니라, 자문화의 유산을 타문화의 아류로 해석하는 일과 다르지 않다. 그런 까닭에, 건국본풀이를 고대 우리 선조들이 서술한 구체적인 사료로 인식하지 않고 거기에 갈무리된 민족사관의 동질성에 관해 주목하지 않는 것은 물론, 우리 민족의 국가적 이상과 정치적 사상을 독창적으로 그려낸 것이 본풀이의 건국시조라는 사실을 읽어내지 못하고 있다.

따라서 종속적인 해석과 해체적인 분석을 극복하려면, 건국본풀이 자료들을 제각기 독립적인 각편으로 다룰 것이 아니라 서로 동질적 연관성을 지닌 민족문화 유산으로 주목하고, 서로 유기적 상관성을 탐색해야 한다. 그러자면, 천지개벽본풀이든 건국시조본풀이든 모두 우리 민족의 세계관을 담은 민족문화의 산물이라는 시각으로 상호연관성 속에서 동질성을 발견해내는 해석 역량이 필요하다.

태초의 우주를 노래하는 본풀이가 천지개벽본풀이와 천지왕본풀이이다. 개벽본풀이는[16] 하늘과 땅이 열리는 우주 생성의 과정을 노래했고, 천지왕본풀이는 하늘을 이루는 천체의 구성요소 곧 우주의 구조를 노래했다. 따라서 이 두 본풀이는 태초의 하늘을 인식하는 한국인의 원초적 세계관을 반영하고 있다. 하늘을 어떻게 인식하고 있는가 하는 것은 하늘을 일컫는 말에서부터 드러난다. 본풀이에서는 하늘을 '한울' 로 일컬었다.

> 한을과 싸이 생길 적에
> 彌勒님이 誕生한즉,
> 한을과 싸이 서로 부터,
> 써러지지 안이하소아,
> 한을은 북개쏙지차럼[17] 도도라지고,
> 싸는 四귀에 구리 기동을 세우고.[18]

---

16) 천지개벽본풀이를 줄여서 개벽본풀이라고 한다. 창세가 가운데 하늘과 땅이 처음 열리는 과정을 노래한 본풀이를 일찍이 임석재는 '천지개벽신화'라 일컬었다. 任晳宰, 「우리나라의 天地開闢神話」, 『耕學 金永敦博士 華甲紀念 敎育學論叢』, 螢雪出版社, 1977.

17) 가마솥의 뚜껑처럼.

18) 孫晉泰, 『朝鮮神歌遺編』, 鄕土文化社, 1930, 김쌍돌 구연, 〈창세가〉. 김헌선,

우리 인간에서 한 <u>하눌</u>에 달이 둘이 떴소 한 <u>하눌</u>에 해가 둘이 떴습니다.[19)

단군 하라부지가 어떻게 탄생했느냐 하며는 하늘에서 떨어졌다고 할 수가 있갔지요. 인간이 하나 <u>하눌</u>서 떨어졌지요. 어디에 떨어졌는지는 몰라요.[20)

김쌍돌 구연의 〈창세가〉에서는 하늘을 '한을'이라 했다. 한울을 나타내는 말이다. 무가 '셍굿'과 구전 이야기에는 하늘을 '하눌'이라 했다. 이 또한 '한울'을 일컫는 말을 소리나는 대로 표기한 것이다. 상황에 따라서 하늘이라고도 하지만, 이것은 '하눌' 곧 '한울'이라는 소리값을 가장 편하게 나타낼 때의 표현이다. 한을은 한울의 '한'을 힘주어서 말한 것이라면, 하눌은 한울의 '울'을 힘주어서 말한 것이라 할 수 있다. 그러므로 하늘의 본디 소리는 '한울'이라 할 수 있다.

한울은 소박하게 말하면 하나의 큰 울타리를 말하지만, 하늘이 가지고 있는 세계상을 고려하면 우주를 뜻하는 본디 우리말이 아닌가 한다. 그러므로 하늘 곧 '한울'은 우주를 하나의 거대한 울타리로 일컫은 셈이자, 우주적 공간인식에서 비롯된 말이라 할 수 있다. 하늘을 한을, 한울, 하눌로 일컫는 한편, '한올' 또는 '하날'로 일컫는 경우도 있다.

<u>한올</u> 알에 배틀 노코
구름 속에 영애 걸고[21)

『한국의 창세신화』, 길벗, 1994, 230쪽에서 재인용.

19) 임석재·장주근, 『관북지방무가』, 문교부, 1966, 강춘옥 구연 '셍굿'. 김헌선, 위의 책, 257쪽에서 재인용.

20) 임석재, 『한국구전설화』 평안북도편 Ⅲ, 평민사, 1989, 230쪽.

21) 孫晉泰, 위의 책, 같은 자료, 김헌선, 같은 책, 230쪽에서 재인용.

김쌍돌이 구연한 같은 본풀이 '창세가'에서 하늘을 '한을'이라고도 하고 '한올'이라고도 했다. "한을에 祝詞하니, 한을에서 벌기 떠러저"라고 하여, 하늘을 주로 '한을'이라고 했지만, '한올'이라 일컬은 대목이 한 곳 있다. '한을'을 '한올'로 잘못 말한 것일 수도 있지만, 그 중간값으로 말하면 '한을'에서 비롯되어 두 말로 나뉘어진 것이 아닌가 한다. 그런 가능성이 '하날'이라는 이름씨에서 더 구체화된다.

> 하날은 어떤 것이 하날이냐
> 청청맑은 청하날이오
> 잉은이도 삼하날 지하에도 삼하날 지자도 삼하날
> 삼십삼쳐구쳐서른세하날 이것이 하날이외다
> 하날은 두려운 하날 땅은 백사지땅[22]

한을이나 하눌이 한울에서 비롯되었다면, '하날'은 '한알'에서 비롯되었다고 할 수 있다. 한알은 우주적 외연을 나타내는 한울의 우주상과 달리, 우주의 형상을 알의 형태로 나타냈다고 할 수 있다. 알은 태초의 생명 형태를 상징한다. 하늘이 이렇게 다양하게 일컬어지는 것은 본디 소리값 '한올'에서 한울, 한올, 한알로 분화된 까닭이 아닌가 한다. 함석헌의 씨올사상에 의하면 '올'은 씨로서 생명의 시작이자, 역사와 우주의 중심과 주체로 삼는 하느님의 사랑으로 수렴했다. 그러므로 한올은 씨올의 하느님을 나타내는 한울님의 본디 말이 아닌가 한다. 한울님으로서 우주알은 해 곧 태양이다.

모든 알은 태초의 생명을 상징한다. 우주 자체가 생명을 낳는 알의 형상을 하고 있을 뿐 아니라 실제로 생명은 알에서 태어난다. 알의 상

---

22) 赤松至誠·秋葉隆, 『朝鮮巫俗의 硏究』(上), 朝鮮總督府, 1937, 박봉춘 구연, '초감제'. 김헌선, 같은 책, 394쪽에서 재인용.

태가 아니라 새끼를 직접 낳는 경우에도
체내에서는 알의 모습을 하고 있는 것이
원초적이다. 어머니의 태아는 알 속에서
자라는 생명이나 다름없다. 자궁도 하나
의 알의 형상이며 그 안의 수정된 난자
(卵子)도 알의 형태를 하고 있다. 알이
바로 생명의 씨앗이다. 더 흥미로운 것
은 수정 전후의 난자 모양은 마치 이글
거리는 태양처럼 둥근 불꽃문양을 이루

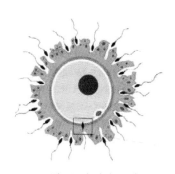

〈그림 1〉 수정란 모양

고 있다(그림 1).[23] 한울님 해가 곧 우주알로서 태초의 생명을 상징한다.

　본풀이 내용에 따라 태초의 인간생명을 유추하면 알이다. 시조왕은
대부분 '난생'이다. 알에서 태어났다. 난자나 수정란 또한 알이다. 사람
만 그런 것이 아니라 새끼를 낳는 동물도 마찬가지이다. 따라서 사람
의 아기를 일컫는 옛말이 '알나아' 곧 '알 낳아'였는지도 모른다. 지금
도 그러한 옛말이 살아서 경상도 일대에서는 아기를 '알나아' 또는 '얼
나아'라고 한다. 알을 낳은 것이 아기이며, 알을 부화한 것이 날짐승의
새끼이다.

　'아기' 또는 '아이'라는 말과 같은 것이 '새끼'와 '알'이다. 길짐승의
아기는 '새끼', 날짐승의 아기는 '알'이라 한다. 그런데, 반드시 이처럼
정확하게 가리지 않고 '자식새끼' 또는 '아새끼'라고 하여 사람의 아기
도 새끼로 나타내는가 하면, 달걀의 경우도 제주도에서는 '닭새끼'라고
하여 짐승처럼 나타내며, 사람의 아기도 '알낳아'라고 하여 날짐승처럼
일컫기도 한다. 따라서 제주도 삼성신화의 주인공은 고을나(高乙那),
부을나(夫乙那), 양을나(梁乙那)인데, 이 이름들은 고씨아기, 부씨아기,
양씨아기를 뜻하는 '알나' 또는 '얼나'에서 비롯된 것이 아닌가 한다.

23) 김영균·김태은, 『탯줄코드』, 민속원, 2008, 29쪽.

더 근원적으로는 '올'에서 곧 알나, 얼나, 을나라는 말이 파생되었을 것
으로 추론된다.[24]

실제로 '알'과 '아', '아이'가 같은 말로 쓰이는 보기도 있다. 알영(閼
英)부인을 아리영(娥利英)부인, 아이영(娥伊英)부인, 아영(娥英)부인라
고 일컬어서,[25] '알'과 '아리', '아이', '아' 등이 모두 같은 말로 쓰인다.
게다가 알영부인은 닭의 부리를 지니고 계룡의 옆구리에서 태어났다
고 했다. 알에서 부화한 상황을 말한다. 주몽은 물론, 박혁거세도 알에
서 태어나고 석탈해나 가야국의 시조들도 알에서 태어났다. 정확하게
말하면 알이 바로 건국시조들의 본디 모습이다. 하늘에서 강림한 시조
들의 태초 생명은 알이다. 그 알은 예사 알이 아니라 '한알'이다. 한울
에서 나타난 '한 알' 곧 큰 알이 바로 건국시조이다. 이러한 사상을 가
장 구체적으로 형상화한 것이 박혁거세본풀이다.

박혁거세가 태어난 알은 한울 곧 하늘에서 백마가 운반해 왔으며,
붉은 빛의 거대한 알의 모습이었다. 사람들은 이를 '박[瓠]'의 모양과
같다고 했지만 그것은 혁거세의 성을 박씨(朴氏)로 일컫기 위한 구실
이자 표면적 인식에 지나지 않는다. 박과 같은 모양의 이 알은 사실상
해의 모습을 한 것이다. 빛이 생명의 근원인데, 하늘에서 내려와 자줏
빛을 발하는 거대한 알이 바로 해이다. 한낮의 해는 워낙 눈부셔서 제
대로 보이지 않지만 동트는 해의 모습이나 저녁노을의 해를 보면, 그
야말로 붉은 빛을 발하는 커다란 알 모양을 하고 있다. 그러므로 박혁
거세의 알은 바가지를 상징하는 것이 아니라 해를 상징하며, 박이라고
한 것도 밝다는 것을 상징한다.

해는 형태상 알의 모양을 이루고 색깔로 보면 붉은 빛이나 황금빛
을 띤다. 따라서 박혁거세는 세상을 밝히는 불구내(弗矩內)이자 붉은
색 알로 출현한다. 용성국(龍城國)에서 붉은 용의 호위를 받으면서 온

---

24) 『신라금관의 기원을 밝힌다』, 지식산업사, 2008, 336-337쪽.
25) 『三國遺事』 卷1, 紀異1 新羅始祖 赫居世王.

석탈해도 대란(大卵) 곧 큰 알의 형태로 태어났다.[26] 알지는 닭이 우는 계림 숲에서 황금궤 안에서 출현하지만, 원초적으로는 알지 또한 천계(天鷄)인[27] 닭이 낳은 알이라는 뜻이다.[28] 그러므로 한울에서 온 생명은 한알로서 우주알이다. 달리 말하면 태초의 우주도 알의 꼴을 하고 있고 태초의 생명도 알이었다는 말이다.

하늘의 본디말 뿌리와 그 쓰임새를 찾아보니, 하늘은 본디 '한울'로서 '한울'이자 '한알'이다. 한울은 가이없는 우주상의 모양새를 뜻하고, 한알은 태초의 창조력을 지닌 원초적 생명성을 뜻하는 말로 추론된다. 따라서 하늘은 우주로서 하늘의 공간적 세계관이자 생명을 낳는 우주알로서 창조적 생명관의 뜻을 겸하고 있는 말이다.

그러한 한울님의 구체적 상징물이 가장 큰 것으로는 대우주를 상징하는 해 곧 태양이고 가장 작은 것으로는 소우주를 상징하는 난자생명이 아닌가 한다. 왜냐하면 그렇게 한울에서 태어난 건국시조들을 모두 '한알'로서 해와 같은 존재로 인식하고 있을 뿐 아니라, 그 해와 같은 알에서 구체적으로 태어나는 인간은 태아생명에서 태어나는 어린 아기, 곧 '아해'이기 때문이다.

건국시조라는 영웅의 신성한 모태는 한울님으로서 '해'이지만, 어린 아기 곧 '아해'의 모태는 또 다른 태양 곧 어머니 자궁 속의 수정란이다. 건국시조는 천제이자 하느님인 우주알로서 '한울'의 대우주 해와, 인간생명의 모태이자 태반의 수정란으로서 '한알'의 소우주 아해가 대

---

26) 『三國遺事』卷1, 紀異1 第4脫解王, "時我父王含達婆 娉積女國王女爲妃 久無子胤 禱祀求息 七年後 産一大卵 於是大王會問群臣 人而生卵 古今未有 殆非吉祥 乃造櫃置我 并七寶奴婢載於舡中 浮海而祝曰 任到有緣之地 立國成家 便有赤龍 護舡而至此矣."

27) 『三國史記』나 『三國遺事』에서 모두 백계(白鷄)라고 했지만, 사실은 하늘에서 내려온 천계를 뜻한다. 박혁거세의 알을 운반해 온 백마(白馬)도 사실은 천마(天馬)를 뜻한다.

28) 임재해, 『신라금관의 기원을 밝힌다』, 340쪽.

립적이면서 통일을 이루는 변증법적 존재라 할 수 있다. 그러므로 하늘은 광대무변한 우주의 범주를 나타낼 뿐 아니라, 크게는 우주알로서 한울님인 해를 통해 우주생명(global life) 또는 '온생명'의[29] 실체 구실을 하지만, 작게는 인간생명의 수정란, 또는 태아생명의 '아해'를 태초의 생명으로 인식하여 '해'와 동일시한 것이 아닌가 한다.

3. 건국본풀이에 나타난 하늘과 '해'의 상징성

본풀이를 노래하는 말의 본디 뜻이 대우주의 천체와 소우주의 태아 형상이 지니는 동질성을 잘 포착해 준다. 대우주로서 하늘의 주체인 해와 소우주로서 건국주체인 시조의 출현 양식이 그러한 추론의 근거를 마련하고 있다.

더 설득력을 지닌 논의로 발전하려면, 본풀이에서 노래되는 건국시조의 정체를 이야기하는 서사 속에서도 그러한 내용들이 뒷받침되어야 할 것이다. 본풀이 가운데 천지개벽본풀이나 천지왕본풀이가 우주 또는 하늘나라의 형성에 관한 본풀이라면, 땅나라의 형성과 건국시조에 관한 것은 고조선을 비롯한 고대국가들의 건국본풀이들이다. 그러므로 고대국가의 건국본풀이를 자료로 한층 구체적인 분석이 필요하다.

건국본풀이는 건국시조의 출현에서부터 비롯된다. 건국시조는 인간세상을 다스리기 위해 나라를 처음 세우는 왕이지만, 인간세상에서 출현하는 것이 아니라 모두 하늘나라로부터 출현하는 천상의 신격이자 신성한 인물로 이야기되고 있다. 이러한 구조가 건국본풀이에서 비로소 나타나는 것이 아니라, 천지왕본풀이에서 이미 그 보기를 이루고

---

29) 장회익, 『삶과 온생명』, 솔, 1998, 179-182쪽에서 태양계를 하나의 완전한 생명이라는 점에서 '온생명'이라 일컫는다. 초기에는 이 생명을 기존 생명과 다르게 global life라 부르면서 우주생명이라 했으나 뒤에 온생명으로 이름을 바꾸었다.

있다. 천지개벽본풀이와 달리 천지왕본풀이는 하늘과 땅의 형성과정을 함께 다루기 때문이다. 그러므로 이 본풀이는 건국본풀이의 서사구조와 상당히 밀접한 연관성을 지니고 있다.

천지왕이 지상에 내려와 바지왕과[30] 혼인하고 대별왕과 소별왕을 낳아, 해와 달과 별의 수를 조정하도록 하고 이승과 저승을 맡게 함으로써 지금과 같이 온전한 세계를 구성하게 되었다는 것이 천지왕본풀이의 긴요한 내용이다. 건국본풀이도 이와 같은 서사 줄거리로 구성되어 있다. 인간세상의 나라를 처음 세우는 건국시조도 천지왕처럼 하늘에서 땅으로 강림한다. 천지왕본풀이의 등장인물도 천지왕, 바지왕, 대별왕, 소별왕 등 천체의 이름이듯이, 건국시조의 이름들도 아예 하늘 곧 한울로 일컬어지기 일쑤이다. 소리값은 물론 그 말뜻도 한울을 상징하고 있어 주목된다.

고조선 건국본풀이의 주인공을 일컫는 환인천제(桓因天帝) 또는 환웅천왕(桓雄天王)의 호칭은 모두 하늘과 연관되어 있다. 환인제석(桓因帝釋)이라 했을 때도 환인은 제석천의 하늘을 뜻한다. '환인+천제' 또는 '환인+제석', 그리고 '환웅+천왕'의 구조를 이루고 있다. 이들은 모두 하늘나라에서 지상세계를 다스리고자 동경하는 천상적 존재이다. 한자말 '천제'나 '제석', '천왕'이 뜻으로서 하늘의 황제 또는 하늘세계의 왕을 나타내는 것이라면, '환인'이나 '환웅'은 모두 우리말 소리값을 한자로 나타낸 이두식 표기라 할 수 있다. 따라서 천제와 천왕이란 말이 모두 하늘의 제왕을 서열에 따라 나타낸 한자말인 것처럼, 환인과 환웅도 같은 뜻을 우리말 소리값으로 나타낸 것이라 할 수 있다.

환인은 환님 곧 하눌님, 한울님을 뜻하고, 환웅은 하눙, 하눌 곧 한울을 뜻한다. 환인과 환웅의 후손들은 해를 숭배하는 한(桓·韓) 부족이다. 한족은 '한울님'의 아들이나 자손이라고 생각하며 해와 밝음, 빛,

---

30) '바지왕'은 채록본에 따라 '박에왕' 또는 '총맹부인'으로 노래되기도 한다.

동녘을 숭배한다.[31] 따라서 환인과 환웅의 '환'은 곧 환한 빛을 뜻하는 하늘이자 우주를 일컫는다. 한울은 한량없이 넓고 크다. 무궁한 울이 바로 한울이다. 〈용담유사〉에서 무궁한 울은 곧 한울을 뜻한다.

> 글도 역시 무궁이오말도 역시 무궁이라무궁히 살펴 내어무궁히 알았으면무궁한 이 울 속에무궁한 내 아닌가. 〈龍潭遺詞, 興比歌〉

한울이 무궁한 우주로서 대우주라면 '무궁한 나'는 곧 소우주란 뜻이다. 따라서 하늘은 한울로서 대우주의 공간을 뜻하는 것이다. 우주로서 하늘은 늘 밝지만 땅은 가끔씩 어둡다. 우주에는 밤이 없지만 지구에는 밤과 낮이 있다. 우주를 다스리는 신이 바로 한울님이고 하늘을 밝히는 주체가 한울님이다.

한울님은 천제(天帝)로서 하느님이자 환인(桓因)으로서 천신을 나타내는가 하면, 천체로서 물리적 대상인 태양 곧 해를 나타내기도 한다. 해는 천신이자 한울님으로서 하느님의 구체적 상징물이라 할 수 있다. 하늘과 하늘의 중심, 하늘나라와 하느님의 문제는 건국시조본풀이에서 한층 구체적으로 다루어지므로, 본풀이 내용을 따라가며 검토할 필요가 있다.

환웅천왕이라 일컫는 것처럼 환웅도 천왕이다. 하늘왕인 천왕은 사실상 천신이자 하느님이며 햇님이나 다름없다. 해의 밝은 모습을 상징하는 이름은 신시고국의 환웅에서 머물지 않고 고조선의 시조 단군왕검(檀君王儉)과 부여, 고구려, 신라, 가야의 건국시조까지 이어진다. 단군왕검은 환인천제나 환웅천왕과 같은 구조를 이루고 있어 '단군+왕검'으로 분석된다.

단군을 뜻하는 '단(檀)'의 박달나무는 '밝다'는 뜻을 나타내는 것이

---

31) 愼鏞廈, 『韓國 原民族 形成과 歷史的 傳統』, 나남출판, 2005, 27쪽.

다. 단군은 '밝달족 임금'이자[32) 햇님임금으로서, 우리 민족을 두고 배달민족이라고 하는 것도 그 내력을 여기서 찾는다. 환인과 환웅의 '환'이나 단군의 '단'은 모두 밝다는 것을 뜻한다. 같은 뜻의 다른 이름을 일컫는데, 이것은 중복에서 오는 혼란을 피하기 위한 것일 뿐 후대에까지 해를 뜻하는 시조이름으로서 지속된다.

부여의 시조 해모수(解慕漱)와 그 아들 해부루(解夫婁)는 해씨(解氏) 성을 지녔다. 이 성은 곧 해의 밝은 빛과 뜨거운 열기를 상징한다. 해모수는 천제로서 '해모습' 자체이며 아들인 해부루는 곧 '해불'로서 태양의 뜨거움을 상징한다. 천제 해모수는 천제 환인과 같은 뜻의 이름이다. 환인과 환웅이라는 이름이 해의 밝은 빛을 소리값대로 나타낸 것이라면, 부여의 해모수와 해부루는 해의 이름씨를 그대로 살려서 해의 형상과 열기를 나타낸 것이다. 따라서 밝다는 뜻의 환인이나 환웅, 단군과 구분하기 위해 해모수 또는 해부루라 했을 뿐 천제나 천왕이라는 햇님 곧 하느님을 나타내는 뜻은 같다. 여기서 우리는 신의 이름을 어떻게 부르는가 하는 일반적인 문제를 주목할 필요가 있다.

기독교에서 하느님을 일컬을 때 하느님 외에 주님, 아버지, 여호와 등으로 다양하게 일컫는다. 기도를 올릴 때 '여호와 아버지 하느님'이라고 한꺼번에 여러 이름을 일컫기도 한다. 카시러는 신을 호명하는 방식을 논의하면서 같은 신에 대하여 여러 가지 이름을 계속해서 열거하는 제의적 기능을 서술했다.

여러 이름을 거듭 일컬음으로써 신에게 기도를 정확하게 전달하고 제의 현장에 강림할 수 있도록 하는 힘을 지닌다는 것이다. 따라서 종교마다 같은 신을 부르는 이름이 다양하게 있다고 했다. 다시 말하면 신의 정체성은 같으나 다른 이름으로 호명할 수 있으며, 여러 이름으로 불러야 기도와 제의의 영험이 있다는 것이다.[33) 왕명의 경우도 '엘

---

32) 愼鏞廈, 『韓民族의 形成과 民族社會學』, 지식산업사, 2001, 38쪽.

33) Ernst Cassirer, *Language and Myth*, Dover Publications Inc., 1953, 53-56쪽 참조.

리자베스 2세' 영국여왕처럼 가문의 정체성을 지키기 위해 할아버지나 아버지의 이름을 그대로 쓰면서 2세 또는 3세라고 일컫기도 한다.

신화나 제의에서 하나의 이름으로 일컬어지는 신은 어떤 신이라도 호명되는 순간부터는 그 이름에 의해 사실(real)이 될 뿐 아니라 실제(reality)가 된다. 고대에는 이름과 그것을 지칭하는 실체가 동일시되었다. 이름이 사라지는 것은 곧 존재의 소멸을 뜻한다. 따라서 이름이 지니는 상징과 의미 사이의 잠재력은 결정적이다. 적절한 호명의 자리에서는, 물체와 그 이름, 그리고 구체적 대상과 이미지 사이에서 완전한 일치를 이루는 동질성을 발견하게 된다.[34] 그러므로 상징이나 이미지로 호명하거나 실체와 물체로서 그 이름을 부르는 것은 사실 같은 존재를 일컫는 것이다.

해를 해라는 실체의 이름으로 일컫거나 밝은님 또는 한울님으로 일컫는 것은 서로 다르지 않다는 것이다. 따라서 하늘을 어떻게 부르고 건국시조를 어떤 이름으로 불렀는가 하는 것은 그 정체를 밝히는 데 중요한 요소라 하지 않을 수 없다. 하늘에서 내려온 건국시조의 이름이 곧 그 정체를 자리매김하는 의미이자 이미지이며 상징이다.

건국시조인 한울님 곧 태양을 신시고국(神市古國)에서는[35] 환인과 환웅 또는 천제와 천왕으로 일컬었고, 고조선에서는 단군으로 일컬었으며, 부여에서는 천제와 천제의 손, 또는 해모수와 해부루로, 고구려에서는 동명(東明)과 유리(琉璃)로 일컬었다. 고구려의 시조 주몽은 천제 해모수 곧 해의 아들이기 때문에 동명왕이라 하였다. 동명은 곧 '동녘의 밝은 빛' 곧 해를 뜻하는 말이다. 동명왕의 아들 유리왕자 또한 햇빛을 상징한다. 유리는 빛을 반사하는 기능을 지녔기 때문이다.

---

34) Ernst Cassirer, 위의 책, 58쪽.
35) 임재해, 「단군신화로 본 고조선문화의 기원 재인식」, 『단군학연구』 19, 단군학회, 2008, 340쪽에서 신시를 신시고국으로 일컬어야 하는 까닭을 자세하게 다루었다.

모두 해와 관련된 이미지로서 빛, 밝음, 뜨거움, 붉은 색, 불 등을 나타낸다. 이처럼 건국시조는 모두 하늘에서 강림할 뿐 아니라, 이름이 제각기 다르되 하늘의 해를 상징하는 뜻을 지녔다고 하는 점에서 모두 같은 존재를 상징한다. 결국 건국시조의 이름은 신시고국, 고조선, 부여, 고구려, 신라까지 한울님 곧 해를 상징하는 뜻을 지녔다. 그러므로 그 동안 건국시조를 일컬어 천손강림이라 했는데, 천손이 아니라 사실은 천제 자체인 해님을 상징한 존재라고 해야 더 적절하다.

그 뿌리는 신시고국의 시조 아버지인 환인에서부터 비롯된다. 환인은 '환한 님', '하느님', '밝은 님'을 나타내는 말인 까닭에 '태양' 곧 '해'를 뜻하는 것으로[36] 일찍부터 추론되어 왔다. 따라서 환인 = 천제 = 제석은 같은 대상을 나타내는 다른 이름일 뿐이다. 일정한 종교적 세계관에 따라 특정한 소리값 또는 상징을 끌어와서, '주님, 하느님, 하나님, 아버지, 여호와, 야훼, 알라' 등으로 일컫는 까닭에, 마치 서로 다른 이름처럼 인식되지만, 사실은 하느님을 일컫는 같은 뜻의 말인 것과 같다. 따라서 '환인'을 일컫는 '천제'는 곧 상제님이자 하느님이며, 물리적 실체와 관련해서는 태양 곧 해로서 '환한 님'일 수 있다. 그러므로 환인은 사실상 천제이며 태양신으로서 하느님을 일컫는 존재이다.

하늘과 해는 특정 민족이나 국가에 한정되는 실체나 상징물이 아니다. 세계 전체가 공유하는 대상이자 신격이다. 이런 인식으로 보면 해님인 한울님의 건국은 나라를 세운 것이 아니라 사실은 하나의 새로운 세계를 만들어낸 것이다. 환웅의 신시고국은 바로 인간세상 전체를 다스리는 나라를 상징한다. 따라서 환웅천왕은 세상에 머물러 살면서 이치로서 교화를 한 까닭에 재세이화(在世理化)했다고 한다. 이때 '재세'의 세상은 국가의 범주를 넘어서는 인간세상을 포괄하는 것이다. 상대적으로 한울은 인간세상을 아우르고 있는 우주 전체를 뜻하는 것이다.

---

36) 윤내현, 『고조선 연구』, 일지사, 1994, 701쪽.

단군조선 이전의 상고시대에는 건국시조를 천제 곧 한울님으로 인식했고 그 구체적인 실체 또는 상징을 태양 곧 '해'에 둔 것으로 짐작된다. 왜냐하면 그러한 '해'의 이미지가 한층 구체화되어 마침내 부여에서는 건국시조가 천제로서 '해모수' 곧 '해'로 나타나고 고구려 또한 해의 후손으로 인식하여 동명왕으로 일컬었기 때문이다.

해의 실체를 해의 다양한 이미지에 따라 서로 다른 이름으로 일컬은 것이 곧 고대국가의 건국시조 이름이라 할 수 있다. 그런 점에서 신시고국 이래 나라가 여러 차례 바뀌었지만, 건국시조를 하느님 곧 해로 인식하는 세계관적 정체성은 크게 다르지 않았다. 그것은 곧 건국이 하나의 나라를 세우거나 한 겨레에 한정된 것이 아니라 세상 전체 또는 인류사회 일반으로 인식한 것과 연관되어 있다.

신시고국 시조인 환웅이 하늘에서 인간세상을 내려다보며 '홍익민족'이 아닌 '홍익인간'의 이상을 추구한 데서 잘 나타나 있다. 홍익인간은 배달민족에게 한정된 것이 아니라 인간세상을 널리 이롭게 하는 것이다. 환인과 환웅이 한울님으로서 인간세상을 총체적으로 인식한 것처럼, 고대인들은 자기 국가를 곧 세계나 우주로 인식했을 가능성이 있다. 따라서 특정 국가나 민족의 지도자로서 시조를 고려한 것이 아니라 세계와 인류의 지도자로서 한울님을 인식했을 것으로 짐작된다. 다시 말하면, 다른 나라에 다른 한울님, 곧 다른 국가에 다른 천제나 천왕이 있었다고 생각하지 않았을 가능성이 있다는 것이다.

4. '해'를 상징하는 건국시조의 다양한 이름들

건국시조를 천제이자 한울님, 곧 해로 인식한 까닭은 단순히 건국시조가 아니라 세계 수립자이자 세상의 지도자로서, 한울의 중심 곧 우주를 밝히는 태양이라 여긴 데 있다. 세계 창조의 주체이자 우주생명의 근원을 태양 곧 해님으로 인식한 것이다. 따라서 건국시조는 모두 해를 일컫거나 상징하는 말로 호명되었다.

그러다 보니, 역사적 기록에는 같은 이름이 서로 다른 나라에 등장하여 착종을 보이기도 한다. 고조선의 시조 단군이 부여의 시조 해모수와 같은 존재로 등장하는 것이 그러한 보기이다. 고구려의 동명왕본풀이에 해모수가 천손으로 등장하는데 단군이 해모수와 같은 인물로 이야기되는 것이다.

『삼국유사』의 기록을 보면 일연이 이러한 사실을 발견하고 문제를 제기하고 있다.

> 『단군기(壇君紀)』에 이르기를, "단군(檀君)이 서하에 있는 하백(河伯)의 딸과 친하여 아들을 낳아 이름을 부루(夫婁)라 하였다"고 했는데, 지금 이 기록을 살펴보면 해모수가 하백의 딸을 사통하여 뒤에 주몽을 낳았다고 했다. 『단군기』에는 아들을 낳아 이름을 부루라고 했다" 하므로 부루와 주몽은 어머니가 다른 형제일 것이다.[37]

일연은 『국사(國史)』 「고려본기(高麗本紀)」를 인용하여 고구려의 건국시조를 밝히면서 『단군기(壇君紀)』의 내용과 같고 다른 사실들을 주석으로 밝혀 두었다. 「고려본기」에는 하백의 딸과 단군 사이에서 부루를 낳았다고 하는데, 『단군기』에서는 하백의 딸과 해모수 사이에서 주몽을 낳았다고 하는 사실을 제시하고, 부루와 주몽은 어머니가 다른 형제라고 했다.

그러나 기록을 보면, 부루와 주몽의 아버지는 단군과 해모수로 서로 다르고 어머니는 하백녀로 동일하다. 따라서 부루와 주몽은 어머니가 다른 형제라고 주석한 일연의 추론은 잘못된 것이다. 오히려 어머

---

[37] 『三國遺事』 卷1, 「紀異」 2 高句麗 一然의 註釋. "壇君記云 君與西河河伯之女 要親 有産子 名曰夫婁 今按此記 則解慕漱私河伯之女而後産朱蒙. 壇君記云 産子名曰夫婁 夫婁與朱蒙異母兄弟也."

니는 같고 아버지가 다르기 때문이다. 만일 일연의 추론이 사실이라면 두 가지 사실을 바로잡아야 한다. 첫째 하백녀는 한 인물이 아니고 두 인물이어야 하며, 둘째 단군과 해모수는 같은 인물이어야 한다. 그래야 같은 아버지의 배다른 형제일 수 있다.

하백의 딸은 여러 형제가 있을 수 있어서 서로 다른 인물일 수 있으나, 단군과 해모수는 같은 인물일 수 없다. 만일 같은 인물이라면 단군과 해모수라는 이름은 고유명사가 아니라 보통명사여야 한다. 같은 인물을 그 지위나 역할에 따라 여러 이름으로 부를 수 있다. 특히 왕이나 영웅과 같은 탁월한 인물들은 고유명사가 아닌 여러 보통명사로 일컬어질 수 있다. 그러나 단군과 해모수는 같은 인물로 해석하기 어려운 까닭에 더 구체적인 내용 검토와 방증자료가 필요하다.

관련 기록을 더 찾아보면, 다른 문헌에도 단군과 해모수가 모두 '부루'의 아버지로 기록되어 있는 점이 주목된다. 『삼국유사』 '북부여'조에는 해모수가 부루를 낳았다고 기록되어 있고, 『제왕운기(帝王韻紀)』 '전조선기(前朝鮮紀)'에는 단군이 부루를 낳은 것으로 기록되어 있다.

> "천제가 흘승골성(訖升骨城)에 내려와 오룡거(五龍車)를 타고 도읍을 정한 뒤에 스스로 왕을 칭하였으며, 국호를 북부여라 하고 자칭 해모수라 하였다. 아들을 낳아 부루라 하고 해(解)로써 성씨로 삼았다."[38]

> 『단군본기(檀君本紀)』에 이르기를, "비서갑(非西岬) 하백의 딸과 결혼하여 아들을 낳았으니 이름을 부루라 하였다."[39]

---

38) 『三國遺事』 卷1, 「紀異」 1 北夫餘, "天帝降于訖升骨城 乘五龍車 立都稱王 國號北夫餘 自稱名解慕漱 生子名夫婁 以解爲氏焉."
39) 『帝王韻紀』 卷下, 「前朝鮮紀」 李承休의 註釋. "檀君本紀曰 與非西岬河伯之女婚而生男 名夫婁."

부루의 아버지를 『삼국유사』 '북부여'조에는 해모수로, 『단군본기』에서는 단군으로 기록해 두었다. 기록대로라면 부루의 아버지가 서로 다르다. 만일 부루가 북부여의 시조로서 동일 인물이라면, 그 아버지로 호명된 해모수와 단군도 서로 같은 인물이며, 해모수와 단군은 고유명사가 아니라 왕호에 해당되는 보통명사로 받아들여야 한다.

단군은 환웅천왕의 아들이고 해모수는 천제의 아들이다. 신분적 위상이 시조왕으로서 서로 동질적일 뿐만 아니라 상징하는 내용도 같다. '단군'과 '해모수'는 모두 태양 상징의 왕호이다. 천제의 아들인 '해모수'는 해를 닮은 '해모습'[40] 또는 '해머슴아'를[41] 일컫는 말이며, 단군은 해의 아들 곧 일자(日子)를 일컫는 말이다. 해를 하느님으로 받들었던[42] 까닭에 단군의 아버지는 환웅천왕, 그 아버지는 환인천제로 일컬어졌다. 해를 '하느님'으로 인식하고 '환님' 또는 '한님'으로 숭배한 까닭에[43] 단군의 조상을 '桓雄' 또는 '桓因'이라는 한자말로 표기했던 것이다. 그러므로 환인천제의 후손을 표방하는 환웅족은, 천신족으로서 천신과 광명을 신앙하는 해토템족으로 해석되기도 한다.[44]

해토템이란 말은 적절하지 않지만, 환웅족은 해 상징 민족 또는 해 숭배 민족이라 할 수 있다. 따라서 환웅이 처음 터잡은 태백산이나 고조선의 도읍지 아사달(阿斯達)의 지명 또한 밝은 빛이나 양달, 해, 아침 등을 뜻한다. 아사달은 곧 '아침 땅'을 뜻하는 것으로서 한자말로 나타내면 국호 '조선(朝鮮)'이 된다.[45] 아사달 조선은 시간적으로 해 뜨는

40) 임재해, 『민족신화와 건국영웅들』, 민속원, 2006(2판), 107쪽.
41) 金庠基, 「國史上에 나타난 建國說話의 檢討」, 『東方史論叢』, 서울대학교출판부, 1984, 6-7쪽. 윤내현, 『고조선 연구』, 702쪽에서 재인용.
42) 윤내현, 같은 책, 702쪽.
43) 윤내현, 같은 책, 같은 곳.
44) 愼鏞廈, 『韓民族의 形成과 民族社會學』, 지식산업사, 2001, 164쪽.
45) 李丙燾, 「檀君說話의 解釋과 阿斯達 問題」, 『韓國古代史研究』, 博英社, 1981, 40쪽.

땅이지만 공간적으로 양지바른 땅을 뜻한다. 따라서 고대 중국인들은 단군조선을 밝은 조선이라는 뜻으로 '발조선(發朝鮮)'으로 일컬었다. 고조선의 국호가 중국문헌에서 최초로 나타나는『관자(管子)』'경중갑(輕重甲)'편에 보면, 고조선의 국호를 '발조선'으로 기록해 두었다.[46] 밝은 조선을 달리 말하면, 해 뜨는 조선이란 뜻이다.

백두산이나 백악산, 백산, 태백산 등의 백(白)은 모두 밝은 것을 나타낸다. 따라서 밝달의 한자 표기를 백산(白山) 또는 백악(白岳)으로 했다. 태백산과 백두산은 큰밝달이며, 백악산 아사달은 아침 햇빛을 받는 양지쪽을 뜻하는 것으로서 '밝달 조선'이며 '발조선'과 같은 말이다.[47] 바다이름 발해나 나라이름 발해도 발조선의 전통을 따른 것이 아닌가 한다. 발해가 고구려의 적통을 이으려고 했을 뿐만 아니라, 연호를 하늘의 법통을 잇는다는 뜻으로 '천통(天統)'이라 일컬은 사실도 참고할 만하다.

실제로 단군조선은 '발조선' 또는 '아사달'이라 일컬을 만하게 지리적으로 해가 가장 먼저 비치는 동방의 땅이다. '아사달'에서 비롯된 국호 '조선'은 해가 처음 떠오르는 시점(時點)과 해가 가장 잘 비치는 지점(地點)을 이상으로 추구하는 뜻을 담고 있다. 국호 '조선' 곧 아사달이라는 이름에서도 이미 태양신 하느님을 시조왕으로 삼은 정체성이 잘 드러난다. 그러므로 고조선족은 하늘과 해, 빛, 아침, 동녘, 양지를 존중하는 민족으로 해석한다.[48] 해를 상징하는 말과 나라이름도 일정한 연관성을 지녔다는 사실이다.

더 중요한 사실은 부여의 건국시조 성씨가 해씨이자, 우리 민족 최초의 성씨가 해씨라는 점이다. 부여의 시조 해모수, 해부루 부자의 해씨(解氏)는 세상에서 가장 오래된 성씨의 하나라 할 수 있다. 해모수가

---

46) 『管子』卷24,「輕重甲」, "然後八千里之發朝鮮可得而朝也."
47) 愼鏞廈,『韓民族의 形成과 民族社會學』, 41쪽.
48) 愼鏞廈, 위와 같은 곳 참조.

곧 해인 것은 천제의 아들일 뿐 아니라, "아침이면 일을 보고 저녁이면 하늘로 올라갔으므로 세상에서 천왕랑(天王郎)이라 했다"는[49] 사실에서 잘 드러난다. 해모수의 행동양식은 곧 아침저녁 해의 출몰과정과 같다. 세상사람들이 해모수를 두고 천왕랑이라고 일컬은 것도 해를 뜻한다.

해모습을 한 '해모수'가 햇빛의 밝음을 상징한다면, 그래서 사실상 '환한 님', 환님과 같다면, 해의 뜨거움을 나타내는 '해부루'는 곧 '해+불'의 음차로서 해의 불꽃같은 열기를 상징한다고 할 수 있다. 해부루의 '부루'와 '부여'의 나라명도 일치한다. "전기 부여는 중국 고문헌에서 '부루(符婁)', '불이(不而)', '비여(肥如)' '불이(不二)', '부역(鳧繹)'[50] '부여(扶黎)' 등으로 기록"되었다.[51] 따라서 해부루는 해불이 아닌가 한다. 부여 또한 '불'과 같은 소리값을 지니면서 해의 뜨거움을 상징한다.

이러한 사실은 시조의 잉태과정에서 한층 구체적으로 드러난다. 해모수와 유화부인 사이에서 태어난 주몽 또한 해의 감응으로 태어난 까닭이다. 주몽은 해부루와 달리 성을 '해'씨라 하지 않았지만, 천제 해모수의 아들이라는 사실을 밝히는 것 못지않게 '해'의 자손이라는 사실을 더 구체화하여 밝히고 있다. 유화부인이 햇빛을 받아서 주몽을 잉태하고 큰 알을 낳았다는 것이 그러한 근거이다.

> 금와왕은 유화를 이상하게 여겨 방 속에 가두어 두었다. 그랬더니 햇빛이 방 안을 비추었다. 유화가 몸을 피하자 햇빛이 따라와서 또 비추었다. 그로부터 태기가 있어 알 하나를 낳았는데 크기가 닷되들이 만했다.[52]

---

49) 李奎報, 『東國李相國集』 卷3, 東明王篇.
50) 鳧繹는 중국어 발음으로 '부이'로 소리난다.
51) 신용하, 「고조선문명권 형성의 기본구조」, 『고조선의 정체성과 지속성』, 2010년 고조선학회 하계학술대회(서울역사박물관, 2010년 6월 19일) 발표논문집, 3쪽.
    愼鏞廈, 『古朝鮮 國家形成의 社會史』, 지식산업사, 2010, 267쪽.

주몽이 천제인 태양신의 자손이라는 사실이 해모수와 유화의 결합
관계를 비롯하여 유화의 주몽 잉태 과정에서 고스란히 드러난다.『삼
국유사』에서는 주몽 스스로 천제 해모수의 아들이라 했고,『세종실록』
에서는 주몽 스스로 천제의 손자라고 한 사실도[53] 중요하지만, 하늘
또는 해의 관계에서 중요한 것은 주몽이 천제의 아들인가 손자인가 하
는 것이 아니라 천제의 후손이자 햇빛 감응에 의해 잉태된 '아해'이자,
태양신의 표상인 큰 알로 태어났다는 점이다.

금와왕은 사람이 새알을 낳았으니 상서롭지 못하다고 하여 유화부
인이 낳은 알을 버리게 하였으나, 말들이 알을 비켜가고 백수(百獸)가
보호하였을 뿐 아니라, "구름이 낀 날에도 알 위에는 늘 햇빛[日光]이
있어서, 도로 어미에게 보내어 기르게 했다"고[54] 한다. 따라서 주몽은
천제 해모수 곧 태양신의 아들이자 태양 자체로서 해부루와 같은 존재
이다. 주몽도 본디 성은 해모수에 따라 해씨였으나 천제의 아들로 햇
빛을 받아 태어났다고 하여 스스로 '고'씨라 하였던 것이다. 해가 높은
곳에 있는 사실을 근거로 고씨라 한 것 같은데, 해씨나 고씨나 모두 천
제 해모수의 전통을 이어받은 것일 뿐 아니라 한결같이 태양신을 상징
하는 성씨라 하겠다.

5. '해'를 상징하는 건국시조의 역사적 지속

고조선 이전의 신시고국 시조인 환웅의 정체가 밝은 해를 상징하는

---

52) 『三國遺事』卷1, 紀異2 高句麗, "金蛙異之 幽閉於室中 爲日光所照 引身避之
日影又逐而照之 因而有孕 生一卵 大五升許."
53) 주몽이 천제의 아들인가 손자인가 하는 것은 그 아버지인 해모수의 정체에
달려 있다. 해모수를 천제라고 보면 주몽은『삼국유사』에서처럼 그 아들이
되나, 해모수를 천제의 아들인 천왕랑(天王郞)이라고 보면 주몽은『세종실
록』에서처럼 그 손자가 된다.
54) 李奎報,『東國李相國集』卷3, 東明王篇 并書.

것으로 밝혀졌다. 환인, 환웅, 단군으로 이어지는 천제, 천왕의 전통은
부여에 와서 한층 구체화된다. 천제의 아들 해모수와 환웅은 서로 정
체성이 일치하는 존재이다. 환웅이 하늘에서 내려와 신시를 다스렸을
뿐 아니라, 환인천제의 아들로서 천왕을 자처한 것은 해모수와 다르지
않다.

신시 건국과 고조선 건국본풀이의 전통이 부여 건국본풀이에서 고
스란히 이어진다. 부여에서는 해를 생활말과 더 가깝게 나타내서 해모
수, 해부루라 하였고 해를 시조왕의 성씨로 삼았을 뿐 아니라, 해의 출
몰 양식에 따라 활동하거나 햇빛을 받아서 후손들이 태어나는 등, 시
조왕이 해를 상징하는 존재라는 사실을 한층 생활세계에 맞추어 분명
하게 나타내고 있다.

이러한 전통은 부여와 고구려 건국시조에서 머물지 않고 신라와 가
야에까지 이어진다. 신라의 건국시조 본풀이는 6촌촌장의 출현에서부
터 비롯된다. 박혁거세 이전에 신라 건국의 토대를 이루었던 6촌촌장
들의 본풀이는 신시고국을 세운 환웅본풀이의 서사구조와 같다. 환웅
이 하늘에서 태백산 신단수 아래로 강림하여 신시고국을 세우듯이, 6
촌의 촌장들 또한 모두 하늘에서 산으로 강림하여 일정한 수준의 공동
체국가를 세우고 특정 성씨의 시조가 되며 정치적 지도자가 되었다.

6촌촌장의 출현은 신시고국의 천왕인 환웅의 출현과정과 같을 뿐
아니라, 큰 산을 구심점으로 일정한 공동체를 이루었다고 하는 공간적
입지까지 같다. 이러한 사실은 결국 환웅족과 사로국 촌장들이 하늘의
해를 천신 또는 천왕으로 섬기고 그 정기를 받은 신성한 인물을 시조
왕의 상징으로 삼는다는 점에서 일치한다. 따라서 고조선과 신라 사람
들은 서로 같은 민족으로서 역사적 뿌리와 세계관, 천신신앙 등을 공
유한 동일문화 집단이라 할 수 있다. 그러므로 환웅본풀이의 전통을
고스란히 이어가고 있는 6촌촌장본풀이는 신라인들이 고조선의 유민
(遺民)이라는 사실을[55] 잘 입증한다.

박혁거세 출현과정도 주몽처럼 알로 태어나며 해 또는 빛을 뜻하는 '아해'로 묘사된다. "'계정'이라는[56] 우물가에 번개빛처럼 이상한 기운이 땅에 비치고", "자주빛 알이 있었으며", 알에서 나온 아이를 "동천(東泉)에서 목욕을 시키자 몸에서 광채가 나고 새와 짐승들이 춤을 추니 천지가 진동하고 해와 달도 맑고 밝았다."고 한다.[57]

여기서 중요한 열쇠말은 번개빛과 자주빛, 알, 동천, 광채, 밝았다 등이다. 자줏빛 알도 해를 상징하지만 몸에서 광채가 나는 것도 해를 상징한다. 그러므로 세상을 밝히는 왕이라는 뜻으로 박혁거세(朴赫居世) 또는 불구내(弗矩內)라 일컬은 것이다. 한결같이 세상을 밝힌다는 이름으로 일컬었다.

실제로 몸에서 광채가 났을 뿐 아니라, 세상을 밝히는 존재로 일컬어진 혁거세나, 세상을 널리 이롭게 하는 홍익인간 사상을 품은 환웅천왕이나 사실은 같은 능력을 지니며 같은 구실을 했다. 건국시조라는 것은 결국 해처럼 세상을 환하게 밝혀서 인간세상의 삼라만상을 널리 이롭게 하는 존재라는 것이다. 신시고국의 환인과 환웅에서 부여의 해모수와 해부루, 환웅의 홍익인간 사상에서 박혁거세의 세상을 밝히는 사상으로 나아간 것은, 시조왕의 인식이 '해' 중심으로 더욱 실체화되어갔으며 건국시조로서 지도자의 이념도 세상을 밝히는 빛과 같은 존재로 구체화되었다는 사실을 말한다.

---

55) 『三國史記』 卷1, 新羅本紀, "先是朝鮮遺民 分居山谷之間 爲六村".

56) 『三國遺事』 卷1, 紀異1 新羅始祖 赫居世王, "初王生於鷄井 故或云鷄林國 以其鷄龍現瑞也 一說 脫解王時得金閼智 而鷄鳴於林中 乃國號爲鷄林"을 근거로 볼 때, 나정은 계정(鷄井)의 잘못이라 생각한다. 이 문제는 「맥락적 해석에 의한 김알지신화와 신라문화의 정체성 재인식」, 『比較民俗學』33, 比較民俗學會, 2007, 595-596쪽에서 자세하게 다루었다.

57) 『三國遺事』 위와 같은 곳, "楊山下蘿井傍 異氣如電光垂地 有一白馬跪拜之狀 尋撿之 有一紫卵 馬見人長嘶上天 剖其卵得童男 形儀端美 驚異之 浴於東泉 身生光彩 鳥獸率舞 天地振動 日月淸明 因名赫居世王(盖鄕言也 或作不矩內王 言光明理世也)."

박혁거세는 물론 '불구내' 또한 '붉은 해' 또는 밝은 빛을 나타내는 말이다. 그것은 홍익인간 이념을 해의 기능을 통해 한층 구체적으로 형상화한 것이 아닌가 한다. 자줏빛 알이 박을 닮아서 성을 박씨라고 했다 하지만, 사실 붉고 밝은 알은 박과 닮은 것이 아니라 붉고 밝은 해를 닮았다. 단군도 밝다는 뜻을 나타내기 위해 박달나무 단자를 쓴 것처럼, 박혁거세의 박도 박의 모양을 따온 것이 아니라 해와 같은 자주빛 알의 밝음을 나타내기 위해 '박'을 성씨로 했을 가능성이 높다. 밤에 시림에서 김알지를 처음 발견한 인물 호공(瓠公)이 표주박을 상징하는 이름을 지닌 것도 우연이 아니다.

세상을 밝히는 해 또는 붉은 해를 표상하는 언어가 '박'이자, '혁거세'이며 '불구내'라는 사실을 알면, 김알지도 다시 인식된다. 김알지 출현과정도 박혁거세와 다르지 않다. 호공이 시림에서 닭이 우는 소리를 듣고 "크고 밝은 빛이 비치고 있는 것을 보았다. 자줏빛 구름이 하늘로부터 땅에 뻗쳐 있는데, 구름 속에 황금궤가 나뭇가지에 걸려 있었다. 그 빛은 궤에서 나오고 있었다"고[58] 했다. 호공도 박을 뜻하고 밝음을 상징하지만, 시림 또한 태초의 숲으로서 여명을 뜻한다. 닭이 우는 소리도 동이 트는 사실을 알린다. 모두 해와 관련이 있다.

  크고 밝은 빛이 비칠 뿐 아니라, 자줏빛 구름이 하늘로부터 땅에 뻗쳐 있었으며, 그 빛 속에 황금궤가 있었다. 하늘에서 땅에 뻗친 빛은 유화부인을 비추던 빛이나 박혁거세의 자주빛 알을 비추던 빛과 같은 양상인데, 여기서는 빛이 더 다양하다. 하늘에서 내리 비치는 빛과 더불어서 금궤에서 나오는 빛이 어우러진다. 빛을 '대광명'이라고 하여 특히 강조했으며, 금궤에서도 빛이 나온다고 했는데, 황금은 그 자체로 번쩍거리는 빛을 상징한 다. 빛의 근본은 해 곧 태양이며, 황금빛은 태양빛을 상징한다.[59]

해의 상징은 빛이자 붉은 색이고 뜨거움이지만, 형태로는 알이다. 박혁거세와 석탈해는 해의 상징과 더불어 알의 형태까지 갖추었는데, 김알지는 금궤 속에서 아기의 모습으로 발견된다. 중요한 사실은 금궤 에서 크고 밝은 빛이 나오고 있었다는 것이다. 대광명을 주는 실체는 곧 해인데, 그 해를 상징하는 것이 황금이자 금빛이다.

알지의 성 김(金)씨는 금으로서 밝은 빛을 낸다는 점에서 혁거세의 성 박씨와 같다. 알지도 닭이 울고 난 뒤에 출현한 아기로서 알 곧 해 를 상징한다. 닭이 울면 알도 낳지만 해도 떠오르기 때문이다. 그러므 로 시림은 계림이 되고 신라의 초기 국호도 '계림국'이었다.

시조왕의 태양 상징은 가락국(駕洛國)의 시조본풀이에서도 황금알 을 통해 한층 구체화된다. 알 상징의 박혁거세에서 황금 상징의 김알 지를 거쳐 두 상징을 함께 아우르는 황금알로 발전한다. 해의 모양과 빛의 밝음을 한층 실감나게 상징하는 것이 가락국 시조들이다. 김수로 본풀이에서 시조왕은 아예 해를 상징하는 황금알로 출현한다.

자주색 줄이 하늘에서 내려와서 땅에 드리워져 있었다. 줄 끝을 찾아보 니 붉은 보자기에 싸여진 금으로 된 합이 보여, 그것을 열어보니, 해처럼 둥근 황금알 6개가 있었다.[60]

가락국 시조인 수로왕의 출현 이야기를 보면, 마치 박혁거세와 김

---

59) 임재해, 『고조선문화의 지속성과 성립과정의 상생적 다문화주의』, 『고조선 단군학』 24, 고조선단군 학회, 2011, 148쪽.

60) 『三國遺事』卷2, 紀異2 駕洛國記, "唯紫繩自天垂而著地 尋繩之下 乃見紅幅裏 金合子 開而視之 有黃金卵六圓如日者."

알지 본풀이의 종합편을 보는 것 같다. 하늘에서 드리워진 자주색 줄
은 곧 하늘에서 번갯불처럼 이상한 빛이 비추었다거나 자주색 빛이 비
추었다는 것과 같은 표현이다. 그 빛이 비친 자리에 알이나 금궤가 놓
여 있었다고 하듯이, 여기서도 자주색 줄이 닿은 곳에 금합이 있었다
고 한다. 금합 안에 황금알이 들어 있었다고 하는 것은 알에서 나온 박
혁거세와 금궤 속에서 나온 김알지를 아우른 셈이다. 금합에서 나왔기
에 성을 김씨로 했다는 사실도 김알지와 같다.[61] 황금에서 비롯된 김
씨도 해씨나 고씨처럼 사실상 하늘의 해를 상징한다.

더 주목할 내용은 황금알이 '해처럼' 둥글었다는 사실이다. 황금빛
이 가지는 태양 상징의 기능을 한층 구체화하기 위하여, 황금알을 예
사 날짐승의 알 모양과 구분하기 위해 아예 해처럼 둥근 모양으로 생
생하게 기록해 두었다. 하늘에서 내려온 해 모양의 황금알 곧 태양을
상징하는 존재로부터 가락국의 시조들이 출현한 것이다. 한층 구체적
으로, 대가야의 시조인 뇌질주일(惱窒朱日)은 천신인 아버지 이비가(夷
毘訶)를 닮아서 얼굴이 해와 같이 둥글고 붉었다고 한다.[62]

시조왕의 얼굴모습까지 해와 같이 둥글고 붉었다고 하는 것을 보면,
시조왕은 해 곧 태양신을 뜻하는 것이 분명하다. 가야의 시조는, 알에
서 태어나 세상을 밝게 하는 신라시조 박혁거세의 상징이나 다르지 않
다. 결국 수로왕을 비롯한 가락국의 6왕들 또한 하늘에서 땅으로 내려
온 해모수처럼 태양신을 상징하는 존재였던 것이다.[63] 그러므로 해와
같이 세상을 밝히고 삼라만상을 살리는 역량을 지닌 지도자가 시조왕
이 되었다고 하는 건국본풀이는 환웅의 신시고국부터 가야의 시조까지
지속된 셈이다.

---

61) 임재해, 앞의 글, 148-151쪽에서 자세하게 다루었다.

62) 『新增東國輿地勝覽』 29 高嶺縣, 建置沿革.

63) 임재해, 같은 글, 151쪽.

6. 건국시조의 정체와 '해' 상징의 지도자상

건국본풀이를 보면 건국시조가 하늘에서 내려올 뿐 아니라 해를 상징하는 존재로 천제, 천왕 곧 한울님으로 일컬어진다. 환웅의 신시고국을 비롯하여 고조선, 부여, 고구려, 신라, 가야까지 이어지는 해 상징의 건국시조 전통은 지속된다. 구조적으로 건국시조들은 한결같이 하늘에서부터 이 세상으로 강림한다.

이러한 현상을 두고 흔히들 '천손강림' 신화라고 하는데, 건국시조를 천손으로 인식하여 일컫는 말이지만, 구체적으로 천손이란 어떤 존재인가 하는 것은 본격적으로 다루어지지 않았다. 하늘이 인격적인 존재여서 사람을 낳았다는 말인가? 아니면 천손이란 단지 신성한 존재란 뜻이기만 한가? 그 동안 구체적인 논의가 이루어지지 않은 채, 막연히 신성한 존재로 인식하는 수준에서 머물고 말았다.

하늘에서 이 땅에 내려온 시조의 정체성은 하늘의 세계관적 의미와 연관되어 있다. 하늘이 어떤 세계인가 하는 것이 밝혀지면, 천손이라는 개념이 아니라도 하늘에서 내려온 시조의 존재에 대한 인식이 한층 뚜렷할 수 있다. 그런데 시조왕들은 한결같이 하늘의 해가 이 땅으로 내려온 것처럼 서술된다. 해는 곧 크고 붉은 알의 형태를 취하고 있다. 천손이 아니라 천신, 곧 한울님, 천제, 천왕으로서 해이다. 해가 곧 시조왕을 상징하는 것처럼, 해는 우주생명의 중심이자 인간세상을 다스리는 인간생명의 시조로 인식된다.

결국 하늘의 본질은 해 또는 빛이며 시조왕은 곧 하늘에서 내려온 해와 같은 존재이다. 해와 같은 지도자는 곧 자민족 중심주의나 인간 중심주의가 아니라 인간세상을 널리 이롭게 하는 존재이자 세상의 삼라만상을 밝히는 존재이다. 세상의 빛이 되는 해 같은 존재가 건국시조이다. 그러므로 건국시조들은 천제 또는 천왕으로서 하느님으로 인식되고 있는 것이다.

환웅천왕의 신시고국, 단군의 아사달 조선은 물론 해모수와 해부루의 부여도 천신으로서 하느님 곧 '해'를 건국시조로 숭상한다. 사실은 건국시조가 아니라 세상의 생명을 가능하게 하는 삼라만상의 어버이가 해이다. 해가 없으면 어떤 생명도 존재할 수 없기 때문이다. 해가 있은 연후에 세상이 있고 생명도 있다. 해와 같은 신격이 나라를 세운다는 것은 곧 인간세계를 만든다는 것이다. 따라서 해를 상징하는 시조왕은 곧 나라를 있게 한 최초의 왕으로서 세계를 창조한 존재이자, 온 국민의 삶을 이끌어가는 지도자로서 해와 같은 기능을 하는 존재였다. 이러한 시조왕 관념을 태양시조사상이라 일컬어 보자.

연오랑(延烏郞) 세오녀(細烏女) 본풀이도 태양시조사상을 잘 나타내고 있는 이야기이다. 해를 상징하는 연오랑이 바위를 타고 일본으로 건너가 왕이 되었다는 것이 구체적인 보기이다. 달을 상징하는 세오녀도 바위를 타고 일본으로 건너가서 남편 연오랑을 만나 왕비가 되었다. 따라서 신라에서는 해와 달이 빛을 잃었다고 한다.[64]

신라에서 해와 달 구실을 하던 연오랑과 세오녀가 일본으로 가버렸기 때문이다. 연오와 세오의 '오(烏)'로 나타나는 까마귀는 태양을 상징하는 존재이다. 삼족오가 그러한 상징의 전형이다. 따라서 '연오'는 해 속에 까마귀가 산다는 '양오(暘烏, 陽烏) 전설', 세오는 '쇠오' 곧 금오(金烏)를 나타내는 말로 해석하기도 한다.[65] 모두 태양신 또는 해를 상징하는 지도자를 나타내는 말이다.

연오랑과 세오녀가 일본에 가서 해와 달 곧 시조왕과 왕비가 되었다는 이야기이다. 실제로 세오녀가 일본으로 건너가 신공황후(神功皇后)가 되었으며, 이 신공황후가 바로 비미호(卑彌呼)라고 한다.[66] 『일본서기』에 수록된 '천일창(天日槍)' 설화도 같은 맥락에서 태양시조 신

---

(64) 『三國遺事』 卷1, 紀異1 延烏郞 細烏女.

(65) 蘇在英, 「延烏·細烏 說話攷」, 『국어국문학』 36, 국어국문학회, 1967, 17-33쪽.

(66) 김성호, 『비류백제와 일본의 국가기원』, 지문사, 1996.

화의 영향으로 본다. 일본이 국호는 물론 일장기까지 해를 형상화하고
있는 것은 '아사달'이나 '조선'처럼 해를 신성시한 까닭이다.

해를 신성한 지도자이자 시조로 섬기는 태양시조사상과 하늘에서
내려온 신성한 인물이 일본의 군주가 되었다는 신화는 신시고국의 환
웅본풀이와[67] 거의 일치한다. 고대 나라(奈良) 지역의 지배자였던 니
기하야히(饒速日命) 신화는[68] 이른바 '천손강림신화'에 해당된다. 천황
가의 신화도 천손강림신화와 타계방문신화가 결합되어 형성되었다.[69]
그러므로 "한국신화 가운데 하늘에서 지배자가 내려오는 천손강림신
화만큼 일본신화에 영향을 끼친 신화도 없을 것"이라고 한다.[70]

일본의 국호와 일장기에도 태양시조사상이 구체화되어 있다. 한결
같이 해를 상징하고 있다. 우리 건국신화에서 시조왕의 이름과 국호까
지 해의 구체적 형상과 기능, 시공간적 존재양식과 관련하여 나타낸
사실과 다르지 않다. 박혁거세 몸에서 광채가 났다거나 알지가 들어
있는 금궤에서 빛이 났다고 하는 것은, 환인과 환웅, 해모수와 해부루,
주몽과 유리, 박혁거세와 김알지, 수로왕과 대가야왕 등과 같이 하늘에
서 내려온 시조왕들은 스스로 해처럼 빛을 발했다는 관념이 내포되어
있다. 그러므로 건국시조의 자질은 한결같이 천제나 천왕으로서 해를
상징하는 존재이자 해의 권능을 지닌 지도자였다고 할 수 있다.

해처럼 세상을 밝히는 존재는 그가 누구든 하늘에서 내려온 분이자
세상을 다스리는 시조왕으로 우러렀다. 해는 하늘을 다스리는 한울님
이자 태양신으로서 고대인들의 섬김의 대상이 되었고, 지상에서 인간

67) 노성환, 「일본신화에 영향을 미친 한국신화」, 『고대에도 한류가 있었다』, 지
    식산업사, 2008, 210쪽, "『선대구사본기』의 천손강림신화는 …… 한국의 단군
    신화를 연상시킨다.
68) 鎌田純一 校訂, 「先代舊事本紀」, 『先代舊事本紀の硏究』, 吉川弘文館, 1960,
    노성환, 위의 글, 209-210쪽의 신화자료 번역 참조.
69) 노성환, 같은 글, 217쪽.
70) 노성환, 같은 글, 231쪽.

세상을 다스리는 훌륭한 지도자도 으레 한울님으로서 천제나 천왕으로 일컬어지고 천체로는 해를 상징하게 되었다. 이러한 태양숭배사상이 태양시조사상으로 발전한 것이 건국시조 본풀이이다.

해가 하느님이자 세상의 지도자로 상징되는 대상으로 인식된 까닭에, 사람들로부터 해는 늘 섬김과 관찰의 대상이 될 수밖에 없다. 거꾸로 세상을 두루 밝히고 뭇생명을 살리는 해의 섭리와 변화 양상에 대한 천문학적 지식을 잘 알기 때문에 태양시조사상을 확립했을 가능성도 높다. 장회익의 온생명 논리를 직관적으로 깨우치고 세계관적 가치로 발전시켜 건국시조를 해와 같은 인물로 받들었거나 또는 그러한 인물을 건국시조로 추대했을 것이다.

특히 박혁거세 본풀이는 주민들이 주체가 되어 박혁거세를 시조로 추대한 사실을 나타내고 있다. '해'에 대한 이러한 세계관적 인식과 과학적 이해 때문에 상고시대 한국인은 '해[太陽]'의 공전주기를 기준으로 '한 해[年]'를 설정하는 태양력의 역법도 마련하였으리라 추론된다. 이러한 추론에는 두 가지 이유가 있다.

하나는 우리 민속에는 태양력을 근거로 한 24절기가 있고 동지가 과거에는 아세(亞歲)로서 설 구실을 하였기 때문이다. 동지 팥죽을 먹어야 나이 한 살을[71] 더 먹는다는 관념은 최근까지 지속되었다. 따라서 지금도 동지를 작은설이라 한다. 결국 가장 밤이 긴 동지가 일년의 처음이라는 것인데, 이러한 인식은 자정 곧 자시가 하루의 처음이고 자방이 방위의 기준이 되는 것과 같은 논리이다. 한 달의 처음도 달이 완전히 기운 그믐 이후 초사흘까지 가장 어두운 시간이다. 하루의 처음인 자시와 한 달의 처음인 초하루가 모두 어둠의 극점이듯이 연중

---

71) 임재해,『한국민속학과 현실인식』, 집문당, 1997, 214-216쪽 참조. 나이를 헤아리는 단위로서 '살'은 '설'에서 비롯된 말이다. 고어에서는 살을 '설', '슬'로 표기해 두었다. 설을 쇤 횟수에 따라 나이를 먹는 까닭인데, 한국적 연령관의 독자성이 있다.

어둠의 극점인 동지도 일년의 처음이자 시작인 설이다. 이처럼 동지를 설로 삼았듯이 과거에도 태양력을 기준으로 한 해를 설정했을 것이다.

둘은 세계에서 거의 유일하게 태양(太陽)을 나타내는 말과 연(年)을 나타내는 말이 같기 때문이다. 우리말 '해'는 역법으로서 한 해를 나타낼 때나, 천체로서 해 곧 태양을 나타낼 때나 꼭 같이 쓰인다. 천체 태양도 '해'라고 하고 역법의 연(年)도 '해'라고 하는 것이다. 뿐만 아니라 하늘에 뜬 달도 '달'이라 하고 역법의 달도 '달'이라고 한다. 그러므로 우리말 해와 달은 천체의 해와 달, 역법의 해와 달을 모두 꼭 같이 일컫는다. 이것을 근거로 볼 때 우리말이 성립되던 시기부터 태양과 태음의 두 역법을 함께 쓴 것이 아닌가 한다. 왜냐하면 다른 나라의 경우에는 우리와 달리 태음력 경우에는 다소 같은 말을 쓰지만, 태양력의 경우에는 전혀 다른 말을 쓰기 때문이다.

실제로 역법이 아주 발달했던 중국의 경우도 달의 경우는 천체의 달(月)과 역법의 달(月)을 같이 쓰지만, 해의 경우에는 전혀 다른 말을 쓴다. 중국의 한자말은 역법으로 한 해를 나타낼 때는 연(年) 또는 세 (歲)를 쓰지만, 천체로서 하늘의 해를 나타낼 때는 일(日)을 쓴다. 일본의 경우도 이와 같다. 영어의 경우에도 한 해를 나타내는 'year'와 태양을 나타내는 'sun'은 전혀 다른 소리값의 말이자 전혀 무관한 기호의 문자로 표기한다. 서양에서도 태음력을 먼저 썼던 사실은 언어에 그 자취가 남아 있다. 한 달을 나타내는 'month'는 천체 달을 나타내는 'moon'에서 비롯되었기 때문이다.[72]

	〈천체〉	〈역법〉	〈천체〉	〈역법〉
한국어:	해	해	달	달
한자어:	日	年	月	月
영 어:	sun	year	moon	month

---

72) 임재해, 「고조선문화의 지속성과 민속신앙의 현실적 전승 인식」, 71쪽.

일반적으로 달과 역법은 일치하되 해와 역법은 불일치하는 현상을 보인다. 따라서 달의 공전주기가 관찰 가능한 대상이므로 태음력을 먼저 사용하다가 뒤에 일년주기의 정확성을 위해 태양력을 사용한 것으로 이해된다. 적어도 천체의 '해'를 뜻하는 말이 해모수 시대에 이미 성씨로 자리 잡았다는 사실을 재인식해야, 고대 한국인들의 우주적 하늘 인식과 건국시조의 정체를 제대로 포착할 수 있다. 그것은 천체를 관찰하여 수립한 태양력의 역법 '해'와, 자신들이 숭배하던 신성한 존재 '해'를 끌어와 시조의 왕명이나 성씨로 삼은 문화에서 잘 드러난다.

7. 태양시조사상에 자리 잡은 정치적 이상

한국인의 건국시조들은 모두 하늘에서 왔다. 하늘의 달나라나 별나라에서 온 것이 아니라 해나라에서 왔다. 천지인 3재 가운데 하늘이 으뜸이지만 사람도 으뜸이다. 대우주로서 한울님의 실체는 해이자 태양신이다. 그러나 소우주로서 한알님의 실체는 알이자 아해로서 해와 같이 세상을 밝히는 지도자이자 세상을 널리 이롭게 하는 인물이다. 대우주로서 하늘과 소우주로서 인간이 서로 유기적 관계를 맺고 있다. 인간세상의 길흉사를 모두 하늘이 관장하되 하느님인 해가 주관한다. 건국시조와 같은 훌륭한 지도자는 해와 같은 존재라고 생각했다. 해와 같이 세상의 빛이 되는 존재라야 건국시조로 추대될 수 있다고 믿었다.

그것은 환인이 환웅을 지상에 내려보낸 것에서 잘 드러난다. 해모수가 아침에 내려와서 세상을 다스리다가 저녁에 하늘로 올라갔을 뿐 아니라, 해모수의 빛이 주몽을 잉태시킨 것도 태양시조사상을 나타낸다. 하늘의 말이나 닭이 해를 상징하는 혁거세와 알지를 밝은 빛과 함께 출현시킨 것도 태양시조사상에 입각해 있다. 해가 하늘에서 지상으로 비치는 것은 곧 시조왕의 출현이자 천신강림이며 우리 내림굿의 구조를 이룬다.

해모수가 아침저녁으로 오르내렸던 사실을 고려하면, 해는 아침에 산꼭대기에 가장 먼저 내려온다. 큰 나무가 있으면 큰 나무 끝에서부터 내려온다. 해가 질 때도 마지막까지 비추는 것이 산꼭대기이고 나무 끝이다. 환웅이 세상에 내려오는 상황처럼, 태백산과 같은 큰 산이 신의 강림처이며, 신단수와 같은 큰 나무가 신의 내림대이다. 그러므로 해처럼 신도 하늘에서 산꼭대기로, 또는 내림대 구실을 하는 나무 끝을 타고 내려온다.

세상의 생명과 세계를 주관하는 것은 하늘이며 더 구체적으로는 천신이자 한울님인 해이다. 해는 모든 생명의 모태이다. 따라서 인류시조는 물론 건국시조들도 하늘에서 내려온다. 우주 하늘은 생명의 태반이다. 하늘생명 해가 세상에 빛으로 내려와서 인간세상을 다스린다. 따라서 시조왕은 한결같이 천제이자 천왕으로서 하늘에 제사를 지내는 제천의식 곧 하늘굿을 한다.

부여에서는 해맞이굿을 강조하며 영고(迎鼓)라는 이름의 하늘굿을 한다. 고구려에서는 해가 밝아오는 동녘에 모여서 태양신을 섬기는 굿 동맹(東盟)을 한다. 예에서는 노래와 춤으로 하늘을 섬기는 하늘굿 무천(舞天)을 한다. 그러므로 영고의 해맞이굿이나 동맹의 동녘굿, 무천의 하늘굿은 모두 하느님인 해를 섬기는 제천대회의 다른 이름일 뿐이다.[73]

하늘을 섬기는 제천의식의 전통 속에 해를 숭배하는 천신신앙 또는 태양신앙의 전통이 형성되어 있다. 하늘이 생명이고 해가 생명이라는 것은 자연생명을 말한다. 자연생명은 스스로 개벽하여 세상을 이루고 생명을 창조하였다. 천지개벽은 곧 인간생명의 잉태과정과 같다. 그리고 인간세상을 다스리는 시조왕은 한결같이 하늘에서 온 한울님 곧 해

---

73) 임재해, 「한국 축제 전통의 지속 양상과 축제성의 재인식」, 『比較民俗學』 42, 比較民俗學會, 2010, 26-27쪽.

이다. 해는 만물의 생명원천이자 자연생명의 상징이다. 아해는 인간생
명의 원천이다. 소우주이자 인간생명 아해와 맞서는 것이 대우주이자
우주생명 해이다. 그러므로 하늘을 섬기며 제천의식을 하는 전통은 곧
우주생명을 인정하고 자연생태계를 섬기는 일이다.

우주생명 해는 하늘과 땅을 오르내리며 인간세상을 널리 이롭게 하
고 세상을 밝히는 구실을 한다. 하늘에서 강림한 건국시조는 해가 하
늘에서 땅으로 내려와 생명을 낳고 기르며 삼라만상을 생육하여 번성
하게 하는 것과 같은 정치 지도자이다. 진정한 지도자는 해와 같이 모
든 생명을 다 살리는 존재이다.

정치를 곧 '다스린다'고 하는데, 다스리다의 어원은' 다 살리다'이다.
다슬리다 → 다스리다 → 다스리다로 변화되었다. '다스리는 것' 곧 '다
살리는 것'이 해의 생명성이자 민주적인 지도자상이다. 다 살리는 것은
잘 사는 사람을 더 잘 살게 하는 것이 아니라 못 사는 사람을 잘 살게
하는 일이다. 무성하게 득세한 생명이 아니라 위기에 빠진 생명을 구
하는 것이 다 살리는 일이다. 그것이 다스림의 이상이자 정의의 실현
이며 어두운 곳을 밝히는 혁거세의 '불구내 사상'이자 환웅의 홍익인간
이념이다.

환웅의 홍익인간 사상은 곧 뭇생명을 다 살리는 사상으로서 홍익생
명사상과[74] 다르지 않다. 모든 생명을 널리 이롭게 하는 것이 하늘의
뜻이자 해의 기능이다. 해는 삼라만상의 모든 생명을 다 살리고 다 이
롭게 한다. 박혁거세 또한 온 세상을 밝히는 빛의 존재로서 태양시조
사상을 지닌 인물이다. 환웅의 홍익인간 사상이 곧 세상의 빛이 되는
박혁거세의 지도자 사상이자 태양시조사상이다. 모든 것을 다 살리는
해는 곧 삼라만상의 주재자나 다름없다. 그러므로 해는 세계를 있게

---

74) 임재해, 「단군신화를 보는 생태학적인 눈과 자연친화적 홍익인간 사상」, 『단
  군학연구』 9, 단군학회, 2003, 151-157쪽에서 이 문제를 자세하게 다루었다.

한 초월자이자 전능한 신격으로서 하느님이다.

건국 시조왕들처럼 세상의 빛이 되어 모든 생명을 다 살리는 지도자가 가장 훌륭한 지도자이자 우리가 만들어가야 할 현실의 지도자상이다. 환웅과 해모수, 박혁거세는 모두 고대의 시조왕으로서 역사적 인물일 뿐 아니라, 민중이 대망(待望)하는 미래의 지도자이기도 하다. 세간에서 전승되는 진인출현설은 곧 세상을 혁신하고 민중을 구원할 '해' 같은 지도자가 나타나기를 소망하는 것이다. 그러므로 건국본풀이에서 노래되는 시조왕은 건국시조로 추대된 태초의 지도자상이자, 지금 여기서 우리가 추구해야 할 이상적인 미래의 지도자상이라 하지 않을 수 없다.

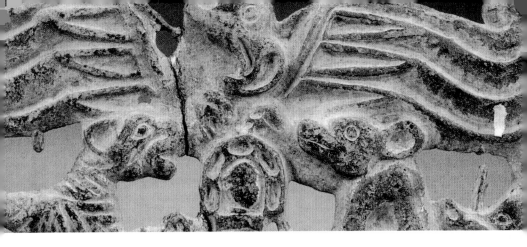

제3부
본풀이사관과 민족사의 재인식

제1장 '본풀이'의 역사인식과 '본풀이사관'의 수립

1. 역사 서술의 시작과 구술사로서 '신화'사료[1]

역사 서술은 언제부터 있었을까? '태초의 역사'에 관한 물음이자, '역사의 역사'에 관한 물음이다. 역사 서술의 뿌리와 방법을 알지 못하면, 역사학은 제 머리 못 깎는 중이나 다름없다. 자기 역사를 알지 못하면서 남의 역사를 잘 아는 것처럼 행세하기 때문이다. 태초의 역사 서술을 알지 못하면 역사의 기원을 신화로 남겨두는 셈이다. 역사의 출발을 신화화한 채 역사학을 제대로 한다고 하기 어렵다. 역사의 시작을 묻고 역사의 기원을 따지는 것은 곧 '역사의 역사'를 묻는 메타역사이다. 메타역사는 역사의 역사를 서술하는 것이다. 역사의 역사를 말하라고 하면, 평소에 메타역사학에 대한 문제의식이 없는 사학자들은 당혹스러울 것이다.

더 자세히 묻는다. 역사는 처음에 누가 왜 무엇을 어떻게 서술했을까. 역사의 근본에 관한 물음이다. 역사라고 하면 곧 국사나 세계사를 떠올린다. 국사 이전의 역사에 대한 관심은 적다. 최근에는 국사에서 마을사나 고을사와 같은 지방사, 또는 세계사에서 동아시아사나 남미사와 같은 지역사에 관심을 기울이기 시작했다. 이처럼 역사의 지리적

---

1) 고조선 시기 역사와 문화에 관한 일련의 논문을 쓰는 과정에, 『삼국유사』 '고조선'조 기록의 사료를 '단군신화'라는 이름으로 부정하는 논의를 극복하기 위해 '신화'를 '본풀이'라는 우리말로 다시 규정하면서 '본풀이사관' 또는 '본풀이사학'을 주장하게 되었다. 이 글은 이미 발표한 일련의 고조선 관련 논문과 민속사 시대구분 관련 논문을 논지에 맞게 재구성하면서 새로운 논의를 펼치는 까닭에 앞에서 서술한 내용을 거듭 다루는 부분이 적지 않다.

범주가 달라지는가 하면, 역사의 내용도 달라져서 왕조사와 정치사에
서 민중사와 생활사로, 중앙사와 남성사에서 지방사와 여성사로, 전쟁
사와 정복사에서 외교사와 국제교류사로 나아간다.[2] 미시사와 심성사,
신문화사도 사학계의 새로운 조류이다. 이러한 흐름 속에서 구술사가
새롭게 주목을 받는다. 그러나 역사 서술의 출발에 관한 관심은 여전
히 소홀하다.

　역사 서술의 대상은 한정되어 있지 않다. 모든 대상과 존재의 통시
적 흐름을 체계적으로 서술하는 것이 역사이고 그러한 흐름의 이치를
밝히는 것이 역사학이다. 역사학은 모든 대상의 역사를 연구한다는 점
에서 통사 또는 총체사를 추구한다.

　역사연구는 역사학에서만 하는 것이 아니다. 역사학이 아닌 학문에
서도 두 가지 역사를 연구한다. 자료사 또는 대상의 역사가 하나이고,
학사 또는 연구사가 둘이다. 민속학에서는 민속사와 민속학사, 문학에
서는 문학(작품)사와 문학연구사, 경제학에서는 경제사와 경제학사, 법
학에서는 법제사와 법학사를 제각기 연구한다. 문학사에서는 문학의
기원을 밝히듯이, 경제사와 법제사에서는 경제활동과 법의 기원을 밝
히게 마련이다. 그러므로 역사학에서도 역사의 기원을 밝히는 '역사의
역사' 연구가 긴요하다.[3]

　자료사를 다루면서 그 기원을 밝히는 여러 분과학문의 역사적 연구
를 고려하면, 역사의 기원을 밝히는 역사 서술의 초기 양식 연구야말
로 역사학의 기본적인 과제라 할 수 있다. 그런데 역사학은 그러한 역
사의 뿌리를 밝히는 길이 막혀 있다. 역사학의 특기인 시대구분을 무
리하게 한 까닭이다. 역사가 문자로 기록된 시기를 근거로 그 이전을

─────────

2) 임재해, 「歷史의 理解와 文學의 歷史的 硏究」, 『정신문화연구』 19, 1983 겨울호,
　　韓國精神文化硏究院, 1984, 26-40쪽에서 이러한 역사 연구방향을 제기했다.
3) '역사의 역사'는 '歷史史'로서 메타역사인 셈인데, 이러한 용어는 학계에서
　　쓰고 있지 않다. 메타역사에 대한 문제의식 결여와 연관되어 있는 셈이다.

선사시대, 그 뒤를 역사시대로 나누어 두고 있다. 선사시대는 곧 역사
서술이 이루어지지 않은 시대로 간주하는 것이다. 역사는 없지만 도구
나 그릇의 재료에 따라 구석기, 신석기, 청동기 등으로 나눈다. 도구를
역사 이해의 자료로 보긴 하지만 그 자체로 역사를 서술한 것으로 보
지 않는 것이다. 따라서 역사 서술 이전의 시대라는 뜻으로 선사시대
로 자리매김하는 것이다.

　이러한 시대구분 논리 속에는 역사가 문자로 기록되어야 한다는 기
록사 중심의 역사인식이 자리잡고 있다. 역사는 지나간 시대 사람들의
삶을 통시적으로 서술한 것이라는 생각보다 글로 쓰여 있어야 한다는
기록의 양식에 매몰되어 있다. 문헌에 기록되지 않은 사실에 관해서는
사료로 인정하지 않는 것이 문헌사학의 한계이다.

　특히 구비전승되는 역사에 관해서는 무관심하다. 구술사의 의의가
여러 모로 제기되었지만, 구술사를 역사학의 과제로 끌어안고 뒹구는
사학자들은 거의 없다. 문헌사료에 집착한 나머지 문자중심주의에 빠
지게 되어 기록이 역사적 사실을 남기는 가장 적절한 매체로 여기는
것이다. 역사학의 새 지평을 열려면 문자중심주의에서 해방되어야 한
다. 왜냐하면 문자는 말을 기호화한 것일 뿐 문자 자체가 내용을 규정
하는 것은 아니기 때문이다.

　인류의 오랜 역사는 문자 없는 시대로 이루어져 왔다. 그러나 문자
가 없었던 시대라고 하여 말이 없었던 것이 아니듯이 역사가 없었던
것도 아니다. 역사를 전할 말이 있었기 때문이다. 글의 시대보다 말의
시대, 또는 역사시대보다 말로 역사를 구술하던 시대가 인류사의 더
오랜 비중을 차지한다. 문자 이전 시대는 물론 현재도 신화와 전설, 유
래담, 관용구 등을 통해서 역사를 기억하고 전승하며 구술하고 있다.
그러므로 미국에서는 구술사를 연구하는 학회가 오래 전에 조직되어
있고 학회지도 간행되고 있다.

　문자사회에서 역사를 기록하는 사관이 제도화되어 있듯이 무문자

사회에서는 역사를 구술하는 사관이 제도화되어 있다. 아예 문자가 없는 '무문자사회'나 문자생활을 하지 않는 '문맹사회'에서는 자기 역사를 이야기로 전승한다. 문자사회에서도 마을사는 문자로 기록되지 않고 있다. 따라서 마을사를 연구하려면 현장조사를 하고 주민들이 전승하는 구술사료와 생활사료를 수집해야 한다. 입향시조 신화와 마을의 인물전설, 지명유래 등이 마을사 자료로 긴요한 구실을 한다. 현대사는 직접 면담을 하고 경험담과 목격담, 구술정보(oral information)들을 수집해야 한다. 현지조사에 의한 구술자료로 마을사를 연구한 성과도 있다.[4] 그러므로 문헌사료가 없다고 하여 마을사가 없다고 할 수 없다.

무문자사회나 문맹사회일수록 구비전승의 역사가 풍부하고 역사구술을 담당하는 전문적인 구술사가(oral historian)가 별도로 있다. 구술사가가 사회적으로 제도화되어 있고 대를 이어 양성되는 까닭에 구술사가 단절되지 않고 전승되며 공유된다. 구술사가는 선배 역사가의 구술역사를 모두 전수받아 기억하고, 이어서 자기가 경험하고 수집한 당대의 역사 자료를 덧보태어 구술하다가, 다음 세대의 후배 구술사가에게 다시 전수해준다.[5] 이러한 과정에 최초의 사실 목격자와 마지막 구연자 사이에 일정한 연쇄(chain)를 이루며 지속되는 것이 바로 구비전승의 연쇄이자,[6] 구술역사의 전승방식이다.

따라서 무문자사회나 문맹사회에는 역사가 없을 것이라는 생각은

---

4) 윤택림, 『인류학자의 과거 여행-한 빨갱이 마을의 역사를 찾아서-』, 역사비평사, 2003은 충남 예산 지역의 한 마을을 대상으로 오랜 현지조사를 하여 마을의 현대사를 밝혔다.

5) Jan Vansina, H. M. Wrigt 역, *Oral Tradition-A Study in Historical Methodology*, Penguin Books, 1965에서 구비전승의 역사와 구술역사가를 자세하게 다루며 구비전승의 역사적 연구방법을 제시했다.

6) Jan Vansina, 위의 책, 21쪽에 구비전승의 연쇄와 전승과정에 관해서 제보자들이 일정한 전승 고리를 이루면서 반복적으로 구전되는 체계를 자세하게 다루었다.

선입견일 따름이다. 현대를 살아가는 무문자 사회의 소수민족이나 역사를 기술하지 않는 마을 주민들을 선사시대 사람들이라고 할 수도 없다. 역사의 서술방식이 구술(口述)인가 기술(記述)인가 차이가 있을 뿐 역사 없는 사회도 없고 역사 이전의 사회도 없다. 역사도 하나의 공동체 문화이기 때문에 역사 없는 사회는 곧 말 없는 사회이자 문화 없는 사회란 말인데, 그런 사회는 존재할 수 없다. 인류가 공동체생활을 하면서부터 역사는 이야기되었다고 봐야 할 것이다. 역사는 어제의 이야기이자 경험의 이야기이며 살아온 이야기이기 때문이다.

오히려 문자로 기술한 역사보다 말로 구술한 역사가 더 역사다울 수 있다. 기술한 역사는 사적인 기록에 머물러서 검증과 보완 장치가 없는 경우가 대부분이지만, 구술사가에 의한 구술은 듣는 사람들에 의해 검증되고 보완된다. 역사의 구술은 듣는 사람을 전제로 한다. 듣는 사람이 없으면 구술이 불가능하기 때문이다.

구술사를 듣는 사람들은 자신의 역사 지식과 경험에 따라 끊임없이 역사 이야기에 개입하고 검증한다. 구술사가의 이야기를 오랫동안 들어온 원로들의 역사 지식이 구술의 잘못을 수정하는가 하면, 당대 역사에 관해서는 그 일을 직접 겪은 당사자들이 구술의 오류를 그냥 넘기지 않고 바로잡아주고, 불확실하게 지나쳐버리는 내용에 관해서는 한층 분명한 사실을 더 자세하게 보태기도 한다. 구술사의 구연이 곧 검증과정이나 다름없으며 검증 결과에 따라 수정과 보완이 필수적으로 이루어진다. 그러므로 공동체 성원이 함께 동의하고 공감하지 않는 일방적 구술은 전승력을 상실한다.

쓰여진 역사보다 이야기되는 역사가 역사를 움직이는 주체들이 모두 공유할 수 있는 민주적인 역사이다. 서로 소통하며 민주적으로 공유하는 구술역사가 지식인이 독점하는 쓰여진 역사보다 더 바람직한 공동체역사다. 따라서 선사시대라는 말은 쓰여진 역사만 역사라는 문헌사학 중심의 편견에서 비롯된 말일 따름이다. 그러므로 선사시대를 역사 서술의 방식에 따라 제대로 일컫는다면 구술사 시대라고 해야 마 땅하다.

아직도 지구상에는 무문자사회가 적지 않다. 문헌사학의 기준으로 보면 문자생활을 하지 않는 소수민족은 선사시대나 다름없는 삶을 살 고 있다. 그럼 제3세계 소수민족은 21세기에 살아도 기록된 역사가 없 으니 선사시대인이라 할 것인가.

만일 그렇게 규정하는 이가 있다면, 문화상대주의를 들먹이지 않더 라도 문헌사학의 횡포라 할 수 있다. 왜냐하면 그들도 현대인일 뿐 아 니라, 그들에게도 엄연히 역사가 있기 때문이다. 무문자사회일수록 구 비전승의 역사가 생생하게 살아 있어서, 문자사회에서 쓰여진 역사보 다 더 역사적인 기능을 감당하고 있다. 쓰여진 역사는 공동체 성원들 이 공유 불가능하지만, 구술사는 공유 가능하기 때문이다.

구비문학을 문학 이전의 문학으로 인정하지 않고 기록문학과 대등 하게 인식하듯이 구비전승의 역사도 쓰여진 역사와 대등하게 역사로 인식해야 할 것이다. 따라서 문헌사료 못지않게 구술사료를 소중하게 찾아서 다루고, 시대구분에서도 선사시대라는 용어 대신에 구전역사시 대를 표방해야 무문자 시대였던 상고사 연구의 길이 열린다.

용어만 바꾼다고 문제가 해결되는 것은 아니다. 용어에 따라 사고 도 바꾸어야 한다. 쓰여진 역사만 역사인 것처럼 여기는 우상의 역사 학에서 벗어나 구비전승의 역사에 대한 가치인식을 새롭게 해야 한다. 다시 말하면, 민중생활사 중심의 구술사학으로 나아가야 문헌사학의 한계를 넘어서고 중앙사와 정치사 중심의 왕조사학이 지닌 폐단을 극 복할 수 있다.

역사학과 달리 다른 분과학문에서는 진작 문자중심주의에서 벗어 났다. 법학에서는 문자로 서술되지 않은 법도 '불문법'으로 인정하고 있으며, 문학에서는 문자로 창작되지 않은 작품도 '구비문학'으로 인정 하고 있기 때문이다. 성문법이 아닌 '불문법'도 법으로 존중하고, 기록문학이 아닌 '구비문학'도 훌륭한 문학으로 여긴다. 법과 문학의 매체만 글과 말로 나누었을 뿐, 역사학에서처럼 시간적 선후로 나누어 시대구분을 하지 않는다. 현대사회에도 구비문학과 불문법이 문학과 법구실을 하고 있기 때문이다.

역사도 법이나 문학과 다르지 않다. 기술사(記述史)와 함께 구술사가 공존한다. 현대는 물론 미래에도 마을사는 구전될 가능성이 높다. 마을에는 쓰여진 역사 대신에 구술사가 그 몫을 대신한다. 그것은 마치 문자문화를 누리는 문명국가에서도 불문법이 훌륭한 법전 구실을 하는 것과 같다.

더 중요한 것은 법전과 같은 성문법이 없는 사회는 많아도, 법이 없거나 법문화가 없는 사회는 없다는 사실이다. 비록 육법전서와 같은 번듯한 성문법은 없어도 공동체를 유지하는 다양한 관습법이 있고 전승되는 법문화가 있다. 제3세계 소수민족의 법문화가 그러한 보기이다.[7] 법학자조차 다 알지 못하는 수많은 법조문으로 거창한 법전을 만들어두었으면서도 사실은 법망을 피해 가려고 안간힘을 쓰는 탈법적 문명사회보다, 관습법과 불문법만 있는 공동체사회가 마치 '법 없이도 사는 사람들'의 사회처럼 오히려 건강한 법문화를 누린다.

법을 성문법과 불문법으로 나누는 것처럼 역사도 쓰여진 역사와 이야기되는 역사로 구분하는 것이 바람직하다. 따라서 쓰여진 역사만 역사라고 하며 그 이전시대를 선사시대라 하는 것은 억지이다. 기록문학만 문학이라고 하며 구비문학을 문학으로 인정하지 않는 시대는 벌써 지났다. 따라서 쓰여진 역사만 역사라고 하는 것은 마치 성문법만 법이라고 우기며 불문법을 법으로 인정하지 않는 것이나 마찬가지이다. 불문법도 훌륭한 법인 것처럼, 이야기되는 역사도 쓰여진 역사와 대등

---

7) 포스피실 레오폴드, 이문웅 옮김, 『법인류학』, 民音社, 1992는 관습법으로 생활하는 소수민족의 법문화를 집중적으로 다룬 책이다.

한 사료적 가치를 지니고 있다. 관습법과 같은 불문법이 오히려 더 건강한 법문화를 이룬다는 점에서 구술사가 기록역사보다 더 건강한 역사문화를 만들어갈 수 있다.

기록사가 서재의 역사라면 구술사는 머리 속에 저장된 역사이며, 기록사가 소수 지식인의 독점적 역사라면 구술사는 역사 주체들이 공유하는 민중의 역사이다. 그리고 기록사가 과거의 기록에 머문다면 구술사는 구술될 때마다 현재의 역사로 재구성되고 재해석될 뿐 아니라, 현재의 역사를 만들어가는 역사적 지식으로서 끊임없이 반추되는 역사이다. 그러므로 태초의 역사로서 구술사를 주목하는 것은 물론, 살아 있는 역사로서 기능도 재인식하지 않을 수 없다.

2. 신화의 본디 모습인 본풀이 양식과 메타역사

태초의 역사를 말하는 것이 신화이다. 우주사를 말하는 것이 천지창조신화나 천지개벽신화이며, 인류사를 말하는 것이 인류시조신화이다. 국가의 초기역사를 말하는 것이 건국신화이며, 가문의 시조를 말하는 것이 성씨시조신화이고, 마을의 처음을 말하는 것이 입향시조신화이다. 지금 남아 있는 문화양식으로 말하면, 역사 서술의 가장 초기적인 양식이 신화라고 할 수 있다. 신화는 태초의 기원을 말하는 까닭에 모든 역사의 첫장을 장식한다.

그러나 사학자들은 신화이기 때문에 역사가 아니라고 한다. 따라서 신화는 역사와 구별되어야 한다고 여기며, 단군신화는 신화이기 때문에 역사가 될 수 없다고 한다. 단군신화가 가장 먼저 수록된 『삼국유사』에는 '고조선'조[8] 하였고, 뒤이어 수록한 『제왕운기』에도 '전조선기'라[9] 하였으며, 우리 사료 어느 곳에도 이 내용을 '단군신화'로 일컫은

---

8) 『三國遺事』 卷1, 紀異1 古朝鮮.
9) 『帝王韻紀』 卷下, 前朝鮮紀.

적이 없다.

'고조선' 건국 내용을 '단군신화'라 일컫기 시작한 것은 일제강점기 이후의 일이다. 신화라는 용어가 일제에 의해 만들어진 것이다. 그러므로 신화를 빌미로 고조선의 건국사를 인정하지 않는 것은 일제강점기 일본학자들의 고조선 부정의 논리와 다르지 않다.

문제는 아직도 "일본이 발명한 식민사학을 부둥켜안고 있는 한국 후식민 사학자들"이다.[10] 마치 일본학자들이 신화라는 구실로 단군의 존재를 부정한 것처럼, 아예 『단군, 만들어진 신화』라고[11] 표방하면서 고조선의 건국사를 적극적으로 부정한다. 역사교사들도 질세라 직접 교재를 만들어서 조선 건국사를 부정한다. 물론 부정의 빌미는 신화라는 데서 찾는다.

"우리는 신화와 역사를 구분할 필요가 있다. 신화를 그대로 믿으면 상식에서 벗어나게 된다."고[12] 하면서 단군이 고조선을 건국한 서기전 2333년의 역사는 사실이 아니라고 가르친다.[13] 그러나 신화가 아닌 역사라도 그대로 믿으면 상식에서 벗어난다. 한국사를 비롯한 세계사 교재가 잘못된 것이 적지 않기 때문이다. 그런데도 신화를 믿지 않도록 하기 위해, 역사는 그대로 믿어야 한다는 투의 주장을 예사로 한다.

신화를 빌미로 역사를 부정하는 반역사적 신화관은 신화의 역사성과 역사적 가치를 알지 못한 실증주의적 편견에 의한 것이다. 신화가 역사 서술의 오랜 방식이고, 역사가 신화로 이야기되며 전승된다는 사실을 지나치고 있기 때문이다.[14] 고조선 건국신화를 신화라는 이름으로 역사적 사실이 아니라고 하면, 고구려의 주몽신화도 신화라는 이유

10) 김대문, 이종욱 역주해, 『대역 화랑세기』, 소나무, 2005, 6쪽.
11) 송호정, 『단군, 만들어진 신화』, 산처럼, 2004.
12) 전국역사교사모임, 『살아있는 한국사교과서 1』, 휴머니스트, 2002.
13) 성삼제, 『고조선 사라진 역사』, 동아일보사, 2005, 24-25쪽.
14) 임재해, 「단군신화로 본 고조선문화의 기원 재인식」, 『단군학연구』 19, 단군학회, 2008, 298쪽.

로 고구려사에서 배격할 것이며, 신라의 박혁거세와 석탈해, 김알지신
화도 같은 이유로 신라사에서 배격할 것인가.

그럴 수 없다. 그래서는 역사 서술이 불가능하기 때문이다. 그러므
로 신화의 역사 서술 기능을 서구신화가 아니라 우리 신화문화의 맥락
속에서 제대로 인식할 필요가 있다.

신화의 역사적 기능을 주체적으로 이해하려면 한국의 신화문화를
제대로 포착해야 한다. 흔히 '단군신화'로 일컬어지는 『삼국유사』 '고
조선'조의 '고기(古記)' 내용은 『삼국유사』의 제일 첫장을 이룬다. 이러
한 역사 서술방식은 특수한 것이 아니라 일반화된 것이다. 그러므로
기이하게 여기는 것은 잘못이다.

> 어느 국민의 역사든지 그 초두에 적혀 있는 사실은 죄다 신화요, 그렇지
> 않으면 신화로서 환골탈태(換骨奪胎: 변하여 전연 달리 됨)하여 나온 의장
> 적(擬裝的 ; 비슷하게 꾸밈) 사실이요, 아무리 진보한 방법으로 만든 역사
> 라도 그 고대의 일은 재래의 신화에 합리적 해석을 붙인 것에 벗어날 것
> 없습니다. 왜 그러냐 하면, 신화를 제쳐 놓고 인류의 최고(最古) 역사가 없
> 기 때문입니다.[15]

그러므로 신화는 역사 서술의 출발점이자, 역사의 역사를 증언하는
메타역사 자료라 할 수 있다. 신화는 문헌에 기록으로 정착되기 전에
구비전승되었다. 구비전승은 이야기 양식과 노래의 양식이 있는데, 노
래는 일터나 굿판에서 주로 노래되었다. 우리 신화는 노래문화이자 굿
문화로 존재했다.[16] 문학 갈래로 보면 구비서사시로 전승되었다.

---

15) 최남선, 『조선의 신화와 설화』, 弘盛社, 1986, 8쪽.
16) 조동일, 「신화의 유산과 그 변모 과정」, 『우리 문학과의 만남』, 弘盛社, 1978,
    82-84쪽에 신화가 굿과 관련되어 노래되었을 것이라는 논의를 자세하게 하
    였다.

신화시대를[17] 역사적 시대구분에 따라 달리 말하면 주술의 시대로 일반화할 수 있고,[18] 한국문화의 상황에서는 굿문화의 시대라 할 수 있다. 따라서 신화가 노래되는 현장은 바로 제의의 현장으로서 굿판이었다. 무당이 굿을 하며 무속신화를 구연한 것처럼 사제자가 제의를 수행하면서 신화를 노래했던 것이다. 그러므로 한국신화의 정체성을 찾으려면 굿문화와 더불어 노래되는 신화를 주목해야 한다.

신화가 굿판에서 노래된다는 것은 곧 굿을 하는 무당이 신화를 노래하는 주체라는 말이다. 그런데 무당들이 굿을 하면서 신화를 노래하지만 도무지 '신화'라는 말은 쓰지 않는다. 무당들이 굿을 하면서 스스로 '무속'이나 '무교'라는 말을 쓰지 않는 것이나 다름없다. 신화는 우리말이 아니자, 민중들이 쓰는 생활세계의 일상언어가 아니라 학계에서 쓰는 학술용어이기 때문이다. 따라서 신화의 본디 구연상황과 우리말을 찾아야 우리 문화의 맥락 속에 놓여 있는 주체적 신화 읽기를 할 수 있다.

그런데 신화의 어원을 흔히 그리스어 '뮈토스(Mythos)'에서 찾는다. '뮈토스'를 헤아리면 한국 신화도 포착할 수 있다고 믿고 그 뜻을 탐색하는 것은 부질없는 일이다. 그리스 신화와 한국신화의 문화적 정체성은 두 나라의 문화적 차이 못지않게 많이 다르다. 따라서 뮈토스의 번역어인 '신화'는 일본식 한자말인데, 줄곧 이 번역어에 매달리게 되면 한국신화의 정체성을 찾을 수 없다.

신화가 널리 구연되는 굿문화 속에서 신화의 본디 우리말을 찾아내고 그 뜻을 제대로 새겨야 한다. 그럼 굿에서는 신화를 무엇이라 일컫는가. 실제로 노래되는 신화를 통해서 확인하고 그 뜻도 신화의 맥락

---

17) 신화시대에는 신화가 널리 지어지고 사실로 믿어지며 널리 노래되었다.
18) 임재해, 「한국민속사 시대구분의 모색과 공생의 시대 전망」, 『민속문화의 생태학적 인식』, 도서출판 당대, 2002, 90-103쪽에서 민속사를 주술의 시대, 예술의 시대, 변혁의 시대로 구분하고 미래를 공생의 시대로 전망했다.

속에서 알아내야 한다. 그러므로 신화가 노래되는 굿의 현장을 주목하
지 않을 수 없다.

　최근까지 굿을 하면서 신화를 노래하는 전통을 잘 보여주는 굿은
성주굿과 제석굿, 칠성굿, 오구굿 등이다. 그리고 신화를 노래하는 굿
문화가 잘 살아 있는 지역은 제주도이다. 따라서 신화의 본디 모습은
굿문화 속에 살아 있는 무속신화를 통해서 포착할 수 있다. 그러므로
성주굿이나 제석굿, 그리고 제주도지역의 굿에서 신화의 본디 모습과
원형을 발견할 수 있다.

　성주굿에서 부르는 신화가 '성주풀이'이고, 제석굿에서 부르는 신화
가 '제석본풀이'이다. 성주풀이는 성주신의 근본을 푸는 노래이고, 제
석본풀이 또한 제석신의 좌정과정을 풀이하는 서사적인 노래이다. 굿
판에서는 아예 신화라는 말이 없다. '풀이' 또는 '본풀이'가 신화를 뜻
하는 우리말이다. '무속신화가 지닌 중요한 속성이 본풀이로 표현될 수
있듯이, 상고대 신화도 본풀이로 간주될 수 있다.'[19]

　따라서 단군신화나 주몽신화란 말도 요즘 학계에서 일컫기 시작한
말이고, 사실은 단군본풀이자 주몽본풀이라 해야 마땅하다. 같은 논
리로 성주풀이나 제석본풀이를 달리 말하면 성주신화이자 제석신화라
할 수 있다.

　제주도에는 당신본풀이 외에도 '조상신본풀이',[20] '일반신본풀이' 등
본풀이 문화가 드세다.[21] 제주도에는 당신본풀이만 해도 270여 편이나
된다고 하니, 다른 본풀이들까지 두루 살피면 헤아릴 수 없이 많은 본
풀이들이 전승된다. 따라서 제주도는 본풀이의 고장이자 신화의 섬이

---

19)　金烈圭, 『韓國神話와 巫俗硏究』, 一潮閣, 1977, 2쪽.
20)　조상신본풀이라 하여 자기 조상신에 관한 혈연적 본풀이가 아니라, 자기 조
　　상을 수호하던 신에 관한 본풀이 곧 조상수호신 본풀이를 말한다.
21)　玄容駿, 『巫俗神話와 文獻神話』, 集文堂, 1992, 15-66쪽에 제주도 본풀이에 관
　　한 본격적인 연구성과를 수록해 두었다.

라 할 만하다. 그러므로 동아시아의 신화 논의를 제주도 신화로부터 시작한 것은[22] 풍부한 신화의 전승을 고려한 결과라 할 수 있다.

신화를 나타내는 본향당본풀이, 본향본풀이, 본풀이, 풀이는 모두 같은 노래를 뜻하는 말이되, 뒤로 갈수록 줄여서 간편하게 쓰는 말이다. 가장 간편한 말이 '풀이'이지만 일반적으로 '본풀이'란 말을 주로 쓴다. 왜냐하면 풀이 노래에는 한글뒤풀이와 숫자뒤풀이 등 '뒤풀이' 노래도 있기 때문이다. 따라서 뒤풀이와 분별하여 근본을 밝히는 노래는 '본풀이'로 일반화된다.[23] 본풀이의 층위는 다양하지만 특정 대상의 근본 내력을 풀어낸다는 점에서 한결같다. 본풀이가 생생하게 전승되고 있는 제주도의 경우를 보면, 본풀이는 '신을 모셔 놓은 굿판에서 무악의 가락에 맞추어 노래 부르는 것'이다.[24]

본풀이가 신의 현현(顯現)을 실현하는[25] 신성한 주술 구실을 한다고 하여 신성의 현현 과정만 노래하지 않는다. 당신본풀이처럼 당신을 좌정하기 위해서 본풀이를 구연할 때에도 당신 출생 이전의 계보부터 노래한다. 천지왕본풀이를 구연할 때에는 천지개벽 이전의 상황부터 노래한다. 태초의 신성한 시작과 그 내력의 근본을 풀이한다는 점에서 신화와 같다. 그러므로 본풀이를 무속신화라 일컫는 것이다.

굿의 성격에 따라 본풀이의 내용도 달라진다. 달리 말하면 본풀이의 내용에 따라 굿이 결정된다는 말이다. 당본풀이는 마을굿이나 고을굿에서 노래되듯이, 건국시조풀이는 나라굿에서 노래되었다. 단군본풀이는 단군조선의 나라굿에서 노래되었을 것이고 주몽본풀이는 고구려의 나라굿에서 노래되었을 것이다. 그러므로 굿에서 전승되는 본풀이

---

22) 조동일, 『동아시아 구비서사시의 양상과 변천』, 문학과지성사, 1997에서 논의를 제주도 구비서사시에서부터 시작했다.

23) 임재해, 「한국신화의 주체적 인식과 민족문화의 정체성」, 『한국신화의 정체성을 밝힌다』, 지식산업사, 2008, 25쪽.

24) 玄容駿, 같은 책, 17쪽.

25) 玄容駿, 같은 책, 52-53쪽.

의 논리에 따라 한국신화의 본디 존재양식과 그 내용을 점검할 수 있다.

3. 본풀이의 서사내용과 역사 서술의 전통 포착

구체적으로 본풀이는 어떤 내용을 노래하는가. 한국 신화문화의 본
디 현장인 굿에서 노래되는 본풀이를 대상으로 확인하는 것이 가장 정
확한 이해에 이를 수 있다. 본격적인 본풀이는 단순히 신의 내력담을
구연하여 신을 청배하는 데 머물지 않고, 굿의 서두에 태초의 천지조
판(天地肇判) 과정을 노래한다. 제주도에서는 이 본풀이를 '초감제'라
하고, 육지에서는 흔히 '지두서(指頭書)'라 한다.

지두서는 천지가 개벽된 뒤에 한국의 산과 강이 형성되고 고조선
건국 이래 조선왕조까지 우리 역사의 흐름이 통시적으로 노래된다. 우
주사와 지구사, 동아시아사, 한국사, 지방사가 차례로 노래된다. 그리
고 지금 여기 굿판의 주소와 상황을 공시적으로 노래하며, 여러 무신
들을 청배하여 좌정시키는 구실을 한다. 따라서 태초의 천지개벽 상황
에서부터 지금 현재 상황까지 노래하는 통시적인 내용과, 우주의 천문
지리와 굿판의 현주소를 구체적으로 밝히는 공시적인 내용이 함께 노
래된다. 그럼으로써, 굿을 하는 현장의 지리적 공간 좌표와 역사적 시
간 좌표가 분명하게 밝혀진다.

제주도 초감제는 지두서보다 더 구체적이고 생생하다. 초감제에서
노래되는 '베포도업침'은 천지개벽 본풀이로서 천지혼합의 혼돈으로부
터 하늘과 땅이 갈라져 천지가 열리는 과정을 노래한다. 이 본풀이에
서 우주 생성은 음양론에 바탕을 두고, 우주 구조는 천지인 삼재론에
바탕을 두고 있는 우주론이 잘 드러나 있다.[26]

---

26) 임재해, 「韓國 神話의 敍事構造와 世界觀」, 『說話文學硏究』 上, 단국대학교
    출판부, 1998, 88-93쪽에 자세하게 다루었다.

이어서 구연되는 천지왕본풀이는 천지왕이 낳은 쌍둥이 형제가 해와 달을 조정하고 이승과 저승을 나누어서 다스리도록 하는 과정을 노래한다. 인간세상을 다스리는 시조 이야기를 하면서 세상이 이승과 저승으로 나뉘어지고 선과 악이 생겨난 사회현상을 설명하는 것이다.[27] 그러므로 세계의 두 차원과 인류의 선악에 관한 유래까지 이야기하는 셈이다.

이어서 '날과 국섬김'을 하고 '집안연유닦음'을 하는데, 현실계의 인간이 이룩한 나라의 역사를 구연한다. 굿하는 장소와 시간이 구체적으로 이야기되고 굿을 하는 사연과 이유를 고한 다음에 신의 강림을 기원하는 것이다.[28] 그러고 보면 초감제는 지두서와 전체적인 구조가 같다. 태초의 천지개벽 순간에서부터 우리나라의 역사가 흘러와 지금 굿을 하는 순간까지 통시적인 내력과, 천지일월의 우주 구조에서 굿판의 현장까지 공시적인 위치가 분명하게 밝혀진다.

따라서 큰굿의 본풀이 내용은 지금 여기의 시공간까지 구체적으로 노래한다는 점에서 고대 이야기로 끝나 버리는 기존의 서구신화와 크게 다르다. 항상 태초에서부터 지금 여기의 상황까지 노래하는 까닭에 굿을 하는 시기와 장소, 사정에 따라 본풀이의 말미는 구체적으로 다를 수밖에 없다. 한 편의 서사적 구조물로 완결되어 있는 것이 아니라, 주어진 굿판의 상황에 따라 끊임없이 더 보태지고 달라지는 것이 본풀이의 역동적 가변성이다. 굿을 하는 상황에 맞게 축적된 역사와 변화된 장소를 반영해야 하는 까닭이다. 여기서부터 마침내 풀어야 할 현실문제를 점검하고, 문제가 앞으로 어떻게 풀려나가게 될지 예언한다. 미래의 역사까지 구술하는 것이 본풀이의 본디 기능이다.

---

27) 김헌선, 「〈베포도업침〉과 〈천지왕본풀이〉에 나타난 신화의 논리」, 『比較民俗學』 28, 比較民俗學會, 2005, 241-249쪽에 두 본풀이의 내용이 잘 분석되어 있다.

28) 김헌선, 위의 글, 242쪽.

　이러한 역동성과 시공간의 폭이 굿문화 속에서 전승되는 본풀이의 살아 있는 모습이자 한국신화다움의 실상이다. 결국 본풀이의 본디 정체는 태초의 우주에서부터 굿을 하는 주체가 있는 지금 여기에 이르기까지 시공간적 내력을 풀이하며, 현재의 문제를 구체적으로 제시하여 해결하고 기대하는 미래를 예언하며 축원하는 하는 것이다. 과거에서 현재까지 상황을 통시적으로 포착하여 인식한 사실을 토대로 앞날의 문제를 전망하고 예측하기 위하여 굿을 하는 것이다. 결국 본풀이는 태초의 상황에서 지금 여기의 현장까지, 그리고 현실에서 다시 미래의 전망까지 예측하는 것이다. 그러므로 본풀이는 과거사이자 현재사이며 미래사라 하지 않을 수 없다.

　결국 현실 문제를 풀기 위해서는 과거의 말미와 내력을 잘 알아야 하고 현실문제를 해결하는 과제는 미래의 일로 전망되는 예측이다. 달리 말하면, 본풀이는 공연히 구연되는 것이 아니라 현실적인 문제를 앞으로 해결하기 위하여 과거의 내력을 태초부터 풀어내는 일이라 할 수 있다. 그것이 곧 굿의 목적이기도 하다. 굿의 구체적인 목적은 여러 가지이지만, 그 가운데 근본적인 것은 현실 속에 직면하고 있는 삶의 문제를 해결하는 데 있다. 그러므로 굿이 뭐냐고 물어 보면, '맺힌 것을 푸는 것'이라고 한다.

　지금 여기서 맺힌 것을 제대로 풀려면, 맺힌 사실 자체에 매달릴 것이 아니라, 태초로 거슬러 올라가서 역사적 내력의 근본부터 풀어내야 맺힌 문제를 순조롭게 풀 수 있다. 이것이 바로 굿을 할 때 본풀이를 노래하는 까닭이지만, 사실은 역사연구의 현실적인 기능이기도 하다. 현대사의 모순을 제대로 이해하기 위해서도 근대사를 비롯한 과거사를 정확하게 포착해야 한다. 근본을 제대로 풀지 않은 채 현실문제를 그 자체로 해결하려는 것은 어리석은 일이다. 모든 일은 통시적으로 인과관계의 개연성 속에 놓여 있기 때문이다.

　역사학이란 통시적 인과관계의 논리를 인정하며 그 선후의 개연성을 체계적으로 추론함으로써 현실을 시간적 계열성에 따라 이해하는 것이 아닌가. 본풀이도 이와 같은 역사의식을 지니고 있는 까닭에 현실문제의 원인이 과거 사실에서부터 비롯되었다고 믿고 과거의 역사부터 통시적으로 들추어내는 것이다. 따라서 태초의 천지개벽 순간에서부터 굿을 하는 지금 여기까지 이르게 된 역사적 내력을 통시적으로 풀어내고, 다시 지금 여기서 미래의 문제를 전망하고 예측하는 데까지 나아가는 것이 굿의 서사구조이다.

과거의 내력만 풀어내거나 현실의 문제만 들추어내는 굿은 없다. 반드시 앞으로 어떻게 해결될 것인가 하는 전망이 따른다. 미래사의 예측행위라 할 수 있다. 굿에서는 사람들의 문제나 인간세상의 일만 문제삼지 않는다. 신들의 세계와 만나고 저승의 귀신들도 불러들이며, 여러 차원의 세계를 유기적으로 인식한다. 본풀이는 이러한 통시적이고도 다층적인 굿의 문제의식과 문제해결 논리에 따라 노래되는 것이다. 그러므로 본풀이야말로 통시대적이며 우주적인 유기체적 역사관을 지녔다고 할 수 있다.

본풀이는 역사학 이전의 역사를 노래할 뿐 아니라 유기체적 사관을 통해 역사학의 바람직한 길을 일깨워주는 구실을 한다. 따라서 역사학도 본풀이의 역사의식을 본받아야 할 테인데, 오히려 신화라고 하여 불신하는 것이 문제이다. 본풀이는 과거의 역사가 잘못되면 지금의 역사도 잘못되고 미래의 역사도 잘 풀리지 않는다고 여기는 민중의 역사의식 속에서 창출된 것이다. 그러므로 지금 여기서 부닥뜨린 문제를 풀기 위해 굿을 할 때마다 본풀이를 거듭 노래하며 오랜 역사를 반추하고 미래를 전망하는 것이다.

사학자들은 사회현실이 어려울 때마다 지금 여기의 시각에서 역사를 다시 쓰는가. 그런 사가들은 극히 드물다. 일연의『삼국유사』는 그러한 역사의식과 만난다. 몽골의 침략으로 나라가 위기에 이르렀을 때, 민족사의 뿌리를 밝히고 민족문화의 정체성을 드러내기 위해『삼국유사』를 서술했다. 여증동은 한국문학사를 10년 주기로 다시 써서[29] 그러한 보기를 보이려 하였고, 조동일 또한 『한국문학통사』를 주기적으로 다시 써서 4판을 간행했다.[30] 이처럼 역사를 다시 쓰지 못하더라도 본풀이와 같이 태초부터 현대사까지 전 역사를 다시 반추하고 되새기기라도 하는가. 그것도 어려울 것이다. '역사는 과거와 현재의 대화'라는 E. H. 카아의 『역사란 무엇인가』의 한 구절을 지식으로 읊조릴 뿐 실천적 역사서술을 그렇게 좇아 하지 않기 일쑤다.

하지만, 굿판에서는 굿을 할 때마다 태초부터 현재까지 역사를 본풀이로 노래한다. 지금까지 살아온 역사를 제대로 알지 못하고 현실문제를 근본적으로 해결할 수 없다고 여기는 까닭에 굿을 할 때마다 본풀이를 노래하는 것이다. 이야기보다 노래가 기억하기 쉽고 거듭 불러도 식상하지 않기 때문에 본풀이 양식의 노래로 부르는 것이다. 따라서 본풀이는 노래로 하는 역사이야기로서, 건국시조와 같은 신이한 영웅이나 무신과 같은 신격의 내력을 노래하는 한국의 살아 있는 신화를 뜻하는 말이자, 역사의 근본을 바르게 풀어주고 상고사의 체계를 바로잡아주며 미래까지 전망하는 구술역사라 할 수 있다.

과연 본풀이가 그러한 역사적 임무를 다 감당할 수 있을까. 본풀이는 지리적 시작의 본디 공간과, 태초의 역사적 시기, 시조 노릇하는 영웅의 계보를 모두 풀어서 설명하는 까닭에 당연히 역사적 기원을 해명하는 데 전적으로 이바지한다. 태초의 시간과 우주 공간, 그리고 그 주체인 영웅의 출현에 관한 세 가닥의 기본 문제를 아울러 풀어준다. 따라서 본풀이는 곧 기원의 풀이이자 문학성을 지닌 '역사이야기 노래'라고 할 수 있다. 본풀이는 역사 이전의 역사를 풀어주는 원초적 역사이

---

29) 여증동, 『한국문학사』, 형설출판사, 1973 ; 『한국문학역사』, 형설출판사, 1984 ; 『배달문학통사』 2권, 형설출판사, 1988.
30) 조동일, 『한국문학통사』 5권, 지식산업사, 1982년 1판을 시작으로 2005년까지 4판을 간행했는데, 초판의 내용을 완전히 다시 썼다.

자, 기억하기 쉽고 전달하기 쉽도록 구조화된 이야기 역사이다. 그렇지 않으면 기록과 달리 쉽게 전달되지도 않고 지속적으로 전승되지도 않아서 역사로서 생명성을 잃어버린다.

따라서 본풀이는 역사적 사실을 구비전승되기 쉽도록 최대한 흥미롭게 집약적으로 구성한 고대인들의 가장 슬기로운 역사 서술이라 하겠다. 짜임새 있는 이야기로 문학적 흥미를 가지게 하는 동시에, 초월적 사실을 신성하게 이야기함으로써 의심 없이 믿도록 하는 구실을 한다. 본풀이는 이 두 사실만으로도 긴요한 역사 서술 기능을 잘 발휘했다. 그러므로 "신화는 역사와 다르다"는 초보적인 문제인식이나, '신화는 지어낸 이야기'라는 상식적인 명제로 고조선 역사를 부정해 온 '신화사학'의 한계를 극복하기 위해 '본풀이사학'을 표방한 것이다.[31]

본풀이사학은 신화를 본풀이 곧 역사로 주목한다. 나는 근본이 되는 유래와 사실을 풀어서 설명하는 '본풀이'야말로 역사(歷史, history)라는 외래어 이전부터 써왔던 토박이 우리말이 아닌가 한다. 사학자들은 역사를 연구하면서도 역사를 일컫는 우리말이 무엇이었는가에 전혀 관심이 없다. 역사든 신화든 일본학계의 번역어를 금과옥조로 여길 따름이다. 그러므로 실제로 역사가 구술되고 공유되던 역사문화 현상에 대해서도 무관심할 수밖에 없다.

무관심하기는커녕 오히려 그러한 문화현상을 식민사학의 관점에서 왜곡하고 부정하며 무시하기까지 한다. 따라서 주류 사학계에서는 본풀이를 '괴력난신(怪力亂神)' 또는 '지어낸 허구의 이야기'로 규정하고 '신화'이기 때문에 '역사'가 아니라며 역사연구에서 배격하기 마련이다. 그러나 본풀이사학은 건국본풀이야말로 상고사를 해명하는 긴요한 사료로 간주하여 적극 끌어들여서 다룰 뿐 아니라 새로운 사관으로 해석

---

31) 임재해, 「단군신화로 본 고조선문화의 기원 재인식」, 『단군학연구』 19, 단군학회, 2008, 289쪽. 본디 우리말에 따라 '고조선본풀이'라 일컫고 '신화사학'이 아니라 '본풀이사학'으로 나아가야 할 것이다.

하는 것이다.

본풀이사관의 눈으로 보면, 태초부터 역사 서술 담당 구실을 한 구술사야 말로 잃어버린 역사를 증언하는 신통한 사료로 주목된다. 상고사 연구의 필수적인 구술사료가 바로 건국본풀이가 아닌가. 특히 건국 시조본풀이는 건국 이전의 역사를 해명하는 자료로서 더 이를 나위가 없다. 상고시대는 선사시대가 아니라 구술사의 시대이자 본풀이의 시대이기 때문이다.

더 중요한 사실은 구술사가 생활사와 이어져 있다는 점이다. 역사가 한갓 지식으로 남아 있는 것이 아니라 사람들의 일상적인 삶 속에 녹아 있고 기억되는가 하면, 실제로 역사적 사실에 따라 일정하게 살아가도록 하고 역사와 관련된 문화를 창출하도록 한다는 것이다. 구술사는 말로 서술된다는 매체만 뜻하는 말이지만, 사실상 생활사와 만나지 않으면 존재할 수 없다. 이야기생활로 전승되어야 구술사가 지속되기 때문이다. 달리 말하면 구술사는 구술생활사 속에서 존재하는 것이다. 구술문화로서 신화와 전설, 유래담 등이 이야기되는 상황은 곧 생활사의 현장이다.

구술사가 구연되며 전승되는 현상이 곧 생활사일 뿐 아니라, 구술사가 새로운 생활사를 창출한다. 구술사에 따라 '생활 속에서 역사를 실천하는 것'이 생활사이다. 따라서 생활사의 자리매김을 새롭게 할 필요가 있다. 일반적으로 생활사는 '생활의 역사'를 뜻하는데, 여기서는 역사 서술의 매체를 중심으로 문헌사, 구술사로 일컫는 것과 같은 맥락에서 생활사를 일컫는다. 문헌사나 구술사라고 하여 문헌의 역사나 구술의 역사를 말하는 것이 아니듯이 생활사라 하여 생활의 역사를 뜻하지 않는다. 문헌사는 문헌의 역사일 수도 있고 사료로서 문헌에 기록된 역사를 일컬을 수도 있다. 마찬가지로 생활사도 생활의 역사일수도 있으나 여기서는 생활로 실천하는 역사를 일컫는다.

문헌에 기록된 역사가 문헌사이고 이야기로 전승되는 역사가 구술

사이듯이, 생활로 나투어지는 역사 또는 생활로 실천되는 역사가 생활
사이다. 일상생활의 역사와 구분하여 말하면, 여기서 말하는 생활사는
사실상 생활사료라 할 수 있다. 기록 자체가 역사적 사실을 나타내듯
이 생활 자체가 역사적 사실을 나타내기 때문이다. 문헌사와 구술사도
사실은 문헌사료와 구술사료를 말하는데, 여기서 생활사도 생활사료를
뜻한다.

그러나 구술사료나 문헌사료를 구술사 또는 문헌사라 약칭하는 것
처럼, 생활사료도 생활사라 할 수 있다. 역사를 글로 쓰는 것도 아니고
말로 이야기하는 것도 아니며 역사를 직접 삶 속으로 끌어들여서 생활
하는 것이 생활사이다. 역사의 생활화가 생활사인데, 생활사로서 가장
두드러지게 나타나는 것 가운데 하나가 민속신앙이다.

이를테면 공민왕의 안동몽진과 관련하여 안동지역에는 관련 전설
이 풍부하게 전승될 뿐 아니라 공민왕을 섬기는 신앙생활이 전승된다.
공민왕 몽진설화는 구술사로서 당시의 역사적 상황과 현재 주민들의
역사인식을[32] 드러내는 한편, 공민왕이 머물렀던 청량산 일대는 물론
공민왕의 이동경로인 수동 등에 공민왕과 왕실 가족을 모시는 서낭당
이 있고 해마다 서낭신을 섬기는 동제와 몇 년만에 한번씩 별신굿을
하는 전통이[33] 형성되어 수 백년 동안 지속되어왔다. 공민왕을 섬기는
동제는 홍건적의 난을 피해 안동으로 몽진한 공민왕의 역사를 다양한
공동체 신앙으로 실천하고 놋다리밟기와 같은 민속놀이로 재현된다.[34]
공민왕 관련 기록만 역사라고 생각하는 문헌사학자에게는 이러한 민
속이 생활사로 인식되지 않을 것이다.

32) 임재해, 「공민왕 몽진 설화에 나타난 주민들의 역사의식」, 『구비문학연구』
  21, 한국구비문학회, 2005, 327-374쪽에서 이 문제를 자세하게 다루었다.
33) 한양명, 「청량산 일대 공민왕신앙의 분포와 성격」, 『고려 공민왕과 임시수도
  안동』, 안동대학교 민속학연구소, 2004, 175-260쪽.
34) 임재해, 「공민왕 몽진 관련 민속놀이의 문화적 가치와 역사적 인식」, 『고려
  공민왕과 임시수도 안동』, 안동대학교 민속학연구소, 2004, 261-332쪽.

그러나 사람들은 역사적 인물이나 관련 사건들을 문헌기록을 읽어서 되새기거나 이해하는 일 못지않게 역사적 인물인 단종이나 임경업, 김덕령, 남이장군 등을 서낭신으로 모시고 동제나 당굿을 올리면서 그들의 삶과 역사를 이해하고 되새기는 일을 지속한다. 과거의 역사로서 한갓 지식이 아니라 현재의 역사로서 공동체의 번영을 겨냥한 실천이 동제와 당굿의 신앙생활로 지속되는 것이다. 입향시조를 서낭신으로 모시거나, 억울하게 죽은 원혼을 서낭신으로 모시는 경우에도 입향시조 신화와 원혼신화를 구술사로 전승하면서, 마을굿을 하며 마을의 번영을 기원한다.

마을굿은 일종의 생활사이다. 신앙생활의 역사이자 공동체의 역사를 증언하는 생활사료이다. 역사를 기록하는 데 만족하지 않고 역사를 흥미롭게 이야기하거나 노래하면서 공동체 신앙으로 생활화하고 공동체놀이로[35] 재구성하여 해마다 되풀이하며 경험하는 것이 생활사다.

따라서 문헌사의 지식화, 과거화, 단절화 현상과 달리, 생활사는 역사의 실천화, 현재화, 지속화를 이루고 있어서 실제로 관찰 가능하고 경험 가능한 역사로서 살아있는 한편, 있어야 할 앞날의 번영을 꿈꾸며 미래사를 만들어가는 가장 현실적인 역사라 할 수 있다. 본풀이는 바로 이러한 현실적인 삶의 현장에서 노래되는 구술사이자 생활사를 겸하는 사료라고 할 수 있다. 그러므로 본풀이는 가장 오래된 역사 서술 양식으로서 고대사의 중요한 사료이자, 역사 서술의 의의와 목적, 기능 등을 구체적으로 보여주는 역사 이해의 중요한 보기라 할 수 있다.

---

35) 안동지역 공동체놀이인 동채싸움은 왕건의 고창전투, 놋다리밟기는 공민왕의 안동몽진과 연관되어 전승되는 놀이다. 이처럼 해남의 강강술래나 영덕의 월월이청청, 광산의 고싸움, 은산의 별신굿, 자인의 한장군놀이 등은 모두 역사적 사실과 연관되어 전승되는 놀이들이다.

4. 신시와 고조선본풀이로 이루어진 '단군신화'

우리가 만나는 건국본풀이는 구술사료가 아니라 당대까지 전승되다가 기록되면서 고착화된 문헌사료이다. 그러나 건국본풀이의 본디 모습은 나라굿에서 노래되는 상황을 추론해야 제대로 구체화할 수 있다. 성주풀이가 집안에 성주를 모시는 굿을 할 때 노래되는 것처럼, 건국시조의 내력을 말하는 건국본풀이도 나라굿을 할 때 노래되기 마련이다. 본풀이는 구술사료이자 생활사료로 지속되었다는 사실을 인식해야, 이른바 단군신화는 고조선의 나라굿에서 구연된 단군본풀이의 긴 노래였다는 사실을 알 수 있다.

그러나 지금 우리가 만나는 문헌의 기록에는 그러한 자취가 남아 있지 않다. 나라굿의 본풀이가 굿판에서는 사제자에 의해 한층 자세하게 노래되지만, 세간에서 이야기될 때에는 이야기 거리가 될 만한 서사적 줄거리만 이야기로 구연되게 마련이다. 특히 문헌에 기록될 때에는 본풀이로서 전후 맥락은 잘려나가고 중요한 줄거리만 정리될 수밖에 없다. 구어로 전승되던 노래와 이야기가 한문으로 기록될 때는 더욱 축약될 수밖에 없다. 제주도 본풀이도 채록자에 따라 차이를 보이긴 하나, 초감제의 전후 맥락은 거의 기록되지 않았다.[36] 그러므로 『삼국유사』에서 인용된 『위서(魏書)』나 『고기(古記)』의 기록 또한 고조선본풀이의 실제 상황을 실감나게 기록하기 어렵다.

『위서』에서는 단군왕검의 역사와 도읍지, 단군조선의 건국시기를 아주 간략하게 밝혀두었을 따름이다. 단군본풀이의 가장 기본적인 내용인 주인공의 이름, 역사적 시기, 지리적 위치, 나라이름만 기록으로 남겼다. 일종의 열쇠말(keyword)만 기록한 셈인데, 구전되는 본풀이를 듣고 그 내용을 적었다고 하기 어렵다. 환웅에 관한 내용이 전혀 없는

---

36) 김헌선, 『한국의 창세신화』, 길벗, 1994의 자료편을 참조하기 바란다.

것이 단적인 증거이다. 그러므로 고대 중국인들은 단군이 세운 '조선'을 한민족의 가장 첫 국가로 알고 그 이전에 환웅이 세운 '신시(神市)'를 알지 못한 셈이다.

국가의 기원을 말하는 건국본풀이로 보면, 단군의 고조선본풀이만 별도로 기록한 것이어서 환웅의 신시본풀이는 제외되어 있는 것이다. 환웅이 세운 신시의 역사는 알지 못했던 셈이다. 그런데 『고기』에서 인용한 내용은 환웅과 단군의 내력을 모두 기록해 두었을 뿐 아니라, '단군신화'라 일컬을 만큼 본풀이로서 성격을 상당히 갖추고 있다.

현재 『고기』는 정확하게 어떤 책이나 문서인지 알 수 없으나 『위서』와 같은 방식으로 인용한 사실로 봐서 고대 사서로 짐작된다. 『위서』와 마찬가지로 『고기』에도 일연의 주석이 별도로 첨부되어 있는 것을 보면, 두 책 모두 인용된 문헌이라는 사실을 알 수 있다. 『고기』는 중국의 『위서』에서 보이는 단편적인 사실 중심의 건조한 서술과 달리, 고조선의 본풀이를 제법 풍부한 서사구조로 기술하고 있는 점이 눈길을 끈다. 구비전승되는 본풀이의 논리로 보면, 단군신화라고 하는 『고기』의 내용은 사실상 환웅신화이자 신시본풀이라는 사실이 드러난다.

역사적 시각에서 '본풀이사관'으로 고조선본풀이를 자세히 뜯어보면, 고조선 이전의 신시 역사가 더 뚜렷하게 포착된다. 단군의 고조선 이전, 곧 민족사의 태초에 환웅이 홍익인간의 이념을 실현하기 위해 태백산 신단수 아래 신시를 세웠다는 사실이 오롯이 드러나게 된다. 따라서 고조선본풀이는 한갓 무신의 내력을 말하는 무속신화가 아니라 고조선 이전의 상고시대 역사, 다시 말하면 한민족 태초의 역사를 풀이하는 이야기라는 말이다. '고조선' 본풀이는 고조선의 단군본풀이 이전에 신시(神市)의 환웅본풀이까지 거슬러 올라가서 고조선의 근본을 풀어내는데, 오히려 단군조선보다 환웅의 신시본풀이가 중심을 이루고 있다.

따라서 고조선본풀이에서 큰 비중을 차지하고 있는 내용은 단군이

야기가 아니다. 고조선의 건국시조 단군의 내력이나 행적보다, 신시 건
국의 시조 환웅의 근본 내력과 이념, 통치 방식 등을 아주 자세하고 웅
장하게 이야기하고 있다. 그렇다면 신화라 일컫더라도 환웅신화라 해
야 마땅하다. 그런데도 단군신화라는 선입견 탓에, 상고사에 남다른 역
사의식을 가진 학자들조차 무의식중에 "우리 역사의 시작은 단군에서
비롯되었다."고[37] 한다.

단군신화의 중요성을 강조한 정인보가 '단군은 우리 역사와 우리
문화의 시작이요 모태였다'고[38] 하는 무의식의 흐름 위에서 단군을 민
족사 시조로 인식하는 것이 일반적 경향이다. 엄연히 단군의 부계 환
웅이 있고 모계 곰네[熊女]가 있을 뿐 아니라 단군조선에 앞서 환웅이
세운 신시고국(神市古國)이[39] 있는데, 어찌 단군을 민족사의 시조이자
모태라고 할 수 있는가.

단군 시조론의 경향은 단군 또는 고조선 부정론에 맞서서 단군을
강조하다가 빚어진 잘못이다. 그러나 단군에서 비롯된 것은 단군조선
이며 단군조선이 민족사의 시작이 아니다. 따라서 '우리 역사의 시작'
이 아니라 '단군조선의 시작'이 단군에서 비롯되었다고 하는 것은 옳
다. 굳이 우리 역사의 시작을 말하려면 환웅에서 비롯되었다고 해야
마땅하다. 왜냐하면 우리 역사에는 단군의 조선 건국 이전에 환웅의
'신시고국'이 있었기 때문이다. 그러므로 우리가 알고 있는 고조선본풀

---

37) 박성수, 『단군문화기행』, 서원, 2000, 6쪽.
38) 정인보 저, 박성수 편역, 『정인보의 조선사연구』, 서원, 2000, 5쪽.
39) 임재해, 「'신시본풀이'로 본 고조선문화의 형성과 홍산문화」, 『단군학연구』
20, 단군학회, 2009, 329-394쪽에서 처음으로 '신시고국'이라 일컬었다. '신시고
국(神市古國)'은 『삼국유사』 고조선조에서 환웅이 태백산 신단수 아래 세운
'신시'를 하나의 옛 국가로 보고 일컫는 고조선 이전의 민족국가를 일컫는
말이다. 중국학자들이 홍산문화를 이룩한 이름 모를 나라를 일컬어 홍산
'고국(古國)'이라고 하는 것처럼, 신시를 상고시대 국가로 자리매김하기 위
한 이름이 '신시고국'이다.

이는 '단군신화'라는 왜색 역사용어의 가리개에 의해 크게 잘못 알려져 있다.

고조선조의 『고기』 내용을 고조선 시조 단군본풀이로 생각하고 단군신화라고 줄곧 일컬어 왔는데, 사실은 고조선 역사의 뿌리인 신시고국의 내력을 풀어놓은 것이자 그 건국시조인 환웅의 근본과 사상, 치적 등을 자세하게 풀이한 것이다. 단군신화라는 말과 관념은 단군의 정체를 부정하고 고조선의 역사적 실체를 말살했을 뿐 아니라, 단군의 부계이자 고조선의 뿌리라 할 수 있는 환웅의 신시를 역사 속에서 증발시켜 버린 것이다.

역사의 전면에 단군이 호명되면서 그 부계인 환웅은 역사의 뒤편으로 잠적되는 한편, 신화라는 자리매김 탓에 고조선이 부정되는 까닭에 신시고국은 아예 거론조차 되지 않게 되었다. 그 결과 어처구니없게도 환웅의 이념과 신시의 공간이 모두 단군의 이념과 고조선의 공간인 것처럼 착각하기에 이르렀다.

따라서 단군이 마치 "홍익인간 이념과 재세이화(在世理化)"의 주체인 것처럼 알고 있는 경우가 적지 않으며, 고조선이 태백산 신단수 아래에서 건국된 것으로 알기도 한다. 태백산은 환웅이 신시고국을 세운 곳인데도 태백산의 지리적 위치를 비정하면 고조선의 초기 위치도 포착할 수 있다고 여긴다.

단군이 평양성(平壤城)에 도읍지를 정한 사실조차 착각하게 되는데, 단군왕검의 고조선에 집착하다가 민족사의 근본을 왜곡하게 되는 보기이다. 본풀이처럼 태초의 역사를 제대로 풀지 않은 까닭에, 단군을 민족의 시조로 여기는 사람들은 환웅의 '홍익인간' 사상을 단군의 사상이자 고조선의 건국이념이라고 주장한다.

이른바 '단군 민족주의'에는 단군의 자리만 있지 환웅의 자리는 없다. 환웅의 사상과 행위도 단군의 것으로 치환되기 일쑤이다. 신시의 건국이념 홍익인간을 '우리나라 건국이념'이라고[40] 하면서 아무도 신시를 우리나라로 여기지 않는 당착에 대해서, 사학계는 문제의식이 전혀 없다.

홍익인간을 '대한민국 교육이념'으로 설정하고 바람직한 교육가치로[41] 자부심을 가지긴 하지만, 실제 교육현장에서는 신시는커녕 단군조선조차 대한민국 역사답게 국사 시간에 제대로 가르치지 않는다. 홍익인간을 건국이념 또는 교육이념으로 표방하면서, 그러한 뜻을 처음 펼친 환웅의 정체에 관해서 계속 침묵해도 좋은가. 교육이념과 교육내용이 완전히 어긋지게 나가도 묵비권만 행사할 것인가. 교육법에 위배되는 역사교육을 하고 있다는 문제제기는 없는가. 헌법 불합치 판정이라도 내려야 할 것 같다. 본풀이사관으로 고조선의 본향과 역사를 제대로 찾아야 하는 이유도 이러한 착각과 왜곡을 바로잡기 위한 것이다.

고조선조의 기록에는 단군본풀이보다 환웅본풀이가 더 큰 비중을 차지하고 있을 뿐 아니라, 중요한 서사적 내용도 단군이 아닌 환웅이 주인공이 되어서 펼쳐지는 것이다. 따라서 굳이 서사적 주인공을 중심으로 나타내려면 단군풀이가 아니라 환웅풀이 곧 단군신화가 아니라 환웅신화라 해야 마땅하다. 왜냐하면 단군풀이는 환웅풀이에 사족처럼 곁들여져 있기 때문이다. 실제로 고조선조 기록에는 단군에 관한 내용은 거의 없다. 고조선조 기록 대부분은 환웅에 관한 내용이다.

단군은 환웅과 곰네 사이에서 태어나 고조선을 세우고 도읍지를 세 차례 옮겼으며 1908세를 살다가 아사달의 산신이 되었다고 하는 내용이 고작이다. 그 행적은 두 가지뿐이다. 역사적으로 보면, 고조선을 세운 사실과 도읍지를 몇 차례 옮겼다고 하는 사실이 전부다. 환웅본풀

---

40) 문교부,『문교개관』, 1958, 4-5쪽 참조. 교육법 제1조, "교육은 홍익인간의 이념 아래 모든 국민으로 하여금 인격을 완성하고 자주적 생활능력과 공민으로서의 자질을 구유하게 하여 민주국가 발전에 봉사하며 인류 공영(共榮)의 이상 실현에 기여함을 목적으로 한다."
41) 白樂濬,『韓國敎育과 民族精神』, 文敎社, 1953, 25쪽.

이와 같은 서사적 줄거리도 거의 없다. 역사적 사실만 간략하게 요약된 셈이다. 그런데도 단군의 조선 건국 사실은 역사적으로 아주 중요하다. 고조선 건국사로 보면 이 부분이 핵심이기 때문이다.

따라서 고조선본풀이는 '환웅풀이' 부분과 '단군풀이' 부분, 또는 '신시풀이' 내용과 '고조선풀이' 내용의 결합으로 이루어진 2중 구조를 이루고 있는 것이다. 굿판에서 전승되고 있는 실제 본풀이에서도 대부분 2중 구조라 할 만큼[42] 두 유형의 서사적 본풀이가 따로 또는 함께 구연되고 있다. 태초부터 지금 여기까지 노래하는 본풀이의 논리로 보면, 말이 2중 구조일 뿐 사실은 두 본풀이가 하나의 본풀이로 이어져 구연될 따름이다. 구비전승되는 본풀이는 역사의 전개에 따라 계속 새로운 사실들이 보태어져 나가는 까닭이다.

신시고국의 나라굿에는 천상에서 관념적으로 존재했던 환인시대에서부터 신시 건국시조인 환웅풀이까지 노래할 수밖에 없다. 환인이 환국으로 실재했던 역사적 사실이라 하더라도 본풀이에서는 하늘나라로 관념화되어 노래된다. 신시시대 나라굿에는 미래의 단군조선에 관해서 노래되지 않고 노래될 수도 없다. 그러나 고조선시대에 들어오면 나라굿을 할 때 단군조선 이전의 환웅풀이만 노래할 수도 없고 단군풀이만 노래해서도 안된다. 태초에서 지금 여기의 상황까지 노래해야 하므로, 태초의 환인에서 시작하여 신시시조인 환웅풀이를 구연하고 이어서 단군조선 시조인 단군풀이까지 모두 노래하게 된다. 구비전승되는 본풀이는 역사의 진전에 따라 본풀이도 함께 축적되게 마련이다. 그러므로 고조선 이후에 전승되는 고조선 건국본풀이는 신시의 환웅풀이와 고조선의 단군풀이가 함께 이어져 하나의 새로운 본풀이로 전승되는 것이다.

---

42) 임재해, 『안동문화와 성주신앙』, 안동대학교 안동문화연구소, 2002, 443-453쪽에 성주풀이의 2원적 양상을 다루었다.

고조선본풀이만 그런 것이 아니라 고구려나 신라 건국본풀이도 마
찬가지이다. 고구려 본풀이도 동명왕신화나 주몽신화로 여기고 말 일
이 아니다. 주몽 이전의 부여국 해모수 신화가 있다. 환웅처럼 천상계
에서 지상으로 내려온 천제의 아들 해모수가 있고, 단군처럼 인간으로
서 현실세계에서 태어난 주몽이 있다. 따라서 주몽신화라 일컫게 되면
주몽 이전에 해모수와 해부루가 세운 북부여 또는 동부여는 역사 속에
서 사라진다. 두 역사는 모두 고구려사의 선행하는 역사로서 통시적으
로 함께 다루어야 한다. 고구려 본풀이에는 부여의 해모수본풀이와 고
구려의 주몽본풀이가 하나의 본풀이로 합성되어 있는 것이다. 다시 말
하면 부여시대에는 해모수본풀이만 전승되다가 고구려가 건국되면서
주몽본풀이가 보태어져서 고구려 본풀이로 함께 노래되었던 것이다.

신라 건국본풀이도 박혁거세신화로 일컬어서는 신라 이전의 6촌 역
사가 사라진다. 6촌을 세운 촌장신화들도 환웅처럼 하늘에서 땅으로
내려왔다. 한결같이 산으로 내려와 정치 지도자가 되고 성씨 시조가
되었다. 그들이 추대한 인물이 박혁거세이며 신라 건국시조이다. 따라
서 신라 형성 이전에는 본풀이로 6촌촌장풀만 노래되다가 박혁거세
에 의해 신라가 건국되면서 박혁거세풀이도 함께 노래되었다. 그러한
전승 상황의 자취가 『삼국유사』의 기록을 통해서 고스란히 남아 있다.

따라서 6촌촌장본풀이에 이어 박혁거세본풀이가 마치 하나의 본풀
이처럼 기록되어 있는 것이다. 그러므로 건국본풀이를 건국시조 관련
풀이들만 제각기 따로 떼어서 '단군신화'나 '주몽신화', '박혁거세신화'
로 명명하고 하나의 독립적인 서사작품이나 사료처럼 다루는 것은 본
풀이로서 역사 이해와 크게 어긋나는 일이다. 역사로서 통시적 흐름을
단절시킬 뿐 아니라, 해당 국가를 건국하게 된 밑자리 역사 곧 태초의
역사를 무시하게 되는 까닭이다.

가장 대표적으로 어긋난 것이 신라 건국본풀이 해석이다. 신라 본
풀이는 모두 11개의 본풀이들이 더불어 얽혀 있는 장엄한 역사 전승이

다. 그런데 6촌의 촌장본풀이는 아예 신화로 인정하지도 않고 기껏 박·
석·김 세 본풀이만 신화로 일컬을 뿐 아니라, 세 본풀이조차 제각기 고
립된 별개의 신화로 간주하여 그 내력과 유래를 따로 해석하고 있다.
이를테면 박혁거세 본풀이는 천손신화이고, 석탈해 본풀이는 도래신화
(渡來神話)이거나 몽골에서 온 신화이며, 김알지본풀이는 알타이에서
온 종족의 신화로[43) 해석하는 것이 그러한 보기이다.

결국 신라는 서로 다른 세 도래인들이 세운 나라일 뿐 아니라, 도래
인들이 차례로 경주를 점유하고 도래인들끼리 서로 다투며 왕조교체
를 해온 기이한 건국사를 지닌 나라로 규정된다. 도래인이라는 말부터
일본학계의 용어이다. 일본은 섬나라인 까닭에 외국여행을 해외여행
이라고 하는 것처럼 전래를 도래라고 한다. 바다를 건너오는 특수한
상황의 전래이다. 따라서 도래설이나 도래인을 말하는 사람들은 발상
과 용어까지 일본학계의 주장과 논리를 동어반복하는 셈이다. 그 결과
신라 건국시조들 셋 모두 신라인들이 아니라 북방민족으로 간주되고,
마치 신라의 시조왕이 된 인물들은 모두 북방 여러 민족이 제각기 신
라에 들어와서 신탁통치한 것처럼 종속적인 해석을 하는 것이다.

그런데 이러한 도래설 또는 북방 이주민 지배설을 비판없이 고스란
히 받아들여 한국 신화의 특징으로 일반화하기도 한다. '우리 고대 건
국신화에는 외부에서 유입된 유이민이 주인 역할을 하는 경우가 많다.
고구려의 주몽, 백제의 온조와 비류, 신라의 혁거세·알지, 가야의 수로
등이 모두 그러하다.'고 하면서 환웅도 같은 인물로 간주한다.[44)

한국 건국시조를 모두 유이민 집단에서 비롯된 것으로 해석하는 셈
인데, 이러한 일반화는 식민사학의 북방민족 이주설을 동조하는 수준
이 아니라, 아예 우리 민족사의 형성을 북방민족의 신탁통치로 이루어
진 것으로 왜곡하는 것이다. 다시 말하면 우리 민족은 고대부터 스스로

---

43) 김병모, 『금관의 비밀』, 푸른역사, 1998, 166-167쪽.
44) 송호정, 앞의 책, 123쪽.

나라를 세울 수 없었고 나라를 세울 만한 건국지도자도 배출할 수 없었던 민족이라는 말이다. 민족국가의 전통을 말살하는 고대사 연구가 버젓이 횡행하고 있는 셈이다. 그러므로 『엉터리 사학자 가짜 고대사』와 같은 저서들이[45] 고대사 주류 사학자들을 엉터리라고 조롱하는 것이다.

본풀이사학의 관점에서 보면 신라사는 한국사에서뿐만 아니라 세계사에서도 가장 빛난다. 천년의 역사를 자랑하는 신라답게 초기 역사도 풍부하게 서술되어 있다. 여러 건국영웅들이 함께 신라를 세웠다. 그러한 건국영웅들의 이야기가 다양한 건국본풀이로 기록에 남아 있다. 건국시조들의 이야기가 사서에 기록되는 과정에 제각기 분리되어 서술되었으나, 본풀이의 체계로 보면 6촌촌장신화 6편과, 선도산성모신화, 박혁거세신화, 알영부인신화, 석탈해신화, 김알지신화 5편을 합해 모두 11편의 신화가 유기적 관계 속에서 신라 건국과정과 역사를 설명하는 하나의 거대한 본풀이를 이루고 있다.[46] 신라사 초기 역사는 이 풍부한 본풀이의 총체적 서사 속에 서술되어 있다.

박·석·김 세 신화만 하더라도, 바다에서 표류해온 석탈해를 포구에서 발견하고 궤를 열어 구해낸 아진의선(阿珍義先)이 바로 '혁거세왕'의 고기잡이 할미였을[47] 뿐 아니라, 계림에서 금궤를 열어 알지아기를 구해내고 '박혁거세의 고사와 말에 따라 알지로 이름'을[48] 지은 것은 석탈해이다. 따라서 박혁거세와 석탈해, 김알지의 출현과정과 신라왕실의 진입, 작명과정 등이 서로 긴밀하게 연관되어 있다.

---

45) 김상태, 『엉터리 사학자 가짜 고대사』, 책보세, 2012, 369-397쪽 ; 『한국 고대사와 그 역적들』, 책보세, 2013, 61-74쪽 등 참조.

46) 임재해, 「삼국유사 설화 자원의 문화 콘텐츠화 길찾기」, 『구비문학연구』 29, 한국구비문학회, 2009, 243-246쪽에서 신라신화 11편의 관계를 자세하게 다루었다.

47) 『三國遺事』卷1, 第4 脫解王, "時浦邊有一嫗 名阿珍義先 乃赫居王之 海尺之母".

48) 『三國遺事』卷1, 第4 金閼智 脫解王代, "駕行其林 開櫃有童男 臥而卽起 女赫居世之故事 故因其言 以閼智名之".

그러므로 박혁거세, 석탈해, 김알지신화를 서로 무관한 신화로 해석
하고 제각기 다른 북방민족들의 신화인 것처럼 전래설을 펼 것이 아니
라, 신라신화를 모두 상호관련성 속에 유기적으로 해석해야 신라사가
제대로 살아난다. 우리 민족사에서 가장 장엄한 신화적 상상력이 신라
건국 본풀이라 할 수 있다. 다만 사가들이 사서의 서술체계에 따라 한
자로 기록했기 때문에 분절적으로 구성되어 있을 뿐이다.

도래설이나 전래설의 종속적인 사고로 이 본풀이들을 보면 다른 본
풀이들과 유기적 관련성은 보이지 않는다. 본풀이의 서사적 전개도 역
사적 내력으로 읽지 못한다. 그러나 근본내력을 통시적으로 풀이하는
본풀이의 논리로 보면, 한 신화처럼 기록된 자료도 내용에 따라 여러
신화로 나누어 보고, 여러 신화처럼 별도로 기록된 자료도 서로 유기
적인 연관성 속에서 하나의 본풀이로 해석해야 한다.

여럿으로 나누면 한 본풀이 안에서도 시대구분이 이루어지고, 하나
의 본풀이로 이어보면 여러 본풀이도 하나의 통사를 이루게 되는 사실
이 드러난다. 따라서 고조선본풀이도 이러한 시각에서 분석되고 통합
되며 재해석되어야 한다.

이른바 단군신화라고 하는 '고기'의 내용은 언제 형성되었는지 구체
적으로 알기 어렵지만, 학계에서는 단군조선 건국 이후에 만들어진 하
나의 지배 이데올로기로[49] 해석되고 있다. 고조선본풀이를 단군신화
로 불신하는 학자들은 일연이 『삼국유사』를 편찬하던 시기에 꾸며낸
이야기로 단정하기도 한다.[50] 고조선 멸망 이후 천여 년 뒤에 기술된

---

49) 송호정, 같은 책, 229쪽, "그것(단군신화)은 고조선이 국가체제를 갖추었을
　　때 지배를 합리화하기 위해, 즉 하늘에서 신성한 기운을 타고 내려온 자신
　　들의 지배는 절대적이며 백성들을 널리 이롭게 하기 위한 것이라는 이데올
　　로기 차원에서 만들어낸 것이다."
50) 주로 일본인들의 주장으로서 최남선의 용어를 빌린다면 '僧徒 妄談說'에 해
　　당된다. 일연의 조작설이라는 것인데, 사학계 일부에서는 불교적 윤색으로
　　보기도 한다.

것이므로 믿을 수 없는 사료로 간주된다. 고조선본풀이를 일시에 완성
된 하나의 단일한 작품으로 보거나, 순전히 문헌사료로 기록될 시기에
구성된 건국시조 이야기로 보면 그렇게 생각할 수 있다.

그러나 고조선본풀이는 처음부터 기록된 것이 아니라 말로 전승되
던 것이었다. 구비전승으로 노래되는 것이 본풀이의 기본적인 존재양
식이다. 집을 짓고 성주굿을 할 때마다 성주풀이를 노래하는 것처럼,
나라를 세우고 나라굿을 할 때마다 건국본풀이를 노래하게 마련이다.
그러므로 구술사로서 고조선본풀이는 신시고국의 건국과정과 함께 형
성되어 시대에 따라 역사적 사실이 계속 누적되면서 구비전승되었다
고 할 수 있다.

5. 환웅의 신시본풀이가 민족사의 최초 건국사

지금 우리가 만날 수 있는 본풀이는 문자로 정착된 기록물이라 하
더라도, 그 훨씬 이전부터 노래로 전승되어 왔던 것이다. 그러한 사정
은 문헌에도 나타나고 있다. 『삼국유사』에 기록되기 이전에 고조선의
역사적 개요는 『위서』에 기록되어 있고, 구체적인 본풀이 내용은 『고
기』 또는 『본기』, 『단군고기』에 먼저 기록되어 있었기 때문이다.

『삼국유사』와 『응제시주(應製詩註)』는 '고기'를 인용하였으며, 『제
왕운기』는 '본기'를, 『세종실록』은 '단군고기'를 인용하였다. 『삼국유사』
에는 '단군기'로 인용되어 있다. 따라서 『삼국유사』 이전에 이미 '고기'
나 '본기', '단군기', '단군고기'와 같은 문헌에 고조선본풀이가 기록되
어 있었다는 사실을 알 수 있다. 그러므로 흔히 단군신화라고 하는 고
조선본풀이가 일연에 의하여 『삼국유사』 집필 당시에 지어졌을 것이
라는 추론은 터무니없는 것이다.

더 중요한 사실은 고조선 건국 내용이 문헌에 기록으로 정착되기
이전에 오랫동안 '본풀이'로 구전되었다는 점이다. 모든 구비전승이 그

렇듯이 일시에 완성되어 창작되는 것이 아니라 전승되는 동안에 가감
되고 보완되며 수정된다. 역사적 상황이 달라지면 본풀이도 그에 따라
달라질 수밖에 없다. 특히 본풀이는 그러한 성격이 더 강하다. 왜냐하
면 건국과정의 근본 내력을 풀이하여 현재 처한 상황까지 이야기하는
노래이기 때문에, 역사적 사실이 진전되는 데 따라 계속해서 이야기가
덧보태어져 노래될 수밖에 없다. 우리가 지금 만나는 나라본풀이 곧
건국신화는 가장 후대에 노래되던 것이다. 그러므로 이른바 단군신화
를 우리 신화학인 본풀이이론의 맥락 속에서 해석하려면 본풀이의 구조
와 논리로 재해석하지 않을 수 없다.

지금 우리가 만나는 고조선본풀이는 단군이 1908세를 살다가 아사
달의 산신이 된 이후에 노래되었던 내용이다. 풀어서 말하면 단군 왕
호를 마지막으로 사용한 인물이 죽은 다음에 오래 전부터 전승된 내용
과 현재 상황을 보태어 구연한 노래라 할 수 있다. 그러나 단군이 살아
있을 때, 또는 단군조선이 건재할 때도 나라굿을 하였으며, 이때도 고
조선 건국본풀이를 노래했을 것이다. 다만 그때는 단군이 살아 있으므
로, 1908세를 살다가 아사달의 산신이 되었다는 대목을 부를 수 없다.
항상 그 당대의 상황까지 부르게 마련이다.

그러나 주술적인 굿에서 또는 본풀이의 논리로 보면 미래 상황도
예언하고 미래에 대한 기대도 미리 노래할 수 있다. 단군이 살아 있을
때 죽어서 아사달의 산신이 되기를 소망했거나 또 그렇게 축원을 했다
면, 마치 그러한 소망과 축원이 이루어진 것처럼 노래될 수도 있다. 그
것이 유감주술의 원리이기 때문이다.

따라서 본풀이는 태초의 신성한 시작을 노래하는 것이자, 주술적인
미래를 노래하는 것이기도 하다. 굿에서 본풀이 끝에 축원을 하는 것
도 그러한 주술적 의도 때문이다. 하지만 죽어서 산신이 되는 일은 초
월적인 미래이므로 주술의 논리에 따라 미리 노래될 수 있으나, 역사
적 사실은 그렇게 노래할 수 없다. 건국사는 현실의 문제로서 구체적

으로 경험하는 까닭이다. 그러므로 건국과정을 말하는 건국시조본풀
이는 지금 여기의 상황까지 경험 가능한 실제 사실 중심으로 노래하게
마련이다.

시대적으로 거슬러 올라갈수록 건국본풀이는 당대까지 일어난 내
용으로 한정될 수밖에 없다. 단군이 등장하기 전의 역사적 상황에서는
단군의 출생담이나 단군조선 건국 사정을 노래할 수 없다. 곰과 범이
환웅을 찾아오기 이전 상황에서는 환웅이 홍익인간의 이념으로 신시
고국을 세우고 360여 사를 주관하며 재세이화(在世理化)한 사실까지만
노래할 수 있다. 서사구조로 보더라도 이 대목까지 환웅의 신시고국
건국본풀이로서 구조적 완결성을 지니고 있다.

환웅의 신시에서 나라굿을 할 때에는 신시본풀이로서 환웅본풀이
만 노래될 수밖에 없다. 고조선본풀이인 단군본풀이는 단군조선 건국
이후에나 가능한 내용이다. 그러므로 단군신화로 일컬어지는 『고기』의
내용은 환웅의 신시본풀이에 단군의 고조선본풀이를 보탠 것이라 할
수 있다.

환웅의 신시고국 건국이야기가 독립적인 건국시조신화가 되는 결
정적인 근거는 "환웅이 무리 삼천을 거느리고 태백산 신단수로 내려와
자리를 잡고 '신시(神市)'라 이르는 국가조직을 만들었는데, 이 분이 바
로 환웅천왕"이라고[51] 서술한 대목이다. 이 내용만으로도 건국시조 본
풀이로 충분하다. 환웅이 '신시'라는 신정국가를 세우고 천왕 노릇을
했을 뿐 아니라, 나아가서 곡식과 수명, 질병, 형벌, 선악 등 360여 가지
일을 다스렸다고 하여 치세 방법까지 자세하게 서술하였다. 어느 건국
시조 이야기에도 없는 내용이다. 그러므로 단군의 고조선 건국이야기
보다 내용도 더 풍부하고 구체적이다. '환웅본풀이' 또는 '신시건국신

---

51) 『三國遺事』 卷1, 紀異1 古朝鮮, "雄率徒三千 降於太白山頂神壇樹下 謂之神市
是謂桓雄天王也".

화'라 일컬을 만한 요건을 충분히 갖춘 셈이다.[52]

따라서 나는 처음 단군신화를 다룰 때, "왜 환웅신화가 아니고 단군 신화인가?"[53] 하는 의문을 품기도 했다. 그러므로 지금 우리가 만나는 고조선조의 『고기』 속에는 여러 시대에 걸쳐서 노래되었던 나라의 역 사가 축적되어 있는 셈이다. 나라본풀이는 나라가 건국될 때마다 하나 의 노래로 완성된다. 그러므로 환웅이 신시고국을 세우고 재세이화한 신시본풀이가 선행되어 구연되다가, 뒤에 곰과 범이 환웅을 찾아와 사 람 되기를 빌고 단군이 태어나서 조선을 건국하면서 고조선본풀이가 신시본풀이에 덧붙여져서 구연된 사실을 충분히 이해할 수 있다.

그리고 단군이 기자(箕子)에 밀려 도읍지를 장당경(藏唐京)으로 옮 겼는데, 이때 장당경에서 나라굿을 할 때는 이 대목까지 본풀이로 노 래했을 것이다. 물론 여러 차례 도읍지를 옮길 때마다 그에 따른 내용 이 보태어져서 노래되었을 것이며, 마침내 단군이 죽어서 아사달의 산 신이 되는 데서, 조선의 시조 단군본풀이가 완결된다. 그러므로 흔히 단군신화라고 하는 『고기』의 내용은 환웅의 신시본풀이에다가 단군의 고조선본풀이를 덧보탠 것으로서 단군조선의 가장 후기 또는 단군조 선 이후 시기에 기록된 것으로 판단된다.

고조선본풀이가 둘이면서 하나인 것처럼 고구려의 주몽신화나 신 라의 박혁거세신화가 하나이면서 둘이고 둘이면서 하나이다. 둘인 것 은 두 본풀이가 유형적 독자성을 지니며 제각기 존재하는 까닭이며, 하나인 것은 두 본풀이가 이어서 하나의 본풀이처럼 구연되는 까닭이 다. 이처럼 여러 본풀이들이 이어져 구연되는 것은 본풀이의 두 가지

52) 임재해, 「단군신화에 갈무리된 문화적 원형과 민족문화의 정체성」, 『단군학 연구』 16, 단군학회, 2007, 275쪽.
53) 임재해, 「단군신화에 던지는 몇 가지 질문」, 『文化財』 21, 文化財管理局, 1988, 207-223쪽. 이 글은 『민족설화의 논리와 의식』, 지식산업사, 1992, 125-159 쪽에 재수록되었다.

성격에서 비롯된다.

하나는 구비전승의 이치 때문이다. 구비문학은 전승과정에 누적되고 적층되어서 최종본이 전승되는 까닭이다. 둘은 본풀이의 이치 때문이다. 본풀이는 후대로 갈수록 전대의 본풀이까지 구연하지 않을 수 없다. 시대가 바뀌면서 후대에 부르는 본풀이는 이전 시대의 본풀이를 부르지 않으면 제대로 본을 풀어서 노래할 수 없기 때문이다.

이원화된 본풀이의 구조와 형성과정은 고조선 건국본풀이에 한정되지 않는다. 고조선 건국본풀이에서 천제의 아들이 천상계에서 지상으로 내려온 환웅본풀이가 있고, 인간으로서 현실세계에서 태어난 단군본풀이가 있는 것처럼, 고구려 건국본풀이도 천제의 아들이 천상계에서 지상으로 내려온 해모수본풀이가 있고, 인간으로서 현실세계에서 태어난 주몽본풀이가 있다. 본풀이의 논리로 보면, 북부여시대에는 해모수본풀이만 노래되다가, 고구려시대에 와서 주몽본풀이까지 노래되었던 사실을 알 수 있다.

이러한 본풀이구조의 전통은 박혁거세신화라 일컫는 신라 건국본풀이에도 고스란히 이어진다. 박혁거세본풀이 서두에 박혁거세를 시조왕으로 추대한 6촌촌장의 본풀이가 서술되어 있다. 처음에는 하늘에서 하강한 6촌촌장본풀이만 구연되다가, 신라가 건국되면서 박혁거세본풀이가 여기에 덧보태어져 노래되었던 것이다. 그러한 자취가 『삼국유사』의 기록을 통해서 남아 있다. 6촌촌장본풀이에 이어 박혁거세본풀이가 기록되어 있는 것이다.

석탈해와 김알지 후손들에 의해 왕권의 혈통이 바뀌면서 박혁거세본풀이에 이어서 석탈해본풀이와 김알지본풀이도 차례로 구연되었을 것이다. 김알지본풀이는 신라 김씨 왕권이 확립되면서 비로소 구연되었을 터인데, 그러한 흔적 또한 『삼국유사』의 기록으로 확인할 수 있다.

김알지신화는 그 자체로 기록되어 있지 않고 '김알지 탈해왕대'에[54] 기록된 것은 물론, 석탈해신화 다음 항목에 기록되어 있다. 마지막 본풀이인 김알지신화는 탈해가 시림에 가서 금궤를 열어 김알지를 발견하고 혁거세의 고사에 따라 이름을 짓고 태자로 책봉하는 내용으로 서술되었다. 그 이전의 본풀이 주인공인 박혁거세와 석탈해가 김알지신화에 모두 등장하는 것이다.

따라서 김알지본풀이의 본디 구연상황은 김알지 이전에 석탈해, 그리고 그 이전에 혁거세와 6촌촌장의 내력이 함께 노래되었을 가능성이 높다. 다시 말하면 혁거세와 석탈해의 내력에 김알지의 내력이 보태어 김알지본풀이가 노래되었다는 말이다. 가장 후대에 형성되고 노래되었던 김알지본풀이에는 박혁거세와 김알지의 행적이 모두 갈무리되어 있는 사실이 이러한 사실을 입증한다. 그러므로 박혁거세, 석탈해, 김알지신화를 서로 무관한 신화로 해석하고 제각기 다른 북방민족들의 신화인 것처럼 전래설을[55] 펼 것이 아니라, 신라신화를 모두 상호관련성 속에 유기적으로 해석할 필요가 있다.

결국 본풀이의 논리로 보면, 한 신화처럼 기록된 자료도 내용에 따라 여러 신화로 나누어 보고, 여러 신화처럼 별도로 기록된 자료도 서로 유기적인 연관성 속에서 하나의 본풀이로 해석해야 한다는 사실을 알 수 있게 되었다. 신라신화만 하더라도, 시림의 알지가 탈해 없이 왕실의 태자로 거두어질 수 없고, 혁거세 없이 알지가 이름을 얻을 수 없으며, 혁거세 또한 6촌촌장 없이 신라의 시조왕에 오를 수도 없다.[56] 시조왕이 여럿이므로 다른 나라 건국시조신화에 비하여 한층 복잡할 따름이다. 그러나 천상계의 인물이 지상으로 하강하여 지도자가 된다

---

54) 『三國遺事』卷1, 紀異1 金閼智·脫解王代.

55) 김병모, 『금관의 비밀－한국 고대사와 김씨의 원류를 찾아서』, 푸른역사, 1998, 167쪽. 이를테면 석탈해는 대장장이를 뜻하는 몽골어 탈한을 근거로 몽골족, 김알지는 금을 뜻하는 알타이어 '알타이'를 근거로 알타이족의 도래인으로 해석하는 연구들이다.

56) 임재해, 「맥락적 해석에 의한 김알지신화와 신라문화의 정체성 재인식」, 比較民俗學 33, 比較民俗學會, 2007, 579쪽.

는 세계관적 인식은 환웅본풀이나 다르지 않다.

6. 본풀이사관의 세계관과 시대구분의 새 지평

본풀이사관은 본풀이의 논리 속에서 역사를 보는 일정한 체계를 이룬다. 본풀이는 태초의 역사 서술 양식이면서도 민족이나 국가 단위의 역사를 풀이하는 데 머물지 않는다. 인간세계는 물론 지구촌을 넘어서 우주의 형성과 전개 양상 곧 태초의 우주사를 풀이한다. 우주의 시작을 알지 못하고 지금 여기 우리의 문제를 제대로 해결할 수 없다고 여긴 것이다. 그러므로 민족사의 관점에서 고조선본풀이에 매몰되어서는 본풀이사관을 제대로 수립할 수 없다. 우주본풀이로 시각을 넓혀야 본풀이사관의 진면목을 만날 수 있다. 실제로 굿을 제대로 하는 큰굿의 본풀이에서는 천지개벽 이전의 상태인 태초의 혼돈 상황부터 노래한다.

본풀이에서 전승하는 우주 기원 신화는 천지'창조' 신화가 아니라 천지'개벽' 신화로서, 천지창조 신화의 창조론과 다른 진화론적 개벽론을 펴고 있다. 이러한 세계관적 인식을 온전하게 포착하기 위해서도 '천지개벽신화'라는 유형적 인식과 명명이 필요하다.[57] 따라서 본풀이에서 노래되는 여러 유형의 신화를 창세신화의 한 신화소로 분석할 것이[58] 아니라, 독립적인 신화로 인정하고 유형별 신화론을 더불어 펼쳐야 할 것으로 생각한다.[59]

본풀이로 구연되는 천지개벽신화의 세계관은 세계화 시대에 말하

---

57) 임재해, 「韓國 神話의 敍事構造와 世界觀」, 72-73쪽.
58) 김헌선, 『한국의 창세신화』, 길벗, 1994, 40-41쪽.
59) 임재해, 「고대 신화에 나타난 한국인의 진화론적 자연관」, 안동대학교 민속학연구소 편, 『민속연구』 8, 민속원, 1998, 243-277쪽 및 「韓國 神話의 敍事構造와 世界觀」, 93-96쪽 등에 이 문제를 논의하였다.

는 세계보다 훨씬 더 넓고 깊다. 21세기의 세계화는 기껏 세계보다 더 포괄적인 용어로 지구촌(globalization)을 들먹일 따름이다. 그러나 천지 개벽신화에서는 광대한 우주천지를 두루 세계로 끌어들인다. 하늘과 땅은 물론 해와 달, 별까지 끌어들여 공시적인 우주관을 펼칠 뿐 아니라, 태초의 우주에서 지금 여기의 공간을 구체적으로 다루는가 하면, 굿이 전개됨에 따라 미래의 세계까지 전망한다.

더 중요한 것은 우주론적 세계가 공간적으로 여기의 현장과 연관되어 있고, 또 과거와 현재, 미래의 통시적 세계 또한 지금 여기 본풀이하는 사람들의 삶과 연관되어 있다는 사실이다. 무한한 공간적 세계와 역사적으로 지속되며 변화하는 세계가 지금 우리의 삶과 유기적 관계를 이루고 있다는 세계인식이 중요하다.

세계도 민족과 국가로 분화되어 있지 않다. 우주 차원의 유기적 세계가 지금 바로 여기에 있는 우리의 본향이다. 그러므로 본풀이는 자민족 중심으로 이야기되는 기존의 신화와 다른 세계관을 지녔다. 특정 공간이나 특정 시간의 세계가 아니라 모든 시공간을 하나의 유기적 실체로 인식하는 것이다. 환웅의 홍익인간 이념도 이와 같은 유기체적 세계관을 지니고 있다. 그것이 바로 고조선 건국본풀이의 생태학적 세계관이다.[60] 생태학은 자연과 인간, 우주와 지구, 과거와 미래를 유기적 관계로 인식하는 학문이다.

본풀이의 세계관에 따르면, 역사학은 민족사나 국사의 범주에서 벗어나야 한다. 인류사에서 지구사 또는 우주사까지 겨냥할 수 있는 역사연구가 기대되는 방향이다. 그렇다고 해서 민족사를 배격하거나 개인사와 지방사를 외면하는 것은 아니다. 이 모든 역사를 아우르면서 더 큰 거시사를 구상해야 한다.

---

[60] 임재해, 「단군신화를 보는 생태학적인 눈과 자연친화적 홍익인간 사상」, 『단군학연구』 9, 단군학회, 2003, 115-157쪽.

거시사는 공시적으로 보면 우주사를 말하는 거대사 같지만, 통시적
으로 보면 태초에서 먼 앞날까지 내다보는 미래사를 아우르는 역사이
다. 어떤 의미에서 역사학이 과거사의 이해에 있는 것처럼 보이인다.
그러나 본풀이사관으로 보면 역사학이란 현실문제의 근본 내력을 알
아서 앞으로 보다 바람직한 미래사를 만들기 위한 데 있다.

굿에서 본풀이를 노래하는 것은 과거를 알기 위한 데 목적이 있는
것이 아니라 현실문제를 해결하고 미래를 바람직하게 만들어가려는
데 목적이 있다. 본풀이사관은 이러한 역사의식을 겨냥한다. 그런데
역사학은 과거 연구에 머물러 있을 뿐 미래에 대한 목적의식이 없거나
불분명하다. 따라서 역사연구의 성과를 보면, 미래의 역사를 전망하고
그러한 역사 만들기를 시도하기는커녕 현실에서 해결해야 할 문제조차
관심을 기울이지 않는 경우가 많다. 그러므로 나는 역사전공자가 아니
지만 역사학에 관심을 가지고[61] 때로는 역사학자들조차 외면하는 상고
사까지[62] 연구함으로써 미래의 역사와 역사학을 바로잡으려고 한다.

상고사 연구는 미래사를 바람직하게 만들어가기 위한 것이다. 고조
선사를 제대로 인정하지 않는 현실 사학계의 풍토를 바꾸어 놓는 것은
물론 민족문화의 기원을 시베리아에서 찾는 종속주의적 전래설을 극
복하고, 민족문화의 정체성을 미래에도 창조적으로 이어가기 위해서
상고사와 당시의 문화를 해석하며 지금 여기의 문화로 지속되고 있는

---

61) 임재해, 「전설과 역사」, 『韓國文學硏究入門』, 知識産業社, 1982, 123-132쪽.
임재해, 「歷史의 理解와 文學의 歷史的 硏究」, 『정신문화연구』 19, 1983 겨울
호, 韓國精神文化硏究院, 1984, 26-40쪽.
임재해, 「설화의 사료적 성격과 새 역사학으로서 설화연구」, 『역사민속학』
12, 한국역사민속학회, 2001, 243-276쪽.
62) 임재해, 「단군신화로 본 고조선문화의 기원 재인식」, 『단군학연구』 19, 단군
학회, 2008, 277-372쪽.
임재해, 「'신시본풀이'로 본 고조선문화의 형성과 홍산문화」, 『단군학연구』
20, 단군학회, 2009, 329-394쪽.

사실을 입증한다.[63] 상고사를 제대로 알면 상고시대에 형성된 민족문화의 유전자가 지금도 지속되고 있으며, 앞으로 이것을 활성화하면 문화창조력을 더 적극적으로 발휘할 수 있다는 사실도 제시한다.[64]

본풀이사관의 더 중요한 점은 있어야 할 미래의 역사를 바람직하게 설정하고 그쪽 방향으로 현실역사가 나아가도록 하는 일이다. 그러자면 역사의 시대구분을 미래까지 해야 한다. 역사학에서 가장 긴요한 체계 가운데 하나가 시대구분인데, 지금까지 대부분의 시대구분은 이미 있었던 역사의 분기점을 단선적으로 설정하는 데 만족하고 있다. 그 결과 가장 일반화되어 있는 시대구분이 고대, 중세, 근대, 현대이다. 시대를 상대적으로 분별하고 그에 따른 이름을 붙여 두었기 때문에 그 시대의 의미도 잘 드러나지 않을뿐더러, 미래로 갈수록 시대구분의 분기점이 달라질 수밖에 없다.

아주 먼 미래에는 지금의 '근대'를 근대로 일컬어질 수 없게 된다. 미래로 가면 갈수록 지금의 근대는 중세에 가까워지고 지금의 중세는 고대에 가까워지게 된다. 특히 '현대'는 더 문제가 된다. 그 분기점도 오락가락할 뿐 아니라 분기점을 어느 특정시기로 잡아두었다고 하더라도 현대는 무한히 지속될 수밖에 없는 모순에 빠진다. 만일 인류사가 천 년 더 지속된 뒤에는 오늘의 '현대'를 여전히 현대로 일컬을 것인가? 그렇게 해도 시대구분에 문제가 없을까.

더 문제는 이러한 시대구분이 지향하는 미래의 가치는 무엇인가 하는 점이다. 그냥 미래라고만 하고 미래가 어떤 시대인가 하는 것을 예측하거나 전망하지 않은 역사는 과거학이라는 비난을 면하기 어렵다. 시대구분론에서 미래에 대한 시대가 구체적으로 제시되지 않은 것은

---

63) 임재해, 「단군신화에 갈무리된 문화적 원형과 민족문화의 정체성」, 『단군학 연구』 16, 단군학회, 2007, 331-337쪽.
64) 임재해, 「고대에도 한류가 있었다' - 민족문화의 정체성 재인식 - 」, 『고대에 도 한류가 있었다』, 지식산업사, 2007, 17-101쪽.

물론, 아무도 미래 없는 이러한 시대구분에 관해서 문제제기를 하지 않는 것이 바로 문제이다.

역사적 발전을 체계적으로 인식하려고 시도할 때에 역사가들은 어쩔 수 없이 시대구분의 문제와 씨름을 하게 마련이고, 시대구분을 어떤 논리로 체계화하느냐 하는 것은 곧 그 역사가가 역사를 인식하는 태도나 방법을 말하여 준다.[65] 따라서 미래의 시대를 설정하지 않는 시대구분론에 만족하고 있는 역사학은 한갓 과거학일 뿐 미래가 없는 학문이다. 거칠게 말하면, 역사학은 역사 창조에 이바지하지 못하는 죽은 학문이자, 새로운 역사를 잉태하지 못하는 불임의 학문이다.

문학연구가 문학창작에 이바지하지 못하고 음악학이 음악창작에 아무런 도움을 주지 못한다면, 학문으로서 제 기능을 온전하게 한다고 어렵지 않은가. 역사학도 바람직한 역사를 전망하고 그러한 역사를 만들어가는 데 이바지하는 학문일 때 존재의의가 있다. 한갓 지나간 사실을 아는 것에 만족해서는 역사학의 사명을 다 했다고 하기 어렵다.

본풀이사학은 역사 창조를 전제로 한다. 현실의 역사를 극복하고 새로운 역사를 만들어가는 역사학, 그것이 바로 본풀이사학이다. 역사학 이전에 역사가 있었고 사가들 이전에도 역사는 구술되었다. 그러한 역사의 양식이 본풀이이다. 본풀이는 굿에서 구연되었다. 굿은 민중들이 주체가 되어 삶의 문제를 해결하기 위한 제의 양식이다. 따라서 굿의 민중적 현실인식과 역사의식을 갈무리하고 있는 것이 본풀이사관이다. 그러므로 굿문화를 잘 분석하면 본풀이사관에 입각한 시대구분을 새롭게 할 수 있다.

굿은 종래에 주술적인 것으로 인식되다가 굿에서 만들어내는 각종 형상들, 곧 그림이나 조형물, 음악, 노래, 춤, 몸짓 등이 일정한 예술성을 지닌다는 사실이 제기되었다. 이제 굿이 예술성을 지닌다는 데에는

---

65) 李基白, 「韓國史 時代區分 問題」, 『韓國史時代區分論』, 乙酉文化社, 1970, 5쪽.

아무런 의심이 없다. 그러나 굿의 목적을 두고 보면 주술도, 예술도 아니다. 질병이든, 가난이든, 사고든, 입시든, 승진이든 지금 맞닥뜨리고 있는 현실문제를 해결하는 것이 굿이다. 현실문제를 일시에 해결하는 것이 변혁이다. 굿은 변혁을 목적으로 삼는다. 따라서 현실적으로 아무런 문제가 없으면 굿을 하지 않는다. 현실상황에 만족하면 변혁이 필요하지 않듯이 굿도 할 필요가 없다.

그러나 공동체굿은 다르다. 마을굿이나 고을굿, 나라굿은 주기적으로 정해 두고 해왔다. 공동체는 개인과 달리 필연적으로 문제가 있게 마련이라는 판단 때문에 정기적으로 굿을 하는 것이 관행으로 굳어져 있다. 굿을 하는 주민들은 흔히 굿을 일러 '맺힌 것을 푸는 것'이라고 한다. 따라서 굿에서는 본풀이가 노래되는가 하면 살풀이와 고풀이 등 풀이 행위와 춤이 이루어진다. 풀이는 곧 맺힌 것을 푸는 행위이다.

사회학문의 용어로 말하면 맺힌 것은 구조적 모순이며, 풀이는 해결이다. 사회학문에서 구조적 모순을 해결하는 것은 변혁이다. 따라서 맺힌 것을 푸는 굿은 곧 '구조적 모순을 해결하는 변혁'이다.[66] 실제로 굿에는 변혁적인 요소들이 적지 않다. 변혁이 일어나지 않고서는 굿의 목적을 성취할 수 없기 때문이다.

병굿은 질병을 치료하는 것인데, 비록 주술적 방법을 취하더라도 결과적으로 그것은 몸의 구조적 모순을 해결하는 것이다. 병든 몸을 굿으로 치유하고 건강한 몸으로 만드는 것은 곧 몸에 바람직한 변혁이 일어나는 것이다. 공동체굿에서는 사회적 모순을 해결하는 변혁성을 지닌다. 마을굿에서 기원하는 마을의 풍요와 평안은 가난과 불안의 모순에서 해방되는 것이다. 주민들의 가난과 억압이 신이나 자연으로부터 비롯된 것이라면 주술적 해방에서 머물지만, 그것이 사람이나 사회

---

66) 임재해, 「굿의 주술성과 변혁성」, 『比較民俗學』 9, 比較民俗學會, 1992, 115-143쪽에서 구조적 모순을 해결하는 굿의 변혁성에 관해 다루었다.

로부터 비롯된 것이라면 변혁적 해방을 모색하지 않을 수 없다. 하회
별신굿이 그러한 변혁성을 잘 보여준다.

　하회별신굿은 마을의 안녕과 풍요를 목적으로 한다. 그런데 별신굿
만 하지 않고 탈놀이를 하면서 양반과 선비의 허위를 풍자하고 불교의
종교적 계율을 웃음거리로 삼는가 하면, 영감을 내세워 가부장적 권위
를 부정한다. 별신굿의 일환으로 연행되는 하회탈춤은 이처럼 사회의
신분체제나 종교적 관념, 가부장 체제의 모순을 폭로하고 비판한다.

　당시의 체제로 보면 반란 행위나 다름없다. 이처럼 굿의 이름으로
사회질서를 뒤집어엎는 일이야 말로 제의적 반란이자 굿의 변혁성이
다. 굿은 이러한 목적을 겨냥하며 이루어지는 변혁활동이다. 그러므로
굿의 문제해결 방법을 보면 주술이고, 문제해결을 위해 창출되는 형상
을 보면 예술이지만, 굿의 문제해결 목적을 보면 변혁이라 할 수 있다.

　나는 굿을 중심으로 민속의 발전단계를 논의하면서 마치 굿의 주술
성과 예술성, 변혁성의 세 요소들이 역사적 발전 단계로 드러나는 것
처럼 파악했다.[67] 그러나 「굿의 주술성과 변혁성」을 다룬 연구에서는
변혁성을 넘어서는 다른 무엇, 곧 굿의 공생적 세계관을 발견하게 되
었다.[68] 전통 굿의 실체를 분석적으로 검토하고 오늘 우리가 맞닥뜨리
고 있는 삶의 근본적인 문제들을 되돌아볼 때, 사람과 사람은 물론 사
람과 동식물, 사람과 자연 또는 사람과 우주가 하나의 생명으로서 공
생관계에 있다는 사실을 인식하기에 이른 것이다. 왜냐하면 굿에서는
사람이나 조상신만 섬기는 것이 아니라 온갖 자연물 곧 삼라만상을 두
루 섬기기 때문이다.

　따라서 굿은 '맺힌 것을 푸는 것'이기도 하지만, '위하는 것'이기도

---

67) 임재해, 「한국 사회의 변동과 문화적 전통의 변혁성」, 『문학과 사회』 17, 문
　　학과지성사, 1997, 335-336쪽.
68) 임재해, 「굿의 呪術性과 變革性」, 『比較民俗學』 9, 比較民俗學會, 1992, 137-
　　139쪽.

하다. 굿을 하는 사람들은 신을 섬기는 신앙활동을 흔히 '위한다'고 한
다. 굿에서 '위하는 대상'은 하늘과 땅, 산과 강, 바람, 나무, 바위, 동물
등 자연현상 전반에 걸쳐 있다. 사람이 아닌 자연물과 자연현상, 그리
고 각종 영성들을 위하고 섬기는 것이 굿이다.[69] 굿에서 자연과 신을
두루 위하는 것은 과거의 잘못된 미신으로 여기기 쉽다.

그러나 이제 자연도 인간과 대등한 생명으로 인식되는가 하면, 자
연물도 영성이 있는 존재로 인정된다. 그리고 자연은 인간생활에 큰
영향을 주는 생태학적 관계로 포착된다. 따라서 풍수지리설도 생태학
적으로 재인식되고,[70] 지구를 생명개체로 설명하는 가이아(Gaia) 이론
이나[71] 태양계를 온전한 생명으로 보는 온생명(global life) 이론이[72] 제
기되었다. 실제로 굿문화가 널리 전승되던 시대에는 자연생태계가 건
강했다. 그러므로 굿은 주술성과 예술성, 변혁성만 지닌 것이 아니라
자연과 영성을 두루 섬기는 공생성을 지녔다. 이러한 굿의 속성들을
정리하면 아래와 같다.

굿에서 문제해결의 방법 → 주술성
굿에서 만들어내는 형상 → 예술성
굿에서 해결하려는 목적 → 변혁성
굿에서 믿고 섬기는 대상 → 공생성

69) 임재해, 「민속신앙의 생태학적 자연관과 현대적 변용」, 『민속문화의 생태학
    적 인식』, 도서출판 당대, 2002, 245-267쪽 참조.
70) 임재해, 「풍수지리설의 생태학적 인식과 한국인의 자연관」, 『민속문화의 생
    태학적 인식』, 도서출판 당대, 2002, 163-235쪽 참조.
71) 제임스 러브로크, 김기협 옮김, 『가이아 : 지구의 체온과 맥박을 체크하라』,
    김영사, 1995, 11쪽. 가이아 이론은 지구를 하나의 생명체로 인식하고 지구
    위의 모든 생명체들을 서로 유기적으로 얽혀 있는 공동생명체로 규정한다.
72) 장회익, 「생명을 어떻게 볼 것인가」, 『삶과 온생명』, 솔, 1998, 167-97쪽. 온생
    명 개념은 태양계가 하나의 완결된 생명체로서 온생명으로 규정하고, 인간
    과 다른 자연물들은 제각기 온생명을 구성하는 생명개체로 파악하는 것이다.

굿은 이처럼 다양한 속성을 지니고 있으나, 시대에 따라 그 속성과 기능이 변해왔다. 따라서 공시적인 굿의 속성을 통시적인 맥락에서 주목하면 문화의 발전 과정과 단계가 포착된다. 이러한 단계는 세계를 인식하고 대응하는 역사발전 과정으로서 통시적 계열성 속에 일정한 분기점으로 자리매김되면 시대구분의 준거가 된다.

초기 굿은 순전히 주술적 양식으로 존재했다. 굿을 통해서 기대하는 것은 주술적 결과이자 종교적 영험이었다. 인류사의 초기에는 모든 현실문제와 자연현상을 종교 주술적으로 인식하고 해결하는 것이 주류를 이루던 시대였기 때문이다. 따라서 무슨 문제든 인간과 자연 또는 인간과 신령 사이에 갈등이 조성되어서 빚어진 것으로 인식하고, 이것을 해결하기 위해서는 종교 주술적인 방법으로 풀어야 한다고 믿어서 굿을 했던 것이다. 그러므로 세계에 대한 종교 주술적 인식과 대응 시기를 '주술의 시대'라고 할 수 있다.

주술의 시대 다음 시기에는 세계를 인식하는 눈이 주술적인 데서 인문학적인 시각으로 바뀐다. 자연과 신에 의존하여 모든 문제를 해결하려는 주술적인 방법의 한계를 인식하고 문제의 원인을 인간사회 내부로 주목하게 되었다. 삶의 모순이 자연과 신으로부터 비롯된다고 여기는 것이 아니라, 인간과 인간, 인간과 사회체제 사이의 갈등에서 비롯된다고 여긴 것이다. 따라서 종교 주술적 문제인식의 한계를 극복하고 인문학적 현실인식의 눈을 뜨는 것이 긴요하게 인식되었다. 그러자면 인간과 신 사이의 갈등을 해결하려는 주술보다 인간과 사회체제 사이의 갈등과 모순을 정확하게 인식하고 표현하는 예술적 기능이 긴요해지게 된다. 종교와 주술의 영향력이 잦아들고 인문학과 예술의 영향력이 증대된다. 그러므로 이 시기를 세계에 대한 인문학적 인식과 대응에 의존하는 '예술의 시대'라 일컫는다.

예술의 시대 다음 시기는 변혁의 시대이다. 삶의 문제를 인문학적으로 인식하고 대응하는 데에 일정한 한계가 있다. 사회적인 모순을 정확하게 포착하여 예술적으로 잘 표현해도 세상은 바뀌지 않는다. 인문학에 기초한 성찰적 인식과 예술적 표현이 바람직한 사회변화에 적극적인 기능을 발휘하지 못한다고 판단하면서, 한층 구체적이고 실천적인 변혁활동이 요구되는 시기이다.

따라서 계급모순과 민족모순은 예술적 표현이 아니라 사회과학적 변혁운동으로 해결해야 한다는 각성이 일어났다. 이 시기에는 세계적으로 크고 작은 혁명이 일어나서 봉건체제가 소멸되고 민주공화정 체제가 자리를 잡은 세계사의 격동기를 이룬다. 그러므로 세계에 대한 사회과학적 인식과 대응 방법으로 사회체제의 구조적 모순을 변혁운동으로 해결하는 우리 시대를 '변혁의 시대'라고 할 수 있다.

변혁의 시대는 최근까지 지속되고 있다. 현실적인 여러 모순을 인간사회 내부의 모순에서 찾고 사회과학적 변혁운동으로 해결하려는 인간중심주의 시대이기도 하다. 산업혁명과 더불어 시작된 변혁의 시대에는 계급모순과 민족모순이 어느 정도 해결되면서 생명모순이[73] 새로 제기되고 심화되었다. 인간이 자연을 끊임없이 정복하고 착취하여 생태계를 훼손한 까닭에 조성된 모순이다.

후기 산업사회에 이르러 인류의 역사가 지속 불가능할 정도로 생태계 위기가 조성되었다. 이 문제를 해결하는 것이 미래의 과제이다. 따라서 모든 분과학문은 생태학적 문제의식을 가지고 세계를 인식하고 거기에 따라 인간과 자연이 공생하는 대응책을 내놓아야 한다. 앞으로는 생명모순을 해결하는 공생의 시대로 나아가지 않으면 인류의 미래는 보장되지 않는다고 생각한다. 그러므로 미래를 공생의 시대로 자리매김하는 것이다. 지금까지 논의를 정리하면 다음과 같은 시대구분이 이루어진다.

───────

73) 임재해, 「민속문화의 생태학적 인식과 공생적 세계관」, 『민속문화의 생태학적 인식』, 도서출판 당대, 2002, 108-119쪽에서 생명모순의 문제를 계급모순과 민족모순의 관계 속에서 자세하게 다루었다.

주술의 시대 → 예술의 시대 → 변혁의 시대 → 공생의 시대

시대구분을 이렇게 한다고 하여 주술의 시대가 가면 예술의 시대가 오고, 예술의 시대가 다시 변혁의 시대로 뒤바뀌는 것은 아니다. 다시 말하면 역사는 단선적인 전환의 역사로 이어지는 것이 아니라 복선적인 누적의 역사로 지속되는 까닭이다. 따라서 주술의 시대에는 예술이 없었고 예술의 시대에 변혁이 없었던 것은 아니다. 변혁의 시대에도 공생의 문화가 있다. 미래에 공생의 시대로 나아가도 여전히 변혁은 필요하고 예술은 물론 주술문화도 지속된다.

주술의 시대에 예술과 변혁, 공생의 문화가 잠복되어 있듯이 공생의 시대에도 주술과 예술, 변혁의 문화가 잠복되어 있다. 따라서 역사의 전개과정은 상당히 복선적이고 다층적인 지층을 이루고 있다. 여기서는 편의상 단선적인 방식으로 시대구분을 했을 따름이다. 다만 시대 상황에 따라 상대적으로 나타나는 문화적 비중이 다르고 사회적으로 형성된 주류문화의 층차가 있을 따름이다. 그러므로 주술과 예술, 변혁의 문화를 지속하면서 공생의 시대를 겨냥하는 가운데 자연친화적인 문화를 만들어가는 것이 인류사의 미래를 진보적으로 만들어가는 것이다.

7. 본풀이의 현재적 역사서술과 미래사의 전망

공생의 시대는 만들어가야 할 미래의 역사이다. 미래사의 전망은 현실문제의 정확한 진단에서 비롯된다. 달리 말하면 미래가 공생의 시대라는 전망은, 생태계 위기로 조성된 생명모순이 해결되어야 할 가장 큰 현실문제라는 말이다. 현실적인 모순을 해결하는 문화양식이 미래를 이루는 주류문화라 할 수 있다. 모순과 해결의 변증법적 관계가 역사발전 과정이자 역사의 진보이다. 따라서 미래를 전망하지 못하는 역

사학은 현실 진단도 정확하게 하지 못하는 한계를 가지는 것처럼, 현실문제의 정확한 진단 없이 문제를 해결하는 대안체제로서 미래를 제시할 수 없다.

본풀이는 현실문제를 해결하는 굿판에서 노래된다. 현실문제의 분명한 인식을 위해서도 태초부터 지금까지 살아온 내력을 되새기지 않을 수 없다. 따라서 역사의 근본 내력을 현재상황까지 풀어내는 동시에 지금 맞닥뜨리고 있는 구조적 모순을 해결하는 길이 미래의 예언으로 제시된다. 본풀이가 역사일 수밖에 없는 이유가 여기에 있다. 더 중요한 인식은 전후의 인과관계이다. 현실문제의 원인과 실마리는 과거에 있고, 대안과 해결은 미래에 있다. 그러므로 태초의 역사부터 실마리를 풀어야 할 뿐 아니라, 문제를 해결하기 위해서는 다가올 미래를 예측해야 한다.

건국본풀이에는 미래가 없다. 사실 중심으로 지금 여기까지 상황을 노래하기 때문이다. 그러나 본풀이가 구연되는 나라굿 자체가 나라의 앞날이 발전되기를 비는 제의여서 결국은 미래를 위한 것이라 하지 않을 수 없다. 일반 본풀이에는 본풀이 내용에 이미 미래가 어느 정도 암시되거나 미래에 대한 기대가 축원의 형식으로 나타난다. 미래에 대한 암시는 일종의 예언에 속하고, 축원은 장차 이루고 싶은 소망을 구체적으로 열거하여 비는 것이다.

〈창세가〉 가운데서 '세상차지신화'는 지금 세상은 석가가 다스리지만 다음 세상에서는 미륵이 세상을 다스릴 것으로 예언한다. 미륵시대가 오면 거짓 없는 밝은 세상이 구현될 것으로 믿는 까닭이다. 〈성주풀이〉에서 축원은 집안이 장차 번성할 것을 기원한다. 따라서 성주풀이 말미에는 재산이 불어나고 자손이 번성하라는 축원풀이로 이루어져 있다. 미래에 대한 기대가 주술적 의도로 노래되는 것이다. 이처럼 미래에 대한 이상을 노래하며 꿈꾸고 그 쪽으로 가고자 실천하는 것이 역사를 진보시키는 삶이다. 본풀이는 그러한 역사적 기능을 담당해왔다.

지금까지 살펴본 내용을 정리하면, 본풀이의 역사적 기능과 관련하여 다섯 가지 사실을 알 수 있다. 하나는 본풀이의 역사적 서사의 출발은 태초이며 마지막 시점은 현재 상황이라는 사실이며, 둘은 본풀이의 서술 시점에 따라 선행 본풀이를 바탕으로 새로운 내용이 시대별로 계속 더 보태어지게 된다는 사실이고, 셋은 본풀이를 통해 인식하는 세계관이 시공간적으로 크게 열려 있다는 사실이다. 넷은 본풀이는 인류의 역사는 물론 자연의 역사도 아우르며, 있어야 할 미래의 역사까지 전망한다는 사실이다. 그리고 다섯은 본풀이로 전승되는 우리 신화유산이 매우 풍부하며 신화문화가 지금까지 생생하게 살아 있다는 사실이다.

역사를 서술하는 본풀이의 역사인식과 역사적 기능에 입각한 사관이 본풀이사관이다. 본풀이사관에 따라 역사연구를 하는 것이 본풀이사학이라 할 수 있다. 본풀이사관은 다음 다섯 가지 역사인식을 새롭게 제기한다.

첫째, 구술사의 가치를 높이 인정하고 구술사의 시대를 통해서 선사시대라고 하는 몰역사적 시대인식을 극복한다. 선사시대를 구술사시대로 재인식한다. 둘째, 역사적 지식의 이해력과 전승력 및 신뢰성을 높이기 위해 신성한 이야기로 흥미롭게 서술한다. 그런 까닭에 고조선 건국본풀이는 수천 년 동안 구전될 수 있었다. 역사의 공유와 전승력을 위해 역사 서술의 문학성을 추구한다.

셋째, 태초의 역사에서부터 미래의 역사전망까지 폭넓은 통시성과 우주적 공간인식을 확보한다. 국사의 시대구분에서 모호하게 다루던 상고사 이전까지 역사를 소급해서 추론하고 국사와 세계사 중심의 역사학에서 인류사 또는 우주사까지 역사인식을 확대한다. 넷째, 항상 역사를 현재의 시점까지 서술하며 현실적인 문제가 있을 때마다 역사를 다시 서술함으로써 문제해결의 실마리를 역사 속에서 찾는다.

다섯째, 현실의 구조적인 모순을 해결하고 공동체의 앞날을 번영의 길로 이끌 수 있는 대안으로서 미래사를 제시한다. 그러므로 본풀이사학은 과거사가 아니라 현재사이자 미래사를 겨냥하는 학문이며, 지식으로서 역사학이 아니라 현재의 문제를 해결하고 가야 할 미래를 제시하는 현실적 학문이다.

이처럼, 본풀이사관은 역사를 한갓 과거사에 대한 지식으로 여기는 것이 아니라 현실적인 삶을 이루는 밑자리로 여기고, 역사적 사실과 살아온 내력 속에 현실문제의 말미가 있다고 보기 때문에, 현재사의 문제인식을 위해 끊임없이 역사를 거듭 이야기하고 들으며 재해석을 하는 것이다. 굿판에서 현실적인 문제를 해결하기 위해 본풀이를 노래하는 가운데 과거의 역사를 되새기고 지금의 문제를 제기하며 미래의 해결방식을 제시하듯이, 사학자도 역사를 이와 같은 문제의식과 대안 제시를 목표로 연구해야 본풀이사관을 실현하게 된다.

본풀이사학은 과거사 서술이나 연구에 만족하지 않는다. 과거 사료를 현재의 시각에서 분석하고 미래를 전망하는 바람직한 역사 만들기의 역사학을 추구한다. 그러므로 사학자들도 이러한 사관에 따라 역사 서술을 본풀이처럼 한다면, 현실에 새로운 문제가 부닥뜨릴 때마다 태초의 역사부터 지금 여기의 역사까지 거듭 서술해야 하는 것은 물론, 앞으로 가야 할 미래사회를 실감나게 구상해서 설득력 있게 제시하게 될 것이다.

제2장 '고조선'조와 '전조선기'로 본 고조선의 실체

1. 사료와 사관이 함께 가는 변증법적 역사인식

'사료가 사관이고 사관이 사료이다.'[1] 사학이론이라면 내로라 하는 사학자들일수록 이 진술을 얼른 납득하기 어려울 것이다. 사관이라면 외국 사학자들의 사학이론에 의존하고 사료는 국내 문헌을 주로 다루는 국사학자일수록 더 의아하게 여길지도 모른다. 사관은 이론이고 사료는 자료이므로 이론과 자료는 별개의 것이라고 생각하면, 이 진술은 학문적 분별력이 없는 내용으로 인식되어 무시될 수 있다.[2] 따라서 사료와 사관의 관계를 따져보지 않을 수 없다. 사료와 사관의 논의가 확장되면 '자료가 이론이고 이론이 자료'라는 학문 일반론까지 펼칠 수 있다.

사료가 사관이라는 말은 사료에 사관이 내포되어 있다는 뜻이다. 사료 없는 사관은 공허한 관념일 뿐이다. 사관이 사료의 내용을 구성

---

1) 임재해, 「건국본풀이로 본 시조왕의 '해' 상징과 정치적 이상」, 『比較民俗學』 43, 比較民俗學會, 2010, 468쪽.

2) "사료가 사관이고 사관이 사료라는 문제인식 속에 고조선문화를 읽는 사관을 고조선 자료에서 찾아 본풀이사관을 수립한다." 이 문장은 2010년 한국학중앙연구원 '한국 상고사 기초자료 연구' 공모 과제에 「고조선문화의 지속과 변화」라는 제목으로 연구계획서 첫 장에 쓰는 한쪽짜리 '연구요약문' 가운데 첫 문장을 옮겨놓은 것이다. '사료가 사관이고 사관이 사료'라는 문제의식은 『삼국유사』 '고조선' 조의 사료가 '단군신화'가 아니라 '고조선본풀이'라는 사실을 확인하고 '본풀이사관'을 수립하면서 얻은 것이다. 그런데 이 연구계획서는 자기 사관이 뚜렷하지 않거나 아예 사관조차 없는 역사전공 심사자들에 의해 탈락되었다.

하고 사료의 해석을 결정한다. 사가의 사관에 따라 역사 서술이 다르고, 또 그렇게 서술된 사료를 연구하는 사학자의 사관에 따라 그 사료의 해석도 달라진다. 그러므로 사료가 곧 사관이라 할 수 있듯이, 사관도 또한 사료라고 할 수 있는 것이다. 과연 그런가?

『삼국유사』를 두고 민중사관 또는 민족사관, 불교사관이라 하는 것은 일연(一然)이 표방한 것이 아니라 그가 집필한 사료에 그러한 사관이 깃들어 있기 때문이다. 일연의 민중적 민족사관은『삼국유사』의 다양한 사료들 속에서 일관되게 나타나는 까닭에 이러한 사관의 귀납이 가능하다. 따라서 사료가 곧 사관이라 할 수 있다. 특정 사료 속에서 사관을 읽어낼 수 있는 역량이 학문적 수준이다.

사관은 사료에서 귀납되는 까닭에 사료 없는 사관을 말하는 것은 공허한 관념일 뿐이다. 왜냐하면 그것은 곧 사람 없는 인권을 말하는 것이나 다르지 않기 때문이다. 인권은 구체적인 사람살이의 현실문제로부터 비롯되어야 하는 것이다. 사람이 증발된 인권 논의는 헛된 말장난에 지나지 않는다. 따라서 진정한 사관은 사료로부터 올바르게 귀납된 역사인식의 논리라 할 수 있다. 그런데 우리 사학계에서 사관은 사료가 아니라 사가나 사학자로부터 연역적으로 주어지는 역사이론으로 인식하고 있다. 그러므로 역사이론은 물론 사관이라고 하면 으레 외국학자들의 견해를 인용하는 수준에서 머물게 마련이다.

역사적 전개 양상이 전혀 다른 외국 사학자들의 사관을 지식으로 끌어와 '아무개'의 '무슨 사관'이라며, 여러 학자들의 사관들을 아는 대로 열거하고 해설하는 것으로 '역사학입문' 또는 '사학개론' 강의를 하기 일쑤이다. 이러한 강의는 역사를 독창적으로 서술하고 연구하는 사가로서 학자적 태도라 할 수 없다. 왜냐하면 그런 강의는 기존 지식을 습득해서 가르치는 교사적 방식에 머물고 있는 까닭이다. 더군다나 사관을 강의하면서 사관에 따른 역사적 사례까지 외국 역사를 든다. 그러므로 일반 시민들은 물론 역사를 전공하는 학생들조차 사관을 제대로 이해하기 어렵다. 알지 못하는 역사적 사건으로 낯선 사관을 해설하기 때문이다.

사관 또한 사료라고 했다. 그 근거도『삼국유사』에서 찾을 수 있다. 일연의『삼국유사』'서문'을 보면 그의 사관이 밝혀져 있다. 서문 속의 사관은 일연이『삼국유사』를 서술하는 뜻이자 명분이며 목적을 담고 있다. 신이한 건국시조의 행적을 괴이하게 여기지 않고 긴요한 사료로 서술하는 의도를 밝혀 두었다. 그리고 그 뜻을 실제 서술에서 보여주기라도 하듯이 제일 첫장에 '고조선-왕검조선'의 역사를 서술했다. 다시 말하면 일연 스스로 표방한 신이사관,[3] 그리고 사학자들이 포착한 민족사관으로 하여금 '고조선'의 역사를 가장 으뜸으로 서술하게 된 것이다.

이와 달리, 화이론에 종속된 사대주의 사관 또는 유교사관의『삼국사기』에는 고조선 사료가 아예 증발되었다. 고조선의 역사를 인정하지 않은 것이다. 그리고 실증주의 사관 또는 식민사관의 눈으로 보면 '고조선'조의 사료가 있어도 고조선은 제대로 인정되지 않는다. 그 사료는 한갓 만들어진 신화이거나[4] 중의 망설(妄說)에 지나지 않는다.[5] 그러므로 사관에 따라 사료가 서술될 뿐 아니라, 전혀 서술되지 않을 수도 있고, 서술된 사료가 있다고 하더라도 사관에 따라서 전혀 다른 방향으로 해석된다. 사관이 곧 사료인 까닭이 여기에 있다.

역사와 역사이론은 따로 가는 것이 아니라 같이 간다. 사료와 사관

---

3) 조동일,「삼국유사의 기본성격 비교고찰」, 일연학연구원 편,『일연과 삼국유사』, 신서원, 2007, 14-19쪽에서『삼국유사』의 '신이사관'에 관해 자세하게 다루었다. "『삼국유사』는 민족의식을 신이사상으로 나타내는 것을 핵심으로 삼았다." 19쪽.

4) 송호정,『단군, 그 만들어진 신화』, 산처럼, 2004.

5) 나카미치요(那珂通世), 신종원 번역,「朝鮮古史考」,『일본인들의 단군연구』, 한국학중앙연구원, 2005, 165-166쪽에서, 단군전설을 승도(僧徒)의 망설(妄說)이라고 했다.

은 더불어 가는 유기체이다. 이러한 사학과 사관을 변증사학 또는 변증사관이라 할 수 있다. 변증사학의 관점에서 보면 나라마다 역사가 다르므로 각국사를 해석하는 이론이나 사관은 다를 수 있고 달라야 마땅하다.

한국사 해석을 몽골사나 중국사의 관점이나 이론으로 해석할 수 없는 것처럼 유럽사의 관점이나 이론으로 해석하는 데에는 많은 한계가 있다. 그것은 일본사의 관점에서 일본사학의 논리로 한국사를 해석하는 것을 두고 식민사학이라 하는 것이나 다름없다. 그러므로 한국사의 올바른 연구를 위해서는 한국사료를 바탕으로 사관과 역사 해석 이론을 수립해야 한다.

자기 사관을 제대로 확립하려면 자국 사료를 있는 그대로 정확하게 읽고 해석할 수 있는 역사의식과 학문적 역량을 사관으로 갖추어야 한다. 그렇게 해서 수립된 것이 본풀이사관이다. '고조선'조의 사료는 단군신화가 아니라 고조선 건국본풀이며, 고조선본풀이는 환웅의 신시본풀이와 단군의 조선본풀이가 결합되어 있는 것이라는 사실을 포착하면서 본풀이사관을 착상하게 되었다.

고조선만 그런 것이 아니라 고구려와 신라의 건국본풀이도 고조선 건국본풀이와 마찬가지로 서로 다른 시대의 두 본풀이가 통시적으로 결합되어 있다는 사실이다. 더군다나 본풀이는 지금도 굿판에서 널리 전승되고 있는 무속신화의 하나이자 태초의 역사부터 지금 여기까지의 역사를 구송하는 구전역사 구실을 하고 있다. 그러므로 이러한 본풀이 사료에 따라 본풀이사관을 수립하게 된 것이다.

본풀이사관처럼 특정 사료를 중심으로 일정한 사관을 제대로 갖추게 되면 역사 해석부터 달라진다. 『삼국유사』의 고조선조는 단군의 고조선 건국신화가 아니라는 사실을 알아차릴 수 있을 뿐 아니라, 오히려 환웅의 신시 건국본풀이가 중심을 이루고 있다는 사실을 새로 발견하게 된다. 따라서 기존의 잘못된 사료해석의 오류를 더 이상 동어반복하지 않고 사료해석을 새롭게 바로잡는 것은 물론, 학계에서 상식으로 굳어진 편견이나 잘못된 고정관념의 한계도 극복할 수 있다. 환웅의 신시본풀이를 제대로 읽으면 홍익인간 사상은 '단군'의 이념이 아니라 환웅의 이념이라는 사실을 포착하게 되고, 단군이 세운 나라는 '고조선'이 아니라 '조선'이라는 사실도 바로잡을 수 있다.

본풀이사관에 따라 태양시조 관념에서 비롯된 해 상징의 지도자상을 구체적으로 이해하고 거기서 비롯된 홍익인간 사상을 맥락적으로 해석하게 되면, 서기전 24세기 이전부터 추구되었던 환웅의 홍익인간 이념이 서기 1세기 전후의 신라시대를 거쳐 가야의 건국시조가 출현할 때까지 지속되었다는 사실을 포착할 수 있다. 신라시조 박혁거세의 '세상을 밝히는 혁거세 사상'도 결국 환웅의 홍익인간 사상을 다르게 표현한 것으로서, 고조선의 민족사상을 고스란히 계승하고 있는 사실을 역사적으로 밝힐 수 있다. 고대국가의 시조왕의 이름이나 국호는 모두 해를 상징하고 있는 사실도 해명하게 되었다.

그런데 우리 학계는 사료도 제대로 읽지 않고 사관도 제대로 갖추지 못하고 있다. 사료를 제대로 읽지 않으니 사관이 있을 수 없고, 분명한 사관이 없으니 사료를 제대로 읽을 수 없다. 정확하게 읽기는커녕 아예 민족사의 가장 핵심적인 사료인 고조선조의 기록을 신화로 간주하여 사료로 인정하지 않기 일쑤이다. 일본사학자들이 주장하거나 서술하는 것을 고스란히 수용하여 술이부작(述而不作)의 종속적 글쓰기를 하는 것이 고작이니, 사료를 자기 눈으로 보고도 읽지 못하고 그 사료를 한국사답게 해석하는 사관을 갖출 수가 없다.

식민지 지식인의 전형적 모습이 선진국 지식을 먼저 읽고 받아쓰기 하면서 아는 체 하는 일인데, 한국 고대사 연구는 일제강점기 수준에서[6] 한 걸음도 더 나아가지 못했다. 일제강점기의 식민사학이 한국 사

---

6) 임재해, 『신라금관의 기원을 밝힌다』, 지식산업사, 2008, 659쪽, "일본 학자를

학의 부처님 손바닥 구실을 하는 것이다.[7] 일찍이 도남 조윤제는 "과거의 우리 학문은 목적 없는 문자의 희롱이요 사관 없는 학문의 도락"이라고 비판하며, 그러한 학문을 배격하였을 뿐 아니라, '일본학풍에 그대로 맹종하는 연구는 일고의 가치도 없는 것'이라고 그 학문적 가치를 비판하였다.[8] 그럼에도 사관이 없는 것은 물론, 식민사관에 물들어서 『삼국유사』 '고조선'조의 사료를 '단군신화'로 줄곧 일컬을 뿐 아니라, 신화이므로 역사가 아니라는 억지 논리를 펴는 것이다. 그러므로 주류 사학자들은 엉터리라는 비판을[9] 면할 길이 없다.

어느 사료에도 '단군신화'란 명명은 없다. 일제강점기 총독부의 조선사편찬위원회에서 활동한 최남선의 주장을 좇아서 '고조선' 사료를 단군신화라고 일컫는 것은 식민사학의 추종일 뿐 아니라, '고조선을 증발시키고 역사를 잠적하게 만든다.'[10] 그러나 주체적으로 자기 사관을 제대로 갖추면 사료가 다시 보인다.

첫째, '고조선'조 사료의 형식에 따라 '본풀이사관'을 갖추면 민족사의 뿌리가 한층 깊고 민족문화의 수준이 더 높다는 사실이 포착될 뿐 아니라, 환웅의 신시건국본풀이와 단군의 조선건국본풀이가 하나의 역사로 이어져 있으며, 곰족의 동화주의와 범족의 다문화주의를 통해 미

비롯한 외국학자들의 1930년대 연구를 고스란히 따라가는 기존 연구의 모자이크 작업이거나 리모델링 수준에 해당되는 까닭이다. 그러므로 연구 방법이나 시각까지 일제 강점기 학자들의 사대주의적 전래설의 전형을 답습하고 있다고 하지 않을 수 없다."

7) 임재해, 위의 책, 658쪽.
8) 조윤제, 「나와 國文學과 學位」, 『陶南雜識』, 乙酉文化社, 1964, 380쪽. 『陶南趙潤濟全集』 5, 태학사, 1988, 380쪽.
9) 김상태, 『엉터리 사학자 가짜 고대사』, 책보세, 2012; 『한국 고대사와 그 역적들』, 책보세, 2013 등에서 주류 사학계의 고대사 연구가 얼마나 엉터리인가 하는 것을 적나라하게 비판하였다.
10) 임재해, 「단군신화로 본 고조선문화의 기원 재인식」, 『단군학연구』 19, 단군학회, 2008, 281-290쪽에서 이 문제를 자세하게 다루었다.

래문화의 전망까지 할 수 있다.[11]

더 진전된 논의를 하면, 환웅본풀이의 서사구조는 신라 성립 이전의 6촌촌장 본풀이로 이어지고 있다. 환웅천왕이 하늘에서 태백산으로 강림하여 터를 잡고 일정한 집단을 이루어 통치를 하는 것처럼, 신라의 6촌촌장의 시조 6분도 모두 하늘에서 산으로 강림하여 일정한 지역집단을 이루어 통치를 한다. 그러므로 '고조선' 사료의 형식을 주목하면 후대의 본풀이들이 같은 서사구조와 세계관으로 오롯이 지속되고 있는 사실을 포착하게 된다.

둘째, '고조선'조 사료의 내용과 이념에 따라 '홍익사관'을 갖추어[12] 고대 사료들을 보게 되면 신라 시조 박혁거세의 이름도 다시 해석되고, 환웅의 홍익인간 사상이 신라시대까지 이어져서 혁거세 사상 또는 '붉은해[弗矩內]' 사상으로 이어지고 있는 사실을 포착할 뿐 아니라, 본풀이의 천손강림 유형과 난생 유형이[13] 모두 태양시조사상으로 만난다는 사실까지 해명할 수 있다.[14] 그러므로 홍익사관으로 보면, 역대 국가의 시조왕과 도읍지, 국호의 명칭과 뜻을 재해석할 수 있는 길이 새로 열리게 된다.

이처럼, 사료와 사관은 서로 뗄 수 없는 관계에 있을 뿐 아니라 이둘은 닭과 달걀의 관계처럼 어느 것이 먼저라고 선후를 명쾌하게 분별

---

11) 임재해, 『고조선문화의 지속성과 성립과정의 상생적 다문화주의』, 『고조선단군학』 24, 고조선단군학회, 2011, 137-195쪽 참조.

12) 임재해, 『21세기 우리 국학의 방향과 과제』, 안동대학교 국학부 편, 『우리 국학의 방향과 과제』, 집문당, 1997, 38쪽에서 국학운동을 구상하면서 우리 국학의 지표를 '홍익국학'이라는 이름으로 자리매김하였다.

13) 기존의 신화론에서는 천손강림신화는 북방형 신화, 난생 신화는 남방형 신화로 2원화했다. 그러나 천손이 난생이고 난생이 천손이라는 사실을 알게 되고 더 나아가서 해석학적 지평융합에 이르면, 천손이든 난생이든 모두 해를 상징하는 인물이라는 사실까지 포착하게 된다.

14) 임재해, 「건국본풀이로 본 시조왕의 '해' 상징과 정치적 이상」, 『比較民俗學』 43, 比較民俗學會, 2010, 467-510쪽 참조.

할 수 없다. 사료 속에 사관이 내포되어 있으며, 사관 속에 사료가 해석되고 있어서 사료와 사관은 서로 비치고 되비치고 있기 때문이다. 다시 말하면, 사관 없는 사료는 역사적 의미가 없는 사료이며, 사료에 근거하지 않은 사관은 죽은 사관이다. 『삼국유사』에 민족적 신이사관이 없다면 '고조선'조의 사료도 없다. 흔히 단군신화라고 일컫는 '고조선'의 본풀이 사료가 없다면, 서문의 신이사관도 있으나마나 한 것이다. 그러므로 사료와 사관은 서로 포함하며 포함되는 상보적 병립관계에 있다.

이런 논리로 보면 닭과 달걀 또한 어느 것이 먼저인가 선후를 다투는 일은 부질없는 짓이다. 왜냐하면 닭과 달걀은 분리되어 있거나 선후관계에 있는 것이 아니라 서로 포함하고 포함되는 병립관계에 있기 때문이다. 다시 말하면, 닭 속에 달걀이 포함되어 있으며, 또한 달걀 속에 닭이 내포되어 있다는 말이다. 달걀 없는 닭은 죽은 닭이나 다름없으며, 닭 없는 달걀은 무정란으로서 온전한 달걀이라 할 수 없기 때문이다. 닭과 달걀이 변증법적으로 통합되어 있는 관계이기 때문에 닭의 생명은 지속되면서 번성하는 것이다.

사료와 사관의 관계도 마찬가지이다. 사료와 사관을 달걀과 닭의 관계처럼 변증법적 통합관계로 인식하면 해석학적 지평융합에 이른다. 철학적 해석학에서 지평융합은 이해 주체와 이해 대상의 구별을 지양하면서 그때마다 발생하는 이해 지평들을 융합하여 새로운 이해로 나아간다. 이러한 융합 과정에서 이해주체가 반성적 성찰을 하게 되면 해석의 새로운 지평을 확대하고 개방하게 된다. 자연히 기존의 자기해석을 극복하고 새로운 해석의 지평을 개척하게 되는 것이다. 나는 일련의 연구에서 이러한 해석의 지평융합과 해석학적 지평확대를 경험했으며, 이 논의에서도 두 가지 체험을 함께 할 것이다.

2. 고조선 사료의 해석학적 지평융합과 지평확대

학계의 오랜 관행을 좇아 '단군신화'라 일컬어 온『삼국유사』'고조
선'조의 사료를 우리말 용어에 따라 '고조선본풀이' 또는 '고조선건국
본풀이'로, 그리고 고조선본풀이를 더 구체적으로 환웅의 '신시본풀이'
와 단군의 '고조선본풀이'로 나누어 자리매김하였다. 고조선조의 사료
는 단군의 왕검조선보다 오히려 그 이전 시기인 환웅의 '신시고국(神
市古國)'에[15] 관한 기록이 더 풍부하고 더 체계적으로 기록되어 있을
뿐 아니라, 그 내용은 지금 여기 우리들의 문화적 전통 속에 지속되고
있다는 사실을 밝혔다.[16] 그리고 계속되는 일련의 연구에서 '신화고고
학' 또는 '신화고현학'을 '본풀이고고학' 또는 '본풀이고현학'으로, '본풀
이사학'을 '본풀이사관'으로 발전시켜 해석학적 지평융합을 이루었다.

본풀이사관에 따라 환웅족 문화에 동화된 곰족문화의 잠적과, 동화
를 거부하고 자문화를 지킨 범족문화의 지속성을 해명하고 현실문화
의 미래지향으로서 다문화주의의 창조적 생산성을 제기했다. 고조선
연구가 과거학이 아니라 현실문화를 해명하는 현재학이자 미래문화의
전망을 제시하는 미래학 구실을 한 것이다. 건국시조의 상징과 통치이
념을 통시적으로 검토한 결과, '태양시조' 사상에 따라 환웅의 홍익인
간 사상이 신라시조 '불구내(弗矩內)'의[17] '혁거세 사상'으로까지 지속

---

15) 임재해,「단군신화로 본 고조선문화의 기원 재인식」,『단군학연구』19, 단군
   학회, 2008, 340쪽. 환웅천왕이 통치했던 태백산 신단수 아래의 '신시'문화 유
   산을 내몽골 지역의 홍산문화로 인식하고 초기국가의 조건인 천제단, 적석
   총, 여신전, 옥기 등을 두루 갖춘 사실을 근거로 '신시고국'이라 일컬었다.
16) 임재해,「단군신화에 갈무리된 문화적 원형과 민족문화의 정체성」,『단군학
   연구』16, 단군학회, 2007, 273-348쪽.
17) '불구내'는 '붉으네' 또는 '붉은해', '밝은해'와 같은 말을 한자음으로 표기한
   것이다. 박혁거세는 자주빛 알에서 태어났는데, 자주빛 알[紫卵]은 곧 붉은
   해를 나타내는 것이다. 임재해,「건국본풀이로 본 시조왕의 '해' 상징과 정치
   적 이상」,『比較民俗學』43, 比較民俗學會, 2010, 494-495쪽에서 자세하게 다루

되고 있다는 데까지 해석학적 지평확대를 이루게 되었다.

박혁거세의 '박'은 바가지가 아니라 '밝'으로서 '혁(赫)'과 같은 뜻의 우리말이며, 혁거세의 거세(居世)는 세상에 머물러 있으면서 홍익인간 이념을 구현하는 환웅의 재세이화(在世理化)와 같은 뜻이다.

사료와 사관의 지평융합 과정에서 해석 주체가 성찰적 사유를 근거로 자기 견해의 오류를 발견해야 해석학적 지평확대가 가능하다. 따라서 배운 대로 줄곧 일컬어오던 '단군신화'를 '단군본풀이'로, 다시 '고조선본풀이'로 일컫기 시작했으며, 지금 여기서는 그 동안 관행에 따라 일컬어오던 '고조선'을 '왕검조선'으로 또는 '조선'으로 일컫고자 한다. 다시 말하면 단군이 건국한 나라는 '고조선'이 아니라 '조선'이라는 것이다.

『삼국유사』제일 첫장에 수록된 '고조선·왕검조선'조의 기록은『魏書』와『古記』,『舊唐書』「裴矩傳」,『通典』,『漢書』등을 인용하여 고조선과 왕검조선, 기자조선의 내력에 관하여 서술한 객관적 전거를 갖춘 사료이다. 그런데도 마치 단군에 관한 신이한 이야기처럼 '단군신화'로 인식하는 사람들이 많은 것처럼,[18] 단군이 세운 나라를 '고조선'으로 착각하고 있는 사람들도 많다.

예사 사람들이 그렇게 알고 있으면 문제가 심각하지 않는데, 학자들 그것도 사학자들이 그렇게 알고 있으니 문제가 심각하다. 왜냐하면 국사교과서에 "가장 먼저 성립된 나라가 단군이 세운 고조선이었다" 고[19] 하거나, "고조선은 단군 왕검에 의해 건국되었다고 한다."고[20] 서술하여, 마치 고조선이 국호(國號)인 것처럼 진술하였을 뿐 아니라, 고

었다.

18)『三國遺事』'고조선'조의 기록은『魏書』와『古記』,『裴矩傳』,『通典』,『漢書』 등을 인용하여 고조선과 왕검조선, 기자조선에 관하여 서술되어 있다.
19) 국사편찬위원회,『중학교 국사』, 대한교과서주식회사, 1990, 4쪽.
20) 국사편찬위원회,『고등학교 국사』, 대한교과서주식회사, 1993, 16쪽. 윤내현, 『고조선 연구』, 一志社, 1994, 66-67쪽에서 참조.

조선을 세운 이가 단군왕검이라고 밝혀 두었다.

나아가 왕검조선 이후의 위만조선과 한사군도 고조선으로 일컫는 다.[21] 단군왕검이 세운 나라는 '고조선'이 아니라 '조선'이며, 고조선이라는 나라나 국호는 우리 역사상 존재하지 않는다. 그러므로 고조선을 국호처럼 거론하는 국사교과서의 역사왜곡은 이만저만 심각한 것이 아니다.

대학교재라고 해서 예외가 아니다. 『한국사신론』에서는 고조선을 '성읍국가'로 규정하고[22] 그 군장을 단군 왕검이라고 했다. 『한국통사』와 『한국사통론』에서도 같은 내용으로[23] 서술해 두었다. '고조선'이라는 국가가 있는 것처럼 서술하면서 '조선'이라는 국가는 거론조차 하지 않는다.

『한국사특강』에서는 더 별난 주장을 펼쳤다. "(고대의) 조선을 후대의 李氏 왕조의 조선과 구분하기 위해 고조선이라 한다."고[24] 했다. 고조선이라는 이름 부여가 저자의 자의에 의한 것이 아니라면, 마치 일연이 『삼국유사』를 서술할 때 이성계가 '조선'이라는 국호를 쓸 것이라고 예상이라도 하고 상대적으로 '고조선'이라 한 것처럼 읽힐 수도 있다.

일찍이 이러한 혼란을 의식한 윤내현은 '고조선'의 명칭이 지닌 개념을 본격적으로 논의했다.[25] 위에서 보는 것처럼, 고조선을 단군이 세

---

21) 윤내현, 『고조선 연구』, 위와 같은 곳에서 자세하게 다루었다.

22) 李基白, 『韓國史新論』, 一潮閣, 1977, 26쪽. "城邑國家로서의 古朝鮮은 원래 大同江 유역의 平壤에 자리잡고 있었던 것 같다. 이 城邑國家는 平壤 부근의 평야를 지배하는 조그마한 정치적 사회였을 것이다."

23) 韓㳰劤, 『韓國通史』, 乙酉文化社, 1986, 25-31쪽.
邊太燮, 『韓國史通論』, 三英社, 1986, 54-57쪽. 윤내현, 앞의 책, 68-70쪽에서 자세하게 다룬 것 일부를 재인용했다.

24) 盧泰敦, 「한국의 기원과 국가의 형성」, 『한국사특강』, 1990, 38쪽. 윤내현, 같은 책, 71쪽에서 재인용.

25) 윤내현, 같은 책, 65쪽. "그 개념과 내용은 다르면서도 고조선이라는 동일한 명칭을 사용하고 있기 때문에 혼란을 일으키고 있는 것이다. 그러므로 고조

운 국가로 일컫는 경우를 포함해서 학계에서는 모두 네 가지 뜻으로 고조선이 일컬어지고 있다. 윤내현이 기존 용례를 두루 검토하여 정리한 연구결과를 옮겨 놓으면 아래와 같다.

> 고조선이라는 용어가 오늘날 학계에서 사용되고 있는 예를 보면 네 가지로 나뉘어진다. 첫째는 壇君朝鮮·衛滿朝鮮·漢四郡의 朝鮮縣 등을 포괄한 경우이고, 둘째는 衛滿朝鮮 이전의 그 개념이 불확실한 朝鮮·衛滿朝鮮·樂浪郡의 朝鮮縣 등을 포괄한 경우이며, 셋째는 箕子朝鮮만을 의미하는 경우이고, 넷째는 壇君朝鮮만을 의미하는 경우 등이다.[26)]

가장 큰 혼란은 첫째와 둘째의 경우이다. 윤내현의 지적대로 고조선을 이성계가 세운 이른바 '근세조선' 이전에 있었던 '옛날의 조선'이라는 보통명사로 사용한[27)] 까닭이다. 만일 그렇다면 일연은 『삼국유사』에서 '고조선'조를 항목이름으로 쓸 때 이성계가 세우게 될 '조선'을 미리 알아차리고 상대적으로 '고조선'조를 설정했다는 기이한 해석에 이르게 된다. '셋째는 단군조선이라는 나라는 존재하지 않은 것으로 간주하고 고조선은 곧 중국에서 이주한 기자족(箕子族)에 의해 건국된 나라'라고[28)] 하는 것으로서, 유학자들이 모화사상 때문에 기자조선만을 고조선이라 했던 것이다.[29)]

따라서 윤내현은 넷째 설 곧 단군조선만을 고조선이라 일컬어야 한다고 했다. 왜냐하면 '기자조선은 고조선의 거수국(渠帥國)으로서 고조선의 일부'였을 뿐이며, '위만조선은 고조선에 포함되거나 한국사의 주

선이라는 용어가 갖는 개념을 정확하게 밝혀 그것을 바르게 사용함으로써 혼란이 없도록 하고자 하는 것이 이 글의 목적이다."

26) 윤내현, 『고조선 연구』, 87쪽.
27) 윤내현, 위와 같은 곳.
28) 윤내현, 위와 같은 곳.
29) 윤내현, 같은 책, 88쪽.

류로 언급될 수 없기 때문이다.'[30] 따라서 '고조선은 일연이『삼국유사』
에 처음 사용하면서 단군조선만을 일컫고 있다'. 그러므로 '혼란을 피
하기 위해『삼국유사』에 따라 고조선은 단군조선에 대한 명칭으로만
사용하는 것이 옳을 것'이라고 했다.[31]

가장 최근에 단행본 수준의 고조선 연구 논저를[32] 발표한 신용하도
단군이 건국한 '조선'을 '고조선'으로 인식하고 일컫는다. 윤내현과 달
리 왜 단군조선을 고조선이라 일컫는지 그 까닭은 밝히지 않은 채 '조
선'이 아닌 '고조선'을 표방한다. 굳이 밝히지 않아도 일연이『삼국유사』
에서 '고조선'이라는 항목 아래 서술했기 때문일 것이다.

이러한 관행은 쓴이 또한 마찬가지여서 줄곧 '고조선'이라는 이름으
로 단군의 '왕검조선'을 다루었다. 고조선을 관행적으로 쓰는 것과 달
리, 윤내현은 그 근거를 분명히 밝히고 있다. 따라서 '고조선'뿐만 아니
라 단군의 이름도『삼국유사』에 따라 檀君으로 쓰지 않고 壇君으로 쓴
다.[33] 고조선을 단군조선을 뜻하는 것으로 해석할 뿐 아니라 실제로
그러한 명칭으로 쓰고 있다.

> 고조선(필자는 壇君朝鮮만을 고조선이라 부른다)은 한국사에 처음으로
> 등장한 국가이다. 민족도 이 시기에 형성되었다. 그러므로 고조선은 실질
> 적인 한국사의 출발점이 되며, 한민족 사회와 문화 특성의 원형도 고조선
> 에 있다.[34]

『고조선 연구』서장 첫문장이다. 이 문장을 뜻대로 바꾼다면 "단군

---

30) 윤내현, 위와 같은 곳.
31) 윤내현, 위와 같은 곳.
32) 愼鏞廈,『古朝鮮 國家形成의 社會史』, 지식산업사, 2010.
33) 윤내현, 같은 책, 9쪽, 주 1)을 참고할 것.
34) 윤내현, 같은 책, 9쪽의 첫 문장.

조선은 한국사에 처음으로 등장한 국가"라고 서술할 수 있다. 이 시기
에는 가장 앞선 해석이자 가장 정확한 해석으로 판단되었다. 이른바
단군의 고조선건국론과 민족시조론이 정설처럼 통용되었기 때문이다.
따라서 쓴이도 그렇게 생각하고 고조선이라는 용어는 물론 단군조선
이 한국사의 출발점이자 한민족 문화의 원형을 이루고 있다고 생각했
다. 최근까지도 고조선을 단군조선인 것처럼 써왔다. 그러나 환웅의
신시고국 사회와 문화를 주목하고 홍산문화 유산을 관련지어 보면서
잘못을 알아차리기 시작했다. 문제를 심각하게 인식하고 그 동안의 연
구를 성찰하면서 스스로 저지른 오류를 바로잡지 않을 수 없게 되었다.
  '고조선'조의 사료 내용을 뜯어보면, 단군왕검이 세운 조선에 관한
역사적 사실보다 환웅천왕의 신시고국에 대한 건국이념과 건국과정,
국가체계, 정부조직, 경제생활, 문화수준, 가치관 등이 매우 구체적이
고 내용도 더 풍부하게 서술되어 있다.[35] 따라서 환웅의 '신시고국'에
견주어 보면, 단군이 건국한 '조선'의 내용은 양적으로 왜소하고 질적
으로 보잘 것 없다. 이 사료의 질적 내용이나 서술 분량을 고려할 때
역사적 사실의 핵심은 환웅천왕의 신시고국에 있다. 그런데도 이 사료
를 단군신화로 일컬을 뿐 아니라 '고조선' 사료로 인식함으로써, 역사
적 사실에서 크게 빗나가 있다. 왜냐하면 '고조선'은 역사상 없는 나라
일 뿐 아니라 단군이 세운 나라가 아닌 시대명이기 때문이다.
  더군다나 일제강점기 이후 '고조선'이라는 사료명을 무시하고 '단군
신화'라고 일컫는 데 따라 단군의 왕검조선은 물론, 그 이전의 오랜 역
사를 지속해 온 환웅의 '신시고국' 역사는 아예 거론조차 되지 않고 있
다. 왜냐하면 단군을 건국시조의 출발점으로 삼았기 때문이다. 역사적
사실과 다른 단군의 고조선건국론과 민족시조론이 통설처럼 학계를

---

35) 임재해, 「'신시본풀이'로 본 고조선문화의 형성과 홍산문화」, 『단군학연구』
    20, 단군학회, 2009, 341-369쪽 참조.

석권한 탓이다.

　민족시조로 말하면 단군 이전의 환웅이 더 뿌리가 깊고 민족국가의 건국으로 말하면 왕검조선 이전의 신시고국의 연원이 훨씬 더 오래이다. 그러므로 고조선연구는 단군왕검의 '조선'으로부터 시작할 것이 아니라 환웅천왕의 '신시고국'으로부터 시작되어야 한다. 실제로 쓴이가 그 동안 연구한 일련의 고조선 관련 논문들은 모두 왕검조선보다 환웅의 신시고국에 집중된 것이다.

　고조선이라는 실재하지 않는 나라이름을, 역사적으로 실재했던 국가 '조선'을 일컫는 국호로 전환하여 최초의 민족국가로 호명함으로써, 여러 가지 역사적 혼란을 초래하고 말았다. 우선 민족사의 출발점을 빗나가게 만들었을 뿐 아니라 상고시대의 역사적 깊이를 단군 이후의 시기 곧 서기전 24세기로 묶어버린 것이다.

　다시 말하면 환웅의 홍익인간 이념과 신시고국의 오랜 역사와 찬란한 문화를 우리 민족사에서 배제하게 되었으며, 민족국가의 역사를 서기전 24세기 이전으로 올라갈 수 없게 차단하게 된 것이다. 그러므로 문제는 단순히 왕검조선의 국명을 사실과 다르게 일컫은 데서 머무는 것이 아니라, 단군이 세운 나라 '조선'을 '고조선'으로 일컬음으로써 실재했던 조선의 국가 정체성을 부정하는 것과 동시에, '조선' 이전의 '고조선 시대'에 관한 오랜 역사를 본의 아니게 말살하는 결과에 이르렀다.

　'고조선'조『고기』의 사료 자체가 두 건국시조 곧 환웅과 단군에 대한 본풀이의 결합으로 이루어져 있는데, '단군신화'라고 명명함으로써 마치 단군에 관한 한 편의 건국시조본풀이로 이루어져 있는 것처럼 착각하게 만들었다. 따라서 '고조선'과 '조선'을 구분해야 사료의 2원적 구성 체계를 이해하고 두 사료를 분별하여 '고조선'시대와 '왕검조선' 시대를 변별적으로 인식할 터인데, 사료의 기록과 달리 '조선' 대신에 '고조선'으로 국호나 시대명을 일컫는 바람에, '조선' 이전 시기의 상고사인 '고조선 시대'의 역사를 증발시키고, '단군' 이전의 신시고국 건국

시조인 '환웅'의 웅혼한 치세 이념과 탁월한 행적을 모두 '조선' 건국시
조인 단군의 행적으로 억측하게 만들었다.

단군의 이념이나 행적으로 알고 있거나 왕검조선에서 일어난 일처
럼 알려져 있는 사실 대부분은 환웅의 이념과 행적이며 신시고국에서
일어난 일들이다. 이를테면 '홍익인간' 이념도 단군의 것이 아니라 환
웅의 것이며, 천부인(天符印) 3개를 가지고 풍백·운사·우사와 함께 무
리 3천을 거느리고 온 분도 환웅이며, 주곡·주명·주병·주형·주선악 등
360여사를 다스린 분도 단군이 아니라 환웅이다. 홍익인간 이념이 그
런 것처럼 '재세이화'의 주체도 물론 단군이 아니라 환웅이다. 곰과 범
이 찾아와 사람이 되고자 한 일이나, 곰이 쑥과 마늘을 먹고 사람으로
변한 일들도 단군의 왕검조선이 아니라 환웅의 신시고국에서 벌어진
일이다.

이러한 혼란은 '단군신화'와 '고조선'조의 사료, 또는 단군본풀이와
환웅본풀이를 분별하지 못한 데서 비롯된 것이다. 더 큰 혼란은『삼국
유사』의 항목 이름인 '고조선'과 단군이 건국한 '조선'이라는 국호를 정
확하게 구분하지 않은 데서 비롯된다. 그 결과, 조선과 고조선이라는
국명 차원의 혼란에 머물지 않고 상고사의 단절, 민족집단의 형성시기
오해, 고조선 건국시조의 착각, 시대구분의 오류, 역사해석의 혼돈, 민
족사상과 문화적 원류의 왜곡 등 여러 가지 문제들이 확대 재생산되고
있다.

역사학의 기본 과제 가운데 하나가 시대구분인데 단군왕검이 건국
한 '조선'을 고조선으로 일컬음으로써, '조선'과 '고조선' 곧 '조선'과 '조
선 이전의 조선', '단군이 세운 조선'과 '환웅이 세운 신시고국'을 구분
하지 못하게 되었다. 구체적인 연대기가 아니라 최소한의 시대구분인
'고조선과 조선'의 선후관계조차 분별하지 못하는 상태에 빠져든 것이다.

조선이라는 국가의 존재 자체를 고조선이라는 시대 이름으로 치환
시켜 버림으로써 고대사의 찬란한 역사이자 민족 태초의 역사를 빛바

래게 만들어 버렸다. 단군이 세운 왕검조선을 고조선으로 일컫게 되면, 서기전 40세기에서 서기전 24세기까지 약 1천6백년의 역사를 잘라버리게 되거나, 민족사 고유의 시대구분 체계를 마련하지 못하고 구석기, 신석기, 청동기 시대라고 하는 상투적인 시대구분론에 빠져들게 된다.

전통적인 시대구분론 가운데 하나는 특정 국호나 시대 이름을 준거로 전후 시대를 상대적으로 구분하는 방법이 있다. 중국의 경우 같은 이름 '한(漢)'을 국호로 쓴 경우 시대구분의 편의를 위해 '전한'과 '후한'으로 나눈다. 한국의 경우에도 '삼국'시대와 '후삼국'시대로 구분을 한다. 신라의 경우도 통일 이전의 초기 신라를 '고신라'로 일컫는 학자들이 더러 있다. 경주사람들은 신라를 중심으로 한국사를 '신라천년, 신라이후 천년'으로 구분하기도 한다. 이와 같은 시대구분 논리에 따라 '고조선'은 단군왕검이 건국한 '조선' 이전의 시대를 일컫는다. 그러므로 조선이 없으면 고조선도 있을 수 없다. 고조선 또는 전조선은 모두 조선을 준거로 한 상대적 용어이기 때문이다.

3. '고조선'조 사료 읽기와 '전조선기'의 교차검증

그 동안 쓴이 스스로 저지른 오류를 성찰하면서 크게 두 가지 시각으로 다른 논의를 펼치고자한다. 하나는 사료 읽기와 해석에서 비롯된 것이고, 둘은 상고사와 관련한 민족문화의 원형 추론에서 비롯된 것이다. 첫째, 사료를 제대로 읽고 해석하면, 『삼국유사』 '고조선'조의 본문에 기록된 '조선'은 단군이 세운 나라의 국호이며, '고조선'은 국호가 아니라 『삼국유사』의 항목 이름으로서, 단군이 세운 '왕검조선'과 그 이전의 '옛조선', 곧 환웅의 신시고국을 비롯한 그 이전 시기를 포괄하는 시대명으로 추론된다.

따라서 『삼국유사』 '고조선'조는 단군의 왕검조선과 그 이전 시대의 역사를 기록한 사료로 해석해야 마땅하다. 달리 말하면 '고조선'은 단

군이 건국한 국가명이 아니라 시대명이라는 것이다. 고조선이라는 시
대명은 단군이 건국한 '조선'이라는 국호를 기준으로 조선과 그 이전시
대를 나타내기 위한 것이다. 더 정확하게 말하면, '고조선'조에 기록된
내용은 환웅의 신시고국, 단군의 왕검조선, 기자조선에 관한 것이다. 『삼
국유사』 '고조선'조 다음 조가 '위만조선'인 것을 보면 , 기자조선과 왕
검조선, 신시고국을 모두 아울러 고조선으로 일컬은 셈이다. 그러므로
고조선은 국가명이 아니라 시대명이라 할 수 밖에 없다.

　그런데 박선희는 '고조선'이 시대명이라는 사실을 부정한다. 그 논
거는 『삼국유사』 다른 조의 명칭이 나라 이름이거나 또는 민족 이름으
로 쓰였을 뿐 시대명으로 사용된 용례를 찾아볼 수 없다는 것이다. 이
러한 주장의 근거로 『삼국유사』 조의 다양한 명칭 가운데 위만조선이
나 마한, 낙랑국, 말갈, 발해, 북부여 등을 들었는데,[36] '시대'를 비롯한
'인물'과 '사건'을 조의 이름으로 사용한 자료는 의도적으로 외면했다.

　이를테면, 『삼국유사』 기이편의 조이름 가운데에는 분명히 시대를
나타내는 '전백제(前百濟)'가 있을 뿐 아니라, 이 밖에도 '제2남해왕',
'제18실성왕', '김알지·탈해왕대'와 같이 숫자나 '대(代)'자를 이용하여
시대를 나타낸 사례가 상당히 많다. 백제라는 나라는 있지만, '전백제'
라는 나라는 없다. 견훤의 '후백제'라는 국호에 대하여 상대적으로 백
제를 '전백제'라 일컬은 것이다. 전백제라는 조의 이름은 고조선과 같
은 맥락에서 명명된 것이다. 따라서 시대명이 없다는 것은 사료에 근
거하지 않은 억측일 뿐 아니라, 마치 국호와 민족 이름만 조의 이름으
로 쓴 것처럼 사실과 다른 주장을 펼쳤다. '고조선'을 기어코 국호로 봐
야 한다는 고정관념에 매몰되어 있는 셈이다.

　『삼국유사』 '기이편'에는 시대명은 물론, '이부(二府)'를 비롯하여

---

36) 박선희 「('고조선·왕검조선'과 '전조선기로'로 본 고조선의 실체 재인식)에
　　대한 토론문」, 고조선단군학회 제54회 학술발표회(국립민속박물관, 2012년 4
　　월 20일) 논문집(고조선단군학회), 100쪽.

'우사절유택(又四節遊宅)', '연오랑 세오녀', '사금갑', '도화녀 비형랑', '천사옥대(天賜玉代)', '만파식적', '조설(早雪)' 등 국호나 민족명과 전혀 관계없는 조의 이름들이 수두룩하다. 특히 '가락국기(駕洛國記)'는 사서(史書의) 이름이다. 그러므로 『삼국유사』의 조이름이 국호나 민족 이름이라는 논리로 '고조선'을 국호로 간주해야 한다는 주장이 얼마나 억지인가 하는 것을 알 수 있다.

고조선 사료의 두 축을 이루는 이승휴(李承休)의 『제왕운기』도 끌어들여서 서로 대조해 가며 상호관련성 속에서 해석할 필요가 있다. 『제왕운기』에서도 서두와 『본기(本紀)』를 인용한 본문에서는 한결같이 '조선'이라 서술했으나 항목명으로는 '전조선기(前朝鮮紀)'를[37] 표방했다. '전조선기'라는 항목 이름은 단군의 '조선'을 포함한 그 이전의 조선에 관한 기록이라는 뜻이다.

만일 이 사료만 있다면, 단군이 세운 나라 '조선'의 명칭을 '고조선'처럼 '전조선'이라 일컬을 수 있을까. '단군이 고조선을 건국했다'고 진술하는 것처럼, '단군이 전조선을 건국했다'고 아무도 말하지 않는 것은 어디에 있는가? 전조선은 국가명이 아니라 시대명이라는 사실을 알고 있는 까닭이 아닐까.

『제왕운기』에서 말하는 '전조선'이란 '후조선'에 대한 상대적 명칭으로서 '고조선'과 같은 시대명이기 때문에 단군이 세운 '조선'이란 뜻으로 전조선을 쓸 수 없다. 고조선의 항목이름도 사실은 '전조선'의 항목이름이 지닌 기능과 같은 것으로서 국호가 아니라 특정 시대를 나타내는 명칭이다. 두 사서의 표기는 '고조선' 또는 '전조선기'라고 해서 같은 뜻의 표현을 했지만, 구체적으로 담고 있는 국가의 범주는 다르다. 『삼국유사』 '고조선'조와 달리, 『제왕운기』 '전조선기'에는 기자 관련 내용은 없고 단웅천왕의 신단수와 단군 조선에 관한 내용만 서술되어

---

37) 李承休, 『帝王韻紀』 卷下, '前朝鮮紀'.

있다. 따라서 『삼국유사』의 '고조선'과 『제왕운기』의 '전조선'이 담고 있는 시대의 범주는 조금 차이가 있지만, 오히려 기자조선을 배제한 『제왕운기』의 '전조선기'가 더 명료하다.

『제왕운기』는 이른바 3조선설에 해당되는 체계로서, 환웅천왕과 단군왕검의 시대를 묶어서 '전조선', 기자조선을 '후조선', 그리고 '위만조선'으로 나누었는데, 『삼국유사』에서는 환웅천왕과 단군왕검, 기자의 시대를 묶어서 '고조선', 그리고 '위만조선'으로 나누어서 2조선체계를 이루고 있다. 『제왕운기』 체제로 보면, 『삼국유사』는 『제왕운기』의 '전조선'과 '후조선'을 아울러서 '고조선'으로 그 시대적 범주를 더 포괄적으로 묶었으며, 『삼국유사』 체제로 보면 『제왕운기』는 『삼국유사』의 '고조선'에서 '기자조선'을 분리하여 '전조선'과 '후조선'으로 더 세분하여 시대구분을 하였다. 그러므로 어느 쪽에서도 단군이 세운 '조선'을 독립적으로 일컬어서 시대명을 표방하지 않았다.

더 문제는 단군이 건국한 조선을 국호 그대로 시대구분의 준거로 삼지 않고 기자나 위만의 조선을 근거로 전후(前後) 또는 고금(古今)의 논리에 따라 상대적으로 설정하고 있다는 점이다. 따라서 실제 사료에서는 한결같이 '조선'을 최초의 국호로 일컬으면서도 '조선'을 시대명이나 항목 이름으로 표방하지 않고 국호가 아닌 '고조선'이나 '전조선'이라는 시대의 선후관계로 상대화시켜 놓았다. '고조선'은 위만조선에 대하여, '전조선'은 기자조선인 후조선에 대하여 상대적으로 오래된 시대 설정으로 명명한 것이다. 오히려 서거정의 『동국통감』에서는 '단군조선'을 시대명으로 독립해서 사용했다. '단군조선'조의 내용을 옮겨보자.

> 동방에는 최초에 군장이 없었다. 신인(神人)이 단목(檀木) 아래로 내려오므로 나라사람들이 받들어 임금으로 모셨다. 이 분이 단군이며 국호는 조선이었는데 그때가 바로 당요(唐堯) 무진(戊辰)년이었다.[38]

이 기록은『삼국유사』나『제왕운기』와 달리, 오직 단군이 세운 나라 조선에 한정해서 조의 이름을 붙였으므로 '단군조선'을 표방할 수 있었 다. 다시 말하면, 단군의 선조 또는 선왕으로서 환웅천왕(또는 단웅천 왕)이라는 존재도 없을 뿐 아니라, 기자조선에 관한 내용도 없다. '고조 선'조나 '전조선기'에서는 단목 아래로 내려온 신인은 단군이 아니라 환웅천왕이다. 단군은 환웅천왕의 아들일 따름이다.

따라서 '전조선기'에서는 조선을 단군이 처음 개국한 나라로 서술하 고 있으면서도 '조선'을 표방하지 않고 단웅천왕의 신단수 시대와 더불 어 '전조선'을 표방했던 것이다. '고조선'조에는 단군의 왕검조선을 최 초의 국가로 자리매김하는 표현이 아예 없다. 환웅천왕의 신시고국을 오히려 단군의 왕검조선보다 더 비중있게 다루고 있는 사실도『동국통 감』처럼 '단군조선'을 표방하지 않는 이유이다.

그런데 위의 '단군조선'조에는 단군 이전에 군장이 있었다는 사실 자체를 부정한다. 그러니 하늘에서 신단수 아래로 내려온 환웅천왕이 나 단웅천왕을 인정할 까닭이 없다. 천왕이 있으면 나라도 있게 마련 이다. 그런데 천왕이 없으니 그가 머무르거나 통치하였던 신단수 또는 신시고국도 있을 수 없다. 따라서 기존의 사료와 달리『동국통감』에서 는 단군이 개국한 조선을 최초의 국가로 보고 그 이전의 역사를 완전 히 배제한 채 국호인 조선을 시조왕명과 더불어 '단군조선'이라 일컬었 던 것이다. 그러므로 이 세 가지 사료에 따른다면, '고조선', '전조선', '단군조선'을 모두 다른 개념으로 사용해야 한다.

구체적으로 보면,『삼국유사』의 '고조선'은 환웅의 신시와 단군의 조선, 기자의 조선을,『제왕운기』의 '전조선'은 환웅의 신시와 단군의 조선을, 그리고『동국통감』의 '단군조선'은 덧붙일 필요도 없이 단군의

---

38) 徐居正,『東國通鑑』卷1, '檀君朝鮮', "東方初無君長 有神人降于檀木下 國人 立爲君 是爲檀君國號朝鮮 是唐堯 戊辰歲也."

조선만을 뜻하는 시대명이다. 따라서『삼국유사』를 따른다고 하더라도 '고조선'을 곧 단군조선으로 인식하는 것은 사실과도 다르며,『삼국유사』 체제와도 맞지 않다. 오히려 단군조선을 더 집약적으로 주목한 것은 기자조선을 끌어안고 있는『삼국유사』 체제보다 기자조선을 배제한『제왕운기』 체제가 상대적으로 더 분명하다. 그럼 왜 국호를 '조선'이라고 하면서도『동국통감』처럼 '단군조선'을 표방하지 않고 여러 시대를 아울러서 '고조선' 또는 '전조선'이라는 이름으로 시대설정을 했을까.

일연이나 이승휴의 역사인식은 태초의 역사적 기점을 절대적으로 표방하기 어렵다고 본 것이 아닌가 한다. 태초의 상황도 알 수 없으려니와 그 역사적 시점도 분명하게 잘라 말할 수 없기 때문이다. 이와 달리 서거정은 첫문장부터 '최초'를 말하고 군장의 '유무'를 딱부러지게 서술한 까닭에 '단군조선'을 최초의 국가로 표방할 수 있었다.

하지만 일연과 이승휴는 모두 환웅천왕의 후예로서 단군을 설정하고 조선이라는 국호를 서술한 까닭에 단군이 건국한 국가 '조선'의 국호를 절대적으로 내세우지 않았다. 환웅천왕 또는 환인제석이라는 존재가 다스렸던 세계와 시대를 인정하는 까닭에 상대적 개념으로서 '고조선' 또는 '전조선'을 시대명으로 표방했던 것이다. 그러므로 역사적 관점에서 보면 초기 역사의 기점을 상대적으로 무한하게 거슬러 올라갈 수 있도록 표현한 '고조선' 또는 '전조선'이라는 시대명이 더 바람직하다고 할 수 있다.

그러나『삼국유사』의 '고조선'조처럼 환웅과 단군, 기자의 조선을 또는『제왕운기』의 '전조선기'처럼 환웅과 단군의 조선을 아울러서 일컫는 것은 바람직하지 않다. 통치자가 다르고 역사적 진전이 다르며 그 강역까지 다른 역사적 실체라면 당연히 환웅과 단군, 기자의 조선을 구분해야 마땅하다. 더군다나 단군이 건국한 '조선'을 민족사의 정통성 또는 한국사의 구심점으로 삼으려면, 고조선이나 전조선이 아닌 단군이 건국한 '조선'의 국호를 시대구분의 중요한 분기점으로 삼아야 한다. 그러므로 위만조선에 대해서 고조선이 아니고, 기자조선에 대해서 전조선이 아니라, 왕검조선에 대해서 그 이전의 조선을 고조선 또는 전조선으로 시대구분하는 것이 바람직하다.

그런데『제왕운기』와『삼국유사』는 서로 다른 체제의 사서이므로 함께 묶어서 논하기 어렵다며, '전조선기'의 뜻을 '고조선'과 관련지어 조선 이전의 시기를 일컫는 말이라고 한 것을 부정한다.[39] 과연 그럴까. 체제가 다른 사료는 서로 참고할 수 없는 것인가. 사료비판을 위해서 서로 다른 체제의 사료들을 비교해가며 교차검증을 하는 것이 기본적인 방법이다. 그럼에도 같은 체제의 사료만으로 교차검증을 해야 한다는 주장인데, 그것은 교차검증의 방법을 알지 못하는 데서 비롯된 것이다. 왜냐하면 문헌자료를 검증하기 위해 유물자료를 살피고 유물자료를 검증하기 위해 문헌자료를 살피는 것처럼 서로 다른 자료를 견주어 보는 방법이 교차검증의 중요한 방식이기 때문이다.

따라서『삼국유사』와『제왕운기』처럼, 같은 문헌자료를 함께 검토하는 것조차 체제가 다르다는 이유로 견주어 논할 수 없다고 하는 것은, 문헌사료와 유물사료의 교차검증을 엄두조차 못 내게 하는 주장이다. 오히려 같은 체제의 같은 양식의 사료는 같은 내용을 동어반복하게 마련이기 때문에 교차검증 효력이 낮다는 사실을 알아야 한다. 그것은 가족의 증언이 법적으로 효력이 약한 것과 같다. 그러므로 사료의 체제와 양식이 다를수록 교차검증 효과는 더 높다고 해야 할 것이다.

『삼국유사』의 '고조선'과『제왕운기』의 '전조선기'가 전거도『고기』와『본기』로 다르고 그 서술내용도 서로 차이가 나는 까닭에 상호검증에 도움을 줄 뿐 아니라 오히려 보완 자료 구실을 한다. 꼭 같은 사료는 둘이 있어도 양적 기능 외에 질적 의미를 지니지 못한다. 서로 다른

---

[39] 박선희, 앞의 토론문, 같은 곳.

자료가 있을 때 해석의 유용성을 높인다. 그러므로 고조선 연구를 위해 체제와 방식이 다른 중국 사료들을 널리 참고하고 끌어들여서 연구하고 있지 않는가.

다음으로, 민족문화의 뿌리를 찾아들어갈 때, '고조선'을 단군의 왕검조선으로 설정해 버리면 그 이전의 옛조선 또는 전조선 시대의 문화로 거슬러 올라갈 수 없다. 서기전 24세기에 건국된 왕검조선에서 민족집단의 형성은 물론 민족문화의 원형도 처음으로 시작된 것으로 해석해야 한다. 다시 말하면 서기전 24세기가 민족과 민족문화의 출발점이라는 것이다. 그러나 사료의 내용대로 단군의 '조선시대' 이전에 '고조선시대' 곧 환웅의 신시시대가 있었으며, 신시시대의 기록내용과 고고학적 유물이나 유적을 고려하면, 한국 민족사와 민족문화의 뿌리는 단군조선 이전 시대로 한층 더 깊게 거슬러 올라가게 된다.

그러한 구체적 사료는 세 유형으로 남아 있다. 하나는 문헌사료로서 『삼국유사』 고조선조에 기록된 '환웅의 신시본풀이'이며, 둘은 유물사료로서 서기전 35-40세기의 홍산문화 유적과 유산들이다. 그리고 셋은 생활사료로서 농경생활을 하며 정착생활을 하기 시작한 신시고국의 식문화와 주거문화의 전통이다. 사료의 유형으로 다루기는 어렵지만 우리 민족 정신사의 전통도 단군의 '조선시대'보다 훨씬 앞선 환웅의 '신시시대'까지 거슬러 올라갈 수 있다. 왜냐하면, 조선시대 이전부터 환웅의 홍익인간 이념과 재세이화의 통치방식이 지속되어 신라의 '불구내' 사상 또는 '혁거세' 이념으로 지속되고 있기 때문이다.[40] 그러므로 한민족 정신사의 뿌리를 단군의 조선 건국 이전인 환웅의 신시시대까지 거슬러 올라가야 제대로 밝힐 수 있다.

이러한 문제 인식은 그 동안 고조선문화에 대한 일련의 연구를 거치면서 이루어진 해석학적 지평융합과 지평확대 과정에서 비롯된 것

---

40) 임재해, 「건국본풀이로 본 시조왕의 '해' 상징과 정치적 이상」, 494쪽.

이다. 이 논의도 진전되는 데 따라 고조선시대에 대한 해석의 새로운 지평융합이 이루어지고, 그 동안의 연구에 대한 성찰과정에서 고조선 연구에 대한 자신의 오류를 바로잡게 되면 고조선문화 해석의 지평확대에 이르게 될 것이다. 지금까지 서론적으로 제기한 문제들을 더 구체적으로 따져보는 데서 논의를 계속 진전시키기로 한다.

4. 『고기』와 『본기』의 조선과 『삼국유사』의 고조선

사료 해석은 사료를 읽고 해석하는 학자에 따라 다를 수 있다. 학자마다 달라야 다양한 읽기와 새로운 해석이 가능하다. '고조선'조가 그러한 다양성을 가능하게 하는 것은 항목이름과 본문 내용이 정확하게 일치하지 않기 때문이다. 본문에는 단군이 세운 나라의 국호를 조선이라 밝혀 두었는데, 항목이름으로는 '고조선·왕검조선'으로 기록해 두었다. 이럴 때 어느 것을 더 비중 높게 읽고 주목하는가에 따라 다른 해석이 가능하다. 이 논의는 저자의 편명이나 문헌의 항목 이름보다 구체적인 사료의 서술이 더 중요하다는 데서 출발한다. 그리고 고조선은 조선 이전의 상고시대 민족사의 뿌리를 태초부터 서술하고 있는 사료라는 시각에서 주목한다.

그러나 윤내현은 『삼국유사』의 용례를 따라서 고조선을 단군조선에 대한 명칭으로만 사용한다고 했다.[41] 『삼국유사』에는 본문의 국호 '조선'과 다르게 조의 이름을 '고조선'이라 했는데, 두 용례 가운데 뒤의 것을 따른 셈이다. 따라서 가장 타당한 사료의 용례를 따르더라도 그 사료의 어떤 부분을 따르는가, 또 어떤 의미로 받아들이는가 하는 것이 문제이다. 윤내현은 "고조선의 국명인 조선이라는 명칭의 기원까지"[42] 밝히겠다고 할 때에는 국명을 '조선'으로 제대로 쓰고 뒤에 조선

---

41) 윤내현, 같은 책, 88쪽.
42) 윤내현, 같은 책, 66쪽.

의 기원을 '아사달'에서 찾아 밝혔다. 이처럼 국명을 조선이라고 밝히고 그 유래를 아사달에서 찾으면서도 조선을 표방하지 않고 '고조선'을 표방한다.

다른 책에서도 "고조선의 국명은 조선(朝鮮)이었습니다."하고[43] 정확하게 밝혔지만, 조선이라는 국명 대신에 고조선을 표방한다. 그 이유는 고조선이라는 말을 오래 사용했다는 데 있다.[44] 그러나 보통명사를 오래 사용한다고 고유명사가 되는 것은 아니다. 시대명을 오래 사용한다고 국명이 될 수 없는 것은 자명하다. 오랜 세월 사용했다는 근거도 『삼국유사』 '고조선'조의 이름에 한정된다.

오히려 유학자들은 '전조선'을 더 많이 사용했다. 그럼 같은 시기 유학자 이승휴의 『제왕운기』의 전례를 따라 조선을 '전조선'이라 일컬을 수 있는가. 전조선도 오래 사용했으니 고유명사라 할 수 있을까. 고유명사라고 하더라도 그것은 시대를 일컫는 명사이지 국호를 일컫는 명사는 아니다.

물론 고조선을 단군조선에 한정해서 쓰는 충정은 충분히 이해할 수 있다. 앞에서 거론한 것처럼, 일부 학자들이 고조선을 가) 기자조선과 위만조선, 낙랑군 조선현 등을 모두 포함해서 일컫는 경우, 나) 기자조선과 위만조선을 아울러 일컫는 경우, 다) 기자조선만을 일컫는 경우 등을 고려한 까닭이다. 일부 사학자들이 고조선이라는 이름으로 단군이 건국한 조선의 개념을 심각하게 훼손하고 있는 사실을 우려해서, 이러한 혼란을 막고 단군조선을 기자조선이나 위만조선, 낙랑군 조선현 등과 혼동하지 않도록 하고 상고사의 역사체계를 단군조선 중심으로 제대로 포착해서 분명한 체계를 잡기 위해, 고조선을 단군조선만의

---

43) 윤내현, 『고조선 우리의 미래가 보인다』, 민음사, 1995, 112쪽.
44) 윤내현, 위의 책, 111쪽. "고조선을 한자의 뜻으로 풀이하면 '옛날의 조선'이라는 말임에 틀림없습니다. 그러나 그것이 오랜 세월에 걸쳐 사용되어 오는 사이에 고유명사화되었다는 사실을 알아야 합니다."

명칭으로 사용했던 것이다.

만일 그런 의도라면『삼국유사』의 표기대로 '왕검조선'이라 하거나
『동국통감』의 표기를 따라 '단군조선'이라 하는 것이 더 분명하고 확실
하다. 고조선은 상대적인 명칭일 뿐 아니라『삼국유사』용례로 보면
환웅의 신시고국과 기자의 조선까지 포괄한다. 따라서 단군조선을 곧
고조선으로 일컫는 것은『삼국유사』의 용례를 따랐다고 할 수 없다.
이 논의도『삼국유사』체제를 따르지만, 조선과 고조선의 선후관계와
강역문제는 별도로 체계화하려 한다. 왜냐하면 단군이 건국한 '조선'이
라는 국호를 시대구분의 준거로 삼지 않고 위만조선에 대하여 그 이전
의 조선을 모두 아울러서 '고조선'을 표방했기 때문이다.

지금 우리가『삼국유사』의 '고조선'조 사료를 존중한다고 하더라도
시대구분론을 비롯한 고대사 체계를『삼국유사』에 따라 고스란히 동
어반복할 필요가 없다. 그러면 일연의 역사인식과 시대구분 체계에서
더 나아갈 수 없는 것은 물론, 그 오류까지 동어반복하는 셈이 되므로
오히려 역사학을 뒷걸음질치게 만든다. 사료는 있는 그대로 존중하되,
사료의 해석과 의미부여는 요즘 역사학 수준에서 한층 진전된 용어와
체계로 새롭게 해석해야 한다. 그러지 않고『삼국유사』체제를 고스란
히 따르게 되면 일연의 역사해석 수준으로 퇴보하게 마련이다.

일연이 '고조선'조에서 태백산을 두고 '지금의 묘향산'이라고 주석
을 단 것은 잘못이다. 태백산을 곧 묘향산이라고 하는 것이 일연 시대
사람들, 일연 승려 수준의 한계이듯이, 백제를 '백제'라는 국호로 다루
지 않고 후백제에 대하여 '전백제'라는 시대명으로 다루고 있는 것 또
한 문제이다. 따라서 사료의 내용에 기록되어 있는 '백제'라는 국호를
표방하지 않고 '전백제'라고 하는 시대명을 조이름으로 표방한 것이 문
제인 것처럼, '조선'이라는 국호를 조이름으로 쓰지 않고 '고조선'이라
고 하는 시대명을 쓴 것은 문제라 하지 않을 수 없다. 그러므로 우리가
민족사의 기점으로 생각하는 '조선'이라는 정식국호를 역사 서술에서

배제해버린 채 굳이 국가적 실체도 없고 시대개념에 머무르는 '고조선'이라는 상대적 명칭을 계속 쓰게 되면, 일연의 역사인식과 고려시대 역사서술의 수준에서 한 걸음도 더 나아갈 수 없다.

따라서 상고사 해석 수준을 동시대 역사학 수준에 걸맞게 혁신시키려면 『삼국유사』의 사료는 존중하되, 그 해석은 『삼국유사』 수준을 뛰어넘어야 한다. 아직도 일연의 해석대로 태백산을 지금의 묘향산이라고 한다면 그것은 태백산을 해석하는 연구활동이 아니라 사료를 읽는 독서활동에 머문다.

이와 마찬가지로 단군이 건국한 조선을 『삼국유사』의 조이름에 따라 고조선으로 동어반복하는 것은 사료 읽기 수준에 머무른 채 역사학적 해석수준으로 나아갈 생각이 없는 셈이다. '고조선'이라고 하는 조의 이름은 일연의 해석이지만, '고조선'조에 인용되어 있는 내용은 일연의 해석에 의한 것이 아니라 『위서』나 『고기』와 같은 사료를 인용한 것이다. 그러므로 '고조선'조 사료를 잘 읽으면 일연의 역사인식 수준을 포착하고 그 한계를 뛰어넘을 수 있다.

『삼국유사』 '고조선'조를 사료로 주목해 보면, 조의 제목 외에 본문 어디에서도 '고조선'이라는 명칭이나 국호, 국명이 없다는 사실을 알아차릴 수 있다. 이 논의도 이러한 사료적 사실에서 시작한다. 물론 '단군조선'이라는 말도 없다. 항목이름에는 '고조선'만 있는 것이 아니라 협주 양식으로 '왕검조선'을 덧붙여 두었다. 『삼국유사』 항목 이름을 따른다면, 단군조선을 일컬을 때도 가능하면 '왕검조선'이라고 일컫는 것이 더 적절하다. 왜냐하면 '왕검조선'은 누가 뭐라 해도 '단군조선'을 일컫는 말이자, 『삼국유사』 항목 이름으로 일연이 밝혀 두었기 때문이다.

왕검조선 또는 단군조선은 기자조선이나 위만조선과 같은 맥락에서 특정 나라 이름을 지칭할 수 있다. 같은 나라이름 '조선'을 공동으로 사용해서 국호로 삼을 때, 특정 정치체제로서 나라이름을 분별하려면 그 집권세력에 따라 왕검조선, 기자조선, 위만조선, 이씨조선 등으로 구체화하는 방법이 효과적이다. 이 네 나라들은 한결같이 국호로 '조선'을 사용했다는 의미를 지닌다. 그러나 고조선 또는 전조선은 이러한 명명법의 기능과 다른 구실을 한다.

'고조선' 또는 '전조선'은 '조선'이라는 국호를 정식으로 쓰기 이전의 시기 또는 조선이라는 국호를 쓴 초기 시대를 한정해서 나타내기 때문이다. '고조선'의 '고'는 '조선'이라는 국호를 쓰는 나라들의 집권세력을 나타내는 '왕검', '기자', '위만', '이씨'와 같은 개념이 아니라 통시적으로 시대의 선후관계를 나타내는 개념이기 때문이다. 그러므로 단군이 세운 '조선'의 국호 대신에 '고조선'을 쓰는 것은 '조선'과 '고조선'이라는 시대의 선후 맥락과 거기에 따른 시대구분을 무시하는 결과에 이른다.

역사학은 통시적 학문이자 시대구분의 학문인데, 특정 시기를 분명하게 일컫는 용어를 시대구분의 기능을 소거한 채 사용하는 것은 예사 문제가 아니다. 더 큰 문제는 사료를 있는 그대로 읽어야 할 뿐 아니라, 겉으로 드러난 표제나 어휘에 포섭되지 말고 사료에 서술된 구체적인 내용을 중요하게 읽어야 한다는 점이다. 모화사상에 젖어 있는 선비들이 기자조선을 고조선으로 일컫는 것처럼, 사료를 있는 그대로 읽지 않고 주관적 편견이나 고정관념에 따라 의미를 변화시켜 읽게 되면 '조선'은 증발되고 '고조선'만 남게 된다. 왜냐하면, 『삼국유사』를 비롯한 국내외 사료 어디에도 '조선'이라는 나라이름은 있어도 '고조선'이라는 나라이름은 없기 때문이다. 있다면 나라 이름으로서가 아니라 『삼국유사』의 항목 이름처럼 조선 이전 시기 또는 조선 초기의 조선지역을 일컫는 상대적 명칭으로서 '고조선'이 있을 뿐이다.

『삼국유사』 '고조선'조 외에 '고조선'을 쓴 사례가 없다는 주장에 대한 반론으로, 박선희는 『사기』 「진시황본기」 주석 가운데 『사기정의(史記正義)』에 수록된 『괄지지(括地誌)』 기록을 근거로 제시했다.[45] "고구

---

45) 박선희, 앞의 토론문, 100쪽.

려의 치소 평양성은 원래 한 낙랑군 왕험성, 곧 고조선이다."라고[46] 한 기록을 근거로 마치 중국에서도 단군이 건국한 조선을 '고조선'이라 일컬은 것처럼 주장하며, '고조선'을 단군이 건국한 '조선'이라는 국호 대신에 써야 한다는 것이다. 그러나 '고조선'이라는 명칭은 같아도 그 역사적 내용은 전혀 다르다. 왜냐하면『괄지지』의 고조선은 단군과 전혀 무관하며,『삼국유사』'고조선'조의 내용과도 상관성이 없기 때문이다. 여기서 고조선이란 한의 낙랑군을 일컫는 것이기 때문이다.

만일 이 기록을 존중하여 고조선을 계속 써야 한다고 주장한다면, 고조선은 단군조선을 뜻한다는 윤내현의 본디 의도와 거꾸로, 또는『삼국유사』체제를 따른다는 명분과 어긋나게, 고조선은 곧 낙랑군 왕험성을 뜻하게 된다. 그러므로 이 전거에 따라 한의 낙랑군 왕험성을 뜻하는 말로 고조선을 계속 써야 한다고 주장하는 것은 매우 위험한 발상이자, 고조선이라는 시대명을 둘러싼 새로운 혼란을 야기키는 일이다.

이처럼 엉뚱한 뜻으로 쓴 '고조선'까지 끌어들여서 기어코 '고조선'을 써야 할 이유가 어디에 있는가. 같은 국호라도 단군의 '조선'과 이성계의 '조선'은 전혀 다른 국가인 것처럼,『삼국유사』의 '고조선'과『괄지지』의 '고조선'은 전혀 다른 국가이다. 따라서 전혀 엉뚱한 개념으로 쓴 '고조선' 사례를 제외하면 사실상『삼국유사』외에는 '고조선'이라는 시대명을 쓴 사례가 없다. 거듭 말하면,『삼국유사』가 없었다면 '고조선'도 없다는 말이다.

이 말은 곧 한편으로는『삼국유사』의 공(功)이기도 하고 다른 한편으로는 과(過)이기도 하다. 단군이 건국한 조선을 역사로 살려냈다는 점에서는 공이지만, 그 역사를 환웅의 신시와 기자의 조선까지 끌어들여 고조선으로 명명한 것은 과에 해당되는 까닭이다.

만일『삼국유사』의 조이름에 따라 고조선을 국호처럼 표방한다면,

---

46) 박선희, 위와 같은 곳, "高驪治平壤城 本漢樂浪郡王險城 卽古朝鮮也."

『제왕운기』에 따라 '전조선'도 국호로 표방해야 한다. 오히려 기자조선을 내포한 고조선보다 기자조선을 후조선으로 배제한 전조선이 더 왕검조선에 가깝다. 후대의 조선에 대하여 상대적으로 앞시대의 조선을 일컫는다면 사실은 '고조선'보다 '전조선'이라는 명칭이 더 적절하다. 후백제에 대하여 '고백제'라는 시대명을 쓰지 않고 '전백제'라는 시대명을 쓰는 것이 더 어울리는 것과 같다. 그런데 왜 '고조선'은 따라서 널리 쓰고 '전조선'은 쓰지 않는가.

흔히 단군신화로 일컫는 『고기』나 『본기』의 인용 내용이야말로 사료의 핵심이자 가장 기본이 되는 원사료이다. 두 사료의 내용은 『삼국유사』나 『제왕운기』가 크게 다르지 않다. 그런데 거의 같은 내용의 사료를 인용하면서 일연은 '고조선', 이승휴는 '전조선'으로 일컬었을 따름이다. 다시 말하면 내용물은 같은 데 포장의 이름만 달리했던 것이다. 과연 '고조선'과 '전조선'이라는 항목 이름은 서로 다른 개념인가. 두 표제 아래 서술된 내용과 상관없이 '고조선'과 '전조선'은 '조선'의 앞선 나라나 시대를 나타내는 같은 뜻의 말이다. 하물며 그 내용까지 같다면 더 이를 말이 없다.

'전조선기'의 『본기』 내용이 더 합리적으로 윤색되어서 '고조선'의 『고기』 내용이 더 원형으로 인정되고 있지만, 신단수나 단군의 표기는 오히려 박달나무 '단'자를 쓴 '전조선기'의 '본기' 내용을 따른다. 서사적 줄거리는 『삼국유사』가 더 온전한 반면에 사료의 구체적 명칭은 『제왕운기』가 더 온전하다고 할 수 있다. 따라서 지금 우리는 『삼국유사』의 『고기』 내용을 더 존중하여 인용하지만, 신단수와 단군 등 구체적인 명칭을 쓸 때는 『제왕운기』의 『본기』를 따른다. 그러므로 고조선 사료의 두 주류를 이루고 있는 『삼국유사』와 『제왕운기』의 해당사료를 연관성 속에서 좀 더 자세하게 뜯어볼 필요가 있다. 왜냐하면 중국의 여러 고대 사서에도 국호를 '조선'으로[47] 일컫고 있기 때문이다.

일연과 이승휴는 승려와 유학자로서 서로 다른 세계관을 가지고 있지만, 단군이 건국한 나라의 국호에 관해서는 같은 견해를 가지고 동일하게 서술했다. 두 책에서는 단군이 세웠거나 왕좌에 오른 나라를 모두 '조선'으로 서술해 두었기 때문이다. 다만 일연은 국호로서 '조선'이라 했고 이승휴는 지리적 위치를 일컫는 지명으로서 '조선'이라 했다. '한국'이 나라이름이자 지역이름이기도 한 것처럼, '조선' 또한 국호이자 지리적 강역을 뜻하는 지명이기도 하다.

이처럼 두 사료는 대조적이면서도 동질적 연관성을 지녔다. 지금 학계에서 고조선 사료로서『삼국유사』의 기록을 더 중요하게 인용하면서도 신단수와 단군의 표기는『삼국유사』의 神壇樹 또는 壇君이라는 표기보다 오히려『제왕운기』를 따라 神檀樹 또는 檀君으로 쓰기 일쑤이다. 그러므로 두 사료 가운데 어느 하나만 근거로 하지 않고 상호관계 속에서 두루 이용할 필요가 있다.

『삼국유사』제일 첫장인 '고조선(왕검조선)'조 도입부의 첫문장에서부터『위서』를 인용하여 "단군왕검이 아사달에 도읍을 정하고 나라를 열어 그 이름을 조선"이라 했다고[48] 밝혀두었다. "開國號朝鮮"은 "국호가 조선인 나라를 열었다"고 할 수도 있다. 따라서『삼국유사』의 사료를 인정하는 한 단군왕검이 세운 나라는 '고조선'이 아니라 '조선'이 틀림없다.『고기』를 인용한 고조선본풀이의 결말에 해당되는 문장에서도 국호가 조선으로 기술된다. 단군왕검이 "경인년에 평양성에 도읍하여 비로소 조선이라 일컬었다."고[49] 했다. 그러므로 '조선'은 단군왕검이 건국한 나라이름이자, 우리 민족사 최초의 공식적인 국호이다.

47) 윤내현,『사료로 보는 우리 고대사』, 지식산업사, 2007, 51-60쪽에 '중국 문헌에 등장한 고대 조선'을 잘 정리해 두었다. 제일 오래된 기록은 주나라 "무왕이 기자를 조선에 봉했다(武王乃封箕子於朝鮮)"는 것으로서, 주나라 건국이 서기전 12-11세기이므로 그 이전부터 조선이 존재했고, 주나라는 조선과 외교관계에 있었던 사실을 알 수 있다.

48)『三國遺事』卷1,「紀異」古朝鮮, "有壇君王儉 立都阿斯達 開國號朝鮮."

49)『三國遺事』卷1, 위와 같은 곳, "庚寅 都平壤城 始稱朝鮮."

『제왕운기』 '전조선기'에도 서론의 도입부와 본풀이의 마무리에 '조
선'이라는 이름이 두 차례 나오는 점에서 『삼국유사』 '고조선'조의 기
록과 일치한다. 그러나 '고조선'조에서는 국호로서 조선이 일컬어지는
데 비해, '전조선기'에서는 지리적 위치로서 '조선'을 일컫는다.

> 遼東에 별천지가 있으니 中朝(중국)와 뚜렷이 구분되며, 큰 파도 출렁출
> 렁 삼면을 둘러쌌고, 북쪽은 대륙과 선처럼 이어졌으니, 가운데 사방 천리
> 여기가 조선이다.[50]

요동 지역에 삼면이 바다이고 사방 천리를 이루는 나라를 '조선'이
라 했다. 이것은 지역 이름이자 국명일 수 있다. 왜냐하면 "처음에 어
느 누가 나라 열고 바람과 구름을 인도하였던가, 제석의 손자, 이름은
檀君일세."라고 하여 "初誰開國" 곧 조선의 건국주체를 묻고 "釋帝之孫
名檀君"이라고 답하는 까닭이다. 그리고 『본기』를 인용하여 환인과 환
웅의 행적을 길게 서술한 말미에 "단군이 조선의 강역에 살면서 왕이
되었다"고 밝혀두었다. 이때 조선은 지역 이름이면서 국호로 일컬어졌
다. 그러므로 이 사료에 따라 단군이 다스린 나라는 '조선'일 뿐, 그 항
목이름에 따라 '전조선'이라 일컬을 수 없다. 물론 '고조선'처럼 '전조
선' 또한 어느 사료에도 국호나 지명으로 기록된 일이 없다. 두 용어
모두 역사적 개념의 시대 이름은 될 수 있으나 지리적 개념의 국호나
지명이 될 수 없기 때문이다.

그러나 '조선'을 국호나 지명으로 사용한 사례는 상당히 많다. 한국
사 전시기를 두고 보면, 조선이라는 국호는 수천 년에 걸쳐서 사용되
었다. 그러나 그 지배집단의 혈연적 계보나 정치적 정체성은 일치하지

---

50) 윤내현, 같은 책, 20쪽. 『帝王韻紀』 卷下, 「前朝鮮紀」, "遼東別有一乾坤 斗與
中朝區以分 洪濤萬頃圍三面 於北有陸連如線 中方千里是朝鮮."

않았다. 따라서 조선을 왕조에 따라 구분하기 위해 시조의 이름을 국명 앞에 붙여서 분별했다. 『삼국유사』에서는 단군이 건국한 조선을 '왕검조선', 기자가 점유한 조선을 흔히 '기자조선'이라 일컬었고, 위만이 다스린 조선도 '위만조선'이라 일컫는다. 이러한 명칭의 기준은 어디까지나 단군왕검이 건국한 '조선'이라는 국호에서 비롯된 것은 물론, 이들 국가는 왕검조선의 범주 속에 귀속되는 것이다.

'조선'이라는 나라 또는 '조선'의 일부 지역을 지배한 주체에 따라 '단군, 왕검, 기자, 위만, 이씨' 등으로 구분하는 것처럼, 조선을 시대에 따라 '고'조선 또는 '전'조선으로 단군의 '조선'시대와 구분하여 명명할 수 있다. 고조선이라는 말은 조선에 앞선 '옛 조선'으로서 '전조선'과 같은 뜻이다. 따라서 '조선'은 국호이되, '고조선'이나 '전조선'은 국호가 아니라 왕검조선 이전 시기의 역사를 일컫는 시대이름 구실을 한다.

이런 뜻에 따르면, 고조선의 구체적 실체로는 단군의 조선 건국 이전에, 환웅이 홍익인간 이념으로 360여사를 다스리며 '재세이화'했던 신시고국을 들 수 있다. 환웅의 신시뿐만 아니라, 단군의 '조선' 이전 시기 이 지역에 있었던 이름 모를 여러 나라 또는 정치적 집단들을 아울러 일컫는 이름이라 할 수 있다. 그러므로 단군왕검이 세운 국가는 '조선' 곧 '왕검조선'이며 '고조선'은 단군 이전에 신시고국을 세운 환웅, 또는 그 이전의 환인이 다스렸던 시기를 아우르는 시대명으로 적절하다.

그럼에도 굳이 고조선을 국가명이라 한다면, '조선'에 대한 상대적인 국가명이 '고조선'이다. 고조선은 실명의 국호가 아닌 것은 물론 국호가 될 수도 없다. 사학계에서 더러 쓰는 '원조선'이나[51] '전백제', '고신라'처럼 고조선은 국가의 실명으로서 국호를 나타내는 것이 아니라, 통시적 선후개념으로 일컫는 상대적 의미로서 특정시대를 호명하는

---

51) 윤명철, 『광개토대왕과 한고려의 꿈』, 삼성경제연구소, 2005에서는 사학계에서 흔히 말하는 고조선을 '원조선'이라 일컬었다.

명명법이다. '고신라'라는 국명이나 '전백제'라는 국호, '원조선'으로 호명되는 나라가 없지만, 특정 시기의 역사를 상대적으로 나타내는 명칭으로서 일정한 시대구분 기능을 지닌다. 그러나 백제라는 국호가 실명으로 버젓이 존재하는데, '백제'라는 국가명을 '전백제'로 바꾸어 일컬을 뿐 아니라, 아예 전백제를 국호처럼 자리매김하면서 백제사를 '전백제사'로 일컫는다면, 그것은 백제사를 심각하게 왜곡하는 것이다.

『삼국유사』에 '전백제'라는 조이름이 있지만, 사학계에서 백제를 전백제로 일컬어야 한다고 주장하는 이는 없다. 왜냐하면 그것은 후백제에 대하여 백제를 상대적으로 일컫는 별칭에 지나지 않기 때문이다. 별명을 실명으로 혼돈하게 되면, 백제 없는 전백제, 곧 실명 없는 별명에 빠져들어 마침내 별명이 실명처럼 인식되게 된다. 『삼국유사』의 '고조선'조를 빌미삼아 조선을 고조선으로 일컫는 일은, 마치 백제를 '전백제'로 일컫는 것이나 다르지 않는 잘못이자 역사왜곡이다. 전백제로 백제를 깔아뭉갤 수 없듯이 고조선으로 조선을 깔아뭉갤 수 없다.

세상사람들이 다 '앙드레김'이라고 일컫더라도 국회의 청문회에서는 '김봉남'이라는 실명으로 그 존재를 정확하게 포착한다. 역사학도 국회의 청문회나 법정에서처럼 실체적 진실에 다가가야 한다. 연예인들이 가명 속에 자기를 포장하고 있는데, 대중문화의 논리 속에는 그러한 가명이 널리 통용될 수 있다. 그러나 작가론이나 인물론을 따지는 학문의 세계에서는 별명이나 가명의 포장을 벗길 수밖에 없다. 왜냐하면 김봉남이라는 실명으로 '앙드레김'을 추적할 때, 그 일생사의 진실이 제대로 포착되는 까닭이다. 하물며 민족사의 출발인 초기 국가의 역사를 국호가 아닌 시대명으로 바꾸어 일컬을 뿐만 아니라, 그것을 굳이 합리화시키려고 억지 논리를 편다면 그것은 비역사적일 뿐 아니라 반학문적이라 하지 않을 수 없다. 조선왕조실록을 이조실록이라 일컫고 조선을 이조라 일컫는 것보다 더 심각한 역사왜곡이 왕검조선을 고조선으로 일컫는 일이다.

5. 국호 '조선'과 시대명 '고조선'의 변별적 포착

'고조선'조나 '전조선기'에서 인용한 원사료는 『위서』와 『고기』, 『본기』, 『구당서』「배구전」 등인데, 이 사료 어느 곳에도 고조선은 없고 오로지 조선이라는 국호와 지역명만 있다. 조선의 국호가 중국문헌에서 비교적 이른 시기에 나타나는 것은 서기전 7세기의 『관자(管子)』 '규도(揆道)'편과 '경중갑(輕重甲)'편이다. 여기에 보면 국호를 '발조선(發朝鮮)'으로 기록해 두었다.52) '발조선'은 "밝조선, 밝달조선"을 뜻하므로53) 단군이 세운 '조선'을 일컫는 말이다. 단군 곧 밝달임금이 세운 밝은 조선이란 뜻으로 발조선이라 일컬었다는 해석이 가능하다.

그러나 윤내현은 '발조선'을 하나의 국호로 보지 않는다. 『일주서(逸周書)』「王會」편에, '발'은 주(周)나라 동북쪽에 거주했던 종족의 명칭으로서 발인(發人)으로 기록하고 있으므로 '발'을 종족 명칭으로 봐야 한다는 것이다.54) 『사기』「오제본기」와 『대대례기(大戴禮記)』「오제덕기(五帝德記)」에서도 산융(山戎)과 숙신(肅愼) 등과 나란히 '발'이 등장한다. 『관자』에서도 발이 조선을 꾸미는 말이거나 '발조선'을 하나의 고유명사로 기록한 것이 아니라, '발·조선'처럼 발과 조선을 나란히 기록했다. 그러므로 '발'은 산융과 숙신, 조선 등과 가까운 지역에 있던 민족집단이라는 것이다.55)

'발조선'이든 또는 '발과 조선'이든 '조선'이라는 국호가 중국 문헌에서 이른 시기부터 기록되었다는 사실이 중요하다. 『사기』와 『한서』에 「고조선전」이 없기 때문에 『후한서』에도 「조선전」이 있을 뿐 「고조선전」은 없다. 왕검조선을 일컫는 '고조선'이란 이름은 오직 『삼국유사』

---

52) 『管子』, 「輕重甲」, "然後八千里之發朝鮮可得而朝也."
53) 愼鏞廈, 앞의 책, 146쪽.
54) 윤내현, 같은 책, 460쪽.
55) 윤내현, 위와 같은 곳.

항목 이름으로만 존재한다. 다른 어느 사료에도 없다. 왜냐하면 역사적으로 고조선이라는 나라는 없기 때문이다. 중국의 고대 사서들에서 말하는 「조선전」이 비록 단군왕검의 '조선'을 일컫는 것이 아니라고 하더라도 그 이름의 원천은 단군이 건국한 나라 '조선'에서 비롯되었을 뿐 '고조선'에서 비롯된 것은 아니다.

거듭 말하거니와 단군은 고조선의 건국시조가 아니라 조선의 건국시조이기 때문이다. 왕검은 고조선의 왕이 아니라 조선의 왕이었다. 그런데 고조선 연구로 괄목할 만한 성과를 낸 학자들조차 단군이 건국한 나라의 국호를 '조선'으로 알고 있으면서도, 연구논저에서는 한결같이 '조선'은 물론, '왕검조선'이나 '단군조선'조차 표방하지 않고 오직 '고조선'만을 표방한다.

> 고조선 국가를 건국한 임금은 『삼국유사』의 『위서』 『고기』를 비롯하여 그 후 모든 고문헌들이 하나같이 모두 '단군(檀君, 壇君)이라고 기록하고 있다. 고조선 건국의 제왕은 단군이고, 개국시조 단군은 신화가 아니라 실제 인물인 것이다.[56]

신용하가 '고조선의 건국 제왕 단군'이라는 제목으로 쓴 글의 첫째 문장이다. 쓴이 또한 이와 같은 내용의 서술을 여기저기서 여러 차례 해왔다. 그 가운데 하나만 들면 '고조선' 사료를 '단군신화'라 일컫는 문제점을 지적하면서 아래와 같이 주장한다.

> 단군에서 비롯된 것은 고조선이며 고조선이 민족사의 시작이 아니다. 따라서 '우리 역사의 시작'이 아니라 '고조선의 시작'은 단군에서 비롯되었다고 하는 것은 옳다. 굳이 우리 역사의 시작을 말하려면 환웅에서 비롯되

---

56) 愼鏞廈, 같은 책, 157쪽.

었다고 해야 마땅하다. 왜냐하면 우리 역사에는 단군의 고조선 이전에 환웅의 신시가 있었기 때문이다. '고조선'조에 그렇게 기록되어 있지 않은가. 그러므로 우리가 알고 있는 고조선본풀이는 '단군신화'라는 왜색 역사용어의 가리개에 의해 크게 잘못 알려져 있다. 상식적인 내용조차 제 눈으로 보고도 모르는 착각에 빠져 있다고 해도 지나치지 않다.[57)]

사료의 항목대로 '고조선본풀이'라 하지 않고 어느 사료에도 없는 '단군신화'로 일컫는 데 대한 비판적 지적을 한 내용이다. 그런데 단군이 건국한 조선의 국호에 이르게 되면, 위에서 지적한 착각의 문제는 부메랑이 되어 고스란히 쓴이 자신에게 되돌아온다. 환웅의 신시를 민족사의 시작으로 주장하면서도 단군의 왕검조선을 고조선으로 인식하여 "고조선의 시작은 단군에서 비롯되었다"고 하는 당착에 빠져 있다. 이 문제를 성찰하고 스스로 극복해야 해석학적 지평확대가 가능하다.

여기에는 세 가지 무의식적 고정관념이 작동하고 있다. 하나는 『삼국유사』가 항목 이름으로 표방한 '고조선'이 곧 단군이 세운 국가라는 고정관념이고, 둘은 오랫동안 우리 학계에서 민족의 시조는 단군이며 최초의 국가는 '고조선'으로 일컬어온 관행을 의심없이 따른 고정관념이다. 셋은 이성계가 세운 '조선'과 구별되는 개념으로서 단군의 왕검조선을 '고조선'으로 일컫는 데 따른 편의성을 무의식적으로 누려온 고정관념이다.

그러나 정작 이 용어를 『삼국유사』의 항목이름으로 처음 쓴 일연은 어떤 생각이었을까. 본문에서는 한결같이 '조선'이라고 일컬으면서 왜 항목이름에는 '고조선'이라 하여 읽는이들로 하여금 '조선'과 '고조선'을 헷갈리도록 했을까. 고조선은 국가이거나 나라이름일 수가 없다. 왜냐

---

57) 임재해, 「단군신화로 본 고조선문화의 기원 재인식」, 『단군학연구』 19, 단군학회, 2008, 311쪽.

하면 나라이름은 고유명사인데 고조선은 고유명사가 될 수 없기 때문이다. 그것은 '전조선'이 고유명사가 될 수 없는 것과 마찬가지이다.

'고조선'에서 '조선'이 고유명사이고 '고(古)'는 '옛날' 곧 예전을 나타내는 꾸밈말이다. 따라서 '고조선'은 '고+조선'으로서 '고'는 나라이름인 '조선'을 꾸미는 수식어일 따름이다. 달리 말하면 '고조선'은 그 자체로 나라 이름이 아니라 '고+조선'으로서 옛조선, 곧 예조선을 뜻한다. 따라서 일연은 고조선을 위만조선 이전의 조선으로 표방했지만, 단군의 왕검조선을 민족사의 구심점으로 설정한다면 고조선은 단군이 건국한 '조선' 이전 시기의 조선을 일컫는 말이다.

'고조선'조에서 말하는 고조선은 비록 기자의 조선, 단군의 조선, 환웅의 조선, 그리고 환인의 조선까지 소급할 수 있는 아주 포괄적인 시대명이다. 그러나 우리가 상고사의 시대구분을 새로운 체제로 한다면, 단군이 건국한 '조선'시대 이전의 시기 곧 단군의 부계인 환웅천왕이 세운 신시고국을 포함한 그 이전시기를 아우루는 개념으로 쓰는 것이 바람직하다.

왜냐하면 단군의 부계인 환웅이 태백산 신단수 아래에서 세운 것은 '신시'이기 때문이다. 그 동안 신시를 나라 이름으로 여기지 않아서 환웅을 신시의 건국시조로 일컫거나 신시를 국가로 간주하여 '신시고국'이라 하면 상당히 낯설게 느껴질 수 있다. 사실과 다르게 일컬어온 '단군신화'도 처음에는 낯설었을 것이다. 그러나 잘못된 역사용어이지만, 지금은 너무 익숙해서 문제이다. 사실이 아닌 호명으로 '고조선' 사료를 왜곡시키는 까닭이다.

그러나 따지고 보면, 고조선도 단군신화와 같은 잘못된 포장 구실을 한다. 우리는 알게 모르게 '고조선' 또는 '조선'만 나라이름 또는 국가로 여기는데, 환웅의 '신시' 또한 단군의 조선에 앞서서 수립되었던 초기 국가형태로 봐야 한다. 그렇다면 당연히 신시도 상고시대의 국가라 하지 않을 수 없다. 물론 국가의 수준이나 발전 정도는 상대적으로 다를 수 있을 것이다. 그러나 단군왕검이 통치하는 '조선'처럼 환웅천 왕이 통치한 '신시'도 나라였다.

나라 없는 왕이 없듯이 왕 없는 나라도 없다. 왕이 있으면 나라가 있고 나라가 있으면 왕이 있게 마련이다. 서유럽은 17세기까지 중앙집 권적 왕이 없고 봉건영주 체제였다. 따라서 왕이 없으니 국가가 있을 까닭이 없다. 그들이 국가를 근대에 형성된 상상의 공동체라 여기는 것도 봉건체제 이후에 국가가 비로소 형성되었기 때문이다. 그러므로 국가를 근대에 형성된 상상된 공동체라는 해석이 가능하다.

그러나 동양에서는 고대부터 왕이 있었고 왕이 다스리는 국가가 있 었다. 봉건영주 체제가 아니라 고대부터 중앙집권적 왕조체제를 이루 었기 때문이다. 따라서 왕과 국가는 함께 짝을 이루게 마련이다. 밝달 임금인 단군왕검이 있으므로 조선 곧 '왕검조선'이 있었다. 왕검조선 이전에 환웅천왕이 있었다. 환웅천왕이 재세이화하며 360여사를 다스 렸으니 당연히 그가 다스린 나라가 있게 마련이다. 환웅천왕이 다스린 나라가 태백산 신단수 아래의 신시이다. 그 동안 신시를 나라 이름으 로 보지 않았을 따름이다. 천왕이 있는데 국가가 없다고 하는 것은 국 가가 있는데 왕이 없다는 것과 같은 자가당착이다.

왜 조선은 나라 이름인데 신시는 나라 이름일 수 없는가. 왜 부여는 나라 이름일 수 있는데, 신시는 나라 이름이 될 수 없는가. 신시를 나 라 이름으로 보지 않는 것은 고조선이 우리 민족의 첫나라 곧 최초국 가라는 선입견 때문이다. 달리 말하면 단군신화라는 이름에 포섭되어 단군을 민족의 시조로 보는 까닭이다. 그것은 곧 단군신화와 마찬가지 로 환웅신화도 있다는 사실을 부정하게 만드는 일이다.

이미 『삼국유사』 고조선조의 기록은 환웅본풀이와 단군본풀이가 결합되어 있는 구조라고 밝혔다.[58] 그러나 단군본풀이가 조선건국본

---

58) 임재해, 「한국신화의 주체적 인식과 민족문화의 정체성」, 『단군학연구』 17,

풀이인 것처럼, 환웅본풀이도 신시건국본풀이라는 사실은 아무도 인정하지 않는다. 그런 까닭에 환웅천왕이 건국시조로 인정되지 않는 것처럼, 신시 또한 나라가 아닌 것으로 간주되어 지나쳐 버리기 일쑤이다.

왕도 나라가 있고 천자도 나라가 있는데, 천왕이 나라가 없다고 하는 것은 억지 주장이다. 더군다나 환웅천왕은 홍익인간 이념을 품고 천부인 3개를 갖추었을 뿐 아니라 풍백, 우사, 운사를 거느리고 주곡, 주명, 주병 등 360여사를 재세이화했다는 통치철학과 통치체계, 통치내용, 통치방법까지 있는데도 신시를 국가개념으로 인정하지 않는다. 왜냐하면 단군시조론이 굳어져 있는 까닭이다. 단군이 건국시조인데 환웅이 신시고국을 건국했다고 하면 문제가 심각해지기 때문이다.

쓴이가 환웅의 신시본풀이를 단군본풀이에서 분리하고 환웅이 다스린 나라를 '신시고국'이라고 해석하는 것은 이미 단군시조론을 비판적으로 극복하고 있는 것이다. 그러므로 쓴이는 '고조선문화' 연구를 표방했지만, 사실 그 시대적 대상은 단군의 조선문화가 아니라 환웅의 신시고국문화가 중심을 이루었다.

그 동안 '고조선' 사료를 있는 그대로 읽는데 큰 장애를 제공한 것이 단군시조론이다. 단군을 민족의 시조로 보면 그 부계인 환웅과 환인의 존재를 부정하게 되고, 왕검조선을 최초의 국가로 보면 신시를 국가로 인정하지 않게 되는 것이다. 사서의 편명이나 항목의 제목으로 볼 때, 고조선과 조선, 전조선과 조선을 역사적 선후로 분별해서 인식해야 한다. 고조선(고+조선)이나 전조선(전+조선)은 모두 옛조선을 일컫는 말이다. 사료의 편명에만 그렇게 기록되어 있는 것이 아니라, 실제 사료의 내용에서도 그렇게 이원적으로 기록되어 있다.

『삼국유사』 '고조선'조의 기록이나 『제왕운기』 '전조선기'의 기록은

단군학회, 2007, 275-276쪽. "결국 단군신화로 일컬어진 『고기』의 기록은 환웅본풀이와 단군본풀이의 묶음이라 할 수 있다. 일연도 『삼국유사』에서 '고조선' 또는 '왕검조선'이라는 항목으로 묶어서 기술해 두었다.

단군이 건국한 '조선' 이전의 조선 곧 옛조선에 관한 내용을 더 비중 높게 서술하고 있다. 따라서 사료의 내용대로 문헌자료를 제대로 읽으면 이러한 이원적인 서술구조를 일목요연하게 포착할 수 있다. 이미 오래 전에 왜 환웅신화가 아니고 단군신화인가 하는 의문을[59] 제기했을 뿐 아니라, 『삼국유사』 '고조선'조의 『고기』 내용은 두 편의 신화 곧 두 본풀이가 함께 이어져 있었다는 사실을 밝혔다. 단군신화 이전에 환웅신화가 있었고 고조선본풀이 이전에 신시본풀이가 있었다고 보는 것이다.[60]

그러므로 단군의 조선 이전에 환웅의 신시라는 나라가 있었다고 봐야 하며, 이 신시고국이 바로 조선을 기준으로 볼 때 '고조선'인 것이다. 왜냐하면 단군이 건국한 '조선'의 전신인 나라이기 때문이다. 고조선에 해당되는 '신시고국'의 고유명사 '신시'는 국호로서 일반화되지 않았던 까닭에 일연의 『삼국유사』 '고조선'조 외에는 어떤 사료에도 나타나지 않는다. 다만 이 기록을 참조하여 서술한 권람(權擥)의 『응제시주(應製詩註)』에 보일 따름이다. '고조선'조에도 '신시'를 국호로 일컫지 않고 지명처럼 제시해 두었다. 이 시기는 지명이 곧 국명이어서 별도로 국호가 없었던 것이 아닌가 한다. 그러므로 일연이 신시를 국호처럼 내세우지 않고 단군의 국호인 '조선'을 중심으로, 그 전후 나라까지 포괄적으로 일컬어 '고조선'이라 했고 이승휴는 '전조선'이라 일컬었던 것이다.

그럼에도 '고조선'조의 기록을 마치 단일국가의 기록처럼 인식하고 단군이 세운 조선을 고조선으로 일컫는 것은, 마치 단군왕검은 왕으로 인정하면서 환웅천왕은 왕으로 인정하지 않는 것과 같은 모순이다. 단

---

59) 임재해, 「단군신화에 던지는 몇 가지 질문」, 『민족설화의 논리와 의식』, 지식산업사, 1992, 132쪽.
60) 임재해, 「한국신화의 주체적 인식과 민족문화의 정체성」, 272-280쪽에서 자세하게 다루었다.

군왕검이 조선의 왕이라면, 환웅천왕은 신시의 왕이어야 순조롭다. 환
웅이 단군을 낳았다는 계보를 인정하려면 '신시고국'이 바탕이 되어
'조선국'이 건국되었다는 사실도 인정해야 한다. 환웅이 단군의 선왕이
듯이, 신시는 조선의 옛나라이다.

따라서 단군조선 이전의 예조선은 한자말로 고조선이거나 전조선
으로 자리매김하는 것이 통시적 시대구분으로서 매우 적절한 명칭이
라 하지 않을 수 없다. 그러므로 나는 신시를 국가이름으로 생각하던
차에 중국학자들이 홍산문화를 일으킨 세력을 국가 수준으로 해석하
여 '홍산고국'이라[61] 명명하는 것을 보기삼아 '신시고국'이라 일컬었
다.[62]

그렇게 일컫는 것은 고조선의 사료뿐만 아니라 홍산문화 유산의 내
용에서 비롯된 것이다. 홍산문화를 생산하고 향유한 주체를 신시 사람
으로 생각하고 홍산문화 지역이 곧 신시고국의 중심지로 인식된 까닭
이다. 따라서 홍산문화의 내용과 고조선본풀이 내용을 연관성 속에 해
석한 결과 홍산문화는 중국학자들의 주장처럼 '홍산고국'의 것이 아니
라 환웅이 세운 '신시고국' 문화의 유산이라는 사실을 밝혀냈다. 홍산
문화 가운데 우하량(牛河梁)의 적석총과 천제단, 석성(石城),[63] 옥기문
화 등이 환웅천왕의 신시고국 문화유산이라면, 동산취(東山嘴)의 여신
전과 여신상, 토기문화는 곰네로 상징되는 곰족의 문화유산으로 해석
되는[64] 까닭에, 고조선본풀이 내용과 홍산문화 유산의 두 계통이 잘
맞아떨어진다.

---

61) 궈다순(郭大順)·장싱더(張星德) 지음, 김정열 옮김, 『동북문화와 유연문명』
    상, 동북아역사재단, 2008, 408쪽.
62) 임재해, 「신시본풀이」로 본 고조선문화의 형성과 홍산문화」, 『단군학연구』
    20, 단군학회, 2009, 329-394쪽.
63) 삼좌성은 석성일 뿐 아니라 치가 있어서 고조선문화유산이라는 사실을 구
    체적으로 뒷받침한다.
64) 임재해, 위의 글, 377-387쪽에서 자세하게 논증했다.

그럼 홍산문화는 과연 홍산고국이 아니라 신시고국의 유산이라 할 수 있을까. 그렇다. 우선 어느 역사서에서도 '홍산'이라는 국가는 없다. 그 문화유산으로 보면 대단히 높은 수준의 문화를 누렸는데 사서에서 전혀 언급이 없을 까닭이 없다. 그러나 홍산문화가 형성된 서기전 35-40세기에 홍산지역 있었던 국가 조직으로는 『삼국유사』 '고조선' 조에 기록되어 있는 신시라는 국가가 유일하다. '신시'라는 나라 또는 지명만 있는 것이 아니라, 신시를 통치한 천왕과 통치이념, 통치체제, 통치방법, 그리고 주요 생업과 지리적인 공간도 설정되어 있다. 단군의 조선국보다 더 자세하게 구체적으로 서술되었을 뿐 아니라 더 수준 높은 국가 형태로 서술되었다.

따라서 신시는 왕검조선 이전의 옛 국가로서 '신시고국'이라 일컫지 않을 수 없다. 다만 고려시대 지식인들은 신시고국을 그 지명에 따라 '신시'라는 고유명사로 일컬었을 뿐 아니라, 단군이 건국한 '조선'이라는 국호를 준거로 '고조선' 또는 '전조선' 등의 시대이름 속으로 끌어안아 포섭했던 것이다. 단군이 세운 '조선국'이야말로 제대로 국호를 갖춘 국가이자, 건국시조와 건국시기가 분명한 것은 물론 도읍지까지 분명한 나라이다. 따라서 조선 없는 고조선 또는 전조선이 무의미한 것처럼 조선시대 없는 고조선시대는 무의미한 것이다. 그러므로 조선시대를 설정하지 않는 것은 민족사의 가장 확실한 역사를 가장 비논리적으로 불확실하게 만드는 일이다.

백제 없는 전백제는 존재하는가. 신라 없는 고신라를 생각할 수 있는가. 삼국시대 없는 후삼국시대는 설정 가능한가. 모두 부정적으로 대답할 수밖에 없다. 조선 없는 고조선도 마찬가지이다. '고조선'은 어디까지나 '조선'을 준거로 한 상대적인 개념이기 때문이다. 조선이 빛이라면 고조선은 그림자이다. 조선시대가 민족사에서 뚜렷하게 살아 있어야 고조선도 분명하게 자기 정체성을 드러낼 수 있다. 그러므로 단군이 건국한 조선국을 시대구분의 독립변수로 새롭게 설정하지 않을 수 없다.

6. 고조선의 실체로서 '신시고국'의 정체 재인식

조선이나 고조선의 한자말 명칭은 모두 후대에 붙여진 것이다. 단군이 나라를 세운 건국 초기에는 도읍지의 지명에 따라 아사달이라 일컬어졌을 것이다. 뒤에 우리말 '아사달'을 한자 국호로 일컬은 것이 조선이다. 아사달은 아사나(阿斯那, 阿史那) 또는 아사양(阿史壤), 아사덕(阿史德)과 같은 소리값의 한자표기로 기록되기도 했다.

아사달의 뜻은 한자어 '朝鮮'에 해당되는데 직역하면 곧 '아침의 나라'라는 말이며, '아름다운 아침의 나라', '빛나는 아침의 나라'로 풀이된다.[65] 『신증동국여지승람』에서는 "동쪽에 해뜨는 땅에 있으므로 조선이라 이름하였다"고[66] 하였는데, 지리적 입지는 물론, '아사달'과 '평양성'의 두 도읍지 이름을 고려할 때 적절한 해석이라 하겠다.

'조선'이라는 국호의 기원을 '아사달'에서 찾는 것은 이병도 이래 최근까지 일반화되어 정설처럼 굳어졌다. 문제는 조선이라는 국호가 아사달에서 비롯되었다는 사실을 논저에 밝혀 진술하고 있는 학자들조차 조선을 국호로 쓰지 않고 고조선을 국호처럼 쓰고 있다는 점이다. '아사달'이라는 우리말 국호가 한자말 국호로 '조선'은 될 수 있지만 결코 '고조선'은 될 수 없다. 따라서 만일 조선이 아닌 고조선이 한자말 국호라면, 그 연원을 아사달에서 찾는 것 또한 잘못이다. 왜냐하면 '아사달과 조선'은 대등하게 짝을 이루는 개념이지만 '아사달과 고조선'은 짝을 이룰 수 없기 때문이다.

단군의 아사달 '조선' 못지않게 환웅의 '신시'가 지닌 뜻을 어떻게 이해할 것인가 하는 것도 과제이다. 단군이 조선의 한자국호 이전에

---

65) 愼鏞廈, 앞의 책, 150-153쪽에서 자세하게 다루었다.
66) 『新增東國輿地勝覽』 卷51, 「平安道」 '平壤府 郡名'.

아사달이라는 우리말 국호를 일컬었듯이, 환웅 또한 신시라는 한자 지명 이전에 우리말 지명을 일컬었을 것이기 때문이다. 조선의 아사달처럼, 신시의 우리말 지명을 밝혀야 조선 이전 고조선시대의 지리적 구심점이었던 환웅천왕의 도읍지 신시의 고유명사가 제대로 해명될 것이다.

그 동안의 풀이를 보면, '신시'의 명칭은 대부분 '市'에 초점을 맞추어 서구의 도시국가처럼 성읍국가를 뜻하는 것으로 해석되기 일쑤였다. 지명이나 국호와 같은 고유명사가 마치 보통명사처럼 해석된 것이다. 고유명사는 국가의 역사적 발전단계나 정치적 위상을 나타내지 않는다. 따라서 아사달이나 조선처럼 그 자체의 의미를 추론해야 바람직하다. 신시의 '시(市)'가 저자나 도시의 개념으로 사용된 것은 근대 이후이다. 따라서 신시를 마치 신성한 도시나 신의 도읍지로 해석할 수 있지만, 그것은 근대적 관점에서 풀이한 것이다. 당시의 관점으로 신시를 해석하려면 신시와 관련된 사료의 내용과 상호관계 속에서 해석해야 바람직하다.

신시는 신단수 아래에 있는 지역이름이자, 신단수를 지리적 구심점으로 한 환웅천왕의 통치영역 이름이다. 따라서 신시는 '신단수'와 뗄 수 없는 의미관계를 맺고 있다. 신단수를 神檀樹로 표기하든 또는 神壇樹로 표기하든 신이 깃들어 있는 '신수'라는 점에서는 동일하다. 그러므로 신시는 신수에서 비롯된 지명이라 할 수 있다. 달리 말하면 신수 곧 신단수의 다른 말이 신시일 가능성이 높다. 따라서 『제왕운기』에서는 아예 신시라는 지명이 없다. 신단수만 거론된다. 왜냐하면 신단수가 신수이자 곧 신시이기 때문이다.

그런데 神市라는 지명의 표기는 神樹 또는 神檀樹와 거리가 먼 지명이다. 신시를 신수와 관련된 지명으로 읽으려면 神市가 아니라 '신불(神巿)'로 읽어야 의미가 제대로 살아난다. '저자 시(市)'와 '슬갑 불(巿)'은 서로 다른 글자이지만 같은 자로 착각하기 쉽다. 따라서 쓸 때

에 다르게 써도 읽을 때 착각하여 같은 글자로 읽거나 목판에 새길 때
도 같은 글자로 새길 수 있다. 『삼국유사』 목판본의 오자 사례들을 보
면 충분히 그럴 가능성이 높다.

왜 신시가 아니라 신불로 읽어야 신수와 연관성을 지니게 되는가
하면, '시(市)'는 한갓 저자의 뜻을 지녔지만 '불(市)'은 초목이 무성한
숲을 나타내는 뜻을 지녔기 때문이다. 따라서 '신불'은 한자의 뜻으로
볼 때 신단수 아래의 울창한 숲을 일컫는 지명 구실을 하기에 충분하
다. 신성한 숲 '신불'은 곧 헐리우드(Holywood)를 뜻한다. 그러나 『삼국
유사』의 한자표기법인 이두 또는 향찰의 기술방법에 따라 불[市]의 뜻
을 새기지 않고 소리말로 읽으면 '불'은 밝음 또는 뜨거움을 나타낸다.
혼불과 같은 맥락의 불이 바로 '신불'이다.

신이 깃들어 있는 숲을 나타내기 위해서는 '신림'이나 '신수'를 쓸
수 있는데도 굳이 '신불'로 쓴 것은 '슬갑 불'이나 '무성한 초목 불'을 나
타내기 위한 것이 아니라, 우리말의 '소리값'으로서 '불'을 나타내기 위
한 것이 아닌가 한다. 우리말을 한자말로 나타낸 까닭에 같은 뜻을 나
타내는 한자표기가 서로 다른 방식으로 이루어지게 마련이다. 태백산
도 『응제시집주(應制詩集註)』에 보면 '환산(桓山)' 또는 '단산(檀山)'이
라고도 일컬었다고[67] 한다. 환산이나 단산은 태백산처럼 모두 밝은 산
을 뜻한다. 『제왕운기』에는 환웅천왕을 단웅천왕으로 기록했다. 한자
말로 환웅과 단웅은 다른 뜻처럼 보이지만, 우리말로 바꾸면 환한 분
과 밝은 분으로서 모두 같은 뜻을 지닌 말이다. 그러므로 한자표기가
달라도 우리말 뜻으로 새기면 사실은 동일인물인 것이다.

그런데 불은 땅을 나타내는 고대어로서 '벌' 곧 벌판이나 서라벌과
같은 벌이라는 견해도 있다.[68] 그러나 환웅의 해 상징을 고려할 때 신

---

67) 『應制詩集註』, 「是月二十二日命題十首」 '始古開闢東夷主', "降於太白山神檀
   樹下 是爲桓雄天王也. 桓或檀山." 윤내현, 『사료로 보는 우리 고대사』, 지식
   산업사, 2007, 32-33쪽에서 재인용.

벌판이라기보다 신불 곧 신의 빛이나 신의 밝음을 나타내는 말로 쓰였을 가능성이 더 높다.[69] 밝달임금을 나타내기 위해 박달나무 단(檀)을 끌어와 단군이라고 했듯이, 불처럼 밝고 뜨거운 빛을 나타내기 위해 '신불'이라 일컬었을 것이다. 따라서 '신불'의 불은 햇빛의 '밝음'과 '뜨거움'의 불로서 옛말 '부르'의 차음(借音)이라 할 수도 있다.[70]

신시나 신불에서 '신'도 역시 한자말이다. '신'을 우리말로 바꾸어야 뜻이 제대로 이해된다. '신'의 우리말은 '하느님'이고 하느님의 실체는 해이다. 따라서 신은 곧 해를 나타내는 말로 쓰였을 가능성이 높다. 그러므로 신불의 우리말은 '해불'이라 읽어야 할 것이다. 해불이라는 지명은 곧 해모수의 아들 '해부루'의 이름과 아주 닮아서 더 설득력이 있다. 왜냐하면 환인에서부터 박혁거세에 이르기까지 왕의 이름이나 국호, 지명 등이 해를 상징하는 뜻을 지니되 서로 다른 표기로 그 이름들을 명명하고 있기 때문이다.

환웅천왕은 신으로서 지상에 강림한 천신이자 하느님으로서 그 구체적 실체는 '해'이다. 해를 상징하는 지도자가 시조왕이 되어 나라를 일으키고 통치를 한 전통이 환웅천왕부터 신라와 가야국 시조에 이르기까지 지속되고 있다.[71] 환인, 환웅은 모두 하늘 또는 하느님을 나타내는 말이자 그 구체적 실체로서 해의 밝고 환한 상징을 나타내는 이름이다.[72] 환인과 환웅의 '홍익인간' 이념도 세상을 널리 이롭게 하고 모든 삼라만상에게 생명과 이로움을 주는 해의 구실 곧 빛의 기능으로

---

68) 신종원, 「단군신화에 보이는 樹木信仰」, 『韓國史學史學報』 8, 韓國史學史學會, 2003, 5-22쪽 참조.

69) 강희자전(康熙字典)에 보면 '불(市)'의 풀이를 우리 옛말의 '부르(火)'에서 찾고 있다. 해를 상징하는 '발'과 '불'은 한 뜻이다.

70) 李鍾益, 「한붉思想考」, 『東方思想論叢』, 1975, 443쪽. 윤명철 『단군신화, 또다른 해석』, 백산자료원, 2008, 49쪽 참조.

71) 임재해, 「신시고국 환웅족 문화의 '해'상징과 천신신앙의 지속성」, 『단군학연구』 23, 단군학회, 2010, 343-393쪽에서 자세하게 다루었다.

72) 윤내현, 같은 책, 701쪽. "환인은 원래 태양 즉 해를 의미하는 것이었다."

부터 비롯된 사상이다.

　　환웅의 홍익인간 사상은 곧 뭇생명을 다 살리는 사상으로서 홍익생명사
상과[73] 다르지 않다. 모든 생명을 널리 이롭게 하는 것이 하늘의 뜻이자
해의 기능이다. 해는 삼라만상의 모든 생명을 다 살리고 다 이롭게 한다.
박혁거세 또한 온 세상을 밝히는 빛의 존재로서 태양시조사상을 지닌 인물
이다. 환웅의 홍익인간 사상이 곧 세상의 빛이 되는 박혁거세의 지도자 사
상이자 태양시조사상이다.[74]

　주몽이나 박혁거세, 김알지 등의 시조가 출현할 때 한결같이 햇빛
이 비추어서 잉태되거나 자주빛의 밝은 빛이 하늘에서 땅으로 비춘
곳에서 등장한다. 해모수는 아예 해처럼 아침에 세상으로 내려와서 다
스리다가 저녁에는 다시 하늘로 올라갔다고 한다. 이러한 태양시조사
상은 환인천제에서 비롯하여 가야국 건국시조에까지 이어진다. 대가
야의 시조 뇌질주일(惱窒朱日)은 천신인 아버지 이비가(夷毘訶)를 닮
아서 얼굴이 해와 같이 둥글고 붉었다고 한다.[75] 얼굴모습까지 해와
같이 둥글고 붉었다고 하여 태양신을 뜻하는 것이 분명하며, 알에서
태어나 세상을 밝게 하는 박혁거세의 상징이나 다르지 않다. 그러므로
그 동안 널리 인식된 상고시대 우리 민족의 '태양시조사상'이나 '광명
사상'도 하느님을 상징하는 천신 곧 해를 근거로 한다.
　환인천제, 환웅천왕은 모두 관념적으로 신이나 하느님으로 인식되
었으며, 구체적 실체로서는 해로 인식되었다. 따라서 하느님, 신, 해는

---

73) 임재해, 「단군신화를 보는 생태학적인 눈과 자연친화적 홍익인간 사
　　상」, 『단군학연구』 9, 단군학회, 2003, 151-157쪽에서 이 문제를 자세하
　　게 다루었다.
74) 임재해, 「건국본풀이로 본 시조왕의 '해' 상징과 정치적 이상」, 『比較民俗學』
　　43, 比較民俗學會, 2010, 504쪽.
75) 『新增東國輿地勝覽』 29, 「高嶺縣」 '建置沿革'.

모두 동질적 대상을 일컫는 같은 말이자 같은 개념의 맥락 속에 놓여 있다. 환웅천왕이 강림한 태백산의 신단수와 신불(神市), 그리고 여기서 출생한 단군은 모두 해를 상징하거나 해의 기능을 나타내는 뜻을 지녔다. 이렇게 공통된 상징을 공유하게 된 것은 환웅천왕의 홍익인간 사상이 건국이념이자 민족이념으로 작동했기 때문이다. 홍익인간 이념이 신라때까지 지속되어 자줏빛 알로 표현된 '붉은 해[弗矩內]'의 혁거세 사상을 실천하는 지도자가 신라의 건국시조로 등장하였다.

이러한 이해를 근거로 신단수를, '고조선'조의 사료에 따라 神壇樹로 읽으면 신이 깃들어 있는 성림(聖林)이자 신수이며 당나무이고, '전조선기'의 사료에 따라 神檀樹로 읽을 때는 곧 신이 밝은 나무, 신이 나투어진 신수, 해밝은 나무라 할 수 있다. 여기서 '신'은 곧 하느님이자 해를 뜻하는 까닭에, 환웅천왕이 깃들어 있는 신단수는 당연히 신이 깃들어 있는 당나무이자 해밝은 나무라 하지 않을 수 없다. 그 당나무를 두고 세간에서는 흔히 서낭당이라고 하는데, 그 어원을 추론해 보면 선왕당, 산왕당, 천왕당으로 거슬러 올라갈 수 있다. 환웅천왕이 깃들어 있었던 당나무이니 천왕당이라 할 만하다.

이 땅을 신시 또는 신불이라 하는 까닭도 환웅천왕이 강림해서 머물고 있는 신단수에서 비롯되었다. '신시'가 어떤 형태의 공동체나 취락을 신성하게 일컫는 것이라면, '신불'은 신성한 해 숲 또는 하느님의 불, '해불'로서 해의 밝음과 뜨거움을 나타내는 지명이다. 환웅과 해불의 관계는 곧 解慕漱[해모수]와 解夫婁[해불]의 관계와 같은 맥락에 있다. 해의 두 기능으로서 해모수의 햇빛과 해불의 뜨거움을 나타낸다. 따라서 해모수 부자의 성씨는 '해'씨이다. 뿐만 아니라 해부루의 부계는 기록에 따라 단군이라고도 하고 해모수라고도 한다.[76] 결국 단군이나 해모수는 같은 뜻을 지닌 말이자 같은 지도자를 일컫는 명칭이다.

---

76) 윤내현, 같은 책, 147-148쪽에서 자세하게 다루었다.

환인은 하느님을 뜻하는 환님, 한님에서 비롯된 것으로[77] 환웅과 단군, 해모수, 해부루, 혁거세, 불구내로 이어지는 시조왕 이름이다. "고조선인들이 하늘의 상징인 해를 하느님"[78]으로 받들었으며, 박달임금인 "壇君을 해의 아들"로[79] 일컬었다. 물론 이때 고조선은 단군의 왕검조선 이전시기에 속하는 전조선 사람들에 해당된다. 왕검조선 이전의 지명에서도 이와 같은 사상이 고스란히 나타나 있다.

조선의 도읍이 '아사달' 또는 '평양성'에서 이루어졌다고 하는데, 아사달이나 평양 또한 해 뜨는 곳이거나 또는 해가 잘 비치는 양지를 나타내는 지명이다. 따라서 환인, 환웅, 태백산, 신단수, 신시, 해불은 모두 천신 하느님을 상징하는 이름이자 해의 밝은 빛을 나타내는 것이다. 해야말로 세상을 널리 이롭게 하는 홍익인간 이념을 실현하며 세상을 널리 밝히는 혁거세 사상을 실천하는 구실을 하는 것이다.

해는 빛이자 불이며 밝음이다. 환웅의 신시는 '해불'로서 아침에 해가 가장 먼저 뜨는 신성한 공간이자 해가 가장 밝고 뜨거운 양달의 지명을 나타낸다. 조선의 건국시조 단군도 환인과 환웅에서 비롯된 것처럼, 조선의 도읍지 아사달이나 평양성도 환웅의 해불에서 비롯된 것이다. 이러한 해불의 전통은 조선의 도읍지 아사달을 거쳐, 부여의 해모수와 해부루, 고구려의 주몽과 유리, 그리고 신라의 혁거세 등으로 이어졌다. 그러므로 해불이라는 뜻의 '신시' 또는 '신불'은 아사달, 조선, 부여, 고구려, 신라 등과 같이 모두 해를 상징하는 지도자가 다스린 나라 이름으로서 일관성을[80] 지닌다고 할 수 있다.

---

[77] 윤내현, 같은 책, 701쪽. "하늘의 광명을 상징하는 '환한 님'·'밝은 님' 등의 뜻을 지닌 '환님'과 '오직 하나뿐인 신'·'큰 권능을 가진 신' 등의 뜻을 지닌 '한님'이 복합되어 '桓因'으로 표기되었을 것으로 생각된다."

[78] 윤내현, 같은 책, 702쪽.

[79] 윤내현, 같은 책, 702쪽.

[80] 임재해, 「건국본풀이로 본 시조왕의 '해' 상징과 정치적 이상」, 487-497쪽에서 자세하게 다루었다.

따라서 "고조선을 건국했던 주체는 고조선이 건국되기 이전부터 해를 하느님으로 인식하고 '환님' 또는 '한님'으로 부르면서 그들의 수호신으로 숭배했던 사람들"이다.[81] 달리 말하면 "조선을 건국했던 주체는 조선이 건국되기 이전인 고조선시대부터 해를 하느님으로 인식하고 ……"로 진술해야 마땅하다. 왜냐하면 단군이 아사달에서 건국한 '조선'은 홍익인간의 이념에서부터 해 사상에 이르기까지 환웅이 해불에서 건국한 신시고국 곧 '고조선' 또는 '전조선'의 전통에서부터 비롯되었기 때문이다.

실제 사료 서술에서도 '고조선'조나 '전조선기' 어느 곳이든 단군의 조선건국에 관한 내용은 사료 말미에 부록처럼 조금 서술되어 있을 따름이다. 양적으로 풍부하고 질적으로 중요한 사료의 서술들은 한결같이 환웅천왕의 신시고국 또는 '해불세상'에 관한 내용들이다. 그러므로 이 사료의 제목을 일연은 '고조선'이라 했고 이승휴는 '전조선기'라 했는데, 저자들의 본디 의도와 상관없이 사료의 내용과 제목의 뜻이 상당히 정확하게 일치하는 사실을 인정하지 않을 수 없다.

7. 고조선의 시공간적 실체와 해석의 지평확대

흥미로운 사실은 『삼국유사』 고조선 관련 사료에 항목 이름으로 '고조선'만 표기한 것이 아니라 협주로 '왕검조선'을 달아두었다는 점이다. 단군왕검이 세운 조선이므로 '왕검조선'이라 할 수 있다. 그러나 정작 '왕검조선'에 관한 기록은 거의 없다. 대부분 환웅조선에 관한 긴요한 내용들로 서술되어 있다. 따라서 사료 서술의 내용을 중심으로 추론해 보면 고조선의 사료 속에 왕검조선을 곁들여 둔 사실을 이렇게 나타낸 것이 아닌가 한다. 그러므로 일연은 '고조선'이란 제목에 부제

---

81) 윤내현, 같은 책, 702쪽.

를 달아서 '왕검조선'이라 밝혀두었다고 할 수 있다.

그러나 이것은 조선을 준거로 고조선을 설정할 때 추론할 수 있는 해석이다. 기이편의 목록을 근거로 볼 때 고조선은 위만조선에 대하여 상대적으로 일컫는 명칭이다. 따라서 왕검조선이라는 주석 또한 위만조선의 명명과 같은 맥락에서 이해해야 할 것이다. 그러나 이것은 어디까지나 일연의 주관적 명명에 지나지 않는다. 그러므로 실제 사료를 인용하여 작성한 본문에는 '고조선'과 '왕검조선'이라는 표기는 어디에도 없다. 오직 '조선'이란 국호만 있을 따름이다.

그런데도 항목 이름에는 '고조선'과 '왕검조선'을 표방했고 다음 조에는 '위만조선'을 표방했다. 이러한 사실을 근거로 볼 때 '조선'이라는 이름은 일정한 지역의 특정 민족집단을 통시대적으로 일컬었던 공유된 국호라는 사실로 이해할 수 있다.

통치자와 통치체계가 바뀌어도 여전히 조선이라는 국호는 그대로 사용되었다. 왜 그랬을까. 보기드문 현상인데 그 원인은 당시 사람들이 매우 선호하였던 국호였기 때문이다. 국호 자체를 선호한 것이 아니라 단군이 건국한 조선국이 당대의 여러 정치집단의 모범이 되었다고 추론된다. 따라서 조선이라고 일컫는 것이 자민족 세력을 바람직하게 호명하는 것이고, 또 '조선'과 같은 계보의 동질적 민족집단이라는 사실을 국호를 통해서 보증하는 구실을 하기 때문이다.

그렇다면 일연이나 이승휴가 편명이나 항목 이름을 제시한 대로 '고조선', '왕검조선', '전조선'처럼, 시조왕과 시기의 전후에 따라 '조선'이라는 국명 앞에 변별 가능한 의미의 말을 덧보태서 변별하지 않을 수 없을 것이다. 그래야 조선국의 정체성이 상대적으로 드러나는 까닭이다.

따라서 기자조선이나 위만조선은 왕검조선과 같은 방식의 명명방식에 해당되지만, 단군의 왕검조선을 극복한 새로운 왕조체제로서 조선이 아니라 왕검조선의 한 지역을 점유한 정치집단을 중심으로 조선의 국호를 차용해서 일컫는 공시적 정치집단 개념의 명명일 따름이다. 이와 달리 조선과 고조선 또는 전조선은 공시적 개념의 정치집단이라기보다 역사적 개념의 시대적 정치집단을 일컫는 말이다. 그렇다면 이제는 더 이상 단군이 건국한 '조선'이라는 국가를 '고조선'으로 일컬을 필요가 없다. 그렇게 일컫는 순간 '조선'의 국호를 마치 '고조선'인 것처럼 왜곡시킬 뿐 아니라, 역사학의 생명인 민족사의 통시적 선후관계와 시대구분을 무시하게 되고, 민족 문화와 사상의 기원을 비롯한 민족사의 출발을 '고조선 곧 단군조선'이라는 엉뚱한 기점에서부터 포착하는 오류에 빠져들게 된다.

고조선 시기에 해당되는 환웅의 신시고국과 그 문화유산을 민족사와 민족문화의 중요한 분기점으로 삼아야 한다. 그런데 신시고국의 문화유산으로 추론되는 홍산문화의 성립 연대는 서기전 35-40세기이다. 그렇다면 서기전 40세기를 고조선 역사의 기점으로 포착해야 한다.

그런데 학계에서는 단군의 조선 건국을 고조선이라 일컬으면서, 국내 문헌사료에 따라 서기전 24세기로 진술하거나, 중국의 다른 문헌 사료와 최근의 고고학의 발굴자료를 참고하여 서기전 25세기[82] 또는 24-30세기까지[83] 소급한다. 단군의 조선 건국시기는 이렇게 비정할 수 있지만, 그 이전 시기인 환웅의 신시고국 시기, 곧 '고조선시대'는 훨씬 더 거슬러 올라가야 한다. 왜냐하면 '고조선'조에 기록된 환웅천왕이 신시고국에서 360여사를 재세이화 하며 다스린 시기는 이 시기보다 천년 이상 더 앞서는 까닭이다.

더군다나 단군의 조선 건국시기와 달리, 신시고국의 건국시기는 추론할 역사적 근거도 없다. 문헌사료에 밝혀져 있지 않기 때문이다. 그러나 홍산문화 유산이 신시고국의 연대기를 증명한다. 단군이 건국한 조선의 역사는 서기전 24세기부터 비롯되었지만, 신시고국 곧 '고조선'

---

82) 윤내현, 같은 책, 316쪽.
83) 愼鏞廈, 앞의 책, 156쪽.

의 역사는 서기전 35-40세기부터 비롯되었다. 그러므로 조선을 고조선으로 치환해 버린 채, 조선 이전의 고조선 시기를 설정하지 않으면, 우리 민족사를 작게는 10세기 크게는 15세기를 증발시켜버리게 되는 것이다. 그것은 결국 세계에서 가장 오랜 국가체계이자 가장 앞선 문화를 누린 신시고국의 실체인 '고조선' 시대를 우리 스스로 말살하는 일이 된다.

이러한 문제의 심각성을 성찰하지 않고 오랜 관행과 고정관념에 매몰되어 조선을 고조선으로 계속 일컬을 것인가. 그렇다면 『제왕운기』의 '전조선기'처럼 자문자답 형식으로 질문해 보자.

1) "고조선이라는 나라가 있었는가?" 없었다. '고조선'은 시기를 나타내는 시대이름은 될 수 있어도 구조적으로 나라이름이 될 수 없다. 왜냐하면 나라 이름인 '조선' 앞에 시기의 전후를 나타내는 '古'자가 있기 때문이다.

2) "단군이 세운 나라는 고조선인가?" 아니다, 조선이다. 모든 사료에서 단군이 세운 나라의 국호를 '조선'이라 했다. 지명과 달리 독립적인 국호를 처음 가진 나라가 조선이다.

3) "고조선은 한국사회에 처음으로 등장한 국가인가?" 아니다. 그런 나라는 아예 없다. 처음 등장한 초기국가는 신시이다.

4) "우리 민족은 단군조선 시기에 형성되었는가?" 아니다. 그 이전부터 형성되었다. 단군의 부계인 환웅과 환인의 시기까지 거슬러 올라갈 수 있다.

5) "홍익인간 이념과 해를 숭배하는 사상은 단군조선에서 비롯되었는가?" 아니다. 환웅천왕의 신시고국에서부터 비롯되었다. 환인시대까지 소급할 수도 있다.

한결같이 고정관념을 깨는 대답을 할 수밖에 없는 것은 조선이라는 국호나 시대명을 고조선으로 부당하게 치환해 놓은 데서 비롯된 까닭이다. 그렇다면 왜 일연과 이승휴는 단군의 조선 건국 이전의 역사를 고조선 또는 전조선이라 했을까. 그것은 조선이 역사상 최초의 국호였기 때문이다. 조선이라는 국호 이전에는 지명과 국명이 구별되지 않았다. 단군이 조선을 세운 도읍지는 아사달 또는 평양성이다. 조선의 도읍지인 아사달이나 평양, 장당경 등은 모두 지명이다. 그런데 단군이 조선의 시조왕 구실을 하면서 처음으로 이러한 지명과 달리 '조선'이라는 이름을 국호로 사용했다.

초기에는 도읍지명이 곧 국호였다. 아사달이 도읍지이자 국호였다. 따라서 국호 조선은 아사달이라는 도읍지명에서 비롯된 것이다. 다시 말하면 종전에는 지명만을 사용했는데, 이 시기부터는 지명 외에 국호를 별도로 사용한 것이다. 따라서 아사달이라는 도읍지의 이름이 국호 구실을 하면서, 도읍지를 장당경이나 평양 등 다른 곳으로 옮겨도 단군이 다스리던 영역은 줄곧 '아사달' 곧 조선으로 일컬었던 것이다. 지명과 국호가 도읍지와 같은 이름에서 출발하여 도읍지를 여러 차례 옮기는 과정에 국호가 도읍지에 따라 바뀌지 않고 지속적으로 일컬어지게 되자 국호 개념이 '조선'으로 더 분명해진 셈이다.

환웅천왕이 자리잡은 신시 또는 해불은 지명일 뿐 국명은 아니다. 당시에는 국호가 별도로 없었다. 국호를 따로 쓰는 경우에 지명과 국명이 불일치하게 마련이지만, 지명을 곧 국호처럼 사용했기에 국호 개념이 존재하지 않았다. 그러나 역사가 발전하면서 어느 사회든 지명과 다른 국가명이 대두되지 않을 수 없게 되었다. 지명은 지리적 공간을 나타내는 데 머물지만 국명은 역사적 범주를 나타내는 까닭이다.

따라서 같은 지명의 지역에 변함없이 살아도 정치적 체제나 지배세력이 달라지면 역사적 범주의 이름인 국호가 별도로 있어서 통시적 시대구분을 하지 않을 수 없다. 왜냐하면 공간개념인 지명에는 통시적 순차관계를 이름에 부여할 수 없지만, 시간개념인 국가명에는 전후(前

後)와 고금(古今)의 순차관계를 부여하여 일컬을 수 있기 때문이다. 그 래서 국호로 쓰이는 나라이름은 시대구분에서 긴요한 명칭 구실을 하게 마련이다. 그러므로 국호인 '조선'을 기준으로 그 이전 시기의 역사를 '고조선' 또는 '전조선'으로 명명하는 것이 바람직하다.

거듭 말하거니와 시대구분에서 국호는 거의 결정적이다. 그런데 지금 학계의 시대구분을 보면, 아예 고조선 또는 조선시대를 설정하지 않거나 또는 설정하더라도 고조선시대만 설정하고 있다. 고조선시대는 있는데 조선시대가 없다는 것은 국호를 시대구분에서 배제하는 잘못을 저지를 뿐 아니라, 고조선과 조선의 통시적 선후관계를 나타내는 말뜻조차 왜곡하게 된 것이다. 만일 이 시기의 시대구분을 더 세분하지 않으려면 단군이 통치하던 시기의 국호에 따라 '조선시대'로 표기해야 정확하다. 조선이라는 국호가 시대구분의 중요한 명칭 구실을 해야, 단군이 세운 조선국의 실체를 역사적으로 인정받을 수 있기 때문이다.

만일 지금처럼 조선시대를 인정하지 않고 고조선시대만 표방하게 되면, 일연시대 수준의 역사학에서 한 걸음도 더 나아가지 못할 뿐 아니라, 중국에서 동북공정의 일환으로 단군이 건국한 '조선'을 자기국가라고 하면 할 말이 없다. 왜냐하면 우리는 그 시기를 조선시대라 하지 않고 '고조선시대'라 일컫기 때문이다. 조선이라는 국호를 고조선이라는 시대명으로 바꾸어 일컫는 까닭에 우리 스스로 민족사에서 조선시대를 증발시키고 있다는 사실을 자각하고 반성하지 않을 수 없는 이유가 여기에 있다. 그러므로 나는 이 시기를 '고조선시대→조선시대→여러나라시대'로 구분하는 것이 바람직한 시대구분론이라고 생각한다. 그 시대구분의 위상은 아래와 같다.

고 조 선 시 대		조 선 시 대		
환인천제시대	환웅천왕시대 (신시고국)	단군왕검시대	기자조선	위만조선

조선 건국 이전의 고조선 시기에 속하는 환웅의 신시고국 곧 '해불'로 일컬어지던 지역은 어디였을까? 신시고국이 존재했던 역사적 시기와 문화수준, 정치체제와 사상, 경제와 생활양식, 농경문화와 정착생활 등을 고려할 때, 내몽골의 홍산문화 지역이 아닌가 한다. 문화유산의 질적 수준을 고려할 때 중국학자들이 사료에도 없는 초기국가 체계로서 '홍산고국'이라고 일컫기 때문이다.

물론 어떤 사료에도 '홍산'이라는 나라는 없다. 하지만 우리 사료에는 이 시기 이 지역에 환웅이 '신시' 고국을 세우고 홍익인간 이념으로 360여사를 다스렸다는 사실이 분명하게 기록되어 있다. 더군다나 일찍이 홍산문화는 한민족 문화유산으로 해석되어오고 있는 반면에, 중국에서는 최근까지 만리장성 이북 지역과 민족을 자국 또는 자민족으로 인정하지 않았다.

홍산문화 유적에서 발굴되는 바위로 쌓은 성곽과, 치가 설치되어 있는 고성(古城)의 양식, 집안시의 장군총과 같은 피라미드 양식의 대형 적석총 무덤, 북방식 고인돌, 비파형동검, 제단유적 등 구체적 문화유산들이 중국문화와 이질성을 지니는 반면에 우리 민족문화 유산과 정확하게 일치하고 있다.

실제로 사학계에서 1990년대 초부터 홍산문화는 상고시대 우리 민족문화 유산이라는 연구가 널리 이루어졌다.[84] 따라서 새삼스러운 문제 제기가 아닐 수 있다. 그러나 '고조선'조의 구체적인 서술내용을 근거로 환웅의 신시사회와 문화수준, 그리고 역사적 전개상황을 끌어들여 구체적인 관련성을 생생하게 해명한 일은 없다. 최근에 「신시본풀

---

84) 한창균, 「고조선의 성립배경과 발전단계 시론」, 『國史館論叢』 第33輯, 國史編纂委員會, 1992, 13-33쪽.
　　林炳泰, 「考古學上으로 본 濊貊」, 『韓國古代史論叢』, 駕洛國史蹟開發研究院, 1991, 41-66쪽.
　　윤내현, 「고조선의 건국과 민족 형성」, 『고조선연구』, 一志社, 1994, 90-169쪽.

이'로 본 고조선문화의 형성과 홍산문화」에서[85] 처음으로 다루어졌다.

신시고국 관련 사료와 홍산문화 유산을 관련지어 검토해 보면, 환웅의 신시고국 문화, 그리고 환웅을 찾아온 곰족의 문화가 홍산문화 유적에서 대조적으로 나타난다. 우하량 지역의 대규모 적석총 제단과 옥기를 갖춘 천신신앙 문화가 선진문물을 누린 환웅족의 문화유산이라면, 동산취에 자리잡은 소규모 목조토담 여신전과 토기를 사용한 지모신 문화는 환웅을 찾아와 인간이 되고자 한 곰네족의 문화유산이라 할 수 있기 때문이다.[86] 한 마디로 '고조선'조의 신시고국에 관련한 서술내용과 홍산문화 유산의 내용이 딱 맞아떨어진다. "그러므로 홍산문화의 우하량 지역은 환웅의 천신족 문화가 건설한 신시고국의 도읍지"라[87] 할 수 있다. 달리 말하면 홍산문화 지역은 '조선의 아사달'이 아니라 '고조선의 신시이자 해불'에 해당되는 지역이다.

홍산문화 지역에는 서기전 35세기 이전의 고조선, 곧 신시고국 시기의 문화유적도 즐비할 뿐 아니라, 적봉(赤峰)이라고 하는 '붉은 산'이 아주 유명하다. 따라서 다른 산과 구별되는 의미를 지닐 수밖에 없다. 홍산이라는 지명도 적봉에서 비롯되었다. 건국본풀이에서 해는 흔히 붉은 색 알이나 자줏빛 광채로 이야기된다. 혁거세가 출현한 알이 구체적인 보기이다. 태백산도 밝산의 뜻을 지녔는데, 적봉은 곧 붉은 산이자 밝산의 형상을 하고 있다.

적봉의 붉은 봉오리는 우리말로 '해불' 곧 신시로 일컬어질 만하다. 붉은(赤) 것이 곧 밝은 것(赫)이자 빛나는 것이다. 해의 기능은 밝은 빛이자 뜨거운 불이며, 색깔로 말하면 붉은 색이다. 따라서 해와 불은 같이 간다. 햇빛이 불빛이고 햇볕이 불볕이다. 따라서 해를 상징하는 시

---

85) 임재해, 「'신시본풀이'로 본 고조선문화의 형성과 홍산문화」, 단군학연구』 20, 단군학회, 2009, 329-394쪽. 이 책, 2부 2장 참조.
86) 자세한 논의는 위의 글, 382-387쪽 참조.
87) 같은 글, 387쪽.

조가 자주빛 알에서 태어난다. 밝고 붉고 뜨거운 불은 모두 해를 상징하며 세상을 널리 밝히고 이롭게 한다. 이러한 민족사상을 고려할 때, 적봉을 중심으로 한 홍산문화 지역의 지리적 인식은 곧 붉은 산이자 밝은 땅에 해당되며, '신시고국' 해불의 뜻과 닮은 역사적 공간이다. 그러므로 환웅이 터잡은 신시고국의 지리적 중심이 이 지역일 가능성이 높다.

실제로 신시고국 주체인 환웅족의 천신신앙 문화가 홍산문화 유적에 집중되어 있을 뿐 아니라, 환웅족을 찾아와 천신신앙 문화를 누리려고 한 곰족의 문화유산이 우하량의 동산취 유적인 여신전에서 도드라지는 까닭이다. 그럼 단군이 조선을 개국한 첫 도읍지 '아사달'은 어디일까. 아사달은 해가 뜨는 양달이자 동녘이다.

신시고국의 지도자들 가운데 더 진취적이고 더 모험적인 인물들은 홍산문화 지역 '해불'에서 동남쪽으로 더 이동했을 가능성이 있다. 신시고국의 도읍지에서 해 뜨는 쪽으로 또는 해가 더 오래 머물러 있는 쪽으로 이동해 가서 자리를 잡은 곳이 조선의 도읍지 아사달이 아닌가 한다. 그 아사달은 지명이나 문화유적을 고려할 때 지금의 평양지역일 가능성이 크다.[88] 그렇다면 홍산문화 지역을 거점으로 한 환웅의 신시고국과 평양지역 아사달을 도읍지로 한 단군의 조선국은 지리적 위치나 역사적 선후를 고려할 때, 두 시대로 분명하게 구분하지 않을 수 없다.

그런데도 우리 사학계는 아직도 환웅의 신시고국을 단군의 '조선국' 과 분명하게 구별하지 않는다. 단군이 조선을 건국했다는 분명한 사실을 인정한다면, 당연히 그 이전에 존재했던 환웅의 신시고국은 '고조선'이라는 시대개념으로 자리매김하여 상고사체계의 독립변수로 온전하게 설정해야 할 것이다. 일연시대 수준의 역사인식에 머물러 있는

---

88) 윤내현, 같은 책, 352-355쪽에서 평양을 아사달로 논증하였으며, 신용하, 같은 책, 160-174쪽에서도 평양인 고려시대 서경(西京)에 속했던 강동현을 아사달로 논증하고 있다.

〈중국의 웅녀상 사진〉

동안에, 중국 우하량 지역에서 여신상과 곰 소조상, 곰뼈 등이 발견되자, 오히려 중국에서는 '고조선'조에 나오는 곰네[熊女]로 해석하여 여신상을 만들어 세우는 등 신시고국의 역사를 자기네 역사로 적극 끌어들이고 있다. 연변 왕청현 만천성국가삼림공원(滿天星國家森林公園) 안의 신녀봉 입구에는 호랑이와 웅녀, 곰의 조각상이 문루 위에 조각되어 있다. '백의신녀(白衣神女)'라고 기록해 두었지만 사실상 웅녀를 상징한다. 그 오른 손에는 마늘을 들고 왼손에 쑥을 들고 있을 뿐 아니라 좌우에 호랑이와 곰이 있고 곰의 발 아래에도 마늘과 쑥이 있다.[89]

이 조각상은 '고조선'조의 사료내용을 고스란히 형상화한 셈인데, "양손에 마늘과 쑥을 든 백의신녀는 단군을 낳은 '한민족의 시조모'가 아니라 중국 소수민족 가운데 하나인 '조선족의 시조모'로 변신한 것"이다.[90] 이처럼 중국이 거대한 웅녀상을 세워 놓은 것을 볼 때, "몇 년 후에는 그 웅녀가 낳은 단군상을 세워서 '단군도 중국사람'이라고 우기지 않을까 걱정"된다. 오히려 "국내에서는 단군상만 세워도 목을 자르고 웅녀상이라고는 어디에도 없는 현실"을[91] 고려할 때, 우리 스스로 조선과 신시고국의 역사를 중국에 내주고 있는 것이나 다름없다.

89) 우실하, 『동북공정 너머 요하문명론』, 소나무, 2007, 72-76쪽 참조.
90) 우실하, 위의 책, 72쪽.
91) 우실하, 같은 책, 75-77쪽 참조.

'고조선'조의 문헌사료와 홍산문화의 유물사료, 그리고 쑥과 마늘을 먹는 현재 우리민족의 '생활사료'가[92] 한결같이 단군이 건국한 '조선' 이전의 신시문화이자 '고조선'시대의 문화적 전통을 입증하고 있다. 따라서 단군왕검의 조선시대와 환웅천왕의 고조선시대를 사료에 따라 엄정하게 분별하여 시대구분을 하지 않으면, 상고사의 가장 중요한 역사적 실체를 불분명하게 만드는 것과 동시에, 일찍이 세계문명사에 유례가 없을 만큼 역사적으로 앞서고 질적으로 수준 높은 고조선문화의 실상을 우리 스스로 지워버리게 되는 결과에 이른다.

환웅천왕의 통치이념이었던 홍익인간 사상은 수천 년 뒤의 혁거세 사상으로까지 이어지면서 민족사상으로 뿌리를 내렸을 뿐 아니라, 현대사회에도 창조적으로 계승하고 미래세계의 평화이념으로 추구해야 할 보편적 가치를 지니고 있다. 홍익인간 이념은 단군 조선이 아닌 환웅의 신시고국인 고조선의 시대사상이자 민족이념이다. 따라서 고조선을 조선과 혼돈하여 단군을 내세우고 환웅을 덮어버리게 되면, 홍익인간 이념과 혁거세 사상을 온전하게 민족이념으로 세계화하기 어렵다. 개인적 사유에 의한 철학자 철학이 아니라 집단적으로 전승하는 민족철학을 인류철학으로 공유하는 것이 세계화시대의 과제이다. 홍익인간 사상은 민족철학이자 인류의 철학이다.

문제는 단순하다. 사료에 서술한 국호에 따라 단군이 세운 나라를 '조선'이라고 제대로 일컫고, 조선시대 이전의 고조선시대와 역사적 시대구분을 정확하게 하자는 것이다. 『고기』나 『본기』의 '조선'이 원사료라면, 『삼국유사』의 '고조선' 또는 '왕검조선'이라는 항목명은 일연에 의해 해석된 상대적 시대개념이자 2차 사료이다. 일연이 『삼국유사』에서 고조선이라 한 것은 환웅의 신시와 단군의 조선 및 기자조선을 포

---

92) 임재해, 「고조선 '본풀이'의 역사인식과 본풀이사관의 수립」, 『단군학연구』 21, 단군학회, 2009, 370-373쪽에서 문헌사료와 구술사료에 대하여 '생활사료' 를 새로운 양식의 '사료'로 자세하게 다루었다.

함한 시기를 위만조선 시기와 구분하기 위해 일컬은 시대개념이다.

단군이 세운 나라의 국호는 『위서』 및 『고기』를 인용하여 '조선'이라고 밝혀 두었을 뿐 아니라 환웅의 신시, 기자조선, 위만조선과 구분하기 위한 상대적 명칭으로는 '왕검조선'을 표방했다. 따라서 단군이 세운 나라는 고조선이 아니라 조선이며, 기자조선이나 위만조선 또는 이성계의 조선과 구분해서 일컬을 때는 왕검조선 또는 단군조선이라 일컬어야 마땅하다. 그러므로 고조선은 국호가 아니라 환웅의 신시고국과 단군조선을 함께 일컫는 시대개념으로 한정되어 일컬어져야 한다.

제3장 고조선본풀이와 '게세르' 비교로 본 한몽관계

1. 한몽관계를 읽는 자료로서 고대신화 비교

한몽관계는 고대사 논의에서 여러 모로 만난다. 고대에는 몽골과 같은 지역에서 같은 문화를 누린 같은 민족이었던 것으로 인식되어, 두 민족의 동질성을 포착하고 문화의 동일 기원설을 제기하기 일쑤이다. 흔히 말하는 시베리아기원설이나 유목문화 전래설, 또는 북방민족 이동설이 그러한 논의들을 뒷받침하고 있는데, 같은 발상으로 한몽 두 나라의 신화도 같은 유형으로 포착되기도 한다. 이 논의에서 한몽관계를 읽는 자료로 게세르신화와 고조선본풀이를[1] 비교해 보려는 것은, 이미 두 신화가 같은 범주로 다루어지고 있을 뿐 아니라 비교연구를 거치면서 마치 같은 유형의 문학작품인 것처럼 논의되고 있는[2] 까닭이다.

그런데 뜻밖에도 두 자료의 형성 연대가 큰 층차를 보일뿐 아니라 내용도 대단히 큰 차이를 보인다. 고조선본풀이는 오래 전인 13세기[3]

---

1) 고조선본풀이는 흔히 단군신화로 알려진 『삼국유사』 '고조선'조의 사료를 일컫는다. 고조선의 사료를 '단군신화'로 일컫기 때문에 단군에 의해 고조선이 가려지고 신화로 규정되어 역사가 왜곡되고 있는 사실을 극복하기 위해, 사료 이름인 '고조선'을 근거로 신화와 역사를 나타내는 우리말 '본풀이'를 보태어서 '고조선본풀이'이라 일컬어왔다. 이 문제는 여러 차례 논문으로 주장했지만 논문심사과정에서 설명이 필요하냐고 해서 그 전거를 밝힌다.
임재해, 「'신시본풀이'로 본 고조선문화의 형성과 홍산문화」, 『단군학연구』 20, 단군학회, 2009, 329-394쪽.; 「고조선 '본풀이'의 역사인식과 본풀이사관의 수립」, 『단군학연구』 21, 단군학회, 2009, 351-408쪽 참조
2) 양민종, 「단군신화와 게세르신화」, 『단군학연구』 18, 단군학회, 2008, 5-27쪽.

이전부터 문헌에 기록되어 전승되는 반면에, 몽골의 게세르신화는 18세기에[4] 비로소 문헌기록에 일부 정착되기 시작했다. 몽골 서사시 가운데 가장 중요한 '장가르'가 '게세르'보다 앞서는데, 학계에서는 15세기 무렵에 창작된 것으로 알려져 있다.[5] 그러므로 게세르는 장가르만으로 감당하지 못하는 과업을 이루고 중국과 맞서기 위해 창작된 중세 서사시로서[6] 15세기 이후에 창작된 것으로 추론되나, 학자에 따라서 12세기까지 소급되기도 한다.[7]

그러나 게세르가 문헌에 기록된 것은 고조선본풀이보다 5세기 정도 늦은 18세기 초이다. 따라서 두 자료의 시대적 배경은 물론, 여기에 담고 있는 두 민족의 문화적 차이도 상당히 크다. 더군다나 고조선본풀이가 사료라면 게세르는 영웅서사시로서 문학작품이다. 그러므로 이러한 이질성을 넘어서려면 게세르 이전부터 있었던 몽골의 시조신화들을 먼저 살피는 것이 오히려 고대의 양국관계를 이해하는 데 도움이 된다.

몽골의 역사는 고대사가 빈약하며 역사 서술의 시기도 상당히 늦다. 고대사 서술은 칭기스한(成吉思汗, Genghis Khan)이[8] 몽골제국을 건

---

3) 1281년에 간행된 『삼국유사』에 고조선본풀이가 수록되어 있되, 그 이전의 고서인 『古記』의 것을 고스란히 전재한 까닭에 13세기 훨씬 이전에 이미 『고기』에 기록되었을 가능성이 높다.

4) 양민종, 앞의 글, 25쪽에 게세르의 최초 판본은 1716년에 베이징에서 발간된 몽골판본이라고 했다.

5) 仁欽道爾吉, 『江格爾論』, 內蒙古大學出版社, 1904, 222쪽에서 작품의 주요 내용이 15세기부터 17세기초에 형성되었을 것으로 추론한다. 조동일, 『동아시아 구비서사시의 양상과 변천』, 문학과지성사, 1997, 292-293쪽에서 참조.

6) 조동일, 위의 책, 302쪽.

7) 中央民族學院, 『藏族文學史』, 四川人民出版社, 1985, 144쪽, 조동일, 같은 책, 311쪽에 의하면, 티베트의 '게사르' 창작연대는 직접적인 증거가 없어 확실하지 않으나, 12세기 전후로 보는 견해가 유력하다.

8) 흔히 테무진의 칭호를 '징기스칸'이라 일컫는데, 몽골의 현지발음에 가깝게 '칭기스한'이라 일컫는다. 특히 몽골에서는 '칸(Khan)'이라는 발음을 하지 않

설하기 1세기 전부터 본격적으로 이루어졌다. 따라서 박원길은 몽골고대사의 제1장을 11·12세기의 몽골부 및 주변의 분석에서부터 서술한다.[9] 그러나 구전되어오던 시조신화는 문헌에 정착되기 전부터 고대의 역사를 어느 정도 반영한 것이라 인식할 때, 이 시기 구전 시조신화들을 살펴보는 것이 긴요하다.

『삼국유사』의 1권 1장에 '고조선본풀이'가 수록되어 있는 것처럼,『몽골비사』1권 1장에도 칭기스한의 조상 신화가 서술되어 있다. '칭기스한의 조상은 하늘이 점지하여 태어난 잿빛 푸른 이리(부르테 치노)이다. 그의 아내는 흰 암사슴(코아이 마랄)이었다. (그들은) 텡기스를 건너왔다. 오난강의 발원인 부르칸 칼둔에 터를 잡으면서 태어난 이가 바타치칸이다.'[10] 이처럼 칭기스한의 시조이자 몽골의 조상은 이리와 사슴으로서 모두 짐승이다. 이리나 사슴은 몽골 특유의 조상 개념이 아니라 북방 유목민들의 신화에서 자주 등장하며 돌궐 신화와도 관련이 있다.[11] 그러나 하늘에서 점지했다는 점에서 예사 짐승이 아니라 짐승으로 상징되는 신성한 종족이다.

짐승이 등장하는 시조신화를 두고 흔히 '수조신화(獸祖神話)'라고 하는데, 그것은 낱말풀이 수준의 인식일 뿐 실제로는 짐승이 아니라 종족을 특정 짐승으로 표상하여 일컫는 고대인들의 명명 방식이다. 이른바 '퉁구스'라고 하는 종족 이름은 그들의 말로 '돼지'를 뜻하는 말이다. 아직도 이 종족은 '퉁구스'라고 일컫는데, 이러한 호명을 근거로 그들은 사람이 아니라 '돼지'라고 여기는 이들은 아무도 없다. 따라서 고조선본풀이의 곰네(熊女)가 곰족인 것처럼, 푸른 이리와 흰 암사슴도

고 K가 묶음이기 때문에 발음은 '한'이라고 한다.
 9) 박원길,『몽골 古代史 硏究』, 혜안, 1994.
10) 유원수 역주,『몽골비사』, 혜안, 1994. 조현설,『동아시아 건국 신화의 역사와 논리』, 문학과지성사, 2002, 88쪽에서 재인용.
11) 조현설, 위의 책, 108쪽.

이리족과 사슴족을 뜻한다. 이리와 사슴을 자기 종족의 토템으로 여기는 집단이다. 이 두 종족이 부부를 이루어 불칸(Burqan)산에 정착하여 아들 바타치칸을 낳음으로써 몽골족의 시조가 등장한다.

시조의 모계를 나타내는 흰 사슴은 고조선 계열의 부여족을 뜻하는 것이며 '불칸산'은 밝산으로서 한자로 표시하면 백산(白山)을 뜻하는 셈이다. 이처럼 원몽골족은 흉노와 친족관계를 맺은 부족으로서 고조선계 부여족의 하나와 혼인동맹에 의해 불칸산 기슭에 정착한 민족이다.[12] 그러므로 고조선과 몽골은 지리적 영역과 시조의 혈연은 물론, 언어와 생업, 문화가 겹치거나 공유되면서 어느 정도 동질성을 지닐 수밖에 없다.

이러한 공유와 동질성은 여러 유형의 사료에 두루 나타난다. 문헌기록과 발굴유물을 자료로 단군조선의 강역을 설정해 보면 현재 몽골의 동남부 지역이 단군조선의 영역에 포함된다.[13] 고조선식동검의 분포나 복식 및 고인돌 분포를 고려한 강역의 설정도 이와 다르지 않다.[14] 고구려의 강역 또한 고조선처럼 지금의 몽골 및 내몽골 일부 지역을 포함하고 있다.[15] 몽골지역이 단군조선이나 고구려의 영역에 포함되어 있었다는 것은 몽골 역사에서도 드러난다.

몽골은 8세기에 흑룡강 상류인 에르군네(Ergüne)강 유역에서 몽올실위(蒙兀室韋)라는 이름으로 처음 등장하였다. 위구르와 당, 토번이 붕괴되는 틈을 타고 서쪽으로 이동하여 11-12세기 무렵에 오난(Onan)강 일대까지 진출해서 여러 부족들과 항쟁하면서 성장하다가 1206년에 칭기스한을 중심으로 몽골제국을 건설하였다.[16] 흉노의 모두루 단군이

---

12) 愼鏞廈, 『古朝鮮 國家形成의 社會史』, 지식산업사, 2010, 298-299쪽.
13) 윤내현, 『고조선 연구』, 一志社, 1994, 278쪽의 지도 및 제1편 '제3장 고조선의 강역과 국경' 참조.
14) 윤내현 외, 『고조선의 강역을 밝힌다』, 지식산업사, 2007.
15) 이덕일·이병기, 『고구려는 천자의 제국이었다』, 역사의 아침, 2007 및 부록 '고굴 최대 강역 지도' 참조.

동호(東胡)를 제압하자 살아남은 사람들이 동쪽으로 와서 일부는 '선비(鮮卑)'가 되고 일부는 오환(烏桓)이 되었다가 뒤에 다시 실위(室韋, 몽골)와 거란(契丹)이 되었다. 이들은 당나라 때에 이르러 지금의 흑룡강 부근에 거주했는데 몽골이나 모골, 머골(蒙兀)이라는 이름은 이때 나타났다.[17]

중국 사서에서 몽골은 실위로 기록되어 있다. 실위는 물길(勿吉)의 북쪽 1천리 떨어진 곳에 있는데, 북쪽으로 흐르는 '눈강'이 있고, 국토는 저지대여서 습하며 언어는 고마해(庫莫奚)와 계단(契丹), 두막루(豆莫婁) 등과 동일하다. 작물로는 조와 보리, 피가 많았으나 사람들은 멧돼지나 물고기를 먹고 소와 말을 기르되, 양은 치지 않았다.[18] 이처럼 원몽골은 단군조선에 속해 있었던 만큼 잡곡농사를 지으며 가축을 기르되 양치기와 같은 본격적인 유목생활을 하지 않았던 셈이다.

따라서 '눈강' 유역 저지대는 고조선의 북변 영토였으며, 부여가 건국되었을 때에는 부여의 북쪽 영토였다. 처음에는 양을 치지 않고 조와 보리, 피를 풍부하게 생산할 만큼 일정한 수준의 농경문화를 누렸다. 더군다나 실위의 언어 곧 몽골어는 '고마해'라고 하는 해(奚)족의 언어와 같고 고조선 조어(祖語)의 한 갈래를 나타낸다.

실위족이 서쪽으로 이동하여 몽골고원에 가기 전에는 사실상 단군조선 또는 부여의 영역에 귀속되어 있었으며[19] 언어와 생업도 어느 정도 공유했다. 그러므로 '단군조선 시기의 실위(proto-Mongols, 원몽골)는 조선의 북방 후국족(侯國族)으로서, 부여와 이웃하여 생활하는 동안 고조선의 언어와 문화를 공유하게 되었다.'고[20] 할 수 있다.

---

16) 박원길, 『유라시아 초원제국의 역사와 민속』, 민속원, 2001, 205쪽.
17) 屠寄,『蒙兀兒史記』卷1, 世紀 ; 김운회,『대쥬신을 찾아서』, 해냄, 19쪽 참조.
18) 『緯書』卷100, 列傳, 失韋傳 ; 愼鏞廈, 앞의 책, 300쪽.
19) 愼鏞廈, 같은 책, 300-302쪽 참조.
20) 愼鏞廈, 같은 책, 298쪽.

그러나 이러한 동질적 관계는 역사가 진전될수록 서로 이질화되었다. 부여와 고구려는 계속 농경국가로 발전하는 반면에 서쪽의 몽골고원 지대로 이동한 원몽골족은 초원의 생태계에 맞게 유목국가로 발전하게 되었다. 따라서 칭기스한의 몽골제국은 세계제패 과정에서 고려도 지배했지만 그들이 정복한 유라시아 여러 국가들과 달리, 공주를 보내 부마국가로 삼았을 뿐 아니라, 독립국가로서 주권을 인정하는 특수한 관계를 이루었다.

고려는 몽골이 지배한 다른 국가들과 달리 왕권을 상당히 독립적으로 누렸다. 유라시아 모든 나라가 몽골제국의 깃발 아래 복속되었는데, 오직 고려만이 주권국가로서 국체를 존속할 수 있었다. 이처럼 쉽게 납득할 수 없는 한몽 우호관계는 몽골이 고려인을 같은 민족으로 인식하고 있었다는 혈연적 동질성에서 찾는다.[21]

이처럼 비록 고대사의 뿌리가 같았다고 하더라도 원과 고려는 이미 유목문화와 농경문화로 서로 다른 문화적 정체성을 지닌 국가로 성장했다. 이 시기는 농경문화 우위의 세계질서를 뒤집고 유목문화가 유라시아를 제패하던 유목제국 시대이다. 그러나 몽골 중심의 유목제국 시대는 다시 농경문화에 의해 극복되어서 최근까지 지속되었다. 산업혁명 이후 조성되기 시작한 산업사회에서는 농경문화가 다시 밀려나서 기업제국 시대를 이루고 있다. 이러한 역사적 요동 속에 한몽관계는 민족 형성기의 동질성이 역사발전과 민족이동으로 점차 이질화되는 관계로 변화되어 지금에 이르렀다.

초원지대와 농경지대의 생태학적 특수성은 두 나라 문화의 동질성보다 이질성에 결정적 구실을 하게 되었다. 두 문화의 이질성을 잘 보여주는 문화유산이 한국의 고조선본풀이와 몽골의 게세르신화이다. 고조선본풀이는 환웅의 신시고국과 단군의 조선 건국시기를 이야기하

---

21) 김운회, 앞의 책, 209-223쪽에 이러한 문제를 자세하게 다루었다.

는 것으로서 한민족의 건국시조본풀이인 반면에, 몽골의 게세르신화는 몽골 지역에 한정되지 않고 러시아와 티베트 등 아시아와 시베리아 초원지역 유목문화권에서 두루 전승되는 것이다. 따라서 게세르신화가 유목민족을 대표하는 서사문학으로 최근까지 구전되는 반면에, 고조선본풀이는 한국사 속에 한정된 것일 뿐 농경민족을 대표하지도 않을뿐더러 구전되고 있는 서사문학도 아니라는 점에서 근본적인 차이를 보인다. 그럼에도 넓은 의미의 게세르신화 범주 속에 고조선본풀이를 귀속시키고 있는 까닭에 비판적 검토를 하지 않을 수 없다.

이러한 문화적 이질성은 한몽관계에 어떤 의미를 가지는가. 문화적 동질성을 우호관계의 요소로 보는 사람에게는 납득하기 어렵겠지만, 두 나라 문화의 이질성이야말로 친밀한 관계를 맺는 긴요한 매개물이다. 이렇게 두 나라에 대한 접점 인식을 새롭게 하면, 전파주의적 영향론과 동질성 중심의 친연성 관계에 매몰되어 고대사를 무리하게 연관 지을 것이 아니라, 오히려 생태학적 특수성을 인정하며 현실적인 문화적 차이를 독창성과 이질성으로 받아들이는 것이 더 바람직하다는 사실을 알아차리게 된다.

같은 문화 현상도 전래설의 근거로 삼을 것이 아니라 문화적 보편성이나 동질성으로 인식해야 한다. 왜냐하면, 서로 다른 문화적 독창성과 이질성 중심의 발전적 미래관계를 모색하는 것이 동질성 중심의 고대적 친연성 추구보다 현실적으로 더 생산적 관계로 발전할 수 있기 때문이다.

2. 게세르의 범주에 포함되지 않는 고조선본풀이

일반적으로 게세르신화는 '게세르'라는 영웅의 명칭을 공유하고 동일한 서사구조를 갖춘 유형으로 좁게 범주화된다. 그런데 게세르의 기원을 연구한 차그두로푸(S.Sh. Chardurov)에 따르면 넓은 의미의 게세르신화로 알타이의 '마아다이카라', 칼묵인의 '장가르', 티베트와 몽골의 '게세르', 부리야트의 '(아바이)게세르', 한반도의 '단군신화'까지 포괄하는 대규모 범주를 설정하고 있다.[22] 따라서 넓은 의미로 볼 때, 고조선 본풀이도 게세르신화와 같은 서사구조를 갖춘 것처럼 인식된다.

그러나 차그두로푸의 주장을 의심 없이 따라가는 데에는 문제가 있다. 좁은 의미의 게세르는 두 가지 조건을 갖추고 있는데 비하여 넓은 의미의 게세르는 특별한 조건의 제한이 없다. 좁은 의미든 넓은 의미든 게세르신화와 같은 유형으로 묶으려면 일정한 조건을 갖추어야 한다. 그렇지 않으면 모든 이야기들을 게세르 유형으로 묶을 수 있다. 서사적인 이야기는 고대에나 현대에나 추상화하면 실제 이야기의 사건 전개 내용이나 세계관적 의미와 상관없이 민족과 국경 및 시대를 초월해서 하나의 유형으로 묶을 수 있기 때문이다. 가장 대표적인 것이 '전기적 유형'[23] 또는 '영웅의 일생' 7개 단락으로서[24] 서사적 내용의 차이와 상관없이 동질적 구조로 묶어낼 수 있다.

이러한 유형구조는 동서고금의 서로 다른 유형의 서사문학들을 모두 하나로 묶을 만한 보편성을 지니고 있다. 현대적인 작품들도 이러한 유형구조와 다른 전형성을 공유하고 있다. 흔히 삼각관계의 불륜을 다룬 드라마나, 마법의 힘을 지닌 주술물을 차지하기 위한 쟁투, 버려진 소년의 시련과 성공의 이야기 등, 이러한 진부한 틀을 흔히 클리세 (Cliché)라고 한다. 흥미를 끌게 하는 전형화된 작품구조가 '클리세'이다. 현대적인 방송드라마, 판타지 소설, 애니메이션 등의 서사구조와 등장인물도 분석해 보면 같은 '클리세'의 틀을 이루고 있다. 그러므로

---

22) 양민종·주은성, 「부리야트 〈게세르〉 서사시 판본 비교연구」, 『比較民俗學』 34, 比較民俗學會, 2007, 385쪽.

23) 金烈圭, 『韓國民俗과 文學硏究』, 一潮閣, 1971, 54-59쪽 참조.

24) 趙東一, 「英雄의 一生, 그 文學史的 展開」, 『東亞文化』 10, 서울대학교 東亞文化硏究所, 1971 ; 趙東一, 『韓國小說의 理論』, 知識産業社, 1977, 271-454쪽 참조.

이런 틀로 보면 같은 유형에 귀속되지 않는 것이 없다.

고대신화의 전형도 일정한 유형을 이루게 마련이다. 게세르와 고조선본풀이를 같은 유형으로 묶는 근거도 천손강림이라는 전형성에 기초한다. 주인공이 천손인 경우에는 으레 하늘나라와 지상세계 강림, 지상에서 왕국의 건설로 이야기가 전개되기 일쑤이다. 일본의 '나라' 또는 '이즈모' 지역의 천손강림신화의 경우도 으레 이와 같은 구조를 이루고 있다.[25] 특히 이즈모 지역 '스사노오' 신화는 고조선본풀이보다 오히려 더 게세르에 가깝다고 할 수 있다. 그런데 일본신화는 게세르의 범주에 포함시키지 않고 있다. 그러므로 넓은 의미의 게세르신화 범주는 특정한 유형적 조건조차 제시하지 않았기 때문에 고스란히 받아들이기 어렵다.

그럼에도 넓은 의미의 게세르신화라는 관점에서 고조선본풀이를 게세르와 비교연구한 성과가 있어 주목된다. 양민종은 게세르의 서사구조와 맞추기 위해 고조선본풀이를 아래와 같이 크게 네 단락으로 나누었다.

가) 서 시 : 하늘 신의 세계, 환웅의 지상으로 강림 사유
나) 제1부 : 신시 시대의 형성 - 홍익인간과 재세이화의 실현
다) 제2부 : 아사달에서 지상의 개국과 단군왕검의 통치기
라) 제3부 : 제국의 쇠퇴. 제국 부활의 가능성과 신화·이야기의 시작[26]

우리가 흔히 말하는 단군신화는 『삼국유사』 '고조선'조에 수록된 『고기(古記)』의 인용부분을 말한다. 이 부분은 『삼국유사』의 저자 일연(一然)이 개입할 여지가 없다. 따라서 일본인들이 고조선본풀이를 두고

25) 노성환, 「일본신화에 영향을 미친 한국신화」, 『고대에도 한류가 있었다』, 지식산업사, 2008, 199-233쪽 참조.
26) 양민종, 「단군신화와 게세르신화」, 『단군학연구』 8, 단군학회, 2008, 11쪽.

중의 망설(妄說)이니 일연의 조작이라고 하는 것은 근거가 없다. 실제로 일연은 『고기』의 기록이 미진하여 설명을 덧붙이거나 잘못을 발견하여 바로잡는 부분, 또는 내용이 납득되지 않아서 의문을 제기하는 부분은 모두 원문을 훼손하지 않는 범위에서 협주(夾註)로 의견을 밝혀서 표시했을 따름이다. 일연이 『고기』의 기록을 옮겨 놓으면서 자의적으로 첨삭하거나 수정하지 않았다는 말이다. 왜냐하면 일연은 이 자료를 하나의 문학작품이 아니라 고조선 시대를 서술하는 사료로 전거를 밝히고 고스란히 인용했기 때문이다.

사료로서 고조선본풀이는 단군이 '조선'을[27] 건국하고 도읍지를 몇 차례 옮긴 뒤에 1908세를 살다가 아사달에 돌아와 산신이 되는 것에서 마무리된다. 『고기』는 이처럼 사료답게 단군의 역사적 행적을 서술하는 데 충실하다. 그런데 양민종은 사료로 보는 데 비판적 입장을 취하고 하나의 문학작품인 서사시로 주목하여[28] 그 전체적인 구조를 위와 같이 분석했다. 그러므로 '특정 종족의 건국신화로 해석하는 것보다 오히려 다양한 종족들의 보편적인 세계의 건설', 곧 "다민족·다문화를 포괄하는 고대의 이상적인 제국의 모습"이라고 추론한다.[29] 마치 고조선의 역사와 무관한 상상의 제국에 관한 서사처럼 해석했다.

이러한 해석은 고조선본풀이가 게세르와 서사구조가 같은 문학작품으로 분석하기 위해 마련한 의도된 전제이다. 만일 고조선본풀이를 하나의 서사시로 보지 않고 단군조선의 건국사로 보게 되면, 문학작품인 게세르와 비교연구할 만한 논리적 근거를 전혀 찾을 수 없기 때문이다. 사료와 문학을 동질적인 자료로 비교하는 것 자체가 잘못이다.

---

27) 단군이 건국한 나라는 '고조선'이 아니라 '조선'이다. 임재해, 「'고조선'조와 '전조선기'로 본 고조선의 역사적 실체 재인식」, 『고조선단군학』 26, 고조선단군학회, 2012, 277-343쪽에서 이 문제를 자세하게 다루었다.
28) 양민종, 위의 글, 9-15쪽 참조.
29) 양민종, 위의 글, 13쪽.

자연히 위의 네 단락의 분석도 게세르와 같은 신화의 범주로 묶기 위한 자의적 분석이라 할 수 있다. 게세르를 염두하지 않고 고조선본풀이의 서사단락을 분석하거나, 또는 고조선본풀이를 염두하지 않고 게세르신화의 서사단락을 분석하면 서로 친연성을 주장할 만한 서사구조를 발견하기 어렵기 때문이다. 그러므로 위의 고조선본풀이를 분석한 서사단락의 구분은 의도된 것이기 때문에 아래와 같이 게세르의 내용과 상당히 일치하는 것처럼 보일 수밖에 없다.

〈표 1〉 단군신화와 부리야트게세르신화의 비교[30]

이야기 단락의 구분	단군신화	게세르
1. 프롤로그	-하늘세계 신들의 등장 -(지상문제의 해결을 위해) 하늘신 환인의 서자인 환웅이 지상강림	-하늘세계 신들의 전쟁 -전쟁의 결과 지상에서의 문제 발생 -지상세계의 악을 제거하고 조화를 복원하기 위해 하늘신 호르무스의 둘째 아들인 게세르의 지상강림
2. 제1부	-환웅의 지상강림 -신시건설(지상의 악들의 제거와 조화의 복원) -홍익인간, 재세이화의 이념 실현	-게세르의 지상강림 -지상에서의 악들과 게세르와의 전쟁 -인간주의와 조화의 복원
3. 제2부	-환웅과 웅녀의 결합으로 단군의 탄생 -아사달에 도읍하는 (지상제국) 조선의 건설	-게세르의 결혼과 후손의 탄생 -계속되는 악과의 투쟁 -지상의 악을 멸하고 조화로운 제국을 건설
4. 제3부	-제국의 소멸과정 -외부 요인의 침입으로 단군이 아사달에 들어 산신이 된다.	-제국의 확산과정 -게세르의 자손들과 승리의 주역들이 하늘신을 경외하는 마음과 보편적인 조화의 이념을 동서남북으로 확산

---

30) 양민종, 위의 글, 19-20쪽의 〈표 2〉. 이 표에서 일부 오기가 있어 바로잡아 옮겨놓았다.

이렇게 두 신화를 4부로 나눈 뒤에 같은 틀에 집어넣어서 같은 유형인 것처럼 범주화하였다. 그렇다고 같은 구조의 서사라고 할 수 없다. 서두인 프롤로그만 하더라도 고조선본풀이는 게세르에 비해서 아주 간략하다. '하늘세계 신들의 등장'이라고 할 만한 과정이 전혀 없을 뿐만 아니라 그 배경인 태초의 우주 모습이나 구조, 그리고 하늘세계의 구성에 관한 어떤 내용도 없다.

그런데 『게세르신화』에서는[31] 마치 '창세가'로 노래되는 '천지개벽본풀이'처럼 태초의 우주를 하늘의 세계와 땅의 세계, 지하의 세계로 분별하고 그 가운데 동서남북의 하늘신들 수백 명이 탄생하여 형제와 자손이 번성한 가운데 제각기 자기 직능을 수행하며 서로 조화롭게 살아가는 과정을 장편의 영웅서사시로 서술해 가고 있다.

이를테면, '후헤 문헤 텡그리'는 사람들의 머리 위에 푸른 하늘 모습을 한 채 다른 신들의 소원을 들어주었고, 그 아들인 '에세게 말라안 텡그리'는 아버지와 다른 신들 사이의 의사소통을 도와주는 중계자 역할을 했으며, 말라안의 장자 '에레 유렌'과 그 아우 9명은 지상의 정령과 하늘신들 사이의 소통을 도와주었을 뿐 아니라, 지상의 사람들에게 행복과 기쁨을 전해 주는 역할을 했다.

그리고 말라안 자손 가운데 '만잔 구르메' 할멈은 하늘세계의 혼인을 주관하고 새로 태어나는 아기들에게 축복을 내리는 일을 담당했다. 따라서 하늘과 지상의 '부르한'[32] 가운데 이 할멈의 도움 없이 세상에

---

31) 일리야 N. 마다손 채록, 양민종 옮김, 『바이칼의 게세르신화』, 솔, 2008. 앞으로 '게세르신화'의 구체적인 내용을 인용하거나 참고하는 경우는 모두 이 책의 자료를 근거로 한다.

32) 일리야 N. 마다손 채록, 양민종 옮김, 위의 책, 45쪽의 주 19, 421쪽 후주 19에 따르면, 부르한(Burkhan)은 텡그리들 가운데 지상의 산이나 바위처럼 거대한 자연물들과 관련된 신을 뜻한다. 부리야트 판본과 달리 몽골 판본에서는 라마불교의 부처와 같은 개념인가 하면, 최남선의 불함문화론(不咸文化論)과 관련하여 밝음을 뜻을 지닌 동북아 천신문화권의 '불한' 또는 '부르한'으로

태어난 자는 아무도 없다.[33] 이처럼 여러 신들의 출생과 가계 및 직능이 구체적으로 서술되며 지상의 인간들과 맺어진 관계도 밝혀진다.

서쪽 하늘의 텡그리들이 선한 반면에 동쪽 하늘의 텡그리들은 사악하여 지상의 인간들에게 불행을 준다. '아타이 울란' 텡그리가 동쪽 하늘의 우두머리이자 사악한 신들의 조상이며, '하라 만잔' 할망구는 인간 세상에 수많은 눈물과 한숨을 자아내도록 하는 신이다. 그리고 '아타이 울란'의 세 아들은 모두 천리마와 준마를 타고 다녔으며, 막내 '하라 하사르'는 특별히 적토마를 타고 다니며 금방이라도 전쟁터에 달려갈 것 같이 행동했다. 그러나 중재와 화평의 신인 '세겐 세브덱'이 자신의 역할을 엄중하게 수행하고 있기 때문에 동서의 하늘 신들 사이에 전쟁이 없었으며 사소한 언쟁조차 없었다고 한다.

이러한 게세르의 서사는 '프롤로그' 곧 서두 가운데서도 서두를 이루는 극히 일부의 내용일 따름이다. 고조선본풀이는 채 한 쪽이 못되는 단순 간략한 사료이지만, 게세르는 장편 영웅서사시로서 5백 쪽이나 되는 방대한 분량이다. 따라서 고조선본풀이를 게세르와 같은 허구의 문학작품이라 하더라도 두 자료를 동일한 유형의 작품으로 간주하고 서로 비교하여 동질성 여부나 선후관계를 따진다는 것은 사실상 무리일 따름이다. 더 중요한 것은 다음부터 전개되는 두 세력의 첨예한 갈등과 장기적인 투쟁 과정이다. 고조선본풀이에는 이러한 투쟁과정이 전혀 없다.

게세르는 서두의 평화로운 상황이 깨어지면서 이야기는 갈등으로 치닫는다. 동서 두 지역의 신들은 중재자인 '만잔 구르메' 할멈이 중환자를 신통하게 치유한 소문이 나자, 동서 두 진영에서 제각기 밀사를 보내 할멈을 자기 진영으로 끌어들이려 함으로써, 두 진영의 갈등은 투쟁으로 발전되고 마침내 하늘신들 사이에 대전쟁이 일어난다. 그 전쟁

추론되기도 한다.
33) 일리야 N. 마다손 채록, 양민종 옮김, 같은 책, 45-46쪽 참조.

과정은 인과관계에 따라 사건이 전개되고 인물의 성격과 지리적 배경 등이 복잡하게 그려지고 있어, 영웅서사시다운 장엄함을 갖추고 있다.

그렇지만 고조선본풀이 어디에도 이러한 서사가 보이지 않는다. 하늘신들의 출생과정과 혈연계보, 선악의 관계, 질병과 치유, 술수와 전쟁 등에 얽힌 사건의 서사적 전개는 전혀 나타나지 않는다. 따라서 고조선본풀이를 게세르신화와 같은 유형으로 묶어서 넓은 의미의 게세르 분포 지역으로 한반도를 설정하는 차그두로프의 견해는 타당하지 않다.

왜냐하면 서두 부분만 대비해 봐도 이야기의 내용이 전혀 다르기 때문이다. 차그두로프의 견해를 받아들인 양민종도 "두 이야기의 내용이 완전히 일치를 보인다고 말하기도 곤란"하다고 했는데,[34] 내가 보기에는 일치하기는커녕 서사적인 내용을 근거로 볼 때, 완전히 딴판의 이야기라고 해야 할 것이다. 그러므로 두 자료의 다양한 차이를 더 구체적으로 검토할 필요가 있다.

3. 고조선본풀이와 게세르신화의 서사구조 차이

두 자료를 차별하지 않고 모두 문학작품으로 다룬다고 하더라도 갈래가 다르다. 갈래의 차이는 곧 형식과 내용의 차이를 말한다. 고조선본풀이가 건국시조신화에 해당된다면, 게세르는 영웅신화에 해당된다. '몽골 〈1716 베이징 판본〉'에서는 게세르가 9개 나라의 지배자가 되었다고 하지만 '왕검조선'과 같은 구체적인 국가를 세운 건국시조의 이야기가 아니다. 이미 있는 나라의 지배자가 되는 것과 건국시조가 되는 것은 전혀 다른 이야기이다.

'부리야트 판본'에서는 아예 역사적인 국가를 세운 일과 아무런 관

---

34) 양민종, 「단군신화와 게세르신화」, 21쪽.

련성이 없이 마무리된다. 따라서 고조선본풀이가 건국시조의 행적과 국가의 기원을 서술하여 사료적 성격이 아주 두드러진 반면에, 게세르는 구비전승되는 영웅서사시로서 문학작품의 성격이 훨씬 더 두드러진다. 그러므로 고조선본풀이는 사료로서 『삼국유사』와 『제왕운기』 등에 수록되었으나, 게세르는 문학작품이기 때문에 『몽골비사』나 『원사(元史)』 어디에도 수록되지 않았다. 사료가 아니기 때문에 사서에 수록되지 않은 것이다.

내용상으로 견주어 봐도 두 가지 큰 차이가 있다. 게세르는 적대세력과 끊임없이 전쟁을 벌이는 이야기이자, 선악의 투쟁으로 전개되는 내용인데 비하여, 고조선본풀이는 적대세력과 투쟁하는 일 없이 주인공이 숭고한 뜻을 이룰 뿐 아니라, 다른 세력들이 스스로 찾아와서 하나가 되는 상생적 화합의 이야기라는 점이다. 게세르는 하늘세계에서나 지상세계에서 신들과 전쟁하고 괴물과 전쟁하며 지배자들과 전쟁하는 등 처음부터 끝까지 전쟁의 이야기로 이루어져 있다. 그러나 고조선본풀이 어디에도 그러한 전쟁이 없으며 사소한 다툼조차 없을 뿐 아니라, 아예 적대세력이 등장하지 않는다. 그러므로 적대세력끼리 갈등이 조성될 일이 없다. 오히려 다른 종족들이 찾아와 합류하여 하나의 세계를 이룰 뿐이다.

고조선본풀이에서는 처음부터 홍익인간 이념과 재세이화(在世理化)의 통치이념이 제기된다. 실제로 그러한 이념에 맞게 곰과 범이 인간이 되고자 환웅을 찾아왔을 때도 모두 받아들일 뿐 아니라 그들의 소망이 이루어질 수 있도록 가르침과 도움을 주어 재세이화한다. 그런데 환웅의 가르침을 곰은 따르고 범은 따르지 않고 일탈해 버린다. 그렇다고 하여 범을 적대세력으로 간주하여 응징하거나 특별한 조치를 취하지 않는다. 제각기 자유로운 선택에 맡긴 것이다. 그러므로 게세르에는 술수와 음모, 변신, 마법, 전투와 살육 등이 있으나, 고조선본풀이는 갈등이나 징벌, 투쟁, 음모와 같은 것이 전혀 없다.

696 제3부 본풀이사관과 민족사의 재인식

조동일의 문학이론에 따라 자아와 세계의 대결 관계로 갈래를 나누
어보면[35] 두 작품은 상당히 이질적인 작품이라는 것이 오롯이 드러난
다. 고조선본풀이는 자아와 세계가 같은 비중을 가지고 맞서서 화합의
질서를 구현하며 그 화합의 질서는 이미 있었던 사실에 해당한다. 그
러나 게세르는 자아와 세계가 상호 우위에서 대결하여 자아의 가능성
을 보여주되, 그 가능성은 앞으로 이루어야 할 이상의 세계일 뿐 이루
어진 현실이거나 과거의 역사가 아니다.[36]

앞의 자아는 스스로 신성한 존재여서 자아의 의지대로 화합의 질서
를 이루지만, 뒤의 자아는 세계와 상호우위여서 승패가 불분명한데 제
3의 조력자가 도와주어서 자아의 승리에 이른다. 그러므로 두 작품 모
두 영웅이 주인공으로 등장하되, 고조선본풀이가 신화적 질서와 역사
적 사실이 결합한 건국시조본풀이라면, 게세르는 신화적 질서와 문학
적 허구가 결합한 영웅서사시라 할 수 있다.

고조선본풀이는 흥미를 주고받기 위한 문학작품이 아니라 신화적
질서에 속하고 있는 과거 사실을 확인하는 태초의 역사로서 숭고한 것
이다. 따라서 작품외적 자아의 자유로운 개입이 허용되지 않는다. 그
러나 게세르는 역사적 사실과 무관하게 문학적 상상력이 마음껏 발휘
되고 있는 까닭에, 자아와 세계의 대결을 흥미롭게 전개하기 위해 사
실적 상황의 묘사나 터무니없는 과장, 골계적 효과 설정 등, 작품외적
자아가 개입하여 자유롭게 설정할 수 있다. 따라서 다양한 이본들이
풍부하게 전승되는 구비문학인 것이다. 그러므로 두 작품은 시대적 층
차 이상으로 사료적 신화와 문학적 신화의 갈래 차이를 지니고 있다.

서사구조의 전개에 따른 가장 큰 차이는 주인공의 교체 여부이다.
고조선본풀이는 3대기(三代記)로 이루어져 있다. 하늘에서 주체는 환
인, 지상으로 내려와 신시고국을 다스리는 주체는 환웅, 그리고 '조선'

---

35) 趙東一, 『韓國小說의 理論』, 知識産業社, 1977, 66-136쪽.
36) 趙東一, 위의 책, 105-124쪽 참조.

을 건국한 주체는 단군이다. 세계의 위상에 따른 주체가 3대기에 걸쳐 엄격하게 구분되어 있다. 따라서 고조선본풀이를 두고 '단군신화'라고 일컫는 것은 명백히 잘못되었다. 서사적인 내용과 맞지 않을뿐더러 어떤 사료에도 이러한 명명을 하지 않았다. 그리고 단군신화라고 일컬으면, 환웅의 신시고국과 왕검조선의 역사를 가리는 역기능을 할 뿐 아니라, 홍익인간 이념이나 재세이화의 통치방식까지 모두 단군의 행적으로 착각하게 만드는 구실을 하기 때문이다.[37]

그런데 게세르신화에서는 수백 명의 신들이 등장하고 구체적인 이름으로 명명된 신들과 인간들이 수십 명에 이르지만, 그 주체는 항상 게세르라는 한 영웅만 중심이 되고 있다. 하늘에서 동서 신들이 싸운 결과 패퇴한 동쪽하늘의 우두머리 '아타이 울란'은 사지가 잘린 채로 지상으로 떨어져서, 세상을 괴롭히는 마법사로 다시 환생하여 사람들을 기근과 질병의 고통에 빠지도록 한다. 이러한 지상의 문제를 해결하기 위해 천신이었던 '게세르'가 인간의 아기로 태어나 지상에 출현한다. 천신이자 인세의 주인공인 게세르는 이 사명을 이루고 지상세계에서 머물러 사는 데서 마무리된다. 환인, 환웅, 단군으로 주인공이 계속 교체되며 단군이 일정하게 인간세상을 다스리다가 아사달로 들어가 산신이 되는 것과, 오직 게세르가 모든 세계의 주인공 노릇을 하는 것은 대조적이라 하지 않을 수 없다.

고조선본풀이도 게세르와 같으려면 환웅천왕이 신시에서 홍익인간의 이념을 이루고 재세이화하면서 행복하게 사는 데서 마무리되어야 한다. 그런데 이야기는 더 발전되어 곰과 범이 등장하고 곰은 여인으로 변신하여 환웅의 아들 단군을 낳는다. 인간 단군은 조선이라는 나라를 세우는 건국시조가 된다. 주인공의 성격도 '천신 환인', '천신강림

---

37) 임재해, 「'신시본풀이'로 본 고조선문화의 형성과 홍산문화」, 『단군학연구』 20, 단군학회, 2009, 335-338쪽.

의 환웅', '인간 단군', '산신 단군' 등으로 바뀌어 천신강림의 '게세르'로 일
관되는 서사구조와 크게 다르다. 아래의 두 게세르 판본 줄거리를[38] 보면,
고조선본풀이와 얼마나 다른가 하는 사실을 쉽게 알아차릴 수 있다.

〈표 2〉 몽골과 부리야트 판본의 비교

몽골〈1716 베이징 판본〉	부리야트판본〈Imegenov, Petrov 판본〉
1) 하늘 세계의 최고신 - 영원한 푸른 하늘, shakiamuni, Khormusta	1) 영원한 푸른 하늘 실질적인 최고의 하늘 신 - Khirmas
2) 석가모니가 하늘 신 호르무스타를 질책(인간 세계의 문제를 해결하지 못하였다.)	2) 하늘에서의 신들의 전쟁과 그 결과로 인간세상에서의 혼란이 발생(페트로프 판본의 경우 하늘신들 사이의 전쟁이 드라마처럼 상세하게 묘사)
3) 석가모니가 하늘 신 Khormusta를 책망하며 아들 가운데 1명을 지상으로 보내도록 명령한다.	3) 히르마스가 자신의 아들 가운데 1명을 지상으로 보낸다(석가모니의 언급이 없다).
4) 게세르의 지상에서의 재탄생 : 3형제와 3자매가 70세-60세 노부부 Ova Gunchid-Gegshe Amurchil 사이에서 탄생	4) 게세르만 지상에서 재탄생하며 형제들의 재탄생이 언급되는 판본이 없다. 페트로프 판본에는 부모의 이름이 있지만, 이메게노프 판본에는 부모의 이름이 나타나지 않는다.
5) 게세르(Serbi Donrub)는 태어나면서부터 자신의 사명을 알고 있다.	5) 게세르(뉴르가이-페트로프 판본)는 일정한 나이가 될 때까지 자신의 지상에서의 사명을 알지 못한다.
6) 탄생 후 적들을 상대하는 모습은 일치	6) 탄생후 적들을 상대하는 모습은 일치
7) 3명의 부인과 결혼한다(Rogmo Goa, Adzhu Mergen, Aralgo Goa).	7) 3명의 부인과 결혼(페트로프), 2명의 부인만 언급(이메게노프)
8) 사악한 라마가 납치해간 부인 Adzhu Mergen을 구출	8) 부인을 구하는 테마(페트로프, 이메게노프)
9) 괴물 Galdulme khan과의 전쟁이 없다.	9) 괴물 Galdulme khan과의 전쟁은 중요한 모티프
10) 바다괴물 Lobsogoj와의 전쟁이 없다.	10) 바다괴물 Lobsogoj와의 전쟁은 중요한 모티프

---

38) 양민종·주은성, 앞의 글, 389-390쪽.

11) Soton(혹은, Tsoton)의 모티프가 상세하게 묘사	11) Soton의 묘사가 완전한 에피소드로 독립해서 존재
12) Sharajd(Sharaj-Gol)의 지배자들과의 전쟁이 가장 중요한 모티프(Ling Geser 판본의 경우에는 Sharaj-Gol 지배자들과의 전쟁이 텍스트의 전부를 차지하고 있다.)	12) Sharablin(Sharajd)의 3인의 지배자들과의 전쟁이 상세하게 묘사(샤라블린의 지배자들은 아타이 울란 텡그리의 세 아들들이 지상으로 던져져 변신한 것으로 묘사)
13) Galdulme khan과의 전쟁이 없다. (Zein 판본의 경우 제 15장까지는 1716 베이징 판본과 동일하지만, 제 16장에서 갈둘메 한의 이름이 언급된다.)	13) Galdulme khan과의 재전투가 묘사(갈둘메와의 전투가 핵심적인 모티프이다.)
14) 9개 나라의 지배자가 된다(역사적인 시간과 공간이 드러난다.).	14) 구체적인 왕국이 등장하지 않는다(신화의 시간과 공간이 드러난다.).

양민종은 두 게세르 판본을 〈표 2〉와 같이 비교한 다음에, 몽골판본에는 역사의 영역으로 불교적 세계관이 드러나고 게세르가 인간 지배자들과 투쟁하는 데 반해, 브리야트판본에는 신화의 영역으로 샤머니즘 세계관이 드러나며 게세르는 사악한 신이 변신한 괴물과 투쟁한다고 대조적으로 해석했다.[39] 따라서 몽골판본보다 브리야트판본이 더 오래된 고본이라는 해석이다.[40] 그 결과 '티베트→몽골→브리야트'와 같은 전파론적 해석의 고정관념을 비판적으로 해체한다. 이러한 해석은 상당히 적절하며 설득력이 있다고 판단된다.

그러나 고조선본풀이를 게세르와 같은 서사구조의 문학작품으로 봐야 한다고 주장한 것은 재고되어야 한다. 우선 게세르의 두 판본을 비교하기 위해 단락을 나누어 놓은 위 〈표 2〉를 보면, 앞의 〈표 1〉에서 게세르신화를 4단락으로 나누어 놓은 것이 얼마나 추상화되어 있는가 하는 것을 알 수 있다. 달리 말하면, 고조선본풀이를 〈표 1〉처럼 게세르에 맞추어 4단락으로 나누는 일은 가능 하지만, 〈표 2〉의 두 판본처

---

39) 양민종·주은성, 앞의 글, 391-392쪽.
40) 양민종·주은성, 같은 글, 392쪽 및 411쪽 참조.

럼 14개 단락으로 나누는 일은 불가능하다는 말이다. 그러므로 전혀 내
용이 다른 자료를 추상화하여 마치 같은 작품인 것처럼 견주어 논의하
고 작품의 선후관계를 따져보는 작업은 해석이 어떻게 귀결되든 설득
력이 없다. 더군다나 갈래상 간략한 사료에 해당되는 고조선본풀이를
게세르와 같은 장편문학의 영웅서사시로 묶어서 다루는 것은 논리적
비교라 할 수 없다.

왜냐하면 고조선본풀이는 『위서』와 『고기』 등 전거를 밝히고 내용
을 고스란히 인용했을 뿐 아니라, 저자가 사료로서 문제가 있는 대목
은 협주로 의견을 밝혀두었기 때문에, 누가 보더라도 허구적인 작품으
로서 문학이 아니다. 인용 전거를 밝히고 사실의 근거를 따지며 고증
작업을 거친 사료라 하지 않을 수 없다. 그러나 게세르는 이미 세계문
학사에서 영웅서사시로 인정되고[41] 있을 뿐 아니라 구체적인 묘사도
문학작품으로서 형상성을 잘 갖추고 있어, 누구도 사료로 해석하지 않
는다. 그 장면묘사부터 문학적인 특성이 잘 나타나 있다.

> 신들이 사는 푸른 하늘이 걸려 있는 곳의 조금 아래쪽에, 그리고 바람이
> 불면 날아갈 듯 듬성듬성 떠 있는 구름 떼가 걸려 있는 곳의 조금 위쪽에,
> 엘리스테산 봉우리가 불쑥 솟아 있었다. 엘리스테산의 정상은 산자락 저
> 아래에 까마득히 내려다보이는 자보로느크 지역에까지 밝은 빛을 던지며
> 장엄하게 하늘로 솟구쳐 있었다.[42]

신과 인간이 만나는 신성한 엘리스테산을 묘사한 대목이다. 환웅이
태백산 신단수 아래 하강했다는 식의 고유명사만 밝힌 단순한 서술과

---

41) 조동일, 『동아시아 구비서사시의 양상과 변천』, 문학과지성사, 1997, 287-342
   쪽에서 몽골과 티베트, 키르기스의 장가르와 게세르, 마나스 등을 영웅서사
   시로 주목했다.
42) 일리야 N. 마다손 채록, 양민종 옮김, 같은 책, 83쪽.

달리, 게세르의 주인공이 하강하게 될 지상의 산은 이처럼 아름답고
다양한 은유로 입체적 회화 기법을 발휘하여 시각적으로 웅장하게 묘
사되고 있다. 현대 서사문학의 형상화 수준을 능가하는 묘사적 표현이
라 하겠다. 그러므로 영웅서사시인 게세르의 문학성에 따라 고조선본
풀이도 문학작품으로 해석되어야 한다는 것은 자료의 갈래 인식에 문
제가 있을 뿐 아니라, 게세르신화의 범주에 고조선본풀이를 귀속시킨
러시아학자의 무리한 논리에 좇아간 한계도 있다.

자연히 고조선본풀이를 게세르신화의 넓은 범주로 묶는 것도 자의
적이다. 세 가지 조건에서 고조선본풀이는 게세르의 범주에 귀속될 수
없다. 하나는 주인공 게세르가 등장하지 않고, 둘은 이야기의 줄거리가
전혀 유사하지 않으며, 셋은 고조선본풀이가 게세르신화보다 시대적으
로 훨씬 앞서는 까닭이다.

넓은 의미라고 하는 것은 첫째, 둘째 조건을 갖추지 않아도 좋다고
여긴다. 따라서 셋째 조건만을 고려한다면 거꾸로 게세르신화를 고조
선본풀이의 범주로 묶어야 한다. 왜냐하면 단군본풀이가 게세르보다
여러 모로 앞선 이야기이기 때문이다. 그러나 두 작품을 같은 유형으
로 범주화할 만한 연관성보다 오히려 서로 다른 유형으로 인정해야 할
만한 차이가 더 두드러지는 까닭에 이러한 주장도 아무런 설득력을 얻
지 못한다.

4. 천신의 강림 목적과 천지부모 사상의 이질성

고조선본풀이에서 환웅은 스스로 품고 있던 홍익인간의 뜻을 펼치
기 위해 자력적으로 지상에 강림한다. 그러나 게세르는 그러한 이상을
가지고 있지 않다. 게세르가 지상에 온 것은 두 가지 목적이다. 하나는
동쪽 하늘신들이 어둠의 힘을 회복하기 전에 절멸시켜야 하는 것이며,
둘은 인간들을 괴롭히는 마법사들을 모두 물리치고 평화를 이룩하여,

상중하 세계의 조화를 이루는 것이 '아바이 게세르'의 지상 과제이다.
그러나 처음부터 그러한 문제의식을 가지고 스스로 그 뜻을 펼치려 한
것이 아니라, 타력적 명령에 의한 것이다.

고조선본풀이의 환웅이 '자력적 강림'을 했다면 게세르신화의 게세
르는 '타력적 강림'을 한다. 게세르 최초의 판본인 '몽골 〈1716 베이징
판본〉' 서두를 보면, 석가모니가 인간세상의 혼란에 무관심한 하늘신
'호르쿠스타'을 질책하며 그 문제를 해결하기 위해 아들 한 명을 지상
으로 파견하도록 지시한다. 석가모니의 질책에 따라 지상의 혼란을 해
결하기 위해 타력적으로 인간세상에 태어나는 것이 게세르이다.

> 너의 아들 가운데 한 명을 왕국으로 보내라. 강한 자들이 약한 자들을
> 먹어치우고 사나운 짐승들이 서로서로 대항해서 일어나 전쟁을 벌이며, 서
> 로 잡아먹을 것이다. 세 아들 가운데 너가 보내는 아들이 왕이 될 것이니,
> 그가 온 세상의 주인이 될 것이다.[43]

인간세상의 혼란은 두 가지이다. 약육강식의 먹이사슬과 맹수들의
전쟁이다. 사람들의 문화보다 강자가 군림하는 자연생태계 또는 짐승
들이 서로 잡아먹는 상황이 문제이다. 강자 중심의 먹이사슬 구조와
짐승들끼리 서로 먹고 먹히는 상황을 전쟁으로 인식한 것이다. 짐승의
전쟁을 세상의 혼란으로 판단한 것이야말로 유목민들의 현실인식이자
세계관이다. 따라서 왕국이라고 했지만, 사실은 '짐승의 세계' 또는 '자
연생태계의 문제'를 지상의 혼란으로 인식한 것이다.

여기서 한 걸음 물러서서 보면, 하늘의 신들도 무능하게 보인다. 때
로는 천상세계와 지상세계보다 더 문제가 있기도 하다. 왜냐하면 자기

---

43) S. Ju Nekljudov, Geroicheskij epos mongolskikh narodov. Ustnye I literaturnye traditsii,
M., 1984, P.7. 〈자이(Zai) 판본 몽골게세르 이야기〉의 도입부분. 양민종·주은
성, 앞의 글, 390-391쪽에서 재인용.

들끼리 두 패로 나뉘어져 이해관계에 따라 서로 다투며 싸우는 까닭이다. 따라서 '몽골 게세르'에서는 하늘신들이 석가모니의 질타를 받고 비로소 인간세상의 문제를 알아차릴 뿐 아니라, 석가모니의 명령에 따라서 하는 수 없이 아들 한 명을 지상으로 보내는 것이다. 천신들은 주체적 세계인식 능력이 없으며 세계에 대한 행위도 타력적이다. 그러므로 게세르신화의 천신들은, 세계를 능동적으로 인식하고 주체적으로 판단하여 활동하는 환인 또는 환웅의 존재와 아주 대조적이다.

더군다나 '부리야트 게세르'에서는 천신들이 더 문제이다. 자기들끼리 동서로 갈려서 음모하며 전쟁을 벌인다. 그 결과 인간세상에서도 혼란이 일어난다. 하늘세계야말로 인간세계 혼란의 근원이거나 또는 투쟁적 인간세상과 동질적 세계라는 것이다. 더 문제는 인간세상이 천상세계에 종속되어 있거나 부속물로 간주되고 있다는 인식이다. 하늘의 전쟁이 곧 지상의 혼란일 뿐 아니라, 인간세상이 악신들의 도피처로 이용되며, 그들의 욕망을 이루는 수단으로 인식된다는 점에서 인간세상을 하늘세계에 종속화시키는 것이다.

따라서 지상으로 도피한 사악한 신들은 "서쪽 하늘 진영의 신과 연결된 인간세계의 고리를 하루 속히 자르고 싶어 했고, 그렇게 함으로써 자신들이 지상을 완전히 장악하고 서쪽 하늘 진영의 신과 대적할 수 있다"고 생각하는 것이다.[44] 지상의 비극은 천상의 전쟁을 대신해서 치른다는 데 있다. 천상의 대리전보다 더 심각한 사실은 하늘과 무관하게 지상에서 전쟁이 일어났더라도 사람들 스스로 그 문제를 해결할 수 없다는 점이다. 하늘에서 신이 파견되지 않으면 지상의 혼란은 해결 불가능하다고 보기 때문이다. 그러므로 하늘에서 게세르가 지상으로 파견되는 것이다.

그러나 고조선본풀이에서는 천신들이 인간세상을 잘 알고 있을 뿐

---

44) 일리야 N. 마다손 채록, 양민종 옮김, 같은 책, 77-78쪽.

아니라 이상세계로 여기며 동경까지 한다. 천신인 환웅이 "늘 천하(天下)에 뜻을 두고 인간세상을 탐했다"고[45] 한다. 이 사실을 알아차린 아버지 환인은 아들 환웅의 뜻을 헤아려서 "삼위태백(三危太伯)을 내려다보니 인간을 널리 이롭게 할 만한 곳이므로, 천부인(天符印) 3개를 주면서 인간세상을 다스리도록 하였다."[46]

이 내용으로 볼 때, 환웅이 자원해서 지상으로 내려 온 것은 인간세상에 전쟁이나 질병, 기아와 같은 문제가 있어서 이 문제들을 바로잡고 해결하기 위한 사명 때문이 아니라, 평소부터 인간세상을 동경해왔던 까닭이다. 다시 말하면 환웅이 자기 뜻을 펼치고 싶은 이상 공간이 바로 인간세상이었다. 그러므로 환인은 인간세상에 더 크게 이익을 줄 만한 지역을 골라서 환웅이 다스리도록 한 것이다.

게세르에서는 타력적으로 지상에 하강한다. '만잔 구르메 할멈'이 '위대한 운명의 책'에 따라 하늘신 '한 히르마스'에게 인간세상의 위기를 해결하기 위해 하늘신을 서둘러 보내라고 독려하지만, '한 히르마스' 아들 3형제 모두 아버지의 말을 거역한다. 거역하는 이유는 아들마다 다르다.

맏아들은 "비루한 존재인 사람들이 살고 있는 지상에서 그들과 함께 살고 싶은 생각이 추호도 없습니다"고 했다. 천신들이 인간세상을 얼마나 시원찮게 여기는가 하는 사실이 잘 드러나는 대목이다. 둘째는 "지상의 인간들에게 도움을 주어야 하는 이유를 잘 모르겠다"고[47] 하고, 막내는 아버지의 부탁에 대해 "부정적인 것에서 한 술 더 떠 이 모든 재앙의 원인을 아비에게 돌리는 것이었다."[48] 그러므로 부득이 둘

---

45) 『三國遺事』 卷1, 「紀異」 第1 古朝鮮, "桓雄 數意天下 貪求人世".
46) 『三國遺事』 위와 같은 곳, "父知子意 下視三危太伯 可以弘益人間 乃授天符印三箇 遣往理之".
47) 일리야 N. 마다손 채록, 양민종 옮김, 같은 책, 78쪽.
48) 일리야 N. 마다손 채록, 양민종 옮김, 같은 책, 79쪽.

째를 설득해서 지상에 파견하려 하지만, 둘째는 아버지에게 자신의 소원을 들어주면 지상으로 가겠다고 조건을 걸어서, 아버지가 아끼는 말과 지팡이를 달라고 한다.

고조선본풀이의 환인부자와 전혀 다른 관계로 천상의 신이 지상으로 내려오는 것이다. 아버지의 부탁에도 3형제 모두 거절하다가 마지못해 둘째가 여러 가지 소원을 요구한 뒤에 비로소 지상으로 내려오는 것과 반대로, 아들 환웅이 먼저 인간세상을 동경하고 그에 따라 아버지 환인이 지상으로 내려가도록 도움을 주는 것이다. 이처럼 고조선본풀이에서는 천신 부자의 자력적 인간세상 인식과 아들 중심의 능동적 의지에 따라 사건이 전개되는 점에서 전혀 다르다. 게세르에서처럼 인간세상을 비루한 곳으로 부정하게 여기기는커녕 오히려 이상세계로 동경하는 상황이다. 그러므로 지상의 인간세상을 위한 목표도 '홍익인간' 이념으로 분명하게 드러나 있다.

이러한 문제의식에 따라 이상적인 지역을 찾아 더 훌륭하게 도움을 주려는 것이 환웅의 지상강림 의지이자 목표이다. 실제로 환웅천왕은 이러한 뜻에 따라 지상에서 '주곡, 주명, 주병, 주형, 주선악 등 인간세상의 360여 가지 일을 재세이화'한다.[49] 따라서 이웃나라에 살고 있던 곰족과 범족까지 환웅천왕을 찾아와서 인간답게 살도록 도와달라고 비는 것이다. 더 적극적으로 해석하면 하늘의 천신은 물론 동굴 속에 사는 지하의 곰과 범 등 짐승들까지 인간세상을 동경하여 더불어 살고자 한 것이다. 그 결과 곰은 마늘과 쑥 등 채식생활을 하며 동굴 속에서 3칠일 동안 칩거하는 정착생활에 적응함으로써 인간세상에 동화된다. 그러므로 고조선본풀이는 '홍익인간'이라는 인본주의적 공생세계를 이상으로 하며, 채식생활과 정착생활 중심의 농경문화 세계관을 잘

---

49) 『三國遺事』 같은 곳, "而主穀主命主病主刑主善惡 凡主人間三百六十餘事 在世理化".

드러내 주고 있다.

환웅은 자의적으로 지상으로 내려오는 천신의 존재이지만 단군왕검은 환웅천왕과 곰네 사이에서 인간으로 태어난다. 부계는 천신이고 모계는 굴 속에 기거하는 지상적 존재이다. 따라서 단군의 출생을 두고 흔히 '천부지모' 사상을 지녔다고 한다. 그러나 게세르는 환웅처럼 천신인 채 지상으로 하강하지 않는다. 예수나 단군처럼 어머니로부터 인간의 아기로 태어난다. 그러므로 게세르는 아버지에게 '나란 고혼'을 어머니로 점지해 달라고 소원한다.

> "마지막 소원입니다. 아버님, 나란 고혼 처녀를 인간 세계에서 저의 어머니로 주십시오! 제가 인간으로 환생할 때 지상에서의 아버지는 어쩔 수 없이 인간이라 해도, 지상에서의 어머니만큼은 하늘세계의 밝은 여신인 나란 고혼이 되었으면 좋겠습니다."[50]

이 소원처럼 게세르는 하늘에서 하강한 '나란 고혼'을 어머니로 하고, 가난하고 불구인 인간 '센겔렌'을 아버지로 해서 인간의 아기로 태어난다. 아버지 센겔렌이 얼마나 미천한 존재인가 하는 것은 다음 내용에서 잘 나타난다. 마을의 연장자인 '사르갈 노욘'이 고혼 처녀를 신랑의 수준에 맞게 의도적으로 불구를 만들어야 한다는 대목이다.

> 무릇 신랑과 신부는 외모와 출신이 비슷해야 하는 법입니다. (일부 줄임) 이 처녀의 한쪽 팔을 비틀어야 하고, 눈 한쪽을 파내야 하며, 다리 한쪽을 분질러야 합니다. 그래야만 부부로서 합당하며 이웃의 시샘도 불러일으키지 않고 우리 투게쉰 마을에 평화가 찾아올 것입니다.[51]

---

50) 일리야 N. 마다손 채록, 양민종 옮김, 같은 책, 82쪽.
51) 일리야 N. 마다손 채록, 양민종 옮김, 같은 책, 86쪽.

그리고는 사람을 시켜 고혼처녀의 팔을 비틀고 눈 하나를 뽑고 다리 한쪽을 분지른 다음 혼례식도 올리지 않은 채 셴겔렌에게 시집을 보내고 두 사람을 외딴 곳의 오두막에서 살도록 했다. 게세르의 아버지가 얼마나 미천한 인간인가 하는 것을 나타내기 위해, 거울효과 방식으로 그 어머니 고혼을 심각한 불구자로 만드는 상황이다.

더 흥미로운 것은 부모의 계보가 아주 대조적이다. 게세르는 단군의 '천부지모(天夫地母)' 사상과 정반대로, '천모지부(天母地夫)' 사상에 근거하여 태어나기 때문이다. '천부지모' 사상이 농경문화의 인식이라면 '천모지부' 사상은 상대적으로 유목문화의 인식이라 할 수 있다. 유목민들은 여성주의 관념 때문이 아니라 짐승의 번성을 고려한 까닭에 어머니를 더 중요하게 여긴 것이 아닌가 한다. 유목하는 가축의 번성은 암컷의 출산력에 달려 있기 때문이다. 그리고 수컷은 소수여도 되지만 암컷은 여러 마리여야 한다. 한 숫컷이 여러 암컷을 잉태시킬 수 있기 때문에 상대적으로 '수컷 : 암컷'은 '1 : 다수'를 이루는 것이 바람직하다.

실제로 주인공 게세르는 2명 또는 3명의 부인과 중복 혼인을 한다. 게세르뿐만 아니라 그의 삼촌인 '하라 소톤'도 중혼을 하려고 하는데, 그 신부를 게세르가 차지하므로 좌절된다. 그러므로 게세르에서 영웅들은 중혼을 이상으로 여기며 여러 아내를 거느리는 것이다.

그러나 고조선본풀이를 비롯하여 한국의 어떤 건국시조도 게세르처럼 3부인과 혼인하지 않는다. 혼인과정이 드러나지 않거나, 드러나는 경우에도 1부다처의 중혼이 아니라 1부1처의 단일혼만 이야기된다. 게다가 어떤 시조왕도 '천모지부'의 논리 속에서 탄생하는 사례가 없다. 오직 '천부지모'의 논리 속에 출현한다.

농경문화의 천부지모 사상은 대지의 생산력을 상징하는 '지모신' 관념과 연관되어 있다. 농작물을 생산하는 땅은 '지모신'으로서 변함이 없지만, 땅의 생산을 가능하게 하는 계절은 일년생산신으로서 생멸을 거듭한다. 봄에 와서 여름과 가을 동안 머물다가 겨울에는 사라지는 것이 천부의 상징적 활동방식이다.

천부(天父)는 시간 개념으로 보면 계절에 해당되지만 공간 개념으로 보면 '해'를 뜻한다. '해[日]'의 운행에 따라 계절이 결정되고 계절이 한 번 바뀌는 것이 한 '해[年]'이다. 따라서 천체의 태양을 뜻하는 '해'와 역법의 일 년을 뜻하는 '해'가 같은 말인데, 이렇게 천체와 역법의 해를 같은 말로 쓰는 민족은 한민족뿐이 아닌가 한다.[52]

혁거세가 태어난 자줏빛 알이나 주몽이 태어난 닷되들이 알, 석탈해가 태어난 큰 알 등은 모두 해를 상징하는 밝은 알이다. 가야의 시조는 아예 해를 닮은 황금알에서 태어났다고 한다. 이처럼 해를 상징하는 인물이 바로 건국시조이며, 하늘의 해야말로 빛으로 지상에 하강하여 세상을 널리 이롭게 하고 온누리를 밝히는 존재로서 홍익인간 사상을 구현하는 것이다.

따라서 고조선의 환인, 환웅, 단군은 물론 부여의 해모수, 해부루, 고구려의 동명, 유리, 신라의 혁거세 등은 모두 해를 상징하는 밝은 빛을 뜻하며 태양시조사상을 갈무리하고 있다.[53] 천부사상과 태양시조사상, 지모신 사상의 원천이 고조선본풀이에 갈무리되어 있으며 그것은 부여와 고구려를 거쳐 신라, 가야의 시조로까지 이어진다. 그리고 환웅의 '홍익인간' 이념 또한 부여와 고구려를 거쳐서 신라 박혁거세로까지 이어진다. 혁거세의 우리말 이름인 '불구내(弗矩內, 붉은해)'는 곧 온 누리를 밝히는 '혁거세 사상'을 뜻한다. 홍익인간 이념을 더 구체화한 것이 혁거세 사상이다.[54] 그러므로 고조선본풀이는 한갓 단군조선의 건국시조를 서술하는 데 머물지 않고 배달민족의 세계관과 홍익인

---

52) 임재해, 「건국본풀이로 본 시조왕의 '해' 상징과 정치적 이상」, 『比較民俗學』 43, 比較民俗學會, 2010, 501-502쪽

53) 임재해, 위의 글 및 「신시고국 환웅족 문화의 '해'상징과 천신신앙의 지속성」, 『단군학연구』 23, 단군학회, 2010, 343-393쪽에서 이 문제를 자세하게 다루었다.

54) 임재해, 「건국본풀이로 본 시조왕의 '해' 상징과 정치적 이상」, 494-495쪽.

간의 이념, 그리고 태양숭배의 문화적 유전자를 갈무리한 채 삼국시대 까지 그 민족사상이 지속되었던 것이다.

5. '농경·유목문화 비교모형'과 두 신화의 이질성

고조선본풀이와 게세르신화를 지금처럼 비교하여 같고 다른 점을 포착하는 것이 바람직한가 되돌아봐야 한다. 비교검토의 준거와 체계 가 수립되어 있지 않은 채 그때마다 여러 기준에 따라 요소별로 비교 하는 것은 생산적 해석에 이르기 어렵기 때문이다. 채록시기의 선후에 따라 고조선본풀이가 게세르보다 더 앞선 작품이라거나,[55] 또는 게세 르 판본들에 나타난 종교적 차이에 따라 고본 여부를 결정하는[56] 수준 에서 만족할 수 없다. 이미 앞에서 생태계와 관련하여 생업과 세계관 의 차이가 농경문화와 유교문화로 대비되어 분석된 것처럼, 전통적인 비교방법에서 나아가 신비교주의(new comparativism) 방법이 요청되고 있다.

신비교주의는 사회적 상황의 구조를 고려하지 않은 탈맥락적 비교 의 한계를 극복하고, 연구대상이 놓여 있는 세계의 포괄적인 상황을 포착하는 거시적 비교와, 구체적이고 개별적인 문화현상의 미시적인 비교를 상호관련 속에서 하도록 촉구한다. 따라서 페이든(William E. Paden)은, 신비교주의 비교분석에서는 거시 주제적(macro-thematic) 모형 과 미시 주제적(micro-thematic) 모형 사이에 하나의 스펙트럼을 만들어 내야 한다고 주장한다.[57] 그런데 아무도 거시 주제적 모형 설정에 관

---

55) 양민종, 「단군신화와 게세르신화」, 25-26쪽, 채록시기가 단군신화가 13세기인 데 비하여 게세르 판본 가운데 가장 이른 것이 1716년이라는 사실과 가장 신 화적이며 샤머니즘의 이상을 정통적으로 구현했다는 사실을 근거로, "단군 신화가 게세르 계열의 샤머니즘 무속 영웅서사시의 판본들 가운데 가장 오 래 되었다"고 했다.
56) 양민종·주은성, 같은 글, 392쪽.

심이 없다. 단편적 현상의 동질성을 찾아 북방문화 기원론이나 유목문
화 전래설을 펴기 일쑤였다.

한국과 몽골 또는 시베리아의 문화가 비교되는 경우에, 초원지역
유목문화와 삼림지역 농경문화라고 하는 생태학적 관점의 거시적 주
제 모형을 맥락적으로 고려하면, 탈맥락적 비교에 따른 부분적 형태의
유사성이나 원자론적 동질성을 근거로 민족문화의 원형을 추론한 성
급한 주장들은 설 자리를 잃게 된다. 오히려 상고시대의 역사를 제대
로 파고들면 그러한 문화의 원형은 '고조선문명권'이나[58] '발해연안문
명권'이라는[59] 사실이 포착될 수도 있다.

종속적 전래설이나 자문화 중심주의에 빠지지 않으려면, 일정한 분
석모형을 설정하고 거기에 따른 해석이 필요하다. 비교 지역이나 민족,
국가에 따라 비교분석모형이 서로 달라야 하겠지만, 적어도 몽골이나
시베리아와 같은 특수한 자연환경인 경우에는 생태학적 모형이 설득
력을 지닌다.

몽골은 중국과 길게 국경을 맞대고 있을 정도로 인접해 있어도 생
태계가 다르기 때문에 중국문화를 받아들이지 않았으며, 오히려 공간
적으로 멀리 떨어져 있는 티베트문화를 받아들여 라마교가 주류문화
를 이루었다. 중국 또한 몽골과 인접해 있을 뿐만 아니라 오랫동안 몽
골의 지배를 받았지만 몽골문화의 영향을 거의 받지 않고 오히려 인도
문화의 영향을 받아 불교문화를 꽃피웠다. 서로 생태문화가 다르면 인
접해 있거나 지배관계에 있어도 문화 교류가 활발하게 이루어지기 어
렵다는 것을 뜻한다.

---

57) William E. Paden, 'Elements of a New Comparativism', *Method & Theory in the Study
of Religion*, 8/1. 1965, 7-8쪽. 김종서, 「현대 종교학의 비교방법론」, 『철학사상』
16권 6호, 2003, 20쪽에서 참조.
58) 愼鏞廈, 『韓國 原民族 形成과 歷史的 傳統』, 나남출판, 2005, 13-155쪽. '제1부
한국 원민족 형성과 고조선문명권' 참조.
59) 이형구, 『발해연안에서 찾은 한국고대문화의 비밀』, 김영사, 2004.

지리적 인접성보다 생태학적 인접성이 문화교류에 더 긴요한 구실을 한다. 한국과 몽골의 관계도 상고시대에 같은 생태계 속에 생활하는 동안에 문화를 서로 공유했을 가능성이 높지만, 고대 이후 민족이 동으로 생태계가 다르고 농경문화와 유목문화로 생업양식이 분화되면서 문화의 전파나 영향은 거의 기대하기 어렵게 되었다. 따라서 비교연구를 위한 거시적 모형으로서 생태학적 생업양식에 따른 분석 틀을 '농경·유목문화 비교모형'으로 설정해서 주목해 보면 상황이 달라진다.

북방민족의 유목문화에서 비롯된 문화현상이라고 성급하게 전래설을 폈던 '샤머니즘과 굿'은[60] 물론, '어워와 서낭당',[61] '무관과 금관'은[62] 그 전래 및 영향관계가 잘못되었다는 사실이 밝혀지고, 한국의 주생활과[63] 식생활 양식[64] 등 미시적 문화 현상들까지 유목문화 영향과 무관하게 농경문화로서 독창성을 지니고 있다는 사실이 포착된다.

그 결과, 북방의 초원지역 문화는 이동생활과 유목문화의 체계에 맞게 이루어져 있고, 한국문화는 정착생활과 농경문화의 체계에 맞게 이루어져 있다는 사실을 발견하게 된다. 그러므로 문화의 우열이나 선후문제와 상관없이 생태학적 맥락이 문화 양식을 결정하는 중요변수라고 하지 않을 수 없다.[65]

---

60) 임재해, 「굿 문화사 연구의 성찰과 역사적 인식지평의 확대」, 『한국무속학』 11, 한국무속학회, 2006, 67-146쪽 및 「왜 지금 겨레문화의 뿌리를 주목하는가」, 『比較民俗學』 31, 比較民俗學會, 2006, 183-241쪽.

61) 임재해, 「민속문화에 갈무리된 제의의 정체성과 문화창조력」, 『실천민속학연구』 10, 실천민속학회, 2007, 5-54쪽.

62) 임재해, 『신라금관의 기원을 밝힌다』, 지식산업사, 2008.

63) 임재해, 「주거문화 인식의 성찰과 민속학적 이해지평」, 『比較民俗學』 32, 比較民俗學會, 2006, 13-72쪽.

64) 임재해, 「단군신화에 갈무리된 문화적 원형과 민족문화의 정체성」, 『단군학연구』 16, 단군학회, 2007, 280-294 및 318-331쪽.

65) 임재해, 「민속예술 비교연구의 준거와 비교모형 설정」, 『比較民俗學』 36, 比較民俗學會, 2008, 34-35쪽 참조.

따라서 이러한 분석모형을 두고 두 문화를 비교해 보면 종래의 전파주의적 고정관념에서 해방될 수 있다. 주생활과 식생활 관련 문화의 차이도 '농경·유목문화 비교모형'으로 해명이 되는 것처럼, 거시적 모형 속에서 미시적 모형들이 스펙트럼을 이루며 내포되어 있다. 그러므로 고조선본풀이와 게세르신화의 비교도 이러한 거시적 모형을 바탕으로 미시적 주제들을 구체적으로 비교할 필요가 있다.

실제로 유목민족의 영웅서사시인 게세르에서는 등장인물의 은유와 문제적 상황이 유목민들의 생활세계와 깊이 연관되어 있다. 기근의 상황을 나타낼 때에도 짐승이 고통받는 상황을 먼저 이야기하고 하늘의 천신이 짐승의 형상으로 지상에 내려올 뿐 아니라, 아기 게세르가 태어나서 제일 처음 한 행적도 거대한 쥐와 벌, 모기 등 짐승의 형체를 현재 모습대로 만드는 일부터 차례로 한다. 민족이나 국가의 기원 또는 농경의 기원을 이야기하는 것이 아니라 짐승의 기원을 이야기하는 것이다. 한결같이 유목민들의 세계관을 반영하는 내용들로 구성되어 있다.

> 지상세계에 극심한 가뭄이 찾아왔다. 모든 나무들의 가지가 바싹 말라붙어 시들어갔고, 초원을 가득 채웠던 영원히 푸른 풀들은 본색을 잃고 누렇게 변했다. (일부 줄임) 아무리 많은 가축과 금은보화를 준다고 해도 깨끗한 물 한 그릇 구하기가 하늘에 있는 별을 따기보다 어려웠다. (한쪽 줄임) 지상에서는 매일 수천 마리의 말들이 기근으로 죽어갔으며, 하룻밤이 지날 때마다 수천 명의 무고한 사람들이 목이 말라 죽어갔다.[66]

극심한 가뭄 상황이다. 가뭄과 기근의 묘사를 초원의 황폐한 모습으로부터 시작한다. 먼저 초원이 누렇게 시들어가고 다음에는 수천 마

---

66) 일리야 N. 마다손 채록, 양민종 옮김, 같은 책, 76-78쪽.

리의 말들이 죽어가며, 마지막으로 무고한 사람들이 죽어간다. 유목문화에서 가장 큰 자원은 초원의 풀밭이고, 다음에는 풀을 먹고 자라는 가축이며, 마지막으로 가축으로 먹고 살아가는 인간이다. 풀밭→가축→사람으로 이어지는 과정의 묘사는 유목문화의 생태학적 현실을 객관적으로 잘 드러내고 있다. 더군다나 물 한 그릇을 구하는데 '가축과 금은보화'를 주어도 구하기 어려웠다고 한다. 물이 귀한 초원의 사정이 잘 드러날 뿐 아니라, 금은보화보다 가축을 앞세웠다. 유목민들에게는 금은보화 못지않게 가축이 귀한 재화였기 때문이다.

천신의 하강도 짐승의 형태로 이루어진다. 게세르의 어머니 '나란 고혼'은 "회색빛이 감도는 얼룩무늬를 가진 종달새"의 모습으로 하늘에서 지상으로 내려온다. 그 몸집도 대단히 커서 사람들이 밀어도 끄떡하지 않고 화살로 찔러 보아도 전혀 놀라지 않고 아름다운 노래만 불렀다. 활을 쏘아 화살이 머리 위로 아슬아슬하게 날아가며 무시무시한 소리를 내자 비로소 깜짝 놀란 '나란 고혼'은 종달새의 껍질을 벗고 아름다운 미녀의 모습으로 나타난다.[67] 이처럼 천녀(天女)가 지상에서 천사의 모습으로 나타나지 않고 종달새와 같은 날짐승의 모습으로 나타나는 것은 유목민들의 발상이라 할 수 있다.

나란 고혼이 혼인한 지 열달 만에 "몸속의 모든 뼈가 다 으스러지는 통증을 느끼고 머리카락이 다 뽑히는 듯한 아픔을 겪으면서 위대한 우리의 미래, 순수한 하늘신의 자손, 용맹한 인간 세계의 전사" 게세르가 태어난다.[68] 이렇게 태어난 아기 게세르의 제일 첫 행적이 거대한 쥐를 현재와 같이 작게 만드는 일이다. 게세르가 황소만한 큰 쥐를 말총으로 만든 올가미로 잡아서 가죽 채찍으로 내리치자, 그 때마다 살점이 떨어져 나가 "조그맣고 볼품없는 생쥐의 모습"이 되었다는 것이다.[69] 아기 게세르는 그런 뒤에 "이제야 태어나서 처음으로 지상의 적

---

67) 일리야 N. 마다손 채록, 양민종 옮김, 같은 책, 84-85쪽 참조.
68) 일리야 N. 마다손 채록, 양민종 옮김, 같은 책, 90-91쪽.

을 제압했다"고 한다.

그리고 다음날 같은 방법으로 말의 머리통만한 큰 말벌을, 또 말보다 더 큰 모기를 지금과 같이 작은 말벌과 모기로 만드는 일을 차례로 한다.[70] 인간세계가 아니라 동물세계의 질서를 바로잡는 것이다. 그러나 고조선본풀이에는 가축이나 날짐승 등이 등장하지도 않고 문제되지도 않는다. 환웅이 인간세상을 다스리는 행적은 주곡, 주명, 주병, 주형, 주선악 등에서 드러난 것처럼 한결같이 주곡(主穀) 곧 농경을 가장 으뜸으로 삼고, 이어서 인간의 수명과 질병 및 윤리 문제를 다루는 사실과 견주어 보면, 게세르의 행적과 퍽 대조적이다.

게세르는 말총과 가죽채찍으로 적을 다스릴 뿐만 아니라, 검은 말을 타거나 노란 말을 타는 등 끊임없이 말을 타고 이동하면서 악령이나 괴물을 퇴치한다. 그리고 '사르갈 노욘'이 타고 있던 황소의 등에 떨어져서 쓰러지자, 게세르는 그 원인을 농작물을 경작한 탓으로 돌리며 정착민들에게 불호령을 내린다.

> 만일 너희들이 이곳에서 땅을 파고 곡식을 기르지 않았더라면 저기 날아가는 새가 어찌 어두컴컴한 숲 속에 몸을 사리고 숨어 있었겠느냐! 만일 새가 화들짝 놀라서 숲에서 나오지 않았더라면 우리 황소가 이렇게 놀라자빠졌겠느냐! 그리고 우리 황소가 놀라서 자빠지지만 않았더라면 나의 아버지가 이렇게 무참하게 죽어 넘어져 있겠느냐! 오늘의 비극적인 사고는 모두 다 너희들의 잘못으로 시작된 것이다.[71]

이렇게 꾸짖자 농사를 짓던 정착민들은 자리에 납작 엎드렸으며 비단으로 만든 망자의 옷을 준비하여 사르갈 노욘의 몸에 입혔다고[72] 한

---

69) 일리야 N. 마다손 채록, 양민종 옮김, 같은 책, 92쪽.
70) 일리야 N. 마다손 채록, 양민종 옮김, 같은 책, 93-95쪽.
71) 일리야 N. 마다손 채록, 양민종 옮김, 같은 책, 112쪽.

다. 정착 농경인이 철저하게 비판되면서 상대적으로 이동 유목민이 적극적으로 긍정되는 대목이다. 유목문화답게 모든 재능이나 재물도 가축과 연관되어 있다. 농경문화가 부정되고 유목문화가 자리잡는 과정이 반영되어 있다.

게세르가 미인 '야르갈란'을 아내로 맞이할 때에도, 장인으로부터 양 한 마리의 고기를 수백 명에게 나누어주는 검증을 받는다. '하라 소톤'은 불평등하게 나누어서 배제되고 게세르는 고기를 잘게 썰어 골고루 나누어 줌으로써 장인의 찬사를 받으며 미인 아내를 얻는다.[73] 둘째 부인을 얻을 때는 장인의 딸들을 살려준 댓가로 셋째딸을 아내로 얻는 것은 물론, 장인의 재산인 가축과 말 떼의 절반을 받는다. 곡물이나 토지는 재산에서 전혀 문제되지 않는다. 인간적 역량과 식생활, 재산, 분배 등이 모두 육식생활이나 가축사육과 연관된 것으로서 유목민의 생활을 고스란히 반영하고 있다.

게세르가 영웅으로 성장하여 적대자들과 전투하는 상황도 유목민의 성격이 두드러진다. 게세르에서 가장 빈번하게 사용되고 가장 결정적으로 사용하는 강력한 무기가 채찍이다. 채찍은 말을 부리고 가축을 몰아가는 도구일 뿐 전쟁무기라 하기 어렵다. 그러나 유목민들에게 채찍은 긴요한 무기로 이용된다. 농경민에게 호미가 낫처럼 무기 구실을 하듯이 유목민에게는 채찍이 중요한 무기 구실을 하는 것이다. 따라서 게세르가 공격을 받아 죽을 고비를 겪는 경우에도 채찍에 맞았기 때문이며 그 적을 응징하는 경우에도 채찍으로 공격해서 물리친다.

> "그자는 내게 이루 형언할 수 없는 괴로움을 주었소. 채찍으로 내 몸의
> 살점을 뜯어내어 등뼈가 훤히 드러났을 뿐만 아니라, 창으로 내 옆구리를
> 찔러 오장과 육부가 다 절단이 나서 아무것도 먹지 못하고, 물 한 모금조차

---

72) 위와 같은 곳.
73) 일리야 N. 마다손 채록, 양민종 옮김, 같은 책, 119-120쪽.

마실 수가 없었다오."[74]

　　아바이 게세르는 채찍을 들고 로브소고이의 등짝을 후려갈겼다. 피가
튀고 살점이 사방으로 흩어졌다. 기절한 듯이 등을 땅에 대고 넘어진 로브
소고이의 가슴 위로 가차 없는 채찍이 날아들었다. 심장은 터져 몸 밖으로
날아가고 살점은 푹 패여 로브소고이의 가슴은 물에 적신 종이처럼 흐물흐
물거렸다.[75]

　이어지는 두 장면이 모두 채찍으로 적대자에게 공격을 당하거나 공
격을 하는 상황이다. 더군다나 채찍에 맞아서 피가 튀고 살점이 흩어
지는 모습을 적나라하게 묘사하고 있다. 게세르가 결말의 전투에 최종
승리를 안겨주는 신이한 무기 구실을 하는 것도 버드나무가지로 된 채
찍이다. 채찍을 가장 중요한 무기로 사용하는 것은 유목문화의 전통에
서 비롯된다. 유목문화에서 채찍은 단순히 말을 모는 수단이 아니라
가축 떼를 몰아가는 구실 등 다양한 기능을 하기 때문에 채찍문화가
가장 발달되어 있다고 할 수 있다.

6. 생태문화에 따른 샤머니즘과 굿문화의 이질성

　유목문화와 농경문화의 차이는 이러한 생활세계의 차이로 한정되
지 않는다. 앞에서 다룬 하늘세계의 인식처럼 관념적 세계관의 인식도
일정한 차이를 드러낸다. 그러한 세계관의 차이를 잘 보여주고 있는
것이 샤머니즘과 굿문화이다. 샤머니즘이 유목문화의 세계관을 잘 보
여준다면, 상대적으로 굿문화는 농경문화의 세계관을 잘 보여준다. 그
럼에도 그 동안의 연구는 게세르에 고조선본풀이를 귀속시키듯이 샤

---

74) 일리야 N. 마다손 채록, 양민종 옮김, 같은 책, 398쪽.
75) 일리야 N. 마다손 채록, 양민종 옮김, 같은 책, 398-399쪽.

머니즘에 굿을 귀속시켜 두었다. 그러므로 한국의 굿은 샤머니즘 기원
설에서 해방되지 못했다.

그러나 현장에서 보면 굿문화와 샤머니즘은 근본적으로 다르다. 기
유모즈(Alexander Guillemoz)가 잘 지적한 것처럼, "무당은 샤먼과는 반대
로 신을 찾으러 가는 것이 아니라 신을 받아들이고 맞아들이는 것이
다. 즉 내려오는 것은 신들인 것"이라고[76] 하여 굿이 샤머니즘과 다르
다는 것을 밝혔다. 그러나 그 자체로 이질성을 강조해서 밝혔을 뿐 그
원인을 알지 못한 까닭에 거시적 비교모형을 추론하지 못했다.

그러나 농경-정착, 유목-이동 생활양식을 비교해 보면, 유목문화의
샤머니즘은 신을 찾아서 이계(異界)로 여행을 하고, 농경문화의 굿은
신을 모셔와서 굿판에 좌정시키는 신맞이를 하는 것이 기본구조라는
사실을 알 수 있다.[77] 풀밭을 찾아 이동하는 유목문화의 샤먼은 이계
의 신을 찾아 굿판을 떠나고, 정착하여 농사를 짓는 농경문화의 무당
은 이계의 신을 굿판으로 불러들여 굿을 하는 것이다.[78] 이 밖에도 샤
머니즘과 굿문화는 공통점보다 상이점이 다양하게 두드러진다.[79] 왜
냐하면 굿문화와 샤머니즘은 농경문화와 유목문화의 맥락 속에 형성
되어 있기 때문이다.

유목지역의 샤먼들은 '이계' 곧 지상과 다른 세계에 가서 초월적 존
재를 만나고 해답을 알아와서 지상의 문제를 해결한다. 따라서 샤먼들
은 굿을 하는 동안 엑스타시 상태, 곧 혼이 몸을 빠져나가서 망아의 탈

---

76) 알렉상드르 기유모즈, 「現世的 福樂追求의 信仰」, 크리스챤아카데미編, 『韓
國의 思想構造』, 삼성출판사, 1975, 406쪽.
77) 임재해, 「굿 문화사 연구의 성찰과 역사적 인식지평의 확대」, 77-82쪽에 샤머
니즘과 굿문화를 더 자세하게 비교하여 분석하였다.
78) 임재해, 위의 글, 127-129쪽에서 이 문제를 농경문화와 유목문화의 비교모형
에 따라 더 자세하게 차이를 밝혔다.
79) 임재해, 「왜 지금 겨레문화의 뿌리를 주목하는가」, 202-213쪽에서 자세하게
비교하였다.

혼 상태에 빠져든다. 이때 샤먼들의 몸을 빠져나온 혼은 주로 하늘나라로 떠난다. 특히 내림굿을 할 때에는 샤먼이 높은 나무 위로 가능한 멀리 올라가 오랫동안 있다가 내려온다. 하늘세계를 다녀오는 것을 상징하는 입무의식이다. 지상의 문제를 푸는 해답 곧 미래의 운명에 관한 비밀은 하늘나라에 있다고 여기는 것이다.

게세르에는 이러한 세계관이 고스란히 나타난다. 게세르가 악한 마법사들과 전쟁에서 승리한 다음 하늘세계로 올라간다. 하늘에서 휴식을 취한 다음 지상의 마지막 마법사 '쉬렘 미나타'를 처치하기 위해 다시 지상으로 내려온다. 최선의 준비를 갖추고 '쉬렘 미나타'와 대결을 벌였지만, 승산은커녕 위기에 몰리게 되자 휴전을 청하고 간신히 그의 손아귀에 벗어나 고향으로 돌아온다. 고뇌에 빠져 있다가 아내 '알마 메르겐'의 충고대로 다시 하늘나라로 가서 도움을 구한다.

아버지 '한 히르마스'가 "운명의 책에 있는 기록을 보면 고통과 수난을 겪은 다음 결국 네가 지상의 악들을 모두 다 제압하는 것으로 되어 있다"고 하면서, 형 '자사 메르겐'과 "하늘세계에 어려움이 생길 때마다 현명하게 돌파구를 마련하는 '만잔 구르메' 할멈에게도 가서 비책을 여쭙거라" 하고 일러준다.[80] 형을 찾아가니 아버지처럼 '생명의 책, 운명의 책'에 기록된 사실을 들려주고, '만잔 구르메' 할멈은 신무기라고 하면서 버드나무 가지로 만든 채찍을 준다.[81] 게세르는 최후의 결전에서 '쉬렘 미나타'의 채찍을 머리에 맞고 쓰러져 죽음의 절망에 빠져 있다가, '구르메' 할멈이 준 버드나무 채찍으로 상대의 머리를 가격하여 몸을 조각내고 마침내 승리한다.[82]

샤먼이 엑스타시 상태에서 하늘나라로 올라가 신들의 도움으로 지상의 문제를 해결하는 방법을 알아오는 구조와 일치한다. 게세르는 위

---

80) 일리야 N. 마다손 채록, 양민종 옮김, 같은 책, 411쪽.
81) 일리야 N. 마다손 채록, 양민종 옮김, 같은 책, 412-413쪽.
82) 일리야 N. 마다손 채록, 양민종 옮김, 414쪽.

기에 처했을 때 하늘나라로 올라가 신들에게 직접 도움을 요청하고, 하늘 신들은 '운명의 책' 또는 '생명의 책'을 통해서 미래의 상황을 미리 알려준다. 또 '만잔 구르메' 할멈처럼 영험한 무기까지 제공하기도 한다. 그러므로 하늘나라에는 지상의 문제를 해결할 수 있는 초월적인 신과 운명의 책, 그리고 영험한 주술물 등이 존재하는 셈인데, 이러한 양상은 이계에 가서 문제해결의 방법을 알아오는 샤머니즘의 세계관과 일치한다.

게세르가 도저히 이길 수 없을 정도로 마법이 막강했던 "무시무시한 저승의 괴물이 연약한 버드나무 가지 회초리를 맞고 황천길로 간 것"은[83] 순전히 하늘에서 가져온 주술물 덕분이다. 부리야트 전통사회에서는 버드나무 가지가 사악한 마법사와 정령들 등 잡귀잡신들을 쫓은 주술적 기능을 발휘한다고 믿었으며, 시베리아 소수민족들도 자작나무와 함께 악한 기운을 물리치는 주술적 영험을 지닌 버드나무를 사용했다.[84] 그러므로 샤먼들은 하늘나라로 여행하기 위해 엑스타시 상태에 빠지고 사악한 잡귀들을 쫓기 위해 버드나무 가지를[85] 사용하는 것이다.

그러나 한국의 굿문화에서는 이러한 엑스타시 상태나 무당의 이계 여행이 없다. 따라서 무당이 하늘나라로 여행을 하지 않는 것은 물론, 하늘나라에 있는 운명의 책이 등장하지 않는다. 오히려 하늘에 있는 신들을 지상으로 청신하여 굿판에 좌정하도록 한다. 청신굿이자 내림굿 구조의 양식이다. 따라서 고조선본풀이에서도 환웅이 신단수 밑으로 하강하여 신시의 세계를 이룩하는 것이다. 같은 방식으로 박혁거세도 양산촌에 하강하며, 김알지나 수로왕 또한 각각 시림과 구지봉에

---

83) 위와 같은 곳.
84) 일리야 N. 마다손 채록, 양민종 옮김, 444쪽.
85) 한국 무당들은 축귀행위를 할 때 버드나무 대신에 복숭아나무 가지를 사용한다.

하강한다. 그러므로 본풀이의 주인공들은 모두 하늘의 천신이 지상으로 내려오는 내림굿 형태를 이루고 있다.

샤먼의 하늘나라 여행을 엑스타시(ecstasy) 유형이라고 하면, 무당의 내림굿 형태는 포제션(possession) 유형이라고 한다.[86] 고조선본풀이를 비롯한 한국의 건국시조들이 신맞이로 이루어지는 '내림굿' 형태의 포제션 유형에 속한다면, 게세르신화를 비롯한 샤머니즘의 방식은 혼이 무당의 몸에서 빠져나가는 '탈혼굿' 형태의 엑스타시 유형에 속한다고 할 수 있다. 이계여행의 엑스타시 유형, 곧 탈혼의 방식이야말로 유목민들이 현실의 어려움을 해결하기 위해 끊임없이 새로운 풀밭을 찾아 이동하는 데서 비롯된 세계관이라면, 내림굿 형태의 포제션 유형 곧 신들림의 방식은 한 자리에 터잡고 정착하여 씨를 뿌리고 가꾸는 농경문화의 해결방식이다.

이러한 두 가지 사유방식은 구체적인 생활양식에서도 고스란히 나타난다. 주생활에서도, 언제든지 이동 가능하도록 게르와 같은 천막을 짓고 가축과 함께 좋은 풀밭을 찾아 생활하는 유목문화의 주거생활과, 누대로 붙박이생활을 할 수 있도록 구들을 놓고 집을 지어 토지를 경작하며 살아가는 농경문화의 주거생활이 대조적으로 드러난다. 농경문화에서는 신도 하늘에 있는 것이 아니라 땅의 일정한 공간에 머물러 있도록 한다. 그러므로 사당과 서낭당에 늘 신을 붙박이로 모시고 있고, 신이 없는 경우에는 굿판으로 신을 내림받아 모셔오기 위해 신맞이굿이나 내림굿을 하는 것이다.

유목민들에게 신은 굿판에 있는 것이 아니라 다른 세계에 있다. 수시로 이동하는 생활을 하기 때문에 사당과 서낭당을 지어두고 신을 붙박이로 모실 수도 없다. 그것은 곧 신을 버리는 행위나 다름없기 때문이다. 따라서 신이 머무는 세계는 이계로 설정되어 있다. 선신이든 악

---

86) 김성례, 「한국 무교와 샤머니즘」, 『그리스도교와 무교』, 바오르딸, 1998, 57쪽.

신이든 하늘 또는 지하, 바다와 같은 다른 세계에 있다. 신을 붙박이로 지상에 모셔두고 섬기는 것이 아니라 필요할 때마다 찾아가서 만나고 도움을 요청할 수밖에 없다. 붙박이 농경인들이 데스크탑 컴퓨터를 이용하는 것이 편리한데 비해, 떠돌이 유목인들은 클라우드 컴퓨팅(cloud computing)을 이용하는 것이 편리한 것과 같다.[87]

게세르신화에서 천신들이 지상세계로 내려 올 때에는 게세르처럼 인간의 아기로 태어나거나 그 어머니처럼 짐승의 형태로 나타난다. 환웅처럼 신인 채로 하늘에서 강림하여 신단수에 깃들어 천왕으로서 섬김의 대상이 되지 않는 것이다. 신단수는 마치 마을 서낭당의 당나무와 같다. 당나무에는 마을수호신이 깃들어 마을의 온갖 일을 지켜 주는 것처럼, 신단수에 강림한 환웅천왕도 신시고국의 360여사를 재세이화, 곧 세상에 머물러 있으면서 이치로서 다스렸다.

그러나 유목민들은 '재세이화'의 논리와 반대로 '성을 쌓는 자는 망한다'고 한다. 유목인들이 한 자리에 머물러 있으면 생존이 불가능하나, 농경인들은 오히려 유목민들처럼 '떠돌이 생활'을 하면 망하게 된다. 놈팽이나 걸인들이 떠돌아다니지 부지런한 농부들은 일정한 공간에 주거시설을 마련해 놓고 토지를 가꾸며 누대로 붙박혀 사는 것이 미덕이자 흥하는 삶이다.

따라서 곰족과 범족이 신단수 아래로 찾아와 신단수 아래에서 정착생활을 하는 환웅천왕에게 인간되기를 빌었던 것이다. 그것은 곧 유목민들이 정착농경 문화에 동화되기를 소망한 것인데, 환웅의 농경문화

---

87) 이러한 양상은 컴퓨터 사용에서도 두 유형으로 나타난다. 종래에는 농경인들처럼 자기 컴퓨터에다가 자료를 제각기 입력시켜 놓고 필요할 때마다 자기 컴퓨터를 작동시켜 불러내서 사용하는데, 이동할 때에는 이용할 수 없기 때문에 휴대용 저장장치를 별도로 이용해야 한다. 그러나 요즘은 유목인들처럼 자료를 인터넷 공간인 클라우드(cloud)에 저장해 두고 필요할 때마다 어디서든 그곳에 찾아가 저장된 자료를 끌어내서 사용하므로 이동이 잦은 사람들이 아주 편리하게 이용할 수 있다.

에 곰족은 적응하여 동화되고 범족은 적응하지 못해 일탈했던 것이다. 범의 생태와 같이 범족은 떠돌아다니며 육식생활을 하는 까닭에 환웅족의 선진문화를 동경했을 뿐 적응과 동화는 하지 못했다.

7. 두 신화의 이질성과 한몽관계의 접점 재인식

한몽 고대사는 흥미롭게도 돌궐과 연관되어 있다. 한국과 몽골 모두 돌궐족의 역사와 일정한 관계를 지니는 까닭이다. 돌궐과 몽골이 서로 고대사를 공유하고 있을 뿐 아니라 고대에 같은 지역에 거주하며 같은 시조신화를 누렸다는 사실이 추론되는 까닭이다. 흥미로운 것은 한국과 터키의 친연성 또한 이와 같은 맥락에서 서로 만나 고대사의 접점을 이루고 있다는 점이다. 따라서 한국과 터키가 고대사로 거슬러 올라가면 민족적 동질성으로 만나는 것처럼, 한국과 몽골의 친연성도 같은 양상의 접점을 이루고 있는 것으로 추론된다. 그러므로 한국과 몽골의 고대사 인식은 터키와 함께 세 민족사의 상호비교가 이루어질 때 더 정밀하게 포착될 수 있다.

고대사의 접점에서 중세 이후로 올수록 한국과 몽골, 터키는 지리적 거주의 이동은 물론, 생태계에 따른 문화적 독창성과 이질성이 강화되고 다른 민족과 교류로 혈연적 계보도 상당히 다른 방향으로 나아가게 된다. 몽골 민족도 동아시아 지역에서 서북쪽 초원지대로 이동하면서 초기농경문화에서 유목문화가 형성되고, 돌궐족은 더 서쪽으로 이동하는 만큼 여러 민족들과 교류하면서 유목문화를 거쳐 다시 농경문화로 나아갔다. 그러나 한민족은 초기농경문화에서 유목문화 세력을 수용하여 동화시키는 가운데 후기농경문화로 계속해서 발전해 왔다. 그러므로 고대에 형성되었던 세 나라의 문화적 동질성은 후기로 올수록 이질화될 수밖에 없다.

특히 한국과 몽골은 중세 이후의 역사적 전개와 지리적 위치, 자연

환경의 이질성으로 상당히 다른 문화를 누리게 되었다. 그럼에도 우리 학계는 여전히 고대사의 추론적 접점을 근거로 전파주의적 시각에서 문화의 선후 또는 영향 문제를 동어반복하는 데 함몰되어 있다.

고조선본풀이를 게세르신화 유형으로 범주화 하는 데에도 그러한 인식이 상당히 내재되어 있다. 두 자료는 창작 연대나 지리적 위치, 전승주체, 생태학적 상황이 전혀 다른 작품이다. 따라서 지금까지 검토한 것처럼 오히려 자료의 갈래와 서사구조, 이야기의 내용, 세계관적 가치, 하늘과 땅 또는 부모의 인식, 종교적 배경, 생업의 양식 등 여러 준거에서 서로 이질성을 지닌 국면들이 훨씬 더 두드러진다.

이러한 이질성은 한몽 두 나라 민족사에서 장기지속적으로 전개된 통시적인 변화양상인 동시에, 공시적으로 보면 '농경·유목문화 비교모형'에 따른 생태학적인 차이에서 비롯된 것이다. 앞으로 기업제국이 주도하는 새로운 세계로 나아가더라도 문화적 이질성은 지속될 수밖에 없다.

한몽관계의 접점은 고대사에서 추론적으로 찾을 수 있고 현실상황에서 두 민족의 정서적 공감대에서 찾을 수 있으나, 문화적으로 볼 때에는 두드러진 차이와 이질성을 부인할 수 없다. 그러므로 고조선본풀이와 게세르신화는 고대사의 동질성보다 현실적인 문화의 이질성을 더 잘 보여주는 자료일 뿐 아니라, 두 작품은 서로 독립적으로 발생한 것이라 할 수 있다. 왜냐하면 자료의 성격이 전혀 다를 뿐 아니라, 서로 영향을 주고받았다고 할 특별한 단서가 없기 때문이다.

그런데도 이질성보다 동질성을 근거로 서로 같은 유형으로 묶어서 영향관계나 선후관계를 주장하는 것은, 소박하게 보면 두 민족이나 문화의 친연성을 밝히려는 것이고, 거칠게 보면 그러한 관계로 문화의 중심성과 주변성을 설정하여 주변부문화를 중심부문화로 종속화시키려는 것이다. 뒤의 의도를 공격적으로 드러내면 자문화중심주의의 무리를 저지르고, 수용적으로 드러내면 종속주의의 어리석음에 빠져들게 된다.

차그두로푸가 고조선본풀이를 게세르신화의 주변문화로 주목하면
서 시베리아 지역의 유목문화 중심성을 드러내고자 무리하게 동질성
을 주장했다면, 양민종은 그러한 자문화중심주의적 동질성을 끌어들여
서 역사적 선후를 근거로 오히려 게세르신화를 주변문화로 해석하는
반론을 펼친 것이다. 결국 서로 같은 동질성을 문제 삼았으되, 차그두
로푸의 자문화중심적 논의를, 양민종이 역사적인 선후 논리로 뒤집어
버린 셈이다.

주로 북방민족 유목문화와 우리 민족문화의 관계를 다룰 때, 동질
적인 논의는 으레 종속주의적 전래설에 빠져서 이른바 시베리아기원
설 또는 유목문화 전래설을 동어반복하기 일쑤이다. 그러나 양민종처
럼 역사적 선후를 제대로 따지면 그 진부한 영향관계나 상투적 전파의
방향을 설득력 있게 뒤집어버릴 수 있다. 이를테면, 신라금관이 시베리
아 샤먼의 무관에서 비롯되었다는 고고학계의 금관기원설이 그러한
보기이다. 만일 금관의 기원이 시베리아 무관에 있다면, 시베리아 샤먼
의 모자가 5세기 이전의 황금왕관이든지, 아니면 신라금관이 19세기 이
후의 철제무관이든지 둘 가운데 하나는 참이어야 한다.[88] 그런데 어느
것도 참일 수 없는 것이 현실이다.

두 관모의 역사적 선후나 상징성을 제대로 따지지 않고 닮은 모습
을 무리하게 관련지은 일본학자의 주장을 동어반복한 까닭에 시베리
아기원설을 답습할 수밖에 없었다. 텡그리에서 단군이 왔다는 전래설
도 같은 모순에 빠져 있다. 단군은 서기전 24세기 한민족 군주의 명명
인 반면에, 텡그리는 그 훨씬 뒤에 등장한 하늘 또는 천신을 나타내는
유목민들의 명명이다. 더군다나 단군은 밝달임금을 나타내는 인간적
인 군주이자 천신을 나타내는 환인, 환웅의 자손으로서 구체적 계보가

---

88) 임재해, 『신라금관의 기원을 밝힌다』, 23쪽.

있다. 다시 말하면 천신을 나타내는 말은 환인과 환웅일 뿐 아니라, 환인과 환웅의 천신이 있기에 지상에 단군이 있는 것이다. 천신을 나타내는 텡그리와 의미가 같은 말은 단군이 아니라 환인과 환웅, 해모수, 해부루, 불구내 등이기 때문이다.

그러므로 단군왕검의 역사적 시기나 혈연적 계보, 그리고 천신을 나타내는 한국 고유의 명명을 고려할 때, 텡그리에서 단군이 왔을 가능성은 전혀 없다. 굳이 텡그리와 단군이 서로 영향관계가 있다면, 당대에 선진 농경문화를 누린 천신족 환웅의 아들이자 왕검조선의 시조인 단군이 유목민족에게 영향을 미쳐서 천신으로 섬겨졌을 가능성이 더 높다.[89] 곰족이나 범족이 천신족인 환웅족에게 찾아와 인간이 되게 해달라고 빌었다는 사실은 문화의 영향관계를 고스란히 드러내는 일이다. 그러나 이 모든 논의는 동질성에 집착한 전파론의 무리한 추론에 머무를 뿐 객관적 입증으로 뒷받침하기 어렵다.

그러므로 한몽 접점은 물론 민족 또는 국제관계에서 서로 만나는 지점을 동질성에서 찾을 것이 아니라 이질성에서 찾아야 한다. 동질성을 근거로 한 패거리의식이나 지역감정에 매몰되지 말고 이질성을 지닌 상대에 관한 호기심과 동경으로 적극적인 교류관계로 나아가야 한다. 그렇지 않으면 현실에 안주하거나 자기 세계에 갇혀서 창조적 미래가 열리지 않는다.

다른 종족에 대한 관심과 교류는 고조선본풀이가 보여주고 있는 세계관이다. 천상세계의 환웅이 자기세계와 전혀 다른 인간세상을 동경하고 홍익인간 이념을 추구한 사실이나, 곰족과 범족이 환웅족을 찾아와 그 문화를 익히려고 쑥과 마늘을 먹은 사실들은 모두 동질성이 아니라 이질성에 대한 관심과 호기심에서 비롯된 모험적 행위이다. 그러

---

[89] 임재해, 「한국신화의 주체적 인식과 민족문화의 정체성」, 『한국신화의 정체성을 밝힌다』, 지식산업사, 2008, 75-78쪽에서 자세하게 다루었다.

므로 한몽관계의 접점도 동질성이 아니라 이질성에서 찾아야 생산적 미래 관계로 발전할 수 있다.

한국과 몽골은 농경문화와 유목문화라는 서로 다른 현실문화를 누리고 있다. 그런데 이러한 문화적 특수성의 현실을 외면한 채 고대의 동질적 파편을 꿰어맞추어 선후나 영향관계를 따지는 것은 비생산적이자 퇴행적 논의이다. 기독교와 이슬람교 또는 천주교와 개신교가 현실적으로 서로 다른 종교적 차이를 인정하고 긴밀하게 교류하며 상대 문화를 공유할 때 미래의 접점이 확대될 수 있다.

그러나 같은 하느님을 섬기는 한 뿌리에서 비롯되었다는 고대의 사실을 근거로 현재의 이질성을 무시한 채 자기 중심성을 강조해서는 결코 접점을 마련할 수 없다. 그러한 퇴행적 폐단이 가장 나쁜 양상으로 나타난 것이 고대사 조작이다. 주변국의 모든 역사를 자국역사로 끌어들이는 중국의 '동북공정'이 그러한 보기 가운데 하나이다. 한몽관계도 무리하게 동질성을 주장하게 되면 고대사 왜곡으로 빠져들 가능성이 있다.

한국과 몽골이 각각 유목문화끼리 또는 농경문화끼리 교류하고 연대하는 것은 양적 확장에 머문다. 질적 성장이 가능하려면 서로 이질적인 문화로서 유목문화와 농경문화에 호기심을 가지고 설레는 마음으로 다가가서 공감의 울림을 느끼며, 상대방의 울림과 울림이 서로 만나 '어울림'을 이룰 때 가장 창조적인 접점, 곧 상생적 만남이 이루어진다.[90] 왜냐하면, 유목과 농경의 다른 문화가 서로 대등하게 만나야, 마치 양극과 음극이 만나서 태극을 이루듯이, 제3의 문화를 창출할 수 있는 것이다. 남북통일도 이와 같이 서로의 이질적 체제를 대립적으로 배제하면서 일통일치(一統一致)의 통일론으로 자기 동일성을 관철하

---

90) 임재해, 「다문화주의로 보는 농촌의 혼입여성 문제와 마을 만들기 구상」, 『마을 만들기 어떻게 할 것인가』, 민속원, 2009, 52-53쪽.

려 할 것이 아니라, 오히려 동질성보다 이질성을 장점으로 인정하면서 접점을 찾아야 이통합일(二統合一)의 통일론에 따른 창조적 통일의 길이 제대로 열린다.[91]

고조선본풀이는 '천신과 인간', '동물과 인간' 등 서로 이질적 집단과 문화가 다른 세계에서 만나 새로운 세계를 창조하는 사실을 실제로 보여주는 홍익인간 이념의 구체적 보기이다. 따라서 역사적 선후나 문화적 우열로 한 문화가 다른 문화를 귀속시키려는 단일문화 발생설의 전파주의적 사고와 제국주의적 석권은 극복되어야 한다. 한몽 두 나라의 친연성을 강조하는 고대사의 무리한 동질성보다 합리적 이질성의 객관적 현실인식이 상생적 접점을 이루는 더 소중한 가치라는 점을 깨달아야 한다. 그러므로 나는 유목과 농경의 문화적 이질성이야말로 한몽이 더 긴밀하게 만날 수 있는 '화이부동'의 매력적 접점이라 생각한다.

그런 의미에서 고조선본풀이와 게세르, 그리고 한몽 고대사의 접점을 새롭게 인식할 필요가 있다. 고대사의 동질성에서 접점을 찾느라 과거에 집착하면 현재가 퇴행적 관계로 닫혀 있게 마련이나, 현대사의 이질성에서 접점을 찾아 미래를 전망하면 현재가 창조적 관계로 열리게 될 것이다. 그렇다고 해서 고대사는 무의미한 것이 아니다. 고대사의 동질성이야말로 현재의 이질성을 상생적으로 극복하고 하나로 합일시켜가는 역사적 실마리로서 중요한 기능을 발휘하기 때문이다. 그러므로 고대사에 집착할 필요는 없지만 고대사를 잊어버리거나 외면해서는 곤란하다.

현재의 이질성을 근거로 이통합일의 창조적 세계관을 보여 준 것은

---

91) 임재해, 「민족통일을 앞당기는 국학의 방향」, 『민족통일을 앞당기는 국학-무엇을 어떻게 할 것인가』, 집문당, 1998, 27-47쪽에서 '이통합일(二統合一)의 통일론'을 주장하며, 남북의 두 체제가 태극의 음양처럼 체제의 이질성이 상생적으로 어울려 제3의 새로운 체제를 이루는 것이 가장 생산적 통일이라고 주장했다.

바로 고조선본풀이다. 그 자체로 잘 드러나지 않던 홍익인간 이념도 게세르와 견주어보는 가운데 상대적으로 더 잘 포착되었다. 따라서 비교분석은 자문화를 상대적으로 더 잘 이해하는 긴요한 방법이다. 그 결과, 이질적 집단과 문화의 상생적 만남이 새로운 세계를 창조한다는 '이통합일'의 논리에 이르렀다.

이러한 논리와 '화이부동'의 이치를 잘 갈무리하고 있는 것이 바로 홍익인간의 세계관이자 고조선본풀이의 역사인식이라는 결론이다. 이처럼 문제의 답은 늘 연구자료 안에 함축되어 있다. 연구자료인 고조선본풀이에서 논지의 문제를 푸는 핵심 논리를 발견해낸 셈이다. 그러므로 자료가 이론이고 이론이 자료라 하지 않을 수 없다.

제4장 고조선문화의 지속과 성립과정의 다문화주의

1. 통시적 전개과정의 역사인식과 본풀이사관

고조선시대는 아직 지속되고 있다. 우리는 아직 고조선 사람들이다.[1] 미래의 한국인들도 고조선의 역사를 살아야 할 것이다. 고조선의 역사와 문화는 현재진행형이기 때문이다. 현재진행의 고조선 시대사는 현대사이자 미래사로 이어져 가는 살아 있는 역사이다. 역사는 단절과 교체로 존재하는 공시적 개념이 아니라 지속과 축적으로 존재하는 통시적 개념인 까닭이다.

통시적 흐름으로 보면 역사의 단절이란 사실상 존재하지 않는다. 지속하는 가운데 일정한 변화만 있을 따름이다. 문화 현상으로 바꾸어 놓고 보아도 마찬가지이다. 고조선문화는 우리 민족의 태초문화이자 과거의 문화이고 현재의 문화이자 미래의 문화라는 말이다. 따라서 고조선 시대는 까마득한 상고시대의 역사로 치부하지 말아야 한다. 고조선 연구를 한갓 과거사의 일이나 잃어버린 역사, 또는 다시 복원할 수 없는 상고시대의 역사로 간주하고 외면할 수 없다.

고조선의 역사는 지금 여기 우리와 더불어 살면서 미래의 역사를 빚어내고 있다. 그것은 고조선뿐만 아니라 고구려나 신라, 고려, 조선의 역사도 현재진행의 역사이자 미래로 이어지고 있는 역사이다. 제각기 다른 국호처럼 제각기 다른 역사로 독립되어 존재하는 것이 아니라

---

[1] 임재해, 『민족설화의 논리와 의식』, 지식산업사, 1992, 125쪽. "어떤 의미로 볼 때, 우리는 아직도 고조선의 사람들이다."

하나의 역사로서 통시적 인과관계 속에 놓여 있기 때문이다. 만일 국호가 다르다고 해서 서로 다른 역사처럼 인식한다면 아직 왕조사관의 폐단에서 벗어나지 못했다. 왕조에 따라 국호가 어떻게 바뀌었든 같은 민족이 같은 공간에서 같은 삶의 역사를 누려왔다는 사실을 인정한다면, 왕조와 국호의 교체를 중심으로 역사의 단절이나 역사의 교체를 말하기 어렵다. 신라사든 고려사든 모두 우리 민족사의 통시적 전개과정 속에 놓여 있는 통사의 일부일 따름이다.

비록 왕조사관에 매몰되어 있다 하더라도 문화의 통시적 지속성을 주목하면 왕조의 교체와 문화사의 전개는 같이 가는 것이 아니라는 사실을 포착할 수 있다. 왜냐하면 왕조가 어떻게 바뀌었든 한민족은 같은 지역에 붙박이로 살면서 같은 말을 쓰고 같은 생활을 하는 가운데 같은 문화를 누리며 민족사의 전통을 공유해온 까닭이다.

현대사도 마찬가지이다. 대통령이 바뀌고 여야 정권교체가 이루어져도 사회체제는 흔들리지 않고 문화적 지속 양상도 변함없다. 정치권에 속해 있는 사람들만 일부 교체가 일어날 뿐 예사 사람들의 일상생활에는 사실상 아무런 영향을 미치지 않는다고 할 만큼 큰 변화가 일어나지 않는다.

고조선시기 이후 우리 역사는 많은 기복을 거쳐 여기에 이르렀지만, 우리는 여전히 고조선의 민족사를 이어가고 있고 그 문화를 지속하고 있다. 그리고 고조선의 민족사는 미래도 이어질 것이고 미래의 전망을 만들어가는 일정한 지침 구실을 할 것이다. 그럼에도 고조선 시대는 정확한 역사를 알 수 없다는 논리로 역사 이전의 역사로 간주하거나 사료조차 신화화하여 역사연구의 가능성을 배제하기 일쑤이다.

아예 시대구분에서 고조선시대를 배제하기 까지 하는데, 이처럼 민족사의 출발시기를 부정하는 것은 역사학자로서 매우 중대한 직무유기이다. 역사 이전의 역사를 넘어서서 극복하고, 알 수 없는 역사를 찾아서 밝히는 것이 역사 연구자의 보람이다.

역사학자의 더 큰 보람은 역사연구로 과거를 이해하는 데 머물지 않고 오늘의 역사를 만들어가며, 있어야 할 미래의 역사를 뚜렷하게 제시함으로써 우리 역사를 그쪽으로 나아가도록 길잡이 노릇을 하는 것이다. 본풀이사학의 관점은 과거 역사의 모순을 풀어서 현재 문제를 해결하고 미래의 역사를 바람직하게 만들어가는 데 이바지하는 것을 진정한 역사학의 목적으로 삼는다. 새 역사를 만들어가는 데 이바지하지 못하는 역사학은 역사지식으로 아는 체 하는 데 만족하는 기득권 중심의 권력화된 역사학일 따름이다. 본풀이사학은 역사를 한갓 과거사에 관한 지식으로 간주하는 데 동의하지 않는다. 오히려 미래의 역사를 만들어가기 위한 통시적 과정으로서 과거 역사를 주목한다.

따라서 본풀이사관은 과거사의 이해와 현재사의 문제해결, 미래사의 방향제시가 셋이 아니라 하나의 역사로 합일시키는 통시적 역사인식을 중요하게 여긴다. 왜냐하면 역사학은 과거를 이해하는 돋보기이자 현재를 비추어주는 거울이며 미래를 내다보는 창이어야 하는 까닭이다. 본풀이 사관은 현재의 관점에서 현실문제를 해결하기 위해 과거의 역사적 사실을 새롭게 풀어내서 이해하고, 앞으로 나아갈 새 역사의 방향을 일깨워주는 나침반이다. 지금 여기서 고조선시대를 주목하고 당시문화의 성립과정과 앞으로 만들어가야 할 다문화주의를 살펴보려는 이유도 이러한 사관에서 비롯된다.

2. 고조선의 홍익인간과 신라의 혁거세 사상

우리 건국시조들은 신시고국을 세운 환웅 이래로 한결같이 하늘에서 땅으로 내려온 존재들로 밝혀져 있다. 이른바 천손강림 요소를 지니는 것이 건국신화 곧 건국시조본풀이의 핵심이다. 건국시조들은 천제이거나 천왕, 천손으로 사실상 하늘의 신격으로 은유된다. 적어도 건국시조들은 하느님이나 그 후손이어야 한다는 고대인들의 세계관적 공감대가 있었기 때문에 가능한 일이다. 따라서 이러한 세계관적 인식을 실증적으로 따지는 것은 어리석은 일이다. 태초의 기원은 실증의 대상이 아니다. 천지창조의 과정이든 인류의 기원이든 인식의 대상이지 검증의 대상은 아니다.

인식의 대상을 믿기만 하는 것은 신앙활동이자 종교적 관념이다. 하지만 그 상징과 의미를 밝히는 것은 인문학문의 사명이다. 인문학문의 논리는 과학적 검증이 아니라 추론적 통찰에 있다. 건국시조들이 하늘에서 땅으로 내려왔으며, 인간을 널리 이롭게 하고 세상을 두루 밝히는 뜻을 지녔다고 하는 것은 해의 의인화이자 빛의 기능을 뜻한다. 실제로 시조의 이름이나 국호, 출현 양상, 활동방식 등은 모두 해를 상징하고 있다. 온 누리의 생명을 살리는 해와 같은 인물이 바로 건국시조라는 태양시조사상을 반영한다.

따라서 환웅의 '홍익인간'[2] 사상과 재세이화 이념, 그리고 박혁거세의 '불구내(弗矩內)' 사상과 '광명이세' 이념은 배달겨레의 일관된 태양숭배 신앙의 전통과 농경문화에서 비롯되었다.[3] 그러므로 온누리를 밝히는 '홍익인간'과 '혁거세' 이념은 둘이면서 하나이고 하나이면서 둘인 민족사상으로 재인식되어야 할 것이다.

인간세상을 널리 이롭게 하고 온누리를 밝히는 해와 같은 인물이 바로 나라를 일으키는 진정한 지도자로 인식되었다. 이러한 시각에서 보면 고대의 역사와 문화가 다시 읽힌다. 고대의 건국시조들은 모두 해와 같은 지도자였다. 상고시대 국중대회로 이루어진 여러 나라들의 제천행사, 곧 나라굿은 모두 해를 상징하는 시조왕들과 그들의 세계를

---

2) 아직도 홍익인간 이념이나 사상을 환웅이 아닌 단군의 것으로 잘못 알고 있는 이들이 적지 않다. 잘못된 상식을 사실인 것처럼 착각하는 풍조가 만연한 것은 학자들조차 사료를 제대로 읽지 않는 탓이다.

3) 임재해, 「건국본풀이로 본 시조왕의 '해' 상징과 정치적 이상」, 494-495쪽. 다음 각주부터 임재해의 논문이나 책을 전거로 들 때에는 이름을 밝히지 않는다.

숭배하는 굿이었다. 그러한 세계의 출발 지점에 홍익인간 이념을 실현하기 위해 지상으로 내려온 신시고국의[4] 시조 환웅이 있다. 다시 말하면, 상고대 여러 나라들이 국중대회로 판을 벌였던 하늘굿은 신시고국 시조 환웅의 상징성이자 종교적 인식을 바탕으로 한 천신신앙에서 비롯되었다는 말이다. 환웅천왕과 환인천제로 일컬어지는 천신신앙 문화에서 천신 곧 하느님의 구체적 대상은 해였다.

시조의 출현 방식도 해의 활동반경을 고스란히 보기로 삼고 있다. 신시고국의 환웅부터 고조선, 부여, 고구려, 신라, 가야 등의 건국시조들이 모두 하늘에서 강림한다. 박혁거세 이전에 신라 건국의 토대를 이루었던 6촌촌장들의 본풀이도[5] 신시고국을 세운 환웅본풀이 구조와 같다. 환웅이 하늘에서 태백산 신단수 아래로 강림하여 신시고국을 세우듯이, 6촌의 촌장들 또한 모두 하늘에서 산으로 강림하여 일정한 수준의 공동체국가를 세우고 특정 성씨의 시조가 된다.

따라서 촌장본풀이를 박혁거세 본풀이와 관련하여 다루어야 마땅한데, 촌장본풀이는 마치 시조신화 곧 본풀이가 아닌 것처럼 제외시켜 놓기 일쑤이다. 그러면 신라와 고조선의 역사적 관련성을 놓치게 마련이다. 더 나아가서 신라를 고조선의 유이민으로 해석하기도 한다. 마치 신라는 고조선문화권에 속하지 않았던 것처럼 해석하는 오류의 극단에는 석탈해는 몽골에서 온 인물이고[6] 김알지는 알타이에서 온 인

---

4) 신시고국이란 신시를 고대국가로 보고 일컫는 말이다. 신시의 문화적 수준이나 정치체제, 사상체계, 문화유적 등을 고려할 때, 신시는 고조선 이전에 환웅이 세운 하나의 고대국가로 인정된다. 중국학자들은 홍산문화를 두고 홍산고국의 문화유산이라고 하지만, 홍산이라는 이름의 국가는 역사에 없다. 오히려 역사적 사실이나 문화유산의 성격, 지리적 분포 등을 고려할 때 홍산문화는 신시고국의 유산이다. 중국학자들이 홍산문화를 생산한 집단을 홍산고국이라 했으니, 이 문화를 신시문화로 보는 나는 당연히 신시고국이라 하지 않을 수 없다.
5) 본풀이는 신화를 일컫는 우리말이다.
6) 김병모, 『금관의 비밀－한국 고대사와 김씨의 원류를 찾아서』, 푸른역사,

물이라는 주장까지[7] 자리잡고 있다. 민족사를 통사로서 이해하는 능력
이 없는 이들이 외국문화와 언어의 단편적 사실을 알아서 비슷한 것끼
리 줄을 그으니 엉뚱한 해석에 이르는 것이다.[8] 이웃나라와 닮은 문화
현상을 문화의 동질성으로 해석하지 않고 곧 종속적 전래설로 해석하
는 경향은 전파주의의 한계와 더불어 식민주의 학문 경향에서 해방되
지 못한 탓이 아닌가 한다.

그러나 고조선과 신라는 시조의 출현 양식도 같고 그 사상적 이념
도 일치한다. 고조선의 문화와 사상이 신라시대까지 지속되고 있는 것
과 같은 실질적 사실은 물론, 신라는 고조선의 유민(流民)이 아니라 유
민(遺民)이라는 문헌사료의 기록을[9] 통해서도 명백하게 확인할 수 있
다. 그런데도 고고학이나 역사학을 하는 사람들이 역사적 기록을 소홀
히 하는 까닭을 이해할 수 없다.

더군다나 역사학이란 역사적 사실의 통시적 흐름을 주목하는 통사
적 지식과 사유가 필수인데도 불구하고 오히려 인문지리학을 하는 사
람들처럼 지리적 연관성과 민족이동과 같은 공시적 관계를 주목하는
단편적 줄긋기에 매몰되어 있는 사실도 이해하기 어렵다. 사무친 문제
의식으로 골똘하게 궁리하기보다 식민사학에 오염된 선행지식을 동어
반복하는 데 익숙한 까닭이 아닌가 한다.

주몽의 고구려가 해모수의 부여국 계보를 잇고, 부여국은 고조선의
계보를 이었다는 사실을 정확하게 인식하려면, 해모수의 부여 본풀이

1998, 167쪽. "탈해는 알타이 언어의 한 종류인 몽골어로 탈한(Talhan 단수 또
는 탈하이 Talhai 복수) 즉 '대장장이'라는 뜻"이라는 어원적 해석에 근거를
두고 있다.

7) 김병모, 위의 책, 167쪽. "김알지의 이름인 알지(Alji)는 알타이 언어에 속하는
모든 종류의 언어에서 금을 의미한다."는 사실을 근거로 한 주장이다.

8) 임재해, 『신라금관의 기원을 밝힌다』, 지식산업사, 2008, 293-315쪽에서 김병
모의 이러한 주장을 자세하게 비판했다.

9) 『三國史記』 卷1, 「新羅本紀」, "先是朝鮮遺民 分居山谷之間 爲六村".

가 긴요한 자료라는 사실을 알아야 한다. 이와 마찬가지로, 박혁거세의 신라도 하늘에서 뚝 떨어진 것이 아니라 촌장들이 다스린 6촌 소국들을 계승하여 성립된 나라이고, 6촌 소국들은 고조선을 계승한 고조선의 후예들이라는 사실을 알아차려야 한다. 『삼국사기』「신라본기(新羅本記)」의 기록에 따르면, 산골짜기에 육촌을 이루고 사는 주민들은 "고조선의 유민(遺民)들"이었다.[10] 신라 건국의 바탕을 이룬 육촌 주민들이 고조선의 유민(遺民)이라는 사실을 고조선의 후예라는 뜻으로 이해하지 않고, 식민사학자가 유민(流民)으로 잘못 해석하여 아예 신라를 고조선의 유이민(流移民)으로 성립된 나라라고 주장한 것이 문제이다.

이러한 해석에는 일정한 편견이 작용하고 있다. 고조선은 한반도 북부에 존재해서 신라 지역까지 그 영역이 미치지 못했다는 선입견이다. 고조선 역사의 길이도 축소하고 강역도 왜소하게 해석한 식민사학의 의도를 극복하지 못한 채 여전히 복창하는 수준에서 고대사 연구가 머물고 있는 까닭이다.

'신라지역 원주민들은 고조선이 붕괴된 뒤에 진한의 여섯 부를 형성하고 있었으며, 그 여섯 부의 중심세력이었던 육촌촌장은 고조선 이래 그 지역의 명문거족이었다.'[11] 이러한 사실을 뒷받침하는 결정적인 자료가 6촌의 촌장본풀이이다. 6촌의 시조들은 모두 하늘에서 산으로 내려와 자리잡고 6촌의 지도자가 되었다는 점에서 환웅본풀이의 서사 구조나 다르지 않다. "옛날에 진한 땅에는 여섯 개의 촌이 있었다."로 시작되는 6촌장 본풀이 구조는 한결같다. 그러므로 첫째 양산촌의 자료만 옮겨놓는다.

첫째는 알천(關川) 양산촌(楊山村)이었다. 양산촌의 남쪽은 담엄사(曇嚴寺) 방면이다. 이 담엄사는 경주 탑리 오릉(五陵) 남쪽에 있었던 옛 절인데

---

10) 『三國史記』 위와 같은 곳, 같은 내용.
11) 윤내현, 『한국열국사연구』, 지식산업사, 1998, 230쪽.

지금은 당간지주만 남아 있다. 촌장은 알평(謁平)인데, 처음에 하늘에서 표암봉(瓢嵓峰)에[12] 내려왔으며, 급량부(及梁部) 이씨의 조상이 되었다.[13]

협주에 "노례왕(弩禮王) 9년에 부를 두어 급량부라 하였으며, 고려 태조때 급량부를 중흥부(中興部)로 이름을 고쳤다. 파잠.동산.피상 등 동쪽 마을들이 이에 속했다"는 내용이 덧붙여 있다. 간략하게 정리하면, '알천 양산촌 촌장 알평은 하늘에서 표암봉에 내려와 급량부 이씨의 조상이 되었는데, 주로 동쪽마을들을 다스렸다'는 내용이다. 그러므로 6촌은 마을 수준의 작은 공동체가 아니라 여러 마을들을 아우르는 소국 체제였다. 나머지 다섯 촌장도 이와 같은 구조로 정리하면 아래와 같다.

> 둘째, 돌산 고허촌 촌장 소벌도리, 형산에 내려와 사량부 정씨 시조.
> 셋째, 무산 대수촌 촌장 구례마, 이산에 내려와 점량부 손씨 시조.
> 넷째, 취산 진지촌 촌장 지백호, 화산에 내려와 본피부 최씨 시조.
> 다섯째, 금산 가리촌 촌장 지타, 명활산에 내려와 한기부 배씨 시조.
> 여섯째, 명활산 고야촌 촌장 호진, 금강산에 내려와 습비부 설씨 시조.[14]

이러한 내용은 마치 '환인의 서자 환웅이 태백산에 내려와 신시고

---

12) 원래 표암봉의 '바위 암'자는 山자 옆에 品자가 있는데, 여기서는 글자가 없어서 山자를 品자 위에 있는 자를 썼다.

13) 『三國遺事』卷1, 紀異1 新羅始祖 赫居世王, "一日 閼川楊山村 南今曇嚴寺 長曰謁平 初降于瓢嵓峰 是爲及梁部李氏祖."

14) 『三國遺事』위와 같은 곳, "二曰 突山高墟村 長曰蘇伐都利 初降于兄山 是爲沙梁部鄭氏祖." "三曰 茂山大樹村 長曰俱禮馬 初降于伊山 是爲漸梁部 又牟梁部孫氏之祖." "四曰 觜山珍支村 長曰智伯虎 初降于花山 是爲本彼部崔氏祖." "五曰 金山加利村 長曰祇沱 初降于明活山 是爲漢歧部 又作韓歧部裵氏祖." "六曰 明佸山高耶村 長曰虎珍 初降于金剛山 是爲習北部薛氏祖."

국의 시조'가 되었다는 이른바 천손강림신화의 서사구조와 일치한다. 시조들이 한결같이 하늘에서 특정한 산으로 내려온 것이다. 시조를 천신으로 여기는 믿음이 산을 무대로 이어지고 있다는 공통점을 주목할 필요가 있다. 천손강림의 시조에 대한 관념과 그 본풀이의 줄거리가 같을 뿐 아니라, 산을 무대로 일정한 공동체를 이루었다고 하는 공간적 입지까지 같다. 이러한 사실은 결국 환웅족과 사로국 촌장들은 같은 천손의 후예들로서 역사적 뿌리와 세계관, 천신신앙 등을 공유한 동일문화 집단이라는 것을 말한다. 그러므로 환웅본풀이와 같은 촌장본풀이는 신라인들이 고조선의 후예들로서 고조선 이전시대부터 환웅의 이념과 문화를 계승했다는 사실과 잘 맞아떨어진다.

3. '해' 상징의 시조왕 전통과 역사적 지속성

6촌의 촌장본풀이는 환웅본풀이와 같은 구조의 건국시조 신화이다. 환웅본풀이가 고조선 건국시조본풀이의 일부인 것처럼, 촌장본풀이는 신라건국시조 본풀이의 일부이다. 그런데 대부분의 신화연구에서 박혁거세 본풀이부터 신라신화로 다루고 6부촌장 본풀이는 신라신화로 다루지 않는 경향이어서[15] 신라사 연구의 한계는 물론, 고조선문화의 계승관계를 밝히는 데도 진전된 논의가 이루어지지 못했다. 신라 건국본풀이에서 6촌촌장본풀이를 제외시키는 것은, 마치 고조선 건국본풀이에서 신시의 환웅본풀이를 제쳐두고 단군본풀이만 다루거나, 고구려 건국본풀이에서 부여의 해모수본풀이를 제쳐두고 주몽본풀이만 다루는 것이나 같다.

환웅본풀이가 고조선의 시조 단군 출현의 바탕을 이루듯이, 촌장본

---

15) 임재해, 『민족신화와 건국영웅들』, 민속원, 2006년판, 201-202쪽에서 이 문제를 단군신화와 견주어 자세하게 다루었다.

풀이야말로 신라 건국시조 박혁거세 출현의 바탕을 이루는 자료이다. 그리고 촌장본풀이를 주목해야 신라가 신시고국을 비롯한 고조선의 천신족과 맥을 같이하며 같은 천신신앙 문화를 누려온, 같은 민족이라 는 사실이 분명하게 드러난다.

신시고국의 천신신앙 문화를 이어받은 신라문화의 전통은 6촌촌장 본풀이에서는 물론 박혁거세와 김알지 본풀이에서도 잘 드러나 있다. 그것은 신시고국의 천신신앙이 부여의 해모수와 고구려의 주몽으로 이어진 것과 같은 맥락에 있다. 환인이나 환웅 또는 해모수와 해부루, 동명왕, 유리 등이 모두 하늘, 해, 빛으로 상징되고 있는 사실을[16] 고려 하면, 박혁거세와 김알지도 같은 상징을 지닌 천신신앙 문화를 표상한 다고 할 수 있다. 특히 주몽은 유화부인이 햇빛을 받아서 알로 태어났 다고 하는데, 환웅이나 해모수, 6촌촌장들처럼 천손이 지상으로 직접 강림하는 초기단계에서, 빛과 알의 형태로 변화되어 나타나는 후기단 계의 모습을 읽을 수 있다. 박혁거세도 촌장들과 달리 빛과 함께 알의 형태로 출현한다.

> 남쪽 양산 아래 '나정'이라는[17] 우물가에 번개빛처럼 이상한 기운이 땅 에 비치고 있는데, 백마가 꿇어앉아 절하는 형상을 하고 있어, 가까이 가보 니 자주빛 알 한 개가 있었으며, 백마는 사람을 보자 길게 울면서 하늘로 올라갔다. 그 알을 깨뜨려 사내아이를 얻으니 모습이 단정하고 아름다워 놀랍고 신이하였다. 동천(東泉)에서 목욕을 시키자 몸에서 광채가 나고 새

---

16) 임재해, 「건국본풀이로 본 시조왕의 '해' 상징과 정치적 이상」, 481-492쪽에서 자세하게 다루었다.

17) 『三國遺事』 卷1, 紀異1 新羅始祖 赫居世王, "初王生於鷄井 故或云鷄林國 以 其鷄龍現瑞也 一說脫解王時得金閼智 而鷄鳴於林中 乃國號爲鷄林"을 근거로 볼 때, 나정은 계정(鷄井)의 잘못이라 생각한다. 이 문제는 「맥락적 해석에 의한 김알지신화와 신라문화의 정체성 재인식」, 『比較民俗學』 33, 比較民俗 學會, 2007, 595-596쪽에서 자세하게 다루었다.

와 짐승들이 춤을 추니 천지가 진동하고 해와 달도 맑고 밝았다. 그러므로
이름을 박혁거세왕이라 하였다.[18)]

박혁거세 출현 화소에서 중요한 열쇠말은 번개빛과 알이다. 하늘에
서 비치는 이상한 빛이 자주빛 알을 비추고 있었고, 사람들은 이 빛을
따라 가서 아기 박혁거세를 발견할 수 있게 된 것이다. 아기 박혁거세
는 몸에서 광채가 나고 천지가 진동하며 해와 달이 밝아서 '불구내왕'
곧 '붉은 왕', '밝은 왕'이라는 뜻으로 박혁거세라 하였던 것이다. 햇빛
을 나타내는 환인과 환웅, 해모수와 해부루처럼 혁거세는 밝은 빛으로
세상을 다스리는 존재라는 뜻이다. 그러므로 알에서 태어난 사실을 근
거로 박혁거세의 존재를 한갓 난생으로 해석하면, 천손으로서 해의 광
명을 표방하는 천신사상의 전통을 놓치게 된다. 뿐만 아니라, 천마가
하늘에서 알을 운반해 온 사료의 기록까지 무시하는 결과에 이른다.

흔히 우리 신화를 천손강림신화와 난생신화로 구분하고 천손신화
는 북방신화의 영향이며 난생신화는 남방신화의 영향이라고 전래설을
펴는데,[19)] 그러면 두 가지 오류에 빠지게 된다. 하나는 천손신화와 난
생신화가 전혀 다른 문화적 산물인 것처럼 남북 지역으로 갈라서 해석
하는 양자선택형 오류이며, 둘은 민족문화를 한결같이 북방문화와 남
방문화로부터 전래되어 형성된 것으로 해석하는 종속적 전래설의 오
류이다.

어느 것이나 민족문화를 그 자체로 해석하지 못할 뿐 아니라 우리
문화를 이웃나라 문화에 종속되어 형성된 것처럼 해석하여, 민족문화

---

18) 『三國遺事』 위와 같은 곳, "楊山下蘿井傍 異氣如電光垂地 有一白馬蹴拜之狀
　　尋撿之 有一紫卵 馬見人長嘶上天 剖其卵得童男 形儀端美 驚異之 浴於東泉
　　身生光彩 鳥獸率舞 天地振動 日月淸明 因名赫居世王."
19) 김병모, 『금관의 비밀－한국 고대사와 김씨의 원류를 찾아서』, 푸른역사,
　　1998, 149쪽.

의 전통을 남북의 이질적 문화로 분열시키는 한계가 있다. 결국 이러한 해석은 민족적 창조력의 부정은 물론 민족문화의 정체성을 총체적으로 이해하는 길을 막는 결과에 이른다.

"천손신화는 북방의 유목민족들 간의 사유세계이고, 난생신화는 남아시아의 열대 농경지대 주민들의 사유세계"라는 인식 아래, 우리 신화를 남방계와 북방계로 양분할 뿐 아니라, 두 "이질적인 문화·사상적 배경을 갖고 있던 주민들이 한반도에서 만나 고대국가를 세웠다."고[20] 한다. 이러한 주장은 환웅이 신시고국을 세울 때 이미 정착형 농경문화를 이루고 있었다는[21] 사실을 부정한다.

그리고 고구려의 주몽이나 신라의 박혁거세, 가락국의 수로왕은 모두 천손이면서 알에서 태어났다는 사실을 인정하지 않는 결과에 이른다. 다시 말하면 천손이면 난생이 아니고 난생이면 천손이 아니라는 형식논리의 한계에 빠져 있는 것이자, 천손과 난생이라는 이분법적 논리의 오류에서 더 나아가 양자택일의 판단오류까지 하게 된 셈이다.

천손이 난생이고 난생이 천손을 나타낸다는 사실을 알지 못한다. 왜냐하면 천손과 난생은 양립할 수밖에 없는 대립적 현상이 아니라 양립 가능한 동질적 현상이기 때문이다. 본풀이에 나타나는 것과 같은 큰 알은 어느 것이나 날짐승 또는 용이 낳은 것이다. 따라서 알은 곧 하늘을 나는 존재로부터 비롯되는 것이어서, 난생 또한 천손을 상징한다. 달리 말하면, 난생이 곧 천손강림이고 천손강림의 한 양상이 난생이다. 그러므로 천손신화와 난생신화는 대립적이거나 둘이 아니고, 둘이면서 하나이고 하나이면서 둘일 수밖에 없다. 천손과 난생의 변증법적 인식이 긴요하다. 그러한 양상을 가장 구체적으로 보여주는 것이 주몽본풀이이다.

---

20) 김병모, 위의 책, 같은 곳.
21) 「'신시본풀이'로 본 고조선문화의 형성과 홍산문화」, 『단군학연구』 20, 단군학회, 2009, 359-396쪽에 이 문제를 자세하게 다루었다.

주몽처럼 직접 유화부인에게서 태어나는 이야기와 알에서 태어나는 이야기가 공존하는데, 주몽은 해모수의 아들이고 해모수는 천제의 아들이라는 사실에서 둘 다 천손을 입증하고 있다. 그러한 사실을 분명하게 하기 위해서 햇빛이 유화의 몸에 비쳐서 잉태를 시킬 뿐 아니라, 빛이 알을 비추었다. 그것은 곧 천손 해모수의 아들이라는 사실을 나타내는 것이다. 주몽은 천손인 해모수의 아들이자, 알의 형태로 태어난 난생이다. 천손과 난생이 합일의 상태로 나타난 것이 주몽이다. 이런 주몽을 두고 난생이니 남방신화라 할 것인가? 아니면 천손이니 북방신화라 할 것인가?

박혁거세본풀이도 같은 맥락에 있다. 알을 운반해 온 천마는 하늘에서 내려왔다가 사람이 접근하자 다시 하늘로 올라갔다. 천마는 알에서 태어난 박혁거세가 천손임을 구체적으로 입증하는 가장 확실한 증거물이다. 천왕을 '환웅'이라 하고 천제를 '해모수'라 하여 환한 빛 또는 해모습을 상징하는 것처럼, 박혁거세라는 이름도 밝은 빛을 나타낸다. 해를 곧 하느님으로 숭배하는 사람들의 시조신앙에서 비롯된 이름들이다. 박혁거세가 말년에 하늘로 올라간 사실도 천신족의 후예로서 천신신앙의 전통을 잘 나타낸다.

김알지본풀이에서도 '빛'이 중요한 열쇠말인데, 여기에 금궤가 출현하면서 '황금' 또는 금빛이 덧보태진다.

> 호공(瓠公)이 월성(月城) 서리(西里)를 야행하다가 시림(始林) 속에서 크고 밝은 빛[大光明]이 비치고 있는 것을 보았다. 자줏빛 구름이 하늘로부터 땅에 뻗쳐 있는데, 구름 속에 황금궤가 나뭇가지에 걸려 있었다. 그 빛은 궤에서 나오고 있었고, 흰 닭이 그 나무 밑에서 울고 있었다. 이 사실을 왕에게 아뢰었더니, 왕이 친히 그 숲에 가서 궤를 열어 보았다. 그 안에 한 사내아이가 누워 있다가 곧 일어났다. 이것은 혁거세의 고사와 같았으므로 그 이름을 따라 아이의 이름을 알지(閼智)라 하였다.[22]

김알지의 출현과 발견과정은 구조적으로 박혁거세의 경우와 같다. 호공이 밤길을 가다가 시림에서 알지가 든 금궤를 발견하는데, 그 지표가 밝은 빛이다. 크고 밝은 빛이 비칠 뿐 아니라, 자줏빛 구름이 하늘로부터 땅에 뻗쳐 있었으며, 그 빛 속에 황금궤가 있었다. 하늘에서 땅에 뻗친 빛은 유화부인을 비추던 빛이나 박혁거세의 자주빛 알을 비추던 빛과 같은 양상인데, 여기서는 빛이 더 다양하다.

하늘에서 내리 비치는 빛과 더불어서 금궤에서 나오는 빛이 어우러진다. 빛을 '대광명'이라고 하여 특히 강조했으며, 금궤에서도 빛이 나온다고 했는데, 황금은 그 자체로 번쩍거리는 빛을 상징한다. 빛의 근본은 해 곧 태양이며, 황금빛은 태양빛을 상징한다. 그러므로 김알지본풀이 이후 가락국의 시조본풀이에서도 황금알이 나타난다. 아예 황금알이 해를 닮았다고 구체적으로 이야기된다.

박혁거세 몸에 광채가 났다거나 알지가 들어 있는 금궤에서 빛이 났다고 하는 것은, 환인과 환웅, 해모수, 주몽, 유리 등의 인물과 같이 천신족의 지도자로서 스스로 해처럼 빛을 발했다는 관념이 내포되어 있다. 환인과 환웅, 해모수는 이름 자체가 이미 하늘이나 햇빛을 나타내고 있지만, 주몽의 이름에는 그러한 상징이 깃들어 있지 않다.

본풀이에서 주몽은 빛으로 잉태되었을 뿐 아니라, 알로 태어나서 들에 버려졌다. 하지만 구름이 낀 날에도 알 위에는 늘 햇빛이 비췄다고 하는 서술을 구체적으로 하여, 천손이자 천신족이며 태양신을 섬기는 천신신앙의 주체라는 사실을 분명하게 밝히고 있다. 김알지 본풀이에서 '하늘로부터 자주빛이 비치고 스스로 밝은 빛을 내는 것'은 사실상 '해모수'와 같은 존재 곧 태양신을 상징하는 것이다. 그러므로 우리

---

22) 『三國遺事』卷1, 紀異1 金閼智 脫解王代, "瓠公夜行月城西里 見大光明於始林中 有紫雲從天垂地 雲中有黃金樻 掛於樹枝 光自樻出 赤有白雞 鳴於樹下 以狀聞於王 駕幸其林 開樻 有童男 臥而卽起 如赫居世之故事 故因其言 以閼智名之."

신화의 정체를 제대로 밝히는 긴요한 개념이자 열쇠말은 '해' 또는 '빛'
이라 할 수 있다.

해 또는 빛은 천신족의 신앙대상이자 하늘과 땅을 잇는 매개체이
다. 아침에 해가 뜨는 순간 빛은 하늘에서 땅으로 비치게 마련이다. 따
라서 해 자체가 의인화된 환웅이나 해모수는 하늘에서 강림하거나 오
룡거(五龍車)를 타고 내려왔다고 이야기한다. 그리고 알이나 금궤, 아
기 등은 빛이 하늘에서 땅까지 비추거나 뻗쳐 있는 자리에서 나타난
다. 때로는 하늘과 땅을 오가는 매개체로서 천마나 천계를 상징하는
흰 말과 닭이 등장하여 알이나 아기를 하늘에서 지상으로 운반하는 구
실을 하기도 한다.

하늘과 땅을 이어주는 빛의 신성한 기능을 시간적 개념으로 나타내
면 여명 무렵이다. 새벽에 동이 트기 시작하면 해가 하늘에서 땅으로
빛을 쏘아보낸다. 새벽을 여는 구실을 하는 것이 시각적으로 빛이지만,
청각적으로는 닭 울음소리이다. 닭은 새벽을 여는 신성한 동물이다.
따라서 김알지본풀이를 보면, 시림(始林)에서 닭이 울어 계림(鷄林)으
로 이름을 바꾸었다고 한다. 이것은 곧 시림이 신시고국의 건국 현장
인 태백산 신단수나, 고조선의 도읍지 아사달과 같은 신성한 숲이라는
것을 말한다.

그러므로 김알지의 출현을 알린 계림의 닭은 박혁거세의 출현을 알
린 천마처럼 하늘에서 지상으로 시조를 매개한 천계라 하지 않을 수
없다. 그리고 닭의 또 다른 기능은 첫새벽의 계명(鷄鳴)으로 동을 트게
하고 해를 불러오는 태양신앙의 한 양식으로 등장한 것이라 할 수 있
다. 첫새벽을 여는 '계명'의 기능을 고려하면 '아사달' 조선이나 '계림
국' 신라나 서로 같은 뜻을 지닌 국호라 하지 않을 수 없다. 이러한 천
신신앙의 전통은 가락국(駕洛國)의 건국시조인 김수로본풀이로까지
이어진다.

자주색 줄이 하늘에서 내려와서 땅에 드리워져 있었다. 줄 끝을 찾아보
니 붉은 보자기에 싸여진 금으로 된 합이 보여, 그것을 열어보니, 해처럼
둥근 황금알 6개가 있었다.[23]

가락국 수로왕의 출현 이야기를 보면, 마치 박혁거세와 김알지 본
풀이를 보는 것 같다. 자주색 줄이 하늘에서 땅으로 드리워졌다는 것
은 곧 하늘에서 번갯불처럼 이상한 빛이 비추었다거나 자주색 빛이 비
추었다는 것과 다름없는 표현이다. 그 빛이 비친 자리에 알이나 금궤
가 놓여 있었다고 하는 앞의 두 이야기처럼, 여기서도 자주색 줄이 닿
은 곳에 금합이 있었다고 한다. 금합 안에 황금알이 들어 있었다고 하
는 것은 알에서 나온 박혁거세와 금궤 속에서 나온 김알지를 아우른
셈이다. 금합에서 나왔기에 성을 김씨로 했다는 사실도 김알지와 같다.
박혁거세는 몸에서 광채가 났다고 하는데, 이 알도 황금알이어서
사실상 같은 상징을 지닌 표현이다. 더 구체적으로 황금알이 '해처럼'
둥글었다는 사실이다. 황금빛이 가지는 태양 상징의 기능을 한층 구체
화하기 위하여, 황금알을 예사 날짐승의 알 모양과 구분하기 위해 해
처럼 둥근 모양을 생생하게 기록해 두었다. 하늘에서 내려온 황금알
곧 태양 생명으로부터 가락국의 시조들이 출현한 것이다. 달리 말하면,
수로왕을 비롯한 가락국의 6왕들 또한 해모수처럼 태양신을 상징하는
존재였던 것이다. 그러므로 이런 사실을 고려하면 천손신화와 난생신
화를 구분하여 완전히 다른 신화처럼 계보화하는 연구가 얼마나 많은
문제점을 안고 있는가 하는 사실을 새삼 절감하게 된다.
대가야왕과 금관국왕도 천신의 감응을 받아 태어났다고 한다.『신
증동국여지승람』「고령현」에 인용된 최치원의『석리정전(釋利貞傳)』

---

23)『三國遺事』卷2,「紀異」駕洛國記, "唯紫繩自天垂而著地 尋繩之下 乃見紅幅
裏金合子 開而視之 有黃金卵六圓如日者."

에 보면, 가야산신 정견모주(正見母主)가 천신인 이비가(夷毗訶)의 감응을 받아, 대가야의 왕 뇌질주일(惱窒朱日)과 금관국의 왕 뇌질청예(惱窒靑裔) 두 사람을 낳았다고 한다. 뇌질주일은 이진아시왕의 별칭이고 뇌질청예는 수로왕의 별칭인데, 대가야의 시조인 뇌질주일은 아버지 이비가를 닮아서 얼굴이 해와 같이 둥글고 붉었다고 한다.[24]

이 기록을 보면 대가야의 시조왕은, 햇빛을 받아 태어난 주몽 또는 천제 해모수의 아들 주몽의 출생과정과 같다. 얼굴모습까지 해처럼 둥글고 붉었다고 하는 것을 보면, 천신의 후예이자 해 곧 태양신을 뜻하는 것이 분명하다. 알에서 태어나고 세상을 밝게 하는 불구내왕 박혁거세의 상징이나 다르지 않다. 이때 붉은 알은 곧 해의 은유이다. 따라서 붉은 알이나 황금알에서 태어난 것은 난생이 아니라 천손으로서 일생(日生)을 뜻하는 것이다. 그러므로 천신신앙을 바탕으로 한 건국시조들의 출현은 환인과 환웅에서 시작하여 가락국의 김수로왕에게 이르기까지 지속되었던 것이다.

4. 곰신앙의 잠적과 범신앙 지속성의 수수께끼

하느님을 섬기는 천신신앙은 신시고국의 주류종교로 성립되면서부터 지금까지 지속되는 우리 민족의 가장 오랜 신앙 전통이다. 그 뿌리는 고조선본풀이 가운데 특히 환웅의 신시본풀이에서 발견되었다. 그런데 이 본풀이에는 천신신앙의 환웅족 외에 곰신앙의 곰족과 범신앙의 범족이 함께 등장한다. 더군다나 곰족은 신시고국을 세운 환웅족과 결합하여 고조선이라는 새로운 고대국가를 세우는 건국주체가 되었다. 그러므로 신앙의 정체성을 중심으로 두 종족문화를 상대적으로 정리해 보면, 신시고국을 세운 환웅족의 천신신앙 문화를 바탕으로 정착형

---

24) 『新增東國輿地勝覽』 29, 高嶺縣 建置沿革.

채취생활을 한 곰족의 곰토템 문화가 결합된 것이 고조선문화이다.

환웅족의 천신신앙문화 + 곰족의 곰토템문화 = 고조선문화

역사적 실상이 이러하다면, 지금까지 살펴본 것과 같은 맥락에서 곰족의 곰신앙 문화의 전통도 주목하지 않을 수 없다. 다시 말하면, 환웅족의 천신신앙 전통이 일정한 변화를 거치면서도 줄기차게 지속되었듯이 곰족의 곰신앙 전통도 꿋꿋하게 지속되어야 자연스러울 것이라는 말이다. "고조선을 건국한 단군 왕검은 하느님족의 환웅과 곰신족의 '곰네' 사이에서 태어났으므로 이러한 종교구조 곧 신의 서열은 고조선에도" 그대로 이어져서, "고조선의 종교구조는 하느님을 최고신으로 하고 그 밑에 곰신, 호랑이신 등 고조선을 구성한 여러 고을의 수호신이 서열에 따라 위치하고 있었다고 보아야 할 것이다."[25]

그런데 실제 문화상황은 그렇지 못한 것이 민족문화의 실상이다. 환웅족의 천신신앙은 건국시조 중심으로 수천년 뒤의 가락국 시조에 이르기까지 고스란히 이어진 반면에, 곰족의 곰신신앙은 건국시조의 경우는 물론, 일상적인 신앙 관련 기록에서도 흔하게 보이지 않으며 민속신앙의 전통 속에서도 나타나지 않고 있다. 단군의 성모인 곰네를 주목하고 곰신앙의 전통을 현장에서 찾아보면, 기껏 공주지역 곰나루 설화와 곰사당을 만나는 데서 머문다. 다른 지역에서는 곰신앙은커녕 곰전설도 거의 전하지 않고 있다. 애써 그 정체를 찾아 논한 경우에도 『삼국유사』에 기록된 김대성의 꿈 이야기를 거론하는 정도이다.

대성이 장성하여 토함산에 올라가 사냥을 하다가 곰 한 마리를 잡았는데 그날 밤 꿈에 곰이 나타나 환생하여 너를 잡아먹겠다고 위협하였다. 대

---

25) 윤내현, 『고조선 연구』, 일지사, 1995, 705쪽.

성이 용서를 빌고, 곰이 원하는 대로 절을 지어주고 사냥을 금하였다. 이때 곰의 뜻을 받들어 지은 절이 장수사(長壽寺)이다.[26]

이 설화에서 김대성의 꿈에 나타난 곰을 산신으로 해석하기도 한 다.[27] 그러나 이것은 해석의 수준이고 실제 곰이 산신으로 섬겨지는 사례는 거의 찾아볼 수 없다.

곰신앙 집단인 곰족의 대표 곰네가 신모이자 단군조선 건국의 주체 가 되었다면 당연히 곰신앙을 비롯한 곰문화가 널리 전승되어야 하는 데, 그러한 증거는 고대 기록에서도 나타나지 않을 뿐더러 현재의 문 화에서도 그 자취를 찾기 어렵다. 환웅족의 천신신앙이 널리 전승되고 국중대회로 제천대회를 한 사실은 여러 기록에 나타나 있는 것을 보면, 곰신앙의 잠적은 특이한 현상으로 보인다. 곰전설조차 아주 희귀한 것 은 이해하기 어려운 현상이라 하지 않을 수 없다.

더 특이한 사실은 고조선 건국주체에서 배제된 범족의 범신앙은 옛 기록에서 두루 보이고 나아가 민속신앙의 현장에서도 지금까지 널리 전승되고 있는 현상이다. 곰과 달리, 호랑이 관련 설화는 물론이고 호 랑이 신앙이 곳곳에 전승되고 있다. 호랑이 설화는 "세계 어느 나라에 비해서 가장 다양·다채롭다는 것"인데, "바로 중국의 대문호요, 대사상 가인 노신(魯迅)의 말"이다. "노신은 일찍이 우리나라 사람을 만나면 반드시 한국의 호랑이 이야기를 들려달라고"[28] 할 정도였다. 실제로 1980년대 전반기에 수집된 가장 방대한 설화자료집『한국구비문학대계』 에는 호랑이 설화가 모두 402편이 수록되어[29] 있어서, 어느 유형의 설

---

26)『三國遺事』卷5, 孝善9 大成 孝二世父母 神文代, "旣壯 好遊獵 一日登吐含山 捕一熊 宿山下村 夢熊變爲鬼 訟曰 汝何殺我 我還啖汝 城怖懼請容赦 鬼曰 能爲我創佛寺乎 城誓之日喏 旣覺 汗流被蓐 自後禁原野 爲熊創長壽寺於其 捕地."

27) 李恩奉,『韓國古代宗敎思想』, 集文堂, 1984, 86쪽.

28) 이가원,『조선 호랑이 이야기』, 학민사, 1993, 4쪽.

화보다 호랑이 설화가 풍부하다고 할 수 있다. 반면에 곰설화는 전혀 나타나지 않는다.

호랑이는 산신령으로 인식되어 산신신앙의 중요한 대상이 되고 있다. 때로는 산신 자체이기도 하고 산신의 사자(使者)이기도 하다. 산신도(山神圖)에는 인격화된 산신령과 호랑이가 마치 한 몸처럼 서로 어울려 있기 예사다.[30) 산신은 산을 지키는 신이기도 하지만 마을을 지키는 마을신앙의 주류를 이루기도 한다.

산간마을에는 으레 동신이 산신이며, 그 산신은 곧 호랑이이다. 호랑이가 산신이기 때문에 제물로 쓴 돼지머리를 산신당에 두고 온다고 한다.[31) 제관이 동제를 지내는 동안 부정을 타서, 산신당을 찾아가는 길에 호랑이를 만났다거나 제관 집에 호랑이가 출몰했다는 경험담도 전승된다.[32) 호랑이가 곧 산신이라는 말이자 동신이라는 말이다.

이러한 호랑이 설화와 산신신앙[33) 또는 동신신앙의 전통을 주목해 보면, 고조선본풀이와 거꾸로, 마치 고조선 건국과정에서 곰족이 주변

---

29) 『韓國口碑文學大系』, 韓國精神文化硏究院, 1980-1988, 82책에는 호랑이를 제목으로 한 설화가 모두 402편 수록되어 있다.

30) 데이비드 메이슨 지음, 신동욱 옮김, 『山神-한국의 산신과 산악 숭배의 전통』, 한림출판사, 2003의 다양한 산신도 참조.

31) 경북 예천군 용문면 산성동 산성마을은 학가산 기슭에 자리잡고 있는데, 정월 보름에 동제를 올릴 때 천신과 지신, 산신 가운데 산신을 주신으로 모신다. 동제로 학가산 산신당에서 산신제를 지내는 셈이다. 돼지를 산신당 근처에서 잡아 제물로 쓰고 돼지머리는 반드시 산짐승 곧 산신령을 위해 그 자리에 두고 나머지 제물을 가지고 음복을 한다. (1984년 4월 14일 산성마을에서 현지조사). 林在海, 『韓國口碑文學大系』 7-17, 韓國精神文化硏究院, 1988, 285-287쪽 참조.

32) 임재해, 「금오산지역 동제와 신앙전설 전승의 관련성과 지역성」, 비교민속학회편, 『민속과 지역사회』, 민속원, 2007, 123-124쪽의 자료 2와 3, 7, 8 참조. 이 자료는 1994년 1월 21일에서 26일까지 금오산 기슭의 여러 마을에서 조사한 것이다. 자세한 것은 이 글을 참조.

33) 임재해, 「한국인의 산 숭배 전통과 산신신앙의 전승」 및 「산신설화의 전승양상과 산신숭배의 문화」, 『比較民俗學』29, 比較民俗學會, 2005, 379-423쪽 참조.

부로 밀려나고 범족이 주류 세력으로 편입된 것처럼 보인다. 왜냐하면 범족 문화는 생생하게 살아서 지금까지 풍부하게 전승되고 있는데 비하여, 곰족문화는 사라졌기 때문이다. 곰이 과연 고조선의 시조 단군의 성모인가 의심스러울 정도이다.

왜 고조선 건국과정에서 보여준 민족의 형성과 문화의 구성 논리와 반대로 곰족문화는 사라지고 범족 문화는 지금까지 생생하게 지속되고 있는가? 고조선본풀이를 그 자체로 다루고 말았을 뿐 현재 문화와 통시적 관계를 주목하지 않았을 뿐 아니라, 고조선문화가 현재까지 지속되고 있는 문제에 관해 아무도 관심을 기울이지 않았다. 그런 까닭에 어느 누구도 이 어긋진 문제에 관해 의문을 제기하지 않았으며 학술적 논의도 하지 않았다.

역사학은 통시적 학문인데 과거 사실을 시대 중심으로 분절하여 공시적 논의를 하고 말았기 때문이다. 그런 까닭에 민족문화의 지속과 변화보다 오히려 다른 민족의 문화가 전래되어 왔다는 공시적 논리의 전파론에 매몰되기 일쑤였다. 마치 지리학처럼 문화의 공간적 이동과 영향에 골몰한 나머지 문화이론의 초보적 단계인 전파론에 매몰되고 말았다. 그러므로, 사학의 본디 기능이자 연구목적인 통시적 지속성과 문화의 시간적 전승론에 무관심하였던 것이다.

고조선문화를 그 자체로 다루고 말거나, 아니면 북방문화 전래론이나 유목문화 기원론, 시베리아문화 원류론과 같은 식민사학의 상투적 민족문화정체론에서 헤어나지 못하고 있다. 따라서 고조선 시조모인 곰네의 문화 곧 곰족문화가 왜 단절된 반면에, 오히려 고조선 건국에서 일탈한 까닭에 민족의 시조 또는 시조모로부터 배제된 범족 문화가 강성하게 된 현상에 대해서는 의문조차 갖지 않았다. 그러므로 고조선 성립의 구성과 어긋나게 전승되는 민족문화의 존재양상을 밝히는 것이 이 논의가 이르고자 하는 마지막 지점이다.

곰족문화가 사라진 이유는 두 가지로 생각할 수 있다. 하나는 생태학적 원인이고 둘은 문화적 원인이다. 생태학적 요소로 보면, 한반도에는 곰문화대에서 상당히 멀어져 있다는 점을 들 수 있다. 곰이 식생하지 않으면 곰전설이나 곰신앙도 전승되기 어렵다. 그러나 현재의 식생과 달리 과거에는 곰이 제법 식생했다. 특히 북방으로 갈수록 곰이 널리 서식하고 있다. 옛날에는 큰곰과 반달곰이 서식했으며 현재까지 반달곰이 서식하고 있다.

오히려 지금은 범이 자취를 감추었다. 범의 식생이 더 희귀한 상황이다. 따라서 여전히 범보다 곰이 생태학적으로 더 우세하다 할 수 있다. 그리고 곰이 널리 서식했던 고대 자료에도 곰신앙의 기록은 보이지 않는다. '웅신(熊神)'[34] 또는 '웅신산(熊神山)'이란 기록이 있긴 한데,[35] 호신처럼 나라 풍속으로 섬겼다는 기록은 없다. 그러므로 생태학적 요소는 결정적이라 할 수 없다.

문화적 원인은 문화접변(acculturation) 현상과 관련되어 있다. 왜냐하면 환웅족과 곰족의 연맹과정에 환웅족의 선진문화에 곰족의 문화가 동화된 것이 중요한 원인으로 추론되기 때문이다. 두 종족의 연맹을 환웅과 곰네의 남녀결합에 의한 혼인동맹으로 볼 수도 있지만, 더 중요한 동맹의 요인은 혼인이 아니라 문화교류 또는 문화공유였다.

곰과 범이 환웅을 찾아와 인간이 되고자 한 것은 환웅족의 선진문화를 익히기를 희망한 것이며, 실제로 쑥과 마늘을 먹으며 햇빛을 보지 않고 칩거하도록 한 것은 그러한 천신족의 문화 수용 과정이라 할 수 있다. 범이 뛰쳐나가고 곰은 참고 견디어 인간이 되었다고 하는 것은 범이 천신족 문화에 적응하지 못한 반면에, 곰은 잘 적응하여 천신

---

34) 『三國遺事』 卷5, 神呪6 惠通降龍, "龍旣報冤於恭 往機張山爲熊神 慘毒滋甚." 용이 기장산의 웅신이 되어 그 나쁜 짓이 자심했다는 내용이다. 따라서 웅신을 섬길 까닭이 없다.

35) 『三國遺事』 卷1, 紀異1 高句麗, "時有一男子 自言天帝子解慕漱 誘我於熊神山下鴨淥邊室中私之." 유화(柳花)가 '천제의 아들 해모수가 웅신산 아래 압록강가의 집으로 자기를 유인했다'는 내용인데, 산이름으로 웅신이 쓰였다.

족의 농경문화와 정착생활에 동화되었다는 사실을 나타낸다.

곰과 범의 문화적 적응력 차이는 개인적 기질 차이로 볼 수도 있지만, 문화적 수준 차이에서 비롯된 것으로 볼 수 있다. 곰이 더 쉽게 적응한 것은 곰족문화가 범족 문화보다 수준이 더 높았으며 환웅족 문화에 더 가까웠다는 말이다. 더 구체적으로 말하면, 곰족은 채식생활과 정착 농경문화에 적응 가능한 수준의 문화를 누린데 비하여, 범족은 육식생활과 유목문화를 누렸기 때문에 그러한 적응이 불가능했다는 말이다.[36]

따라서 범족은 환웅족과 문화적 이질성이 커서 문화공유와 사회적 동맹이 불가능한 반면에, 곰족은 문화적 동질성을 지녀서 환웅족 문화를 공유하고 사회적 동맹이 가능했던 것이다. 곰족의 문화적 적응으로 환웅족과 동맹이 가능한 까닭에 환웅과 곰네의 혼인이 이루어졌다. 그러므로 두 종족의 혼인동맹보다 문화공유로 고조선의 형성을 이해할 때, 고조선문화의 성립과 전통을 해석하는 폭과 깊이가 함께 더 진전될 수 있다.

문화접변은 대등한 두 문화의 만남일 때는 상호영향을 주고받아서 일정한 방향으로 문화가 변화된다. 그러나 한 문화가 특별히 우위를 차지할 때에는 다른 문화가 거기에 동화되게 마련이고, 스스로 다른 문화를 우월한 것으로 동경하여 적극적으로 수용하게 되면 문화이식이 이루어지게 된다. 문화접변론은 "근대화된 서구와 원시민의 문화가 접촉하여 변화되는 것"을[37] 연구하는 인류학적 시각인데, 그 연구대상이 원주민들이자 식민지 주민들이기 때문에 한결같이 서구문화에 종속되어 변화되는 현상을[38] 주목하게 마련이다. 그러므로 나는 문화동

---

36) 임재해, 「단군신화에 갈무리된 문화적 원형과 민족문화의 정체성」, 『단군학연구』16, 단군학회, 2007, 296-299쪽 참조.

37) 李光奎, 『文化人類學』, 一潮閣, 1975, 253쪽.

38) 李光奎, 위의 책, 같은 곳.

화나 문화이식과 같은 종속적 문화접변 현상에 머물지 않고 두 문화가 대등하게 만나서 새로운 문화를 창출하는 문화상생론을 문화연구의 한 방법으로 주목하였다.[39]

수준 높은 문화에 수준 낮은 문화가 자진해서 복속하게 되면, 수준 낮은 문화는 수준 높은 문화에 동화되고 귀속되어 본디 정체성을 잃게 마련이다. 따라서 이러한 문화접변은 으레 식민지적일 수밖에 없다. 특히 스스로 선진문화를 동경하고 기꺼이 복속되려고 하는 경우에는 자문화의 소멸이 급격하게 이루어지게 마련이다.

곰족과 범족은 환웅족 문화에 대한 동경으로 환웅을 찾아가서 사람 답게 살고자 했으며, 곰족은 거기에 동화되었을 뿐 아니라 환웅족과 혼인까지 하여 한 민족처럼 결합하였기 때문에 자문화의 정체성이 확보될 수도 없고 역사적으로 지속될 수도 없다. 곰은 사람이 되자, 늘 환웅을 찾아가서 아이배기를 빌었다고 하는 것을 보면 환웅족 문화에 자진 복속의 적극성이 상당히 강렬하게 나타나 있다. 그러므로 환웅족의 천신신앙은 분명한 독자성을 지니고 역사적으로 지속되는 반면, 곰족의 곰신앙은 그 자취를 찾을 수 없게 되었다.

곰족과 반대로 범족의 범신앙 전통이 살아 있는 것도 같은 맥락에서 설명이 가능하다. 범신앙의 득세 또한 곰신앙의 잠적처럼 생태학적 현상이자 문화적 현상과 관련되어 있기 때문이다. 다만 범신앙의 경우는 산신신앙과 결합되거나 발전하면서 새로운 문화적 전통을 창출함으로써 그 전승력을 확보할 수 있었다는 점을 더 고려해야 한다. 그러므로 생태학적 식생 요인과 문화접변 요인, 문화창출 요인 등으로 나누어 생각할 수 있다.

생태학적으로 범은 곰과 함께 고조선문화 지역에 널리 서식한 동물

---

39) 임재해, 『민속문화를 읽는 열쇠말』, 민속원, 2004, 223-280쪽, 「제4장, 민속문화의 전통과 외래문화: 문화상생론」에서 이 문제를 자세하게 다루었다.

이다. 최근에는 범이 거의 멸종위기에 이르렀지만, 과거에는 범의 서식이 상당하여 호식의 피해가 사회적 문제로 떠오를 정도였다. 따라서 노인들 가운데에는 범을 직접 보았다는 이야기들도 적지 않게 전승된다. 범이 있으니 범 관련 신앙과 전설이 전승되는 것은 자연스럽다. 그러나 곰의 서식과 견주어 볼 때, 이러한 사실만으로는 설명이 부족하다. 문화접변 요인을 더 주목할 필요가 있다.

문화접변론으로 보면, 수준 낮은 문화가 반드시 높은 문화에 복속되는 것은 아니다. 문화 전승의 주체적 판단에 따라 선진문화를 배척할 수도 있기 때문이다. 뿐만 아니라 선진문화를 동경하되 자문화를 버리지 않고 지속할 수도 있다. 고조선본풀이를 보면, 범도 곰처럼 환웅의 선진문화를 동경한 것은 틀림없다. 다만 곰처럼 환웅족문화에 전적으로 동화되지 않고 일정하게 받아들이다가 중도에 포기하고 말았다. 이 양상을 문화접변 논리에서 문화상생 논리로 이해하면 더 나아간 해석을 할 수 있다.

범족의 범신앙 문화는 곰족의 곰신앙 문화와 달리 환웅족의 천신신앙 문화에 동화되지 않고 일정하게 공유하다 거기서 벗어났다. 범족역시 곰족처럼 환웅족의 문화를 동경한 나머지 곰족과 함께 문화적 적응을 시도한 것은 사실이다. 그러나 문화적 차이가 너무 커서 쉽게 적응 불가능하다는 사실을 알고, 또는 자문화의 가치에 대한 자각 아래자문화를 지키고자 스스로 환웅족 문화로부터 일탈해서 동화와 동맹을 포기했다. 범족은 환웅족 문화에 대한 동경 수준에 머문 채, 곰족과달리 문화적 동화를 포기한 것이다. 그리고 자문화의 가치를 재발견하고 자문화의 정체성을 지키는 쪽을 선택한 셈이다.

그러므로 범족은 환웅족의 문화동화 과정에 순응하지 않고 중간에저항하여 탈출했던 것이다. 그 결과, 곰족문화가 환웅족 문화에 동화되어 버린 반면에, 범족의 문화는 환웅족 문화에 동화되지 않고 오히려자문화의 정체성을 오롯이 지킬 수 있게 되었다. 따라서 고조선 건국

시기에는 환웅족이 주류를 이루고 있는 고조선의 천신신앙 문화와 범족의 범신앙 문화가 어깨를 겨루고 나란히 병립하며 대등하게 공존했던 것이다. 그러나 환웅족 문화에 동화된 곰족문화는 상대적으로 약화되게 마련이었다. 그러므로 고조선 이후 지금까지 범신앙 문화가 지속되고 있는 반면에, 곰족문화는 역사 속에서 잠적하게 될 수밖에 없었다.

그러나 고조선 건국시기에 범족이 자문화의 정체성을 지니고 범신앙을 지켰다고 해서 지금까지 범신앙이 지속되라는 법은 없다. 왜냐하면 범족이 고조선 이후 줄곧 자민족 중심의 국가체계를 유지하지 못했기 때문이다. 따라서 자문화의 정체성에 대한 긍지가 없으면 국가의 소멸과 함께 사라질 수도 있고 긍지가 높으면 다른 문화와 만나서 새로운 문화를 창출할 수도 있다. 범족은 환웅족 문화에 대한 동경과 일탈의 변증법적 문화인식을 지녔던 세력이었다. 따라서 선진문화의 가치 못지않게 자문화의 가치에 대한 긍지도 높았다. 그러므로 선진문화를 일정하게 동경하고 받아들이면서도 거기에 휘둘리지 않고 자문화의 정체성을 꿋꿋이 지켜나갔던 것이다.

범족은 고조선 건국과정에서 일탈했다가 뒤늦게 고조선에 귀속되었는데도 자민족의 범신앙 문화를 유지시키는 한편 새로운 산신신앙을 창출하였다. 천신신앙과 범신앙이 만나서 새로운 신앙으로 창출된 것이 산신신앙이다. 산신은 천신과 범신의 변증법적 통합물이다. 따라서 산신의 사자로 호랑이가 등장하는가 하면 산신은 마치 신선처럼 천상의 존재로 그려지기도 한다. 결국 산신신앙은 천신신앙과 범신앙의 결합으로 이루어진 새로운 문화창출이라 할 수 있다. 따라서 문화접변에 따른 논의는 한계가 있고 문화상생론으로 나아가야 이 문제를 제대로 해명할 수 있다. 두 문화가 대등하게 만나서 서로 영향을 주고받으며 새로운 문화로 발전하는 것이 문화상생이자 제3의 문화창출이다. 범신앙이 산신신앙으로 비약한 것은 제3의 문화라 할 수 있다.

곰신앙과 달리 범신앙에 관해서는 고대문헌에 기록이 있어서 문화
상생론을 뒷받침해 주고 있다. 『후한서』「동이열전」에는 '예(濊)'의 나
라굿 '무천'을 소개한 내용에 이어서 "호랑이를 신으로 섬겨 제사했다."
는[40] 기록이 있다. '예'에서는 천신을 섬기는 하늘굿과 더불어 범신을
섬기는 호신굿도 했던 것이다. 따라서 학계에서는 '예'가 곧 범족의 후
예로 해석한다.[41]

예족은 이미 과거 범족의 문화 수준을 넘어섰다. 자신의 본디문화
인 범신앙을 유지하면서[42] 환웅족의 천신신앙을 본받아 무천이라는
하늘굿을 할 정도로 크게 문화성장을 했던 것이다. 그러므로 '예'는 곰
족이었던 맥과 연맹한 맥조선 곧 고조선과 후대에 다시 결합하여 예맥
조선(濊貊朝鮮)을 이루었던 셈이다. 물론 고조선이 망한 뒤에는 이 종
족들이 다시 분리되어 신라와 고구려, 옥저, 부여, 예, 맥 등의 여러 국
가로[43] 독립한다.

천신족을 표방한 환웅족과 곰족을 표방한 맥족, 그리고 이 두 종족
의 연맹으로 이루어진 고조선에 뒤늦게 통합한 것이 예족이다. 범족을
표방한 예족의 결합으로 한민족이 형성된 과정을 보면, 여기서 두 가
지 해석을 이끌어낼 수 있다. 하나는 한민족의 형성과정을 보면, 한족
인 환웅족이 중심이 되어 맥족과 예족이 차례로 결합하여 구성되었다
는 사실이다. 둘은 이러한 과정에서 한결같이 맥족과 예족이 환웅족을
찾아온 것으로 볼 때, 환웅족이 만주와 한반도에 살았던 토착민이라면
상대적으로 예족과 맥족은 북방에서 신시고국 또는 고조선을 찾아온

---

40) 『後漢書』卷85, 「東夷列傳」濊傳, "又祭虎以神". 『三國志』濊傳에도 이와 같
은 기록이 있다.
41) 金廷鶴, 『韓國上古史硏究』, 범우사, 1990, 70쪽.
42) 서영대, 「東濊社會의 虎神崇拜에 대하여」, 『역사민속학』 2, 역사민속학회, 1992,
62-90쪽에서 예족의 범신앙에 관해 자세하게 다루었다.
43) 『帝王韻紀』卷下, 「前朝鮮紀」李承休의 註釋, "檀君據朝鮮之域爲王 故尸羅·
高禮·南北沃沮·東北夫餘·濊與貊 皆檀君之壽也."

이주족이라는 사실이다.

셋은 서로 다른 문화를 지녔던 세 종족이 둘씩 차례로 흡수 통합되어 하나의 국가를 이루었지만, 실제로는 두 문화의 갈래만 전승되고 하나의 문화는 증발되었다는 사실이다. 두 종족이 문화동맹을 이루는 과정에 환웅족 문화에 순조롭게 동화하게 된 맥족 문화는 사라져 버렸는데, 일탈과 교류의 과정을 거쳐 대등한 관계를 맺은 예족의 범신앙 문화만 살아남아서 독자적 전통을 이루었기 때문이다. 정치적으로는 환웅족과 곰족이 고조선을 건국하는 긴요한 구실을 했다면, 문화적으로는 환웅족과 범족의 문화가 민족문화 구성의 중요한 요소를 이룬 셈이다.

민족국가 수립이나 민족문화 형성에서 가장 중심을 이룬 것은 여전히 환웅족이다. 주류인 환웅족에 비하여 곰족과 범족은 비주류에 속한다. 따라서 환웅족을 핵심에 두고 상대적으로 고조선의 국가형성에는 곰족, 새 문화 창출에는 범족이 적극적인 구실을 하였다고 할 수 있다. 그러므로 민족 형성의 중심 세력이었던 환웅족을 두고 굳이 곰족을 중심으로 민족의 기원을 찾는 것은 한계가 있다.

이를테면, 생활세계에서 진작 자취를 감추어버린 곰숭배 신앙을 근거로 고조선은 시베리아 고아시아족의 이주민들로부터 형성되었다고 하는 주장을 하는데, 받아들이기 어려운 견해이다. 환웅족이 곰족 이전부터 토착세력으로 뿌리를 내리고 있었기 때문이다. 반면에 세 민족의 이합집산으로 이루어진 고조선을 두고서 우리 민족은 모두 고조선 지역에서 생활한 토착민이라는 주장도 잘못이다. 곰족과 범족은 환웅족 문화를 동경하며 유입되었기 때문이다.

범족인 예(濊)가 고조선에 뒤늦게 합류하면서 호신신앙을 천신신앙과 함께 공유할 수 있었다. 곰족과 달리 범족이 환웅족에게 동화되지 않고 자민족 정체성을 지닐 수 있었던 제3의 원인도 있다. 그것은 천신신앙이 주류였던 고조선이 단군조선 말기에 산신신앙을 새로 창출했기 때문이다. 결정적인 사건은 단군이 1908세를 살다가 죽어서 아사달의 산신이 되었다는 사실이다. 왜 천신의 후손인 단군이 죽어서 산신이 되었을까?

하나는 범족의 영향을 받아서 천신신앙에 머물지 않고 산신신앙을 새로 창출했을 가능성이 있으며, 둘은 천신과 산신은 둘이자 하나라는 점이다. 산신당이 곧 천왕당이며 산신령도 곧 천신이라는 관념으로 보면, 천신인 단군이 아사달의 산신이 된 것은 자연스러운 일이다. 셋은 더 새로운 해석이다. 건국시조들은 신시고국에서 가야국까지 모두 해를 상징한다는 점을 고려하면, 해는 아침에 높은 산의 나무 끝에서부터 내려와서 저녁에는 다시 산속으로 들어가는 것처럼, 환웅이 아침에 태백산 신단수를 타고 내려온 것과 달리, 단군은 저녁에 아사달 산속으로 사라졌던 것이다.

어떤 이유에서든 건국시조가 아사달의 산신이 되었으므로, 왕검조선 사람들로서는 산신을 중요한 신격으로 신앙하지 않을 수 없게 되었다. 건국시조가 산신이 되었는데, 어떻게 종전처럼 천신을 섬기는 제천행사만 하겠는가. 단군이 산신이 되었다고 하는 것은 곧 범이 되었다고 보기도 한다. 산신을 곧 범으로 보아서 "단군 = 산신 = 범"의 등식을 추론하기도 한다.[44] 단군이 산신이 되었으니 천신을 섬기는 나라굿과 함께 산신굿도 하지 않을 수 없다. 그러므로 산신신앙은 천신신앙 다음으로 중요한 우리 민족신앙의 한 갈래인 것이다.

고조선본풀이는 단군이 고조선을 건국한 데서 끝나지 않고 도읍지를 여러 차례 옮기다가 죽어서 아사달의 산신이 되었다는 데서 끝난다. 결말만 보면 산신이 좌정하는 유래를 서술한 것이므로 사실상 산신본풀이 내용을 갖추었다.[45] 고조선 초기에 건국시조본풀이로 성립

---

44) 신종원, 「단군신화에 보이는 곰(熊)의 實體」, 『韓國史研究』 118, 韓國史研究會, 2002, 5쪽.
45) 임재해, 「한국인의 산 숭배 전통과 산신신앙의 전승」, 김종성 편, 『산과 우리

되고 전승되었으나, 고조조선 말기에 이르면 산신본풀이로 나아간 것이다. 본풀이가 구비전승 과정에서 역사적 상황이 바뀜에 따라 그 내용도 변이되는 것은 자연스러운 양상이다. 그러므로 고조선본풀이를 건국시조의 내력담으로만 보면 역사적 해석에 머물지만, 산신신앙의 내력담으로도 볼 수 있게 되면 문화적 해석까지 더 풍부하게 할 수 있다.

곰족이 환웅족과 문화동맹을 하는 단계까지는 신시고국의 국가종교는 천신신앙이었으며, 고조선 건국 초기에는 천신신앙에 곰신앙이 결합하여 두 신앙이 어느 정도 공존했을 것이다. 그러나 곰신앙이 천신신앙에 동화됨으로써 곰신앙의 전승은 약화되고 다시 천신신앙이 주류를 이루게 되면서 더욱 발전되었을 것이다. 이러한 천신신앙의 전통이 지속되다가 왕검조선 말기에 산신신앙이 새로 형성되어 종교문화에 변동이 일어나게 된다. 그 결과, 고조선의 종교문화는 주류종교로서 천신신앙의 전승과 더불어 비주류 종교로서 산신신앙이 새로 뿌리를 내리게 되었던 것이다. 단군이 아사달의 산신이 되면서, 마침내 산신신앙도 주류 신앙으로 편입되어 나라의 공식 신앙으로 자리잡아 후대에까지 이어져서 국가제의로 자리잡게 된다.

산신신앙은 천신신앙과 대립적인 종교문화라고 할 수 없다. 천신족의 천신신앙에서 자생적으로 파생된 신앙이다. 왜냐하면 천신족의 시조 환웅이 지상에 내려올 때 태백산 신단수 아래로 내려왔다는 기록이 이러한 사실을 입증한다. 당시의 신앙은 어느 것이나 자연물을 중요한 매개로 하는데, 천신족은 천상의 자연물로는 태양과 하늘을 신격화하는 한편, 지상의 자연물로는 산과 나무를 신격화하였던 것이다. 따라서 환웅이 지상에 처음 발을 디딘 곳인 태백산 신단수 아래를 신시로 설

<hr>

문화』, 수문출판사, 2002, 18쪽. "단군신화는 고조선의 건국신화이기도 하지만, 사실상 산신의 기원을 말한다는 점에서 '산신신화'이기도 하다."

정했던 것이다. 하늘과 태양이 천신신앙의 대상물이라면, 태백산이나 신단수와 같은 산과 나무는 산신신앙의 대상물이다. 하늘의 신격이 태양인 것처럼, 산의 신격은 나무이다. 그러므로 산신신앙은 산의 거목을 신체와 제단으로 삼아 산신제를 올리고 산신굿을 하는 제의문화를 빚어냈던 것이다.

천신족의 이러한 세계관적 인식이 천신신앙의 전통 속에 갈무리되어 있다가 단군이 죽어서 산신이 되자, 산신신앙이 분리 독립되어 천신신앙과 대등한 종교문화로 자리잡게 된 것이다. 범족의 예가 뒤늦게나마 고조선과 결합하여 문화적 동맹을 이룰 수 있었던 것은, 예도 종래의 범신앙 외에 천신신앙을 누리며 나라굿 무천을 할 만큼 문화적 성장을 이루었을 뿐 아니라, 고조선 또한 종래의 천신신앙 중심에서 산신신앙 문화까지 창출하는 문화적 창조성을 발휘하게 된 원인도 크다. 따라서 고조선족과 예족은 천신신앙을 공유하는 것을 매개로 고조선의 산신신앙과 예족의 범신앙이 대등하게 만나서 새로운 천신신앙을 창출한 것이다. 그러므로 구체적인 섬김의 대상이 되는 산신신앙의 신체는 나무와 범으로 공존하게 되기에 이르렀다.

범은 맹수이지만 산신신앙의 대상이 될 때에는 산신 또는 산신령으로 호명된다. 따라서 산신을 믿는 사람들에게 범이나 호랑이라는 말은 금기어다. 이러한 금기 때문에 나무나 나물을 하러 갔다가 산중에서 범을 목격해도, 또는 밤에 범이 마을에 출몰한 사실을 알고 있어도 범을 봤다거나 호랑이가 나타났다고 이야기할 수 없다. 범이 산신 자체이거나 산신의 사자로 믿는데, 어떻게 짐승을 뜻하는 이름으로 부를 수 있겠는가.

범의 출몰이 많은 산촌지역에서는 마을을 지키는 동신이 곧 산신이며, 마을 입구에 골매기 동신이 별도로 있는 경우에도 뒷산에 별도로 산신을 모신다. 산신당을 상당(上堂)으로 호명하며 마을 수호신의 으뜸으로 섬긴다. 금오산 주변 마을을 조사해본 결과, "상당과 하당의 양

당 체제를 이루고 있는 마을은 모두 산신과 동신으로 유별되는데, 3당
이 있는 마을은 상·중·하당의 차례로 '산신', '산신', '동신'으로 이루어
져 있어 산신의 비중이 한층 더 높다는 특성을" 지닌다.[46]

산신을 동신으로 믿지 않는 경우에도 동신과 상관없이 개별적으로
산신신앙을 믿는 문화가 전승된다. 서낭당 구실을 하는 산신당과 별도
로 산신이 깃들어 있는 당이 마을 근처의 산에 있어서, 주민들이 개별
적으로 날을 잡아 산신에게 비는 '산기도'를 올린다. 이러한 산기도 전
통이 최근까지 지속되고 있다.

민족의 주류신앙이었던 천신신앙은 왕의 천제(天祭) 곧 하늘굿을
중심으로 기득권 집단의 신앙으로 한정된 반면에, 오히려 산신신앙은
세간에서 민속신앙으로 널리 전승되고 있다. 그러므로 예족의 범신앙
은 고조선 후기에 이르러 국조신인 산신과 만나 새로운 양식의 산신신
앙으로 변모하였으며, 나라굿의 산신신앙에서 점차 고을굿이나 마을굿
으로 세속화되고, 최근에는 동신신앙의 하나로 민속화하여 그 정체성
을 유지하고 있는 것이다. 무당들이 하는 동해안별신굿에서도 범굿이 여
러 굿거리 가운데 하나로 자리잡고 있다.

5. 천신신앙과 산신신앙의 문화적 전통 재인식

건국시조가 죽어서 산신이 되었다는 사실은 문화적 정체성 형성에
결정적 요소이다. 건국본풀이에서 해와 빛이 중요한 열쇠말인 것처럼,
산신 또한 민족문화를 풀어내는 가장 중요한 열쇠말 가운데 하나이기
때문이다. 따라서 천신으로 시작하여 산신으로 마무리한 고조선본풀
이의 서사구조의 시작과 끝을 주목하는 것이야말로 우리문화를 읽는
출발점이자 귀결점이라 할 수도 있다. 천신과 산신은 우리 민족의 세

---

46) 임재해, 「금오산지역 동제와 신앙전설 전승의 관련성과 지역성」, 110쪽.

계관적 인식을 이루는 두 기둥이기 때문이다.

더군다나 현재 전승되는 민속신앙 가운데 천신신앙 못지않게, 가장 오래되고 가장 으뜸이며 가장 여러 갈래를 이루고 있는 것이 산신신앙이다. 그러므로 민속신앙으로 전승되는 다양한 산신신앙의 뿌리와 갈래를 총체적으로 해명하는 벼리 노릇을 하는 것이 천신의 후손이자 고조선 건국시조 단군이다. 단군은 천신의 후손으로 머물지 않고 스스로 산신이 되어 자기 정체성을 확립하는 존재이기 때문이다.

신시고국이 오로지 환웅천왕의 천신신앙을 국가종교로 전승하였다면, 그 뒤를 이은 단군조선은 천신신앙을 이어받으면서도 단군왕검의 산신신앙을 독창적으로 창출하는 방향으로 나아갔다고 할 수 있다. 문화는 이렇게 지속되면서 창조적으로 발전한다. 그런데도 환웅의 천신문화나 단군의 산신문화보다 곰 또는 곰문화에 관심을 기울인 것은 우리문화를 그 자체로 읽으려는 주체적 시각보다 시베리아문화에 귀속시키려는 종속적 시각에 매몰된 까닭이다.

곰족과 곰문화가 민족의 혈연적 연원이자 문화적 밑자리라고 생각하는 고정관념에서 벗어나야 시베리아기원설에서 해방될 수 있다. 본풀이 사료와 문화 현상을 그 자체로 읽고 편견없이 해석하는 역량을 발휘할 때, 비로소 환웅의 천신족이 민족의 연원이며 왕검조선 이전에 이룩한 신시고국의 농경문화와 천신신앙이 민족문화의 밑자리를 이룬다는 사실을 알아차릴 수 있다. 그것은 곧 식민사학의 편견에서 해방되어 본풀이사학의[47] 새 지평을 여는 길이기도 하다.

여기서 문화의 이합집산과정에서 빚어지는 문화접변 현상과 문화상생 현상을 새로운 논리로 정리할 수 있다. 아무리 오랜 문화이자 독자적인 문화이며 수준 높은 문화라 하더라도 이웃의 다른 문화를 동경

---

47) 임재해, 「고조선 '본풀이'의 역사인식과 본풀이사관의 수립」, 『단군학연구』 21, 단군학회, 2009, 351-408쪽에서 본풀이사학에 대한 본격적인 논의를 했다.

하고 그 문화에 복속하여 스스로 동화하게 되면, 결국 자문화의 정체성을 잃어버리고 문화다양성마저 상실하게 된다는 점이다. 중국을 지배하고도 한족문화에 동화되어 민족 정체성을 상실하고 소멸의 역사 속으로 사라져간 만주족처럼, 곰족의 곰신앙 문화도 환웅족 문화에 동화되어 민족 정체성을 상실하고 말았다.

이러한 동화 양상은 선진문화의 처지에서도 바람직하지 않다. 당장은 다른 문화가 자문화에 귀속되어 하나의 문화로 통합되는 것이 주류문화로서 기득권을 누리며 주변부 문화를 지배하는 만족감을 누릴 수 있을지 모른다. 하지만, 오랜 앞날을 내다보면 자문화의 양적 팽창에 머물고 문화다양성이 발휘하는 문화 창조력을 약화시키는 결과에 이른다. 고조선 초기문화의 양상이 그러한 보기이다.

이와 반대로, 다른 문화에 견주어 볼 때 비록 수준이 뒤떨어져서 격차가 크고 적응이 불가능하더라도 자문화의 정체성을 오롯이 유지하며 독자적 문화로서 가꾸어 가게 되면, 사정은 크게 달라진다. 당장은 불편하고 어렵더라도 오랜 앞날을 내다볼 때 문화적 정체성을 확보하고 역사적 전승력도 지니게 되는 까닭이다.

범족의 범신앙 문화가 그러한 보기이다. 범신앙 문화가 자극이 되어 천신신앙 일색의 고조선문화도 뒤에 산신신앙 문화를 새로 창출하게 되었다. 우리가 지금까지 누리는 산신신앙 문화의 전통은 환웅의 천신족에 복속한 곰족에 의한 것이 아니라, 오히려 복속을 거부하고 저항하며 뛰쳐나간 범족에 의한 것이라는 사실을 알아차려야 한다. 그러므로 환웅족 외에 민족문화의 주류로 새삼 주목해야 할 것은 곰족이 아니라 범족이며, 맥족이 아니라 예족 문화이다.

실제로 곰족은 환웅의 신시고국 말기에 잠깐 등장했다가 그 이후 역사 속에서 잠적하고 말았으며 그 문화적 전통도 진작 단절되고 말았다. 왜냐하면 곰문화가 환웅족의 천신문화에 귀속되어 동화되고 말아서 문화적 정체성을 잃어 버렸기 때문이다. 이와 달리 환웅족의 천신문화에 동화되기를 거부하고 독자적인 호신(虎神)문화를 누린 범족의 '예국(濊國)' 문화를 재인식해야 한다. 범신앙으로 발전한 산신신앙은 천신신앙과 함께 우리 민족문화의 두 주류를 형성하며 현재까지 줄기차게 전승되고 있기 때문이다. 그러므로 단편적 사실이자 역사 속에 진작 사라진 곰문화에 매몰되어 시베리아 전래설을 펼 것이 아니라, 천신신앙을 바탕으로 범문화를 받아들여 산신신앙을 새롭게 창출한 사실을 유의미하게 주목해야 할 것이다. 그래야 민족문화의 정체성을 지니고 있는 두 갈래 문화의 독창성과 상호관련성을 주목하게 되어 더 생산적 논의로 나아갈 수 있다.

현장에서 전승되고 있는 민속문화 인식도 같은 맥락에서 시각을 바꾸어 보아야 한다. 곰족에 관심을 가지는 한 민속신앙의 역사적 전통을 해명하는 데 아무런 도움을 받을 수 없다. 그러나 범족에 관심을 모으게 되면 범신앙과 더불어 전승되는 산신신앙의 전통이 상고시대까지 거슬러 올라갈 만큼 뿌리깊다는 인식을 하게 된다. 환웅족에 맞서서 자문화의 전통을 지킨 범족의 문화 논리를 주목해야 현실적인 문화 교류 논리도 건강하게 확립할 수 있다. 만주가 중국을 지배하고도 자문화의 정체성을 지키지 못한 채 한족문화에 동화됨으로써 결국 망하게 되었는데, 곰족이 진작 그러한 실패 사례를 보여주었다.

그러나 범족은 환웅족의 천신신앙을 받아들여 무천이라는 하늘굿을 하면서도 범족답게 범신앙의 정체성을 꿋꿋하게 지켰다. 곰족과 달리, 범족은 환웅족 문화에 대한 동화를 거부하고 환웅족과 대등하게 자기 문화를 누리며 민족문화의 큰 줄기를 이루었다. 따라서 인간이 되고자 하다가 포기한 범족을 실패로 여기고 인간이 된 곰족을 성공한 것으로 여기는 수준은, 이야기가 말하는 겉으로 드러난 현상만 말할 뿐 역사의 이면을 포착하는 깊이 있는 해석이라 할 수 없다.

오히려 인간이 되기를 포기한 범족이 거둔 성취를 재인식해야 한다. 그러면 편하게 기득권을 누리는 동화주의보다 불편하게 자문화의 기본권을 누리는 다문화주의가 바람직하다는 사실을 자각할 수 있다. 그러므로 고조선본풀이를 보는 눈을 주체적으로 바꾸어야 한다. 환웅족을 중심에 두고 곰족을 반면교사로 삼는 한편, 범족을 주체적 성취의 보기로 삼아야 마땅하다. 더 이상 곰에 끄달려서 민족문화의 기원을 곰토템과 무리하게 줄을 긋는 일을 하지 말아야 할 것이다.

그럼에도 우리 사학계는 거꾸로 간다. 범족은 아예 논외로 제쳐두고 환웅족보다 곰족을 추적하는 데 골몰한다. 곰족을 중요한 역사해석의 근거로 삼아 고아시아족이나 퉁구스족, 곰토템족과 관련성을 찾는데 골몰하게 되는 한, 식민사학의 동어반복에서 벗어나지 못할 뿐 아니라 통시적인 역사학을 한갓 공시적 과거학이자 전래주의적 종속학으로 빠져들게 만들 따름이다. 곰신앙으로는 현재의 문화현상은 물론 고조선 이후의 어떤 문화현상도 제대로 설명할 수 없기 때문이다.

오히려 범족을 매개로 범신앙과 더불어 산신신앙의 전통을 주목하면 민족문화의 통시적 흐름과 창조적 발전과정을 풍부하게 재해석할 수 있고, 현재 전승되고 있는 민속신앙도 생생하게 재조명할 수 있다. 환웅족을 주류문화로 초점을 고정시키고 곰족에서 범족으로 문제의 시각을 옮기는 순간, 생태학적으로 시베리아 초원지역에서 만주와 한반도 산림지역으로 지리적 강역이 폭넓게 파악될 뿐 아니라, 퉁구스족 기원설과 시베리아 문화 전래설의 식민사관에서 해방될 수 있다. 그리고 고조선본풀이를 유목문화의 수조신화(獸祖神話)로 해석하는 편견까지 극복할 수 있게 된다.

이러한 관점의 변화는 연구자의 주관적 문제의식에서 비롯된 것이 아니라 본풀이사학을 표방하면서 고조선본풀이를 비롯한 사료 자체를 있는 그대로 골똘하게 읽은 결과로 얻은 것이다. 해석의 결과는 새로운 해석을 낳아서 해석학적 지평융합에 이르는 것이 바람직하다. 그런 시각에서 또 다른 본풀이 읽기를 새로 제기하지 않을 수 없다. 『삼국유사』의 '고조선' 내용을 본풀이의 논리로 보면 고조선 건국본풀이이기

도 하지만, 산신본풀이이기도 하다는 점이다.[48] 달리 말하면, 건국본풀
이를 문화본풀이로, 또는 건국영웅을 문화영웅으로도 읽을 수 있어야
한다는 것이다. 환웅이 천신신앙의 문화영웅이라면 단군은 산신신앙
의 문화영웅일 수 있다. 왜냐하면 환웅과 단군은 제각기 천신문화와
산신문화를 사람들에게 처음으로 일깨워주고 정립시켜 준 문화창조의
주체로 볼 수 있기 때문이다.

　모든 연구의 성과가 연구자의 독창적인 관점에서 비롯되는 것처럼,
고조선문화의 연구도 역사를 해석하는 주체적 '사관'과 문화를 읽는 독
자적 '문화관'이 버무려져 있어야 동어반복에서 벗어나 생산적인 해석
으로 나아갈 수 있다. 고조선본풀이 자료를 어떤 눈으로 읽는가 하는
것이 곧 고조선문화 해석의 방향을 결정짓는다. 따라서 고조선본풀이
를 고조선 건국이라는 국가주의 시각에서 보면, 곰네로 인간화되고 환
웅족과 동맹을 이룬 곰족의 맥국이 문화 수준도 높고 현명한 선택을
한 것처럼 인식된다. 곰네가 성모로 우상화될 수도 있다.

　그러나 민족문화의 형성과 창조라는 문화주의 시각으로 보면 오히
려 인간화를 포기하고 환웅과 동맹관계를 거부한 범족의 예국이 곰족
보다 더 주체적인 선택으로 재평가하지 않을 수 없다. 왜냐하면 범족
은 선진문화인 환웅족 문화를 동경하고 수용하면서도 거기에 완전히
빠져들지 않고 자문화의 정체성을 꿋꿋하게 지킨 까닭이다. 범족은 주
류문화에 대한 비주류문화, 중심문화에 대한 주변부문화, 다수문화에
대한 소수문화로서 어려운 여건에 처해 있었지만, 다문화주의를 자각
했든 안 했든 환웅의 주류문화에 대해서 비주류문화를 포기하지 않고

---

48) 임재해, 「단군신화를 보는 생태학적인 눈과 자연친화적 홍익인간 사상」, 『단
　　군학연구』 9, 단군학회, 2003, 118-119쪽 참조. 고조선본풀이가 산신본풀이이
　　기도 하다는 주장은 「한국인의 산 숭배 전통과 산신신앙의 전승」, 앞의 책,
　　18쪽에서 제기했는데, 같은 시기에 신종원, 앞의 글, 1-31쪽에서도 단군신화
　　가 산신신화라는 사실을 제기해서 주목된다.

당당하게 지속했던 것이다. 그런 결과 우리 민족문화를 한층 다양하고 풍부하게 창출하는 데 결정적 이바지를 하게 되었다.

더 중요한 관점은 천신신앙과 산신신앙은 둘이면서 하나이고 하나이면서 둘이라는 사실의 변증법적 인식이다. 그것은 하늘과 산의 인식을 어떻게 보는가 하는 문제와 맞물려 있다. 천신 환웅이 하늘에서 지상으로 내려 올 때 태백산 신단수 아래로 내려왔다. 그런데 단군은 죽어서 아사달의 산신이 되었다. 6촌촌장의 시조나 수로왕도 모두 명활산과 귀지봉 등 산 정상으로 내려왔다. 산은 하늘과 맞닿아 있는 공간이자, 하늘과 소통할 수 있는 신성 공간이다. 왜냐하면 산은 하늘과 땅 사이에 불쑥 솟아 있어서 마치 하늘에 닿아 있는 것처럼 존재하는 공간이기 때문이다. 거듭 말하면 하늘과 땅의 두 공간을 수직으로 이어주는 공간이 산이다.

같은 맥락에서 큰 거목도 하늘과 땅을 이어주는 수직적 매개물이다. 환웅이 태백산 '신단수'에 내려왔으며, 늘 신단수에 깃들어 있었다는 것도 하늘과 땅을 이어주는 나무의 매개 기능을 나타낸다. 방울과 북을 단 소도의 큰 장대도 천신을 강림하여 깃들게 하는 구실을 한다. 높은 산과 큰 나무는 모두 천신을 강림하게 하는 매개물이자 신의 서식 공간이다. 하늘에서 하강한 김알지가 출현한 경주의 시림(始林)도 신단수와 같은 구실을 했다. 시림 또는 계림과 신단수는 같은 상징을 지니기 때문이다.

경주의 시림은 태초의 숲이자 여명을 알리는 아침의 숲이다. 흰 닭이 울어서 김알지의 출현을 알린 것도 그러한 상징성을 지닌다. 신단수는 신이 깃들어 있는 박달나무 숲이다. 박달나무는 밝다는 것을 상징한다. 단군은 밝달임금 곧 밝은 빛과 같은 임금이다. 배달민족은 곧 밝은 민족을 상징하는 밝달민족에서 비롯된 말이다.

이러한 신단수와 시림의 전통은 마을의 서낭당에서도 이어진다. 마을의 생활세계는 나라굿의 세계를 보기로 삼는다. 따라서 산신당이나 마을의 서낭당 구실을 하는 당나무도 신단수의 축소판이자 살아 있는 전통이라 할 수 있다. 환웅이 신단수에 깃들어 있으면서 신시고국을 이루고 재세이화(在世理化)했듯이, 산신과 동신은 산과 마을의 거목에 깃들어 그 아래 모듬살이를 이루고 사는 마을을 수호하는 구실을 하는 것이다.

높은 산은 거목과 더불어 천신의 강림공간이자 산신의 서식처이다. 따라서 신령과 선인들이 모두 높은 산에 살고 있다. 단군이 죽어서 산신이 된 것처럼 왕들이 죽어서 산신이 된 경우가 적지 않다. 석탈해도 죽어서 동악의 신령이 되었다고 한다.[49] 지금의 토함산 산신이 된 것이다. '추경엽과 태백산신이 된 단종'이나[50] '태백산 산신이 된 단종대왕' 설화에서는[51] 단종대왕이 죽어서 태백산 산신이 되었다고 한다.

산 위로 강림한 왕이 '천왕'이듯이, 산신이 된 왕은 '산왕'이다. 현지조사를 해보면 마을에 따라서 산신당의 위패에 '천왕' 또는 '산왕'으로 기록해 두었을 뿐 아니라, 산신당을 아예 '천왕당' 또는 '산왕당'으로 일컫기도 한다. 서낭당이나 서낭대, 서낭신 등 동신신앙에서 신을 일컫는 '서낭'이 우리말이라는 설과[52] 중국의 성황(城隍)에서 비롯된 설도 있는데, 천왕과 산왕의 소리값에 따라 '처낭' 또는 '사낭(산왕)'하다가 '서낭'으로 굳어졌을 가능성도 있다.

그런 흔적은 천왕당과 산왕당이라는 당의 명칭으로만 남아 있는 것이 아니다. 실제 동제 속에서 천왕과 산신을 모시는 성황당이 있다. 송산2리 대치마을[53] 동제가 그러한 보기이다. 음력 정월 13일에 성황당

---

49) 『三國遺事』 卷1, 紀異1, 脫解王.
50) 金善豊, 『韓國口碑文學大系大系』 2-4, 韓國精神文化硏究院, 1983, 469쪽, '현북면 설화 57'.
51) 朴桂弘, 『韓國口碑文學大系大系』 4-2, 韓國精神文化硏究院, 1981, 448쪽, '탄동면 설화 15'.
52) 김수업, 『우리말은 서럽다』, 나라말, 2009, 284쪽.
53) 경북 칠곡군 동명면 송산2리 대치마을.

주위를 깨끗이 청소하고 금줄을 친다. 그리고 풍물을 치며 천왕대를 내림대로 세우고 내림굿을 하여 천왕님이 내리면 제관이 술을 올리고 절을 한다. 14일 자정이 되면 이장이 제관과 함께 당집 안에서 건령산의 산신을 모시고 제를 올린다. 15일 아침에 주민들이 성황당에 다시 모여 천왕님을 올려보낸다. 흥미로운 것은 성황당에서 올리는 동제인데도 불구하고 천왕님을 내림받아 제의를 올릴 뿐 아니라, 산신을 모시는 산신제도 올린다는 점이다. 마을의 모듬살이를 넘어서 지역사회의 산신과 국가적 범주의 천왕을 함께 섬기는 것이다. 그러므로 동신과 천신, 산신은 서로 연관성을 지니고 있었던 것으로 추론된다.

산신당은 초기에 하늘과 가까운 산 정상에 있었으나 점차 산기슭으로 이동해 와서 마을 근처에 자리잡게 되었다.[54] 당나무도 산에서 점차 산기슭으로, 산기슭에서 다시 마을로 내려와 마을 어귀에 자리잡게 된 셈이다. 그래도 거목은 산의 이미지를 지니고 있다. 당나무를 굳이 당산나무라 하는 까닭도 나무와 산의 입지를 동일시하는 이유이다.

태백산의 신단수가 당나무의 원조이자 가장 고형이라면, 지금 산골짜기나 산기슭, 마을 어귀에 있는 당나무는 그 후대형이라 하겠다. 따라서 동제를 천제와 산신제로, 또는 산신당이나 동신당을 천왕당과 산왕당으로 함께 일컫는 것처럼, 천신신앙과 산신신앙은 신성한 거목을 매개로 공간적 위상에서 서로 만나며 공존해 왔다. 지금 세간에서는 천신신앙보다 오히려 산신신앙의 비중이 더 높아졌다.

1932년의 조선총독부의 통계자료를 보면, 동제를 일컫는 다양한 명칭 가운데 천제(天祭)가 12 마을인데 비하여 산신제(山神祭)는 37개 마을로서 천제에 비하여 산신제의 비중이 훨씬 더 크다. 더군다나 정확하게 산신제라고 한 경우 외에, 당산제 34, 산천제 33, 산제 31 등 모두

---

54) 임동권, 「마을祭에 나타난 한국인의 思惟」, 『한국민속학』 26, 민속학회, 1994, 337-338쪽 참조.

98개 마을이 더 있다.[55] 산을 대상으로 하는 산제형 동제가 천제형 동제에 견주어 보면 압도적으로 많은 것을 알 수 있다.

고대에는 나라굿으로서 천제의 비중이 두드러진 데 비하여 현재 민속신앙화 된 세간의 마을굿에서는 산신제의 비중이 더 두드러진 까닭이다. 오랜 역사적 과정에서 천신신앙과 산신신앙이 공존하는 가운데 점차 산신신앙이 주류 신앙으로 성장해 왔다고 해도 지나치지 않다. 그러므로 세간에서는 고조선 초기부터 주류를 이루었던 국가 중심의 천신신앙보다 오히려 뒤늦게 수용된 비주류의 산신신앙이 민속신앙의 다양한 모습으로 전승되고 있는 현실을 알 수 있다.

6. 문화 정체성과 다문화주의 세계화의 변증법

고조선 종교문화의 현실적인 전승을 통해서 우리는 두 갈래의 문화 인식을 할 수 있다. 하나는 고대 종교문화의 민족적 정체성이며, 둘은 현실문화의 민족적 전망이다. 민족 정체성 문제부터 보면, 고대 종교문화는 건국시조를 중심으로 형성되며 시조왕이 곧 신격으로서 신앙의 대상이 된다는 사실이다.

첫째, 건국시조가 모두 천신강림에 따른 천손이어서 한결같이 산과 나무를 매개로 지상으로 내려온다는 관념이다. 우리 민족신앙이라고 할 수 있는 굿문화에서는 내림굿이 주류를 이루며 내림대, 서낭대가 그러한 표지문화 구실을 한다. 굿의 실제 연행에서도 '엑스타시(ecstasy)' 곧 탈혼 현상이 주류를 이루는 유목민족의 샤머니즘과 달리, '포제션(possession)' 곧 신지핌 현상이 전제가 되고 있다.[56]

---

55) 임동권, 위의 글, 335쪽의 통계 참조.
56) 김성례, 「한국 무교와 샤머니즘」, 김승혜·김성례, 『그리스도교와 무교』, 바오로딸, 1998, 57쪽. 굿의 현상을 탈혼 현상의 '엑스타시(ecstasy)'와 망아 현상의 '트랜스(trance), 빙의 현상의 '포제션(possession)' 등 3유형으로 나누어 설명

환웅이 태백산 신단수에 내려와 깃드는 것이 곧 내림굿 현상이며, 신단수는 곧 마을의 당산나무나 다름없다. 초원을 이동하는 유목민들의 샤머니즘은 별세계에 있는 초월적 존재를 찾아 영혼이 이계(異界)로 떠날 수밖에 없지만, 정착문화와 농경문화를 바탕으로 한 농경민의 종교문화는 삶의 현장에 신을 불러 내리거나 맞이하여 목적을 이루는 것이 자연스럽다. 마을의 고목이자 거목인 당산나무는 이러한 정착형 종교문화의 상징이다. 나무는 뿌리를 땅에 박고 사는 대표적인 생명으로서 붙박이형 생활세계를 상징하는 대상이다.

둘째, 천신을 섬기는 내림굿과 맞이굿의[57] 원초 형태는 하늘의 햇빛이 지상으로 내리쬐는 강렬한 현상에서 비롯된 것이 아닌가 한다. 해가 뜨면 하늘에서 빛이 지상으로 쏟아져 내려온다. 해는 우주만물을 살아있게 하는 생명의 빛이다. 모든 생명을 낳고 자라게 하는 것이 햇빛이다. 따라서 태양계를 하나의 온생명으로 해석하고 그 생명의 주체를 태양에 두기도 한다.[58] 이러한 생태학적 생명인식이 남녀 사이의 혼인에 의한 출생 인식 이전에 성립된, 본풀이다운 출생 개념으로서 햇빛에 의한 잉태이다.

이러한 잉태 개념은 근본적인 것이다. 생태학적으로 해가 모든 생명의 잉태와 생육을 관장하는 까닭이다. 해 없이는 어떤 생명도 존재할 수 없다. 새 생명의 잉태는커녕 살아 있는 생명도 모두 죽게 된다. 따라서 건국시조 본풀이처럼 햇빛을 받아서 생명이 잉태된다는 사실은

했다.

57) 羅景洙, 『韓國의 神話研究』, 敎文社, 1994, 61-62쪽에서 본풀이의 내용에 따라 내림굿과 맞이굿 계통으로 나누었다. 단군과 주몽 본풀이가 내림굿 구조라면 혁거세와 수로왕 본풀이는 맞이굿 구조라는 것이다. 모두 하늘에서 내려오는 까닭에 내림굿 구조에 포함되지만, 맞이하는 주체를 고려하면 맞이굿이라 할 수 있다.

58) 장회익, 『삶과 온생명 - 새 과학 문화의 모색』, 솔, 1998, 219-266쪽에서 태양 중심의 온생명론을 펼쳤다.

지구생명 전체에 대한 총체적 생명 인식으로서 한갓 허구적 이야기이
거나 환상적 상징이 아니라 생명 탄생의 과학적 진실을 은유한 것이다.

그런 까닭에 박혁거세나 김알지, 수로왕 등 건국시조의 모습이 둥
글고 빛나는 것도 태양에 견주어 인식되었다. 건국시조가 빛의 감응으
로 태어나듯이 나라도 태양신 곧 빛과 같은 지도자에 의해 건국된다.
'환인' 또는 '환웅'은 곧 환한 빛의 의인화이다. 그러므로 우리 건국본
풀이의 열쇠말 가운데 가장 중요한 것이 해 또는 빛이며, 해의 상징은
민족종교로서 천신신앙을 이해하는 가장 핵심을 이루는 것이라고 할
수 있다.

셋째, 해는 하늘과 땅을 이어주는 신내림의 빛이자, 뭇생명을 낳아
기르는 잉태와 생명의 빛이다. 김알지본풀이에서 시림을 밝힌 '대광명'
처럼,[59] 해는 세상의 삼라만상을 밝히는 대광명이다. 건국시조가 출현
하거나 잉태될 때 빛이 하늘에서 땅을 비추거나, 자줏빛의 구름 또는
기운이 하늘에서 땅에 드리워져 있다고 한다.

무형의 빛을 대신해서 구체적인 매개 구실을 하는 자연물이 산과
나무이다. 환웅이 그랬듯이 천신이 내려와 깃들어 있는 공간이 하늘과
땅 사이에 존재하는 높은 산과 큰 나무 신단수였다. 신시고국의 태백
산 신단수로부터 고조선의 아사달, 소도의 장대, 신라의 국가제의 대상
이었던 삼산오악(三山五嶽), 고려와 조선조의 산신제, 현재 공동체신앙
의 주류를 이루는 산신과 동신의 신체인 당산과 당나무, 그리고 굿판
의 서낭대와 내림대까지 그러한 기능이 이어지고 있다.

해가 뜨면 가장 먼저 비치는 곳이 산꼭대기이자 큰 나무인 것처럼,
하늘에서 신이 내려와 머물기 가장 좋은 첨단 공간이 바로 산과 나무
이다. 실제로 산신신앙의 신체는 산에 있는 거목이 주류를 이룬다. 태

---

59) 『三國遺事』卷1, 紀異1 金閼智 脫解王代, "瓠公夜行月城西里 見大光明於始林
中".

백산의 신단수 전통을 고스란히 이어가고 있는 셈이다. 그러므로 고조 선 이전부터 형성되었던 민족신앙이 고조선시기에 천신신앙에서 산신 신앙으로 확대 발전하고, 그 후기에 산신신앙이 마을신앙으로서 당나 무를 섬기게 된 것도 이러한 신내림의 상상력과 자연인식이 긴밀하게 연관되어 나타난 결과이다.

따라서 신단수나 당나무를 세계수나 우주수로 인식하여 유목민족 문화와 같은 뿌리로 연결짓는 것은 무리이다. 세계수 또는 우주수는 지상의 것을 하늘로 길어 올리는 구실, 또는 하늘을 받치는 기둥 구실 을 한다. 그러나 우리의 신단수나 당나무, 서낭대는 신을 내림받아 모 시는 신수(神樹) 구실을 한다. 세계수가 지하의 물을 끌어올려 하늘로 보내는 이계여행 또는 탈혼 상징의 구조물이라면, 신수는 천신의 빛을 받아 모시는 신지핌 또는 빙의를 상징하는 신내림의 구조물이다.

따라서 가) 이동의 구조와 정착의 구조, 나) 다른 세계로 떠나는 방 향과 현실세계로 맞이해 오는 방향, 다) 신이 머무는 곳을 찾아가서 배 알하는 구조와 머물러 있는 신을 모셔와서 좌정시키는 구조 등이 라) 세계수와 신단수의 구조물로 대비된다. 신단수와 당나무, 내림대, 서낭 대의 내림굿에서는 신앙 주체가 제자리에 머무른 채[定住] 섬기는 신격 을 역동적으로 맞이[請神]하여, 굿판에 모셔두는[坐定] 데 중요한 기능 을 한다. 이러한 구조는 건국본풀이의 영웅들이 하늘에서 지상으로 강 림하는 이야기 속에서 생생하게 구체화되어 있다. 그러므로 정착문화 를 바탕으로 형성된 건국본풀이와 종교문화의 구조는 샤머니즘과 다 른 내림굿의 구조를[60] 이루고 있다고 하겠다.

다음 문제는 상고시대 종교문화의 이해를 바탕으로 현실문화의 전 망을 수립하는 일이다. 첫째 다문화주의 문화관의 확립과 전망이다.

---

60) 임재해, 「왜 지금 겨레문화의 뿌리를 주목하는가」, 『比較民俗學』 31, 比較民 俗學會, 2006, 202-214쪽에서 샤머니즘과 우리 굿문화의 차이를 자세하게 다 루었다.

환웅족의 발전된 농경문화와 천신신앙을 동경한 곰족과 범족의 적응
양상이 대조적이다. 주류문화이자 중심부 문화인 천신족 문화에 곰족
은 적응하여 동화되지만, 범족은 일탈하여 동화되지 않은 채 자문화의
정체성을 지켜나갔다. 단기적이자 정치적 시각에서 보면, 선진문화에
동화하여 왕검조선을 수립한 곰족의 선택이 바람직하게 생각된다. 하
지만, 장기적이자 문화적인 시각에서 보면 천신족의 선진문화를 동경
하고 수용하되 동화를 거부하고 자문화의 정체성을 지킨 범족의 선택
이 바람직하다. 만일 우리 민족의 종교문화에서 범족이 전승하였던 호
신신앙, 그리고 이것과 만나서 공존하는 산신신앙이 없다면, 한국 종교
문화가 상당히 빈약하게 되었을 뿐 아니라, 민족문화의 정체성도 흐려
질 가능성이 높다.

지금까지 논의한 것처럼 고조선의 문화성립 과정은 왕검조선 이전
시기 상고사의 문제로 인식하고 말면, 본풀이사학으로 나아갈 수 없다.
역사는 과거사의 이해에 머물지 않고 현대사와 끊임없는 대화라는
E.H. 카아의 역사관에도 이를 수 없다. 본풀이사관은 과거의 역사를 현
재의 관점에서 인식하고 풀어낼 뿐 아니라, 나아가야 할 미래의 역사
까지 제시하는 역사관이다.

따라서 왕검조선 성립 이전에 한반도와 만주 지역에 있었던 세 종
족의 이합집산은 최근까지 전승되고 있는 천신신앙과 산신신앙, 호신
신앙의 세 문화를 이해하는 근거이자, 나아가 세 문화가 공존하는 상
황에서 주류종족과 비주류 종족이 서로의 문화를 어떻게 인식하고 받아
들여야 하는가 하는 이치를 통해서, 앞으로 한국이 외국문화를 어떻게
인식하고 받아들일 것인가 하는 전망의 근거를 마련할 수 있다.

여러 민족들이 서로 다른 문화를 누릴 때, 주류문화에 대한 '적응과
동화', '공존과 병립' 두 가지 길이 있다. 그런데, 세 종족은 주류의 환
웅족을 중심으로 비주류의 곰족과 범족이 이합집산하면서 세 가지 서
로 다른 길을 제각기 잘 보여주고 있다. 환웅족은 문화적으로 뒤떨어

진 곰족과 범족에게 자문화의 전수에 적극적이었다. 그들이 환웅족 문화를 동경하는 것을 경계하지 않고 구체적으로 익힐 수 있는 기회를 제공하고 그 길을 일깨워 주었다.

이러한 환웅족의 가르침에 대해서 곰족이 동화주의를 추구하며 자문화의 정체성을 포기한 반면에, 범족은 다문화주의를 추구하며 환웅족 문화를 수용하되 자문화의 정체성을 꿋꿋하게 지키는 길을 갔다. 다시 말하면 곰족이 환웅족 문화에 복속하여 동화된 반면에, 범족은 환웅족문화를 동경하긴 했지만 복속되지 않고 자문화의 독자성을 지키려고 했다. 곰족이 동화주의이자 문화종속주의 길을 갔다면, 범족은 다문화주의이자 문화주권주의[61] 길을 갔다.

이른바 선진문화에 일방적으로 따르는 문화종속주의가 마침내 동화주의에 이르러서 자문화의 독창성을 잃고 자기도 모르는 사이에 문화제국주의 또는 문화획일주의에 이르게 된다. 그러나 이와 달리 자문화의 독자성을 지키는 문화주권주의는 자문화의 정체성을 지키는 가운데 다른 문화를 수용함으로써 결과적으로 다문화주의를 이루게 된다. 따라서 우리시대의 문화적인 눈으로 볼 때, 두 갈래 길 가운데 주류문화에 대한 동화주의가 아니라 자문화의 정체성을 지키는 다문화주의가 바람직하다.

그러므로 세계화 시대에 가꾸어가야 할 미래문화의 길은 곰족이 아니라 범족이 보여준 셈이다. 범족처럼 선진문화의 적극적 수용과 자문

---

61) 문화주권주의는 문화주권론을 바람직한 문화민주주의 실현의 가치로 인식하고 민중문화주권, 지역문화주권, 민족문화주권 등을 구체적으로 내세우며 엘리트문화와 중앙문화, 제국문화의 석권에 대한 비판적 극복을 추구한다. 이러한 문화주권론에 관해서는 「민속문화의 공유가치와 문화주권」, 『韓國民俗學』 40, 한국민속학회, 2004, 109-178쪽; 「'지역화'의 문화적 전망과 민속문화의 문화주권 인식」, 『한국학논집』 33, 한국학연구원, 2006, 335-392쪽; 「지역문화주권의 인식과 문화창조력」, 『지역사회연구』 15권 2호, 한국지역사회학회, 2007, 195-228쪽에서 구체적으로 다루었다.

화의 지속적 전승력을 함께 추구하여 문화 다양성을 이루고 제3의 문화를 새로 창출하는 다문화주의가 기대되는 방향이다. 문화의 세기에 구상해야 할 전망은 제3세계에 대해서는 환웅족의 태도처럼 자문화를 전수하는 데 구체적인 도움을 주고 제1세계에 대해서는 곰족의 동화주의가 아니라 범족의 다문화주의를 보기로 삼아야 할 것이다.

우리 사회에도 농촌의 혼입여성들과 도시 근로자들 가운데 외국인들의 비중이 점점 커지고 있다. 다민족사회로 나아가고 있는 현실을 고려할 때, 한국문화와 외국인들의 다양한 문화를 서로 어떤 관계에서 수용할 것인가 하는 것이 문제이다. 그러한 문제에 대한 답을 환웅족과 곰족, 범족 문화의 이합집산 과정과 결과에서 찾을 수 있다. 정치적 시각에서 보면 외국인들이 한국문화에 빨리 적응하고 동화되는 것이 기대되는 방향이다. 곰족의 선택을 희망하게 되는데, 이 선택은 당장 바람직한 결과를 보장하는 것 같으나 문화적 미래를 기대하기 어렵다.

정치적 시각이 아니라 문화적 시각에서 보면, 곰족보다 범족의 선택이 더 바람직하다. 동화를 거부한 범족의 선택은 결과적으로 민족문화의 정체성과 지속성을 함께 확보해 주었기 때문이다. 따라서 혼입여성들을 비롯한 국내 외국인들의 소수자문화를 존중하고 그 정체성을 인정하며, 민족문화와 대등하게 공존할 수 있도록 배려하는 노력이 필요하다.

어떤 의미에서 이러한 다문화주의는 아직 성급하다. 왜냐하면 현실은 아직 외국인들이 한국사회에서 자문화를 누리지 못하고 있기 때문이다. 이런 상황을 고려하지 않은 채 다문화주의를 맹목적으로 주장하는 것은, 마치 국내 외국인들이 각자 자국문화를 한국사회에서 제대로 누리고 있는 것처럼 문제의 진실을 왜곡할 우려가 있다. 그러므로 외국인들이 자문화를 한국사회에 뿌리내릴 수 있도록 하는 다문화공유주의가 선행되어야[62] 비로소 진정한 다문화주의로 나아갈 수 있다.

다문화 사회가 형성되지도 않은 현실을 알지 못한 채 공허한 다문화주의를 주장하는 학계의 현실에 대한 진지한 성찰이 필요한 상황이다. 다문화주의를 실현하려는 서구 다민족국가의 문화 상황을 제대로 이해하는 데서 성찰의 가능성이 열린다. 다문화사회를 이루고 있는 서구의 여러 국가에서는 주변부의 비주류 소수자문화를 중심부의 주류 다수자문화와 대등하게 인정하는 다문화주의를 표방하고 있다. 비록 상대적으로 소수자에 속하지만, 여러 민족들이 일정한 사회를 이루며 자문화를 누리고 있는 까닭에 다문화주의가 가능하다. 한국에는 어떤 민족도 자문화를 한국문화 속에서 누릴 만큼 소수민족으로서 일정한 공동체를 이루고 있지 않다. 한때 중국인들이 대도시에서 화교거리를 이룬 것이 고작이다.

다문화주의도 처지에 따라 다르다는 사실을 인식해야 한다. 고조선 본풀이의 환웅족과 곰족, 범족의 처지가 그러한 양상을 절묘하게 보여준다. 환웅족은 자문화를 동경하며 찾아온 범족을 의도적으로 배제하지도 또 강압적으로 복속시키지 않았다. 곰족과 범족을 대등하게 보고 동일한 조건 속에서 문화 적응의 길을 제시했을 따름이다. 따라서 범족은 환웅족 문화를 동경하긴 했지만, 스스로 일탈하여 자문화를 누리는 자기결정권을 행사할 수 있었다. 그러므로 우리는 환웅족의 처지와 곰족, 범족의 처지를 제각기 인식하고 그 선택과 실천 양상도 모두 존중할 필요가 있다. 왜냐하면 우리는 국제적 관계에 따라 이 세 유형의 처지에 모두 해당될 수 있기 때문이다.

환웅족은 문화적 적응방법을 요구하는 두 종족에게 적극적으로 방법을 안내하고 도와주었을 뿐 특별히 개입하거나 통제하지 않았다. 따라서 곰족과 범족은 제각기 자유롭게 동화와 일탈을 선택할 수 있었

---

62) 임재해, 「농촌 혼입여성 중심의 다문화마을 구상과 교육」, 대구교육대학교 다문화교육센터 주최 『한국적 다문화교육을 위한 모형 구축』 학술대회(대구대학교, 2010년 1월 29일) 발표논문집, 11-23쪽에서 이 문제를 자세하게 다루었다.

다. 한국을 찾아오는 외국인들 가운데도 두 양상이 있다. 한국문화에 적응하고 동화해서 살고자 하는 사람과, 한국에서 살되 자문화의 독자성을 누리며 살고자 하는 사람이 있다. 그 두 가지 경향과 가능성을 모두 자유롭게 열어두고 존중한 것이 환웅의 태도였으며, 그러한 과정에서 자기결정권을 주체적으로 행사한 것이 곰족과 범족이다. 그러므로 다문화주의와 관련한 모든 해답이 이 본풀이 속에 잘 갈무리되어 있다고 해도 지나치지 않다.

한국에 거주하는 외국인들에 대한 문화정책은 환웅족의 다문화주의적 태도가 바람직하다. 반대로 한국인들이 외국에 이민 가서 살 때는 곰족과 범족 가운데 어느 한 방식을 선택할 수 있다. 곰족처럼 이주국가에 적응하여 동화되기를 기대하는 사람과, 범족처럼 자문화의 정체성을 지키며 현지문화를 수용하는 사람도 있게 마련이다. 순전히 자기결정권에 따를 일이지만, 일반적으로 이주 초기에는 곰족처럼 적응과 동화를 추구하다가 현지문화에 어느 정도 적응하게 되면 자문화의 정체성을 회복하려는 노력을 기울이는 것이 현실이다. 그러므로 양자택일형의 단일한 선택보다 오히려 둘을 아우르는 복합적 수용의 길도 바람직하다고 하겠다.

그러나 민족이나 국가 사이의 국제적인 문화관계는 서로 처지도 다르고 문제적 상황도 다르다. 국제사회에서 우리 문화는 어떤 위상에 있으며, 어떤 관계를 맺어갈 것인가. 곰족의 논리로 영어공용화를 추구하고 서구문화를 수용하는 것이 곧 세계화인 것처럼 추구하는 동화주의로 가게 되면, 곰족처럼 당장은 득세할지 몰라도 민족문화의 미래는 어둡다.

선진문화를 동경하다가 못해 아예 동화되는 길로 들어서게 되면, 곰족문화의 소멸처럼 민족문화의 정체성도 상실된다. 문화적 정체성을 상실하게 되면 만주족처럼 민족의 존립 근거를 잃게 될 뿐 아니라, 결과적으로 세계화에도 이롭지 않다. 왜냐하면 일방적으로 강대문화에 동화되면 한 유형의 문화권을 공룡화로 만들어 문화제국주의 또는 문화획일주의를 조성하게 됨으로써, 문화적 세계화가 추구하는 문화다양성도 이룰 수 없기 때문이다.

국제적인 다문화주의를 이루고 세계적인 문화다양성을 조성하여 문화적인 세계화를 성숙시키고자 한다면, 범족의 논리로 저마다 자문화의 정체성을 지니는 가운데 앞서 가는 다른 문화들을 수용하여 자기화하는 노력이 필요하다. 경제적으로 부강하고 문화적으로 중심부를 이루고 있는 서구의 주류국가들도 자국 안에 있는 다민족문화들을 다문화주의로 끌어안는 데 머물지 말아야 한다. 자국 안의 다문화주의는 어떤 의미에서 국가주의일 따름이다. 진정한 다문화주의는 국제적인 문화관계에서 이루어져야 문화의 세계화와 문화다양성이 제대로 이루어진다. 그러므로 문화강국일수록 자문화의 세계적인 석권을 자제하고 약소국의 주변부문화들을 자국문화와 대등하게 인정하며 상호공존할 수 있는 문화적 상생 운동을 벌여야 한다.

그러자면 자국문화 내의 다문화주의에서 나아가 세계문화 속에서 다문화주의가 실현되어야 한다. 다문화주의의 관용은 문화강국에서 발휘해야 한다. 환웅족처럼 주변부 국가에서 문화를 동경하는 것을 받아들이되, 범족처럼 자문화의 독자성을 지닐 수 있는 길을 자유롭게 인정해야 한다. 민족주의의 정체성은 문화강국에서는 극복해야 할 문제인 반면에 문화소국에서는 주체적으로 발휘해야 과제이다.

문화강국들은 환웅족이 그랬듯이 천신신앙만 고집하지 않고 범족의 호신신앙을 끌어안고 산신신앙으로 나아가야 한다. 문화소국들은 범족이 그랬듯이 문화강국의 선진문화를 동경하며 수용하되, 거기에 동화되지 않고 자문화의 정체성을 독창적으로 지키는 일에 특별한 노력을 기울어야 한다. 그래야 다양한 문화가 생산적으로 창출된다. 고조선문화는 그러한 문화 전통의 보기를 보여주었다. 문화강국인 환웅족의 천신신앙과 문화소국인 범족의 호신신앙이 제각기 공존하면서,

두 종족의 문화가 만나서 제3의 문화인 산신신앙이 창출된 것이 좋은 보기이다. 그러므로 고조선은 동아시아의 문화강국 구실을 할 수 있었다.

천신신앙과 호신신앙은 문화적 위상이 크게 달라서 서로 만날 수 없는 대립적인 종교문화이다. 그러나 산신신앙을 거치게 되면 두 신앙은 서로 만날 수 있다. 산신신앙 문화는 환웅족의 것이면서 범족의 것이기 때문에, 산신신앙은 천신신앙과 호신신앙을 아우르고 있다. 그것은 천신신앙과 호신신앙이 만나서 제3의 산신신앙을 창출한 결과이기도 하다. 산신신앙은 천신과 호신 신앙의 변증법적 창조물이다. 그 결과 천신이나 호신을 섬기는 신앙보다 오히려 산신을 섬기는 신앙이 더 풍부하고 장기 지속성을 확보했다. 실제로 민속신앙의 전통을 보면 천신신앙이나 호신신앙보다 산신신앙의 전통이 더 큰 비중을 차지하고 있다. 제3의 신앙으로서 산신신앙의 중요성이 상대적으로 드러난다.

7. 본풀이사관이 제시하는 상생적 다문화주의

고조선본풀이를 대상으로 지금까지 논의한 결과는 크게 두 가지이다. 하나는 문화적 이합집산의 공시적 결과이며, 둘은 통시적 전승의 지속과 변화 양상의 결과이다. 이 두 문제를 아우르면, 두 갈래의 서로 상반되는 문화생산 유형이 귀납된다. 귀납된 결론에서 더 나아가면, 일목요연한 문화 전망의 논리도 새롭게 수립된다.

첫째 유형은 두 민족의 문화가 만났는데도 문화 동화에 따라 단일한 문화만 살아남은 축소형 이합집산이다. 축소형 이합집산은 한 문화가 사라지는 소멸형 통합이다. 소멸적이며 축소지향적 역할을 한 것이 곰족의 동화주의이다. 따라서 환웅족과 곰족의 두 문화가 만났는데도, 동화주의 탓에 천신신앙 한 문화만 유지하게 되었다. 곰족의 문화동화가 자문화의 소멸로 축소현상을 빚은 것이다. 그러므로 환웅족 문화는 지속되었지만, 동화주의에 빠진 곰족문화는 아예 자취를 찾기 어렵게 되었다.

둘째 유형은 두 민족의 문화가 만나서 문화 상생에 따라 세 갈래 문화를 창출하는 확대형 이합집산이다. 확대형 이합집산은 두 문화의 공존에 이어 제3의 문화가 생산되는 통합이다. 생산적이며 확대지향적 역할을 한 것이 범족의 자문화 정체성 지키기이다. 따라서 환웅족과 범족은 두 문화가 만났는데도 본디 두 문화인 천신신앙과 호신신앙 외에 산신신앙의 새 문화를 창출해서 풍부한 문화다양성을 지속하고 있다. 더 중요한 것은 이렇게 창출된 산신신앙 문화가 가장 우위에 있다는 사실이다. 산신신앙이야말로 문화다양성이 빚어낸 문화창조력의 생산적 결과물이다.

우리는 문화의 세계화 시대에 곰족처럼 소멸되어 갈 것인가? 아니면, 범족처럼 자문화의 정체성을 지키며 이웃문화와 만나 새로운 문화를 창출해갈 것인가? 이 질문은 마치 '둘을 더해서 하나를 만들 것인가, 둘을 더해서 셋을 만들 것인가?' 하는 수학 문제처럼 보인다. 이런 수학은 없다. 덧셈의 이치에 어긋나기 때문이다. 그러나 문화의 이합집산 논리로 보면 가능한 일이다. "둘이 만나서 하나가 될 것인가? 둘이 만나서 셋이 될 것인가?" 문화접변 논리로 보면 앞의 결과에 이를 수밖에 없으나, 문화상생 논리로 나아가면 뒤의 결과에 이를 수 있다.

그러나 문화적 문제의식은 이렇게 단순하지 않다. 왜냐하면 이합집산에 따른 양적 문제가 아니라 질적 문제이자 현실적인 존립의 문제이기 때문이다. 환웅족처럼 주류집단에 속해 있으면 어느 쪽이든 생존문제와 무관하여 크게 문제될 것은 없지만, 곰족이나 범족의 처지처럼 비주류집단에 속해 있으면 선택에 따라 존립문제까지 결정되는 까닭이다. 그러므로 비주류의 주변부에 속한 소수자의 처지에서 이 문제의 답을 찾아야 한다.

둘이서 하나가 되는 길로 가게 되면 곰족처럼 자기를 잃게 되는 불행한 역사를 빚게 된다. 자문화를 포기하고 선진문화에 동화되는 세계화의 길은 자멸의 길로 들어서는 것이다. 문화강대국을 따라 동화주의로 가면 처음에는 넓고 평단한 길이 열리는 것처럼 보일지 모르나, 갈수록 점차 좁아지고 험해져서 더 이상 나아갈 수 없는 막다른 길에 이른다. 그것은 세계화가 아니라 종속화이자 식민화의 길이다. 선진의 문화를 모방하고 뒤따른 것이 곧 후진문화에 머물게 된다.

이와 달리, 둘이서 셋이 되는 길로 가게 되면 환웅족과 범족처럼 어느 쪽도 자기를 잃지 않고 상생하는 번영을 누릴 수 있게 되는 것이다. 자문화의 정체성을 유지하는 가운데 다른 문화와 호혜평등하게 문화교류를 하며 문화다양성을 이루는 세계화의 길은 생산적이고 창조적이기 때문이다. 처음에는 좁고 불편한 길로 들어서는 것처럼 보이나 앞으로 나아갈수록 넓고 평탄한 길이 열려서 지속가능한 길이 펼쳐진다. 그것은 곧 주체적 세계화이자 상생적 해방의 길이다. 후진의 문화를 앞장서서 지키고 가꾼 것이 곧 선진문화를 이룬다.

우리는 태초의 신시고국시대에서 문화적 논의를 시작하여 지금 여기까지 너무 먼 길을 왔다. 이제 이정표 하나를 세우는 것으로 마무리를 하기로 하자. 이 논의는 고조선문화의 공시적 형성과 통시적 전승의 이치를 밝힘으로써 민족문화의 정체성을 지키며 주체적인 세계화를 이룩하는 상생적 다문화주의의 바람직한 전망을 제시하는 데까지 이르렀다. 이러한 성과는 일제강점기 이후 줄곧 집착해 온 곰족 중심 논의에서 해방되어, 민족문화의 주변부로 밀쳐두었던 범족문화를 끌어안고 뒹군 끝에 비로소 얻은 것이다. 같은 자료라도 연구 시각을 바꾸어 독창적인 사관으로 논지를 펼치면, 논리적으로 창조적 해석이 귀납되기 마련이다. 실제로 사관의 차이가 빚어낸 논의의 결과는 그 동안 과도하게 우상화되었던 곰족의 자리를 대신하여, 매우 부당하게 소외되었던 범족을 주목하는 변혁적 해석을 낳았다.

마무리로 세워놓은 이정표에서 바라보니, 본디 역사의 근본을 제대

로 풀어서 현실문제를 성찰하고 미래의 역사를 전망하며 바람직한 역
사를 만들어가는 길이 다시 보인다. 그 길이 바로 본풀이사관의 길이
다. 현재의 삶이 원인이 되어 미래를 결정하는 것이 아니라, 미래의 전
망이 현재의 삶을 결정하는 원인으로 인식된다. 있어야 할 미래가 상
생적 다문화사회라면, 지금 우리는 어떤 문화의 길을 걸어야 할 것인
가 하는 점이 분명하게 제시되는 까닭이다.

　　상고시대 고조선의 역사는 과거사이자 현재의 문제이며 미래의 삶
까지 갈무리하고 있는 현재진행의 역사로서 지금 우리가 살아가고 있
는 '생활사'이기도 하다.[63] 중심이 주변이고 주변이 중심이며, 선진이
후진이고 후진이 선진이라는 '생극론의 역사철학'이[64] 오롯하다. 고조
선의 역사는 미래사이다. 미래에도 계속 새롭게 연구되어야 할 역사일
뿐 아니라 고조선의 문화사와 사상사는 미래에 되살려나가야 할 역사
이기 때문이다. 과거가 과거이면서 또한 현재이고 미래의 길일 수 있
다는 사실이 과거를 다루는 역사 연구의 보람이다. 고조선시대의 역사
와 문화가 일깨워준 이치는 한국 인문학문의 새 지평을 열어가는 길잡이
일 뿐 아니라, 바람직한 역사 만들기의 전망을 제시하는 미래가치이다.

---

63) 여기서 말하는 생활사는 사학계에서 흔히 말하는 '생활에 관한 역사'가 아니
　　라 역사를 삶 속에서 살아가고 있는 사료의 양식을 일컫는다. 생활세계 속
　　에서 지속되고 있는 사료의 존재양식을 뜻하므로 더 구체적으로 말하면 생
　　활사료이다. 구술사가 구술에 관한 역사가 아니라 역사를 말로 구술하는 사
　　료를 뜻하는 것과 같은 논리의 용어이다. 우리가 고조선본풀이의 내용과 관
　　련하여 생활하고 있는 것이야말로 고조선의 생활사료이다.
64) 조동일, 「生克論의 역사철학 정립을 위한 기본구상」, 『한국의 문학사와 철학
　　사』, 지식산업사, 1996, 501-536쪽 및 조동일, 『철학사와 문학사 둘인가 하나인
　　가』, 지식산업사, 2000, 446-451쪽 참조.

참고문헌

『管子』	『論語』	『大東韻府群玉』
『東京通志』	『東國李相國集』	『東國通鑑』
『北史』	『史記』	『山海經』
『三國史記』	『三國遺事』	『三國志』
『說文解字』	『新增東國輿地勝覽』	『越絕書』
『應制詩集註』	『帝王韻紀』	『帝王韻紀』
『中國正史朝鮮傳』	『晋書』	『太平御覽』
『黃帝內經』	『後漢書』	

강승남, 「고조선시기의 청동 및 철 가공기술」, 『조선고고연구』, 사회과학원 고고
　　　학연구소, 1996.

경기도 박물관, 『우리 곁의 고구려』, 경기도 박물관, 2005.

고고학연구소, 「서포항 원시 유적 발굴 보고」, 『고고학민속론문집』 4, 사회과학출
　　　판사, 1972.

고동순, 「양양 오산리유적 발굴조사 개보」, 『韓國新石器硏究』 第13號, 한국신석
　　　기학회, 2007.

국립문화재연구소, 「고성군 문암리 선사유적 발굴설명회 자료」, 2004.

　　　　　　　　　, 『고성 문암리유적』, 2004.

국립중앙박물관, 『한국전통문화』, 한국박물관학회, 1998.

국사편찬위원회, 『고등학교 국사』, 대한교과서주식회사, 1993.

　　　　　　　, 『중학교 국사』, 대한교과서주식회사, 1990.

金杜珍, 「三韓 別邑社會의 蘇塗信仰」, 『韓國 古代의 國家와 社會』, 一潮閣, 1993.

金富軾, 李丙燾 譯, 『三國史記』, 乙酉文化社, 1983.

金庠基, 「國史上에 나타난 建國說話의 檢討」, 『東方史論叢』, 서울대학교출판부,
　　　1984.

　　　, 「百濟의 遼西經略에 對하여」, 『東方史論叢』, 서울대학교출판부, 1984.

金善豊, 『韓國口碑文學大系大系』 2-4, 韓國精神文化硏究院, 1983.

金烈圭, 「東北亞 脈絡 속의 韓國神話 -金冠의 巫俗神話的 要素를 中心으로」, 『韓
　　　國古代文化와 引接文化의 關係』, 韓國精神文化硏究院, 1981.

　　　, 『韓國民俗과 文學硏究』, 一潮閣, 1971.

_____, 『韓國의 神話』, 一潮閣, 1976.

金元龍, 『韓國考古學槪說』, 一志社, 2005.

金仁會, 『韓國巫俗思想硏究』, 集文堂, 1987.

金貞培, 『韓國古代의 國家起源과 形成』, 高麗大學校出版部, 1986.

金廷鶴, 『韓國上古史硏究』, 범우사, 1990.

金泰坤, 『韓國巫歌集』 4, 集文堂, 1978.

_____, 『韓國民間信仰硏究』, 集文堂, 1983.

金宅圭, 『同族部落의 生活構造硏究』, 靑丘大學出版部, 1964.

_____, 『韓國農耕歲時의 硏究』, 嶺南大學校出版部, 1978.

김광언, 『동아시아의 놀이』, 민속원, 2004.

김남응, 「몽골의 주거생활과 난방방법」, 『비교민속학』 22, 比較民俗學會, 2002.

김남응·강재철, 「註解孫晉泰의 溫突考」, 『比較民俗學』 19, 比較民俗學會, 2000.

김대문 저, 이종욱 역주해, 『대역화랑세기』, 소나무, 2005.

김병모, 「한반도 거석문화 원류에 관한 연구」, 『한국고고문화』 10·11합집, 1983.

_____, 『금관의 비밀-한국고대사와 김씨의 원류를 찾아서』, 푸른역사, 1998.

_____, 『김수로왕비의 혼인길』, 푸른숲, 1999.

김상태, 『엉터리 사학자 가짜 고대사』, 책보세, 2012.

_____, 『한국 고대사와 그 역적들』, 책보세, 2013.

김선자, 『만들어진 민족주의 황제신화』, 책세상, 2007.

김성례, 「한국무교와 샤머니즘」, 『그리스도교와 무교』, 바오로딸, 1998.

김성재, 『갑골에 새겨진 신화와 역사』, 동녘, 2000.

김성철, 「원대자 벽화 무덤의 성격」, 『조선고고연구』 제3호, 사회과학출판사, 2004.

김성호, 『비류백제와 일본의 국가기원』, 지문사, 1996.

김성환, 「단군신화의 기원과 고구려의 전승」, 『단군학연구』 3, 단군학회, 2000.

_____, 「최초의 한류, 동아시아 삼신산 해상루트의 기억을 찾아서」, 『동아시아 전통문화와 한류』, 동양사회사상학회 국제학술대회 (전남대학교, 2007년 1월 8일) 발표논문집.

김수업, 『우리말은 서럽다』, 나라말, 2009.

김수이, 「한류, 21세기 한국문화의 국가적 아젠다-한류의 발전 방향을 중심으로」, 『한류와 21세기 문화비전』, 청동거울, 2006.

김영균·김태은, 『탯줄코드-탯줄, 뱀, 탯줄의 문화사』, 민속원, 2008.

김우창, 「전(前)전성기의 문화 : 외국문화의 기여」, 『외국문학』 40, 1994년 가을호.

김욱동, 『탈춤의 미학』, 현암사, 1994.

김유경, 「중국 소수민족 야오족과 장족의 부엌살림」, 『전통마을 BK사업팀 중국 학술조사 보고서』, 안동대학교 대학원 민속학과, 2007년 2월 28일.

金載元, 『檀君神話의新研究』, 探究堂, 1947.

김정배, 「고조선과 비파형 동검의 문제」, 『남북학자들이 함께 쓴 단군과 고조선 연구』, 지식산업사, 2005.

김정학, 「민족사관의 재정립을 위하여-남북 고고학 연구의 성과와 과제」, 이형구 편, 『단군과 고조선』, 살림터, 1999.

김종서, 「현대종교학의 비교방법론」, 『철학사상』 16권 6호, 2003.

김지하, 『옛 가야에서 띄우는 겨울 편지』, 두레, 2000.

김천호, 「몽골과 중앙아시아의 식문화 비교」, 『比較民俗學』 22, 比較民俗學會, 2002.

김태곤 외, 『한국의 신화』, 시인사, 1988.

김헌선, 「〈베포도업침〉과 〈천지왕본풀이〉에 나타난 신화의 논리」, 『比較民俗學』 28, 比較民俗學會, 2005.

_____, 『한국의 창세신화』, 길벗, 1994.

김화경, 『한국 신화의 원류』, 지식산업사, 2005.

김효정, 「튀르크족의 기록에 나타난 '텡그리(Tengri)'의 의미」, 『韓國中東學會論叢』, 28-1, 韓國中東學會, 2007.

羅景洙, 『韓國의 神話研究』, 敎文社, 1994.

노성환, 「일본신화에 영향을 미친 한국신화」, 『고대에도 한류가 있었다』, 지식산 업사, 2008.

노태돈, 「단군과 고조선사에 대한 이해-사실과 상징의 변주곡」, 『단군과 고조선사』, 사계절, 2000.

盧泰敦, 「한국의 기원과 국가의 형성」, 『한국사 특강』, 1990.

류철균, 「디지털 시대의 한국현대문학」, 『국어국문학』 143, 국어국문학회, 2006.

무함마드 깐수, 『신라서역 교류사』, 단국대학교출판부, 1992.

문교부, 『문교개관』, 1958.

文定昌, 「任那論」, 『日本上古史』, 栢文堂, 1970.

朴桂弘, 『韓國口碑文學大系大系』 4-2, 韓國精神文化研究院, 1981.

박문기, 『숟가락』, 정신세계사, 1999.

박선희, 「고대 한국갑옷의 원류와 동북아시아에 미친 영향」, 『고대에도 한류가 있 었다』, 지식산업사, 2007.

_____, 「유물자료로 본 고조선 이전 시기의 복식문화 수준」, 『단군학연구』 19,

단군학회, 2008.

_____,『한국고대복식-그 원형과 정체』, 지식산업사, 2002.

_____,『고조선 복식문화의 발견』, 지식산업사, 2011.

박성수,『단군문화기행』, 서원, 2000.

박영은,「B.라스뿌찐의『마쪼라의 이별』에 나타난 '우주목(宇宙木)'의 상징성 연구」,『세계문학비교연구』13, 세계문학비교학회, 2005.

박원길,『몽골古代史硏究』, 혜안, 1994.

_____,『유라시아 초원제국의 역사와 민속』, 민속원, 2001.

朴玧貞,「高城文岩里 先史遺蹟 發掘調査」,『韓國新石器硏究』第5號, 한국신석기학회, 2003.

박종성,「新羅神話의 形成과 新羅上古史의 한 단서」,『口碑文學硏究』13, 2001.

朴鎭泰,『탈놀이의 起源과 構造』, 새문사, 1990.

方善柱,「百濟軍의 華北進出과 그 背景」,『白山學報』11, 1971.

白樂濬,『韓國敎育과 民族精神』, 文敎社, 1953.

邊太燮,『韓國史通論』, 三英社, 1986.

복기대,「試論紅山文化原始龍에 대한 재검토」,『白山學報』77, 2007.

사진실,『공연문화의 전통-樂·戲·劇』, 태학사, 2002.

사회과학원력사연구소,『고조선사·부여사·구려사·진국사』, 과학백과사전종합출판사, 1991년 제2판, 백산자료원, 1997.

서대석,『한국신화의 연구』, 집문당, 2001.

서영대 편,『북한학계의 단군신화연구』, 백산자료원, 1995.

_____,「東濊社會의 虎神崇拜에 대하여」,『역사민속학』2, 역사민속학회, 1992.

徐永大,「이환모의 東語에 대하여」,『한국학연구』9, 인하대학교 한국학연구소, 1998.

설중환,『상상+단군신화』, 우리겨레, 2006.

成均館大國語國文學科,『安東文化圈學術調査報告書』, 1967.

성삼제,『고조선 사라진 역사』, 동아일보사, 2005.

蘇在英,「延烏·細烏說話攷」,『국어국문학』36, 국어국문학회, 1967.

손대원,「장족과 요족의 주거형태와 주거생활」,『전통마을 BK사업팀 중국 학술조사 보고서』, 안동대학교 대학원 민속학과, 2007년 2월 28일.

孫晉泰,「溫突考」,『朝鮮民族文化의 硏究』, 乙酉文化社, 1948.

_____,『朝鮮民族文化의 硏究』, 乙酉文化社, 1948.

_____,『朝鮮神歌遺編』, 鄕土文化社, 1930.

김헌선,『한국의 창세신화』, 길벗, 1994.

孫晋泰,『韓國民族說話의 硏究』, 乙酉文化社, 1946.

송호정,『단군, 그 만들어진 신화』, 산처럼, 2004.

宋華燮,「馬韓의蘇塗硏究」, 圓光大學校大學院博士學位論文, 1991.

송화섭,「한반도 고인돌의 남방문화론」,『한민족연구』1, 한민족학회, 2006.

愼鏞廈,「단군설화의 사회학적 이해」,『설화와 의식의 사회사』, 한국사회사학회, 문학과지성사, 1995.

_____,『韓國民族의形成과 民族社會學』, 지식산업사, 2001.

_____,『韓國原民族形成과 歷史的 傳統』, 나남출판, 2005.

_____,「고조선 국가의 형성-3부족 결합에 의한 고조선 개국과 아사달」,『사회와 역사』, 한국사회사학회, 2008.

_____,「고조선문명권의 형성과 동북아의 아사달 문양」,『고대에도 한류가 있었다』, 지식산업사, 2008.

_____,「고조선 국가의 형성과 영역」,『고조선 탐색』, 고조선학회 제1회 발표회 (상명대학, 2008년 10월 25일) 발표논문집.

_____,「古朝鮮 '아사달' 文樣이 새겨진 山東大汶口文化 유물」,『韓國學報』102, 一志社, 2001.

_____,「고조선 국가의 형성과 고조선 금속문화」,『단군학 연구』21, 단군학회, 2009.

_____,『古朝鮮國家形成의 社會史』, 지식산업사, 2010.

_____,「고조선문명권 형성의 기본구조」,『고조선의 정체성과 지속성』, 고조선학회 하계학술대회(서울역사박물관, 2010년 6월 19일) 발표논문집.

신종원,「단군신화에 보이는곰(熊)의 實體」,『韓國史硏究』118, 韓國史硏究會, 2002.

_____,「단군신화에 보이는 樹木信仰」,『韓國史學史學報』8, 韓國史學史學會, 2003.

신채호 저, 박기봉 옮김,『조선상고사』, 비봉출판사, 2006.

신형식·이종호,「'中華오천년', 紅山文化의 再照明」,『白山學報』77, 白山學會, 2007.

안동준,「고조선 지역의 무교가 중원도교문화에 미친 영향」,『고대에도 한류가 있었다』, 민족문화의 원형과 정체성 정립을 위한 학술대회 1(프레스센터, 2006년 12월 8일).

안영배,「중랴오시 고조선 근거지로 추정」,『주간동아』, 2003.

안창경, 「배우의 연기체험과 샤먼의 트랜스」, 『공연문화연구』 13, 한국공연문화학
　　회, 2006.

알렉상드르 기유모즈, 「現世的 福樂追求의 信仰」, 크리스챤아카데미 編, 『韓國의
　　思想構造』, 삼성출판사, 1975.

양민종, 「단군신화와 게세르신화」, 『단군학연구』 8, 단군학회, 2008.

양민종·주은성, 「부리야트 〈게세르〉 서사시 판본 비교연구」, 『比較民俗學』 34, 比
　　較民俗學會, 2007.

여증동, 『한국문학사』, 형설출판사, 1973.

＿＿＿, 『한국문학역사』, 형설출판사, 1984.

＿＿＿, 『韓國文學歷史』, 螢雪出版社, 1987.

＿＿＿, 『배달문학통사』 2, 형설출판사, 1988.

우실하, 「요하문명, 홍산문화와 한국문화의 연계성」, 『고대에도 한류가 있었다』,
　　지식산업사, 2007.

＿＿＿, 『고조선의 강역과 요하문명』, (주)동아지도, 2007.

＿＿＿, 『동북공정너머 요하문명론』, 소나무, 2007.

＿＿＿, 「요하문명과 동북아시아 상고사」, 단국대북방문화연구소 주최, '북방문화
　　와 한국상고문화의 기원'을 주제로 한 국제학술 대회(단국대 천안캠퍼스,
　　2008년 10월 13일) 논문집.

柳東植, 『韓國巫敎의 歷史와 構造』, 延世大學校出版部, 1975.

유원수 역주, 『몽골비사』, 혜안, 1994.

조현설, 『동아시아 건국신화의 역사와 논리』, 문학과지성사, 2002.

俞昌均, 『文字에 숨겨진 民族의 淵源』, 集文堂, 1999.

윤근일, 「고성 문암리 신석기 유적발굴조사 개요, 98-99년」, 『문화사학』, 한국문화
　　사학회, 1999.

尹乃鉉, 「人類社會進化上司의古朝鮮位置」, 『史學志』 26, 檀國大史學會, 1993.

윤내현, 『고조선연구』, 일지사, 1994.

＿＿＿, 「고조선의 건국과 민족 형성」, 『고조선연구』, 一志社, 1994.

＿＿＿, 『고조선 우리의 미래가 보인다』, 민음사, 1995.

＿＿＿, 『한국열국사연구』, 지식산업사, 1998.

＿＿＿, 「고조선의 종교와 사회 성격」, 『단군학연구』 12, 단군학회, 2005.

＿＿＿, 『사료로 보는 우리 고대사』, 지식산업사, 2007.

＿＿＿, 『우리고대사 상상에서 현실로』, 지식산업사, 2014.

윤내현 외, 『고조선의 강역을 밝힌다』, 지식산업사, 2006.

윤명철, 『광개토대왕과 한 고려의 꿈』, 삼성경제연구소, 2005.

_____, 『단군신화, 또 다른 해석』, 백산자료원, 2008.

尹武炳, 「韓國靑銅短劍의 型式分類」, 『震檀學報』 29·30, 震檀學會, 1966.

李淸圭, 「細形型銅劍의 形式分類 및 그 變遷에 對하여」, 『韓國考古學報』 13, 韓國考古學會, 1982.

尹徹重, 「檀君神話의 文段考」, 『韓國渡來神話研究』, 백산자료원, 1997.

_____, 『韓國渡來神話研究』, 백산자료원, 1997.

_____, 『韓國의 始原神話』, 白山資料院, 1996.

윤택림, 『인류학자의 과거여행-한 빨갱이 마을의 역사를 찾아서』, 역사비평사, 2003.

李康植, 「'古記'에 기록된 神市組織의 構造와 機能」, 『경상대학논집』 15, 경북대학교 경상대학, 1987.

_____, 「主穀·主命·主病·主刑·主善惡이 名詞로서 官名내지 組織名이며 5事組織이라는 辨證」, 『論文集』 3, 경주대학교, 1991.

_____, 「『天符經』의 組織論的 解釋」 下, 『한배달』 5.

李光奎, 『文化人類學』, 一潮閣, 1975.

이건무·조법종, 『선사유물과 유적-한국미의 재발견』, 솔출판사, 2003.

이건욱 외, 『알타이 샤머니즘』, 국립민속박물관, 2006.

李基白, 「韓國史時代區分問題」, 『韓國史時代區分論』, 乙酉文化社, 1970.

_____, 『韓國史新論』, 一潮閣, 1977.

이덕일·이병기, 『고구려는 천자의 제국이었다』, 역사의 아침, 2007.

이문웅, 「민속의 '인자형'과 '표현형'」, 『한국민속문화의 탐구』, 국립민속박물관, 1996.

李丙燾, 「檀君說話의解釋과 阿斯達問題」, 『韓國古代史研究』, 博英社, 1981.

이상길, 「패형암각의 의미와 그 성격」, 한국역사민속학회, 『한국의 암각화』, 한길사, 1996.

李鮮馥, 「신석기·청동기시대 주민교체설에 대한 비판적 검토」, 『韓國古代史論叢』 1, 駕洛國史蹟開發研究院, 1991.

이수자, 『큰굿 열두거리의 구조적 원형과 신화』, 집문당, 2004.

이승헌, 『한국인에게 고함』, 한문화, 2006.

이시형, '좌담 : 웃음문화의 어제와 오늘', 한국웃음문화학회 제1회 학술발표대회 (한국방송통신대학교, 2005년 12월 19일).

이어령, 『디지로그』, 생각의나무, 2006.

이용범, 「처용설화의 일고찰-당대(唐代) 이슬람상인과 신라」, 『한만(韓滿)교류사
　　　연구』, 동화출판사, 1989.

이용욱, 「'대장금'은 세계적 문화강국 뜻하는 신분증」, 마이데일리, 2005년 9월 30
　　　일자.

이융조, 「아시아 구석기문화에서 청원두루봉 문화의 위상」, 『고대에도 한류가 있
　　　었다』, 지식산업사, 2007.

_____, 「중원지역 구석기연구와 과제」, 『한그릇에 담은 나의 학문과 삶』, 학연문
　　　화사, 2006.

이융조·우종윤, 『선사유적발굴도록』, 충북대학교박물관, 1998.

李恩奉, 『韓國古代宗敎思想』, 集文堂, 1984.

이은봉 엮음, 『단군신화연구』, 온누리, 1994.

李殷昌, 「新羅金屬工藝의 源流的인 中央亞細亞古代文化-아프가니스탄의 시바르
　　　간出土遺物을 中心으로」, 『韓國學報』 26, 一志社, 1982.

이정훈, 『발로 쓴 反동북공정』, 지식산업사, 2009.

_____, 「홍산문명과 황하문명 4000년전쟁」, 『新東亞』 2008년 9월호.

이종미, 「한국의 떡문화 형성기원과 발달과정에 관한 소고」, 『韓國食生活文化學
　　　會誌』 7, 한국식생활문화학회, 1992.

李鍾宣, 「高新羅의 三山冠」, 『高新羅王陵研究』, 學研文化社, 2000.

李鍾旭, 『新羅國家形成史研究』, 一潮閣, 1982.

李鍾益, 「한붉思想考」, 『東方思想論叢』, 1975.

이종호, 『한국 7대불가사의』, 역사의 아침, 2007.

_____, 『한국의 유산 21가지』, 새로운사람들, 1999.

이태주, 『문명과 야만을 넘어서 문화읽기』, 프러네시스, 2006.

이평래, 「몽골지역 오보신앙의 형성과 전개」, 『民俗學研究』 8, 국립민속박물관,
　　　2001.

이형구, 「'발해문명' 창조 주인공은 우리민족」, 주간 『뉴스메이커』 745호, 경향신
　　　문사, 2007년 10월 16일.

_____, 「발해연안빗살무늬토기문화의 연구」, 『한국사학』 10, 한국정신문화연구
　　　원, 1989.

_____, 『발해연안에서 찾은 한국 고대문화의 비밀』, 김영사, 2004.

_____, 『진주 대평리 옥방 5지구 선사유적』, 선문대학교박물관, 2001.

_____, 『한국 고대문화의 비밀』, 김영사, 2004.

이형석·이종호, 『고조선, 신화에서 역사로』, 우리책, 2009.

이희진, 『식민사학과 한국고대사』, 소나무, 2008.

任東權, 「檀君神話의 民俗學的 考察」, 『韓國民俗學論考』, 集文堂, 1971.

임동권, 「마을祭에 나타난 한국인의 思惟」, 『한국민속학』 26, 민속학회, 1994.

林炳泰, 「考古學上으로 본 濊貊」, 『韓國古代史論叢』, 駕洛國史蹟開發研究院, 1991.

任晳宰, 「우리나라의 天地開闢神話」, 『耕學金永敦博士華甲紀念敎育學論叢』, 螢雪出版社, 1977.

임석재, 『한국구전설화』 평안북도편III, 평민사, 1989.

임석재·장주근, 『관북지방무가』, 문교부, 1966.

임재해, 「전설과 역사」, 『韓國文學研究入門』, 知識産業社, 1982.

_____, 「歷史의 理解와 文學의 歷史的 研究」, 『정신문화연구』 19, 1983 겨울호, 韓國精神文化研究院, 1984.

_____, 「단군신화에 던지는 몇 가지 질문」, 『文化財』 21, 文化財管理局, 1988.

_____, 『韓國口碑文學大系』 7-17, 韓國精神文化研究院, 1988.

_____, 「굿의 呪術性과 變革性」, 『比較民俗學』 9, 比較民俗學會, 1992.

_____, 『민족설화의 논리와 의식』, 지식산업사, 1992.

_____, 「하회별신굿에 나타난 옛 제의의 자취와 별읍의 전통」, 『安東文化』 14, 安東文化研究所, 1993.

_____, 「미학없는 '탈춤의 미학'과 식민담론의 정체」, 『민족예술』, 한국민족예술 인총연합, 1994.

_____, 「한국 사회의 변동과 문화적 전통의 변혁성」, 『문학과사회』 17, 문학과지 성사, 1997.

_____, 『21세기 우리 국학의 방향과 과제』, 안동대학교 국학부편, 『우리 국학의 방향과 과제』, 집문당, 1997.

_____, 「꼭두각시놀음의 역사적 전개와 발전양상」, 『口碑文學研究』 5, 한국구비 문학회, 1997.

_____, 『한국 민속학과 현실인식』, 집문당, 1997.

_____, 「민족통일을 앞당기는 국학의 방향」, 『민족통일을 앞당기는 국학-무엇을 어떻게 할 것인가』, 집문당, 1998.

_____, 「고대신화에 나타난 한국인의 진화론적 자연관」, 안동대학교 민속학연구 소편, 『민속연구』 8, 민속원, 1998.

_____, 「韓國神話의 敍事構造와 世界觀」, 『說話文學研究』 上, 단국대학교출판 부, 1998.

_____, 『꼭두각시놀음』, 한국학술정보, 2001.

_____, 「설화의 사료적 성격과 새 역사학으로서 설화연구」, 『역사민속학』 12, 한국역사민속학회, 2001.

_____, 「설화의 역사성과 관음사 연기설화의 재인식」, 『韓民族語文學』 41, 韓民族語文學會, 2002.

_____, 「文化的 脈絡에서 본 金冠의 形象과 建國神話의 函數」, 『孟仁在先生古稀紀念-韓國의 美術文化史論叢』, 學硏文化社, 2002.

_____, 『민속문화의 생태학적 인식』, 당대, 2002.

_____, 「민속신앙의 생태학적 자연관과 현대적 변용」, 『민속문화의 생태학적 인식』, 도서출판 당대, 2002.

_____, 「경북의 문화인프라구축과 세계화전략」, 『새천년경북발전의 비전과 전망』, 경북새천년연구원심포지엄(포항공대 산업과학연구원강당, 2002년 7월 19일).

_____, 『안동문화와 성주신앙』, 안동대학교 안동문화연구소, 2002.

_____, 「한국인의 산숭배전통과 산신신앙의 전승」, 김종성 편, 『산과 우리문화』, 수문출판사, 2002.

_____, 「풍수지리설의 생태학적인식과 한국인의 자연관」, 『민속문화의 생태학적 인식』, 도서출판 당대, 2002.

_____, 「한국민속사 시대구분의 모색과 공생의 시대전망」, 『민속문화의 생태학적 인식』, 도서출판 당대, 2002.

_____, 「단군신화를 보는 생태학적인 눈과 자연친화적 홍익인간사상」, 『고조선단군학』 9, 고조선단군학회, 2003.

_____, 「공민왕 몽진 관련 민속놀이의 문화적 가치와 역사적 인식」, 『고려 공민왕과 임시수도 안동』, 안동대학교 민속학연구소, 2004.

_____, 『민속문화를 읽는 열쇠말』, 민속원, 2004.

_____, 「공민왕 몽진 설화에 나타난 주민들의 역사의식」, 『구비문학연구』 21, 한국구비문학회, 2005.

_____, 「국학의 세계화를 겨냥한 이론개척과 새 체제 모색」, 『국학연구』 6, 한국국학진흥원, 2005.

_____, 「옛날에도 한류열풍 있었다」, 경북일보 2005년 7월 3일자.

_____, 「왜 지금 겨레문화의 뿌리를 주목하는가」, 『比較民俗學』 31, 比較民俗學會, 2006.

_____, 「굿 문화사 연구의 성찰과 역사적 인식지평의 확대」, 『한국무속학』 11,

한국무속학회, 2006.

_____, 『민족신화와 건국영웅들』, 민속원, 2006.

_____, 「무형문화재의 문화적 가치 재인식과 창조적 계승」, 『무형문화재의 원형 전승과 창조적 계승』, 한국민속학회 제 173차 학술발표회 (2006년 4월 29 일, 중앙대학교).

_____, 「신라 건국신화의 맥락적 해석과 신라문화의 재인식」, 일연학연구원 국 제학술발표대회, 『일연선사와 삼국유사』, 한국학중앙연구원(2006년 7월 20-21일).

_____, 「구비문학의 축제성과 축제에서 구비문학 기능」, 『구비문학과 현실문화 만들기』 2, 한국구비문학회 2006년도 하계학술대회(관동대학교, 8월 21-22 일).

_____, 「주거문화 인식의 성찰과 민속학적 이해지평」, 『比較民俗學』 32, 比較民 俗學會, 2006.

_____, 「민속문화에 갈무리된 제의의 정체성과 문화창조력」, 『실천민속학연구』 10, 실천민속학회, 2007.

_____, 「금오산 지역 동제와 신앙전설 전승의 관련성과 지역성」, 비교민속학회 편, 『민속과 지역사회』, 민속원, 2007.

_____, 「고대에도 한류가 있었다-민족문화의 정체성 재인식」, 『고대에도 한류가 있었다』, 지식산업사, 2007.

_____, 「단군신화에 갈무리 된 문화적 원형과 민족문화의 정체성」, 『단군학연구』 16, 단군학회, 2007.

_____, 「맥락적 해석에 의한 김알지신화와 신라문화의 정체성 재인식」, 『比較民 俗學』 33, 比較民俗學會, 2007.

_____, 「물질문화의 재인식과 문물로서 유무형 문화의 유기적 해석」, 『민속학연 구』 20, 국립민속박물관, 2007.

_____, 「한국신화의 주체적 인식과 민족문화의 정체성」, 『단군학연구』 17, 단군 학회, 2007.

_____, 「한국신화의 주체적 인식과 민족문화의 정체성」, 『한국신화의 정체성을 밝힌다』, 지식산업사, 2008.

_____, 「단군신화로 본고 조선문화의 기원 재인식」, 『단군학연구』 19, 단군학회, 2008.

_____, 「민속예술 비교연구의 준거와 비교모형 설정」, 『比較民俗學』 36, 比較民 俗學會, 2008.

_____, 『신라금관의 기원을 밝힌다』, 지식산업사, 2008.

_____, 「우리말로 문화읽기가 필요한 몇 가지 이유」, 우리말로 학문하기 2008년 여름 말 나눔잔치, 발표자료집(2008년 8월 29일, JSTheatre).

_____, 「한국탈춤의 전통과 아름다움 재인식」, 『比較民俗學』 37, 比較民俗學會, 2008.

_____, 「삼국유사 설화자원의 문화콘텐츠화 길찾기」, 『구비문학연구』 29, 한국구비문학회, 2009.

_____, 「다문화주의로 보는 농촌의 혼입여성문제와 마을 만들기 구상」, 『마을 만들기 어떻게 할 것인가』, 민속원, 2009.

_____, 「고조선 '본풀이'의 역사인식과 본풀이사관의 수립」, 『단군학연구』 21, 단군학회, 2009.

_____, 「'신시본풀이'로 본 고조선문화의 형성과 홍산문화」, 『고조선단군학』, 고조선단군학회, 2009.

_____, 「탈춤기원론의 쟁점과 상고시대 탈춤문화의 뿌리」, 『韓國民俗學』 50, 한국민속학회, 2009.

_____, 「건국본풀이로 본 시조왕의 '해'상징과 정치적 이상」, 『比較民俗學』 43, 比較民俗學會, 2010.

_____, 「신시고국 환웅족 문화의 '해'상징과 천신신앙의 지속성」, 『단군학연구』 23, 단군학회, 2010.

_____, 「한국축제 전통의 지속양상과 축제성의 재인식」, 『比較民俗學』 42, 比較民俗學會, 2010.

_____, 『고조선문화의 지속성과 성립과정의 상생적 다문화주의』, 『고조선단군학』 24, 고조선단군학회, 2011.

_____, 「'고조선'조와 '전조선기'로 본 고조선의 역사적 실체 재인식」, 『고조선단군학』 26, 고조선단군학회, 2012.

任孝宰, 「新石器時代編年」, 『韓國史論』 12, 國史編纂委員會, 1983.

_____, 「한·일 문화교류사의 새로운 발굴자료」, 『제주 신석기 문화의 원류』, 한국 신석기 연구회, 1995.

任孝宰·李俊貞, 『鰲山里遺蹟Ⅲ』, 서울大學校博物館, 1988.

장덕순 외, 『구비문학개설』, 일조각, 2006.

장주근, 「단군신화의 민속학적 연구」, 『한국신화의 민속학적 연구』, 집문당, 1995.

_____, 「部落및家庭信仰」, 『韓國民俗綜合調査報告書』 慶尙北道篇, 文化財管理局, 1974.

_____, 『한국신화의 민속학적 연구』, 집문당, 1995.

장철만, 「장리 고인돌 무덤에 대하여」, 『조선고고연구』 제4호, 사회과학원고고학
　　　연구소, 사회과학출판사, 1996.

張哲秀, 「民俗宗敎와 信仰」, 『安東民俗資料誌』, 安東郡, 1981.

장회익, 「생명을 어떻게 볼 것인가」, 『삶과 온생명』, 솔, 1998.

_____, 『삶과 온생명-새 과학 문화의 모색』, 솔, 1998.

전경욱, 「가면극과 그 놀이꾼의 역사적 전개」, 『고전희곡연구』 1, 고전희곡학회,
　　　2000.

_____, 「동아시아의 관점에서 본산대놀이 가면극」, 『동아시아민속극의 축제성』,
　　　보고사, 2009.

_____, 『한국가면극』, 열화당, 1998.

_____, 『한국의 전통연희』, 학고재, 2004.

전국역사교사모임, 『살아있는 한국사교과서』 1, 휴머니스트, 2002.

全相運, 「韓國古代金屬技術의 科學史的 研究」, 『傳統科學』 1, 漢陽大學校韓國
　　　傳統科學硏究所, 1980.

鄭求福, 「三國遺事의史學史的 考察」, 『三國遺事의 綜合的 考察』, 한국정신문화
　　　연구원, 1987.

정수일, 「한국불교남래설 시고」, 『문명교류사연구』, 사계절, 2002.

정영훈, 「단군의 민족주의적 의미」, 노태돈 편, 『단군과 고조선사』, 사계절, 2000.

정인보 저, 박성수 편역, 『정인보의 조선사연구』, 서원, 2000.

정일성, 『후쿠자와 유키치-脫亞論을 어떻게 펼쳤는가』, 지식산업사, 2001.

정재서 역주, 『산해경』, 민음사, 1985.

정형진, 『천년왕국 수시아나에서 온 환웅』, 일빛, 2006.

조동일, 「英雄의 一生, 그 文學史的 展開」, 『東亞文化』 10, 서울대학교 東亞文化
　　　硏究所, 1971.

_____, 『韓國小說의 理論』, 知識産業社, 1977.

_____, 「신화의 유산과 그 변모과정」, 『우리 문학과의 만남』, 弘盛社, 1978.

_____, 『탈춤의 역사와 원리』, 홍성사, 1979.

_____, 『한국문학통사』 1-5권, 지식산업사, 1982.

_____, 『한국문학통사』 3판 1-5권, 지식산업사, 1994.

_____, 「生克論의 역사철학 정립을 위한 기본구상」, 『한국의 문학사와 철학사』,
　　　지식산업사, 1996.

_____, 『동아시아 구비서사시의 양상과 변천』, 문학과지성사, 1997.

_____, 『카타르시스 라사 신명풀이』, 지식산업사, 1997.

_____, 『철학사와 문학사 둘인가 하나인가』, 지식산업사, 2000.

_____, 『세계·지방화 시대의 한국학2-경계 넘어서기』, 계명대학교출판부, 2005.

_____, 「삼국유사의 기본 성격 비교 고찰」, 일연학연구원 편, 『일연과 삼국유사』, 신서원, 2007.

_____, 『탈춤의 원리 신명풀이』, 지식산업사, 2008.

_____, 「일본能의 幽玄과 한국탈춤의 신명풀이: 비교연구를 어떻게 할 것인가」, 『學術院論文集』 人文·社會科學篇 48집 1호, 大韓民國學術院, 2009.

조선유적유물도감편찬위원회, 『조선유적유물도감』 1, 조선유적유물도감편찬위원회, 1988.

조유전·이기환, 『고고학자 조유전의 한국사 미스터리』, 황금부엉이, 2004.

조윤제, 「나와 國文學과 學位」, 『陶南雜識』, 乙酉文化社, 1964.

조한혜정 외, 『한류와 아시아의 대중문화』, 연세대학교출판부, 2003.

趙顯卨, 「호공의 정체와 신화적 성격」, 『東岳語文論集』, 東岳語文學會, 1997.

조현설, 『동아시아 건국신화의 역사와 논리』, 문학과지성사, 2002.

조현종·양성혁·윤온식, 『安島貝塚』, 국립광주박물관, 2009.

조혜정, 『글읽기와 삶 읽기』 1, 또하나의문화, 1992.

조희승, 『가야사연구』, 사회과학출판사, 1994.

_____, 『조선의 비단과 비단길』, 사회과학출판사, 2001.

崔光植, 「박혁거세신화」, 『한국사』 7, 국사편찬위원회, 1997.

崔南善, 「檀君否認의 妄-'文敎의 朝鮮'의 狂論」, 東亞日報, 1926년 2월 11-12일자, 『六堂崔南善全集』 2, 玄岩社, 1973.

_____, 「檀君論」, 東亞日報, 1926년 3월 3일-7월 25일, 『六堂崔南善全集』 2, 玄岩社, 1973.

_____, 「檀君神典의 古意」, 東亞日報, 1928년 1월 1일-2월 28일, 『六堂崔南善全集』 2, 玄岩社, 1973.

_____, 「不咸文化論」, 東亞日報, 1926년 2월 11-12일, 『六堂崔南善全集』 2, 玄岩社, 1973.

_____, 『六堂崔南善全集』 2(壇君·古朝鮮其他), 玄岩社, 1973.

_____, 「朝鮮의神話」, 高大亞細亞問題研究所編, 『六堂崔南善全集』 5, 玄岩社, 1973.

_____, 『조선의 신화와 설화』, 弘盛社, 1986.

최래옥, 『하늘님, 나라를 처음 세우시고』, 고려원, 1989.

하문식,『고조선 지역의 고인돌연구』, 백산자료원, 1999.

＿＿＿＿＿,「고조선의 돌돌림 유적에 관한 문제」,『단군학연구』10, 단군학회, 2004.

＿＿＿＿＿,「고인돌왕국 고조선과 아시아의 고인돌문화」,『고대에도 한류가 있었다』, 민족문화의 원형과 정체성 정립을 위한 학술대회 1(프레스센터, 2006년 12월 8일).

＿＿＿＿＿,「고인돌을 통해 본 고조선」, 윤내현 외,『고조선의 강역을 밝힌다』, 지식 산업사, 2006.

＿＿＿＿＿,「고조선의 돌돌림 유적연구: 追補」,『단군학연구』16, 단군학회, 2007.

조선유적유물도감편찬위원회,『조선유적유물도감』1, 원시편, 1988.

한양명,「청량산 일대 공민왕 신앙의 분포와 성격」,『고려 공민왕과 임시수도 안 동』, 안동대학교 민속학연구소, 2004.

한창균,「고조선의 성립배경과 발전단계 시론」,『韓國上古史의諸問題』, 韓國精神 文化研究院, 1987.

＿＿＿＿＿,「고조선의 성립배경과 발전단계 시론」,『國史館論叢』第33輯, 國史編纂 委員會, 1992.

韓沽劤,『韓國通史』, 乙酉文化社, 1986.

허용호,「한국가면극/ 탈춤의 자생설과 전래설을 보는 '또 하나'의 눈」,『한국민속 학』50, 한국민속학회, 2009.

玄容駿,『巫俗神話와 文獻神話』, 集文堂, 1992.

洪以燮,「三國遺事'古朝鮮條에 의한 試論」, 이은봉 엮음,『단군신화연구』, 온 누리, 1994.

홍태한,「서울굿에서 여성과 남성」,『실천민속학연구』7, 실천민속학회, 2005.

영어 논저

Alan Dundes, 'From Etic to Emic Units In the Structural Study of Folktales', *Journal of American Folklore* vol. 75 No 296, 1962.

Dan Ben-Amos, *Folklore Genres*, University of Texas Press, 1976.

Bronislaw Malinowski, *Myth in Primitive Psychology*, Nortonand Co. 1926.

David Bidney, 'Myth, Symbolism, and Truth', Edited by John B. Vickery, *Myth and Literature-Contemporary Theory and Practice*, University of Nebraska Press, 1969.

Jan Vansina, H. M. Wrigt Translation, *Oral Tradition — A Study in Historical Methodology*, PenguinBooks, 1965.

Mircea Eliade. *Myths, Dreams and Mysteries*, Collins. 1968.

Richard Homby, *The End of Acting*. Applause, 1992.

Richard M. Dorson, 'Current Theories of Folklore', *Folklore and Folklife,* The University of Chicago Press, 1973.

Rolf Jensen, 'From In formation to Imagination: When Values Become More Important than Products, even in the Marketplace', 『문화다양성과 공동가치에 관한 국제포럼』(2003경주세계문화엑스포조직위원회·유네스코한국위원회, 2003년).

William E. Paden. 'Elements of a New Comparativism', *Method & Theory in the Study of Religion*, 8/1. 1965.

중국어 논저

邯鄲市文物保管所邯鄲地區磁山考古隊短訓班, 「河北磁山新石器時代遺址試掘」, 『考古』, 1977年, 第6期.

開封地區文管會·新鄭縣文管會, 「河南新鄭裵李崗新石器時代遺址」, 『考古』 1978年 第2期.

郭大順, 「紅山文化勾雲形玉佩研究-遼河文明巡禮之四」, 『故宮文物月刊』, 臺灣: 14卷 8期, 1996.

_____, 『龍出遼河源院』, 白花文藝出版社, 2001.

_____, 「序言:'遼河文明'解」, 遼東城博物館·遼東城文物考古研究所編, 『遼河文明展文物集萃』, 2006.

段玉裁, 『說文解字經』, 臺灣 : 蘭臺書局, 1977.

戴煒·侯文海·鄭耿杰, 『眞賞紅山』, 內蒙古人民出版社, 2007.

馬德謙, 「談談吉林龍潭山, 東團山一帶的 漢代遺物」, 『中國考古集成』, 北京出版社, 1997.

方殿春·劉葆華, 「遼寧阜新縣胡頭溝紅山文化玉器墓發現」, 『文物』, 1984年 6期, 遼寧省博物館·遼寧省文物考古研究所, 『遼河文明展』, 2006.

遼寧省文物考古研究所, 「遼寧牛河梁紅山文化"女神廟"與積石冢群發掘簡報」, 『文物』, 1986年 第8期.

劉國祥,「論紅山文化建築與手工業技術進步」,『中國考古集成』東北卷, 新石器時代(一), 北京出版社, 1997.

_____,「紅山文化墓葬形制與龍玉制度研究」,『首屆紅山文化國際學術研討會』, 2004.

_____,「西遼河流域新石器時代至早期青銅時代考古學文化槪論」,『遼寧師範大學學報』, 2006年 第1期, 社會科學出版社.

內蒙古文物工作隊·內蒙古博物館,「和林格爾發現一座重要的 東漢壁畵墓」,『文物』, 1974.

卜工,「牛河梁祭祀遺址及其相關問題」,『中國考古集成』, 北京出版社, 1997.

馮永謙·鄧寶學,「遼寧建昌普查中發現的 重要文物」 第9期, 1983年.

孫守道,「牛河梁與紅山文化(提要)」,『中國考古集成』東北卷, 新石器時代(二), 北京出版社, 1997.

_____,「論遼河流域的 原始文明與龍的 起源」,『文物』, 1984年 6期.

孫守道·郭大順,「河梁紅山文化女神頭像的 發現與硏究」,『文物』, 1986年 6期.

孫守道·劉淑娟著,『紅山文化玉器新品新鑒』, 吉林文史出版社, 2007.

孫長慶殷德明·干志耿,「黑龍江古代玉器文化問題的 提出與硏究」,『中國考古集成』東北卷新石器時代(二), 北京出版社, 1997.

楊虎,「內蒙古敖漢旗興隆洼遺址發掘簡報」,『考古』, 1985年 10期.

嚴文明,「黃河流域新石器時代早期文化的 新發現」,『考古』, 1979年 第1期.

王冬力,『紅山石器』, 華藝出版社, 2007.

王斌·劉厚生,『夫餘國史話』, 遠方出版社, 2005.

王永强·史衛民·謝建猷,『中國小數民族文化史北方卷』 上·貳, 廣西教育出版社, 1999.

王曾,「紅山文化的 走向」,『中國考古集成』, 北京出版社, 1997.

饒宗頤,「中國 '玉'文化硏究二三問題」, 香港中文大學中國文化藝術硏究中心,『東亞玉器』, 1998.

魏運亨 · 卜昭文,「紅山文化遺址又發現五千年前金字塔式巨型建築」,『中國考古集成』東北卷, 新石器時代(二), 北京出版社, 1997.

_____,「紅山文化遺址又發現五千年前金字塔式巨型建築」,『中國考古集成』東北卷, 新石器時代(二), 北京出版社, 1997.

劉國祥,「紅山文化建築與手工業技術進步」,『中國考古集成』東北卷, 新石器時代(一), 北京出版社, 1997.

陸思賢,「"勾云形玉佩"的 形狀結構及愚意的 思想內容」,『中國考古集成』東北卷,新石器時代(一), 北京出版社, 1997.

李恭篤·高美璇, 「紅山文化玉雕藝述初析」, 『中國考古集成』 東北卷, 新石器時代(一), 北京出版社, 1997.

李宇峰, 「紅山文化發現的 石農具」, 『中國考古集成』 東北卷, 新石器時代(二), 北京出版社, 1997.

仁欽道爾吉, 『江格爾論』, 內蒙古大學出版社, 1904.

張錫瑛, 「紅山文化原始宗教探源-原始宗教考古研究之二-」, 『中國考古集成』 東北卷, 新石器時代(二), 北京出版社, 1997.

張星德, 『紅山文化研究』, 中國社會科學出版社, 2005.

張忠培·孔哲生·張文軍·陳雍, 「夏家店下層文化」, 『考古學文化論集』, 文物出版社, 1987.

田中一成, 『中國演劇史』, 東京大學出版會, 1998.

朝陽市文化局·遼寧省文物考古研究所, 『牛河梁遺址』, 學苑出版社, 2004.

中國社會科學院考古研究所, 「-遺址保存完好房址布局淸晰葬俗奇特出土玉器時代之早爲國內之最-興隆洼聚落遺址發掘獲碩果」, 『中國考古集成』 東北卷 新石器時代(一), 北京出版社, 1997.

中國社會科學院考古研究所 內蒙古工作隊, 「內蒙古敖漢旗興隆洼遺址發掘簡報」, 『中國考古集成』 東北卷 新石器時代(二), 北京出版社, 1997.

中國社會科學院考古研究所實驗室, 「放射性炭素測定年代報告(一五)」, 『考古』, 1988年 第7期.

中央民族學院, 『藏族文學史』, 四川人民出版社, 1985.

巴林右旗博物館, 「內蒙古巴林右旗那斯台遺址調査」, 『中國考古集成』 東北卷 新石器時代(一), 北京出版社, 1997.

許愼原著, 段玉裁注, 琴河淵·吳采錦編, 『段注說文Pinyin聲符辭典』, 日月山房, 2009.

許玉林·傅仁義·王傳普, 「遼寧東溝縣后洼遺址發掘槪要」, 『文物』 第12期, 1989.

黃斌·黃瑞, 『走進東北古國』, 遠方出版社, 2006.

일본어 논저

鎌田純一 校訂, 「先代舊事本紀」, 『先代舊事本紀の硏究』, 吉川弘文館, 1960.

馬目順一, 「慶州古新羅王族墓立華飾付黃金制寶冠編年試論」, 『古代探叢』 IV, 1995.

濱田靑陵, 『慶州の 金冠塚』, 慶州古墳保存會, 似玉堂, 1932.

小倉紀藏, 『韓國ドラマ, 愛の方程式』, ポプう社, 2004.

尹光鳳, 「韓流でみた日韓文化交流」, 尹光鳳·權俸基, 『草の 根の 日韓21世紀共同體』, 溪水社, 2006.

번역 논저

귀다순(郭大順)·장싱더(張星德) 지음, 김정열 옮김, 『동북문화와 유연문명』 상, 동북아역사재단, 2008.

나카미 치요, 신종원 번역, 「朝鮮古史考」, 『일본인들의 단군연구』, 한국학중앙연구원, 2005.

大島明子, 「일본에 불고 있는 음식韓流」, 『일본의 새 소식』, 주한일본대사관, 2006년 8월호.

데이비드 메이슨 지음, 신동욱 옮김, 『山神-한국의 산신과 산악 숭배의 전통』, 한림출판사, 2003.

롤프 옌센 지음, 서정환 옮김, 『드림 소사이어티』, 한국능률협회, 2000.

말리노우스키 지음, 서영대 옮김, 『원시신화론』, 民俗苑, 1996.

미르세아 엘리아드 著, 李恩奉 譯, 『神話와現實』, 成均館大學校出版部, 1985.

브라이언 베이츠 저, 윤광진 역, 『배우의 길』, 예니, 1997.

새뮤얼 헌팅톤 지음, 이희재 옮김, 『문명의 충돌』, 김영사, 1997.

위안리 지음, 최성은 옮김, 『도작문화로 본 한국문화의 기원과 발전』, 민속원, 2005.

이마니시류, 김희선 번역, 「檀君考」, 『일본인들의 단군연구』, 한국학중앙연구원, 2005.

이사벨라 버드비숍, 이인화 옮김, 『한국과 그 이웃나라들』, 살림, 1994.

일리야 N.마다손 채록, 양민종 옮김, 『바이칼의 게세르신화』, 솔, 2008.

임마누엘 월러스타인, 박금제역, 「민족적인 것과 보편적인 것 : 세계문화란 가능한가」, 이영철 엮음, 『21세기 문화의 미리보기』, 시각과언어, 1996.

James Clifford and George E. Marcus 지음, 이기우 옮김, 『문화를 쓴다』, 한국문화사,

2000.

제임스 러브로크, 김기협 옮김, 『가이아: 지구의 체온과 맥박을 체크하라』, 김영
　　사, 1995.

크네히트 페터, 「문화전파주의」, 아야베 쓰네오 엮음, 이종원 옮김, 『문화를 보는
　　열다섯이론』, 인간사랑, 1987.

Claude Lévi-Strauss, 朴玉出譯, 『슬픈熱帶』, 三省出版社, 1977.

피어스비텝스키 지음, 김성례·홍석준 번역, 『살아있는 인류의 지혜샤먼』, 도서출
　　판 창해, 2005.

포스피 실레오 폴드, 이문웅 옮김, 『법인류학』, 民音社, 1992.

한스요아힘 파프로트 지음, 강정원 옮김, 『퉁구스족의 곰의례』. 태학사, 2007.

그림 자료의 출처

1. 31쪽의 그림 1 : 遼寧省博物館×遼寧省文物考古研究所, 『遼河文明展』, 遼寧省博物館, 2006, 86쪽.

2. 31쪽의 그림 2 : 金元龍, 『原始美術』, 同和出版公社, 97쪽의 그림 91.

3. 33쪽의 그림 4 : 조선유적유물도감편찬위원회, 『조선유적유물도감』 1, 조선유적유물도감편찬위원회, 1988, 25쪽.

4. 34쪽의 그림 5 : 李隆助・禹鐘允, 『先史遺蹟 發掘圖錄』, 충북대학교 박물관, 1998, 188쪽.

5. 76쪽의 그림 7 : 이한상, 『황금의 나라 신라』, 김영사, 2004, 81쪽.

6. 84쪽의 사르마트 금관 및 박트리아시대 금관 사진 : 이한상, 위의 책, 50, 51쪽.

7. 160쪽의 그림 1 : 경기도 박물관, 『우리 곁의 고구려』, 경기도 박물관, 2005, 192쪽.

8. 161쪽의 그림 2 : 조선유적유물도감편찬위원회, 『조선유적유물도감』 2, 조선유적유물도감편찬위원회, 1998, 158의 371・372.

9. 215쪽의 우하량유적 2지점 전경 : 遼寧省文物考古研究所 編著, 『牛河梁 紅山文化遺址發掘報告』(1983-2003年度) 下, 文物出版社, 2012, 圖版三九.

10. 222쪽의 흥륭와 옥귀고리 : 王永强・史衛民・謝建猷, 『中國小數民族文化史北方卷』 上・貳, 廣西教育出版社, 1999, 14쪽.

11. 222쪽의 문암리 옥귀고리 : 국립문화재연구소, 『고성 문암리유적』, 국립문화재연구소, 2005.

찾아보기

저자 _ 임재해(林在海)

영남대학교 대학원에서 문학박사 학위를 받고 현재 안동대학교 인문대학 민속학과 교수
로 재직하며 민속학연구소장을 겸하고 있다. 실천민속학회장, 한국구비문학회장, 비교민
속학회장, 한국민속학술단체연합회장, 문화재위원 등을 역임하고, 권정생어린이문화재
단 이사와 안동문화지킴이 일을 하고 있다.

『민속문화론』, 文學과 知性社, 1986;『설화작품의 현장론적 분석』, 지식산업사, 1991;『한국
민속과 오늘의 문화』, 지식산업사, 1994;『한국민속학과 현실인식』, 집문당, 1997;『지역문
화와 문화산업』, 지식산업사, 2000;『지역문화, 그 진단과 처방』, 지식산업사, 2002;『민속
문화의 생태학적 인식, 도서출판 당대, 2002;『민속문화를 읽는 열쇠말』, 민속원, 2004;『민
족신화와 건국영웅들』, 민속원, 2006;『마을민속 조사연구 방법』, 민속원, 2007;『신라 금
관의 기원을 밝힌다』, 지식산업사, 2008;『안동문화의 전통과 창조력』, 민속원, 2010;『마
을문화의 인문학적 가치』, 민속원, 2012 등 30여 권의 저서와 편저 및 공저 40여 권, 논문
340여 편을 발표하였다. 저서 가운데 11 책이 문화관광부와 학술원, 출판문화협회 등의
우수도서로 선정되었다.

한국연구재단 한국학술지인용색인(KCI) 조사 결과 지난 10년(2002~2012) 동안 역사학분
야 논문인용지수 1위를 차지했으며, 월산민속학상 저술상과 금복문화상(학술부문)을
수상했다. http://limjh.andong.net

고조선문화의 높이와 깊이

초판 인쇄 : 2015년 8월 6일
초판 발행 : 2015년 8월 13일

저　　자 임재해
발 행 인 한정희
발 행 처 경인문화사
주　　소 서울시 마포구 마포동 324-3
전　　화 02-718-4831~2
팩　　스 02-703-9711
이 메 일 kyunginp@chol.com
홈페이지 http://kyungin.mkstudy.com

가 격 58,000원
ISBN 978-89-499-1145-8　93910